Australie

Denis O'Byrne
Joe Bindloss
Andrew Draffen
Hugh Finlay
Paul Harding
Patrick Horton

Lyn McGaurr
Meg Mundell
Jon Murray
Hannah Ross
Phillipa Saxton

D0927326

LONELY PLANET PUBLICATIONS
Melbourne • Oakland • London • Paris

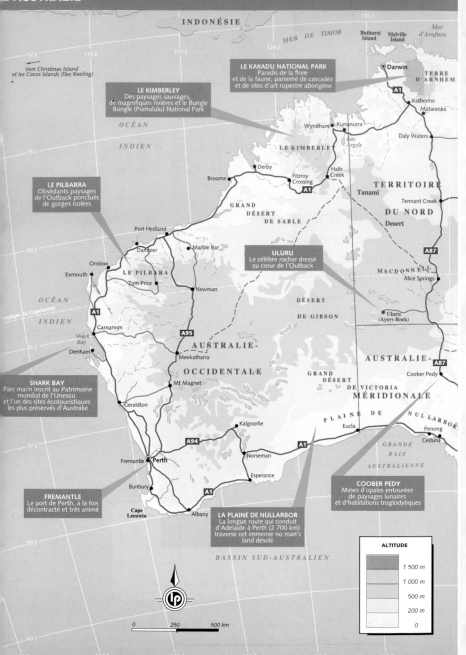

L'AUSTRALIE

INDONÉSIE

MER DE TIMOR

Mer d'Arafura

Bathurst Island
Melville Island

Darwin

TERRE D'ARNHEM

Vers Christmas Island et les Cocos Islands (Îles Keeling)

LE KAKADU NATIONAL PARK
Paradis de la flore
et de la faune, parsemé de cascades
et de sites d'art rupestre aborigène

A1

Katherine
Mataranka

LE KIMBERLEY
Des paysages sauvages,
de magnifiques rivières et le Bungle
Bungle (Pumululu) National Park

OCÉAN

INDIEN

Wyndham
Kununurra

Daly Waters

LE KIMBERLEY

Lac Argyle

Derby

Halls Creek

TERRITOIRE

Broome

Fitzroy Crossing

A1

Tanami

Tennant Creek

LE PILBARRA
Obsédants paysages
de l'Outback ponctués
de gorges isolées

GRAND
DÉSERT
DE SABLE

DU NORD

Desert

A87

Port Hedland

Marble Bar

ULURU
Le célèbre rocher dressé
au cœur de l'Outback

MACDONNELL

Dampier

Onslow

Alice Springs

Exmouth

LE PILBARRA

Tom Price

Newman

DÉSERT

DE GIBSON

A1

Carnarvon

A95

Uluru
(Ayers Rock)

A87

Shark Bay

AUSTRALIE-

Denham

Meekatharra

OCCIDENTALE

AUSTRALIE-

SHARK BAY
Parc marin inscrit au Patrimoine
mondial de l'Unesco
et l'un des sites écotouristiques
les plus préservés d'Australie

Mt Magnet

GRAND
DÉSERT
DE VICTORIA

MÉRIDIONALE

Coober Pedy

Geraldton

PLAINE DE
NULLARBOR

Kalgoorlie

Eucla

Penong

A94

Norseman

A1

Ceduna

GRANDE
BAIE
AUSTRALIENNE

Fremantle
Perth

Esperance

FREMANTLE
Le port de Perth, à la fois
décontracté et très animé

Bunbury

A1

COOBER PEDY
Mines d'opales entourées
de paysages lunaires
et d'habitations troglodytiques

Cape
Leeuwin

Albany

LA PLAINE DE NULLARBOR
La longue route qui conduit
d'Adélaïde à Perth (2 700 km)
traverse cet immense no man's
land désolé

BASSIN SUD-AUSTRALIEN

LP

0   250   500 km

ALTITUDE	
	1 500 m
	1 000 m
	500 m
	200 m
	0

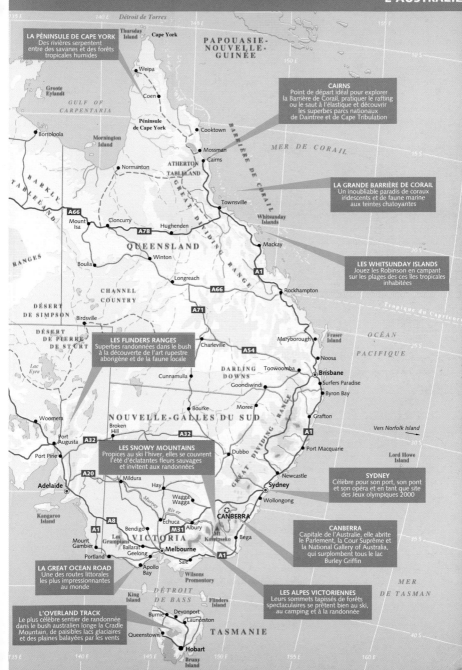

L'AUSTRALIE

LA PÉNINSULE DE CAPE YORK
Des rivières serpentent entre des savanes et des forêts tropicales humides

CAIRNS
Point de départ idéal pour explorer la Barrière de Corail, pratiquer le rafting ou le saut à l'élastique et découvrir les superbes parcs nationaux de Daintree et de Cape Tribulation

LA GRANDE BARRIÈRE DE CORAIL
Un inoubliable paradis de coraux iridescents et de faune marine aux teintes chatoyantes

LES WHITSUNDAY ISLANDS
Jouez les Robinson en campant sur les plages des ces îles tropicales inhabitées

LES FLINDERS RANGES
Superbes randonnées dans le bush à la découverte de l'art rupestre aborigène et de la faune locale

LES SNOWY MOUNTAINS
Propices au ski l'hiver, elles se couvrent l'été d'éclatantes fleurs sauvages et invitent aux randonnées

SYDNEY
Célèbre pour son port, son pont et son opéra et en tant que site des Jeux olympiques 2000

CANBERRA
Capitale de l'Australie, elle abrite le Parlement, la Cour Suprême et la National Gallery of Australia, qui surplombent tous le lac Burley Griffin

LA GREAT OCEAN ROAD
Une des routes littorales les plus impressionnantes au monde

LES ALPES VICTORIENNES
Leurs sommets tapissés de forêts spectaculaires se prêtent bien au ski, au camping et à la randonnée

L'OVERLAND TRACK
Le plus célèbre sentier de randonnée dans le bush australien longe la Cradle Mountain, de paisibles lacs glaciaires et des plaines balayées par les vents

Détroit de Torres

Thursday Island
Cape York

PAPOUASIE-NOUVELLE-GUINÉE

Weipa

Groote Eylandt

Coen

GULF OF CARPENTARIA

Borroloola

Péninsule de Cape York

Mornington Island

Cooktown

Mossman
Cairns

MER DE CORAIL

Normanton

ATHERTON TABLELAND

BARKLY TABLELAND

Mount Isa
Cloncurry

Townsville

Whitsunday Islands

RANGES

Hughenden

QUEENSLAND

Boulia

Winton

Mackay

Longreach

CHANNEL COUNTRY

Rockhampton

DÉSERT DE SIMPSON

Birdsville

GREAT DIVIDING RANGE

Tropique du Capricorne

DÉSERT DE PIERRE DE STURT

Lac Eyre

Charleville

Maryborough
Fraser Island

OCÉAN PACIFIQUE

Cunnamulla

DARLING DOWNS

Toowoomba

Noosa

Brisbane
Surfers Paradise

Woomera

Bourke

Goondiwindi

Moree

Byron Bay

NOUVELLE-GALLES DU SUD

Grafton

Vers Norfolk Island

Broken Hill

Dubbo

Port Macquarie

Lord Howe Island

Port Augusta
Port Pirie

Mildura

Newcastle

Adelaide

Hay

Wagga Wagga

Sydney

Wollongong

Kangaroo Island

Bendigo
Echuca

Albury

CANBERRA

Murray River

Mt Kosciusko

Bega

Mount Gambier

Les Grampians
Ballarat
Geelong

VICTORIA

Melbourne

Sale

Portland
Apollo Bay

Wilsons Promontory

MER DE TASMAN

King Island

DÉTROIT DE BASS

Flinders Island

Burnie
Devonport
Launceston

Queenstown

TASMANIE

Hobart

Bruny Island

Australie
4e édition française – Août 2000
Traduit de l'ouvrage *Australia* (10th edition)

Publié par
Lonely Planet Publications 1, rue du Dahomey, 75011 Paris

Autres bureaux Lonely Planet
Australie PO Box 617, Hawthorn, Victoria 3122
États-Unis 150 Linden St, Oakland, CA 94607
Grande-Bretagne 10a Spring Place, London NW5 3BH

Photographies
La plupart des photos publiées dans ce guide sont disponibles auprès
de notre agence photographique Lonely Planet Images
(e-mail : lpi@lonelyplanet.com.au).

Photo de couverture
Collation du koala, Richard I'Anson, Lonely Planet Images

Traduction de
Anne Lavedrine et Hélène Demazure

Dépôt légal
Août 2000

ISBN 2-84070-172-3
ISSN 1242-9244

Texte et cartes © Lonely Planet 2000
Photos © photographes comme indiqués 2000

Imprimé par Colorcraft Ltd, Hong Kong

Table des matières

TASMANIE   593

VICTORIA   657

AUSTRALIE-OCCIDENTALE (WA)   765

GLOSSAIRE   863

REMERCIEMENTS   868

Table des cartes

TASMANIE

VICTORIA

AUSTRALIE-OCCIDENTALE (WA)

INDEX DES CARTES

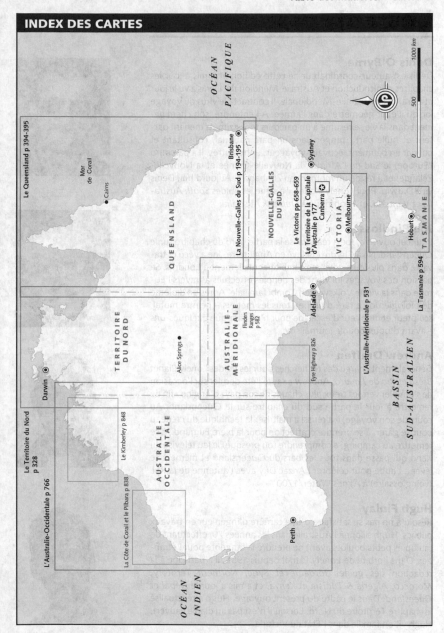

OCÉAN PACIFIQUE

Mer de Corail

OCÉAN INDIEN

BASSIN SUD-AUSTRALIEN

QUEENSLAND

NOUVELLE-GALLES DU SUD

VICTORIA

TASMANIE

TERRITOIRE DU NORD

AUSTRALIE-MÉRIDIONALE

AUSTRALIE-OCCIDENTALE

Cairns

Brisbane

Sydney

Canberra

Melbourne

Hobart

Adélaïde

Alice Springs

Darwin

Perth

0 500 1000 km

Les auteurs

Denis O'Byrne

Denis est auteur-coordinateur de cette édition et a mis à jour les chapitres d'introduction et Australie-Méridionale. Denis a vu le jour et a grandi en Australie-Méridionale. Il contracta le virus du voyage lorsqu'il était géomètre dans l'armée. A l'entendre, son cheminement dans la vie se résume à un parcours tous azimuts menant partout et nulle part : ranger dans un parc national, consultant et ouvrier en bâtiment, écrivain-voyageur, entre autres. Il a parcouru l'Europe, le Sud de l'Afrique, la Nouvelle-Guinée et la Nouvelle-Zélande, et a résidé un moment au Zimbabwé. Aujourd'hui, Denis vit à Darwin. Pour Lonely Planet, il a signé les guides *South Australia* et *Vanuatu*, et a contribué à *Outback Australia*

Joe Bindloss

Pour cet ouvrage, Joe a réactualisé la partie nord du chapitre sur le Queensland. Né à Chypre et élevé en Angleterre, Joe a vécu et travaillé dans plusieurs pays mais habite actuellement à Londres. Sa passion des voyages lui vient des périples effectués à travers l'Europe dans la vieille Volkswagen Combi familiale. Après un diplôme de biologie, Joe a tâté d'un peu tous les métiers – peintre mural, sculpteur et moniteur d'escalade pour n'en citer que quelques-uns – avant d'opter pour le journalisme.

Andrew Draffen

Généralement chargé des recherches pour les guides Lonely Planet *Brésil* et *Rio de Janeiro*, Andrew a sauté l'été dernier sur l'occasion de s'envoler vers les cieux plus chauds de son pays d'origine afin de remettre à jour la partie sud du chapitre sur le Queensland. Au cours de son voyage, il a réussi à maîtriser la technique du créneau pour se garer, à se prendre d'affection pour la bière Eumundi, à se remettre au camping, à comprendre (ou presque) le jeu télévisé du Keno qui passe dans tous les bars du Queensland et même à se lever à l'aube pour célébrer l'Anzac Day avec l'antenne de la RSL (voir glossaire) à Agnes Water/1700.

Hugh Finlay

Résolu à ne pas se satisfaire d'une carrière d'ingénieur en travaux publics, Hugh sillonna l'Australie dans les années 70, effectuant de multiples petits boulots avant de prendre la tangente pour l'étranger. Dans l'orbite de Lonely Planet depuis 1985, il a participé à la rédaction des guides *Jordanie et Syrie*, *Northern Territory*, *Morocco*, *Algeria & Tunisia* et *Kenya*, et a mis à jour le *Népal* et *Queensland*. Dans le cadre du présent ouvrage, Hugh a réactualisé le chapitre Territoire du Nord. Lorsqu'il n'est pas au diable vauvert, Hugh vit en famille dans l'État du Victoria.

Paul Harding

Paul a remis à jour le chapitre sur l'Australie-Occidentale ainsi que les passages sur Norfolk Island et Lord Howe Island. Né à Melbourne, Paul a grandi dans une région rurale de l'État du Victoria, où il a débuté comme reporter pour un journal local. Après avoir abandonné cette brillante carrière, il a passé trois ans à voyager en Asie du Sud-Est et en Europe et a été notamment rédacteur pour un magazine de voyages londonien. En 1996, il a rejoint l'équipe de Lonely Planet comme secrétaire d'édition mais s'est vite aperçu qu'il était du mauvais côté du bureau. Il a alors troqué son stylo rouge contre un bleu pour devenir auteur et "réactualisateur" à plein temps. Il a également contribué aux guides Lonely Planet *South-East Asia* et *Inde*.

Patrick Horton

Patrick a réactualisé le chapitre sur le Territoire de la Capitale d'Australie. Écrivain et photographe né avec la bougeotte, il a sillonné les routes de son Angleterre natale avant de partir sur celles du monde entier, en 1985, pour fuir les années Thatcher. En compagnie de ses vieilles motos anglaises, il s'est établi à Melbourne. Passionné de périples inhabituels, il est l'une des rares personnes à avoir visité la Corée du Nord et franchi l'Himalaya en moto. Il vit en compagnie de la très patiente Christine, ardente voyageuse rencontrée à Paris, et de M. Chat.

Lyn McGaurr

Lyn a remis à jour le chapitre sur la Tasmanie, mais aussi le guide *Tasmania* récemment publié. Dès sa sortie du lycée, Lyn a filé rejoindre la chaîne télévisée ABC à Hobart comme chargée des recherches sur l'actualité et apprentie reporter, réservant l'université pour plus tard. Depuis, elle a été secrétaire de rédaction pour un magazine national implanté à Melbourne et assistante de recherche et agent d'information pour le gouvernement du Commonwealth à Canberra et Melbourne. Après des études de troisième cycle, elle est rentrée à Lonely Planet comme secrétaire d'édition. En 1997, elle a passé six mois fascinants au Centre de recherches sur l'Antarctique de Hobart. Lyn travaille en freelance pour Lonely Planet depuis 1990 et vit à Hobart avec son mari et ses trois enfants.

Meg Mundell

Meg s'est chargée des passages sur Sydney et sur les Blue Mountains. Néo-Zélandaise fervente, elle vit aujourd'hui à Melbourne. Plusieurs années d'études intensives lui ont fait comprendre qu'elle était trop sensible pour être vétérinaire et trop folle pour être psychologue. Après de nombreux voyages, notamment un périple calamiteux mais fort amusant en Tasmanie comme équipière sur un voilier, et quelques métiers insolites (trieuse de courgettes, assistante d'un ventriloque, DJ), elle est devenue journaliste et rédactrice en chef adjointe du journal australien *The Big Issue*.

Jon Murray

Jon a remis à jour pour cette édition le chapitre sur le Victoria. Avant de devenir éditeur, puis auteur pour Lonely Planet, Jon partageait son temps entre les voyages et la collaboration avec plusieurs maisons d'édition de Melbourne. Il a partcipé à la rédaction du guide *Afrique du Sud* et a par ailleurs écrit et remis à jour bon nombre de destinations, notamment l'Afrique de l'Ouest, la Papouasie-Nouvelle-Guinée et le Bangladesh. Installé dans un coin de brousse près de Daylesford (Victoria), dans un pavillon qu'il partage avec quelques marsupiaux et des lapins.

Hannah Ross

Hannah à réactualisé la partie nord du chapitre sur la Nouvelle-Galles du Sud. Parmi diverses autres occupations, comme monteuse d'échafaudages, Hannah est depuis 1993 journaliste et auteur freelance en Australie et à l'étranger. Née dans la banlieue rurale de Melbourne, où elle a grandi, elle vit aujourd'hui sur la côte septentrionale enchanteresse de la Nouvelle-Galles du Sud, où elle écrit pour un quotidien local. Sa compagne canine, Josie, l'a aidé avec beaucoup de compétence.

Philippa Saxton

Philippa a réactualisé la partie sud du chapitre sur la Nouvelle-Galles du Sud. Son enfance nomade et 5 £ d'"encouragement" reçues à l'âge de 14 ans pour deux récits de voyage l'ont poussé à adopter l'existence désargentée d'un auteur de guides, après avoir interrompu des études de médecin légiste, écourté un mariage et réussi trois magnifiques enfants. Parmi les nombreuses possibilités que lui offrait son mode de vie nomade, c'est en Australie qu'elle a choisi de s'installer en 1968. Philippa a passé son permis moto à un âge "mûr" et a compris que chevaucher l'un de ces engins était la seule façon de visiter un pays.

UN MOT DES AUTEURS

Denis O'Byrne. Je remercie ma mère de m'avoir laissé envahir sa salle à manger pour la réactualisation de l'Australie-Méridionale. Comme toujours, Phil Brennan, Peter Caust et Brett Knuckey m'ont apporté un soutien enthousiaste – la prochaine tournée est pour moi. Un merci tout particulier à Peter Hiscock, Bronte Leake, Jan Matthew, Tim Parnacott (STA Travel), Cheryle Pinkess et les nombreuses autres personnes qui ont répondu, plus ou moins volontiers, à mes innombrables questions.

Andrew Draffen. Je remercie tous les rangers, les employés des offices de tourisme et les voyageurs qui ont accepté de partager leurs informations et leurs impressions. Un grand merci à mon ami

Nic Leptos pour ses remarques pertinentes et pour m'avoir accompagné dans ce voyage, à Andrea et Nic pour m'avoir offert l'hospitalité à Fingal ainsi qu'à Jo Volz (Time Off), Ross MacLean (Queensland Rail) et M. Jaffle. Tout mon amour à Stella, Gabriela et Christopher, grâce à qui la vie vaut la peine d'être vécue.

Hannah Ross. Merci à Jason pour toutes ces soirées qu'il a passées en solitaire pendant que je me débattais dans une masse d'informations et à Josie pour avoir été une parfaite compagne de route. Un grand merci à l'équipe mécanique de Kangaroo Campers, qui s'est déplacée depuis Brisbane et a ainsi évité que mes recherches se réduisent à attendre un mois au bord de la route à Armidale.

Lyn McGaurr. Le personnel des offices du tourisme de tout l'État et les employés des hôtels, des auberges de jeunesse et des B&B m'ont fourni de précieuses informations. Je remercie tout particulièrement Jayne Balmer, Nigel Ricketts, Ashley Fuller, David Machin, Kathy Van Dullemen et Geoff "Joe" King. Mille mercis également à Kara, Cameron, Josephine, Imogen, Tess et Erin.

Joe Bindloss. Un merci particulier à Kathy, Gabe, Annie, Molly et Poppy pour leur généreuse hospitalité. Je remercie toutes les personnes qui m'ont apporté leur assistance et les nombreux employés du Queensland Parks and Wildlife Service qui ont répondu à mes questions avec beaucoup de patience. Au Royaume-Uni, merci à Piers, Nikki et Beat de me donner un foyer vers lequel revenir ainsi qu'à mon père et à mon frère pour leur soutien moral lors de l'accès de fièvre dont j'ai été victime après avoir fait don de mon sang à des moustiques de Cape York.

Paul Harding. Pour leurs précieux renseignements, merci aux aimables employés des offices du tourisme d'Australie-Occidentale, notamment ceux de Kalgoorlie, Port Hedland, Mt Barker, Merredin, Northam, Carnarvon, Kalbarri, Exmouth, Broome et Derby. A Perth, je remercie Marie Bowen du Perth Tourist Lounge, Paul et Scotty du Travellers Club, Angela de l'Easyrider Backpackers, Leonie de l'Arcane Bookshop, et les employés du Britannia YHA pour avoir accepté de garder mes bagages en trop. Je remercie particulièrement Frank Seidler à Kalbarri, Trish et Trev à Lancelin, Lesley pour m'avoir pris en stop, Barbara du Goldfields Backpackers à Kalgoorlie, Pete et Paula à Exmouth, dévasté par le passage d'un cyclone, Gary et Dylan à Fitzroy Crossing, Scott et Kenton à Kununurra et Gary à Fremantle.

Patrick Horton. Je suis redevable à Linda Roberts, du Canberra Visitors Centre, qui est une inépuisable source de renseignements sur la ville, à ma compagne Christine Vrondou, qui m'a escorté en

voiture dans tout Canberra malgré mes médiocres talents de copi-
lote, et à Robert Marchant, habitant de Canberra et vieux copain
d'école que je n'avais pas revu depuis 33 ans.

Philippa Saxton. Je remercie par-dessus tout mon compagnon
Mike Ferris, qui a parcouru des centaines de kilomètres en moto
pour m'attendre à la sortie d'offices du tourisme, hôtels, motels et
sites touristiques divers et variés et qui a réussi à trouver de la place
dans nos sacoches pour des tonnes de papiers et de brochures.
J'aurais été perdue sans l'aide et la bonne humeur du personnel des
offices de tourisme régionaux. A Lonely Planet, mes remerciements vont à Mary Neighbour et Arabella Bamber, ainsi qu'à mon
amie et compatriote Claire Minty pour m'avoir remonté le moral et
encouragée à de nombreuses occasions.

A propos
de cet ouvrage

Un mot de l'éditeur

Régis Couturier a assuré la coordination éditoriale de cet ouvrage. Philippe Maitre, dit Le Koala, en a effectué la mise en pages, aidé de Corinne Holst et de Rodolphe Gerwig.

Les cartes, supervisées par Barbara Benson, sont l'œuvre de Pablo Gastar, Kusnandar, Helen Rowley et Corie Waddell. Elles ont été adaptées en français par Daniel Gaudey. Les illustrations de fin de chapitre ont été dessinées par Pablo. La couverture a été conçue par Sophie Rivoire.

Merci à toutes celles et ceux qui ont collaboré à l'élaboration de ce guide : Anne Mulvaney pour la préparation du manuscrit ; Maja Brion-Raphaël, Rose-Hélène Lempereur et Catherine Frémont pour leur collaboration au texte ; Laurent Courcoul pour la relecture ; ainsi que Bénédicte Houdré, Sophie Hofnung et Stéphane Marill pour leur efficace contribution. La section sur les Jeux olympiques a été rédigée par Liz Filleul, tandis que celle sur l'art aborigène a bénéficié des lumières de Robert Allen.

Enfin, et comme toujours, tous nos remerciements vont à Helen Papadimitriou pour sa disponibilité sans relâche, à Graham Imeson pour sa constante collaboration avec le bureau français, et à toute l'équipe de Lonely Planet Images.

Avant-propos

LES GUIDES LONELY PLANET

Tout commence par un long voyage : en 1972, Tony et Maureen Wheeler rallient l'Australie après avoir traversé l'Europe et l'Asie. A cette époque, on ne disposait d'aucune information pratique pour mener à bien ce type d'aventure. Pour répondre à une demande croissante, ils rédigent le premier guide Lonely Planet, un fascicule écrit sur le coin d'une table.

Depuis, Lonely Planet est devenu le plus grand éditeur indépendant de guides de voyage dans le monde, et dispose de bureaux à Melbourne (Australie), Oakland (États-Unis), Londres (Royaume-Uni) et Paris (France).

La collection couvre désormais le monde entier, et ne cesse de s'étoffer. L'information est aujourd'hui présentée sur différents supports, mais notre objectif reste constant : donner les clés au voyageur pour qu'il comprenne mieux les pays qu'il visite.

L'équipe de Lonely Planet est convaincue que les voyageurs peuvent avoir un impact positif sur les pays qu'ils visitent, pour peu qu'ils fassent preuve d'une attitude responsable. Depuis 1986, nous reversons un pourcentage de nos bénéfices à des actions humanitaires.

Remises à jour. Lonely Planet remet régulièrement à jour ses guides, dans leur totalité. Il s'écoule généralement deux ans entre deux éditions, parfois plus pour certaines destinations moins sujettes au changement. Pour connaître l'année de publication, reportez-vous à la page qui suit la carte couleur, au début du livre.

Entre deux éditions, consultez notre journal gratuit d'informations trimestrielles *Le Journal de Lonely Planet*. Sur notre nouveau site Internet www.lonelyplanet.fr, vous aurez accès à des fiches pays régulièrement remises à jour. D'autres informations (en anglais) sont disponibles sur notre site anglais www.lonelyplanet.com.

Courrier des lecteurs. La réalisation d'un livre commence avec le courrier que nous recevons de nos lecteurs. Nous traitons chaque semaine des centaines de lettres, de cartes postales et d'e-mails, qui sont ajoutés à notre base de données, publiés dans notre journal d'information ou intégrés à notre site Internet. Aucune information n'est publiée dans un guide sans avoir été scrupuleusement vérifiée sur place par nos auteurs.

Recherches sur le terrain. Nos auteurs recueillent des informations pratiques et donnent des éclairages historiques et culturels pour mieux appréhender le contexte culturel ou écologique d'un pays.

Les auteurs ne séjournent pas dans chaque hôtel mentionné. Il

Lonely Planet s'adresse en priorité aux voyageurs indépendants qui font la démarche de partir à la découverte d'un pays. Nous disposons de multiples outils pour aider tous ceux qui adhèrent à cet esprit : guides de voyage, guides de conversation, guides thématiques, cartes, littérature de voyage, journaux d'information, banque d'images, séries télévisées et site Internet

leur faudrait en effet passer plusieurs mois dans chacune des villes ; ils ne déjeunent pas non plus dans tous les restaurants. En revanche, ils inspectent systématiquement ces établissements pour s'assurer de la qualité de leurs prestations et de leurs tarifs. Nous lisons également avec grand intérêt les commentaires des lecteurs.

La plupart de nos auteurs travaillent sous le sceau du secret, bien que certains déclinent leur identité. Tous s'engagent formellement à ne percevoir aucune gratification, sous quelque forme que ce soit, en échange de leurs commentaires. Par ailleurs, aucun de nos ouvrages ne contient de publicité, pour préserver notre indépendance.

Production. Les auteurs soumettent leur texte et leurs cartes à l'un de nos bureaux en Australie, aux États-Unis, au Royaume-Uni ou en France. Les secrétaires d'édition et les cartographes, eux-mêmes voyageurs expérimentés, traitent alors le manuscrit. Trois à six mois plus tard, celui-ci est envoyé à l'imprimeur. Lorsque le livre sort en librairie, certaines informations sont déjà caduques et le processus se remet en marche...

ATTENTION !

Un guide de voyage ressemble un peu à un instantané. A peine a-t-on imprimé le livre que la situation a déjà évolué. Les prix augmentent, les horaires changent, les bonnes adresses se déprécient et les mauvaises font faillite. Gardez toujours à l'esprit que cet ouvrage n'a d'autre ambition que celle d'être un guide, pas un bréviaire. Il a pour but de vous faciliter la tâche le plus souvent possible au cours de votre voyage.

N'hésitez pas à prendre la plume pour nous faire part de vos expériences.

Toutes les personnes qui nous écrivent sont gratuitement abonnées à notre revue d'information trimestrielle le *Journal de Lonely Planet*. Des extraits de votre courrier pourront y être publiés. Les auteurs de ces lettres sélectionnées recevront un guide Lonely Planet de leur choix. Si vous ne souhaitez pas que votre courrier soit repris dans le *Journal* ou que votre nom apparaisse, merci de nous le préciser.

Envoyez vos courriers à Lonely Planet, 1 rue du Dahomey, Paris 75011

ou vos e-mails à : bip@lonelyplanet.fr

Informations de dernière minute : www.lonelyplanet.fr et www.lonelyplanet.com

COMMENT UTILISER VOTRE GUIDE LONELY PLANET

Les guides de voyage Lonely Planet n'ont pour seule ambition que d'être des guides, pas des bibles synonymes d'infaillibilité. Nos ouvrages visent à donner des clés au voyageur afin qu'il s'épargne d'inutiles contraintes et qu'il tire le meilleur parti de son périple.

Contenu des ouvrages. La conception des guides Lonely Planet est identique, quelle que soit la destination. Le chapitre *Présentation* met en lumière les diverses facettes de la culture du pays, qu'il s'agisse de l'histoire, du climat ou des institutions politiques. Le chapitre *Renseignements pratiques* comporte des informations plus spécifiques pour préparer son voyage, telles que les formalités d'obtention des visas ou les précautions sanitaires. Le chapitre *Comment s'y rendre* détaille toutes les possibilités pour se rendre dans le pays. Le chapitre *Comment circuler* porte sur les moyens de transport sur place.

Le découpage du reste du guide est organisé selon les caractéristiques géographiques de la destination. Vous retrouverez toutefois systématiquement la même trame, à savoir : centres d'intérêt, possibilités d'hébergement et de restauration, où sortir, comment s'y rendre, comment circuler.

Présentation des rubriques. Une rigoureuse structure hiérarchique régit la présentation de l'information. Chaque chapitre est respectivement découpé en sections, rubriques et paragraphes.

Accès à l'information. Pour faciliter vos recherches, consultez le sommaire en début d'ouvrage et l'index détaillé à la fin de celui-ci. Une liste des cartes et un index des cartes constituent également des clés pour se repérer plus facilement dans l'ouvrage.

Généralement, le guide s'ouvre avec une carte en couleurs, sur laquelle nous faisons ressortir les centres d'intérêt incontournables. Ceux-ci sont décrits plus en détails dans le chapitre *Renseignements pratiques*, où nous indiquons les meilleures périodes pour les visiter et où nous suggérons des itinéraires. Les chapitres régionaux ouvrent sur une carte de situation, accompagnée d'une liste de sites ou d'activités à ne pas manquer. Consultez ensuite l'index, qui vous renverra aux pages *ad hoc*.

Cartes. Les cartes sont une mine d'informations. La légende des symboles employés figure en fin d'ouvrage. Nous avons le souci constant d'assurer la cohérence entre le texte et les cartes, en mentionnant sur la carte chaque donnée importante présente dans le texte. Les numéros désignant un établissement ou un site se lisent de haut en bas et de gauche à droite. Les guides consacrés à une ville comprennent une série de cartes en couleurs numérotées en fin d'ouvrage.

Remerciements : Nous exprimons toute notre gratitude aux lecteurs qui nous ont fait part de leurs remarques, expériences et anecdotes. Leurs noms apparaissent à la fin de l'ouvrage.

Introduction

Le Sydney Harbour Bridge, Ayers Rock, un personnage laconique au visage buriné sorti tout droit de *Crocodile Dundee*, un kangourou en plein centre-ville : voilà quelques-unes des images qui viennent à l'esprit lorsqu'on pense à l'Australie. Images réductrices, certes, mais qui illustrent bien l'atmosphère unique de ce pays à part.

La première chose à savoir, c'est qu'il s'agit d'un pays *immense*, que deux semaines ne suffisent pas à découvrir. Mais également que c'est un continent très faiblement peuplé qui, sur un territoire couvrant la moitié de l'Europe, n'abrite que 19 millions d'habitants, concentrés pour la plupart dans quelques villes côtières.

Si vous êtes avide de grands espaces, à vous l'Outback avec ses vastes zones semi-désertiques, ses marécages tropicaux, ses horizons infinis et ses immenses régions sauvages comme le Kakadu National Park, le Cape York, la Nullarbor Plain et le désert de Simpson. C'est là aussi que les Aborigènes ont été le mieux en mesure de préserver leur culture et leurs traditions.

Si vous recherchez l'animation et la foule, sachez que les villes australiennes ne ressemblent à aucune autre. Combien en effet peuvent se targuer d'être aussi belles et cosmopolites que Sydney, aussi calmes et élégantes qu'Adelaide, aussi isolée et accueillantes que Perth ?

Entre les villes et l'Outback, le pays recèle de multiples curiosités, depuis le grandiose spectacle de sa Grande Barrière de Corail jusqu'à la tranquillité de ses

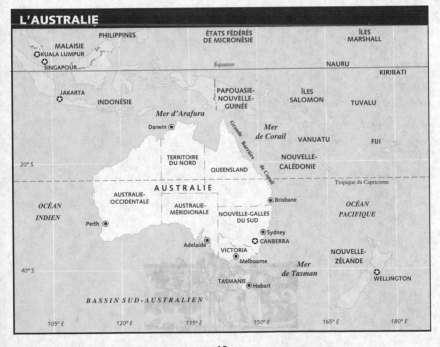

vastes forêts, en passant par certains des meilleurs vignobles et des plus belles plages du monde.

Ajoutons que malgré sa réputation de rudesse, l'Australie est le théâtre de nombreuses manifestations qui témoignent de la richesse et de la diversité de sa culture, dont les *corroborees*, cérémonies aborigènes ancestrales, le célèbre Adelaide Festival of Arts et l'incroyable Gay & Lesbian Mardi Gras de Sydney, mais aussi une multitude d'autres festivals célébrant des choses aussi diverses que le vin, la musique ou le multiculturalisme.

Comme vous le découvrirez en lisant ce guide, l'Australie a suffisamment à offrir pour vous occuper pendant des mois. Ce pays accueillant et passionnant vous laissera des souvenirs enchanteurs, quelle que soit la longueur de votre séjour.

Présentation de l'Australie

HISTOIRE

Bien avant que les Britanniques n'en revendiquent la souveraineté, explorateurs et marchands européens rêvaient des richesses potentielles de cette *Terra australis incognita*, la Terre australe inconnue, que certains disaient mythique. Le continent découvert était d'ailleurs habité depuis des dizaines de milliers d'années.

Les Aborigènes d'Australie

Les dernières découvertes archéologiques indiquent que la société aborigène (littéralement "indigène") possède une histoire culturelle vieille d'au moins 5 000 ans. Bien que maints aspects de la préhistoire du pays restent obscurs, il est toutefois presque certain que les premiers Australiens provenaient d'Asie du Sud-Est et qu'ils sont parvenus sur le continent par voie maritime. La date exacte du peuplement reste très débattue, les théories les plus communément admises le faisant remonter à une période comprise entre 35 000 et 60 000 ans.

A l'époque, le niveau de la mer était inférieur de 50 m à ce qu'il est aujourd'hui. Si le continent est aujourd'hui en grande partie aride, il était sans doute bien plus humide, couvert de vastes forêts et parsemé de nombreux lacs. La faune se composait notamment de grands oiseaux coureurs et de marsupiaux géants, dont des kangourous qui atteignaient trois mètres de haut. A l'exception de quelques prédateurs carnivores, l'environnement ne présentait guère de menaces.

Selon les spécialistes, ces conditions favorables ont permis aux Aborigènes de s'établir en quelques milliers d'années sur une bonne partie du continent. Les régions les plus centrales et les plus arides ne sont peuplées que depuis environ 24 000 ans.

Le réchauffement climatique il y a environ 10 000 ans eut comme corollaire l'élévation de la température, une hausse du niveau de la mer et la formation d'immenses déserts. Il en résulta un accroissement de la densité de population sur tout le continent, y compris dans les déserts de sable.

"Découvertes" et explorations européennes

Les navigateurs portugais ont probablement découvert les premiers les côtes australiennes dans la première moitié du XVIe siècle. En 1606, le marin espagnol Luis Vaez de Torres franchit le détroit qui porte aujourd'hui son nom, entre le Cape York et la Nouvelle-Guinée. Mais aucun document n'atteste qu'il ait réellement aperçu les rives du continent. Au début du XVIIe siècle, les marins hollandais, à la recherche d'or et d'épices, atteignirent la côte occidentale du Cape York et divers autres points de la côte ouest. Ils trouvèrent un pays rude, aride et inhospitalier et regagnèrent rapidement les rivages plus cléments de Batavia (l'actuelle Jakarta, en Indonésie).

En 1642, la Compagnie hollandaise des Indes orientales lança une expédition afin d'explorer les contrées situées au sud. Par deux fois, dans les années 1640, le commandant Abel Tasman fit route de Batavia vers la Nouvelle-Hollande (comme on appelait alors l'Australie). Ainsi découvrit-il la côte occidentale de la Nouvelle-Zélande et une région qu'il baptisa "Terre de Van Diemen" (du nom du gouverneur général et qui sera rebaptisée Tasmanie deux siècles plus tard). Bien que Tasman ait dressé la carte des côtes de la Nouvelle-Hollande, du Cape York à la Grande Baie australienne, ainsi que celles de l'extrême sud de la Tasmanie, il ne découvrit pas la côte orientale du continent.

Le premier sujet de Sa Majesté à avoir foulé le sol de l'Australie fut l'entreprenant corsaire William Dampier qui explora les rives près de quarante ans après Tasman, mais quasiment un siècle avant Cook. Les observations de Dampier, suite à ses investigations à Shark Bay sur la côte ouest en 1688 et 1698, confortèrent les Européens dans leur impression d'une terre primitive et impie.

Des trésors archéologiques

Les premiers Aborigènes n'ont laissé aucun édifice de pierre ni aucune statue qui puissent titiller notre imagination. Les archéologues ont néanmoins exhumé bien d'autres trésors. Le site le plus célèbre est celui de **lac Mungo** – un des lacs du réseau asséché de Willandra –, qui s'étend au sud-ouest de la Nouvelle-Galles du Sud.

Mungo se présente comme une excavation vivante et en perpétuelle évolution. Le temps et le climat y jouent le rôle d'archéologues. La région était jadis couverte d'un vaste réseau de lacs qui se sont asséchés voici environ 20 000 ans. Surnommée "les murailles de Chine" par des ouvriers originaires de l'Empire du Milieu souffrant du mal du pays, la levée de sable et de boue qui borde l'ancien réseau à l'est a subi l'érosion du vent. Elle a alors révélé des ossements humains et animaux, d'anciens foyers de campement et des traces de négoce intertribal.

Les découvertes attestent la pratique de rites funéraires sur le site 15 000 ans avant l'édification des pyramides d'Égypte. L'existence de foyers indique que les occupants de la rive du lac façonnaient des outils sophistiqués en pierre taillée. Ces mêmes foyers ont également livré des restes de nourriture et des squelettes d'espèces animales aujourd'hui disparues. L'importance de cette région est telle qu'elle a entraîné son inscription au Patrimoine mondial de l'Unesco.

L'étude du **Kow Swamp** (marais de Kow), dans le Nord du Victoria, est tout aussi passionnante. Ce site recèle en effet un grand nombre de restes humains datant de la fin du pléistocène. On y a découvert un individu, inhumé il y a 12 000 ans, qui portait un bandeau d'incisives de kangourou. Dans la dune du **lac Nitchie**, à l'ouest de la Nouvelle-Galles du Sud, un homme qui reposait là depuis 6 500 ou 7 000 ans avait le cou orné d'un collier de 178 dents de diable de Tasmanie.

L'ouest et le nord de l'Australie comptent de nombreux sites. On a trouvé des haches de pierre à tranchant rainuré de 23 000 ans dans l'abri rocheux de **Malangangerr**, en Terre d'Arnhem. Parmi les lieux riches en vestiges, on peut citer l'abri rocheux de **Miriwun**, qui surplombe l'Ord, dans les Kimberley, celui de **Mt Newman**, dans les gorges du Pilbara, et le **Devil's Lair** (repaire du diable), proche de Cape Leeuwin, à l'extrême sud-ouest du continent. Non loin de là, dans la **Swan Valley**, ont été découverts des outils de pierre vieux de 38 000 ans.

Le continent regorge de gravures rupestres datant de la dernière glaciation, dont les plus anciennes sont sans doute celles de la **grotte de Koonalda**, dans Nullarbor Plain, en Australie-Méridionale. Il y a 24 000 ans, des mineurs de silex ont commencé à visiter l'endroit, qu'ils ont fréquenté pendant 10 000 ans. Ils ont laissé sur la paroi des signes mystérieux qu'on peut interpréter comme des créations artistiques. D'autres lieux offrent au regard des pétroglyphes : la **péninsule de Burrup**, près de Dampier, en Australie-Occidentale ; le **Mootwingee National Park**, entre Tibooburra et Broken Hill, à l'extrême ouest de la Nouvelle-Galles du Sud ; le site des **Lightning Brothers** (frères de l'éclair), à Flora River, dans le Territoire du Nord ; et l'**Early Man shelter** (abri du premier homme), à proximité de Laura, dans le Queensland.

Après avoir lu en anglais l'ouvrage de Josephine Flood, *Archaeology of the Dreamtime* (Collins, Sydney, 1983), vous saurez tout sur la recherche archéologique en matière de préhistoire australienne.

Attention ! Il est interdit de toucher aux vestiges archéologiques ou aux restes humains.

Il faudra attendre la seconde moitié du XVIIIe siècle pour que les expéditions de Cook parviennent à modifier cette image. En 1768, l'Amirauté britannique demanda au capitaine Cook de conduire une expédition scientifique à Tahiti pour observer le déplacement de la planète Vénus, puis d'entreprendre la recherche de la Grande Terre australe. Après avoir fait le tour des deux îles de la Nouvelle-Zélande, Cook partit à la recherche de la fameuse Grande Terre australe, mettant le cap vers l'ouest jusqu'à

rencontrer la côte est, inconnue, de la Nouvelle-Hollande.

Le 19 avril 1770, la pointe sud-est du
continent fut en vue et baptisée Point Hicks.
L'*Endeavour* longea ensuite les côtes vers
le nord, en quête d'un point d'ancrage. Neuf
jours passèrent avant qu'une brèche dans
les falaises ne se présente. Navire et équipage trouvèrent alors un abri sûr dans une
baie qu'ils nommèrent Botany Bay.

De leurs expéditions à terre, les scientifiques sous la direction de Joseph Banks
ramenèrent des descriptions d'espèces animales et végétales inconnues, et tentèrent
de communiquer avec les quelques rares
autochtones qui, dans l'ensemble, ne mani-
festèrent qu'indifférence pour ces nouveaux
venus. Cook écrivit d'ailleurs : "Leur seul
désir semblait être de nous voir partir."

Quittant la Botany Bay, Cook poursuivit
vers le nord. Effectuant un relevé du littoral, il vit que la côte orientale, fertile, ne se
comparait en rien aux terres inhospitalières
découvertes par les premiers explorateurs
au nord, à l'ouest et au sud. Mais l'*Endeavour* heurta un récif, et Cook fut contraint
d'installer un campement provisoire pendant la réparation, qui dura six semaines.
Cook et l'équipe de scientifiques mirent
cette immobilisation à profit pour appro-
fondir leur exploration de la région et établir un contact avec les Aborigènes. A la
différence de Dampier, Cook fut séduit par
ces derniers.

L'*Endeavour* réparé, la navigation se
poursuivit le long de la Grande Barrière de
Corail. Après avoir doublé le Cape York,
Cook débarqua à nouveau pour hisser le
pavillon britannique, rebaptiser le continent
Nouvelle-Galles du Sud et en prendre possession au nom du souverain George III.
James Cook était un homme de ressources,
intelligent et généralement considéré
comme un explorateur éclairé. La lecture de
ses notes de voyage est fascinante.

Déportation et colonisation

La déclaration d'Indépendance américaine
conduisit l'Angleterre à trouver une nouvelle
terre où déporter ses condamnés. En 1779,
Joseph Banks suggéra la Nouvelle-Galles du

MICK WELDON

Le Capitaine James Cook

Sud comme lieu d'établissement d'une colonie pénitentiaire. En 1786, Lord Sydney
annonça que le roi avait désigné la Botany
Bay comme destination pour les condamnés
à la déportation. On ne se soucia en aucune
façon que le continent fût déjà peuplé.

En janvier 1788, les onze vaisseaux de la
Première Flotte (*First Fleet*) pénètrent dans
la Botany Bay, sous le commandement du
capitaine Arthur Phillip, qui devint par la
suite le premier gouverneur de la colonie.
Déçu par le site, le jugeant inadapté en raison du manque d'eau potable, Phillip poussa
ses investigations plus au nord. L'équipage
découvrit alors Port Jackson, "le plus beau
port du monde". C'est dans cette baie bien
abritée, Sydney Cove, que débarquèrent les
bagnards ou *convicts* (548 hommes et 188
femmes), mais aussi quatre compagnies de
fusiliers marins et suffisamment de bétail et
de provisions pour tenir deux ans. Ainsi
s'établit la colonie à Sydney Cove, fondant
la future Sydney.

Pour les nouveaux arrivants, la Nouvelle-
Galles du Sud était un endroit rude et terrible. La déportation était souvent infligée
pour des délits mineurs, et la durée de la
peine, de sept ans au minimum, assortie de
travaux forcés, équivalait à une condamna-
tion à vie, car il y avait bien peu d'espoir de
retrouver la mère patrie.

Bien que la colonie de soldats, marins, pickpockets, prostituées, voleurs de moutons et petits truands parvînt à survivre aux difficultés des premières années, le despotisme cruel des gardes militaires en faisait un enfer sur terre.

Dans un premier temps, jusqu'à ce que l'agriculture se soit développée, les colons dépendaient des provisions importées d'Europe, et un navire de ravitaillement en retard ou, pis, perdu aurait été une catastrophe. Ainsi, seize ans durant, le spectre de la famine hanta la colonie.

La Seconde Flotte (*Second Fleet*) arriva en 1790, avec de nouveaux bagnards mais aussi des provisions. Un an plus tard, après l'arrivée de la Troisième Flotte, la population atteignait près de 4 000 personnes.

A mesure que les terres cultivées commençaient à produire, la Nouvelle-Galles du Sud gagnait une certaine indépendance alimentaire. Les clivages sociaux dans la nouvelle colonie étaient immenses : les officiers et leurs familles tenaient les rênes du pouvoir et s'accrochaient désespérément à un semblant de vie civilisée britannique, tandis que les soldats, les colons libres et même des forçats libérés commençaient à pouvoir subsister péniblement. Néanmoins, la majorité de la population, les fers aux pieds, était considérée comme la lie de la société et vivait dans des conditions sordides.

Les environs ne furent guère explorés pendant ces premières années. Rares furent ceux qui s'aventurèrent plus loin que Sydney Cove, et bien que le gouverneur Phillip ait donné l'ordre de saisir toutes les occasions pour se lier aux Aborigènes, cela ne se réalisa pas.

Il fallait attirer des colons libres (*free settlers*), leur fournir la main-d'œuvre des forçats comme ouvriers agricoles et octroyer des terres aux officiers, aux soldats et aux bagnards "émancipés" (les *emancipists*), ceux qui avaient purgé leur peine ou bénéficié d'une remise de peine.

Les vues du gouverneur Phillip commençaient à prendre forme lorsqu'il retourna en Angleterre et que son second, Grose, prit la tête de la colonie. Grose fit pencher la balance plus encore en faveur des militaires en octroyant des terres aux officiers du New South Wales Corps.

Disposant subitement d'argent, de terres et de main-d'œuvre bon marché, les officiers se révélèrent de vrais despotes et réalisèrent d'immenses profits, aux dépens des petits propriétaires terriens.

Seuls à disposer d'espèces, les officiers achetaient des cargaisons entières de marchandises, qu'ils revendaient plusieurs fois leur prix. Leur enrichissement devenait d'autant plus considérable que la nouvelle colonie constituait désormais une étape importante sur les routes commerciales et que la chasse à la baleine et au phoque prospérait.

Les officiers, toujours plus riches et arrogants, parvinrent à ce qu'on a appelé plus tard la "Révolte du rhum", à l'issue de laquelle ses officiers rebelles le firent arrêter. Ce fut une rébellion de trop pour le gouvernement britannique qui envoya le lieutenant-colonel Lachlan Macquarie avec son propre régiment et ordonna le retour du New South Wales Corps à Londres.

Il faut mentionner ici le rôle important que joua le rebelle John Macarthur dans le développement de la première industrie de la colonie. Il sut percevoir le potentiel de pâturage du pays et introduisit les moutons mérinos, dans l'idée qu'un élevage soigneux pourrait produire une laine de qualité exceptionnelle.

Une fois qu'il eut brisé la rébellion, le gouverneur Macquarie s'attela à de profondes réformes sociales. Il octroya des droits civiques aux forçats qui avaient purgé leur peine et commença à nommer d'anciens convicts à des postes administratifs.

Si ces mesures permirent aux bagnards d'envisager un avenir un peu moins sombre, la Nouvelle-Galles du Sud était en 1821, à la fin du mandat de Macquarie, de fait encore une société de déportés, et les heurts étaient fréquents entre forçats émancipés et colons libres.

Au cours des années 1830 et 1840, le nombre d'immigrants libres dans les colonies de la Nouvelle-Galles du Sud, de l'Australie-Occidentale, de la Terre de Van Diemen (la Tasmanie actuelle) et de Port-Phillip (le Victoria) s'accrut, mais ce fut la découverte de l'or dans les années 1850 qui changea véritablement le destin de ce jeune pays. Avant l'abolition de la déportation vers les colonies (en 1852 vers celles de l'est et en 1868 vers celles de l'ouest), plus de 168 000 bagnards avaient été déportés en Australie.

Exploration et expansion coloniales

L'Australie ne connut pas, comme l'Amérique, des vagues successives de peuplement vers l'ouest. On explora et on pénétra progressivement plus avant dans le continent pour trois raisons : trouver de nouveaux lieux de détention (comme le bagne barbare de Port-Arthur en Tasmanie), occuper le terrain avant qu'il ne le soit par d'autres, puis découvrir de l'or.

En 1800, l'Australie ne comptait que deux modestes colonies : celle de Sydney Cove et celle de Norfolk Island. Le continent montrait des terres encore essentiellement vierges. On pensait même qu'il pouvait s'agir de deux grandes îles séparées par une vaste mer.

Durant les quarante premières années du XIXe siècle, on découvrit l'intérieur du pays et des colonies furent établies à Hobart, Brisbane, Perth, Adelaide et Melbourne. Certains des premiers explorateurs, en particulier ceux qui bravèrent les contrées hostiles de l'intérieur du continent, subirent de terribles épreuves.

En 1797 et 1798, George Bass établit le relevé de la côte du sud de Sydney quasiment jusqu'au site de l'actuelle Melbourne. Toujours en 1798, il entreprit, en compagnie de Matthew Flinders, le tour complet à la voile de la Terre de Van Diemen, prouvant qu'il s'agissait bien d'une île. Et, en 1802, Flinders réalisa, à bord de l'*Investigator*, la première circumnavigation de l'Australie.

Cette même année, Flinders, l'envoyé de la couronne d'Angleterre, rencontra à Encounter Bay (la baie de la Rencontre) le Français Nicolas Baudin, chargé par Bonaparte de faire, avec 24 savants, le relevé des côtes de Nouvelle-Hollande, dont ils baptisèrent une partie "terre Napoléon".

Proche de l'emplacement actuel de Hobart, la première colonie de l'île date de 1803. Vingt ans plus tard, Hobart Town rivalisait en importance avec Sydney. L'île ne prit le nom de Tasmanie qu'en 1856, avec la fin de la déportation. Les habitants jugèrent qu'un changement de nom s'imposait pour faire oublier ce sinistre passé de colonie pénitentiaire. Ils choisirent alors de rebaptiser leur île du nom de celui qui l'avait découverte deux siècles plus tôt.

Sur le continent, les Blue Montains constituaient une muraille infranchissable, jusqu'à ce qu'une voie fût enfin trouvée en 1813, permettant à Blaxland, Wentworth et Lawson d'explorer les plaines à l'ouest.

Port Phillip Bay, dans l'État du Victoria, devait être à l'origine le second point de peuplement d'Australie, mais on lui préféra Hobart. Oublié jusqu'en 1835, ce site allait devenir l'actuelle Melbourne avec l'arrivée des colons de Tasmanie à la recherche de nouvelles terres. Perth fut fondée en 1829, mais, isolée du reste du pays, elle ne connut qu'une croissance très lente.

La région de Brisbane fut d'abord colonisée par un groupe de forçats refoulés de Sydney vers le nord. Lorsque la colonie pénitentiaire de Brisbane fut abandonnée en 1839, des colons libres arrivèrent en grand nombre. Adelaide, fondée en 1837, fut au départ une expérience de colonisation fondée sur la libre entreprise, qui se solda par un échec dû à une mauvaise gestion. Le gouvernement britannique dut alors reprendre les choses en main et se porter garant de la colonie.

En 1824, les explorateurs Hume et Hovell partirent d'un site proche de l'actuelle Canberra et réalisèrent la première traversée de l'intérieur en direction du sud, en atteignant la rive occidentale de Port Phillip Bay (Melbourne). En cours de route, ils découvrirent un fleuve, auquel ils donnèrent le nom de Hume. Il fut plus tard rebaptisé Murray par un autre grand explorateur, Charles Sturt, qui, en 1829, découvrit le système fluvial du Murray. Jusqu'à cette date, une opinion répandue voulait que la majorité des rivières du continent alimentent une vaste mer intérieure.

Douze ans plus tard, le surveillant-général de la colonie, le major Mitchell, rédigea des rapports enthousiastes sur les magnifiques contrées fertiles qu'il avait traversées au cours de son expédition vers le sud, au-delà du Murray jusqu'à Portland Bay. Il surnomma cette région (le Victoria actuel) "Australia Felix" ou "l'Australie heureuse".

En 1840, Edward Eyre quittait Adelaide dans l'espoir de rejoindre le centre géographique du continent, tentative avortée au Mt Hopeless. Il essaya ensuite de rallier Albany, en Australie-Occidentale. Cette expédition se révéla dramatique : les vivres et l'eau vinrent à manquer, et son compagnon, Baxter, fut tué par deux guides aborigènes. Eyre poursuivit néanmoins et, après avoir pu se ravitailler auprès d'un baleinier français à Rossiter Bay, parvint à gagner Albany. La route qui traverse Nullarbor Plain et conduit d'Australie-Méridionale en Australie-Occidentale porte d'ailleurs son nom : Eyre Highway.

En 1844 et 1845, le scientifique allemand Ludwig Leichhardt ouvrit une route à travers le nord du Queensland, le long du golfe de Carpentarie, jusqu'à Port Essington, proche de l'actuelle Darwin. Mais sa seconde expédition, en 1846-1847, visant à traverser le continent d'est en ouest, ne réussit pas la première fois, et l'équipe fut portée disparue lors de la seconde tentative en 1848.

La même année, Edmund Kennedy décida de remonter la péninsule du Cape York par voie de terre, tandis qu'un vaisseau de Sa Majesté, le *HMS Rattlesnake*, explorait la côte et les îles. Peu après le départ de Rockingham Bay, au sud de Cairns, l'expédition se trouva rapidement en difficulté, les lourds chariots de ravitaillement s'embourbant dans la région marécageuse de Tully. Les difficultés du terrain, le climat insalubre, le manque de vivres, l'hostilité des Aborigènes et les ren-

dez-vous d'approvisionnement manqués coûtèrent la vie aux membres de l'expédition. Kennedy lui-même fut mortellement blessé par une lance aborigène alors qu'il n'était plus qu'à 30 km du but. Son domestique aborigène, Jacky Jacky, fut le seul à rejoindre le navire de ravitaillement.

La tentative de Robert Burke et William Wills en 1860 de traverser le continent du sud au nord, en partant de Melbourne, fut l'une des plus tragiques. Contrairement aux premiers explorateurs, ils ne s'adjoignirent pas de guides aborigènes. Après avoir établi un campement à Cooper Creek, dans le Queensland, ils décidèrent à quatre de pousser jusqu'au golfe de Carpentarie. Leurs chameaux progressèrent plus lentement que prévu dans les marécages en bordure du golfe, et l'un de ces quatre hommes mourut d'épuisement sur le chemin du retour.

Burke, Wills et le troisième membre, John King, parvinrent à rejoindre Cooper Creek. Exténués, ils avaient un retard de deux mois par rapport à leur calendrier. Leurs compagnons restés au campement venaient de repartir pour Melbourne quelques heures auparavant, persuadés de ne pas les revoir. Ils restèrent à Cooper Creek, mais manquèrent une équipe partie à leur rescousse et ne trouvèrent jamais les vivres qu'elle leur avait laissés. Burke et Wills moururent de faim. Nourri par les Aborigènes de la région jusqu'à l'arrivée d'une équipe de secours, seul King survécut.

Tenté par la prime de 2 000 £ offerte pour la première traversée sud-nord, John McDouall Stuart quitta Adelaide en 1860 et parvint au centre géographique de l'Australie, le Central Mt Stuart, mais dut abandonner peu après.

C'est à la troisième tentative, en 1862, que Stuart parvint à gagner la côte nord, près de Darwin. La ligne de télégraphe, posée en 1872, ainsi que la Stuart Highway d'aujourd'hui suivent un tracé proche de celui de son expédition.

Génocide des Aborigènes

Lorsque les Britanniques se sont installés dans la baie de Sydney, on pense que le territoire regroupait quelque 300 000 Abori-

L'appropriation des terres aborigènes s'accompagnait systématiquement de la répression, voire du massacre, de leurs propriétaires traditionnels. Les Aborigènes enduraient souvent dans la dignité ces traitements inhumains, mais il leur arrivait aussi fréquemment de résister.

PHOTO COURTESY OF THE NATIONAL LIBRARY OF AUSTRALIA

gènes parlant 250 langues, dont certaines extrêmement différentes entre elles. Des tribus établies de part et d'autre de l'actuelle baie de Sydney s'exprimaient dans des idiomes qui ne leur permettaient pas de se comprendre.

Fondée sur la parentèle et dotée d'une structure politique égalitaire, cette société ne pouvait réagir en bloc à la colonisation européenne. Faisant fi de la présence des Aborigènes, les nouveaux venus voyaient en ce continent une *terra nullius* – "terre de personne". A leur grande satisfaction, ils n'y trouvèrent aucune forme connue de gouvernement, aucun site occupé de façon permanente ni aucune trace évidente de propriété foncière.

Nombreux sont les Aborigènes qu'on a expulsés de leur territoire, et plus nombreux encore ceux qui ont succombé à ces maladies exotiques qu'étaient pour eux la variole, les oreillons, les affections vénériennes, la grippe, la coqueluche, la pneumonie et la tuberculose.

L'équilibre subtil qui unissait la population d'origine à la nature s'est définitivement rompu lorsque les envahisseurs européens ont abattu les forêts et introduit quantité d'animaux domestiques.

En 1860, on comptait 20 millions de moutons en Australie. Ovins et bovins ont détruit les points d'eau et l'habitat naturel qui, depuis plusieurs dizaines de milliers d'années, abritait mammifères, reptiles et végétaux comestibles.

Entre Aborigènes et colons, les conflits étaient fréquents. Lorsqu'ils abattaient quelques têtes de bétail pour échapper à la famine, les premiers subissaient des raids de représailles des seconds. Au cours du premier siècle de "peuplement", bien rares sont les Européens qui ont été poursuivis pour avoir tué des Aborigènes, pratique alors courante.

Dans de nombreuses régions, les Aborigènes ont défendu leur terre en se lançant dans la guérilla avec l'énergie du désespoir. A une certaine époque, les Blancs ont craint des guerriers tels que Pemulwy, Yagan, Dundalli, Jandamarra (qu'ils surnommaient "Pigeon") et Nemarluk au point de fuir certaines régions colonisées.

Jusque dans les années 1850, les nouveaux venus ne disposaient que de fusils à silex aussi peu fiables qu'inappropriés à leurs besoins, et les Aborigènes leur étaient parfois supérieurs en nombre, en armement et en stratégie. L'introduction du fusil à répétition dans les années 1870 provoqua toutefois l'effondrement de la résistance armée (encore que, dans les années 20, des Blancs aient parfois été tués dans le Centre et le Nord du pays).

Les Aborigènes de Tasmanie ont été presque entièrement exterminés, et, partout, la société traditionnelle des premiers Australiens souffrit terriblement de la colonisation. En 1880, seuls quelques groupes relativement restreints, occupant les zones reculées de l'Outback, étaient encore épargnés par l'invasion européenne.

Or, stabilité et croissance

La découverte de l'or dans les années 1850 provoqua un bouleversement des structures sociales et économiques de l'Australie, en particulier dans le Victoria.

Les découvertes antérieures avaient été négligées, en raison, notamment, de la faible importance des filons, du développement insuffisant des techniques d'exploitation et surtout parce qu'une loi stipulait que tout l'or trouvé appartenait au gouvernement. Toutefois, la découverte en 1851 de quantités considérables d'or près de Bathurst, à l'ouest de Sydney, entraîna une ruée de prospecteurs venus de la ville. Renonçant à son titre de propriété, le gouvernement délivra des concessions aux *diggers* (chercheurs d'or) moyennant une licence d'exploitation mensuelle de 30 shillings. Ainsi l'État se garantissait un revenu sur cette formidable fortune qui sortait de terre. Les commerçants du Victoria, s'inquiétant de ce qu'il ne restait bientôt plus un homme valide dans les villes, offrirent une récompense au premier qui découvrirait de l'or dans leur colonie. En 1851, l'un des plus importants gisements de l'histoire fut

découvert à Ballarat, suivi d'autres, à Bendigo et à Mt Alexander (près de Castlemaine), provoquant une ruée d'une ampleur sans précédent. Les premiers mineurs des champs aurifères qui commençaient à surgir dans tout le Victoria venaient des autres colonies australiennes, mais ils furent rapidement rejoints par des milliers d'immigrants. Des Irlandais, des Écossais et des Anglais, ainsi que d'autres Européens et des Américains commencèrent à affluer en masse. Au bout de douze mois à peine, près de 1 800 chercheurs d'or pleins d'espoir débarquaient chaque semaine à Melbourne.

La ruée vers l'or amena aussi son contingent de mineurs et de maraîchers chinois sur les concessions aurifères, où une vive hostilité de la part des Blancs provoqua des émeutes raciales et une crainte maladive face à l'immigration asiatique. Peu firent réellement fortune sur les placers, et beaucoup s'installèrent en Australie comme fermiers, ouvriers ou commerçants.

Dans le même temps, la révolution industrielle en Angleterre entraînait une forte demande en matières premières. Avec les vastes ressources agricoles et minières de son immense territoire, l'Australie possédait une base économique sûre.

Si la découverte de l'or a largement contribué à la croissance économique et au boom de la population, elle est également à l'origine d'un folklore australien propre. Les airs irlandais, écossais et anglais, par exemple, ont été adaptés pour décrire la vie dans les gisements d'or, tandis que poètes, chanteurs et écrivains racontaient la vie dans le bush et les villes minières, celle des *squatters* (premiers éleveurs de moutons, puis de bétail) et de leurs exploitations, celle des *swagmen* (vagabonds), des fameux *bushrangers* (ces "bandits de la brousse"), dont beaucoup devinrent des héros populaires.

Fédération et Première Guerre mondiale

Au cours des années 1890, les appels en faveur d'une fédération des colonies se firent plus pressants. Ses défenseurs faisaient valoir qu'elle améliorerait l'économie et le sort des travailleurs en permettant l'abolition des barrières douanières entre colonies et la protection de la main-d'œuvre australienne face à la concurrence étrangère. Chaque colonie était toutefois déterminée à défendre ses prérogatives. Pour cette raison, la Constitution finalement adoptée n'octroyait que des pouvoirs spécifiques au Commonwealth d'Australie, les colonies (plus tard, les États) conservant l'essentiel de leurs pouvoirs législatifs. Elle donnait également à chaque nouvel État un nombre égal de représentants au Sénat, quelle que soit l'importance de sa population. Aujourd'hui, la Tasmanie, avec moins de 500 000 habitants, détient autant de sénateurs au Parlement fédéral que la Nouvelle-Galles du Sud, qui compte près de 6 millions d'habitants. Le Sénat ayant pouvoir de rejeter les lois votées par la Chambre des représentants, cet héritage du passé colonial a profondément influencé la politique australienne dans différents domaines, préservant les divisions entre États et garantissant que les plus petits d'entre eux gardent une influence importante dans le gouvernement de la Nation.

L'avènement de la fédération, le 1er janvier 1901, permit à l'Australie de devenir une nation à part entière, mais elle restait très attachée, sur le plan légal et culturel, à l'Angleterre. L'Australie se battit d'ailleurs à ses côtés dans des contrées aussi éloignées que l'Afrique du Sud, durant la guerre des Boers. Cette détermination à combattre aux côtés des nations occidentales fut démontrée à plusieurs reprises au cours du XXe siècle. Mais cette loyauté en apparence aveugle de l'Australie envers la Grande-Bretagne, puis plus tard les États-Unis, avait une autre raison, cachée : la xénophobie, née de l'isolement en plein monde asiatique et d'une économie vulnérable. L'Australie se considérait véritablement comme une tête de pont européenne dans l'océan Indien. Elle le prouva avec la promulgation en 1901 de l'*Immigration Restriction Bill* (Loi de restriction de l'immigration). Connue sous le nom de *White Australia Policy*, ou politique de l'Australie blanche, elle était destinée à

entraver l'immigration des Asiatiques et des insulaires du Pacifique.

Les candidats à l'immigration devaient passer une épreuve de dictée dans une langue européenne. Cette épreuve ne fut supprimée qu'en 1958.

La volonté de préserver les emplois et les conditions de vie des travailleurs australiens, à l'origine de la White Australia Policy, eut toutefois des retombées positives. Le mouvement travailliste était depuis plusieurs années déjà une force politique importante, et, en 1908, le principe d'un salaire minimum suffisant à nourrir une famille avec trois enfants était acquis, ainsi que l'octroi de pensions de vieillesse et d'invalidité.

La Première Guerre mondiale vit à nouveau les troupes australiennes combattre à des milliers de kilomètres de chez elles. La plus terrible bataille livrée par ceux que l'on appelle couramment les *diggers* fut celle destinée à forcer un passage vers Constantinople, par le détroit des Dardanelles. Les troupes australiennes et néo-zélandaises (*Australian & New Zealand Army Corps*, abrégé en *Anzacs*) qui accostèrent à Gallipoli furent décimées par les troupes turques, bien équipées et stratégiquement situées. L'Anzac Day, le 25 avril, jour anniversaire du débarquement sur la presqu'île de Gallipoli, commémore l'héroïsme du corps expéditionnaire australien et néo-zélandais. Bien que les Australiens n'aient pas hésité à accourir pour porter secours à l'Angleterre durant la Première Guerre mondiale, la plupart des électeurs n'étaient favorables qu'à un recrutement de volontaires. En 1916, lors d'un référendum, le projet de conscription fut repoussé par une faible majorité.

Dans les années 30, la Grande Dépression, à travers le blé et la laine, frappa de plein fouet l'Australie, mettant en 1931 pratiquement un Australien sur trois au chômage et réduisant à la pauvreté une grande partie de la population.

Les *swagmen* (vagabonds) redevinrent une vision familière, comme dans les années 1890, lorsque des milliers d'hommes prirent la route à la recherche d'un emploi. Toutefois, dès 1933, une reprise se faisait

John Flynn, docteur volant

Jusqu'à la fin des années 20, les habitants des zones les plus reculées de l'Outback n'avaient pas, ou peu, accès aux infrastructures médicales. Il fallait souvent plusieurs semaines de trajet sur de mauvaises pistes pour se rendre chez le médecin le plus proche. En cas de maladie ou d'accident graves, les chances de guérison étaient donc minces. Ceux qui tombaient malades à proximité d'une ligne télégraphique étaient les plus chanceux : leurs compagnons pouvaient en effet les soigner ou les opérer en suivant les instructions qu'on leur transmettait en morse.

En 1912, le révérend John Flynn, membre de l'Église presbytérienne, participa à l'aménagement de l'hôpital d'Oodnadatta, premier du genre dans l'Outback. Horrifié par les tragédies dues au manque d'infrastructures médicales, il comprit rapidement que le problème serait réglé au moyen de la radio et de l'avion. Toutefois, ces outils technologiques en étaient encore à leurs balbutiements.

Néophyte dans ces deux domaines, Flynn a cependant pu inspirer certains spécialistes. En 1928, après des années d'épreuves et d'erreurs, l'ingénieur radio Alfred Traeger mit au point un petit transmetteur-récepteur alimenté par une pédale, dont la portée excédait 500 km. Cet appareil, peu onéreux et d'un maniement facile, permit enfin à l'Outback de sortir de son profond silence.

Les avions équipés pour les évacuations sanitaires existaient depuis 1920, mais l'absence de réseau radio avait retardé leur usage. En 1928, l'invention de Traeger permit l'installation à Cloncurry, dans le Queensland, de la première base australienne des Flying Doctors. La ville devint par la suite la base des Queensland and Northern Territory Aerial Services (Qantas), qui fournissaient un pilote et un appareil de location.

Cette nouvelle prestation ayant obtenu un succès foudroyant, les régions trop éloignées de Cloncurry pour être desservies ne tardèrent pas à réclamer leurs propres docteurs volants. L'Église presbytérienne ne disposant pas de ressources suffisantes, elle délégua en 1933 le service sanitaire aérien à une "organisation à caractère national". C'est ainsi que naquit le Royal Flying Doctor Service (RFDS). Le rêve de Flynn – couvrir l'Outback d'un "manteau de sécurité" – était devenu réalité.

Les évacuations en urgence de malades ou de blessés représentent toujours une part importante de l'activité des douze stations du RFDS, qui prend désormais en charge un vaste éventail de services médicaux. Il propose ainsi des examens de routine aux communautés qui ne peuvent attirer des équipes soignantes à plein temps et supervise quantité de petits hôpitaux qui fonctionnent normalement sans médecin. Dans ces établissements travaillent des infirmières diplômées qui communiquent par téléphone ou par radio avec le médecin régulateur du RFDS.

Sur le plan administratif, les bases du RFDS sont divisées en sept associations à but non lucratif, financées par les autorités et par des personnes privées.

---

déjà sentir, grâce à la hausse du cours de la laine et à un rapide redémarrage de la production.

La carrière de Joseph Lyons connut, elle aussi, un remarquable mouvement ascendant. Suite aux élections de 1932 où il avait battu James Scullin, chef des travaillistes au pouvoir, Lyons était devenu Premier ministre. Ancien membre du gouvernement travailliste, il s'était écarté de ses amis pour fonder le United Australia Party. Ce parti conservateur tint les rênes du pays jusqu'à la fin de la décennie. En 1939, la mort de Lyons entraîna l'émergence de celui qui domina la vie politique australienne pendant le quart de siècle suivant : Robert Gordon Menzies. Il prit la tête du gouvernement de 1939 à 1941, année où son propre parti le contraignit à démissionner, puis forma un nouveau parti conservateur, le Liberal Party, et retrouva son poste en 1949. A compter de cette date, il exerça le pouvoir pendant seize ans.

"Protection" des Aborigènes

Au début du XXᵉ siècle, la loi australienne isola le peuple aborigène, sous couvert de le "protéger". Ainsi, par l'Aboriginals Ordinance de 1918, les Aborigènes virent leurs droits à la propriété et à l'emploi restreints dans tous les États. Cette loi permettait même aux États de soustraire les enfants aborigènes à leur mère si le père n'était pas aborigène. L'enfant était alors placé dans une famille d'accueil, une mission religieuse ou un orphelinat, les parents perdant tout droit sur l'éducation et l'avenir de leur enfant. Cette pratique s'est poursuivie jusque dans les années 60.

Beaucoup d'Aborigènes souffrent encore aujourd'hui d'avoir été séparés de leur famille et d'avoir dû grandir loin de leur peuple. On parle à leur sujet de "génération perdue". Dans un procès qui fera date, deux membres de cette "génération perdue" portent actuellement plainte devant le tribunal fédéral d'Australie et réclament des dommages et intérêts pour les traitements subis, contraires aux lois en vigueur.

Seconde Guerre mondiale et après-guerre

Dans les années qui précédèrent la Seconde Guerre mondiale, l'Australie prit de plus en plus conscience de la menace que représentait le Japon. Au début du conflit, les troupes australiennes combattirent aux côtés des troupes britanniques en Europe, mais après le bombardement de Pearl Harbour par les Japonais, la sécurité de l'Australie même s'avéra prioritaire. La chute de Singapour aux mains des Japonais, le bombardement des villes de Darwin et de Broome au nord du pays, ainsi que de Port Moresby en Papouasie-Nouvelle-Guinée, l'avancée des troupes nipponnes vers le sud n'empêchèrent pourtant pas la Grande-Bretagne de demander à l'Australie des troupes en renfort.

Cette fois, le Premier ministre australien, John Curtin, refusa. Les soldats australiens étaient indispensables pour combattre l'avancée des Japonais vers Port Moresby. Ils affrontèrent les forces nippones dans des combats atroces, mais les vainquirent à Milne Bay. Ils entreprirent alors de les déloger du Pacifique.

Finalement, ce sont les États-Unis, et non l'Angleterre, qui viendront au secours de l'Australie, en infligeant une défaite majeure aux Japonais lors de la bataille de la mer de Corail. Cet événement modifia profondément l'attitude de l'Australie, qui accorda dès lors sa confiance aux États-Unis plutôt qu'à la Grande-Bretagne, changeant ainsi d'allégeance. Elle avait soutenu l'Angleterre dans la guerre en Europe, mais elle avait pris conscience de sa propre vulnérabilité.

L'une des conséquences du conflit fut le programme d'immigration d'après-guerre, dans l'espoir de renforcer l'économie du pays et sa défense. Le slogan de l'époque était : "Peupler ou périr" (*Populate or Perish*). Entre 1947 et 1968, plus de 800 000 émigrants européens d'origine non britannique vinrent s'installer au pays des kangourous. Ils lui apportèrent une énorme contribution, en stimulant son évolution culturelle et en élargissant sa vision du monde. L'après-guerre fut marqué par une croissance rapide du niveau de vie, notamment en raison de la forte augmentation de la demande en matières premières. Le gouvernement travailliste de Ben Chifley instaura un programme de reconstruction qui comprenait, entre autres mesures, la création du gigantesque plan hydroélectrique des Snowy Mountains.

Après la guerre, l'Australie finit par épouser le point de vue américain sur la menace communiste en Asie. Durant la guerre de Corée, l'Australie, gouvernée par Menzies, se rangea aux côtés des Américains. Elle fut signataire des traités de l'Anzus (Alliance avec la Nouvelle-Zélande et les États-Unis) et de l'Otase (Organisation du traité de l'Asie du Sud-Est). Lancé par l'Australie (avec l'appui des États-Unis, de la Grande-Bretagne, du Canada et du Japon), le plan de Colombo de 1950 accordait une aide économique à certains pays du Sud-Est asiatique afin de prévenir l'expansion du communisme. Il n'est pas surprenant que le gouvernement de Menzies ait approuvé l'engagement américain dans la guerre du Vietnam et ait envoyé des troupes australiennes en renfort en 1965. Cet engagement aux côtés des États-Unis ne fit pas l'unanimité. Arthur Calwell, le dirigeant du parti travailliste (le *Labor*), par exemple, estimait que le conflit au Vietnam était avant tout une guerre civile à laquelle l'Australie n'avait aucune raison de prendre part. Le principe de la conscription avait été adopté en 1964, et les appelés pouvaient être envoyés pour combattre à l'étranger. En 1967, les troupes australiennes engagées au Vietnam comprenaient 40% d'appelés.

L'"assimilation" du peuple aborigène

La Seconde Guerre mondiale a accéléré le processus de changement social. L'assimilation des Aborigènes à la société "Blanche" est devenue l'objectif déclaré du gouvernement. C'est ainsi que les droits des Aborigènes furent encore restreints. Le gouvernement avait la main haute sur tout ce qui concernait les Aborigènes, du lieu de leur établissement au choix du conjoint.

Des groupes d'individus entiers furent déplacés de leurs terres vers des *townships* (sortes de banlieues ghettos) dans l'idée que les Aborigènes s'adapteraient à la culture européenne et parviendraient ensuite à assurer leur développement économique. Ce fut un échec lamentable.

Dans les années 60, cette politique d'assimilation fut l'objet de vives critiques de la part des Australiens blancs, de plus en plus nombreux à trouver injuste ce traitement réservé aux Aborigènes. Par le référendum de 1967, les Australiens non aborigènes approuvèrent l'octroi de la citoyenneté australienne aux Aborigènes et aux insulaires du détroit de Torres. Parallèlement, la loi issue de cette consultation publique conféra au gouvernement fédéral un pouvoir législatif en matière de questions aborigènes, les États étant dans l'obligation de fournir aux Aborigènes les mêmes services qu'aux

autres citoyens. Ainsi fut créé le Department of Aboriginal Affairs (ministère des Affaires aborigènes) afin de définir les besoins spécifiques des Aborigènes et de garantir leur application au plan législatif. L'année 1972 marqua une nouvelle étape avec l'abandon de la politique d'assimilation, qui céda la place à l'autodétermination. Pour la première fois, les Aborigènes pouvaient enfin avoir des droits sur leurs terres. Reportez-vous à la rubrique *Land Rights Acts,* plus loin dans ce chapitre, pour en savoir plus sur les droits des Aborigènes.

Malgré l'espoir d'amélioration né de l'issue du jugement du cas Mabo (voir plus loin la rubrique *Droits des Aborigènes*), on ne peut oublier que de nombreux Aborigènes vivent toujours dans des conditions déplorables, et que toxicomanie et alcoolisme touchent particulièrement les jeunes et les hommes d'âge mûr. Les communautés aborigènes tentent à présent de faire face à ces fléaux : beaucoup de communautés sont au régime sec, l'alcool y est prohibé. Il existe par ailleurs plusieurs programmes de désintoxication pour les alcooliques, "sniffeurs" d'essence et autres toxicomanes. Les efforts dans ce domaine sont grandement dus à l'action des femmes, nombreuses à être victimes de la violence domestique.

Depuis les années 70

L'impopularité de la conscription et les troubles qui en découlèrent contribuèrent, entre autres raisons, au retour au pouvoir, en 1972, de l'Australian Labor Party (ou ALP), le parti travailliste, sous la houlette de Gough Whitlam, après plus de 25 ans d'absence. Le gouvernement Whitlam retira les troupes australiennes du Vietnam, abolit le service militaire obligatoire, instaura la gratuité de l'enseignement supérieur, institua un système de sécurité sociale gratuite et accessible à tous, et soutint les revendications aborigènes du droit à la terre.

Le gouvernement était toutefois affaibli par un Sénat hostile et des rumeurs de mauvaise gestion. Le 11 novembre 1975, le gouverneur général (représentant de la Couronne d'Angleterre) dissolvait le Parlement et installait un gouvernement intérimaire

Les conséquences de la dépossession

Les Aborigènes sont le groupe socio-économique le plus défavorisé d'Australie. Ils subissent encore aujourd'hui les conséquences de la colonisation britannique, fondée sur la doctrine de la *terra nullius*, qui considérait le pays comme inoccupé. Faisant fi des liens spirituels et économiques qu'ils entretenaient avec la terre, on les en dépouilla. Il furent tués en masse par les colons et les épidémies et durent céder la place aux éleveurs. Les Aborigènes installés sur les meilleures terres agricoles furent pratiquement exterminés.

Dans les régions isolées, ils survécurent en plus grand nombre mais se virent également contraints de quitter leurs terres pour intégrer les missions à mesure que les colons investissaient les régions arides pour faire paître leur bétail. On les coupa de leur culture en les éloignant des sites sacrés mais aussi en laissant les missionnaires et, plus récemment des médias de la culture blanche, s'attaquer directement à leurs valeurs. La destruction de leurs terrains de chasse pour faire place aux pâturages força nombre d'entre eux à rejoindre les missions pour ne pas mourir de faim.

Deux siècles de mauvais traitements et le manque d'empressement des gouvernements successifs à s'attaquer sérieusement au problème ont fait des conditions de vie des Aborigènes un désastre. Les statistiques sur la justice sociale publiées en 1996 par la commission des droits de l'homme et de l'égalité des chances montrent que les Aborigènes meurent en moyenne 20 ans plus tôt que les autres Australiens, et sont 20 fois plus susceptibles d'être des sans-abri. Leurs enfants sont placés en familles d'accueil près de 16 fois plus souvent. Alors que le taux de chômage moyen s'élevait à 10,5% en 1994, 38% des Aborigènes et des insulaires du détroit de Torres étaient sans emploi. Seuls 11% des Aborigènes gagnent plus de 25 000 dollars par an.

Vu l'ampleur des déplacements et ces conditions de vie déplorables, il n'est guère surprenant que l'alcool et la drogue, en particulier l'inhalation de l'essence, soient devenus des problèmes majeurs.

Pour combattre ce fléau, de nombreuses communautés aborigènes se sont mises au régime sec en interdisant la possession ou la consommation d'alcool. Beaucoup d'Aborigènes ne boivent pas, ou seulement de manière occasionnelle et modérée. Selon l'enquête sur la stratégie nationale antidrogue réalisée en 1993 par le ministère des Services et de la Santé, 33% seulement des Aborigènes des zones urbaines et du détroit de Torres sont des consommateurs réguliers.

Cependant, de nombreux alcooliques des communautés "sans alcool" se rendent dans les centres urbains tels qu'Alice Springs pour se procurer à boire. Il s'agit souvent de chômeurs et de sans-abri coupés des influences modératrices de leur communauté. Ils achètent généralement les liqueurs les moins chères du marché et boivent sur la voie publique, attirant ainsi sur eux l'attention de la police mais aussi des passants.

Les stéréotypes qui en résultent sont injustes pour la majorité des Aborigènes sobres et travailleurs. Mais les alcooliques eux-mêmes méritent qu'on leur témoigne compassion et compréhension, au regard des conditions de vie lamentables qui les ont poussés dans cette voie.

dirigé par le leader de l'opposition libérale, Malcolm Fraser. Les travaillistes furent scandalisés, car cela n'avait jamais eu lieu dans l'histoire du Commonwealth d'Australie. En outre, beaucoup d'Australiens considéraient que les pouvoirs dont s'était prévalu le gouverneur général n'étaient désormais qu'un vestige anachronique du passé britannique de l'Australie.

Ce fut pourtant une coalition du Liberal Party et du National Party qui remporta les élections suivantes. Les travaillistes ne revinrent au pouvoir qu'en 1983, sous la direction d'un ancien dirigeant syndical,

Faut-il couper les ponts avec la Grande-Bretagne ?

Au tournant du millénaire, marqué par la célébration des Jeux olympiques à Sydney en l'an 2000 et par le centenaire de la Fédération australienne l'année suivante, la question de l'identité nationale occupe le devant de la scène politique. Au cœur des débats se trouve l'actuelle Constitution, qui place la monarchie britannique à la tête de l'État. Face aux républicains, qui exigent un chef d'État australien, les monarchistes entretiennent le *statu quo*.

Pour résumer la situation, les partisans de la république mettent en avant le caractère multiculturel de la société australienne. Enrichie, lors de ces 40 dernières années, d'immigrants provenant d'une centaine de pays au moins, la population australienne est fort différente de celle du début du siècle, à dominante anglo-celtique. Le système constitutionnel en vigueur se révèle ainsi anachronique. Les monarchistes, quant à eux, considèrent qu'il n'y a aucune raison de modifier un système qui a toujours bien fonctionné.

La question de la république agite la vie politique depuis que, au début des années 90, Paul Keating, alors Premier ministre, en a fait son cheval de bataille. L'instauration d'un régime républicain semblait à l'époque acquise et réalisable dans un avenir relativement proche. Mais la victoire de John Howard (monarchiste convaincu) aux élections de 1996 a mis un frein à celle-ci.

Depuis, Howard a nommé de mauvaise grâce une convention constitutionnelle de 152 membres chargés de présenter un projet de république viable. Suivant le calendrier, leur proposition a été soumise à un référendum en novembre 1999, et l'Australie devrait adopter un régime républicain en 2001, soit un siècle exactement après l'entrée en vigueur de l'actuelle Constitution, acte fondateur de la Fédération des six colonies.

Les efforts considérables déployés par la convention ont abouti à un projet en vertu duquel le Président australien serait choisi par le Premier ministre, sur une liste de candidats établie par un comité de 15 membres. Son choix devrait ensuite être entériné par le leader de l'opposition et par la majorité des deux tiers du Parlement. Tel est le projet soumis au référendum le 6 novembre 1999.

Les modifications ne s'effectuent jamais sans heurts. Seul le Territoire de la Capitale d'Australie (ACT) s'est prononcé en faveur de la république. Le mouvement républicain a beau affirmer que la question reste d'actualité, il faudra probablement attendre dix ans avant que se présente une nouvelle occasion de modifier la Constitution.

Bob Hawke. En 1990, Bob Hawke fut réélu pour un troisième mandat consécutif (un record pour un Premier ministre travailliste), en grande partie grâce à l'absence d'une véritable alternative du côté libéral. Fin 1991, il céda sa place à Paul Keating, ancien ministre des Finances. En 1991, l'Australie s'est à nouveau trouvée plongée dans la récession, en raison principalement des faiblesses structurelles de son économie, mais aussi de sa vulnérabilité devant la chute des cours mondiaux des matières premières. Le chômage a alors atteint son plus haut niveau depuis les années 30, des milliers de fermiers insolvables ont dû quitter leurs terres ; le stock de laine se montait à quatre millions de ballots que personne ne semblait pouvoir écouler, les secteurs de la construction et de la production étaient au point mort, et l'ambiance générale au pessimisme. A la surprise générale, les élections fédérales de 1993 ont été remportées par Paul Keating. Le léger redressement de l'économie n'a pourtant pas permis au gouvernement travailliste de conserver la confiance de la population.

Début 1996, alors que le taux de chômage frôlait toujours les 9%, Keating a été balayé par un raz-de-marée électoral au profit de la Coalition menée par John Howard.

La Coalition a été réélue fin 1998 bien qu'à une majorité très réduite, ce qui s'explique essentiellement par les inquiétudes des électeurs devant les promesses non tenues et les réformes fiscales proposées, le gouvernement ayant annoncé son intention de mettre en place une taxe sur les biens et services dont le Sénat a commencé à débattre début 1999. Le prix des matières premières a poursuivi sa chute en réaction à la crise économique qui a frappé l'Asie, où se trouvent les principaux marchés des producteurs australiens. Toutefois, le taux de chômage a légèrement baissé pour atteindre 7,5%, tandis que l'économie connaissait une forte croissance provoquée par la hausse des dépenses des consommateurs.

Malgré les récents fléchissements économiques, la majorité des Australiens non aborigènes jouissent d'un niveau de vie très élevé. On ne peut malheureusement pas en dire autant des Aborigènes. Beaucoup d'entre eux vivent encore dans des conditions déplorables, victimes d'épidémies que la prévention suffirait à contenir. Ils connaissent un taux de mortalité considérable, supérieur à celui de plusieurs pays du tiers-monde. Bien que le Native Title ait permis quelques progrès (voir *Institutions politiques*), il reste encore un chemin considérable à parcourir. Sur le plan socio-économique, l'Australie doit encore trouver sa place au sein du monde asiatique. Les Australiens n'ont jamais considéré que leur pays faisait partie de l'Asie et n'en ont pas exploité le potentiel économique.

Le précédent gouvernement travailliste visait à faire de l'Australie un acteur essentiel de la zone Asie-Pacifique, au détriment des relations entretenues traditionnellement avec la Grande-Bretagne, les États-Unis et l'Europe. La Coalition y attache désormais beaucoup moins d'importance.

Une autre question propre à alimenter les débats de cette décennie est celle de la république. Une proportion croissante de la population considère que les liens constitutionnels qui unissent l'Australie à la Grande-Bretagne sont obsolètes (lire à ce propos, l'encadré *Faut-il couper les ponts avec la Grande-Bretagne ?*), en particulier depuis que Sydney a été choisie pour accueillir les Jeux olympiques de l'an 2000. Un courant d'opinion important pense qu'il serait plus normal que les Jeux soient ouverts par le représentant d'une nouvelle République d'Australie. Il semble néanmoins que le Premier ministre, John Howard, demeure très attaché à la monarchie, ce qui pourrait repousser encore longtemps le départ du gouverneur-général.

GÉOGRAPHIE

Plus grande île du monde et plus petit continent, l'Australie est l'une des masses terrestres les plus stables du globe, dont le paysage, en grande partie désertique et inhospitalier, a été formé au cours de millions d'années. Bien qu'il subsiste une faible activité sismique dans les régions de plateaux de l'est et de l'ouest, depuis 100 millions d'années environ l'Australie n'a plus été soumise aux forces tectoniques qui ont ailleurs donné naissance à des massifs immenses.

A l'est, une étroite bande de terre fertile longe la Great Dividing Range (Cordillère australienne), qui suit presque toute la côte est du continent, du nord au sud. Ces monts ne sont plus qu'un pâle reflet des formidables montagnes qui se dressaient là autrefois. Ils ne se couvrent de neige en hiver que dans la partie frontalière de la Nouvelle-Galles du Sud et du Victoria, ainsi qu'en Tasmanie.

A l'ouest des montagnes, le pays devient de plus en plus plat et aride. Les étendues infinies ne sont interrompues que par des lacs salés, quelques monolithes mystérieux, comme Ayers Rock (Uluru pour les Aborigènes) ou les Olgas (Kata Tjuta), et de splendides montagnes comme le massif des MacDonnell près d'Alice Springs. La majeure partie de l'Outback australien se compose toutefois de déserts rudes et rocailleux, et de lacs asséchés.

L'extrême nord de l'Australie, le Top End, est une région tropicale soumise à l'influence des moussons. Bien que la pluviométrie annuelle semble suffisante, les chutes de pluie se manifestent souvent sous la forme de violents orages. Ces conditions climatiques ont empêché le Top End de devenir une région véritablement agricole.

L'ouest du continent, baigné par l'océan Indien, est essentiellement formé d'un vaste plateau, le bouclier australien. La partie sud est constituée d'une chaîne de montagnes et d'une bande côtière fertile, tandis que, dans les parties centre et nord de l'Australie-Occidentale, le plateau aride débouche directement sur la mer. La région accidentée du Kimberley, dans l'extrême nord de l'État, possède des paysages spectaculaires. Sixième pays du monde par la superficie, l'Australie couvre 7 682 300 km^2, soit environ quatorze fois la France, ou l'étendue européenne qui va de l'Irlande à la mer Caspienne. Situé entre les océans Indien et Pacifique, et couvrant près de 5% des terres émergées du globe, le continent mesure environ 4 000 km d'est en ouest et 3 200 km du nord au sud. Son périmètre côtier est de 36 735 km.

GÉOLOGIE

L'Australie formait autrefois avec l'Afrique, l'Amérique du Sud, l'Antarctique et l'Inde le supercontinent de Gondwana constitué il y a quelque 600 millions d'années par une collision entre différentes terres. Elle ne devint un continent à part entière qu'en se détachant de l'Antarctique, il y a 100 millions d'années environ. Depuis lors, l'Australie dérive vers le nord au rythme de 55 mm par an.

L'Australie se divise en deux grandes zones géologiques, le Tasman Fold Belt et le bouclier australien, situées respectivement à l'est et à l'ouest d'une ligne qui rejoindrait grossièrement Kangaroo Island, en Australie-Méridionale, à Princess Charlotte Bay, près de Cooktown, dans l'extrême nord du Queensland.

Très ancien, le bouclier australien possède un socle de roches métamorphiques et volcaniques vieilles de 570 millions à 3,7 milliards d'années. Les formations rocheuses les plus anciennes – dans la région du Pilbara, en Australie-Occidentale –, renferment des cristaux vieux de 4,3 milliards d'années, provenant de la croûte terrestre originelle. A North Pole, également dans le Pilbara, on a retrouvé des fossiles de stromatolites qui vivaient 3 milliards et demi d'années avant notre ère.

Le bouclier australien s'est formé par l'agglomération de plusieurs blocs d'écorce terrestre volcanique (notamment granitique). Pour la plupart, ces blocs sont aujourd'hui recouverts de sédiments, mais certains restent visibles comme à Mt Isa, à Broken Hill ou dans le désert de Tanami – autant de régions riches en minerais qui comptent aujourd'hui d'importants centres d'extraction. Les restes de la couche de grès originelle, rongés par l'érosion, constituent les paysages tourmentés que l'on peut admirer dans le nord-ouest du Kimberley et à Kakadu, dans le Top End.

Il y a 500 millions d'années, le soulèvement d'une chaîne de type andin, en bordure orientale de l'Australian Craton, marquait la première étape d'un processus de formation de montagnes, qui, échelonné sur 110 millions d'années, a peu à peu repoussé la côte 1 000 km plus à l'est.

Dans la période comprise entre 250 et 140 millions d'années, le bouclier australien se composait essentiellement de terres arides, jusqu'à ce qu'une mer intérieure vienne recouvrir le tiers du continent à la suite d'une forte élévation du niveau des eaux. Les sédiments marins de cette époque renferment la précieuse opale aujourd'hui extraite, entre autres, à Coober Peddy, en Australie-Méridionale, et à White Cliffs, en Nouvelle-Galles du Sud. Une deuxième inondation, survenue il y a 10 à 15 millions d'années, a laissé les dépôts calcaires de l'actuelle Nullarbor Plain.

Occupant près de 20% du continent, le Grand Bassin artésien est l'une des plus importantes nappes phréatiques du monde et fournit la quasi-totalité de l'eau nécessaire à la survie d'une très grande partie de l'Australie orientale intérieure.

CLIMAT

Les saisons australiennes sont inversées par rapport à celles de l'hémisphère nord. La majeure partie de l'Australie ne subit pas d'extrêmes climatiques. Même à Melbourne, la métropole la plus au sud du continent, le thermomètre descend rarement en dessous de 0°C. Seuls les Tasmaniens, à l'extrême sud, connaissent de grands froids. Plus on se dirige vers le nord, plus les écarts de température se réduisent, jusqu'à ce que

ADELAIDE

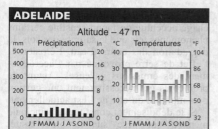

Altitude – 47 m

BRISBANE

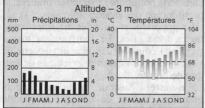

Altitude – 3 m

CANBERRA

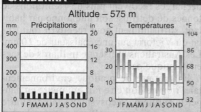

Altitude – 575 m

DARWIN

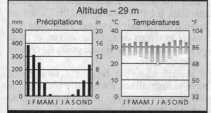

Altitude – 29 m

HOBART

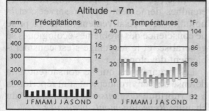

Altitude – 7 m

MELBOURNE

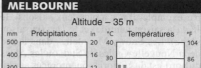
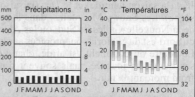

Altitude – 35 m

PERTH

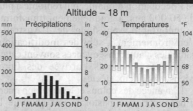

Altitude – 18 m

SYDNEY

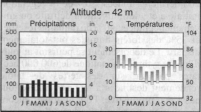

Altitude – 42 m

ALICE SPRINGS

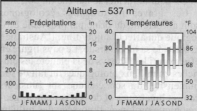

Altitude – 537 m

CAIRNS

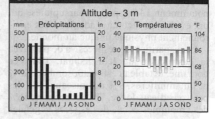

Altitude – 3 m

l'on atteigne la zone tropicale. A Darwin par exemple, il n'y a que deux saisons : le *Wet* (la saison humide) et le *Dry* (la saison sèche). Les Snowy Mountains, dans le sud de la Nouvelle-Galles du Sud, ou les Alpes du nord-est du Victoria sont propices au ski. Le centre du continent est aride, chaud et sec durant la journée, mais souvent d'un froid mordant la nuit.

ÉCOLOGIE ET ENVIRONNEMENT

Si l'occupation humaine, qui remonte à plus de 50 000 ans, a graduellement transformé la géographie physique de l'Australie, l'environnement a subi des modifications radicales – aux conséquences souvent catastrophiques –, depuis l'arrivée des Européens voici deux siècles.

L'avancée des colons et le développement d'une économie pastorale ont entraîné le défrichage du bush originel. Au cours des 200 dernières années, 70% de la végétation initiale a été définitivement détruite ou gravement dégradée ; 40% du domaine forestier et 75% des forêts humides ont totalement disparu. Le déboisement se poursuit aujourd'hui au rythme dramatique de 600 000 hectares par an, sur des terres de faible rendement destinées à une agriculture tout aussi peu productive. Pour aggraver encore la situation, on abat les arbres d'anciennes forêts pour alimenter le marché du bois.

Ces graves perturbations écologiques sont à l'origine du principal problème écologique qui affecte aujourd'hui l'Australie : la perte de sa biodiversité. Le pays figure en effet parmi les 12 pays de la planète les plus riches en milieux biologiques du fait de son immensité, de son étendue sur plusieurs zones climatiques et de son isolement géographique prolongé. Il possède des milliers d'espèces végétales et animales propres, notamment 144 espèces marsupiales, qui ont évolué de façon à s'adapter à cet environnement physique unique au monde.

La disparition des espèces va de pair avec la destruction de leur habitat. Dans ce domaine, le tableau est plutôt sombre : 23% des mammifères, 9% des oiseaux, 9% des poissons d'eau douce, 7% des reptiles, 16% des amphibies et 5% des espèces végétales

ont disparu ou sont très menacés. Le défrichage accentue de façon sensible certains phénomènes tels que la salinité des sols, la dégradation des cours d'eau, l'érosion et l'effet de serre provoqué par l'accroissement des émissions gazeuses. Autant de problèmes qui nécessiteraient une gestion plus musclée qu'elle ne l'est actuellement.

Si le déboisement constitue la principale menace qui pèse sur la biodiversité, d'autres facteurs jouent également un rôle, comme la pollution, l'extraction minière, la prolifération des espèces animales et végétales importées et celle des maladies introduites avec elles. Le tourisme de masse fragilise l'équilibre déjà précaire de certains sites naturels ou culturels, victimes de leur grande beauté.

En outre, l'Australie est le pays le plus grand producteur de déchets du monde après les États-Unis. Chaque année, les décharges reçoivent plus de 18 millions de tonnes de détritus, soit une tonne par habitant, suffisamment pour recouvrir tout l'État du Victoria sur une épaisseur de 10 cm. Les Australiens utilisent 6 milliards de sacs en plastique par an.

En matière de pratique environnementale, rien ne doit être fait qui mette en danger la survie des écosystèmes, au contraire de ce qui a lieu aujourd'hui en Australie, où l'on exploite des mines dans des régions inscrites au Patrimoine mondial, où l'on puise dans les nappes souterraines sans leur laisser le temps de se reconstituer, et où le gouvernement ne se soucie guère de réduire l'effet de serre.

Malgré tout, par rapport à nombre de pays industrialisés, l'Australie n'enregistre pas de si mauvais résultats. Dans ce grand pays à la population clairsemée et fortement urbanisé (88% de la population), de vastes étendues demeurent bien préservées, et la pollution reste relativement faible. La prise de conscience des problèmes écologiques se généralise, et le recyclage s'est considérablement développé.

Les organismes qui se consacrent à la défense de l'environnement sont répertoriés à la rubrique *Organismes à connaître* du chapitre *Renseignements pratiques*.

PARCS NATIONAUX ET RÉSERVES

L'Australie compte plus de 500 parcs nationaux. Chaque État définit et gère ses propres parcs nationaux, mais la même réglementation prévaut pour tout le pays.

On trouve de nombreux parcs dans les forêts tropicales, les vastes étendues désertes de l'Outback, le littoral et les chaînes de montagnes. Ils sont ouverts au public, dans la mesure où la sécurité et le respect des règles sont observés. Dans tous les parcs, il est demandé aux visiteurs de ne rien faire qui pourrait nuire à l'environnement. Des itinéraires d'accès, des terrains de camping (souvent équipés de douches et de toilettes), des sentiers de randonnées et des centres d'accueil sont souvent mis à la disposition des visiteurs.

Certains parcs nationaux sont très isolés, alors que d'autres comptent parmi les principales attractions du pays, et les plus beaux ont été inscrits sur la liste du Patrimoine mondial de l'Unesco. Ces sites sont signalés par le sigle WHA ou World Heritage Area.

Cette liste comprend plus de 400 sites, comme le Taj Mahal ou le Grand Canyon, dont treize sites australiens : la Grande Barrière de Corail ; les parcs nationaux de Kakadu et Uluru-Kata Tjuta dans le Territoire du Nord ; la région des lacs Willandra dans l'extrême-ouest de la Nouvelle-Galles du Sud ; le groupe de Lord Howe Island au large de la Nouvelle-Galles du Sud ; le Tasmanian Wilderness (avec les parcs de Franklin-Gordon Wild Rivers et de Cradle Mountain-Lake St Clair) ; les réserves des forêts tempérées et subtropicales de la côte est (15 réserves, couvrant 1 000 km^2 des hauts plateaux de la Nouvelle-Galles du Sud) ; la zone tropicale humide de la pointe nord du Queensland ; Shark Bay sur la côte occidentale ; Fraser Island, au nord-ouest du Queensland ; les fossiles de mammifères à Riversleigh (ouest du Queensland) et Naracoorte (côte d'Australie-Méridionale) ; Macquarie Island (territoire extérieur australien près de l'Antarctique) ; Heard Island, ainsi que l'archipel McDonald Islands (appartenant également à l'Australie). L'Australian Conservation Foundation est l'une des nombreuses institutions qui se battent pour faire inscrire de nouveaux sites au Patrimoine mondial de l'Unesco. C'est

Quelques règles pour préserver l'environnement

Le tourisme fait peser une menace sur l'environnement, même si les dégradations sont le plus souvent involontaires. En prenant certaines précautions, vous pouvez néanmoins minimiser son impact sur le fragile équilibre des écosystèmes australiens, uniques au monde.

- En véhicule tout-terrain, ne quittez jamais les pistes aménagées, notamment dans les régions les plus sensibles, telles que Fraser Island, Uluru-Kata Tjuta et d'autres parcs nationaux.
- Si vous effectuez une randonnée dans le bush, prévoyez un réchaud : les endroits où les feux sont autorisés se font de plus en plus rares. Emportez vos ordures avec vous et déposez-les dans les endroits prévus à cet effet.
- Cela peut sembler une évidence que de rappeler l'interdiction absolue d'allumer des feux les jours de "Total Fire Ban". Nul n'est censé ignorer les décisions prises par les autorités. Informez-vous et restez conscient des risques (et des amendes !).
- La Grande Barrière de Corail constitue un parc national, soumis aux règles d'usage : ne détériorez, ne prenez rien ; évitez de marcher sur les coraux, ou même d'y toucher.
- Si vous participez à une excursion organisée dans une zone reculée et fragile, choisissez un tour-opérateur qui connaît et respecte les règles élémentaires de préservation de l'environnement. Le marché abonde malheureusement en prétendus aventuriers qui se soucient plus de leur compte en banque que des écosystèmes.

le cas pour le lac Eyre dans le centre de l'Australie-Méridionale, le Blue Mountains National Park près de Sydney, la Nullarbor Plain, la région montagneuse du sud-ouest de la Tasmanie qui n'y figure pas encore, les Alpes australiennes et la péninsule du Cape York.

La Grande Barrière de Corail, les étendues sauvages de Tasmanie, la zone tropicale humide du Queensland et Shark Bay réunissent les quatre conditions d'inscription à la liste du Patrimoine mondial naturel ; les parcs nationaux de Kakadu et d'Uluru-Kata Tjuta, la région des lacs Willandra et les étendues sauvages de Tasmanie ont été retenus pour leurs richesses naturelles, mais aussi culturelles. Ils comptent parmi les très rares sites à être répertoriés sous ces deux rubriques ou à satisfaire aux critères de sélection du Patrimoine mondial naturel.

Malheureusement, le gouvernement fédéral a approuvé, en 1998, l'exploitation d'une nouvelle mine d'uranium dans le Kakadu National Park. Les Nations unies ont alors envisagé de retirer ce site de la liste du Patrimoine mondial mais n'ont pas donné suite. L'exploitation minière qui se poursuivra donc à Ranger jusqu'en 2009 est prévue à Jabiluka à partir de 2001.

Pour les adresses des autorités des parcs nationaux, reportez-vous à *Organismes à connaître* dans le chapitre *Renseignements pratiques*.

INSTITUTIONS POLITIQUES

L'Australie est une fédération composée de six États et de deux Territoires. Selon la Constitution adoptée le 1er janvier 1901, lors de la fédération des colonies en Commonwealth d'Australie, le gouvernement fédéral est responsable des finances et de la Banque centrale, des douanes et taxes, de l'immigration, de la défense, de la politique étrangère, des services postaux et des télécommunications. Les gouvernements des États ont en charge la santé, l'éducation, le logement, les transports et la justice. Il existe à la fois une police fédérale et une police propre à chaque État.

Le système parlementaire australien est calqué sur celui du Royaume-Uni et les structures parlementaires des États s'apparentent à celles de la fédération. Le Parlement fédéral se compose de deux chambres, la Chambre des représentants (Chambre basse) et le Sénat (Chambre haute). La première compte 148 députés, répartis proportionnellement par État en fonction de la population.

Les élections à la Chambre haute ont lieu au moins tous les trois ans. Le Sénat compte 12 sénateurs par État, plus 2 pour l'ACT et 2 pour le Territoire du Nord. Les sénateurs ont un mandat de six ans (à l'exception de ceux des Territoires, dont le mandat est limité à trois ans), avec un renouvellement par moitié tous les trois ans.

Le Queensland ne possède plus de Chambre haute depuis 1922. Le gouvernement fédéral est dirigé par un Premier ministre, tandis que les gouvernements des États sont dirigés par un *Premier* (correspondant au Premier ministre fédéral), le Territoire de la Capitale d'Australie et le Territoire du Nord par un *Chief minister*. Le parti disposant de la majorité à la Chambre des représentants forme le gouvernement. Bien que l'Australie soit une monarchie, et que le souverain soit celui de la Grande-Bretagne, la nation australienne est entièrement autonome. La Couronne britannique est représentée par le gouverneur général et par des gouverneurs au sein des États, dont la nomination est ratifiée par la reine d'Angleterre.

Le gouvernement fédéral a son siège à Canberra, capitale de l'État fédéral située dans un territoire distinct, le Territoire de la Capitale d'Australie (ACT). Ainsi, Canberra ne dépend pas d'un autre État. Les membres du gouvernement fédéral sont élus pour une période de trois ans au maximum, mais des élections peuvent avoir lieu avant ce délai (et c'est souvent le cas). Le vote, obligatoire à partir de 18 ans, se fait à bulletin secret. Le système électoral est très complexe. Ce mode de scrutin préférentiel nominatif oblige les électeurs à classer leurs candidats par ordre de préférence sur leur bulletin de vote. On peut ainsi voir plus de 50 candidats proposés au choix de l'électeur pour les élections au Sénat.

La Constitution ne peut être modifiée que par référendum, et seulement si quatre États réunissent l'accord d'une majorité d'électeurs. Depuis la création de la Fédération en 1901, seules huit modifications, sur quarante-trois proposées, ont été acceptées par référendum.

Les deux principaux partis représentés au Parlement fédéral sont l'Australian Labor Party (ALP ou parti travailliste australien) et la coalition du Liberal Party (parti conservateur) et du National Party (parti nationaliste). Ces partis dominent également la scène politique des États, mais le Liberal Party et le National Party n'y forment pas toujours une coalition. Ce dernier s'appelait autrefois le National Country Party.

Le seul autre parti d'importance est constitué par les Australian Democrats (mouvement démocrate australien), qui s'est largement imposé comme le porte-parole des *greens*, les écologistes, de plus en plus nombreux. Les démocrates ont remporté certains succès ces derniers temps. Les élections de 1998 ont néanmoins assuré à la Coalition une forte majorité à la Chambre des représentants, mais un contre-pouvoir s'est constitué au Sénat, acquis aux démocrates. Le nouveau et très controversé One Nation Party a obtenu 10% des voix à la Chambre des représentants lors des élections fédérales de 1998 et a reçu un soutien important lors des élections qui se sont déroulées récemment dans les États du Queensland et de Nouvelle-Galles du Sud. Ce parti est vivement critiqué par de nombreux Australiens pour ses penchants racistes.

Le cabinet ministériel, présidé par le Premier ministre et composé de la moitié des ministres, est le principal organe exécutif du gouvernement. C'est une structure discrète qui se réunit à huis clos (généralement à Canberra) et dont les décisions sont entérinées par le Conseil exécutif, organe formel présidé par le gouverneur général.

Les droits fonciers des Aborigènes

Les Britanniques ont fondé la colonie de Nouvelle-Galles du Sud sur le principe juridique de la *terra nullius*, ou terre de personne, qui faisait de l'Australie un continent inoccupé en droit. Les colons pouvaient donc s'approprier les territoires des Aborigènes sans signer de traité avec eux ni leur fournir en échange la moindre compensation. Le concept européen de propriété était parfaitement étranger aux populations indigènes. La terre n'appartenait à personne. L'être humain lui appartenait, il était formé par elle, il participait d'elle au même titre que tout autre élément de la création.

A la fin de la Seconde Guerre mondiale, l'instruction et l'organisation des Aborigènes d'Australie se sont développées tandis qu'apparaissait un mouvement politique visant à défendre leurs droits fonciers. En 1962, les Yolngu de Yirrkala, au nord-est de la Terre d'Arnhem, ont présenté aux autorités fédérales une pétition sur écorce, dans laquelle ils exigeaient du gouvernement qu'il reconnaisse l'occupation et la propriété de l'Australie par les Aborigènes depuis des temps immémoriaux. Leur revendication étant restée sans réponse, les Yolngu ont porté l'affaire devant les tribunaux et ils ont perdu leur procès. Lors du célèbre Yirrkala Land Case 1971, les juges australiens ont donné raison aux autorités, pour qui les Aborigènes n'avaient, avec la terre, aucun rapport économique, juridique ou politique vraiment signifiant. L'affaire a ainsi entériné le concept de la *terra nullius* et le postulat juridique selon lequel l'Australie était inoccupée en 1788. Ce jugement ayant été rendu sur la base d'une appréciation inadéquate (voire franchement raciste), les pressions se sont accrues sur les autorités fédérales afin que la loi détermine les droits fonciers des Aborigènes. En 1976, le gouvernement a fini par produire l'Aboriginal Land Rights (Northern Territory) Act, souvent abrégé en "Land Rights Act".

Land Rights Acts. En matière de droits fonciers, l'Aboriginal Land Rights Act de 1976, qui s'applique au Territoire du Nord, reste le texte de loi le plus fort et le plus complet du pays. Confrontées à l'opposition des compagnies minières et des gouvernements locaux, les autorités fédérales n'ont pas tenu leurs promesses de légiférer sur les droits fonciers nationaux. L'acte a établi trois conseils (Aboriginal Land Councils) qui peuvent revendiquer la propriété d'une terre pour le compte des Aborigènes. Ce texte précise néanmoins que seules peuvent être réclamées les terres du Territoire du Nord qui ne sont ni aliénées ni situées en milieu urbain (celles dont personne n'est propriétaire ou locataire et qui sont, en général, semi-désertiques ou désertiques). Lorsque les Anangu – en vertu de la tradition, propriétaires d'Uluru (Ayers Rock) – ont revendiqué leur droit sur Uluru et Kata Tjuta (les monts Olgas), leur demande a été rejetée par le Gouvernement fédéral, ces terres faisant partie d'un parc national.

A l'heure actuelle, environ la moitié du Territoire du Nord a fait ou fait l'objet d'une revendication de la part de ses propriétaires traditionnels. Extrêmement complexe, la procédure peut durer des années, principalement en raison du fait que le gouvernement s'oppose à presque toutes les demandes. Un nombre considérable de demandeurs décèdent avant que leur affaire ne soit réglée. Ils doivent prouver que la loi aborigène leur confère la responsabilité des sites sacrés situés sur la terre en question.

Lorsque leur droit a été reconnu, les Aborigènes sont habilités à négocier avec les compagnies minières et à accepter ou non l'exploitation. Le lobby minier s'oppose vivement à l'exercice de ce droit, quand bien même les propriétaires aborigènes du Territoire du Nord n'écartent qu'environ un tiers des propositions.

Le Pitjantjatjara Land Rights Act 1981 (Australie-Méridionale) est le deuxième texte législatif du pays en matière de droits fonciers. Il reconnaît aux Anangu Pitjantjatjara et aux Yankunytjatjara la pleine propriété de 10% de l'Australie-Méridionale. Connu sous le nom d'Anangu Pitjantjatjara Lands, leur territoire se trouve à l'extrême-nord de l'État.

Au sud des Anangu Pitjantjatjara Lands s'étendent les Maralinga Lands qui représentent 8% de l'Australie-Méridionale. Fortement contaminée lors des essais nucléaires en atmosphère effectués par les Britanniques dans les années 50, cette

région a été restituée aux Anangu en vertu de l'application du Maralinga Tjarutja Land Rights Act 1984 (Australie-Méridionale).

Selon ces deux lois d'Australie-Méridionale, les Anangu ont un droit de regard sur l'accès à leur territoire et la consommation d'alcool. S'ils ne peuvent s'entendre avec les compagnies minières désireuses d'explorer ou d'aménager leur terre, ils ne peuvent toutefois leur opposer de veto ; un médiateur doit alors trancher. S'il donne son feu vert à l'exploitation d'une mine, il impose certaines conditions à la compagnie et s'assure que les Anangu percevront une compensation financière équitable.

En Australie-Méridionale existent d'autres réserves aborigènes, créées suite à l'adoption de l'Aboriginal Land Trust Act 1966 (Australie-Méridionale), qui accorde aux Aborigènes un certain contrôle sur leur terre. En dehors du Territoire du Nord et de l'Australie-Méridionale, les droits fonciers des Aborigènes restent tout à fait limités. Dans le Queensland, moins de 2% du territoire de l'État appartient officiellement à cette population, et les seules terres qu'elle puisse revendiquer en invoquant l'Aboriginal Land Act 1991 (Queensland) sont celles que les autorités déclarent disponibles par voie de presse.

La législation actuelle du Queensland interdit à 95% des Aborigènes qui y vivent de revendiquer leur droit de propriété sur le sol de leurs ancêtres. Depuis l'entrée en vigueur du Nature Conservation Act 1992 (Queensland), les Aborigènes de l'État ne peuvent faire jouer qu'un droit de propriété fort restreint sur les parcs nationaux. Si leur demande est satisfaite, ils doivent louer le parc au gouvernement local sans être assurés de voir leur loyer révisé ou d'être majoritaires au conseil d'administration. Voilà qui diffère totalement des mesures concernant le parc national d'Uluru-Kata Tjuta où les Aborigènes détiennent la majorité au sein des instances administratives, louent les terres aux autorités pendant 99 ans par un contrat dont les termes sont renégociés tous les cinq ans.

En Australie-Occidentale, les réserves aborigènes s'étendent sur quelque 13% du territoire. Environ un tiers d'entre elles revient aux Aborigènes au moyen d'un bail de 99 ans. Les deux autres tiers dépendent d'un organisme gouvernemental : l'Aboriginal Affairs Planning Authority. Le contrôle de l'activité minière et le montant des dédommagements versés à la communauté sont laissés à l'appréciation des autorités.

En Nouvelle-Galles du Sud, l'Aboriginal Land Rights Act 1983 (Nouvelle-Galles du Sud) a transféré la pleine propriété des réserves aborigènes à leurs occupants, qui peuvent, de surcroît, prétendre à celle d'une portion infime d'autres terres. Ils peuvent également faire valoir des droits limités sur les parcs nationaux de l'État, droits qui tombent faute de réels moyens de contrôle et ne permettent pas aux Aborigènes de vivre dans l'enceinte de ces sites. Dans le Victoria et en Tasmanie, les droits fonciers sont réduits à leur plus simple expression.

Mabo et le Native Title Act. Ce n'est que très récemment que la communauté non aborigène s'est aperçue qu'une vraie réconciliation entre l'Australie blanche et les populations indigènes était vitale au bien-être psychologique de toute la population.

En mai 1982, cinq insulaires du détroit de Torres menés par Eddie Mabo ont entrepris d'obtenir pour les Aborigènes un titre de propriété sur Murray Island au large de Cape York. Selon eux, le principe juridique de la *terra nullius* les avait injustement dépossédés de leurs droits fonciers car depuis des milliers d'années, les habitants de cette île entretenaient un rapport à la terre marqué par l'idée de propriété. En juin 1992, la Cour suprême d'Australie a rejeté de la même façon la notion de *terra nullius* et le mythe d'une Australie inoccupée. Elle a ainsi reconnu qu'un principe de droit foncier aborigène préexistait à l'arrivée des Britanniques.

Connu sous le nom d'arrêt Mabo, le jugement de la Cour suprême compte parmi les décisions les plus controversées de l'histoire judiciaire du pays. Ne limitant pas l'étendue des droits de propriété des aborigènes sur le territoire australien, il fut accueilli avec hostilité par les compagnies minières et les autres groupes industriels. Il a été au contraire salué par les Aborigènes et par le Premier ministre de l'époque, Paul Keating, comme l'éventuelle assise d'une réconciliation entre anciens et nouveaux Australiens.

En décembre 1993, le Parlement fédéral a voté le Native Title Act afin de définir le principe des droits fonciers des premiers habitants. Malgré les protestations des industriels miniers, cet acte n'accorde aux Aborigènes que peu de nouveaux droits. En effet, il limite l'application de leurs droits fonciers aux terres dépourvues de propriétaire ou de locataire et à celles auxquelles les demandeurs ont toujours été associés de fait. Il établit que les titres de propriété ou de location rendent caducs les droits aborigènes, qui peuvent toutefois s'appliquer à nouveau à l'expiration des baux miniers. Si les Aborigènes qui invoquent cet acte obtiennent satisfaction, ils ne disposent d'aucun veto sur les décisions liées au développement, y compris celles concernant l'exploitation minière.

L'affaire Wik. Plusieurs mois avant l'entrée en vigueur du Native Title Act, les peuples Wik et Thayorre avaient revendiqué, auprès de la Cour fédérale, la propriété d'un territoire de la péninsule du Cape York comprenant deux terres sous bail pastoral – terres que les Wik et les Thayorre occupaient depuis toujours et qui, de surcroît, n'avaient jamais été effectivement utilisées comme pâturages. Ils faisaient valoir l'existence conjointe de leur droit et des baux.

En janvier 1996, la Cour fédérale a rejeté leur demande, arguant que leur droit de propriété était rendu caduc par le bail, en vertu de la législation du Queensland. Les Wik ont fait appel de cette décision à la Cour suprême, qui a renversé la situation.

En effet, cette dernière a statué que, en application de la législation sur les baux pastoraux du Queensland, les droits de propriété sur les terres en question demeuraient, qu'ils continuaient en outre de s'exercer pendant la durée des baux, et que le droit conféré aux éleveurs par ces baux ne leur accordait aucune exclusivité sur les terres. Autre point important, elle a précisé que, en cas de conflit, le droit des éleveurs prévalait.

Bien qu'aucune menace ne pèse sur eux, cette décision a déclenché de vives protestations parmi les preneurs de baux pastoraux de toute l'Australie. Ils exigent que le gouvernement fédéral mette en place une législation qui les protège en limitant les droits des Aborigènes, comme le prévoyait le projet de loi initial. Les chefs aborigènes restent, eux aussi, inflexibles.

Fin 1997, le gouvernement a rendu public un "plan en 10 points", série de propositions d'amendements au Native Title Act qui viennent conforter les éleveurs dans leur position. Grâce au sénateur indépendant Brian Harradine, le Native Title Act 1998 fait évoluer la position gouvernementale mais reste toujours très défavorable aux Aborigènes, en continuant d'envisager l'extinction de leurs droits.

ÉCONOMIE

L'Australie est une nation relativement industrialisée et prospère, bien que l'essentiel de ses revenus provienne encore de l'agriculture et de l'exploitation minière. Son marché intérieur n'est pas très important, et le secteur des produits manufacturés est relativement faible.

Une partie non négligeable de la population est pourtant employée dans la production et, tout au long de l'histoire australienne, la question des taxes à imposer aux produits étrangers – pour protéger cette production – revient périodiquement.

Aujourd'hui, on ne protège plus les prix, et les efforts visent à améliorer la compétitivité de l'Australie sur le marché international, d'autant plus que les cours des matières premières, dont elle est exportatrice, sont instables. Durant les années 80 et au début des années 90, les travaillistes ont cherché à freiner l'augmentation des salaires, en collaboration avec le puissant syndicat, l'Australian Council of Trade Unions ou ACTU, pour rendre les produits australiens plus compétitifs, mais cet accord a pris fin en 1996 avec l'élection du gouvernement conservateur Howard.

Une part importante et croissante des revenus provient du tourisme. Le nombre de visiteurs croît d'année en année.

L'horizon s'est quelque peu assombri depuis que la tourmente financière est venue frapper les économies en pleine expansion des pays de l'Asie du Sud-Est, fin 1997.

L'Australie reste néanmoins très bien placée pour s'implanter sur ces marchés, plus de 50% de ses exportations s'effectuant vers l'Asie.

Jadis pierre angulaire de l'économie du pays, l'agriculture ne représente plus qu'environ 4% de la production, contre environ 8% pour l'industrie minière et environ 16% pour les articles manufacturés. Parmi les principaux produits exportés figurent la laine (l'Australie en est le premier producteur mondial), le blé, l'orge, le sucre, le charbon et le minerai de fer.

Le Japon est le principal partenaire commercial de l'Australie, mais la Chine, la Corée et le Vietnam prennent une part croissante dans les échanges. L'Australie a récemment présidé à la création du groupe de l'Apec (Asia-Pacific Economic Cooperation), destiné à développer les intérêts économiques des pays du Pacifique. Le taux annuel de croissance de l'économie australienne atteint 4%. L'inflation reste faible (2%).

POPULATION ET ETHNIES

L'Australie compte environ 18,8 millions d'habitants. Les États les plus peuplés sont la Nouvelle-Galles du Sud (6,4 millions) et le Victoria (4,7 millions), dont les capitales, Sydney et Melbourne, abritent respectivement près de 4 et 3,3 millions d'habitants. La population se trouve concentrée le long de la côte est, entre Cairns et Adelaide, et, dans une moindre mesure, sur la côte ouest. Le cœur du continent possède une densité très faible.

Jusqu'à la Seconde Guerre mondiale, les Australiens étaient en grande majorité originaires de Grande-Bretagne et d'Irlande. Le conflit mondial apporta une vague d'immigration européenne, d'où la présence de communautés grecque et italienne importantes, puis de communautés allemande, danoise, maltaise, yougoslave, libanaise, turque et d'autres origines.

Plus récemment, l'Australie a connu un afflux considérable d'immigrés asiatiques, en particulier de Vietnamiens après la guerre du Vietnam. En proportion de sa population, l'Australie a sans doute accueilli plus de réfugiés vietnamiens qu'aucun autre pays occidental. Dans l'ensemble, ces "nouveaux Australiens" se sont remarquablement intégrés, et le concept de multiculturalisme est cher aux Australiens.

350 000 individus environ, selon le recensement de 1996, revendiquent une identité aborigène ou une origine indigène. Par rapport aux précédents recensements, ce chiffre enregistre une nette progression qui révèle une volonté croissante d'afficher plus volontiers des origines autrefois dissimulées. Les populations concernées se concentrent dans le Nord et dans le Centre de l'Australie. La plupart des 28 000 membres des communautés insulaires de Torres Strait (détroit de Torres), d'origine mélanésienne, vivent dans le nord du Queensland ou sur leurs îles, entre le Cape York et la Papouasie-Nouvelle-Guinée.

ARTS
Danse classique

L'Australian Ballet, fondé en 1962, est considéré comme l'un des meilleurs corps nationaux de ballet au monde. Il se produit très souvent, aussi bien dans le pays qu'à l'étranger, dans un répertoire vaste et varié, et s'enrichit de la présence de chorégraphes invités de renom. Le Queensland et l'Australie-Occidentale possèdent tous deux une compagnie de danse.

Musique
Musique classique. L'importante population urbaine australienne soutient une riche culture musicale classique. Chaque État, chaque territoire, possède son orchestre symphonique. Certains États abritent même des orchestres de chambre et des orchestres de jeunes. Sponsorisé par des sociétés telles que Qantas, l'Australia Council for the Arts et le British Council,

Musica Viva Australia se hisse au rang de premier organisateur de concerts au monde avec 2 500 manifestations annuelles à travers l'Australie. Si Sydney et Melbourne sont les centres les plus importants, la musique classique résonne aussi dans le bush : le Darwin Symphony Orchestra s'est ainsi produit à Katherine Gorge et Nourlangie Rock, dans le Kakadu, et la majorité des orchestres des États partent en tournée à travers le pays.

Musique populaire. La contribution australienne à la musique populaire, depuis les années 50, offre le pire comme le meilleur.

Au tout début, la production locale souffrait d'un complexe d'infériorité par rapport à la culture américaine et britannique, hautement valorisée. Fort heureusement, les temps ont changé. Les années 70 ont salué l'arrivée d'une musique aux accents typiquement australiens, sous la houlette de groupes tels que Skyhooks. Depuis, elle a fait son chemin, et l'on ne compte plus, aujourd'hui, les rockers australiens de talent. Midnight Oil, Cruel Sea, You Am I, The Black Sorrows, Spiderbait, Silverchair, Magic Dirt, Custard, Regurgitator, Stephen Cummings, Mark Seymour, Deborah Conway, Screamfeeder, Paul Kelly, Deadstar, Dave Graney et Nick Cave figurent parmi les meilleurs groupes et artistes.

Cette dernière décennie a vu l'immense succès de la musique aborigène et de ses musiciens. Le groupe le plus connu est Yothu Yindi. Leur titre *Treaty*, sur le manquement des Blancs à leur parole, a sans doute plus fait pour la cause des droits territoriaux des Aborigènes que tout le reste. Le chanteur du groupe, Mandawuy Yunupingu, fut nommé Australien de l'année en 1993.

Parmi les autres musiciens aborigènes figurent Blekbala Mujik, Coloured Stone, Kev Carmody, Archie Roach, Ruby Hunter, Bart Willoughby, the Sunrise Band, Christine Anu (elle est originaire des îles du détroit de Torres). Aujourd'hui disparus, les groupes précurseurs du genre avaient pour nom No Fixed Address et Warumpi Band.

La *country music* blanche s'inspire beaucoup des musiques traditionnelles d'Irlande et d'Amérique du Nord. Elle est parfois relevée de l'humour typique de l'Outback. On prêtera notamment l'oreille à Slim Dusty, Ted Egan, John Williamson, Lee Kernaghan, Neil Murray, Gondwanaland et Smokey Dawson.

La musique folklorique.

Le folklore australien prend sa source en Angleterre, en Irlande et en Écosse. Les orchestres du bush mettent en scène violons, banjos et flûtiaux auxquels s'ajoutent le *lagerphone* local, qui se compose de nombreuses capsules de bouteilles de bière clouées sur un bâton. Si vous avez l'occasion d'assister à un bal ou à une fête folklorique dans le bush, n'hésitez pas !

Opéra

Les Australiens comptent parmi les plus grands amateurs d'opéra au monde et ont donné naissance à quelques artistes lyriques renommés comme June Bronhill et Dame Joan Sutherland. Environ 300 représentations sont organisées chaque année dans le pays, et la troupe nationale Opera Australia, qui se produit à Melbourne et Sydney, participera à de grands festivals avant et pendant les Jeux olympiques. Les autres États possèdent eux aussi leur compagnie.

Littérature

Vous trouverez les références de certains des ouvrages cités traduits en français dans la rubrique *Livres* du chapitre *Renseignements pratiques*.

Les ballades et les récits du bush.

Le bush a inspiré de nombreux auteurs de ballades et de récits populaires. Particulièrement prisés au début du siècle, ces deux genres ont conservé depuis lors une égale qualité.

Adam Lindsay Gordon a été le précurseur de cette forme de littérature ; la publication de ses *Bush Ballads and Galloping Rhymes* date de 1870.

A. B. "Banjo" Paterson et Henry Lawson sont les deux figures de proue de la ballade. Le premier a vécu dans le bush dans la deuxième moitié du XIXᵉ siècle avant de devenir l'un des plus grands poètes austra-

liens de sa spécialité. Paterson s'attachait également aux autres aspects de la rude vie rurale tout en exprimant un grand optimisme. On reconnaît toujours en Banjo le créateur de *Clancy of the Overflow* et de *The Man From Snowy River*. Pourtant, son œuvre la plus connue reste *Waltzing Matilda*, le second hymne national du pays, qui exalte le personnage de l'ouvrier agricole itinérant, vagabond anonyme du bush.

Henry Lawson, contemporain de Paterson, fut plus un commentateur social et un penseur politique. Bien qu'il ait écrit plusieurs poèmes sur le bush, ce sont avant tout ses nouvelles qui, dans un style très simple, en rendent à merveille l'atmosphère, notamment *The Drover's Wife* et *A Day on a Selection*.

Les auteurs de ballades étaient fort nombreux. George Essex Evans a rendu hommage aux pionnières du Queensland dans *The Women of the West*, tandis que, dans *Where the Dead Men Lie*, Barcroft Boake chante ceux qui ont ouvert cette région où "les vagues de chaleur dansent à jamais".

L'œuvre de Barbara Baynton se démarque du romantisme de ces écrivains. Refusant le compromis, elle y présente l'Outback comme un monde cruel et brutal. De même, elle se refuse à donner du bush une image idéalisée lorsqu'elle relate le destin du *Squeaker's Mate* dans *Bush Studies* (1902).

Les romanciers de l'Outback.

Sans doute plus attirés par le nom de l'auteur que par le contenu de l'œuvre, de nombreux voyageurs ont sans doute déjà lu *Kangaroo* (1923), de D. H. Lawrence, où apparaissent çà et là quelques visions effrayantes du bush. *A Town Like Alice* (1950 ; *Le Testament*, 1984), de Nevil Shute, a été le premier roman sur l'Outback à toucher un lectorat considérable. D'autres textes de cet écrivain traitent du même sujet : *In the Wet* (1953), *Beyond the Black Stump* (1956) et *Les Frontières du cœur* (1987).

C'est peut-être Katharine Susannah Prichard qui a le mieux décrit cet univers. Elle a mêlé dans une suite de romans la thématique de l'Outback à ses propres convictions politiques. Dans *Black Opal* (1921), l'auteur étudie la communauté minière imaginaire de Fallen Star Ridge qui vit de l'exploitation des opales ; dans *Working Bullocks* (1926), elle analyse la nature politique du travail dans les forêts de *karri* d'Australie-Occidentale ; enfin, dans *Moon of Desire* (1941), elle suit ses personnages dans leur recherche d'une perle fabuleuse sur un trajet qui les mène de Broome à Singapour. Sa trilogie consacrée aux régions aurifères d'Australie-Occidentale regroupe *The Roaring Nineties* (1946), *Golden Miles* (1948) et *Winged Seeds* (1950).

Par sa description grandiose des régions septentrionales, *Capricornia* (1938), de Xavier Herbert, apparaît comme une des grandes épopées de l'Outback. En seconde position vient *Poor Fellow My Country* (1975), qui relate les heurs et malheurs d'un grand propriétaire du Nord.

Parmi les grandes œuvres non romanesques, on notera *Kings in Grass Castles* (1959), de Mary Durack. Cette chronique familiale, qui retrace la colonisation du Kimberley, a été suivie de *Sons in the Saddle* (1983).

Le prix Nobel australien Patrick White a souvent pris l'Outback comme toile de fond de son œuvre monumentale. Le héros de *Voss* (1957) est un explorateur qui ressemble vaguement à Ludwig Leichhardt ; dans *The Tree of Man* (1955), on reconnaît les crues, les incendies et les sécheresses qui frappent ces régions ; quant au périple relaté dans *The Aunt's Story* (1948), il débute dans un grand élevage d'ovins.

Wake in Fright (1961), terrifiant roman de Kenneth Cook dont l'action se situe dans l'Outback de Nouvelles-Galles du Sud, a été adapté au cinéma.

Miles Franklin, une des premières féministes australiennes, a décidé très jeune de se consacrer à la littérature plutôt que d'être une femme au foyer. Son livre le plus connu, *My Brilliant Career* (publié en 1901, malheureusement non traduit en français), constitue aussi son premier écrit. Rédigé au début du siècle, à l'âge de vingt ans, il lui apporta aussitôt célébrité et critiques. Peu avant sa mort, l'auteur a fondé un prix annuel décerné à une nouvelle australienne, le Miles Franklin Award, aujourd'hui le prix littéraire le plus prestigieux du pays.

Romanciers de la fin du XXᵉ siècle. On prêtera une attention particulière à Peter Carey. Son premier roman, *Le Chemin du paradis* (1981), couronné par le Miles Franklin Award, a été adapté au cinéma. *Illywhacker* (1985) se passe essentiellement à Melbourne, tandis que l'action de *L'Inspectrice* (1991) se déroule dans la grande banlieue de Sydney. En 1988, *Oscar et Lucinda* a reçu le Booker Prize et le Miles Franklin Award. Ce dernier prix lui a été décerné pour la troisième fois pour son dernier roman en date, *Jack Maggs* (1997).

Situé en Tasmanie, *The Sound of One Hand Clapping* (1997), de Richard Flanagan, raconte l'histoire truculente d'une famille d'immigrants européens dans les années 1950 et promet de devenir un classique de la littérature australienne.

Thomas Keneally est connu pour écrire des romans axés sur les souffrances des opprimés, comme *The Chant of Jimmy Blacksmith* (1972) et *La Liste de Schindler* (1982), œuvre couronnée par le Booker Prize de laquelle Steven Spielberg a tiré le film du même titre.

Thea Astley est l'un des auteurs les plus remarquables d'Australie. Parmi ses livres, citons *Vanishing Points* (1992), *The Slow Natives* (1965), *An Item from the Late News* (1982) et *It's Raining in Mango* (1987). Dans ce dernier titre – sans doute son plus bel ouvrage –, elle exprime son indignation face au traitement réservé aux Aborigènes.

La colère est également l'élément central de *Snake Dreaming*, émouvante autobiographie de Roberta Sykes, l'une des activistes aborigènes les plus célèbres d'Australie. Cette œuvre doit comprendre trois volumes, dont les deux premiers – *Snake Cradle* (1997), récompensé l'année de sa publication par le Book of the Year Award, et *Snake Dancing* (1998) – ont déjà été publiés.

Célèbre pour ses nouvelles et ses romans, Elizabeth Jolley braque un regard perçant sur les excentriques. Son œuvre comprend notamment *Mr Scobie's Riddle* (1983), *My Father's Moon* (1989), *Cabin Fever* (1990) et *The Georges' Wife* (1993). *Fellow Passengers* (1997) est un recueil de ses meilleures nouvelles.

Originaire d'Australie-Occidentale, Tim Winton est considéré comme l'un des meilleurs écrivains actuels. On lui doit un best-seller, *Cloudstreet* (1991), mais aussi *The Riders* (1994), *Shallows* (1982) et *An Open Swimmer* (1984).

Architecture

Les premiers colons européens sont arrivés en Australie avec des souvenirs de la grandeur de l'architecture géorgienne. Toutefois, le manque de matériaux et d'outils les a contraints à concevoir des constructions qui ne ressemblaient que de loin aux originaux. L'ajout d'une grande véranda qui préservait la fraîcheur et l'obscurité des pièces a constitué la première concession au climat. Cet élément allait devenir caractéristique de la maison australienne.

Dans la seconde moitié du XIXᵉ siècle, la prospérité entraînée par la ruée vers l'or a suscité l'apparition d'imposants édifices victoriens dans la plupart des villes principales. Nombre d'entre eux subsistent pour nous rappeler cette ère de richesse et de croissance. Les demeures de l'époque ont gagné en complexité, et des ornementations diverses agrémentaient leurs façades.

Dans les grandes villes, l'accroissement de la population a provoqué le développement des *terrace houses*, d'abord dotées d'un étage, puis de deux. Surpeuplées à une époque, ce sont aujourd'hui de confortables demeures.

Le début du siècle, époque où les différentes colonies se préparaient à former une nation, a vu émerger une architecture plus simple, plus "australienne", qu'on a désignée sous le terme de style "Fédération". Bâties de 1890 à 1920, les maisons Fédération se remarquent à leurs murs de brique rouge ainsi qu'à leur toit orange orné de tuiles faîtières et de cheminées en terre cuite. Le motif du soleil levant qui apparaît aux extrémités des pignons est un élément décoratif typique de ces constructions ; il symbolise la naissance d'une aube nouvelle pour le pays.

Dans les années 20 et 30, l'Australie s'est prise de passion pour le solide bungalow californien qui avait envahi l'Inde coloniale sous domination britannique. Son style simple et honnête s'accordait à l'inclination naissante des Australiens à un mode de vie sans prétention.

Les différences climatiques ont suscité des adaptations intéressantes dans chaque région. Dans le Nord tropical est apparu le style dit "Queenslander" et ses hautes maisons ouvertes qui cherchent à tirer le plus grand parti possible des vents frais. Dans les années 30, les premières constructions élevées de Darwin ont repris ces caractéristiques pour aboutir au style contemporain qualifié de "Troppo" (tropical).

Le boom de l'immigration dans l'immédiat après-guerre a favorisé l'extension des agglomérations. Les bourgades et les grandes villes ont dû se développer rapidement, et le *brick veneer* est devenu et resté le principal matériau de construction. Aux abords des villes, vous verrez s'étendre des banlieues récentes, dont les maisons sont réalisées au moyen de ce "placage de brique" peu coûteux.

L'architecture contemporaine s'acharne à préserver son originalité face aux courants étrangers qui caractérisent les grands projets. En réalité, les immeubles "modernes" les plus intéressants sont souvent conçus à partir de constructions victoriennes ou, plus généralement, anciennes. Il existe cependant quelques exceptions à cette règle, les plus remarquables étant le Convention Center de Darling Harbour (Sydney), dessiné par Philip Cox, et le centre culturel du parc national d'Uluru-Kata Tjuta, au cœur du pays, conçu après consultation des propriétaires traditionnels du site.

Cinéma

L'industrie cinématographique débute en Australie en 1896, un an après l'ouverture à Paris par les frères Lumière du premier cinéma du monde. Maurice Sestier, l'un des photographes des Lumière, se rend en Australie et tourne les premiers films dans les rues de Sydney et à l'occasion de la Melbourne Cup.

Aux dires des historiens, le premier long métrage est réalisé par l'Armée du Salut, qui tourne *Soldiers of the Cross*. D'un budget de 600 £, ce film est projeté pour la première fois à l'hôtel de ville de Melbourne en 1901, puis aux États-Unis en 1902.

Autre film d'importance, *The Story of the Kelly Gang,* de Charles Tait, est projeté en 1907. Dès 1911, l'industrie cinématographique est florissante. Plus de 250 films muets sont réalisés avant les années 30.

Des compagnies comme Cinesound voient le jour dans les années 30. Ce studio produisit dix-sept films entre 1931 et 1940, dont plusieurs s'inspirent de l'histoire ou de la littérature australienne. Dirigé par le grand réalisateur de Cinesound Charles Chauvel, *Quarante mille cavaliers* est le chef-d'œuvre des productions australiennes de cette époque.

Jusqu'en 1969-1970, l'industrie cinématographique australienne rencontre des difficultés face aux productions anglo-saxonnes. Mais des subventions et des aides à la création vont contribuer largement à la renaissance du cinéma australien. La période de la nouvelle vague des années 70 voit naître une pléthore de jeunes talents. On assiste alors à l'émergence d'un cinéma créatif et totalement indépendant.

Peter Weir révèle, en 1975, le cinéma fantastique australien avec l'étrange *Pique-nique à Hanging Rock*. Des films tels que *Caddie, Sunday too far away* et *The Devil's Playground* ont connu une large audience internationale.

Après les années 70, des acteurs et metteurs en scène comme Mel Gibson, Judy Davis, Toni Collette, Hugo Weaving, Cate Blanchett, Paul Hogan, Geoffrey Rush, Bruce Beresford, Peter Weir, Gillian Armstrong et Fred Schepisi vont acquérir une renommée internationale. Des films comme *Gallipoli, L'Année de tous les dangers, Mad Max, Crocodile Dundee, Proof, The Year My Voice Broke, Strictly Ballroom, Priscilla Folle du désert, Death in Brunswick, Muriel, Babe* et *Shine* ont également connu un destin débordant les frontières australiennes.

Aujourd'hui, *Love and Other Catastrophes* et *Strange Planet,* de Emma-Kate Croghan, et *Two Hands,* de Gregor Jordan, témoignent de l'esprit d'innovation des cinéastes australiens.

Peinture

Dans les années 1880, les travaux d'un groupe de jeunes peintres aquarellistes ont donné naissance à un style australien nettement distinct. Établis dans un campement du bush, à Box Hill, qui était alors une banlieue de Melbourne, ces peintres ont su saisir les caractéristiques de la vie australienne de l'époque et du bush.

Ils sont généralement connus sous le nom d'école de Heidelberg (petite bourgade rurale du Victoria), bien que la plupart des œuvres aient été réalisées à Box Hill. Un mouvement comparable s'est implanté à Sirius Cove, dans la baie de Sydney. Les deux groupes ont été influencés par les peintres français dont les recherches sur la lumière naturelle aboutiront à l'impressionnisme.

Les principaux artistes de ce courant sont Tom Roberts, Arthur Streeton, Frederick McCubbin, Louis Abrahams, Charles Conder, Julian Ashton et, plus tard, Walter Withers. Leurs œuvres sont exposées dans la plupart des galeries et musées importants.

Les années 40 ont vu naître, sous le patronage de John et Sunday Reed, dans la banlieue de Melbourne, une génération d'artistes qui a donné une nouvelle impulsion à l'art australien. Parmi eux figuraient certains des artistes contemporains les plus connus, comme Sir Sidney Nolan et Arthur Boyd. Plus récemment, le travail de peintres tels Fred Williams, John Olsen et Brett Whiteley a trouvé sa place sur le marché de l'art international. Whiteley, probablement le plus célèbre des peintres australiens contemporains, est mort en 1992.

Lire également le cahier spécial consacrée à l'art aborigène, après le chapitre *Renseignements pratiques*.

RELIGION

Une majorité, qui va en diminuant (environ 58%), se dit chrétienne. La plupart des Églises protestantes, à l'exception de l'Église anglicane, ont fusionné pour former la Uniting Church (Église unifiée). L'Église catholique compte un nombre important de fidèles (la moitié environ des chrétiens sont catholiques), les rangs des Irlandais ayant été élargis par l'afflux des immigrants méditerranéens. Il existe aussi des minorités non chrétiennes, comme les bouddhistes, les juifs et les musulmans. 20% de la population se dit non-croyante.

LANGUE

Si l'anglais demeure évidemment majoritaire, il coexiste avec beaucoup d'autres langues étant donné la grande diversité ethnique du pays. Le recensement de 1996 a révélé que 240 autres langues environ sont pratiquées au quotidien dans les foyers australiens – soit 15% –, parmi lesquelles on compte près d'une cinquantaine de langues indigènes.

Par ordre décroissant, les plus usitées sont l'italien, le grec, le cantonais, l'arabe et le vietnamien. Cette dernière, ainsi que le mandarin et le cantonais, connaissent une croissance rapide, tandis que l'on parle de moins en moins le néerlandais, l'allemand, l'italien et le grec.

Pour en savoir plus concernant l'anglais australien, reportez-vous au *Glossaire* en fin de volume.

Prononciation de l'anglais

La prononciation des voyelles diffère passablement du français et recèle certaines subtilités qui constituent autant de pièges pour un locuteur francophone. Ainsi, "u" n'existe pas en tant que tel mais se prononce plutôt comme un "eu" (*but* se dit "beutt") ou un "ou" (*full*). Le "a" se prononce tantôt comme un "a" à la française tantôt comme un "o" fermé (*small*) ou se diphtongue en "eï" (*name*). Le "e" se dit parfois "i" (*me*) et le "i", quant à lui, se diphtongue parfois en "aï" (*fine*). Le "o", pour sa part, vous jouera des tours puisqu'il se prononce tantôt comme un "o" ouvert (*bottle*) ou se diphtongue en "ow" ou "aw" (*cow*). Le "y" reste "i" (*silly*) ou se diphtongue en "aï" (*why*). "Ea" devient "è" (ouvert), comme dans *jealous*, ou "i" long (*seal*). "Ou" se diphtongue en "aw" (*lousy*) ou "eu" ouvert (*serious*).

Quant aux règles de l'accent tonique, elles sont difficiles à appréhender. A la dif-férence du français, l'accentuation ne s'effectue jamais sur la dernière syllabe. *Photograph* est accentué sur la première syllabe, alors que c'est la troisième syllabe qui porte l'accent tonique dans l'adjectif *photographic*. Un vrai casse-tête !

Certaines consonnes n'existent pas en français, comme le redoutable "th", que l'on prononce en mettant la langue entre les incisives supérieures et inférieures. Le "h" est aspiré dans la plupart des cas (*hello*). "j" se prononce "dj" (*jealous*).

Cette description n'est en rien exhaustive et ne saurait remplacer un professeur ou une méthode d'apprentissage audio-orale.

Mots et expressions utiles

Bonjour	*Hello*
Au revoir	*Goodbye*
Oui/Non	*Yes/No*
S'il vous plaît	*Please*
Merci	*Thank you*
Veuillez m'excuser	*Excuse me*

Conversation

Comment allez-vous ?	*How are you ?*
Bien, merci	*I'm fine, thanks*
Comment vous appelez-vous/t'appelles-tu ?	
What's your name ?	
Je m'appelle...	*My name is...*
De quel pays venez-vous/viens-tu ?	
Where are you from ?	
Je viens de...	*I am from...*

Difficultés de compréhension

Je ne comprends pas	*I don't understand*
Parlez-vous/parles-tu français ?	
Do you speak French ?	
Pouvez-vous/peux-tu l'écrire s'il vous plaît/te plaît ?	
Please write it down	

Comment circuler

A quelle heure le...part/arrive-t-il ?	
What time does the... leave/arrive ?	
bus	*bus*
train	*train*
Où se trouve...?	*Where is the...?*
l'arrêt de bus	*bus stop*
la station de métro	*metro station*
la gare ferroviaire	*train station*

un changement	*a connection*
consigne à bagages	*left luggage (office)*
auto-stop	*hich-hiking*

Je voudrais un billet aller/aller-retour
I'd like a single/return ticket
Je voudrais louer une voiture/bicyclette
I'd like to hire a car/a bicycle

Orientation

Quelle est cette rue/route ?
What street/road is this ?
Comment puis-je me rendre à...?
How do I get to...?
(Allez) tout droit
(Go) straight ahead.

(Tournez) à gauche	*(Turn) left*
(Tournez) à droite	*(Turn) right*
aux feux tricolores	*at the traffic lights*
au prochain carrefour	*at the next corner*

En ville

Où se trouve...?	*Where is the...?*
la banque	*bank*
l'ambassade	*embassy*
le bureau de change	*exchange office*
la poste	*post office*
les toilettes publiques	*public toilet*
le centre téléphonique	*telephone centre*
l'office du tourisme	
tourist information office	

A quelle heure ouvre/ferme-t-il ?
What time does it open/close ?

Panneaux utiles

ENTRÉE/SORTIE	*ENTRANCE/EXIT*
RENSEIGNEMENTS	*INFORMATION*
OUVERT/FERMÉ	*OPEN/CLOSED*
POLICE	*POLICE*
INTERDIT	*PROHIBITED*
A VENDRE	*FOR SALE*
TOILETTES	*TOILETS*

Hébergement

Avez-vous une chambre ?
Do you have a room ?
Combien cela coûte-t-il pour la nuit/par personne ?
How much is it per night/per person ?
Le petit déjeuner est-il inclus ?
Is breakfast included ?

Puis-je voir la chambre ?
Can I see the room ?

camping ground	terrain de camping
guesthouse	pension
students hall	résidence universitaire
flat	appartement
bedsit	chambre meublée
youth hostel	auberge de jeunesse

Restauration

petit déjeuner	*breakfast*
déjeuner	*lunch*
dîner	*dinner*
repas	*meal*
restaurant	*restaurant*
l'addition	*the bill*
Je suis végétarien	*I'm vegetarian*
plat à emporter	*take away (food)*

Achats

Combien cela coûte-t-il ?
How much is it ?
Puis-je voir ?
Can I look at it ?
C'est trop cher pour moi
It's too expensive for me

librairie	*bookshop*
pharmacie/pharmacien	*chemist/pharmacy*
boutique de vêtements	*clothing store*
laverie	*laundry*
marché	*market*
marché aux puces	*flea market*
supermarché	*supermarket*
grand magasin	*department store*
marchand de journaux	*newsagency*
papeterie	*stationers*

Heure et dates

Quelle heure est-il ?	*What time is it ?*
Quand ?	*When ?*
aujourd'hui	*today*
ce soir	*tonight*
demain	*tomorrow*
hier	*yesterday*
lundi	*Monday*
mardi	*Tuesday*
mercredi	*Wednesday*
jeudi	*Thursday*
vendredi	*Friday*

samedi	*Saturday*
dimanche	*Sunday*
janvier	*January*
février	*February*
mars	*March*
avril	*April*
mai	*May*
juin	*June*
juillet	*July*
août	*August*
septembre	*September*
octobre	*October*
novembre	*November*
décembre	*December*

Chiffres

1	*one*
2	*two*
3	*three*
4	*four*
5	*five*
6	*six*
7	*seven*
8	*eight*
9	*nine*
10	*ten*
100	*hundred*
1 000	*thousand*
10 000	*ten thousand*
un million	*a million*

Santé et urgences

Je suis malade
  I am ill
J'ai mal au ventre/à la tête
  I have a stomach/head ache
Je dois voir un médecin
  I need a doctor
Où se trouve l'hôpital ?
  Where is the hospital ?
Appelez la police !
  Call the police !
Appelez une ambulance !
  Call an ambulance !
Au secours !   *Help !*
Je me suis perdu   *I'm lost*
Téléphoner en P.C.V.
  To give a reverse charge call
Je suis diabétique/épileptique/asthmatique
  I'm diabetic/epileptic/asthmatic

aspirine	*aspirin*
préservatifs	*condoms*
constipation	*constipation*
diarrhée	*diarrhoea*
nausée	*nausea*
tampons	*tampon*

Culture aborigène

UNE SOCIÉTÉ TRADITIONNELLE

Les Aborigènes étaient (et restent en de nombreux endroits) un peuple tribal vivant en familles ou en clans dont chaque membre descend d'un ancêtre commun. La tradition, les lois orales et les rites lient le clan au territoire qu'il occupe. Ce territoire abrite plusieurs lieux ou sites sacrés, où l'esprit de chaque membre revient après sa mort. Les membres du clan s'y rassemblent pour honorer les esprits des ancêtres, créateurs du *Dreaming*, le Temps du Rêve.

Pour assurer la pérennité du clan sur ses aires sacrées, chaque membre doit protéger et entretenir les sites de manière que les ancêtres ne soient pas offensés et jouent leur rôle protecteur. Toute négligence pouvant mettre en péril le bien-être de la communauté entière, ceux qui oublient leurs obligations peuvent être sévèrement punis. Les périodes de sécheresse et de famine, les catastrophes naturelles ou les maladies mystérieuses peuvent être attribuées à la colère des esprits offensés ou non honorés.

Nombre de communautés étaient seminomades, ou sédentaires, selon les ressources alimentaires. Les Aborigènes se déplaçaient surtout en fonction des rites à célébrer sur les sites sacrés ou des cueillettes, chasses et pêches saisonnières. Contrairement à la croyance répandue, ils ne se déplaçaient pas sans but et n'erraient pas désespérément à la recherche d'eau ou de nourriture.

Les hommes étaient chargés de la chasse, de la fabrication des outils ainsi que de l'application de la loi des hommes ; les femmes élevaient les enfants, cherchaient et préparaient la nourriture. Il existait également une loi des femmes et des rites dont elles avaient la responsabilité.

Le savoir et l'expérience acquis au cours des siècles permettaient aux Aborigènes de tirer parfaitement profit d'un environnement qu'ils maîtrisaient au mieux. Ils connaissaient la meilleure époque pour la cueillette des nombreuses plantes. L'agriculture et l'élevage ne les ont pas tentés (au sens où nous l'entendons). La seule modification d'importance qu'ils ont apportée au paysage a été le brûlis sélectif des sous-bois en forêt et des herbes desséchées en plaine. Cette technique favorisait la pousse d'une nouvelle végétation, attirait le gibier et diminuait les risques de feux de brousse dévastateurs. Par ailleurs, les dingos furent domestiqués et utilisés pour la chasse et la protection des campements.

Des outils comme le *woomera* et la lance, étaient également utilisés sur l'ensemble du continent, avec des variations sur les techniques en fonction de l'environnement local et des espèces chassées. Dans les marais du Nord de l'Australie, on posait des nasses de plusieurs centaines de mètres de long, faites de corde et de bambou, pour attraper le poisson à la fin de la saison humide. Dans la région du Victoria actuel, des barrages permanents construits en pierre permettaient de piéger les anguilles durant leur migration, tandis que sur les plateaux du Queensland des filets à mailles étroites servaient à capturer les troupeaux de wallabies et de kangourous.

Certaines tribus établissaient des habitats plus ou moins sédentaires dont les formes variaient en fonction du climat et des matériaux disponibles. Les Aborigènes du Victoria occidental ont édifié des abris en pierre. En Tasmanie, de grandes huttes coniques pouvaient abriter une trentaine de personnes. Ces constructions servaient essentiellement d'abri pour la nuit.

Les premiers Aborigènes australiens pratiquaient également le troc de matières premières, objets naturels ou productions artisanales, échangées, dispersées, suivant des itinéraires transmis depuis l'origine du monde (le "Temps du Rêve") et suivis par les ancêtres, qui y ont posé leurs pas et y ont chanté le monde pour le créer.

Les produits échangés, certains types de pierres ou de coquillages ou encore des boomerangs, des terres ocre… sont toujours des objets fortement symboliques, porteurs d'une signification spirituelle importante.

CROYANCES ET CÉRÉMONIES

Les premiers colons et explorateurs européens ont, en grande majorité, considéré la population aborigène comme une bande de "sauvages", de "primitifs". Ce n'est qu'avec le temps que les Australiens blancs ont fini par reconnaître et comprendre le profond lien spirituel qui unit les Aborigènes à leur terre.

L'apparente simplicité de la technologie des Aborigènes contraste vivement avec la complexité de la vie culturelle. La religion, l'histoire, la loi et l'art se fondent dans un ensemble de cérémonies élaborées évoquant les activités des esprits ancestraux et définissant les codes de conduite et de responsabilités envers la terre.

Le lien entre les individus et les esprits ancestraux est le totem, chaque personne appartenant à un totem ou au Rêve (*Dreaming*). Ces totems peuvent être arbres, chenilles, serpents, poissons ou pies. Les chants décrivent comment l'environnement abrite ces puissants ancêtres créateurs, qui peuvent exercer une influence bénéfique ou maléfique. Les chants signalent aussi les meilleurs sites ou époques pour la chasse, et où trouver l'eau en période de sécheresse. Ils peuvent également spécifier les relations de clan et désigner les mariages adéquats. Ces cérémonies traditionnelles se déroulent toujours dans de nombreuses régions d'Australie. Plusieurs des sites sacrés, considérés comme dangereux, sont interdits d'accès par la loi tribale aborigène.

On pourrait penser que ces interdits relèvent de la superstition mais, dans de nombreux cas, leur origine reste pragmatique. Un site du nord de l'Australie avait la sinistre réputation de faire apparaître des plaies sur le corps de toute personne qui s'y rendait. Par la suite, on a découvert qu'il régnait dans la région une émanation naturelle de radon, substance gazeuse radioactive.

La plupart des Aborigènes qui n'ont pas quitté le bush, particulièrement ceux vivant dans les terres les plus isolées, parlent leur

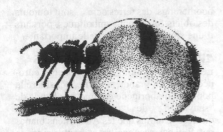

Les fourmis à miel
sont de croustillants amuse-gueule

langue (ou une version "créolisée", le kriol) et fréquentent essentiellement d'autres Aborigènes.

Ils ont conservé une grande partie de leurs connaissances de l'environnement, de la médecine naturelle et de la nourriture du bush (*bush tucker*) comme les fourmis à miel, leur friandise favorite. Beaucoup de rites et de cérémonies traditionnels sont encore pratiqués.

Pour plus de détails, reportez-vous à la rubrique *Religion*, plus loin dans ce chapitre, ainsi qu'au cahier sur l'art aborigène, après le chapitre *Renseignements pratiques*.

TRADITION ORALE

On regroupe à tort les traditions orales des Aborigènes sous l'expression "mythes et légendes". Leur unique dénominateur commun est le Temps du Rêve ou temps originel, époque où les ancêtres totémiques ont façonné l'environnement, conçu les lois et créé les individus à qui ils allaient léguer la terre. Une fois traduits et publiés, ces récits perdent souvent une bonne partie de leur impact. Il leur manque le son des baguettes ainsi que le rythme de la danse qui accompagne chaque vers. A eux seuls, les mots ne parviennent pas à fondre le passé dans le présent, et les esprits ou les forces qu'ils évoquent se retrouvent privés de vie.

Au début du XXᵉ siècle, Catherine Langloh Parker a compilé les légendes aborigènes qu'elle a interprétées de manière synthétique, mais avec authenticité, grâce à sa connaissance de l'Outback (terres reculées, peu peuplées). On lui doit *Australian Legendary Tales : Folklore of the Noongahburrahs* (1902).

Le professeur Ted Strehlow, un des premiers traducteurs méthodiques, a publié deux ouvrages importants : *Aranda Traditions* (1947) et *Songs of Central Australia* (1971). Par leur ampleur, les travaux de Catherine et Ronald Berndt leur sont comparables. *Djanggawul* (1952) est un recueil de 188 chants ; *Kunapipi* (1951) rassemble chants sacrés et chants profanes. *The Land of the Rainbow Snake* (1979) regroupe des contes pour enfants de la Terre d'Arnhem.

Récemment, des artistes aborigènes ont publié et illustré plusieurs traductions d'histoires du Temps du Rêve. Les recueils de référence sont les suivants : *Joe Nangan's Dreaming : Aboriginal Legends of the North-West* (Joe Nangan et Hugh Edwards, 1976) ; *Milbi : Aboriginal Tales from Queensland's Endeavour River* (Tulo Gordon et J. B. Haviland, 1980) ; *Visions of Mowanjum : Aboriginal Writings from the Kimberley* (Kormilda Community College, Darwin, 1980) ; et *Gularabulu* (Paddy Roe et Stephen Muecke, 1983).

La littérature aborigène contemporaine

Les écrivains aborigènes contemporains font fusionner la langue anglaise et certains aspects de leur culture traditionnelle. Souvent conçu avec soin, le résultat vise à dénoncer les injustices qui frappent les auteurs, notamment en milieu urbain. En 1929, David Unaipon fut le premier Aborigène à être publié (*Native Legends*).

De nos jours, la littérature aborigène recouvre le théâtre, le roman et la poésie. La poétesse Oodgeroo Noonuccal (Kath Walker), qui compte parmi les auteurs aborigènes les plus connus, a été la première femme à voir son œuvre éditée (*We Are Going*, 1964). *Paperbark : A collection of Black Australian writings* (1990) rassemble les textes d'un vaste éventail d'écrivains aborigènes, dont le dramaturge Jack Davis et le romancier Mudrooroo (Colin Johnson). Cet ouvrage comporte une excellente bibliographie des auteurs aborigènes.

On ne compte plus les récits modernes centrés sur la vie des Aborigènes dans les régions isolées du pays. *Raparapa Kularr Martuwarra : Stories from the Fitzroy River Drovers* (1988) a été édité par Magabala Books. Établie à Broome, cette maison promeut énergiquement la littérature aborigène.

Dans *Grog War*, l'écrivain aborigène Alexis Wright décrit les terribles problèmes d'alcoolisme qui rongent Tennant Creek, petite ville de l'Outback du Territoire du Nord. Elle raconte le combat mené par l'ensemble de la communauté (Blancs et Noirs) qui découvre le sens de la responsabilité collective.

L'autobiographie et la biographie sont désormais deux genres importants. On consultera, par exemple, *Moon and Rainbow* de Dick Roughsey (1971), *My Country of the Pelican Dreaming,* de Grant Ngabidj (1981), et *My Place,* de Sally Morgan (1987).

Les Aborigènes dans la littérature blanche

Les personnages aborigènes se rencontrent fréquemment chez les auteurs blancs qui écrivent sur l'Outback. D'ordinaire, ces productions se caractérisent par leur ton condescendant et leur vision limitée. Cette règle souffre pourtant quelques exceptions, notamment lorsqu'il est question de sexualité interraciale.

Avec *My Australian Girlhood* (1902), Rosa Praed met l'accent sur son vécu dans ces régions et sur les rapports affectueux qu'elle entretenait dans son enfance avec les Aborigènes. Après avoir publié *Little Black Princess* en 1904, Jeannie Gun a accédé à la notoriété grâce à *We of the Never Never* (1908). Son récit de la vie à Elsey Station comprend un portrait paternaliste et peu flatteur des Aborigènes de la région.

En 1923, Catherine Martin a publié *The Incredible Journey*, où elle raconte le voyage de deux Noires, Iliapo et Polde, parties à la recherche d'un garçonnet enlevé par un Blanc. L'auteur y décrit minutieusement le désert hostile que ses héroïnes doivent traverser.

Dans les années 20, Katharine Susannah Prichard a grandement fait progresser la lit-

térature de l'Outback. C'est un voyage effectué en 1926 à Turee Station, dans une région d'élevage arrosée par l'Ashburton et la Fortescue, qui lui a inspiré *Coonardoo* (1991). Ce véritable hymne aux Aborigènes explore un sujet alors presque tabou : l'amour entre une Noire et un grand propriétaire blanc. Plus tard, Mary Durack a repris ce thème dans *Keep Him My Country* (1955), dont l'héroïne se nomme Dalgerie.

Parmi les œuvres récentes qui abordent les questions aborigènes, on peut citer *The Second Bridegroom* (1991), de Rodney Hall, *Flying Hero Class* (1991), de Thomas Keneally, et *Remembering Babylon* (1993 ; *Je me souviens de Babylone*, 1995), de David Malouf.

RELIGION

Les traditions religieuses se fondent sur la survivance des esprits qui peuplaient la terre au Temps du Rêve, à l'époque des origines. Ancêtres des éléments vivants, ces entités ont créé l'ensemble des composantes du monde naturel. Elles endossaient diverses formes, mais se comportaient en êtres humains. Ainsi, lors de leurs déplacements, elles laissaient intentionnellement des traces de leur passage.

En dépit de leur caractère surnaturel, les ancêtres étaient sujets au vieillissement. Ils ont donc fini par retourner au sommeil d'où ils étaient sortis à l'aube des temps. Mais leur esprit subsiste sous forme de forces éternelles qui insufflent la vie aux nouveau-nés et influent sur les phénomènes naturels. L'énergie de chaque ancêtre souffle sur le chemin qu'elle a parcouru au Temps du Rêve et elle atteint sa puissance maximale aux endroits où demeurent les signes de l'activité de son propriétaire : un arbre, une colline ou une glaisière. Ces témoins sont des sites sacrés.

La croyance veut que chaque personne, chaque animal et chaque plante possède deux âmes, l'une mortelle et l'autre immortelle. A sa mort, l'âme immortelle rejoint les sites sacrés de l'esprit ancestral tandis que l'âme mortelle réintègre le néant. Tout être humain est lié, sur le plan spirituel, aux sites sacrés qui ponctuent la terre associée à son ancêtre. Il est tenu de les préserver pour maintenir l'ordre établi par l'ancêtre. Schématiquement, la destruction ou la déprédation d'un site sacré met en danger non seulement les vivants, mais aussi les esprits qui peuplent la terre.

Aujourd'hui, la communauté non aborigène prend de plus en plus conscience de l'importance des sites sacrés et, dans la plupart des États, les gouvernements ont adopté des lois pour les protéger. Cependant, ces sites continuent à soulever des polémiques lorsqu'ils entravent la construction de routes, de mines ou de barrages.

Pour en savoir davantage sur la question, reportez-vous à la rubrique *Croyances et cérémonies,* plus haut dans ce chapitre.

LANGUES

A l'arrivée des premiers Européens, on estime que l'Australie comptait environ 250 langues différentes, subdivisées en 700 dialectes. On pense que ces langues dérivent d'une famille linguistique commune, et qu'elles se sont diversifiées au fur et à mesure que les Aborigènes se dispersaient sur le continent. Quelques mots se retrouvent dans toutes les langues, comme *jina* (pied) et *mala* (main), et des similitudes existent également dans les complexes structures grammaticales.

A la suite du premier contact, le nombre de langues s'est considérablement restreint. Aujourd'hui, seules une trentaine de langues sont encore parlées couramment et enseignées aux enfants.

Le kriol aborigène est une nouvelle langue dont l'émergence date de la colonisation européenne. Surtout parlée dans le nord de l'Australie, elle est devenue la langue la plus usitée par de nombreux jeunes Aborigènes. Elle a fait siennes des expressions anglaises, mais la prononciation et les structures grammaticales suivent celles des langues aborigènes, le sens des mots est souvent différent de l'anglais et l'orthographe, phonétique. Par exemple, la phrase *He was amazed* (il fut stupéfait) devient *I bin luk kwesjinmak* en kriol.

Les Aborigènes se désignent par des noms génériques qui varient selon les régions. Le plus commun est celui de Koori, employé par les populations de l'Australie du sud-est ; Nunga fait référence aux Aborigènes de la côte d'Australie-Méridionale, Murri à ceux du nord-est, et Nyoongah est utilisé par ceux du sud-ouest.

Consultez également le guide de conversation *Australian Phrasebook* dans la collection Lonely Planet, dans lequel il est fait état des langues aborigènes.

FAUNE ET FLORE

La biomasse australienne est l'une des plus anciennes sur terre. La mer l'a tenue à l'écart des autres continents pendant plus de 50 millions d'années. Cet isolement a permis aux espèces animales et végétales endémiques de connaître une évolution inhabituellement longue et ininterrompue.

La flore spécifique à l'Australie est apparue voici près de 55 millions d'années, lorsque l'île se détacha de l'immense continent appelé Gondwana. A cette période, l'Australie était entièrement couverte de forêt tropicale, mais la dérive du continent vers des climats plus chauds s'est traduite par une aridité croissante, la disparition des forêts humides au profit de plantes comme les eucalyptus et les acacias, et, parallèlement, l'expansion des savanes, donnant ainsi les habitats spécifiques d'aujourd'hui.

SIMON BRACKEN

Le kookaburra ricane dans son gommier

FAUNE

La faune australienne compte un extraordinaire éventail d'espèces, des plus primitives aux plus évoluées. Certaines sont de véritables survivants d'un autre âge, tandis que d'autres se sont si bien adaptées à leur environnement qu'elles seules peuvent y survivre.

Depuis la colonisation du continent par les Européens, 17 espèces de mammifères ont disparu et 30 au moins sont aujourd'hui menacées. Beaucoup d'animaux importés sont retournés à l'état sauvage, comme le renard, le chat, le porc, la chèvre, le chameau, l'âne, le buffle, le cheval, l'étourneau, le merle, le crapaud géant et le lapin. Les renards et les chats tuent de petits mammifères et les oiseaux indigènes ; les lapins désertifient de vastes étendues ; les porcs véhiculent des maladies et les oiseaux introduits délogent les espèces locales de leur habitat naturel.

JASON EDWARDS

Crapaud géant

Monotrèmes

Souvent considérés comme de véritables fossiles vivants, les monotrèmes sont aujourd'hui reconnus comme des mammifères à part entière. Ils possèdent toutefois des caractéristiques héritées de leurs ancêtres reptiles, comme l'oviparité. Ils forment un club très fermé, ne comptant que deux membres : l'ornithorynque, qui ne vit qu'en Australie, et l'échidné, qui peuple également les plateaux de la Papouasie-Nouvelle-Guinée. Les petits nouvellement éclos sont allaités. Les deux espèces sont très bien adaptées à leur environnement.

Page de titre : Wallaby des rochers et son petit (photographie de Mitch Reardon)

JASON EDWARDS

Ornithorynque

Ornithorynque

L'ornithorynque (*Ornithorhynchus anatinus*) est parfaitement adapté à son mode de vie amphibie. Il possède un bec assez mou, semblable à celui du canard, de courtes pattes palmées et une queue courte mais épaisse rappelant celle du castor. Les mâles adultes mesurent environ 50 cm de long, sans compter la queue de 10 à 13 cm, et pèsent autour de 2 kg. Les femelles sont un peu plus petites.

L'ornithorynque passe l'essentiel de son temps dans les vastes terriers qu'il creuse le long des berges. Il trouve dans l'eau sa nourriture, principalement composée de petits crustacés, de vers et de têtards, à l'aide de son bec électrosensible.

L'ornithorynque ne se trouve qu'en Australie orientale et centrale, et en Tasmanie.

Échidné

L'échidné (*Tachyglossus aculeatus*) est un petit monotrème à bec droit, couvert de longs piquants sur le dos et de fourrure sur le ventre. Adulte, il pèse environ 4,5 kg et mesure près de 45 cm de long. Sa truffe allongée en forme de bec mesure 7,5 cm. Il possède une langue collante et protractile de 15 cm lui permettant d'attraper les fourmis et termites qui constituent la base de son alimentation. A la moindre alerte, l'échidné s'enterre rapidement, ne laissant apparaître que ses formidables épines.

Les échidnés se rencontrent sur de vastes étendues allant des déserts chauds et arides à des altitudes de 1 800 m.

CHRIS MELLOR

Un échidné traquant la fourmi

Marsupiaux

Les marsupiaux sont des mammifères qui élèvent leurs petits dans une poche ventrale ou *marsupium*. Le groupe endémique à l'Australie comporte près de 120 espèces, certaines parmi les plus emblématiques du pays – kangourous, wallabies, koalas, wombats et opossums, et d'autres moins connues tels les bandicoots ou les dasyures.

A leur naissance, les petits sont minuscules et doivent séjourner une longue période dans la poche ventrale avant de parvenir à leur maturité.

Kangourou et wallaby

Les kangourous, qui comptent des dizaines d'espèces, sont probablement les mammifères les plus facilement identifiables d'Australie.

TOM BOYDEN

Kangourou gris occidental

On dénombre aujourd'hui plus de kangourous qu'à l'arrivée des Européens grâce à l'irrigation et à la création de pâturages. Toutefois, certaines espèces sont en voie d'extinction du fait de la destruction de leur habitat et de la menace que font peser sur eux renards et chats sauvages. Environ 3 millions de kangourous sont abattus légalement chaque année, mais bien d'autres sont tués par des chasseurs ou des fermiers qui estiment que ce quota n'est pas suffisant pour protéger leurs pâturages. Depuis peu, la viande de kangourou s'exporte, mais elle n'est apparue sur les menus des restaurants australiens que très récemment.

Kangourou roux. Ce kangourou très caractéristique (*Macropus rufus*) est le plus grand et le plus répandu de tous. Un mâle adulte peut mesurer 2,40 m de long et jusqu'à 2 m de haut. Généralement, seuls les mâles présentent cette couleur rouge brique ; les femelles sont souvent bleu-gris. Leur habitat s'étend sur presque toute l'Australie aride.

Kangourou gris. Le kangourou gris oriental (*M. giganteus*) est presque de la même taille que le roux et vit dans les forêts de sclérophylles sèches du Sud-Est australien, du Queensland à la Tasmanie. Le gris occidental (*M. fuliginosus*), très similaire mais plus foncé, vit au sud de l'Australie-Occidentale et de l'Australie-Méridionale, au centre et à l'ouest de la Nouvelle-Galles du Sud, et à l'ouest du Victoria. Les kangourous gris orientaux et occidentaux cohabitent dans le Victoria et en Nouvelle-Galles du Sud, mais aucune hybridation naturelle n'a été rapportée.

Wallaby. Il existe une grande variété de wallabies. Les plus communs sont le wallaby de Bennett insulaire (*M. rufogriseus*), le wallaby agile (*M. agilis*) et le wallaby bicolore (*Wallabia bicolor*), tous mesurant environ 1,70 m à l'âge adulte.

Les wallabies des rochers sont plus petits (environ 1 m de long). L'un des plus répandus, le wallaby des rochers à queue en brosse (*Petrogale penicillata*), est présent dans la Great Dividing Range.

Quokka. Le quokka (*Setonix brachyurus*) est un petit mammifère nocturne vivant à l'extrémité sud-ouest de l'Australie-Occidentale et sur Rottnest Island. Animal grégaire, il se déplace en groupes pouvant compter plus de 100 individus.

MITCH REARDON

Kangourou roux

JASON EDWARD

Wallaby de Bennett

MARTIN COHEN

Quokka

Bandicoot à museau court

Bilby

Kangourou arboricole. Les deux espèces de kangourous arboricoles, le Bennett (*Dendrolagus bennettianus*) et le Lumholtz (*D. lumholtzi*), ont la taille d'un chat et vivent dans les arbres. Contrairement aux autres espèces, ils possèdent des membres antérieurs musclés, mais sont de maladroits grimpeurs.

Les deux espèces vivent exclusivement dans la forêt tropicale du nord du Queensland, mais leur habitat est de plus en plus menacé par l'industrie du bois.

Bandicoot et bilby

Les petits bandicoots et bilbies, semblables à des rats, comptent parmi les proies privilégiées des chats.

Les bandicoots sont nocturnes, mais on les aperçoit parfois le jour dans le bush. Ils se nourrissent d'insectes et de plantes. La variété la plus commune est le bandicoot à museau court (*Isoodon obesulus*), qui peuple l'Est et l'Ouest. Les autres représentants de l'espèce, comme le bandicoot à long nez de Tasmanie (*Perameles gunnii*), vivent dans des régions plus circonscrites. Le bilby (*Macrotis lagotis*) se rencontre surtout dans le Territoire du Nord. Bien que de gros efforts aient été entrepris pour assurer sa survie, il demeure très rare. Du fait de ses oreilles semblables à celles d'un lapin, il a été promu animal de Pâques en Australie.

Opossum

Il existe une très grande variété d'opossums (ou phalangers) en Australie. En effet, ils se sont adaptés à toutes sortes d'habitats, y compris les villes, où on peut les apercevoir dans les parcs publics. Certaines espèces vivent sous les toits des maisons des faubourgs, et se nourrissent des plantes des potagers et des détritus. Les opossums fréquentent aussi les terrains de camping des régions fortement boisées et n'hésitent pas à piller les provisions des campeurs.

La variété la plus courante est l'opossum à fourrure ou phalanger-renard (*Trichosurus vulpecula*), présent sur l'ensemble du continent et en Tasmanie.

Le pétaure volant (*Petaurus breviceps*) est doté de membranes entre ses pattes antérieures et postérieures qui lui permettent de planer d'un arbre à un autre en couvrant ainsi jusqu'à 100 m.

Koala

Le koala (*Phascolarctos cinereus*) tire son nom d'un mot aborigène signifiant "pas d'eau", par référence à sa prétendue capacité à se contenter de l'humidité

Opossum à queue en anneaux

des feuilles d'eucalyptus. Aujourd'hui protégée et hors de danger, l'espèce comprend toutefois un grand nombre de femelles stériles car porteuses de chlamydiae, une maladie sexuellement transmissible.

Un koala adulte mesure environ 70 cm et pèse autour de 10 kg. Ses traits caractéristiques sont les touffes de poils des oreilles et sa truffe noire et dure. Les koalas ne se nourrissent que des feuilles de certains eucalyptus et sont particulièrement sensibles à toute modification de leur environnement. On les rencontre sur la côte orientale, de Townsville à Melbourne, et en Australie-Méridionale, où ils ont été réintroduits.

Wombat

Les wombats sont des marsupiaux trapus avec une large tête et de courtes pattes. Les adultes mesurent environ 1 m de long et pèse jusqu'à 35 kg. Leur alimentation se compose d'herbe, de racines et d'écorce d'arbres.

Il existe trois espèces de wombats, le plus commun étant le wombat à narines dénudées (*Vombatus ursinus*), qui vit dans les régions boisées du Sud-Est. Les deux autres espèces sont le wombat à narines poilues du Nord (*Lasiorhinus krefftii*), rare et menacé, et le wombat à narines poilues du Sud (*Lasiorhinus latifrons*), tout aussi vulnérable, qui peuple l'arrière-pays de la Grande Baie australienne.

Dasyuridés

La famille des dasyuridés est constotuée de marsupiaux carnivores dont la principale caractéristique tient à leur truffe pointue et allongée.

Dasyure. Les dasyures tachetés d'Australie, ou chats marsupiaux, ont à peu près la taille du chat domestique, mais sont des prédateurs bien plus efficaces. Nocturnes et arboricoles, ils sont difficiles à observer.

L'espèce comprend le dasyure oriental (*Dasyurus viverrinus*), le dasyure à queue noire (*D. geoffroii*) et le dasyure tacheté nain (*D. hallucatus*). Le premier a pratiquement disparu du continent, mais reste encore largement répandu en Tasmanie. Le dasyure-tigre (*D. maculatus*), ou chat-tigre marsupial, est l'un des plus féroces prédateurs du bush australien.

Diable de Tasmanie. Carnivore, le féroce diable de Tasmanie (*Sarcophilus harrisii*) est le plus grand des dasyuridés. Cet animal solitaire et nocturne émet un

Koala piquant un roupillon

CHRIS KLEP

Wombat à narines dénudées

MITCH REARDON

Un dasyure tacheté nain, curieux

MITCH REARDON

Diable de Tasmanie

Un numbat fureteur

Dingo

grognement plaintif. Sa robe noire arbore des rayures blanches sur le poitrail. Il mesure environ 60 cm de long, avec une queue de 25 cm. Il se nourrit de petits oiseaux et mammifères, d'insectes et de charognes.

Numbat. Le séduisant numbat, ou fourmilier marsupial (*Myrmecobius fasciatus*), se distingue par l'absence de poche ventrale et une activité plutôt diurne. Il possède une magnifique fourrure fauve rayée de sept bandes blanches sur l'arrière-train. Les adultes, de la taille d'un rat, pèsent environ 500 g.

Les numbats vivent dans des troncs creux tombés à terre d'une espèce d'eucalyptus appelée wandoo (*Eucalyptus redunca*), présente dans les forêts du Sud-Ouest. Leur population est en régression.

Euthériens

Les mammifères placentaires, ou euthériens, comprennent les mammifères marins et les espèces "récentes" apparues il y a 15 millions d'années, en particulier les nombreuses chauves-souris, les rongeurs et le dingo.

Dingo

Le dingo (*Canis familiaris dingo*) est le chien indigène d'Australie. Domestiqué par les Aborigènes, il serait apparu sur le continent il y a 6 000 ans. Il diffère du chien domestique en ce qu'il hurle plutôt qu'il n'aboie et ne se reproduit qu'une fois par an (contre deux fois chez le chien domestique) ; les deux races peuvent se reproduire entre elles.

Les dingos chassent surtout les lapins, les rats et les souris, mais lorsque les proies se font rares, ils n'hésitent pas à s'attaquer au bétail. Les tentatives visant à contrôler leur nombre sont souvent restées vaines.

Mammifères marins

Jubarte. La baleine à bosse (*Megaptera novaeangliae*) visite régulièrement les côtes orientales et occidentales australiennes, offrant un spectacle fascinant. En hiver, elle quitte les mers polaires où elle se nourrit pour se reproduire dans les eaux subtropicales. Les jubartes adultes mesurent entre 14 et 19 m de long et peuvent vivre plus de 30 ans.

Baleine australe. Cette baleine (*Eubalaena australis*), appelée "southern right whale" en anglais parce qu'elle était considérée comme la bonne (right) baleine à chasser, a bien failli disparaître. Depuis l'abandon de la pêche, elle apparaît de nouveau dans les eaux du continent. On la reconnaît à sa bouche inclinée vers le bas et à ses longs fanons qui filtrent l'eau afin d'isoler le plancton dont elle se nourrit.

Dugong. Ce mammifère aquatique herbivore (*Dugong dugon*), souvent appelé la "vache de mer", vit le long du littoral septentrional, de Shark Bay à la Grande Barrière de Corail. La population à Shark Bay est estimée à plus de 10 000 individus, c'est-à-dire environ 10% de la population mondiale de dugongs.

Le bout balaise d'une baleine à bosse

Oiseaux

L'avifaune australienne compte plus de 750 espèces répertoriées, la plupart endémiques. La Birds Australia (☎ 03-9882 2622) gère des observatoires en Nouvelle-Galles du Sud, dans le Victoria, en Australie-Méridionale et Occidentale, où hébergement et guides sont fournis.

Émeu

L'émeu (*Dromaius novaehollandiae*), grand oiseau hirsute, atteint 2 m de haut, un peu moins que l'autruche d'Afrique, qui est comme lui incapable de voler. Il vit sur tout le continent, mais à l'écart des habitations humaines. La femelle pond de 6 à 12 gros œufs, que le mâle couve avant de prendre soin des oisillons.

Kookaburra

Le kookaburra rieur (*Dacelo novaeguinae*) vit le long des côtes. Le kookaburra à ailes bleues (*D. leachii*) peuple les forêts du littoral septentrional. Plus grand membre de la famille des martins-pêcheurs, le kookaburra s'entend autant qu'il se voit. Difficile en effet de ne pas reconnaître son cri, qui évoque à s'y méprendre un ricanement. Cet oiseau s'apprivoise facilement.

Émeu

Oiseau à berceau

Cet oiseau trapu à gros bec est surtout connu pour son mode d'accouplement. Le mâle, aux couleurs très vives, construit une sorte de tonnelle qu'il décore de divers objets bigarrés pour attirer la femelle. Si cette dernière est conquise par l'œuvre d'art, elle construira le nid et élèvera seule les petits. Les espèces les plus répandues sont le chlamydère à nuque rose (*Chlamydera nuchalis*), l'oiseau à berceau tacheté (*C. maculata*), ou satiné (*Ptilonorhynchus violaceus*).

Le prince-régent est un oiseau à berceau

DAVID CURL

La pie, familère du bush

JASON EDWARDS

Couple d'aigles audacieux

JASON EDWARDS

Loriquet arc-en-ciel

Pie

La pie noir et blanc (espèce des *Gymnorhina*) est l'oiseau le plus répandu en Australie. Son chant mélodieux, qu'on entend le plus souvent à l'aube, est l'un des sons les plus distinctifs du bush. Les pies ont la mauvaise habitude de s'abattre sur les personnes qui s'approchent trop près de leurs nids au printemps. Les espèces de pies diffèrent par la disposition de leur plumage noir et blanc.

Aigle audacieux

L'aigle audacieux (*Aquila audax*) est le plus grand oiseau de proie d'Australie, avec une envergure pouvant atteindre 2 m. On le reconnaît facilement à sa queue en pointe. Les aigles audacieux sont répandus dans l'Outback, où ils évoluent à de très hautes altitudes. Ils se nourrissent de charognes.

Perroquets, perruches, loriquets et cacatoès

Il existe une incroyable variété de ces espèces en Australie.

Perruche. La plupart des nombreuses espèces de perruches (*Platycercus*) arborent un plumage vivement coloré. La perruche omnicolore (*P. eximius*), de couleur rouge, jaune et bleu, est la plus répandue dans le Sud-Est du pays. Peu farouches, elles approchent sans hésiter des humains quand il s'agit de se nourrir.

Cacatoès rosalbin. On aperçoit souvent cet oiseau rose et gris (*Cacatua roseicapilla*), l'un des plus répandus de la famille, rechercher des graines au bord des routes.

Loriquet arc-en-ciel. Le loriquet arc-en-ciel (*Trichoglossus haematodus*) est revêtu d'un magnifique plumage où se mêlent le bleu, l'orange et le vert. Sa langue se termine par une sorte de pinceau propice à la récolte du nectar.

Perruche ondulée. Les perruches ondulées (*Melopsittacus undulatus*), réparties sur tout le continent, en particulier dans le Centre, volent parfois en bandes de plusieurs milliers.

Cacatoès noir. Il existe six espèces de cacatoès noirs, les plus communs étant le cacatoès noir à queue rouge (*Calyptorhynchus magnificus*) et le cacatoès noir à queue jaune (*C. funereus*).

Cacatoès à huppe jaune. Ce cacatoès bruyant (*Cacatua galerita*) peuple toute l'Australie orientale et septentrionale. Il vit en bandes tapageuses qui se nourrissent au sol tandis que plusieurs individus surveillent les environs et signalent un éventuel danger.

Oiseau-lyre

Le superbe et timide oiseau-lyre (*Menura novaehollandiae*) vit dans les forêts humides du Sud-Est. Le mâle possède une queue dont les plumes se déploient en forme de lyre pour attirer une compagne.

Similaire, l'oiseau-lyre d'Albert (*M. alberti*) vit dans les forêts tropicales au sud du Queensland et au nord de la Nouvelle-Galles du Sud. Les oiseaux-lyres ont un chant mélodieux et peuvent également imiter les bruits les plus insolites.

Jabiru

Le jabiru (*Xenorhynchus asiaticus*) peuple le Nord et l'Est, mais on l'aperçoit rarement. Il mesure plus de 1 m et arbore un plumage vert-noir presque iridescent sur le cou et noir et blanc sur le corps, tandis que ses pattes sont orange.

Oie semi-palmée

Les oies semi-palmées (*Anseranas semipalmata*) vivent principalement dans les marais tropicaux du Nord, où elles se regroupent en grand nombre lorsque l'eau se raréfie à la fin de la saison sèche (octobre).

Brolga

Également courant dans les régions marécageuses du Nord et dans l'Est, le brolga ou grue antigone d'Australie (*Grus rubicundus*) mesure plus de 1 m et possède un plumage gris et une tête rouge.

Cygne noir

Les cygnes noirs (*Cygnus atratus*) vivent généralement en grands groupes sur les étendues d'eau fraîche ou saumâtre, du Top End à la Tasmanie. Ils nichent au milieu des roseaux ou sur les îles des lacs, les deux parents s'occupant des petits.

Reptiles
Serpents

Les serpents australiens, généralement farouches, évitent le contact avec les hommes. Certaines piqûres sont mortelles. Les plus dangereux sont le taïpan et

JASON EDWARDS

Cacatoès à huppe jaune

MITCH REARDON

Un éclatant jabiru

le serpent-tigre, mais un face-à-face avec les vipères de la mort, les vipères à tête cuivrée, les serpents bruns ou les noirs à ventre rouge est tout aussi déconseillé. Les serpents-tigres peuvent attaquer.

Crocodiles

L'Australie compte deux types de crocodiles : le crocodile marin (*Crocodylus porosus*) ou "saltie", extrêmement dangereux, et le crocodile d'eau douce (*C. johnstoni*) ou "freshie", moins agressif. Il est important de pouvoir les distinguer car les deux espèces sont répandues dans le Nord.

Crocodile marin. Les salties ne se confinent pas à l'eau salée. Ils peuplent les estuaires et remontent les cours d'eau à l'intérieur des terres, parfois à plus de 100 km des côtes. Ces crocodiles, pouvant mesurer jusqu'à 7 m, attaquent et tuent les humains.

Crocodile d'eau douce. Les freshies sont plus petits (moins de 4 m) et plus fin que les salties. Leur museau est plus étroit et leurs dents plus petites. Ils n'attaquent pas les hommes, mais peuvent mordre.

Lézards

Varan. Ces gros lézards quelque peu agressifs mesurent jusqu'à 2 m de long. Avec leur langue bifide et leur sifflement bruyant, ils peuvent se montrer impressionnants. Ils n'attaquent pas, mais il vaut mieux ne pas les déranger. Le plus gros d'entre eux est le varan géant (*Varanus giganteus*), qui vit en Australie centrale.

Lézard à collerette. Ce lézard (*Chlamydosaurus kingii*) est répandu dans le bush dans l'Est et le Nord. La collerette est un pli de peau rabattu vers l'arrière du corps au repos. Lorsque le lézard se sent menacé, il la redresse et ouvre sa gueule pour se donner une apparence plus féroce.

Araignées

La veuve d'Australie (*Latrodectus hasselti*) est noire avec une marque rouge sur le dos. Les tas de bois et les cabanons constituent ses habitats favoris. Sa piqûre peut être mortelle. L'araignée à toile-entonnoir (famille des *dipluridés*) est une grosse araignée agressive vivant dans le sol, principalement en Nouvelle-Galles du Sud. Celles qui peuplent les environs de Sydney sont particulièrement venimeuses. Leur piqûre est mortelle.

DAVID CURL

Crocodile marin

MITCH REARDON

Varan à taches jaunes

ROHAN CLARKE

Lézard à collerette

FLORE

Malgré ses vastes étendues arides, l'Australie jouit d'un large manteau végétal. Les forêts couvrent 5% du continent, soit 410 000 km^2. De nombreuses plantes résistent au climat désertique du Centre, même si certaines espèces poussent de façon sporadique.

Avec l'arrivée des Européens il y a quelque 200 ans, de nouvelles espèces végétales et animales furent introduites. Les colons abattirent des forêts tropicales, étendirent de nouvelles cultures et des pâturages pour leurs troupeaux qui endommagèrent le sol et modifièrent les cours d'eau. L'irrigation, conjuguée au défrichement, entraîna l'augmentation de la salinité du sol.

Herbes endémiques

Plus de 700 espèces d'herbes endémiques ont été répertoriées à travers le pays.

Spinifex

Les plantes des déserts les plus robustes et les plus communes appartiennent à la famille des spinifex. Elles poussent sur des sols sablonneux et rocailleux et forment un dôme dense composé de longues feuilles acuminées. Ils couvrent de vastes étendues en Australie centrale et abritent de nombreux reptiles.

Herbe de Mitchell

L'herbe de Mitchell couvre les vastes terres arides du Nord et fait le régal des troupeaux dans le Top End. Cette plante est dotée de longues racines qui lui permettent de résister aux sécheresses. L'herbe pousse généralement en touffes sur des sols glaiseux.

Arbustes et fleurs
Callistémons

Les callistémons poussent sur tout le territoire, mais plus particulièrement en Nouvelle-Galles du Sud. Ces jolies plantes robustes sont dotées de fleurs en forme de brosse, dans lesquelles les oiseaux aiment se nicher. Il en existe environ 25 espèces différentes, mesurant de 1 à 10 m. Les plus communes sont le *Callistemon citrinus*, le *Callistemon viminalis* et le *Callistemon brachycandrus*.

Grevillea

Les grevillea comptent quelque 250 variétés, dont seules 20 sont endémiques. Le grevillea de Banks

Spinifex et eucalyptus

RICHARD I'ANSON

Callistémon

RICHARD NEBRESKY

Somptueux grevillea en fleur

DAVID CURL

Pois du désert de Sturt

Fougère arborescente

Cabbage palm

(*G. banksii*) produit de magnifiques fleurs piquantes rouges. A l'époque de la floraison, la fougère en arbre (*G. robusta*), qui peut atteindre 30 m de haut, est l'un des arbres les plus étonnants d'Australie.

Kangaroo paw

Le kangaroo paw (espèce des *Anigozanthos*) pousse à l'état sauvage exclusivement au sud-ouest de l'Australie-Occidentale ; le kangaroo paw de Mangle (*A. manglesii*) est d'ailleurs l'emblème floral de l'État.

Cette espèce à la beauté singulière est souvent cultivée dans les jardins des États orientaux. Ses fleurs tubulaires couvertes de poils d'aspect velouté, qui valent son nom à la plante ("patte de kangourou"), peuvent être noires, rouges, vertes ou jaunes. Les Aborigènes les utilisaient comme plantes médicinales.

Pois du désert de Sturt

Cette petite plante annuelle (*Clianthus formosus*) pousse dans les régions arides de l'Australie centrale, notamment après les pluies diluviennes. La plante est l'emblème floral de l'Australie-Méridionale et donne des fleurs rouges avec un centre noir.

Saltbush

Des millions de moutons et de bovins vivant dans les régions arides doivent leur survie au saltbush (buisson à sel), baptisé ainsi en raison de sa tolérance aux conditions salines. Le saltbush peut recouvrir de vastes étendues. Il en existe 30 espèces différentes.

Cycas et fougères
Cycas des MacDonnell Ranges

Le cycas des MacDonnell Ranges (*Macrozamia macdonnelli*) est l'une des 18 espèces d'Australie appartenant à l'antique famille des cycadées. Cette plante à croissance lente pousse sur les pentes rocheuses et dans les gorges. Les cônes à graines se forment à l'extrémité des troncs courts des plantes femelles, tandis que les cônes des plantes mâles renferment le pollen.

Fougère arborescente

La magnifique et ornementale fougère arborescente de l'espèce *Cyathea* et la *Dicksonia antarctica* croissent dans les forêts tropicales tempérées de l'Australie orientale. Certaines variétés atteignent 20 m de hauteur.

FAUNE ET FLORE

Arbres
Cabbage palm

Parmi les 40 espèces de palmiers australiens, la plus répandue est le cabbage palm (*Livistona mariae*), qui peut atteindre 30 m et qui ne pousse qu'à Palm Valley dans le Finke Gorge National Park. Les Aborigènes se nourrissaient des tendres feuilles vertes de son sommet.

Acacias

On dénombre plus de 660 espèces du genre *Acacia* sur le territoire australien, des petits arbustes aux immenses acacias à bois noir. La plupart fleurissent à la fin de l'hiver et au printemps. A cette époque, le pays s'illumine de fleurs jaunes.

Acacias Cootamundra

Acacia à bois noir. L'acacia à bois noir (*A. melanoxylon*) peut atteindre plus de 30 m de hauteur si le sol lui convient. Il pousse généralement dans les massifs montagneux à l'est et au sud de l'Australie.

Mulga. Le mulga (*A. aneura*) est l'espèce dominante sur de vastes étendues du Centre australien ; il supporte très bien la sécheresse. Les Aborigènes utilisaient son bois dur pour fabriquer des lances et autres outils.

Mimosa doré. Le mimosa doré (*A. pycnantha*) est l'emblème floral de l'Australie et l'un des acacias les plus répandus. Il pousse principalement dans les régions arides et chaudes, mais également dans le Sud-Est.

Banksias

Les banksias (espèce des *Banksia*) tirent leur nom de Sir Joseph Banks, le botaniste qui accompagna le capitaine Cook lors de son exploration de l'Australie orientale. Il en existe environ 60 espèces, plus particulièrement sur les sols pauvres impropres aux autres plantes. La plupart des banksias donnent des épines couvertes de fleurs de couleur orange, rouge ou jaune éclatante. Une variété (*B. coccinea*) produit des fleurs écarlates. Les Aborigènes faisaient macérer les épines pour obtenir une boisson sucrée.

Casuarinas

Également appelés "sheoaks", ces arbres robustes font autant que les eucalyptus partie du paysage australien. Ils poussent dans divers biotopes et se caractérisent par leurs "feuilles" (en réalité de petites branches) en

Banksia serrata

Chênes du désert

Gommier spectre

forme de plumes. Les véritables feuilles, de petite taille, se trouvent aux intersections de ces branchages.

Chêne du désert. La haute et large couronne de son feuillage et la musique du vent dans les feuilles font du "desert oak" (*Allocasuarina decaisneana*) un élément caractéristique des plaines sablonneuses. Ces arbres magnifiques se limitent aux régions arides de l'Australie centrale et aux environs d'Uluru et de Kings Canyon.

River sheoak. Le river sheoak (*Casuarina cunninghamania*) est un arbre de haute taille apprécié pour sa capacité à endiguer l'érosion des berges des rivières.

Eucalyptus

L'eucalyptus, ou gommier, pousse partout en Australie, excepté dans les forêts tropicales les plus denses et dans les régions les plus arides. Parmi les 700 espèces du genre, 95% sont endémiques.

Les eucalyptus adoptent toutes sortes de formes et de tailles, des grandes variétés élancées à bois dur comme le jarrah ou acajou australien, le karri ou gommier blanc et le mountain ash au gommier des neiges, un arbuste aux formes torturées.

Gommier rouge de rivière. Les gommiers rouges de rivière (*E. camaldulensis*) se limitent généralement aux abords des cours d'eau. Ces arbres immenses peuvent atteindre 40 m et vivre jusqu'à 1 000 ans.

Coolabah. Le coolabah (*E. microtheca*) est répandu dans toute l'Australie centrale et septentrionale. Cet arbre de 20 m de hauteur environ, à la forme inégale et au tronc noueux, n'est guère attrayant.

Gommier spectre. Le gommier spectre (*E. papuana*), que l'on rencontre un peu partout en Australie centrale et septentrionale, est l'une des plus belles variétés d'eucalyptus. Ses feuilles d'un vert éclatant et son écorce blanc argenté contrastent avec les rochers et les sols rouges des régions centrales.

Mélaleucas

Les mélaleucas se reconnaissent facilement à leur écorce fine comme du papier qui se détache en minces bandes du tronc. Il s'agit en fait d'écorce morte qui protège le tronc contre les températures extrêmes et les pertes d'humidité. Ces arbres ont été

FAUNE ET FLORE

utilisés par les Aborigènes pendant des siècles : ils recueillaient l'eau potable du tronc et utilisaient l'écorce pour transporter l'eau, fabriquer des radeaux et des abris et protéger la nourriture.

Les variétés les plus communes sont le *Melaleuca ericifolia*, le *M. armillaris* et le *M. leucadendron*.

Waratah

Le waratah (*Telopea speciosissima*) est doté de splendides fleurs rouges. Ce petit arbre se rencontre en Nouvelle-Galles du Sud, dont il est l'emblème floral, et dans le Victoria. D'autres espèces prennent également le nom de waratah comme le waratah tree (*Oreocallis pinnata*), qui pousse dans le Queensland et en Nouvelle-Galles du Sud.

Baobab (boab)

Le baobab (*Adansonia gregorii*) ne se trouve qu'à partir du sud-ouest du Kimberley et jusqu'à la Victoria dans le Territoire du Nord. Il pousse dans les plaines inondables et les régions rocheuses. Son énorme tronc gris enflé couvert d'une masse de branches contorsionnées captive le regard, surtout durant la saison sèche lorsqu'il perd toutes ses feuilles et devient "l'arbre que Dieu a planté la tête en bas". Bien que les baobabs dépassent rarement 20 m de haut, leur troncs peuvent atteindre jusqu'à 23 m de circonférence.

Baobab

Conifères

Il existe plusieurs familles de conifères endémiques.

Pin bunya. Le conifère le plus inhabituel est le pin bunya (*Araucaria bidwillii*), que l'on trouve dans les forêts tropicales au sud du Queensland. Ses énormes cônes peuvent peser jusqu'à 7 kg, aussi est-il préférable de ne pas se reposer sous l'un d'eux. Les graines contenues dans les cônes faisaient autrefois partie de la nourriture favorite des Aborigènes.

Pin de Norfolk Island. Le pin de Norfolk Island (*A. heterophylla*) est endémique à cette île. Ces grands arbres droits furent remarqués par le capitaine Cook en 1774, qui suggéra qu'ils feraient de bons mâts. Leur forme symétrique est propice à l'agrément des rues et des parcs, en particulier en bord de mer.

Pin de King William. Le pin de King William (*Athrotaxis cupressoides*) est endémique à la Tasmanie.

Pin de King William

RICHARD I'ANSON

LINDSAY BROWN

Renseignements pratiques

A NE PAS MANQUER

Dans un pays aussi vaste et varié que l'Australie, la liste des sites à ne pas manquer est pratiquement illimitée. Bien qu'il soit impossible de les voir tous en un seul voyage, nous citons ici les sites incontournables pour chacun des États.

ACT

Pittoresque et ordonnée, la capitale nationale possède pour principaux atouts le lac Burley Griffin et les imposants bâtiments modernes du Parlement et de la Cour suprême. Ne manquez pas la National Gallery. Les adeptes de randonnées apprécieront le merveilleux Namadgi National Park.

Australie-Méridionale

Ses deux points forts sont la Barossa Valley, célèbre pour ses vins succulents, et les Flinders Ranges aux somptueux paysages, idéaux pour les randonnées dans le bush. L'extrême nord de l'État donne un excellent aperçu de l'Outback, que sillonnent des pistes légendaires (Strzelecki, Oodnadatta et Birdville). La ville minière de Coober Pedy, dédiée à l'opale, constitue elle aussi une curiosité. Ses habitants non seulement travaillent sous terre, mais vivent dans des maisons troglodytiques.

Australie-Occidentale

Le principal centre d'intérêt réside dans ses vastes étendues vierges et sauvages. Au sud, la petite ville portuaire de Fremantle, très éclectique, s'étend non loin de la capitale Perth. Les impressionnantes forêts d'eucalyptus du sud-ouest, le Karijini National Park dans le Pilbara et les paysages grandioses et tourmentés du Bungle Bungle (Purnululu) National Park dans le Kimberley laissent d'impérissables souvenirs.

Nouvelle-Galles du Sud

Sa capitale, Sydney, ville d'accueil des Jeux olympiques de l'an 2000, jouit de l'une des situations les plus extraordinaires au monde et de la proximité des splendides Blue Mountains. Les plages, les forêts tropicales du nord, le Snowy Mountains National Park et le vaste arrière-pays offrent également de nombreuses possibilités.

Queensland

La Grande Barrière de Corail ne manquera pas de vous émerveiller et fera la joie des amateurs d'activités nautiques en tout genre. L'État propose une grande diversité de paysages : plages désertes, forêt tropicale de Daintree, déserts de l'intérieur et petites bourgades où rien ne se passe, vastes terres à bétail et la péninsule reculée de Cape York.

Tasmanie

Certains lieux, comme Port Arthur, restent imprégnés de la riche histoire des bagnards qui ont bâti la Tasmanie. Sur l'île subsistent des contrées sauvages comptant parmi les plus belles du pays. La région de Cradle Mountain-lac St Clair, inscrite au Patrimoine mondial, et l'extrême sud-ouest, aux paysages déchiquetés, ont gagné la faveur des randonneurs.

Territoire du Nord

Renommé pour le site d'Uluru (Ayers Rock), qui symbolise presque autant l'Australie que l'opéra de Sydney, le Territoire du Nord renferme aussi le Kakadu National Park. Inscrit au Patrimoine mondial de l'Unesco, celui-ci présente une grande richesse végétale et animale ainsi que de superbes marais. La culture aborigène est ici plus accessible que dans le reste du pays. Vous pouvez admirer les sites rupestres de Kakadu ou vous joindre à des visites organisées par les Aborigènes, notamment en Terre d'Arnhem, à Manyallaluk (près de Katherine) et à Uluru.

Victoria

Nul ne peut prétendre visiter l'État de Victoria sans explorer les fabuleuses montagnes des Grampians, renommées pour leurs panoramas splendides et pour la randonnée. Parmi les autres curiosités, signalons les colonies de manchots de Phillip Island ; Sovereign Hill, une cité aurifère reconstituée à Ballarat ; les Alpes victoriennes, couvertes de neige et de forêts ; et la Great Ocean Road, l'une des routes littorales les plus impressionnantes de la planète. Melbourne possède également un charme digne d'intérêt.

SUGGESTIONS D'ITINÉRAIRES

Le plus difficile, lorsqu'on prépare un voyage en Australie, est d'opérer une sélection des régions à visiter. Dans ce pays qu'une semaine de route ne suffit pas toujours à traverser, vos choix dépendront nécessairement du mode de transport adopté. Si vous comptez circuler en voiture ou en bus et que vous ne disposez que de quelques semaines, vous devrez vous limiter à une zone restreinte (la Tasmanie, par exemple). En avion, en revanche, vous pourrez visiter un grand nombre de sites aux quatre coins du continent.

Au moment d'organiser votre séjour, gardez toujours présent à l'esprit que l'Australie est un pays immense – deux villes peuvent sembler proches sur la carte et s'avérer, en réalité, séparées par plus de 1 000 km de routes difficiles. Vous apprécierez bien davantage de sillonner tranquillement une zone délimitée que de rouler à vive allure toute la journée (ce qui est risqué) pour parcourir 500 km. Dans l'Outback et dans les régions rurales peu peuplées, on peut raisonnablement couvrir une telle distance en une journée, sous réserve de ne pas trop flâner en chemin. En revanche, sur la côte est, ne comptez pas couvrir plus de la moitié en une étape.

Chacun voyage à son propre rythme et pourra adapter à sa guise les itinéraires suggérés ici. Nous les avons établis en prenant en compte le temps de visite des sites, le fait que vous ne souhaitez pas passer 12 heures par jour en voiture, et en prévoyant un rythme moins soutenu en fin de séjour.

Un mois

L'un des itinéraires les plus courants consiste à longer la côte est du nord au sud, ou inversement, entre Cairns et Sydney. En bus ou en voiture, il se parcourt raisonnablement en un mois, même si l'on peut aussi y passer trois fois plus de temps. Un autre circuit de quatre semaines, au départ de Cairns, traverse le Queensland, rejoint Darwin et Kakadu, puis descend vers le centre, à Alice Springs, avec un détour par Uluru. On peut aussi découvrir le centre en partant de Sydney ou de Melbourne pour remonter ensuite vers le nord *via* Adelaide et les Flinders Ranges. Quatre semaines suffisent pour rallier la côte est depuis Perth mais laissent peu de temps pour profiter de ces deux sites.

Trois mois

Trois mois offrent beaucoup plus de latitude : de Sydney à Cairns *via* le Centre et Darwin, de Sydney à Adelaide *via* Cairns ; Darwin et le Centre ; de Perth à Cairns *via* le Kimberley et Darwin ; ou encore de Melbourne à Cairns par la côte.

Six mois

Six mois permettent d'effectuer le grand circuit qui inclut la côte est, Darwin, le Centre, Adelaide et Melbourne, voire de consacrer un mois à travailler ou à lézarder dans un coin paisible. On peut aussi rallier Cairns à Perth en longeant les côtes occidentale et méridionale.

PRÉPARATION AU VOYAGE
Quand partir

L'Australie se visite à toute époque de l'année, mais, comme il faut s'y attendre dans un pays de cette taille, il existe de grandes variations selon les régions.

L'été austral (de décembre à février) est surtout apprécié dans les États méridionaux : il fait suffisamment chaud pour se baigner, et les journées sont agréables. Dans le Centre, il règne à cette époque une chaleur si torride qu'on ne peut y faire grand-chose, tandis que la chaleur et l'humidité inconfortables de la saison humide (*wet season*) affectent le Nord. Pour ne rien arranger ici, la mer est infestée de méduses venimeuses qui rendent la baignade très dangereuse en cette saison. Néanmoins, si vous voulez voir le Top End vert, sans poussière, sous des orages spectaculaires, et profiter de la meilleure époque pour la pêche au barramundi, c'est la saison idéale.

Pendant l'hiver austral (de juin à août), la température est parfaite dans le Nord, où l'humidité disparaît. C'est la saison la plus favorable pour visiter l'extrême nord du Queensland et le Top End. Le Centre et l'Outback sont aussi appréciés en hiver, car les journées sont tempérées et les nuits étonnamment fraîches, voire froides. Le temps plus frais éloigne aussi les mouches, le fléau de l'été. Les régions méridionales ne manquent pourtant pas d'intérêt, puisque l'on peut skier dans les Victorian Alps ou les Snowy Mountains (NSW), même si l'enneigement varie d'une année à l'autre.

Le printemps et l'automne offrent la plus grande souplesse pour un court séjour et permettent de parcourir l'ensemble du territoire et d'éviter les extrêmes climatiques.

La fin de l'hiver et le début du printemps permettent d'admirer la floraison dans l'Outback (particulièrement dans le centre et l'ouest du continent). Un spectacle absolument étonnant mais qui peut, comme les averses, varier en intensité selon les années.

Il convient également de tenir compte des congés scolaires en planifiant son voyage en Australie. Les familles australiennes se déplacent alors en masse, aussi bien par la route qu'en avion. Les chambres sont souvent réservées, les prix augmentent, et tout devient un peu plus compliqué (pour plus de détails, reportez-vous à la rubrique *Jours fériés et manifestations annuelles*, plus loin dans ce chapitre).

Cartes

Les cartes ne manquent pas, bien qu'elles soient en général de qualité moyenne. Des cartes routières sont proposées par les compagnies pétrolières, Shell, BP, Mobil, etc., et disponibles dans les stations-service. Souvent moins chères (et meilleures) que ces dernières, les cartes publiées par les associations automobiles des États constituent un excellent choix (reportez-vous au chapitre *Comment circuler,* paragraphe *Voiture,* pour connaître leurs adresses). Lonely Planet propose de très pratiques cartes de Melbourne et Sydney. En ville, un guide des rues peut se révéler utile. Vous aurez le choix dans le commerce entre les publications Ausway (le *Melway* et le *Sydway*) et les guides Gregorys ou UBD.

Pour les randonnées dans le bush, à ski et autres activités qui nécessitent des cartes topographiques, celles publiées par l'Australian Surveying & Land Information Group (AUSLIG) sont idéales. Les cartes les plus utilisées sont souvent vendues par les magasins spécialisés en matériel de randonnée. AUSLIG publie également des cartes plus spécifiques concernant, par exemple, les densités de population ou les territoires aborigènes. Pour plus d'informations ou pour toute commande de catalogues, contacter AUSLIG, Department of Industry, Science and Ressources, PO Box 2, Belconnen, ACT 2616 (☎ 02-6201 4201, www.auslig.gov.au).

OFFICES DU TOURISME

Pour le visiteur qui désire se rendre en Australie à partir d'un pays occidental, les sources d'information ne manquent pas. Vous disposerez donc de quantités de brochures, de cartes et de dépliants.

Sur place

En Australie, les touristes trouveront toutes les informations nécessaires auprès des offices d'État et des offices locaux. Tous les États, ainsi que le Territoire de la Capitale d'Australie et le Territoire du Nord, disposent d'un office du tourisme ou d'un centre d'information (reportez-vous aux chapitres suivants).

Outre l'office de tourisme principal dans les capitales, il existe souvent des offices régionaux dans les principaux centres touristiques et également dans les autres États.

Les offices d'État fournissent des brochures, des listes de prix, des cartes et d'autres informations. Ils peuvent également organiser des déplacements, des visites et réserver l'hébergement. Malheureusement, ils ont rarement une représentation à l'aéroport et, en outre, les bureaux en ville ne sont ouverts que de 9h à 17h en semaine, ainsi que le samedi matin. Voici les adresses des principaux offices du tourisme par État et des organismes fédéraux de tourisme.

Les principales sources d'information sont les suivantes :

ACT (Territoire de la Capitale d'Australie)
   Canberra Visitors Centre (☎ 02-6205 0044, 1800 026 166, fax 6205 0776)
   330 Northbourne Ave (PO Box 673), Dickson, ACT 2602, www.canberratourism.com.au
Nouvelle-Galles du Sud
   Sydney Visitor Centre (☎ 13 2077)
   106 George St, The Rocks, NSW 2000, www.tourism.nsw.gov.au
Territoire du Nord
   Northern Territory Holiday Centre
   (☎ 1800 621 336)
   PO Box 2532, Alice Springs, NT 0871, www.nttc.com.au
Queensland
   Queensland Government Travel Centre
   (☎ 13 1801, 07-3874 2800, fax 3221 5320)
   243 Edward St (GPO Box 9958), Brisbane,

Queensland 4001, www.queensland-travel-centre.com.au

Australie-Méridionale
South Australian Travel Centre
(☎ 08-8303 2033, 1300 366 770,
fax 8303 2231)
1 King William St (PO Box 1972), Adelaide,
SA 5000, www.tourism.sa.gov.au

Tasmanie
Tasmanian Travel & Information Centre
(☎ 03-6230 8233, fax 6224 0289)
Corner of Davey and Elizabeth Sts, Hobart,
Tasmania 7000
Tourism Tasmania (☎ 03-6230 82335,
1800 806 846, fax 6230 8353)
GPO Box 399, Hobart, Tasmania 7001,
www.tourism.tas.gov.au

Victoria
RACV Travel Centre (☎ 1800 337 743)
360 Bourke St, Melbourne, Victoria 3000
Victorian Tourism Information Service
(☎ 13 2842, fax 03-9653 9744)
GPO Box 2219T, Melbourne, Victoria 3001,
www.tourism.vic.gov.au

Australie-Occidentale
Western Australian Tourist Centre
(☎ 1800 812 808, fax 08-9481 0190)
Forrest Place, Perth, WA 6000, www.westernaustralia.net

Les offices du tourisme régionaux et locaux, présents dans la plupart des villes importantes et dans les lieux touristiques, sont souvent excellents et disposent d'informations régionales que l'on ne peut se procurer dans les offices de l'État.

A l'étranger

L'Australian Tourist Commission (ATC) est l'organisme fédéral chargé de renseigner les visiteurs potentiels sur le pays. Les bureaux de l'ATC proposent un périodique intitulé *Australia Travellers Guide* ; conçu comme un magazine, gratuit et fort utile, il regroupe des informations pratiques. Il n'est cependant pas disponible partout dans le monde.

L'ATC publie également *Australia Unplugged*, qui constitue pour les jeunes une bonne introduction à l'Australie. Cet organisme offre aussi quantité de *Fact Sheets* (dépliants). Consacrés à des sujets aussi variés que le camping, la pêche, le ski, le tourisme des handicapés ou les parcs nationaux, ces dépliants permettent de se familiariser avec la question. Moyennant une somme modique, on peut y adjoindre une carte très maniable. Ces documents sont uniquement distribués à l'étranger ; si vous souhaitez vous les procurer, connectez-vous sur le site Internet de l'ATC www.australia.com ou contactez un tour-opérateur spécialiste de l'Australie.

Belgique
Australian Tourist Commission
(☎ 02-714-3199)
Benelux
Centre d'information-Office du tourisme d'Australie (☎ 322 714 3199)
France
Bureau du tourisme d'Australie, 4, rue Jean-Rey, 75015 Paris (☎ 01 41 91 38 61, 3615 Australie)
Suisse
Centre d'information d'Australie, Eichstutz 11, Ch 8634 Hombrechtikon (☎ 41-55 42 40 04, fax 41-55 42 40 64)

VISAS ET FORMALITÉS COMPLÉMENTAIRES

Pensez à photocopier tous les documents importants (passeport, cartes de crédit, assurance, billets d'avion, de bus ou de train, permis de conduire, etc.). Laissez-en un exemplaire à une personne de confiance dans votre pays et emportez-en un avec vous, que vous conserverez séparément des originaux.

Visa

Excepté les ressortissants néo-zélandais, tous les visiteurs doivent être munis d'un visa pour entrer en Australie. Le site Internet du Department of Immigration & Multicultural Affairs, www.immi.gov.au, fournit des renseignements fort utiles sur les visas ainsi que sur les formalités douanières et sanitaires. On trouve notamment un livret intitulé *An Australian Government Guide to Visiting Australia*.

Autorisation électronique de voyage (Electronic Travel Authority, ou ETA)

Pour un séjour touristique inférieur à trois mois, vous pouvez obtenir un ETA gratuitement en passant par une agence de voyages affiliée à l'International Air Transport Association (IATA). Elle se charge des formalités et délivre un ETA en lieu et place du traditionnel visa sur le passeport. Instauré en 1997, ce système ne s'applique pour le moment qu'aux ressortissants du Royaume-Uni, des États-Unis, de la plupart des pays européens – dont la France – et scandinaves, de la Malaisie, de Singapour, du Japon et de la Corée. Il devrait cependant s'étendre à bien d'autres pays. Pour éviter d'éventuelles complications, vérifiez que les informations mentionnées sur votre ETA sont exactes.

Pour les séjours au-delà de trois mois, l'obtention d'un visa "traditionnel" reste obligatoire.

Visas de travail

Entre 18 et 25 ans, les jeunes célibataires de Royaume-Uni, du Canada, des Pays-Bas, de Malte, d'Irlande, de Corée et du Japon peuvent demander un visa *Working Holiday* (travail et tourisme). Les ressortissants de pays ayant signé ce type d'accord, comme le Royaume-Uni, peuvent même obtenir ce visa jusqu'à l'âge de 30 ans. Au moment de la rédaction de ce guide, d'autres pays, notamment les États-Unis, la France, l'Italie, la Grèce et Singapour, étaient en train de négocier des accords similaires.

Ce type de visa permet un séjour de 12 mois au plus, mais il n'autorise qu'un emploi occasionnel. Ainsi, vous ne pouvez travailler avec le même employeur plus de trois mois, mais rien ne vous empêche de travailler pour d'autres employeurs durant les 12 mois.

La demande de visa doit être présentée dans les représentations diplomatiques australiennes du pays d'origine, sauf pour les citoyens du Royaume-Uni, d'Irlande, du Canada et des Pays-Bas, qui peuvent la soumettre dans n'importe quel pays étranger. On ne peut pas remplacer un visa de tourisme par un visa de travail.

La demande de visa *Working Holiday* peut se faire jusqu'à 12 mois à l'avance. Effectuez les démarches le plus tôt possible, car ces visas sont soumis à un quota annuel.

Pour obtenir ces visas, il est nécessaire d'être couvert par une assurance médicale privée et de disposer d'une somme permettant l'achat d'un billet de retour ; vous devez régler environ 145 $ en déposant votre demande. La France, la Belgique et la Suisse n'ont pas signé un tel accord bilatéral, mais il est possible d'obtenir ce type de visa, avec des conditions plus strictes. Vous devrez constituer un dossier et attester d'une bonne pratique de l'anglais et de ressources suffisantes pour couvrir vos transports et vos frais de séjour.

Pour toute information supplémentaire, reportez-vous plus loin, dans ce chapitre, à la rubrique *Travailler en Australie*, et contactez le service visa de l'ambassade d'Australie (☎ 01 40 59 34 90).

Visa "stagiaire"

Le visa *Occupational Trainee* s'adresse aux étudiants désireux de suivre un stage dans une entreprise en Australie. La compagnie qui acceptera de vous prendre en stage devra s'adresser au Department of Immigration and Multicultural Affairs (bureau d'immigration) de son lieu de résidence et déposer une demande de *Nomination for Occupational Trainee*. Un délai d'un mois est nécessaire. De votre côté, faites votre propre demande de visa de travail, disponible auprès des services de l'ambassade.

Vous pouvez vous procurer la *Liste des sociétés françaises ou à participation française installées en Australie* publiée par la Librairie du commerce international (10, av. d'Iéna, 75116 Paris, ☎ 01 40 73 34 60).

Prorogations de visas

Le séjour maximal autorisé en Australie est d'un an, prorogations de visas comprises. Celles-ci sont accordées par les bureaux du Department of Immigration & Multicultural Affairs en Australie (tél 13 1881). Mieux vaut déposer sa demande deux ou trois semaines avant l'expiration du visa.

La demande de prorogation coûte 145 $, qu'elle soit accordée ou non.

Si vous pensez prolonger votre séjour, deux ouvrages pourraient se révéler utiles. Il s'agit de *Temporary to Permanent Resi-*

dence in Australia et *A Practical Guide to Obtaining Permanent Residence in Australia*, tous deux signés Adrian Joel.

Permis de conduire

Les permis étrangers libellés en anglais sont acceptés en Australie ; les autres doivent être accompagnés d'une traduction certifiée conforme. Pour compliquer les choses, certains États préfèrent que vous vous munissiez d'un permis international, appuyé par votre permis national. Pour vous faciliter la vie, emportez les deux.

AMBASSADES
Ambassades d'Australie

Le site Internet du Department of Foreign Affairs & Trade (www.dfat.gov.au) donne la liste complète des représentations diplomatiques de l'Australie à l'étranger. En voici quelques-unes :

Belgique
  (☎ 2-286 0500, fax 2-230 6802)
  Rue Guimard 6-8, Guimard Centre
  B-1040 Bruxelles
Canada
  (☎ 613-236 0841, fax 236 4376)
  Suite 710, 50 O'Connor St, Ottawa, Ontario
  K1P 6L2
  Également à Vancouver
France
  (☎ 01 40 59 33 00, fax 01 40 59 33 10)
  4, rue Jean-Rey, 75015 Paris
Indonésie
  (☎ 021-522 7111, fax 522 7101)
  Jalan HR Rasuna Said Kav C15-16, Kuningan,
  Jakarta Selatan 12940
  (☎ 0361-23 5092, fax 23 1990)
  Jalan Prof Moh Yamin 51, Renon, Denpasar,
  Bali
Malaisie
  (☎ 03-2423 122, fax 2414 495)
  6 Jalan Yap Kwan Seng, Kuala Lumpur 50450
Papouasie-Nouvelle-Guinée
  (☎ 325 9333, fax 325 9183)
  Godwit St, Waigani, Port Moresby
Philippines
  (☎ 02-750 2850, fax 754 6268)
  Dona Salustiana Ty Tower, 104 Paseo de
  Roxas Ave, Makati, Metro Manila
Singapour
  (☎ 737 9311, fax 737 5481)
  25 Napier Rd, Singapour 258507

Suisse
  (☎ 031-351 01 43, fax 0352 1234)
  29 Alpenstrasse, CH-3006 Berne
  (☎ 022-918 29 00)
  56-58, rue Moillebeau, 1211 Geneve 19
Thaïlande
  (☎ 02-287 2680, fax 287 2029)
  37 South Sathorn Rd, Bangkok 10120

Ambassades étrangères et consulats en Australie

Les principales représentations diplomatiques en Australie sont établies à Canberra. Il existe également des consulats dans les autres villes importantes, en particulier ceux des pays qui ont des liens étroits avec l'Australie, comme la Nouvelle-Zélande. Sydney et Melbourne comptent presque autant de consulats que Canberra, mais les demandes sont généralement traitées par la capitale fédérale. Vous trouverez ci-dessous les coordonnées des bureaux les plus importants (pour plus d'informations, vous pouvez consulter les *Yellow Pages* des annuaires sous la rubrique "Consulates & Legations".)

Belgique
  (☎ 02-6273 2501/6273 2502)
  19 Arkana Street, Yarralumla, ACT 2600
Canada
  (☎ 02-6273 3844)
  Commonwealth Ave, Yarralumla, ACT 2600
  (☎ 02-9364 3050)
  Level 5/111 Harrington St, Sydney, NSW
  2000
France
  (☎ 02-6216 0100)
  6 Perth Ave, Yarralumla, ACT 2600
  (☎ 02-9261 5779)
  31 Market St, Sydney 2000
  (☎ 03-9820 0921)
  492 St Kilda Rd, Melbourne, Victoria 3004
Nouvelle-Zélande
  (☎ 02-9247 1344)
  Level 14/1 Alfred St, Circular Quay, Sydney
  2000
Papouasie-Nouvelle-Guinée
  (☎ 02-6273 3322)
  39-41 Forster Crescent, Yarralumla, ACT
  2600
  (☎ 02-9299 5151)
  100 Clarence St, Sydney, NSW 2000
  Level 15/15 Lake St, Cairns, Qld 4870
  (☎ 07-4052 1033)

Suisse
(☎ 02-6273 3977)
7 Melbourne Ave, Forrest, ACT 2603

Il est important que vous sachiez ce que votre ambassade peut ou ne peut pas faire si vous avez des ennuis.

En général, ne comptez pas sur elle si vous vous attirez des problèmes par votre propre faute. En Australie, vous êtes tenu de respecter les lois australiennes. Votre ambassade risque de se montrer fort peu compréhensive si vous vous retrouvez en prison pour un délit local, même si c'est un acte légal dans votre pays.

En cas de réelle urgence, elle peut vous venir en aide mais uniquement en dernier recours. Ainsi, si vous devez repartir en toute hâte, n'espérez pas trop vous voir offrir un billet gratuit, car vous êtes censé avoir souscrit une assurance. Si on vous vole vos papiers et votre argent, votre ambassade vous aidera à obtenir un nouveau passeport, mais en aucun cas elle ne vous prêtera de l'argent pour racheter un billet.

DOUANE
La plupart des articles peuvent être importés sans taxes en Australie, tant que les douaniers considèrent qu'ils sont à usage personnel et que vous les remporterez avec vous. Les achats hors taxes autorisés sont 1,125 litre d'alcool, 250 cigarettes et divers articles à hauteur de 400 $.

Les douaniers portent une attention particulière à deux domaines. Le premier : la drogue. La douane australienne est très efficace dans ses fouilles. A moins de vouloir faire l'expérience des prisons australiennes, il est recommandé de ne pas apporter de drogues illégales.

Second domaine : les marchandises d'origine animale ou végétale. Vous devez les déclarer – cuillères en bois, chapeaux de paille, etc. – et les présenter à un douanier. Les autorités douanières tiennent naturellement à préserver le pays des divers parasites végétaux, des insectes nuisibles et des maladies. L'Australie a jusqu'à présent pu échapper aux maladies qui affectent l'agriculture dans la plupart des pays.

La nourriture fraîche, viande, fromage, fruits, légumes, et les fleurs sont également prohibés (reportez-vous à l'encadré concernant *La quarantaine entre États* dans le chapitre *Comment circuler*).

L'importation des armes à feu n'est autorisée qu'avec un permis et un certificat de sécurité. Les autres articles prohibés comprennent les produits dérivés d'animaux protégés (comme l'ivoire), les produits électroniques non agréés et les animaux vivants.

QUESTIONS D'ARGENT
Monnaie nationale
L'unité monétaire australienne est le dollar australien ($), divisé en 100 cents. Il existe des pièces de 5 c, 10 c, 20 c, 50 c, 1 $ et 2 $, et des coupures de 5 $, 10 $, 20 $, 50 $ et 100 $. Les plus petites pièces en circulation sont celles de 5 c, mais les prix ne tiennent pas compte de cet état de fait ; au moment de payer, on arrondit donc le total aux 5 c supérieurs.

L'importation et l'exportation de chèques de voyage ne sont soumis à aucune restriction particulière. En revanche, toute somme en espèces supérieure à 5 000 $ (ou l'équivalent, quelle que soit la devise) doit faire l'objet d'une déclaration, à l'arrivée comme au départ.

Sauf spécification contraire, tous les tarifs que nous mentionnons dans ce guide sont exprimés en dollars australiens.

Taux de change

France	10 FF	=	2,44 $
Belgique	100 FB	=	3,97 $
Suisse	1 FS	=	1 $
Canada	1 $Can	=	1,12 $
Royaume-Uni	1 £	=	2,62 $
États-Unis	1 $US	=	1,65 $

Changer de l'argent
La plupart des banques, et les bureaux de change tels Thomas Cook et American Express, changent sans problème les devises étrangères ainsi que les chèques de voyage.

Chèques de voyage
Si votre séjour est de courte durée, les chèques de voyage sont pratiques et béné-

ficient en règle générale d'un taux de change plus favorable que les devises.

Les chèques de voyage American Express, Thomas Cook et autres marques internationales connues sont largement acceptés en Australie. Le passeport suffit pour l'identification.

Les commissions d'encaissement des chèques de voyage varient d'une banque à l'autre et d'une année sur l'autre. Actuellement, les quatre grandes banques australiennes fonctionnent comme suit : l'ANZ prélève 6,50 $ jusqu'à 3 000 $ (transaction gratuite pour toute somme supérieure et pour les chèques Visa). La Westpac (qu'on retrouve sous le nom de Banque de Melbourne dans l'État de Victoria et Challenge Bank en Australie-Occidentale) encaisse 7 $ jusqu'à 500 $ (pas de frais pour les sommes supérieures). La National et la Commonwealth prennent une commission respective de 5 $ et 7$, quels que soient le montant et le nombre des chèques.

Une autre possibilité consiste à acheter des chèques de voyage en dollars australiens. Ils peuvent être encaissés à la banque sans passer par une opération de change.

Cartes de crédit

Les cartes Visa, MasterCard, Diners Club et American Express (Amex) sont acceptées partout en Australie. Vous pouvez retirer de l'argent avec une carte de crédit soit aux guichets de banque, soit aux distributeurs automatiques (ATM ou *automatic teller machine*), selon la carte. Préférez les distributeurs ANZ, Challenge ou St George.

Si vous comptez louer une voiture, une carte de crédit vous simplifiera la vie. Les agences de location les préfèrent aux espèces, et certaines d'entre elles ne vous loueront pas de voiture sans carte de crédit.

Comptes bancaires et distributeurs

Si vous pensez résider en Australie plus d'un mois, il est intéressant d'envisager l'ouverture d'un compte sur place, qui vous permettra des retraits plus souples et sera plus économique. La plupart des voyageurs utilisent aujourd'hui un compte accessible

avec une carte bancaire qui permet de retirer de l'argent aux distributeurs. Des succursales de Westpac, ANZ, National Bank et Commonwealth Bank sont présentes partout en Australie, mais vous ne trouverez pas toujours un distributeur dans les agglomérations les plus isolées.

Les distributeurs sont accessibles jour et nuit, et la plupart acceptent les cartes de plusieurs banques. La limite de retrait, selon les banques, se situe généralement autour de 1 000 $ par jour.

Vous pouvez utiliser votre carte bancaire pour régler vos achats dans les stations-service, les restaurants, divers grandes surfaces et commerces de proximité, attachés aux campings par exemple, et qui parfois même vous permettront d'y retirer de l'argent (grâce au système EFTPOS). Les cartes bancaires permettent également de régler les appels locaux, longue distance (STD) ou internationaux, dans des cabines téléphoniques spéciales, présentes dans la plupart des agglomérations.

Un étranger peut aisément ouvrir un compte en Australie sous réserve de s'y prendre dans les six semaines qui suivent son arrivée. Il suffit de présenter son passeport. Passé ce délai, la procédure se complique considérablement, et un système de points s'applique : vous devez être en possession de 100 points avant de prétendre à l'ouverture d'un compte. Le passeport ou le certificat de naissance valent 70 points, le permis de conduire international muni d'une photo est coté à 40 points, tandis que les cartes de crédit ne vous donnent que 20 points.

Coût de la vie

Les produits manufacturés, comme les vêtements, les voitures et autres, ont tendance à être chers. Lorsqu'ils sont importés, le prix comprend les coûts de transport et les taxes ; lorsqu'ils sont produits sur place, le prix reflète le coût d'une production destinée à un marché réduit.

La nourriture est, de manière générale, à la fois de bonne qualité et peu onéreuse.

L'hébergement est également bon marché. Dans la quasi-totalité des villes, les voyageurs à petit budget trouveront à se loger à un prix abordable (voir plus loin la rubrique *Hébergement*).

Les plus fortes dépenses concernent les déplacements, en raison de la superficie du pays. Pour un séjour assez long, l'achat d'une voiture d'occasion constitue probablement la solution la plus économique (lire aussi la rubrique *Voiture*, au chapitre *Comment circuler*).

Le budget à prévoir dépend évidemment de ce que vous avez envisagé de faire. Une de nos lectrices a passé 96 jours en Australie avec un budget d'environ 35 $ par jour en dormant dans des auberges de jeunesse, en achetant un billet de 10 000 km auprès d'une grande société de bus et en cuisinant la plupart du temps elle-même ses repas.

La GST

La Goods and Services Tax (taxe sur les biens et services), qui entrera en vigueur le 1er juillet 2000 remplacera plusieurs autres taxes, notamment la Wholesale Sales Tax. De nombreux services verront donc leur coût augmenter, tandis que le prix d'un large éventail de produits pourrait baisser. Les tarifs indiqués dans les magasins incluront la GST.

Les voyages internationaux par air et par mer au départ et à destination de l'Australie ne seront pas soumis à cette taxe, pas plus que les billets pour des vols intérieurs achetés à l'étranger par des non-Australiens. De même, si vous achetez des produits neufs ou d'occasion d'une valeur totale de 300 $ au minimum chez le même fournisseur dans un délai n'excédant pas 28 jours avant votre départ, vous pouvez demander le remboursement de la GST. Pour plus de détails, contactez le service de renseignements de l'Australian Tax Office (☎ 13 2861).

Pourboires

La pratique du pourboire n'est guère usitée en Australie. Vous pouvez y recourir dans les restaurants haut de gamme si vous êtes particulièrement satisfait du service, en général 10% de l'addition. Les chauffeurs de taxi ne s'attendent pas à un pourboire.

POSTE ET COMMUNICATIONS
Tarifs postaux

Lettres. La poste australienne est efficace et relativement bon marché. L'envoi d'une lettre ordinaire ou d'une carte postale à l'intérieur du pays coûte 45 c et une lettre par avion, 70 c.

Les destinations internationales sont divisées en deux zones, l'Asie-Pacifique et le reste du monde. Une lettre par avion coûte 1 $ et 1,5 $ respectivement. Pour les cartes postales/aérogrammes, le prix est le même pour tous les pays, soit 1 $/80 c.

Colis. Limité à l'Europe et aux États-Unis, un envoi par bateau de 1/1,5/2 kg revient à 14/20/26 $. Au-delà de 2 kg et dans la limite de 20 kg, ajoutez 3 $ par 500 g. Les tarifs par avion sont bien plus élevés.

Pour les autres pays, notamment la Nouvelle-Zélande, la seule option est l'envoi par avion. Un colis de 1/1,5/2 kg en tarif économique pour la Nouvelle-Zélande ou une autre destination en Asie-Pacifique coûte 12/17/22 $ et 14/20/26 $ respectivement, avec un poids maximal de 20 kg.

Envoyer du courrier

Les bureaux de poste sont ouverts du lundi au vendredi de 9h à 17h, mais vous pouvez également acheter des timbres le samedi matin dans les kiosques à journaux et dans les boutiques Australia Post des grandes villes.

Recevoir du courrier

Toutes les postes centrales (GPO) disposent d'un guichet de poste restante, souvent très fréquenté.

Les détenteurs d'une carte de crédit ou de chèques de voyage Amex pourront se faire envoyer du courrier aux bureaux d'American Express dans les grandes villes.

De nombreuses sociétés proposent des services payants de réception/expédition de courrier.

Téléphone

Nombre de fournisseurs se partagent le marché déréglementé des télécommunications, offrant différents types de services. Si les deux principales compagnies, Telstra et Optus, contrôlent le secteur des téléphones privés, d'autres leur livrent une sérieuse concurrence dans le domaine de la téléphonie mobile et des cabines (Vodafone, One.Tel, Unidial, Global One et AAPT, entre autres).

Cabines et cartes téléphoniques. Différentes formules de cartes sont utilisables dans les cabines publiques Telstra acceptant les cartes (soit la quasi-totalité du réseau) et depuis un téléphone privé (en passant par un numéro gratuit).

Les communications longue distance reviennent généralement beaucoup plus cher d'une cabine que d'un téléphone privé. Si vous comptez passer de nombreux appels depuis les cabines, vous gagnerez à investir dans l'une des cartes proposées par les concurrents de Telstra.

La tarification appliquée variant d'une compagnie à l'autre, renseignez-vous à l'avance. Les distributeurs de cartes – kiosques à journaux et certaines boutiques – fournissent habituellement une brochure explicative.

Certains téléphones publics n'acceptent que les cartes de crédit, un moyen très pratique pour téléphoner, sous réserve de surveiller le montant, qui peut atteindre rapidement des sommets. La communication minimale, depuis ces téléphones, s'élève à 1,20 $.

Communications locales. Les appels locaux à partir de cabines téléphoniques coûtent 40 c, quelle que soit la durée. Les communications depuis un téléphone privé coûtent 25 c. A partir d'un portable, les prix sont bien plus élevés.

Appels longue distance et indicatifs. Les téléphones publics permettent aussi de passer des appels longue distance en automatique (STD en abrégé pour *Subscriber Trunk Dialling*).

Les tarifs des appels longue distance sont réduits aux heures creuses (en dehors des horaires de bureau) et varient selon les fournisseurs.

L'Australie se divise en quatre zones téléphoniques seulement, chacune étant dotée d'un indicatif (STD). Les numéros correspondant aux téléphones "normaux" (autres que les mobiles et les services d'informations) se composent d'un indicatif suivi de huit chiffres. Toute communication au-delà de 50 km, même interne à une zone, est soumise à la tarification longue distance. L'indicatif 02 couvre la Nouvelle-Galles du Sud, le 03 la Tasmanie et le Victoria, le 07 le Queensland et le 08 l'Australie-Méridionale, l'Australie-Occidentale et le Territoire du Nord. N'oubliez pas que les indicatifs ne coïncident pas nécessairement avec les frontières des États. Ainsi, la Nouvelle-Galles du Sud possède les quatre indicatifs.

En général, il est inutile de composer l'indicatif si votre correspondant se trouve dans la même zone que vous.

Appels internationaux. L'indicatif téléphonique de l'Australie est le 61.

En Australie, vous pouvez également obtenir l'international (ISD en abrégé pour *International Suscriber Dialling*) de la plupart des cabines téléphoniques, mais la communication revient moins cher à partir des compagnies concurrentes de Telstra, surtout aux heures de pointe. Pour appeler l'international, il vous faut composer un code qui varie selon la société de télécommunications par laquelle vous passez, puis le code du pays.

Les tarifs des appels internationaux en Australie figurent parmi les moins chers au monde, sans compter les conditions particulières qui les rendent encore plus attractifs.

Les heures creuses diffèrent selon la destination de l'appel (consultez les *White Pages* de l'annuaire ou composez le 12 552 pour plus de renseignements).

Country Direct est un service qui donne accès à des opératrices dans près de 60 pays pour des appels en PCV ou avec une carte de crédit. Pour la liste complète des pays abonnés à ce service, consultez les pages blanches de l'annuaire. Pour France Direct, le numéro d'accès depuis l'Australie est le 1800 881330 (depuis une cabine, introduisez une télécarte ou une pièce pour obtenir la tonalité). Vous débourserez 7,19 FF la minute en automatique. *Via* l'opérateur, la première minute coûte 24 FF, la minute supplémentaire 12 FF.

Numéros verts. Plusieurs entreprises et services gouvernementaux disposent de numéros d'appel gratuit (*toll-free*) à l'intérieur du pays. Ces numéros commencent par 1800. Cela dit, ces numéros ne sont pas toujours accessibles à partir de certaines régions ou d'un portable ; dans ce cas, il vous faudra appeler le numéro normal.

Plusieurs compagnies, dont les compagnies aériennes, ont des numéros commençant par 13 ou 1300, les communications étant taxées au prix d'un simple appel local. Ce tarif est généralement valable pour l'ensemble du pays, mais ne fonctionne parfois qu'à l'intérieur de l'État ou d'une zone STD définie. Malheureusement, il n'y a pas moyen de le savoir avant d'avoir obtenu la communication comme pour les numéros 1800.

Depuis un portable, la communication avec un numéro vert est payante.

Téléphones portables. L'Australie dispose de deux réseaux de téléphonie mobile : numérique et CDMA à base numérique. Ce dernier remplace le réseau analogique, qui est appelé à disparaître complètement au cours de l'an 2000. Avant de partir, assurez-vous auprès de votre opérateur que votre portable fonctionnera en Australie.

Bien que ces deux réseaux couvrent plus de 90% du pays, de vastes zones restent non desservies. Consultez les cartes des différents opérateurs avant de choisir. En gros, la couverture englobe toute la côte est et sud-est et se réduit à mesure que l'on s'enfonce dans les terres.

Les numéros qui commencent par 014, 015, 017, 018 et 019 (analogiques) ou 04xx et 04xxx (numériques) sont ceux des téléphones portables. Les numéros analogiques cesseront de fonctionner quand le réseau disparaîtra. Les trois plus grosses sociétés de téléphonie mobile sont Telstra (qui appartient en grande partie à l'État) et les compagnies privées Optus et Vodafone.

Les appels en provenance et à destination d'un portable sont facturés aux tarifs applicables aux portables.

Services d'informations. Les numéros commençant par 190 correspondent généralement aux répondeurs de services d'informations et autres, fournis par des sociétés privées. L'appel est facturé à la minute, entre 35 c et 5 $, voire au-delà (il coûte plus cher d'un téléphone portable ou d'une cabine).

E-mail et accès Internet. Si vous voyagez avec votre ordinateur et voulez surfer sur le Net, ne serait-ce que pour consulter votre boîte aux lettres, vous trouverez des prestataires de service dans toutes les grandes agglomérations. Parmi les prestataires actuels, citons :

Australia On Line
☎ appel gratuit 1800 621 258, www.ozonline.com.au
(disponible à Sydney et Melbourne)
Oz Email
☎ 1800 805 874, www.ozemail.com.au
Telstra Big Pond
☎ 1800 804 282, www.bigpond.com

Les utilisateurs de CompuServe qui souhaitent accéder au service à l'échelon local doivent contacter CompuServe (☎ 1300 307 072) pour obtenir les numéros d'accès. Un droit de 4 $US est perçu auprès des clients étrangers.

Les prises téléphoniques en Australie sont de deux types : RJ-45 et Telstra EXI-160 à quatre broches. Aucune n'est universelle. Pour trouver un adaptateur, essayez les magasins d'électronique tels que Tandy et Dick Smith. Consultez la rubrique *Électricité* plus loin dans ce chapitre pour savoir si vous pourrez brancher votre ordinateur portable.

Vous rencontrerez peut-être également des difficultés pour brancher votre modem. La solution la plus sûre consiste à acheter un modem "international" de bonne qualité chez vous ou de vous en procurer un à votre arrivée en Australie.

Si vous n'avez pas d'ordinateur, il existe quantité de cybercafés, et beaucoup d'auberges disposent de terminaux Internet fonctionnant à pièces. La plupart des bibliothèques publiques ont également un accès Internet, généralement gratuit mais sur réservation. Cependant, certaines ne vous permettront pas de lire votre courrier électronique.

La manière la plus pratique, et souvent l'unique moyen, de recevoir et d'envoyer des messages est d'ouvrir un compte chez un fournisseur de messagerie gratuite comme Hot-Mail ou Rocket Mail. Vous pourrez alors accéder à votre courrier à partir de tout ordinateur connecté à Internet et équipé d'un navigateur Web standard.

Télécentres

Dans les zones rurales d'Australie-Occidentale, essentiellement dans les petites villes, le gouvernement a établi des centres communautaires fournissant un accès à Internet et au courrier électronique, ainsi qu'un service de télécopie et de photocopie.

INTERNET

Le Web représente pour les voyageurs une riche source d'informations. On y trouve des renseignements, des billets d'avion à prix réduits, des offres de réservations d'hôtels, mais aussi des renseignements météorologiques et la possibilité d'échanger avec les autochtones ou les autres voyageurs les bonnes (ou les mauvaises) adresses.

Si vous souhaitez obtenir des informations de dernière minute, connectez-vous au site de Lonely Planet : www.lonelyplanet.fr. Des rubriques complètent utilement votre information : mises à jour de certains guides entre deux éditions papier, catalogue des guides, courrier des voyageurs, actualités en bref et fiches pays. Profitez aussi des forums pour poser des questions ou partager vos expériences avec d'autres voyageurs. Vous pouvez consulter également le site de Lonely Planet en anglais (www.lonelyplanet.com).

Outre les sites répertoriés tout au long de ce chapitre, essayez les adresses suivantes :

Ambassade d'Australie
   http://www.austgov.fr/
   Ce site contient une grande quantité d'informations sur l'Australie, ses institutions, son économie, son environnement et ses habitants. Il présente aussi des liens vers d'autres sites

Guide to Australia (en anglais)
   www.csu.edu.au/education/australia.html
   Géré par l'université Charles Stuart en NSW, il offre une véritable mine d'informations et propose des liens vers les ministères, les renseignements météorologiques, les livres, les cartes, etc.

The Aussie Index (en anglais)
   www.aussie.com.au
   Il dresse une liste assez complète d'entreprises, d'établissements scolaires et de ministères qui gèrent des sites Web en Australie

LIVRES

Toute bonne librairie dans le pays dispose d'un rayon consacré aux *Australiana*, c'est-à-dire à tout ce qui concerne l'histoire et la culture de l'île-continent. Les meilleures ou les plus connues de ces librairies sont mentionnées plus loin, dans les chapitres consacrés aux divers États. Si certains des titres que nous listons ci-dessous ne sont pas disponibles ou épuisés, essayez alors une bibliothèque publique.

Lonely Planet

D'autres ouvrages Lonely Planet portent un intérêt plus spécifique et donc très détaillé à une région ou une ville. C'est le cas notamment d'*Islands of Australia's Great Barrier Reef*, qui donne des informations pratiques pour profiter pleinement des îles de la Grande Barrière, de *Bushwalking in Australia*, qui décrit trente-cinq randonnées de difficultés inégales dans le bush, ou encore de *Victoria*, de *New South Wales*, de *Queensland*, de *Northern Territory*, de *South Australia*, de *Western Australia*, d'*Outback* ainsi que du *Melbourne City Guide* ou du *Sydney City Guide*. Sans oublier *Out to Eat*, guide des restaurants de Melbourne et Sydney. *Outback Australia* se révélera utile si vous voyagez avec votre propre véhicule.

Histoire et politique

Les livres en français sur le sujet sont encore rares. S'il faut vous en procurer un seul, lisez *La Rive maudite, naissance de l'Australie*, de Robert Hughes (Flammarion, 1988). Ce best-seller, traitant de l'histoire de la déportation des forçats en Australie de 1787 à 1868, s'est vendu à des millions d'exemplaires dans le monde entier. L'auteur défend un message contradictoire : le système pénitentiaire renvoie à un état de terreur et d'oppression, mais il a fondé une société parmi les plus libres et les plus respectueuses de la loi.

L'Australie, de Jean-Claude Redonnet (Que sais-je ?, 1994), fait un tour d'horizon de cette société multiculturelle, héritière de l'une des plus anciennes civilisations du monde, et détaille ses enjeux économiques dans la zone du Pacifique-Sud.

D'un abord parfois un peu difficile, *Australie, Australies*, édité par Le Mouvement Social (éd. de l'Atelier, n°167, 1994) est un ouvrage de réflexion sur les mutations de la société australienne : le rôle des femmes dans l'Australie du XIXᵉ siècle, la condition des forçats, l'histoire aborigène, le mouvement ouvrier australien…

Ceux qui lisent l'anglais s'intéresseront à *A Short History of Australia*, de Manning Clark, bonne introduction à l'histoire du pays, et à *Finding Australia*, de Russel Ward. Évocation historique depuis l'arrivée des premiers Aborigènes jusqu'à 1821, cet ouvrage ne se contente pas de retracer le rôle du capitaine Cook, mais aborde également la question des Aborigènes tout comme celle des femmes.

Cooper's Creek, d'Alan Moorehead, est un récit sur la tragique expédition de Burke et de Wills, qui met en scène les horreurs et les épreuves rencontrées par les premiers explorateurs. Du même auteur, *The Fatal Impact* démarre avec les expéditions du capitaine Cook, pour décrire ensuite l'échec humain de l'influence européenne en Australie, à Tahiti et en Antarctique. Ou comment les bonnes intentions et les impératifs économiques ont conduit au désastre, à la corruption et à la disparition de sociétés entières.

Pour se faire une idée de l'époque des pionniers dans l'Outback, citons *Packhorse & Waterhole*, de Gordon Buchanan, fils du légendaire conducteur de bétail Nat Buchanan, qui ouvrit la plupart des routes dans le Territoire du Nord.

Bernard Michel, dans *L'Age d'or australien : la ruée vers l'or (1851) et ses conséquences* (Actes Sud, 1997), livre une analyse pénétrante de ce phénomène économique, humain, historique et sociologique. L'enrichissement des prospecteurs, l'immigration, la montée du racisme envers les Chinois, le prolongement de la destruction du peuple aborigène resté indifférent à l'appât du gain sont quelques-uns des thèmes abordés.

Peuples aborigènes

Les Aborigènes australiens, de Richard Nile (Gamma, coll. "Les Peuples menacés", 1994), vous fera découvrir cette population ancestrale. L'auteur raconte leur lutte pour survivre face aux multiples pressions exercées sur leur mode de vie traditionnel.

Le Temps du rêve : la mémoire du peuple aborigène australien de Cyril Havecker (Mail, 1992) retrace cette époque mythique où l'intelligence suprême, appelée également le Premier Être, rêva le monde et lui donna forme. De cet instant découlent toutes les lois qui, depuis des millénaires, régissent la vie des premiers habitants du continent australien.

Avec *Les Rêveurs du désert : Aborigènes d'Australie, les Warlpiri* (Plon, 1989), Barbara Glowczewski livre un essai sur cette tribu désormais sédentarisée et vivant dans le Désert central. Les Warlpiri parcourent le désert en voiture et vivent avec tous les acquis de la modernité, mais continuent néanmoins à célébrer, à travers leurs rites, les rêves qui les habitent.

Chez Autrement, le passionnant *Australie noire : les Aborigènes* (n°HS37, 1989) regroupe des impressions de voyages, des textes rédigés par des chercheurs et des écrivains et, bien sûr, une mine d'informations sur les Aborigènes.

Pour ceux qui lisent l'anglais, le captivant *Triumph of the Nomads*, de Geoffrey Blainey, est une chronique de la vie des premiers habitants de l'Australie. L'auteur réussit de manière convaincante à détruire le mythe selon lequel les Aborigènes n'étaient qu'un peuple "primitif", prisonnier d'un continent hostile.

Dans son autobiographie intitulée *Talahue* (Métailié, 1997), Sally Morgan, originaire de Perth, décrit la découverte et la prise de conscience de son ascendance aborigène.

Gordon Matthews, dans *Un fils australien* (Michalon, 1997), se penche sur l'obsédante quête des origines d'un Aborigène adopté, qui n'a de cesse de renouer avec ses racines.

Littérature générale

Parmi les écrivains australiens les plus réputés, on retiendra Helen Garner, qui s'est fait largement connaître avec son premier roman, *Monkey Grip* (éd. Des Femmes, 1987). Ce best-seller a déjà fait l'objet d'une version cinématographique. Se défendant d'avoir produit un ouvrage totalement autobiographique, l'auteur dénonce la vie urbaine et la dépendance à la drogue. "Monkey grip" (l'étreinte du singe) est en effet l'expression qui désigne l'accoutumance et l'impossibilité de s'en détacher.

Foxybaby (Tierce, 1990) est l'œuvre d'Elizabeth Jolley, qui compose ici une série de portraits dévastateurs et de situations grotesques où la faiblesse de chacun est dénoncée avec curiosité, drôlerie et compassion.

Ancien publicitaire, Peter Carey est l'un des auteurs contemporains les plus appréciés en Australie. L'action du roman *L'Inspectrice* (Plon, 1993) se situe dans la banlieue de Sydney. Il met en scène un percepteur chargé d'un contrôle fiscal aux prises avec les personnages hauts en couleur d'une petite entreprise familiale.

Connu du grand public pour avoir été porté à l'écran, *Pique-Nique à Hanging Rock*, de Joan Lindsay (Flammarion, coll. "Lettres étrangères", 1976), conte l'histoire de deux écolières disparaissant soudainement lors d'un mystérieux pique-nique.

Né en 1938 en Nouvelle-Galles du Sud, Franck Moorhouse a écrit l'excellent recueil de nouvelles *Un Australien garanti d'époque* (La Petite Maison, 1987), dont le premier récit retrace avec humour, distance et dérision les péripéties du tournage d'un film documentaire australien. Du même auteur, le féroce *Quarante, dix-sept* (Rivages Poche, 1994) raconte l'histoire

d'un fonctionnaire international n'aimant pas les Noël en famille et préférant camper dans le désert.

Chef-d'œuvre du roman australien du XIXe siècle, *La Justice des hommes* (Presses de la Renaissance, 1986), écrit par Marcus Clarke, est l'un des premiers romans portés à l'écran en 1926.

Patrick White, Prix Nobel de littérature, est l'auteur d'une œuvre foisonnante. Avec son recueil de nouvelles *Histoires peu ordinaires* (Arléa, 1994), il choisit la concision pour signer trois récits au ton lapidaire.

Romans policiers

Arthur Upfield, Britannique envoyé par son père dans le bush australien à l'âge de 19 ans pour cause d'indiscipline et d'échec scolaire, est tombé amoureux de l'Australie. Après avoir sillonné le continent pendant plus de dix ans, il se lie avec un policier métis qui lui inspire son fameux inspecteur Napoléon Bonaparte, mi-blanc mi-aborigène, personnage clé de la trentaine de polars ethnologiques que l'auteur a signés. Upfield est devenu d'ailleurs le pionnier de ce nouveau genre littéraire. La trame policière nouée dans ses romans est un formidable prétexte pour évoquer les paysages uniques de la terre australe et la culture aborigène. *La Loi de la Tribu*, *Mort d'un lac*, *L'Homme des deux tribus* et *L'Empreinte du diable* (entre autres) sont tous publiés en poche chez 10/18, dans la collection "Grands Détectives".

Chair blanche, de Peter Corris (Rivages Noir, 1989), fait plonger Cliff Hardy, détective de Sydney, au cœur d'un affrontement entre minorités ethniques qui l'entraînera de coups fourrés en petits trafics.

Arts, langues et culture

L'Art des Aborigènes d'Australie, de Wally Caruan (Thames & Hudson, coll. "L'Univers de l'art", 1994), donne un panorama complet du répertoire artistique utilisé par les Aborigènes contemporains. *La Peinture des Aborigènes d'Australie* (Parenthèses, 1993) est un excellent petit ouvrage de Françoise Dussart qui témoigne des différentes expressions artistiques : écorces peintes, peintures sur toile ou peintures acryliques du Désert central.

Pour rêver avant de partir en voyage, *Australie*, de Klaus Viedebantt et Ernst Wrba (Vilo, 1993), présente toute la démesure de ce pays, à la fois ancestral et ultramoderne, à travers 150 pages de photos panoramiques. A ranger également dans la catégorie des beaux-livres, *Australie* (Solar, 1993) est l'œuvre de Gilles Martin et Houria Arnab, reporters et lauréats de la dotation Kodak des grands reporters. Laissez-vous porter au fil des pages et admirez la faune, les paysages grandioses et les peintures rupestres.

Pour une approche du vocabulaire typiquement australien, les anglophones se procureront l'*Australian Phrasebook* édité par Lonely Planet (1994), qui comporte un chapitre consacré aux langues aborigènes.

Récits de voyage

C'est l'Australie du Temps du Rêve, celle des Aborigènes, que Bruce Chatwin met en scène dans son grand roman d'exploration *Le Chant des pistes* (Le Livre de Poche, coll. "Biblio", 1990). Déçu par ses contemporains obsédés par le besoin de changer le monde, l'auteur choisit de se perdre parmi les Aborigènes australiens et tente de percer leur vision de l'univers. C'est là qu'il entend le chant des pistes, connu des Européens sous le nom de *songlines* ou itinéraires chantés. Livre d'idées et ouvrage initiatique, cet écrit distille le formidable souffle d'un écrivain trop tôt disparu.

Michèle Decourt est l'auteur d'un roman-reportage passionné, *L'Inversion des saisons* (Laffont, 1987), qui va de la brousse jusqu'à l'océan Indien. *Outback ou l'arrière-monde*, de Claude Ollier (POL, 1995), relate le voyage de l'auteur dans ce pays qu'il ne connaissait pas, et où il s'est perdu.

Agrémenté de planches en couleurs, *Australie, du rêve aux paradoxes : Sydney, Darwin et Perth, les trois portes d'une île-continent* (Dauphin, 1994) est l'œuvre d'Erik Bataille, qui part à la découverte des sites insolites de ce pays, de ses espaces infinis, ses déserts, ses villes et ses rivages.

Le merveilleux *Tracks*, de Robyn Davidson (10-18, 1995), raconte l'incroyable odyssée d'une jeune femme qui traversa en solitaire le continent, d'Alice Springs à l'Australie-Occidentale, avec ses dromadaires. Ce récit est pratiquement à l'origine de l'engouement actuel pour les safaris à dos de dromadaire !

Autre type de voyage : *One for the Road* de Tony Horwitz, est un compte rendu souvent désopilant d'un parcours en stop à travers l'Australie. *The Ribbon and the Ragged Square*, de Linda Christmas, journaliste anglaise du *Guardian*, est la chronique sobre et intelligente d'un reportage de neuf mois à travers le pays.

Histoire naturelle

Un peu cher mais fort instructif, *L'Odyssée des plantes : de Gondwana à l'Australie, 400 millions d'années d'évolution*, de Mary E. White (Maison Rustique, 1988), dresse l'histoire du patrimoine floral de l'Australie, de sa genèse aux stades les plus récents de son évolution, en passant par les changements survenus à la suite de l'arrivée des Blancs.

Faune australienne, de Hans D. Dossenbach (Silva, 1986), dépeint les espèces spécifiques qui subsistent dans ce pays.

Livres illustrés

Si vous souhaitez rapporter de belles images d'Australie, pensez aux livres mis à la disposition des consommateurs dans les cafés, comme *A Day in the Life of Australia*. *Local Colour – Travels in the Other Australia* (1994) est un recueil de photographies de Bill Bachman dont les remarquables commentaires sont signés Tim Winton. Quantité d'autres ouvrages feront la joie de ceux à qui vous les offrirez : par exemple, les livres pour enfants accompagnés d'illustrations typiquement australiennes, comme *Possum Magic*, de Julie Vivar et Mem Fox, *The Magic Pudding*, de Norman Lindsay, et *Snugglepot and Cuddlepie*, de May Gibbs (une des meilleures ventes du genre), ou les livres de caricatures tels ceux des excellents Michael Leunig et Kaz Cooke.

LIBRAIRIES
Librairies spécialisées
Vous trouverez la plupart des ouvrages cités ci-dessus à la *Librairie australienne,* que vous pourrez contacter par e-mail en composant AustralianBookshop@compuserve.com ou au ☎ 01 43 29 08 65.

Librairies de voyage
En France, vous trouverez un vaste de choix de cartes et de documentation aux librairies suivantes :

Ulysse, 26, rue Saint-Louis-en-l'Île, 75004 Paris, ☎ 01 43 25 17 35 (fonds de cartes exceptionnel)
L'Astrolabe, 46, rue de Provence, 75009 Paris, ☎ 01 42 85 42 95
Au Vieux Campeur, 48, rue des Écoles, 75005 Paris, ☎ 01 53 10 48 48
Itinéraires, 60, rue Saint-Honoré, 75001 Paris, ☎ 01 42 36 12 63, 3615 Itinéraires, www.iti-neraires.com
Planète Havas Librairie, 26, avenue de l'Opéra, 75001 Paris, ☎ 01 53 29 40 00
Voyageurs du monde, 55, rue Sainte-Anne, 75002 Paris, ☎ 01 42 86 16 00

Ariane, 20, rue du Capitaine-A.-Dreyfus, 35000 Rennes, ☎ 02 99 79 68 47
Géorama, 20-22, rue du Fossé-des-Tanneurs, 67000 Strasbourg, ☎ 03 88 75 01 95
Géothèque, 2, place Saint-Pierre, 44000 Nantes, ☎ 02 40 47 40 68
Géothèque, 6, rue Michelet, 37000 Tours, ☎ 02 47 05 23 56
Hémisphères, 15, rue des Croisiers, 14000 Caen, ☎ 02 31 86 67 26
L'Atlantide, 56, rue Saint-Dizier, 54000 Nancy, ☎ 03 83 37 52 36
Les Cinq Continents, 20, rue Jacques-Cœur, 34000 Montpellier, ☎ 04 67 66 46 70
Magellan, 3, rue d'Italie, 06000 Nice, ☎ 04 93 82 31 81
Ombres blanches, 50, rue Gambetta, 31000 Toulouse, ☎ 05 61 21 44 94.

Au Canada
Ulysse, 4176, rue Saint-Denis, Montréal, ☎ 514-843 9882
Tourisme Jeunesse, 4008, rue Saint-Denis, Montréal, ☎ 514-840 0287
Ulysse, 4, bd René Lévesque Est, Québec G1R2B1, ☎ 418-529 5349
Librairie Pantoute, 1100, rue Saint-Jean Est, Québec, ☎ 418-694 9748

En Belgique
Peuples et Continents, rue Ravenstein 11, 1000 Bruxelles, ☎ 02-511 27 75
Anticyclone des Açores, rue Fossé aux Loups 34B, 1000 Bruxelles, ☎ 02-217 52 46

En Suisse
Artou, 8, rue de Rive, 1204 Genève, ☎ 22-818 02 40
Artou, 18, rue de la Madeleine, 1003 Lausanne, ☎ 21-323 65 56

JOURNAUX ET MAGAZINES
La presse écrite australienne est aux mains d'un petit nombre de grandes compagnies comme la News Corporation de Rupert Murdoch et la Publishing & Broadcasting Limited de Kerry Packer, pour ne citer que les plus connues.

En général, chaque grande ville possède au moins un quotidien assorti d'un journal populaire. Le *Sydney Morning Herald* et l'*Age* de Melbourne comptent parmi les principaux quotidiens. Citons aussi l'*Australian,* publié par le groupe Murdoch et seul quotidien national. L'*Australian Financial Review* est un quotidien économique.

Parmi les hebdomadaires, citons l'édition australienne du Times. Le *Guardian Weekly,* largement distribué, traite surtout l'actualité internationale et traduit dans ses colonnes de larges extraits du *Monde* français. Le mensuel *The Independent* explore les sujets de société.

Vous pourrez sans trop de difficulté vous procurer certains quotidiens et magazines français dans les grandes villes. Pensez également aux Alliances françaises, qui reçoivent régulièrement ces parutions.

En France
La revue *Australie,* disponible à l'ambassade d'Australie ou sur abonnement (Écosoft, 11, bd Saint-Marcel, 75013 Paris, ☎ 01 43 37 91 44, fax 01 43 37 42 21), contient des informations économiques, politiques, culturelles (sur l'art aborigène, entre autres) et éducatives (stages).

RADIO ET TÉLÉVISION
L'ABC (Australian Broadcasting Corporation) regroupe la télévision (sans publicité) et la radio nationales. La plupart du temps, on

peut capter une ou deux radios en AM et FM proposant l'éventail habituel des programmes radio. Triple J, la station FM de l'ABC destinée à la jeunesse, émet sur l'ensemble du territoire. Elle diffuse une musique (locale ou étrangère) différente de la pop qui prédomine ailleurs et se consacre exclusivement à la culture des jeunes Australiens.

A Sydney et à Melbourne, on peut recevoir ABC, trois chaînes de télévision privées (les chaînes 7, 9 et 10) et SBS, chaîne TV multiculturelle sponsorisée par le gouvernement et diffusée dans les grandes villes et quelques grands centres régionaux. Le nombre de chaînes captées varie d'un endroit à l'autre.

Il existe aussi des chaînes locales, mais dans les endroits les plus reculés, on ne capte plus que ABC.

Imparja est une chaîne TV aborigène qui émet à partir d'Alice Springs et couvre un tiers du pays (principalement le Territoire du Nord, l'Australie-Méridionale et l'ouest de la NSW). Ses programmes sont variés, des feuilletons aux pièces jouées par et pour les Aborigènes.

Dans le domaine de la télévision à péage, toute récente en Australie, les principales sociétés sont en concurrence (la Foxtel de Murdoch et Optus Vision) cherchent encore à se positionner sur le marché et à en remporter la meilleure part. Austar reste l'unique fournisseur hors des zones métropolitaines.

La chaîne SBS diffuse en français le journal d'informations de France 2, tous les jours de la semaine à 9h00. Il existe en outre près de vingt-six stations de radio, animés par des bénévoles, qui diffusent à travers toute l'Australie des programmes en français.

SYSTÈMES VIDÉO
Le système en vigueur en Australie étant le PAL, les cassettes enregistrées achetées sur place risquent d'être incompatibles avec le système qui a cours dans certains pays. Renseignez-vous à l'achat.

PHOTO ET VIDÉO
Matériel
Le prix des pellicules en Australie est proche de celui des pays occidentaux. Avec

le développement, une pellicule 36 poses de Kodachrome 64 ou de diapos Fujichrome 100 coûte environ 26 $, ou moins si vous en achetez en quantité.

Les magasins de photo abondent dans les grandes villes, et leurs services sont de bonne qualité. Beaucoup d'endroits proposent le développement en une heure. Melbourne est le principal centre de développement Kodachrome pour l'Asie du Sud-Est.

Photo
Toute prise de vue en Australie doit tenir compte de la luminosité exceptionnelle et de la réfraction qui règnent dans certaines régions, que ce soit dans l'Outback ou au bord des côtes et de la Grande Barrière de Corail. Les températures peuvent aussi être très élevées en été, particulièrement dans l'Outback, et mieux vaut garder ses films le plus au frais possible. La poussière dans l'Outback et l'humidité dans les régions tropicales du nord peuvent également poser problème.

Photographier les Australiens
Comme ailleurs, la politesse est de mise. Demandez l'autorisation avant de photographier quelqu'un. Sachez également que la plupart des Aborigènes n'aiment pas être photographiés, même de loin.

HEURE LOCALE
L'Australie est divisée en trois fuseaux horaires. Il existe donc trois heures officielles dans le pays : le Western Standard Time, le Central Standard Time et l'Eastern Standard Time.

L'Australie-Occidentale est à l'heure GMT + 8 heures, le Territoire du Nord et l'Australie-Méridionale sont à l'heure GMT + 9 heures 30 et la Tasmanie, le Victoria, la Nouvelle-Galles du Sud et le Queensland sont à l'heure GMT + 10 heures. Quand il est 12h en Australie-Occidentale, il est 13h30 dans le Territoire du Nord et en Australie-Méridionale, et 14h dans le reste du pays. Les choses se compliquent en été, lorsque l'heure d'été (les montres sont avancées d'une heure) n'est pas appliquée en Australie-Occidentale, dans le Territoire du

Nord et au Queensland. En Tasmanie, elle est appliquée un mois plus tôt et se termine un mois plus tard qu'en Australie-Méridionale, Nouvelle-Galles du Sud et Victoria.

ÉLECTRICITÉ
Le voltage est en 220-240 V, et les prises sont à trois fiches plates. En dehors des grands hôtels, il est souvent difficile de trouver des adaptateurs pour les prises américaines ou européennes.

POIDS ET MESURES
L'Australie a adopté le système métrique. L'essence et le lait sont vendus au litre, les fruits et les légumes au kilo, et les limites de vitesse sont indiquées en km/h.

Dans la conversation, la distance se mesure souvent en temps de trajet et non en kilomètres. On dira ainsi que Geelong est à 2 heures de route.

SANTÉ
L'Australie est un pays sûr dans le domaine sanitaire, alors qu'une bonne partie du pays est sous les tropiques. Des pathologies tropicales telles que le paludisme ou la fièvre jaune sont inexistantes. Même la rage est inconnue.

Un guide sur la santé peut s'avérer utile. *Les Maladies en voyage*, du Dr Éric Caumes (Points Planète), *Voyages internationaux et santé*, de l'Organisation mondiale de la santé (OMS) et *Saisons et climats*, de Jean-Noël Darde (Balland), sont d'excellentes références.

Ceux qui lisent l'anglais pourront se procurer *Healthy Travel Australia*, *New Zealand & the Pacific*, de Lonely Planet Publications. Mine d'informations pratiques, cet ouvrage renseigne sur la conduite à tenir en matière de santé en voyage. De même, *Travel with Children*, de Maureen Wheeler (Lonely Planet Publications), donne des conseils judicieux pour voyager à l'étranger avec des enfants en bas âge.

Avant le départ
Assurances. Il est conseillé de souscrire à une police d'assurance qui vous couvrira en cas d'annulation de votre voyage, de vol, de perte de vos affaires, de maladie ou encore d'accident. Les assurances internationales pour étudiants sont en général d'un bon rapport qualité/prix. Lisez avec la plus grande attention les clauses en petits caractères : c'est là que se cachent les restrictions.

Vérifiez notamment que les "sports à risques", comme la plongée, la moto ou même la randonnée ne sont pas exclus de votre contrat, ou encore que le rapatriement médical d'urgence, en ambulance ou en avion, est couvert. De même, le fait d'acquérir un véhicule dans un autre pays ne signifie pas nécessairement que vous serez protégé par votre propre assurance.

Vous pouvez contracter une assurance qui réglera directement les hôpitaux et les médecins, vous évitant ainsi d'avancer des sommes qui ne vous seront remboursées qu'à votre retour. Dans ce cas, conservez avec vous tous les documents nécessaires.

Attention ! avant de souscrire une police d'assurance, vérifiez bien que vous ne bénéficiez pas déjà d'une assistance par votre carte de crédit, votre mutuelle ou votre assurance automobile. C'est bien souvent le cas.

Quelques conseils. Assurez-vous que vous êtes en bonne santé avant de partir. Si vous partez pour un long voyage, faites contrôler l'état de vos dents. Nombreux sont les endroits où l'on ne souhaiterait pas une visite chez le dentiste à son pire ennemi.

Si vous suivez un traitement de façon régulière, n'oubliez pas votre ordonnance (avec le nom du principe actif plutôt que la marque du médicament, afin de pouvoir trouver un équivalent local, le cas échéant). De plus, l'ordonnance vous permettra de prouver que vos médicaments vous sont légalement prescrits, des médicaments en vente libre dans certains pays ne l'étant pas dans d'autres.

Attention aux dates limites d'utilisation et aux conditions de stockage, parfois mauvaises . Il arrive également que l'on trouve, dans des pays en développement, des produits interdits en Occident.

Dans de nombreux pays, n'hésitez pas, avant de partir, à donner tous les médicaments et seringues qui vous restent (avec les notices) à un centre de soins, un dispensaire ou un hôpital.

Vaccins. Plus vous vous éloignez des circuits classiques, plus il faut prendre vos précautions. Il est important de faire la différence entre les vaccins recommandés lorsque l'on voyage dans certains pays et ceux obligatoires. Au cours des dix dernières années, le nombre de vaccins inscrits au registre du Règlement sanitaire international a beaucoup diminué. Seul le vaccin contre la fièvre jaune peut encore être exigé pour passer une frontière, parfois seulement pour les voyageurs qui viennent de régions contaminées. Faites inscrire vos vaccinations dans un carnet international de vaccination que vous pourrez vous procurer auprès de votre médecin ou d'un centre.

Planifiez vos vaccinations à l'avance (au moins six semaines avant le départ), car certaines demandent des rappels ou sont incompatibles entre elles. Même si vous avez été vacciné contre plusieurs maladies dans votre enfance, votre médecin vous recommandera peut-être des rappels contre le tétanos ou la poliomyélite, maladies qui existent toujours dans de nombreux pays en développement. Les vaccins ont des durées d'efficacité très variables ; certains sont contre-indiqués pour les femmes enceintes.

Voici les coordonnées de quelques centres de vaccination à Paris :

Hôtel-Dieu, centre gratuit de l'Assistance publique (☎ 01 42 34 84 84), 1, parvis Notre-Dame, 75004 Paris.
Assistance publique voyages, service payant de l'hôpital de la Pitié-Salpêtrière (☎ 01 45 85 90 21), 47, bd de l'Hôpital, 75013 Paris.
Institut Pasteur (☎ 01 45 68 81 98, 3615 Pasteur), 209, rue de Vaugirard, 75015 Paris.
Air France, centre de vaccination (☎ 01 41 56 66 00, 3615 VACAF), aérogare des Invalides, 75007 Paris.

Il existe de nombreux centres en province, en général liés à un hôpital ou un service de santé municipal. Vous pouvez obtenir la liste de ces centres de vaccination en France en vous connectant sur le site

Trousse médicale de voyage

Veillez à emporter avec vous une petite trousse à pharmacie contenant quelques produits indispensables. Certains ne sont délivrés que sur ordonnance médicale.

☐ des **antibiotiques** à utiliser uniquement aux doses et périodes prescrites, même si vous avez l'impression d'être guéri avant. Chaque antibiotique soigne une affection précise : ne les utilisez pas au hasard. Cessez immédiatement le traitement en cas de réactions graves.

☐ un **antidiarrhéique** et un **réhydratant**, en cas de forte diarrhée, surtout si vous voyagez avec des enfants

☐ un **antihistaminique** en cas de rhumes, allergies, piqûres d'insectes, mal des transports – évitez l'alcool

☐ un **antiseptique** ou un désinfectant pour les coupures, les égratignures superficielles et les brûlures, ainsi que des **pansements gras** pour les brûlures

☐ de l'**aspirine** ou du paracétamol (douleurs, fièvre)

☐ une **bande Velpeau** et des **pansements** pour les petites blessures

☐ une **paire de lunettes de secours** (si vous portez des lunettes ou des lentilles de contact) et la copie de votre ordonnance

☐ un **produit contre les moustiques**, un **écran total**, une **pommade pour soigner les piqûres et les coupures** et des **comprimés pour stériliser l'eau**

☐ une **paire de ciseaux**, une **pince à épiler** et un **thermomètre à alcool**

☐ une petite **trousse de matériel stérile** comprenant une seringue, des aiguilles, du fil à suture, une lame de scalpel et des compresses

Internet www.france.diplomatie.fr/infopra/avis/annexe.html, émanant du ministère des Affaires étrangères.

Le serveur Minitel 3615 Visa Santé fournit des conseils pratiques, des informations sanitaires et des adresses utiles sur plus de

Vaccins

Maladie	Durée du vaccin	Précautions
Choléra		Ce vaccin n'est plus recommandé.
Diphtérie	10 ans	Recommandé en particulier pour l'ex-URSS.
Fièvre jaune	10 ans	Obligatoire dans les régions où la maladie est endémique (Afrique et Amérique du Sud) et dans certains pays lorsque l'on vient d'une région infectée. A éviter en début de grossesse.
Hépatite virale A	5 ans (environ)	Il existe un vaccin combiné hépatite A et B qui s'administre en trois injections. La durée effective de ce vaccin ne sera pas connue avant quelques années.
Hépatite virale B	10 ans (environ)	
Tétanos et poliomyélite	10 ans	Fortement recommandé.
Thyphoïde	3 ans	Recommandé si vous voyagez dans des conditions d'hygiène médiocres.

150 pays. Le 3615 Ecran Santé dispense également des conseils médicaux. Attention ! le recours à ces serveurs ne dispense pas de consulter un médecin.

Vous pouvez également vous connecter au site Internet de Lonely Planet (www.lonelyplanet.com/health/health.htm/h-links.htm) qui est relié à l'OMS (Organisation mondiale de la santé).

Précautions élémentaires

Faire attention à ce que l'on mange et à ce que l'on boit est la première des précautions à prendre. Les troubles gastriques et intestinaux sont fréquents, même si la plupart du temps ils restent sans gravité. Ne soyez cependant pas paranoïaque et ne vous privez pas de goûter à la cuisine locale, cela fait partie du voyage. N'hésitez pas également à vous laver les mains fréquemment.

Eau. Règle d'or : ne buvez jamais l'eau du robinet (même sous forme de glaçons). Pré-férez les eaux minérales et les boissons gazeuses, tout en vous assurant que les bouteilles sont décapsulées devant vous. Évitez les jus de fruits, souvent allongés à l'eau. Attention au lait, rarement pasteurisé. Pas de problème pour le lait bouilli et les yaourts. Thé et café, en principe, sont sûrs, puisque l'eau doit bouillir.

Pour stériliser l'eau, la meilleure solution est de la faire bouillir durant quinze minutes. N'oubliez pas qu'à haute altitude elle bout à une température plus basse et que les germes ont plus de chance de survivre.

Un simple filtrage peut être très efficace mais n'éliminera pas tous les micro-organismes dangereux. Aussi, si vous ne pouvez faire bouillir l'eau, traitez-la chimiquement. Le Micropur (vendu en pharmacie) tuera la plupart des germes pathogènes.

Alimentation. Fruits et légumes doivent être lavés à l'eau traitée ou épluchés. Ne mangez pas de glaces des marchands de rue.

D'une façon générale, le plus sûr est de vous en tenir aux aliments bien cuits. Attention aux plats refroidis ou réchauffés. Méfiez-vous des poissons, des crustacés et des viandes peu cuites. Si un restaurant semble bien tenu et qu'il est fréquenté par des touristes comme par des gens du pays, la nourriture ne posera probablement pas de problèmes. Attention aux restaurants vides !

Nutrition. Si votre alimentation est pauvre, en quantité ou en qualité, si vous voyagez à la dure et sautez des repas ou s'il vous arrive de perdre l'appétit, votre santé risque très vite de s'en ressentir, en même temps que vous perdrez du poids.

Assurez-vous que votre régime est équilibré. Œufs, tofu, légumes secs, lentilles (dahl en Inde) et noix variées vous fourniront des protéines. Les fruits que l'on peut éplucher (bananes, oranges et mandarines par exemple) sont sans danger et vous apportent des vitamines. Essayez de manger des céréales et du pain en abondance. Si la nourriture présente moins de risques quand elle est bien cuite, n'oubliez pas que les plats trop cuits perdent leur valeur nutritionnelle. Si votre alimentation est mal équilibrée ou insuffisante, prenez des vitamines et des comprimés à base de fer. Dans les pays à climat chaud, n'attendez pas le signal de la soif pour boire. Une urine très foncée ou l'absence d'envie d'uriner indiquent un problème. Pour de longues randonnées, munissez-vous toujours d'une gourde d'eau et éventuellement de boissons énergisantes. Une transpiration excessive fait perdre des sels minéraux et peut provoquer des crampes musculaires. Il est toutefois déconseillé de prendre des pastilles de sel de façon préventive.

Problèmes de santé et traitement

Les éventuels ennuis de santé peuvent être répartis en plusieurs catégories. Tout d'abord, les problèmes liés au climat, à la géographie, aux températures extrêmes, à l'altitude ou aux transports ; puis les maladies dues au manque d'hygiène ; celles transmises par les animaux ou les hommes ; enfin, les maladies transmises par les insectes. De

simples coupures, morsures ou égratignures peuvent aussi être source de problèmes.

L'autodiagnostic et l'autotraitement sont risqués ; aussi, chaque fois que cela est possible, adressez-vous à un médecin. Ambassades et consulats pourront en général vous en recommander un. Les hôtels cinq-étoiles également, mais les honoraires risquent aussi d'être cinq-étoiles (utilisez votre assurance).

Vous éviterez bien des problèmes de santé en vous lavant souvent les mains, afin de ne pas contaminer vos aliments. Brossez-vous les dents avec de l'eau traitée. On peut attraper des vers en marchant pieds nus ou se couper dangereusement sur du corail. Demandez conseil aux habitants du pays où vous vous trouvez : si l'on vous dit qu'il ne faut pas vous baigner à cause des méduses, des crocodiles ou de la bilharziose, suivez leur avis.

Affections liées à l'environnement

Asthme. L'Australie expose les asthmatiques à un risque important, notamment en ce qui concerne les allergies provoquées par la poussière et le pollen. De fait, le pays a l'un des taux d'asthme les plus élevés du monde. Les principales périodes à risque sont l'hiver dans le Sud et les mois d'avril/mai et d'octobre dans le Nord.

Des inhalateurs peuvent s'acheter en pharmacie sans ordonnance.

Coup de chaleur. Cet état grave, parfois mortel, survient quand le mécanisme de régulation thermique du corps ne fonctionne plus : la température s'élève alors de façon dangereuse. De longues périodes d'exposition à des températures élevées peuvent vous rendre

---

Avertissement

La santé en voyage dépend du soin avec lequel on prépare le départ et, sur place, de l'observance d'un minimum de règles quotidiennes. Les risques sanitaires sont généralement faibles si une prévention minimale et les précautions élémentaires d'usage ont été envisagées avant le départ.

vulnérable au coup de chaleur. Évitez l'alcool et les activités fatigantes lorsque vous arrivez dans un pays à climat chaud.

Symptômes : malaise général, transpiration faible ou inexistante et forte fièvre (39 à 41°C). Là où la transpiration a cessé, la peau devient rouge. La personne qui souffre d'un coup de chaleur est atteinte d'une céphalée lancinante et éprouve des difficultés à coordonner ses mouvements ; elle peut aussi donner des signes de confusion mentale ou d'agressivité. Enfin, elle délire et est en proie à des convulsions. Il faut absolument hospitaliser le malade. En attendant les secours, installez-le à l'ombre, ôtez-lui ses vêtements, couvrez-le d'un drap ou d'une serviette mouillés et éventez-le continuellement.

Coup de soleil. Sous les tropiques, dans le désert ou en altitude, les coups de soleil sont plus fréquents, même par temps couvert. Utilisez un écran solaire et pensez à couvrir les endroits qui sont habituellement protégés, les pieds par exemple. Si les chapeaux fournissent une bonne protection, n'hésitez pas à appliquer également un écran total sur le nez et les lèvres. Les lunettes de soleil s'avèrent souvent indispensables.

Froid. L'excès de froid est aussi dangereux que l'excès de chaleur, surtout lorsqu'il provoque une hypothermie. Si vous faites une randonnée en haute altitude en Nouvelle-Galles du Sud, dans le Victoria ou en Tasmanie, prenez vos précautions pour affronter le froid, l'humidité et le vent.

L'hypothermie a lieu lorsque le corps perd de la chaleur plus vite qu'il n'en produit et que sa température baisse. Le passage d'une sensation de grand froid à un état dangereusement froid est étonnamment rapide quand vent, vêtements humides, fatigue et faim se combinent, même si la température extérieure est supérieure à zéro. Le mieux est de s'habiller par couches : soie, laine et certaines fibres synthétiques nouvelles sont tous de bons isolants. N'oubliez pas de prendre un chapeau, car on perd beaucoup de chaleur par la tête. La couche supérieure de vêtements doit être solide et imperméable, car il est vital de rester au sec. Emportez du

---

Santé au jour le jour

La température normale du corps est de 37°C ; deux degrés de plus représentent une forte fièvre. Le pouls normal d'un adulte est de 60 à 80 pulsations par minute (celui d'un enfant est de 80 à 100 pulsations ; celui d'un bébé de 100 à 140 pulsations). En général, le pouls augmente d'environ 20 pulsations à la minute avec chaque degré de fièvre.

La respiration est aussi un bon indicateur en cas de maladie. Comptez le nombre d'inspirations par minute : entre 12 et 20 chez un adulte, jusqu'à 30 pour un jeune enfant et jusqu'à 40 pour un bébé, elle est normale. Les personnes qui ont une forte fièvre ou qui sont atteintes d'une maladie respiratoire grave (pneumonie par exemple) respirent plus rapidement. Plus de 40 inspirations faibles par minute indiquent en général une pneumonie.

---

ravitaillement de base comprenant des sucres rapides, qui génèrent rapidement des calories, et des boissons en abondance.

Symptômes : fatigue, engourdissement, en particulier des extrémités (doigts et orteils), grelottements, élocution difficile, comportement incohérent ou violent, léthargie, démarche trébuchante, vertiges, crampes musculaires et explosions soudaines d'énergie. La personne atteinte d'hypothermie peut déraisonner au point de prétendre qu'elle a chaud et de se dévêtir.

Pour soigner l'hypothermie, protégez le malade du vent et de la pluie, enlevez-lui ses vêtements s'ils sont humides et habillez-le chaudement. Donnez-lui une boisson chaude (pas d'alcool) et de la nourriture très calorique, facile à digérer. Cela devrait suffire pour les premiers stades de l'hypothermie. Néanmoins, si son état est plus grave, couchez-le dans un sac de couchage chaud. Il ne faut ni le frictionner, ni le placer près d'un feu ni lui changer ses vêtements dans le vent. Si possible, faites-lui prendre un bain chaud (pas brûlant).

Infections oculaires. Évitez de vous essuyer le visage avec les serviettes réutilisables fournies par les restaurants, car c'est un bon moyen d'attraper une infection oculaire. Si vous avez les mains sales après un trajet poussiéreux, ne vous frottez pas les yeux tant que vous n'aurez pas pu vous les laver.

Souvent, des yeux qui brûlent ou démangent ne sont pas le résultat d'une infection mais simplement les effets de la poussière, des gaz d'échappement ou du soleil.

L'utilisation d'un collyre ou des bains oculaires réguliers sont conseillés aux plus sensibles. Il est dangereux de soigner une simple irritation par des antibiotiques.

La conjonctivite peut venir d'une allergie.

Insolation. Une exposition prolongée au soleil peut provoquer une insolation. Symptômes : nausées, peau chaude, maux de tête. Dans ce cas, il faut rester dans le noir, appliquer une compresse d'eau froide sur les yeux et prendre de l'aspirine.

Mal des transports. Pour réduire les risques d'avoir le mal des transports, mangez légèrement avant et pendant le voyage. Si vous êtes sujet à ces malaises, essayez de trouver un siège dans une partie du véhicule où les oscillations sont moindres : près de l'aile dans un avion, au centre sur un bateau et dans un bus. Évitez de lire et de fumer. Tout médicament doit être pris avant le départ ; une fois que vous vous sentez mal, il est trop tard.

Miliaire et bourbouille. C'est une éruption cutanée (appelée bourbouille en cas de surinfection) due à la sueur qui s'évacue mal : elle frappe en général les personnes qui viennent d'arriver dans un climat à pays chaud et dont les pores ne sont pas encore suffisamment dilatés pour permettre une transpiration plus abondante que d'habitude. En attendant de vous acclimater, prenez des bains fréquents suivis d'un léger talcage, ou réfugiez-vous dans des locaux à air conditionné lorsque cela est possible. Attention !

Décalage horaire

Les malaises liés aux voyages en avion apparaissent généralement après la traversée de trois fuseaux horaires (chaque zone correspond à un décalage d'une heure). Plusieurs fonctions de notre organisme – dont la régulation thermique, les pulsations cardiaques, le travail de la vessie et des intestins – obéissent en effet à des cycles internes de 24 heures, qu'on appelle rythmes circadiens. Lorsque nous effectuons de longs parcours en avion, le corps met un certain temps à s'adapter à la "nouvelle" heure de notre lieu de destination – ce qui se traduit souvent par des sensations d'épuisement, de confusion, d'anxiété, accompagnées d'insomnie et de perte d'appétit. Ces symptômes disparaissent généralement au bout de quelques jours, mais on peut en atténuer les effets moyennant quelques précautions :

• Efforcez-vous de partir reposé. Autrement dit, organisez-vous : pas d'affolement de dernière minute, pas de courses échevelées pour récupérer passeports ou chèques de voyage. Évitez aussi les soirées prolongées avant d'entreprendre un long voyage aérien.
• A bord, évitez les repas trop copieux (ils gonflent l'estomac !) et l'alcool (qui déshydrate). Mais veillez à boire beaucoup – des boissons non gazeuses, non alcoolisées, comme de l'eau et des jus de fruits.
• Abstenez-vous de fumer pour ne pas appauvrir les réserves d'oxygène ; ce serait un facteur de fatigue supplémentaire.
• Portez des vêtements amples, dans lesquels vous vous sentez à l'aise ; un masque oculaire et des bouchons d'oreille vous aideront peut-être à dormir.

il est recommandé de ne pas prendre plus de deux douches savonneuses par jour.

Mycoses. Les infections fongiques dues à la chaleur apparaissent généralement sur le cuir chevelu, entre les doigts ou les orteils (pied d'athlète), sur l'aine ou sur tout le corps (teigne). On attrape la teigne (qui est un champignon et non un parasite animal) par le contact avec des animaux infectés ou en marchant dans des endroits humides, comme le sol des douches.

Pour éviter les mycoses, portez des vêtements amples et confortables, en fibres naturelles, lavez-les fréquemment et séchez-les bien. Conservez vos tongs dans les pièces d'eau. Si vous attrapez des champignons, nettoyez quotidiennement la partie infectée avec un désinfectant ou un savon traitant et séchez bien. Appliquez ensuite un fongicide et laissez autant que possible à l'air libre. Changez fréquemment de serviettes et de sous-vêtements et lavez-les soigneusement à l'eau chaude. Bannissez absolument les sous-vêtements qui ne sont pas en coton.

Maladies infectieuses et parasitaires

Diarrhée. Le changement de nourriture, d'eau ou de climat suffit à la provoquer ; si elle est causée par des aliments ou de l'eau contaminés, le problème est plus grave. En dépit de toutes vos précautions, vous aurez peut-être la "turista", mais quelques visites aux toilettes sans aucun autre symptôme n'ont rien d'alarmant. La déshydratation est le danger principal que fait courir toute diarrhée, particulièrement chez les enfants. Ainsi le premier traitement consiste à boire beaucoup : idéalement, il faut mélanger huit cuillerées à café de sucre et une de sel dans un litre d'eau. Sinon du thé noir léger, avec peu de sucre, des boissons gazeuses qu'on laisse se dégazéifier et qu'on dilue à 50% avec de l'eau purifiée, sont à recommander. En cas de forte diarrhée, il faut prendre une solution réhydratante pour remplacer les sels minéraux. Quand vous irez mieux, continuez à manger légèrement. Les antibiotiques peuvent être utiles dans le traitement de diarrhées très fortes, en particulier si elles sont accompagnées de nausées, de vomissements, de crampes d'estomac ou d'une fièvre légère. Trois jours de traitement sont généralement suffisants, et on constate normalement une amélioration dans les 24 heures. Toutefois, lorsque la diarrhée persiste au-delà de 48 heures ou s'il y a présence de sang dans les selles, il est préférable de consulter un médecin.

Maladies sexuellement transmissibles. La blennorragie, l'herpès et la syphilis sont les plus connues. Plaies, cloques ou éruptions autour des parties génitales, suppurations ou douleurs lors de la miction en sont les symptômes habituels ; ils peuvent être moins aigus ou inexistants chez les femmes. Les symptômes de la syphilis finissent par disparaître complètement, mais la maladie continue à se développer et provoque de graves problèmes par la suite. On traite la blennorragie et la syphilis par les antibiotiques.

Les maladies sexuellement transmissibles (MST) sont nombreuses, mais on dispose d'un traitement efficace pour la plupart d'entre elles.

La seule prévention des MST est l'usage systématique du préservatif lors des rapports sexuels.

Vers. Fréquents en zones rurales tropicales, on les trouve dans les légumes non lavés ou la viande trop peu cuite. Ils se logent également sous la peau quand on marche pieds nus (ankylostome). Souvent, l'infection ne se déclare qu'au bout de plusieurs semaines. Bien que bénigne en général, elle doit être traitée sous peine de complications sérieuses. Une analyse des selles est nécessaire.

VIH/sida. L'infection à VIH (virus de l'immunodéficience humaine), agent causal du sida (syndrome d'immunodéficience acquise) est présente dans pratiquement tous les pays et épidémique dans nombre d'entre eux. La transmission de cette infection se fait : par rapport sexuel (hétérosexuel ou homosexuel – anal, vaginal ou oral), d'où l'impérieuse nécessité d'utiliser des préservatifs à titre préventif ; par le sang, les produits sanguins et les aiguilles contaminées. Il est impossible de détecter la présence du VIH chez un individu apparemment en parfaite santé sans procéder à un examen sanguin.

Il faut éviter tout échange d'aiguilles. S'ils ne sont pas stérilisés, tous les instruments de chirurgie, les aiguilles d'acupuncture et de tatouage, les instruments utilisés pour percer les oreilles ou le nez peuvent transmettre l'infection. Il est fortement conseillé d'acheter seringues et aiguilles avant de partir.

Toute demande de certificat attestant la séronégativité pour le VIH (certificat d'absence de sida) est contraire au Règlement sanitaire international (article 81).

Affections transmises par les insectes

Dengue. Des épidémies de dengue de faible ampleur ont eu lieu dans l'extrême Nord du Queensland. A la différence du moustique véhicule du paludisme, le moustique *Ædes ægypti*, qui propage le virus de la dengue, est actif principalement pendant la journée et se trouve surtout dans les zones urbaines et à proximité des habitations humaines.

Poussée de fièvre, maux de tête, douleurs articulaires et musculaires précèdent une éruption cutanée sur le tronc qui s'étend ensuite aux membres puis au visage. Au bout de quelques jours, la fièvre régresse, et la convalescence commence. Les complications graves sont rares et inconnues à ce jour en Australie.

Si vous pensez avoir été infecté, recourez au plus vite à un médecin. Un test sanguin pourra préciser le diagnostic. Il n'existe pas de traitement prophylactique contre cette maladie. L'aspirine doit être évité, car elle augmente le risque d'hémorragie. La meilleure prévention est de se protéger des moustiques en couvrant toutes les parties du corps, en utilisant des antimoustiques et des moustiquaires.

Loase (*Ross River Fever*). Transmise par certaines espèces de moustiques, cette maladie virale porte le nom scientifique de polyarthrite fébrile. Elle sévit surtout dans l'Est du pays et plus particulièrement en janvier/février. Des épidémies ont également eu lieu dans le Territoire du Nord. Les risques d'infection restent néanmoins très faibles. Elle peut se manifester par des symptômes semblables à ceux de la grippe (douleurs musculaires et articulaires, rougeurs, fièvre, maux de tête, fatigue), mais une analyse de sang s'impose pour confirmer le diagnostic. La médecine dispose des moyens de soulager les troubles provoqués par cette maladie. Si les milieux médicaux prétendent que les troubles persistent rarement au-delà de quelques mois, certaines victimes en ressentent encore les effets (notamment une fatigue chronique) plusieurs années après l'avoir contractée.

Typhus rural (ou fièvre fluviale du Japon). Quelques cas de cette infection rare, transmise par un petit insecte, ont été signalés au Litchfield National Park. Reportez vous au paragraphe qui lui est consacré dans le chapitre *Territoire du Nord*.

Coupures, piqûres et morsures

Coupures et égratignures. Les blessures s'infectent très facilement dans les climats chauds et cicatrisent difficilement. Coupures et égratignures doivent être traitées avec un antiseptique et du mercurochrome. Évitez si possible bandages et pansements, qui empêchent la plaie de sécher.

Les coupures de corail sont particulièrement longues à cicatriser, car le corail injecte un venin léger dans la plaie. Portez des chaussures pour marcher sur des récifs, et nettoyez chaque blessure à fond.

Méduses. Les conseils des habitants vous éviteront de faire la rencontre des méduses et de leurs tentacules urticants. Les méduses-boîtes (*box jellyfish*), présentes dans les eaux côtières au Nord de l'Australie, peuvent être mortelles, mais en général la piqûre des autres espèces est seulement douloureuse. Des antihistaminiques et des analgésiques limiteront la réaction et la douleur.

Piqûres. Les piqûres de guêpe ou d'abeille sont généralement plus douloureuses que dangereuses. Une lotion apaisante ou des glaçons soulageront la douleur et empêche-ront la piqûre de trop gonfler. Certaines araignées sont dangereuses, mais il existe en général des antivenins. Les piqûres de scorpions sont très douloureuses et parfois mortelles. Inspectez vos vêtements ou chaussures avant de les enfiler.

Les piqûres de certains coquillages pré-sents en Australie, comme le cône, peuvent être dangereuses, voire mortelles, et il existe des poissons, tel le poisson-pierre, et des créatures marines qu'il vaut mieux évi-ter de toucher ou de consommer. Rensei-gnez-vous auprès des habitants.

Sangsues et tiques. Les sangsues, pré-sentes dans les régions de forêts humides, se collent à la peau et sucent le sang. Les randonneurs en retrouvent souvent sur leurs jambes ou dans leurs bottes. Du sel ou le contact d'une cigarette allumée les feront tomber. Ne les arrachez pas, car la morsure s'infecterait plus facilement. Une crème répulsive peut les maintenir éloignés. Utili-sez de l'alcool, de l'éther, de la vaseline ou de l'huile pour vous en débarrasser. Véri-fiez toujours que vous n'avez pas attrapé de tiques dans une région infestée : elles peu-vent transmettre le typhus.

Serpents. Portez toujours bottes, chaus-settes et pantalons longs pour marcher dans la végétation à risque. Ne hasardez pas la main dans les trous et les anfractuosités, et faites attention lorsque vous ramassez du bois pour faire du feu. Les morsures de serpent ne pro-voquent pas instantanément la mort, et il existe généralement des antivenins. Il faut calmer la victime, lui interdire de bouger, bander étroitement le membre comme pour une foulure et l'immobiliser avec une attelle. Trouvez ensuite un médecin, et essayez de lui apporter le serpent mort. N'essayez en aucun cas d'attraper le serpent s'il y a le moindre risque qu'il pique à nouveau. On sait désor-mais qu'il ne faut absolument pas sucer le venin ou poser un garrot.

Santé au féminin
Grossesse. La plupart des fausses couches ont lieu pendant les trois premiers mois de la grossesse. C'est donc la période la plus ris-quée pour voyager. Pendant les trois derniers mois, il vaut mieux rester à distance raison-nable de bonnes infrastructures médicales, en cas de problèmes. Les femmes enceintes doivent éviter de prendre inutilement des médicaments. Cependant, certains vaccins et traitements préventifs contre le paludisme restent nécessaires. Mieux vaut consulter un médecin avant de prendre quoi que ce soit.

Pensez à consommer des produits locaux, comme les fruits secs, les agrumes, les len-tilles et les viandes accompagnées de légumes.

Problèmes gynécologiques. Une nour-riture pauvre, une résistance amoindrie par l'utilisation d'antibiotiques contre des pro-blèmes intestinaux peuvent favoriser les infections vaginales lorsqu'on voyage dans des pays à climat chaud. Respectez une hygiène intime scrupuleuse, et portez jupes ou pantalons amples et sous-vêtements en coton.

Les champignons, caractérisés par une éruption cutanée, des démangeaisons et des pertes, peuvent se soigner facilement. En revanche, les trichomonas sont plus graves ; pertes blanches et sensation de brûlure lors de la miction en sont les symptômes. Le par-tenaire masculin doit également être soigné.

Il n'est pas rare que le cycle menstruel soit perturbé lors d'un voyage.

VOYAGER SEULE
L'Australie ne présente pas de dangers pour les femmes qui voyagent seules, bien qu'il soit plus prudent d'éviter les promenades en solitaire la nuit dans les grandes villes.

Le machisme est malheureusement encore la seconde nature de certains repré-sentants de la gent masculine locale et, de manière générale, plus on s'éloigne des villes, plus cela se vérifie.

La prudence s'impose pour les voya-geuses en stop (voir la rubrique *En stop* dans le chapitre *Comment circuler*).

COMMUNAUTÉ HOMOSEXUELLE
L'Australie est une destination très prisée de la communauté homosexuelle. Il est cer-

tain que la publicité entourant le Gay and Lesbian Mardi Gras de Sydney depuis quelques années a considérablement fait progresser le nombre de ces voyageurs. Dans tout le pays, mais surtout sur la côte est, il existe quantité de tour-opérateurs, d'agences de voyages, de lieux de villégiature et de gîtes exclusivement réservés aux gays et aux lesbiennes, ainsi que d'autres où se pratique la "mixité".

Plus on s'enfonce à l'intérieur des terres et plus on est susceptible de rencontrer des comportements homophobes. La loi australienne autorise cependant les rapports homosexuels.

Une ligne téléphonique de conseils et d'information gay est en général disponible dans les villes principales.

Publications

La plupart des grandes villes publient des journaux gay, que l'on peut se procurer dans les principaux lieux de rencontre des homosexuels mais aussi chez les marchands de journaux implantés dans les quartiers gay et lesbiens. Il existe également des annuaires professionnels dans lesquels sont recensés notamment les agences de voyages, les tour-opérateurs et les hôtels tournés vers une clientèle homosexuelle.

Parmi les magazines de la communauté gay australienne figurent *OutRage*, *Campaign*, *Lesbians on the Loose* et la revue d'art *Blue*.

Tour-opérateurs

Un certain nombre de tour-opérateurs visent exclusivement, ou en partie seulement, la clientèle des gays. Citons :

BreakOut Travels & Tours
  (☎ 02-9558 8229, fax 9332 3326)
  77 Oxford St, Darlinghurst, Sydney,
  NSW 2010, www.fod.com.au
Friends of Dorothy
  (☎ 02-9360 3616, fax 9332 3326)
  77 Oxford St, Darlinghurst, Sydney,
  NSW 2010, www.fod.com.au
Beyond the Blue
  (☎ 02-9221 6377, fax 9557 4332)
  300 George St, Sydney NSW 2000,
  www.beyondblue.com.au

Organisations

L'Australian Gay & Lesbian Tourism Association, PO Box 208, Darlinghurst, NSW 2010, assure la promotion du tourisme gay et lesbien. Il ne s'occupe pas des réservations mais peut vous renseigner sur les entreprises accueillant plus particulièrement les homosexuels dans chaque État. Vous pouvez vous connecter sur son site Web au www.agtla.asn.au.

VOYAGER AVEC DES ENFANTS

Voyager avec des enfants en Australie ne pose pas de problèmes particuliers. La grande majorité des établissements les accueillent avec plaisir.

Toutes les villes et la plupart des grandes bourgades disposent de toilettes publiques centrales où les mères peuvent donner le sein à leur bébé et changer ses couches. Pour plus de détails, adressez-vous à l'office du tourisme ou à la mairie. Bien qu'allaiter en public soit généralement bien accepté, essayez de rester discrète.

La majorité des motels et les campings de catégorie supérieure fournissent des lits et des baignoires pour enfants et disposent généralement d'une aire de jeu et d'une piscine. De nombreux motels proposent également des cassettes vidéo et un service de baby-sitting. Si beaucoup de cafés et de restaurants rechignent à accepter les enfants en bas âge, d'autres offrent des chaises hautes et des menus spéciaux ou acceptent volontiers de servir des portions plus petites du menu principal. Les grandes agences de location de voiture peuvent vous fournir un siège pour bébé, mais ce sera à vous de l'arrimer dans le véhicule.

Si vous souhaitez passer quelques heures sans votre charmant bambin, adressez-vous à l'une des nombreuses agences de baby-sitting agréées dont vous trouverez la liste dans les *Yellow Pages* à la rubrique "Child Care Centres" ou auprès de la mairie locale. Ces agences s'occupent généralement des enfants âgés de un à cinq ans.

La plupart refusent les nourrissons. Préférez les centre agréés, qui doivent respecter certaines normes et sont généralement de bonne qualité.

Voyageurs handicapés en Australie

L'attention portée aux handicapés en Australie se trouve encore renforcée par la tenue prochaine des Paralympics de 2000 en Nouvelle-Galles du Sud. La plupart des commissions touristiques réunissent des informations sur les sites et les hébergements accessibles aux handicapés dans leur État. Les nouveaux équipements doivent répondre aux impératifs fixés par la loi et les tour-opérateurs s'abstenir de toute discrimination.

Beaucoup des grands centres d'attraction touristiques sont accessibles. Appelez à l'avance pour prévenir de vos besoins. Dans la plupart des capitales, des tour-opérateurs disposent de véhicules spécialement adaptés. Les bureaux locaux des associations de handicapés, voire les offices de tourisme, vous en fourniront la liste.

Renseignements

Pour voyager en toute tranquillité, il est capital de disposer de renseignements fiables. Le NICAN (National Information Communication and Recreation Network, ☎ 02-6285 3713, numéro vert 1800 806 769, fax 6285 3714, nican@spirit.com.au), PO Box 407, Curtin, ACT 2605, constitue l'une des meilleures sources d'information. Il s'agit d'un annuaire national spécialisé ayant trait aux accès, à l'hébergement, aux sports, aux loisirs, aux transports et aux tour-opérateurs qui proposent des services adaptés aux handicapés. Publiée par l'Australian Tourist Commission (voyez ses coordonnées à la rubrique *Offices du tourisme*, dans ce chapitre), la brochure *Travel in Australia for People with Disabilities* regroupe, pour chaque État, des conseils, des informations sur le transport et les adresses des organismes compétents.

Vous pouvez aussi vous adresser en toute confiance au DIRC (Disability Information Resource Center, ☎ 08-8223 7522, dirc@dircsa.org.au), en Australie-Méridionale, à l'Independent Living Centre d'Australie-Occidentale (☎ 08-9382 2011, ilcwa@iinet.com.au) ou consulter la page *Disability* du site Web de Vicnet, www.vicnet.net.au/disability. *Easy Access Australia – A Travel Guide to Australia*, rédigé après enquête par des handicapés en fauteuil roulant, peut être commandé sur easyaccessaustralia.com.au. *Accessing Sydney* est en cours de réactualisation au moment où nous écrivons ces lignes tandis que *Accessing Melbourne* reste disponible auprès des points de vente RACV du Centre d'information de Melbourne. *Access in Brisbane* et *Darwin Without Steps*, sont tous deux disponibles auprès des conseils locaux de ces deux villes. *Accessible Queensland* est un catalogue listant les prestataires de services, publié par Tourism Queensland.

Où se loger

Les lieux d'hébergement du pays sont généralement de qualité. Le mieux est de vous renseigner auprès du NICAN et des organismes d'État pour les personnes handicapées. Dans les grandes villes, les chaînes internationales telles que Hyatt, Hilton, Sheraton, etc. sont bien représentées. Les hôtels Novotel et Ibis sont plus abordables. Les chaînes de motels comme Flag et Best Western sont également bien implantées. Toutes disposent de chambres accessibles. Très complets, les guides publiés par les associations automobiles nationales délivrent des renseignements sur la question. Mieux vaut toutefois s'assurer que les équipements correspondent à vos besoins.

Quelques auberges de jeunesse possèdent des chambres accessibles. Le **YHA Central** de Sydney (☎ 02-9281 9111), face à Central Station, comprend sept chambres destinées aux handicapés.

Deux établissements balnéaires ont été conçus pour les utilisateurs de fauteuil roulant. La **Clark Bay Farm** (☎ 02-4476 1640) à Narooma et le **Byron Bay Rainforest Resort** (☎ 02-6685 6139, fax 6685 8754, 39-51 Broken Head Rd, Byron Bay).

Voyageurs handicapés en Australie

Comment circuler

Bus. Ce mode de transport est peu adapté aux utilisateurs de fauteuil roulant mais il existe bien d'autres moyens de locomotion.

Avion. La carte Carers Concession Card est acceptée par Qantas (☎ 13 1313, numéro vert 1800 652 660) et Ansett (☎ 13 1300, numéro vert 1800 623 195). Elle permet à un voyageur handicapé et à son accompagnateur de voyager à 50% du tarif économique. Les conditions requises et le formulaire de demande sont fournis par le NICAN. Ansett a pour sa part mis au point le système ANSACARE, qui garde en mémoire les données et besoins de chacun. Qantas et Ansett acceptent les voyageurs handicapés et possèdent des appareils dotés de toilettes aménagées. Tous les grands aéroports du pays offrent des équipements pour handicapés : places de parking, rampes d'accès aux terminaux, toilettes accessibles et fauteuils roulants spéciaux ou *skychairs* jusqu'aux avions. Les aéroports régionaux n'offrent pas, malheureusement, toutes ces facilités.

Train. NSW Countrylink (☎ 02-9379 4850, réservations au ☎ 13 2232) assure le service du XPT entre Sydney et Melbourne, Brisbane (*via* Murwillumbah), Coffs Harbour, Dubbo et Wagga Wagga ; l'Xplorer de Moree dessert Tamworth et Canberra. Chaque train comporte au moins une voiture où un siège manquant laisse la place à un fauteuil roulant, ainsi que des toilettes accessibles. Le *Guide for People with Special Requirements* de Countrylink présente tous les services disponibles. Dans Sydney, l'accès aux transports publics reste limité. Toutefois, le monorail de Darling Harbour et le light rail partant de Central Station permettent aux personnes handicapées de sillonner une partie de la ville.

L'*Indian Pacific* (voir la rubrique *Train* dans le chapitre *Comment circuler*), accessible en fauteuil roulant, comporte un compartiment dont la salle de bains est munie de rampes mais qui ne conviendra peut-être pas à tous.

Le *Tilt Train* de Queensland Rail qui relie Brisbane à Rockhampton possède un wagon accessible en fauteuil roulant et permet de se rendre à Maryborough (puis à Hervey Bay par bus équipé).

Le réseau ferroviaire de la banlieue de Melbourne est accessible. En zone rurale, les trains et les gares de la V/Line sont équipés de rampes, et il existe des voitures dotées d'élévateurs. Vous devez impérativement réserver 24 heures à l'avance. V/Line Customer Service (☎ 9619 2578, demandez le service "wheelchairs reservations") dispose d'un bureau à la gare de St Spencer. Pour tout renseignement, composez le ☎ 13 1638 pour la ville, ☎ 13 1196 pour le pays et ☎ 13 2147 pour les États. Dans cette même gare, la Travellers Aid Society (☎ 03-9670 2873) propose un service d'accueil (sur réservation). Elle est également implantée 169 Swanston St (☎ 9654 7690) et offre une assistance, un café et des douches et toilettes accessibles.

Véhicules de location. Avis (☎ 1800 225 533) et Hertz (☎ 13 3039) fournissent des voitures de location équipées de commandes manuelles, et ce sans frais supplémentaires. Disponibles dans les grandes villes et les aéroports, ces véhicules doivent être réservés à l'avance. Plusieurs agences de location offrent ce type de véhicule en Nouvelle-Galles du Sud. Renseignez-vous auprès de Paraquad Assn NSW ou AQA NSW.

Parking. On reconnaît aisément le symbole international du fauteuil roulant (bleu sur fond blanc) qui marque les emplacements réservés. La plupart des conseils urbains délivrent des Mobility Maps indiquant les itinéraires, les toilettes et les autres équipements accessibles dans les quartiers d'affaires du centre-ville.

Voyageurs handicapés en Australie

Taxi. Dans les grandes agglomérations et les villes de moyenne importance, la majorité des taxis disposent de voitures aménagées afin de transporter les fauteuils roulants.

Ferry. Le *Spirit of Tasmania* (réservations au ☎ 13 20 10) de la TT Line qui relie Melbourne à Devonport, en Tasmanie, comporte quatre cabines spéciales et des rampes permettant aux fauteuils roulants d'accéder aux parties communes du bateau.

Bruce Cameron

Les enfants bénéficient souvent de réductions pouvant aller jusqu'à 50% sur le prix des hôtels, des excursions, des billets d'entrée ainsi que dans les avions, les bus et les trains. La définition d'un "enfant" varie de moins de 12 ans à moins de 18 ans.

Pour l'hébergement, des réductions sont consenties pour les enfants de moins de 12 ans qui partagent la chambre de leurs parents. Sur les principales compagnies aériennes, les bébés voyagent gratuitement à condition de ne pas occuper un siège. Le tarif enfant s'applique entre trois et quinze ans bien que les ristournes normales offertes aux étudiants ou aux adultes soient généralement plus intéressantes.

Les compagnies de bus proposent plusieurs formules pour les enfants. Greyhound offre une réduction de 20% aux plus de trois ans et aux étudiants. Les enfants de moins de trois ans voyagent gratuitement s'ils s'assoient sur vos genoux ou peuvent disposer d'un siège pour la moitié du tarif adulte.

Le guide Lonely Planet intitulé *Travel with Children* est une mine d'informations. Les différents Travellers and Vaccination Centres présents dans chaque capitale diffusent également une brochure sur le sujet.

ORGANISMES A CONNAÎTRE
A l'étranger
En France, l'Association culturelle franco-australienne est installée 11, av. de Lattre-de-Tassigny, 92100 Boulogne (☎ 01 46 03 01 92, fax 01 46 03 48 16, alfa.petitemaison@wanadoo.fr, http://perso.wanadoo.fr/a

lpha-petitemaison). Cette association publie la revue *Australie* et des ouvrages à tirage limité en rapport avec l'Australie (contactez l'Australie Mag Association, 39, quai d'Anjou, 75004 Paris, ☎ 01 40 46 84 76, ecosoft@wanadoo.fr).

L'association France Australie est elle hébergée par l'ambassade d'Australie, 4, rue Jean-Rey (☎ 01 45 75 19 90).

Survival International (45, rue du Faubourg-du-Temple, 75010 Paris, ☎ 01 42 41 47 62, http://survival.wcube.fr) est un mouvement mondial de soutien aux peuples indigènes.

Parcs nationaux
Le Biodiversity Group of Environment Australia (EABG) est l'organisme fédéral chargé d'administrer les parcs nationaux de Kakadu et d'Uluru dans le Territoire du Nord, les parcs nationaux d'ACT, ainsi que les îles Cocos et Norfolk. Il est établi dans le John Gorton Building, King Edward Terrace, Parkes, ACT 2600, (GPO Box 787, Canberra 2601, ☎ 02-6274 1111, fax 6274 1123). Vous pouvez également consulter la rubrique "biodiversity" du site Internet www.ea.gov.au.

Les autres zones protégées sont administrées par les différents États. Citons :

Nouvelle-Galles du Sud
National Parks & Wildlife Service
(☎ 02-9585 6333, fax 9585 6527),
Level 1, 43 Bridge St, PO Box 1967, Hurstville, NSW 2220,
www.npws.nsw.gov.au

Territoire du Nord
Parks & Wildlife Commission of the NT
(☎ 08-8999 5511, fax 8999 4558),
25 Chung Wah Terrace, Palmerston, NT 0830
(PO Box 496, Palmerston, NT 0831),
www.nt.gov.au/paw
Parks Australia North (filiale d'Environment
Australia, ☎ 08-8946 4300, fax 8981 3497), 80
Mitchell St, Darwin, NT 0800
(PO Box 1260, Darwin NT 0801)

Queensland
Environmental Protection Agency (☎ 07-3227
8186, fax 3227 8749)
160 Ann St, Brisbane, Queensland 4000
(PO Box 155, Brisbane Albert St 4002),
www.env.qld.gov.au

Australie-Méridionale
National Parks & Wildlife SA
(☎ 08-8204 1910, fax 8204 1919)
The Environment Shop, 77 Grenfell St,
Adelaide, SA 5000
(GPO Box 1047, Adelaide 5001)

Tasmanie
Tasmania Parks & Wildlife Service
(☎ 03-6233 6191, fax 6233 2158)
134 Macquarie St, Hobart, Tasmania 7000
(PO Box 44A, Hobart, Tasmania 7001),
www.parks.tas.gov.au

Victoria
Department of Natural Resources & Environment (☎ 03-9637 8000, fax 9637 8150)
8 Nicholson St, PO Box 500, East Melbourne,
Victoria 3002, www.nre.vic.gov.au

Australie-Occidentale
Department of Conservation & Land Management (☎ 08-9334 0333, fax 9334 0498)
50 Hayman Rd, Como, Perth, WA 6152 (Loc-
ked Bag 104, Bentley DC, WA 6983),
www.calm.wa.gov.au

Australian Conservation Foundation (ACF)

C'est la principale organisation non-gou-
vernementale chargée de la protection de
l'environnement.

Les Australiens se préoccupant de plus
en plus d'environnement, les différents partis politiques ont été conduits à grandement
tenir grand compte des voix écologistes.

Vous pouvez contacter l'ACF (☎ 03-
9416 1166, fax 9416 0767), 340 Gore St,
Fitzroy, Victoria 3065, www.acfonline.
org.au.

Wilderness Society

La Wilderness Society a été fondée par des
écologistes qui, n'ayant pu empêcher la
construction d'un barrage sur le lac Pedder,
dans le sud-ouest de la Tasmanie, se sont
mobilisés pour s'opposer à un projet hydroélectrique sur la Franklin River, toujours
dans la même région.

Cette campagne, l'une des premières
grandes polémiques écologiques en Australie, a pris fin victorieusement en
1983, lorsque la Haute Cour australienne
s'est prononcée contre le barrage sur la
Franklin.

Cette association se préoccupe de questions liées, entre autres, à l'exploitation
forestière dans tout le pays. Elle tire la totalité de ses fonds de souscriptions, de dona-
tions et des ventes de ses boutiques,
présentes dans la majorité des États et où
vous trouverez des livres, des T-shirts, des
affiches, des badges, etc.

La Wilderness Society est située
130 Davey St, Hobart, Tasmania 7000
(☎ 03-6234 9799, fax 6224 1497, www.wil-
derness.org.au).

Australian Trust for Conservation Volunteers (ATCV)

Cette organisation à but non lucratif monte
des projets écologiques sur le terrain (plantations d'arbres, aménagements de chemins, relevés de la faune et de la flore…)
pour les bénévoles.

La plupart des projets se déroulent sur un
week-end ou une semaine. La nourriture, le
transport et l'hébergement sont assurés
moyennant une faible contribution. La plupart des voyageurs qui participent aux projets ATCV reçoivent d'abord une formation
(Conservation Experience) d'une durée
de six semaines et qui peut comprendre jusqu'à six projets différents. Il vous en coûtera 840 $, et chaque jour/semaine sup-
plémentaire 20/140 $. Consultez le site
www.atcv.com.au.

Vous pouvez vous renseigner auprès du
bureau principal (☎ 03-5333 1483, fax 5333
2166) PO Box 423, Ballarat, Victoria 3350,
ou auprès des autres bureaux :

Nouvelle-Galles du Sud
   (☎ 02-9564 1244, fax 9564 1474)
   18/42 Addison Rd, Marrickville, NSW 2048
Territoire du Nord
   (☎ 08-8981 3206, fax 8981 9052)
   PO Box 2358, Darwin, NT 0801
Queensland
   (☎ 07-3846 0893, fax 3846 0894)
   GPO Box 2673, Brisbane, Queensland 4101
Australie-Méridionale
   (☎ 08-8207 8747, 8207 8755)
   PO Box 419, Campbelltown, Adelaide, SA 5074
Tasmanie
   (☎ 03-6224 4911, fax 6224 4913)
   PO Box 940, Hobart, Tasmania 7001
Victoria
   (☎ 03-9686 5554, fax 9686 5557)
   534 City Rd, South Melbourne, Victoria 3205
Australie-Occidentale
   (☎ 08-9336 6911, fax 9336 6811)
   PO Box 188, North Fremantle, WA 6159

National Trust

L'équivalent australien des Monuments historiques en France est propriétaire de nombreux bâtiments historiques mais aussi de sites naturels ouverts au public. D'autres biens sont classés par le National Trust pour garantir leur protection.

Le National Trust publie des brochures et des guides sur plusieurs villes du pays. Ces brochures, généralement gratuites, sont disponibles auprès des offices du tourisme locaux ou des bureaux du National Trust.

Voici les adresses des bureaux du National Trust :

ACT
   (☎ 02-6239 5222, fax 6239 5333)
   2 Ligh St, Griffith, ACT 2603
Nouvelle-Galles du Sud
   (☎ 02-9258 0123, fax 9251 1110)
   Observatory Hill, Sydney, NSW 2000
Territoire du Nord
   (☎ 08-8981 2848, fax 8981 2379)
   4 Burnett Place, Myilly Point, Darwin, NT 0800
Queensland
   (☎ 07-3229 1788, fax 3229 0146)
   Old Government House, QUT Grounds, George St, Brisbane, Queensland 4000
Australie-Méridionale
   (☎ 08-8223 1655, fax 8232 2856)
   452 Pulteney St, Adelaide, SA 5000

Tasmanie
   (☎ 03-6344 6233, fax 6344 4033)
   Franklin House, 413 Hobart Rd, Lauceston, Tasmania 7250
Victoria
   (☎ 03-9654 4711 fax 9650 5397)
   Tasma Terrace, 4 Parliament Place, Melbourne, Vic 3002
Australie-Occidentale
   (☎ 08-9321 6088, fax 9324 1571)
   Old Observatory, 4 Havelock St, West Perth, WA 6005

WWOOF. Les Willing Workers on Organic Farms (WWOOF), ou travailleurs bénévoles dans les fermes d'agriculture biologique, sont bien implantés en Australie. L'objectif consiste à fournir gîte et couvert en échange de quelques heures quotidiennes de travail à la ferme. Certaines exploitations demandent un séjour minimal de deux jours, tandis que d'autres vous accepteront même pour une seule nuit.

Il existe environ 1 300 exploitations australiennes qui adhèrent aux WWOOF, principalement dans les États du Victoria, de la Nouvelle-Galles du Sud et du Queensland. Certains endroits ne sont pas des fermes : vous donnerez un coup de main à un potier ou ferez les comptes d'un grossiste en graines. Les adhérents sont souvent adeptes d'un mode de vie "alternatif".

Pour devenir membre, vous pouvez envoyer 35/40 $ (individuel/couple) à WWOOF, Mt Murrindal Coop, Buchan, Victoria 3885 (☎ 03-5155 0218, fax 5155 0342, www.woof.com.au), qui vous fournira en retour un numéro de membre et une brochure avec la liste de tous les adhérents en Australie.

DÉSAGRÉMENTS ET DANGERS
Animaux

L'Australie recèle quelques créatures uniques et parfois dangereuses, que vous aurez toutefois peu de chances de rencontrer, surtout si vous restez dans les villes.

Serpents. Le danger le plus connu du bush australien, et le plus propre à exciter l'imagination, ce sont les serpents. Bien qu'il y ait une multitude de serpents venimeux, peu sont agressifs, et à moins d'avoir la malchance de poser le pied dessus, vous ne serez pas mordu. Une règle d'or : si vous voyez un serpent, abandonnez-lui la place. N'essayez pas de l'attraper ou de le tuer. (Lire également la rubrique *Santé*.)

Araignées. Il existe une grande variété d'araignées venimeuses, comme les *Atrax* (araignée à toile-entonnoir), l'araignée à dos rouge et l'araignée à queue blanche. La première est présente en Nouvelle-Galles du Sud, au sud du Queensland et au sud du Victoria. Sa morsure est traitée comme une morsure de serpent. Pour celle de l'araignée à dos rouge, appliquez de la glace et consultez un médecin.

Insectes. Pendant quatre à six mois par an, il vous faudra compter avec ces deux fléaux australiens que sont les mouches et les moustiques (*mozzie*).

Les mouches, qui ne sont pas particulièrement gênantes en ville, le deviennent très rapidement à mesure que l'on s'enfonce dans le bush. Dans le centre, elles apparaissent avec le temps plus clément du printemps (fin août), surtout si les pluies hivernales ont été abondantes, et sont présentes jusqu'aux gelées. On peut attacher à son chapeau un filet protecteur, étonnamment efficace malgré sa ressemblance avec un filet à oignon. Les produits anti-insectes comme Aerogard et Rid sont également efficaces.

Les moustiques aussi peuvent se révéler envahissants, en particulier près des marécages dans les régions tropicales, et certains sont porteurs de la loase (voir plus haut dans ce chapitre, la rubrique *Santé*, où vous trouverez également des informations sur les sangsues et les tiques).

Crocodiles. Dans le Nord, les crocodiles marins aiment goûter à la chair humaine et constituent un réel danger. Outre les régions côtières, on les trouve dans les estuaires, les cours d'eau et les fleuves, parfois loin à l'intérieur des terres. Avant de piquer une tête, guettez les panneaux d'avertissement ou consultez les habitants.

Méduses. Également connue sous le nom de guêpe de mer ou *stinger*, la méduse-boîte est une autre créature dangereuse qui hante la côte septentrionale. De nombreuses rencontres mortelles ont eu lieu entre des nageurs et ces grandes méduses dont les tentacules venimeux peuvent atteindre 3 m de long. Le danger existe tout au long de l'année, mais la pire période s'étend d'octobre à la fin avril.

Ne vous baignez pas sans une combinaison de protection (*stinger suit*) vendue par les magasins de maillots de bain et de sport dans les zones à méduses.

Si quelqu'un est touché, il sortira sûrement de l'eau en hurlant et s'écroulera sur la plage, avec des marques sur le corps comme s'il avait été fouetté. Arrosez les plaies avec du vinaigre (emportez-en toujours quand vous allez vous baigner dans une zone à méduses), ne tentez pas d'enlever les tentacules et, si nécessaire, pratiquez la respiration artificielle.

Reportez-vous à la rubrique *Santé* plus haut dans ce chapitre pour le traitement des piqûres.

Sur la route
Consultez la rubrique *Voiture* dans le chapitre *Comment circuler*.

Feux de bush et blizzards
Des feux de bush importants se produisent chaque année. Par temps sec, chaud et venteux, soyez extrêmement prudent avec toute flamme découverte. Et surtout pas de mégots de cigarette par la fenêtre de la voiture. Lors d'un *total fire ban* (interdiction totale de faire du feu), annoncé par radio ou sur les panneaux d'affichage le long des routes, même les camping-gaz sont interdits en extérieur. Les habitants n'apprécieront pas du tout de vous voir contrevenir à l'interdiction et se feront un plaisir de vous dénoncer ; les amendes sont sévères.

Si vous avez la malchance de rencontrer un feu de brousse en voiture, restez à l'intérieur du véhicule et garez-vous sur un espace découvert, loin des arbres, jusqu'à ce que le danger soit passé. Le mieux est de vous couvrir d'une couverture de laine ou

Rassurez-vous : tous les fléaux australiens ne vont pas s'abattre sur vous en même temps

d'un vêtement de protection adapté – l'exposition à la chaleur étant le facteur le plus mortel – et de s'installer au fond de la voiture. Le front d'incendie devrait passer rapidement, et vous serez bien plus en sécurité dans un véhicule qu'à l'extérieur.

Si vous partez en randonnée, renseignez-vous sur place avant de vous mettre en route. Ne programmez pas votre départ durant un jour d'interdiction totale de faire du feu et remettez votre voyage à une date ultérieure.

Si vous êtes dans le bush et apercevez de la fumée au loin, ne le traitez pas à la légère et allez jusqu'à l'endroit découvert le plus proche, de préférence au bas d'une pente. Une arête boisée est le pire endroit où se trouver. Les feux se déplacent rapidement et changent de direction avec le vent.

Toujours est-il que les randonneurs risquent plus d'être victimes du froid que du feu. Même en été, les températures peuvent chuter en dessous de 0°C en montagne (lire également le paragraphe *Froid* dans la rubrique *Santé* de ce chapitre).

En Tasmanie, dans l'état de Victoria et en Nouvelle-Galles du Sud, le blizzard peut survenir à tout moment, même en plein mois de janvier !

Baignade

Plages. La baignade se révèle souvent dangereuse sur les plages dédiées au surf, sauf si vous y êtes accoutumé. Si le principal risque réside dans les lames de fond (ou *rips*), un certain nombre de baigneurs restent chaque année paralysés après avoir nagé dans des eaux peu profondes et heurté un banc de sable dissimulé par les vagues. Restez vigilant.

Nombre de plages très fréquentées sont surveillées par des maîtres-nageurs-surfers. Des drapeaux délimitent leur zone d'intervention.

En cas de problème dans ces zones, levez le bras et vous serez vite secouru. En dehors des drapeaux, comme sur les plages non surveillées, vous ne pourrez compter que sur vous-même.

Si vous êtes emporté par le *rip*, laissez-vous aller sans céder à la panique ni lutter contre le courant. Le plus souvent, il s'arrête à deux ou trois cents mètres du rivage. Il suffit alors de contourner le courant en nageant parallèlement à la plage, puis de regagner celle-ci.

HEURES D'OUVERTURE

La plupart des magasins ferment à 17h ou 17h30 en semaine et à 12h ou 17h le samedi. L'ouverture le dimanche commence à être plus répandue, notamment dans les grandes villes, et, à un degré moindre, dans l'État de Victoria. En milieu urbain, les magasins restent généralement ouverts plus tard un jour par semaine, le jeudi et/ou le vendredi soir, jusqu'à 21h ou 21h30.

Les banques sont ouvertes de 9h30 à 16h du lundi au jeudi et jusqu'à 17h le vendredi. Quelques succursales importantes sont ouvertes de 8h à 18h du lundi au vendredi. Certaines ouvrent leurs portes jusqu'à 21h le vendredi.

Il existe quelques exceptions à ces horaires, notamment les épiceries, les supermarchés, les traiteurs et les librairies, qui tendent à fermer plus tard en semaine et à ouvrir tout le week-end. Les grands supermarchés des centres commerciaux des grandes villes sont ouverts 24h/24.

JOURS FÉRIÉS ET MANIFESTATIONS ANNUELLES
Congés scolaires
La période de Noël, de mi-décembre à fin janvier, est incluse dans les grandes vacances scolaires. C'est la saison où les hôtels affichent complet et où l'on fait la queue partout. Il existe trois autres périodes de congés scolaires, plus courtes, et qui varient d'une semaine ou deux selon les États : les deux premières semaines d'avril, de fin juin à début juillet, et de fin septembre à début octobre.

Jours fériés
Comme les congés scolaires, les jours fériés diffèrent d'un État à l'autre. Renseignez-vous sur place pour connaître les dates précises (qui changent d'une année sur l'autre). Les jours fériés "locaux" sont suivis d'un * :

Sur le plan national
Nouvel An	1er janvier
Australia Day (Fête nationale)	26 janvier
Pâques	Vendredi saint, samedi, dimanche et lundi de Pâques (mars/avril)
Anzac Day	25 avril
Anniversaire de la reine (excepté l'Australie-Occidentale)	2e lundi de juin
Anniversaire de la reine (Australie-Occidentale)	Dernier lundi de septembre
Noël	25 décembre
Boxing Day	26 décembre

ACT
Canberra Day	Mars
Bank Holiday	1er lundi d'août
Fête du Travail	1er lundi d'octobre

Australie-Méridionale
Adelaide Cup Day	3e lundi de mai*
Fête du Travail	1er lundi d'octobre
Proclamation Day	Dernier mardi de décembre

Australie-Occidentale
Fête du Travail	1er lundi de mars
Foundation Day	1er lundi de juin

Nouvelle-Galles du Sud
Bank Holiday	1er lundi d'août
Fête du Travail	1er lundi d'octobre

Queensland
Fête du Travail	1er lundi de mai
RNA Show Day (Brisbane)	Août*

Tasmanie
Regatta Day	14 février
Launceston Cup Day	Février*
Eight Hours Day	1er lundi de mars
Bank Holiday	Le mardi qui suit le lundi de Pâques
King Island Show	Mars
Launceston Show Day	Octobre
Hobart Show Day	Octobre*
Recreation Day (nord de la Tasmanie)	1er lundi de novembre*

Territoire du Nord
May Day	1er lundi de mai
Alice Spring Show Day	1er vendredi de juillet*
Tennant Creek Show Day	2e vendredi de juillet*
Katherine Show Day	3e vendredi de juillet*
Darwin Show Day	4e vendredi de juillet*
Picnic Day	1er lundi d'août

Victoria
Fête du Travail	2e lundi de mars
Melbourne Cup Day	1er mardi de novembre*

Manifestations annuelles
Les manifestations les plus typiquement australiennes présentent sans doute le plus d'attrait, comme les compétitions de surf-sauvetage qui ont lieu sur toutes les plages pendant l'été ou les courses hippiques de l'Outback, qui réunissent les habitants des localités isolées, les petites communautés des *stations* et un bon nombre de personnages excentriques du bush. D'autres événements et jours fériés se déroulent tout au long de l'année. La liste suivante n'est qu'un bref aperçu. Renseignez-vous auprès des offices du tourisme de chaque État.

Janvier
Régate Sydney-Hobart – Tasmanie
Cette régate a lieu chaque année au Nouvel An, et l'arrivée des voiliers à Hobart (du 29 décembre au 2 janvier) est l'occasion d'un carnaval. Les concurrents de la régate Melbourne-Hobart arrivent peu après.
Hobart Summer Festival – Tasmanie
Cette manifestation longue d'un mois débute à l'issue de la régate Sydney-Hobart. Par.

festivités figure le festival gastronomique Taste of Tasmania, qui se tient sur les quais.

Sardine Festival – WA
Dans la ville historique de Fremantle, au sud de Perth, ce grand festival musical accorde aussi une place à la cuisine australienne et au théâtre de rue.

Sydney Fringe Festival – NSW
Il accueille tous les arts autour du pavillon de Bondy Beach.

Tunarama Festival – SA. Organisé à Port Lincoln, il comprend notamment un concours de pêche au thon.

Australia Day
Ce jour férié, le 26 janvier, commémore l'arrivée de la Première Flotte en 1788.

Sydney Festival & Carnivale – NSW
Trois semaines durant, cette manifestation regroupe les beaux-arts, la musique, la gastronomie et la danse.

Australasian Country Music Festival – NSW
Tamworth est la capitale de la musique country. Ce festival, qui se tient lors du week-end prolongé de l'Australia Day, est le lieu de rendez-vous obligé des meilleurs artistes du genre.

International Jazz Festival – Victoria
Le plus important festival de jazz d'Australie a lieu à Melbourne.

Midsumma Festival – Victoria
Le festival gay de Melbourne débute en janvier par une fête de rue dans Brunswick St. Célèbre pour son bal Red Raw, il s'achève début février, par le Midsumma Carnival.

Hunter Vintage Festival – NSW
Les amateurs de bon vin se rassemblent chaque année, de janvier à mars, dans la Hunter Valley (au nord de Sydney) pour faire les vendanges, déguster les crus et participer aux concours de foulage du raisin.

Février

Royal Hobart Regatta – Tasmanie
C'est la plus importante manifestation nautique de l'hémisphère sud, avec régates et autres activités.

Sydney Gay & Lesbian Mardi Gras – NSW
Ce carnaval des homosexuel(les) de Sydney comprend un cortège avec des costumes extravagants et une grande fête le long d'Oxford St.

Festival of Perth – WA
Ce festival culturel important rassemble pendant trois semaines des artistes australiens et internationaux.

Melbourne Music Festival – Victoria
Il s'agit là du principal festival de musique contemporaine du pays.

Antipodes International Festival – Victoria
Il présente la culture et les réalisations de la communauté grecque de Melbourne.

Mars

Adelaide Festival – SA
Ce festival, qui a lieu toutes les années paires, propose trois semaines de musique, théâtre, opéra, ballet, expositions et de nombreuses fêtes. Il a son festival "off", l'Adelaide Fringe Festival.

Moomba – Victoria
Ce festival d'une semaine organisé à Melbourne propose des manifestations sportives et culturelles et culmine avec un grand cortège de rue le soir.

Port Fairy Folk Festival – Victoria
Le week-end du Labour Day, la petite ville côtière de Port Fairy s'anime avec de la musique, des danses, des ateliers, des conteurs, des divertissements improvisés et des stands de rue. Le plus important festival de musique folk d'Australie attire beaucoup de monde ; pendant trois jours, la population passe de 2 500 à 10 000 personnes.

Australian Formula One Grand Prix – Victoria
Cette course automobile de premier plan se déroule sur le circuit du lac de l'Albert Park, dans l'agglomération de Melbourne.

Canberra Festival – ACT
Dix jours de festival commémorent la fondation de Canberra.

Mars-avril

Melbourne International Comedy Festival – Victoria
Il compte parmi les plus grands festivals comiques du monde.

Royal Easter Show – NSW
Présentations de bétail primé, remises de prix et rodéos, entre autres festivités, constituent les événements de ce Salon de Pâques.

Byron Bay Blues & Roots Festival – NSW
A Pâques, quatre jours de blues réunissent des artistes du monde entier.

Bell's Beach Surf Classic – Victoria
A l'occasion du week-end pascal, Bell's Beach, au sud-ouest de Melbourne, accueille la compétition de surf professionnel la plus longue du monde.

National Folk Festival – ACT
A Pâques également, Canberra organise cet important festival de musique.

Port Fairy Folk Festival – Victoria
Il s'agit également d'un grand festival folk.

Queer Film & Video Festival – Victoria
Il présente des films et des vidéos réalisés par des artistes gay.

Avril

Anzac Day

Le 25 avril, jour de fête nationale, commémore le débarquement du corps expéditionnaire australien et néo-zélandais à Gallipoli en 1915. Des défilés de vétérans des deux guerres mondiales et des guerres de Corée et du Vietnam ont lieu dans tous le pays.

Bright Autumn Festival – Victoria

Le clou de ce festival rural de deux semaines est une prodigieuse exposition artistique.

Mai

Outback Muster – Qld

Trois jours durant, le célèbre Stockman's Hall of Fame de Longreach sert de cadre à ce festival insolite qui se compose de manifestations axées sur le thème du bétail.

Juin

Barunga Wugularr Sports and Cultural Festival – Territoire du Nord

Le week-end de quatre jours qui marque l'anniversaire de la reine voit Barunga, à 80 km au sud-est de Katherine, accueillir des Aborigènes de l'ensemble du Territoire. Ils organisent des expositions d'art et d'artisanat, des compétitions d'athlétisme et des spectacles de danse.

Merrepen Arts Festival – Territoire du Nord

En juin ou en juillet, Nauiyu Nambiyu, au bord de la Daly, est le lieu de rassemblement des Aborigènes des environs (Wadeye, Nauiyu et Peppimenarti). Ces communautés exposent leurs créations artistiques et artisanales.

Blackrock Stakes – Australie-Occidentale

Dans la région minière du Pilbara, le Blackrock Stakes consiste en une course de Whim Creek à Port Hedland, où les participants (indépendants ou en équipe) poussent, sur 122 km, une brouette lourdement chargée de minerai de fer.

Juillet

Melbourne International Film Festival – Victoria

La manifestation cinématographique la plus ancienne d'Australie présente les chefs d'œuvre du cinéma mondial contemporain.

Alice Springs Camel Cup – NT

La journée est consacrée aux courses de dromadaires et à la collecte de fonds pour les œuvres de bienfaisance.

Great Goat Race – NSW

La course annuelle de chèvres sauvages se déroule dans la rue principale de Lightning Ridge, une ville perdue dans l'Outback de Nouvelle-Galles du Sud.

Août

Darwin Beer Can Regatta – NT

Darwin organise une régate d'embarcations entièrement faites de canettes de bière, qui ne manquent certes pas dans la capitale mondiale des buveurs de bière !

Yuendumu Festival – NT

Les Aborigènes des régions désertiques du Centre et de l'Ouest se regroupent à Yuendumu, au nord-ouest d'Alice Springs, pendant un long week-end début août. Les manifestations culturelles et sportives mêlent la tradition à la modernité.

Sydney City to Surf – NSW

La plus importante course à pied d'Australie, avec près de 25 000 participants, se tient entre Hyde Park et Bondi Beach, soit sur un parcours de 14 km environ.

Melbourne Writers Festival – Victoria

Des auteurs australiens et étrangers viennent lire leurs œuvres en public et participer à des débats.

Mt Isa Rodeo – Queensland

Pendant trois jours, rodéo et courses dans les rues.

Août-septembre

Shinju Matsuri (Festival de la Perle) – WA

Ce festival d'une semaine, qui se tient dans l'ancien port perlier de Broome, rassemble beaucoup de monde et met en valeur l'héritage culturel asiatique de la ville.

Septembre

AFL Grand Final – Victoria

La finale de l'Australian Football League (voir la rubrique *Activités sportives*) a lieu au MGC (Melbourne Cricket Ground), le grand stade de Melbourne dont les 100 000 places suffisent à peine. C'est l'événement sportif le plus important d'Australie.

Royal Melbourne Show – Victoria

Ce Salon de l'agriculture rassemble agriculteurs et éleveurs pour des remises de prix aux produits agricoles et au bétail, et de nombreuses familles pour les spectacles en annexe et les sacs remplis de friandises ou d'objets promotionnels.

Royal Perth Show – Australie-Occidentale

Expositions et démonstrations sur le thème de l'agriculture avec des spectacles en annexe.

Royal Adelaide Show – Australie-Méridionale

C'est l'une des plus anciennes foires agricoles du pays, avec d'importantes expositions agricoles et horticoles et des divertissements.

Birdsville Races – Queensland

Pendant un week-end entier, les visiteurs affluent de tout le pays pour assister à ces célèbres courses de l'Outback et participer à de véritables agapes. Les bénéfices sont versés au Royal Flying Doctor Service.

Floriade – ACT
Le festival de printemps de Canberra offre l'occasion d'admirer des milliers de plantes à bulbe et de plantes annuelles en fleurs, et de participer à différentes activités. Il dure un mois.

Octobre

Henley-on-Todd Regatta – Territoire du Nord
Cette régate originale comporte plusieurs courses de bateaux sans fond, portés sur la Todd River (normalement) à sec.

World Solar Car Challenge – Territoire du Nord
Une multitude de véhicules solaires plus bizarres les uns que les autres participent à une course le long de la Stuart Hwy, entre Darwin et Adelaide. L'événement attire des amateurs venus du monde entier.

Royal Shows – Tasmanie
Les foires agricoles et horticoles de Hobart et Launceston ont lieu en octobre.

Tasmanian Craft Fare
Organisé à Deloraine pendant quatre jours, il s'agit de l'une des plus grandes foires d'artisanat d'Australie.

Melbourne Festival – Victoria
Ce festival annuel propose des spectacles d'opéra, de théâtre, de danse et des expositions, autant australiens qu'étrangers.

Melbourne Fringe Festival – Victoria
Trois semaines de théâtre, danse, spectacles, cabaret, lectures diverses, expositions et autres permettent à Melbourne de rendre honneur aux arts d'avant-garde.

Australian Motorcycle Grand Prix – Victoria
La dernière épreuve du Grand Prix mondial de 500 cc se court sur le circuit de Phillip Island.

Stompen Festival – WA
Ce festival célèbre pendant un mois, à Broome, la culture et les arts des Aborigènes du Kimberley.

Novembre

Melbourne Cup – Victoria
La plus importante course hippique d'Australie se déroule sur l'hippodrome de Flemington le premier mardi de novembre. C'est un jour férié à Melbourne, mais tout s'arrête aussi dans le reste du pays pendant le quelque trois minutes de la course.

Bathurst 1 000 Touring Car Race – NSW
Les passionnés d'automobile convergent tous les ans à Bathurst, célèbre pour son circuit de 1 000 km aménagé sur les pentes du Mt Panorama.

Land of the Beardies Bush Festival – NSW
Glen Innes est le théâtre d'un festival country qui accueille chanteurs, danseurs et musiciens, aborigènes ou non. Il s'y déroule également un concours de la plus grande barbe.

Ngangirra Festival – NSW
Organisé à Mungabareena, sur la Murray River, cet événement propose trois jours de manifestations picturales, chorégraphiques, musicales et linguistiques conçues par sept groupes aborigènes de la région.

Décembre-janvier

Les mois d'été sont les plus animés, avec Noël, les grandes vacances, beaucoup d'activités sur les plages, des festivals de rock et de jazz, des manifestations sportives internationales de tennis et de cricket, et quantité d'activités en plein air et de fêtes.

Régate Sydney-Hobart – NSW
La baie de Sydney offre un spectacle impressionnant le 26 décembre, jour du Boxing Day, quand des bateaux de toutes formes et tailles couvrent les eaux du port pour fêter le départ des voiliers participant à cette régate âprement disputée. Le spectacle des voiliers quittant la baie et se dirigeant vers le sud est superbe. Un carnaval célèbre l'arrivée des participants à Hobart.

Woodford Folk Festival – Queensland
Entre Noël et le Nouvel An, le premier festival folk du pays accueille 70 000 visiteurs en cinq jours, dans un cadre rural.

ACTIVITÉS SPORTIVES

Vous n'aurez que l'embarras du choix si vous voulez pratiquer un sport durant votre voyage. Nous vous présentons ici quelques généralités. Pour plus de détails, reportez-vous à la rubrique *Activités sportives* de chaque État.

Cyclotourisme

La bicyclette est utilisable presque partout en Australie. Les athlètes découvriront de longs tronçons difficiles, et les moins entraînés pourront faire d'agréables balades d'une journée. Les routes sont bonnes dans la plupart des États, et les associations cyclistes fournissent cartes et renseignements utiles.

De nombreux tour-opérateurs spécialisés dans le cyclisme proposent leurs services dans tout le pays.

Pour plus de détails, voir le chapitre *Comment circuler* et les rubriques spécialisées dans chaque État.

Ski

L'industrie du ski est florissante en Australie, ce qui surprend souvent les voyageurs. Il existe de nombreuses stations de ski entre le Victoria et la Nouvelle-Galles du Sud.

Les domaines skiables de Tasmanie, moins étendus, offrent également des possibilités.

Randonnée dans le bush (*bushwalking*)

Côté randonnées dans le bush, les différents parcs nationaux vous offriront de multiples possibilités. Le guide en anglais de Lonely Planet intitulé *Bushwalking in Australia* vous fournira tous les renseignements pour pratiquer la randonnée. On peut par exemple parcourir l'Overland Track et le South-West Track en Tasmanie, le Bogong High Plains Circuit dans les hautes terres du Victoria, Fraser Island et Bellenden Ker dans le Queensland, les Findler Ranges en Austra-

---

Quelques règles pour plonger en respectant les milieux marins

Le succès de la plongée met en péril de nombreux sites de la Grande Barrière de Corail. Pour en préserver l'équilibre et l'extraordinaire beauté, respectez les conseils suivants :

- Ne lancez pas d'ancre dans les coraux et veillez à ne pas les écraser avec le fond de votre embarcation. Encouragez les organismes responsables et les centres de plongée à installer des bouées de mouillage dans les sites les plus fréquentés.

- Évitez de toucher les organismes vivants ou de les effleurer avec votre matériel. Certains polypes s'abîment au moindre contact. Ne vous mettez jamais debout sur des coraux, même s'ils semblent solides. Si vous éprouvez le besoin de vous reposer, tenez-vous exclusivement aux rochers nus et aux coraux morts.

- Attention à vos palmes. Mêmes sans heurter les récifs, elles occasionnent des mouvements de l'eau parfois fatals aux organismes les plus fragiles. Lorsque vous entrez dans des eaux peu profondes, ne soulevez pas des nuages de sable qui, en retombant, étouffent ces organismes.

- Maintenez un niveau de flottabilité approprié. Des dégâts considérables sont causés par les plongeurs qui, en descendant trop vite, se heurtent aux récifs. Lestez-vous de manière adéquate et maintenez-vous à l'horizontale.

- Redoublez de précautions dans les grottes sous-marines et restez-y le moins longtemps possible : les bulles d'air que vous rejetez, en s'accumulant sous la voûte, mettent en péril des organismes immergés. Explorez les grottes à tour de rôle pour réduire les risques de heurter les parois.

- Ne succombez pas à la tentation de cueillir ou d'acheter coraux et coquillages. En plus de dégrader l'environnement, ces pratiques portent atteinte à la beauté des sites et au plaisir de ceux qui les visiteront après vous.

- Les mêmes règles s'appliquent aux sites archéologiques marins (épaves de bateaux principalement). Respectez leur intégrité. Pour certains, la loi sanctionne tout pillage.

- Emportez tous vos détritus ainsi que ceux que vous trouverez sur place. Le plastique, en particulier, constitue un grand danger pour les animaux marins. Les tortues le confondent avec des méduses et l'avalent.

- Résistez à la tentation de nourrir les poissons. Vous risquez de perturber leurs habitudes alimentaires.

- Perturbez le moins possible le comportement des animaux marins. En particulier, ne chevauchez pas les tortues.

Respecter l'environnement dans le bush

Pour préserver l'équilibre et les beautés du bush australien,
respectez les conseils suivants :

Préservation de la faune

- Ne pratiquez ni n'encouragez la chasse. Elle est illégale dans tous les parcs et réserves.
- Ne considérez pas les animaux qui visitent les huttes comme de la vermine. Dans les contrées sauvages, il peut s'agir d'espèces endémiques protégées.
- Évitez d'attirer les animaux en laissant des détritus alimentaires. Placez votre matériel hors d'atteinte et accrochez vos paquets aux chevrons des toitures ou aux branches des arbres.
- Ne nourrissez pas les animaux. Vous risquez de les rendre dépendants des randonneurs, de perturber la chaîne alimentaire et de provoquer des maladies.

Ordures ménagères

- Emportez toutes vos ordures avec vous. Ne négligez aucun détritus – papiers d'aluminium, pelures d'orange, mégots de cigarettes et emballages plastique peuvent être oubliés par inadvertance. Les emballages vides ne pesant pas grand chose, rassemblez-les dans un sac à part. Efforcez-vous de ramasser aussi les ordures laissées par autrui.
- N'enterrez pas les ordures : creuser perturbe sols et sous-sols et aggrave l'érosion. Les déchets risquent, de plus, d'attirer des animaux (comme les goannas et les dingos) et de les empoisonner ou les blesser. La décomposition des déchets peut, en outre, prendre des années.
- Pour réduire au minimum les ordures à transporter, tâchez de n'emporter que les emballages strictement indispensables. Si vous ne pouvez vous approvisionner en gros, videz les paquets individuels dans un seul et même contenant et choisissez des contenants réutilisables ou des sacs en toile.
- En dépit des désagréments que cela comporte, serviettes périodiques, tampons et préservatifs ne doivent en aucun cas être abandonnés sur place en raison de leur faible capacité à brûler ou à se décomposer.

Déjections humaines

- Les sources contaminées par des déjections humaines peuvent transmettre l'hépatite, la typhoïde et des parasites intestinaux. Vous risquez de nuire à la santé des membres de votre expédition, des populations locales et des espèces sauvages.
- Utilisez systématiquement les toilettes mises à votre disposition.
- Dans le cas contraire, enterrez les déjections dans une fosse de 20 cm de profondeur que vous aurez pris soin de creuser à au moins 100 m de tout cours d'eau. A cet effet, une petite pelle en matériau léger est d'une grande utilité. Recouvrez la fosse d'une couche de terre et d'un rocher. Employez le minimum de papier toilette et enterrez-le avec le reste. Dans les terrains enneigés, creusez jusqu'à la terre pour que rien ne resurgisse à l'époque des fontes. Dans les zones peuplées, veillez à ce que l'endroit choisi pour établir vos latrines ne dérange pas les habitants.

---

lie-Méridionale, et le Larapinta Trail, à l'ouest d'Alice Springs, dans le centre.

Surf

Vous trouverez sur toutes les côtes de belles plages où pratiquer le surf (reportez-vous à l'encadré *Où surfer en Australie*).

Plongée

De nombreux clubs organisent des plongées sous-marines le long des côtes et tout particulièrement le long de la Grande Barrière de Corail dans le Queensland. Une douzaine de centres au moins organisent des cours sur la Grande Barrière de Corail. Ces

Respecter l'environnement dans le bush

- Les toilettes mobiles sous tente, utilisées lors des expéditions organisées, doivent elles aussi respecter ces règles.

Feux et cuisine écologique
- Ne cuisez pas tous vos repas au feu de bois. Dans les régions battues par les randonneurs, la généralisation de telles pratiques accélère le processus de déboisement. Emportez un réchaud léger fonctionnant au kérosène, à l'alcool ou au Shellite plutôt qu'au gaz butane en bouteille. Les feux sont interdits dans de nombreux parcs nationaux australiens.
- On peut néanmoins en allumer dans certaines régions peu fréquentées. Dans ce cas, reprenez le même emplacement que vos éventuels prédécesseurs. Le cas échéant, ne formez pas un cercle de pierres autour du feu ; calcinées, elles enlaidissent le paysage. Employez uniquement le bois mort tombé au sol et contentez-vous du minimum nécessaire à la cuisson de vos aliments. Dans les huttes, laissez du bois pour ceux qui viendront après vous.
- Veillez à éteindre le feu complètement. Dispersez les braises et versez de l'eau dessus.

Toilette et vaisselle
- N'utilisez ni détergents ni dentifrices, même biodégradables, le long ou à proximité des cours d'eau. Éloignez-vous de ces derniers d'au moins 50 m pour faire votre toilette avec du savon biodégradable et un seau d'eau (ou un tub en matériau léger). Répandez les eaux usées sur une superficie suffisamment vaste pour qu'elles soient filtrées par les sols avant de gagner les points d'eau.
- Lavez la vaisselle à 50 m minimum de tout cours d'eau en utilisant de préférence un tampon abrasif, du sable ou de la neige plutôt qu'un détergent.

Érosion
- Les versants des collines et des montagnes sont soumis à une forte érosion. Pour les préserver, ne vous écartez pas des chemins tracés et n'empruntez pas de raccourcis. Aux prochaines pluies, vos traces pourraient ouvrir la voie à un torrent qui laisserait de profondes cicatrices.
- Si le sentier habituellement utilisé traverse une mare de boue, n'évitez pas cette dernière sous peine d'en accroître la superficie.
- N'arrachez pas les plantes, qui maintiennent la couche supérieure du sol.

Camping et expéditions sur les terres privées
- Demandez aux propriétaires l'autorisation de camper sur leurs terres.

Stationnement
- Prenez connaissance des règles propres à chaque réserve nationale ou d'État et observez-les scrupuleusement.

Organismes de défense de l'environnement
- Reportez-vous à la rubrique *Organismes à connaître*, dans ce chapitre, pour vous procurer les coordonnées des organismes actifs dans ce domaine.

stages en mer coûtent généralement entre 300 et 550 $, selon le temps effectivement passé sur les sites. Reportez-vous au chapitre consacré au Queensland pour davantage d'information.

Vous pouvez aussi, bien sûr, suivre des cours de plongée dans bien d'autres endroits comme Coral Bay ou Exmouth en Australie-Méridionale.

Équitation
Elle offre un extraordinaire moyen de découvrir le bush et d'en apprécier, beaucoup plus qu'en voiture, le silence et les grands espaces.

Où surfer en Australie

Introduit en Australie au cours de l'été 1915 par Duke Kahanamoku (Hawaï), qui, après s'être confectionné une planche en bois local, a offert une démonstration de ses talents à Freshwater, au nord de Sydney, le surf n'a cessé de se développer, et le pays s'enorgueillit aujourd'hui de plusieurs champions et records du monde.

Queensland. Ne vous fiez pas au nom de Surfers Paradise, au sud de Brisbane, bien que la Gold Coast s'avère généralement propice à la pratique du surf – Burleigh Heads et Kirra sont des lieux réputés pour le surf où les bancs de sable sont stables. Vous pouvez aussi vous rendre à Greenmount Point et à Duranbah, au sud de Danger Point.

Au nord de Surfers Paradise, les plages de South Stradbroke Island vous réservent de puissants breaks.

Au nord de Brisbane, certains endroits sont particulièrement propices à la pratique du surf à Caloundra et à Maroochydore.

Lorsqu'il est ouvert, le Noosa Heads National Park s'enorgueillit de belles droites mais est fréquenté. Double Island Point, au nord de Noosa, vaut le détour si vous disposez d'un 4x4.

Nouvelle-Galles du Sud. Pratiquement toutes les villes de la côte disposent d'une plage propice au surf.

Parmi celles du nord de Sydney, particulièrement réputées, citons Manly, Dee Why, Narrabeen et Avalon. Les environs de Bondi, à l'est de la ville, et de Cronulla, au sud, feront également la joie des surfers.

Sur la côte nord, dirigez-vous vers Byron Bay, Lennox Head et Angourie à l'extrême nord, vers Coffs Harbour et Nambucca un peu plus au sud, et vers les plages situées aux alentours de Newcastle dans la partie inférieure. Sur la côte sud, les surfers ont coutume de fréquenter les plages des environs de Wollongong, Jervis Bay, Ulladulla, Merimbula et Pambula.

Victoria. Haut lieu du surf en Australie, Bells Beach est réputée pour ses droites en cas de houle. Cet État offre quantités d'autres spots excellents.

Vous pouvez louer des chevaux dans tout le pays. De la balade d'une demi-heure à la longue randonnée, nombreuses sont les possibilités pour pratiquer l'équitation.

Vous pouvez faire des randonnées équestres sur les traces des éleveurs des Snowy Mountains. Dans le nord du Queensland, vous pourrez chevaucher dans les forêts tropicales et le long des dunes.

Le Territoire du Nord regorge de pistes équestres, en particulier dans le centre. Ossie's Outback Trail Rides, à Alice Springs, propose de longues randonnées le long des pistes, et Juno Horse Centre, près de Tennant Creek, organise des tournées de rassemblement du bétail.

En Australie-Occidentale, Kimberley Pursuits organise près de Wyndham des randonnées équestres de deux à sept jours et explore des régions reculées avec l'assistance de véhicules 4x4. La South West Timber Trekking Company propose des activités similaires dans la partie sud-ouest de l'Australie-Méridionale.

Safaris à dos de dromadaire

Les plus aventureux voudront peut-être essayer les promenades à dos de dromadaires, qui rencontrent un vif succès en Australie, en particulier dans dans l'Outback d'Australie-Méridionale.

Ornithologie

Les amoureux des oiseaux peuvent se mettre en rapport avec la Birds Australia (415 Riversdale Rd, Hawthorn East, Victo-

Où surfer en Australie

A deux heures de Melbourne, on peut surfer à Phillip Island (Woolamai, Surfies Point, Smiths Beach et Catbay), dans la péninsule de Mornington (Point Leo, Flinders, Gunamatta, Rye et Portsea) et, sur la côte ouest, à Barwon Heads, Torquay, Bells Beach et le long de la Great Ocean Road.

Dans le Gippsland, rendez-vous à Lakes Entrance ou à Wilsons Promontory.

Enfin, la longue côte dite des épaves, près de Port Campbell, est ourlée de puissantes vagues réservées aux surfers chevronnés.

Tasmanie. En dépit de ses eaux fraîches, la Tasmanie offre de bonnes possibilités pour le surf. Sur la côte ouest exposée aux vents, les meilleurs spots se situent vers Marrawah. De nombreux autres spots jalonnent la côte est, notamment au nord et au sud de St Helens, autour d'Eaglehawk Neck dans la péninsule de Tasman, et à Shelley Beach, près d'Oxford. Bruny Island possède également quelques belles vagues, de même que Cremorne Point et Clifton Beach, plus proches de Hobart.

Australie-Méridionale. Perdu sur Sinclair Point à l'ouest de Ceduna, Cactus Beach, le spot le plus célèbre d'Australie-Méridionale, jouit d'une renommée mondiale pour l'incomparable qualité de ses vagues. Citons également les péninsules d'Eyre et de York et, plus proches d'Adelaide, près de Victor Harbour, les côtes ouest et sud de la péninsule de Fleurieu.

Australie-Occidentale. A Margaret River, premier spot d'Australie, on vit de grands moments de surf. Les plages et les pointes rocheuses situées au nord et au sud de Margaret River offrent également d'excellentes possibilités.

Au nord de Perth, les plages de Trig et de Scarborough conviennent aux surfers en herbe. Rottnest Island présente quelques bons breaks.

Plus au nord, les environs de Geraldton, Kalbarri et Carnarvon valent également le détour. Au nord de cette dernière, un 4x4 peut se révéler indispensable pour longer la côte, et seuls les surfers expérimentés seront capables d'affronter les vagues.

---

ria 3123, ☎ 03-9882 2622, fax 9882 2677, avoca.vicnet.net.au/~birdsaus/), qui gère des postes d'observation en Nouvelle-Galles du Sud, dans le Victoria et en Australie-Occidentale et en Australie-Méridionale.

Autres activités

Les voyageurs auront par ailleurs le choix parmi de multiples activités sportives, comme la planche à voile, le rafting, le saut à l'élastique, le parapente, le vol en chute libre ou le deltaplane. Pour plus de détails, consultez les différents chapitres.

TRAVAILLER EN AUSTRALIE

Si vous disposez d'un visa de tourisme, il vous est interdit de travailler. Nombre de visiteurs contreviennent à cette règle ; s'ils trouvent aisément un emploi occasionnel, généralement dans le tourisme ou l'arboriculture, ils sont faiblement rémunérés, voire exploités du fait de leur situation illégale. En outre, ils courent le risque d'être expulsés et inscrits sur une liste noire pendant une période pouvant allant jusqu'à trois ans.

Si vous réussissez à obtenir un visa de travail (voir plus haut la rubrique *Visas de travail*), de nombreuses possibilités d'emplois temporaires s'offrent à vous.

En raison de l'actuel boom touristique, il est souvent facile de trouver en haute saison un travail occasionnel dans les lieux très fréquentés, comme Cairns ou les stations d'altitude du Victoria et de la Nouvelle-Galles du Sud.

Travailler en usine ou dans la restauration comme barman, plongeur ou serveur sont les emplois les plus faciles à dénicher, de même que les tâches domestiques dans les relais routiers (*roadhouses*) de l'Outback, la garde d'enfants, la cueillette de fruits ou la collecte de dons pour les œuvres de bienfaisance.

Avec une expérience en informatique ou en secrétariat, vous n'aurez aucun mal à trouver un emploi dans une grande ville. Il en va de même pour les infirmières qualifiées. Un de nos lecteurs a même dit avoir été employé comme baby-sitter d'autruche !

Consultez les petites annonces de la presse quotidienne sous la rubrique "Situations Vacant".

Workabout Australia, de Barry Brebner, dresse un catalogue très détaillé des possibilités d'emploi saisonnier dans chaque État.

En France, quelques organismes offrent des opportunités de travail bénévole sur des projets de développement ou d'environnement :

Comité de coordination pour le bénévolat international
    Unesco, 1, rue Miollis, 75015 Paris
    (☎ 01 45 68 27 31, ccivs@zcc.net, www.unesco.org/ccivs)

Délégation catholique pour la coopération (DCC)
    9, rue Guyton-de-Morveau, 75013 Paris
    (☎ 01 45 65 96 65, ladcc@worldnet.fr, www.cef.fr/dcc)

Tax File Number

Si vous avez un visa de travail, tâchez d'obtenir un Tax File Number (TFN), non parce qu'il est indispensable à quiconque souhaite exercer une activité rémunérée, mais parce qu'en l'absence de celui-ci vos revenus feront l'objet du prélèvement fiscal maximal actuellement fixé à 47% !

Pour faire une demande de TFN, contactez l'Australian Taxation Office local (☎ 13 2861), qui vous délivrera un formulaire. Vous devrez tout simplement produire les pièces requises, comme un passeport et un permis de conduire ou un autre document d'identité, et montrer votre visa "travail et tourisme". Environ un mois plus tard, votre TFN vous sera attribué.

Impôts

Quand vous aurez transmis votre TFN à votre employeur, vos salaires feront l'objet d'un prélèvement fiscal de 29% s'ils demeurent inférieurs à 397 $ par semaine. Plus ils augmentent et plus le taux d'imposition va croissant. Il plafonne à 47% pour les revenus hebdomadaires supérieurs à 961 $ (le taux n'est appliqué qu'au-delà de cette somme).

Si les prélèvements ont été correctement effectués sur vos salaires, il est peu probable que vous puissiez obtenir le remboursement de l'impôt à votre départ. Cependant, si vous avez été imposé à 47% parce que vous n'aviez pas de TFN, vous pouvez vous faire rembourser partiellement en en faisant la demande auprès de l'ATO.

Pour cela, il vous faudra d'abord obtenir un TFN et fournir, à l'appui de votre demande, un Group Certificate, certificat fourni par votre employeur et indiquant vos salaires et les prélèvements fiscaux effectués. Demandez ce document par écrit à votre employeur 14 jours au minimum avant la fin de votre contrat, sinon il vous faudra attendre le 30 juin, dernier jour de l'année fiscale.

Le système fiscal sera remanié en juillet 2000, avec la mise en place d'une taxe sur les biens et services (GST) de 10% qui entraînera une modification des taux d'imposition. Ainsi, un revenu annuel de moins de 6 000 $ ne sera pas taxé, tandis qu'un taux de 17% sera appliqué entre 6 001 $ et 20 000 $. Le taux maximal restera de 47%.

Pour plus de détails, appelez le service d'information de l'ATO au ☎ 13 6140.

Cotisation de retraite

Dans le cadre de la contribution obligatoire au régime national des retraites, l'employeur est tenu de verser une cotisation s'élevant à 7% de votre salaire si vous gagnez plus de 450 $ par mois. La somme restera bloquée jusqu'à ce que vous atteigniez l'âge de la retraite, actuellement fixé à 55 ans.

La législation actuelle n'autorise pas le versement précoce de ces sommes. Pour obtenir les informations les plus récentes, appelez l'ATO au ☎ 13 1020. Contactez également la caisse de retraite à laquelle vous avez cotisé.

Emplois saisonniers

Le tableau ci-dessous indique les principales saisons et régions où vous serez susceptible de trouver un emploi occasionnel (récolte de fruits essentiellement) :

Nouvelle-Galles du Sud

Job	Époque	Région(s)
Pommes	fév.-avril déc.-jan.	Orange Forbes
Bananes	nov.-jan.	Côte nord
Cerises	nov.-jan.	Orange
Agrumes	déc.-mars	Griffith
Raisin	fév.-mars	Griffith, Hunter Valley
Tomates	jan.-mars	Forbes

Territoire du Nord

Job	Époque	Région(s)
Mangues	oct.-nov.	Darwin
Tourisme	mai-sept.	Darwin, Alice Springs, Katherine

Queensland

Job	Époque	Région(s)
Pommes	fév.-mars	Warwick
Asperges	août-déc.	Warwick
Bananes	toute l'année	Tully
Pêche au chalut	mai-août	Cairns
Raisin	jan.-avril	Stanthorpe
Mangues	déc.-jan.	Atherton
Tomates	oct.-déc.	Bundaberg
Tourisme	avril-oct.	Cairns
Légumes divers	mai-nov.	Bowen

Australie-Méridionale

Job	Époque	Région(s)
Pommes/poires	fév.-juil.	Adelaide Hills
Abricots	déc.	Riverland
Raisin	fév.-avril	Riverland, Barossa, Clare
Pêches	fév.-juin	Riverland
Prunes	août-déc.	Adelaide Hills
Tomates	jan.-fév.	Riverland

Tasmanie

Job	Époque	Région(s)
Pommes/poires	mars-avril	Huon Valley, Tamar Valley
Cerises	déc.-jan.	Huonsville
Raisin	mars-avril	Tamar Valley
Fraises/ framboises	jan.-avril	Huonville

Victoria

Job	Époque	Région(s)
Pommes	mars-mai	Bendigo
Cerises	nov.-déc.	Dandenongs
Raisin	fév.-mars	Mildura
Pêches/poires	fév.-mars	Shepparton
Fraises	oct.-déc.	Echuca, Dandenongs
Tomates	jan.-mars	Shepparton, Echuca
Pistes de ski	juin-oct.	Wangaratta/ Alpes

Australie-Occidentale

Job	Époque	Région(s)
Pommes/poires	fév.-avril	Manjimup Donnybrook
Bananes	avril-déc.	Kununurra
	toute l'année	Carnarvon
Fleurs	sept.-nov.	Midlands
Raisin	fév.-mars	Albany, Margaret River, Mt Barker, Manjimup
Homards Crevettes (chalut)	nov.-mai mars-juin	Esperance Carnarvon
Tourisme	mai-déc.	Kununurra
Légumes divers	mai-nov.	Kununurra, Carnarvon

HÉBERGEMENT

Les auberges de jeunesse, les hôtels pour *backpackers* (littéralement ceux qui voyagent sac au dos, autrement dit les voyageurs à petit budget) et les campings abondent en Australie, constituant l'hébergement le moins onéreux.

Il existe en outre quantité d'hôtels, de motels, de pensions et de bed & breakfast, surtout dans les régions touristiques.

Une ville moyenne d'un millier d'habitants comptera sans doute un modeste motel, un ou deux vieux pubs avec quelques chambres à deux lits ou doubles (s.d.b. commune) et un terrain de camping avec des emplacements pour les tentes, des caravanes fixes et des bungalows.

Si la ville est plus importante, vous aurez sans doute le choix entre plusieurs établissements de chaque catégorie. Vous trouverez toujours un point de chute même en période d'affluence et si vous n'avez pas réservé. Si vous voyagez en groupe, les tarifs pour une chambre à trois ou quatre peuvent être intéressants. Il existe souvent des appartements "familiaux" et des chambres en caravane où peuvent dormir au moins trois personnes.

Les offices du tourisme, notamment de Tasmanie et d'Australie-Occidentale, publient des listes actualisées de tous les types d'hébergements.

Les tarifs des lieux d'hébergement varient énormément selon la saison. En période de pointe – en particulier pendant les congés scolaires –, ils atteignent leur maximum, alors que l'on peut bénéficier de réductions intéressantes à d'autres moments.

Cette dernière remarque s'applique surtout au Top End, où la saison humide (l'été austral) est la moins cotée et où les prix peuvent chuter jusqu'à - 30%.

Sauf indication contraire, les tarifs mentionnés dans ce guide sont les tarifs haute saison.

Camping et camping-car

La situation concernant le camping en Australie est excellente d'un côté et plutôt agaçante de l'autre. Le bon côté est l'abondance des terrains de camping et le fait d'y trouver presque toujours de la place excepté durant les périodes d'affluence. Le camping est certainement le moyen le plus abordable de faire le tour de l'Australie, avec des prix de 10 à 15 $ environ par nuit et pour deux. Comptez un peu plus si vous souhaitez disposer de l'électricité.

Le mauvais côté tient au fait que les terrains de camping sont le plus souvent aménagés à l'attention des camping-cars. Sur plusieurs terrains, le sol est recouvert de gravier, ce qui rend le montage d'une tente assez ardu, et le sommeil inconfortable.

En outre, comme dans de nombreux pays, les terrains sont éloignés des centres dans la plupart des grandes agglomérations, mais situés non loin des transports publics.

Cela étant, les campings sont souvent bien entretenus et d'un bon rapport qualité/prix. Pratiquement tous possèdent des douches chaudes, de vraies toilettes et une buanderie. Plusieurs disposent également de caravanes fixes que vous pouvez louer pour la nuit, ou de bungalows (*on-site cabins*). Ces derniers sont souvent de petits appartements équipés (ou *self-contained units*). Les bungalows sont plus spacieux que les caravanes fixes et possèdent des sanitaires (WC et s.d.b.) privés (très rarement en option). La différence de prix entre bungalows et caravanes est peu importante : de 30 à 35 $ pour une caravane contre 35 à 45 $ pour un bungalow avec kitchenette. Si vous voyagez en hiver (austral), il peut être judicieux d'investir dans un petit chauffage, car la plupart des endroits ne sont pas chauffés.

Camper dans le bush constitue pour beaucoup de visiteurs une expérience unique. Dans l'Outback, une tente n'est pas nécessaire, un sac de couchage suffit amplement, et les nuits sous des milliers d'étoiles sont inoubliables.

Auberges de jeunesse et Backpackers Hostels

Auberges de jeunesse. Les auberges de jeunesse YHA (Youth Hostel Association) proposent un hébergement de base, généralement en dortoirs (*bunk rooms*), équipés ou non de lits superposés. Les prix vont le plus souvent de 9 à 18 $ la nuit pour les membres, mais la plupart des auberges acceptent également les non-membres, qui doivent payer 3 $ supplémentaires. Vous pouvez faire votre réservation directement auprès du gérant ou par l'intermédiaire d'un Membership & Travel Centre, dont vous trouverez la liste dans la brochure YHA.

L'association des auberges de jeunesse YHA (Youth Hostel Association), très active en Australie, gère plus de 130 auberges YHA dans tout le pays, y compris des auberges associées. La YHA fait partie d'une organisation internationale, l'International Youth Hostel Federation (IYHF, aussi connue sous le sigle HI pour Hostelling International), ce qui vous permet de loger dans les auberges australiennes si vous êtes membre de l'association des auberges de jeunesse de votre pays.

Pour les visiteurs, la carte Hostelling International coûte 30 $. Les bureaux de chaque État ou n'importe quelle auberge de jeunesse vous la délivreront.

Un autre système dispense d'acquitter les droits d'adhésion. En payant 3 $ supplémentaires par nuit, vous devenez membre à part entière au bout de dix nuits passées dans n'importe quelle auberge. La YHA propose également des forfaits très avantageux dans l'ensemble de ses auberges australiennes (Accomodation Packs). 10 nuits reviennent à 150 $ et 20 nuits à 280 $.

Pour des raisons d'hygiène, les sacs de couchage ne sont pas autorisés. Le voyageur est tenu d'apporter ses propres draps ou de se procurer un drap "réglementaire". Vous pouvez en louer un (en général pour 3 $), mais l'achat revient moins cher à l'usage (dans les bureaux YHA et dans certaines auberges importantes).

Toutes les auberges disposent de cuisines équipées, avec souvent une pièce commune, une buanderie et des panneaux d'affichage fourmillant d'informations. Les plus importantes offrent même les services d'une antenne voyage. Beaucoup d'entre elles appliquent un temps de séjour maximal (entre 5 et 7 jours).

Les auberges sont classées en trois catégories : simple, standard et supérieure. Les auberges des zones rurales bénéficient d'une notation en feuilles d'eucalyptus. Celle-ci varie de une à trois, en fonction du

caractère sauvage de l'environnement. La brochure annuelle, *YHA Accommodation & Discounts Guide*, disponible auprès de tous les bureaux YHA en Australie et de quelques bureaux à l'étranger, recense toutes les auberges YHA en Australie, avec des cartes indiquant leur emplacement. Elle répertorie également les réductions offertes aux membres sur les billets de bus, les locations de voiture, les activités, les hébergements, etc.

Le siège de la YHA est à Sydney, 10 Mallett St, Camperdown, NSW 2050 (☎ 02-9565 1699, fax 9565 1325, www. yha.com.au). Si vous ne pouvez obtenir de brochure dans votre pays, écrivez à cette adresse ou aux centres Membership & Travel :

Nouvelle-Galles du Sud
(☎ 02-9261 1111, fax 9261 1669)
422 Kent St, Sydney, NSW 2001
Territoire du Nord
(☎ 08-8981 6344, fax 8981 6674)
Darwin City Hostel, 69A Mitchell St, Darwin, NT 0800
Queensland
(☎ 07-3236 1680, fax 3236 0647)
154 Roma St, Brisbane, Queensland 4000
Australie-Méridionale
38 Sturt St, Adelaide, SA 5000
(☎ 08-8231 5583, 8231 4219)
Tasmanie
(☎ 03-6234 9617, fax 6234 7422)
1st floor, 28 Criterion St, Hobart, Tasmania 7000
Victoria
(☎ 03-9670 3802, fax 9670 9840)
Level 1, 377 Little Lonsdale St, Melbourne, Victoria 3000
Australie-Occidentale
(☎ 08-9227 5122, fax 9227 5123)
236 William St, Northbridge, Perth, WA 6003

Backpackers Hostels. L'Australie possède un grand nombre de *backpackers hostels*, destinés aux voyageurs à petit budget. Actuellement, on trouve de tout, comme ces anciens hôtels délabrés situés en pleine ville, généralement déprimants. D'autres sont d'anciens motels dotés d'appartements de quatre à six lits, équipés d'un réfrigérateur, d'une TV et d'une salle de bains.

Certains établissements ont été construits spécifiquement pour accueillir les voyageurs à petit budget. Ce sont les mieux aménagés, même s'ils sont quelquefois trop vastes et dénués de caractère. Les propriétaires demandent fréquemment aux voyageurs d'assurer les services courants, et la qualité de l'endroit s'en ressent alors rapidement. D'autres font leur promotion en tant que *party hostels*, établissements où l'on "fait la fête". Inutile donc d'envisager d'y passer une nuit tranquille. Les meilleurs hôtels pour backpackers sont souvent les plus petits et les plus anciens, dont le gérant est également le propriétaire.

Ces auberges, toujours plus nombreuses, se font une concurrence effrénée. A la descente d'un bus, quelle que soit la ville si elle dispose de plus de trois auberges, vous tomberez sans doute sur des rabatteurs. La plupart offrent la première nuit ou le petit déjeuner, et toutes proposent des navettes gratuites.

Les prix sont similaires à ceux des auberges YHA, de 12 à 18 $, et des réductions sont souvent consenties.

Certains établissements n'admettent que les étrangers, en particulier dans les villes où la clientèle australienne s'est forgé une mauvaise réputation.

Organisations de Backpackers Hostels.
Il existe deux organisations de ce type, où il peut être intéressant de s'inscrire.

VIP Backpackers Resorts gère 134 hôtels en Australie et de nombreux autres à l'étranger. La carte d'un an coûte 25 $ et donne droit à une réduction de 1 $ sur l'hébergement et à une ristourne de 5% à 15% sur les billets de bus et d'avion, les excursions et autres activités. Vous l'obtiendrez auprès des hôtels VIP, des gares routières Greyhound Pioneer ou des grandes agences de voyages spécialisées dans les randonnées. Vous pouvez aussi contacter le bureau VIP, PO Box 600, Cannon Hill, Queensland 4170 (☎ 07-3395 6111, fax 3395 6222) et composer le www.backpackers.com.au. pour découvrir le site Internet.

Nomad Backpackers possède une quarantaine d'établissements en Australie et plusieurs autres en Nouvelle-Zélande. La carte (25 $ pour 12 mois) permet de bénéficier de réductions. Inscrivez-vous dans n'importe quelle auberge ou agence de voyages participante, ou en écrivant au bureau Nomads, 288 North Terrace, Adelaide SA 5000 (☎ 1800 819 883, fax 08-82240972). Vous pouvez jeter un œil sur leur site Internet en pianotant www.nomads-backpackers.com.

Pensions et bed & breakfast (B&B)

Cette catégorie connaît la plus forte croissance dans l'industrie hôtelière. Il peut s'agir d'anciens cottages restaurés, de granges et d'étables reconverties, de vieilles pensions rénovées, de grandes maisons de campagne ou d'une simple chambre chez des particuliers. Les prix varient selon l'établissement, mais sont compris dans l'ensemble entre 50 et 100 $.

Hôtels

Les hôtels australiens pour les petits budgets sont généralement anciens, les établissements les plus récents se plaçant plutôt dans la catégorie Hilton. Dans les grands centres urbains, les vieux hôtels offrant des chambres à louer (connus sous le nom de "pubs") sont rares.

Dans les villes en zones rurales, les hôtels sont toujours situés dans le centre. Beaucoup ont été construits au cours du boom économique et comptent donc parmi les bâtiments les plus imposants et les plus extravagants de la ville, avec leurs deux étages, leurs immenses balcons et leur décoration en fer forgé. Cet extérieur majestueux dissimule cependant bien souvent des chambres délabrées, dépourvues de chauffage et de climatisation. Fuyez comme la peste les chambres situées au-dessus du bar si vous avez le sommeil léger. Ces hôtels ont cependant l'avantage de se trouver au cœur de la vie sociale, et ils permettent de se faire une bonne idée de l'ambiance qui règne dans la ville. Leurs repas sont souvent copieux et d'un prix raisonnable.

En général, ils proposent des chambres à deux lits avec s.d.b. commune, facturées entre 25 et 35 $ (davantage pour une s.d.b. individuelle). Ils possèdent rarement une réception séparée ; adressez-vous au bar.

Motels, résidences hôtelières et locations meublées

Si vous êtes motorisé et si vous souhaitez un hébergement plus moderne, avec salle de bains et autres commodités, les motels constituent l'hébergement idéal. Ils sont néanmoins excentrés et ne proposent que des doubles. Certaines chambres coûtent moins de 40 $, mais dans l'ensemble elles reviennent à environ 50 $. La plupart mettent au moins à votre disposition un petit réfrigérateur et le nécessaire pour préparer thé et café.

Les locations meublées (*holiday flats*) et les résidences parahôtelières, lesquelles proposent des appartements assortis de services divers (*serviced apartments*), sont assez similaires aux motels. Elles disposent en général d'une cuisine bien aménagée, sans le service d'entretien des motels : le lit n'est pas fait le matin, et les tasses ne sont pas lavées. Dans certaines d'entre elles, il faut même apporter ses draps.

Les locations meublées sont ordinairement louées à la semaine, mais pratiquent également un tarif à la journée. Dans certains cas, il peut être intéressant de payer pour une semaine, même si on ne séjourne que quelques jours. Autre avantage des locations meublées pour les voyageurs en groupe : nombre d'entre elles comportent deux chambres ou plus, à un tarif généralement une fois et demi supérieur à celui d'un studio.

Dans les régions touristiques, motels et locations meublées sont des termes interchangeables, et rien ne les distingue les uns des autres.

Autres types d'hébergement

Il existe de nombreux types d'hébergement moins conventionnels. Vous êtes ainsi autorisé à planter votre tente pendant quelques jours sur de nombreuses aires de repos au bord des routes.

Le bush immense permet également de camper dans des endroits totalement sauvages, où personne ne se plaindra de vous voir dormir dans votre voiture, dérouler votre duvet ou encore monter une tente, si tant est qu'on vous remarque.

L'Australie est un pays rural. Les exploitations agricoles et les domaines d'élevage (les *stations*) constituent donc une excellente opportunité de logement pour qui veut avoir un aperçu de la vie australienne de l'Outback. Certaines exploitations vous proposeront le gîte en échange d'un coup de main. Avec la baisse quotidienne du cours des matières premières, l'accumulation de gigantesques stocks de laine invendus et une crise rurale généralisée, le tourisme donne une chance aux agriculteurs et éleveurs d'avoir un revenu minimal. Les offices du tourisme nationaux pourront vous renseigner sur les différentes possibilités.

Enfin, pourquoi ne pas loger sur un bateau aménagé ? Reportez-vous aux chapitres *Victoria* et *Australie-Méridionale*.

Séjours de longue durée

Si vous souhaitez séjourner plus longtemps dans une ville, consultez en priorité les petites annonces des journaux (en particulier le mercredi et le samedi) pour trouver une chambre ou partager un appartement. Les panneaux d'affichage des universités, des auberges et de certaines librairies ou cafés très fréquentés fournissent également des informations sur le sujet.

ALIMENTATION

Il y a 30 ans, la cuisine australienne avait aussi mauvaise réputation que la cuisine anglaise, si ce n'est pire. Les Grecs, les Yougoslaves, les Italiens, les Libanais et autres immigrants en Australie dans les années 50 et 60 ont fort heureusement importé leur cuisine avec eux. Arrivés plus récemment, les Vietnamiens ont aussi développé des communautés prospères dans plusieurs villes du pays.

Les restaurants chinois sont présents depuis l'époque de la ruée vers l'or, tandis que les établissements indiens, malaisiens et thaïs connaissent aujourd'hui un franc succès.

Le débat sur la viande de kangourou

La commercialisation de la chair de kangourou suscite une controverse. Le lobby des défenseurs du marsupial met en avant la barbarie des battues et prétend que la viande peut transmettre des maladies. Toutefois, les agriculteurs et les écologistes s'accordent à reconnaître l'abattage nécessaire pour maintenir les effectifs à un niveau supportable pour l'environnement. Selon les représentants de l'industrie de la viande, les kangourous abattus par les chasseurs dotés d'un permis font l'objet de contrôles rigoureux. De l'avis général, de kangourou offre une viande plus saine que le bœuf et le mouton du fait de sa faible teneur en cholestérol.

Les enjeux sont de taille. Le secteur de la viande et de la peau de kangourou emploie 4 000 personnes en Australie et rapporte plus de deux milliards de dollars. Les ventes de viande ont progressé en Grande-Bretagne à la suite de la crise de la vache folle. Toutefois, en septembre 1997, Tesco, le géant britannique de la grande distribution, en a suspendu la vente dans ses 350 magasins suite à la publication d'un article fort embarrassant qui relatait, photographies à l'appui, une battue dans l'Outback australien. Le cultivateur incriminé ne possédait ni permis de chasse ni carte professionnelle. La décision de Tesco a soulevé la colère des professionnels australiens, car la viande commercialisée dans les supermarchés et servie dans les restaurants, exclusivement fournie par des chasseurs dotés d'un permis et respectant un certain nombre de règles, répond en outre à des critères d'hygiène très stricts.

Les kangourous sont natifs d'Australie, et les espèces chassées pour la consommation ne sont pas menacées. Le gouvernement estime que la population varie entre 15 et 25 millions (selon la nourriture et l'eau disponibles d'une saison à l'autre). Chaque année, un certain nombre d'individus – de 10 à 15% du total – sont sélectionnés et marqués à l'oreille. Les gouvernements des États et des territoires délivrent ensuite des permis aux chasseurs, qui peuvent alors organiser des battues sur les terres privées, avec l'accord des propriétaires (elles sont interdites dans les réserves et les parcs nationaux).

Contrairement à la viande d'émeu et de crocodile, produite en élevage, celle du kangourou provient d'animaux sauvages abattus la nuit avec tout un déploiement de projecteurs, de fusils de gros calibre équipés de lunettes. Les chasseurs et les responsables gouvernementaux prétendent qu'une balle dans la tête entraîne une mort instantanée et acceptable. Cette méthode reste effectivement préférable aux pièges et à l'empoisonnement. Les défenseurs du kangourou sont d'un tout autre avis. Pour eux, les conditions mêmes des battues, sans parler de l'abattage lui-même, sont particulièrement odieuses. D'autres soutiennent que la chasse reste une solution préférable à la mort des animaux conséquente à la pénurie de nourriture.

Malheureusement, un nombre non négligeable de chasseurs opèrent sans permis et sans carte professionnelle. En outre, des pratiques cruelles sont signalées de temps à autre. Parfois traduits en justice, les criminels restent souvent difficiles à identifier.

Autrefois considéré comme un fléau, le kangourou fait de plus en plus figure de ressource à gérer, comme d'autres contraintes, afin de préserver la fertilité et la productivité des terres. Voilà qui risque de jouer en faveur des marsupiaux.

Cuisine australienne

Vous pourrez déguster d'excellents plats typiques, car l'engouement du public pour les recettes du bush s'est accru depuis peu. Selon les téméraires, ces préparations offrent un contraste saisissant avec l'ordinaire. C'est pourquoi un restaurant huppé de Melbourne ou un bistrot de Sydney vous proposeront des samosas à la queue de kangourou braisée, du pâté d'émeu, du gibier fumé à l'eucalyptus, de l'agneau salé du bush, des omelettes à l'anis, de la salade de légumes verts du Warrigal et des glaces à la graine d'acacia.

Les grandes villes comptent en outre une série de cafés et de restaurants qui servent une nourriture qualifiée d'"australienne contemporaine". Elle se compose de plats qui s'inspirent copieusement des cuisines étrangères tout en conservant une saveur locale. En fait, ces établissements proposent un peu tout, et les curries indianisant y côtoient des plats fleurant bon la Méditerranée.

Si vous souhaitez une cuisine moins exotique, essayez le *meat pie* (tourte à la viande) qui peut, selon les cas, n'être qu'un affreux mélange de viandes non identifiées cuites dans une sauce brunâtre et enfermées dans une pâte détrempée ou bien prétendre au titre de délice gastronomique. Toutefois, il faut impérativement goûter ce pur produit de la culture australienne, que la population consomme chaque année en quantités impressionnantes. Le *pie 'n' sauce* avalé un samedi après-midi d'hiver est très prisé.

La Vegemite tient une place encore plus importante dans la culture gastronomique du pays. Cet étrange extrait de levure possède l'aspect et la consistance du goudron. Quant à son odeur… Les Australiens en tartinent leur pain et finissent par ne plus pouvoir s'en passer.

Cuisine végétarienne

En règle générale, les végétariens ne manqueront de rien en Australie. Certes, les établissements exclusivement végétariens sont rares, mais la majorité des cafés et des restaurants modernes prévoient quelques plats de ce type à leur menu.

Où se restaurer

Restaurants et cafés. Il n'est pas nécessaire de débourser des fortunes pour bien manger. Les meilleures adresses sont celles des cafés modernes et ordinaires où, pour moins de 20 $, on sert une excellente cuisine. La plupart des pubs proposent des repas simples mais copieux pour moins de 10 $.

Vous trouverez un peu partout des restaurants affichant le sigle BYO, qui signifie Bring Your Own (apportez le vôtre). Ces établissements ne possèdent pas de licence leur permettant de servir de l'alcool, mais vous êtes libre d'apporter votre boisson, ce qui vous permet de consommer du vin sans voir grimper votre addition. La plupart des restaurants BYO ne prélèvent qu'un léger supplément pour le "débouchage" (en moyenne de 1 à 2 $ par personne). De nombreux cafés et restaurants sont interdits aux fumeurs, d'autres disposent d'une zone non-fumeur. En Australie-Méridionale, il est strictement défendu de fumer dans tout endroit public clos où l'on sert de la nourriture.

Pubs. La majorité des pubs proposent deux types de repas. Les *bistro meals* coûtent en général de 10 à 15 $ et se prennent dans une salle à manger ou un *lounge bar*. D'ordinaire, ils comportent des hors-d'œuvre en buffet. Les *bar* (ou *counter*) *meals*, plats du jour consistants et sans prétention, reviennent entre 5 et 10 $ et se prennent au *pub*.

La qualité de cette cuisine est extrêmement variable. Élémentaire et sans grande imagination dans la plupart des cas, elle présente néanmoins un intérêt au plan financier. En général, le service est assuré de 12h à 14h et de 18h à 20h.

Marchés. Quand le climat le permet, des étals et des marchés en plein air offrent la possibilité de goûter diverses cuisines. Le Mindil Beach Market, qui se tient tous les jeudi soirs à Darwin en saison sèche, est sans conteste le plus vaste du pays.

BOISSONS
Bière
La bière australienne est généralement une bière blonde, qui pourra sembler légère au

goût européen, bien qu'elle soit en fait assez forte. Elle est toujours servie glacée.

Fosters est la marque la plus connue et jouit d'une réputation internationale. Parmi les autres marques célèbres, on peut citer la XXXX (prononcez "forex"), la Tooheys Red, la Carlton Draught et la VB (Victoria Bitter). Depuis peu, ces classiques sont rejointes par des nouveautés : la Blue Bock et l'Old Black Ale.

Les petites brasseries semblent produire de meilleures bières, comme Cascade (Tasmanie) et Coopers (Australie-Méridionale). Coopers brasse également une bière brune, la délicieuse Black Crow.

Certaines petites brasseries artisanales connaissent un franc succès, et on trouvera ici et là des marques locales. Des bières comme Redback et Dogbolter, plus chères que les grandes marques commerciales, méritent d'être essayées. Quelques pubs des grandes villes brassent leurs propres bières. On peut aussi trouver de la Guinness à la pression.

La bière australienne a généralement un taux d'alcool de 5%, mais la tendance est aujourd'hui aux bières légères, dont le taux oscille entre 2% et 3,5%. L'une des plus appréciées est la Tooheys Blue.

Attention, les conducteurs qui se font arrêter en état d'ivresse risquent de payer une forte amende et de se voir confisquer leur permis de conduire (voir la rubrique *Voiture* dans le chapitre *Comment circuler*).

Vin

Si vous n'êtes pas tenté par la bière australienne, goûtez le vin. L'Australie jouit d'un climat idéal pour la viticulture et possède de magnifiques régions viticoles produisant des crus largement exportés à l'étranger.

Les plus connues sont la Hunter Valley en Nouvelle-Galles du Sud et la Barossa Valley en Australie-Méridionale, mais il

La bière australienne dans tous ses États

En Australie, la bière, son contenant et le verre dans lequel vous la buvez, sont tous appelés de diverses manières. La bouteille standard, d'une contenance de 750 ml, coûte environ 3 $ pour une bière forte et 2,50 $ pour une légère. Les cannettes (*cans* ou *tinnies*), contenant 375 ml, sont vendues par packs de 24, appelés *slabs*, qui reviennent à environ 30/25 $ selon qu'elle est forte ou légère. On peut toutefois bien sûr les acheter à l'unité.

Les demi-bouteilles fermées par une capsule qui se dévisse sont connues sous le nom de *stubbies* (*echoes* en Australie-Méridionale), à l'exception du Territoire du Nord où le stubby désigne également une bouteille de 1,25 litre, bien que ces dernières ne soient pas très courantes, n'ayant pas rencontré un grand succès commercial. La bière à faible teneur en alcool (*low-alcohol beer*) est un tant soit peu meilleur marché que la bière courante. Dans les magasins, la bière est généralement vendue en stubbies, et elle est alors sensiblement plus chère que la bière ordinaire.

Pour le profane, commander au comptoir d'un bar peut se révéler une expérience intimidante. Vous aurez beau savoir que la bière est servie dans des verres de trois tailles différentes – 200, 285 et 425 ml – cela ne vous empêchera pas de vous trouver court lorsque le barman (ou la barmaid) vous lancera un éloquent "Yeah, mate ?". Une bière de 200 ml (7 oz) est un *glass* dans le Victoria et le Queensland, un *butcher* en Australie-Méridionale ou une *beer* en Australie-Occidentale et en Nouvelle-Galles du Sud. Comme les Tasmaniens se piquent d'être originaux, vous trouverez chez eux des verres de 6 oz. Une bière de 285 ml (10 oz) est un *pot* (Victoria et Queensland), un *schooner* (Australie-Méridionale), un *handle* (Territoire du Nord), un *middie* (Nouvelle-Galles du Sud et Australie-Occidentale) ou un *10 ounce* (Tasmanie). Enfin, il y a le verre de 425 ml (15 oz), baptisé *schooner* en Nouvelle-Galles du Sud et dans le Territoire du Nord, et *pint* en Australie-Méridionale.

existe de nombreuses autres régions viticoles. Les vignobles du Victoria s'étendent
au nord-est, aux environs de Rutherglen/
Milawa. Il convient de mentionner également la Yarra Valley (où Moët et Chandon
produit d'excellents vins selon la méthode
champenoise), la péninsule de Mornington
et la région de Geelong, toutes trois aisément accessibles depuis Melbourne.
L'Australie-Méridionale compte la pittoresque Clare Valley, la région de Coonawarra et Mc Laren Vale.

En Australie-Occidentale, la production
de vins de qualité croissante se concentre
dans le bassin de la Margaret River, et plus
modestement vers Alice Springs.

Les vins australiens sont assez bon marché et faciles à trouver. Comptez 10 $ pour
une bouteille correcte et 20 $ pour un grand
cru.

Certes, il faut du temps pour se familiariser avec les vins australiens et leurs par-
ticularités. Pour y parvenir, le mieux est de
goûter les vins sur place. Dans les grandes
zones viticoles, les caves imposent désormais aux amateurs une petite participation
de 1 ou 2 dollars, déductibles en cas d'achat.

La Hunter Valley est célèbre pour ses
blancs, notamment son chardonnay, la
région de Coonawarra pour ses rouges, et
les environs de Rutherglen pour leur porto
et leur muscat.

Autres boissons alcoolisées

Les "boissons de stylistes" (*designer
drinks*) font fureur dans les cafés et les bars
branchés. La Two Dogs Lemonade, une
limonade alcoolisée, a été la première à tou-
cher un marché considéré comme prometteur. Elle a été talonnée par le célébrissime
Sub Zero, insipide soda alcoolisé que
les vrais connaisseurs consomment après
y avoir ajouté une dose de liqueur de fram-
boise.

Parmi les autres breuvages insolites figurent le Strongbow White, un cidre assez
fort ; le Stolichnaya Lemon Ruski (vodka et
soda citron) ; le *shandy* (panaché) nommé
Razorback Draught ; le XLR8, une boisson
alcoolisée au coca ; la Finlandia Vodka
Pulp et Finlandia Cranberry.

DISTRACTIONS
Cinéma

Dans les grandes villes, on trouve des
chaînes de cinémas comme Village, Hoyts et
Greater Union, généralement au sein de
complexes regroupant de deux à dix salles.

Les petites villes ne disposent souvent que
d'un cinéma (c'est déjà une chance), qui souvent relève de la pièce de musée. Le prix
d'une séance avoisine 11 $ (8 $ pour les
moins de 15 ans) dans les grandes villes, un
peu moins certains soirs et dans les petites
villes.

Dans les grandes villes, des cinémas
indépendants et des salles d'art et d'essai
diffusent des films d'auteur ou des classiques du cinéma. Dans cette catégorie,
citons les cinémas Kino et Astor à Melbourne, le Valhalla (en cours de rénovation
au moment où s'écrivent ces lignes) et le
Paddington Academy Twin à Sydney, le
Palace East End à Adelaide et l'Astor à
Perth.

Discothèques et boîtes de nuit

Elles restent limitées aux capitales et aux
grandes villes. Les clubs vont de l'exclusif
"membres seulement" aux immenses discothèques ouvertes à tous, dont le prix d'entrée est compris entre 6 et 12 $.

Certaines boîtes de nuit demandent à
leurs clients de respecter un code vestimentaire, en général laissé à l'appréciation du
portier. Les night-clubs les plus chic sont
fréquentés par une clientèle plus âgée et
plus aisée, et appliquent donc les règles ves-
timentaires les plus strictes.

Concerts

Plusieurs pubs en ville ont des discothèques
ou présentent des groupes "live" renommés
ou espérant le devenir. La majorité des
groupes australiens connus ont ainsi fait
leurs armes.

Pour savoir ce qui se passe en ville, le
mieux est de lier connaissance avec des
habitants ou des voyageurs qui sont sur
place depuis un moment. Sinon, les
annonces des journaux donnent tous les renseignements nécessaires, en particulier le
vendredi. Consultez également les journaux

diffusés gratuitement, tels que *Drum Media*, *Beat* et *3D World* à Sydney, *Son of Barfly* à Cairns, *Beat* et *Inpress* à Melbourne, *Xpress* à Perth, *Time Off*, *Rave* et *The Scene* à Brisbane, et *Pulse* à Darwin.

MANIFESTATIONS SPORTIVES

L'Australie offre l'embarras du choix aux amateurs de manifestations sportives. Les Australiens pratiquent au moins quatre types de football ! La saison se déroule entre mars et septembre.

Australian Rules (Footy)

L'Australian (Aussie) Rules est unique ; seul le football gaélique lui ressemble un peu. Il est pratiqué par des équipes de 18 joueurs sur un stade ovale avec un ballon ovale qui peut être frappé du pied ou de la main, attrapé et porté à travers le terrain. Marquer un but du pied entre les deux poteaux de but centraux donne 6 points (un *goal*) et entre les poteaux de côté, 1 point (un *behind*). Un jeu est divisé en 4 parties de 25 minutes. Pour obtenir un *mark*, le joueur doit attraper à la volée le ballon frappé du pied, ce qui lui donne droit à un coup franc. Le score final d'une équipe se situe habituellement entre 70 et 110 points.

Les joueurs ne peuvent pas être expulsés en cours de jeu, les jugements disciplinaires ayant lieu en effet une semaine après le match... d'où les bagarres spectaculaires sur le terrain. Le public, en revanche, est bruyant, mais étonnamment discipliné.

Melbourne est le centre national (et mondial) de l'Australian Rules, et l'Australian Football League (AFL) est le championnat national. Neuf des seize équipes sont de Melbourne, les autres sont de Geelong, Perth, Fremantle, Sydney, Adelaide (deux équipes) et Brisbane. L'Aussie Rules est aussi très présent à Adelaide, mais moins qu'à Melbourne, où les matchs ordinaires peuvent rassembler jusqu'à 30 000 spectateurs. Une finale peut attirer 80 000 personnes.

Les huit meilleures équipes concourent pour être finalistes durant le mois de septembre. L'AFL Grand Final a lieu le dernier samedi de septembre. La date devrait être modifiée en l'an 2000 pour ne pas coïncider avec les Jeux olympiques.

L'Australian Rules est un jeu passionnant. Rapide, athlétique, brutal et nécessitant un bon sens tactique et de l'habileté, il est l'occasion de moments de suspense intense quand, après 1 heure 20 de jeu, l'issue repose encore sur une ultime passe. Il inspire de véritables passions et a rendu célèbres des banlieues de Melbourne insignifiantes par ailleurs (Hawthorn, Essendon, Collingwood, St Kilda, etc.).

Soccer

Faisant figure de parent pauvre, le football européen (*soccer*) est essentiellement pratiqué par des amateurs. La ligue nationale est semi-professionnelle, mais les matchs n'attirent que très peu de spectateurs. Ce jeu commence à devenir populaire, en partie grâce aux succès remportés par l'équipe nationale. Il existe plusieurs équipes, composées de représentants des diverses communautés.

Rugby

Le rugby est le sport le plus populaire en Nouvelle-Galles du Sud et dans le Queensland. La faveur du public va au jeu à treize, ou Rugby League. Le championnat national, le National Rugby League (NRL), réunit 17 équipes, une pour chacune des régions suivantes : Melbourne, Canberra et la Nouvelle-Zélande ; deux pour le Queensland et les autres pour Sydney. La finale a lieu le dernier samedi de septembre.

Le rugby à quinze, ou Rugby Union, initialement réservé aux amateurs, commence à se professionnaliser et rencontre un succès croissant. C'est la forme de rugby la plus répandue dans le monde, contrairement au Rugby League, qui se joue essentiellement en Australie, en Nouvelle-Zélande en Angleterre et en France.

Cricket

La moitié de l'année où il n'y a pas de matchs de football, le pays se passionne pour le cricket, tant sous sa forme traditionnelle (le *traditional cricket*, où les équipes vêtues de blanc se rencontrent cinq jours de suite pour jouer un même match) que sous sa forme moderne (le *one-day cricket*, où le match dure une journée). Le terrain de cricket de Melbourne, le Melbourne Cricket Ground ou MCG, est le plus grand du monde.

L'International Test (finale internationale des *Test matches* du cricket traditionnel) comme les matchs de one-day cricket s'y déroulent tous les étés, ainsi qu'à Sydney, Adelaide, Perth, Brisbane et Hobart. Signalons également le Sheffield Shield, match inter-États, et différentes rencontres à l'échelle locale.

Basket-ball et hockey
La popularité de ce sport croît également, à tel point qu'il existe aujourd'hui un championnat national : le NBL. L'équipe féminine de *netball* a remporté la coupe du monde en 1995. Par ailleurs, l'Australie compte aussi plusieurs équipes (masculines et féminines) de hockey de stature internationale.

Courses hippiques
Les Australiens adorent parier, et il n'existe pas de ville, grande ou petite, qui n'ait un hippodrome et une officine du Totalisator Agency Board (TAB), équivalent du PMU français. Melbourne et Adelaide sont sans doute les seules cités au monde à accorder un jour férié pour les courses hippiques, comme pour la prestigieuse Melbourne Cup, qui se court le premier mardi de novembre.

Sports automobiles
Le Grand Prix d'Australie de Formule 1 a lieu à Melbourne en mars. L'épreuve australienne du Grand Prix mondial des 500 cc se court en octobre à Phillip Island, dans le Victoria.

Parmi les autres événements majeurs, citons le Bathurst 1000, organisé en octobre sur le circuit de Mt Panorama (NSW), la course de Targa Tasmania en avril et la Finke Desert Race (Australie centrale) en juin.

Autres sports
L'Australian Tennis Open se joue en janvier à Melbourne.

Les compétitions de surf, telle celle de Bell's Beach, dans le Victoria, sont connues dans le monde entier.

Billets et réservations
Pour toutes les manifestations sportives et culturelles, y compris les concerts, une ou deux agences centralisent les réservations dans chaque État.

ACT Ticketek	☎ 02-6248 7666
NSW Ticketek	☎ 02-9266 4800
Ticketmaster (NSW)	☎ 02-9320 9000
Queensland Ticketek	☎ 07-3404 6644
Bass Adelaide (SA)	☎ 08-8400 2205
Centertainment	
(Tasmania)	☎ 03-6234 5998
Ticketmaster (Victoria)	☎ 13 6100
Ticketek (Victoria)	☎ 13 2849
BOCS Ticketing (WA)	☎ 08-9484 1133
Red Ticket (WA)	☎ 1800 199 991

ACHATS
Avant d'acheter un souvenir australien, assurez-vous au moins qu'il a été fabriqué en Australie ! On ne compte plus les boomerangs en plastique, les faux cendriers et les T-shirts prétendument aborigènes.

Australiana
Le terme d'Australiana désigne les souvenirs que l'on rapporte en cadeau à la famille et aux amis. Ils sont censés être représentatifs de la culture australienne, mais plusieurs sont d'un goût plus que douteux.

Des graines de plantes endémiques australiennes sont en vente partout. A votre retour, vous pourrez ainsi faire pousser des *kangaroo paws*, ou anygosenthes, si votre pays en autorise l'importation.

Pour les achats de dernière minute, les traiteurs pourront vous dépanner. Les vins australiens sont réputés à l'étranger, mais pourquoi ne pas essayer le miel, les noix de macadamia (du Queensland) ou le rhum Bundaberg, étonnamment doux.

Opales
L'opale est la pierre semi-précieuse emblématique de l'Australie. Les bijoux réalisés dans cette pierre sont des souvenirs très appréciés. Renseignez-vous avant tout

achat, car la qualité et les prix varient énormément d'un magasin à l'autre.

Art aborigène

Depuis que la communauté internationale a "découvert" l'art aborigène, celui-ci a vu ses prix grimper considérablement, et les faux commencent à proliférer.

Pour la majorité des acheteurs, les seules créations à peu près abordables sont les figurines sculptées et les magnifiques T-shirts produits dans les coopératives artisanales aborigènes. Les *didgeridoos* et les boomerangs remportent également un franc succès.

Sachez toutefois qu'ils sont spécialement conçus pour la vente aux touristes et que les objets authentiques coûtent extrêmement cher.

Pour plus d'informations, reportez-vous au cahier en couleurs consacré à l'art aborigène.

ART ABORIGÈNE

Lien entre le passé et le présent, entre le surnaturel et le matériel, entre les peuples et la terre, le langage visuel fait fondamentalement partie de la vie aborigène. Les premières formes d'expression artistique furent les pétroglyphes, les peintures corporelles, les fresques à même le sol et les gravures rupestres, dont les plus anciennes subsistant aujourd'hui remontent à 30 000 ans au moins.

Bien qu'il ait toujours fait partie intégrante de la culture aborigène, l'art de ce peuple a longtemps été tout simplement ignoré des non-Aborigènes – à quelques notables exceptions près – ou considéré comme une curiosité anthropologique. L'année 1971 devait bouleverser la perception de cet art. A **Papunya**, au nord-ouest d'Alice Springs, on demanda à Long Jack Phillipus Tjakamarra et à Billy Stockman Tjapaltjarri, tous deux employés comme jardiniers à l'école locale, de peindre une fresque sur un des murs extérieurs de l'école. Les autres membres de leur communauté ne tardèrent pas à s'enthousiasmer pour le projet et à se joindre à eux pour créer une fresque baptisée *Honey Ant Dreaming* (*Rêve de la fourmi à miel*). Les réglementations en vigueur à l'époque ne permirent pas à cette œuvre de survivre bien longtemps, mais elle avait durablement marqué les esprits (et soulevé des débats houleux à Papunya comme ailleurs). Pour la première fois depuis bien longtemps, l'art et la spiritualité traditionnels aborigènes avaient retrouvé droit de cité. D'autres Aborigènes exprimèrent alors le désir de peindre, d'abord sur des cartons, puis sur des toiles.

Ce petit événement local suscita l'un des mouvements artistiques les plus importants de la fin du XXe siècle. Le fait qu'il soit né à Papunya ne manque pas de piquant, car cette communauté avait été créée en 1960 dans le cadre de la politique d'assimilation culturelle forcée menée par le gouvernement de l'époque, qui recommandait notamment d'arracher les enfants aborigènes à leur famille afin d'affaiblir la culture de ce peuple…

Page de titre : *Walka*, par Tjangali George. Acrylique sur toile, 51 x 90 cm, 1999 (Kaltjiti Arts and Crafts, Fregon, Australie-Méridionale

Ci-dessous : gravures rupestres d'Ewaninga, au sud d'Alice Springs (remerciements à la Northern Territory Tourist Commission)

En libérant l'énergie culturelle d'un peuple opprimé, *Honey Ant Dreaming* a contribué à consolider la culture aborigène et conduit les non-Aborigènes à cesser de faire de l'assimilation la base de leur politique sociale.

Bien que les peintures des communautés aborigènes du Centre de l'Australie soient sans doute les plus reconnaissables et les plus appréciées de l'art aborigène contemporain, l'éventail de la production artistique est très varié – des peintures sur écorce de la Terre d'Arnhem aux sérigraphies et sculptures sur bois de fer tiwi des îles Bathurst et Melville au nord de Darwin, en passant par les batiks et les sculptures du Centre.

Les artistes aborigènes d'Australie du Sud-Est, qu'ils soient citadins ou ruraux, forment une catégorie à part. Leurs aïeux ont subi l'occupation coloniale sous sa forme la plus brutale. Les Australiens "blancs" imaginent si mal l'ampleur des souffrances endurées par les Aborigènes de ces régions au XIXᵉ siècle et pendant une bonne partie du

A droite : *Possum, Snake, Potato Dreaming* (*Rêve de l'opossum, du serpent et de la pomme de terre*), par Paddy Japaljarri Sims et Bessie Nakamarra Sims. Acrylique sur lin, 91 x 153 cm, 1992. Warlukurlangu Artists Association, Yuendumu, Territoire du Nord (remerciements à DESART)

ART ABORIGÈNE

L'art et le Temps du Rêve

A l'origine, toute forme d'art était une représentation du Dreaming (Rêve) ancestral des différents peuples. Le *Dreamtime* ou *Dreaming* – terme que les Aborigènes préfèrent puisqu'il traduit mieux l'aspect permanent et multidimensionnel –, le Temps du Rêve – est celui où les puissants ancêtres surnaturels, comme le Serpent Arc-en-Ciel (*Rainbow Serpent*), les Hommes Éclair (*Lightning Men*) et les Wandjina créèrent le monde par leurs déplacements. Les codes de conduite édictés par les ancêtres, bien qu'adaptés depuis deux cents ans, sont toujours à la base de la société aborigène actuelle. Les cérémonies, les rites sacrés et les peintures se fondent tous sur le Temps du Rêve.

Le Dreaming peut se rapporter à une personne, à un animal, à un élément du paysage, mais aussi, de façon plus étendue, à une région, à un groupe de personnes, à des forces naturelles comme les inondations et le vent. L'Australie est ainsi couverte d'un réseau complexe de Rêves, et chaque individu, membre d'un clan, peut également être lié à plusieurs Rêves.

XXe siècle que certains membres du gouvernement se refusent encore à en demander pardon aux descendants des victimes.

Même si les œuvres d'artistes urbains diffèrent de celles provenant des communautés les plus traditionnelles, un thème commun transparaît : le lien puissant et ancien qui unit le peuple aborigène à sa terre, entaché d'un profond sentiment de manque lié aux atrocités subies au cours des 200 dernières années. Et toutes laissent le spectateur convaincu de la force et du renouveau de la culture aborigène.

Ci–dessous : Peintures rupestres de Nourlangie Rock, Kakadu National Park (remerciements à la Northern Territory Tourist Commission)

ART RUPESTRE

Art de la Terre d'Arnhem

La Terre d'Arnhem, dans le Top End (extrême nord tropical), est peut-être la région d'Australie dont l'héritage culturel est le plus riche. Les Aborigènes y auraient déjà réalisé des peintures rupestres il y a 60 000 ans.

L'art de la Terre d'Arnhem est très différent de celui du désert central. Les légendes du Temps du Rêve y sont représentées de facon plus figurative, avec des images reconnaissables (quoique stylisées) d'ancêtres, d'animaux et même de Macassans, ces marins indonésiens de Sulawesi qui visitaient régulièrement la côte septentrionale du continent, jusqu'à ce qu'ils soient bannis par des ordonnances du gouvernement en 1906.

L'art pariétal de la Terre d'Arnhem présente une grande diversité : des empreintes de main réalisées au pochoir aux représentations d'animaux, de personnages, de créatures mythologiques ou de vaisseaux européens. Cet ensemble, l'un des plus remarquables de la planète, permet de suivre l'évolution du milieu et des modes de vie aborigènes au cours des siècles.

A droite : peinture rupestre des Lightning Brothers (Frères Éclair) sur le site de Katherine River (remerciements à la Northern Territory Tourist Commission)

Cercueils en tronc évidé

Ces cercueils qui servaient lors des cérémonies des secondes funérailles constituaient également une forme d'expression artistique majeure de la Terre d'Arnhem. Superbement décorés, souvent avec des thèmes du Temps du Rêve, on les appelle *dupun* dans l'est de la Terre d'Arnhem et *lorrkon* dans l'ouest.

En 1988, année du bicentenaire australien célébré par les Aborigènes comme l'anniversaire de deux siècles de colonisation européenne, un groupe d'artistes de la région a utilisé cette forme artistique pour dresser un mémorial en contribution au mouvement de revendication aborigène. Les artistes décorèrent 200 cercueils, un par année de colonisation, avec des motifs claniques traditionnels et relevant du Temps du Rêve. Ces cercueils font aujourd'hui partie d'une exposition permanente à la National Gallery de Canberra.

Sur certains sites, les fresques sont concentrées le long de vastes galeries rocheuses, des peintures plus récentes recouvrant parfois les anciennes.

D'autres sites sont tenus secrets, non seulement pour les protéger du vandalisme, mais surtout parce qu'ils sont sacrés ou qu'ils appartiennent aux Aborigènes.

D'autres encore sont censés abriter des êtres dangereux qui ne peuvent pas être approchés par des non-initiés. Deux sites ont toutefois été ouverts aux visiteurs, avec routes d'accès, sentiers et panneaux explicatifs : **Ubirr** et **Nourlangie** dans le Kakadu National Park.

Les fresques pariétales permettent de suivre la succession des styles principaux au cours des âges. Aux premières empreintes de mains ou d'herbes a succédé un style naturaliste où les animaux, comme les figures humaines, sont de simples silhouettes colorées.

Ce style naturaliste fut remplacé par un style "dynamique", où le mouvement est très bien rendu (ligne en pointillé, par exemple). On y découvre les premiers êtres mythologiques, à corps humain et à tête animale.

Le style suivant montre de simples silhouettes humaines. Vient ensuite le style "à forme d'igname", dans lequel personnes et animaux étaient représentés sous forme d'ignames (ou inversement, les ignames représentées sous une forme humaine ou animale). Les peintures du style dit des "rayons X", où le squelette et les organes sont visibles, sont apparues à cette époque.

Il y a environ un millénaire, la plupart des marais salants se transformèrent en marécages et en *billabongs* (bras morts de rivière et trous d'eau). Ce changement d'environnement marque l'apparition de nouvelles espèces animales et végétales consommables que l'on retrouve sur les fresques.

Au XVIIe siècle, les Aborigènes décrivirent également les nouveaux arrivants dans la région, les commerçants indonésiens et les Européens.

Kimberley

L'art du Kimberley est surtout connu pour ses représentations des **Wandjina**, un groupe d'ancêtres venus du ciel et de la mer. Associés à la fertilité, ils contrôlaient les éléments naturels et étaient considérés comme les créateurs de la topographie du pays.

Les Wandjina, représentés dans des œuvres pariétales, apparaissent depuis peu sur des supports plus modernes. Ils revêtent généralement une forme humaine avec de grands yeux noirs, un nez mais pas de bouche, un halo autour de la tête, et une forme ovale noire sur le torse.

Les **Bradshaw figures** (du nom du premier Européen qui les observa) incarnent un autre style pictural typique du Kimberley.

Ces œuvres, le plus souvent de petite taille, représentent des êtres éthérés se livrant à des cérémonies ou à des danses. Même si l'on ignore presque tout de l'importance ou de la signification de ce courant artistique, les spécialistes le croient antérieur aux portraits des Wandjina.

Art du Queensland du Nord

Ici l'art rupestre prédomine. Les superbes galeries rocheuses des Quinkan, près du campement de Laura dans la péninsule de Cape York, au nord de Cairns, sont parmi les plus connues du pays. Parmi les nombreuses créatures représentées, on distingue notamment les esprits Quinkan, dépeints sous deux formes : celle des Timara, allongés et minces comme un bâton, et celle des Imjin, ressemblant à des crocodiles à queue bosselée.

A droite : Art rupestre des Quinkan, à Laura, dans l'extrême nord du Queensland. Photographie reproduite avec l'autorisation de la communauté aborigène du district de Quinkan, dans la péninsule de Cape York

ART ABORIGÈNE

Ci–dessous : *Kadaitja Man* (Homme kadaitja) par Ronnie Tjampitjinpa. Acrylique sur toile, 122 x 61 cm, 1993. Papunya Tula Artists Pty Ltd, Alice Springs, Territoire du Nord (remerciements à DESART)

PEINTURES

Peintures du Désert occidental

Après les événements de Papunya (voir plus haut) et l'importance croissante prise par l'art pour la communauté aborigène, tant sur le plan économique que sur le plan culturel, une association se créa pour aider les artistes à commercialiser leurs œuvres. La galerie **Papunya Tula** d'Alice Springs reste l'une des rares en Australie centrale dont des Aborigènes soient propriétaires et gestionnaires.

En Australie centrale, l'art pictural est ainsi devenu, par l'abondance de sa production, une source d'enseignement pour les enfants. Ceux-ci acquièrent, par l'observation, des connaissances religieuses et rituelles, et ce d'autant plus aisément que les femmes peintres occupent une place considérable dans ce mouvement artistique.

Les **toiles "pointillistes"** sont en partie dérivées des peintures à même le sol, indispensables aux danses et aux chants traditionnels. Lors des cérémonies, ces compositions étaient réalisées en dessinant sur le sol une série de points avec, pour tout matériau, de la pulpe végétale écrasée.

Bien que ces représentations puissent paraître abstraites, elles représentent en général le voyage d'un ancêtre du Temps du Rêve (le Dreaming). A ce titre, elles peuvent donc presque être considérées comme des vues aériennes. Les motifs récurrents sont les traces d'oiseaux, d'animaux et d'humains qui permettent d'identifier l'ancêtre. Différents sujets sont caractérisés par la trace qu'ils laissent sur le sol. Une personne peut être représentée par un simple arc de cercle (la trace laissée par la position assise), un *coolamon* (plat en bois ou en écorce servant au transport) par un ovale, un bâton à fouir par une ligne, un feu de camp par un cercle... Un homme (ou une femme) sera également identifié(e) par les objets qui lui sont associés. Le bâton à fouir et le *coolamon* sont les attributs des femmes, la lance et le boomerang, ceux des hommes. Plusieurs cercles concentriques désignent en général des sites sacrés du Dreaming, étapes des ancêtres lors de leurs voyages à travers le pays.

Bien que ces symboles soient employés par tous, le contexte dans lequel ils figurent n'est connu que de l'artiste ou d'un groupe qui lui est étroitement associé – le clan ou le totem. Des éléments semblables ne reçoivent donc pas la même signification dans un clan ou un autre. Cela explique que l'on puisse représenter les histoires sacrées en n'en dévoilant le sens profond qu'aux initiés.

Peinture sur écorce

La peinture sur écorce, par définition périssable, constitue une part importante de l'héritage culturel du Temps du Rêve. Par les récits des visiteurs européens, on sait qu'au début du XIXᵉ siècle les indigènes avaient coutume de peindre les murs intérieurs de leurs abris en écorce.

L'écorce utilisée est celle de l'*Eucalyptus tetradonta*, écorce fibreuse prélevée à la saison humide lorsqu'elle est souple. Les couches extérieures sont enlevées, l'écorce est mise à sécher au-dessus d'un feu, puis

Albert Namatjira

Albert Namatjira (1902-1959) fut sans doute le premier artiste aborigène connu. Il vivait à la mission luthérienne de Hermannsburg,
à quelque 130 km à l'ouest d'Alice Springs. Dans les années 30,
il commença à travailler l'aquarelle aux côtés d'un artiste non aborigène, Rex Batterbee.

Namatjira sut à merveille restituer l'atmosphère du "Centre
rouge" dans des aquarelles très influencées par le style européen.
À l'époque, ces créations furent considérées comme de l'art paysager
pur. On pense aujourd'hui que le choix de ses sujets n'était pas for-
tuit et qu'il s'agissait de lieux du Temps du Rêve, auquel il était
profondément lié.

Namatjira partagea ses gains avec plusieurs membres de son clan,
comme le voulait la loi tribale. Premier Aborigène à recevoir, en
1957, la nationalité australienne, il acquit ainsi le droit d'acheter et de
boire de l'alcool, à une époque où cela était interdit aux Aborigènes.
En 1958, il écopa d'une peine de six mois de prison pour avoir procuré de l'alcool à des Aborigènes. Il disparaissait l'année suivante, à
cinquante-sept ans seulement.

Namatjira fit beaucoup pour améliorer l'image très négative des
Aborigènes d'alors. Il ouvrit également la voie au mouvement de
Papunya, qui émergea douze ans après sa mort.

WENDY HART

**Albert Namattjira avec quelques-unes de ses peintures à
Areyonga, au sud-ouest dAlice   Springs**

placée sur le sol sous une masse de poids, pour la rendre plane, pendant une quinzaine de jours environ. L'écorce est alors prête à l'emploi.
Aujourd'hui, la plupart des peintures sur écorce sont maintenues à plat
par des baguettes fixées en haut et en bas de la feuille de la planchette.

Les pigments utilisés sont surtout les terres pour les rouges et les
jaunes, la chaux pour le blanc, et le charbon pour le noir. Le lieu de

Ci–dessus : *Wuyal*
(détail), par Wolpa
Wanambi. Pigments
naturels sur écorce, Buku
Larrngay Arts, Yirrkala,
Est de la Terre d'Arn-
hem, Territoire du Nord

collecte des couleurs constituant un "point stratégique", seuls les
occupants traditionnels du lieu avaient le droit de les recueillir et de
les échanger.

Toujours utilisés de nos jours, ces pigments naturels donnent aux
peintures leur aspect terreux et doux. Des liants d'origine animale ou
végétale – jaune d'œuf d'oiseau, cire, résine – étaient autrefois ajoutés aux pigments. Ils ont été remplacés par des liants synthétiques,
comme la colle à bois. De même, aux pinceaux du bush – brindilles,
fibres de feuilles, plumes, cheveux – ont succédé les pinceaux
modernes.

L'une des caractéristiques des peintures sur écorce de la Terre d'Arnhem est l'emploi de traits croisés, ou croisillons. Ces traits s'inspirent
des peintures corporelles d'antan et caractérisent les différents clans.

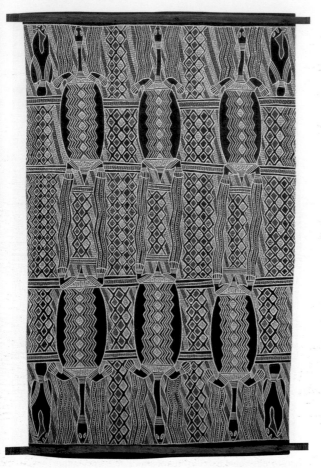

On peut également distinguer des styles régionaux : fonds unis dans l'Ouest, motifs géométriques dans l'Est.

Ces peintures évoquent les thèmes du Temps du Rêve, propres eux aussi à chaque région. Dans l'Est de la Terre d'Arnhem, les principaux êtres ancestraux sont les Djangkawu, qui voyageaient avec des *dilly bags* et des bâtons à fouir élaborés (pour creuser des puits), et les Sœurs Wagilag, associées aux serpents et aux trous d'eau. Dans l'Ouest de la Terre d'Arnhem, Yingarna, le Serpent Arc-en-Ciel femelle, est le principal être ancestral (pour certaines tribus), tout comme l'un de ses rejetons, Ngalyod. D'autres groupes accordent à Nawura la place d'honneur.

Les esprits *mimi*, autres figures de l'art de la Terre d'Arnhem, sont présents sur les fresques rupestres et sur les peintures sur écorce.

Ci–dessus : *Minhala at Gangan*, par Nawurapu Wunungmurra. Pigments naturels sur écorce, Buku Larrngay Arts, Yirrkala, Est de la Terre d'Arnhem, Territoire du Nord

D'après la tradition, ces esprits malicieux ont enseigné les arts de la chasse, de la cueillette et de la peinture aux Aborigènes de la région.

Le Buku Larrnggay Arts Centre (tél. 8987 1701) mérite une visite. Vous pourrez aussi acheter des objets artisanaux locaux à la Nambara Arts & Crafts Aboriginal Gallery (tél. 8987 2811).

Peinture contemporaine
Ngukurr
Depuis la fin des années 80, les artistes de Ngukurr (nook-or), près de Roper Bar, dans le Sud-Est de la Terre d'Arnhem, utilisent la peinture acrylique.

Ngukurr abrite plusieurs groupes linguistiques, et cette diversité se reflète dans les styles picturaux de ses artistes. Comparez par exemple les œuvres de Ginger Munduwalawala Riley, d'Amy Johnson et de Willie Gububi.

Bien que les êtres ancestraux figurent encore sur leurs toiles, ces créations ont une facture beaucoup plus "moderne", qui intègre des formes libres éloignées des structures formelles traditionnelles.

Kimberley
On retrouve des éléments artistiques des tribus occupant les déserts du Centre, vivants témoignages des mouvements forcés de population des années 70. La culture aborigène est restée particulièrement vivace, à travers les danses et la peinture, chez les Warnum de Turkey Creek, sur la Great Northern Highway.

A droite : *Pelican Story* (*Histoire du pélican*), par Amy Jirwulurr Johnson. Acrylique sur toile, 185 x 175 cm, 1994, Ngukurr, Territoire du Nord. Représenté par l'Alcaston Gallery, Melbourne

A gauche : *Devil Devil
Man* (*Homme diable
diable*) par Djambu Barra
Barra. Acrylique sur toile,
1997. Ngukurr, Territoire
du Nord. Représenté par
l'Alcaston House Gallery,
Melbourne

Balgo

A la lisière du Grand Désert de Sable, Balgo fut créé en 1939 par l'établissement d'une mission catholique. Bien que ce village soit relativement éloigné de Papunya et de Yuendumu, il entretient des liens

A droite : Sans titre, Douglas Abbott. Aquarelle, 35 x 22 cm, 1998, Ngurratjuta/Pmra Ntjarra Aboriginal Corporation, Alice Springs, Territoire du Nord

Douglas Abbot, originaire de Western Aranda, est contemporain d'Albert Namatjira (voir l'encadré). La peinture à l'aquarelle, apparue dans les années 30, constitue aujourd'hui une forme d'expression artistique très vivante, en particulier en Australie centrale

étroits avec eux, tout comme avec les Kimberleys, au nord. Au milieu des années 80, les habitants de Balgo se lancèrent avec dynamisme dans une activité nouvelle : peindre pour des étrangers à leur communauté. Comme les autres artistes du Désert central, ils privilégient les formes géométriques, mais semblent les traiter de manière plus spontanée et audacieuse. L'art de Balgo se caractérise aussi par l'emploi de couleurs vives, comme on peut le constater en admirant les œuvres de Peter Sunfly (Sandfly) Tjampitjin, de Susie Bootja Bootja Napangarti ou de Donkeyman Lee Tjupurrula.

Art des îles Tiwi

Isolés, les Aborigènes tiwi (des îles Bathurst et Melville, au large de Darwin) ont développé un art spécifique.

Les rites d'enterrement *pukamani* constituent l'un des rites principaux des Tiwi, et la plupart des œuvres sont créées pour cette occasion, comme les *yimwalini* (paniers en écorce), les lances et les *tutini* (poteaux funéraires). Ces poteaux en bois de fer, sculptés et peints, sont placés autour de la tombe afin de rappeler les faits de la vie du défunt.

Depuis un demi-siècle environ, les insulaires Tiwi ont réalisé des sculptures d'animaux et d'oiseaux, dont plusieurs représentent des êtres du Temps du Rêve (le Museum of Arts & Sciences de Darwin en présente une belle collection). Il existe également des ateliers de peinture sur écorce et de batik sur les deux îles.

Utopia

Cette communauté établie au nord-est d'Alice Springs a vu le jour en 1977, lorsque les Anmatyerre et les Alyawerre réinvestirent leurs terres ancestrales, qui leur avaient été confisquées depuis 50 ans pour abriter Utopia Station.

Influencée, comme beaucoup d'autres, par les artistes féminines d'Ernabella, Utopia commença par réaliser des batiks, puis, dans les années 80, se tourna essentiellement vers la peinture acrylique sur toile. Si ses hommes peignent parfois aussi, Utopia est surtout célèbre pour ses artistes féminines, en particulier Emily Kame Kngwarreye (1910-96), Ada Bird Petyarre, Kathleen Petyarre et Gloria Petyarre. La défunte **Emily Kame Kngwarreye** occupait une place toute particulière au sein de ce groupe talentueux.

Sa vocation artistique s'était en effet révélée tardivement, à plus de 70 ans. Après une période batik, elle adopta à la fin des années 80 la peinture acrylique. Ses œuvres sont très évidemment axées sur les rapports de son peuple avec sa terre, même si, par le mariage merveilleux des couleurs et des textures, elles rappellent aussi l'expressionnisme. Plus étonnant encore, en huit années seulement de travail pictural, Emily explora plusieurs styles très différents. L'Australian National Gallery de Canberra, la New South Wales Art Gallery de Sydney et la National Gallery of Victoria de Melbourne exposent quelques-uns de ses meilleurs tableaux.

Artistes travaillant en dehors des communautés traditionnelles

Même si l'explosion de l'art aborigène du désert et de la Terre d'Arnhem a quelque peu occulté le travail des artistes aborigènes établis en ville, tels que Fiona Foley, Harry Wedge, Trevor Nicholls ou Gordon Bennett, pour n'en citer que quelques-uns, ces derniers produisent des œuvres profondes et parfois dérangeantes. Leur travail évoque souvent les terribles injustices subies depuis deux siècles, tout en posant la question de la place de la culture aborigène et de l'artiste dans le

A droite : composition de poteaux funéraires pukamani et de paniers en écorce, Milikapiti, Melville Island, Territoire du Nord. Représenté par l'Alcaston Gallery, Melbourne

monde contemporain postcolonial. Par leur existence même, ces tableaux expriment la force et l'unité de la culture aborigène.

ARTISANAT

Les objets traditionnels conçus pour la vie quotidienne et les cérémonies, tels que les armes et les instruments de musique, portaient souvent des décors symboliques complexes. Au cours de ces dernières années, de nombreuses communautés ont créé de nouvelles formes d'artisanat qui constituent aujourd'hui une source d'emploi et de revenu.

Didgeridoos

Objets d'artisanat les plus répandus sur le marché, les didgeridoos connaissent un succès extraordinaire dans toute l'Australie.

A l'origine, ces instruments étaient employés lors des cérémonies par les peuples aborigènes de la Terre d'Arnhem (qui les nomment *yidaki*). Ils les confectionnaient à partir de certaines branches d'eucalyptus, évidées par des termites. Les tubes étaient généralement munis d'une embouchure de cire d'abeille locale et ornés de motifs traditionnels.

La plupart des didgeridoos fabriqués aujourd'hui n'ont plus grand chose à voir avec les instruments traditionnels : conçus dans des bois de mauvaise qualité ou non adéquats, évidés par des procédés mécaniques ou autres, ils possèdent une piètre acoustique et, le plus souvent, ne sont pas fabriqués par des Aborigènes (voyez *Achat d'objets d'art et d'artisanat aborigènes*, ci-après).

Boomerangs

Les boomerangs sont des lames de bois courbées utilisées à la fois pour la chasse et comme percussions dans les musiques rituelles. Contrairement à l'idée reçue, tous ne sont pas conçus pour revenir à leur point de départ, l'objectif du chasseur étant, au contraire, de frapper sa

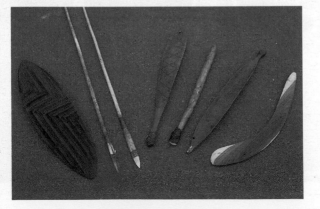

Ci dessus : Didgeridoo pa
Djambu Barra Barra
Collection privée, Ngukur
Territoire du Nord. Repré
senté par l'Alcasto
Gallery, Melbourn

A gauche : Armes e
outils traditionnels d
Désert occidental d'Aus
tralie centrale. Marak
Arts & Crafts, Ulur
Territoire du Nord (remer
ciements à DESART

proie. De tels boomerangs étaient surtout répandus dans le sud-est et en Australie-Occidentale. Si tous présentent le même contour général, ils peuvent être taillés dans toutes sortes de bois et présenter une grande variété de formes, de tailles et de styles décoratifs.

Sculpture sur bois

A l'origine, les sculptures sur bois étaient destinées à des cérémonies particulières. Les artistes de Terre d'Arnhem continuent à sculpter des figurines dans des bois tendres et légers – oiseaux et poissons, animaux et ancêtres –, qu'ils décorent ensuite de subtils motifs symboliques, peints ou gravés.Au début du XXe siècle, la production et la vente de ces objets furent encouragées dans certaines communautés par les missionnaires.

Pyrogravure sur bois

Tout aussi appréciées, les figurines de bois gravées au fil de fer porté au rouge vont des petits opossums aux serpents et aux lézards de taille plus importante. Nombre d'entre elles ont un rapport avec le Rêve propre à la région d'origine de son créateur. Au Maraku Arts & Crafts Centre de l'Uluru-Kata Tjuta National Park Cultural Centre, l'un des principaux centres diffusant ces objets en Australie centrale, vous pourrez observer des artistes à l'ouvrage – y compris des hommes, alors qu'il s'agit habituellement de créations féminines. L'entreprise aborigène de la Mt Ebenezer Roadhouse, sur la Lasseter Highway (la route principale d'Uluru), en vend à des prix défiant toute concurrence.

Boucliers de cérémonie

Les Aborigènes fabriquaient toutes sortes d'armes traditionnelles, notamment des javelots et des propulseurs de javelots (*woomera*), des massues (*nulla nulla*) et des boucliers. Ces derniers, taillés dans le bois ou l'écorce, revêtaient différentes formes et tailles. Ils portaient fréquemment de riches représentations, peintes ou gravées, de l'ancêtre

Ci–dessous : Figurines pyrogravées sur racines d'eucalyptus rouge de rivière, Australie centrale. Maraku Arts & Crafts, Uluru (Ayers Rock), Territoire du Nord (remerciements à DESART)

de leur propriétaire ou du Rêve. Réservés le plus souvent à un usage rituel, ils pouvaient également servir lors des guerres claniques.

Objets en fibre végétale

Les objets traditionnels en fibre végétale étaient réalisés par les femmes à partir d'écorces, d'herbes, de feuilles, de racines et d'autres matériaux assouplis à la main. Elles teintaient ensuite la ficelle ainsi créée avec des pigments naturels, puis tressaient des *dilly bags* (sacs), des paniers, des vêtements, des filets de pêche, etc. Pour les sacs et les nattes, elles employaient également des fibres et des feuilles de pandanus. La plupart de ces objets utilitaires avaient aussi un usage rituel.

Autres productions artisanales

La mission presbytérienne d'**Ernabella**, dans le nord de l'Australie-Méridionale, compte parmi les institutions qui ont encouragé l'artisanat. En 1950, elle déclarait dans un rapport : "Un poste missionnaire doit avoir une activité créatrice d'emplois pour financer les soins apportés aux indigènes." Comme la mission avait été fondée dans une station d'élevage ovin, l'**artisanat de la laine** s'imposa. Formées aux techniques du

A gauche : *Bush Tucker and Flowers* (*Bush tucker et fleurs*), écharpe de soie par Rosemary Petyarre (remerciements à l'Utopia Cultural Centre et à l'Utopia Awely Batik Aboriginal Corporation, Territoire du Nord)

filage, de la teinture et du tissage, les femmes pitjantjatjara ("pigeon jara") se mirent à tisser des tapis, des ceintures, des écharpes et des *dilly bags* (sacs traditionnels), avec des motifs inspirés de la Loi des femmes (*yawilyu*). Depuis l'introduction de la technique du batik dans les années 1970, le travail de la laine a pratiquement cessé à Ernabella.

Même s'ils sont plus connus pour leurs aquarellistes, les Arrernte d'**Hermannsburg** se sont récemment tournés vers la **poterie**, une forme d'artisanat non traditionnelle. Les modelages et les décors de leurs pots s'inspirent des histoires du Rêve.

Autre forme artistique du Kimberley occidental : les **pendentifs en nacre gravé** de la région de Broome. On suppose que les Aborigènes utilisaient déjà la nacre avant l'arrivée des Européens, mais le travail de celle-ci connut un essor fulgurant à la fin du XIXe siècle, avec le développement de l'industrie perlière à Broome. Outre leur usage rituel et décoratif, les précieuses coquilles gravées assuraient également un revenu commercial. On trouve des exemples de ce travail jusque dans le Queensland et l'Australie-Méridionale.

Les motifs gravés se limitaient généralement à des figures géométriques simples, sans réelle signification symbolique. Cette forme d'art a quasiment disparu, mais les objets confectionnés ont toujours une grande valeur.

ACHAT D'OBJETS D'ART ET D'ARTISANAT ABORIGÈNES

Les objets d'art et d'artisanat aborigènes figurent parmi les souvenirs les plus marquants que vous puissiez ramener.

A droite : *My Country* (*Mon pays*) par Elaine Namatjira. Terre cuite avec glaçage, Hermannsburg, Territoire du Nord. Représenté par l'Alcaston Gallery, Melbourne

L'achat d'œuvres *authentiques* permet par ailleurs d'encourager la culture aborigène en assurant la pérennité des techniques et des motifs traditionnels.

Malheureusement, une grande part des objets vendus comme souvenirs sont très mal payés aux Aborigènes ou sont des contrefaçons. Il s'avère souvent difficile de distinguer les pièces et les motifs authentiques des autres.

Cela vaut néanmoins la peine d'essayer.

Adressez-vous aux communautés aborigènes qui diffusent directement leur production, ou bien aux galeries et aux boutiques qui appartiennent et sont gérées par des Aborigènes (la liste ci-après fournit quelques adresses).

Les objets sont authentiques, et le fruit de leur vente revient à qui de droit. De nombreux artistes ne reçoivent qu'une maigre somme pour des pièces vendues à des prix exorbitants dans les grandes galeries des villes.

La plupart des didgeridoos vendus sur le marché ne sont pas fabriqués par des Aborigènes. On dit même que leur décoration fit la fortune de backpackers installés à Darwin.

Dans un centre appartenant à une communauté, les Injalak ou les Manyallaluk du Territoire du Nord, par exemple, comptez entre 100 et 200 $ pour un didgeridoo peint aux ocres naturelles et doté d'une bonne sonorité.

Vous pourrez peut-être même rencontrer l'artisan. En revanche, dans les boutiques de Darwin ou de Cairns, vous risquez de payer entre 200 et 400 $ au moins pour un joli didgeridoo qui n'aura d'instrument que le nom.

Si vous envisagez d'acquérir un tableau, surtout si vous percevez cela en partie comme un investissement, adressez-vous de préférence à un centre artistique communautaire, à une galerie appartenant à des Aborigènes ou à une galerie d'art réputée.

Indépendamment de sa valeur purement esthétique, un tableau acheté sans certificat d'authenticité établi par une galerie réputée ou un centre d'art communautaire sera souvent difficile à revendre – même s'il est attribué à un artiste connu.

Pour toute adresse de boutique ou de galerie, reportez-vous aux rubriques *Achats* des principales villes.

En haut : collection de colliers en noix de gommier peints à la main, 1993. Keringke Arts, Santa Teresa Territoire du Nord (remerciements à DESART

Principaux centres de diffusion de l'art et de l'artisanat aborigènes

Les points de vente répertoriés ci-après appartiennent aux Aborigènes et sont gérés par eux.

Alice Springs
Aboriginal Arts & Culture Centre
   (☎ 08-8952 3408, aborart@ozemail.com.au)
   86 Todd St. Cette galerie d'art et d'artisanat propose un vaste choix de peintures pointillistes et d'objets d'artisanat du désert.
DESART
   (☎ 08-8953 4736, fax 8953 4517)
   Suite 1, Heenan Building, Gregory Terrace. Organisme d'information et de défense regroupant 22 centres d'art et d'artisanat aborigènes d'Australie centrale.
Papunya Tula Artists
   (☎ 08-8952 4731, fax 8953 2509)
   78 Todd St. Spécialisé dans la peinture pointilliste du désert occidental. Tarifs élevés mais toiles de bonne qualité.

Darwin
Raintree Aboriginal Fine Arts
   (☎ 08-8941 9933)
   20 Knuckley St. L'un des principaux centres de diffusion de peintures et d'objets d'artisanat de la ville, il affiche des prix moyens à élevés mais assure une excellente qualité.

Kakadu National Park
Injalak Arts & Crafts
   (☎ 08-8979 0190, fax 8979 0119)
   Oenpelli. Situé de l'autre côté de l'East Alligator River en face d'Ubirr, dans le parc national, il propose l'un des meilleurs choix du Top End à des prix raisonnables.
Warradjan Aboriginal Cultural Centre
   (☎ 08-8979 0051)
   Cooinda, Kakadu National Park. Très touristique et donc assez cher, il vend des tissus, des T-shirts et des didgeridoos de qualité.

Région de Katherine
Communauté manyallaluk
   (☎ 08 8975 4727, fax 8975 4724)
   PMB 134, Katherine. Cette petite communauté du Top End, à 100 km de Katherine, dispose d'une gamme limitée de fabuleux objets d'artisanat, dont des didgeridoos et des peintures sur écorce. Ses prix défient toute concurrence.

Uluru-Kata Tjuta National Park
Maraku Arts & Crafts
   (☎ 08-8956 2153, fax 8956 2410)
   Uluru-Kata Tjuta Cultural Centre. Recommandé pour les objets d'artisanat, notamment les figurines de bois pyrogravées. Les artisans travaillent généralement sur place.

Yirrkala – Terre d'Arnhem

Buku Larrnggay Arts

(☎ 08-8987 1701, fax 8987 2701, yirrkala-arts@octa4.net.au)
Cette galerie de grande qualité, attenante à un petit musée, vend des œuvres
provenant exclusivement du nord-est de la Terre d'Arnhem.

Cairns

Tjapukai Aboriginal Cultural Park

(☎ 07-4042 9999, fax 4042 9900)
Kamerunga Rd, Smithfield. Situé dans le terminal Skyrail de Cairns, il offre un
large éventail d'objets d'art et d'artisanat, ainsi que des tissus, d'origines
diverses.

Ci–dessous : détail d'un
tissu de soie peint à la
main par Kathleen
Wallace, 1997. Keringke
Arts, Santa Teresa,
Territoire du Nord
(remerciements à
DESART)

Comment s'y rendre

Depuis la France, vous trouverez des adresses, des témoignages de voyageurs, des informations pratiques et de dernière minute dans *Le Journal de Lonely Planet*, notre trimestriel gratuit (écrivez-nous pour être abonné), ainsi que dans le magazine *Globe-Trotters*, publié par l'association Aventure du bout du monde (ABM, 7, rue Gassendi, 75014 Paris, ☎ 01 43 35 08 95, fax 01 43 22 24 41), qui organise des rencontres entre voyageurs (centre de documentation, projections…). Le site Internet d'ABM (www.abm.fr) rassemble une multitude d'informations. Le Centre d'information et de documentation pour la jeunesse (CIDJ, 101, quai Branly, 75015 Paris, ☎ 01 44 49 12 00) édite des fiches très bien conçues : "Réduction de transports pour les jeunes" n°7.72, "Vols réguliers et vols charters" n°7.74, "Voyages et séjours organisés à l'étranger" n°7.41. Il est possible de les obtenir par correspondance en se renseignant sur Minitel 3615 CIDJ. Les fiches coûtent entre 10 et 20 FF.

Le magazine *Job Trotter*, publié par Dakota Éditions (45, rue Saint-Sébastien, 75011 Paris, ☎ 01 55 28 37 00, fax 01 55 28 37 07), est une autre source d'information sur les stages et les offres d'emploi en France et à l'étranger. L'abonnement à ce trimestriel revient à 20 FF par an.

Depuis la Belgique, la lettre d'information *Farang* (La Rue 8a, 4261 Braives) traite de destinations étrangères. L'association Wegwyzer (Beenhouwersstraat 24, 8000 Bruges, ☎ 50-332 178) dispose d'un centre de documentation réservé aux adhérents et publie un magazine en flamand, *Reiskrand*, que l'on peut se procurer à l'adresse ci-dessus.

En Suisse, Artou (Agence en recherches touristiques et librairie), 8, rue de Rive, 1204 Genève, ☎ 22 818 02 40 (librairie du voyageur) et 18, rue de la Madeleine, 1003 Lausanne, ☎ 21 323 65 54, fournit des informations sur tous les aspects du voyage. A Zurich, vous pourrez vous abonner au *Globetrotter Magazin*.

VOIE AÉRIENNE

L'inconvénient majeur de l'Australie est son éloignement. Pour s'y rendre, il faut nécessairement prendre l'avion. Le succès que connaît actuellement l'Australie en tant que destination touristique engendre une autre difficulté : les vols sont souvent très chargés – et la situation n'a guère de chances de s'améliorer à l'approche des Jeux olympiques.

Si vous pensez vous rendre en Australie à une période très courue de l'année (le milieu de l'été austral, c'est-à-dire Noël), ou en empruntant un itinéraire très fréquenté, comme Hong Kong-Sydney/Melbourne ou Singapour-Sydney/Melbourne, il vous faudra organiser votre voyage assez longtemps à l'avance.

L'Australie compte plusieurs portes d'entrée internationales. Sydney et Melbourne possèdent les deux aéroports les plus actifs, avec des vols en provenance du monde entier. Perth accueille aussi de nombreux vols en provenance d'Asie et d'Europe. Les autres aéroports internationaux sont Hobart en Tasmanie (pour la Nouvelle-Zélande), Adelaide, Port Hedland (uniquement Bali), Darwin, Cairns et Brisbane. La capitale, Canberra, est la seule ville importante du pays qui ne soit pas accessible de l'étranger par un vol direct !

Nous vous conseillons fortement d'éviter l'aéroport de Sydney, qui est surchargé et où les vols, à l'arrivée comme au départ, souffrent fréquemment de retards. Si vous avez l'intention d'explorer l'Australie sérieusement, choisissez un point d'entrée plus calme comme Cairns ou Darwin.

Billets

Le billet d'avion représentera probablement la plus grosse dépense de votre voyage, et l'acheter ne sera pas une mince affaire. Une multitude de compagnies aériennes et d'agences de voyages ne demandent qu'à vous délester de votre argent, et il vaut toujours la peine de prendre le temps de vous renseigner. Ne tardez pas : les billets les moins chers s'achètent des mois à l'avance, et les vols les plus courus affichent très rapidement complet. Renseignez-vous auprès de personnes ayant fait récemment le voyage, elles vous indiqueront les erreurs à ne pas commettre. Consultez les annonces des journaux et des magazines, feuilletez les guides et guettez les promotions. Téléphonez aux agences de voyages pour dénicher les bonnes affaires (les compagnies aériennes donnent des renseignements sur les itinéraires et les horaires mais, sauf en période de guerre commerciale, elles ne proposent pas les billets les moins chers). Comparez les prix, les itinéraires, la longueur du trajet et les restrictions qui s'appliquent au billet avant de vous décider.

Vous découvrirez peut-être que le vol incroyablement bon marché qu'on vous propose est "complet mais nous en avons un autre un peu plus cher", ou que le trajet s'effectuera sur une compagnie aérienne célèbre pour la médiocrité de ses normes de sécurité et comprendra une escale de 14 heures dans le pire aéroport du monde, ou encore que l'agence prétend détenir les deux dernières places disponibles pour l'Australie en juillet et ne peut vous les garder que pendant deux heures… Ne paniquez pas et continuez à chercher.

Une fois en possession de votre billet, notez son numéro ainsi que le numéro du vol et les autres informations qui y figurent et conservez-les séparément de l'original. Cette précaution vous permettra d'obtenir un autre billet en cas de perte ou de vol. Achetez une assurance le plus longtemps possible à l'avance. En attendant la semaine précédant votre départ, vous découvrirez peut-être que vous n'êtes pas assuré contre les retards provoqués par les grèves, par exemple.

Billets Tour du monde

Les billets Tour du monde (TDM, en anglais : Round-the-World – RTW) sont souvent très bon marché. Ils font en général appel à une combinaison de deux compagnies aériennes et permettent de voler vers toutes les destinations desservies à condition de ne pas revenir en arrière. Le

Attention

En raison de l'évolution constante du marché et de la forte concurrence régissant l'industrie du tourisme, les renseignements présentés dans ce chapitre restent purement indicatifs. En particulier, les tarifs des vols internationaux et les horaires sont toujours susceptibles d'être modifiés.

De plus, l'administration et les compagnies aériennes semblent prendre un malin plaisir à concevoir des formules relativement complexes. Assurez-vous, auprès de la compagnie aérienne ou d'une agence de voyages, que vous avez bien compris les modalités de votre billet.

Avant de vous engager, nous vous recommandons de vous renseigner auprès de votre entourage et de faire le tour des compagnies et des agences, en comparant les tarifs et les conditions proposés par chacune.

nombre d'arrêts peut également être limité. La validité de ces billets est généralement de 90 jours à un an. Le prix moyen d'un billet TDM par le Pacifique Sud se situe entre 2 100 et 4 400 $US.

Autre possibilité, les billets TDM proposés par les agences qui combinent plusieurs billets à tarif réduit de différentes compagnies aériennes. Pour un Paris-Paris incluant des étapes australiennes, les premiers prix, en basse saison, se situent aux alentours de 9 000 FF et parfois moins.

Renseignez-vous également sur le Global Explorer proposé par Qantas, British Airways, American Airlines et plusieurs autres compagnies. Le nombre d'escales est généralement limité à 15.

Billets Autour du Pacifique. Les billets Autour du Pacifique (en anglais Circle Pacific) utilisent une combinaison de compagnies aériennes pour faire le tour du Pacifique en passant par l'Australie, la Nouvelle-Zélande, l'Amérique du Nord et l'Asie. Comme pour les billets TDM, ils sont soumis à certaines restrictions (achat à l'avance, nombre d'arrêts limité) à un prix cependant inférieur de 15%.

Services particuliers

Si vous vous êtes cassé la jambe, si vous êtes végétarien, si vous voyagez en chaise roulante ou accompagné d'un bébé ou si l'idée de prendre l'avion vous terrorise, prévenez la compagnie afin qu'elle prenne les dispositions utiles. Rappelez-lui vos besoins lorsque vous confirmez votre réservation (au moins 72 heures avant le départ) et à nouveau à l'aéroport, au moment de l'enregistrement. Téléphonez à plusieurs compagnies pour vous renseigner sur la façon dont chacune propose de s'adapter à vos besoins.

Les aéroports et les transporteurs se montrent très compréhensifs à condition d'être prévenus à l'avance. La plupart des aéroports internationaux vous feront accompagner depuis le guichet d'enregistrement jusqu'à l'avion ; leurs installations devraient comporter des toilettes et des téléphones facilement accessibles, des ascenseurs et des rampes d'accès. En revanche, les toilettes à bord de l'avion risquent de poser problème. Évoquez la question avec la compagnie aérienne longtemps à l'avance et au besoin avec votre médecin.

Les chiens d'aveugle doivent généralement voyager dans une soute pressurisée spéciale en compagnie des autres animaux, mais les chiens de petite taille peuvent être autorisés à rester en cabine avec leur maître. Tous sont cependant soumis à une période de quarantaine mise en place par les autorités, comme c'est le cas dans tous les pays où la rage n'existe pas.

Les malentendants peuvent demander qu'on leur communique par écrit les annonces faites dans l'aéroport et dans l'avion.

Les enfants de moins de 2 ans voyagent pour 10% du prix d'un billet normal, voire gratuitement sur certaines compagnies, mais ne peuvent occuper une place et n'ont pas droit à des bagages. Des couffins pouvant supporter jusqu'à 10 kg sont fournis si la demande a été faite à l'avance. Les enfants âgés de 2 à 12 ans bénéficient généralement d'une place, moyennant la moitié ou les deux tiers du plein tarif, et ont droit à des bagages. Les poussettes peuvent souvent être prises à bord comme bagage à main.

Europe francophone

Au départ de Paris, les vols les plus économiques à destination de Sydney ou de Melbourne coûtent environ 5 000/6 500 F en basse/haute saison. A partir de 7 000 F, on trouve de nombreuses possibilités de vols vers n'importe quelle grande ville australienne. Il faut s'attendre à des prix majorés à Noël et durant l'hiver austral. En moyenne, la durée totale d'un vol pour l'Australie, escales comprises, est de 26 heures, les vols les plus rapides ne durant que 22 heures !

Quelques compagnies vendent à prix concurrentiel des sièges vacants, une semaine ou deux avant le départ. Renseignez-vous auprès des voyagistes suivants :

Dégriftour (3615 DT, www.degriftour.fr)
Réductour (3615 RT, www.reductour.fr)

Au départ de Bruxelles, un aller-retour vous coûtera environ 33 000/42 900 FB, selon la saison. Depuis Genève ou Zurich, les prix démarrent à 1 310 FS et à 1 180 FS pour les moins de 26 ans. Renseignez-vous sur les tarifs appliqués par certaines compagnies aux "companion fares" (réduction pour le deuxième voyageur).

Vous trouverez sur le serveur Minitel du Bureau du tourisme australien (3615 Australie) une liste des compagnies aériennes qui volent vers l'Australie et des agences de voyages en France offrant des prestations sur l'île-continent. A titre indicatif, voici quelques voyagistes que vous pouvez consulter :

Asia
1, rue Dante, 75005 Paris (☎ 01 44 41 50 10) ; 11, rue du Président-Carnot, 69002 Lyon (☎ 04 78 38 30 40) ; 23, rue de La Buffa, 06000 Nice (☎ 04 93 82 41 41) ; 424, rue de Paradis, 13008 Marseille (☎ 04 91 16 72 32) ; 3615 Asia, asia@asia.fr, www.asia.fr
Connections
19-21, rue du Midi, 1000 Bruxelles (☎ 02 550 01 00, fax 2 512 94 47) ; 78, av. Adolphe-Buyl

1050 Bruxelles (☎ 02 647 05 05, 02 647 05 64) ; 120, Nederkouter, 9000 Gand (☎ 09 223 90 20, fax 09 223 29 13) ; 7, rue Sœurs-de-Hasque, 4000 Liège (☎ 04 223 60 10, fax 04 223 03 82) ; www.connections.be

Éole
Chaussée de Haecht 43, 1210 Bruxelles (☎ 02 227 57 80)

Fuaj (Fédération unie des auberges de jeunesse)
9, rue Brantôme, 75003 Paris (☎ 01 48 04 70 40, 3615 Fuaj, www.fuaj.fr)

Nouveau Monde
8, rue Mabillon, 75006 Paris (☎ 01 53 73 78 96, fax 01 53 73 78 81, par@nouveaumonde-voyages.com) ; 55, cours Pasteur, 33000 Bordeaux (☎ 05 56 92 98 98) ; 8, rue Bailli-de-Suffren, 13001 Marseille (☎ 04 91 54 31 30) ; 6, place Edouard-Normand 44000 Nantes (☎ 02 40 89 63 64) ; 226, chaussée de Vleurgat, 1050 Bruxelles (☎ 02 649 55 33)

OTU
L'Organisation du tourisme universitaire propose des réductions pour les étudiants et les (jeunes) enseignants sur de nombreux vols. Se renseigner au 39, av. Georges-Bernanos, 75005 Paris (☎ 01 40 29 12 12, www.otu.fr) et dans les CROUS de province

SSR
Coopérative de voyages suisse. Propose des vols à prix négociés pour les étudiants jusqu'à 26 ans et des vols charters pour tous (tarifs un peu moins chers au départ de Zurich : 20, bd de Grancy, 1006 Lausanne (☎ 21 617 56 27 et 21 614 60 30) ; 8, rue de la Rive, 1205 Genève (☎ 22 818 02 02)

Royaume-Uni
Les vols Londres-Sydney/Melbourne/Adelaide les moins chers sont des vols charter offerts par Britannia Airways (399 £ l'aller-retour !). Le départ a lieu en novembre, et le séjour ne peut dépasser 10 semaines.

En basse saison (de mars à juin), un aller simple/aller-retour direct Londres-Sydney ou Londres-Perth coûte 335/490 £, taxes comprises. En septembre et à la mi-décembre, les tarifs augmentent de 30% ; ils se situent entre ces deux fourchettes de prix le reste de l'année. Le prix moyen d'un billet en haute saison est de 390/560 £ pour un aller simple/aller-retour, taxes comprises.

Au départ de l'Australie, un aller simple/ aller-retour vers Londres et les autres capitales européennes, avec des escales en Asie,

revient à 705/1 435 $A en basse saison et 1 020/2 000 $A en haute saison.

Canada
Pour trouver des prix intéressants, consultez la rubrique voyages des journaux comme le *Globe & Mail* de Toronto ou le *Vancouver Sun*. Travel Cuts possède des bureaux dans toutes les grandes villes. Qantas, Air New Zealand, Japan Airlines et Canadian Airlines International proposent des vols Canada-Australie.

Depuis Vancouver, les tarifs sont similaires à ceux pratiqués sur la côte ouest des États-Unis ; depuis Toronto, prévoyez au moins 1 884 $C pour un aller-retour en basse saison et 2 307 $C en haute saison.

En basse saison, un aller-retour Sydney-Vancouver coûte en moyenne 1 199 $A. En haute saison, les prix débutent à 1 870 $A environ.

Nouvelle-Zélande
Air New Zealand, Ansett et Qantas assurent des vols directs entre Auckland, Wellington et Christchurch en Nouvelle-Zélande, et la plupart des principales villes australiennes.

Entre la Nouvelle-Zélande et Sydney, vous débourserez environ 450/900 $NZ en basse saison pour un aller simple/aller-retour tarif plein en classe économique et 450/ 1 000 $NZ en haute saison. Le billet pour Melbourne est légèrement plus coûteux. La concurrence féroce à laquelle se livrent les compagnies sur ces lignes permet généralement d'obtenir des prix intéressants.

STA Travels et Flight Centres International comptent parmi les principales agences de voyages de Nouvelle-Zélande.

Asie
Un vol simple au départ de Singapour avoisine 450 $S pour Darwin ou Perth, 510 $S pour Sydney ou Melbourne.

Autre possibilité : prendre un vol qui passe par l'Australie et continue à travers le Pacifique. Air France a été la première compagnie sur ce marché, mais aujourd'hui Qantas et Air New Zealand proposent également des billets trans-Pacifique à prix réduit. Le vol d'Air France permet de faire escale à Jakarta, Sydney, Nouméa, Auckland et Tahiti.

Depuis la côte est de l'Australie, le billet aller-retour pour Singapour, Kuala Lumpur et Bangkok se situe entre 710 et 1 050 $A, et pour Hong Kong entre 950 et 1 350 $A.

Le vol au meilleur marché pour quitter l'Australie est la liaison Darwin-Kupang (Timor, Indonésie). Voir à la section *Darwin* du chapitre *Territoire du Nord*, la rubrique *Comment s'y rendre*.

VOIE MARITIME
Yacht

Il est possible de s'embarquer pour des pays tels que la Nouvelle-Zélande, la Papouasie-Nouvelle-Guinée et l'Indonésie, à titre gracieux ou en s'intégrant à l'équipage d'un yacht. Renseignez-vous dans les ports, les marinas, les clubs de voile et les yacht clubs. Sur la côte est, vous pouvez tenter votre chance à Coffs Harbour, Great Keppel Island, Airlie Beach/Whitsundays et Cairns, ou dans tout endroit où viennent mouiller les bateaux. On vous demande généralement de prévoir vos provisions. De nombreux navigateurs remontant vers le nord pour fuir l'hiver, le mois d'avril est particulièrement propice pour quitter la région de Sydney par la mer.

Bateau

Il n'existe plus de trafic passager au départ ou à destination de l'Australie, et dénicher une couchette sur un cargo n'est pas chose facile. Quelques rares agences de voyages peuvent vous renseigner sur les services de cargo acceptant des passagers : à Londres, essayez Strand Cruises et Travel Centre, à New York Trav'l Tips. La solution la plus rapide est sans doute de se procurer un annuaire et de démarcher les compagnies de navigation par téléphone.

VOYAGES ORGANISÉS

De plus en plus de voyagistes proposent d'intéressantes prestations en Australie depuis l'Europe. A titre indicatif, les agences suivantes, dont certaines sont spécialisées dans l'île-continent, proposent des circuits en individuel, en groupe et, pour certaines, des itinéraires à la carte. N'hésitez pas à les interroger sur les différentes formules de voyage proposées (forfaits aériens, train, bus, circuits…). Vous pouvez également consulter les agences listées plus haut dans *Voie aérienne*.

Allibert
Siège : rue Longifan, 38530 Chaparellan (☎ 04 76 45 22 26, fax 04 76 45 50 75, www.allibert-voyages.com) et 14, rue de l'Asile-Popincourt, 75011 Paris (☎ 01 40 21 16 21, fax 01 40 21 16 20). Circuits marche et découverte

Australie à la Carte
37, rue Saint-Léonard, 44032 Nantes ; 25, rue Thiboumery, 75015 Paris ; 22, place Amédée Larrieu, 33000 Bordeaux (☎ Indigo 08 25 82 22 95, 3615 Austral, www.australie-a-la-carte.com). Comme son nom l'indique, toutes sortes de formules, de la croisière dans les îles au safari aérien

Australie Autrement
14, rue Servandoni, 75006 Paris (☎ 01 44 07 04 98, fax 01 56 24 91 13, nzvoyage@world net.fr). Nombreux circuits découverte, en camping ou en hôtel

Australie Tours
129, rue Lauriston, 75116 Paris (☎ 01 53 70 23 45)

Club Aventure
18, rue Séguier, 75006 Paris (☎ 01 44 32 09 30, fax 01 44 32 09 59, 3615 Clubavt, www.club-aventure.fr). Grande traversée de l'Outback

Légendes australiennes
76, rue de Charenton, 75012 Paris (☎ 01 55 78 20 78, fax 01 55 78 20 48, LEGENDOZMER-CATOR@compuserve.com). Circuits et voyages à la carte, parfois des plus insolites

Voyageurs en Australie
55, rue Sainte-Anne, 75002 Paris (☎ 01 42 86 16 99, fax 01 42 96 40 04, 3615 VOYA-GEURS, www.vdm.com). Voyages à la carte et itinéraires en individuel

Spécialisé dans les séjours de plongée :
Nouvelles Frontières Plongée
Prendre contact avec une agence Nouvelles Frontières

Ultramarina (filiale d'Australie à la Carte)
37, rue Saint-Léonard, 44032 Nantes (☎ 08 25 02 98 02 ; ce numéro renvoie les appels sur les agences de Nantes, Paris ou Bordeaux)

QUITTER L'AUSTRALIE

Une taxe de 30 $A est exigée lorsque l'on quitte le pays.

Comment circuler

AVION

Les distances sont si importantes en Australie que, à moins de disposer d'un temps infini, il paraît inévitable de prendre l'avion.

Les deux principales compagnies intérieures sont Qantas Airways et Ansett Australia. Au moment où nous mettions sous presse, Virgin et d'autres petits transporteurs introduisaient une concurrence bienvenue en proposant des tarifs promotionnels entre les grandes villes australiennes.

Tous les vols intérieurs en Australie sont non-fumeurs. Qantas dessert des destinations nationales et internationales. Ses vols internationaux, numérotés QF001 à QF399, et ses vols intérieurs, numérotés au-delà de QF400, partent de terminaux différents.

Renseignements et réservations pour la compagnie Ansett : ☎ 13 1300, www. ansett.com.au. Pour Qantas : ☎ 13 1313, www.qantas.com.au.

Billets bon marché

Tarifs réduits promotionnels. La déréglementation a également incité les compagnies à offrir des réductions substantielles. Ces billets à tarifs promotionnels comportent en général des restrictions, comme la réservation 14 jours à l'avance, ou ne sont valables que le week-end ou à certaines dates précises. Pour ces offres, le nombre de places est limité sur chaque vol.

Dans l'ensemble, sur les trajets couverts par Qantas et Ansett, le plein tarif en classe économique ne correspond pas au billet le meilleur marché. Mais la situation est tellement fluctuante que nous mentionnons tout au long du guide uniquement le plein tarif en classe économique. De nombreux aéroports exigent une taxe d'atterrissage qui est généralement, mais pas toujours, comprise dans le prix du billet.

Les réductions sont généralement plus importantes pour un aller-retour que pour un aller simple.

Si vous prévoyez un voyage aller-retour au moins trois semaines à l'avance, vous pouvez économiser environ 55% en voyageant au tarif Apex. Pour cela, il vous faut acheter et réserver votre billet 21 jours avant le départ et passer au moins un samedi soir sur le lieu de destination. Les détails du vol peuvent être modifiés à tout moment, avec un préavis de 21 jours, mais les billets ne peuvent être remboursés. Si vous réservez 14 jours à l'avance, la réduction est de 50% sur le plein tarif. En réservant 5 jours avant votre départ, vous pouvez obtenir une réduction de 10% sur le plein tarif aller ou retour.

Les étudiants de moins de 26 ans bénéficient d'une réduction de 25% sur le tarif en classe économique, sur présentation de leur carte d'étudiant internationale.

Les voyageurs étrangers peuvent bénéficier d'une réduction sur les lignes intérieures allant jusqu'à 30% sur les vols Qantas et 25% sur les vols Ansett sur présentation de leur billet d'avion international, y compris sur les allers simples, quelle que soit la compagnie aérienne ayant délivré le billet. Ces réductions ne s'appliquent qu'aux pleins tarifs en classe économique, mais sans restriction sur le nombre de vols que vous souhaitez effectuer.

Forfaits avion

Avec les réductions actuelles sur le prix des billets, les forfaits ne présentent plus les mêmes avantages qu'auparavant. Néanmoins, certains sont dignes d'intérêt :

Qantas. Qantas propose deux forfaits. Vendu à l'étranger uniquement, le **Boomerang Pass** permet d'acquérir des coupons destinés aux vols courts (par exemple entre Hobart et Melbourne), au prix de 250 \$ l'aller simple, ou aux vols longs (à destination de Yulara, près d'Uluru par exemple), au prix de 365 \$.

Vous devez acheter un minimum de deux coupons avant votre arrivée en Australie. Une fois sur place, vous pouvez en acheter huit autres.

LES TARIFS AÉRIENS (EN DOLLARS AUSTRALIENS)

Aller simple en classe économique, plein tarif, sur les principales liaisons
(réduction de 25 à 55% possible sur la plupart des destinations)

Le **Qantas Backpackers Pass** n'est vendu, lui, qu'en Australie aux détenteurs d'une carte YHA, VIP, Independent Backpackers, Nomads Australie ou autre organisation similaire. Vous devez choisir dès le départ un minimum de trois villes de correspondance – le parcours doit durer au moins sept jours – et vous pouvez ensuite acheter de deux à six coupons, en passant au moins deux nuits à chaque escale. La réduction est tout à fait attrayante : l'aller simple de Sydney vers Adelaide se monte ainsi à 240 $, alors qu'il atteint 391 $ au tarif plein.

Ansett. Ansett propose le **Kangaroo Air-Pass**, qui comporte deux options : 6 000 km avec deux ou trois escales pour 949 $ ou 10 000 km avec de trois à sept escales pour 1 499 $.

Ces forfaits comportent un certain nombre de restrictions, relatives notamment au temps de séjour (compris obligatoirement entre 10 et 45 nuits) et le voyage doit s'effectuer sans retour en arrière.

Autre obligation, une escale de 4 nuits au minimum dans une ville autre qu'une capitale d'État et une seule escale dans chaque ville.

Les destinations doivent être réservées avant le départ, mais peuvent être modifiées par la suite sans frais.

Avec l'option de 6 000 km, vous pouvez, par exemple, effectuer le circuit Sydney-Alice Springs-Cairns-Brisbane-Sydney. Le prix normal de ce billet s'élève à 1 825 $, vous économisez donc 876 $. Certes, il existe des offres plus intéressantes, mais ce forfait vaut la peine si vous voyagez en haute saison, période où les tarifs promotionnels sont rares.

Ansett propose plusieurs autres formules, notamment le **See Australia Pass**, disponible tant à l'étranger qu'en Australie mais destiné uniquement aux détenteurs d'un billet international pour l'Australie. Pour 1 278 $, il vous permet de voyager sur tous les vols Ansett à l'intérieur du pays. Sa validité est la même que celle de votre billet international.

Soumis aux mêmes restrictions que le Qantas Backpackers Pass, l'**Ansett Australia Backpackers Pass** offre une économie de 30% à 40% par trajet sur le tarif plein en classe économique.

L'Ansett Australia Airpass ne se vend que dans certains pays étrangers. Vous devez acheter deux coupons avant votre arrivée en Australie et vous avez droit à un maximum de neuf autres coupons une fois sur place. Chaque trajet est classé en zone 1 (240 $) ou en zone 2 (300 $), ce qui permet des réductions très intéressantes. Ainsi, le trajet Perth-Cairns se trouve en zone 2 et coûte 300 $ au lieu du prix normal de 709 $. Le forfait n'est pas remboursable mais on peut modifier les dates et la classe.

Autres compagnies aériennes

Le principal transporteur secondaire est Kendell Airlines, qui dessert l'arrière-pays de la Nouvelle-Galles du Sud, du Victoria, de l'Australie-Méridionale et de la Tasmanie. Parmi les compagnies plus petites encore, citons Sunstate, qui dessert le Queensland, dont plusieurs petites îles, et quelques destinations dans le sud, comme Mildura et Broken Hill. Skywest commercialise des vols vers l'Australie-Occidentale. Eastern Australia Airlines dessert la côte de Nouvelle-Galles du Sud, ainsi que l'intérieur, jusqu'à Bourke et Cobar. Airnorth relie Darwin et Alice Springs à de nombreuses bourgades du Territoire du Nord.

Ces petites compagnies sont généralement affiliées à Qantas ou à Ansett, qui effectuent les réservations sur leurs vols.

Desserte des aéroports

Des navettes et des taxis desservent l'aéroport de toutes les grandes villes. Dans certains endroits, il faut téléphoner pour qu'un taxi vienne vous chercher : des téléphones gratuits sont souvent disponibles pour cela.

BUS

Le bus est certainement le moyen le plus économique pour découvrir le pays, après le stop bien sûr.

Le seul véritable réseau de bus national est celui de Greyhound Pioneer Australia (☎ 13 2030, www.greyhound.com.au).

Établi à Brisbane, McCafferty's (☎ 13 1499, www.mccaffertys.com.au) vient en deuxième position. Il couvre les principaux États, à l'exception de l'Australie-Occidentale.

Il existe une multitude de compagnies de bus plus modestes, qui circulent localement ou qui sont spécialisées dans un ou deux trajets principaux entre les grandes villes. Elles proposent souvent les meilleurs prix. Avec Firefly, par exemple, le trajet Sydney-Melbourne coûte 50 $. En Australie-Méridionale, Premier Stateliner dessert l'ensemble de l'État. Westrail en Australie-Occidentale et V/Line dans le Victoria permettent de se rendre là où les trains ne vont plus.

Les bus sont le plus souvent équipés de l'air conditionné, de toilettes et vidéos. Mais il est interdit d'y fumer.

Dans la plupart des villes, il n'existe qu'une seule gare routière. Les gares routières des grandes villes sont en général bien aménagées, avec toilettes et douches. Greyhound Pioneer et McCafferty's proposent toute une gamme de forfaits. A vous de voir lequel vous convient le mieux. Les deux compagnies concèdent 10% de réduc-

La quarantaine entre États

Si vous circulez en voiture ou en avion, vous rencontrerez souvent des panneaux (surtout dans les aéroports, les gares ferroviaires inter-États et aux frontières intérieures) qui vous informeront du risque lié au transport de fruits, de plantes ou de légumes éventuellement porteurs de maladies ou d'insectes. Plusieurs de ces derniers – tavelures du fruit, thysanoptère des cucurbitacées, phylloxéra, nématode du kyste de la pomme de terre, pour n'en citer que quelques-uns – prolifèrent dans certains États et non ailleurs. Pour des raisons évidentes, les autorités souhaitent donc limiter leur propagation.

Ces mesures gênent peu le voyageur. Les postes d'inspection, établis aux frontières et parfois à l'intérieur des États, comptent sur votre honnêteté. Cependant, nombre d'entre eux disposent d'employés qui peuvent fouiller les véhicules. Les fruits et légumes frais sont généralement confisqués et mieux vaut attendre la première ville après le poste pour acheter ce type de produits.

tion aux détenteurs de cartes YHA, VIP, Nomads et autres organismes agréés.

En France, vous pouvez vous renseigner auprès des voyagistes (voir le chapitre *Comment s'y rendre*).

Forfaits Greyhound Pioneer
Forfaits au kilométrage
(Aussie Kilometre Pass). Cette formule spécifie au départ un kilométrage à parcourir dans un délai de un an. Les forfaits débutent à 2 000 km (185 $) et montent par tranches de 1 000 km jusqu'à 20 000 km (1 400 $). Ils sont valables 12 mois et vous permettent de voyager où vous voulez et de faire autant d'arrêts que vous le souhaitez.

A titre indicatif, le forfait de 2 000 km permet de se rendre de Cairns à Brisbane, celui de 4 000 km (325 $), de Cairns à Melbourne, et celui de 12 000 km (865 $), d'effectuer la boucle Sydney-Melbourne-Adelaide-centre du pays-Darwin-Cairns-Sydney.

Forfaits selon la durée
(Aussie Day Pass). Ils fonctionnent comme les précédents, mais vous limitent dans la durée et non dans l'espace. Les forfaits de 7/10/15 jours coûtent 499/640/745 $ et sont valides 30 jours. Celui de 21 jours (982 $) a une validité de 60 jours.

Forfaits selon l'itinéraire
(Aussie Explorer Pass). Parmi les forfaits les plus appréciés, puisque vous bénéficiez de 12 mois pour couvrir l'itinéraire de votre choix. Ils ne vous offrent pas la liberté totale du forfait au kilométrage, mais sur un parcours déterminé – vous avez le choix entre 24 itinéraires différents – ils reviennent généralement moins cher que les forfaits kilométriques. Lorsqu'un forfait couvre un circuit en boucle, vous pouvez démarrer à n'importe quel point de la boucle et achever votre périple au même endroit.

Le forfait Aussie Highlight couvre la moitié est du pays par une boucle : Sydney, Adelaide, Coober Pedy, Alice Springs, Darwin, Cairns, Townsville, les Whitsundays, Brisbane et Surfers Paradise pour 920 $ (visites des parcs nationaux d'Uluru-Kata Tjuta et de Kakadu comprises). D'autres forfaits ne vous ramènent pas au point de départ : le Reef & Rock (710 $) va de Sydney à Alice Springs (et Uluru) via Cairns et Darwin (et Kakadu) ; le Top End Explorer (290 $) se limite à la partie entre Cairns et Darwin (et Kakadu). Le All Australia Pass permet de faire le tour du pays, y compris le centre, pour 1 555 $.

Forfaits McCafferty's
L'**Australian Roamer Pass**, semblable à l'Aussie Kilometre Pass de Greyhound Pioneer, vous donne la possibilité de voyager par tranches de 1 000 km, entre 2 000 km (190 $) et 15 000 km (1 050 $).

McCafferty's propose également le **Travel Australia Pass** (choix de sept itinéraires fixes) valable de 3 à 12 mois.

Équivalent du Pioneer's Aussie de Greyhound, le Best of the East & Centre coûte

845 $ (975 $ avec la visite de Kakadu et d'Uluru). L'Outback Wanderer va de Cairns à Sydney en traversant le centre, pour 485 $ (550 $ avec les visites). Le Sun & Centre, qui revient à 670 $ (750 $ avec les visites), part de Sydney et rejoint Alice Springs *via* Cairns et Darwin.

Autres formules

Quelques autres sociétés proposent des formules souples dans plusieurs régions du pays. La plupart d'entre elles ont conçu des circuits bien définis, mais elles vous transportent néanmoins de A à B et sont une autre option que les grandes compagnies de bus. Généralement destinée aux voyageurs à budget réduit, cette façon de voyager est cependant très intéressante. Parmi ces compagnies, citons :

The Wayward Bus
(☎ 1800 882 823) Cette compagnie jouit d'une excellente réputation et offre six itinéraires dont la plupart vous permettent de faire escale où vous voulez. La formule de huit jours, Face the Outback, vous transporte d'Adelaide à Alice Springs via Wilpena Pound, l'Oodnadatta Track, Coober Pedy et Uluru. Le prix de 670 $ comprend tous les repas, les frais de

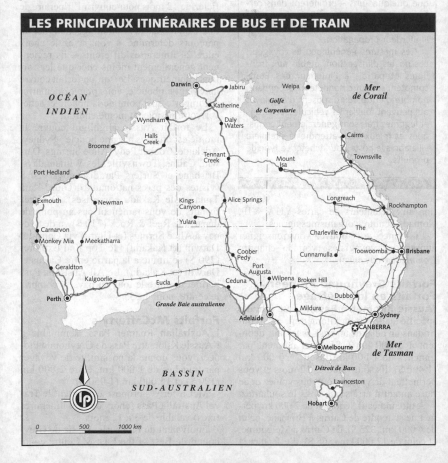

LES PRINCIPAUX ITINÉRAIRES DE BUS ET DE TRAIN

camping et d'auberges et l'entrée dans les parcs nationaux. Les voyageurs pressés peuvent revenir au point de départ avec le forfait Mad Cow (deux jours de route sur la Stuart Hwy, 75 $). Pour vous renseigner, connectez-vous sur le site www.waywardbus.com.au.

Le Classic Coast parcourt en trois jours la spectaculaire Great Ocean Road, entre Adelaide et Melbourne. Les départs ont lieu deux fois par semaine dans les deux directions (180 $, déjeuners compris). Over the Top, un circuit de cinq jours qui relie une fois par semaine Sydney à Melbourne via Canberra, le Kosciusko National Park et l'Alpine Way, coûte 190 $ repas non compris.

Nullarbor Traveller
(www.southaustralia.com/nullarbor, ☎ 1800 816-858) Cette petite compagnie organise des circuits en minibus sur la côte entre Adelaide et Perth dans une ambiance détendue. Deux excursions sont proposées – sept jours (529 $) et neuf jours (699 $) avec des activités telles que du surf, des randonnées dans le bush, l'observation des baleines et des baignades en compagnie des lions de mer et des dauphins. Les tarifs couvrent l'hébergement en camping et en auberge, l'entrée dans les sites et la plupart des repas.

Heading Bush 4WD Adventures
(headbush@dove.net.au, ☎ 1800 639 933) Un voyage de dix jours relie Adelaide à Alice Springs via Dalhousie Springs (sauf en été) et le Painted Desert. L'avantage réside dans la taille restreinte des groupes (10 personnes au maximum). Il s'agit d'une expédition et non d'un circuit organisé et mieux vaut être prêt à vivre à la dure. Le prix est de 750 $ tout compris. Il existe également un aller-retour express en deux jours à 79 $.

Groovy Grape
(www.groovygrape.com.au, ☎ 08-8395 4422, 1800 661 177) Cette société propose une énième option sur la ligne Adelaide-Alice Springs en suivant à peu près le même itinéraire que Wayward Bus mais avec des groupes moins nombreux (18 personnes au maximum). Les circuits en camping de sept jours partent tous les vendredi et coûtent 590 $ avec repas, location des emplacements de camping et entrées dans les parcs nationaux compris. L'aller-retour en deux jours revient à 85 $.

TRAIN

En Australie, on voyage surtout en train par choix. Les trains ne sont pas particulièrement bon marché, ni rapides. En fait, c'est

le moyen le plus lent pour se rendre d'un point à un autre. Mais, par ailleurs, ils sont confortables et permettent de découvrir l'Australie de manière originale.

Selon les disponibilités, vous pouvez bénéficier de réductions pouvant aller jusqu'à 40%, ce qui met le prix au même niveau que ceux pratiqués par les compagnies de bus privées. Les étudiants australiens ont droit à une ristourne de 50% sur le tarif économique. Les billets à tarifs réduits obéissent à la règle du "premier arrivé, premier servi". A l'exception des jours fériés et des périodes de vacances scolaires, vous avez de bonnes chances d'en obtenir, même en les achetant le jour du départ. Pour plus de précautions, réservez.

Si vous traversez plusieurs États, vous pouvez faire escale gratuitement si vous êtes en possession d'un billet économique ou d'un billet d'étudiant. Ce n'est pas le cas avec un billet à tarif réduit.

Les trois principaux trains inter-États (le *Ghan* entre Melbourne et Alice Springs, via Adelaide, l'*Indian Pacific* entre Sydney et Perth, et l'*Overland* entre Melbourne et Adelaide) sont gérés par le Great Southern Railways (☎.13 2147). Queensland Rail (☎ 13 2232) supervise les lignes entre Brisbane et Cairns.

La construction d'une ligne transcontinentale nord-sud entre Alice Springs et Darwin est toujours à l'ordre du jour, après avoir reçu l'assentiment des Aborigènes. Les négociations se poursuivent entre un opérateur privé et les gouvernements des États limitrophes.

Forfaits train

L'**Austrail Pass** permet de voyager sur l'ensemble du réseau ferroviaire australien pour un nombre de jours déterminé en classe économique. Ce forfait coûte 575 $ pour 14 jours, 750 $ pour 21 jours et 900 $ pour 30 jours. Une prolongation de 7 jours d'un de ces forfaits vous coûtera 300 $.

L'**Austrail Flexipass** vous ouvre le droit de voyager en classe économique pendant un certain nombre de jours sur une période de 6 mois. Pour 8 jours, il se monte à 475 $, pour 15 jours à 685 $, pour 22 jours à 965 $

et pour 29 jours à 1250 $. Le forfait de 8 jours n'autorise pas les trajets d'Adelaide à Perth ou sur les autres destinations desservies par le *Ghan*. Ces deux forfaits nationaux sont réservés aux ressortissants étrangers et s'achètent hors d'Australie.

L'East Coast Discovery Pass couvre certains trajets entre Melbourne et Cairns, avec plusieurs options – comptez 199 $ pour un billet Sydney-Cairns, direct ou via Murwillumbah. Le forfait complet est réservé aux étrangers, mais une version abrégée, ne couvrant que les itinéraires les plus directs, est disponible pour les Australiens.

Des forfaits permettant de voyager à l'intérieur d'un État sont disponibles en Nouvelle-Galles du Sud et dans le Queensland. (Voir la rubrique *Comment circuler* de chaque État.)

Le système de réservation est informatisé, et toutes les gares (hormis les gares des trains de banlieue) pourront s'en charger. Pour les réservations par téléphone, appelez le ☎ 13 2232 aux heures de bureau ; ce numéro vous mettra en contact avec la gare principale la plus proche.

VOITURE
Les distances immenses de l'Australie et sa faible densité de population font des transports publics un moyen de locomotion peu pratique et peu développé. Pour de nombreux voyageurs, la meilleure façon de découvrir le pays consiste à acheter une voiture.

Code de la route
Les Australiens roulent à gauche, comme en Grande-Bretagne et dans la plupart des pays d'Asie du Sud-Est et du Pacifique. La règle principale en matière de conduite est la priorité à droite. Si un carrefour ne comporte aucun panneau (ce qui est rare), vous devez donc laisser le passage aux véhicules qui arrivent sur votre droite.

La vitesse est limitée à 60 km/h dans les agglomérations et à 100 ou 110 km/h sur les routes principales, sauf dans le Territoire du Nord où il n'existe pas de limitation de vitesse en dehors des localités. Il est recommandé de ne pas dépasser les limites de vitesse en ville, car les radars sont fré-

quents, surtout dans des zones qui inciteraient à rouler un peu trop vite. Hors des villes, en revanche, vous verrez beaucoup de véhicules dépasser largement la limite de vitesse. Si un conducteur vous fait des appels de phares, il se peut qu'il vous signale ainsi un contrôle de vitesse ou que vos phares sont restés allumés.

Les nouvelles voitures sont toutes équipées de ceintures de sécurité à l'arrière comme à l'avant, et il est obligatoire de se ceinturer, sous peine d'amende. Les jeunes enfants doivent être installés dans un siège auto, homologué aux normes de sécurité.

Sur la route
État des routes. L'Australie possède peu d'autoroutes à plusieurs voies. Vous en verrez toutefois quelques-unes dans les régions particulièrement fréquentées – la Princes Hwy entre Murray Bridge et Adelaide, la Pacific Hwy entre Sydney et Newcastle et le tronçon qui relie Surfers Paradise à Brisbane. Ailleurs, les routes principales, les Highways, sont à deux voies.

Il n'est pas nécessaire de s'éloigner beaucoup des grands axes pour se retrouver sur des pistes, pour lesquelles il vous faudra un véhicule 4x4 et un cric. Quelques pièces de rechange telles que des courroies de ventilateur et des Durit de radiateur peuvent également s'avérer utiles si vous voyagez dans des régions isolées où la circulation est peu importante et les garages rares.

Conduite en état d'ivresse. L'ivresse au volant est un réel problème, en particulier dans les zones rurales. Des efforts ont été faits au cours des dernières années pour réduire les accidents de la route qui en découlent, et les contrôles sont fréquents dans les agglomérations. Si vous avez un taux d'alcoolémie supérieur à 0,05 g, vous risquez fort d'écoper d'une forte amende ainsi que d'un retrait de permis.

Essence. Le prix de l'essence (super, sans plomb et gasoil) varie d'une station-service à l'autre, mais il se situe d'ordinaire entre 65 et 80 c le litre. En dehors des grandes villes, les prix se situent plutôt aux alentours de 1 $ le litre. Le prix peut grimper fortement dans l'Outback, où les distances entre les stations-service sont importantes.

Dangers. Bovins et kangourous constituent un véritable danger sur les routes dans l'Outback. Les kangourous se déplacent souvent en groupe, surtout à l'aube et au crépuscule. Si vous en voyez un traverser la route, ralentissez aussitôt car celui-ci sera certainement suivi par d'autres. Beaucoup d'Australiens évitent simplement de rouler après la tombée de la nuit en raison de ce danger. Si un animal surgit devant vous la nuit, freinez et mettez-vous en code pour ne pas l'effrayer et le déconcerter davantage mais ne tentez pas de l'éviter si cela représente un danger. Nombreux sont les automobilistes morts des suites d'un accident pour avoir voulu éviter un animal, même un lapin ou un lézard. Mieux vaut abîmer sa voiture que risquer sa vie et celle de ses passagers.

Conduite dans l'Outback

Vous pouvez aujourd'hui faire le tour de l'Australie sur la Highway 1 ou traverser le centre du continent pour rallier Darwin depuis Adelaide, et cela sans quitter les routes goudronnées. Dans l'Outback, vous rencontrerez des trains routiers, gigantesques camions formés d'une cabine et de deux ou trois remorques et pouvant faire 50 m de long. Lorsque vous doublez, assurez-vous que vous avez assez de place – donnez-vous une marge de 1 km environ. Quand vous croisez l'un de ces mastodontes sur une route étroite en bitume, arrêtez-vous sur le bas-côté car s'il doit sortir de la route pour passer, la pluie de pierres qu'il projettera risque fort de briser vos vitres. Sur les routes en terre, les convois routiers soulèvent un épais nuage de poussière, et le mieux est de s'arrêter pour les laisser passer.

Si vous voulez vraiment explorer l'Outback australien, il existe encore de nombreuses routes qui donnent un nouveau sens à l'expression "hors des sentiers battus". Certaines peuvent être vraiment accidentées, surtout si elles n'ont pas reçu la visite d'une niveleuse depuis longtemps, en admettant qu'une telle visite ait jamais eu lieu.

DISTANCES PAR LA ROUTE (EN KM)

	Adelaide	Alice Springs	Brisbane	Broome	Cairns	Canberra	Darwin	Melbourne	Perth
Alice Springs	1 690								
Brisbane	2 130	3 060							
Broome	4035	2770	4320						
Cairns	2865	2418	1840	4126					
Canberra	1210	2755	1295	5100	3140				
Darwin	3215	1525	3495	1965	2795	4230			
Melbourne	755	2435	1735	4780	3235	655	3960		
Perth	2750	3770	4390	2415	6015	3815	4345	3495	
Sydney	1430	2930	1030	4885	2870	305	4060	895	3990

Les distances indiquées sont les plus courtes. Il existe d'autres itinéraires qui peuvent s'avérer beaucoup plus longs. Pour les distances en bus, consultez les brochures des compagnies.

S'il n'est pas nécessaire de disposer d'un 4x4 ou d'un équipement sophistiqué pour circuler sur la plupart de ces routes, il faut toutefois être soigneusement préparé à la solitude et au manque de services. Les véhicules doivent avoir été révisés et bénéficier d'une garde au sol suffisante.

Emmenez un câble pour qu'un Bon Samaritain puisse éventuellement vous remorquer jusqu'au plus proche garage. Les associations automobiles des différents États vous fourniront des conseils et de bonnes cartes.

Pour voyager dans des régions vraiment reculées, il est recommandé de s'équiper d'une radio haute fréquence, réglée sur la fréquence des médecins volants (Royal Flying Doctor Service) de la région, d'une balise GPS ou d'un téléphone par satellite.

Il faudra vous munir d'eau en quantité. Par temps chaud, prévoyez cinq litres par personne et par jour plus quelques litres supplémentaires pour le radiateur, répartis en plusieurs récipients au cas où l'un d'entre eux fuirait. La nourriture est moins importante, mieux vaut emporter une roue de secours supplémentaire.

En zone aride, évitez de parcourir les routes les plus accidentées pendant la période la plus chaude de l'année (d'octobre à avril compris). Outre les risques de déshydratation, une simple panne peut se transformer en tragédie. De même, inutile de vous aventurer sur les pistes de l'Outback juste après une inondation.

Si vous tombez en panne au milieu de nulle part, restez auprès de votre voiture. Vue d'avion, elle sera plus facile à repérer que vous et de toute manière, vous ne pourriez emporter suffisamment d'eau avec vous.

Voici les pistes les plus empruntées :

Birdsville Track
Cette ancienne piste, l'une des plus connues en Australie, couvre 499 km entre Marree, en Australie-Méridionale, et Birdsville, juste de l'autre côté de la frontière avec le Queensland. On peut aujourd'hui y circuler avec un véhicule classique bien équipé et entretenu.

Strzelecki Track
Proche de la précédente, cette piste démarre à Lyndhurst, au sud de Marree, et conduit à Innamincka, à 473 km au nord-est, près de la frontière du Queensland. La piste a été améliorée grâce aux travaux réalisés sur les gisements de gaz naturel de Moomba. C'est à Innamincka que les explorateurs Burke et Wills trouvèrent la mort.

Oodnadatta Track
Cette piste suit l'ancienne voie ferrée du Ghan jusqu'à Alice Springs et possède un tracé parallèle goudronné, la Stuart Highway, à l'ouest. 465 km séparent Marree d'Oodnadatta, et il faut faire 202 km de plus jusqu'à la jonction avec la Stuart Highway à Marla. Tout véhicule ordinaire bien préparé devrait pouvoir emprunter cette route fascinante.

Désert de Simpson
La traversée du désert de Simpson, de Mt Dare Homestead à Birdsville, devient de plus en plus fréquentée, mais elle reste très difficile. Un 4x4 est indispensable, et il vaut mieux être en groupe de trois ou quatre véhicules équipés d'émetteurs-récepteurs longue portée.

Warburton Road/Gunbarrel Highway
Cette route va de l'ouest d'Uluru à Laverton, en Australie-Occidentale. De là, vous pouvez poursuivre en direction de Kalgoorlie et Perth. Si vous pensez quitter la route en territoire aborigène, songez au préalable à vous munir d'un permis. Un véhicule ordinaire bien préparé et de préférence haut sur roues devrait pouvoir emprunter cette piste, qui passe par des régions extrêmement isolées. Du centre de villégiature de Yulara (Uluru) à Warburton, il faut compter 567 km, et 568 km de plus pour Laverton, puis 361 km de route goudronnée pour Kalgoorlie. Sur près de 300 km, à partir de la station météorologique de Giles, la Warburton Road et la Gunbarrel Highway suivent le même tracé. Au nord de Warburton, les deux se séparent. La Gunbarrel, qui part vers Wiluna en Australie-Occidentale, est une piste beaucoup plus difficile nécessitant un 4x4. Pour simplifier les choses, la Warburton Road est souvent appelée la Gunbarrel.

Tanami Track
Cette piste part de la Stuart Highway, au nord d'Alice Springs, et se dirige vers le nord-ouest à travers le désert de Tanami jusqu'à Halls Creek, en Australie-Occidentale. C'est un raccourci fréquemment emprunté par les personnes qui voyagent entre le centre et le Kimberley. La piste, récemment améliorée, est praticable par des voitures ordinaires, mais attention aux bancs de sable sur le tronçon en Australie-Occidentale ! Notez que l'auberge de Rabbit Flat, en plein désert, n'est ouverte que du vendredi au lundi.

Canning Stock Route

Cette ancienne piste à bétail court sur 1700 km de Hall Creek à Wiluna, en Australie-Occidentale. Elle traverse le grand désert de sable et le désert de Gibson, et comme elle n'a pas été entretenue depuis plus de trente ans, la prudence est de rigueur. Comme celle du désert de Simpson, elle ne doit être empruntée que par un groupe expérimenté et composé de plusieurs véhicules 4x4.

Plenty Highway et Sandover Highway

Ces deux pistes partent de la Stuart Highway au nord d'Alice Springs et se dirigent vers le Queensland. Elles sont praticables avec un véhicule ordinaire.

Cape York

La Peninsula Developmental Road, qui conduit à la pointe du Cape York, le point le plus septentrional d'Australie, est une route fréquentée, traversée par de nombreuses rivières. Elle ne peut être empruntée que pendant la saison sèche, quand les cours d'eau sont au plus bas. Pour emprunter la voie longeant l'ancienne ligne du télégraphe, il faut nécessairement un 4x4. Un véhicule ordinaire suffit pour circuler sur la nouvelle "Heathlands" Road vers l'est en aval de la Wenlock River, qui contourne les pires obstacles, mais la Wenlock elle-même risque d'être infranchissable.

LES PISTES DE L'OUTBACK

Gibb River Road

Cette route est un raccourci entre Derby et Kununurra, et traverse le centre spectaculaire du Kimberley, en Australie-Occidentale. Bien qu'elle soit détériorée par endroits, elle est praticable avec des véhicules classiques pendant la saison sèche. Elle fait 720 km (et la Northern Highway, goudronnée, 920 km).

Location de voitures

La concurrence dans ce secteur est acharnée, les prix ont tendance à fluctuer, et les occasions spéciales sont des feux de paille. Une voiture peut être utile, voire indispensable, pour vos déplacements. A Alice Springs par exemple, si vous ne disposez pas de votre propre véhicule, vous n'aurez que le choix entre un circuit organisé et la location d'une voiture. En effet, il n'existe pas de transports en commun, et les distances sont trop importantes pour être parcourues à pied ou même à bicyclette.

Les trois principales compagnies, Budget, Hertz et Avis, ont des agences dans toutes les villes du pays. Thrifty est également représentée dans la plupart des agglomérations. On trouve ensuite un grand nombre de petits loueurs locaux ou des sociétés de location possédant des agences dans quelques villes. Globalement, les loueurs nationaux pratiquent des tarifs plus élevés que les compagnies locales.

Les grosses agences de location offrent toutefois un certain nombre d'avantages. First, Avis, Budget, Hertz et Thrifty disposent d'un comptoir dans la plupart des aéroports, ce qui est bien pratique si vous souhaitez prendre et laisser une voiture à l'aéroport.

Elles permettent, ensuite, la location à sens unique (*one-way*), comme prendre une voiture à Adelaide et la laisser à Sydney. Ce type de location reste souvent soumis à certaines conditions : durée minimale de location ; mise à disposition de certains modèles uniquement ; suppléments pour prendre ou laisser un véhicule *one-way* en Territoire du Nord ou en Australie-Occidentale.

Les grandes compagnies offrent toutes plusieurs types de contrats : forfait avec kilométrage illimité ou prix de location fixe auquel vient s'ajouter la facturation au kilomètre. Elles proposent approximativement les mêmes prix pour les locations en ville. En revanche, les variations de prix s'observent sur les locations longue durée et les offres spéciales. Les locations pour le week-end, en général trois jours pour le prix de deux, sont intéressantes.

Le tarif de location journalier est d'environ 50 $ pour une petite voiture (Holden Barina, Ford Festiva, Daihatsu Charade, Suzuki Swift), 75 $ pour une taille moyenne (Mitsubishi Magna, Toyota Camry, Nissan Pulsar), environ 100 $ pour un gros modèle (Holden Commodore, Ford Falcon), l'assurance étant comprise dans tous les cas. Il faut en général avoir 21 ans au minimum pour louer une voiture. Les moins de 25 ans n'auront droit qu'à un petit modèle.

Plusieurs facteurs sont à prendre en considération lors de la location d'une voiture. Si vous louez une voiture en Tasmanie, par exemple, vous bénéficierez souvent de tarifs avantageux, notamment en basse saison.

Il existe également des compagnies appelées *"rent-a-wreck"* (louez-une-épave), spécialisées dans la location de vieilles voitures pour un tarif journalier d'environ 30 $. Elles peuvent parfaitement convenir pour des excursions en ville et dans les environs.

N'oubliez pas qu'en règle générale les assurances australiennes ne garantissent plus une voiture de location lorsqu'elle circule sur une piste. En cas d'accident, les frais risquent de vous incomber. Nous ne pouvons que vous conseiller de vous renseigner très soigneusement sur votre responsabilité en cas d'accident. Pour éviter le risque de payer des milliers de dollars, vous pouvez souscrire votre propre assurance ou acquitter auprès du loueur une surprime pour abaisser le montant de la franchise (voir la rubrique suivante).

Location de 4x4. Pour quitter les sentiers battus, la location d'un 4x4 est tout à fait indiquée. Elle est à la portée des petits budgets, à condition de pouvoir en partager les frais à plusieurs. Un petit 4x4, comme un Suzuki Vitara ou un Toyota Rav4, coûte dans les 100 $ par jour. Pour un Toyota Landcruiser, comptez environ 140 $ par jour, prix qui comprend l'assurance et

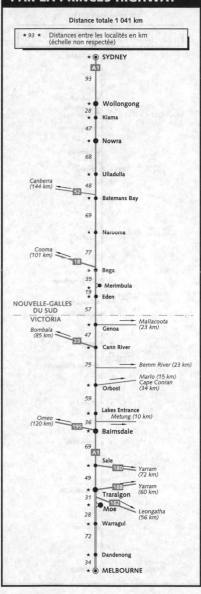

DE SYDNEY A MELBOURNE PAR LA PRINCES HIGHWAY

Distance totale 1 041 km

* 93 * Distances entre les localités en km
(échelle non respectée)

```
                    * ◉ SYDNEY
                      A1
            93

                    * ● Wollongong
            28
                    * ● Kiama
            47
                    * ● Nowra

            68

                    * ● Ulladulla
Canberra         48
(144 km)        52
                    * ● Batemans Bay
            69
                    ʌ ● Narooma

Cooma       77
(101 km)    18
                    * ● Bega
            35
                    * ● Merimbula
            19
                    * ● Eden
NOUVELLE-GALLES  57
DU SUD
VICTORIA
Bombala            * ● Genoa ← Mallacoota
(85 km)     47                  (23 km)
            23
                    * ● Cann River
            75               → Bemm River (23 km)
                             → Marlo (15 km)
                               Cape Conran
                    * ● Orbost   (34 km)
            59
                    * ● Lakes Entrance
Omeo             36    Metung (10 km)
(120 km)   195
                    * ● Bairnsdale
            69
                      A1
                    * ● Sale
            49    180  → Yarram (72 km)
                    * ● 188 → Yarram (60 km)
            31       Traralgon
                    * ● 182
            28      Moe → Leongatha (56 km)
                    * ● Warragul
            72

                    * ● Dandenong
            34
                    * ◉ MELBOURNE
```

quelques kilomètres gratuits (en général 100 ou 200 km par jour). Vérifiez les conditions d'assurance, en particulier les assurances complémentaires, qui peuvent être assez onéreuses. Soyez attentifs aux éléments du contrat, notamment à la franchise, qui peut se révéler élevée. Dans le Territoire du Nord, une somme de 4 000 $ n'a rien de surprenant, bien qu'elle puisse descendre à environ 1 000 $ si vous réglez une surprime de quelque 20 $ par jour. Même s'il s'agit d'un 4x4, la plupart des compagnies ne couvrent pas les dommages causés lors d'un trajet "hors route", c'est-à-dire sur tout ce qui ne ressemble ni à une voie asphaltée ni à une piste. Lisez les petites lignes de votre contrat.

Hertz, Budget et Avis louent des 4x4, avec possibilité de location à sens unique entre les États de l'est et le Territoire du Nord. Territory Thrifty Car Rental loue aussi des 4x4 au départ de Darwin et d'Alice Springs. Britz : Australia (☎ 1800 331 454, www.britz.com) loue des véhicules 4x4 équipés en camping-car, formule devenue très populaire au cours des dernières années. Ils reviennent assez cher : 130 $ par jour, avec kilométrage illimité et une assurance complémentaire collision (20 $ par jour ou 40 $ pour une assurance tous risques, y compris les bris de glace et les crevaisons). Britz possède des agences dans toutes les capitales (excepté Canberra), ainsi qu'à Cairns, Broome et Alice Springs, et permet donc aussi des locations à sens unique.

Autres locations. Il est possible de louer d'autres véhicules que des voitures et des motos. Il est souvent possible de louer des camping-cars, en Tasmanie en particulier. Beaucoup d'endroits proposent des scooters, comme à Cairns ou à Magnetic Island. Enfin, les bicyclettes se louent un peu partout.

Acheter/vendre une voiture

Les véhicules d'occasion s'avèrent plutôt bon marché en Australie. On peut trouver un break XE Ford Falcon de 1982 à 1984 (modèle très apprécié des voyageurs à petit budget) aux alentours de 2 500 $, ou un XF Falcon (de 1985 ou 1986), modèle également recherché, pour 3 500 $ environ. Les modèles japonais équivalents reviennent beaucoup plus cher.

Une voiture achetée à un particulier par le biais d'une petite annonce sera sans doute moins chère. Les revendeurs offrent toutefois l'avantage d'une certaine garantie, bien que celle-ci ne soit pas d'une grande utilité si vous achetez une voiture à Sydney et partez pour Perth. Les conditions de garantie varient d'un État à l'autre (vérifiez-les auprès des associations automobiles sur place).

Les discussions vont bon train entre les voyageurs sur le meilleur endroit où acheter une voiture d'occasion. Bien sûr, les prix varient d'un endroit à l'autre, mais en réalité il ne faut pas trop compter faire un bénéfice à la revente (reportez-vous à la rubrique *Acheter une voiture* de *Sydney*, dans le chapitre *Nouvelle-Galles du Sud*).

En revanche, sachez que plus vous êtes loin de tout, plus il est intéressant d'avoir une Ford ou une Holden, pour lesquelles vous trouverez des pièces détachées de Bourke à Bulamakanka.

En Australie, l'assurance au tiers pour les personnes est toujours comprise dans le prix d'immatriculation d'un véhicule, ce qui garantit que tout véhicule (pour autant qu'il soit immatriculé) bénéficie d'une assurance minimale. Il est conseillé d'y ajouter au moins l'assurance au tiers pour les véhicules. Une collision mineure avec une autre voiture peut se révéler incroyablement onéreuse !

L'achat ou la vente d'une voiture restent généralement soumis à une réglementation propre à chaque État. Dans le Victoria, par exemple, une voiture doit passer un contrôle technique (*Road Worthy Certificate* ou *RWC*) avant de pouvoir être immatriculée au nom d'une nouvelle personne. Le propriétaire vous indiquera si le véhicule a passé le contrôle technique. En Nouvelle-Galles du Sud et dans le Territoire du Nord, ce contrôle technique a lieu chaque année lors du renouvellement de l'immatriculation du véhicule. Une taxe est perçue à l'achat d'une voiture et, comme elle est calculée sur la base du prix de vente du véhicule, il n'est pas rare que le vendeur et l'acheteur s'entendent pour déclarer un prix de vente fictif différent du prix réel. Il est

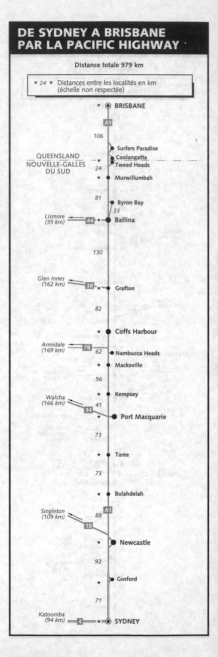

DE SYDNEY A BRISBANE PAR LA PACIFIC HIGHWAY

Distance totale 979 km

★ *24* ★ Distances entre les localités en km (échelle non respectée)

★ ● BRISBANE
A1
106
Surfers Paradise
QUEENSLAND   Coolangatta
NOUVELLE-GALLES ★ Tweed Heads
DU SUD   24
★ ● Murwillumbah
81
Byron Bay
33
Lismore 44 ★ ● Ballina
(35 km)
130
Glen Innes 38 ★ ● Grafton
(162 km)
82
★ ● Coffs Harbour
Armidale 78 62 ● Nambucca Heads
(169 km)
★ ● Macksville
56
★ ● Kempsey
Walcha 41
(166 km) 34 ★
★ ● Port Macquarie
73
★ ● Taree
73
★ ● Bulahdelah
A1
Singleton 88
(109 km) 15
★ ● Newcastle
92
★ ● Gosford
71
Katoomba 4 ★ ●= SYDNEY
(94 km)

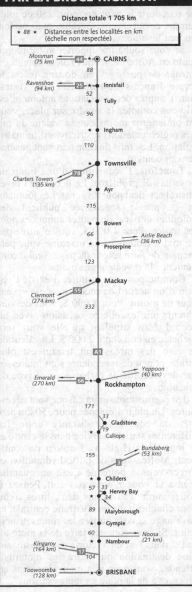

DE BRISBANE A CAIRNS PAR LA BRUCE HIGHWAY

Distance totale 1 705 km

★ *88* ★ Distances entre les localités en km (échelle non respectée)

Mossman (75 km) — **44** — ★ — ◉ CAIRNS
88
Ravenshoe (94 km) — **25** — ★ — ◉ Innisfail
52
★ — ◉ Tully
96
★ — ◉ Ingham
110
★ — ◉ Townsville
Charters Towers (135 km) — **78** — 87
★ — ◉ Ayr
115
★ — ◉ Bowen
66
Airlie Beach (36 km)
★ — ◉ Proserpine
123
★ — ◉ Mackay
Clermont (274 km) — **55**
332
A1
Yeppoon (40 km)
Emerald (270 km) — **66** — ★ — ◉ Rockhampton
171
33
★ — ◉ Gladstone
19
★ — ◉ Calliope
Bundaberg (53 km)
155 — **3**
★ — ◉ Childers
57 — 33 — ★ — ◉ Hervey Bay
34
★ — ◉ Maryborough
89
★ — ◉ Gympie
Noosa (21 km)
60
★ — ◉ Nambour
Kingaroy (164 km) — **17** — 104
Toowoomba (128 km) — ★ — ◉ BRISBANE

beaucoup plus facile de vendre une voiture dans l'État où elle est immatriculée. Dans un autre État, elle doit être immatriculée à nouveau, ce qui freine considérablement la vente, notamment en Australie-Occidentale.

Afin d'éviter tous ces tracas liés à l'achat ou à la vente, le mieux est de conclure un accord de rachat avec le vendeur de voitures ou de motos. Toutefois, au moment de la reprise, le revendeur essaiera souvent de faire baisser le prix – même s'il a été fixé par écrit – en prétextant des réparations coûteuses, indispensables pour passer le fameux contrôle technique. Les voitures d'occasion proposées ont souvent parcouru l'Australie de nombreuses fois, avec un minimum d'entretien, et ne sont plus de première jeunesse. La formule a l'avantage de vous libérer du problème de revente à la fin du voyage, et de vous couvrir par une assurance que les touristes obtiennent parfois difficilement (reportez-vous à la rubrique *Comment s'y rendre* de *Sydney* dans le chapitre *Nouvelle-Galles du Sud*).

Compagnie spécialisée dans le rachat de voitures et de motos, Car Connection Australia (☎ 03-5473 4469, fax 03-5473 4520, www.carconnection.com.au) propose des prix fixes et sans surprises. A titre indicatif, un break Ford Falcon ou une moto Yamaha XT600 coûtent 1 950 $ pour une période d'utilisation de 6 mois maximum ; une Toyota Landcruiser Diesel, adaptée à la conduite sur piste, revient à 4 500 $, pour une même durée.

Il est possible d'obtenir des renseignements et des réservations auprès de son agent européen : Travel Action GmbH (☎ 0276-47824, fax 7938), Einsiedeleiweg 16, 57399 Kirchhundem, Allemagne.

Enfin, ne manquez pas de vous adresser aux associations automobiles (pour plus de détails, voir la rubrique correspondante du chapitre *Renseignements pratiques*). Elles pourront vous renseigner utilement et, mieux encore, vérifier pour 100 $ l'état d'une voiture d'occasion avant que vous ne l'achetiez. Elles proposent également une assurance à leurs membres (non transmissible au nouveau propriétaire, au moment de la revente du véhicule).

Associations automobiles

L'Australian Automobile Association (www.aaa.asn.au) a pour mission de chapeauter les différentes associations des États et d'entretenir des liens internationaux avec d'autres associations. Les services de dépannage d'urgence, la documentation, les cartes (excellentes) et des guides détaillés sur l'hébergement et les emplacements de camping sont fournis par les associations des États.

Voici les adresses les plus utiles :

Australie-Méridionale
   Royal Automobile Association of South Australia (RAA), 41 Hindmarsh Square, Adelaide, SA 5000 (☎ 08-8202 4500, fax 8202 4520, www.raa.net)
Australie-Occidentale
   Royal Automobile Club of Western Australia (RACWA), 228 Adelaide Terrace, Perth, WA 6000 (☎ 08-9421 4444, fax 9221 2708, www.rac.com.au)
Nouvelle-Galles du Sud
   National Roads & Motorists Association (NRMA), 388 George St, Sydney, NSW 2000 (☎ 13 2132, fax 02-9292 9049, www.nrma.com.au)
Queensland
   Royal Automobile Club of Queensland (RACQ), 300 St Pauls Terrace, Fortitude Valley, 4006 (☎ 07-3361 2444, fax 3849 0610, www.racq.com.au)
Tasmanie
   Royal Automobile Club of Tasmania (RACT), à l'angle de Patrick St et de Murray St, Hobart, Tas 7000 (☎ 03-6232 6300, fax 6234 8784, travel@ract.com.au)
Territoire du Nord
   Automobile Association of the Northern Territory (AANT), 79-81 Smith St, Darwin, NT 0800 (☎ 08-8981 3837, fax 8941 2965)
Victoria
   Royal Automobile Club of Victoria (RACV), 360 Bourke St, Melbourne, Vic 3000 (☎ 13 1955, fax 03-9790 2844, www.racv.com.au)

MOTO

La moto est un moyen populaire de se déplacer en Australie. Le climat s'y prête à merveille pendant la majeure partie de l'année, et les nombreux sentiers qui s'enfoncent dans le bush depuis les routes principales mènent souvent à des lieux idylliques où passer la nuit.

Les grandes routes conviennent surtout pour des motos de 750 cc ou plus. Cela n'empêche pas des individus entreprenants de parcourir le pays en moto 250 cc tout-terrain, ce qui est envisageable, mais parfois un peu fastidieux.

Si vous souhaitez apporter votre propre moto en Australie, il vous faudra obtenir un *carnet de passages* en douane (c'est le terme français qu'emploient les Australiens), auprès des associations automobiles. Si vous comptez la vendre sur place, vous en obtiendrez moins que sa valeur du fait des réglementations restrictives d'immatriculation. Les frais de transport sont généralement coûteux.

Toutefois, l'acquisition d'une moto ne pose pas de problème. Le début de l'hiver austral est idéal pour un achat. Les journaux et la presse spécialisée publient des colonnes entières de petites annonces pour les motos. Pour 4 000 $, vous n'aurez pas de mal à dénicher une machine vous permettant de faire le tour du pays. Seul inconvénient : la revente après usage.

Comme pour une voiture, il existe l'option d'un accord de rachat avec un revendeur de motos. Pour 8 000 $, vous devriez obtenir une excellente occasion, avec un accord écrit stipulant qu'elle vous sera rachetée en bon état à 2 000 $. La valeur de revente des motos tout terrain est plus faible, et peu de revendeurs sont intéressés par des accords de rachat pour ce type de machine.

Un permis moto et un casque sont nécessaires. Un plein d'essence pour 350 km permet de couvrir la distance entre les différentes stations-service dans le centre et le long de la Highway 1 autour du continent. Méfiez-vous de la déshydratation et forcez-vous à boire de l'eau en quantité même si vous n'avez pas soif. Pensez à vous munir d'au moins deux litres d'eau pour chaque étape en Australie centrale, et davantage si vous quittez les routes principales. Si vous comptez faire de la moto au sud et dans l'est du Victoria et en Tasmanie (une destination qui attire les motards), attendez-vous à un très mauvais temps en hiver, et à de la pluie en toutes saisons.

Il est utile d'emporter des outils et des pièces de rechange avec soi. Si vous ne savez pas quoi prendre, les principales associations automobiles fournissent à leurs membres des conseils de préparation (voir la rubrique *Voiture* ci-dessus). Munissez-vous d'un manuel de réparation et de Sandows pour arrimer vos affaires.

Enfin, si vous rencontrez un problème au milieu de nulle part, garez votre moto où elle sera visible et respectez la règle numéro un : ne quittez pas votre véhicule.

Pour des renseignements sur la conduite, reportez-vous à la rubrique *Voiture* ci-dessus.

BICYCLETTE

L'Australie est un pays idéal pour faire du vélo. La plupart des villes disposent de pistes cyclables, et l'arrière-pays comporte des milliers de kilomètres de bonnes routes avec très peu de circulation. En outre, il est possible de parcourir de grandes distances sans rencontrer une colline.

Les casques de vélo sont obligatoires dans tous les États et Territoires.

Toutes sortes de trajets sont envisageables : rouler un jour ou deux dans les vignobles d'Australie-Méridionale, suivre le cours du Murray ou celui de la Murrumbidgee pendant des semaines, prévoir de longues excursions dans les montagnes ou les déserts australiens. La Tasmanie est l'une des destinations préférées des cyclistes. Essayez les Alpes australiennes entre Canberra et Melbourne et les Flinders Ranges en Australie-Méridionale.

Le cyclisme a toujours été très pratiqué en Australie, et pas seulement comme sport : certains tondeurs de moutons couvraient des distances énormes à vélo plutôt qu'à cheval, d'une exploitation à l'autre. Il est rare de tomber sur une localité de moyenne importance qui n'ait pas une boutique avec des pièces de rechange.

Si vous allez en Australie spécialement pour faire du cyclotourisme, cela vaut la peine d'emporter votre vélo. Consultez votre transporteur aérien pour les coûts et les modalités. En Australie même, vous pouvez mettre votre vélo dans le bus ou le train pour éviter les trajets ennuyeux. Les compagnies de bus demandent que la bicyclette soit démontée, et certaines ne garantissent pas qu'elle voyage dans le même bus que vous. Le train est plus pratique, mais assurez-vous que votre vélo ne soit pas écrasé sous d'autres chargements.

Si vous n'avez pas emporté votre vélo et que vous ne souhaitez pas en acheter un, vous trouverez des agences de location de bicyclettes et d'équipements presque partout. Rares sont les villes qui ne possèdent pas au moins une boutique vendant des pièces de rechange.

En Australie, le prix d'un bon vélo avec un cadre en acier se situe autour de 400 $. Il est possible de louer une bicyclette et des équipements auprès des compagnies touristiques. Après une longue journée de vélo sur la côte est, vous trouverez partout gîte et couvert. Le matériel de camping, en tout cas sur la côte, paraît inutile puisqu'il existe toujours une possibilité de se loger dans une auberge de jeunesse, un hôtel ou une caravane fixe.

Les cartes routières ordinaires peuvent suffire, mais comme vous voudrez probablement éviter autant les grandes routes que les routes non goudronnées, les cartes du gouvernement semblent plus adaptées à vos besoins. Celles à l'échelle 1/250 000 sont les meilleures, mais il vous en faudra un grand nombre si vous couvrez de grandes distances. L'échelle 1/1 000 000 convient aussi. Ces cartes sont disponibles dans les grandes villes.

Souvenez-vous, même pour quelqu'un en pleine forme, l'eau reste vitale. Il ne faut pas prendre la déshydratation à la légère – on peut en mourir (reportez-vous à la rubrique *Santé* du chapitre *Renseignements pratiques*). Un auteur de Lonely Planet a parcouru près de 200 km en avalant seulement un bol de cornflakes et des sandwiches, mais le soleil du Queensland l'a obligé à boire près de 5 litres d'eau !

Il peut faire très chaud en été, et mieux vaut s'habituer progressivement à la chaleur. Par 35°C ou plus, faire du cyclotourisme n'est pas si difficile, à condition de porter un chapeau, de protéger sa peau et de boire *beaucoup* d'eau (pas de soda). Dans les États de l'est, méfiez-vous du vent chaud du nord, qui domine pendant l'été et complique la vie du cycliste quand il lui fait face. En avril, quand le temps clair de l'automne apparaît dans le sud-ouest, les alizés sont dominants et permettent, en théorie du moins, d'avoir vent arrière jusqu'à Darwin.

Bien sûr, il n'est pas nécessaire de suivre les grandes routes ou de visiter les villes. Vous pouvez aussi emporter des provisions, partir dans le bush et ne rencontrer personne pendant des semaines. Encore une fois, les expéditions dans le bush sont risquées si elles ne sont pas bien organisées. L'eau est le principal problème dans le *dead heart* (le centre désertique de l'Australie) et vous ne devez pas compter en trouver là où il n'existe pas de campements. Ne comptez pas sur les points d'eau, réservoirs et autres ruisseaux indiqués sur la carte, qui peuvent être à sec ou fournir une eau impropre à la consommation.

Renseignez-vous auprès des habitants sur l'état des routes si vous partez dans des régions reculées, et prenez conseil si vous comptez lancer une expédition aventureuse.

Organismes utiles

Chaque État dispose d'organismes touristiques aptes à vous renseigner et à vous mettre en contact avec des clubs de cyclotourisme ou des loueurs :

ACT
   Pedal Power ACT, PO Box 581, Canberra, ACT 2601 (☎ 02-6248 7995, fax 6248 7774), www.sunsite.anu.edu.au/community/pedalpower)
Australie-Méridionale
   Bicycle SA, 1 Sturt St, Adelaide 5000 (☎ 08-8410 1046, fax 8410 1455, www. bikesa.asn.au)
Australie-Occidentale
   Bicycle Transportation Alliance (www.sunsite.anu.edu.au/wa/bta)
Nouvelle-Galles du Sud
   Bicycle New South Wales, 209 Castlereagh St, Sydney, NSW 2000 (www.ozemail.com.au/bikensw)
Queensland
   Bicycle Queensland, PO Box 8321, Woolloongabba, Brisbane, Qld 4102 (www.uq.net.au/~zzdmcdon/)

Tasmanie
   Bicycle Tasmania, c/o Environment Centre, 102 Bathurst St, Hobart, Tas 7000 (☎ 03-6233 6619 www.netspace.net.au/spoke/biketas.html)
Victoria
   Bicycle Victoria, 19 O'Connell St, North Melbourne, Vic 3051 (☎ 03-9328 3000, www. com.au)

Circuits organisés

Il existe aussi divers circuits organisés sur des trajets de différentes longueurs. Outre les affinités qu'on est sûr d'y rencontrer, la plupart prévoient un véhicule d'assistance et s'occupent de l'hébergement et de la cuisine.

Remote Outback Cycle Tours (☎ 08-9244 4614, 1800 244 614, fax 9244 4615), à Perth, propose des circuits allant de Perth à Broome en quatre étapes via Uluru, Alice Springs et Darwin. L'itinéraire emprunte la Warbuton Road entre Kalgoorlie et Uluru et la Gibb River Road entre Kununurra et Broome, dans le Kimberley. Le prix s'élève à 130 $ par jour, tout compris. Cette agence possède un site Web très complet : www.cycletours.com.au.

EN STOP

Le stop n'est pas sûr en Australie, et nous ne recommandons pas ce mode de déplacement. Les voyageurs qui décident d'en faire doivent savoir qu'ils prennent de sérieux risques. Le Queensland, en particulier, est connu pour les agressions contre les auto-stoppeuses, mais les autres États ne sont pas en reste, par exemple la Nouvelle-Galles du Sud avec ce qu'on a baptisé les "meurtres de randonneurs", au début des années 90.

Première règle : évitez de voyager seul, que vous soyez un homme ou une femme. Deux femmes peuvent être vulnérables, tandis que deux hommes risquent d'attendre de longues heures sur le bord de la route. La meilleure solution est de faire équipe à un homme et une femme.

Ensuite, sachez décliner une offre. Si refuser de monter dans une voiture pleine d'ivrognes peut sembler évident, il n'est pas toujours facile de repérer les individus potentiellement violents. Sachez quitter un véhicule si vous sentez un quelconque malaise : ne vous en remettez pas à la chance mais trouvez n'importe quel prétexte et descendez dès que vous le pouvez.

En outre, refusez qu'on vous dépose à un carrefour isolé ou au milieu de nulle part. Déplacez-vous de ville en ville ou de relais routier en relais routier.

BATEAU
Vous n'aurez pas grand choix. Le seul service passager régulier est le ferry Spirit of Tasmania, qui relie Melbourne à Devonport. Un second ferry, le Devil Cat, dessert la même ligne depuis quelques années mais uniquement l'été, et son avenir est incertain.

CIRCUITS ORGANISÉS
Il existe toutes sortes de circuits organisés en Australie, dont des circuits de camping intéressants. Les circuits aventure comprennent des safaris en 4x4 dans le Territoire du Nord et jusqu'à la pointe nord du Queensland. Certains circuits permettent de découvrir des endroits où vous ne pourriez aller seul sans un équipement coûteux. Vous pouvez également vous inscrire à des circuits de randonnée, de ski, en bateau, en raft, en canoë, à dos de cheval ou de dromadaire, et même en avion.

Les circuits organisés par l'association des auberges de jeunesse YHA sont d'un bon rapport qualité/prix. Les agences de voyages YHA dans les différentes capitales vous renseigneront utilement (pour en connaître les adresses, reportez-vous à la rubrique *Hébergement* dans le chapitre *Renseignements pratiques*). Dans les centres touristiques importants comme Sydney, Darwin et Cairns, plusieurs circuits s'adressent spécifiquement aux voyageurs à petit budget, avec

des destinations et des prix intéressants.

Plusieurs tour-opérateurs sérieux organisent des circuits à moto. Parmi eux, citons Bike Tours Australia, également nommé Car Connection Australia (consultez la rubrique *Voiture* du présent chapitre pour de plus amples détails).

VOYAGES POUR ÉTUDIANTS
STA Travel (www.statravel.com.au) est la principale agence pour les étudiants voyageant en Australie. Elle dispose d'un réseau d'agences de voyages à travers le pays et, outre les billets ordinaires, elle propose des tarifs réduits et des circuits. STA Travel est en fait ouverte à tous. Son bureau principal est à Melbourne, mais elle compte de nombreuses succursales dans les villes principales et dans les universités. Le numéro de téléphone national pour les réservations est le ☎ 1300 360 960 et les succursales principales sont :

ACT (Territoire de la capitale d'Australie)
　13-15 Garema Place, Canberra, ACT 2601
　(☎ 02-6247 8633)
Australie-Méridionale
　235 Rundle St, Adelaide 5000
　(☎ 08-8223 2426)
Australie-Occidentale
　100 James St, Northbridge, Perth 6003 (☎ 08-9227 7569)
Nouvelle-Galles du Sud
　855 George St, Sydney NSW 2000
　(☎ 02-9212 1255)
Queensland
　Shop 25-26, Brisbane Arcade, 111 Adelaide St, Brisbane 4000 (☎ 07-3221 3722)
Territoire du Nord
　Shop T 17, Smith St Mall, Darwin 0800
　(☎ 08-8941 2955)
Victoria
　224 Faraday St, Carlton, Melbourne 3053
　(☎ 03-9347 6911)

ACT

Lorsque, en 1901, les différentes colonies d'Australie se sont regroupées en une fédération d'États, la Constitution prévoyait la création d'une capitale fédérale. Pour des raisons diplomatiques, le site devait se trouver à mi-distance entre les deux grandes rivales de toujours, Sydney et Melbourne. Il a été fixé en 1908.

En 1911, le gouvernement du Commonwealth acheta le terrain correspondant au Territoire de la capitale d'Australie (Australian Capital Territory ou ACT), et, en 1913, on baptisa la future ville Canberra, qui signifie "lieu de rencontre" en langue aborigène. Les choses ont évolué lentement et le Parlement ne s'est réuni pour la première fois dans la capitale qu'en 1927. Entre-temps, le siège du gouvernement fédéral est resté à Melbourne. La crise de 1929 empêcha pratiquement tout essor et la reprise n'a vraiment eu lieu qu'après la Seconde Guerre mondiale.

Actuellement, l'ACT compte environ 309 000 habitants.

Canberra

☎ 02 • code postal 2601 • 308 086 hab.

La visite de Canberra s'impose pour son architecture et ses musées, mais aussi parce que c'est une ville fascinante par son agencement totalement planifié. Elle s'étend dans un cadre superbe entouré de collines verdoyantes – on a planté douze millions d'arbres –, et offre la possibilité, sans parcourir des kilomètres, de skier ou de faire des randonnées dans le bush.

Canberra est dotée de tous les équipements d'un centre vital d'importance nationale avec, notamment, sa passionnante National Gallery, sa splendide Parliament House et ses superbes Botanic Gardens. Mieux encore, Canberra compte une population jeune, composée de nombreux étudiants, qui contribue à en faire une ville très animée. Enfin, c'est la seule ville d'Australie où il est

A ne pas manquer

Population : 308 411 habitants
Superficie : 2 366 km^2
Indicatif téléphonique : 02

- La fascinante architecture de Parliament House
- Le circuit de la flore aborigène dans les Australian National Botanic Gardens
- L'admirable collection d'art de la National Gallery of Australia
- L'exubérante exposition de fleurs printanières au Floriade Festival de Canberra, en octobre et novembre
- Les sentiers autour du superbe lac Burley Griffin, à parcourir à bicyclette
- Une randonnée dans la Tidbinbilla Nature Reserve ou le Namadgi National Park, tous les deux abritant une riche variété des spécimens australiens de la flore et de la faune

possible de rencontrer des kangourous. On peut en voir nageant dans les eaux du lac Burley Griffin, ou en train de paître sur les pelouses de la Parliament House.

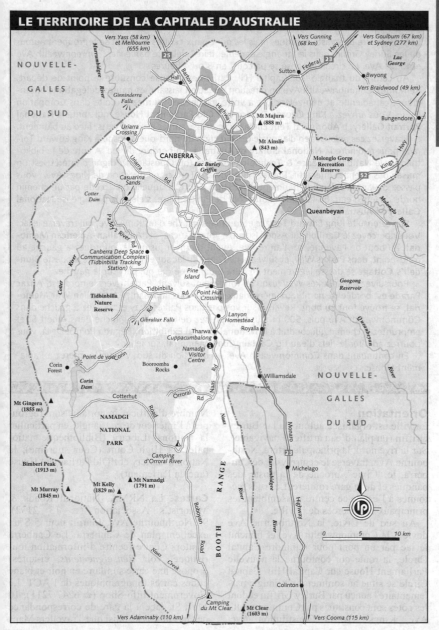

LE TERRITOIRE DE LA CAPITALE D'AUSTRALIE

Vers Yass (58 km) et Melbourne (655 km)

Vers Gunning (68 km)

Vers Goulburn (67 km) et Sydney (277 km)

NOUVELLE-
GALLES
DU SUD

Murrumbidgee River

Ginninderra Falls

Hall

Barton

Sutton

Federal Hwy

Lac George

Bwyong

Vers Braidwood (49 km)

Bungendore

High Way

Mt Majura
▲ (888 m)

Mt Ainslie
▲ (843 m)

CANBERRA

Uriarra Crossing

Uriarra Rd

Lac Burley Griffin

Molonglo Gorge Recreation Reserve

Kings Hwy

Molonglo River

Casuarina Sands

Cotter Dam

River

Cotter

Paddy's River Rd

Canberra Deep Space Communication Complex (Tidbinbilla Tracking Station)

Tidbinbilla Rd

Pine Island

Point Hut Crossing

Queanbeyan

Googong Reservoir

Tidbinbilla Nature Reserve

Gibraltar Falls

Lanyon Homestead

Royalla

Tharwa

Cuppacumbalong

Namadgi Visitor Centre

Queanbeyan River

Corin Forest

Point de vue orm

Booroomba Rocks

Williamsdale

NOUVELLE-
GALLES
DU SUD

Corin Dam

Mt Gingera ▲
(1855 m)

Cotterhut

Orroral Rd

Road

Naas Rd

Murrumbidgee River

Monaro Highway

NAMADGI
NATIONAL
PARK

Camping d'Orroral River

Michelago

Bimberi Peak ▲
(1913 m)

Mt Murray ▲
(1845 m)

Mt Kelly ▲
(1829 m)

▲ Mt Namadgi
(1791 m)

BOOTH RANGE

Boboyan Road

River

0   5   10 km

Naas Creek

Camping du Mt Clear

Mt Clear
(1603 m)

Vers Adaminaby (110 km)

Vers Cooma (115 km)

Colinton

ACT

Circuit pédestre dans Canberra

La ville couvre une vaste étendue, mais les principaux centres d'intérêt se regroupent autour du lac Burley Griffin, dans le "triangle parlementaire" délimité par le lac, Commonwealth Ave et Kings Ave. Le circuit proposé se parcourt en 3 ou 4 heures.

Au centre du triangle, sur Capital Hill, **Parliament House** constitue le point de départ. Remontez Commonwealth Ave en direction du lac en laissant les **hautes délégations** britannique, canadienne et néo-zélandaise à votre gauche, et tournez à droite dans Coronation Drive. Vous arrivez à King George Terrace et à **Old Parliament House**, qui abrite la **National Portrait Gallery**. L'**Aboriginal Tent Embassy** se dresse sur les espaces verts, face au bâtiment.

Traversez ces pelouses en diagonale (en direction du nord-ouest) jusqu'à King Edward Terrace pour rejoindre la **National Library of Australia**, en bordure du lac. A côté de la bibliothèque, le **National Science & Technology Centre** (ou Questacon), digne d'intérêt, est un musée des sciences interactif. Prenez King Edward Terrace en direction de Kings Ave ; vous passez devant le splendide bâtiment de la **High Court**, à laquelle on accède par un chemin bordé de jets d'eau. En face, de l'autre côté de Parkes Place, s'élève la prodigieuse **National Gallery of Australia**.

Suivez ensuite King Edward Terrace et tournez à gauche dans Kings Ave, qui traverse le lac. Vous apercevez le **Carillon** sur Aspen Island, à votre gauche, et l'**Australian-American Memorial**, au bout de l'avenue, sur l'autre rive. Avant d'arriver jusque-là, bifurquez à gauche au rond-point, dans Parkes Way, et suivez la rive nord du lac sur environ 1 km. Le modeste **Blundell's Cottage** se dresse légèrement en retrait, dans une rue qui part sur la gauche.

Poursuivez dans Parkes Way jusqu'au rond-point suivant. Partant vers le nord-est, **Anzac Parade** est bordée de nombreux mémoriaux dont le plus imposant, l'**Australian War Memorial**, se trouve tout au bout. Revenez sur vos pas dans Parkes Way et tournez à gauche dans Commonwealth Ave puis, 500 m plus loin, prenez de nouveau à gauche dans Albert St et empruntez le chemin qui conduit à la **National Capital Exhibition** (Regatta Point). De là, vous pourrez admirer les jets d'eau du **Captain Cook Memorial**, sur le lac.

En continuant dans Commonwealth Ave, en direction du sud, vous retournerez à Parliament House.

Orientation

La ville est organisée autour du lac Burley Griffin (un plan d'eau artificiel navigable). Sur la rive nord, la principale artère, Northbourne Ave, traverse le centre-ville de Canberra, le "Civic", proche de la poste, des banques et de la gare routière. Les rues piétonnes à l'est de ce centre, rassemblent les principaux commerces de la ville.

Au sud de Civic, la Northbourne Ave devient la Commonwealth Ave, et franchit le lac par un pont pour rejoindre Capital Circle, la route qui contourne la nouvelle Parliament House sur Capital Hill. Capital Circle se situe au sommet du "triangle parlementaire" conçu par Burley Griffin et dont les côtés sont constitués par Commonwealth Ave, Kings Ave et Constitution Ave.

Nombre d'édifices importants sont regroupés à l'intérieur de ce triangle, en particulier la National Library (Bibliothèque nationale), la High Court (Cour suprême), la National Gallery et l'Old Parliament House (ancien Parlement).

Cartes. La NRMA, National Roads & Motorist's Association (☎ 13 2132), 92 Northbourne Ave, fournit pour 5 $ un excellent plan de Canberra. Le Canberra Visitors Centre (centre d'information touristique, voir *Renseignements*, ci-après) propose une carte similaire en noir et blanc et des cartes topographiques de l'ACT. Le Government Info Shop (☎ 6247 7211), 10 Mort St, face à la gare de correspondance des bus de Civic, ainsi que Travellers Maps

& Guides (☎ 6249 6006), dans Jolimont Centre sur Northbourne Ave, offrent également un vaste choix de cartes.

Renseignements

Office du tourisme. Le Canberra Visitors Centre (☎ 6205 0044, 1800 026 166, www.canberratourism.com.au) se trouve 330 Northbourne Ave, à environ 2 km de Vernon Circle. Il est ouvert tous les jours de 9h à 17h30 et jusqu'à 16h le weekend. L'accueillant Travellers Maps & Guides (☎ 6249 6006), dans Jolimont Centre sur Northbourne Ave, édite une brochure très pratique, excellente source d'information sur Canberra.

Plus spécialement destiné aux femmes, le Women's Information and Referral Centre (☎ 6205 1075), Level 1, Block A, Callam Offices, Easty St, Woden, est ouvert du lundi au vendredi de 9h à 17h.

Argent. Outre les banques qui parsèment le centre-ville, vous trouverez une agence American Express dans le Centrepoint Building, au coin de Petrie St et de City Walk, et un bureau Thomas Cook sur Bunda St. Pour changer de l'argent en dehors des heures de bureau, allez au Casino Canberra.

Poste et communications. Vous pouvez faire adresser votre courrier en poste restante au Canberra City Post Office, 53-73 Alinga St, Civic, ACT 2601. Les guichets sont ouverts du lundi au vendredi de 8h30 à 17h30. Vous pouvez téléphoner à l'extérieur du bâtiment depuis les nombreux téléphones à pièces ou à carte également présents au Jolimont Centre, tout proche.

La National Library, la Civic Library et beaucoup de bibliothèques de banlieue disposent d'accès Internet. La YHA et le Victor Lodge possèdent des terminaux, tout comme le rez-de-chaussée du Jolimont Centre. Dans Kingston, essayez le Cyberchino (voir *Où se restaurer* ci-dessous).

Centres culturels. Les institutions et clubs étrangers ne manquent pas à Canberra, parmi lesquels l'Alliance française (☎ 6247 5027), McCaughey St, Turner, mais aussi Das Zentrum (☎ 6230 04411),

un centre culturel germano-australien installé Community Centre, 19 Bunda St, et enfin le Spanish-Australia Club (☎ 6295 6506), Jerrabomberra Ave, à Narrabundah.

Blanchissage/nettoyage. Les grands quartiers commerciaux abritent en général des laveries automatiques. Dans Dickson, une laverie à pièces se trouve Cope St. Une autre ressemblant à un bureau de poste occupe le même pâté de maisons que Tilley's, dans Wattle St, Lyneham. La Kingston Coin-Op Laundry est située dans le Cusak Centre, Eyre St, dans le centre commercial de Kingston.

Services médicaux. Un centre médical et de vaccination pour voyageurs (Travellers' Medical & Vaccination Centre ; ☎ 6257 7154) se trouve dans City Walk Arcade, près de la gare de correspondance de Civic. Il reçoit du lundi au vendredi de 8h30 à 16h30, sur rendez-vous. Divers autres cabinets médicaux sont installés à proximité.

Urgences. Voici les principaux numéros de téléphone en cas d'urgence : ambulances, pompiers et police : ☎ 000 ; Lifeline (équivalent de SOS Amitié) : ☎ 13 1114 ; Rape Crisis Centre (Centre d'aide aux personnes violées) : ☎ 6247 2525.

Points de vue

Les collines environnantes offrent de belles perspectives sur Canberra. A l'ouest de Civic, sur la **Black Mountain** (812 m), se dresse la tour des télécommunications, la **Telstra Tower** (195 m de hauteur), couronnée d'un restaurant tournant. La tour est ouverte tous les jours de 9h à 22h (3 $ pour les adultes, 1 $ pour les enfants).

La route d'accès offre également des vues splendides. Le bus Murray's Canberra Explorer (voir plus loin *Comment circuler*) permet d'accéder à la tour. Vous pouvez aussi marcher sur 2 km au départ de Frith Rd, en suivant un long sentier dans le bush. D'autres chemins, partant de Belconnen Way et de Caswell Drive, serpentent vers le nord-ouest, à l'arrière de la montagne.

ACT

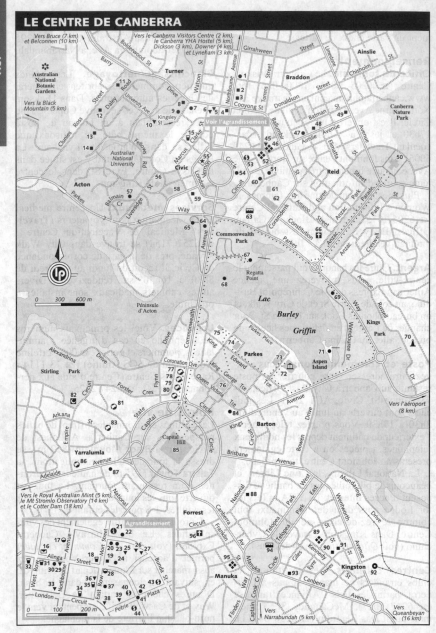

LE CENTRE DE CANBERRA

Vers Bruce (7 km)
et Belconnen (10 km)

Vers le Canberra Visitors Centre (2 km),
le Canberra YHA Hostel (5 km),
Dickson (3 km), Downer (4 km)
et Lyneham (3 km)

Australian
National
Botanic
Gardens

Vers la Black
Mountain (5 km)

Turner

Ainslie

Braddon

Canberra
Nature
Park

Australian
National
University

Civic

Acton

Reid

Commonwealth
Park

Regatta
Point

Lac

Burley

Griffin

Péninsule
d'Acton

Kings
Park

Vers l'aéroport
(8 km)

Stirling Park

Yarralumla

Parkes

Aspen
Island

Barton

Capital
Hill
85

Vers le Royal Australian Mint (5 km),
le Mt Stromlo Observatory (14 km)
et le Cotter Dam (18 km)

Forrest

Manuka

Kingston

Vers
Narrabundah (5 km)

Vers
Queanbeyan
(16 km)

Agrandissement

0   100   200 m

INNER CANBERRA

De nombreux points de vue sont accessibles par la route : **Mt Ainslie** (843 m), **Red Hill** (720 m) et **Mt Pleasant** (663 m). Le Mt Ainslie se trouve à proximité de la ville, côté nord-est.

Des sentiers partant du War Memorial montent vers le Mt Ainslie et gagnent vers le nord-ouest le **Mt Majura** (888 m), 4 km plus loin. Ces randonnées sont repérées parmi d'autres sur les plans distribués par le Canberra Visitors Centre.

Lac Burley Griffin

Ce lac, baptisé du nom de l'architecte-concepteur de la ville, ne fut mis en eau qu'en 1963, grâce au barrage sur la Molonglo. La baignade est déconseillée, mais on peut naviguer (en se méfiant des vents violents et soudains) ou en faire le tour à bicyclette. On peut également louer des bateaux, des bicyclettes et des patins en ligne au terminal des ferries d'Acton Park, sur la rive nord.

Les 35 km de promenade qu'offrent les rives du lac permettent de découvrir quantités d'endroits intéressants. Le plus surprenant est le **Captain Cook Water Jet Memorial**. Ce jet d'eau projette à 147 m de hauteur une force de 6 tonnes, et vous fait bénéficier d'une douche gratuite si le vent souffle dans la bonne direction. Il fut créé en 1970 pour commémorer le bicentenaire du débarquement en Australie du capitaine Cook. Il fonctionne tous les jours de 10h à 12h et de 14h à 16h et de 19h à 21h à l'heure d'été. A **Regatta Point**, près de la rive nord, se trouve un globe sur lequel sont retracés les trois grands voyages de Cook.

La **National Capital Exhibition**, également située à Regatta Point, retrace les étapes de la construction de la capitale, son évolution et ses centres d'intérêt. Elle est ouverte tous les jours de 9h à 17h en hiver et 18h en été (entrée libre). Un peu plus loin vers l'est, toujours en suivant le lac, le **Blundell's Cottage** (1860), modeste bâtisse en pierre rappelant le passé agricole de la région, est ouvert tous les jours sauf le lundi, de 10h à 16h (2 \$).

Plus loin encore, à l'extrémité du Commonwealth Park, sur Aspen Island, se trouve le **Carillon**, un clocher offert par la Grande-Bretagne en 1963, pour le cinquantième anniversaire de Canberra. Chacune des 53 cloches pèse entre 7 kilos et 6 tonnes. Des récitals sont donnés en semaine de 12h45 à 13h30 ainsi que les week-ends et les jours fériés de 14h45 à 15h30.

Parliament House

Au sud du lac, le drapeau fédéral flotte au-dessus de Capital Hill (au bout de Commonwealth Ave) en haut d'un mât d'acier qui marque l'emplacement de la Parliament House. Inauguré en 1988, cet édifice grandiose a coûté 1,1 milliard de dollars et a exigé huit ans de travail. Il remplace l'ancien Parlement "temporaire", bâti en contrebas de la colline sur King George Terrace et qui a servi pendant soixante et un ans, soit onze ans de plus que prévu. Ce nouveau Parlement est l'œuvre d'un Italien vivant en Amérique, Romaldo Giurgola, lauréat du concours auquel participèrent plus de trois cents architectes. Enfoncé au sommet de la colline, le toit du bâtiment est recouvert de gazon, de manière à s'intégrer dans le paysage. L'architecture et la décoration intérieure sont splendides et abritent quelque 3 000 œuvres d'art.

Des **visites guidées gratuites** sont organisées toutes les demi-heures à partir de 9h ; les jours de séances parlementaires, les visites sont raccourcies.

Murray's Canberra Explorer (voir plus loin *Comment circuler*) et les bus n°34 et 39 desservent Parliament House.

Old Parliament House

L'ancien palais où siégea le Parlement de 1927 à 1988 se trouve sur King George Terrace, à mi-chemin entre le nouveau Parlement et le lac. La vie politique de l'ancien Parlement s'est achevée de façon inattendue : tandis que les couloirs du pouvoir résonnaient de la musique des Rolling Stones, le groupe favori du ministre de la Défense, on a pu voir le Premier ministre et le chef de l'opposition chanter en chœur, bras dessus bras dessous ! Il existe des visites guidées de 40 minutes.

L'ancien Parlement abrite également la **National Portrait Gallery** (☎ 6273 4723) souvent animée d'expositions temporaires. Les portes sont ouvertes tous les jours de 9h à 16h (l'entrée coûte 2 \$ pour les adultes, 1 \$ pour les enfants).

Plantée en 1972 sur la pelouse face à l'Old Parliament House, pour faire pression sur le gouvernement fédéral et l'amener à reconnaître la légitimité des revendications aborigènes sur les terres de Torres Strait Islander et d'Australie, l'**Aboriginal Tent Embassy** est aujourd'hui reconnue par l'Australian Heritage Commission comme un site culturel d'importance. C'est là que, pour la première fois, le drapeau aborigène a flotté à la face du monde.

National Gallery of Australia

Ce superbe musée d'art (☎ 6240 6411/6502) trône sur Parkes Place, à côté de High Court, sur la rive gauche du lac Burley Griffin. Sa collection d'œuvres australiennes réunit des créations d'art traditionnel aborigène et d'artistes du XXᵉ siècle, tels Arthur Boyd, Sidney Nolan et Albert Tucker. Le département aborigène comporte des peintures sur écorce de la Terre d'Arnhem, des mâts funéraires *pukumani* sculptés par les Tiwi de Melville Island et de Bathurst Island, des étoffes imprimées par les femmes d'Utopia et d'Ernabella, au centre de l'Australie, et des peintures de Yuendumu. Des expositions temporaires d'œuvres du Kimberley ou d'autres régions où l'art aborigène est florissant ont lieu régulièrement.

Les premières décennies de la colonisation et l'époque romantique sont bien représentées. Les débuts de l'école australienne sont illustrés par des œuvres de Charles Conder, Arthur Streeton ou Tom Roberts. Outre la peinture, une place importante est consacrée à la sculpture, à l'estampe, à la photographie, au mobilier, à la céramique, à la mode, au textile et au travail de l'argent.

La galerie est ouverte tous les jours de 10h à 17h. L'entrée est libre, hormis pour les expositions exceptionnelles. Des visites guidées partent à 11h et 14h. Une visite centrée sur l'art aborigène a lieu les mardi et dimanche à 11h. Vous pouvez également assister gratuitement aux conférences sur les différentes expositions ainsi qu'à des projections de films, le vendredi à 12h45. Pour plus d'informations, téléphonez à la galerie ou consultez le *Canberra Times* qui paraît le samedi.

High Court

La Cour suprême (☎ 6270 6811), sur Parkes Place, au bord du lac près de la National Gallery, peut être visitée du lundi au vendredi de 9h45 à 16h30. L'entrée est gratuite. Inauguré en 1980, cet édifice à la grandiose magnificence est surnommé le "Gar's Mahal", par abréviation du prénom de son premier président, Sir Garfield Barwick.

National Archives

Situé Queen Victoria Terrace, l'ancien bureau de poste de l'Old Parliament abrite aujourd'hui les Archives nationales dont les photographies, les dossiers, les affiches, les films, les cartes et les cassettes audio retracent l'histoire du gouvernement du Com-

monwealth depuis la Fédération. Des expositions sont présentées mais on peut aussi y effectuer des recherches. Les Archives accueillent le public du lundi au samedi de 9h à 17h et le dimanche de 12h à 17h (entrée libre).

National Science & Technology Center (Questacon)

Dans ce Centre national des sciences et de la technologie, situé entre la High Court et la National Library, se trouvent 200 "dispositifs" à la portée de tous, dans cinq galeries et dans des zones extérieures, qui permettent de se faire une idée d'un concept scientifique, puis d'en apprécier les applications dans le monde de tous les jours. C'est à la fois éducatif et très amusant.

Le centre est ouvert tous les jours de 10h à 17h (entrée : 8 $, 5 $ tarif réduit, 4 $ pour les enfants).

National Library of Australia

Également située sur Parkes Place, à côté du lac, la Bibliothèque nationale (☎ 6262 1111) occupe l'un des édifices plus élégants de Canberra. Le bureau de renseignements est ouvert en semaine de 9h à 17h.

La Bibliothèque abrite plus de 5 millions d'ouvrages, parmi lesquels des livres rares, des peintures, des manuscrits anciens, des photographies, des témoignages historiques audio et des cartes. Les visites guidées ont lieu le mardi à 12h30. Dans l'entrée, un terminal Internet est à la disposition du public. La bibliothèque est ouverte de 9h à 21h du lundi au jeudi, de 9h à 17h les vendredi et samedi et de 13h30 à 17h le dimanche.

Royal Australian Mint

Le Mint (☎ 6202 6999) ou hôtel de la Monnaie, situé sur Denison St, à Deakin, au sud du lac, fabrique toutes les pièces australiennes. Une galerie présente l'histoire de la monnaie australienne et son processus de fabrication, de la coulée du métal brut au produit fini. Pour mettre la main sur une pièce neuve, vous avez la possibilité de frapper vous-même une pièce de 1 $, un plaisir qui vous coûtera 2 $. Le Mint est ouvert de 9h à 16h en semaine et de 10h à

15h le week-end (entrée gratuite). Pour vous y rendre, prenez le Murray's Canberra Explorer ou les bus n°30, 31, 32 ou 82.

Australian War Memorial

Au pied du Mt Ainslie, au nord du lac, se dresse un imposant mémorial qui donne sur Anzac Parade et fait face à l'Old Parliament House, de l'autre côté du lac. Conçu dès 1925, il n'ouvrit finalement qu'en 1941. Le mémorial abrite une étonnante collection de documents, de dioramas et d'objets ainsi que des expositions décrivant les horreurs et la stupidité de la guerre, la souffrance et les actes de bravoure individuels. Prévoyez au moins 2 heures de visite. Le **Hall of Memory** (salle du Souvenir) abrite depuis 1993 le corps d'un soldat australien inconnu tombé pendant la Première Guerre mondiale.

Le mémorial est ouvert tous les jours de 10h à 17h (entrée libre). Plusieurs visites guidées gratuites ont lieu chaque jour, dont certaines abordent plus particulièrement les œuvres d'art (téléphonez au ☎ 6243 4211). Le Murray's Canberra Explorer et le bus n°33 s'arrêtent à proximité du mémorial.

Des objets plus gros, tels que des tanks et des avions, se trouvent au **Treloar Technology Centre**, au coin de Vickers St et de Callan St, à Mitchell. Il est ouvert le mercredi et le dimanche de 11h à 16 h ; l'entrée coûte 3/2 $ pour un adulte/enfant.

Australian National University (ANU)

L'Université nationale d'Australie occupe un vaste et joli terrain où il est tout à fait agréable de se promener, entre Civic et la Black Mountain. L'association de l'université (University Union), dans University Ave, offre un large choix de restauration et d'animations bon marché. Sur Kingsley St, près du carrefour de Hutton St, la **Drill Hall Gallery** (☎ 6249 5832) présente des expositions temporaires d'art contemporain. Elle est ouverte de 12h à 17h du mercredi au dimanche (entrée gratuite).

SoundScreen Australia

Les anciennes Archives nationales du cinéma et du son désormais rebaptisées (☎ 6248 2000) occupent un immeuble art déco dans McCoy Circuit, à l'extrémité sud-est du quartier de l'université. D'intéressantes manifestations permettent de découvrir des documents d'archives et de fréquents festivals de films. Les Archives ouvrent tous les jours de 9h à 17h (entrée 2 $).

Australian National Botanic Gardens

Les superbes jardins botaniques dédiés à la flore australienne s'étendent sur 50 ha au pied de la Black Moutain, derrière l'université. Parmi les différents circuits éducatifs, il en est un qui vous fait découvrir les plantes utilisées par les Aborigènes. Vous pouvez aussi admirer les **600 espèces d'eucalyptus** d'Australie et la **rain forest**, ou forêt tropicale humide, reconstituée dans ce climat sec grâce à un système de "bruine".

Des **promenades guidées** sont organisées en semaine, à 11h, et le week-end, à 11h et à 14h. Le centre d'information (☎ 6250 9540), ouvert tous les jours de 9h30 à 16h30, projette une vidéo présentant les jardins. Le café *Kookaburra*, proche du point de départ des visites, dispose d'une agréable terrasse. Les jardins ouvrent tous les jours de 9h à 17h. Ils sont accessibles depuis Clunies Ross St (empruntez le bus Murray's Canberra Explorer).

National Aquarium et Wildlife Sanctuary

L'impressionnant aquarium national se trouve à environ 6 km au sud-ouest du centre-ville, dans Lady Denman Drive, près de Scrivener Dam à l'extrémité ouest du lac Burley Griffin. Il comporte également une réserve zoologique. Il est ouvert tous les jours de 9h à 17h30 (entrée : 10 $, 6 $ pour les enfants) et est accessible par le bus Murray's Canberra Explorer.

National Museum of Australia

Après une longue attente, le musée a probablement trouvé un lieu pour l'accueillir sur Acton Peninsula, à l'ouest du pont Commonwealth Ave Bridge. Son ouverture en 2001 doit coïncider avec la célébration du centenaire de la Fédération.

Activités

Randonnées dans le bush. La Tidbinbilla Nature Reserve, au sud-ouest du centre-ville, est sillonnée de sentiers balisés. Contactez le Canberra Bushwalking Club dans l'Environment Centre (☎ 6247 3064), Kingsley St, sur le campus de l'université. Il existe aussi quelques sites propices à l'escalade dans le Namadgi National Park.

Le Government Info Shop, 10 Mort St, constitue également une bonne source d'informations.

Cyclotourisme. Canberra possède de très nombreuses pistes cyclables, probablement les meilleures d'Australie (voir plus loin *Comment circuler*).

Circuits organisés

Le Canberra Visitors Centre (☎ 6205 0044, 1800 026 166) vous fournira tous les détails nécessaires sur les nombreuses excursions organisées dans la capitale et l'ACT. Les visites de la ville débutent aux environs de 30 $ pour la demi-journée. Australian Capital Cruises propose une croisière de 1 heure 30 sur le lac Burley Griffin pour 15 $. Si vous êtes friand d'émotions particulières, Canberra Steam Boats (☎ 014 685 684) organise une excursion de 1 heure sur un bateau à vapeur du XIXᵉ siècle pour 8 $.

Umbrella Tours (☎ 6285 2605) offre tous les jours des visites de la ville à pied couvrant l'histoire de Canberra (1 heure 30, 15 $) mais également, pour le même prix, une découverte des marchés et des restaurants.

Round About Tours (☎ 6259 5999) organise à Canberra des excursions qui permettent d'apercevoir des kangourous et de contempler le coucher du soleil le jeudi et le dimanche (20 $).

Survoler Canberra est une bonne manière de découvrir l'ampleur de son urbanisme. Plusieurs organismes proposent des vols en aéroplane comme le Canberra Flight Training Centre (☎ 6257 6331), situé dans l'aéroport, propose des vols touristiques de 30 minutes pour 80 $ (pour 2 personnes au minimum).

Le rythme sera plus tranquille avec Dawn Drifters (☎ 6285 4450), qui propose des vols de 1 heure en montgolfière, à 155/195 $ par

personne en semaine/week-end. Les départs ont lieu à l'aube et s'accompagnent d'un petit déjeuner au champagne. Balloon Aloft (☎ 6285 1540) offre des prestations similaires.

Manifestations annuelles

Les passionnés de mécanique s'emballeront pour le Summernats Festival, rassemblement de bolides et autres voitures recarrossées, en janvier. Les autres se rendront au Canberra Festival, qui commémore, durant 10 jours en mars, la fondation de la ville avec force manifestations amusantes dont beaucoup se déroulent dans le Commonwealth Park. Le National Folk Festival, l'un des plus importants du pays, a lieu en avril.

En septembre et en octobre, le Floriade Festival est centré sur les spectaculaires floraisons de Canberra mais donne également lieu à diverses manifestations : concerts, spectacles de danse, cirque, etc.

Où se loger – petit budget

Campings. *Canberra Motor Village* *(☎ 6247 5466)*, à 6 km au nord-ouest du centre, dans Kunzea St, à O'Connor, occupe un coin de bush paisible. Il facture 10/22 $ pour un emplacement sans/avec électricité, 66 $ pour deux personnes en caravane fixe ou en bungalow (apportez vos draps) et 76 $ pour une chambre de motel. Il possède restaurant, cuisine, tennis et piscine.

Le *Canberra South Motor Park (☎ 6280 6176)* se situe à 8 km au sud-est de la ville à Fyshwick, dans Canberra Ave, la rue principale qui mène à Queanbeyan. L'emplacement de tente revient à 12 $ (17 $ avec l'électricité) ; le bungalow coûte entre 45 et 70 $ en double.

Auberges de jeunesse. En plein centre de Canberra, le *City Walk Hotel (☎ 6257 0124)*, situé 2 Mort St, à l'angle de City Walk, offre des lits en dortoirs de 18 à 20 $ et des simples/doubles à 40/50 $. La plupart des chambres ne disposent que de s.d.b. communes. La vaste salle de télévision et la possibilité de cuisiner sont les principaux atouts de cette auberge.

La *Canberra YHA Hostel (☎ 6248 9155)*, 191 Dryandra St, à O'Connor, à environ

6 km au nord-ouest de Civic, a été élue deuxième auberge de jeunesse la plus populaire du monde. Elle abrite un bureau de voyages qui s'occupe aussi bien des déplacements à l'étranger qu'à l'intérieur du pays, et auprès duquel vous pouvez louer des vélos ou accéder à Internet. Le tarif va de 16 à 18 $ la nuit pour des lits en dortoirs. Une chambre avec des lits jumeaux revient à 44/48 $ avec s.d.b. commune/privée (supplément de 3 $ pour les non-membres de la YHA). La réception est ouverte de 7h à 22h30, mais vous pouvez arriver jusqu'à 24h à condition de prévenir. Le bus n°35 dessert la YHA depuis Civic.

Pensions et petits hôtels. Le *Victor Lodge* (☎ *6295 7777*) est un endroit propre et sympathique, situé 29 Dawes St, à 500 m de la gare de Kingston, et à environ 2 km de la Parliament House. Il propose des chambres avec s.d.b. commune à 39/49 $ en simples/ doubles. Sinon, vous pouvez partager une chambre pour 4, avec lits superposés, moyennant 19 $, petit déjeuner compris. L'auberge offre les services d'un barbecue, d'un accès Internet et loue des vélos à 12 $ la journée. Pour vous y rendre, prenez les bus n°38, 39 ou 50 jusqu'aux boutiques de Kingston, ou téléphonez pour qu'on vienne vous chercher à la gare routière de Jolimont Centre.

Le *Kingston Hotel* (☎ *6295 0123*), à l'angle de Canberra Ave et de Giles St, à Manuka, propose des lits en dortoir à 12 $ par personne, plus la location de draps, non obligatoire, à 4 $ (possibilité de cuisiner). On peut aussi se restaurer au comptoir. Depuis le centre, prenez le bus n°38.

Résidences étudiantes. L'ANU, dans Acton, offre un lieu de séjour très agréable. Certaines résidences universitaires louent des chambres pendant les vacances de Pâques (une semaine), de juin/juillet (trois semaines) et de septembre (deux semaines), et de fin novembre à fin février. Proche du centre ville, le *Toad Hall* (☎ *6267 4999*), Kingsley St, près du croisement avec Barry Drive, propose des chambres sommaires à 31/35 $ selon que l'on est étudiant ou non.

Les autres résidences sont pour la plupart rassemblées dans Daley Rd, à l'extrême ouest du campus, près de Clunies Ross St. Le *Burgmann College* (☎ *6267 5222*) demande 32/44 $ aux étudiants/non-étudiants avec le petit déjeuner, et 40/52 $ en pension complète. Le *Bruce Hall* (☎ *6267 4050*) et le *Burton & Garran Hall* (☎ *6267 4333*) font payer 16/31 $ la nuit. L'*Ursula College* (☎ *6279 4300*) loue ses chambres à 20/25 $. Le *Fenner Hall* (☎ *6279 9000*), 210 Northbourne Ave, dispose de chambres simples à 25/120 $ la nuit/semaine.

Où se loger – catégorie moyenne
Le service de réservation d'hôtels du Canberra Visitors Centre (☎ 13 1251) propose souvent des prix promotionnels dans les établissements haut de gamme.

Au sud du lac, le moderne *Macquarie Private Hotel* (☎ *6273 2325, 18 National Circuit*), à l'angle de Bourke St, dispose d'environ 500 simples/doubles, toutes avec s.d.b. communes. Comptez 35/50 $ pour une simple, 65 $ pour une double. Le petit déjeuner est inclus. Le bus n°35 en provenance du centre s'arrête devant la porte.

En arrivant à Canberra par le nord, on trouve une série de pensions sur le côté est de Northbourne Ave, à Downer, juste au sud de la jonction entre la Barton Highway venant de Yass. Ces établissements sont propres, corrects et confortables. Situés à 4 km environ de la ville, ils sont bien desservis par les bus. Le centre commercial de Dickson se tient à proximité. Au n°524, le *Blue & White Lodge* (☎ *6248 0498*), qui gère aussi le *Blue Sky* au n°528, avec des tarifs similaires, propose des chambres simples de 70 à 90 $ et des doubles à partir de 80 $. Les prix comprennent un petit déjeuner à l'anglaise, et toutes les chambres disposent d'une TV et d'un réfrigérateur, mais la plupart ont des s.d.b. communes. On peut généralement venir vous chercher à l'arrêt du bus.

Le *Parkview* (☎ *6248 0655*), au n°526, va également vous chercher et demande 60/75 $ pour une chambre simple/double avec s.d.b. et petit déjeuner à l'anglaise. Le *Miranda* (☎ *6249 8038*), au n° 534, propose des chambres à 68/80 $, petit déjeuner inclus. Au n°522, le sympathique *Northbourne Lodge* (☎ *6257 2599*) est un lieu de séjour agréable qui propose des chambres avec petit déjeuner inclus pour 55/58 $ et 65/80 $ avec s.d.b.

Le *Canberra Central Apartments* (☎ *6230 4781, 1800 629 700, 79 Northbourne Ave*) offre des appartements d'une chambre avec cuisine à 65 $ la nuit ou 350 $ la semaine et des chambres sans cuisine à 55 $ la nuit.

L'*Acacia Motor Lodge* (☎ *6249 6955, 65 Ainslie Ave*), à Braddon, offre l'avantage d'être proche du centre, mais ses chambres sont petites et coûtent 69/75 $ en simple/double, petit déjeuner continental compris. Au sud du centre-ville, près de Victor Lodge dont il dépend, le *Motel Monaro* (☎ *6295 2111, 27 Dawes St*), à Kingston, propose des chambres pour 76/79 $.

Où se loger – catégorie supérieure

Parmi les adresses plus chères, l'ancien mais plaisant *Olim's Canberra Hotel* (☎ *6248 5511*) vous attend au coin d'Ainslie Ave et de Limestone Ave, à Braddon. Comptez au moins 95 $ pour une chambre simple ou double.

Le *Holiday Inn* (☎ *6243 2500, 84 Northbourne Ave*) dispose parfois de chambres à 99 $ avec petit déjeuner. Si elles ne sont pas libres, vous dormirez dans une chambre à 230 $.

Certains hôtels proposent de vous loger en appartements dotés d'une cuisine équipée. Ceux du *Capital Tower Apartments* (☎ *6276 3444, 2-6 Markus Clarke St*) reviennent à 195 $, un prix intéressant, car chaque appartement peut accueillir jusqu'à 5 personnes et donne accès à la piscine, au sauna, à la salle de sport et au terrain de tennis.

Où se restaurer

Canberra offre un bon choix de restaurants. La plupart se trouvent autour de Civic, avec une sélection haut de gamme à Manuka, toute une gamme d'établissements abordables à Kingston, un chapelet de restaurants asiatiques à Dickson et d'autres choix encore dans les faubourgs. Attention, il est interdit de fumer dans les cafés-restaurants de Canberra.

Centre-ville. Un vaste périmètre de restauration est aménagé à l'étage inférieur du *Canberra Centre*, dans City Walk (burgers, plats de pâtes, croissants et autres en-cas, de 4 à 7 $). Le *City Market* de Bunda St comporte un espace plus restreint. Il est difficile de résister aux paniers-repas de *Sizzle City*, un excellent japonais bon marché.

A l'étage du Sydney Building, 21 East Row, le *Canberra Vietnamese Restaurant* sert des plats à moins de 10 $.

Bailey's Corner, à l'angle d'East Row et de London Circuit, recèle deux ou trois bonnes adresses avec terrasse. Le *Tosolini's* est un bistro italien agréable pour prendre un verre, un repas ou même le petit déjeuner. Les formules de déjeuner débutent à 12 $. Pour le dîner, le plat de pâtes coûte 9 $ et les plats principaux, 17 $. Les pâtisseries sont à se damner.

Jouxtant le Melbourne Building, côté sud, le très primé thaïlandais *Lemon Grass* offre des fruits de mer à 14 $ et une bonne carte de plats végétariens à 11 $.

Le *Little Saigon*, au coin d'Alinga St et de Northbourne Ave, permet de manger rapidement même en cas d'affluence. Les plats principaux coûtent 8 $, les fruits de mer 12 $ et le déjeuner à emporter 5 $.

Malgré son aspect bétonné peu engageant, Garema Place, immédiatement au nord-est de London Circuit, abonde en restaurants et en cafés.

Le chinois *Happy's*, très apprécié, affiche des prix raisonnables (nouilles entre 7 et 11,50 $). Non loin de là, au *Mama's Cafe & Bar*, on déguste des pâtes fraîches à 9,50 $ dans une ambiance sympathique. Comptez 13 $ environ pour un repas.

Pour les amateurs de caféine, le *Café Essen*, dans Garema Arcade, propose 30 sortes de cafés servis de 18 façons différentes. Les buveurs de thé feront leur choix parmi les 22 variétés offertes. On peut prendre son petit déjeuner tout au long de la journée pour 2 à 8 $ et des en-cas pour 3,5 à 8 $. Les gâteaux sont exquis.

Au coin de Bunda St, on mange une cuisine inventive en terrasse au *Gus' Café* (soupes à 6 $ et pâtes à 8,50 $). Tout proche, le chinois/malais *Sammy's Kitchen*

ACT

jouit d'une bonne réputation. Il sert de nombreux plats entre 7,50 et 14 $. L'*Ali Baba*, à l'angle de Bunda St et de Garema Place propose de la cuisine libanaise à emporter, avec shawarma et falafel aux alentours de 4 $, et des repas entre 9 et 10,50 $.

Marcus Clarke St, au nord-ouest de Civic, compte deux bonnes adresses. L'excellente brasserie *Fringe Benefits*, au n°54, remporte régulièrement des prix pour la qualité de sa cuisine et de ses vins. Comptez 20 $ environ le plat. A quelques pas de là, au n°60, le *Psychedeli* prépare un bon café, des pizzas et des focaccia.

Manuka. Au sud de Capital Hill se dresse le centre commercial de Manuka, où se pressent les membres du corps diplomatique et les riches fonctionnaires des alentours. Une foule de cafés et de restaurants jalonnent Franklin St, Furneaux St, Bougainville St et Flinders Way.

My Café, sur Franklin St, offre petits pains fourrés et foccacia à 4,50 $, ainsi que des plats entre 10 et 12 $. A l'étage de la toute proche Style Arcade, l'*Alanya* est un bon restaurant turc où l'on peut déjeuner pour 30 $ avec des entrées entre 8 et 10 $ et des plats (végétariens entre autres) variant de10 à 15 $. Au même étage, *Daniel's* compte parmi les meilleurs établissements de Canberra. Spécialisé en cuisine française et marocaine, il concocte des plats très originaux autour de 20 $. Au déjeuner, une formule incluant deux plats revient à 15 $.

Pensez à réserver avant de vous rendre au *Timmy's Kitchen* (☎ 6295 6537), Furneaux St. Ce malais/chinois très couru, chaleureux et sans prétention, offre une bonne carte de plats, végétariens entre autres, entre 8,80 et 13,70 $.

Kingston. Kingston regorge de restaurants et de cafés. Le cybercafé *Cyberchino (33 Kennedy St)* dispose de 7 terminaux et propose une cuisine qui fleure bon l'informatique : poulet Yahoo, fettuccine Netscape ou encore le Dot.com, qui témoigne de la puissance des connexions Internet de l'établissement puisque le chef a pu télécharger une perche du Nil pour préparer cette spécialité. Dans une

agréable cour, le *Cafe Keru (38 Giles St)* sert des *pides*, sortes de pizzas turques, à 12 $.

Dickson. Le quartier commerçant de Dickson, à quelques kilomètres au nord de Civic, regorge de restaurants, notamment asiatiques, qui lui ont valu le surnom de Little China.

La *Dickson Asian Noodle House (29 Woolley St)* un café laotien et thaï, attire une clientèle nombreuse avec ses plats à 9 $ environ. Au *Sakura*, un japonais installé au n°51, face à la station-service BP, les formules de déjeuner n'excèdent pas 16 $. Au n°43, le malais *Rasa Sayang* affiche des prix corrects (nouilles à 8,80 $) et prépare de nombreux plats végétariens.

Où sortir

Canberra est plus animée que ne le laisse penser sa réputation. Les mesures de protection des mineurs en matière d'alcoolisme sont cependant très strictes. Il est inutile d'insister, tant que vous ne pouvez produire une pièce d'identité prouvant que vous avez dépassé 18 ans. La rubrique "Good Times" du *Canberra Times* répertorie les spectacles et le mensuel gratuit *BMA* donne la liste des concerts et autres manifestations.

Pubs, bars et night-clubs. Le vendredi soir, les habitants de Canberra envahissent les débits de boisson pour se détendre d'une rude semaine de travail.

Deux ou trois concerts animent chaque semaine l'*ANU union bar* – un endroit agréable pour prendre un verre à toute heure. De fréquentes représentations théâtrales ont lieu au *Refectory*.

Dans Civic, un certain nombre d'établissements sont installés dans le Sydney Building. Parmi eux, le *Moosehead's Pub*, 105 London Circuit (côté sud). Le *Phoenix*, 21 East Row, organise des soirées poétiques et des jeux. Non loin de là, à l'angle d'Alinga St et de Mort St, les clients du *Pandora's* choisissent selon leur âge le bar au rez-de-chaussée ou le night-club à l'étage.

Si vous souhaitez goûter à l'ambiance gay, essayez le très fréquenté *Heaven Nite Club*, Garema Place, ou le *Meridian Club (34 Mort St, Braddon)*.

Cinémas. Plusieurs cinémas sont rassemblés autour de Civic Square et de London Circuit. L'*Electric Shadows*, une salle d'art et d'essai, est implantée dans City Walk, près d'Akuna St. La *National Library of Australia* offre une séance de projection gratuite le jeudi à 19h. Le vendredi à 12h45, la *National Gallery of Australia* projette des films ayant trait aux arts. Enfin, le *SoundScreen Australia (☎ 6209 3111),* sur McCoy Circuit, présente aussi des films, à l'occasion.

Théâtre et danse. Le *Canberra Theatre Centre (☎ 6257 1077),* Civic Square, regroupe plusieurs théâtres qui présentent tout l'éventail des spectacles. Le *Gorman House Community Art Centre (☎ 6249 7377),* Ainslie Ave, Braddon, abrite des compagnies de danse et de théâtre qui organisent parfois des représentations et des expositions.

Casino. Le *Casino Canberra*, 21 Binara St, près du National Convention Centre, ouvre tous les jours de 12h à 6h. L'ambiance reste très décontractée jusqu'à 19h (jeans, tee-shirts et baskets sont admis). Passé cette heure, la chemise et les chaussures de ville sont de rigueur. Attaché au casino, le night-club *Deja Vu* ouvre ses portes à 19h.

Achats

L'Artwares Gift Gallery du Gorman House Community Arts Centre, Ainslie Ave, vend des objets d'artisanat local et étranger. Un marché artisanal très intéressant se tient derrière le centre, le samedi.

Tous les dimanche, les étals de l'Old Bus Depot Market de Wentworth Ave, à Kingston, proposent des œuvres d'art et d'artisanat de tendance New Age, ainsi que des produits alimentaires du monde entier.

La boutique Community Aid Abroad, 112 Alinga St, vend des objets du monde entier, et le Bogong Environment Shop situé dans l'Environment Centre, Kingsley St, offre un choix de livres, cadeaux et autres produits à caractère écologique.

Comment s'y rendre

Avion. Canberra n'est pas un aéroport international. Sydney est à 30 minutes de

vol environ, et le trajet simple coûte 163 $. Pour Melbourne, le vol dure environ 1 heure et coûte 232 $. Le vol direct pour Adelaide se chiffre à 337 $ et, pour Brisbane, à 341 $. Qantas (☎ 13 1313) et Ansett Australia (☎ 13 1300) ont toutes deux leur agence dans Jolimont Centre.

D'autres petites compagnies desservent les destinations régionales de Nouvelle-Galles du Sud. Air Facilities (☎ 6041 1210) dessert quotidiennement Albury.

Bus. Un certain nombre de lignes de bus ont leurs guichets et leur principal arrêt au Jolimont Centre. Greyhound (☎ 13 2030) assure le plus grand nombre de liaisons avec Sydney (28 $, ou 33 $ en express). Ses bus desservent aussi Adelaide (96 $) et Melbourne (45 $, ou 54 $ en express). Des bus partent à destination de Cooma (25 $) et de Thredbo, les stations d'hiver de Nouvelle-Galles du Sud (44 $, ou 54 $ en express, accès aux pistes compris).

Murrays (☎ 13 2251) affrète également des bus express quotidiens pour Sydney (28 $) et pour la côte de Nouvelle-Galles du Sud à Batemans Bay (22 $) et assure la correspondance avec le bus qui va jusqu'à Nowra (39 $).

Les bus McCafferty's (☎ 13 1499) se rendent à Sydney (28 $), Melbourne (45 $) et Adelaide (96 $). Les réservations s'effectuent auprès de la boutique Travellers Maps & Guides, dans Jolimont Centre.

Transborder Express (☎ 6241 0033) dessert Yass (10 $, 12 $ pour l'aller-retour dans la journée). Sid Fogg's (☎ 4928 1088) dessert Newcastle et Canberra les lundi, mercredi et vendredi (45 $).

Jolimont Centre est une bonne adresse pour les voyageurs, qui trouveront consigne, douches, terminal Internet et des téléphones permettant d'appeler gratuitement le Canberra Visitors Centre ainsi que certains hébergements bon marché.

Train. La gare de Kingston (☎ 13 2232) est située dans Wentworth Ave. Le Countrylink Travel Centre (☎ 6257 1576), dans le Jolimont Centre, se charge des réservations pour les trains et les bus de correspondance.

Pour Sydney, il y a trois trains quotidiens (environ 4 heures, 42 $ l'aller).

Il n'existe pas de train direct pour Melbourne. La liaison quotidienne V/Line Canberra Link implique de prendre le train entre Melbourne et Wodonga, puis le bus pour Canberra (environ 9 heures, 49 $). Une autre liaison train/bus pour Melbourne, plus longue mais beaucoup plus intéressante, est la V/Line Capital Link qui passe par Cooma et le Gippsland, région forestière de l'est du Victoria, puis redescend la Princes Highway jusqu'à Sale, où l'on prend le train (plus de 11 heures, 49 $).

Le Wayward Bus (☎ 1800 882 823) effectue la navette Canberra-Melbourne *via* les Alpes ou la côte. Le voyage dure trois jours et coûte 140 $. Pour Sydney, comptez deux jours de trajet et 110 $.

Voiture et moto. La Hume Highway, qui relie Sydney à Melbourne, passe à 50 km au nord de Canberra. La Federal Highway rejoint cet axe aux abords de Goulburn, et la Barton Highway près de Yass. En direction du sud, la Monaro Highway mène à Cooma.

Les grandes agences de location de voitures suivantes disposent de bureaux en ville et de comptoirs à l'aéroport :

Avis
  (☎ 6249 6088) 17 Lonsdale St, Braddon
Budget
  (☎ 6257 1305) à l'angle de Mort St et de Girrahween St, Braddon
Hertz
  (☎ 6257 4877) 32 Mort St, Braddon
Thrifty
  (☎ 6247 7422) 29 Lonsdale St, Braddon

Des tarifs plus avantageux sont proposés par Rumbles (☎ 6280 7444), 11 Paragon Mall, Gladstone St, Fyshwick, et par Noss Car Rentals (☎ 6280 0320), 41 Whyalla St, Fyshwick. Prix à partir de 25 $ par jour.

Comment circuler

Desserte de l'aéroport. L'aéroport se trouve à 7 km au sud-est du centre-ville. Remarquez les voitures officielles qui attendent l'arrivée des hommes d'État et politiciens (les *pollies*), et des fonctionnaires.

Le bus n° 80 assure le trajet entre l'aéroport et la ville, en semaine uniquement. Le prix d'une course en taxi entre l'aéroport et Civic s'élève à 12 $ environ.

Bus. Les bus ACTION (Australian Capital Territory Internal Omnibus Network ; ☎ 6207 7611) passent à intervalles réguliers.

Le principal terminus de correspondance se situe non loin d'Alinga St, East Row et Mort St, dans Civic. Le kiosque d'information à l'angle d'Alinga St et d'East Row ouvre tous les jours jusqu'aux alentours de 23h30, mais ne délivre plus de billets après 18h. Si vous comptez circuler fréquemment en bus, vous avez tout intérêt à acheter l'*ACTION Bus Pack* (2 $) disponible sur place ou au Canberra Visitors Centre.

Canberra est divisée en trois zones tarifaires : nord, centre et sud. Un ticket pour un trajet d'une zone coûte 2 $ et donne droit à une correspondance valable une heure dans la même zone. Un ticket de trois zones s'élève à 4 $ mais le plus intéressant est d'acheter un billet à la journée de 7 $. Vous pouvez vous procurer les tickets directement auprès du chauffeur.

Services spéciaux. Murray's Canberra Explorer (☎ 13 2251) propose un circuit de 25km desservant dix-neuf sites intéressants avec la possibilité de monter et de descendre quand on le désire. Un service part tous les jours du Jolimont Centre à 8h40, 10h40, 12h40 et 14h40. Les billets (18 $ pour les adultes, 15 $ pour les enfants) sont vendus dans le bus ou au comptoir Murray's dans Jolimont Centre. Un forfait d'une demi-journée permet pour 129 $ d'effectuer tout le circuit avec un arrêt de deux heures.

Voiture et moto. Si les grands axes, larges et relativement peu encombrés, font de la conduite une expérience assez plaisante, le réseau routier de Canberra est néanmoins aussi tortueux que la réponse d'un politicien à une question simple. Munissez-vous d'une carte !

Taxi. Appelez Canberra Cabs (☎ 6285 9222).

Bicyclette. Canberra est un paradis pour les cyclistes. L'un des circuits les plus fréquentés est celui du lac, mais il existe aussi des itinéraires à travers la banlieue qui vous mèneront sur des chemins tranquilles dans le bush. Procurez-vous la carte *Canberra Cycleways* dans une librairie ou au centre d'information touristique (5,95 $).

Pour louer des vélos, vous pouvez vous adresser à Mr Spokes Bike Hire (☎ 6257 1188), près du terminal des ferries d'Acton Park : 8 $ la première heure, 7 $ pour les heures suivantes. YHA et Victor Lodge louent aussi des bicyclettes.

Les environs de Canberra

L'ACT s'étend sur environ 88 km de long du nord au sud et environ 30 km de large d'est en ouest. Dès la sortie de la ville, le bush, desservi par de nombreuses routes, reste en grande partie préservé. La carte *Canberra & District* de la NRMA et le *Canberra Sightseeing Guide with Tourist Drives,* édité par le centre d'information touristique, se révèlent très utiles.

Les plaines et les collines isolées des environs de Canberra cèdent la place à un paysage de montagnes escarpées au sud et à l'est de l'ACT. La Murrumbidgee traverse le territoire du sud-est au nord-ouest.

Le Namagdi National Park, au sud, occupe 40% de la superficie de l'ACT et jouxte le Kosciuszko National Park.

Les **Ginninderra Falls** (☎ 6257 6633), de spectaculaires chutes d'eau, se situent à Parkwood, au nord-ouest de Canberra, juste après la frontière avec la Nouvelle-Galles du Sud. Ouvert tous les jours (5 $, tarif réduit 2 $), le site comprend des gorges et un sentier nature. On peut pratiquer le canoë et le camping.

Au sud-ouest de Tidbinbilla Nature Reserve, dans **Corin Forest**, une piste de "bobsleigh" de 1,2 km de long est ouverte le week-end, les jours fériés et pendant les vacances scolaires (18 $ les six tours). On trouve également un téléphérique.

Parmi les autres lieux de marche, citons le **Mt Ainslie**, au nord-est de la ville, le **Mt Majura**, juste derrière, et la **Molonglo Gorge**, tout près de Queanbeyan.

Le **Namagdi National Park**, qui occupe tout le sud-ouest de l'ACT, compte huit sommets de plus de 1 700 m et offre de superbes possibilités de randonnée dans le bush. A 2 km au sud de Tharwa, le Namagdi Visitors Centre (☎ 6237 5222) se trouve Naas Rd. Wild Thing Tours (☎ 6254 6303) propose des demi-journées de randonnée dans le bush (40 $) qui vous permettent d'admirer les animaux dans leur milieu naturel. C'est là que de nombreux visiteurs rencontrent leur premier kangourou, et l'organisateur vous rembourse si vous n'en apercevez pas au moins 500.

Round About Tours (☎ 6259 5999) organise également le samedi des randonnées dans le parc à 55 $ (réduction de 10 $ pour les détenteurs d'une carte YHA ou VIP). Le prix comprend le repas et les transferts.

Pour de plus amples détails, contactez le Namagdi Visitors Centre.

Observatoires et stations d'observation spatiale

Le **Mt Stromlo Observatory**, observatoire de l'université, se trouve à 16 km au sud-ouest de Canberra. Il possède un télescope de 188 cm et une annexe pour les visiteurs ouverte tous les jours de 9h30 à 16h30. Des visites guidées ont lieu tous les jours à 11h et 14h.

Le **Canberra Space Centre** est situé à 40 km au sud-ouest de Canberra, dans l'enceinte du Canberra Deep Space Communication Complex. Il présente des engins spatiaux, des appareils d'observation et un morceau de roche de lune. Visite gratuite tous les jours de 9h à 17h (20h en été).

Autres curiosités

Bywong Mining Town, à environ 30 km au nord-est de Canberra, à Millyn Rd à partir de la Federal Highway en Nouvelle-Galles du Sud, est la reconstitution d'un village minier (ouvert tous les jours de 10h à 16h, avec trois visites organisées à 10h30, 12h30 et 14h). Entrée adulte : 7 $, enfant 4,50 $.

Nouvelle-Galles du Sud (NSW)

C'est en Nouvelle-Galles du Sud que le capitaine Cook posa le pied sur le continent australien pour la première fois. C'est également dans cette région que fut établi le premier point de peuplement permanent. Aujourd'hui, la Nouvelle-Galles du Sud est l'État australien le plus peuplé et il abrite également la plus grande ville du pays, Sydney. On aurait tort de croire que la NSW (New South Wales) n'est rien d'autre que l'arrière-pays de Sydney. L'État est en effet riche en histoire, parfois teintée de brutalité eu égard à l'implantation pénitentiaire, mais surtout liée à la ruée vers l'or et à l'expansion vers l'ouest. La Nouvelle-Galles du Sud possède de merveilleux sites côtiers et montagneux, ainsi que des plaines sèches occidentales s'étalant jusqu'à Bourke.

La capitale de l'État, avec son opéra, sa baie et son pont, est idéale pour se lancer à la découverte de la NSW. C'est à Sydney Cove, d'où partent aujourd'hui les ferries de Circular Quay, que fut établie la première colonie européenne en 1788. De cet héritage, Sydney a conservé une atmosphère historique absente dans la plupart des autres villes d'Australie. Elle n'en reste pas moins plus exubérante et plus vivante que nombre de ses plus jeunes rivales.

La Pacific Highway, qui relie Sydney au nord de l'État, mène aux grandes plages et aux différents sites qui bordent la côte nord de la NSW. La Princes Highway, quant à elle, part de la capitale en longeant la côte méridionale, moins touristique.

LE PEUPLE ABORIGÈNE

Quand les Britanniques accostèrent à Sydney Cove, il y a plus de deux siècles, l'Australie abritait entre 500 000 et un million d'Aborigènes ; on y parlait plus de 250 langues, pour certaines aussi différentes l'une de l'autre que l'anglais et le chinois.

A l'emplacement actuel de Sydney vivaient environ 3 000 Aborigènes, dont les trois langues principales englobaient plusieurs dialectes et sous-groupes linguis-

A ne pas manquer

Indicatif téléphonique : 02 (mais aussi 03, 07 et 08)
Population : 6,34 millions
Superficie : 802 000 km^2

- Croiser dans la baie de Sydney, le meilleur moyen de découvrir la ville portuaire

- Déguster les vins de la Hunter Valley

- Partir en randonnée dans les Blue Mountains

- Skier dans les Snowy Mountains au pied du Mt Kosciuszko, le plus haut du continent australien

- Surfer à Byron Bay, la Mecque nationale du surf

- Explorer l'extraordinaire site archéologique du lac Mungo

- Assister (ou participer !) à la flamboyante parade du Mardi gras

- Découvrir l'Outback vers Bourke

tiques : d'une manière générale, le ku-ring-gai sur la côte nord, le dharawal le long de la côte, au sud de Botany Bay, le dharug et ses dialectes dérivés dans les plaines au pied des Blue Mountains ; ces zones empiétaient toutefois largement les unes sur les autres. Aujourd'hui, Sydney compte plus d'habitants aborigènes qu'aucune autre ville australienne : on en estime le nombre dans cette région à quelque 30 800, pour la plupart issus de tribus provenant de l'intérieur des terres – parmi eux, un petit groupe de natifs des Torres Strait Islands, un groupe d'îles proche de la Papouasie-Nouvelle-Guinée. Redfern, une banlieue de Sydney, abrite une communauté koori importante et dynamique (de nombreux Aborigènes du sud-ouest du pays se désignent par ce terme).

GÉOGRAPHIE ET CLIMAT

L'État est divisé en quatre régions distinctes. Une étroite bande côtière, du Queensland au Victoria, abrite de nombreuses plages, des parcs nationaux, des criques et des lacs côtiers. La Great Dividing Range (Cordillère australienne) s'étend également sur toute la longueur de l'état, à environ 100 km à l'intérieur des terres, et englobe les plateaux de la New England au nord de Sydney, les spectaculaires Blue Mountains à l'ouest de la capitale et, dans le sud, les Snowy Mountains, une région idéale pour la pratique du ski en hiver et la marche en été.

A l'ouest de la Great Dividing Range, la région agricole des collines s'achève dans les chaudes et rudes plaines qui couvrent les deux tiers de l'État et se fondent dans le grand Outback aride vers l'ouest.

Les deux principaux cours d'eau, le Murray et le Darling, serpentent vers l'ouest à travers les plaines. En règle générale, c'est au nord que la température est la plus élevée, tandis que l'ouest est plus sec. En hiver, comme leur nom l'indique, les Snowy Mountains sont enneigées.

RENSEIGNEMENTS

Les informations touristiques concernant la Nouvelle-Galles du Sud sont accessibles auprès des agences de voyages nationales, ou par le ☎ 13 2077 pour une information officielle. Il existe un important centre d'information dans la ville d'Albury, à la frontière du Victoria, ainsi qu'un autre, plus petit, à Tweed Heads, à la frontière du Queensland. La plupart des villes disposent de centres d'information touristique.

PARCS NATIONAUX

Les quelque 70 parcs nationaux de Nouvelle-Galles du Sud se trouvent aussi bien sur les côtes que dans les forêts du centre ou dans les montagnes et les vallées de la Great Dividing Range, ou encore dans quelques grandioses étendues de l'Outback. La plupart des parcs sont praticables avec des véhicules ordinaires par beau temps. Si tous les parcs nationaux proches de Sydney sont accessibles par les transports publics, ceux-ci n'assurent que quelques rares liaisons avec les autres parcs de l'État.

L'entrée des parcs nationaux coûte environ 9 $ par voiture, un peu moins pour les motos ou les piétons. Toutefois, l'entrée des parcs les plus éloignés est souvent libre. Pour 60 $, un laissez-passer annuel permet d'accéder à tous les parcs. Cette formule semble particulièrement avantageuse, notamment pour le Mt Kosciuszko National Park, où le seul accès en voiture coûte 14 $ pour la journée. Plusieurs parcs sont équipés de terrains de camping avec douches et toilettes ; certains sont gratuits, tandis que dans d'autres le coût est de 5 à 15 $ la nuit pour deux personnes. Ils affichent souvent complet pendant les vacances scolaires.Il est possible de camper dans certains parcs ; renseignez-vous auprès du NPWS (NSW National Parks & Wildlife Service).

Cet organisme (☎ 95856444, www.npws.nsw.gov.au) possède un centre d'information au 43 Bridge St à Hurstville (☎ 958 56333). Le centre de Cadman's Cottage (☎ 9247 5033), 110 George St, dans le quartier des Rocks à Sydney, propose de l'information sur les Sydney Harbour National Parks. Le guide *National Parks NSW* de Gregory (18,95 $) peut aussi se révéler utile.

Dans les forêts domaniales, propriété de la NSW et destinées à l'exploitation fores-

NOUVELLE-GALLES DU SUD

LA NOUVELLE-GALLES DU SUD

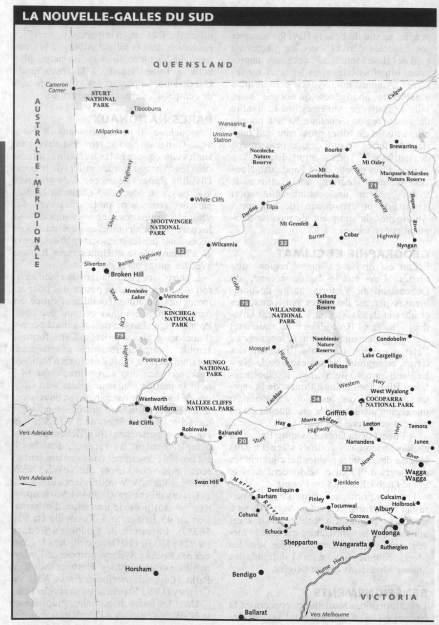

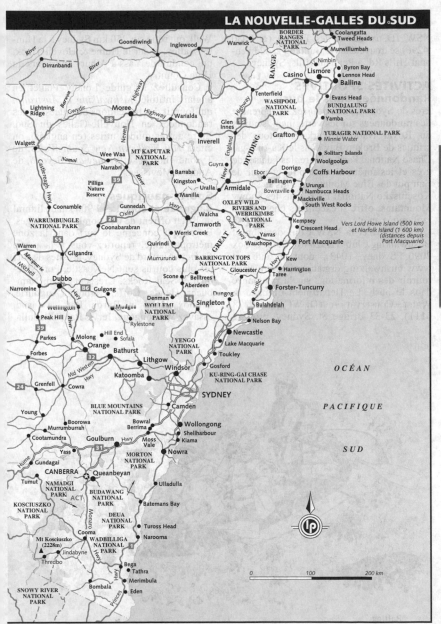

LA NOUVELLE-GALLES DU SUD

NOUVELLE-GALLES DU SUD

OCÉAN

PACIFIQUE

SUD

Vers Lord Howe Island (500 km)
et Norfolk Island (1 600 km)
(distances depuis
Port Macquarie)

0   100   200 km

tière, ont été aménagés des sentiers et des terrains de camping. Le siège du State Forests of NSW (Département des Forêts) (☎ 9980 4296) se trouve dans le Building 2, 423 Pennant Hills Rd, à Pennant Hills, Sydney.

ACTIVITÉS SPORTIVES
Randonnées dans le bush

Près de Sydney, vous pourrez entreprendre des randonnées sur les vertigineux sentiers du Royal National Park et autour des criques de Broken Bay dans le Ku-ring-gai Chase National Park, admirer les falaises de grès et les forêts d'eucalyptus et jouir de l'air pur des Blue Mountains. Plus au sud, le Kosciuszko National Park, dans les Snowy Mountains, offre d'excellents chemins de randonnée en été.

Le NPSW et la NSW Confederation of Bushwalking Clubs (☎92946797, GPO Box 2090, Sydney 1043), dont le site est www.bushwalking.org.au, pourront vous fournir des informations sur la randonnée dans le bush. Le Department of Land & Water Conservation (DLWC, ☎ 9228 6111), 23-33 Bridge St, Sydney, propose

des brochures gratuites et des livrets découverte (10 $) sur le circuit de la Great North Walk qui relie sur 250 km Sydney à la Hunter Valley, et sur le Hume & Hovell Track, qui conduit de Yass à Albury au travers du High Country.

Consultez le guide Lonely Planet en anglais intitulé *Bushwalking in Australia,* qui fournit des indications détaillées sur les randonnées en Nouvelle-Galles du Sud. Entre autres guides utiles (en anglais), on citera *100 Walks in New South Wales*, de Tyrone Thomas, et *Sydney and Beyond,* de Andrew Mevissen.

Sports nautiques

Baignade et surf. Les 1 900 km de littoral de l'État offrent de très nombreuses plages. En ce qui concerne le surf dans la zone métropolitaine, reportez-vous à la partie *Sydney.* Au nord de Sydney, les sites de surf les plus courus sont Newcastle, Port Macquarie, Seal Rocks, Crescent Head, Nambucca Heads, Coffs Harbour, Angourie, Lennox Head et Byron Bay. Au sud, essayez Wollongong, Jervis Bay, Ulladulla,

Rafting

Merimbula ou Eden. Pour plus d'informations, contactez Surfing NSW (☎ 9518 9410), PO Box 330, Manly, NSW 2095.

Les compétitions de surf ont lieu de décembre à avril. Pour connaître le calendrier des manifestations, contactez le Surf Life Saving NSW (☎ 99847188).

Plongée. Au nord de Sydney, essayez Terrigal, Port Stephens, Seal Rocks, Coffs Harbour ou Byron Bay. Au sud, rendez-vous à Jervis Bay, à Merimbula ou à Eden.

Voile. La baie de Sydney et Pittwater sont deux excellents plans d'eau pour faire de la voile. Pour plus de détails, reportez-vous à la partie *Sydney*. Le lac Macquarie, au sud de Newcastle, et les Myall Lakes, au nord, sont également satisfaisants. Contactez la Yachting Association of NSW (☎ 9660 1266) pour plus d'informations sur les clubs et les écoles de voile.

Rafting et canoë. Le rafting se pratique sur le cours supérieur du Murray et de la Snowy dans les Snowy Mountains, sur la Shoalhaven, à 220 km au sud de Sydney, et sur la Nymboida et la Gwydir au nord. Albury, Jindabyne et Nowra desservent les rivières du sud, Coffs Harbour et Nambucca Heads celle du nord. Le tarif pour une journée de rafting s'élève à 100 $.

En NSW, les plans d'eau pour le canotage sont légion. Nous vous conseillons en particulier Port Macquarie, Barrington Tops (pour le canoë en eaux vives), Myall Lakes, Jervis Bay et la Murrumbidgee River près de Canberra. La NSW Canoe Association (☎ 9660 4597) pourra vous fournir des informations supplémentaires. Elle publie en outre *The Canoeing Guide to NSW* (24,95 $).

Bicyclette

Bicycle NSW (☎ 9283 5200), 209 Castlereagh St, Sydney 2000, vous fournira tous les renseignements nécessaires sur les pistes cyclables de l'État.

Ski

Reportez-vous à la rubrique *Snowy Mountains* pour les renseignements sur le ski.

COMMENT S'Y RENDRE

Reportez-vous à la rubrique *Comment s'y rendre* de *Sydney* pour plus d'informations sur les transports aériens internationaux et intérieurs, et sur les liaisons ferroviaires et routières.

COMMENT CIRCULER
Avion

Des petites compagnies comme Azelton (☎ 13 1713) et Eastern Australia Airlines (filiale de Qantas ☎ 13 1313) assurent de nombreuses liaisons dans l'État tandis que d'autres compagnies desservent certaines destinations spécifiques. La carte indique les liaisons et les tarifs standard pour les allers simples. Dans de nombreux cas, le prix des billets aller-retour à tarif réduit est égal à celui des billets aller simple au tarif normal. Généralement, les billets à tarif réduit doivent être achetés 21 jours à l'avance et comportent des restrictions.

TARIFS AÉRIENS EN NSW

Bus

Les bus sont souvent plus rapides et plus économiques que le train. Si vous désirez faire des escales, choisissez un billet économique unique permettant de faire des haltes, plutôt que plusieurs billets. Une fois à destination, vous pourrez prendre des bus locaux. Sachez néanmoins que les services peuvent être irréguliers. Dans certaines régions, les bus scolaires sont la seule possibilité de transport, mais ils ne sont pas tenus de prendre des passagers.

NOUVELLE-GALLES DU SUD

Train

Countrylink offre le meilleur service ferroviaire en Australie et permet d'atteindre la plupart des villes de la NSW, parfois en prenant des bus en correspondance. Il faut réserver sur tous les trajets de Countrylink (☎ 13 2242, permanence quotidienne de 6h30 à 22h). A Sydney, vous pouvez réserver vos billets à Central Station (gare centrale) ou au Countrylink Travel Centre, à l'angle de York St et de Margaret St. Le transport d'un vélo ou d'une planche de surf (10$ l'aller simple) se fait sur réservation.

Le rapport qualité/prix varie : comparez avec les compagnies privées de bus. Countrylink propose des billets première classe et classe économique, ainsi que quelques billets à tarif réduit ; un aller-retour coûte le double d'un aller simple. Les étudiants australiens voyagent à moitié prix.

Voici quelques prix d'aller simple en classe économique au départ de Sydney : Albury (643 km), 75 $; Armidale (569 km), 69 $; Bathurst (223 km), 32 $; Bourke (835 km), 85 $; Broken Hill (1 125 km), 102 $; Byron Bay (883 km), 85 $; Canberra (326 km), 42 $; Coffs Harbour (608 km), 69 $; Cooma (441 km), 57 $; Dubbo (462 km), 57 $; Port Macquarie (474 km), 62 $ et Tamworth (455 km), 62 $.

De nombreux trains de banlieue vont de Sydney à Wollongong (7,20 $), Katoomba (9,40 $), Lithgow (14,60 $), Newcastle (14,60 $) et, moins fréquemment, Goulburn (29 $).

Un forfait découverte (NSW Discovery Pass) permet de voyager pendant un mois en classe économique sur le réseau de l'État, avec escales illimitées, pour 249 $.

Sydney

☎ 02
• code postal 2000 (centre)
• 3 986700 habitants

La plus grande et la plus ancienne ville d'Australie est un lieu très vivant qui fut construit autour de l'une des baies les plus spectaculaires du monde. Reconnaissable à son opéra, sa baie et son pont, Sydney compte des attractions moins célèbres tels l'historique quartier des Rocks, le faubourg de Paddington, d'époque victorienne, d'excellentes plages comme Bondi et Manly et deux superbes parcs côtiers.

La ville se situe sur la terre qui fut autrefois occupée par la tribu Eora, dont la présence est encore perceptible dans le nom de plusieurs banlieues et dont l'héritage artistique se manifeste par des gravures aborigènes autour de la ville. Après des débuts difficiles et une longue période où la ville semblait se satisfaire de n'être qu'une reproduction de ville britannique, Sydney est enfin devenue elle-même. Sélectionnée pour accueillir les Jeux olympiques de l'an 2000, elle connaît une cure de rajeunissement de son paysage urbain, visant à harmoniser celui-ci avec les charmes naturels de la cité.

Une mosaïque ethnique contribue à la vie sociale de la ville. Le dynamisme de la communauté chinoise a notamment aidé à modifier la structure anglo-méditerranéenne de la ville, la préparant ainsi à devenir un acteur clé en Asie.

ORIENTATION

Le port divise Sydney en deux parties, nord et sud, reliées par le Harbour Bridge (le pont) et le Harbour Tunnel. Le centre-ville et les endroits intéressants se situent dans la zone sud. Le centre, étroit, s'étire en longueur du quartier des Rocks et de Circular Quay, au nord, à Central Station, au sud. Il est délimité par Darling Harbour à l'ouest et par une suite de parcs agréables à l'est.

A l'est du centre se trouvent les faubourgs de Darlinghurst, Kings Cross et Paddington. Plus à l'est, on atteint les quartiers chics de Double Bay et Vaucluse. Au sudest s'étendent les banlieues côtières de Bondi et Coogee. L'aéroport Kingsford-Smith se situe à Mascot, à 10 km au sud du centre-ville, derrière Botany Bay. La banlieue de Pyrmont, ainsi que les péninsules de Glebe et de Balmain se situent à l'ouest du centre. Les faubourgs de l'ouest sont Newtown et Leichhardt.

Limitée dans son extension par les parcs nationaux, la banlieue s'étend sur 20 km au nord et au sud du centre. La partie au nord du pont porte le nom de North Shore. La banlieue ouest s'étend sur 50 km jusqu'au pied des Blue Mountains, englobant Parramatta et Penrith.

Cartes
Toutes les brochures des offices du tourisme comportent un plan du centre de Sydney, mais la carte *Sydney City Map* de Lonely Planet (7,95 $), qui couvre bien le centre-ville, détaille également les Blue Mountains et Homebush Bay. Si vous avez l'intention de visiter Sydney en voiture, procurez-vous sans hésiter le répertoire des rues *Sydney UDB* (33,95 $). Pour les cartes topographiques, adressez-vous au DLWC (☎ 9228 6111), 23-33 Bridge St.

RENSEIGNEMENTS
Offices du tourisme
Le NSW Travel Centre, situé dans le terminal international de l'aéroport (☎ 9667 6050), ouvre tous les jours de 6h à 24h. Il se charge de réserver des chambres d'hôtel à prix réduit, et sur son panneau d'affichage figurent les auberges de jeunesse ainsi que les lignes téléphoniques gratuites permettant de les contacter.

Le Travellers Information Service de la gare routière (☎ 9281 9366), juste devant Central Station, est ouvert tous les jours de 6h à 22h30. Vous pouvez y réserver des tickets de bus et des chambres d'hôtel. Son tableau d'affichage liste également les auberges de jeunesse. Dans la gare elle-même, la Travellers Aid Society (☎ 9211 2469, ouverte en semaine de 6h45 à 17h et le week-end de 7h à 12h), propose des informations d'ordre général, peut vous assister dans l'organisation de vos déplacements et dispose de douches chaudes (3 $).

Les kiosques d'informations touristiques Citi Host se trouvent sur Circular Quay, sur Martin Place et près du Town Hall. Ils ouvrent de 9h à 17h en hiver, de 10h à 18h en été.

L'excellent Sydney Visitors Centre (☎ 9255 1788 ou 1800 067 676, 106 George St, the Rocks) est ouvert tous les jours de 9h à 18h. Il existe un autre office du tourisme

à Darling Harbour (☎ 9286 0111), à côté du cinéma Imax.

Certains quartiers, comme Manly, disposent de leur propre office du tourisme (reportez-vous aux rubriques correspondantes pour plus de détails).

Les panneaux d'affichage des auberges de jeunesse de Kings Cross proposent des annonces allant du partage d'appartements aux offres d'emploi, en passant par les billets d'avion à revendre.

Consulats étrangers
Sydney compte presque autant de représentations consulaires que Canberra. Reportez-vous au paragraphe *Ambassades étrangères en Australie* du chapitre *Renseignements pratiques*.

Poste
La poste centrale (GPO) se trouve sur Martin Place, mais Sydney dispose d'un autre bureau au 130 Pitt St. La poste restante se situe pour sa part au 310 George St, au 3e étage du bâtiment Hunter Connection. Cette dernière ouvre en semaine et met à votre disposition des terminaux informatiques pour vérifier si vous avez du courrier. Il est possible de faire suivre son courrier dans tout bureau de poste de banlieue pour 5 $ par mois.

Plusieurs agences de voyages offrent des services de poste restante et de réexpédition. Essayez Travellers Contact Point (☎ 9221 8744), 7e étage, 428 George St, et Backpackers World (☎ 9380 2700), 212 Victoria St, à Kings Cross.

Téléphone et fax
Le Telstra Payphone Centre, 231 Elizabeth St, possède des cabines téléphoniques. On peut aussi passer des appels à prix réduit et des fax de Global Gossip, 111 Darlinghurst Rd, Kings Cross (☎ 9326 9777).

E-mail et accès Internet
Sydney connaît depuis peu une floraison de cafés Internet, surtout autour de Kings Cross et d'Oxford St. Certains demeurent ouverts 24h/24. Les tarifs étant très variables, n'hésitez pas à les comparer.

LE CENTRE DE SYDNEY

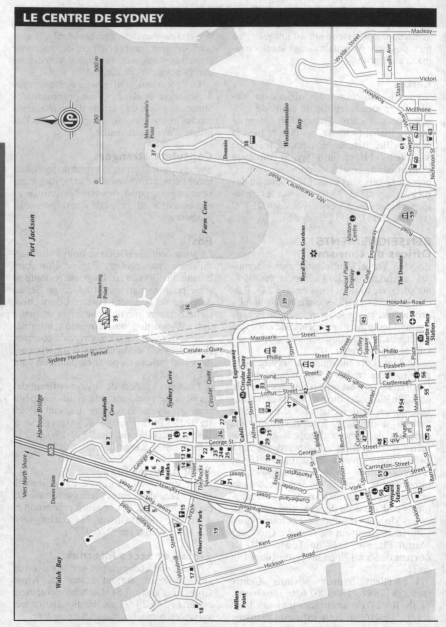

LE CENTRE DE SYDNEY

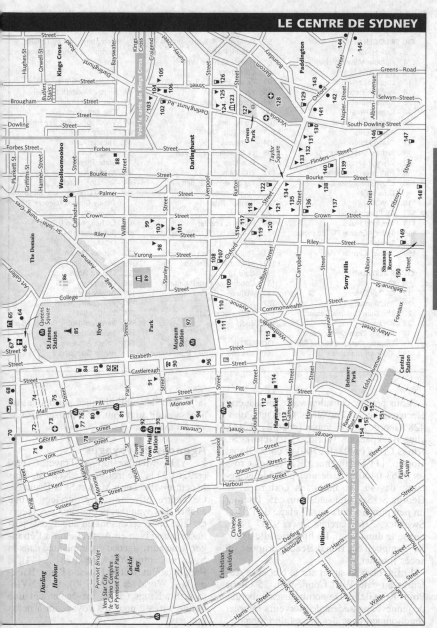

LE CENTRE DE SYDNEY

OÙ SE LOGER
- 3 Park Hyatt
- 4 Harbour View Hotel
- 6 Mercantile Hotel
- 17 Lord Nelson Hotel
- 18 Palisade Hotel
- 25 Russel Hotel
- 30 Regent Hotel
- 46 Sydney City Centre Apartments
- 47 Grand Hotel
- 49 Sydney Vista Hotel
- 52 Wynyard Hotel
- 88 Forbes Terrace Hotel
- 106 L'Otel, Backdoor Café, Govinda's
- 110 YWCA
- 112 CB Private Hotel
- 114 Westend Hotel
- 115 Sydney Central Private Hotel
- 150 Excelsior Hotel
- 153 Sydney Central YHA

OÙ SE RESTAURER
- 8 Quay
- 12 G' Day Cafe
- 14 Bel Mondo, anti bar
- 22 The Gum Nut Tea Garden
- 23 Rockpool
- 34 Sydney Cove Oyster Bar
- 41 Obelisk, Customs House Bar
- 44 Kiosk on Macquarie

- 55 Dendy Bar & Bistro, cinéma (Martin Place)
- 61 Harry's Cafe de Wheels
- 67 Carruthers
- 91 Parma Espresso Bar
- 98 Pacifico
- 99 Hard Rock Cafe
- 100 Bill & Toni's
- 101 No Names
- 103 Tum Tum Thai
- 104 Tropicana
- 105 La Bussola, Bar Coluzzi
- 116 Don Don
- 117 Thai Panic
- 118 Tandoori Palace, Betty's Soup Kitchen
- 120 Roobar, Fatz
- 121 Bach Hy
- 124 Fishface, Eca Bar
- 125 Fu-Manchu, Fez, Oh Calcutta !
- 127 Bandstand Cafe
- 131 Thai-Nesia, Vin Ha Long
- 132 Angkor Wat, Balkan
- 133 Cafe 191
- 134 Courthouse Hotel, Kinselas
- 135 Maltese Cafe
- 137 Mali
- 138 Metronome Café
- 151 Bodhi

OÙ SORTIR
- 1 Pier Four (Sydney Dance

- Company, Sydney Theatre Company, Bangarra Dance Theatre)
- 2 Pier One (Harbourside Brasserie)
- 16 Hero of Waterloo Hotel
- 21 Australian Hotel
- 32 The Basement
- 60 Woolloomooloo Bay Hotel
- 63 Tilbury Hotel
- 68 Theatre Royal
- 71 Soup Plus
- 77 State Theatre
- 80 Marble Bar
- 84 Sheraton Hotel
- 94 Metro (spectacles musicaux), Dendy Cinema (George St)
- 102 Cauldron
- 107 Exchange Hotel, Q Bar
- 108 Burdekin Hotel
- 109 DCM
- 113 Capitol Theatre
- 119 Midnight Shift
- 122 Oxford Hotel
- 126 Green Park Hotel
- 129 Albury Hotel
- 130 Beauchamp Hotel
- 136 Bentley Bar
- 139 Beresford Hotel, Barracks Bar
- 140 Flinders Hotel
- 141 Palace Academy Twin, Mister Goodbar

Vous pouvez consulter votre messagerie électronique au Travellers Contact Point, 428 George St, 7e étage (☎ 9221 8744), chez Backpackers World, 212 Victoria St, Kings Cross (☎ 9380 2700) et chez Global Gossip, 111 Darlinghurst Rd, Kings Cross (☎ 9263 0400). Ce dernier possède également des succursales dans Oxford St et George St. Signalons aussi un café Internet un peu plus onéreux au 1er étage de l'hôtel Sweeney, 236 Clarence St (☎ 9267 1116, fermé le dimanche). La librairie Idle Tank, 84 Campbell St, Bondi Beach, propose un accès Internet.

Enfin, on peut surfer sur le Net et se restaurer au café Well Connected, 35 Glebe Point Rd, Glebe. De nombreuses auberges de jeunesse possèdent des serveurs Internet fonctionnant avec des pièces de monnaie ; la plupart des bibliothèques permettent un accès gratuit au réseau, mais pensez à réserver à l'avance.

Agences de voyages

Le YHA Membership & Travel Centre (☎9261 1111) se trouve 422 Kent St, dans le centre-ville, entre Market St et Druitt St. Ce centre offre tous les services d'une agence de voyages et permet aux voyageurs de faire des réservations en auberge de jeunesse, aussi bien en Australie qu'à l'étranger. Une autre agence est implantée dans la Sydney Central YHA (☎ 9281 9444), à l'angle de Pitt St et de Rawson Place. Backpackers World (☎ 93802700), au 212 Victoria St, Kings Cross, est également une bonne adresse pour les voyageurs à petits budgets.

LE CENTRE DE SYDNEY

Librairies

Le Travel Bookshop (☎ 92618200), 175 Liverpool St, propose un choix important de guides et récits de voyage. Dymocks Booksellers (☎ 92240411), 424-428 George St, se targue d'être la plus grande librairie de l'hémisphère Sud. Gleebooks, 49 Glebe Point Rd, à Glebe, et Ariel, 42 Oxford St, à Paddington, sont également de bonnes librairies. Gould's, 33 King St, à Newton, est un surprenant bric-à-brac d'ouvrages d'occasion ; il est ouvert jusqu'à minuit.

Publications

Destiné aux voyageurs à petit budget, le magazine mensuel *TNT* regorge d'informations intéressantes, d'hébergements bon marché et d'activités. Il est distribué gratuitement dans les auberges de jeunesse et les offices du tourisme. Également gratuit et distribué dans les aéroports, le mensuel *OVG* (Overseas Visitors Guide) propose des cartes, des curiosités et le programme des manifestations du moment. Dans un style plus affecté, *This Month in Sydney* publie le même type d'informations.

Le supplément *Metro* de l'édition du vendredi du *Sydney Morning Herald* propose une liste très complète des manifestations de la semaine à venir.

Les journaux de loisirs distribués gratuitement dans les pubs, les cafés et les magasins de disques recensent les adresses des clubs à la mode. Les principaux sont *Drum Media*, *Revolver*, *3D World*, ainsi que (à l'intention de la communauté gay) *Capital Q Weekly* et *Sydney Star Observer*. L'excellent *Sydney City Hub* donne une foule d'adresses intéressantes qui feront la joie des branchés.

Les guides sur Sydney ne manquent pas. Parmi les ouvrages généraux, on citera deux publications de Lonely Planet en anglais, *Sydney City Guide* et *New South Wales,* de même que *Sydney Condensed,* plus récent et plus ramassé. *Untourist Sydney,* de Jacqueline Huié, est plus difficile d'emploi.

Morceau choisi de la littérature de voyage, le *Sydney* de Jan Morris enrichira votre visite. Et pour connaître l'envers du décor, rien de mieux que les thrillers de Peter Corris.

Communauté homosexuelle

Les communautés gay et lesbienne constituent un élément très dynamique et vivant du tissu social de Sydney.

Le Gay & Lesbian Mardi Gras, en février/mars, est la plus grande manifestation touristique d'Australie ; la parade hédoniste d'Oxford St attire plus d'un demi-million de spectateurs (voir l'encadré *Le gay Sydney* dans la rubrique *Où sortir*). Le cœur de la vie sociale de la deuxième communauté gay du monde en termes d'importance se situe autour de Taylor Square, dans Oxford St.

Toutefois, certains Australiens "bon teint" conservent des réflexes homophobes, et on rapporte des actes de violence commis à l'encontre d'homosexuels. Sachez aussi qu'en Nouvelle-Galles du Sud l'âge légal de consentement pour un rapport homosexuel est de 18 ans pour les hommes et de 16 ans pour les femmes.

Le Sydney Gay & Lesbian Mardi Gras a créé un service de voyages en ligne, Mardi Gras Travel, au www.mardigras.com, destiné à aider les touristes homosexuels désireux de venir y participer.

Pour tout conseil ou assistance, contactez la Gay & Lesbian Line au ☎ 9207 2800 ou au 1800 805 379 (tous les jours de 16h à 24h).

Services médicaux

Le Travellers Medical & Vaccination Centre (☎ 9221 7133) se situe 428 George St, niveau 7, tandis que la Kings Cross Travellers' Clinic (☎ 9358 3376) est installée 13 Springfield Ave, Suite 1, dans le quartier de Kings Cross. Tous deux sont ouverts en semaine et le samedi matin. Il est préférable de prendre rendez-vous. Si vous vous cassez une jambe dans le centre de Sydney, clopinez jusqu'au Sydney Hospital (☎9382 7111), dans Macquarie St.

Autres prestations

Le siège de la NRMA (National Roads & Motorists Association; ☎ 132132) se trouve à l'angle de King St et George St.

Pour faire recoudre votre sac à dos, adressez-vous à Custom Luggage (☎ 9261 1109), 317 Sussex St. Whilton Camera Service (☎ 92678429), 251 Elizabeth St, face à Hyde Park, répare les appareils photo.

Vous trouverez des douches au Travellers Aid de Central Station (☎ 92112649), ouvert en semaine de 7h à 16h30 et le weekend de 7h à 11h30 (3 $).

En cas d'urgence

Le Wayside Chapel (☎ 9358 6577), 29 Hughes St, à Kings Cross, aide à résoudre des problèmes personnels.

Lifeline (☎ 13 1114) assure le même genre d'aide, et le Rape Crisis Center répond aux demandes des victimes de violences sexuelles (☎ 9819 6565).

Désagréments et dangers

Sydney n'est pas une ville particulièrement dangereuse, mais il vaut mieux rester sur ses gardes. Il faut, bien sûr, ne pas laisser ses bagages sans surveillance ou faire étalage de son argent et éviter de s'enivrer avec des inconnus. Les harcèlements à l'encontre des homosexuels, des femmes et des étrangers sont rares, mais peuvent survenir. Soyez particulièrement vigilant à Kings Cross, quartier un peu chaud.

BAIE DE SYDNEY

Dès le début de l'implantation des colons, la baie a donné sa forme et son âme à Sydney. Aujourd'hui, il s'agit d'un port important et du plus grand lieu de plaisance de la ville. Avec ses eaux, ses plages, ses îles et ses parcs, elle offre toutes les attractions dont on peut rêver.

Officiellement nommée **Port Jackson**, la baie s'étend sur 20 km jusqu'à l'embouchure de la Parramatta. Les promontoires à l'entrée de la baie sont appelés North Head et South Head. Le centre de la ville se situe à 8 km à l'intérieur des terres, et le plus beau panorama se découvre entre les Heads et Harbour Bridge. **Middle Harbour** est une large crique à 2 km au nord-ouest des Heads.

Le meilleur moyen d'admirer la baie consiste à faire une promenade en bateau ou à monter à bord de l'un des nombreux ferries qui croisent dans ses eaux. Avec le ferry de Manly, vous pourrez voir la baie à l'est du pont, tandis que les Parramatta River Cats vous mènent à l'ouest.

Les **plages de la baie** de Sydney sont des anses abritées et calmes, où l'activité frénétique des plages océaniques est absente. Au sud se trouvent Lady Bay (fréquentée par les naturistes), Camp Cove et Nielsen Park. Toutes trois sont accessibles par le bus n°325 de Watsons Bay.

Au nord, les plages de la baie sont Manly Cove, Reef Beach (une plage naturiste mais peu retirée), Clontarf, Chinaman's Beach et Balmoral. Le ferry de Manly accoste à Manly Cove, et Reef Beach est à 2 km de marche du Manly Scenic Walkway.

Pour vous rendre à Balmoral, prenez le bus n°247 de Wynyard à Mosman Junction, puis le n°257. Clontarf est desservie depuis Wynyard par les bus n°131 et 132. L'accès à toutes les autres plages se fait par les bus n°175 et 178, qui partent de Wynyard, passent par Military Rd puis traversent Spit Bridge, et en continuant à pied.

Sydney Harbour National Park

Ce parc renferme de petites zones de bush autour de la baie et plusieurs îlots. Il compte des sentiers, des points de vue, des sites de gravure aborigène et historiques. Au sud, il englobe South Head et Nielsen Park, et, au nord, North Head, Dobroyd Head, Middle Head et Ashton Park. Les îles de Fort Denison, Goat, Clark, Rodd et Shark font également partie du parc. Renseignez-vous au Cadman's Cottage (☎ 9247 5033), dans le quartier des Rocks.

Autrefois appelé Pinchgut, **Fort Denison** est une petite île fortifiée, au large de Mrs Macquarie's Point, autrefois utilisée pour isoler les forçats dangereux. Le fort a été construit pendant la guerre de Crimée, alors que l'on craignait l'invasion des Russes. Au moment où nous mettons sous presse, Fort Denison est fermé pour travaux de restauration, mais les visites guidées ne devraient pas tarder à reprendre.

Vous pouvez visiter **Goat Island**, à l'ouest de Harbour Bridge. Par le passé, l'île abritait un chantier naval, un poste de quarantaine et un dépôt de munitions. Le circuit historique coûte 11 $. Pour plus de détails, adressez-vous au Cadman's Cottage.

Clarke Island, au large de Darling Point, et **Shark Island**, au large de Rose Bay, sont de parfaits sites de pique-nique, mais il vous faudra obtenir un permis (☎ 92475033 ; 3 $ par personne).

QUARTIER DES ROCKS

Le premier point de peuplement européen de Sydney fut établi sur un promontoire rocheux à l'ouest de Sydney Cove, là où s'appuie le Harbour Bridge pour enjamber la baie vers North Shore. Il s'agissait d'un endroit assez sordide, peuplé de forçats, de pêcheurs de baleines, de prostituées et de gangs, ce qui n'a pas empêché les nouveaux riches de construire, dans les années 1820, des maisons à trois étages sur les corniches dominant les taudis.

Depuis les années 70, la réhabilitation du quartier a fait des Rocks un lieu propre et historique, riche en étroites rues pavées bordées de bâtisses coloniales, d'entrepôts convertis en restaurants et boutiques pour touristes. C'est désormais un quartier où il fait bon flâner, surtout dans les petites rues et à Millers Point, endroit intimiste et moins couru.

Procurez-vous un plan du quartier au Sydney Visitors Centre (☎ 9255 1788, 1800067676) dans Old Sailors Home, 106 George St. Pour saisir l'ambiance des Rocks, rien ne vaut la visite guidée proposée dans la soirée par Master Christophe (☎ 9555 2700, ou demandez au Visitors Centre) à partir de 18h (17 $, tarif réduit

13 $). Si vous préférez découvrir le quartier à votre rythme, louez la cassette Rocks Walking Adventure, pour 8 $ (☎ 018 111 011).

Près du Heritage Centre, 110 George St, se trouve la plus vieille maison de Sydney, **Cadman's Cottage**, construite en 1816. Cette bâtisse abritait jadis des chaloupes, et c'est là que résida le dernier doyen des officiers mariniers du gouverneur, John Cadman. Aujourd'hui, la maison abrite le Sydney Harbour National Parks Information Centre (☎ 9247 5033).

Laissez-vous subjuguer par l'atmosphère de ce quartier, goûtez aux plaisirs de Rocks Square dans Playfair St, jetez un coup d'œil dans le **Rocks Centre** afin de dénicher un souvenir typiquement australien, dînez en terrasse, admirez le panorama de Circular Quay et de **Campbell Cove**, et laissez-vous porter par la foule des week-ends à **Rocks Market**.

A quelques minutes à pied à l'ouest, en suivant Argyle Street puis en prenant le souterrain **Argyle Cut**, creusé par les forçats, on parvient à **Millers Point**, un charmant quartier de maisons coloniales agrémenté d'un espace vert typique des villages anglais. Tout près, se trouvent la **Garrison Church** ainsi que le Lord Nelson Hotel et le Hero of Waterloo Hotel qui se targue d'être le plus vieux pub de Sydney.

SYDNEY HARBOUR BRIDGE

L'imposant "vieux cintre" (coat hanger), cher au cœur des Australiens, relie la rive sud à la rive nord de la baie en son point le plus étroit, ou encore le centre de Sydney au quartier des affaires. La construction, qui a coûté 20 millions de dollars, s'est achevée en 1932. Le pont a toujours été un symbole, en raison de sa taille, de sa fonction et du fait qu'il a fourni du travail à de nombreuses personnes lors de la Grande Dépression.

On peut monter dans le pylône de pierre au sud-est, lequel abrite le Harbour Bridge Museum, ou escalader le pont avec un groupe de varappe.

Le pont est ouvert aux automobiles, aux trains, aux cyclistes et aux piétons. La piste cyclable, côté ouest, et le trottoir, côté est, sont accessibles par les escaliers de Cumberland St dans les Rocks et de la gare de Milsons Point, sur la rive nord. La meilleure approche du pont se fait indubitablement à pied, le trajet en voiture ou en train n'étant guère révélateur. Dans le sens nord-sud, il faut s'acquitter d'un péage de 2 $.

Le **Harbour Tunnel** a été mis en chantier pour réduire le trafic sur le pont. Il commence environ 500 m au sud de l'opéra, passe sous la baie à l'est du pont et rejoint l'autoroute sur la rive nord. Le péage s'élève à 2 $, dans le sens nord-sud uniquement. Si vous partez de la rive nord pour vous rendre dans les faubourgs est, empruntez de préférence le tunnel.

SYDNEY OPERA HOUSE

Ce célèbre opéra se situe sur le promontoire est de Circular Quay. Son toit en forme de voile, ou de coquillage, s'inspirait à l'origine des feuilles de palmier.

C'est un endroit inoubliable, que l'on soit venu écouter un concert ou déjeuner dans l'un des nombreux restaurants en plein air qui font face à la baie.

L'opéra compte quatre auditoriums principaux et présente, outre les opéras, des concerts de musique classique, des ballets, des pièces de théâtre et des films. Il comporte aussi une nouvelle salle, The Studio, qui accueille des expositions d'art contemporain. Le dimanche, de nombreux artisans viennent vendre leur production devant l'opéra.

Malgré leur prix élevé, les spectacles en vogue se jouent souvent à guichets fermés. Il existe néanmoins des places "à vue réduite" pour 35 $. Vous pouvez obtenir des places correctes pour assister aux pièces de théâtre ou aux concerts du Sydney Symphony Orchestra à partir de 28 $ environ. Le programme "Sundays around the house", très varié, propose d'excellents spectacles coûtant en général autour de 20 $.

Le guichet (☎ 9250 7777) est ouvert du lundi au samedi entre 9h et 20h30, et 2heures 30 avant les spectacles dominicaux.

D'intéressantes visites d'une heure des bâtiments de l'Opera House sont organisées à partir du hall tous les jours entre 9h et 16h (☎ 9250 7250), pour un tarif de 12,90 $

(8,90 \$ pour les étudiants). Il n'est pas toujours possible d'accéder à toutes les salles en raison des répétitions, aussi est-il préférable de s'y rendre le matin. On peut également visiter les coulisses (20,90 \$).

CIRCULAR QUAY

Circular Quay, construit autour de Sydney Cove, est l'un des endroits les plus animés de la ville. Le premier point de peuplement européen s'est développé autour du Tank Stream, aujourd'hui un cours souterrain qui se jette dans la baie près du Wharf 6. Pendant de nombreuses années, Circular Quay a été le centre maritime de Sydney ; il s'agit maintenant d'un lieu regroupant les quais des ferries, une gare ferroviaire et l'Overseas Passenger Terminal, ainsi que des restaurants, des promenades et des parcs animés par des musiciens ambulants et des pêcheurs.

Le **Museum of Contemporary Art** (MCA) (☎ 9241 5892 ou 9252 4033) occupe le très beau bâtiment Art déco qui domine Circular Quay West. Ouvert du mercredi au vendredi de 10h à 18h (jusqu'à 16h l'hiver, entrée 6 \$, tarif réduit 4 \$), il présente un éventail éclectique d'art moderne. **Customs House** (☎ 9247 2285), en face de Circular Quay, est un bâtiment imposant qui abrite désormais un excellent centre artistique et culturel exposant notamment des objets d'art moderne visuel et aborigène, ainsi qu'une maquette de Sydney (entrée libre dans presque toutes les salles).

MACQUARIE PLACE ET SES ENVIRONS

Des rues étroites partent au sud de Circular Quay vers le centre-ville. Au coin de Loftus St et de Bridge St, sous l'ombrage des ficus de Moreton Bay, sur la petite Macquarie Place, se trouvent une ancre et un canon du navire amiral de la First Fleet, le *Sirius*, vaisseau de Sa Majesté. Un **obélisque**, construit en 1818, indique les distances jusqu'à divers points de la colonie. Deux agréables cafés donnent sur la place, bordée par le **Lands Department Building**, imposant immeuble du XIXe siècle auquel on accède par Bridge St.

A l'est, l'excellent **Museum of Sydney** (☎ 92515988) occupe le site de la première et tristement célèbre Government House construite en 1788. Ici, le Sydney historique des premiers temps reprend vie dans les chuchotements, querelles, commérages et "artefacts". Ouvert tous les jours (6 \$, tarif réduit 3 \$).

Le **Justice & Police Museum** (☎ 9252 1144) est installé dans l'ancien poste de police de la navigation, à l'angle de Phillip St et d'Albert St. Un poste de police du début du siècle a été reconstitué. Il est ouvert le week-end de 10h à 17h (6 \$, tarif réduit 3 \$).

CENTRE-VILLE

Le centre de Sydney s'étend de Circular Quay, au nord, à Central Station, au sud. Le quartier des affaires se situe dans la partie nord, mais la zone d'activité se déplace progressivement du fait de la réhabilitation du quartier sud.

Sydney ne possède pas véritablement de centre-ville, **Martin Place** joue néanmoins ce rôle, par défaut. Ce grand ensemble piétonnier modernisé, qui part de Macquarie St pour aboutir à George St, est bordé de bâtiments monumentaux abritant les institutions financières et le bureau de poste victorien à colonnade. La rue compte de nombreux bancs publics, un cénotaphe commémorant les victimes australiennes de la guerre et un amphithéâtre très animé à l'heure du déjeuner.

Quelques pâtés de maison plus au sud, le **Town Hall** (hôtel de ville), à l'angle de George St et de Druitt St, fut érigé en 1874.Son extérieur au décor surchargé n'a d'égal que les salles de conseil et de concert au style abondamment fleuri. La cathédrale anglicane **St Andrew**, la plus ancienne d'Australie, fut construite à la même époque. Au moment où nous mettons sous presse, la cathédrale est en cours de restauration, mais les concerts d'orgue gratuits du jeudi midi reprendront dès la fin des travaux.

Le centre commercial le plus somptueux de la ville, le **Queen Victoria Building** (QVB), de style byzantin, à côté du Town Hall, occupe tout le pâté de maisons, entre

Circuit pédestre dans Sydney

Pour découvrir la plus grande ville d'Australie, rien ne vaut la promenade à pied. Ce circuit couvre 7 km. Prévoyez au moins une demi-heure, et jusqu'à trois heures pour le parcourir en totalité.

Partez de **Hyde Park**, plus précisément de la station de métro Museum Station (Liverpool St). Traversez le parc en direction du nord, en passant devant l'**Anzac Memorial**, jusqu'à College St. Sur le trottoir de droite se dresse l'**Australian Museum**. A partir de là, William St (dans le prolongement est de Park St) rejoint **Kings Cross** ; la superbe **Archibald Fountain** s'élève de l'autre côté de Park St, au bout d'une avenue bordée d'arbres, et sur le trottoir de gauche de College St, vous pouvez admirer l'imposante **cathédrale St Mary**.

Continuez vers le nord jusqu'à **Macquarie St**, jalonnée de bâtiments datant du début de l'époque coloniale. Au bout de cette rue, vous arrivez à **Circular Quay** et à la spectaculaire **Sydney Opera House**. Parallèle à la bordure occidentale de Circular Quay, derrière le **Museum of Contemporary Art**, George St traverse le quartier des **Rocks**.

Remontez George St, qui oblique vers la gauche sous **Harbour Bridge** et rejoint Lower Fort St. Là, tournez à droite pour gagner le front de mer, ou à gauche pour grimper au sommet d'**Observatory park**. Vous pouvez ensuite revenir dans les Rocks en tournant à droite dans Argyle St, qui passe par **Argyle Cut**.

Non loin de là, vous pouvez aussi monter à Harbour Bridge par les escaliers de Cumberland St, traverser le pont et faire le tour de **Milsons Point**, sur la rive nord. Un train vous ramènera en ville.

Prenez le temps de parcourir également Oxford St, depuis l'angle sud-est de Hyde Park jusqu'à **Paddington**. Vous pourrez revenir en bus ou, si vous continuez jusqu'à **Bondi Junction**, en train.

A l'ouest de Hyde Park, Market St offre également une agréable promenade jusqu'à Pyrmont Bridge (réservé aux piétons et au monorail) et à **Darling Harbour**. Pyrmont Bridge Rd enjambe la baie et mène à **Glebe Island Bridge**, aux **marchés au poisson de Pyrmont** et jusqu'à Glebe.

D'autres circuits sont indiqués aux paragraphes Les Rocks (voir plus avant) et Circuits organisés, plus loin dans ce chapitre.

George St, Druitt St, York St et Market St. Tout près, le centre commercial Strand Arcade, joliment rénové, et le moderne Skygarden, sont également intéressants.

En face de l'QVB, sous la Royal Arcade reliant George St et Pitt St, se tient un café d'une extravagance victorienne dénommé le **Marble Bar**. Au nord, le **State Theatre**, 49 Market St, est lui aussi un superbe exemple d'architecture gothique ostentatoire ; des visites guidées (☎ 93736660) y sont organisées du mardi au samedi (12$, 8 $ pour les enfants).

Au sud-ouest, **Spanish Town et Chinatown** sont deux quartiers animés où nombre d'excavations à ciel ouvert témoignent encore des multiples projets des années 80 qui tournèrent court du fait de la récession.

Malgré la crise de l'économie asiatique, Chinatown demeure dynamique et s'étend vers le sud-est de la ville, zone désolée où Central Station se trouve isolée.

DARLING HARBOUR

Cet immense complexe construit sur le front de mer, à l'ouest du centre-ville, était autrefois une active zone de docks (voir la carte de Darling Harbour et Chinatown). Après avoir connu un pénible déclin, le lieu fut réinventé dans les années 80 grâce à beaucoup d'imagination, de patience et d'énormes investissements. La pièce maîtresse de ce complexe est censée être le charmant **Harbourside**, qui regroupe des boutiques et restaurants souvent kitsch, mais les véritables pôles d'attraction sont le fabuleux aquarium, les excellents musées, le jardin chinois et les élégantes sculptures aquatiques.

Jusqu'à une date récente, l'accent portait sur les loisirs appréciés des familles et des groupes de touristes, mais la construction des bars et des restaurants de **Cockle Bay Wharf**, juste en face de Harbourside, a apporté une dimension nouvelle à la vie culinaire et nocturne de ce quartier.

Le **monorail** et le **light rail** (un petit train) relient Darling Harbour au centre-ville.

Des ferries partant de Circular Quay desservent l'Aquarium Wharf et le Pyrmont Bay Wharf depuis Darling Harbour toutes les 30 minutes (3,20 $). Le ferry Rocket Express part toutes les 20 minutes de Harbourmaster's Steps à Circular Quay West (3,25 $). Toutes les 20 minutes, le Sydney Explorer Bus (voir la rubrique *Comment circuler*) s'arrête à quatre endroits autour de Darling Harbour. Le People Mover permet de faire le tour des attractions de Darling Harbour (2,50 $).

Vous pouvez aussi vous rendre à Darling Harbour à pied, en empruntant des passerelles, depuis Market St et Liverpool St. Dans le premier cas, vous franchirez **Pyrmont Bridge**, réservé aux piétons et au monorail, qui fut le premier pont levant électrique du monde. Le Darling Harbour Visitors Centre (☎ 9286 0111), situé sous l'autoroute, ouvre tous les jours.

Sydney Aquarium

Cet aquarium, exposant les richesses de la vie sous-marine australienne, est à ne pas manquer. Trois "océanariums", amarrés dans la baie, renferment des requins, des raies et de gros poissons dans le premier, des animaux marins typiques de la baie de Sydney et des phoques dans les deux autres. L'aquarium présente également de belles expositions sur les poissons d'eau douce et les jardins de coraux. Les tunnels sous-marins transparents sont féeriques et spectaculaires.

Situé à l'extrémité est de Pyrmont Bridge, l'aquarium (☎ 92622300) ouvre tous les jours de 9h30 à 21h (entrée : 15,90 $, tarif étudiants : 10 $).

National Maritime Museum

Ce musée thématique (☎ 95527777) retrace le lien de l'Australie avec la mer, des embarcations aborigènes et de la Première Flotte à la Coupe de l'America. Un navire de guerre, un bateau de course et un bateau de réfugiés vietnamiens sont amarrés au quai du musée. Des visites guidées gratuites ont lieu toutes les heures entre 10h et 15h. Le musée se trouve près de l'extrémité ouest de Pyrmont Bridge et est ouvert tous les jours de 9h30 à 17h (entrée 9 $, tarif réduit 4,50 $, gratuit pour les enfants de moins de 15 ans).

Powerhouse Museum

Ce musée, le plus spectaculaire de Sydney, couvre les arts décoratifs, l'histoire sociale, la science et la technologie, et présente des expositions éclectiques sur les thèmes aussi variés que les bijoux fantaisie, le rock australien, les locomotives et les capsules spatiales. Les collections sont superbement présentées, très souvent de manière interactive et éducative.

Le musée (☎ 92170111) se dresse derrière le Sydney Exhibition Centre, 500 Harris St, Ultimo. Il est ouvert tous les jours de 10h à 17h (entrée : 8 $, tarif réduit : 3 $, gratuit le premier samedi de chaque mois).

Chinese Garden

Le charmant jardin chinois (☎ 9281 6863/0111), au coin sud-est de Darling Harbour, est une oasis de tranquillité. Il a été conçu par des architectes paysagistes de la province chinoise de Guangdong, jumelée avec la NSW, et la visite vaut vraiment chaque cent des 4 $ qu'elle coûte (tarif réduit 2 $). Commencez par la Courtyard of Welcoming Fragrance (cour de l'accueillante fragrance), faites un tour du Lake of Brightness (lac de la splendeur) et finissez par un thé et une pâtisserie au salon de thé chinois. Le jardin vous accueille tous les jours de 9h30 au coucher du soleil.

Australia's Northern Territory & Outback Centre

Ce centre cumule les fonctions d'office du tourisme pour le Territoire du Nord et de

DARLING HARBOUR ET CHINATOWN

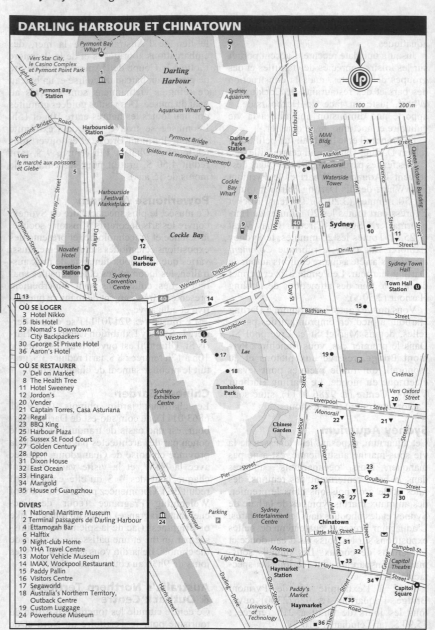

OÙ SE LOGER
- 3 Hotel Nikko
- 5 Ibis Hotel
- 29 Nomad's Downtown City Backpackers
- 30 George St Private Hotel
- 36 Aaron's Hotel

OÙ SE RESTAURER
- 7 Deli on Market
- 8 The Health Tree
- 11 Hotel Sweeney
- 12 Jordon's
- 20 Vender
- 21 Captain Torres, Casa Asturiana
- 22 Regal
- 23 BBQ King
- 25 Harbour Plaza
- 26 Sussex St Food Court
- 27 Golden Century
- 28 Ippon
- 31 Dixon House
- 32 East Ocean
- 33 Hingara
- 34 Marigold
- 35 House of Guangzhou

DIVERS
- 1 National Maritime Museum
- 2 Terminal passagers de Darling Harbour
- 4 Ettamogah Bar
- 6 Halftix
- 9 Night-club Home
- 10 YHA Travel Centre
- 13 Motor Vehicle Museum
- 14 IMAX, Wockpool Restaurant
- 15 Paddy Pallin
- 16 Visitors Centre
- 17 Segaworld
- 18 Australia's Northern Territory, Outback Centre
- 19 Custom Luggage
- 24 Powerhouse Museum

boutique d'artisanat aborigène et de souvenirs. Parmi les articles intéressants, citons les *woomeras* (lances), les *kalis* (boomerangs géants), les *clap sticks* (baguettes musicales en bois) et les *bull-roarers* (sortes de crécelles). Le centre, ouvert tous les jours (☎ 9283 7477), jouxte Segaworld.

Sydney Fish Markets

La vente des poissons se fait en semaine, à l'angle de Pyrmont Bridge Rd et de Bank St, à l'ouest de Darling Harbour. Elle débute à 5h30 et dure entre trois et six heures, selon la pêche. Le marché compte des petits restaurants (dîner du mercredi au dimanche) et deux fabuleuses poissonneries ouvertes toute la journée. Le light rail s'arrête à cet endroit.

MACQUARIE ST

A l'est de la ville, Macquarie St, qui part de Hyde Park pour aboutir à l'opéra, est bordée d'innombrables bâtiments officiels de la première heure. La plupart d'entre eux avaient été commandés par Lachlan Macquarie, le premier gouverneur à avoir une vision de la ville autre que celle d'une colonie de forçats. C'est Francis Greenway, un faussaire déporté, qui fut chargé d'en exécuter les plans.

La **St James Church** (1819-24) et les **Hyde Park Barracks** (1819), de style géorgien, sont deux chefs-d'œuvre de Greenway sur Queens Square, à l'extrémité nord de Hyde Park. Les Barracks avaient tout d'abord été construites pour loger les forçats. Elles ont ensuite servi de dépôt puis de cour de justice. Elles abritent aujourd'hui un musée sur l'histoire du bâtiment et la vie sociale de Sydney. Le musée (☎ 9223 8922) est ouvert tous les jours de 9h30 à 17h (entrée 6 $, tarif réduit 3 $).

Jouxtant les Barracks, le **Mint Building** (1814) était à l'origine l'aile sud du Rum Hospital, surnommé ainsi car ses constructeurs, deux commerçants de Sydney, avaient obtenu en échange le monopole du commerce du rhum. En 1854, le Royal Mint (Hôtel de la monnaie) y élut domicile.

Parallèle au Mint Building, la **Parliament House** constituait initialement l'aile nord du Rum Hospital. Ce bâtiment simple abrite aujourd'hui le Parlement de la NSW. Il est ouvert au public en semaine de 9h à 16h (entrée gratuite). Des visites guidées gratuites des chambres sont organisées à 10h, 11h et 14h en semaine, lorsque les députés ne siègent pas. La galerie est ouverte au public lors des débats.

La **State Library of NSW** (☎ 92731414), à côté du Parlement, est plus un centre culturel qu'une véritable bibliothèque. Elle renferme les Australian Research Collections, des documents sur la vie des premiers colons, et présente des expositions temporaires originales. La bibliothèque est ouverte tous les jours, sauf pour les Australian Research Collections, qui ne peuvent pas être consultées le dimanche. Des visites guidées gratuites ont lieu à 11h le mardi et 14h le jeudi.

Le **Sydney Conservatorium of Music**, également œuvre de Greenway, devait servir d'écuries et de dépendances à la nouvelle maison du gouvernement prévue par Macquarie. Ce dernier fut remplacé au poste de gouverneur avant que la construction de la maison ne soit achevée, en partie à cause de l'extravagance de son projet. Le conservatoire était en cours de rénovation lors de la rédaction de ce guide. Ses élèves poursuivent leur enseignement dans des bâtiments provisoires et donnent des concerts en divers endroits de la ville, notamment des représentations gratuites à l'heure du déjeuner. Pour en savoir plus, appelez le ☎ 9351 1222.

Art Gallery of NSW

Située dans le Domain, à l'est de Macquarie St, cette galerie (☎ 9225 1744) présente une excellente sélection d'art australien, aborigène, européen et asiatique, ainsi que des expositions temporaires passionnantes. Elle est ouverte tous les jours de 10h à 17h.

L'entrée est libre, mais les expositions temporaires peuvent être payantes. Des visites guidées gratuites sont organisées à 12h, 13h et 14h pratiquement tous les jours, et une représentation gratuite de danse aborigène est donnée à 12h du mardi au samedi.

NOUVELLE-GALLES DU SUD

Australian Museum

Situé sur le côté est de Hyde Park, à l'angle de College St et de William St, ce musée d'histoire naturelle et d'ethnographie présente la faune australienne et possède, en outre, une excellente section consacrée à l'histoire des Aborigènes et au Temps du rêve. Le musée est ouvert tous les jours de 9h30 à 17h (entrée : 5 $, 3 $ avec réduction). Des visites guidées gratuites sont proposées toutes les heures entre 10h et 16h.

PARCS

Les merveilleux **Royal Botanic Gardens** (☎ 92318111), situés près de Farm Cove, à l'est de l'opéra, constituent le parc le plus fréquenté de la ville. Les jardins, où l'on peut admirer la flore du Pacifique Sud, furent aménagés en 1816. Ils renferment un mur marquant le site du premier jardin potager, conservé comme symbole de la pre-

mière ferme. Les serres tropicales Arc et Pyramid valent le coup d'œil mais elles sont, au moment où nous mettons sous presse, fermées pour restauration. Le droit d'entrée, qui était de 2 $, augmentera lorsqu'elles rouvriront. Le centre d'information (☎ 9231 8125) est ouvert tous les jours de 9h30 à 16h30. Des promenades guidées gratuites partent du centre tous les jours à 10h30.

La **Government House** (☎ 99315255) domine le promontoire ouest de Farm Cove. Jusqu'au début de l'année 1996, le gouverneur de la NSW y logeait. Le parc est ouvert au public de 10h à 16h tous les jours. La maison est ouverte de 10h à 15h du vendredi au dimanche (entrée libre).

Le **Domain** est un espace vert agréable à l'est de Macquarie St, qui fut préservé par le gouverneur Phillip pour en faire une base de loisirs. A l'heure actuelle, il est investi à

Panoramas urbains

Sydney est une ville ostentatoire qui offre un spectacle extraordinaire. Vous pouvez admirer le panorama dans son entier depuis la **Sydney Tower**, colonne en forme d'aiguille au sommet de laquelle se trouvent un observatoire et des restaurants tournants, à 305 m du sol. La vue, qui s'étend jusqu'aux Blue Mountains à l'ouest, permet de mieux comprendre la topographie de la ville. La tour, en haut du complexe de Centrepoint, dans Market St, entre Pitt St et Castlereagh St, est ouverte tous les jours de 9h à 22h30 (23h30 le samedi). Entrée : 10 $ (tarif réduit : 8 $).

Le Harbour Bridge vaut également le détour. Méconnu des habitants de Sydney, le petit **Harbour Bridge Museum**, en haut des 200 marches du pylône sud-est du pont, offre une vue imprenable. Le pylône et le musée sont ouverts tous les jours de 10h à 17h (entrée : 2 $). On y accède par le trottoir du pont, de Cumberland St dans les Rocks ou de la gare de Milsons Point sur la North Shore. Les plus intrépides pourront escalader le pont avec Bridgeclimb (tél. 9252 0077) pour admirer la vue (98 $ en semaine, 120 $ le week-end). Prenez bien garde à chausser des souliers à semelles de caoutchouc et à ne pas boire d'alcool avant l'ascension. Vous pouvez aussi contempler la ville et la baie d'en bas, depuis **Mrs Macquarie's Point** et **Observatory Hill** à Millers Point. **Blue Point Reserve** et **Bradleys Head** offrent les meilleurs points de vue sur le North Shore.

Pour profiter pleinement de Sydney, n'hésitez pas à monter en bateau. Si vous n'avez pas la chance de pouvoir naviguer sur un voilier, prenez un ferry à Circular Quay. Pour seulement 4 $, le ferry de Manly vous mènera en une croisière inoubliable dans la baie, à l'est du pont. Pour une vue plus époustouflante encore, Heli-Aust (☎ 9317 3402) propose tous les jours des vols de 15 minutes en hélicoptère à 99 $.

L'extrémité nord de Victoria St, à Potts Point, dans le quartier de Kings Cross, offre elle aussi un excellent point de vue sur la ville et ses monuments les plus célèbres, surtout de nuit.

l'heure du déjeuner par ceux qui désirent échapper au brouhaha urbain. Le dimanche après-midi, des orateurs déploient leurs talents pour amuser ou provoquer les passants.

A l'est du centre-ville, **Hyde Park** fut, à l'origine, le premier champ de course et terrain de cricket de la colonie. Il possède une grande avenue bordée d'arbres, de merveilleuses fontaines et un échiquier géant. Il renferme le bâtiment de l'**Anzac Memorial**, qui présente au rez-de-chaussée une exposition gratuite sur les neuf conflits dans lesquels s'est engagée l'Australie outre-mer. La **St Mary's Cathedral** surplombe le parc à l'est et la **Great Synagogue** à l'ouest. Celle-ci se visite gratuitement les mardi et jeudi à 12h (entrée au 166 Castlereagh St).

Le plus grand parc de Sydney, avec pistes équestres, cyclables et de patinage, bassins pour les canards, barbecues et terrains de sport, est le **Centennial Park**, à 5 km du centre, juste à l'est de Paddington. On peut louer des vélos dans Clovelly Rd, près de l'extrémité sud-est du parc, des patins à roulettes dans Oxford St (voir *Activités*), ou encore un cheval (35 $) dans l'une des cinq écuries situées autour du parc (contactez le directeur des écuries au ☎ 9332 2809).

Reportez-vous à la rubrique concernant la *Baie de Sydney* pour plus d'informations sur les parcs et le bush, en particulier sur le Sydney Harbour National Park.

KINGS CROSS

Le Cross est un cocktail de boîtes de striptease, de prostitution, de délinquance, de drogue, de restaurants chics, de cafés ultramodernes, d'hôtels haut de gamme et d'auberges pour routards. Le quartier attire un mélange de personnages de mauvaise vie, de marins, de voyageurs, de branchés, de touristes et de banlieusards désirant faire la fête.

Le Cross a toujours été quelque peu mal famé, de l'époque bohème à la guerre du Vietnam, quand il est devenu *le* lieu de débauche d'Australie. Même si la réalité du vice ne peut être niée, le Cross reste cher au cœur des habitants de Sydney. Le quartier en appelle en effet au caractère insouciant et fêtard des Australiens. De nombreux voyageurs commencent et finissent leur aventure australienne ici, car l'endroit est idéal pour échanger des informations, faire des rencontres, trouver du travail, consulter les panneaux d'affichage des auberges de jeunesse et acheter ou vendre une voiture.

Darlinghurst Rd est la rue principale de Kings Cross. Elle mène à Macleay St qui se prolonge dans le faubourg plus riche de Potts Point. La plupart des auberges se trouvent dans Victoria St, qui commence à Darlinghurst Rd, au nord de William St, à côté de l'enseigne Coca-Cola. **El Alamein Fountain**, en forme de chardon, dans les Fitzroy Gardens, est le point névralgique du quartier. Un marché s'y tient tous les dimanches.

Entre Kings Cross et le centre-ville, **Woolloomooloo** est l'un des plus anciens quartiers de Sydney. Sa rénovation en a fait un lieu de promenade agréable. A côté du gigantesque quai, en passe d'être réhabilité, le **Harry's Cafe de Wheels** est certainement l'un des seuls marchands ambulants à être une attraction touristique. Ouvert 18 heures par jour, ce commerce de tourtes en tout genre, qui existe depuis 1945, sert de lieu de rendez-vous aux affamés de la nuit. La galerie Artspace se trouve juste en face.

Le meilleur moyen de se rendre dans le Cross depuis le centre-ville est de prendre le train (aller simple en dehors des heures de pointe : 1,60 $) et de descendre au premier arrêt, après le périphérique, sur la ligne en direction de Bondi Junction. Les bus n°324, 325 et 327 au départ de Circular Quay traversent le Cross. A pied, de Hyde Park, en suivant William St, vous arriverez dans le quartier en 15 minutes. Vous pouvez aussi traverser le Domain, prendre le pont derrière l'Art Gallery of NSW, dépasser le quai de Woolloomooloo et grimper les escaliers McElhone, au nord de Victoria St.

QUARTIERS EST

Le cœur de Darlinghurst, Surry Hills et Paddington est **Oxford St**, une rue vibrante par son activité nocturne. Elle compte d'innombrables boutiques, cafés, bars et boîtes de nuit dont l'esprit et l'extravagance sont largement insufflés par la dynamique communauté gay, dont la parade du Sydney Gay

$20 per night

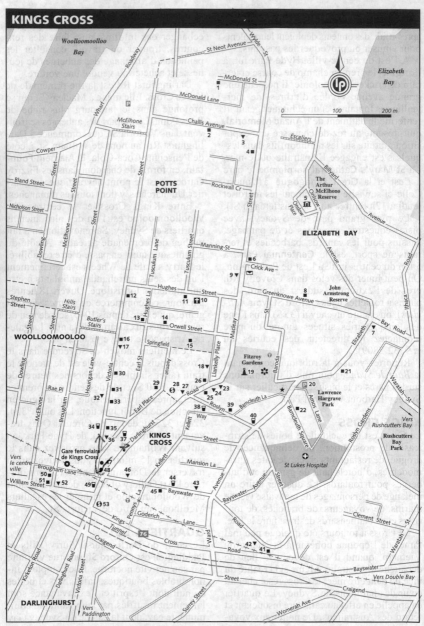

KINGS CROSS

Woolloomooloo Bay

Elizabeth Bay

St Neot Avenue

McDonald St 1

McDonald Lane

Challis Avenue 2

3

4

Wylde St

Roadway

Wharf

McElhone Stairs

Cowper Street

Bland Street

Nicholson Street

McElhone Street

Dowling Street

POTTS POINT

Rockwall Cr

Escaliers

5

The Arthur McElhono Reserve

Onslow Place

Billyard Avenue

ELIZABETH BAY

Manning St

Tusculum Lane

Tusculum Street

Hughes Street

6

Crick Ave

9

Greenknowe Avenue

8

John Armstrong Reserve

Stephen Street

Hills Stairs

McElhone Street

Dowling Street

12

Hughes La

11

10

Butler's Stairs

13

14

Orwell Street

Mackey St

Baroda St

Elizabeth Bay Road

Ithaca Road

WOOLLOOMOOLOO

16
17

Springfield Avenue

15

Earl St

18

Llankelly Place

Fitzroy Gardens

19

7

Bay Road

21

Hourigan Lane

Victoria Street

30

31

33

32

29

28 27

26

Road

25 24

23

39

Roslyn

Barncleuth La

20

Lawrence Hargrave Park

Amos Lane

22

Waratah St

34

35

36 37

Earl Place

38

Roslyn Way

Kellett

40

Barncleuth Square

Roslyn Gardens

Vers Rushcutters Bay

Rushcutters Bay Park

Gare ferroviaire de Kings Cross

48

46

KINGS CROSS

Kellett Street

Mansion La

St Lukes Hospital

Vers le centre ville

Brougham Lane

50

51

52

49

53

Darlinghurst Road

44

45 Bayswater

43

Bayswater Avenue

Bayswater Avenue Road

Clement Street

William Street

Penny's La

Goderich Lane

Kings Tunnel

76

Craigend

Ward Street

Cross Road

42

41

Vers Double Bay

Kirketon Road

Darlinghurst Road

Victoria Street

Craigend Street

Surrey Street

Womerah Ave

Craigend Street

Bayswater Road

DARLINGHURST

Vers Paddington

0   100   200 m

KINGS CROSS

OÙ SE LOGER				
1	Rucksack Rest	33	Highfield House	Darley Street Thai
2	Challis Lodge	35	Plane Tree Lodge	46 Waterlily Cafe
4	Macleay Lodge	39	Backpackers Connection	52 William's on William,
6	De Vere Hotel, India Down	41	Backpackers Headquarters	Mamma Maria
	Under	45	Barclay Hotel	
8	Manhattan Hotel	50	Cross Court Tourist Motel	PUBS ET CLUBS
11	Palms Private Hotel	51	O'Malley's Hotel	34 Soho Bar
12	Victoria Court Hotel			37 EP1
13	Eva's Backpackers		OÙ SE RESTAURER	38 Barons
14	Sydney Central Backpackers	3	Cicada, Spring Cafe	40 Piccolo's
15	Jolly Swagman	7	Elizabeth Bay Deli	44 Underground Cafe
16	Virgin Backpackers	9	Japanese Noodles Shop	49 Kings Cross Hotel
21	Sebel Town House	17	Hwang So, Mère Catherine	
22	Pink House	18	Pad Thai	DIVERS
25	Kingsview	23	Fountain Cafe	5 Elizabeth Bay House
26	Funk House	24	Bourbon & Beefsteak	10 Wayside Chapel
29	Bernly Private Hotel,	27	Sushi Roll	19 El Alamein Fountain
	Springfield Lodge	32	Star Bar & Grill	20 Marché aux voitures
30	Travellers Rest, Potts Point	36	Roy's Famous Cafe,	28 Bureau de change
	House		Out of India	47 Backpackers World
31	Original Backpackers	42	Hotel 59 & Cafe	48 Global Gossip
		43	Bayswater Brasserie,	53 Thomas Cook

NOUVELLE-GALLES DU SUD

& Lesbian Mardi Gras se déroule dans cette rue.

La partie principale d'Oxford St s'étend de l'angle sud-est de Hyde Park jusqu'à l'angle nord-ouest de Centennial Park, mais elle se prolonge jusqu'à Bondi Junction. Taylor Square est le pivot de la vie sociale du quartier. (Attention : la numérotation d'Oxford St se poursuit à l'ouest du carrefour avec South Dowling St et Victoria St, à la limite de Darlinghurst-Paddington.) Les bus n°380 et 382, au départ de Circular Quay, et n°378, au départ de Railway Square, desservent toute la rue.

La Mecque des jeunes citadins branchés est **Darlinghurst** où une monoculture de cafés se développe. Il n'existe pas de meilleur moyen pour se fondre dans l'ambiance étudiée de cette rue à la mode que de flâner sur quelques terrasses et de faire comme les autres. Darlinghurst, compris entre Oxford St et William St, englobe le vibrant quartier de Little Italy, près de Stanley St, à l'est de Sydney.

Le **Jewish Museum**, à l'angle de Darlinghurst Rd et de Burton St, présente des expositions sur l'histoire des juifs en Australie et sur l'Holocauste. Il ouvre tous les jours excepté le samedi. Le vendredi, il ferme à 14h (6 $, tarif réduit 4 $).

Ancien quartier de la confection et de la presse, **Surry Hills**, au sud de Darlinghurst, abrite une population de tous milieux et possède d'excellents pubs. Nombre d'entrepôts ont été transformés ou rasés pour laisser la place à des établissements branchés. Le marché de Surry Hills se tient le premier samedi de chaque mois, dans Shannon Reserve, à l'angle de Crown St et de Forveaux St. Le Brett Whiteley Studio, 2 Raper St, dans l'ancien atelier de l'artiste, est ouvert le week-end entre 10h et 16h (entrée : 6 $, tarif réduit : 4 $). Surry Hills est à quelques minutes à pied à l'est de Central Station ou au sud d'Oxford St. Vous pouvez aussi prendre les bus n°301, 302 ou 303 au départ de Circular Quay.

A côté de Surry Hills, **Paddington** est un faubourg résidentiel et agréable, composé de maisons victoriennes. A l'origine, elles ont été construites pour les apprentis artisans, mais ont fini par se délabrer après l'exode vers les banlieues qui a suivi la Seconde Guerre mondiale. Dans les années 60, un regain d'intérêt pour l'architecture victorienne et les plaisirs de la vie urbaine a eu pour effet la restauration du quartier. Aujourd'hui, ces modestes maisons se vendent à des prix exorbitants.

Les services, les magasins, les cafés et les bars se trouvent principalement dans Oxford St, mais le faubourg ne présente pas de véritable centre géographique. Avec ses rues qui descendent la colline vers Edgecliff et Double Bay, ce quartier agréable est propice à la flânerie, notamment le samedi quand le **Paddington Village Bazaar**, à l'angle de Newcombe St et d'Oxford St, est en pleine ébullition.

Le nouveau complexe de cinéma et de loisirs **Fox Studios** occupe la majeure partie des anciens **RAS Showgrounds** de Moore Park. Il comprendra, outre des studios de cinéma, seize salles de cinéma, un centre commercial, des restaurants, une salle de spectacle en plein air et des démonstrations interactives sur le thème du cinéma.

Paddington compte plus de 20 galeries d'art, toutes recensées dans le magazine *Guide and Map to Art Galleries,* distribué dans les galeries. Des visites guidées gratuites des imposantes **Victoria Barracks** (☎ 93393000), dans Oxford St, sont organisées le jeudi à 10h et comprennent un concert de l'orchestre militaire. L'Army Museum ouvre le dimanche de 10h à 15h (entrée libre).

FAUBOURGS EST

A quelques minutes à pied au nord-est du Cross, on atteint le faubourg, sur front de mer, d'**Elizabeth Bay**. Elizabeth Bay House (☎ 9358 2344), 7 Onslow Ave, l'une des plus belles maisons coloniales de Sydney, est ouverte tous les jours sauf le lundi, de 10h à 16h30 (entrée 6 $, tarif réduit 3 $).

A l'embouchure de la baie, **Watsons Bay**, un quartier intimiste composé de restaurants donnant sur le port, d'une palmeraie et de deux églises, est le lieu rêvé pour oublier, le temps d'une journée, l'activité de la grande ville. Près de **Camp Cove** s'étend l'une des meilleures plages de la baie de Sydney ainsi qu'une plage de naturistes près de South Head, à **Lady Bay**. De South Head, la vue sur l'embouchure est de toute beauté. **The Gap**, une falaise qui donne sur

l'océan, est tristement célèbre pour le nombre de suicides qui y ont lieu.

Si vous prenez les bus n°324 ou 325 qui desservent les faubourgs est depuis Circular Quay en passant par Kings Cross, asseyez-vous du côté gauche pour profiter du panorama.

PLAGES DU SUD

Bondi, la "grande dame" des plages de Sydney, a une majesté bien à elle. Ses attraits sont le sable et le surf, mais un parfum unique émane de cette banlieue, par sa population variée. Les vieilles communautés juive et italienne, des expatriés néo-zélandais et britanniques, des travailleurs saisonniers et des passionnés de surf y cohabitent.

La route côtière, Campbell Parade, regroupe la plupart des boutiques, cafés et hôtels. Le marché de Bondi Beach se tient chaque dimanche au collège, à l'extrémité nord de la Campbell Parade.

Pour vous rendre à la plage, prenez les bus n°380, 382 ou 389 depuis le centre-ville, ou encore le train jusqu'à Bondi Junction puis un bus passant devant cette gare.

Au sud de Bondi, **Tamarama** est une jolie crique où vous trouverez des vagues propices au surf. Descendez du bus à l'angle de Bondi Rd et de Fletcher St, juste avant la plage de Bondi.

Au sud de Tamarama, à **Bronte**, vous trouverez une superbe plage bordée d'un parc et de promontoires de grès. Prenez le bus n°378 dans le centre-ville ou le train jusqu'à Bondi Junction, puis un bus jusqu'à Bronte. Asseyez-vous du côté gauche pour profiter du panorama dans la descente de Macpherson St. A pied, empruntez le sentier qui gravit les falaises depuis la plage de Bondi, ou à partir de Coogee, par Gordon's Bay, Clovelly et le cimetière de Waverley.

Coogee, autrefois dans l'ombre de Bondi, a été récemment restaurée. C'est un endroit décontracté, sans beaucoup de charme, avec une grande plage et quelques bons hôtels et pensions. Pour s'y rendre, prendre le bus n°372 à Railway Square ou le n°373 à Circular Quay. Vous pouvez également prendre un train pour Bondi Junction puis les bus n°314 ou 315.

SYDNEY HARBOUR ET AGGLOMÉRATION DE SYDNEY

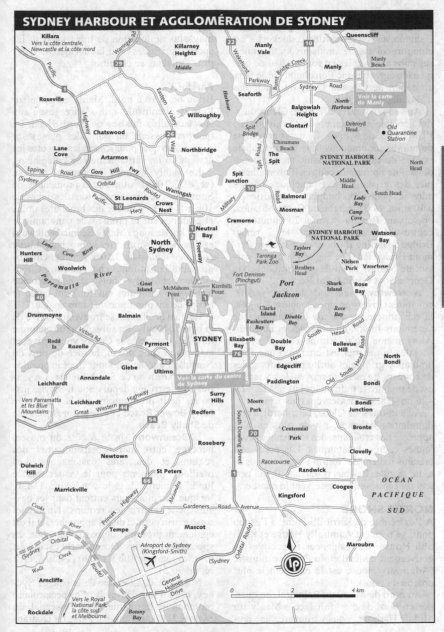

Killara
Vers la côte centrale,
Newcastle et la côte nord

Roseville

Chatswood

Lane
Cove

Artarmon

Gore Hill Fwy

Epping
(Sydney)

St Leonards

Crows
Nest

Hunters
Hill

Woolwich

Lane Cove River

Parramatta River

Drummoyne

Rodd Is

Rozelle

Balmain

Goat
Island

McMahons
Point

Pyrmont

Glebe

Ultimo

Annandale

Leichhardt

Vers Parramatta
et les Blue
Mountains

Leichhardt

Great Western Highway

Dulwich
Hill

Newtown

Marrickville

St Peters

Cooks River

Princes Highway

Tempe

Orbital
(Sydney)

Creek

Wolli

Arncliffe

Rockdale

Vers le Royal
National Park,
la côte sud
et Melbourne

Aéroport de Sydney
(Kingsford-Smith)

Mascot

General
Holmes
Drive

Botany
Bay

Warringah Rd

Pacific Highway

Eastern Valley Way

Killarney
Heights

Middle

Willoughby

Northbridge

Middle Harbour

Spit
Bridge

Spit
Junction

Waringah Road

Orbital Route
(Sydney)

Pacific Hwy

Neutral
Bay

North
Sydney

Freeway

Kirribilli
Point

SYDNEY

Elizabeth
Bay

Surry
Hills

Redfern

Rosebery

South Dowling Street

Alexandra Canal

Gardeners Road

Manly
Vale

Wakehurst Parkway

Burnt Bridge Creek

Seaforth

Balgowlah
Heights

Clontarf

The Spit

Spit Road

Military Road

Cremorne

Taronga
Park Zoo

Fort Denison
(Pinchgut)

Clarke
Island

Rushcutters
Bay

Double
Bay

Edgecliff

Paddington

Moore
Park

Centennial
Park

Racecourse

Randwick

Kingsford

Avenue

Manly

Sydney Road

North
Harbour

Chinamans
Beach

Balmoral

Mosman

Taylors
Bay

Bradleys
Head

Port
Jackson

Double
Bay

South Head

New South Head Road

Double Bay

Queenscliff

Manly
Beach

Voir la carte
de Manly

Dobroyd
Head

Old
Quarantine
Station

SYDNEY HARBOUR
NATIONAL PARK

North
Head

Middle
Head

Lady
Bay

Camp
Cove

South Head

SYDNEY HARBOUR
NATIONAL PARK

Watsons
Bay

Nielsen
Park

Vaucluse

Shark
Island

Rose
Bay

Rose
Bay

Bellevue
Hill

North
Bondi

Bondi

Old South Head Road

Bondi
Junction

Bronte

Clovelly

Coogee

Maroubra

OCÉAN
PACIFIQUE
SUD

29

22

10

26

10

1
2

2

1

40

40

76

54

44

70

66

1

0   2   4 km

QUARTIERS OUEST

A l'ouest du centre-ville, la péninsule de Balmain, autrefois quartier de dockers, s'est embourgeoisée. Ses maisons victoriennes, ses pubs et ses cafés en font un lieu de promenade agréable que l'on atteint par le ferry au départ de Circular Quay ou par le bus n°442 depuis la QVB.

Au sud-ouest du centre-ville, **Glebe**, quartier agréable et bohème, se situe au nord de l'Université de Sydney. Le quartier compte de nombreux étudiants, une rue principale bordée de cafés, un paisible temple bouddhiste, de nombreux centres d'aromathérapie, des cristalleries, et quelques bonnes adresses pour petits budgets. Le quartier est à 10 minutes de marche de Central Station, en suivant Broadway, ou à 20 minutes du centre-ville, en traversant le Pyrmont Bridge à Darling Harbour et en suivant Pyrmont Bridge Rd. Les bus n°431 et 434 partant de Millers Point desservent Glebe via George St et Glebe Point Rd.

A **Newtown**, au sud de l'université, cohabitent divers groupes sociaux. King St, la rue principale, abonde en boutiques de vêtements funky, en librairies et en cafés. Alors même qu'il grimpe dans l'échelle sociale, le quartier est chargé d'une forte ambiance grunge et abrite plusieurs salles de concert. Le meilleur moyen de s'y rendre est de prendre le train ou les bus n°422, 423, 426 ou 428, qui desservent tous King St.

Au sud-ouest de Glebe, **Leichhardt**, à prédominance italienne, est de plus en plus apprécié des étudiants, des lesbiennes et des jeunes cadres dynamiques. Les petits restaurants italiens de Norton St sont connus de toute la ville. Les bus n°436 à 440, qui partent du centre-ville, desservent le quartier.

NORTH SHORE

A l'extrémité de Kirribilli Point, à l'est du pont, se tiennent **Admiralty House** et **Kirribilli House**, les résidences respectives du gouverneur général et du Premier ministre (Admiralty House est le bâtiment le plus proche du pont).

Au nord de Mosman, **Balmoral**, un quartier en bord de mer, fait face à Manly sur Middle Harbour. Vous y trouverez une promenade, des aires de pique-nique, trois plages, deux restaurants sur le port et des magasins de location de matériel pour les sports aquatiques (voir la rubrique *Activités* plus loin dans ce chapitre).

MANLY

Bijou de la rive nord, Manly est situé sur l'étroite péninsule qui s'étire jusqu'aux spectaculaires falaises de North Head. Le quartier possède un port, des plages sur l'océan, un quai pour les ferries et toutes les activités d'un véritable lieu de villégiature.

Le Manly Visitors Information Bureau (☎ 9977 1088), situé sur la promenade de South Steyne, est ouvert tous les jours de 10h à 16h. On y trouve des brochures utiles et gratuites sur la promenade panoramique de 10 km de long (Manly Scenic Walkway) et l'on peut s'y procurer la brochure *Manly Heritage Walk* pour 3,50 $. Ferries et hydroglisseurs JetCat font la navette entre Circular Quay et Manly. Choisissez de préférence le ferry (30 minutes environ) qui laisse le temps de savourer une vue imprenable.

Le quai des ferries se trouve sur la rive de la baie de Manly. En suivant la rue piétonne de Manly, appelée le Corso, vous arriverez à la plage sur l'océan, bordée de pins du Norfolk. La route qui longe l'océan prend le nom de North ou de South Steyne. Un sentier suit le rivage depuis South Steyne jusqu'au petit promontoire de la minuscule **Fairy Bower Beach** et à la pittoresque anse de **Shelly Beach**.

L'**Oceanworld**, juste à côté du musée, héberge, entre autres pensionnaires, des requins et des raies pastenagues. Les meilleurs moments pour le visiter sont le lundi, le mercredi et le vendredi à 11h30, lorsque des plongeurs entrent dans les bassins pour nourrir les requins. Un tunnel sous-marin permet de les approcher, et il est également présenté, deux fois par jour, un spectacle d'otaries. Oceanworld est ouvert tous les jours de 10h à 17h30 (14,50 $, tarif réduit 10 $).

North Head, à l'entrée de la baie de Sydney, est à 3 km de Manly. Ce spectaculaire promontoire fait partie, pour l'essentiel, du Sydney Harbour National Park. La **Quaran-**

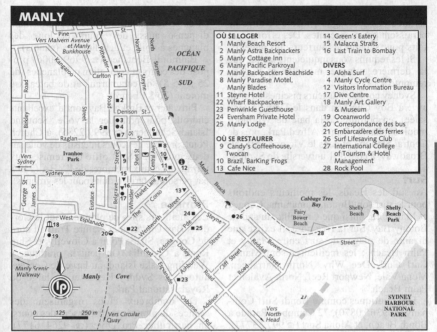

MANLY

OÙ SE LOGER
1 Manly Beach Resort
2 Manly Astra Backpackers
5 Manly Cottage Inn
6 Manly Pacific Parkroyal
7 Manly Backpackers Beachside
8 Manly Paradise Motel,
  Manly Blades
11 Steyne Hotel
22 Wharf Backpackers
23 Periwinkle Guesthouse
24 Eversham Private Hotel
25 Manly Lodge

OÙ SE RESTAURER
9 Candy's Coffeehouse,
  Twocan
10 Brazil, BarKing Frogs
13 Cafe Nice

14 Green's Eatery
15 Malacca Straits
16 Last Train to Bombay

DIVERS
3 Aloha Surf
4 Manly Cycle Centre
12 Visitors Information Bureau
17 Dive Centre
18 Manly Art Gallery
  & Museum
19 Oceanworld
20 Correspondance des bus
21 Embarcadère des ferries
26 Surf Lifesaving Club
27 International College
  of Tourism & Hotel
  Management
28 Rock Pool

NOUVELLE-GALLES DU SUD

tine Station retrace un moment intéressant de l'histoire sociale de Sydney ; c'est là que furent consignées les personnes soupçonnées d'être porteuses de maladie entre 1832 et 1984. Il faut s'inscrire à une visite guidée (☎ 9977 6522), qui débute à 10h40 du lundi au vendredi, à 13h25 le week-end (durée 1 heure 30, 10 $, tarif réduit 7 $). Le mercredi, et du vendredi au dimanche, vous pouvez aussi opter pour le "ghost tour", vers 19h30 (17 $, 20 $ le dimanche). Pour vous y rendre, prenez le bus n°135, depuis le quai de Manly.

PLAGES DU NORD

Après Manly, les faubourgs côtiers s'étirent sur 30 km jusqu'à la merveilleuse plage de **Palm Beach** et aux spectaculaires Barrenjoey Heads, à l'entrée de Broken Bay. De nombreuses plages jalonnent la côte, y compris **Freshwater**, **Curl Curl**, **Dee Why**, **Collaroy** et **Narrabeen**. Les plus spectaculaires sont **Whale Beach** et **Bilgola**, près de Palm Beach, bordées toutes deux de pro-

montoires escarpés. Les plages des faubourgs les plus au nord donnent sur **Pittwater**, un îlot charmant au large de Broken Bay, très apprécié des navigateurs à voile.

Les bus n°136 et 139 desservent Freshwater et Curl Curl depuis Manly. Le bus n°190, qui part de Wynyard dans le centreville, va jusqu'à Newport ou au nord de Palm Beach. Le Palm Beach Ferry Service (☎ 9918 2747) assure la navette trois fois par jour entre Palm Beach et Patonga sur la Central Coast (6 $ l'aller simple).

ACTIVITÉS SPORTIVES
Baignade

Dans la baie de Sydney, les plages sont abritées. Si vous préférez vous ébattre dans les vagues de l'océan, sachez que la natation est sans risque si vous suivez les instructions et nagez dans les zones balisées et surveillées par les sauveteurs. Certaines des plages les plus fréquentées de Sydney sont dangereuses, mais des panneaux indiquent clairement les points dangereux. Ne sous-estimez pas les vagues, même si elles ne paraissent pas menaçantes. Des efforts sont faits pour séparer les surfeurs des nageurs.

Si les requins vous inquiètent, sachez que la dernière attaque mortelle à Sydney remonte à 1937.

Sydney compte plusieurs piscines en plein air : à Boy Charlton dans le Domain (eau salée), en bordure de la baie de Woolloomooloo ; dans le Prince Alfred Park, près de Central Station ; et dans le Victoria Park sur Broadway, à côté de l'université de Sydney.

Surf

Au sud des Heads, les meilleurs endroits pour le surf sont Bondi, Tamarama, Coogee et Maroubra, ainsi que Cronulla, au sud de Botany Bay. Sur la rive nord, il existe une dizaine de plages de surf entre Manly et Palm Beach ; les meilleures sont Manly, Curl Curl, Dee Why, North Narrabeen, Mona Vale, Newport Reef, North Avalon et Palm Beach.

Des boutiques comme Bondi Surf Company (☎ 9365 0870), 72 Campbell Parade à Bondi Beach, et Aloha Surf (☎ 9977 3777), 44 Pittwater Rd à Manly, louent des équipements. Le tarif est généralement de 30 à 40 $ par jour pour une planche et une combinaison. On peut prendre des cours.

Voile et canoë

Sydney regorge d'écoles de voile. Prenez quelques cours, ne serait-ce que pour admirer la baie. Louer un bateau est encore plus simple.

Sydney By Sail (☎ 9552 7561) propose une initiation de 90 minutes pour 49 $, tous les jours, au départ du National Maritime Museum à Darling Harbour.

L'Elizabeth Bay Marina (☎ 9358 2057), à proximité de Kings Cross, loue des bateaux de 5 m avec moteur hors-bord, faciles à manœuvrer, pour 65 $ la demi-journée. Il fournit une carte, des instructions et un pique-nique sur demande.

L'East Sail Sailing School (☎ 9327 1166) à Albora Marina, New Beach Rd, Rushcutters Bay, propose de nombreux cours, de niveau débutant à confirmé.

Northside Sailing School (☎ 9969 3972), à l'extrémité sud de Spit Bridge, à Mosman, dispense aussi des cours et loue des planches à voile et des dinghies (canots).

Balmoral Boatshed (☎ 9969 6006) propose des cours et la location de planches (de 25 à 35 $), de catamarans et de bateaux à moteur (30 $ l'heure).

Pittwater et Broken Bay sont d'excellents endroits pour pratiquer la voile. Scotland Island Schooners (☎ 9999 2285), à Church Point, propose des cours intensifs de voile sur deux jours (220 $) et offre des remises aux voyageurs et aux membres de l'YHA (240 $ par personne, tarifs réduits pour les groupes).

Plongée

Les meilleurs sites de plongée sont le Gordons Bay Underwater Nature Trail au nord de Coogee, Shark Point à Clovelly, et Ship Rock à Cronulla. On peut la pratiquer à Wedding Cake Island, au large de Coogee, autour des Sydney Heads et au large du Royal National Park.

De nombreux clubs organisent des séances de plongée et dispensent des cours, en particulier Pro Dive (☎ 9264 6177), 428 George St dans le centre-ville et 27 Alfreda St à Coogee (☎ 9665 6333), ainsi que le Dive Centre Manly (☎ 9977 4355), 10 Belgrave St, Manly. La sortie commence à 50 $.

Canoë et kayak

La NSW Canoe Association (☎ 9660 4597) vous renseignera sur les cours de canoë, les locations et les croisières. Sydney Kayak Centre (☎ 99694590), à l'extrémité sud de Spit Bridge à Mosman, loue des kayaks de mer pour 10 $ les deux premières heures et 5 $ chaque heure suivante. Natural Wanders (☎ 98991001) propose des visites de la baie en kayak, qui passent sous le pont et s'arrêtent dans des anses isolées. Un tour de 4 heures coûte 75 $, déjeuner compris.

CIRCUITS ORGANISÉS

Les plus importants tours opérateurs de la ville et du pays sont Australian Pacific (☎ 13 1304) et Clipper Gray Line (☎ 9252 4499). Une visite de la ville coûte environ

40 $ la demi-journée et 70 $ pour la journée entière. Les circuits dans les Blue Mountains s'élèvent à 80 $, dans la Hunter Valley à 95 $ et à Canberra à 85 $.

Maureen Fry (☎ 9660 7157) propose une vaste gamme de visites pédestres de Sydney pour environ 15 $. CTA Cycle Tours (☎ 1800 353 004) organise les week-ends des promenades en bicyclette d'une journée, à Sydney, pour 45 $ (40$ pour les membres de l'YHA), comprenant la location du vélo, du casque, et le transport en ferry.

Sydney Aboriginal Discoveries (☎ 9368 7684) propose un grand choix de circuits intéressants centrés sur les premiers habitants de l'Australie : croisières sur le port, camping, circuits pédestres, banquets traditionnels ou introduction à la philosophie aborigène (pour adultes uniquement). Comptez 25/60 $ l'excursion.

Pour les circuits sur Homebush Bay, reportez-vous à la section spéciale *Jeux olympiques*.

Croisières

Il existe un vaste éventail de croisières relativement peu onéreuses dans la baie, que ce soit sur un ferry, un bateau de croisière, un bateau à aube ou un voilier. Vous pouvez réserver chez Australian Travel Specialists (☎ 9555 2700, Circular Quay Wharves 6 et 2), ouvert en semaine de 7h à 21h, le week-end de 8h à 21h. Captain Cook Cruises (☎ 9206 1111) possède son propre bureau de réservation sur le Wharf 6.

Les ferries de la Sydney Transit Authority (STA) proposent aussi des croisières offrant un bon rapport qualité/prix, en particulier la Ferry Cruise, qui dure 2 heures 30 et part de Circular Quay à 13h en semaine et à 13h30 le week-end, pour une visite de Middle Harbour. Les billets coûtent 19 $ et peuvent s'acheter au guichet situé en face du Wharf 4 de Circular Quay.

Les bateaux du Sydney Harbour Explorer desservent Circular Quay, l'opéra, Watsons Bay, le zoo de Taronga et Darling Harbour. Ils partent toutes les deux heures, de 9h30 à 15h30 (20 $, tarif réduit : 15 $).

Pour 52 $, vous pouvez partir en croisière-déjeuner de 2 heures sur le *Bounty* (☎ 9247 1789), une réplique du navire perdu par le capitaine Bligh. Il quitte Campbell Cove, dans les Rocks, à 12h30.

MANIFESTATIONS CULTURELLES

Pour vous informer sur l'actualité événementielle, appelez le City Events Infoline (☎ 9265 9007).

Le Festival de Sydney a lieu en janvier et comprend de multiples manifestations artistiques, y compris des concerts gratuits dans les rues du Domain. Le Nouvel An chinois est célébré à Chinatown avec des feux d'artifice en janvier ou février.

Début mars, le défilé pittoresque qui se déroule dans Oxford St et s'achève par une fête gigantesque au Hordern Pavilion de Moore Park est l'apogée du Mardi gras homosexuel.

Le Royal Easter Show, qui dure 12jours, est une foire agricole et une fête foraine et se tient à Homebush Bay.

Le Festival du cinéma de Sydney (14jours) se déroule en juin au State Theatre et dans d'autres salles de cinéma.

Les années paires, la Biennale de Sydney, un festival d'art moderne, a lieu de juillet à septembre à la Art Gallery of NSW, au Powerhouse Museum et dans d'autres lieux.

La City to Surf Run, une course à pied de 14 km qui part de Hyde Park pour finir à Bondi Beach, attire 40 000 participants le deuxième dimanche d'août. Le Festival de jazz de Manly se tient le week-end du Labour Day (Fête du travail), début octobre, et le Carnaval de Kings Cross se déroule fin octobre ou début novembre.

Des milliers de randonneurs se rendent à Bondi Beach pour fêter le jour de Noël, à la grande consternation des forces de l'ordre et des sauveteurs, menés à rude épreuve. La baie de Sydney est magnifique le jour de Boxing Day (lendemain de Noël), lorsque des centaines de bateaux viennent assister au départ de la régate Sydney-Hobart. Les Rocks, Kings Cross et Bondi Beach sont les trois lieux de rendez-vous traditionnels des fêtards du jour de l'An bien que des lieux soient interdits d'alcool et que la présence massive de la police tente de dissuader les éléments perturbateurs.

NOUVELLE-GALLES DU SUD

Différents Olympics Arts Festivals sont programmés jusqu'aux JO, notamment "Harbour of Life", en août 2000, qui se tiendra en parallèle.

OÙ SE LOGER

Les tarifs indiqués ci-après sont les tarifs de l'été austral, durant lequel les prix augmentent et les forfaits ne sont plus disponibles. Pendant cette saison, attendez-vous à ne payer qu'un dollar de plus en auberge de jeunesse, mais les hôtels de bord de mer peuvent appliquer jusqu'à 50% d'augmentation. Afin de financer les JO, une taxe de 10% a été prélevée sur chaque lit dans les hôtels et pensions du centre-ville et de la proche banlieue (les auberges de jeunesse ne sont pas concernées). Pendant les jeux eux-mêmes, attendez-vous à ce que *tous* les tarifs crèvent le plafond… et à payer une fortune pour un lit en dortoir, si encore vous avez la chance d'en avoir déniché un !

Bed & Breakfast Sydneyside (☎ 9449 4430), PO Box 555, à Turramurra, NSW 2074, propose des logements chez l'habitant, de 55 à 75 $ la nuit pour une simple et de 70 à 110 $ pour une double.

Pour les séjours plus longs, les petites annonces du *Sydney Morning Herald*, mercredi et samedi, offrent des appartements à louer ou à partager. Les panneaux d'affichage des auberges de jeunesse constituent aussi une bonne source de renseignements.

Où se loger – petits budgets

Le prix moyen pour une nuit en dortoir, en basse saison, est de 17 $, mais en période estivale, le prix peut s'élever à 22 $. Les auberges proposent diverses solutions, des dortoirs avec s.d.b, TV, coin cuisine aux chambres simples à deux lits. Dans certaines, les horaires d'ouverture du bureau d'accueil sont restreints mais, une fois que vous avez payé, vous pouvez entrer et sortir comme bon vous semble.

Avant de vous décider, demandez, selon vos besoins, si vous devez laisser vos clés à la réception ; si l'alcool et les visites sont autorisés ; si l'auberge donne accès au téléphone, à Internet et à la TV par satellite ; si l'on vient vous chercher gratuitement à

votre arrivée à Sydney. Renseignez-vous aussi sur la sécurité dans les locaux.

Sydney offre aussi de bons hôtels bon marché et pensions de famille, à peine plus onéreux qu'une auberge de jeunesse si vous voyagez à plusieurs. On vous demandera souvent un dépôt de garantie de 10 $ pour les clés.

Camping. Les terrains sont assez éloignés de la ville. Voici une liste de ceux situés dans un rayon de 25 km du centre :

East's Lane Cove River Caravan Park (☎ 9888 9133, *Plassey Rd, North Ryde*), à 14 km au nord de la ville, propose des emplacements pour caravanes à 17/20 $ et des bungalows pour deux personnes à 65 $. *Lakeside Caravan Park* (☎ 9913 7845, *Lake Park Rd, Narrabeen*), à 26 km au nord de Sydney, dispose d'emplacements pour tentes/bungalows à partir de 20/70 $ la double, avec la 7e nuit gratuite.

Au *Sheralee Tourist Caravan Park* (☎ 9567 7161, *88 Bryant St, Rockdale*), à 13 km au sud, les emplacements de camping coûtent 20/120 $ par jour/semaine, les caravanes 40/160 $ pour deux personnes.

The Grand Pines Caravan Park (☎ 9529 7329, *289 The Grand Parade, Sans Souci*), un peu plus proche (17 km au sud), facture 29 $ les emplacements de camping, 50/70 $ les caravanes doubles et 70/130 $ les bungalows doubles.

Auberges. La plus grande concentration d'auberges de jeunesse se trouve à Kings Cross, mais aussi à Glebe, Manly et Coogee.

Centre-ville. La *Sydney Central YHA* (☎ 9281 9111, fax 92819199) a ouvert ses portes à l'angle de Pitt St et de Rawson Place, face à Central Station, dans un très imposant bâtiment historique doté d'excellents aménagements (piscine, sauna et café). Elle comprend des lits en dortoir (à partir de 20 $), des chambres doubles avec lits jumeaux et s.d.b. très bon marché (33 $ par personne, membres de l'YHA seulement), et d'autres accessibles en fauteuil roulant.

Il se passe toujours quelque chose au *Nomad's Downtown City Backpackers* (☎ *9211 8801*), à l'angle de Goulburn St et de George St. On vous y proposera une foule d'activités et des lits en dortoir un brin rudimentaires à partir de 20 $ - sans parler des habituels posters de beautés pulpeuses sur les murs ! Reportez-vous au plan de Darling Harbour et Chinatown.

Y on the Park Hotel, YMCA super civilisée (☎ *9264 2451, fax 9285 6288, 5-11 Wentworth Ave*) accueille hommes et femmes. Comptez 25 $ pour un lit en dortoir (séjour maximum de trois jours) et 60/85/90 $ la simple/double/triple (98/120/125 $ avec s.d.b.).

Kings Cross. Le quartier regorge d'auberges que rien ou presque ne distingue. Eva's jouit d'une très bonne réputation, suivie de la Backpacker's Headquarters. Ceux pour qui le confort prime choisiront la Pink House, tandis que les voyageurs privilégiant la convivialité préféreront l'auberge Jolly Swagman. Ce quartier abrite aussi maintes pensions de famille et établissements du type motel, proposant un hébergement très convenable pour un tarif raisonnable.

En prenant Victoria St vers le nord en partant de la gare de Kings Cross, vous trouverez en premier lieu, au n°174, le *Plane Tree Lodge* (☎ *9356 4551*). Il s'agit d'une auberge classique proposant un bon choix de chambres, toutes équipées de TV et réfrigérateur à partir de 20 $ en dortoir et à 45/50 $ la double avec s.d.b. Un peu plus loin, au n°166, la *Highfield House* offre un confort un peu plus douillet (☎ *9326 9539*), pour 19 $ en dortoir à trois lits (110 $/semaine) jusqu'à 37/52 $ en simple/double (220/310 $ par semaine).

L'*Original Backpackers* (☎ 9356 3232), au n°162, logée dans un ravissant bâtiment de style victorien, est réellement le premier établissement de ce type à avoir existé dans cette partie du monde. L'atmosphère est plaisante et le lieu possède un jardin à l'arrière et une agréable salle à manger/cuisine. Vous aurez droit à un lit en dortoir spacieux pour 16 $ (94 $ la semaine) et chambre à deux lits ou lit double pour 38 $ (230 $ la semaine).

Au *Travellers Rest* (☎ *9358 4606, n°156*), vous dormirez dans des dortoirs propres avec réfrigérateur et TV à 17 $ (110 $/semaine), des chambres à 38/40 $ (230/240 $ par semaine) ou des doubles avec s.d.b. à 45 $ (260 $/semaine). Cette auberge est très appréciée des voyageurs effectuant un long séjour ou de ceux qui travaillent à Sydney : ses chambres confortables et bien équipées disposent toutes de réfrigérateur, TV et téléphone avec répondeur, et ses propriétaires sont sympathiques et de bon conseil.

La *Potts Point House* (☎ *9368 0733, n°154*) offre elle aussi un service supérieur à la moyenne. Il vous en coûtera 20/110 $ la nuit/semaine pour loger dans un agréable dortoir ; en chambre double, les prix démarrent à 45/260 $.

La *Virgin Backpackers* (☎ *9357 4733, n°144*), nouvel arrivant, occupe le site de l'ancien Jolly Swagman. Une fois achevé, il devrait comporter un café et un bar.

L'*Eva's Backpackers* (☎ *9358 2185, 6-8 Orwell St*) est propre, sympathique et bien tenu, avec une agréable salle à manger. Comptez 20/48 $ la nuit en dortoir/chambre double. Cette auberge remporte un tel succès qu'elle affiche souvent complet, même en hiver. Un peu plus loin, le joyeux *Sydney Central Backpackers* (☎ *9358 6600, 16 Orwell St*) – à ne pas confondre avec la Sydney Central YHA du centre-ville – propose des lits en dortoir à 18/108 $ la nuit/semaine et des doubles à 45/270 $. Juste en face s'élève le *Jolly Swagman* (☎ *9358 6400, 14 Springfield Mall, www.jollyswagman.com*), apprécié pour sa bonne ambiance, son accès Internet et sa réception ouverte 24h/24. Comptez 19/120 $ par jour/semaine en dortoir et 45/270 $ en chambre double. Les chambres sont équipées de réfrigérateurs et chaque lit possède une lampe de lecture.

Le *Backpackers Headquarters* (☎ *9331 6180, 79 Bayswater Rd*), un lieu également très propre, sûr mais souvent complet, demande 19/20 $ pour une nuit en dortoir (10/6 lits).

L'une des auberges les plus courues de Kings Cross est la confortable et sereine *Pink House* (☎ *9358 1689, 6 Barncleuth Square)*, à l'est de Darlinghurst Rd. Elle bénéficie d'un jardin intérieur, d'une cour, et d'une atmosphère très amicale. Les lits en dortoir coûtent 18 ou 19 $ (114 $ la semaine), et les doubles 20 ou 21 $ par personne (126 $ la semaine).

Vous passerez de joyeux moments à la *Funk House* (☎ *9358 6455, fax 93583506, 23 Darlinghurst Rd ; entrée sur Llankelly Place)*, relativement récente (elle fait également office d'agence de voyages). Colorée et très animée, elle loue des lits en dortoir à 20/120 $ la nuit/semaine et des doubles à 48 $. Si vous préférez le calme, rendez-vous à la *Backpackers Connection* (☎ *9358 4844, 2 Roslyn St)*. Dans cette auberge imposante, le lit en dortoir coûte 17 $ et la double 44 $ (toutes les chambres avec s.d.b. et TV.).

Le *Rucksack Rest* (☎ *9358 2348, 9 McDonald St, Potts Point)* est une auberge calme qui propose des lits en dortoir pour 17 $ et des doubles autour de 40 $. Pour un séjour d'une semaine, vous ne réglerez que six nuitées – tout comme au *Forbes Terrace* (☎ *9358 4327, 153 Forbes St, Woolloomooloo)*, établissement calme, propre et doté d'une cour agréable sis à quatre rues à l'ouest de Victoria St. Une nuit en dortoir se monte à 18/20 $ et en doubles à 60 $.

Sud du centre-ville. Le sympathique *Kangaroo Bakpak* (☎ *9319 5915, 665 South Dowling St, Surry Hills)* propose des lits en dortoir à 18 $ (100 $/semaine). Les bus n°372, 393 et 395 passent par Cleveland St au départ de Central Station. Au *Nomad's Backpackers* (☎ *9331 6487, 162 Flinders St, Surry Hills)*, la nuit en dortoir de 10/4 lits vous reviendra à 17/20 $; comptez 44 $ en chambre double. Il existe aussi des tarifs à la semaine. Cette auberge partage les locaux du Captain Cook Hotel, qui organise souvent des concerts *live*.

L'*Excelsior Hotel* (☎ *9211 4945, 64 Foveaux St, Surry Hills)*, petit pub à quelques pâtés de maisons de Central sta-

tion, possède des dortoirs/simples à 19/49 $ (108/220 $ par semaine). A déconseiller cependant aux oreilles sensibles, car le rez-de-chaussée abrite des concerts.

L'*Alfred Park Private Hotel* (☎ *9319 4031, 207 Cleveland St)*, à deux pas de Central Station, occupe deux maisons mitoyennes. Il possède une jolie cour, une cuisine et des dortoirs avec s.d.b., TV et réfrigérateur à 18 $. Les simples/doubles s'élèvent à 60 $ (80 $ avec s.d.b.). Il existe aussi des tarifs hebdomadaires. Sachez que les chambres de la maison mauve sont un peu moins confortables que celles de l'autre bâtiment.

A la charmante *Billabong Gardens* (☎ *9550 3236, 5 Egan St, Newtown)*, vous pourrez profiter du calme autour de la piscine (chauffée à l'énergie solaire). Les clients ont l'air satisfait. Les dortoirs, propres, avec s.d.b. valent 19 $ (115 $ la semaine) et les doubles à partir de 49 $. Pour vous y rendre, prenez le train et descendez à la gare de Newton. Tournez à droite dans Kings St. Egan St se trouve à environ quatre pâtés de maison sur la gauche.

Glebe. Spacieuse et d'une propreté impeccable, le *Glebe Point YHA Hostel* (☎ *9692 8418, 262 Glebe Point Rd)* propose des dortoirs de 4/5 lits (21/19 $), ainsi que des chambres avec lits jumeaux à 50 $ (supplément de 3$ pour les non-affiliés YHA). Le personnel est très au fait des activités de la ville et gardera vos bagages.

Glebe Village Backpackers (☎ *9660 8133, 256 Glebe Point Rd)* occupe deux maisons délabrées, avec des équipements allant du plus ancien au flambant neuf. L'atmosphère y est conviviale. Comptez 19 $ au moins en dortoir et 50 $ en double.

La délicieuse *Wattle House* (☎ *9552 4997, 44 Hereford St)* propose des lits en dortoir à 20 $ (130 $ la semaine) et en chambre double à partir de 55 $.

Dans la charmante *Alishan International Guesthouse* (☎ *9566 4048, 100 Glebe Point Rd)*, il existe quelques dortoirs à 20 $ (126 $ la semaine).

Le *Nomad's Forest Lodge* (☎ *9660 1872, 117 Arundel St)* est établi au-dessus d'un petit pub, près de l'université. Il manque une cuisine mais on peut dîner d'un plat de pâtes pour 5 $. Il facture la nuit à partir de 17 $.

Bondi. Bondi dispose de plusieurs auberges de jeunesse, pas toutes particulièrement agréables, mais la plage étant à vos pieds, vous y passerez sans doute plus de temps que dans les chambres délabrées. L'endroit est très apprécié des voyageurs au long cours. Vous pourrez donc vous loger en appartement bon marché si vous avez l'intention de rester plus longtemps.

L'*Indy's* (☎ *9365 4900, 35a Hall St*) accueille les voyageurs à petit budget. Les murs sont ornés de fresques d'un goût douteux. L'auberge comprend des dortoirs à 19/119 $ la nuit/semaine, des chambres doubles à 42/228 $ et une cuisine spacieuse. Elle propose aussi à ses hôtes un accès Internet. Le personnel connaît de bons filons pour trouver du travail. Une cabane réservée aux couples est installée sur la plage, un peu plus loin.

Le *Bondi Lodge* (☎ *9365 2088, 63 Fletcher St*) se dresse au sommet de la colline à l'extrémité sud de la plage. La demi-pension en dortoir s'élève à 30 $ (175 $ la semaine) et à 60/40 $ par personne en simple/double.

La *Bondi Beach Guest House* (☎ *9389 8309, 11 Consett Ave*) se trouve à quelques minutes à pied de la plage. Ses dortoirs, quelconques, coûtent 20 $.

Coogee. Il est préférable de téléphoner avant de se rendre à Coogee car, dans certaines auberges, les heures d'ouverture des bureaux sont limitées. En face de la plage et de l'arrêt de bus, le *Surfside Backpackers Coogee* (☎ *9315 7888*) se tient à l'angle d'Arden St et d'Alfreda St. Les dortoirs valent à partir de 18 $ (115 $ la semaine).

Le populaire *Coogee Beach Backpackers* (☎ *9315 8000, 94 Beach St*), se trouve en haut de la colline à l'extrémité nord de la plage. L'auberge s'étale sur trois bâtiments. Elle possède des parties communes propres et agréables et une terrasse donnant sur l'océan. Les lits en dortoir coûtent 20 $.

Ses propriétaires possèdent aussi deux autres auberges plus petites et plus rustiques pratiquant des tarifs identiques : le *Sydney Beachside* (☎ *9315 8511, 178 Coogee Bay Rd*) et son voisin à la façade violette, le *Wizard of Oz Backpackers* (☎ *9315 7876, 172 Coogee Bay Rd*).

Le familial *Indy's* (☎ *9315 7644, 302 Arden St*) se trouve sur la colline située à l'extrémité opposée de la plage. Le lit en dortoir à quatre places – au confort parfois un peu rudimentaire – est facturé à partir de 18/118 $ la nuit/semaine, petit déjeuner compris.

Non loin de là, à Clovelly, vous serez en sécurité au *Packers at Clovelly* (☎ *9665 3333, 272 Clovelly Rd*), un établissement de style motel avec des chambres doubles à 20 $/personne (110 $ par semaine). Toutes les chambres sont équipées de s.d.b., TV et téléphone.

Manly. C'est un endroit idéal pour oublier l'agitation urbaine et profiter de l'ambiance des plages de Sydney tout en restant à une courte distance du centre-ville.

Le *Manly Backpackers Beachside* (☎ *9977 3411, 28 Raglan St*) possède des dortoirs modernes à 19 $ la nuit, les chambres doubles sont à 50 $ (55 $ avec salle de bains particulière). Le *Manly Astra Backpackers* (☎ *9977 2092, 68 Pittwater Rd*), auberge plus ancienne et toute proche, possède quelques chambres doubles bon marché pour couples seulement). La minuscule *Manly Cottage Inn* (☎ *9976 0297, 25 Pittwater St*), est dotée d'équipements corrects et demande 18/110 $ pour une nuit/semaine en dortoir.

Le *Wharf Backpackers* (☎ *9977 2800, 48 East Esplanade*), face au terminal de ferries, n'accepte pas l'alcool. Entièrement rénové, très spacieux, il propose des lits en dortoir à partir de 17/105 $ la nuit/semaine et des doubles à 46/300 $. Il dispose d'un salon Internet.

La *Manly Bunkhouse* (☎ *9976 0472, fax 9938 2553, 46 Malvern Ave*) loue de petits appartements d'une chambre avec kitchenette et s.d.b. Il manque néanmoins une salle commune. Elle propose aussi des dortoirs avec s.d.b. à 22/130 $ la nuit/semaine.

L'immense *Steyne Hotel* (☎ 9977 4977, *The Corso*) dispose de dortoirs à quatre lits exigus – et assez chers : 35 $, petit déjeuner compris.

North Shore. Loin de l'agitation urbaine, essayez la tranquille banlieue balnéaire d'Avalon et l'*Avalon Beach Hostel* (☎ 9918 9709, *59 Avalon Parade*), qui dispose d'une salle commune ouverte sur l'extérieur. Prévenons d'emblée les maniaques de la propreté : l'établissement est plus convivial que briqué. Les dortoirs sont à 18 $ la nuit, ou 110 $ la semaine, et les doubles à 44 $. Prendre le bus n°L90 à partir de Wynyard Park, York St, jusqu'à Avalon Beach. Le trajet prend 1 heure 15 et coûte 4,60 $. Téléphonez au préalable car l'auberge affiche souvent complet.

Hôtels et pensions
Centre-ville et quartier des Rocks.
Simple, propre, équipé d'une cuisine et d'une laverie, le *George St Private Hotel* (☎ 9211 1800, *700a George St ; voir la carte de Darling Harbour et Chinatown*) est le meilleur des hôtels bon marché du centre-ville. Le prix des simples/doubles avec s.d.b. commune, spartiates, s'élève à 36/54 $ (demandez les tarifs à la semaine), celui des doubles avec s.d.b. et TV à 75 $.

A côté, le *CB Private Hotel* (☎ 9211 5115, *417 Pitt St*), ouvert en 1908, fut autrefois le plus grand établissement du pays. Il est assez bien entretenu, mais accuse son âge. Les simples/doubles avec s.d.b. commune valent 34/54 $ (moins cher à la semaine).

Hôtel simple avec cuisine et laverie, le *Sydney Central Private Hotel* (☎ 9212 1005, *75 Wentworth Ave*) se trouve à quelques minutes de marche de Central Station et d'Oxford St. Les simples/doubles avec s.d.b. commune coûtent 35/55 $, ou 65 $ avec s.d.b. particulière.

L'environnement du petit *Harbour View Hotel* (☎ 9252 3769), à l'angle de Lower Fort St et de Cumberland St, aux abords des Rocks, peut se révéler bruyant (les trains passent non loin, et l'orchestre joue au bar), mais le rapport qualité/ prix plaide en sa faveur : 50/65 $ la simple/double avec vue, petit déjeuner compris.

Kings Cross. L'un des établissements les plus agréables près du Cross est le *Challis Lodge*, discret et bien tenu (☎ 9358 5422, *21-23 Challis Ave*), qui occupe deux vastes maisons mitoyennes à Potts Point. Les chambres dotées de réfrigérateur et de TV sont louées 35/45 $, celles avec s.d.b. 45/55 $ et celles disposant d'un balcon 70 $. Les chambres des étages supérieurs sont plus calmes et plus lumineuses. Tout près, le *Macleay Lodge* (☎ 9368 0660, *71 Macleay St, Potts Point*) est d'un bon rapport qualité/prix, avec des simples/ doubles offrant TV, réfrigérateur et s.d.b. commune à partir de 35/40 $ (et de 55$ avec s.d.b.).

Le *Springfield Lodge* (☎ 9358 3222, *9 Springfield Ave*) dispose de chambres similaires, en plus triste. Les simples/ doubles avec s.d.b. commune commencent à 35/45 $ (210/270 $ la semaine) et à 60/70 $ (360/420 $ la semaine) avec s.d.b.

Tout près, le *Bernly Private Hotel* (☎ 9358 3122, *15 Springfield Ave*) propose des chambres sans charme mais acceptables et modernes, avec TV, à 45/50 $ (75/85 $ avec s.d.b. et téléphone).

Au *Cross Court Tourist Motel* (☎ 9368 1822, *201-3 Brougham St*), vous trouverez des simples/doubles élégantes et de bon goût avec s.d.b. commune à 45/58 $. La nuit en chambre à quatre lits coûte 18 $ (110 $ la semaine).Dans une chambre avec s.d.b., les tarifs commencent à 75 $.

Au tranquille *Palms Private Hotel* (☎ 9357 1199, *23 Hughes St*), vous pourrez vous relaxer dans le salon TV et faire votre cuisine. Les simples/doubles avec réfrigérateur et s.d.b. commune coûtent 40/50 $, les doubles avec s.d.b. 70 $.

Newtown. L'*Australian Sunrise Lodge* (☎ 9550 4999, *485 King St*), propre et agréable, dispose de simples/doubles de style motel, avec TV et réfrigérateur, à partir de 45/55 $, ou 65 $ avec s.d.b.

Bondi. *Thellelen Lodge* (☎ 9130 1521, *11a Consett Ave*), occupe une maison de banlieue rénovée à deux pâtés de maisons de la plage. Assez propre, il bénéficie d'une ambiance chaleureuse et d'une belle cuisine. Les simples/doubles débutent à 45/49 $.

Parmi les nombreuses chambres du **Biltmore Private Hotel** (☎ *9130 4660, 110 Campbell Parade*) vous attend le meilleur (avec vue sur la mer) comme le pire (chambres exiguës à l'odeur de renfermé). Visitez avant de vous engager. Le lit en dortoir coûte 20 $ (120 $ la semaine) et les simples/doubles 35/45 $ (190/280 $ la semaine).

Coogee. Le **Grand Pacific Private Hotel** (☎ *9665 6301, à l'angle de Carr St*), délabré mais charmant, domine l'extrémité sud de la plage. Il offre des simples/doubles vieux style avec TV et réfrigérateur à partir de 35/45 $ (25/35 $ à partir de trois nuits). Certaines chambres donnent sur la mer.

Manly. L'**Eversham Private Hotel** (☎ *99 77 2423, 27-29 Victoria Parade)*, établissement énorme et tristounet, rappelle plus un internat austère qu'un hôtel de bord de mer. Mal entretenues, les simples/doubles/triples valent 28/46/69 $ (123/150/255 $ la semaine).

North Shore. **Kirribilli Court Private Hotel** (☎ *9955 4344, 45 Carabella St, Kiribilli*) compte des dortoirs spartiates à 15 $ la nuit (80 $ la semaine) et des simples/doubles avec s.d.b. et cuisine communes à 30/40 $.

La pension **Tremayne Private Hotel** (☎ *9955 4155, 89 Carabella St, Kirribilli*) propose des simples/doubles avec s.d.b. commune à 25/35 $ (150/230 $ la semaine).

Résidences universitaires. Plusieurs établissements de l'université de Sydney (☎ 9351 2222) et de l'université de la Nouvelle-Galles du Sud (☎ 9385 1000) acceptent volontiers des hôtes pendant les vacances. La plupart pratiquent des prix avec petit déjeuner inclus ou avec la pension complète, mais il est possible de négocier une chambre sans petit déjeuner.

Université de Sydney. Elle se dresse au sud-ouest du centre-ville, près de Glebe et de Newtown. Voici quelques-uns des établissements proposant un hébergement :

L'**International House** (☎ *9950 9800*) loue des simples avec petit déjeuner à 35 $ (45 $ en pension complète) ; il pratique des tarifs hebdomadaires et des chambres doubles. Au **St Johns College** (☎ *9394 5200*), comptez de 55 à 67 $ pour une chambre avec s.d.b. et petit déjeuner (de 220 à 270 $ la semaine). **Women's College** (☎ *9516 1642*) accueille les étudiants et les membres de la YHA dans des simples avec petit déjeuner à 36 $ (42 $ en demi-pension, 48 $ en pension complète) ; les autres hôtes paient 45/52/58 $. Les chambres doubles démarrent à 60/72/80 $.

Sancta Sophia College (☎ *9577 2100*) propose des simples avec petit déjeuner à 50 $ (55 $ avec s.d.b.).

Université de la NSW. Cette université est située plus loin du centre-ville, mais près de Oxford St et des plages du sud sur l'océan.

L'**International House** (☎ *9663 0418*) dispose de simples en pension complète à 40 $; au **New College** (☎ *9662 6066*), les simples démarrent à 40 $ (35 $ pour les étudiants).

Où se loger – catégorie moyenne

Des hôtels et des pensions de catégorie moyenne offrent des services de qualité pour un prix à peine supérieur à ceux des hébergements bon marché.

Centre-ville et les Rocks. Les **Sydney City Centre Apartments** (☎ *9233 6677, 7 Elizabeth St*) offrent un excellent rapport qualité-prix avec des deux-pièces de taille correcte, tout équipés, avec lave-linge et sèche-linge pour 300 $/semaine – malheureusement, le séjour minimal est de neuf semaines.

Le **Wynyard Hotel** (☎ *9299 1330, à l'angle de Clarence St et de Erskine St*) est un pub disposant de simples/doubles avec s.d.b. commune au prix intéressant de 60/70 $. Un autre pub, le **Grand Hotel**

(☎ *9232 3755, 30 Hunter St*) propose des chambres similaires à 70/90 $.

Au sud de la ville, les chambres doubles de style motel du *Westend Hotel* (☎ *9211 4822, 412 Pitt St*) reviennent à 100 $.

Le *Mercantile Hotel* (☎ *9247 3570, 25 George St*), dans les Rocks, propose de belles chambres de pub à partir de 70/100 $, petit déjeuner compris.

Le vénérable *Palisade Hotel* (☎ *9247 2272, 35 Bettington St, Millers Point*) monte la garde sur Millers Point. Ce pub offre des chambres claires avec s.d.b. commune et vue sur la ville, le pont, le port et les docks pour 88 $ la nuit en chambre double.

Kings Cross. Sympathique pub irlandais en contrebas de l'enseigne Coca-Cola, l'*O'Malley's Hotel* (☎ *9357 2211, 228 William St*) dispose de bonnes simples/doubles avec réfrigérateur, TV et s.d.b. à partir de 80/85 $, petit déjeuner compris.

Le *Barclay Hotel* (☎ *9358 6133, 17 Bayswater Rd*) possède un bon choix de simples/doubles avec clim. à partir de 70/80 $. Au 30 Darlinghurst Rd, vous trouverez le *Kingsview* (☎ *9358 5599*), où le prix des doubles, climatisées, se monte à 75 $.

A Potts Point, le *De Vere Hotel* (☎ *9358 1211, 46 Macleay St*) dispose de chambres avec clim., à partir de 100 $.

Si vous cherchez un hôtel en vogue, *L'Otel* (☎ *9360 6868, 114 Darlinghurst Rd*), au niveau de l'immense carrefour William St-Victoria St-Darlinghurst Rd, (consultez la carte relative au centre de Sydney), vous comblera. Plein de style, ce petit hôtel prend 70 $ pour une chambre double.

Vous pouvez réserver un petit studio avec chambre double TV, coin cuisine et s.d.b. pour 60 $ (320 $ la semaine) au *Lodge Motel* (☎ *9328 0666, 38-44 New South Head Rd, Rushcutters Bay*).

Glebe. L'*Alishan International Guesthouse* (☎ *9566 4048, 100 Glebe Point Rd*) est à la fois une pension et une auberge de luxe, dotée de beaux espaces communs et d'un petit jardin. Les simples/doubles avec s.d.b. reviennent à 80/85 $.

Le *Rooftop Motel* (☎ *9660 7777, 146 Glebe Point Rd*) affiche à partir de 80 $ pour une chambre avec s.d.b., TV, réfrigérateur et téléphone.

La *Haven Inn* (☎*9660 6655, 196 Glebe Point Rd*) propose des chambres de style motel avec s.d.b. à partir de 110 $. La piscine est chauffée, le parking est gardé et vous disposez d'un spa pour la détente.

Bondi. Les prix des hôtels de Bondi grimpent en flèche pendant l'été, comme dans la plupart des autres quartiers du bord de mer.

Le *Bondi Beachside Inn* (☎ *9130 5311, 152 Campbell Parade*) symbolise le genre de monstruosité architecturale qui a donné au quartier sa mauvaise réputation. Néanmoins, les chambres sont très agréables, spacieuses, avec TV, téléphone, cuisine, s.d.b. et balcon. Les doubles standard coûtent 98 $ (certaines avec vue sur l'océan). Le prix des chambres rénovées s'élève à 78 $ (91 $ avec vue). Vous avez la possibilité de résider à trois dans une chambre double pour un supplément de 10 $.

L'*Hotel Bondi* (☎ *9130 3271, 178 Campbell Parade*), bâtiment de couleur pêche évoquant une pâtisserie et situé sur le front de mer, réserve des simples sans s.d.b. à sa clientèle masculine (45 $). Les doubles avec s.d.b. sont à 85 $, ou 95 $ avec vue sur l'océan.

A 15 minutes de la plage, les chambres en façade du *Plage Bondi* (☎ *9387 1122, 212 Bondi Rd*) offrent une vue époustouflante. Plus que confortables, les appartements pour une ou deux personnes coûtent 95 $la nuit ; ce tarif passe à 80 $ pour la semaine et à 70 $ sur la base d'une quinzaine ou plus.

Coogee. L'immense *Coogee Bay Hotel* (☎ *9665 0000, à l'angle d'Arden St et de Coogee Bay Rd*) loue des simples/doubles avec clim., réfrigérateur, TV, téléphone et s.d.b. à 89/99 $, des doubles allant de 109 à 159 $ et des chambres rénovées (plus calmes) à 155 $.

Manly. Comme dans toutes les banlieues au bord de la plage, les prix augmentent en été et le week-end.

Au **Manly Lodge** (☎ 9977 8655, *22 Victoria Parade*), les doubles avec TV, réfrigérateur et s.d.b. valent 120 $, petit déjeuner compris, et les familiales, pouvant accueillir quatre personnes, 130 $.

Le **Steyne Hotel** (☎ 9977 4977, *The Corso*) propose des simples convenables à partir de 70 $, des doubles à partir de 95 $, avec petit déjeuner, ainsi que des chambres avec s.d.b.

Au **Manly Beach Resort** (☎ 9977 4188, *6 Carlton St)*, les simples/doubles de style motel s'élèvent à 95/105 $, petit déjeuner compris.

La **Periwinkle Guesthouse** (☎ 9977 4668, *18-19 East Esplanade*), une pension élégamment restaurée de Manly Cove, comporte une cuisine pratique et des chambres avec s.d.b. à 120 $ (prévoyez 10 $ de supplément pour avoir une vue sur la baie).

Outre qu'il est en bord de plage, le **Manly Paradise Motel** (☎ 9977 5799, *54 North Steyne*) possède une piscine sur le toit. Les chambres doubles avec clim. coûtent 115 $, 125 $ avec vue oblique sur l'océan.

Watsons Bay. Si vous voulez profiter de la baie dans un lieu calme, sans pour autant vous éloigner trop du centre-ville, essayez le **Watsons Bay Hotel** (☎ 9337 4299, *1 Military Rd*), au bord de l'eau. Comptez 50/80 $ la chambre, petit déjeuner compris (mais les travaux de rénovation prévus à brève échéance feront peut-être augmenter les prix).

North Shore. **St Leonards Mansions** (☎ 9439 6999, *7 Park Rd, St Leonards*) loue des chambres avec TV, kitchenette et téléphone à 50/70 $, petit déjeuner compris (60/80 $ avec s.d.b.). En venant de la gare de St Leonards, prenez à gauche la Pacific Highway (vers l'ouest) : Park Rd est la deuxième rue sur votre gauche.

En dépit de son nom déroutant, le **Neutral Bay Motor Lodge** (☎ 9953 4199), à l'angle de Kurraba Rd et de Hayes St, à Neutral Bay, est une pension fort agréable (60/70 $).

OÙ SE RESTAURER

A Sydney, il est particulièrement agréable de sortir déjeuner ou dîner. En effet, la ville propose nombre de produits locaux de qualité à des prix peu élevés.

Si vous désirez explorer les restaurants de Sydney, vous pouvez consulte *Out to eat – Sydney*, publication de Lonely Planet à l'excellent rapport qualité/prix. Également disponibles, *Cheap Eats in Sydney* (8,95 $) et le *Sydney Morning Herald's Good Food Guide* (18,95 $).

Centre-ville

Les endroits où se restaurer abondent dans le centre-ville, principalement près des gares, dans les centres commerciaux et dans la plupart des immeubles de bureaux de plus de vingt étages.

Le **Bodhi**, un café végétalien établi dans le terminal de bus de Central Station, convient parfaitement pour un repas léger avant de prendre la route.

L'**Obelisk**, proche du monument du même nom, dispose ses tables en terrasse dans le quartier historique de Macquarie Place. Petits déjeuners à partir de 5 $ et bagels autour de 6,50 $. Le **Customs House Bar**, tout proche, sert des tourtes succulentes à 4,50 $ et des plats de viande consistants à 10,50 $. Le **Deli on Market**, grand café occupant l'angle de Clarence St et de Market St, sert du muesli accompagné de fruits et de yaourt à 5 $ ainsi qu'un vaste choix de déjeuners complets pour un prix raisonnable. Au **Parma Espresso Bar** (*203a Castlereagh St*), comptez 5,50 $ pour un petit déjeuner complet, 4 $ pour un petit pain fourré et 1,50 $ pour un excellent café à emporter.

Signalons aussi le **Dendy Bar & Bistro** (☎ 9221 1243, *MLC Centre, Martin Place*), agréable restaurant en sous-sol servant des risottos à 12 $ et des nouilles sautées au wok à 8,50 $. L'établissement possède des billards, accueille des groupes musicaux et organise des soirées dansantes le week-end. Le bar reste ouvert jusqu'à 24h (plus tard le week-end). Pour des plats végétariens compétitifs, une salade ou un jus de fruit, rendez-vous chez **Carruthers** (*235 Macquarie St*).

Pour déjeuner au soleil, installez-vous à la terrasse du **Kiosk on Macquarie**, situé à l'entrée des Royal Botanic Gardens, dans

Macquarie St. Les tarifs sont compris entre 5 et 10 $.

Spanish Town se compose d'un groupe de sept ou huit restaurants et bars espagnols dans Liverpool St, entre George St et Sussex St. *Casa Asturiana* (*77 Liverpool St*) est considéré comme le meilleur restaurant de tapas de la ville (à partir de 5 $). *Captain Torres* (*au n°73*), propose de bons plats de fruits de mer (entre 15 et 20 $) et dispose d'un excellent bar. Seul établissement non espagnol de la rue, *Vender* (*n°86*) est un café très agréable, ouvert jusqu'à 23h environ, servant du café et de délicieux sandwiches à 7 $.

Planet Hollywood (*600 George St*), en face des cinémas, est prohibitif et bondé.

Chinatown

Officiellement, Chinatown se situe dans la rue piétonne de Dixon St, mais le quartier s'est étendu au-delà de ces limites (voir la carte de Darling Harbour et Chinatown). On trouve aussi bien des restaurants haut de gamme que de petits établissements dans lesquels quelques dollars suffisent pour se sustenter.

Pour commencer, vous pouvez vous rendre au *Sussex St Food Court,* qui propose un choix ahurissant de spécialités chinoises, malaises, vietnamiennes, thaïes et japonaises. A l'heure du déjeuner, une atmosphère particulière règne dans cet endroit extrêmement vivant. Un déjeuner complet coûte entre 4 et 7 $. D'autres endroits de ce type existent dans la *Dixon House*, à l'angle de Dixon St et de Little Hay St, et au *Harbour Plaza*, à l'angle de Dixon St et de Goulburn St.

Les Rocks et Circular Quay

Les restaurants et cafés du quartier des Rocks sont ouvertement destinés aux touristes, mais il est encore possible de se restaurer à prix correct, en particulier dans les nombreux pubs pour moins de 10 $.

Le sympathique *G'Day Cafe* (*83 George St*), juste au nord d'Argyle St, propose de bons petits déjeuners à partir de 4 $ et de la focaccia à partir de 2 $. Le mignon *Gum Nut Tea Garden* (*28 Harrington St*), près

de l'angle avec Argyle St, possède une arrière-cour et sert des petits déjeuners à environ 5 $, des déjeuners pour 6,50 $, et un Devonshire Tea le week-end.

Vers les quais des ferries sont installés de nombreux cafés et petits restaurants intéressants, notamment parce qu'ils sont ouverts 24h/24.

The Sydney Cove Oyster Bar, sur Circular Quay East, offre l'un des plus beaux panoramas de la ville. Les plats sont assez chers, mais les huîtres ne coûtent que 12,50 $ la demi-douzaine.

Darlinghurst et l'est de Sydney

Victoria St est la rue qui compte le plus de cafés et de restaurants à Darlinghurst (reportez-vous à la carte du centre de Sydney). Si vous voulez boire un café serré, rendez-vous au *Bar Coluzzi* (*n°322*), une institution de Sydney, tout comme le *Tropicana* (*n°227*), juste en face.

Si vous ne pouvez vivre de caféine seule, on trouve au tout proche *Backdoor Cafe* d'énormes toasts. *La Bussola* (*n°324*) sert de très bonnes pizzas allant de 8,50 $ à 15,50 $.

Au *Fu-Manchu* (*249 Victoria St*), un bar à nouilles très populaire, aux soupes réputées, la plupart des plats coûtent moins de 10 $. Lorsque les nuits sont douces, attardez-vous sur le balcon de *Oh Calcutta!*, un restaurant indien de qualité qui propose des plats à partir de 10 $. Au *Fez* (*à l'angle de Liverpool St et de Victoria St*), vous pouvez aussi vous concocter un mezze à partir de 3,50 $.

Au *Govinda's* (☎ *9380 5155* ou *9360 7853, 112 Darlinghurst Rd*), restaurant appartenant à la secte Hare Krishna, juste au sud de William St et de Kings Cross, vous n'aurez que l'embarras du choix végétarien. Pour 14,90 $, le buffet à volonté donne droit à une séance de cinéma, au-dessus du restaurant.

Dans Green Park, la carte du déjeuner du *Bandstand Cafe's* n'a rien de très original, mais l'endroit est charmant.

Le *Tum Tum Thai* (*199 Darlinghurst Rd*) vend aussi des plats à emporter (curries et grillades à partir de 7,50 $). Au n°132 de la même rue, *Fishface*, le restaurant de poisson meilleur marché de la ville, sert toutes sortes de produits de la mer pour environ 14 $. L'*Eca Bar,* à côté, est plutôt branché et meilleur marché qu'il n'y paraît.

Oxford St

Les restaurants qui jalonnent Oxford St, à l'est de Taylor Square, vous emmèneront d'Asie en Europe méridionale.

Vous dînerez pour 12 $ au populaire *Thai-Nesia,* au n°243, au vietnamien *Vin Ha Long,* au n°233, ou au cambodgien *Angkor Wat,* au n°227. Chez leur voisin, le *Balkan Continental* (au n°209), les plats principaux appréciés des carnivores démarrent à 15 $. Le *Balkan Seafood,* au n°215, est lui aussi très bon.

Avec son patio ombragé, le *Metronome Cafe* (*411 Bourke St*), derrière Taylor Square, constitue un havre de paix où déguster des pâtisseries et un délicieux café (mélange "maison").

A l'étage du *Courthouse Hotel,* qui domine Taylor Square, les tarifs au bar sont compris entre 9 et 15 $. Principal lieu d'observation du quartier, le *Cafe 191* donne également sur Taylor Square.

A l'extrémité d'Oxford St se tiennent d'innombrables cafés et fast-foods asiatiques sans caractère, dont l'activité dépend des noctambules et des visiteurs de passage. Choisissez avec soin. Au n°139, le *Bach Hy* convient tout à fait pour prendre une soupe en début ou en fin de soirée. Le *Thai Panic,* très à la mode et très fréquenté, à l'angle d'Oxford St et de Crown St, sert d'excellents curries et plats sautés au wok entre 7,50 et 9,50 $.

Le *Tandoori Palace,* au n°86, est un bon restaurant indien petit budget où les plats avoisinent 9 $. A la douillette et familiale *Betty's Soup Kitchen* (*n°84*), vous vous restaurerez d'une soupe et de *damper* pour 5,50 $ ou de ragoût d'agneau pour 8,80 $. Le *Don Don* (☎ *9331 3544, n°80*), tout proche, sert dans une ambiance conviviale de délicieux plats japonais aux portions généreuses. Comptez 7,50 $ pour une soupe tempura-udon.

Au sud, vous trouverez plusieurs restaurant bon marché, dans Crown St. Confor-

table et rétro, le *Roobar* (*n°253*) propose des petits déjeuners fabuleux toute la journée. A côté, le *Fatz* fait de son mieux pour innover en matière de pâtes (12 $). Au n°310, au modeste *Maltese Cafe,* vous pourrez en manger à moins de 5 $ ainsi que des pastizzi pour 30 c. Un peu plus loin, le *Mali* (*n°348a*) compte parmi les plus charmants cafés de Sydney et sert dans un décor bohème des sandwiches, du bon café et des petits déjeuners à 3 $.

Kings Cross et ses alentours

Le Cross compte de multiples fast-foods servant de la nourriture grasse et bon marché, des petits cafés pour les habitants du quartier et les touristes, et quelques-uns des meilleurs restaurants luxueux de la ville.

Près de l'enseigne Coca-Cola, le *William on William* (*242 William St*) propose des œufs au bacon avec frites et toasts pour 3,90 $, ou un plat de pâtes pour 5 $. En bas de la côte, le *Mamma Maria* pratique des tarifs tout aussi bon marché, tout comme d'autres établissements tels le légendaire *Harry's Cafe de Wheels* (*Woolloomooloo Wharf*), pour les couche-tard, *Hwang So* (*142 Victoria St*) et son barbecue coréen bon marché, *Pad Thai* (*Llankelly Place*), où l'on prépare des plats de nouilles et de riz entre 5 et 8 $, ou encore *Sushi Roll* (*Darlinghurst Rd, en face de Roslyn St*), avec ses rouleaux de nori à 1,50 $.

Ouvert du petit déjeuner au dîner, *Roys Famous Cafe* (*176 Victoria St*) est idéal pour se détendre en dégustant de la cuisine méditerranéenne (plats aux alentours de 12 $). Son voisin, l'*Out of India* (☎ *9357 7055*), sert des plats épicés pour 10 à 13 $.

L'*Elizabeth Bay Deli,* à l'angle d'Elizabeth Bay Rd et de Greenknowe Ave, évoque un petit aquarium ensoleillé ; on y consomme des sandwiches, des pâtisseries et du café.

Les amateurs de bon café et de cuisine inventive et bon marché (à partir de 6 $) apprécieront le *Spring Cafe* (*Challis Ave*), minuscule et très animé.

La *Mère Catherine* (*146 Victoria St*) est un restaurant français sans prétention au cadre très intime, au point qu'il faut frapper à la porte. Les plats y coûtent environ 25 $. Le tout nouveau **Star Bar & Grill** (*155 Victoria St*), avatar de la nébuleuse Wockpool, sert de la cuisine chinoise et malaise (coquilles Saint-Jacques à 14 $).

Au **59 Hotel & Cafe** (*59 Bayswater Rd*), un petit déjeuner plantureux vous reviendra à 7,50 $ environ. Goûtez aussi leurs *smoothies* et leurs jus de fruits frais. Le **Waterlily Cafe**, au n°6, dégage une atmosphère sympathique et sert de solides petits déjeuners ; vous pourrez vous rassasier pour moins de 10 $.

Si vous pouvez vous offrir un plat à 25 $, voire davantage, essayez la **Bayswater Brasserie** (*32 Bayswater Rd*), l'un des meilleurs restaurants de Sydney et accueillant de surcroît. La nourriture y est délicieuse et le service impeccable. A côté, le **Darley Street Thai** prépare des repas thaïs de grande qualité, et le charmant **Cicada** (*29 Challis Ave*) charme les papilles de Sydney depuis plusieurs années.

Surry Hills

Plusieurs restaurants sont disséminés dans Crown St, la longue rue principale de ce quartier. En prenant le temps de flâner, on découvre une foule de boutiques et de restaurants intéressants.

Prasits Northside Thai (*n°395, près de l'angle avec Foveaux St*) est un minuscule restaurant thaï de bonne réputation, dont les respectables currys et grillades démarrent à 10 $. Spécialiste de l'expresso, l'*Alt (553 Crown St)* sert un délicieux café et présente des événements artistiques.

Dans Devonshire St, vous dénicherez d'autres petits restaurants, en particulier le très populaire **Passion du Fruit**, à l'angle de Devonshire St et de Bourke St. Juste en face, le **Cafe Niki** aux accueillantes boiseries (*554 Bourke St*) propose des cocktails de fruits à 4 $, des soupes à 5 $ et des bagels fourrés à 7 $. Le trépidant petit restaurant méditerranéen **Rustic Cafe**, à l'angle de Devonshire St et de Crown St, propose des plats autour de 12 $. **Mohr Fish**, au n°202, est un "fish and chips" design où les plats coûtent environ 17 $.

Cleveland St recèle des restaurants turcs et indiens, entre Crown St et Bourke St. Au n°466, le **Dhaba** propose des spécialités d'Inde du Nord pour moins de 10 $. A deux pas de là, la charmante boutique **Maya** vend des sucreries indiennes. Très apprécié, le **Casapueblo** (*☎ 9319 6377, 650 Bourke St*) offre un cadre intime où déguster une somptueuse cuisine uruguayenne, savamment épicée (tout à moins de 15,50 $). La carte compte de nombreux plats végétariens.

Paddington

L'**Anastasia's Japanese Cosmopolitan** (*288 Oxford St*) pratique des prix corrects (moins de 12 $). Vous avez le choix entre des plats japonais, des pâtes et de la cuisine internationale, servis dans un très agréable jardin derrière le bâtiment. Le **Sloanes** *(au n°312)*, un petit café intime et moderne, cuisine des repas légers (7,50 $), des plats méditerranéens (12,50 $) et des petits déjeuners à toute heure.

Vous pouvez prendre un café et un dessert au paisible **Caffe Centaur** (*n°19*), au-dessus de la merveilleuse librairie Berkelouw. **Armand's le Cafe**, au n°100, restaurant franco-italien au décor émaillé d'objets d'art aborigène, sert des repas entre 5 et 12 $.

La Mensa Cafeteria, au n°257, est un café-cafétéria gai et pimpant qui sert une nourriture appétissante à une clientèle distinguée.

Dans le bistrot réputé de la **Paddington Inn**, au n°338, vous dégusterez des plats australiens pour 12 à 15 $. Le très charmant café-restaurant **Hot Gossip**, au n°436, est un des endroits les plus agréables de Paddington. Vous y dégusterez maintes douceurs qui raviront vos palais.

Le **Light Brigade Hotel**, à l'angle d'Oxford St et de Jersey St, est un pub rénové pour amateur de sandwiches originaux (6 $). Enfin, pour une touche rurale, allez au **Centennial Park Cafe**, à cinq minutes à pied de l'entrée du Centennial Park donnant dans Oxford St, dont la nourriture est chère mais servie dans un cadre de verdure.

Glebe

Glebe Point Rd était autrefois *la* rue des restaurants de Sydney. Elle a conservé une atmosphère simple et décontractée et de bons restaurants où il fait bon discuter entre amis.

Au *IKU Wholefoods* (*25 Glebe Point Rd*), les plats et les snacks macrobiotiques sont très bon marché. *Lolita's*, au n°29, est un repaire d'étudiants qui sert des en-cas type *bruscetta* à 4,50 $. Ceux qui souhaitent en profiter pour consulter leurs e-mail préféreront le *Well Connected*, au n°35. Le *Badde Manors*, au n°37, à l'angle de Francis St, est le café le plus apprécié du quartier, où le tarif des repas végétariens n'excède pas 10 $.

Le *Cafe Otto*, au n°79, possède un jardin, mais les prix s'envolent à 15 $ (les petits déjeuners, à 5 $, sont plus abordables). Tout proche, le *Dakhni* cuisine des plats traditionnels indiens, aux alentours de 10$.

Ne vous laissez pas impressionner par l'étrange éclairage mauve fluorescent du *Figjam* (*n°197*) : les sièges proches des fenêtres sont moelleux, le thé vert est facturé 2 $ et les pâtes autour de 6 $.

Très bon marché, la minuscule *Pudding Shop* (*n°144*) vend de délicieuses tourtes, quiches et douceurs pour moins de 4 $. Au *Craven*, au n°166, à côté du cinéma Valhalla, il règne une atmosphère "vente de charité" typique à Glebe. Ce restaurant populaire permet de se détendre tout en consommant un café, un snack ou un repas peu onéreux.

Le *Lien*, au n°331, propose des plats thaï, vietnamiens et malaisiens autour de 7 $, et le *Lilac*, au n°333, des plats chinois, malaisiens, indonésiens et végétariens dont le prix n'excède pas 9 $.

That's It Thai, au n°381, est l'un de ces innombrables et minuscules restaurants populaires vendant des plats à emporter de 7 à 9 $.

La perle de Glebe, le *Blackwattle Canteen*, dans les Blackwattle Studios, se trouve dans un entrepôt réhabilité à l'extrémité de Glebe Point Rd qui surplombe Rozelle Bay. Le restaurant, entouré d'ateliers d'artistes, de sculpteurs et d'encadreurs, offre une vue splendide, des petits déjeuners pantagruéliques et des plats réconfortants pour moins de 10 $.

Newtown

Les nombreux cafés et restaurants à la mode qui bordent King St donnent une image caractéristique de la vie communautaire du quartier. Le *Green Iguana Cafe*, au n°6, est un charmant endroit convivial, rustique et végétarien agrémenté d'une cour intérieure, aux tarifs bon marché.

Le *Cafe Solea*, au n°182, possède une carte simple mais savoureuse de snacks, salades et *frittatas,* tous facturés moins de 10 $. Il accueille des groupes musicaux presque tous les soirs (vous pouvez laisser une contribution dans la boîte placée sur votre table). Les amateurs de café trouveront leur bonheur au *Has Beans*, au n°153a, qui sert aussi des pâtes et accueille parfois des représentations théâtrales ou des lectures de poésie. Le *Peasants Feast*, au n°121a, revisite avec succès la cuisine traditionnelle. Les entrées coûtent 10 $, les plats 15 $, et les végétariens seront comblés. Dans un cadre certes étrange, l'*Old Saigon* prépare une délicieuse cuisine vietnamienne (plats principaux à 12 $).

Le *Kilimanjaro* (*n°280*), un restaurant africain vivant et très fréquenté, propose des plats tentants aux alentours de 8,50 $. Le *Sumalee Thai* (☎ *9565 1730, n°324*) est installé dans le jardin (chauffé) du Bank Hotel. Bien qu'un peu cher, il sert de gargantuesques portions d'une nourriture exquise.

L'*Old Fish Shop* (*n°239*) est idéal pour déjeuner (mais prenez garde aux guirlandes de gousses d'ail). Pour s'imprégner de l'atmosphère du quartier, on ne peut rêver mieux que le *Cafe 381*, au même numéro. Le *MacDonna's* (*275 Australia St*), juste derrière King St, est un petit café au décor insensé qui sert des hamburgers végétariens à 5,50 $.

Le restaurant turc *Saray* (*18 Enmore Rd*) affiche des tarifs modérés. Ses pizzas turques à 7 $ sont excellentes.

Leichhardt

Il subsiste quelques établissements bon marché dans Norton St, où les bistrots classiques sont sérieusement concurrencés par une foule de nouveaux restaurants plus sélects, ainsi que des grecs, des chinois et des thaïs.

Le **Bar Italia** (*169 Norton St*) jouit depuis toujours de la faveur générale. Aucun plat n'excède 10 $ et les glaces sont renommées. **L'Epoca Cafe** (*n°167*) sert des snacks à 7 $, tandis que le très chic **Elio**, au n°159, propose des pâtes autour de 15 $. Comptez également 16 $ environ pour une pizza ou des pâtes chez **Portofino** (*n°166*). Le **Bar Galante**, au n°138, propose des omelettes et de la *focaccia* pour 8 $ environ. Le **Mezzapica** (*n°128*) est fréquenté par les familles.

A **La Cremeria** (*n°110*), plus près de Parramatta Rd, vous dégusterez de somptueuses glaces maison à partir de 2,50 $.

Bondi

Sur le front de mer, les grills et petits marchands de plats à emporter se font peu à peu déloger par les cafés, les bistros et les restaurants plus conventionnels. On peut malgré tout encore manger pour moins de 10 $ à Bondi, sous réserve de renoncer à la vue sur la mer. Vous pouvez évidemment faire comme les *sydney-siders* et vous installer sur la plage avec vos paquets brûlants. Le meilleur fish and chips est préparé par le **Surf Seafood** (*128 Campbell Parade*).

Le charmant traiteur **Gusto** (*16 Hall St*), une rue derrière la plage, est l'endroit idéal pour prendre son petit déjeuner. **Le Paris-Go Cafe**, à l'angle de Hall St et de Consett St, prépare des sandwiches à la baguette. L'**Earth Food Store** (*81 Gould St, en retrait de Hall St*), vend des fruits et légumes bio et de copieux plats à emporter. Pour déguster un succulent curry à bas prix, rendez-vous au **Thai Terrific** (*147 Curlewis St*).

Plus proche de la plage de surf, le **Toriyoshi** (*224 Campbell Pde*), offre des plats japonais bon marché, dont des de yakitori à 2,50 $. Au n°156, le très gai **Liberty Lunch** sert de l'alcool et des plats à partir de 15 $. Le **Hugo's**, au n°70, propose une carte classique dans un cadre raffiné.

Une multitude de cafés-bars à la mode jalonnent Campbell Parade, à l'extrême sud de la plage. Les branchés vont prendre un verre au très bruyant **Sports Bar(d)**, au n°32. Très fréquentée, la **Bondi Trattoria**, au n°134, dispose d'une terrasse avec vue sur l'océan. La carte de bistro comprend des plats méditerranéens aux alentours de 13 $.

L'extrême nord de la plage est lui aussi envahi par une clientèle distinguée. Au **Jackie's**, un café chic à l'angle de Warners Ave et de Wairoa Ave, le petit déjeuner (uniquement le week-end) revient aux environs de 8 $ et les plats atteignent 15 $. En face, le **Raw** est un bistrot de style japonais (à partir de 10 $). Plus au nord, le **Diggers Cafe** (*232 Campbell Parade*) affiche des tarifs plus intéressants. On peut prendre dès 7h le petit déjeuner et dîner jusqu'à la tombée de la nuit d'une soupe (6,50 $) ou d'une salade (à partir de 7,50 $). A l'étage, le restaurant du **Digger's Club** sert des rôtis à 3 $ au déjeuner.

Le haut de Bondi St, en s'éloignant de la plage, compte également de nombreux restaurants tels que le **Quaint**, au n°195 (croissants et salades aux environs de 7 $). Le **Lauries Vegetarian**, au n°286, est entouré d'une foule d'établissements indiens, thaïs et italiens bon marché où curries, pâtes, beignets et burgers délicieux débutent à 3,80 $.

Coogee

De nombreux commerces vendent des plats à emporter bon marché sur Coogee Bay Rd, mais les cafés offrent des mets plus sains, une atmosphère plus sympathique et des terrasses. Exubérant, le **Congo Cafe** se trouve face à la plage, 208 Arden St. Il sert des pizzas, de la focaccia, des bagels, des fondues, et des salades pour 7 $. Quelques numéros plus loin, **La Casa** propose des pâtes ou du poisson-frites pour 9 $.

Sur Coogee Bay Rd, vous trouverez également des établissements agréables, dont les tarifs sont compris entre 5 et 11 $: le **Coogee Cafe** au n°221, le **Globe**, plus intéressant, au n°203 (petits déjeuners à 4 $) et le **Cafe Blah Blah**, au n°198, qui propose quelques plats légers et originaux. Si vous désirez un repas plus substantiel, le **Coogee Bay Hotel**, à l'angle d'Arden St et de Coogee Bay Rd, possède une honnête brasserie où les plats coûtent environ 13 $.

Bronte

Pour faire le plein d'énergie après avoir profité de la plage, rendez-vous, comme les habitants de Sydney, au *Sejuiced* (*472 Bronte Rd*). Parmi les nombreux cafés établis en bordure du parc, c'est l'endroit idéal pour siroter un bon verre de vitamines et croquer une focaccia en se séchant au soleil. Si l'établissement est bondé, rabattez-vous sur le *Cafe Q* ou le *Bogey Hole*.

Manly

Une multitude de restaurants avec terrasse ou vendant des plats à emporter se situent sur le Corso, près de l'océan, sur Manly Wharf et South Steyne, mais leurs tarifs dépendent plus de la vue que de la qualité de la nourriture.

Si vous désirez un bon repas, sans vue sur l'océan, allez dans Belgrave St, où la plaisante *Candy's Coffeehouse* (*26 Belgrave St*) sert des plats peu onéreux, dans un lieu confortable aux étagères remplies de livres, qui rappelle plus Glebe qu'une banlieue de bord de mer. Le *Twocan* voisin attire une clientèle d'Australiens branchés. Comptez 20 $ environ pour le dîner. Vous pouvez également déjeuner pour environ 10 $. Le *Last Train to Bombay* (*11 Belgrave St*) mijote des plats indiens, pour la plupart en deçà de 10 $.

Green's Eatery, dans la partie piétonne de Sydney Rd avoisinant le Corso, jouit d'une atmosphère décontractée et sert des repas légers et diététiques pour environ 5 $. Si vous aimez la nourriture épicée, essayez *Malacca Straits*, à l'angle de Sydney Rd et de Whistler St, où les plats malais et thaïs coûtent de 7 à 13 $.

Le *Brazil* (*46 North Steyne*) et le *Bar-King Frogs*, juste à côté, comptent parmi les restaurants les plus chic du front de mer. Pleine de mets délicats, la carte permet néanmoins de manger pour moins de 15 $. Les cafés et restaurants de South Steyne affichent des tarifs excessifs mais, si vous voulez être dans le vent, le *Cafe Nice*, à l'angle de South Steyne St et de Wentworth St, sert un excellent café dans des tasses métalliques.

Nord de Sydney

Le *North Sydney Noodle Market*, dont l'atmosphère rappelle celle des marchés alimentaires asiatiques, se tient le dimanche

midi en automne et en hiver et le vendredi soir au printemps et en été, dans le parc de Miller St, entre McClaren St et Ridge St.

OÙ SORTIR

Le supplément *Metro* du *Sydney Morning Herald* du vendredi donne le programme de tous les spectacles de la ville pour la semaine à venir. Des journaux gratuits, comme *Drum Media*, *3-D World*, *Revolver* et le *Sydney City Hub* (dans les boutiques, les bars et les magasins de disques), comportent des informations utiles.

Ticketek (☎ 9266 4800, 195 Elizabeth St) est la plus grande agence de réservation de places de théâtre, concerts, événements sportifs et autres manifestations. On peut réserver par téléphone du lundi au vendredi de 7h30 à 22h, le samedi de 9h à 16h et le dimanche de 9h à 20h, ou auprès des succursales réparties dans toute la ville. Ticketek publie également un guide bimensuel des spectacles.

Halftix (☎ 9966 1622, 201 Sussex St), près de Cockle Bay Wharf, vend des billets à moitié prix pour des spectacles ayant lieu le jour même ; on ne peut vous dire quelle place vous sera dévolue. Halftix est ouvert tous les jours sauf le dimanche. Vous pouvez aussi réserver par Internet au www.halftix.com.au.

Pubs

Les quartiers du centre de Sydney regorgent de bons pubs.

Les Rocks. Le *Lord Nelson*, à l'angle d'Argyle Place et de Kent St, qui brasse sa propre bière, et le sympathique *Hero of Waterloo*, à l'angle de Lower Fort St et de Windmill St, méritent une halte.

Pour une Guinness, allez au Molly Bloom's Bar, dans le *Mercantile Hotel*, 25 George St. L'*Australian Hotel*, à l'angle de Gloucester St et de Cumberland St, sert, à la pression, les bières locales les plus réputées.

Darling Harbour. L'*Ettamogah Bar*, dans le Harbourside Shopping Centre, sait attirer la clientèle.

Kings Cross. Le Cross compte de nombreux hôtels, dont certains se situent dans des endroits parfois insalubres. Le bruyant *Kings Cross Hotel*, bâtiment lugubre ouvert 24h/24 à l'ombre de l'enseigne Coca-Cola, à l'angle de William St et de Victoria St, est le lieu de prédilection des voyageurs à petit budget.

Pub irlandais convivial, l'*O'Malley's*, à l'angle de William St et de Brougham St, accueille des orchestres 7j/7 (entrée libre). Le *Soho Bar* (*171 Victoria St*) est un endroit discrètement branché.

Ouvert 24h/24, le *Bourbon & Beefsteak*, dans le virage de Darlinghurst Rd, souffre encore des séquelles de la guerre du Vietnam. Le *Barons* (*1er étage, 5 Roslyn St*), plus confortable, reste ouvert tard la nuit. Vous trouverez aussi plusieurs bars-restaurants-boîtes dans Kellett St.

A 5 minutes de marche du Cross se trouve l'énorme *Woolloomooloo Bay Hotel* (*2 Bourke St, Woolloomooloo*).

Darlinghurst. Le *Green Park Hotel*, à l'angle de Liverpool St et de Victoria St, est le repaire des fêtards citadins amateurs de billard. Les voyageurs qui veulent ajouter un tee-shirt souvenir à leur collection ne doivent pas oublier le *Hard Rock Cafe* (*121 Crown St*).

Le *Kinselas* (☎ *9331 3299, 383 Bourke St, Darlinghurst*) est un vaste immeuble Art déco avec un bar équipé d'une table de billard au sous-sol (et un DJ), un bar à cocktails à l'étage et un night-club, susceptible de rouvrir ses portes.

Dans Oxford St, la cave du *Burdekin Hotel*, au n°2, attire une foule animée et hétéroclite, surtout le vendredi et le samedi soir. Le *Lizard Lounge*, dans l'Exchange Hotel, au n°34, est fréquenté aussi bien par les hétérosexuels que par les homosexuel(le)s. Le *Q-Bar,* plus difficile à trouver (*1er étage du n°46*), est une salle de bar et bar/club ouvert jusqu'aux petites heures (attention dans les escaliers si vous avez un peu trop bu…).

Consultez l'encadré *Le gay Sydney* à propos des pubs et des boîtes de nuit près d'Oxford St.

Surry Hills. Le quartier compte plusieurs pubs décents, dont le *Palace Hotel* (*122 Flinders St*), le *Cricketers Arms* (*106 Fitzroy St*), le *Hopetoun Hotel*, à l'angle de Fitzroy St et de Bourke St, et le *Forresters Hotel*, à l'angle de Foveaux St et de Riley St. Le *Bentley Bar*, à l'angle de Crown St et de Campbell St, accueille une clientèle locale.

Paddington. Le *Paddington Inn Hotel* (*338 Oxford St*) est un pub local agréable, tandis que le *Lord Dudley* (*236 Jersey St, Woollahra*) offre une ambiance très britannique.

Glebe. L'excentrique *Friend in Hand* (*58 Cowper St*) organise des courses de crabes (le mercredi), des concours de poésie (le mardi), des concerts (les vendredi et samedi) et des compétitions de billard. Le *Harold Park Hotel* (*115 Wigram Rd*), pub au jardin ensoleillé autrefois voué à la musique et à la comédie, se préoccupe davantage aujourd'hui de désaltérer ses clients. L'*Excelsior Hotel* (*101 Bridge St*) propose de la musique tous les soirs du mardi au samedi.

Bondi. Idéal pour prendre une bière face à l'océan sans se ruiner, l'*Icebergs Club* se situe au bas de Nott Ave, avant l'extrémité sud de la plage. Il accueille des orchestres le week-end. Le *Bondi Pavilion*, sur Bondi Beach, invite lui aussi régulièrement des groupes et des DJs.

Clubs

La vie nocturne des boîtes de Sydney est florissante et dynamique. Voici quelques-uns des lieux les plus courus.

Le *Cauldron* (*207 Darlinghurst Rd, Darlinghurst*) est une boîte clinquante qui se partage entre rétro et house. Le *DCM* (*33 Oxford St, Darlinghurst*), réputé pour ses danseurs musclés, accueille une clientèle mixte, gay et hétéro.

Au *Mister Goodbar* (*11 Oxford St, Paddington*), cave sophistiquée, il faut montrer patte blanche ; l'*EP1* (*1 Earl Place, Kings Cross*) est beaucoup plus populaire. A noter, une *"backpacker night"* le mercredi.

Le **Home**, immense et dernier cri (*Cockle Bay Wharf*), est un club de house music qui invite des DJs du monde entier, tout comme l'**Underground Cafe** (*22 Bayswater Rd, Kings Cross*), qui pratique un tarif réduit le jeudi soir.

Musique

Sydney compte peu de pubs avec orchestre, mais il existe tout de même des endroits où l'on peut écouter de la musique pratiquement tous les soirs de la semaine. Pour une liste détaillée des lieux et des concerts, consultez les journaux mentionnés au début du paragraphe sur les distractions.

Rock. Les jeunes artistes se produisent souvent gratuitement.Comptez de 5 à 12 $ pour écouter les groupes locaux, 20 $ environ pour les groupes australiens célèbres, et jusqu'à 50 $ ou plus pour les groupes internationaux. Les endroits les plus dignes d'intérêt sont l'**Enmore Theatre** (☎ 9550 3666, *130 Enmore Rd, Newtown*), le **Hordern Pavilion** (☎ 9331 9263, *Moore Park*), le **Metro** (☎ 9264 1581, *624 George St*) et le **Selinas** (*Coogee Bay Hotel, Coogee Bay Rd, Coogee Bay*), où se produisent de grands groupes australiens et étrangers.

L'**Excelsior Hotel** (☎ 9211 4945, *64 Foveaux St, Surry Hills*) accueille des groupes tous les soirs ; le **Hopetoun Hotel** (☎ 9361 5257), à l'angle de Fitzroy St et de Bourke St, à Surry Hills, en fait autant du jeudi au dimanche.

Le DJ du **Globe** (☎ 9519 0220, *379 King St, Newtown*) est présent jusque tard dans la nuit, et des concerts live y ont lieu du mardi au dimanche.

Au **Rose, Shamrock & Thistle Hotel**, surnommé le *"Three Weeds"* – les "trois herbes" – (☎ 9810 2244, *139 Evans St, Rozelle*), vous pourrez entendre du folk, du blues et du rock léger. Le **Sandringham Hotel** (☎ 9557 1254, *387 King St, Newtown*), quant à lui, est le terrain d'émergence des groupes de rock australiens.

Enfin, le **Sydney Entertainment Centre** (☎ 1900 957 333, *Darling Harbour*) accueille les Elton John et Billy Joel de ce monde.

Jazz. A Sydney, vous pouvez écouter des concerts de jazz dans une grande variété de lieux et à tous les prix. Parmi les meilleurs :

Le **Basement** (☎ 9251 2797, *29 Reiby Place, Circular Quay*) et la **Harbourside Brasserie** (☎ 9252 3000, *Pier One, Walsh Bay*) sont de bonnes salles où se produisent des groupes locaux et internationaux.

Soup Plus (☎ 9299 7728, *383 George St*) accueille des concerts de jazz à midi et le soir, tout en servant des repas bon marché dans une ambiance désinvolte. Le **Strawberry Hills Hotel** (☎ 9698 2997), à l'angle de Devonshire St et d'Elizabeth St, à Surry Hills, est un piano-bar qui accueille des duos de jazz, tandis que le **Tilbury Hotel** (☎ 9368 1955), à l'angle de Forbes St et de Nicholson St, à Woolloomooloo, consacre le dimanche après-midi au jazz et au funk.

Musique classique. Les meilleures salles de concerts classiques sont le **Concert Hall** (☎ 9250 7777, *Sydney Opera House*), le **Sydney Town Hall** (☎ 9265 9555) et l'**Eugene Goossens Hall** d'ABC (☎ 9333 1500, *700 Harris St, Ultimo*). Le **Sydney Conservatorium of Music** (☎ 9531 1222), en cours de rénovation, rouvrira ses portes début 2001.

Musica Viva Australia (☎ 9698 1711) présente d'ambitieux programmes de musique de chambre australienne et internationale dans différentes salles de la ville.

Cinémas

George St compte plusieurs salles de cinéma, entre Liverpool St et Bathurst St. Le ticket coûte environ 12 $ (9 $ pour les étudiants).

Il existe des cinémas indépendants comme le **Dendy** (☎ 9264 1577, *624 George St*), dans le MLC Centre sur Martin Place, et 261 King St, Newtown; le **Palace Academy Twin** (☎ 9361 4453, *3 Oxford St, Paddington*), le **Verona** (☎ 9360 6099, *17 Oxford St, Paddington*) et le **Chauvel Cinema** (☎ 9361 5398, *Paddington Town Hall, à l'angle d'Oxford St et d'Oatley Rd*). Sur la North Shore, essayez le cinéma art déco **Cremorne Hayden** (☎ 9908 4344, *180 Military Rd*) et le **Manly Twin** (☎ 9977 0644), en face de Manly Wharf.

Le gay Sydney

A Sydney, les communautés gay et lesbienne sont très vivantes et parfaitement organisées. Elles préparent des fêtes spectaculaires et offrent de nombreux services d'aide sociale. Les quartiers gay de la ville sont Darlinghurst, Paddington et Surry Hills, ainsi que Newtown, Leichhardt et Alexandria. Bronzage et, pour les hommes, forte musculature sont de mise.

La vie sociale gay se déroule principalement à Oxford St où de nombreux cafés, restaurants et boutiques sont gérés par des homosexuel(le)s. Les lieux de spectacle les plus courus sont :

Albury Hotel, 6 Oxford St, Paddington (paradis des spectacles de drag queens)
Barracks Bar, Taylor Square (bar pour hommes avec billard et musique)
Midnight Shift, 85 Oxford St, Darlinghurst (discothèque avec light show planant à l'étage)
Oxford Hotel, 134 Oxford St, Darlinghurst (bar en sous-sol et salon cocktails au premier étage)
Stonewall Hotel, 175 Oxford St, Darlinghurst (bar sympa avec salle à l'étage)

Les autres lieux de prédilection gay sont, notamment, le *Beauchamp Hotel,* 267 Oxford St, Darlinghurst (plutôt pour hommes), le *Beresford Hotel,* 354 Bourke St, Surry Hills, et le *Flinders Hotel,* 63 Flinders St, Surry Hills (principalement fréquenté par des hommes). A Newtown, vous pouvez essayer le *Bank Hotel,* 342 King St (plutôt pour femmes), ou le *Newtown Hotel,* 174 King St. Autre lieu important pour lesbiennes dans Leichhardt, le *Leichhardt Hotel,* 126 Balmain Rd. Les plages gay les plus fréquentées sont Lady Bay (pour nudistes) et Tamarama (également appelée Glamarama).

Les principaux événements ponctuant l'année sont le Sydney Gay & Lesbian Mardi gras, d'une durée d'un mois, clôturé par une parade outrancière et une fête en mars, et le Sleaze Ball qui a lieu fin septembre ou début octobre. Les deux fêtes se tiennent dans Moore Park. Les billets sont réservés aux membres de l'association Mardi gras. Les visiteurs gay étrangers désirant participer aux fêtes doivent contacter le bureau de Mardi gras longtemps à l'avance (☎ 9557 4332) – les billets sont généralement vendus dès janvier.

Parmi la presse gay gratuite, on trouve le *Sydney Star Observer* et *Capital Q,* distribués dans les boutiques et les cafés des faubourgs est et ouest. Ces deux journaux recensent les organisations, les services et les événements gay de la ville.

L'Australian Gay & Lesbian Tourism Association publie un annuaire, le Tourism Services Directory, qui regroupe tous les membres australiens, y compris les agences de voyages organisés et de réservation d'hôtels. Vous pouvez l'obtenir en écrivant à PO Box 208, Darlinghurst, NSW 2010. Break Out Tours (☎ 9360 3616) est un tour opérateur gay très serviable qui organise des excursions partout en Australie.

Les amateurs de films d'art et d'essai se rendront au *Verona Cinema* et au *Movie Room* (☎ *9360 7853, 112 Darlinghurst Rd),* au-dessus du Govinda's.

Le *State Theatre,* dans Market St, entre Pitt St et George St, accueille en juin le festival de cinéma de Sydney.

Théâtre

La plus grande compagnie théâtrale, la Sydney Theatre Company (☎ 9250 1777), possède son propre théâtre sur Pier Four,

Hickson Rd, Walsh Bay. Tout aussi prestigieux, la Sydney Dance Company et le Bangarra Dance Theatre sont également installés à cet endroit.

Le Drama Theatre et le Studio (☎ 9250 7777), hébergés par le Sydney Opera House, mettent en scène des pièces modernes.

Parmi les théâtres spécialisés dans les spectacles à succès et les comédies, citons le *Capitol Theatre* (☎ *9320 9122, à l'angle de George St et de Campbell S*t) ; le *Theatre Royal* (☎ *9320 9111, dans le MLC*

Centre, Kings St) ; le *State Theatre* (☎ 9373 6655,, 49 Market St) ; le *Lyric Theatre* (☎ 9657 8500, Star City, Darling Harbour) et le *Footbridge Theatre* (☎ 9692 9955, Parramatta Rd, Sydney University) pour des revues légères.

On peut aussi voir de bons spectacles au *Belvoir Theatre* (☎ 9699 3444, 25 Belvoir St, à Surry Hills) ; au *Seymour Centre* (☎ 9364 9400, à l'angle de Cleveland St et de City Rd), et au *Performance Space* (☎ 9319 5091, 199 Cleveland St, à Redfern).

ACHATS

Les centres commerciaux de la ville comprennent le Queen Victoria Building, Piccadilly, Centrepoint, les arcades du Skygarden et du Strand et le Market City de Haymarket. David Jones et Grace Brothers sont les deux plus grands magasins. La rue piétonne de Pitt St compte de très nombreux commerces. Comme bien des magasins du quartier, Paddy Pallin, à l'angle de Kent St et de Bathurst St, se spécialise dans l'équipement pour activités de plein air. Le jeudi, tous les magasins sont ouverts jusqu'à 21h.

Art aborigène

L'Aboriginal & Tribal Art Centre (☎ 9247 9625), niveau 1, 117 George St, dans les Rocks, propose des peintures et de l'artisanat à des prix variant entre 5 et 5 000 $.

Desart (☎ 9388 7684), qui représente et défend vingt-deux centres d'art aborigène autogérés d'Australie centrale, possède une galerie au 4 Towns Rd, à Vaucluse. La Boomali Aboriginal Artists Cooperative (☎ 9698 2047, 191 Parramatta Rd, Annandale) est tout à la fois une galerie, une salle d'exposition et un centre de documentation que gèrent des Aborigènes.

Souvenirs

Les Rocks, ainsi que les complexes du Harbourside, à Darling Harbour, regorgent de boutiques vendant des objets d'art, de l'artisanat et des souvenirs australiens. Néanmoins, vous ferez sans doute de meilleures affaires dans les marchés de la ville (voir ci-dessous).

Le Rocks Centre, dans Playfair St, dans les Rocks, propose une des meilleures sélections de produits destinés aux touristes. La boutique de l'Australian Conservation Foundation, au n°33, regorge d'objets beaucoup plus originaux (et votre argent servira à financer de bonnes causes). Pour les vêtements de bush, essayez RM Williams, 389 George St, ou Thomas Cook, 790 George St.

La mode de la rue peut se trouver dans les étages supérieurs de Strand Arcade, qui comptent plusieurs boutiques où sont installés de jeunes créateurs australiens.

L'Australian Wine Centre, dans Goldfields House, 1 Alfred St, vend des vins de toutes les régions vinicoles d'Australie et peut expédier le vin à l'étranger.

Marchés

Nombreux sont les marchés aux puces qui se tiennent le week-end à Sydney. Le plus intéressant, le Paddington Village Bazaar, s'installe sur la place de l'église à l'angle d'Oxford St et de Newcombe St.

Le Rocks Market, dans George St, se tient le week-end et est plutôt destiné aux touristes, mais il reste néanmoins pittoresque. Le Sunday Tarpeian Market, plus ou moins culturel, se déroule dans un site fantastique, le hall de l'opéra. Des marchés aux puces ont lieu à Glebe (le samedi, Glebe Public School, Glebe Point Rd), à Balmain (le samedi, St Andrews Church, Darling St), à Kings Cross (le dimanche, Fitzroy Gardens) et à Bondi Beach (le samedi, Bondi Public School, Campbell Parade).

Paddy's Market, le plus grand marché de la ville, se tient du vendredi au dimanche dans Market City. Il fait étalage de contrefaçons et d'objets de mauvais goût, mais aussi de fruits et de légumes bon marché.

COMMENT S'Y RENDRE
Avion

L'aéroport Kingsford-Smith de Sydney est le plus actif et le moins bien organisé d'Australie, aussi attendez-vous à des retards. A seulement 10 km du centre-ville, il est facile d'accès, mais les vols cessent entre 23h et 5h en raison de la législation sur le bruit.

Vous pouvez vous rendre en avion à Sydney à partir des aéroports internationaux et des autres régions du pays. Qantas (☎ 13 1313) et Ansett (☎ 13 1300) assurent des liaisons fréquentes avec d'autres capitales et grands aéroports – pour obtenir les tarifs aller simple standard, reportez-vous à la table des *Tarifs aériens australiens*, dans le chapitre *Comment s'y rendre*. Des compagnies moins importantes, liées aux grandes, assurent les liaisons à l'intérieur de l'État.

Des annonces pour des vols internationaux bon marché paraissent le samedi dans le *Sydney Morning Herald*.

Bus

Les compagnies privées offrent des tarifs compétitifs et un service de qualité. N'hésitez pas à faire jouer la concurrence : les voyageurs à petit budget peuvent obtenir une réduction de 20% vers Brisbane chez Pioneer Motor Service (☎ 9281 2233). Comparez également les tarifs des compagnies privées à ceux de la société publique de bus et trains Countrylink (☎ 13 2232), qui propose des réductions allant jusqu'à 40% sur les billets en classe économique.

La gare routière de Sydney (☎ 9281 9366) traite avec toutes les compagnies et peut vous renseigner sur les tarifs les plus intéressants. Elle se trouve à l'angle de Pitt St et de Eddy Ave, à côté de Central Station. Les diverses compagnies ont des bureaux dans la gare ou dans ses environs. La plupart des lignes de bus comportent des arrêts dans les banlieues.

Depuis/vers Brisbane. Il faut compter environ 16 heures de voyage pour aller à Brisbane *via* la Pacific Highway, qui longe la côte, ou la New England Highway, à l'intérieur des terres. Le prix du billet est d'environ 70 $. Le trajet étant fréquenté, il est préférable de réserver. Les compagnies qui assurent la liaison sont Greyhound Pioneer (☎ 13 2030) et McCafferty's (☎ 13 1499).

De Sydney, on peut se rendre à Port Macquarie pour 50 $ (7 heures), à Coffs Harbour pour 57 $ (9 heures), à Byron Bay pour 69 $ (15 heures) et à Surfers Paradise pour 71 $ (15 heures). Les bus ne s'arrêtent pas tous dans les villes principales sur le trajet.

Oz Experience (☎ 9368 1766), une compagnie pour voyageurs à petit budget, propose des forfaits de quatre jours entre Sydney et Brisbane, avec nombre d'arrêts illimité, pour 190 $. Pioneering Spirit (☎ 1800 672 422) rallie Sydney à Brisbane en trois jours (215 $), *via* Byron Bay (195 $). Le tarif comprend l'hébergement en demi-pension.

Ando's Outback Adventure (☎ 9559 2901) propose un circuit de cinq jours de Sydney à Byron Bay *via* l'Outback pour 425 $. Nous avons reçu de bons échos de cette agence, aujourd'hui dirigée par le neveu d'Ando.

Depuis/vers Canberra. Murrays (☎ 13 2251) assure trois services express quotidiens en bus (moins de 4 heures) pour 28 $. Greyhound Pioneer propose un départ pratiquement toutes les heures (28 $ également).

Depuis/vers Melbourne. C'est un voyage de 12 à 13 heures si vous empruntez la Hume Highway. McCafferty's & Firefly Express (☎ 9211 1644) ne demande que 50 $ (contre 60 $ ailleurs). Greyhound Pioneer (☎ 13 2030) emprunte la Hume mais aussi la Princes Highway (60 $), une route côtière plus agréable mais beaucoup plus longue (jusqu'à 18 heures de trajet).

Depuis/vers Adelaide. Le plus économique est le bus Firefly Express, qui effectue Sydney-Melbourne-Adelaide pour 85$. Vous pouvez vous arrêter à Melbourne. Le service quotidien Speedlink de Countrylink (☎ 13 2242) est la solution la plus rapide. La liaison en train jusqu'à Albury, puis en bus jusqu'à Adelaide, se fait en un peu moins de 20 heures (103 $).

Depuis/vers d'autres destinations. Pour les Snowy Mountains, Greyhound Pioneer se rend à Cooma (53 $), Jindabyne (68 $). Il vous en coûtera 295 $ pour le voyage de 53 heures jusqu'à Perth. Pour Alice Springs, comptez 231 $ et 42 heures (plus l'attente éventuelle à Adelaide).

Train

Countrylink est le réseau ferroviaire et routier d'État. Tous les trains et bus inter-États, ainsi que les principaux trains et bus régionaux, transitent par Central Station. Les billets doivent être réservés auprès du Central Reservation Centre (☎ 13 2232).

Trois trains par jour desservent Canberra en 4 heures (42/58 $ en économique/1re classe).

Deux trains assurent la liaison Sydney-Melbourne, le premier partant le matin et voyageant toute la journée, le second partant le soir et circulant la nuit. Le voyage dure 10 heures 30 (96/134 $ en économique/1re classe). Une couchette en première classe coûte 229 $. Il existe des réductions sur les billets en classe économique (59 $).

Le train de nuit relie Brisbane en 13 heures 30 environ, pour un tarif de 96/134 $ en économique/1re classe, et 229$ en couchette. On peut aussi prendre le train pour Murwillumbah, au nord de la NSW, puis un bus pour rejoindre la Gold Coast ou Brisbane (environ 16 heures).

Le service train/bus quotidien de Speedlink assure la liaison entre Sydney et Adelaide *via* Albury, pour 130 $ en classe économique (20 heures). Avec l'*Indian Pacific*, qui fait le voyage en 26 heures *via* Broken Hill deux fois par semaine, vous paierez 162 $ en classe économique, 334 $ en couchette, 480 $ en couchette 1re classe.

Pour vous rendre à Perth, vous emprunterez l'*Indian Pacific*. Comptez 424/888/1 350 $ l'aller simple en 2e classe (en place assise/couchette/couchette 1re classe) – sachez que le trajet dure environ 65 heures. Le tarif des couchettes augmente considérablement en septembre-octobre.

Le *Ghan*, qui relie Sydney à Alice Springs *via* Adelaide, circule une fois par semaine et coûte 360/730/1 095 $ l'aller simple en place assise/couchette/couchette 1e classe.

Le réseau ferroviaire est étendu dans cet État. Consultez la rubrique *Comment circuler* au début de ce chapitre.

Location de voitures

Avis, Budget, Delta, Hertz et Thrifty, ainsi que des loueurs locaux, sont installés dans William St. Les tarifs à la journée des grandes compagnies sont en général de 55 $ pour une petite voiture (Holden Barina), de 65 $ pour une voiture moyenne (Toyota Corolla) ou de 85 $ pour une grosse voiture (Holden Commodore). Pour ces prix, l'assurance doit être incluse et le kilométrage illimité. Certaines compagnies ne louent qu'aux conducteurs de plus de 23 ans.

Nombre de compagnies louent de vieilles voitures, une solution acceptable si vos exigences sont modestes. Vérifiez les pneus et les freins avant de signer quoi que ce soit. Lisez aussi attentivement les lignes en petits caractères concernant la franchise d'assurance. Cut Price Rent-a-Car (☎ 8380 5122), 85 William St, est un loueur réputé proposant de bons véhicules. Une voiture de tourisme de 10-15 ans coûte seulement 180 $ par semaine, avec une franchise de 1 000 $.

Acheter/vendre une voiture ou une moto

A cet égard, Sydney est un endroit idéal. Parramatta Rd compte de nombreux vendeurs d'occasions. Les vendeurs peuvent toutefois proposer leur véhicule à la vente sur le marché aux voitures de Kings Cross Car Park (☎ 9358 5000), qui se tient tous les jours au coin de Ward Ave et d'Elizabeth Bay Rd, moyennant la somme de 35 $ par semaine (le véhicule doit être en possession du certificat du contrôle technique, ou "pink slip"). Vous trouverez de l'aide pour les diverses formalités, papiers et assurance. Bien qu'un peu lugubre, l'endroit est devenu une sorte de point de rendez-vous des voyageurs. Le Flemington Sunday Car Market (☎ 1900 921 122), près de la gare de Flemington, se tient le dimanche (60 $ sont demandés aux vendeurs). Consultez son site Web : www.fscm.com.au.

Plusieurs concessionnaires s'engagent à racheter les voitures qu'ils vendent, mais lisez attentivement les lignes en caractères minuscules du contrat et n'acceptez pas les garanties orales. Better Bikes (☎ 9718 6668), 605 Canterbury Rd, Belmore, propose parfois ce type de contrat pour les motos et peut vous apporter son aide en matière d'assurance.

Nous vous recommandons vivement de faire examiner de près, par un mécanicien compétent, le véhicule que vous envisagez d'acquérir. La NRMA (☎ 13 2132) s'en charge pour ses membres moyennant 125 $, et 145 $ pour les non-membres. Des lecteurs ayant négligé cette précaution ont vécu de véritables cauchemars…

Le Register of Encumbered Vehicles (REVS) (☎ 9600 0022), organisme gouvernemental, peut vérifier que le véhicule appartient bel et bien au vendeur et que celui-ci a achevé de le payer.

Pour plus d'informations dans ce domaine, reportez-vous à la section appropriée du chapitre *Comment circuler*.

COMMENT CIRCULER

L'organisation des JO a conduit Sydney à développer son infrastructure, tant routière que ferroviaire, et ses lignes de ferries. Pour obtenir des renseignements sur les bus, les ferries et les trains, téléphonez au ☎ 13 1500 entre 6h et 22h (tous les jours).

Desserte de l'aéroport

L'aéroport de Sydney est situé à 10 km au sud du centre-ville. Les aérogares des vols intérieurs et internationaux sont situées de part et d'autre des pistes et à environ 4 km de distance.

L'Airport Express est un bus de la STA desservant l'aéroport, qui part de Central Station toutes les 8 minutes entre 6h et 23h (le n°300 passe par Circular Quay et le n°350 par Kings Cross). Ces bus vert et jaune ont leurs propres arrêts et sont dotés de larges filets à bagages. Le billet aller simple coûte 6,50 $, l'aller-retour (valable deux mois) 11 $. De l'aéroport à Central Station, le trajet dure environ 15 minutes, 30 minutes pour Kings Cross ou Circular Quay.

Kingsford Smith Transport (KST) (☎ 9667 0663) propose un service porte-à-porte entre l'aéroport et les hôtels (y compris les auberges de jeunesse) du centre-ville, de Kings Cross, de Darling Harbour et de Glebe (6 $). Pour aller à l'aéroport, il faut réserver cette prestation au moins 3 heures avant l'heure à laquelle vous souhaitez être conduit. Le Sydney Air-porter (☎ 9667 3800) propose un service semblable, dans les deux sens.

On trouve des agences de location de voiture dans les aérogares. Un taxi de l'aéroport à Circular Quay coûte normalement entre 20 et 25 $. La nouvelle voie à péage Eastern Distributor, qui devrait être inaugurée en juin 2000, raccourcira la durée du trajet ville-aéroport. Le tarif sera de 3 $ pour les véhicules circulant vers le nord.

Une ligne de chemin de fer reliant la ville à l'aéroport doit également ouvrir en mai 2000.

Bus

Le réseau de bus de Sydney dessert la plupart des banlieues. Le prix du billet dépend du nombre de sections que vous parcourez. Sachez que les courts trajets coûtent 1,30 $, et le trajet entre le centre-ville et les banlieues proches 2,50 $. Les bus réguliers circulent entre 5h et 24h où les bus de nuit prennent le relais.

Les terminus principaux se situent à Circular Quay, Argyle St à Millers Point, Wynyard Park et Queen Victoria Building dans York St, et Railway Square. La plupart des bus quittent le centre-ville en empruntant George St ou Castlereagh St, et reviennent par George St ou Elizabeth St. Vous pouvez acheter un ticket auprès du chauffeur et devez le composter dans les machines près de la porte.

Le kiosque de renseignements sur les bus de Circular Quay (sur Alfred St, au coin de Pitt St) est ouvert tous les jours. Il existe d'autres bureaux dans Carrington St et dans le Queen Victoria Building, dans York St.

Services de bus spéciaux. Le bus rouge Sydney Explorer est un bus touristique de la STA qui dessert quotidiennement les principaux sites. Un bus part toutes les 20 minutes de Circular Quay entre 8h40 et 17h25. Les tickets, vendus à bord du bus ou aux bureaux de la STA, permettent de monter et de descendre du bus autant de fois qu'on le souhaite, à l'un des 22 arrêts que compte la ligne. Leur prix s'élevant à 28 $, ils ne sont intéressants que pour éviter de prendre les bus ordinaires.

Le Bondi & Bay Explorer parcourt le même circuit que l'Explorer, mais son itinéraire est plus étendu, de Circular Quay à Kings Cross, Double Bay, Rose Bay, Vaucluse, Watsons Bay, le Gap, Bondi Beach et Coogee, avec retour par Oxford St. Le circuit (sans descendre) prend 2 heures ; si vous voulez visiter quelques-uns des 18 endroits où il s'arrête, partez tôt le matin. Le bus part de Circular Quay toutes les demi-heures de 9h15 à 16h15 tous les jours. Le billet coûte 28 $.

Des bus de nuit assurent les liaisons toutes les heures, après l'arrêt des bus réguliers et des trains. Ils partent de la gare de Town Hall et desservent les gares ferroviaires de banlieue. Les billets aller-retour et hebdomadaires sont acceptés ; à défaut, vous débourserez en général 3,60 $.

Train

Sydney possède un grand réseau ferroviaire de banlieue, avec des trains fréquents, plus rapides que les bus. Le City Circle, une sorte de métro, dessert sept stations en centre-ville. Les lignes partent du City Circle, mais n'assurent pas la liaison avec les plages du nord et du sud, ni avec Balmain et Glebe. Tous les trains souterrains s'arrêtent à Central Station et à une ou plusieurs stations du City Circle (avec un ticket pour le City Circle, vous pouvez descendre à n'importe quelle station de la ligne). Les trains circulent entre 5h et 24h.

Après 9h les jours de semaine et toute la journée le week-end, vous pouvez acheter un billet aller-retour "hors des heures d'affluence" (*off-peak return ticket*) dont le prix dépasse à peine celui d'un aller simple normal. Le trajet sur le City Circle ou jusqu'à un faubourg comme Kings Cross coûte 1,60 $ l'aller, 2 $ l'aller-retour en dehors des heures d'affluence et 3,20 $ l'aller-retour (aux heures d'affluence). Un billet City Hopper à 5,40 $ (aux heures calmes) permet de prendre le train autant de fois qu'on le veut dans la zone du centre à partir de 9h les jours de semaine et à n'importe quelle heure le week-end. On peut aller jusqu'à North Sydney, à Central Station et à Kings Cross.

Outre les guichets, des distributeurs automatiques de billets sont à la disposition des voyageurs dans les gares. Si vous devez changer de train, il est plus économique d'acheter un billet jusqu'à votre destination finale. Toutefois, sachez que vous ne devez pas sortir d'une gare de correspondance car votre billet n'est alors plus valable. Pour connaître les horaires et les tarifs, renseignez-vous en gare ou au bureau d'information à côté du guichet des ferries à Circular Quay.

Light rail

Tout récent, ce drôle de petit train qui circule 24h/24 (☎ 9660 5288) part de Central Station, traverse Haymarket, derrière Darling Harbour puis passe sous le Casino et dans les marchés au poisson avant d'atteindre Wentworth Park. Pour le moment, il intéresse surtout les touristes, mais le projet d'extension vers Lilyfield devrait le rendre un peu plus utile. Le billet coûte 2 ou 3 $ selon la distance parcourue, le forfait à la journée 6 $.

Monorail

Le monorail (☎ 9552 2288) circule autour de Darling Harbour et du quartier sud-ouest du centre-ville. Il fonctionne entre 7h (8h le dimanche) et 22h (24h du jeudi au samedi). Les trains, qui passent toutes les 3 ou 4 minutes, ne mettent que 15 minutes pour parcourir la boucle dans son entier. Le billet coûte 3 $ et le forfait à la journée, 6 $. A moins que vous n'alliez à Darling Harbour, le monorail est plus une curiosité qu'un moyen de transport.

Ferry

Les ferries de Sydney sont sans conteste le moyen de transport le plus agréable de la ville. Les habitants empruntent souvent les ferries pour se rendre à leur travail, par conséquent des correspondances par bus sont assurées. Certains ferries naviguent entre 6h et 24h, mais ceux desservant les attractions touristiques fonctionnent moins longtemps. Les endroits populaires accessibles par ferry sont Darling Harbour, Balmain, Hunters Hill et Parramatta à l'ouest, McMahons Point, Kirribilli, Neutral Bay,

LES FERRIES DE SYDNEY

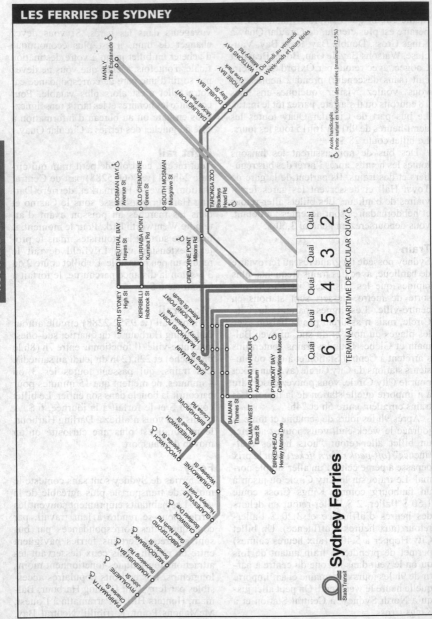

MANLY
The Esplanade

WATSONS BAY
Military Rd
Week-ends et jours fériés
Du lundi au vendredi

LHue Park
ROSE BAY
Bay St
DOUBLE BAY
Mackel Park
DARLING POINT

MOSMAN BAY
Avenue St
OLD CREMORNE
Green St
SOUTH MOSMAN
Musgrave St
TARONGA ZOO
Bradleys
Head Rd

NEUTRAL BAY
Hayes St
KURRABA POINT
Kurraba Rd
CREMORNE POINT
Milsons Rd

NORTH SYDNEY
High St
KIRRIBILLI
Holbrook St
MILSONS POINT
Alfred St South

Henry Lawson Ave
W. MARKONS POINT

Quai 2
Quai 3
Quai 4
Quai 5
Quai 6

TERMINAL MARITIME DE CIRCULAR QUAY

Accès handicapés
Pente variant en fonction des marées (maximum 12,5%)

EAST BALMAIN
Darling St

GREENWICH
Mitchell St
WOOLWICH
Valentia St

BIRCHGROVE
Louisa Rd
BALMAIN
Thames St

DRUMMOYNE
Wolseley St
Henley Point Rd

DARLING HARBOUR
Aquarium
PYRMONT BAY
Casino/Maritime Museum

GLADESVILLE
Bortrie Dve
CHISWICK
Green North Rd
ABBOTSFORD
Borders St
MEADOWBANK
Bowden St

BALMAIN WEST
Elliot St

BIRKENHEAD
Henley Marine Dve

HOMEBUSH BAY
Holker St
RYDALMERE
PARRAMATTA
Charles St

Sydney Ferries
State Transit

Cremorne, Mosman, le zoo de Taronga et Manly au nord, Double Bay, Rose Bay et Watsons Bay à l'est.

Il existe quatre types de ferries : les ferries réguliers de la STA, les rapides et modernes JetCats qui desservent Manly (5,80 $), les RiverCats qui remontent la Parramatta jusqu'à Parramatta (5,60 $) et petits ferries privés. Tous partent de Circular Quay. Un bureau d'information se tient près des guichets dans le hall derrière le Wharf 4 (☎ 9207 3166). Le billet sur les lignes régulières de la baie coûte 3,70 $ et le trajet jusqu'à Manly, 4,60 $.

Parmi les compagnies privées, la Rocket Express (☎ 9264 7377) fait la traversée de Harbourmaster's Steps, à Circular Quay West, au Casino et à Darling Harbour toutes les 20 minutes pour 3,25 $.Les bateaux de Hegarty's Ferries (☎ 9206 1167) circulent en journée depuis le Wharf 6 à Circular Bay jusqu'aux quais de Milson's Point, à Lavender Bay, McMahons Point et Kirribilli (2,45 $) ; les Doyles Ferries (☎ 9337 2007) desservent Watsons Bay à partir de Commissioners Steps, en semaine pour 8 $, entre 11h30 et 15h.

Forfaits

Le Sydney Pass est un billet de trois, cinq ou sept jours qui permet de faire un nombre illimité de trajets en bus, en ferry de la STA et sur le réseau ferroviaire de la zone rouge du Travel Pass (faubourgs). Ces forfaits sont valables pour l'Airport Express, les bus Explorer, les JetCats, les RiverCats et les trois croisières dans la baie proposées par la STA. Ils coûtent 85 $ (3 jours), 115 $ (5 jours) et 135 $ (7 jours). On peut se les procurer dans de multiples endroits, notamment dans les bureaux de la STA, dans les gares ferroviaires, auprès des chauffeurs de bus Airport Express et Explorer.

Les Travel Passes permettent d'effectuer des trajets très économiques à la semaine. Il en existe plusieurs sortes, de couleurs différentes, qui offrent diverses combinaisons. Le Travel Pass vert est valable sur les trains, les bus et tous les ferries sauf le JetCat de Manly dans la journée. Il ne coûte que 28 $ par semaine. En vente dans les gares, les

bureaux de la STA et chez les principaux marchands de journaux. Si vous ne prenez que le bus, achetez un ticket Travel Ten, avec lequel vous obtiendrez des réductions appréciables sur le prix de dix trajets en bus. Les distances sont symbolisées par des couleurs, aussi vérifiez bien quel type de ticket vous achetez. Un Metro Ten rouge coûte 17,60 $ et permet de se rendre dans les principaux endroits mentionnés dans cette rubrique.

Les Ferry Ten, en vente au guichet des ferries de Circular Quay, sont semblables et coûtent 19 $ pour dix trajets en ferry dans la baie, ou 30 $, ferry de Manly compris.

Il existe aussi des forfaits bon marché qui combinent le transport et le droit d'entrée à certaines attractions de la ville, par exemple le Zoo Pass, l'Aquarium Pass, l'Ocean Pass (pour l'Oceanworld de Manly). Une lectrice nous donne son avis :

Même si on ne l'utilise pas une semaine entière, je pense que le Travel Pass vert est de loin la meilleure affaire et le meilleur rapport qualité/prix. Comme c'est aussi la formule utilisée par les *sydneysiders*, on baigne bien plus largement dans la culture et la vie de tous les jours. Voir des surfers dans le métro en maillots, pieds nus et avec tout leur matériel sous le bras n'est pas chose si courante dans nos contrées !

Marie-Neige Pinton, Paris

Taxi

Les taxis ne manquent pas à Sydney. Il existe quatre grandes compagnies de taxis que l'on peut joindre par téléphone. Legion (☎ 13 1451), Premier Radio Cabs (☎ 13 1017), RSL Taxis (☎ 13 1581) et Taxis Combined (☎ 8332 8888).

Les bateaux-taxis sont assez chers, mais c'est un moyen amusant de visiter la baie. On citera Taxis Afloat (☎ 9955 3222) et Harbour Taxis Boats (☎ 9555 1155). Le Beach Hopper (☎ 0412 400 990) vous dépose sur toutes les plages de la baie de Sydney.

Bicyclette

Le Bicycle NSW (☎ 9283 5200), 209 Castlereagh St, Sydney 2000, publie un petit ouvrage pratique intitulé *Cycling around Sydney* (10 $) qui décrit routes, pistes et sentiers cyclables.

Location de bicyclettes

La plupart des loueurs demandent une caution importante (jusqu'à 500 $) ou une empreinte de carte de crédit. Inner City Cycles (☎ 9660 6605), au 31 Glebe Point Rd, à Glebe, loue des VTT de qualité à 30 $ par jour, 50 $ pour le week-end ou 80 $ la semaine. Woolys Wheels (☎ 9331 2671), 82 Oxford St, Paddington, en face des Victoria Barracks, loue des vélos pour 30 $ la journée (24 heures). Manly Cycle Centre (☎ 9977 1189), 36 Pittwater Rd, à Manly, loue des vélos pour 10 $ l'heure (5 $ par heure supplémentaire), 25 $ la journée et 60 $ la semaine.

Les environs de Sydney

De superbes parcs nationaux et d'autres sites intéressants entourent Sydney. Certes, les petites villes établies autour de Sydney à l'époque de la colonisation ont été intégrées dans l'agglomération urbaine, mais elles ont gardé un certain cachet.

BOTANY BAY

Beaucoup de gens imaginent à tort que Sydney est édifié autour de Botany Bay qui, en fait, se trouve 10 à 15 km au sud ; c'est Port Jackson, la baie de Sydney, qui constitue le cœur de la ville. L'endroit est principalement une zone industrielle qui compte peu de sites préservés. Toutefois, la baie offre quelques jolis sites et occupe une place spéciale dans l'histoire de l'Australie. C'est ici que le capitaine Cook aborda pour la première fois sur la côte australienne. Joseph Banks, le botaniste de l'expédition, baptisa ainsi la baie du fait de l'abondance des spécimens végétaux qu'il découvrit à terre.

Le **Botany Bay National Park** englobe les deux extrémités de la baie ; à Kurnell, sur la pointe sud, divers monuments rappellent le débarquement du capitaine Cook. Le parc, qui s'étend sur 436 hectares, compte des zones de bush, des sentiers de randonnée, des aires de pique-nique et une piste cyclable de 8 km. Dans le parc, le Disco-

very Centre (☎ 9668 9111) décrit l'impact de l'arrivée des Européens et donne des informations sur la faune et la flore des marais alentour. Il est ouvert tous les jours de la semaine de 11 h à 15h, jusqu'à 16h30 le week-end. Le parc ouvre ses portes de 6h30 à 19h. L'entrée coûte 5 $ par voiture (gratuite pour les piétons).

Puisque le centre, les monuments et les sentiers se trouvent près de l'entrée, vous pouvez tout aussi bien garer votre voiture près du parc. De la gare de Cronulla (à 10 km), prenez le bus n°987 (5,30 $ aller-retour) de la Kurnell Bus Co (☎ 9524 8977).

La Perouse, sur le côté nord de la baie, porte le nom de l'explorateur français qui accosta en 1788, six jours seulement après la Première Flotte. Les Anglais en furent effrayés car ils ne s'attendaient pas à être suivis de si peu par les Français. La Première Flotte mit rapidement le cap sur la baie de Sydney, tandis que La Pérouse demeura six semaines à Botany Bay avant de faire voile vers le Pacifique et de disparaître. En 1825, l'explorateur français Bougainville fit ériger un monument sur le promontoire à la gloire de La Pérouse. Le fabuleux musée (☎ 9311 3379) retrace l'histoire de la funeste expédition et comporte également une salle accueillant des expositions consacrées à l'histoire des Aborigènes. Il ouvre du mardi au dimanche de 10h à 16h et tous les jours pendant les vacances scolaires (entrée : 5 $).

En face du musée, sur **Bare Island**, se dresse un fort en béton en ruine qui fut édifié en 1855 pour décourager une éventuelle invasion russe. Seules les visites guidées sont possibles (☎ 9331 3379), pour 7 $ (réduction : 5 $). L'entrée pour la partie nord du parc national est gratuite. Prenez le bus n°394 au départ de Circular Quay, ou le n°393 de Railway Square.

ROYAL NATIONAL PARK

Ce parc côtier, avec ses spectaculaires falaises, ses plages retirées, sa luxuriante forêt tropicale, est l'un des plus anciens parcs nationaux du monde. A 30 km au sud de Sydney, il s'étend sur 20 km. Une route parcourt le parc en passant par le village de

Bundeena sur Port Hacking, la très belle plage de Wattamolla et la plage plus venteuse de Garie Beach. Le sentier pédestre côtier de 26 km, par lequel on peut traverser le parc en deux jours, est vivement recommandé. Garie, Era et Burning Palms sont des plages de surf fréquentées. A Marley, la baignade et le surf sont dangereux, tandis que Little Marley ne présente aucun risque. Un sentier de randonnée et de cyclisme suit la Port Hacking River au sud d'Audley. Vous pouvez accéder à de tranquilles coins de baignade en eau douce par d'autres sentiers. Kangaroo Creek est ouverte à la baignade, mais pas la Port Hacking River. Un permis est nécessaire pour emprunter les sentiers côtiers ; pour l'obtenir, appelez le centre d'accueil des visiteurs du parc (ces permis sont gratuits).

Le centre d'accueil des visiteurs (☎ 9542 0648) se situe en haut de la colline, à l'entrée principale du parc, près de la Princes Highway. Il est ouvert tous les jours de 8h30 à 16h30 (sauf de 13h à 14h). Vous pouvez louer des barques et des canoës à l'Audley Boat Shed (☎ 9545 4967) pour 12 $ l'heure ou 24 $ la journée. La location des vélos est de 10 $ l'heure, 24 $ à la journée.

L'accès au parc coûte 9 $ par voiture (gratuit pour les piétons et les cyclistes). La route qui traverse le parc et les portions de route qui desservent Bundeena restent toujours ouvertes, mais celles qui mènent aux plages ferment à la tombée de la nuit.

Où se loger

Le seul camping accessible en voiture est situé à Bonnie Vale, près de Bundeena (10$ l'emplacement pour deux personnes). Le camping sauvage est autorisé dans d'autres sites mais vous devez obtenir un permis au préalable auprès du bureau des visiteurs. Il est interdit de faire du feu, sauf sur les aires de pique-nique. Si vous campez à Era Beach au sud du parc, prenez garde aux cerfs qui entrent souvent dans les tentes et volent la nourriture. *Garie Beach YHA*, une auberge de jeunesse isolée, sans téléphone ni électricité, propose un lit pour 7 $ (accès aux seuls adhérents). Il faut réserver et demander la clé au YHA Travel Centre,

agence de voyages de l'auberge de jeunesse (☎ 9261 1111) à Sydney.

Le meilleur endroit où loger à l'orée du parc est le vénérable *Imperial Hotel* (☎ *4267 1177, Clifton*), perché au bord de la falaise sur la route côtière de Wollongong. Un lit en petit dortoir vous coûtera 25 $, une double 75 $, petit déjeuner compris ; plusieurs chambres ont vue sur la mer.

Comment s'y rendre

En venant de Sydney par la route, il faut quitter la Princes Highway au sud de Loftus. Depuis Wollongong, la route côtière vers le nord offre de magnifiques points de vue sur la pointe rocheuse d'Illawarra et la côte à partir de Bald Hill Lookout, au nord de Stanwell Park, à la limite sud du Royal National Park.

La ligne de chemin de fer Sydney-Wollongong forme la limite ouest du parc. La gare la plus proche se trouve à Loftus, à 4 km de l'entrée du parc et à 2 km du centre d'accueil des visiteurs. D'autres gares (Engadine, Heathcote, Waterfall et Otford), en lisière du parc, sont proches des chemins de randonnée.

Il peut être agréable de rejoindre le parc en prenant le train pour Cronulla (3,40 $), dans la banlieue balnéaire sud de Sydney, puis un ferry des National Park Ferries (☎ 9523 2990) pour Bundeena, dans la partie nord-est du parc. Bundeena est le point de départ du sentier de randonnée côtier de 26 km. Des ferries partent tous les jours de la jetée de Cronulla, juste en dessous de la gare ferroviaire, toutes les heures à la demie (sauf à 12h30 du lundi au vendredi) et repartent de Bundeena toutes les heures (sauf à 13h du lundi au vendredi). L'aller simple coûte 2,60 $.

PARRAMATTA

Parramatta, à 24 km à l'ouest de Sydney, fut le deuxième point de peuplement européen en Australie. La ville compte plusieurs édifices historiques datant des premières années de la colonisation. Sydney s'étant révélée une zone très ingrate pour l'agriculture, Parramatta fut choisie en 1788 pour devenir la première colonie agricole. La

NOUVELLE-GALLES DU SUD

LES ENVIRONS DE SYDNEY

NOUVELLE-GALLES DU SUD

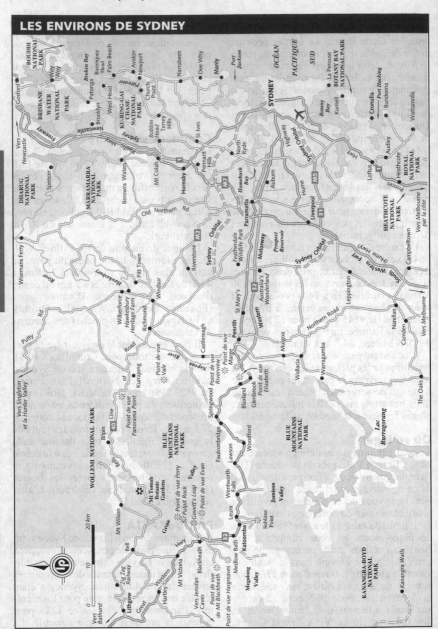

ville a été absorbée par l'expansion de Sydney vers l'ouest pour devenir un centre d'affaires animé.

Le centre d'accueil des visiteurs de Parramatta (☎ 9630 3703, 346 Church St) est ouvert en semaine de 10h à 17h, le week-end de 10h à 16h.

À l'ouest de la ville, le **Parramatta Park**, site de la première ferme de la région, contient un certain nombre de vestiges. L'élégante **Old Government House** (☎ 9635 8149) se dresse au sommet d'une colline surplombant la Parramatta. Construite en 1799, elle devait servir de résidence de campagne aux premiers gouverneurs de la NSW. C'est l'édifice le plus ancien d'Australie. Elle abrite désormais un musée, ouvert en semaine de 10h à 16h et le week-end de 11h à 16h (entrée : 5 \$). C'est aussi là que commence une piste cyclable de 15 km qui se dirige à l'est vers Putney, le long de la laisse de mer de la Parramatta.

La **cathédrale St John** et le **Town Hall** se trouvent dans un quartier plaisant, près du carrefour de Church St et de Macquarie St. Un grand nombre des premiers colons reposent au cimetière St John's, dans O'Connell St, entre la cathédrale et le parc.

Il existe d'autres bâtiments historiques à l'est du centre-ville. **Elizabeth Farm**, (☎ 9635 9488, 70 Alice St) est la plus vieille maison du pays. Elle fut construite en 1793 par John et Elizabeth Macarthur, les fondateurs de l'industrie lainière de l'Australie. Les premières maisons australiennes furent bâties à l'image de cette demeure à l'architecture simple, dotée d'une vaste véranda. Elizabeth Farm est ouverte quotidiennement de 10h à 17h (6 \$, tarif réduit 3 \$).

Belle maison coloniale, l'**Experiment Farm Cottage** (☎ 9635 5655, 9 Ruse St) se dresse sur le site de la première concession de terrain accordée en Australie. Elle ouvre du mardi au jeudi de 10h à 16h et le dimanche de 11h à 16h (entrée 5 \$, tarif réduit 3 \$).

Comment s'y rendre

Le meilleur moyen d'accéder à Parramatta consiste à prendre le RiverCat à Circular Quay (4,80 \$) ou le train à Central Station (2,80 \$). En voiture, sortez de la ville en suivant la Parramatta Rd, et prenez l'autoroute payante de Western Motorway (1,50 \$) à Strathfield.

KU-RING-GAI CHASE NATIONAL PARK

Ce parc national de 15 000 hectares, à 24 km au nord du centre-ville, est bordé par la rive sud de Broken Bay et le rivage ouest de l'anse de Pittwater. Il offre ce mélange, classique à Sydney, de grès, de bush et de panoramas, avec des sentiers de randonnée, des pistes cavalières, des aires de pique-nique, des gravures aborigènes et de magnifiques points de vue sur Broken Bay, particulièrement depuis West Head, à l'extrémité nord-est du parc. Le parc compte quatre entrées et plusieurs routes le traversent (entrée : 9 \$ par voiture).

Le centre d'accueil des visiteurs de Kalkari (☎ 9457 9853), sur Ku-ring-gai Chase Rd, à environ 4km de l'entrée de Mt Colah, est ouvert tous les jours de 9h à 17h. La route descend du centre jusqu'à l'aire de pique-nique de Bobbin Head, à Cowan Creek. Halvorsen (☎ 9457 9011) loue des barques pour 12 \$ la première heure et 4 \$ chaque heure suivante. Les bateaux à moteur pouvant contenir 8 personnes coûtent 43 \$ la première heure et 7 \$ chaque heure suivante. Vous pouvez aussi louer des bateaux au port de plaisance de Akuna Bay, à Coal & Candle Creek.

Pour la randonnée, nous vous conseillons l'America Bay Trail et les sentiers de Gibberagong et de Sphinx. Vous pourrez admirer l'art rupestre aborigène sur le Basin Trail et le Garigal Aboriginal Heritage Walk à West Head. A Bobbin Head, une promenade en bois longe la mangrove. Il est déconseillé de se baigner à Broken Bay à cause des requins ; toutefois, des zones de baignade protégées par des filets ont été aménagées à Illawong Bay et au Basin.

Où se loger

Le camping n'est autorisé qu'au *Basin* (☎ 9972 7378), sur la rive ouest de Pittwater et à 2,5 km de marche de la route de West Head (ou accessible par le ferry de Palm Beach). Il faut réserver son emplacement et payer sur place (10 $ pour deux). Vous pouvez nager sans danger dans la lagune. Vous y trouverez les aliments de base, transportés de Palm Beach par ferry.

L'idyllique **Pittwater YHA** (☎ *9999 2196*) est à quelques kilomètres au sud du Basin, sur le rivage de Pittwater. Elle est réputée pour ses animaux sauvages (mais amicaux). Les lits coûtent 16 $ par personne en dortoir ou 20 $ par personne en chambre à deux lits. Les non-membres paient un supplément de 3 $. Il est possible de louer des canoës et des voiliers. Il faut réserver et apporter son ravitaillement.

Comment s'y rendre

Il existe quatre accès routiers pour le parc : de Mt Colah (sur la Pacific Highway), de Turramurra au sud-ouest, de Terrey Hills et de Church Point, au sud-est. Le bus n°577 de la compagnie Shorelink Buses (☎ 9457 8888) dessert l'entrée du parc toutes les demi-heures en semaine depuis la gare de Turramurra (2,20 $), et certains d'entre eux vont jusqu'à Bobbin Head. Le week-end, moins de bus desservent l'entrée, tandis que ceux qui vont jusqu'à Bobbin Head sont plus fréquents.

Le Palm Beach Ferry Service (☎ 9918 2747) dessert le Basin toutes les heures (excepté à 12h) de 9h à 17h pour 7 $ l'aller simple. Un ferry part de Palm Beach pour Bobbin Head (*via* Patonga) tous les jours à 11h, avec retour à 15h30. L'aller simple coûte 13 $.

Pour aller à l'auberge de la YHA de Pittwater, prenez le ferry (☎ 9999 3492) de Church Point jusqu'à Halls Wharf (aller-retour : 6 $). L'auberge est à quelques minutes de marche du quai. Le bus n°156 fait la navette entre Manly et Church Point. Du centre-ville, prenez le bus n°E86 qui est direct (heures de pointe), ou encore les n°L88, L90 ou le n°190 de Wynyard Park, jusqu'à Warringah Mall, puis le n°156.

HAWKESBURY RIVER

La majestueuse Hawkesbury se jette dans la mer à 30 km au nord de Sydney, à Broken Bay. Bordé de criques, de plages, et d'aires de pique-nique, c'est l'une des rivières les plus attirantes d'Australie. Avant son embouchure alternent baies et criques telles que Berowra Creek, Cowan Creek et Pittwater sur la rive sud, Brisbane Water sur la rive nord. La Hawkesbury coule à travers une succession de parcs nationaux : Murramarra et Ku-ring-gai Chase au sud, Dharug, Brisbane Water et Bouddi au nord. A 120 km en amont se trouve la ville de Windso.

Le bateau postal *Riverboat Postman* (☎ 9985 7566), qui effectue une tournée de 40 km chaque jour de la semaine, en remontant jusqu'à Marlow, près de Spencer, permet d'explorer la rivière. Il part de Brooklyn à 9h30 et rentre à 13h15. Le mercredi, un voyage plus court a lieu entre 13h30 et 16h. Prix du billet : 28 $ (tarif réduit : 22 $). Pour la promenade du matin, prenez le train de 8h16 à la Central Station de Sydney (4,60 $) jusqu'à la gare de Hawkesbury River à Brooklyn.

Vous pouvez louer des bateaux aménagés à Brooklyn, Berowra Waters et Bobbin Head. Le tarif est assez élevé, mais si vous voyagez en groupe, vous ferez des économies substantielles en louant en semaine et hors saison. Halvorsen (☎ 9457 9011), à Bobbin Head, propose des bateaux de quatre places (450 $ pour trois jours en haute saison). Aucune expérience n'est requise.

A **Brooklyn**, sur la ligne ferroviaire Sydney-Newcastle, à l'est de la Pacific Highway, la vie est entièrement axée sur les bateaux et la rivière. **Berowra Waters** est un village pittoresque en amont, construit autour de la jetée du ferry treuillé (gratuit) qui traverse Berowra Creek 24h/24. Le village possède deux cafés au bord de l'eau et une marina où l'on peut louer des hors-bord à 50 $ la demi-journée. Berowra Waters se dresse à 5km à l'ouest de la Pacific Highway. Il existe également une gare, à 6 km de la jetée.

Wisemans Ferry, un tranquille village dominant la Hawkesbury, se situe à mi-chemin entre Windsor et l'embouchure de la rivière. Un ferry treuillé fonctionnant 24h/24 est le seul moyen de la traverser à cet endroit. Au *Wisemans Ferry Inn* (☎ *4566 4301*), un établissement historique, il faut compter 55 $ pour des doubles petites mais propres. Le ***Rosevale Farm Resort*** (☎ *4566 4207*) propose des emplacements de camping à 7 $ par personne, de caravaning à 35 $. Le site est à 2 km au nord du village, sur la rive opposée.

Le **Yengo National Park**, un parc de grès accidenté au pied des Blue Mountains, s'étend de Wisemans Ferry à la Hunter Valley. Cette zone sauvage n'offre aucune infrastructure, et l'accès routier est limité. Au nord de la rivière, une route panoramique mène de Wisemans Ferry à la Central Coast, en suivant la rivière avant d'obliquer au nord dans le bush et les orangeraies. Au nord, une route construite par les bagnards mène de Wisemans Ferry à **St Albans**. Le ***Settlers Arms Inn*** (☎ *4568 2111*), établissement sympathique et historique (il date de 1836), loue des chambres à partir de 100 $ la double. Un terrain de camping rudimentaire fait face à l'hôtel.

Il est déconseillé de se baigner dans la Hawkesbury entre Windsor et Wisemans Ferry en été, en raison de la présence d'algues polluantes. Pour plus d'informations, contactez la EPA Pollution Line (☎ 9325 5555).

WINDSOR

De même que Richmond, Wilberforce, Castlereagh et Pitt Town, Windsor est l'une des cinq "villes de Macquarie", fondées par le gouverneur Lachlan Macquarie au début du XIXe siècle sur les riches terres agricoles du cours supérieur de la Hawkesbury. Vous pouvez les visiter si vous vous rendez aux Blue Mountains en empruntant la Bells Line of Road, une route plus intéressante par ailleurs que la Great Western Highway.

Le centre d'accueil principal des visiteurs de Hawkesbury (☎ 45 88 5895), sur Richmond Rd, entre Richmond et Windsor, est ouvert tous les jours (mais ferme tôt le week-end). Le bureau d'information touristique de Windsor (☎ 4577 2310) se trouve dans le Daniel O'Connell Inn, qui date de 1843, sur Thompson Square.

Windsor compte plusieurs bâtisses anciennes, notamment celles qui entourent Thompson Square, au bord de la Hawkesbury. Le Daniel O'Connor Inn abrite le **Hawkesbury Museum of Local History**,

ouvert tous les jours de 10h à 16h (entrée : 2,50 $, tarif réduit : 1,50 $). Le **Macquarie Arms Hotel** (1815) possède une jolie véranda donnant sur la place et se dit, comme bien d'autres pubs, le plus vieux d'Australie. L'**église anglicane St Matthew**, construite par des forçats en 1822 et conçue, comme le **palais de justice**, par l'architecte-forçat Francis Greenway, a également un intérêt historique. Windsor River Cruises (☎ 9831 6630) organise des croisières sur la rivière le dimanche et le mercredi à partir de 15 $.

Les Blue Mountains

Les Blue Mountains, qui font partie de la Great Dividing Range, furent longtemps une barrière infranchissable qui empêchait les Européens d'étendre la colonisation de Sydney vers l'intérieur du continent. En dépit de nombreuses tentatives pour trouver un passage dans les montagnes et l'étrange conviction répandue parmi les forçats que la Chine – et la liberté – s'étendait au-delà de ces montagnes, les Européens mirent 25 ans pour parvenir à les franchir. Une route fut ensuite construite afin d'ouvrir la voie à la colonisation des plaines de l'ouest.

Les premiers arrivants découvrirent des traces de peuplements aborigènes, mais peu d'Aborigènes. Il semblerait que les maladies européennes se soient répandues dans les montagnes bien avant l'arrivée des explorateurs, décimant la majorité de la population indigène.

Le Blue Mountains National Park renferme des paysages d'une remarquable beauté, des chemins de randonnée excellents et une multitude de gorges, de gommiers et de falaises. Les montagnes, qui se dressent à 65 km de Sydney, atteignent jusqu'à 1 100 m d'altitude. Les brumes bleutées qui leur ont donné leur nom sont dues à l'évaporation de l'huile des eucalyptus.

Depuis le début du siècle, les habitants de Sydney aiment à se rendre dans la région en été pour échapper à la chaleur de la ville.

Malgré un développement touristique inten-sif, une grande partie de la région est si escarpée que seuls les randonneurs peuvent y accéder.

Attendez-vous à une grande différence cli-matique entre la côte et les Blue Mountains ; vous pouvez transpirer à Sydney et grelotter à Katoomba. Généralement, il neige entre juin et août. La grande fête de la région, le Yuletide Festival, se déroule à Noël, avec décorations et dîners en conséquence.

Les incendies de 1994 ont dévasté de vastes zones de la Grose Valley, mais la Blue Gum Forest en a peu souffert.

Orientation

La Great Western Highway vient de Sydney en longeant, d'est en ouest, une faille à tra-vers les Blue Mountains. Cette route n'est pas très belle et les villes qui la bordent se diffé-rencient peu les unes des autres : Glenbrook, Springwood, Woodford, Lawson, Wentworth Falls, Leura, Katoomba (le principal centre d'hébergement), Medlow Bath, Blackheath, Mt Victoria et Hartley. Lithgow se trouve sur le versant ouest des montagnes (consultez la rubrique *Centre ouest* plus loin).

Au sud et au nord de la Great Western Highway, la région est parsemée de vallées profondes, dont la Grose Valley au nord et la Jamison Valley au sud de Katoomba.

La Bells Line of Road est une route plus pittoresque et moins encombrée que la Great Western Highway. Plus au nord, elle mène à Richmond (voir la *Région de Windsor*) à Lithgow, en passant au-dessus de la Grose Valley. A Bell, vous pouvez couper et rejoindre la Great Western High-way au niveau de Mt Victoria.

Renseignements

Vous trouverez des centres d'information sur les Blue Mountains le long de la Great Western Highway, à Glenbrook (☎ 4739 6266), et à Echo Point, à Katoomba (☎ 1300 653 408). Ils sont ouverts tous les jours. Le Blue Mountains Heritage Centre (☎ 4787 8877), centre d'information du NPWS, se situe sur Govetts Leap Rd, à Blackheath, à environ 3 km de la Great Western Highway.

De nombreux ouvrages ont été publiés sur les Blue Mountains, que vous trouverez, ainsi que des cartes et des guides sur les sentiers de randonnée, dans les centres d'accueil des visiteurs. Pour le matériel de camping ren-dez-vous chez Mountains Designs (☎ 4782 5999), 190 Katoomba St, à Katoomba.

Parcs nationaux

Le **Blue Mountains National Park** est constitué de vastes étendues au nord et au sud de la Great Western Highway. C'est le parc le plus populaire et le plus accessible de la région. On y trouve de merveilleux sentiers de randonnées, des points de vue panoramiques, des chutes époustouflantes et des peintures aborigènes.

Le **Wollemi National Park**, au nord de la Bells Line of Road, est la plus grande forêt protégée du pays ; elle s'étend jusqu'à Den-man, dans la Hunter Valley. Le centre du parc est si peu accessible qu'une nouvelle espèce d'arbre, le pin Wollemi, n'a été découverte qu'en 1994.

Les paysages du **Kanangra-Boyd Natio-nal Park**, au sud-ouest de la partie méridio-nale des Blue Mountains, sont grandioses et offrent de superbes randonnées dans le bush. Il abrite également des grottes cal-caires et le spectaculaire plateau de Kanan-gra Walls, entouré de falaises abruptes et accessible uniquement par des pistes en terre depuis Oberon ou les Jenolan Caves.

L'entrée de ces parcs est gratuite, à moins que vous n'accédiez au Blue Mountains National Park par Bruce Rd, à Glenbrook, où il faut payer 5 $ par voiture (gratuit pour les piétons).

Randonnées dans le bush

Des routes qui traversent les montagnes, on peut apercevoir des paysages majestueux, mais le meilleur moyen de connaître les Blue Mountains reste la marche. Il existe des itinéraires très courts et d'autres impli-quant plusieurs jours de marche. Les deux régions les plus fréquentées sont la Jamison Valley, au sud de Katoomba, et la Grose Valley, au nord-est de Katoomba et à l'est de Blackheath. La région au sud de Glen-broock est également appréciée.

Le centre d'accueil des visiteurs du NPWS fournit tous les renseignements nécessaires. Pour les promenades plus courtes, adressez-vous au centre d'information touristique. Dans cette région très accidentée, il est arrivé que des marcheurs se perdent ; il faut donc bien s'informer, ne pas partir seul et prévenir quelqu'un de l'endroit où vous comptez vous rendre. La plupart des cours d'eau des Blue Mountains sont pollués, aussi est-il nécessaire de stériliser l'eau à boire ou d'emporter la vôtre. Et soyez parés contre de brusques changements climatiques.

Sports d'aventure

Les à-pic et les gorges des Blue Mountains offrent d'excellentes possibilités pour les amateurs d'alpinisme, d'escalade, de descente en rappel et de canyoning. Les randonnées en VTT sont aussi très prisées. Pour plus de renseignements, reportez-vous à la rubrique *Activités à Katoomba*.

Circuits organisés

Pour les voyageurs à petit budget, Wonderbus (☎ 9247 5151) organise des circuits d'une journée dans les Blue Mountains (65 $). On peut aussi s'arranger pour passer la nuit à Katoomba et rentrer sur Sydney le lendemain, s'il reste des places dans le bus. Tournés vers l'écologie, les circuits d'une journée de Wildframe (☎ 9314 0658) ont bonne réputation (55 $). Réservez à Sydney, au YHA Travel Centre (☎ 9261 1111).

Où se loger

Les possibilités d'hébergement sont nombreuses, tout particulièrement à Katoomba. Les tarifs subissent généralement une hausse le week-end. Les prix indiqués ci-après s'appliquent l'été (haute saison). Avant de camper dans les parcs nationaux, renseignez-vous auprès du NPWS.

Comment s'y rendre

Katoomba, à 109 km du centre-ville de Sydney, est pratiquement une banlieue de la métropole. Des trains partent toutes les heures de Central Station (aller simple : 9,40 $) et desservent de nombreux villages

des Blue Mountains avant d'atteindre Katoomba en 2 heures.

En voiture, empruntez la Parramatta Rd pour sortir de la ville, puis la Western Motorway à Strathfield (1,50 $). L'autoroute se prolonge et devient la Great Western Highway à l'ouest de Penrith. Pour atteindre la Bells Line of Road, sortez de la ville par la Parramatta Rd et, à Parramatta, dirigez-vous vers le nord-ouest sur la Windsor Rd. La Richmond Rd qui part de Windsor devient la Bells Line of Road à l'ouest de Richmond.

Comment circuler

La compagnie de bus Moutainlink (☎ 4782 3333) dessert Leura, Katoomba, Medlow Bath, Blackheath et (plus rarement) Mt Victoria. Certains de ses bus circulent sur Hat Hill Rd et Govetts Leap Rd, pour atteindre respectivement Perrys Lookdown et Govetts Leap. Le bus s'arrête à 1 km environ de Govetts Leap mais, pour aller à Perrys Lookdown, il vous faudra marcher environ 6 km à partir du dernier arrêt. Les bus sont plus rares le week-end. A Katoomba, les bus partent du haut de Katoomba St, en face du Carrington Hotel.

La Blue Moutains Bus Company (☎ 4782 4213) dessert Katoomba, Leura, Wentworth Falls, l'est jusqu'à Woodford, ainsi que la ligne ferroviaire. Les bus partent toutes les heures environ de la gare de Katoomba.

La plupart des villes des Blue Mountains, le long de la Great Western Highway, possèdent une gare. Les trains circulent environ toutes les heures entre les gares à l'est de Katoomba et toutes les deux heures à l'ouest.

Thrifty (☎ 4782 2888), 80 Megalong St, à Leura, loue des voitures pour environ 60$ la journée.

DE GLENBROOK A KATOOMBA

Marge's Lookout et Elizabeth's Lookout (points de vue), au nord de Glenbrook, permettent de voir toute la région à l'est, vers Sydney. Au sud de Glenbrook, dans le Blue Mountains National Park, la **grotte de Red Hand**, un ancien abri aborigène, renferme des empreintes de mains sur ses parois. On l'atteint par une promenade facile d'environ

7 km (aller-retour) en partant du sud-ouest du centre d'information du NPWS.

L'artiste et auteur Norman Lindsay vécut à **Springwood** de 1912 jusqu'à sa mort en 1969. Sa maison, au 14 Norman Lindsay Crescent (☎ 4751 1067), abrite aujourd'hui un musée et une galerie où sont exposées ses œuvres. Elle est ouverte tous les jours de 10h à 16h (entrée 6 $; tarif réduit 2 $).

Au sud de **Wentworth Falls**, de beaux points de vue s'ouvrent sur la Jamison Valley. De la Falls Reserve, point de départ de nombreux chemins de randonnée, on peut admirer des chutes de 300 m de hauteur.

Leura, ville pittoresque et arborée, compte de nombreux cafés et boutiques de style campagnard. La maison historique Art déco Leuralla abrite un musée de jouets et de trains miniatures (entrée : 6 $). Sublime Point, au sud de Leura, est un très beau point de vue au sommet d'une falaise. A côté, en partant de l'aire de pique-nique de Gordon Falls Reserve, vous pouvez suivre le sentier ou la Cliff Drive, 4 km à l'ouest après les chutes de Leura, jusqu'à Echo Point à Katoomba.

Où se loger et se restaurer

Certains sites de camping du NPWS sont accessibles en voiture, comme Euroka Clearing, près de Glenbrook, Murphys Glen près de Woodford et Ingar près de Wentworth Falls. Pour camper à Euroka Clearing, il faut un permis (à partir de 12,50 $) délivré par le bureau du NPWS de Richmond (☎ 4588 5247, du lundi au vendredi). Les pistes pour Ingar ou Murphys Glen sont parfois fermées après de fortes pluies.

La nouvelle *Hawkesbury Heights YHA*, bâtie sur l'emplacement de l'ancienne Springwood YHA détruite par des feux de brousse en 1994, se situe en pleine nature, dans un site splendide. Il s'agit d'un établissement "vert" fonctionnant à l'énergie solaire, doté de toilettes "écologiques" et chauffé au bois, qui possède six chambres doubles. Adressez-vous à YHA NSW, à Sydney (☎ 9261 1111).

Le *Leura Village Caravan Park* (☎ *4784 1552*), au carrefour de la Great Western Highway et de Leura Mall, propose des emplacements de tentes à partir de 18 $, des caravanes à partir de 40 $ et des bungalows à partir de 50 $. Il existe de nombreux hôtels et pensions, chers ; une chambre avec petit déjeuner coûte environ 60 $ par personne.

Plusieurs cafés de style campagnard le long de Leura Mall servent des repas légers à 8 $ environ. Essayez *Gracie's on the Mall*, au n°174. Les douceurs du *Baker's Cafe*, au n°179, sont exquises et *Le Gobelet* (*n°131*) est un établissement français où les plats principaux coûtent à partir de 20 $.

KATOOMBA

• **code postal 2780**   • **17 700 habitants**

Cette ville et les agglomérations voisines de Wentworth Falls et Leura constituent le centre touristique des Blue Mountains. En dépit du nombre important de touristes et de la proximité de Sydney, Katoomba conserve une atmosphère de petite ville d'un autre temps, avec ses pensions et cafés Art nouveau et Art déco. L'endroit est brumeux et parfois enneigé. Katoomba connaît actuellement un engouement pour le New Age : l'heure est aux cours de yoga, aux centres de méditation et à l'encens.

Katoomba St est la rue principale. L'attraction majeure, **Echo Point**, se situe près de l'extrémité sud de cette rue, à environ 1 km du centre commercial ; vous y trouverez l'office du tourisme. Vous pourrez y admirer l'un des plus beaux panoramas de la Jamison Valley et la merveilleuse formation rocheuse des **Three Sisters**.

A l'ouest d'Echo Point, au croisement de Cliff Drive et de Violet St, vous avez la possibilité de prendre le **Scenic Railway** et le **Scenic Skyway** (☎ 4782 2699). Le train descend dans la Jamison Valley (aller simple 3 $, aller-retour 5 $), d'où part une promenade de 6 heures jusqu'à la formation rocheuse de **Ruined Castle**. Le chemin de fer, construit dans les années 1880 pour transporter les mineurs de charbon, suit une pente à 45°, l'une des plus abruptes du monde. Le téléphérique Scenic Skyway traverse la gorge de Katoomba Falls (aller-retour 5 $), 200 m au-dessus de la vallée.

Si vous voulez connaître des sensations fortes sans quitter votre fauteuil, allez au

Edge-Blue Mountains Maxvision Cinema (☎ 4782 8928), 235 Great Western Highway. Ce cinéma avec écran panoramique présente un documentaire stupéfiant de 38 mn ainsi que des longs métrages. La séance documentaire coûte 12,50 $ en journée (tarif réduit 10,50 $) ; le mardi, longs métrages à 6 $.

Activités sportives

Plusieurs sociétés proposent des activités telles que l'escalade, la descente en rappel, le canyoning et la spéléologie.

Vous pouvez vous initier aux trois premières en vous inscrivant aux cours de l'Australian School of Mountaineering (☎ 4782 2014), 166b Katoomba St, moyennant 99 $ (escalade), 89 $ (rappel) ou 89 $ (canyoning). High'n Wild (☎ 4782 6224), à l'angle de Main St et de Katoomba St, face à la gare, dispense des cours de descente en rappel et d'escalade à partir de 49$ la demi-journée.

Australian Outdoor Consultants (☎ 4782 3877), à Mountain Designs, 190 Katoomba St, et Blue Mountains Adventure Company (☎ 4782 1271), 84a Main St, proposent des activités identiques à des prix comparables

Où se loger – petits budgets

Camping. Le *Katoomba Falls Caravan Park* (☎ *4782 1835, Katoomba Falls Rd*) dispose d'emplacements de tentes à 10 $ par personne et de caravanes fixes à partir de 36 $ pour deux.

Auberges de jeunesse. La *Katoomba YHA* (☎ *4782 1416*) est une jolie pension ancienne, à l'angle de Lurline St et de Waratah St. La plupart des chambres possèdent une salle de bains, et les parties communes sont agréables et très propres. Comptez un minimum de 14 $ pour un lit en dortoir et de 20 à 25 $ en double (supplément de 3 $ pour les non-membres).

A proximité, le *Katoomba Mountain Lodge* (☎ *4782 3933, 31 Lurline St*) est confortable malgré ses dortoirs un peu exigus (lits à partir de 16 $). Les simples/doubles avec s.d.b. commune, très correctes, se louent 40/52 $ (45/70 $ le week-end).

Le *Blue Mountains Backpackers* (☎ *4782 4226, 190 Bathurst Rd*) est à quelques minutes de marche de la gare. Dans cette auberge de jeunesse sympathique, qui a un air de maison d'étudiants, une nuit en dortoir s'élève à 16 $, et en double à 43 $ (3 \$/4 $ de réduction pour les membres VIP/YHA) ; elle dispose également d'emplacements de camping. L'*Hotel Gearin* et le *Katoomba Hotel* louent aussi des chambres aux routards.

Hôtels. Le *Katoomba Hotel* (☎ *4782 1106*), à l'angle de Park St et de Main St, propose des chambres sans charme (quoique chauffées) à 25/45 $ en semaine, et à 30/50 $ le week-end. Une nuit en dortoir coûte 12 $.

A l'*Hotel Gearin* (☎ *4782 4395, 273 Great Western Hwy*), un pub local correct situé juste derrière la gare, les chambres coûtent 25/50 $ et les lits en dortoir 15 $.

Où se loger – catégorie moyenne

Hôtels et motels. Le *Clarendon Guesthouse Motor Inn* (☎ *4782 1322*), à l'intersection de Lurline St et de Waratah St, propose des chambres désuètes tout comme des chambres de style motel à partir de 48/68 $ en semaine, ainsi que des forfaits week-end à environ 100$ par personne (avec dîner et spectacle). Le feu de cheminée, la salle de jeu, le bar à cocktail et les spectacles de cabaret lui confèrent un charme suranné.

Le *Three Sisters Motel* (☎ *4782 2911, 348 Katoomba St*), à 10 minutes à pied du centre-ville, prend à partir de 60/75 $ en semaine, 95 $ le week-end.

La charmante *Balmoral House* (☎ *4782 2264, 196 Bathurst Rd*), avec ses cheminées, ses boiseries d'époque, ses petites touches douillettes et son restaurant, se targue d'être la plus ancienne pension des Blue Mountains. La chambre avec petit déjeuner s'élève en semaine à 99 $.

Où se loger – catégorie supérieure

L'un des meilleurs hôtels de la région est le *Hydro Majestic Hotel* (☎ *4788 1002, Great*

Western Highway, Medlow Bath), superbe bâtisse bien restaurée, à quelques kilomètres à l'ouest de Katoomba. Le prix des simples/doubles en demi-pension commence à 185/205 $ en semaine en demi-pension, 480/570 $ le week-end

Tout aussi imposant, le *Carrington Hotel* (☎ *4782 1111, 10-16 Katoomba St*) vient d'être rénové. Les chambres avec s.d.b. commune sont facturées 195 $ (du dimanche au jeudi), 225 $ les vendredi et samedi (à partir de 275 $ avec s.d.b. en semaine).

Comment circuler

Bus. La Blue Moutains Bus Company (☎ 4782 4213) assure la liaison, toutes les 45 minutes environ, entre la gare de Katoomba, le Three Sisters Motel (à 5 minutes à pied d'Echo Point), le Scenic Railway et le Scenic Skyway. La Moutainlink (☎ 4782 3333) relie Echo Point à Gordon Falls, *via* Katoomba St et Leura Mall. Il y a deux bus toutes les heures en semaine (service réduit le week-end).

Le week-end et pendant les vacances scolaires, le Blue Mountains Explorer Bus (☎ 4782 4807) propose un circuit d'une heure comprenant 18 attractions dans la région de Katoomba et de Leura. Nous vous conseillons de prendre ce bus à la gare de Katoomba (18 $; tarif réduit 16 $).

Bicyclette. On peut louer des VTT pour 15 $ la demi-journée à l'auberge YHA et auprès de Cycletech, 3 Gang Gang St. Ceux de Mountain Designs, 190 Katoomba St, de meilleure qualité, coûtent à partir de 15 $ la demi-journée. Les circuits en VTT sont présentés au paragraphe *Activités sportives*, plus haut dans ce chapitre.

LA RÉGION DE BLACKHEATH

La petite ville de Blackheath est un bon point de départ pour se lancer dans l'exploration de la Grose Valley et de la Megalong Valley. Vous découvrirez de superbes points de vue à quelques kilomètres à l'est de la ville, dont **Govetts Leap** et **Evan's Lookout**. **Pulpit Rock**, **Perry's Lookdown** et **Anvil Rock**, au nord-est, sont accessibles depuis Hat Hill Rd.

MT VICTORIA ET HARTLEY

A quelques kilomètres à l'ouest de Blackheath se trouve le joli village classé de Mt Victoria. Le musée, dans la gare, est ouvert le week-end et pendant les vacances scolaires de 14h à 17h. Parmi les bâtiments intéressants, citons la **pension Victoria & Albert**, le **cottage du douanier** (1849) et l'**église (1870)**.

Le *Mt Vicks Flicks* (☎ *4787 1577*) est un ravissant petit cinéma sur Harley Ave, près de la pension Victoria & Albert. Les séances ont lieu du jeudi au dimanche (de 5 à 10 $).

Près de la highway, au **Mt York**, un monument rend hommage aux premiers explorateurs qui traversèrent les Blue Mountains. Un tronçon de la première route à travers la montagne subsiste. A 11 km de Mt Victoria, sur le versant ouest de la chaîne montagneuse, on découvre le minuscule village fantôme de **Hartley**. Il était florissant dans les années 1830, mais déclina après l'ouverture du chemin de fer en 1887. Ce village de grès compte plusieurs édifices d'intérêt historique, en particulier le tribunal (1837), une église et un presbytère.

Un centre d'information du NPWS (☎ 6355 2117), ouvert tous les jours de 10h à 13h et de 14h à 16h30, se trouve dans le Farmers Inn, au centre-ville. C'est de là que partent les visites guidées (4 $) de la ville et du tribunal.

Où se loger

L'*Imperial Hotel* (☎ *4787 1233*), à l'angle de la Great Western Highway et de Station St, est une institution des Blue Mountains. Ce bel hôtel à l'ancienne propose des lits en dortoir à 20 $ et des simples/doubles à partir de 60/78 $ en semaine. Le petit déjeuner est inclus. Il dispose d'un café et d'un bistrot offrant des plats roboratifs.

A proximité, la charmante pension *Victoria & Albert* (☎ *4787 1241, 19 Station St*) semble tout droit sortie d'un roman d'Agatha Christie. La nuit (confortable) avec le petit déjeuner (superbe) coûte 45 $ en semaine. L'imposant *Manor House* (☎ *4787 1369, Montgomery St*) propose des chambres sompteuses avec petit déjeuner à 90 $ par personne en semaine.

JENOLAN CAVES

Au sud-ouest de Katoomba, à la limite nord-ouest du Kanangra-Boyd National Park, se trouvent les Jenolan Caves (☎ 6359 3311), les grottes calcaires les plus connues d'Australie. L'une d'elles est ouverte au public depuis 1867 mais une partie du réseau karstique reste inexplorée. Trois des grottes se visitent librement mais, si vous voulez les découvrir toutes les neuf, il vous faudra suivre une visite guidée de une à deux heures (départs de 10h à 16h et un soir par semaine à 20h ; à partir de 12 $). Le parking est également payant. Cette excursion attire une foule considérable pendant les vacances.

Où se loger

Vous pouvez camper près de la Jenolan Caves House (10$ par emplacement). La *Gatehouse* (☎ 6359 3042) propose des dortoirs à 15 $ (20 $ le week-end). Renseignez-vous au Trails Cafe. Les *Binda Bush Cabins* (☎ 6359 3311) se trouvent dans une clairière herbeuse, sur la route de Hartley, à 8 km au nord des grottes. Les bungalows peuvent accueillir six personnes (75 $ la nuit en semaine ; 90$ le week-end et pendant les congés scolaires).

La *Jenolan Caves House* (☎ 6359 3322) propose un vaste choix de chambres plus ou moins luxueuses à partir de 65 $.

Comment s'y rendre

Depuis Sydney et Katoomba, de nombreux circuits desservent les grottes. En voiture, quittez la Great Western Highway à Hartley et prenez la Jenolan Caves Rd (45 minutes jusqu'aux grottes). Le Six Foot Track, de Katoomba aux Jenolan Caves, se parcourt facilement en trois jours, mais renseignez-vous au préalable auprès du centre d'information du NPWS.

BELLS LINE OF ROAD

Cette route de l'arrière-pays entre Richmond et Lithgow est le plus bel itinéraire traversant les Blue Mountains. Nous vous la recommandons vivement si vous êtes motorisé. Depuis Kurrajong Heights, sur le versant est de la chaîne, le panorama sur la côte est somptueux.

Le week-end et pendant les vacances, au **Kurrajong Heights Grass Ski Park** (☎ 4567 7260), 2 heures de ski sur herbe ou de karting coûtent 15 $. A mi-chemin entre Richmond et Lithgow, se trouvent les charmants **Mt Tomah Botanic Gardens**, une annexe au climat tempéré des Royal Botanic Gardens de Sydney. Ils sont ouverts tous les jours (entrée : 5 $ par voiture, 2 $ par piéton).

Au nord de la Bells Line of Road, dans la pittoresque ville de **Mt Wilson**, on peut visiter des jardins et, à proximité, ce qui reste de la forêt tropicale de **Cathedral of Ferns**. La voie ferrée de **Zig Zag Railway**, à Clarence, 10 km à l'est de Lithgow, fut construite en 1869. A l'époque, il s'agissait d'une merveille de mécanique. Les trains descendaient des Blue Mountains sur cette voie jusqu'en 1910. Un tronçon a été restauré et plusieurs trains à vapeur l'empruntent tous les jours (13 $). Pour connaître les horaires, appelez le ☎ 6351 4826.

La côte nord

La côte nord de la Nouvelle-Galles du Sud est très fréquentée pour ses superbes plages et ses parcs nationaux, riches en faune et en paysages splendides. Ils offrent d'excellentes possibilités de randonnées dans le bush, dont la Great North Walk – 14 jours de marche entre Newcastle et Sydney. Adressez-vous aux offices du tourisme et au Department of Land & Water Conservation (☎ 9228 6315, fax 9221 5980).

La Pacific Highway remonte vers le nord, le long de l'étroite bande côtière jusqu'au Queensland, jalonnée de plages, en particulier à Byron Bay, Mecque des surfeurs et lieu de prédilection des voyageurs. Des routes pittoresques mènent vers la Great Dividing Range et sur le plateau de la New England.

DE SYDNEY A NEWCASTLE

Entre Broken Bay et Newcastle, la région de la Central Coast, à forte densité de population, se compose de riches habitations de banlieue, de superbes plages, de voies navigables et de parcs nationaux.

Sur les côtes de Brisbane Water, à quelque 85 km au nord de Sydney, s'élève **Gosford**, la plus grande ville de la région (55 000 habitants). On y accède facilement par le train depuis Sydney et Newcastle. Le centre d'information des visiteurs (☎ 4323 2353, thecoast@cctourism.com.au), ouvert tous les jours, se trouve 200 Mann St, près de la gare. Grâce à son dense réseau de bus, Gosford est un excellent point de départ pour explorer la région si l'on n'est pas motorisé. Le *Gosford Hotel* (☎ *4324 1634*), à l'angle de Mann St et d'Erina St, propose des simples/doubles à partir de 40/55 $.

Réputé pour sa flore printanière, le **Brisbane Water National Park**, à quelques kilomètres au sud-ouest de Gosford, comprend les criques nord de la Hawkesbury River. Il compte également de bons sentiers de randonnée et des gravures rupestres aborigènes. Le **Bouddi National Park**, à 20 km au sud-est de Gosford, s'étend sur la côte au nord de l'embouchure de Brisbane Water ; il offre lui aussi d'excellents sentiers de randonnée en bord de mer et de superbes sites de camping. Pour tout renseignement sur les parcs de cette région, contactez le NPWS (207 Albany Street Nord, Gosford) au ☎ 4324 4911 ou sur www.npws.nsw.gov.au.

Plusieurs villes en bord de mer et de rivière valent le détour, particulièrement **Pearl Beach**. Cette enclave paradisiaque au sud de Gosford, bordée par le Brisbane Water National Park à l'ouest, possède une jolie plage et des panoramas splendides.

La station balnéaire de **Terrigal**, à 15 km à l'est de Gosford, semble tout droit sortie d'un feuilleton télévisé australien, avec son activité débordante et les surfeurs arpentant la rue principale – qui longe la plage –, leur planche sous le bras. Le *Terrigal Beach Backpackers Lodge* (☎ *4385 3330, 12 Campbell Crescent*), situé non loin de la plage, est convivial à souhait. La nuitée en dortoir y coûte 17 $ et la simple/double 35/42 $.

La petite ville de **Brooklyn**, sur les rives de la Hawkesbury, est un havre de paix où l'on pratique la pêche, la barque, le kayak et la randonnée dans le bush. Son centre d'informations se trouve derrière la *Hawkesbury Teahouse* (☎ *9985 7064, 5 Bridge St*).

Plus au nord s'étendent plusieurs lacs salés, dont le **lac Tuggerah**. Le *township* **The Entrance**, à l'embouchure du lac, constitue un lieu d'hébergement pratique pour les amateurs de bateau et de pêche. Encore plus au nord et juste au sud de Newcastle se trouve le **lac Macquarie**, plan d'eau salée d'une superficie égale à quatre fois Sydney Harbour, très populaire auprès des adeptes de la voile, du ski nautique et de la pêche. Le centre des visiteurs (☎ 4972 1172, tourism@lakemac.nsw.gov.au) se situe sur l'ancienne Pacific Highway, avant le pont juste au nord de Swansea.

Bien que l'autoroute Sydney-Newcastle soit la voie principale reliant les deux villes, nous vous conseillons de suivre la Pacific Highway entre Gosford et Newcastle si vous désirez explorer la Central Coast. Vous atteindrez le sud de cette région depuis Palm Beach à Sydney en prenant le ferry jusqu'à Patonga, qui circule au moins quatre fois par jour. La compagnie Busways (☎ 4362 1030) assure la liaison Patonga-Gosford quatre fois par jour en semaine (3,60 $).

NEWCASTLE
• code postal 2300   • 270 300 habitants

Situé à l'embouchure de la Hunter River, à 167 km au nord de Sydney, la deuxième ville de l'État est aussi l'un des plus grands ports du pays et un important centre industriel et commercial. Il s'agit également du port d'exportation des mines de charbon de la Hunter Valley et des céréales produites dans le nord-ouest.

Nombreux sont ceux pour lesquels Newcastle évoque des images de cheminées d'usine crachant leur fumée. C'est néanmoins une ville sympathique et décontractée qui abrite quelques beaux édifices des débuts de la colonisation. De splendides plages de surf se trouvent à quelques centaines de mètres seulement.

Appelée à l'origine Coal River, la ville fut fondée en 1804 pour placer les plus intraitables forçats de Sydney. On la dénommait "l'enfer de la Nouvelle-Galles du Sud". Macquarie Pier, qui fut construit par ces forçats, s'étend jusqu'à Nobbys Head, d'où l'on obtient une superbe vue de la ville et des énormes pétroliers qui pénètrent dans le port. Bogey Hole est une piscine creusée dans le roc au bord de l'océan pour le major Morriset, célèbre pour sa discipline de fer. Premier lieu de bains de mer en Australie, l'endroit reste parfait pour se mettre à l'eau.

Fin 1989, Newcastle subit le plus important séisme que l'Australie ait jamais connu. Le tremblement de terre fit douze victimes et de nombreux dégâts. Newcastle a enregistré un nouveau coup dur à la mi-1997, après que les aciéries BHP eurent annoncé l'intention de cesser leur activité. Plus de 2 500 emplois étaient concernés. La victoire des Newcastle Knights au championnat de rugby de Nouvelle-Galles du Sud, la même année, a remis un peu de baume au cœur des habitants de la ville.

Orientation

Le centre-ville est une péninsule bordée d'un côté par l'océan, de l'autre par la Hunter River. Il s'étend sur la langue de sable conduisant à Nobbys Head. Hunter St, la rue principale (3 km de long), comporte une partie piétonnière entre Newcomen St et Perkins St.

Les gares ferroviaire et routière, la poste, les banques et quelques beaux édifices se trouvent dans la partie nord-est du centre-ville. De la colline de Cooks Hill, derrière le centre, on jouit d'une belle vue sur les environs. Mis à part les panoramas, le centre-ville offre peu d'intérêt. En revanche, le faubourg ouest de Hamilton, autour de Beaumont St, est un quartier vivant qui attire les voyageurs.

La Queens Wharf Tower offre une vue superbe sur le paysage industriel de Newcastle, et l'on jouit d'un panorama de 360° du haut de l'obélisque qui domine King Edward Park.

Sur la berge opposée, la modeste banlieue de Stockton compte quelques plages et des points de vue sur Newcastle. Quelques minutes en ferry suffisent pour l'atteindre, mais il vous faudra rouler 20 km à travers les docks et les zones industrielles, par-delà le pont, pour vous y rendre en voiture.

Renseignements

L'office du tourisme (☎ 4974 2999, newtour@hunterlink.net.au) se situe sur Wheeler Place, juste derrière Hunter St, près de la gare de Civic. Ouvert en semaine de 9h à 16h et le week-end de 10h à 15h, il vend des cartes indiquant d'excellents circuits piétonniers des sites historiques. Vous y trouverez aussi toutes les informations sur les transports et les excursions vers la Hunter Valley ou d'autres lieux touristiques.

A voir et à faire

Le **Newcastle Regional Museum**, 787 Hunter St, dans la partie ouest de Newcastle, est ouvert du mardi au dimanche de 10 à 17 h et tous les jours pendant les congés scolaires (entrée libre). Il regroupe des salles consacrées à la science, à l'histoire et à la technologie, et accueille aussi des expositions temporaires. Dominant Nobbys Head, le **Fort Scratchley Maritime & Military Museum** ouvre du mardi au dimanche de midi à 16h (entrée gratuite). On peut visiter les souterrains qui, dit-on, relient le fort au King Edward Park.

La **Newcastle Regional Art Gallery**, qui jouxte Civic Park, dans Laman St, présente des collections permanentes comprenant des œuvres d'artistes célèbres tels Brett Whiteley, Sidney Nolan et Arthur Boyd, tandis que les expositions temporaires tendent à être plus internationales (entrée libre ; ouvert du mardi au dimanche de 10h à 17h).

A 10 km au sud-ouest du centre, à New Lambton Heights, la **Blackbutt Reserve** (☎ 4952 1449) s'étend sur 182 hectares et offre de superbes possibilités de randonnée dans le bush. Ouverte tous les jours de 10h à 17h (entrée libre), elle recèle des serres à fougères, des volières et des enclos à animaux, notamment de koalas. Pour vous y rendre, prenez le train jusqu'à la gare de Kotara, toute proche de la réserve, ou les bus n°232 ou 363. Un forfait bus pour la journée coûte 6 $, ce qui vous laissera tout le temps de profiter de votre excursion.

Près de la gare de Sandgate, à quelque 15 km au nord-ouest, le **Wetlands Ecopark** (☎ 4951 6466) permet d'admirer de nombreux oiseaux et animaux sauvages. Il comporte aussi des sentiers de randonnée, des voies d'eau pour canoës et des aires de pique-nique. Ce parc ouvre tous les jours de 9h à 17h (entrée : donation de 2 $).

Plages de surf. Vedette de Newcastle, l'ancien champion du monde de surf Mark Richard s'est entraîné sur les vagues auxquelles de nombreux adeptes viennent aujourd'hui se mesurer. Sur la plage principale, **Newcastle Beach**, à 2 minutes de marche du centre-ville, vous pourrez aussi bien vous baigner que pratiquer le surf. En mars, la Surfest, épreuve qualificative pour les compétitions internationales de surf, attire une foule considérable ainsi que les meilleurs surfeurs du monde. Au nord, l'accès à **Nobbys Beach**, plus à l'abri des vents du sud, reste souvent autorisé, tandis que les autres plages sont interdites. Les amateurs de gauches trouveront leur bonheur à l'extrémité nord de Nobbys, sur la lame rapide The Wedge. En été, si le surf de nuit vous tente, rendez-vous sous les projecteurs de la plage de **Bar Beach**, à 5 km au sud. Depuis le centre-ville, le bus n°207 dessert toutes les demi-heures la plage de **Merewether Beach** *via* Bar Beach.

Où se loger – petits budgets
Camping. Le *Stockton Beach Caravan Park* (☎ 4928 1393), sur la plage, dans Pitt St, Stockton, est plus facilement accessible en ferry que par la route (20km). Les emplacements de tente coûtent 16/13 $ pour deux avec/sans électricité et les caravanes fixes à partir de 40 $.

Il existe plusieurs campings au sud de Newcastle, près de Belmont et au bord de l'océan à Redhead Beach.

Auberges de jeunesse. Occupant deux anciennes maisons de bois, le *Backpackers Newcastle* (☎ 4969 3436, 42-44 Denison St, Hamilton) est une auberge propre et agréable, proche d'un quartier intéressant. Les lits en dortoir coûtent 16 $ et les doubles, pour la plupart situées au n°44, 40 $. Vous pourrez y louer une planche de surf pour 5 $, et l'un des propriétaires, passionné de glisse, donne aussi des cours.

Hamilton se situant à environ 1 km du centre-ville, le personnel viendra vous chercher gratuitement sur simple appel. La gare de Broadmeadows, sur la ligne Sydney-Newcastle, est à 2 km de l'auberge, et celle de Hamilton se trouve également à proximité. Sinon, n'importe quel bus qui assure le service depuis Newcastle, en suivant Hunter St, vous laissera à proximité.

Plus proche du centre-ville, le *Backpackers by the Beach* (☎ 4926 3472), à l'angle de Pacific St et de Hunter St, comporte plusieurs étages. Des planches de surf et des vélos sont à disposition. L'établissement est simple et propre, avec des lits en dortoirs/doubles à 15/40 $. Il se trouve à deux pas de la gare routière de Parnell Place comme de la gare ferroviaire de Newcastle.

Un peu plus loin, lae *Newcastle YHA Beach Backpackers* (☎ 4925 3544, 20 Pacific St), ouverte à la mi-1999, occupe un superbe bâtiment ancien à 100 m de la plage. La nuit en dortoir/chambre vous sera facturée 16/44 $. Les propriétaires pourront vous aider à organiser activités et excursions aux alentours.

Hôtels. Le *Crown & Anchor* (☎ 4929 1027), à l'angle de Hunter St et de Perkins St, loue des simples/doubles/lits jumeaux, très claires, à 30/40/45 $ (les prix sont négociables si vous restez plusieurs nuits).

Où se loger – catégorie moyenne
La *West End Guest House* (☎ 4961 4446), à l'angle de Hunter St et de Stewart St, à 100 m de la gare de Wickham, propose des chambres élégantes, propres et confortables au décor personnalisé. Il s'agit d'un ancien pub, rénové par les propriétaires eux-mêmes. Ne manquez pas le barbecue installé sur le toit. Le prix des lits en dortoir démarre à 16 $. Comptez 40 $ la simple et 10 $ de plus par occupant supplémentaire.

Le *Grand Hotel* (☎ 4929 3489) est un pub de quartier sympathique situé à l'angle de Bolton St et de Church St, face au tribunal, ce qui explique la présence des avocats accoudés au bar. Il propose des chambres avec s.d.b et TV à partir de 50 $.

Au **Northern Star Hotel** (☎ *4961 1087*), les simples s'élèvent à 45/55 $ et les doubles à 56/70 $ sans/avec s.d.b.

Comment s'y rendre

Avion. Aeropelican (☎ 13 1300) propose plusieurs vols quotidiens entre Sydney et l'aéroport de Belmont, au sud de Newcastle. Comptez 44 $ minimum pour un aller simple (réservation 21 jours à l'avance).

Sydney Harbour Seaplanes (☎ 1800 803 558) relie Rose Bay (Sydney) à Newcastle. Les appareils décollent des quais situés entre Queens St et Merewether St. Ils effectuent 4 allers-retours par jour, du lundi au vendredi (100/190 $ l'aller-retour). Qantas (☎ 13 2327) dessert quotidiennement Sydney (109/218 $ l'aller simple/aller-retour, avec des tarifs promotionnels pouvant descendre jusqu'à 39 $ l'aller simple). Impulse (☎ 13 1381) dessert Port Macquarie (179 $), Coffs Harbour (228 $) et Brisbane (298 $), Sunstate Airlines (☎ 13 1212) proposant parfois des vols pour Brisbane *via* Coolangatta. Eastern, Sunstate et Impulse atterrissent à l'aéroport de Williamtown, au nord de Newcastle.

Bus. De Sydney à Newcastle, le train est préférable mais, pour remonter la côte après Newcastle, les bus sont plus pratiques. La grande majorité des bus interurbains s'arrêtent à Watt St, près de la gare ferroviaire. La compagnie McCafferty's (☎ 13 1499) demande les tarifs suivants (très corrects) : Sydney, 22 $; Port Macquarie, 31 $; Byron Bay, 59 $; Brisbane, 60 $. Jayes Travel (☎ 4926 2000), 285 Hunter St, près de Darby St, et Tower Travel (☎ 4926 3199), 245 Hunter St, peuvent vous aider dans vos réservations.

Train. Environ 30 trains de grande banlieue partent chaque jour de Central Station à Sydney pour Newcastle. Le billet aller coûte 14,60 $ et l'aller-retour, hors heures d'affluence, 17,60 $ (Cityrail, ☎ 13 1500).

D'autres trains vers le nord sur les lignes desservant Armidale et Murwillumbah ne s'arrêtent pas à la gare centrale de Newcastle mais à celle de Broadmeadow, à l'ouest de Hamilton. De là, des bus fréquents desservent le centre-ville. Un train XPT part de Central Station et atteint Broadmeadow en 2 heures environ (22 $).

Location de voitures. En dehors des agences habituelles, essayez Cheep Heep (☎ 4961 3144, 116 Maitland Rd, Islington), qui loue des véhicules d'occasion à partir de 25 $/jour, assurance comprise.

Comment circuler

Desserte de l'aéroport. Les bus de la compagnie Port Stephens Buses (☎ 4982 2940) (voir plus haut) s'arrêtent à l'aéroport de Williamson sur leur route vers Nelson Bay. Le trajet dure 35 minutes et coûte 4,40 $. Les bus locaux n°348, 349, 350, 351, 358 et 359 s'arrêtent à l'aéroport de Belmont (ticket d'une heure, 2 $).

Pour gagner le centre-ville en taxi, comptez 32 $ environ depuis l'aéroport de Williamtown et 27 $ depuis celui de Belmont.

Bus. Les bus de la STA desservent Newcastle et la rive est du lac Macquarie. Il existe des forfaits intéressants, semblables à ceux proposés à Sydney, notamment le forfait pour la journée qui coûte 6$ (3 $, tarif réduit) et est valable sur tous les bus de la STA et les ferries. La plupart des liaisons sont assurées toutes les demi-heures. Vous obtiendrez des renseignements sur les bus à la gare de Newcastle, ou en appelant le Travel Information Centre (☎ 4961 8933) entre 8h15 et 16h30, ou encore au dépôt des bus de Hamilton et de Belmont.

Ferry. Des ferries desservent Stockton depuis Queens Wharf toutes les demi-heures environ, du lundi au jeudi de 5h15 à 23h. Les vendredi et samedi, ils naviguent jusqu'à 24h ; le dimanche, le service s'arrête à 22h. Pour obtenir les horaires, adressez-vous au terminal des ferries à Queens Wharf. Un aller simple coûte 1,40$, la moitié pour un enfant.

Bicyclette. L'office du tourisme ou les propriétaires de *Backpakers Newcastle* vous indiqueront les possibilités de location de vélo.

HUNTER VALLEY

La Hunter Valley a deux productions étonnamment distinctes : le vin et le charbon. Ceux qui apprécient la visite des vignobles, les dégustations et les repas tranquilles agrémentés d'orchestres de jazz le dimanche ainsi qu'un hébergement de qualité ne doivent pas manquer de visiter cette région, dont le cœur est Pokolbin, près de Cessnock, où certaines exploitations datent des années 1860. La Hunter Valley regroupe une bonne partie des producteurs les plus connus d'Australie. Citons notamment Lindemans Wines, McDonalds Rd, Pokolbin (☎ 4998 7684), Tyrell's Vineyards, Broke Rd, Pokolbin (☎ 4993 7000) et Wyndham Estate, Dalwood Rd, Dalwood *via* Branxton (☎ 4938 3444).

Sur le versant sud de la vallée se dressent les massifs de grès des parcs nationaux de Wollemi et de Goulburn River. La partie nord est bordée par des massifs élevés menant au Barrington National Park.

La route principale qui traverse la Hunter Valley est la New England Highway. Elle se dirige vers le nord-ouest depuis Newcastle et serpente sur les plateaux de New England, près de Murrurundi. Plus de 50 vignobles dans la vaste vallée de la Lower Hunter et neuf autres dans l'Upper Hunter sont ouverts aux visiteurs pour la dégustation et l'achat de vin. En général, les dégustations ont lieu tous les jours, avec des horaires réduits le dimanche. La plupart des vignobles comportent des aires de pique-nique et de barbecue.

Circuits organisés

Hunter Vineyard Tours (☎ 4991 1659) organise des excursions quotidiennes depuis Newcastle et les autres villes de la Hunter Valley (à partir de 29 $, ou 45 $ avec le repas). Hunter Valley Day Tours (☎ 4938 5031) a remporté un prix pour son circuit de dégustation de vins et de fromages et de randonnée dans la forêt tropicale, dans la région de la Lower Hunter. Pour 90 $, on va en outre vous chercher à votre hôtel. Grapemobile (☎ 4991 2339) organise des excursions à bicyclette de deux jours dans les vignobles, avec assistance

d'un bus. Les 179 $ demandés incluent l'hébergement et tous les repas. Il propose également des excursions d'une journée à 89 $ et loue des bicyclettes pour 25 $/jour. Les excursions d'une journée de Pokolbin Horse Coach Tours (☎ 4998 7305) coûtent 49 $ en semaine, 59 $ le week-end. Pour visiter l'Upper Hunter, contactez les centres d'information de Scone ou de Denman.

Domaines viticoles de Lower Hunter

Le cœur des vignobles de la Hunter Valley se situe au nord-ouest de **Cessnock**. Avant de commencer votre tour des vignobles, rendez-vous au Cessnock Visitor Information Centre (☎ 4990 4477, info@wine-country.com.au), qui vous fournira d'utiles cartes et brochures. Il se trouve sur Aberdare Rd, à l'entrée de la ville en venant de Sydney, et est ouvert tous les jours.

Plusieurs domaines viticoles organisent des visites, tels McWilliams (en semaine à 11h ; 2 $), McGuigan Hunter Village (tous les jours à 12h), Wyndham Estate (en semaine à 11h), Tyrrells (du lundi au samedi à 13h30) et Tinkler's Farm (le week-end à 11h).

Où se loger. C'est à Cessnock, la ville la plus importante de la région viticole, que vous vous logerez le plus facilement, même si quelques pubs louent des chambres dans les localités voisines de Neath et de Bellbird. Pratiquement tous les établissements augmentent leurs tarifs le week-end et un forfait en pension complète est parfois imposé. Le centre d'information de Cessnock se charge des réservations.

Cessnock compte deux campings à proximité. Le *Valley Vineyard Tourist Park* (☎ *4990 2573, Mount View Rd*) loue des emplacements de camping à 12 $, des caravanes à 35 $ et des bungalows avec s.d.b. à partir de 55 $. Le *Cessnock Park* (☎ *4990 5819*), près d'Allandale Rd, au nord de Cessnock, propose des emplacements à 7 $ par personne, des caravanes fixes à partir de 30 $ et des bungalows à partir de 50 $.

Cessnock ne possède pas d'auberges de jeunesse, mais plusieurs pubs offrent un hébergement à prix correct. Le ***Black Opal Hotel*** (☎ 4990 1070), à l'extrémité sud de Vincent St, la rue commerçante, demande 20 $ par personne du lundi au jeudi et 25 $ du vendredi au dimanche. Au ***Wentworth Hotel*** (☎ 4990 1364), 36 Vincent St, comptez 25 $ par personne avec petit déjeuner.

En semaine, les doubles reviennent à 59 $ au ***Cessnock Motel*** (☎ *4990 2699*) et au ***Hunter Valley Motel*** (☎ 4990 1722), tous deux situés sur Allandale Rd. Le weekend, les prix montent en flèche.

Il y a de nombreuses possibilités d'hébergement dans les vignobles, à un prix supérieur à 100 $ la nuit le week-end, mais en semaine vous pouvez trouver à vous loger pour 70 $ la double, par exemple à la ***Hill Top Country Guest House*** (☎ *4930 7111*), sur Talga Rd, derrière Lovedale Rd, à environ 11 km au nord-est de Cessnock, et aux ***Belford Country Cabins*** (☎ *6574 7100, Hermitage Rd*), au nord du Hunter Estate.

Domaines viticoles de l'Upper Hunter

La ville la plus proche des vignobles de l'Upper Hunter est **Denman**, une petite bourgade assoupie à 25 km au sud-ouest de Muswellbrook.

La haute vallée de la Hunter compte moins de vignobles, mais ils méritent une visite car la région est plus calme et les paysages plus accueillants que ceux de la basse vallée. Le centre d'information (☎ 6547 2463) est situé sur la rue principale de Denman, dans l'***Old Carriage Restaurant***, un café-restaurant aménagé dans un vieux wagon de chemin de fer près du ***Denham Café***. En dehors des nombreux logements de Muswellbrook et de Singleton, un camping, un pub, un motel et des B&B sont installés à Denman et alentour.

La New England Highway remonte la Hunter Valley et traverse de beaux paysages et des localités anciennes. Le **Goulburn River National Park**, à l'extrémité de la vallée, longe la rivière dans des gorges de grès. C'était la voie empruntée par les Aborigènes pour se rendre des plaines vers la mer et la région est riche en art rupestre et autres sites. Le camping est possible, mais il n'y a pas d'aména-

gements particuliers. On accède au parc depuis Sandy Hollow (près de Denman) ou de Merriwa (sur la route de Denman à Gulgong). Le bureau du NPWS de Muswellbrook (☎ 6543 3533, www.npws.nsw.gov.au), à l'angle de Francis St et de Maitland St, vous renseignera utilement.

Comment circuler

Les trains reliant Sydney à Armidale et Moree remontent la Hunter Valley.

La compagnie Keans Travel Express Coaches (☎ 1800 043 339) assure, du lundi au vendredi, deux services quotidiens entre Sydney et Tamworth *via* Cessnock (22 $), Singleton (26 $), Muswellbrook (29 $) et Scone (35 $), un service le week-end. Rover Motors (☎ 4990 1699) assure des liaisons entre Newcastle et Cessnock (8,50 $). Plus fréquentes en semaine que le samedi, elles ne fonctionnent pas le dimanche. Sid Fogg's (☎ 1800 045 952) traverse la vallée en remontant de Newcastle à Dubbo.

Depuis Sydney, on peut gagner la Lower Hunter en empruntant des petites routes (pas toujours goudronnées) à partir de Wisemans Ferry. L'itinéraire passe par la charmante bourgade de Wollombi, qui recèle de petits pubs et des possibilités d'hébergement. Pour se rendre dans l'Upper Hunter, la Putty Road, par Windsor et Singleton, offre elle aussi une superbe promenade.

Grapemobile loue des bicyclettes (voir *Circuits organisés*, un peu plus haut).

DE NEWCASTLE A PORT MACQUARIE
Port Stephens

Cette immense baie abritée se situe à une heure en voiture au nord de Newcastle. Occupant une vallée submergée, elle s'étend sur plus de 20 km à l'intérieur des terres. Cet endroit, très couru pour la pratique de la voile et de la pêche, est également connu pour les **dauphins** qui y vivent. Au sud de la baie entourée de bush, à Lemon Tree Passage, s'est installée une importante **colonie de koalas**. Une route mène de la ville de Salt Ash à Lemon Tree Passage.

L'urbanisation des environs de Port Ste-phens concerne plus particulièrement la Tomaree Peninsula, qui constitue la rive sud de la baie. L'office du tourisme (☎ 4981 1579, 1800 808 900, tops@hunterlink.net.au) se situe dans la ville principale, **Nelson Bay** (7 000 habitants), près de la marina. Il vous aidera à organiser parties de pêche et expéditions pour admirer les dauphins ou plonger dans la baie. Prodive (☎ 4981 4331) propose des stages de plongée à 295 $. A côté, **Shoal Bay** est une longue plage abritée à une courte distance à pied de Zenith Beach.

En se rendant à la Tomaree Peninsula depuis Nelson Bay, on traverse la petite ville d'**Anna Bay**, point d'accès aux plages de surf. Stockton Bight, bordé par la plus longue dune de l'hémisphère sud, s'étend sur 35 km d'Anna Bay à Newcastle.

En face de Nelson Bay, sur la rive nord de Port Stephens, se dressent les villages de **Tea Gardens** et de **Hawks Nest**, à l'embouchure de la Myall River.

Où se loger. Une auberge de la YHA se trouve dans l'enceinte du *Shoal Bay Motel* (☎ *4984 2315*), sur le front de mer. Les lits en dortoir valent 17 $. Il existe aussi des chambres familiales à 20 $ par personne (deux personnes au minimum). Ces tarifs peuvent augmenter pendant les vacances scolaires.

Le *Seabreeze Hotel* (☎ *4981 1511*), au-dessus du centre d'information, propose des doubles de style motel à 60 $ en semaine, 70 $ le week-end. On y sert un petit déjeuner à 10,90 $.

A l'est d'Anna Bay, les *Samurai Beach Bungalows* (☎ *4982 1921*), à l'angle de Frost Rd et de Robert Connell Close, permettent aux voyageurs à petit budget de vivre l'expérience du bush. Les bungalows, qui forment un cercle autour de la cuisine commune couverte, comportent des lits en dortoir à 15 $ et des doubles entre 40 $ et 60 $. Planches de surf et vélos sont mis gratuitement à disposition des hôtes de longue durée. Les bus de Newcastle passent juste devant l'établissement.

Les *Melaleuca Surfside Cabins* (☎ *4981 9422*), à **One Mile Bay**, construites par les

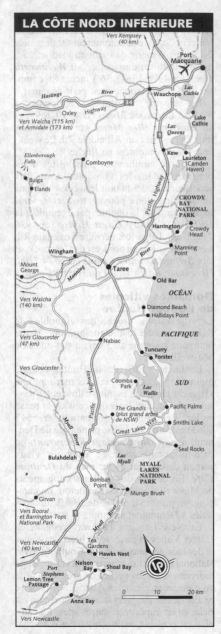

LA CÔTE NORD INFÉRIEURE

propriétaires eux-mêmes, au calme et en pleine nature, sont un ensemble de bungalows de bois reliés par des passerelles. Toutes les installations sont accessibles aux handicapés. Chaque bungalow peut abriter 5 personnes, moyennant 80 $ ou 20 $/personne. On peut aussi camper gratuitement dans le bush ou sur des emplacements équipés de l'électricité (à partir de 14 $). Les bus venant de Newcastle vous déposeront tout près, au One Mile Beach Caravan Park.

Les amis des animaux préféreront peut-être loger parmi les koalas au *Larkwood Bed and Breakfast* (☎ *4982 4656, Oyster Farm Road, Lemon Tree Passage*) : comptez 65/90 $ la simple/double, avec petit déjeuner complet.

Dans le camping *Hawks Nest Beach Caravan Park* (☎ *4997 0239*), séparé par une étroite bande de bush d'une plage propice au surf, l'emplacement pour les tentes coûte 16 $ et un chalet à partir de 35 $.

Comment s'y rendre. Les Port Stephens Coaches (☎ 4982 2940) assurent un service quotidien à destination de Sydney (25 $) et de Newcastle (8 $). Pour remonter la côte vers le nord, le plus simple est de retourner à Newcastle et de prendre un bus interurbain. Les Great Lake Coaches (☎ 1800 043 263) relient Newcastle à Tea Garden (14$) à raison de trois dessertes en semaine et une le week-end.

Comment circuler. Des ferries font la navette entre Nelson Bay et Tea Garden trois fois par jour (15/8$ l'aller-retour par adulte/enfant). On peut louer des bicyclettes à Shoal Bay Bike Hire (☎ 4981 4121).

Barrington Tops National Park
Inscrit au Patrimoine mondial, Barrington Tops est un site sauvage situé au milieu du plateau accidenté de Barrington, qui s'élève à près de 1 600 m près du Mt Barrington et de Carey's Peak. La forêt tropicale et tempérée recouvre la partie inférieure du parc, tandis que d'antiques hêtres antarctiques recouverts de mousse dominent la partie supérieure.

Il existe plusieurs bons chemins de randonnée, mais il faut s'attendre à de la neige

en hiver et à des coups de froid à tout moment. L'eau des rivières doit être bouillie avant d'être consommée. Hunter Valley Day Tours (☎ 4938 5031) organise des circuits écologiques à Barrington Tops.

Où se loger. On peut camper dans de nombreux endroits, notamment à la Gloucester River Camping Area, à 31 km de la route qui relie Gloucester à Stroud. L'établissement le plus proche du parc, à 43 km de sa lisière sud, la *Barrington Guest House* (☎ *4995 3212*), jouit d'une situation exceptionnelle, au pied des escarpements. Comptez 79 $ par personne en pension complète.

Comment s'y rendre. Le parc est accessible depuis les villes de Dungog, Gloucester, Singleton et Scone. La route entre ces deux dernières traverse de superbes paysages, passant notamment par Belltrees. Si vous ne disposez pas d'un véhicule tout-terrain, ne vous y engagez pas s'il a plu.

Myall Lakes National Park
Ce parc est l'une des bases de loisirs les plus populaires de la NSW. Ses nombreux lacs côtiers en font un lieu idéal pour la pratique des sports nautiques. A **Bombah Point**, principal village du parc situé à 11 km de Bulahdelah, vous pourrez louer canoës, planches à voile et petites voitures. Un ferry relie Bombah Point aux régions côtières du parc entre 8h et 18h. Les meilleures plages s'étendent au nord, autour du hameau de **Seal Rocks**. Au sud, la forêt tropicale du littoral de **Mungo Brush** est idéale pour la randonnée.

Où se loger. Le NPWS gère plusieurs campings dans le parc, le meilleur se trouvant à Mungo Brush. A Bombah Point, le terrain *Myall Shores* (☎ *4997 4495*) propose des emplacements de tentes à partir de 16 $, des bungalows à 50 $ et des chalets à 60 $. Il dispose d'une boutique et d'un restaurant. A Seal Rocks, un camping sommaire (☎ 4977 6164), près d'une belle plage, loue des emplacements de tentes pour quatre personnes à 10,50$ et des caravanes fixes à 32$.

Comment s'y rendre. L'accès routier au parc s'effectue depuis Tea Gardens au sud, Bulahdelah sur la Pacific Highway et Forster-Tuncurry au nord. Vous pouvez aussi rejoindre Bulahdelah en voiture à partir de Tea Gardens en empruntant le ferry de Bombah Point. Pour vous rendre à Seal Rocks, empruntez la Lakes Way, une route panoramique reliant Bulahdelah à Forster-Tuncurry. Great Lakes Coaches (☎ 1800 043 263) dessert cette ligne.

Forster-Tuncurry
• code postal 2428   • 17 000 habitants
Forster et Tuncurry sont deux villes jumelles situées de part et d'autre de l'entrée maritime du lac Wallis. Forster, la plus importante, possède un centre d'information (☎ 6554 8779, tourglc@tpgi.com.au) situé dans Little St, la route au bord du lac, et ouvert tous les jours de 9h à 17h. En plus du lac, vous découvrirez de splendides plages sur l'océan, en ville et à proximité, quoique celles de la ville soient bordées d'une ceinture de plus en plus dense d'immeubles résidentiels.

Où se loger. Au centre de Forster et à proximité du lac et de l'océan, le *Forster Beach Caravan Park* (☎ 6554 6269) loue des places de camping à partir de 13,50 $, ainsi que des caravanes et des bungalows entre 34 et 95 $.

Le sympathique *Dolphin Lodge*, affilié à la YHA (☎ 6555 8155, 43 Head St, Forster), est un endroit vaste et propre, à deux pas d'une plage propice au surf. Les lits en dortoir coûtent 14 $ et les doubles 34 $, mais les prix augmentent pendant les vacances d'été. Des planches de surf sont mises gratuitement à votre disposition, et vous pourrez louer des vélos pour 10 $/jour.

Hors saison, vous pouvez obtenir des forfaits avantageux dans les motels (doubles à 35 $ ou moins) mais, pendant les fêtes de Noël, les tarifs sont plus élevés et les établissements affichent souvent complet.

Comment s'y rendre. Forster-Tuncurry est sur la Lakes Way, qui quitte la Pacific Highway près de Bulahdelah pour la rejoindre au sud de Taree. Great Lakes Coaches (☎ 1800 043 263) assure une liaison quotidienne avec Sydney (39 $) et Newcastle (24 $). Avec Countrylink (☎ 13 2232), le trajet combiné bus-train vous mène à Sydney trois fois par jour (42 $). McCafferty's (☎ 13 1499) s'arrête une fois par jour (à 9h30) sur son itinéraire Mt Isa-Brisbane.

PORT MACQUARIE
• code postal 2444   • 33 700 habitants
C'est l'une des plus grandes stations balnéaires de la Nouvelle-Galles du Sud, à 430 km au nord de Sydney. Cette ville étape fut fondée en 1821 ; elle est restée colonie pénitentiaire jusqu'en 1840.

"Port", comme on l'appelle en abrégé, est bordée par de belles plages sur l'océan.

Renseignements
Ouvert tous les jours, le centre d'information (☎ 1800 025 935, vicpm@midcoast.com.au) se situe dans Clarence St.

A voir
Au **Koala Hospital**, près de Lord St, environ 1 km au sud du centre-ville (ouvert tous les jours), vous pourrez voir les koalas convalescents dans des enclos (15h constitue la meilleure heure, quand on les nourrit). Il est aménagé sur le terrain de **Roto**, une ancienne maison de maître ouverte en semaine, de 10h à 16h, le week-end de 9h à 13h.

Vous pouvez aussi voir des koalas en bonne santé et d'autres animaux au **Kingfisher Park**, près d'Oxley Highway (adulte/enfant, 7/5 $). Le **Billabong Koala Park** se trouve un peu plus loin, après l'échangeur de la Pacific Highway (adultes/enfants 7,50/4 $).

Outre Roto, les plus anciens bâtiments sont proches du centre-ville : l'**église St Thomas** (1828,) dans William St, près de Hay St ; la **garnison** (1835), au coin de Hay St et de Clarence St ; le **tribunal** (1869), juste en face et, à proximité, le **Port Macquarie Historical Society Museum** (1830) au 22 Clarence St, ouvert tous les jours (4 $).

Un ancien cottage, au-dessus de Town Beach, abrite le petit **Musée maritime**, ouvert du lundi au samedi de 11h à 15h (2 $). Au bout de Lord St, près de la plage, l'**observatoire** ouvre le mercredi et le dimanche à partir de 19h30 l'hiver et de 20h15 l'été (2 $).

A 5 km au sud du centre-ville sur Pacific Drive, le **Sea Acres Rainforest Centre**, réserve faunique et florale de 30 hectares, abrite une zone de forêt tropicale côtière, un centre écologique, et une promenade de 1,3 km (8,50 $).

Activités sportives

Les sports nautiques sont à l'honneur. Pour le surf, choisissez plus particulièrement Town Beach ou Flynns Beach, surveillées le week-end et pendant les congés scolaires.

Vous pouvez louer des embarcations à plusieurs endroits de Settlement Point, par exemple au Hastings River Boat Hire (☎ 6583 8811), à Port Marina (canoës et bateaux à moteur) et au Settlement Point Boatshed (☎ 6583 6300), à côté du quai de départ des ferries. Jordans Boating Centre (☎ 6583 1005) loue des yachts et des dériveurs. Le Port Macquarie Dive Centre (☎ 6583 8483) organise des plongées.

Beaucoup de croisières vous sont proposées. Pelican River Cruise (☎ 0418 652 171) organise des croisières-barbecues du lundi au vendredi (30 $) ; d'autres excursions fonctionnent le week-end (15 $). Toutes les croisières explorent le système fluvial de la Hastings.

Port Macquarie Camel Safaris (☎ 6583 7650) propose des excursions sur la plage pour 22 $. East Coast Mountain Safaris (☎ 6584 2366) organise des visites de la forêt tropicale en 4x4, à partir de 45/65 $ la demi-journée/journée complète.

Où se loger

Camping. Le camping le plus central, le *Sundowner Breakwall Tourist Park* (☎ *6583 2755, 1 Munster St*) est situé près de l'embouchure de la Hastings et de Town Beach : les emplacements valent 15 $ au minimum, les caravanes fixes et les bungalows à partir de 45 $. Des endroits meilleur marché se trouvent près de Flynns Beach, sur les rives de la Hastings ou sur l'Oxley Highway.

Auberges. Les voyageurs sont choyés et dorlotés dans les trois auberges de Port Macquarie. La plus récente, *Ozzie Pozzie* (☎ *1800 620 020, 6583 8133, 36 Waugh Street*) se situe à quelques minutes à pied à l'ouest du centre-ville. Les propriétaires, très sympathiques, se mettent en quatre pour rendre votre séjour agréable : bicyclettes gratuites, hamac dans le jardin, matériel de pêche et de surf, soirées barbecue, transfert depuis l'arrêt de bus, excursions à la plage et renseignements en tous genres. Les lits en dortoir/doubles démarrent à 15/34 $.

Beachside Backpackers (☎ *6583 5512, 40 Church St*), affilié à la YHA, propose des lits en dortoir à 15 $, des doubles à 17 $ et des chambres familiales à 50 $. L'endroit est à 5 minutes à pied du centre-ville et de la plage ; c'est l'auberge la plus proche de la plage. On peut venir vous chercher à l'arrêt du bus. Planches de surf et bicyclettes sont disponibles gratuitement.

Lindel Port Macquarie Backpackers (☎ *6583 1791*), qui occupe une ancienne et imposante demeure près de l'Oxley Highway, propose des lits en dortoir à partir de 16 $ et des doubles à partir de 36 $. On viendra vous chercher à votre descente du bus, et la direction organise des sorties en canoë et des parties de pêche. Vous pourrez aussi emprunter du matériel de pêche ou de surf et profiter de la piscine, de la véranda avec vue sur la ville, du billard et des bicyclettes mis gratuitement à disposition.

Hôtels et motels. Le *Port Macquarie Hotel* (☎ *6583 1011*), à l'extrémité nord de Horton St, loue des simples/doubles à 25/40 $ (supplément de 5 $ pour les chambres avec s.d.b.) et des chambres de type motel avec vue sur la mer à 50/65 $. Les prix s'envolent en haute saison.

Port Macquarie possède plus de 30 motels. Les moins chers sont éloignés des plages, comme ceux de Hastings River Drive. En ville, l'agréable *River Motel* (☎ *65833744, 5 Clarence St*) loue ses doubles 50 $ au minimum hors saison. Plusieurs locations meublées alentour baissent également leurs tarifs.

Comment s'y rendre

La route panoramique Oxley Highway quitte Port Macquarie vers l'ouest, passe à Wauchope et atteint le plateau de New England, près de Walcha.

Un bac transbordant les voitures (2 $) fonctionne 24h/24 sur la rivière à Settlement Point, desservant deux routes vers le nord. La première, un chemin de terre à peine carrossable (4x4 indispensable), suit la côte au-delà de la Limeburners Creek Nature Reserve jusqu'à Point Plomer (bon spot de surf) et Crescent Head, et permet de reprendre la Pacific Highway à Kempsey. La seconde, un peu meilleure et goudronnée, passe par l'intérieur pour rejoindre la route Crescent Head-Kempsey.

Avion. Au moins 3 vols par jour pour Sydney (187 $, aller simple) sont assurés sur la Eastern Australia (☎ 13 1313). Impulse (13 1381) propose des vols pour Sydney au même tarif, ainsi que pour Brisbane (252 $ l'aller simple).

Bus. Le Port Macquarie Bus Service (☎ 6583 2161) assure le service jusqu'à Wauchope, à 19 km à l'intérieur des terres, plusieurs fois par jour (6,70 $). Cette ligne vous déposera à Ritz Corner, à l'angle de Clarence St et de Horton St. La gare routière se trouve sur Horton St, mais les compagnies Greyhound Pioneer (☎ 13 2030) et McCafferty's (☎ 13 1499) s'arrêtent devant le Pacific Hwy Service Centre. Keans (☎ 1800 625 587) propose ses services jusqu'à Coffs Harbour (20 $), Bellingen (25 $), Dorrigo (27 $), Armidale (40 $) et Tamworth (57 $).

Train. La gare la plus proche se trouve à Wauchope. Le prix du billet depuis Sydney s'élève à 62 $ et comprend la correspondance bus de Coutrylink entre Wauchope et Port (le train passe à Wauchope à 13h21).

Comment circuler

Le Port Macquarie Bus Service (☎ 6583 2161) dessert la ville. Les locations de voiture ne sont pas bon marché. Thrifty (☎ 6584 2122) occupe l'angle de Horton St

et de Hayward St. Graham Seer's Cyclery, à Port Marina, loue des vélos à 6/20/50 $/heure/jour/5 jours.

DE PORT MACQUARIE À COFFS HARBOUR
Wauchope

• code postal 2446   • 4 700 habitants

A 19 km de Port Macquarie à l'intérieur des terres et sur la Hastings River, Wauchope (prononcez *war hope*) est une ancienne ville de forestiers. Son histoire est restituée à travers **Timbertown**, un intéressant travail de reconstitution de la ville des années 1880, ouvert tous les jours de 9h30 à 16h. L'entrée est gratuite, mais certaines activités sont payantes.

Wauchope dispose d'un large éventail de possibilités d'hébergement, dont le ***Rainbow Ridge Hostel*** (☎ *6585 6134*), une auberge calme affiliée à la YHA, à 10 km à l'ouest sur l'Oxley Highway. Comptez 10 $ en dortoir (on peut camper pour 5 $).

La région de Kempsey

Sur la Pacific Highway, vers le nord, **Kempsey** (8 600 habitants) est la ville où s'approvisionnent les fermes de la Macleay Valley. C'est aussi là que sont fabriqués les célèbres chapeaux Akubra. Le centre d'information (☎ 6563 1555, ktic@midcoast.com.au) est installé à l'extrémité sud de Kempsey. A côté se trouvent le **Macleay River Historical Museum** et le **Cultural Centre** (entrée : 3 $), ouverts tous les jours. De nombreuses possibilités de logement sont proposées dont quelques bons hôtels sur la côte.

Crescent Head (1 175 habitants), petite ville à 20 km de Kempsey, possède un front de mer calme et une plage agitée de rouleaux qui fait d'elle la capitale du *longboarding* (variante du surf). Le ***Crescent Head Tourist Park*** (☎ *6566 0261*), juste sur la plage, loue des emplacements de camping à partir de 13 $ et des bungalows à partir de 44 $. Sachez toutefois que les propriétaires sont stricts et peu amicaux. Le ***Bush and Beach Retreat*** (☎ *6566 0235, 353 Loftus Rd*), à 3,5 km de Crescent Head, est un grand complexe en plein bush à 1 km de la plage, doté d'une piscine et d'une cuisine en plein air. Comptez 20 $ pour un lit en dortoir.

Certaines des nombreuses locations meublées sont moins chères que les bungalows du camping. Contactez l'une ou l'autre des deux agences de la rue principale (☎ 6566 0500 ou 6566 0306) ou le Crescent Head Accommodation Bureau (☎ 6566 0333). Au sud de la ville, la **Limeburners Creek Nature Reserve** comporte des chemins de randonnée et des campings.

Le **Hat Head National Park** s'étend le long de la côte, de Crescent Head jusqu'à Smoky Cape. Le parc, dans lequel le tranquille hameau de **Hat Head** se dresse sous le promontoire, comporte une magnifique plage abritée, quelques boutiques, un terrain de caravaning et des logements en location. Un terrain de camping simple se trouve au sud de Hat Head et un autre à l'extrémité nord du parc, près du **Smoky Cape Lighthouse**, le phare le plus élevé et l'un des plus anciens en NSW.

Dans l'agréable station balnéaire de **South West Rocks** (3514 habitants), près de l'embouchure de la Macleay River, les principales attractions sont la pêche et les sports nautiques. Le **Trial Bay Gaol**, imposant bâtiment à 3 km à l'est de South West Rocks, abritait une prison au XIXe siècle. Des prisonniers de guerre allemands y furent même internés pendant la Première Guerre mondiale. C'est aujourd'hui un musée (ouvert tous les jours, 4 $). Trial Bay doit son nom au *Trial*, bateau volé par les forçats en 1816 avant de s'échouer ici.

La prison fait partie de l'**Arakoon State Recreation Area** (☎ 6566 6168), qui gère également le camping sur front de mer jouxtant la prison. Le prix des emplacements en bord de mer s'élève à 10 $, à 25 $ pendant les congés scolaires.

Comment circuler. En semaine, des bus circulent depuis la gare ferroviaire de Kempsey et Belgrave St, à Kempsey, jusqu'à South West Rocks et Crescent Head. King's Brothers (☎ 6562 4724) assure la liaison jusqu'à Crescent Head trois fois par jour (5,40 $) et Cavanaugh's (☎ 6562 7800) jusqu'à South West Rocks (7,20 $).

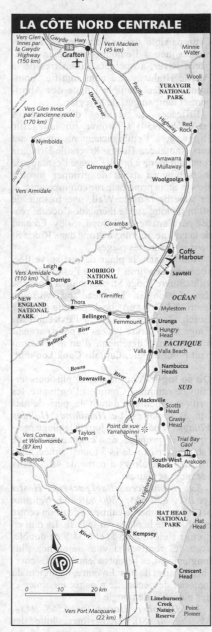

LA CÔTE NORD CENTRALE

NOUVELLE-GALLES DU SUD

Nambucca Heads

• **code postal 2448** • **6 250 habitants**

Cette paisible station balnéaire est idéalement située à l'embouchure de la Nambucca River, à quelques kilomètres de la Pacific Highway. Ce nom signifie "nombreux coudes" dans la langue des Aborigènes Gumbaingeri de la région.

Efficace, le centre d'informations (☎ 6568 6954) se trouve sur la Pacific Highway, à l'embranchement conduisant vers Nambucca Heads. Riverside Drive, la route qui mène à la ville, longe l'estuaire de la Nambucca avant de grimper jusqu'à Bowra St, la principale rue commerçante, et au superbe **Mosaic Wall**, une fresque de 30 m de long sur le thème de l'océan, réalisé par l'artiste local Guy Crosley. En haut de la colline, tournez à droite dans Ridge St pour rejoindre les plages.

Main Beach, la plage de surf surveillée, se trouve à environ 1,5 km à l'est du centre-ville. Suivre Ridge St, puis tourner à gauche dans Liston St. Le **Headland Museum** (entrée : 1 $) est proche du parking de Main Beach. Tourner à droite à l'extrémité de Ridge St et suivre Parkes St pour parvenir à North Head, agrémenté d'un impressionnant point de vue, **Captain Cook Lookout**.

Où se loger. Vous trouverez plusieurs terrains de camping. Comme à l'ordinaire, les tarifs augmentent durant la période des congés scolaires. Le *Headlands Holiday Village* (☎ *6568 6547*) jouxte la plage principale et propose des emplacements de camping à partir de 14 $ toute l'année, ainsi que des bungalows à partir de 40 $ (hors vacances scolaires).

La *Nambucca Backpackers Hostel* (☎ *1800 630 663, 1800 630 663, Newman St*) est une auberge calme à l'écart du centre et à 1 km de la plage par le bush. La nuit en dortoir s'élève à 15 $, et à 34 $ en double, avec des remises si vous séjournez plus longtemps. Les gérants viennent vous chercher à l'arrêt de bus. En outre, ils prêtent du matériel de pêche, de plongée en apnée et des planches de boogie.

La *Dunaber House* (☎ *6568 9434, 35 Piggott St*), bien située, loue des chambres à 50 $ au minimum la double en basse saison.

A la *Scotts Guesthouse* (☎ *6568 6386, 4 Wellington Drive*), une pension stylée et luxueuse qui occupe une vieille maison de bois, les doubles, spacieuses, avec vue sur la rivière coûtent de 70 à 100 $, petit déjeuner compris.

Comment s'y rendre. La plupart des bus interurbains allant vers le sud s'arrêtent sur la Highway, à la station-service Shell, et ceux se dirigeant vers le nord font une halte à l'Aukaka Caravan Park. Pour Sydney, il vous en coûtera 45 $ avec la compagnie Premier, 41 $ pour Byron Bay.

La compagnie Newman's (☎ 6568 1296) dessert Coffs Harbour quatre fois par jour (3 $). Joyce's (☎ 6555 6330) assure la liaison entre Nambucca et Bellingen (5 $). Ces bus locaux, qui ont leur point de départ en face du poste de police de Bowra St, circulent deux fois par jour en semaine.

Nambucca se situe sur la ligne de chemin de fer qui dessert le nord depuis Sydney (69 $). La gare est à environ 3 km de la ville (suivre Bowra St vers le nord).

Bellingen

• **code postal 2454** • **2 700 habitants**

En quittant la Pacific Highway au nord d'Urunga, à mi-chemin entre Coffs Harbour et Nambucca, on gagne Bellingen, une agréable bourgade, foyer de la culture alternative de la région, sur Bellinger River. Le centre d'informations (☎ 6655 5711) est sur la Pacific Highway, à Urunga.

A voir et à faire. La principale attraction est la luxuriante Bellinger Valley. Si vous êtes motorisé, la **Never Never River** offre de fantastiques lieux de baignade à **Promised Land** (terre promise), à environ 10 km au nord de la ville. Gambaarri Tours (voir *Circuits organisés* dans *Coffs Harbour*) organise des visites de la région.

Une importante colonie de roussettes s'établit sur **Bellingen Island**, près du camping, de décembre à mars. Ne manquez pas le moment, au coucher du soleil, où elles s'envolent par milliers à la recherche de nourriture. L'île est un vestige de la forêt subtropicale qui couvrait autrefois la vallée. Des ornithorynques vivent dans la rivière.

Il existe de nombreuses boutiques d'artisanat, en particulier l'**Old Butter Factory**, à l'est de la ville. Le **marché de Bellingen** se tient dans le parc de Church St, le troisième samedi du mois. Avec plus de 250 étals et des spectacles de rue, il attire les habitants de toute la région. A signaler aussi, au mois d'octobre, le Global Carnival, un merveilleux festival de musique internationale, et au mois d'août un festival de jazz.

Où se loger. Le terrain de camping *Bellingen Caravan Park* (☎ 6655 1338) se trouve de l'autre côté de la Bellingen : prendre Wharf St à l'angle de la poste, traverser le pont et suivre la route à gauche, puis tourner à gauche dans Dowle St. On peut s'y rendre à pied depuis la ville. Les emplacements coûtent à partir de 10 $, les caravanes fixes à partir de 25 $.

Si vous avez l'intention de vous arrêter quelques jours, choisissez le *Bellingen Backpackers* (☎ *6655 1116, Short St*). Dans cette auberge surplombant la Bellinger, les lits valent à partir de 15 $ en dortoir, les doubles 36 $. Les sympathiques propriétaires viendront vous chercher à Urunga sur simple appel et organisent des excursions à Dorrigo et autres sites intéressants. Des vélos sont à louer (5 $ le temps que vous restez).

Comment s'y rendre. Si vous n'êtes pas motorisé, l'accès à Bellingen peut se révéler quelque peu compliqué. Les bus de la compagnie Keans (☎ 1800 625 587, 6543 1322) s'arrêtent à Bellingen sur la route Port Macquarie-Tamworth. Jessup's (☎ 6653 4552) assure la liaison deux fois par jour, en période scolaire seulement. Un service de bus relie Bellingen à Coffs Harbour trois fois par jour (4,50 $).

En semaine, Joyces' (☎ 6655 6330) assure le ramassage scolaire entre Nambucca Heads, Urunga et Bellingen. A Bellingen, le bus s'arrête à l'angle de Church St et de la rue principale.

La gare la plus proche se trouve à Urunga.

Dorrigo
• **code postal 2453**   • **1 110 habitants**

La route qui mène de Bellingen au tranquille village de montagne de Dorrigo traverse de magnifiques paysages. Elle grimpe de 1 000 m au milieu d'une forêt tropicale dense dans laquelle quelques percées permettent d'apercevoir des paysages entre la Bellinger Valley et la côte. Dorrigo est une base parfaite pour visiter les superbes parcs nationaux de la région. Island Continent (☎ 6655 2382) organise des écocircuits à Dorrigo et peut concevoir à votre intention des excursions personnalisées. Leur guide, qui travaille aussi pour le NPWS, connaît bien la région.

Le centre d'information (☎ 6657 2486), 36 Hickory St, ouvre tous les jours de 10h à 16h.

A voir et à faire. A quelques kilomètres au nord, sur la route de Leigh, se trouvent les pittoresques **Dangar Falls**. Toutefois, l'attraction principale de la région est la forêt subtropicale du **Dorrigo National Park**, 2 km à l'est de la ville. Inscrite au Patrimoine mondial, elle vaut incontestablement le détour. Le Rainforest Centre (☎ 6657 2309), ouvert tous les jours de 9h à 17h, à l'entrée du parc, vous renseignera sur les nombreux chemins de randonnée. Le camping est interdit. L'accès au parc, clairement indiqué, se trouve sur la route de Dorrigo à Bellingen. Reportez-vous à la section *New England* pour plus d'informations sur les autres parcs de la région.

Où se loger. Le *Dorrigo Moutain Resort* (☎ *6657 2564*), un camping équipé de bungalows en bois, est juste en dehors de la ville, sur la route de Bellingen (emplacements à 10 $). On peut louer des caravanes fixes (30$) et des bungalows aménagés (44 $). A l'historique *Commercial Hotel/Motel* (☎ *6657 2003, Cudgery St*), comptez 28/36 $ pour les simples/doubles de style motel.

Comment s'y rendre. Keans (☎ 1800 043 339) est la seule compagnie desservant Dorrigo.Le bus s'arrête à l'heure du déjeuner sur son trajet de Port Macquarie à Tamworth et assure la liaison trois fois par semaine (27 $), *via* Coffs Harbour et Armidale. Les auberges de jeunesse de Coffs Harbour, Bellingen et Nambucca organisent des visites guidées de Dorrigo National Park.

Urunga et Mylestom
Urunga, à environ 20 km au nord de Nambucca, est une paisible bourgade située à l'embouchure de la Bellinger et de la Kalang. Le vaste estuaire, à 200 m de l'océan, est propice à la pratique des sports nautiques. Pour le surf, vous pouvez vous rendre à la plage de **Hungry Head**, au sud de la ville, mais la meilleure est sans conteste **Third Headland**, à 5 km au sud, à laquelle on accède par la Snapper Beach Rd depuis la Pacific Highway. A Urunga, l'*Ocean View Hotel* (☎ *6655 6221*), qui donne sur l'estuaire, demande 25/40 $ pour des simples/doubles, petit déjeuner compris.

Au nord d'Urunga, un embranchement mène à Mylestom, appelée aussi North Beach, une bourgade tranquille sur les rives de la Bellinger, qui bénéficie de belles plages sur l'océan. Le *North Beach Caravan Park* (☎ *6655 4250*) loue des emplacements pour tentes 10 $, des caravanes fixes 20 $ et des bungalows 25 $. On trouve aussi une auberge pour voyageurs à petit budget, le *Riverside Lodge* (☎ *6655 4245*), sur la rue principale, de l'autre côté de la rivière en entrant dans la ville. Une nuit en "dortoir" à deux lits y coûte à partir de 15 $. Plusieurs activités de loisirs sont proposées, et des bicyclettes et kayaks sont mis gratuitement à disposition. Très gentils, les propriétaires viendront vous chercher à la gare ou à l'arrêt de bus d'Urunga, voire à Coffs si vous les prévenez un jour à l'avance.

COFFS HARBOUR
• **code postal 2450**   • **60 000 habitants**
Les sportifs et amateurs d'aventure trouveront leur bonheur à Coffs Harbour, d'où ils pourront tour à tour observer les baleines et s'exercer sur un mur d'escalade. C'est aussi l'un des endroits les moins chers de la côte où obtenir votre certificat de plongée. La rue principale, Grafton St, qui fait partie de la Pacific Highway, est assez hideuse mais, heureusement, la beauté des plages et du site compense largement ce défaut. Ne manquez pas le point de vue de Beacon Hill, qui offre un superbe panorama sur les montagnes environnantes, la côte et les célèbres bananeraies.

Le centre d'informations (☎ 6652 1522, 1800 025 650, tourism@coffscoast.com.au) se situe à l'angle de Rose Ave et de Marcia St.

A voir et à faire
Les **North Coast Botanic Gardens**, à l'extrémité de Hardacre St (près de High St), valent le détour. Sur l'emplacement d'une ancienne décharge publique, ces jardins bien entretenus abritent des espèces en voie de disparition. En outre, les différents écosystèmes de forêt tropicale de la région y ont été recréés. La célèbre **Coffs Creek Walk**, qui remonte la rivière jusqu'aux abords du centre-ville, traverse les jardins.

Muttonbird Island, reliée au port par la digue nord, abrite plus de 12 000 couples de puffins à bec grêle de fin août à avril. Les œufs de cette espèce éclosent en décembre et en janvier. Depuis Muttonbird Island, vous pourrez apercevoir les baleines à bosse, ou jubartes, lors de leur migration vers le nord (en juin et en juillet) ou vers le sud (de septembre à novembre).

Plages
La plage principale, **Park Beach**, est surveillée le week-end et pendant les vacances scolaires. **Korora** possède une belle plage; vous en trouverez d'autres sur la côte jusqu'à Woolgoolga. Dans la ville même, **Jetty Beach** est plus abritée et l'on peut nager même par mer agitée.

Activités sportives
Coffs Harbour se prête à de multiples activités : belles plages de surf à Macauleys Headland et Diggers Beach, descente en rafting des rivières Nymboida et Goolang, et superbes sites de plongée au large des Solitary Islands.

Dive Depot (☎ 6652 2033) propose un cours de plongée de quatre jours à 150 $.

Absolute Adrenalin (☎ 6651 9100), 396B High St, regroupe différents opérateurs et propose un large éventail de formules pour les amateurs d'activités de plein air en tous genres – parachutisme en saut libre, rafting, plongée, surf, pêche, observation des baleines et excursions en Harley Davidson. Autre adresse pour amateurs de frissons, Goforit Adventures (☎ 6650 0129). On peut s'y renseigner en arrivant. Les petites sociétés indépendantes s'avéreront cependant peut-être plus avantageuses dans quelque temps. Voyez notamment :

Adriatic III
   (☎ 6658 4379), pêche en haute mer et observation des baleines
Coffs City Skydivers
   (☎ 6651 1167)
Dive Quest
   (☎ 6654 1930)
East Coast Surf School
   (☎ 6651 5515)
Endless Summer Adventures
   (☎ 6658 0850),
   rafting en eaux intermédiaires
Jetty Dive Centre
   (☎ 6651 1611)
Liquid Assets
   (☎ 6658 0850),
   kayak de mer, surf rafting
Mountain Trails
   (☎ 6658 3333), balades en 4x4
Skylink
   (☎ 6658 0899), vols en hélicoptère
Soaring Adventures
   (☎ 6653 6331), vols en rappel
Valery Trails
   (☎ 6653 4301), équitation
Wildwater Adventures
   (☎ 6653 4469)
WOWRafting
   (☎ 6654 4066)
Wyndyarra Estate
   (☎ 6653 8488), équitation et promenades en calèche

Circuits organisés

Gambaarri Tours (☎ 6655 4195) organise des visites culturelles et historiques dans les forêts tropicales des environs et plusieurs sites aborigènes du littoral (à partir de 45 $). Organisées à la demande, ces visites doivent impérativement être réservées.

Où se loger

A l'exception des auberges de jeunesse, les prix augmentent de 50% en période de vacances scolaires et de 100% à Noël et au Nouvel An.

Campings. L'immense *Park Beach Caravan Park* (☎ *6648 4888, Ocean Parade*) est proche de la plage. Les emplacements de tente coûtent à partir de 13 $ pour deux personnes, les caravanes se louent à partir de 28 $ et les bungalows à partir de 34 $ (forfaits semaine en basse saison).

Le *Coffs Harbour Tourist Park* (☎ *6652 1694*), sur la Highway, à deux pâtés de maisons du Club des anciens combattants (Ex-Servicemen's Club), loue des emplacements à 12 $, des caravanes fixes à 26 $ et des bungalows à 36 $. D'autres terrains jalonnent la Highway, de part et d'autre de la ville.

Auberges de jeunesse. Il y a quatre auberges dans la ville et toutes offrent des réductions sur les diverses activités proposées.

L'*Aussitel Backpackers Hostel* (☎ *6651 1871, 312 High St*) se trouve à environ 1,5 km du centre-ville et à 500 m du port. C'est un endroit vivant avec des lits en dortoir à partir de 15 $ et des doubles à partir de 36 $, un accès pour handicapés et une piscine. Les gérants, très dynamiques, vous aideront à organiser des activités de rafting, plongée, surf et autres. Ils viendront vous chercher à votre arrivée et vous conduiront en ville ou à la plage dans la journée ou au pub le soir. Coffs Creek est de l'autre côté de la route. Les canoës sont gratuits.

L'auberge YHA de la ville, *Backpackers Albany Lodge YHA* (☎ *6652 6462, 110 Albany St*), est proche du centre-ville. Les lits en dortoir coûtent 15 $, les doubles 34 $ et les chambres familiales à partir de 40 $. Des vélos et des planches de surf sont mises gratuitement à disposition. Vous trouverez également une piscine et un salon confortable. La réception est ouverte 18 heures par jour et on peut en général venir vous chercher – si vous arrivez de nuit, pensez à prévenir à l'avance. L'auberge organise également des excursions et diverses activités.

COFFS HARBOUR

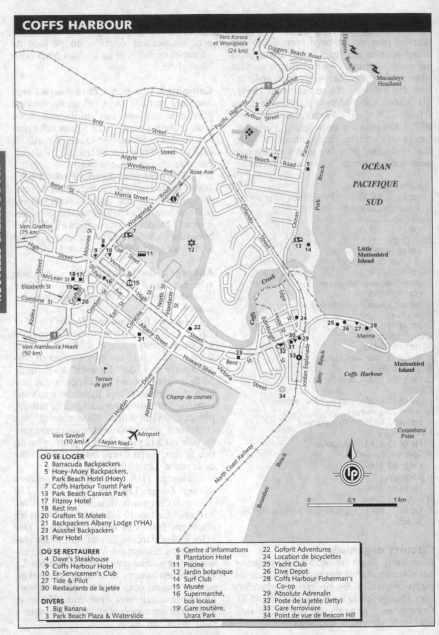

OCÉAN PACIFIQUE SUD

Little Muttonbird Island

Muttonbird Island

Corambirra Point

Vers Korora et Woolgoolga (24 km)

Diggers Beach Road

Diggers Beach

Macauleys Headland

Vers Grafton (75 km)

Vers Nambucca Heads (50 km)

Vers Sawtell (10 km)

Pacific Highway

Bray Street

Argyle Street

Wentworth Ave

Rose Ave

Beryl St

Marcia Street

Moonee St

High Street

McLean St

Elizabeth St

Combine St

Azalea Street

Park St

Grafton St

Gordon St

Curacoa St

Vernon St

Coff St

High St

North St

Hardacre St

Earl St

Albany Street

Howard Street

Victoria Street

Bent St

Coffs St

Edgar St

Hood St

Edinburgh St

Jordan Esplanade

Jetty Beach

Marina

Park Beach Road

Arthur Street

Manning Avenue

Orlando Street

Ocean Street

Park Beach

Coffs Creek

Coffs Harbour

Terrain de golf

Champ de courses

Aéroport

Airport Road

Hogbin Drive

North Coast Railway

Boambee Beach

0   0,5   1 km

OÙ SE LOGER

- 2 Barracuda Backpackers
- 5 Hoey-Moey Backpackers, Park Beach Hotel (Hoey)
- 7 Coffs Harbour Tourist Park
- 13 Park Beach Caravan Park
- 17 Fitzroy Hotel
- 18 Rest Inn
- 20 Grafton St Motels
- 21 Backpackers Albany Lodge (YHA)
- 23 Aussitel Backpackers
- 31 Pier Hotel

OÙ SE RESTAURER

- 4 Dave's Steakhouse
- 9 Coffs Harbour Hotel
- 10 Ex-Servicemen's Club
- 27 Tide & Pilot
- 30 Restaurants de la jetée

DIVERS

- 1 Big Banana
- 3 Park Beach Plaza & Waterslide
- 6 Centre d'informations
- 8 Plantation Hotel
- 11 Piscine
- 12 Jardin botanique
- 14 Surf Club
- 15 Musée
- 16 Supermarché, bus locaux
- 19 Gare routière, Urara Park
- 22 Goforit Adventures
- 24 Location de bicyclettes
- 25 Yacht Club
- 26 Dive Depot
- 28 Coffs Harbour Fisherman's Co-op
- 29 Absolute Adrenalin
- 32 Poste de la jetée (Jetty)
- 33 Gare ferroviaire
- 34 Point de vue de Beacon Hill

NOUVELLE-GALLES DU SUD

On ne peut rêver meilleure situation que celle du *Hoey-Moey Backpackers* (☎ 6652 3833, Ocean Parade), qui jouxte le Park Beach Hotel, ou le pub Hoey-Moey. Vélos, planches de surf et pick-ups sont mis gracieusement à la disposition des locataires. L'établissement, recommandé par nos lecteurs, est tenu par un homme très serviable. Comptez 15/25/36 $ en dortoir/simple/double. Les chambres disposent de s.d.b. et TV. Les locataires peuvent prendre leurs repas à l'auberge pour une somme modique.

Plusieurs lecteurs nous ont vanté la gentillesse de l'accueil au *Barracuda Backpackers* (☎ 6651 3514, 19 Arthur St), situé dans un quartier boisé près du Park Beach Plaza Shopping Centre, qui comprend un cinéma et un pub. En sus des équipements habituels, l'auberge possède une piscine agréable et un barbecue, et les propriétaires vous aideront volontiers à trouver un job pendant la saison de cueillette des fruits. Les lits en dortoir/double commencent à 14/36 $.

Hôtels et motels. Le *Fitzroy Hotel* (☎ 6652 3007, Moonee St) est un pub à l'ancienne avec des chambres à 20 $ par personne. Plus près du port, dans High St, le *Pier Hotel* (☎ 6652 2110) loue de grandes chambres bien tenues (nuitée à partir de 20 $ par personne).

Il existe plusieurs motels dans Grafton St, à l'entrée sud de la ville, qui, hors saison, louent des doubles pour 45/55 $. La *Rest Inn*, derrière le Fitzroy Hotel, propose des chambres à partir de 39 $ en basse saison. D'autres groupes de motels dans le quartier de Park Beach pratiquent des tarifs similaires.

Locations meublées. Hors saison, les appartements de deux pièces les moins chers coûtent 45 $ la nuit (tarifs dégressifs à la semaine) et 90 $ en haute saison. De nombreux propriétaires ne louent qu'à la semaine en haute saison. Le centre d'information (☎ 1800 025 650) assure les réservations.

Où se restaurer
Certains des meilleurs restaurants se trouvent dans les clubs, dont l'*Ex-Servicemen's Club*, à l'angle de Grafton St et de Vernon St (dîner complet pour 8,50 $).

Les amateurs de fruits de mer trouveront leur bonheur sur le port. Le *Coffs Harbour Fishermen's Co-op* propose des plats à emporter ainsi qu'un choix de fruits de mer et de sushi/sashimi à déguster au bar. En semaine, on déjeune pour 6 $ au *Yacht Club* tout proche. Au *Tide & Pilot*, vous jouirez d'une vue superbe tout en dégustant votre succulent plateau de fruits de mer (57,50 $ pour deux).

Comment s'y rendre
Avion. L'aéroport de Coffs, à la limite sud de la ville, est très actif. Ansett et Eastern Australia (☎ 13 1313) desservent Sydney (232 $), Impulse (☎ 13 1381) dessert Brisbane (235 $).

Bus. Tous les bus interurbains assurant la liaison Brisbane Sydney s'arrêtent à Coffs. L'arrêt des bus interurbains se trouve à Urara Park, sur l'autoroute à l'extrémité sud de la ville ; on le rejoint par Elizabeth St. Premier Motor Service (☎ 13 3410), la compagnie la moins chère, s'y arrête aussi ; elle propose un billet autorisant un nombre illimité d'arrêts entre Sydney et Brisbane pour 79 $. Voici ses tarifs pour les principales destinations à partir de Coffs : Byron Bay 36 $, Brisbane 43 $, Nambucca Heads 24 $, Port Macquarie 34 $ et Sydney 65 $. Les réservations s'effectuent à la gare ferroviaire.

La plupart des bus locaux s'arrêtent sur le parking voisin du magasin Woolworth de Park Ave. La compagnie Ryans (☎ 6652 3201) dessert Woolgoolga (6,80 $) plusieurs fois par jour, sauf le dimanche, en passant par les localités côtières situées près de la Highway. Watson's Woolgoolga Coaches (☎ 6654 1063) effectue la liaison entre Coffs Harbour et Grafton en semaine (11$). L'aller jusqu'à Woolgoolga coûte 5,50 $. Reportez-vous aux rubriques *Bellingen* et *Nambucca Heads* pour plus de détails sur les autres services locaux.

Train. La gare (☎ 6651 2757) est proche du port, à l'extrémité de High St. Le billet pour Sydney coûte 69 $, pour Brisbane 62 $.

Croisières. Coffs est un endroit propice pour une excursion le long de la côte à bord d'une vedette ou d'un yacht. Renseignez-vous ou apposez une petite annonce au yacht-club du port. Les gérants des auberges connaissent parfois des propriétaires de bateaux à la recherche d'un équipage.

Comment circuler

Coffs Harbour Coaches (☎ 6652 2877) et Sawtell Coaches (☎ 6653 3344) exploitent plusieurs lignes autour de la ville et en direction de Sawtell (sauf le dimanche pour la première de ces compagnies).

La compagnie Coffs District Taxi Network (☎ 6658 8888) officie 24h/24. Une station se trouve au coin de High St et de Gordon St.

Bob Wallis World of Wheels (☎ 6652 5102) loue des vélos près du port, à l'angle de Collingwood St et d'Orlando St.

En plus des grands loueurs, vous pouvez vous adresser à Coffs Rent-a-Car (☎ 6652 5022), qui pratique des tarifs compétitifs (à partir de 39 $/jour).

DE COFFS HARBOUR A BYRON BAY
Woolgoolga

• code postal 2456 • 3 750 habitants

A 26 km au nord de Coffs, Woolgoolga est une petite station balnéaire dotée d'une belle plage appréciée des surfeurs. Une partie de sa population est originaire de l'Inde, des Sikhs dont le gurdwara (lieu de culte) est le **temple de Guru Nanak**, près de la Highway à la limite sud de la ville.

Le *Sunset Caravan Park* (☎ *6654 1499*), propre et amical, donne sur la rivière. Une courte promenade vous mènera en ville. Comptez au minimum 14 $ pour un emplacement de camping et 36 $ pour un bungalow.

Goûtez la cuisine indienne du *Raj Mahal Restaurant* (☎ *6654 1149*) ou du *Temple View*, à côté du temple.

Au nord de Woolgoolga, **Arrawarra** est une bourgade de bord de mer dotée d'une agréable plage et d'un camping pour caravanes. **Red Rock**, un autre bourg tranquille un peu plus éloigné, est installé au bord d'une belle crique.

Des bus interurbains s'arrêtent à Woolgoolga. Des services locaux desservent Coffs Harbour, Grafton et les plages environnantes. Reportez-vous à la rubrique *Coffs Harbour* pour les horaires.

Yuraygir National Park

Le parc de Yuraygir couvre 60 km de littoral de Red Rock à Angourie Point, au sud de Yamba. Il compte de superbes plages et des sentiers de randonnée dans la lande. Plusieurs campings agréables jalonnent la côte, notamment le Illaroo Rest Area, à **Minnie Water**. On accède à ce village depuis la Pacific Highway, à 10 km au sud de Grafton. Stan Young organise des expéditions de plongée ou de pêche en haute mer depuis la ville voisine de Wooli (☎ 6649 7100).

Grafton

• code postal 2 460 • 17 500 habitants

Autrefois rurale, la gracieuse Grafton se situe à l'embouchure de l'imposante Clarence. La ville est célèbre pour ses jacarandas dont les fleurs mauves tapissent la chaussée lors du Jacaranda Festival, qui a lieu fin octobre. Grafton se tient au cœur d'une riche région agricole dans laquelle le large delta de la Clarence se compose d'un patchwork de plantations de canne à sucre.

Prentice House (1880), dans Fitzroy St, abrite une galerie d'art. Tout proche, **Schaeffer House** (1900) est un musée historique ouvert l'après-midi du mardi au jeudi, ainsi que le dimanche.

L'office du tourisme de la Clarence River (☎ 6642 4677, crta@nor.com.au) est installé au sud de la ville sur la Pacific Highway, qui traverse Grafton. Le centre-ville se situe au nord de la Clarence.

Où se loger. Les motels et les pubs ne manquent pas. Le *Crown Hotel/Motel* (☎ *6642 4000, Prince St*) est un lieu ravissant qui surplombe la rivière. Un hébergement en dortoir (12 $) est en cours d'aménagement au moment où nous mettons sous presse. Les chambres du pub coûtent 20/40 $ (30/50 $ avec s.d.b.). Autre pub ancien et accueillant, dans le même quartier, *Roches* (☎ *6642 2866, 85 Victoria St*) loue des chambres d'une propreté irréprochable à 24/30$.

Comment s'y rendre.
Des bus interurbains s'arrêtent à la station Shell, sur la Highway à Grafton-sud, non loin de l'office du tourisme. Le billet avec Premier (☎ 13 3410) coûte 49 $ pour Sydney et 34 $ pour Byron Bay. Countrylink remonte la Gwydir Highway jusqu'à Glen Innes trois fois par semaine (22 $). Watson's Woolgoolga Coaches (☎ 6654 1063) propose trois services quotidiens entre Grafton et Coffs (11$).

La plupart des bus locaux partent du centre commercial de Market Square, dans le centre-ville, près du carrefour de King St et de Fitzroy St. Un bus dessert la ville toutes les heures (☎ 42 3111).

La gare ferroviaire est située sur la rive de la Clarence, du côté de la Highway. Le tarif pour Sydney est de 75$.

De Grafton à Ballina
De Grafton, la Highway suit la Clarence vers le nord-est, passant à proximité du petit port fluvial de **Maclean**. Celui-ci célèbre ses fondateurs écossais à Pâques lors d'un festival annuel, le Highland Gathering.

A l'embouchure de la Clarence, **Yamba** (4 572 habitants) est une station en expansion dotée de belles plages. Le *Pacific Hotel* (☎ *6646 2466, Pilot St*) surplombe la plage et propose des chambres bon marché à 17,50 $ par personne. Kings Brothers Bus Service (☎ 6646 2019) affrète 5 bus par jour (moins en période de vacances scolaires et le week-end) au départ de Grafton et à destination de Yamba *via* Maclean (7 $). Un ferry se rend quatre fois par jour à **Iluka** (3 $), sur la rive nord de la Clarence, au départ de la jetée de River St.

Au sud de Yamba, **Angourie** réjouira les surfeurs expérimentés, mais attention aux courants !

Iluka mérite un détour, ne serait-ce que pour visiter sa **Nature Reserve**, inscrite au Patrimoine mondial. Elle contient la plus grande forêt tropicale du littoral de cette région. A Woody Head, vous trouverez un bon terrain de camping, dans l'enceinte du Bundjalung National Park, qui propose des emplacements de tentes à 10 $, plus 2 $ par personne supplémentaire. Il existe également des bungalows pour deux/quatre/huit personnes à 30/40/60 $. En haute saison, nous vous conseillons de réserver (☎ 6646 6134).

Iluka se situe à l'extrémité sud du **Bundjalung National Park** qui s'étend au nord vers Evans Head, entre l'autoroute et la côte. Le parc compte des plages propices au surf et de grandes zones sauvages. Les nombreux sites aborigènes du parc indiquent que l'endroit était particulièrement apprécié des Bundjalung. La route qui mène à Evans Head part de Woodburn, ou, plus haut, le long de la route à Broadwater.

Ballina
• **code postal 2478**   • **16 056 habitants**
Cette ville active, située à l'embouchure de la Richmond River, attire nombre d'adeptes de la voile et de la pêche et beaucoup la considèrent comme une enclave reposante après la Byron Bay branchée. Elle possède en outre de belles plages au nord et au sud de la ville. Pour accéder à ces dernières, prenez le ferry de Burns Point jusqu'à South Ballina.

Orientation et renseignements. Dans sa traversée de la ville, la Pacific Highway prend le nom de River St et constitue la rue principale. Le centre d'information (☎ 6686 3484, balinfo@balshire.org.au), ouvert tous les jours de 9h à 17h) est situé à son extrémité, au-delà de l'ancienne poste, aujourd'hui un tribunal.

Plages. Shelly Beach, la plage surveillée la plus proche de la ville, est très fréquentée. Pour vous y rendre, empruntez River St vers l'est, traversez North Creek par le pont et prenez la première route à droite après l'embranchement de Shaws Hotel. Cette route passe également devant la **Lighthouse Beach**. La petite plage en bordure de **Shaws Bay Lagoon** est un endroit calme pour la baignade.

Croisières fluviales. Renseignez-vous au centre d'information. MV *Bennelong* (☎ 0414 664 552) organise de nombreuses croisières. On peut par exemple remonter la

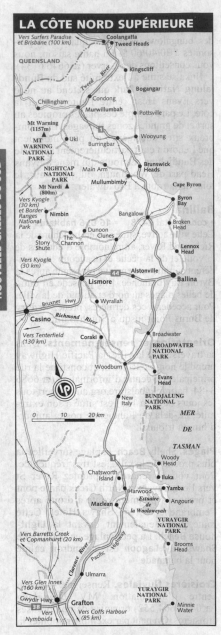

LA CÔTE NORD SUPÉRIEURE

Vers Surfers Paradise
et Brisbane (100 km)

Coolangatta
Tweed Heads

QUEENSLAND

Kingscliff

Bogangar

Condong
Chillingham
Murwillumbah

Pottsville

Mt Warning
(1157m)
MT
WARNING
NATIONAL
PARK

Uki
Burringbar

Wooyung

NIGHTCAP
NATIONAL
PARK

Main Arm

Brunswick
Heads

Mt Nardi
(800m)

Mullumbimby

Cape Byron

Vers Kyogle
(30 km)
et Border
Ranges
National
Park

Nimbin

Byron
Bay

Bangalow

Dunoon
Clunes

Broken
Head

The
Channon

Lennox
Head

Stony
Shute

Vers Kyogle
(30 km)

Alstonville

Ballina

Lismore

Wyrallah

Bruxner Hwy

Richmond River

Casino

Vers Tenterfield
(130 km)

Coraki

Broadwater

BROADWATER
NATIONAL
PARK

Woodburn

Evans
Head

New
Italy

BUNDJALUNG
NATIONAL
PARK

MER

DE

TASMAN

Woody
Head

Chatsworth
Island

Iluka

Harwood

Yamba

Maclean

Angourie

Estuaire
de
la Wooloweyah

YURAYGIR
NATIONAL
PARK

Vers Barretts Creek
et Copmanhurst (20 km)

Brooms
Head

Ulmarra

Vers Glen Innes
(160 km)

Gwydir Hwy

Grafton

YURAYGIR
NATIONAL
PARK

Minnie
Water

Vers
Nymboida

Vers Coffs Harbour
(85 km)

0　　10　　20 km

rivière jusqu'à Lismore en une journée pour
55 $ (20 $ pour les enfants). Le départ s'effectue non loin du RSL Club.

Où se loger. Au *Ballina Lakeside Caravan Park* (☎ 6686 3953), il faut compter
11 $ pour un emplacement au bord du
Shaws Bay Lagoon et entre 35 $ pour deux
personnes en bungalow. Les prix augmentent considérablement pendant les vacances
scolaires.

Le *Ballina Travellers Lodge* (☎ 6686
6737, 36-38 Tamar St) est une auberge
moderne de la YHA, où les lits en dortoir
coûtent 14 $ et les doubles 48 $. Piscine,
barbecue, bicyclettes et cannes à pêche sont
à disposition. L'établissement, l'un des
rares d'où l'on n'entend pas les bruits de la
circulation sur la Highway, loue aussi des
chambres en motel (doubles à 47 $ en basse
saison et à 85 $ pendant la période de Noël).

Le *Flat Rock Camping Ground* (☎ 6686
4848), au nord de Ballina sur la route côtière
qui mène à Lennox Head, propose des emplacements de tente à 10 $. A Ballina Quays
Marina (☎ 6686 4289), près de la grande
route au sud de Big Prawn, vous pourrez
louer des bateaux aménagés pour 10 personnes à 480 $ (en basse saison, du lundi au
vendredi). Vous disposez de plus de 100 km
de rivière navigable dans les environs.

Comment s'y rendre. La plupart des
grandes compagnies de bus s'arrêtent
au Ballina Transit Centre, situé à Big
Prawn, sur la Highway, au sud de la ville.
Les bus Countrylink s'arrêtent dans Tamar
St devant la Wigmore Arcade, qui relie
cette rue à River St.

Blanch's (☎ 6686 2144) dessert Lennox
Head (4 $) et Byron Bay (6,60 $) 7 fois/jour
(fréquence réduite le week-end) au départ
de Tamar St. Kirklands (☎ 6622 1499) relie
Ballina à Evans Head (11,60 $) et à Lismore
(9 $). Toutes deux sillonnent aussi la ville.

Lennox Head
• code postal 2478　　• 4 500 habitants
Lennox Head est une ville en rapide expansion sise sur la route côtière à mi-chemin
entre Ballina et Byron Bay. L'impression-

nant promontoire (parfait pour le delta-plane) au sud de la ville porte également le nom de Lennox Head. La ville offre les meilleures vagues de surf de la côte, particulièrement en hiver.

Où se loger. Le *Lake Ainsworth Caravan Park* (☎ 6687 7249) propose des emplacements de tente à partir de 11 $ et des bungalows à partir de 28 $ (en haute saison, il faut impérativement réserver).

De l'autre côté de la route, le *Lennox Head Backpackers Hostel* (☎ 6687 7636), affilié YHA, propre et très agréable, est apprécié d'une clientèle fidèle. Le lac et la plage sont proches et vous pouvez emprunter catamarans, planches à voile, vélos ou autres matériels. Les lits en dortoir coûtent 17 $, les trois doubles 42 $.

BYRON BAY
• code postal 2481 • 6 100 habitants

Véritable Mecque du surf et lieu de rencontre des adeptes de la culture alternative depuis les années 60, Byron Bay reste aujourd'hui l'une des stations balnéaires les courues de la côte est. Si ses habitants se plaignent des effets du tourisme, elle attire toujours pour ses superbes plages, ses concerts, ses restaurants et ses cafés. Et quand toute cette animation se fait trop pesante, l'arrière-pays réserve un splendide havre de repos.

Orientation et renseignements
Byron Bay se trouve à 6 km à l'est de la Pacific Highway. Jonson St, qui devient Bangalow Rd, est la rue commerçante.

Le Byron Environment Centre (☎ 6680 9279), installé dans un ancien cottage à la sortie de la gare ferroviaire, se charge de renseigner les touristes. Les horaires des bus sont affichés sous l'abribus. Juste à côté, Byron Bus and Backpacker Centre (☎ 6685 5517) vous fournira des renseignements, vous organisera des excursions et se chargera d'effectuer vos réservations de bus et d'hébergement. Procurez-vous les journaux locaux *Echo* et *Byron Shire News* pour vous tenir informé des manifestations locales, et les magazines hebdomadaires *Phat* et *Go* (avec l'édition du jeudi du *Northern Star*) pour les concerts et sorties.

Cap Byron
Le cap Byron fut baptisé ainsi par le capitaine Cook, en mémoire de John Byron (le grand-père du poète Lord Byron) qui avait parcouru les mers dans les années 1760. Une des pointes du cap constitue le point le plus oriental d'Australie. Vous pouvez vous rendre en voiture jusqu'au phare datant de 1901, l'un des plus puissants de l'hémisphère sud. Il existe un circuit pédestre de 3,5 km autour du cap au départ de Captain Cook Lookout, dans Lighthouse Rd. Vous pouvez donc laisser votre vélo au point de départ. Des wallabies sont visibles dans la partie forestière en fin de parcours. Les jubartes passent parfois au large du cap Byron lors de leur migration vers le nord en juin-juillet, et vers le sud de septembre à novembre. Les dauphins sont, eux, visibles tout au long de l'année.

Plages
La région de Byron comporte de nombreuses plages, des bandes de sable désertes de 10 km de long aux petites baies isolées. **Main Beach**, juste devant la ville, convient pour les baignades avec parfois de belles vagues. En fait, la plage s'étend sur plus de 50 km, jusqu'à la Gold Coast, interrompue seulement par des embouchures de rivières et quelques caps. A l'ouest de Main Beach, **Belongil Beach** fut en 1997 le théâtre d'une manifestation de défense du naturisme, suite à une plainte déposée par un habitant des environs. **Tyagarah Beach**, un peu plus loin, est désormais une plage naturiste officielle, mais bon nombre de baigneurs se dénudent bien plus près de la ville.

L'extrémité est de Main Beach, **Clarks Beach**, qui s'incurve vers le cap Byron, est idéale pour le surf, de même que le Pass, l'extrémité de Clarks Beach et **Wategos**. Vient ensuite **Little Wategos**, petite plage en forme d'anse qui longe la pointe du cap. Les dauphins croisent souvent au large de ces deux plages.

Au sud du cap Byron, **Tallow Beach** s'étire sur 7 km jusqu'à une bande rocheuse autour de Broken Head où une succession de petites plages (naturistes) jalonnent la côte jusqu'à **Seven Mile Beach**. Cette dernière s'étend jusqu'à Lennox Head, à 10 km au sud. On peut rejoindre la plage de Tallow depuis la route de Byron Bay à Lennox Head.

L'embranchement pour la "banlieue" de **Suffolk Park** (bonnes plages de surf, surtout en hiver) se situe à 5 km de Byron Bay. Un kilomètre plus loin, sur la route de Byron à Lennox Head, une route mène au terrain de camping de Broken Head.

Environ 200 m avant, la piste de Seven Mile Beach Rd part vers le sud et passe derrière la forêt tropicale de la **Broken Head Nature Reserve**. Elle se termine 5 km plus loin (à l'extrémité nord de la Seven Mile Beach), mais plusieurs sentiers traversent la forêt jusqu'aux plages de Broken Head : **Kings Beach** (parking à 750 m derrière Seven Miles Beach Rd) et **Whites Beach** (sentier à 3,25 km environ).

Activités sportives

On peut pratiquer une foule de sports aquatiques, subaquatiques ou aériens à Byron Bay. Les vagues étant assez douces, c'est l'endroit idéal pour vous essayer au surf.

Le marine park de Julian Rocks, à 3 km au large, où se rencontrent les courants froids du sud et les courants chauds du nord, attire une superbe flore marine – et de nombreux plongeurs.

Le ciel de Byron Bay fourmille de fous d'altitude en deltaplane ou en ULM, ceux qui préfèrent le plancher des vaches s'éclatant avec des cerfs-volants.

Mais pour connaître vraiment Byron, il faut goûter aux thérapies alternatives en vogue : caissons d'immersion, massages, cristaux, voyance ou Reiki.

Les auberges mettent souvent des planches de surf à disposition de leurs hôtes et pourront vous renseigner sur les excursions et les organisateurs d'activités sportives. La plupart d'entre elles se chargent aussi des réservations. Vous pouvez aussi vous adresser directement à :

Bayside Scuba
(☎ 6685 8333)
stages et expéditions de plongée

Byron Bay Dive Centre
(☎ 6685 7149)
stages et expéditions de plongée
Byron Bay Hang-gliding School
(☎ 015 257 699)
cours et vols en tandem
Byron Bay Sea Kayaks
(☎ 6685 5830)
Byron Bay Skydivers
(☎ 6684 1323)
sauts en chute libre en tandem
Flight Zone
(☎ 6685 8768)
cours de deltaplane et vols en tandem
Flying Trapeze
(☎ 6685 8000, Byron Beach Club)
cours de trapèze volant
Leading Edge Kites
(☎ 6685 5299)
vente et location de cerfs-volants
Maddog Surf Centres
(☎ 6685 6022)
vente et location de planches de surf
Nexus Surf
(☎ 6680 9999)
stages de 2/3 jours d'enviro-surf (115/195 $)
Quintessence Healing Sanctuary
(☎ 6685 5533, 8/11 Fletcher St)
Relax Haven
(☎ 6685 8304, Belongil Beachouse)
thérapies alternatives
Samadhi Floatation Centre
(☎ 6685 6905, Eastpoint Arcade, Jonson St)
thérapies alternatives
Skylimit
(☎ 6684 3711)
vols en ULM
Style Surfing
(☎ 6685 5634)
cours de surf
Sundive
(☎ 6685 7755)
cours et expéditions de plongée
Surfarest
(☎ 1800 634 951)
excursions surf de 3 jours/1 semaine
sur la côte nord (195/385 $)

Circuits organisés

Mick's Byron Bay to Bush Tours (☎ 6685 6889, 0418 662 684, bush@mullum. com.au) et Jim's Alternative Tours (☎ 6685 7720, 019 903 974) organisent des excursions d'une journée dans le spectaculaire arrière-pays de la côte nord moyennant 30 $. Ils emmènent également des groupes

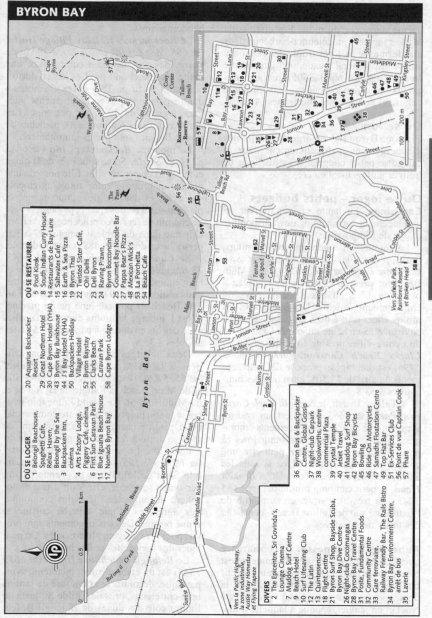

BYRON BAY

OÙ SE LOGER
1 Belongil Beachouse,
   Spaghetti Cafe,
   Relax Haven,
   Belongil by the Sea
3 Backpackers Inn,
   cinéma
   Arts Factory Lodge,
   Piggery Café, cinéma
6 First Sun Caravan Park
11 Blue Iguana Beach House
17 Nomads Byron Bay
20 Aquarius Backpacker
   Resort
29 Great Northern Hotel
30 Cape Byron Hostel (YHA)
43 Byron Bay Bunkhouse
44 J's Bay Hostel (YHA)
50 Backpackers Holiday
   Village Hostel
52 Byron Baystay
55 Clarks Beach
   Caravan Park
58 Cape Byron Lodge

OÙ SE RESTAURER
5 Pool Kiosk
8 South Indian Curry House
14 Restaurants de Bay Lane
15 Saltwater Cafe
16 Earth & Sea Pizza
19 Byron Thai
22 Twisted Sister Cafe,
   Oh! Delhi
23 Deli Byron
24 Raving P'rawn,
   Byron Bocconcini
25 Gourmet Bay Noodle Bar
27 Pappa Bear's Pizza
48 Mexican Mick's
53 La Porchetta
54 Beach Cafe

DIVERS
2 The Epicentre, Sri Govinda's,
   Lounge Cinema
7 Maddog Surf Centre
9 Beach Hotel
10 Surf Lifesaving Club
12 The Latin
13 Quintessence
18 Flight Centre
21 Byron Surf Shop, Bayside Scuba,
   Byron Bay Dive Centre
26 Night-club Cocomangas
28 Byron Bay Travel Centre
31 Poste, Fundamental Foods
32 Community Centre
33 Gare ferroviaire,
34 Railway Friendly Bar, The Rails Bistro
   Byron Bay Environment Centre,
   arrêt de bus
35 Laverie
36 Byron Bus & Backpacker
   Centre, Global Gossip
37 Night-club Carpark
38 Woolworths, centre
   commercial Plaza
39 Crystal Temple
40 Jetset Travel
41 Maddog Surf Shop
42 Byron Bay Bicycles
45 Ride On Motorcycles
47 Samadhi Floatation Centre
49 Top Hat Bar
51 Ex-Services Club
56 Point de vue Captain Cook
57 Phare

Vers le Pacific Highway,
la zone industrielle,
Aussie Way Homestay
et Flying Trapeze

Vers Suffolk Park,
Rainforest Resort
et Broken Head

aux marchés de The Channon le deuxième dimanche du mois et à Bangalow le quatrième dimanche du mois. Les circuits de Mick's incluent un déjeuner-barbecue dans une ferme de la forêt tropicale, et on s'y amuse en général beaucoup. Dreamtime Journey (☎/fax 6680 8505) propose des excursions d'une journée sur le thème de la culture et de l'histoire aborigènes (49 $).

Où se loger
Bien que Byron Bay regorge de possibilités d'hébergement, particulièrement dans la catégorie petits budgets, il est difficile de trouver un logement en été.

Où se loger – petits budgets
Campings. En haute saison, trouver un emplacement ou un bungalow disponible relève de l'impossible.

La municipalité gère quatre campings, tous proches des plages. Au *First Sun Caravan Park* (☎ 6685 6544), sur Main Beach et près du centre-ville, comptez à partir de 17 $ en basse saison pour un emplacement de tente. Les bungalows les moins chers sont à 60 $ en basse saison et environ 80 $ en haute saison. A 1 km à l'est du centre-ville, près de Lighthouse Rd, le *Clarks Beach Caravan Park* (☎ 6685 6496) est ombragé et propose des emplacements à partir de 15,50$, ainsi que des bungalows à 53 $.

A Tallow Beach, le *Suffolk Park Caravan Park* (☎ 6685 3353) est un endroit sympathique avec des emplacements ombragés (à partir de 11$) et des bungalows (à partir de 42$). Vous aurez peut-être une chance d'y trouver une place si tous les autres endroits affichent complet. A *Broken Head*, le petit camping municipal (☎ 6685 3245) est très bien situé, en surplomb de l'extrémité sud de Tallow Beach, et affiche des tarifs moins élevés.

Auberges de jeunesse. La concurrence que se livrent les auberges de jeunesse est plutôt une affaire pour les voyageurs à petit budget. Les prix varient en fonction de la demande, les plus élevés étant pratiqués à Noël et en janvier, époque à laquelle il faut

réserver. En dehors de cette période, se renseigner sur les offres spéciales et les tarifs hebdomadaires.

Le *Backpackers Holiday Village Hostel* (☎ 6685 8888, 116 Jonson St), à 300 m de l'arrêt des bus, est bien équipé avec une petite piscine et un Spa. Les lits en dortoir coûtent à partir de 18 $ et les chambres à quatre personnes, avec équipements intégrés, à partir de 20 $ par personne. Les nombreux vélos (en bon état), planches de surf et boogies sont prêtés gratuitement.

La moderne *Backpackers Inn* (☎ 6685 8231, 29 Shirley St) se situe près de la plage et à 500 m du centre-ville. Elle possède une piscine et propose entre autres agréments des vélos et des boogies. Pour gagner la plage, il suffit de traverser la pelouse, la voie de chemin de fer (avec prudence) et de franchir une dune de sable. Comptez 17 $ par personne en dortoir, et 48$ pour une double.

Le *Cape Byron Lodge* (☎ 6685 6445, 78 Bangalow Rd) est propre, confortable et bien équipé. Il est un peu éloigné du centre, mais seulement à 10 minutes à pied de Tallow Beach. Il possède une petite piscine. C'est l'auberge la moins chère de la ville, avec des lits en dortoir à partir de 12 $ et des doubles à 35 $.

Deux auberges de Byron Bay sont affiliées à la YHA. Le *Cape Byron Hostel* (☎ 6685 8788) est situé près du centre-ville et de Main Beach, à l'angle de Byron St et de Middleton St. Ce grand immeuble neuf possède son propre mini-centre commercial et sa piscine chauffée. Les tarifs sont de 19 $ en dortoir, 50 $ en chambre double ou à deux lits. La seconde, *J's Bay Hostel* (☎ 1800 678 195) se tient à l'angle de Carlyle St et de Middleton St. Tenue par un personnel serviable, elle jouit d'une atmosphère décontractée, de salles communes très agréables, d'une superbe cuisine et d'une piscine. Des aménagements sont prévus pour les voyageurs handicapés. On peut louer des bicyclettes et des boogies.

Le *Belongil Beachouse Hostel* (☎ 6685 7868) est un établissement bien tenu, sympathique, décontracté et entouré de jardins bien entretenus, près de Childe St, juste de l'autre côté des dunes de Belongil Beach.

Les vélos et les boogies sont gracieusement prêtés. Vous pourrez de surcroît profiter du *Spaghetti Cafe*, qui sert des plats excellents et sains de 8h à 22h. Les lits en dortoir coûtent à partir de 17 $, les doubles avec s.d.b. communes de 45 à 50 $. Il existe aussi quelques doubles plus confortables facturées de 70 à 125 $, ainsi que des cottages individuels entre 80 et 160 $. L'enceinte de la Belongil Beachouse renferme aussi le Relax Haven, lieu idéal pour se détendre ou s'offrir le luxe d'un massage ou d'une séance en caisson d'immersion.

Le *Belongil by the Sea* (☎ 6685 8111), voisin de la Belongil Beachouse, se compose de bungalows éparpillés dans un jardin vallonné agrémenté d'une grande piscine (chauffée en hiver). Les prix démarrent à 65 $ pour 2 personnes en chambre de type motel et à 90 $ pour les bungalows.

Bien conçu, l'*Aquarius Backpacker Resort* (☎ 1800 028 909, *Lawson St*) dispose de petits dortoirs, dotés chacun de s.d.b., TV et réfrigérateur (20 $), et de doubles (50 $), avec un coupon nourriture quotidien de 5 $ (payable à l'avance).

Les voyageurs à l'esprit peu conventionnel avec un penchant pour les soirées tardives apprécieront l'atmosphère qui règne à l'*Arts Factory Lodge* (☎ 6685 7709, *Skinners Shoot Rd*), qui propose des modes d'hébergement très variés : emplacements de tente (11 $), tipis (16 $) – veillez à ne pas laisser d'objets de valeur –, lits en dortoir (19 $) et doubles (à partir de 48 $). Au *Piggery Cafe*, qui appartient aux propriétaires de l'auberge, on vous servira des mets naturels. Vous trouverez également une salle de *cinéma* juste à côté. L'Arts Factory se situe à environ 10 mn à pied du centre-ville et des plages, mais vous pourrez aussi emprunter un vélo (gratuit pour une heure) ou prendre le minibus qui assure la navette entre l'Arts Factory et la ville. Le personnel viendra vous chercher à la descente du bus.

La *Blue Iguana Beach House* (☎ 6685 5298), dans Bay St, face au club de surf, propose des dortoirs à 4 lits (18 $/personne) en semaine – 22 $ en haute saison. Vous pourrez profiter de la terrasse, du barbecue et du matériel de surf gratuit.

Agréable et impeccable, la *Nomads Byron Bay* (☎ 6685 8695, *Lawson St*) occupe l'ancienne chambre du conseil. Elle possède une piscine et un parking privé. Prévoyez 16/40 $ pour un lit en dortoir/double et 45 $ pour une double avec s.d.b. La *Byron Bay Bunkhouse* (☎ 6685 8311, *Carlyle St*), très animée, dispose de lits en dortoirs de 12/6 lits à 12/15 $.

Où se loger – catégorie moyenne

Hôtels, motels et pensions. Le *Great Northern Hotel* (☎ 6685 6454, *Jonson St*) propose des simples/doubles à 40/50 $ en basse saison (davantage en haute saison). D'innombrables motels bordent les routes au sud et à l'ouest de la ville.

Le *Rainforest Resort* (☎ 6685 6139 ou 6685 8679, 53-59 Broken Head Rd) englobe aujourd'hui le Wheel Resort, conçu par et pour les voyageurs à mobilité réduite, et la River Oaks Guest House. L'ensemble possède deux piscines ; des sentiers serpentent dans ses jardins. La plage de Tallow Beach est toute proche. Les bungalows accessibles en fauteuil roulant démarrent à 85 $; les chambres de l'ancienne River Oaks Guest House coûtent 65 $ en basse saison mais peuvent grimper jusqu'à 150 $ à Noël.

Le *Byron Buystay* (☎ 6685 7609, 30 Marvel St) est un charmant *bed and breakfast* installé dans une jolie maison rénovée. Les simples/doubles sont louées 35/65 $ en basse saison et une double 120 $ en été. Nous vous recommandons également l'*Aussie Way* (☎ 6685 6895, 6 Julian Rocks Rd, Sunrise Beach), situé dans une "banlieue" balnéaire de Byron à environ 20 minutes à pied de la ville. Vous débourserez 25 $ en chambre double.

Locations meublées. Les maisons et appartements meublés coûtent de 300 $ par semaine en basse saison à 500 $ pendant les vacances scolaires, et 900 $ au moment de Noël. Parmi les agences de location, citons The Professionals (☎ 6685 6552), à l'angle de Lawson St et de Fletcher St, qui se charge des réservations pour les deux maisonnettes anciennes, au phare de cap Byron.

La première comporte deux chambres et coûte 600 $ la semaine (hors saison). La location de la seconde, dotée de trois chambres, s'élève à 660 $. Les prix grimpent jusqu'à 1 500 et 1 650 $ la semaine de Noël.

Où se restaurer

Surplombant Clarks Beach, le *Beach Cafe* est assez onéreux, mais offre une vue superbe. Le *Cafe DOC*, dans l'enceinte du Cape Byron Hostel, sert du café et des petits déjeuners excellents. A noter que le service est très lent.

La *South Indian Curry House* (☎ 6685 6828, 2 Jonson St) jouit d'une bonne réputation et sert des plats pour 10 $ (ouvert le soir).

Bay Lane, derrière le Beach Hotel, est bordé de restaurants en tous genres. Le *Saltwater Café* (*13 Lawson St*) fait son propre pain et sert de délicieux sandwiches le midi (autour de 8 $).

Jouxtant le bureau de poste, *Fundamental Foods* vend une foule de bonnes choses, ainsi que des fruits et légumes bio. Plus loin dans Jonson St, *Mexican Mick's* (☎ 6680 9050, 109 Jonson St), ouvert le soir du mardi au samedi, pratique des prix raisonnables : plats principaux à moins de 16 $, nombreux snacks sur la carte. Au Railway Friendly Bar, le *Rails Bistro* propose, au déjeuner comme au dîner, une cuisine originale et bon marché.

L'*Earth & Sea Pizza*, sur Lawson St, est très apprécié pour ses pizzas, comme son voisin *La Porchetta*, moins cher et plus proche de Clarks Beach. En face de l'Earth & Sea sont établis le *Twisted Sister Cafe* et le *Oh ! Delhi*, restaurant indien et bar à cocktails.

D'autres établissements sont installés sous la Feros Arcade, entre Lawson St et Jonson St : *Deli Byron*, côté Lawson St, est particulièrement agréable le matin, le *Byron Bocconcini* sert des sandwiches, simples ou de style libanais, ainsi que des salades ; le *Raving Prawn*, juste à côté, affiche un menu inventif.

Quant au *Byron Thai* du Beach Bay Motel, il propose une étonnante variété de cuisine végétarienne. *Global Gossip*, à côté de l'arrêt de bus, est un bon endroit pour boire un café tout en envoyant des e-mails.

Où sortir

La vie nocturne de Byron Bay est l'un de ses principaux atouts. Le *Railway Friendly Bar*, à côté de la gare, présente des orchestres presque tous les soirs. Au *Beach Hotel*, sur Bay St, et au *Great Northern Hotel*, des groupes se produisent le soir du jeudi au samedi, et parfois le dimanche après-midi. Les groupes en tournée y jouent. Pour danser, vous avez le choix entre le *Cocomangas*, dans Jonson St, ou le *Carpark*, dans le Plaza Shopping Centre, où la musique va du jazz à la *trance,* suivant les soirs.

Les amateurs de soirées plus calmes préféreront prendre un verre au *Top Hat*, vers la sortie de la ville sur Jonson St, qui organise des soirées cabaret. Le *Latin*, sur Fletcher St, sert des tapas et des cocktails jusque tard dans la nuit. On y danse aussi un brin sur des musiques latines.

Comment s'y rendre

Avion. L'aéroport le plus proche est implanté à Ballina, mais la plupart des avions atterrissent à celui de Coolangatta (sur la Gold Coast, dans le Queensland). Beaucoup plus important, il est relié à Sydney et à Melbourne par des vols directs. Vous devrez ensuite descendre jusqu'à Byron Bay.

Bus. De nombreux bus desservent Byron Bay. La ligne de Lismore à Brisbane, desservie par Kirklands', passe par Byron Bay et également par Murwillumbah, Ballina, Tweed Heads et l'aéroport de Coolangatta. La compagnie Blanch's (☎ 6686 2144) dessert la région et notamment Mullumbimby (4 $) et Ballina (6,60 $).

Les tarifs de Premier (☎ 13 3410) : pour Brisbane 25 $, Sydney 67 $, Coffs Harbour 36 $ et Surfers Paradise 22 $.

Train. Byron Bay se trouve sur la ligne Sydney-Murwillumbah. Un train quotidien dans chaque sens et plusieurs liaisons combinées bus/train peuvent assurer le trajet.

De Sydney (85 $), le plus rapide est l'express de 7h05 arrivant à Byron Bay à 19h30. Le train en direction du sud s'arrête en ville à 22h. Le trajet jusqu'à Coffs Harbour coûte 38 $.

Voiture ou moto. Earth Car Rentals (☎ 6685 7472) loue des véhicules d'occasion à partir de 35 $ la journée (100 km gratuits), et des voitures neuves à partir de 45 $. Jetset Travels (☎ 6685 6554) propose des petites voitures récentes pour 35 $ avec 100 km gratuits ou 45 $ par jour, kilométrage illimité.

Ride On Motorcycles (☎ 6685 6304), dans Jonson St en face de Woolworth, loue des motos à partir de 75 $ par jour, mais le permis moto est exigé.

Comment circuler
Bicyclette. Les auberges prêtent volontiers des vélos à leurs hôtes. Byron Bay Bicycles (☎ 6685 6067), dans Jonson St, loue des vélos sans changement de vitesse pour 18 $ par jour, avec casque, et des vélos avec vitesses à 20$ par jour.

DE BYRON BAY A TWEED HEADS
La Pacific Highway continue vers le nord après l'embranchement de Byron Bay jusqu'à Tweed Heads, à la frontière du Queensland. Après l'embranchement de Mullumbimby, **Brunswick Heads**, une ville de pêcheurs au bord d'un estuaire, possède plusieurs campings, des motels et des hôtels.

Quelques kilomètres plus au nord, une route mène vers **Wooyung**. La route côtière de Wooyung à Tweed Heads emprunte un itinéraire plus agréable que la Pacific Highway. Cette côte, appelée la Tweed Coast, est moins développée sur le plan touristique que la Gold Coast, plus au nord.

Bogangar (Cabarita Beach) et **Kingscliff** sont deux petites stations balnéaires situées sur la Tweed Coast. Cabarita Beach est appréciée des surfeurs et possède une très bonne auberge, l'*Emu Park Backpackers Resort* (☎ *6676 1190*). C'est l'une des auberges de jeunesse les plus propres de la région, avec des chambres spacieuses. En dortoir, comptez 15 $ la nuit (en dehors des congés scolaires, forfait pour trois nuits facturées deux). Les doubles sont à 33 $ et la suite avec TV revient à 40 $. Les vélos et les planches de surf sont prêtés et la plage se trouve à une minute. Si vous souhaitez escalader le Mt Warning (1 157 m), le personnel vous y déposera et

viendra vous rechercher moyennant 60 $ environ – assez avantageux si vous êtes plusieurs. Il va également chercher les clients qui passent plus d'une nuit à Murwillumbah, Kingscliff ou Coolangatta (Queensland).

Les bus de la compagnie Surfside (☎ 13 1230) assurent la liaison de Tweed Heads à Cabarita Beach six fois par jour en semaine, trois fois le samedi et le dimanche (4,50 $). Ils desservent régulièrement Kingscliff (3,10 $).

Murwillumbah
• code postal 2484   • 7 650 habitants

La région de Murwillumbah, dans la Tweed Valley, est productrice de bananes et de canne à sucre. C'est aussi la ville principale de cette partie de l'arrière-pays de la côte nord. Plusieurs communautés et centres de "retour à la terre" résident dans la région. Vous êtes près du Mt Warning et de la chaîne grandiose qui borde la frontière.

Le World Heritage Rainforest Centre et l'office du tourisme (☎ 6672 1340, info@tactic.nsw.gov.au) se trouvent sur la Pacific Highway, près de la gare. Ne manquez pas la **Tweed River Regional Art Gallery**, toute proche de l'auberge de jeunesse. Le **musée** (Queensland Rd) est ouvert le mercredi et le vendredi de 11h à 16h et le 4e dimanche du mois de 10h à 15h (entrée : 2 $).

Où se loger et se restaurer. Le *Mt Warning Backpackers of Murwillumbah* (☎ *6672 3763, 1 Tumbulgum Rd*), au bord de la Tweed River (à droite en traversant le pont lorsqu'on pénètre en ville), est affiliée à la YHA et jouit d'une bonne réputation. L'atmosphère est décontractée et on peut pratiquer de nombreuses activités, notamment du canoë et de l'aviron (gratuits), ainsi que des randonnées équestres. Les lits en dortoir coûtent 15 $, les chambres à deux lits/doubles 17 $ par personne.

Plusieurs pubs disposent de chambres, dont l'*Imperial Hotel* (☎ *6672 1036*), dans la rue principale en face de la poste, qui loue des simples à 20 $ et des doubles avec/sans s.d.b. à 39/34$.

Comment s'y rendre. Murwillumbah est desservie par la plupart des bus qui assurent la liaison côtière Sydney-Brisbane. Les tarifs de Premier (☎ 13 3410) au départ de la gare ferroviaire s'élèvent à 67 $ pour Sydney et 21 $ pour Brisbane. Marsh's Bus Service (☎ 6689 1220) vous conduira à Uki (4,80 $), à Nimbin (10,30 $) et à Lismore (14,20 $), Surfside à Tweed Heads (4,80 $).

Un train quotidien de Sydney (91 $) assure la correspondance avec un bus pour la Gold Coast et Brisbane.

TWEED HEADS

• ☎ 07 • code postal 2485 • 37 770 habitants
Tweed Heads délimite le sud de la Gold Coast et partage l'une de ses rues, Boundary St, avec la station plus développée de Coolangatta, dans le Queensland. Le côté nord de Boundary St, sur une petite péninsule qui va jusqu'à Point Danger sur l'embouchure de la Tweed, est dans l'État du Queensland. Cette extrémité de la Gold Coast est plus calme que les stations proches de Surfers Paradise.

Le centre d'information de Tweed Heads (☎ 5536 4244, info@tactic.nsw.gov.au) se trouve dans la partie nord de Wharf St (la Pacific Highway), au sud du gigantesque Twin Towns Services Club. Il est ouvert tous les jours de 9h à 17h (jusqu'à 13h le samedi ; fermé le dimanche).

A voir

A Point Danger, la tour du **Captain Cook Memorial** délimite la frontière. Ce monument de 18 m de hauteur a été achevé en 1970 (à l'occasion du bicentenaire du passage de Cook). Il est surmonté d'un phare à rayon laser visible en mer jusqu'à 35 km. La réplique du cabestan de l'*Endeavour* a été réalisée avec le ballast largué par Cook après que son navire se fut échoué sur le récif de la Grande Barrière. Il a été récupéré en 1968, en même temps que les canons de l'*Endeavour*. Point Danger fut ainsi nommé par Cook après que son navire eut manqué de s'y échouer.

Sur Kirkwood Rd, dans le sud de Tweed Heads, le **Minjungbal Aboriginal Cultural Centre** (☎ 5524 2109) présente des expositions historiques et culturelles. Il est ouvert quotidiennement de 9h à 16h (6 $).

Où se loger

Les possibilités d'hébergement vont jusqu'à Coolangatta et à la Gold Coast, où le choix est plus vaste (voir *Coolangatta* dans la partie *Gold Coast* du chapitre *Queensland*). Les motels bon marché de Wharf St ont souffert de la déviation de la Highway, qui contourne maintenant Tweed Heads. Certains affichent des doubles à moins de 40 $.

Comment s'y rendre

Tous les bus interurbains s'arrêtent au 209Bay St, près du Tweed Mall. Golden Gateway Travel (☎ 5536 6600) se charge de la vente des billets. Coachtrans exécute l'aller-retour vers Brisbane dans la journée pour 22 $ (aller simple : 13 $). Kirklands dessert Byron Bay pour un tarif de 14,20 $; Premier dessert quant à lui Coffs Harbour pour 49 $.

La compagnie Surfside (☎ 13 1230) assure un service fréquent vers Murwillumbah (4,80 $) et Kingscliff (3,10 $). En outre, six bus par jour relient Cabarita Beach en semaine et trois le week-end (4,50 $). L'arrêt se trouve près du Tweed Mall.

Il existe plusieurs loueurs de voitures, dont Tweed Auto Rentals (☎ 5536 8000) au centre d'information de Wharf (à partir de 20 $ par jour).

L'arrière-pays de l'extrême côte nord

Le Far North Coast Hinterland, à l'extrême nord de la Nouvelle-Galles du Sud, s'étend sur environ 60 km à l'intérieur des terres à l'ouest de la Pacific Highway. Ses montagnes, couvertes de forêt, offrent un spectacle grandiose. La région accueille aussi une population importante d'adeptes de mouvements alternatifs, dont les premiers sont arrivés à l'occasion de l'Aquarius Festival de Nimbin en 1973. Ces colons d'un nouveau style sont aujourd'hui bien intégrés dans la population.

La région qui s'étend de Lismore à la côte, appelée autrefois Big Scrub (Grande Brousse), devait ressembler à une sorte de paradis terrestre avant l'arrivée des premiers Européens. Une grande partie a été défrichée pour l'agriculture, après le passage des forestiers qui ont abattu tous les cèdres rouges. La région est aujourd'hui connue sous le nom de Rainbow Country (le pays de l'Arc-en-Ciel).

Un réseau de petites routes couvre l'arrière-pays. Si vous envisagez de l'explorer, procurez-vous la carte appelée Forestry Commission's Casino (5 $), disponible notamment dans les centres d'information de Byron Bay et de Nimbin.

Géographie

La partie nord de l'arrière-pays est de formation volcanique, composant une sorte de bol entouré de chaînes de montagnes avec, au centre, l'impressionnant Mt Warning. Les escarpements des chaînes de McPherson et Tweed forment le périmètre nord-ouest, avec le massif de Razorback à l'ouest et le massif de Nightcap au sud-ouest. Les parcs nationaux, dont certains sont inscrits sur la liste du Patrimoine mondial de l'Unesco, abritent de superbes forêts subtropicales.

Au sud de cette région, les collines abruptes alternent avec de magnifiques vallées. Certaines sont couvertes de forêt tropicale, d'autres ont été déboisées pour laisser place à l'élevage et à la culture, comme celle des noix de macadamia et du café.

Marchés et musique

Les tenants de la contre-culture de la région se retrouvent sur les marchés du week-end dont la liste suit. Les plus importants se tiennent à The Channon, entre Lismore et Nimbin, Byron Bay et Bangalow, à 7 km de Byron Bay, vers l'intérieur des terres.

Ballina
    3e dimanche, Circus Ground, Canal Rd
Bangalow
    4e dimanche, Showground
    (parc des expositions)
Brunswick Heads
    1er samedi du mois,
    derrière la station-service Ampol
Byron Bay
    1er dimanche, Butler St Reserve
The Channon
    2e dimanche, Coronation Park

Lennox Head
    2e et 5e dimanche, lac Ainsworth
Lismore
    1er et 3e dimanche, Lismore Shopping
    Square; 5e dimanche, Heritage Park
Mullumbimby
    3e samedi, musée, Stuart St
Murwillumbah
    4e dimanche, Showground
Nimbin
    3e dimanche, Community Hall, Cullen St
Uki
    3e dimanche, Old Buttery

De nombreux musiciens vivent dans les environs et jouent parfois sur les marchés ou au pub de la ville après le marché (notamment à Uki). L'édition du jeudi du *Northern Star* inclut un programme hebdomadaire des concerts et autres activités. Le magazine *Phat* et les journaux *Echo* de Byron annoncent les événements musicaux et culturels de la région.

LISMORE

• ☎ 02   • code postal 2480
• 28 400 habitants

A 35 km de Ballina, sur la Bruxner Highway en direction de la New England, Lismore est la "capitale" de l'extrême nord de l'État. Elle se trouve au bord de la Wilson River, qui se jette dans la Richmond.

Le Lismore Visitor & Heritage Centre (☎ 6622 0122, tourism@liscity.nsw.gov.au) est situé sur la Bruxner Highway (qui porte le nom de Ballina St dans la ville), à l'angle de Molesworth St, près de la Wilson. Une exposition est consacrée à la forêt tropicale (1 $) et le Big Scrub Environment Centre (☎ 6621 3278), Keen St, vend des cartes topographiques de la région.

Le **Richmond River Historical Society Museum** (☎ 6621 9993), 165 Molesworth St, est ouvert en semaine (2 $). La **Regional Art Gallery**, au 131, à côté, ouvre du mardi au dimanche (entrée gratuite).

Rotary Park, un vestige de forêt tropicale de 6 ha, a survécu à l'urbanisation. Il se compose de pins et de figuiers géants. On y accède par Rotary Drive, près de la Bruxner Highway, à 3 km à l'est du centre d'information.

La **Tucki Tucki Nature Reserve**, à 16 km au sud de Lismore, sur Wyrallah Rd, abrite des koalas. A proximité, vous trouverez un site aborigène du nom de **bora ring**, où se déroulaient des cérémonies d'initiation. Le **Lismore Koala Hospital** (☎ 6622 1233), ouvert tous les jours, se trouve dans Rifle Range Rd, près de la Southern Cross University.

Le MV *Bennelong* (☎ 0414 664 552) propose différentes croisières, notamment d'une journée à Ballina pour 55 $ (20 $ pour les enfants).

Où se loger

Le *Lismore Backpackers* (☎ *6621 6118, 14 Ewing St*) occupe l'ancien hôpital de bois de Lismore. Cet établissement agréable, près du centre-ville, compte des dortoirs à partir de 14 $ et des simples/doubles à partir de 20/32 $. Alcool et cigarettes sont interdits.

Le *Northern Rivers Hotel* (☎ *6621 5797*), situé au carrefour de Terania St et de Bridge St sur la route de Nimbin, a des chambres pimpantes et bien tenues à 20/30 $.

Où se restaurer

Si votre budget est très restreint, vous pouvez déjeuner pour seulement 2 $ au minimum et dîner pour 3 $ au *Northern Rivers Hotel* (voir ci-dessus). Physiquement et spirituellement à l'opposé, le *20000Cows Cafe*, Bridge St, ne propose que des repas végétaliens.

Comment s'y rendre

Hazelton (☎ 13 1713) assure des vols quotidiens vers Sydney, tandis que Sunstate (☎ 13 1313) dessert Brisbane trois fois par semaine.

Situé à Lismore, la compagnie de bus Kirklands (☎ 6622 1499) assure les liaisons locales et dessert des destinations plus lointaines : Byron Bay (10,50 $), Mullumbimby (11,20$), Murwillumbah (14,70 $) et Brisbane (28,70 $). Il existe une liaison pratique pour Tenterfield, New England (22 $), en semaine. Le train XPT de Sydney (85 $) s'arrête ici.

NIMBIN

• **code postal 2480**   • **650 habitants**

L'Aquarius Festival de 1973 a fait de Nimbin, dont l'industrie laitière connaissait alors un déclin, le symbole du mouvement alternatif de "retour à la terre". Aujourd'hui, la ville reste un centre très actif et accueillant, et ses alentours le lieu d'élection de nombreuses communautés. Les choses ont toutefois changé, et il arrive que des seringues et des mégots de pétards jonchent la rue principale, Cullen St.

Le **musée** de Nimbin, étrange et merveilleux, est dans Cullen St, près du Rainbow Cafe (don bienvenu). Ce n'est pasun musée ordinaire, il faut le voir pour le croire. Un marché intéressant se tient là le quatrième dimanche du mois, suivi parfois d'un orchestre local.

La compagnie Nimbin Explorer (☎ 6689 1557) vous convie à des visites de deux heures de la région de Nimbin et de ses institutions (18 $).

Nombreux sont les visiteurs à venir admirer les **Djanbung Gardens** (☎ 6689 1755), 74 Cecil St, à 5 mn à pied du centre-ville. Ce centre de permaculture (culture fondée sur un travail minimum et une couverture permanente du sol) a été créé par Robyn Francis – un disciple du maître en la matière, Bill Mollison. Le centre se visite avec un guide le mardi et le jeudi à 10h et le samedi à 11h.

La **Hemp Embassy** (☎ 6689 1842), qui se trouve juste après le parc pour caravanes, expose des produits à base de chanvre et organise des séances d'éducation sur la drogue (entrée gratuite).

Où se loger

Le camping municipal (☎ *6689 1402*) est à proximité du club de bowling (descendre la rue après le pub) : emplacements à 13 $, caravanes à 32 $ environ.

Auberge affiliée à la YHA, la *Granny's Farm* (☎ *6689 1333*) est un établissement très décontracté, entouré de terres agricoles. Pour vous y rendre, prenez Cullen St vers le nord et tournez à gauche juste avant le pont sur la rivière. Vous pourrez voir des ornithorynques dans la rivière voisine. Il dispose de lits en dortoir (15 $), de doubles (35 $) et d'une piscine. Vous avez également la possibilité de dormir dans le tipi ou dans une grande tente pour 8 $, ou de faire du camping près de la rivière (à partir de 6 $ par personne). Le sympathique gérant vous conduira sur des sites intéressants.

Sur la route de Lismone, le *Grey Gum Lodge* (☎/fax *6689 1713*) occupe une maison de bois rénovée avec goût. Il possède cinq chambres, à partir de 25/45 $ la simple/double (petit déjeuner compris), et une piscine. Ses charmants propriétaires vous serviront les repas sous la véranda si vous les prévenez suffisamment tôt.

Sundara (☎ *6633 7037*), à Billen Cliffs, à 20 minutes de Nimbin, est une communauté alternative qui propose à ses hôtes des bungalows (simples/doubles à 20/30 $), ainsi que des séances de thérapies alternatives, de yoga ou de méditation et des cours de tai-chi.

Où se restaurer

Le *Rainbow Café*, au centre-ville, dans Cullen St, est une institution de Nimbin. On y sert de délicieux gâteaux (3 $ environ) et des en-cas et repas végétariens pour 6 $ environ. Vous pourrez également y prendre le petit déjeuner, tout comme chez son voisin, le *Rick's Cafe*.

Comment s'y rendre

Le Nimbin Shuttle Bus (☎ 6680 9189) fait tous les jours la navette entre Byron Bay et Nimbin (12 $ l'aller simple). Le service de ramassage scolaire Murwillumbah-Lismore de Marsh's Bus Service (☎ 6686 7324) traverse Nimbin le matin et l'après-midi. L'aller simple depuis Murwillumbah coûte 10,70 $, depuis Lismore 6,50 $. Renseignez-vous sur les réductions "backpacker". Réservations au Nimbin Tourist Connexion (☎ 6689 1764), sur Cullen Street, en face de l'école.

LES ENVIRONS DE NIMBIN

Les paysages de la région de Nimbin sont superbes. Le massif appelé Nightcap Range était à l'origine un flanc de l'immense volcan du Mt Warning. Il s'élève au nord-est de la ville, à plus de 800 m, et une route goudronnée mène à l'un de ses plus hauts sommets, le **Mt Nardi**. La chaîne fait partie du **Nightcap National Park**. La route du Mt Nardi débouche sur une série d'autres routes et chemins longeant ou traversant la chaîne, y compris le Nightcap Track, une piste pour chevaux qui fut longtemps la route principale de Lismore à Murwillumbah. Sur la route de Googarna, la vue depuis **Pholis Gap** sur l'ouest de la chaîne est de toute beauté.

La communauté de Tuntable Falls, à environ 9 km de Nimbin, est l'une des plus importantes. Elle possède sa boutique et son école, ainsi que quelques belles maisons. A 13 km de Nimbin, on peut se rendre à pied jusqu'aux **Tuntable Falls**, des chutes de 123 m de haut.

Le bassin hydrographique de Terenia Creek constitue la partie est du parc. Une superbe balade de 700 m vous conduira aux **Protesters' Falls**, ainsi nommées d'après les campagnes des écologistes en 1979 pour stopper l'exploitation forestière et qui firent beaucoup pour la création du parc. Il existe un superbe terrain de camping gratuit à Terania Creek, mais les visiteurs sont censés n'y passer qu'une nuit. Les feux et la baignade sont interdits.

BANGALOW
• code postal 2471   • 900 habitants

Le charmant village de Bangalow se trouve à 10 minutes à l'ouest de Byron Bay et à 20 minutes en voiture de Lismore. Malgré la pauvreté de ses infrastructures d'hébergement, Bangalow mérite le détour, ne serait-ce que pour son pub sympathique, ses bons restaurants, ses bâtiments anciens et ses boutiques élégantes.

Tâchez de vous y rendre un jour de marché (4e dimanche du mois) ou à l'occasion du Billy Cart Derby (en mai), le grand événement local. La piscine naturelle, derrière le village, constitue un agréable site de pique-nique et de détente. Si vous vous trouvez dans la région la veille de Noël, ne manquez pas la grande fête en plein air de Bangalow : toute la ville se rassemble pour l'occasion.

Byron St regroupe de beaux magasins d'artisanat, de vêtements et d'antiquités. Non loin de là, vous découvrirez d'intéressants studios d'artistes tels que Bangalow Pottery, de l'autre côté de la colline, sur la route de Lismore.

NOUVELLE-GALLES DU SUD

Où se loger

Au bord de la rivière, à quelques pas des boutiques, la *Riverview Guest House* (☎ *6687 1317, 99 Byron St*) propose deux chambres doubles avec s.d.b. à 120 $ la nuit, petit déjeuner compris. Le *Bangalow Hotel* (☎ *6687 1314, Byron St*) possède trois chambres doubles à 50 $ et une simple à 30 $, petit déjeuner continental compris.

Le *Bangalow Hotel* est aussi le lieu idéal pour boire une bière et faire une partie de billard. Au *Ruby's*, le restaurant de l'hôtel, vous dégusterez un menu intéressant (plats principaux à moins de 15 $). Un peu plus bas sur Byron St, la rue principale du village, le *Baci* et le *Wild About Food* proposent des repas plus raffinés sans pour autant que les plats excèdent 20 $. Pour boire un café ou prendre un petit déjeuner tranquille, choisissez l'*Urban Café*, au pied de la colline.

MULLUMBIMBY

• **code postal 2482** • **2 870 habitants**

Connue dans la région sous le nom de Mullum, cette agréable petite localité est située dans un environnement subtropical à 5 km de la Pacific Highway, entre Bangalow et Brunswick Heads. Elle est sans doute plus connue pour sa marijuana, la *Mullumbimby Madness* (Folie de Mullumbimby), mais c'est aussi depuis longtemps un centre pour les fermiers des environs et, plus récemment, pour les groupes "alternatifs", notamment sa grande communauté *sannyasin*.

A l'ouest de Mullum, dans la Whian Whian State Forest, les **Minyon Falls** chutent d'une hauteur de 100 m dans une gorge au cœur de la forêt tropicale. De bons sentiers de randonnée, dans les environs, sont accessibles après quelques minutes de marche, depuis Repentance Creek, sur l'une des routes secondaires de Lismore à Mullum.

L'extrémité est du fameux Nightcap Track (voir *Environs de Nimbin*) se trouve au nord de la forêt domaniale de Whian Whian.

Où se loger

Outre quelques motels, le *Maca's Main Arm Camping Ground* (☎ *6684 5211, Main Arm*), situé à 12 km vers le nord, est un endroit idyllique, au pied de collines recouvertes de forêt tropicale. Il offre des aménagements corrects, avec cuisine, douches chaudes et buanderie. Comptez 6 $ par personne et 6 $ de plus par jour pour la location d'une tente. Caravanes fixes : à partir de 20 $. Pour vous y rendre, prenez Main Arm Rd et suivez les panneaux indicateurs.

Le *Commercial Hotel* (ou Middle Pub, ☎ *6684 3229*), à l'angle de Stuart St et de Burringbar St, a remporté le trophée du meilleur hébergement en pub. Les simples/doubles coûtent 20/35 $.

Comment s'y rendre

Les bus Kirklands vont de Mullum sur la route de Lismore (11,20 $) à Brisbane (21,10 $). Mullumbimby Travel (☎ 6684 1089), dans Stuart St, est l'agent de Kirklands.

Mullum est aussi sur la ligne de chemin de fer de Sydney (85 $) à Murwillumbah.

Deux routes rejoignent Mullum depuis la Pacific Highway : l'une juste au sud de Brunswick Heads, l'autre, un peu plus longue mais plus pittoresque, la Coolamon Scenic Drive, quitte la Pacific Highway au nord de Brunswick Heads, près de l'embranchement d'Ocean Shores.

MT WARNING NATIONAL PARK

L'impressionnant sommet du Mt Warning (1 160 m), qui domine la région, fut ainsi baptisé par le capitaine Cook pour signaler Point Danger près de Tweed Heads. La montagne se compose des vestiges de la cheminée centrale d'un volcan de 20 millions d'années. Elle couvrait autrefois une région de plus de 4 000 km² s'étendant de Coraki, au sud, à Beenleigh (Queensland), au nord, et de Kyogle, à l'ouest, jusqu'à la bordure orientale, aujourd'hui recouverte par l'océan. L'érosion a creusé les profondes vallées de Tweed et d'Oxley autour du Mt Warning, mais des tronçons escarpés ont survécu au nord, dans la Nightcap Range, et au sud, dans les Border Ranges.

La route qui pénètre dans le parc national part de la route de Murwillumbah à Uki. Le parking est à 6 km, au début du chemin conduisant au sommet (environ 5 km).

Celui-ci traverse en majeure partie la forêt tropicale mais le dernier tronçon est raide (très raide). Comptez 5 heures pour l'aller-retour et emportez de l'eau. Si vous atteignez le sommet avant l'aube, vous serez la première personne en Australie à voir le premier rayon du soleil ce jour-là ! Le sentier est bien balisé, mais il faut emporter une lampe de poche si vous envisagez une marche de nuit.

Où se loger
Il est impossible de camper au Mt Warning, mais le *Mt Warning Park and Tourist Retreat* (☎ *6679 5120*), sur la route qui mène au chemin du Mt Warning, loue des emplacements de tente (12 $), des caravanes fixes (à partir de 24 $) et des bungalows (35 $).Ils sont moins chers si vous restez plus d'une nuit. Vous trouverez une cuisine, une petite boutique bien approvisionnée et beaucoup d'animaux sauvages, y compris des koalas, dans ce refuge couvrant 120 hectares. Au crépuscule, on peut apercevoir des ornithorynques dans la Tweed avoisinante.

Le *Mt Warning Forest Hideaway* (☎ *6679 7277*), à 12 km au sud-ouest d'Uki sur Byrrill Creek Rd, compte de petits bungalows avec cuisine dont le tarif s'élève à 60 $ pour deux personnes ou 90 $ pour quatre. Vous pouvez aussi vous rendre au *Mt Warning Backpackers of Murwillumbah* (reportez-vous au paragraphe consacré à cette ville).

Comment s'y rendre
Un bus scolaire de la compagnie Marsh (☎ 6689 1220) va de Murwillumbah à Uki, Nimbin et Lismore en semaine. Il part de Knox Park à Murwillumbah à 7h10 et vous déposera au début de la route qui mène au Mt Warning (6 km). Les auberges de jeunesse de Murwillumbah et de Cabarita Beach organisent des excursions sur la montagne.

BORDER RANGES NATIONAL PARK
Ce parc national couvre la partie des monts McPherson située dans l'État de Nouvelle-Galles du Sud, le long de la frontière du Queensland, ainsi que quelques petits massifs avoisinants. La Tweed Range Scenic Drive, une piste panoramique recouverte de gravillons mais praticable en toute saison, traverse le parc sur un circuit de 100 km, de Lillian Rock (à mi-chemin entre Uki et Kyogle) jusqu'à Wiangaree (au nord de Kyogle, sur la route de Woodenbong). Il offre des points de vue vertigineux sur la Tweed Valley, jusqu'au Mt Warning et la côte. Pour atteindre le rocher appelé le **Pinnacle**, la poussée d'adrénaline est garantie – la marche d'une heure aller et retour depuis la route est déconseillée aux personnes sujettes au vertige.

La forêt tropicale des bords de **Brindle Creek** est époustouflante elle aussi et vous pouvez envisager plusieurs promenades depuis la zone de pique-nique.

Il existe deux terrains de camping, simples mais gratuits, sur la Tweed Range Scenic Drive : *Forest Tops*, en altitude, et *Sheep-station Creek*, 6 km plus à l'ouest et à 15 km du carrefour de Wiangaree. Ils sont équipés d'un réservoir d'eau mais mieux vaut se munir de ses propres réserves.

La région de la New England

La New England borde la Great Dividing Range et s'étend vers le nord depuis les environs de Newcastle jusqu'à la frontière du Queensland. C'est un vaste plateau d'élevage, avec de nombreux endroits propices aux randonnées dans le bush et des paysages très photogéniques. Contrairement à la moitié nord de l'Australie, cette région comporte quatre saisons distinctes. Si vous voyagez le long du littoral oriental, prenez le temps de pénétrer dans les terres de la New England afin de découvrir, loin de la frénésie touristique, un style de vie différent de celui de la côte. Empruntez la New England Highway, qui mène de Hexham, au nord de Newcastle, à Brisbane. Cette route excellente, construite comme itinéraire de remplacement de la Pacific Highway, connaît une circulation moins intense. En outre, les routes qui relient la côte à la New England Highway offrent de magnifiques panoramas, en particulier sur la Oxley Highway de Bendemeer (au nord de Tamworth) à Port Macquarie, et sur la Waterfall Way d'Armidale à Bellingen *via* Dorrigo.

Parcs nationaux

La partie est du plateau se termine par un escarpement surplombant les plaines côtières et englobant un chapelet de parcs nationaux. Le centre du NPWS d'Armidale (☎ 6773 7211) donne des informations.

TAMWORTH

• code postal 2340 • 35100 habitants

Nashville des antipodes, Tamworth est la capitale de la country. Sa population double lors du festival de country-music qui dure 10 jours en janvier et s'achève le week-end d'Australia Day par la remise de récompenses, les Golden Guitars.

A Tamworth, les objets en forme de guitare sont de mise, même architecturalement parlant, comme vous pourrez le constater au centre d'information (☎ 6755 4300, tourism@tamworth.nsw.gov.au), à l'angle de Peel St et de Murray St. Procurez-vous un plan du parcours historique (*heritage walk*) ou du Kamilaroi Walking Track.

Les passionnés de country music iront admirer les collections de photos du **Hands of Fame**, au Good Companions Hotel (près du centre d'information) et du **Noses of Fame**, au Tattersalls Hotel, dans Peel St. Ne ratez pas la guitare dorée de 12 m de haut de la **Country Collection**, dans la New England Highway. Un musée de cire est situé à l'intérieur (5 $). Vous y trouverez aussi le Longyard Hotel où se déroule une partie du festival. Les studios d'enregistrement tels que Nashgrill (☎ 6762 1652) et Hadley Records & Yeldah Music (☎ 6765 7813) se visitent sur demande.

Où se loger

Pendant le festival, la plupart des hébergements, toutes catégories confondues, affichent complet (pensez à réserver). Le *Paradise Caravan Park* (☎ 6766 3120) se trouve près du centre d'information, au carrefour d'East St et de Peel St (emplacements à 11,50 $ et caravanes fixes à partir de 31 $).

Très simple, *Country Backpackers* (☎ *6761 2600, 169 Marius St*), face à la gare ferroviaire, est d'une propreté exemplaire et jouit d'une excellente situation. Vous serez bien accueilli par les gérants. Le lit en dortoir, avec draps et petit déjeuner, coûte 15 $, et la double 35$.

La ville compte bon nombre de pubs proposant des doubles autour de 45 $. Citons, tout près de l'auberge de Marius St, le *Tamworth Hotel* (☎ *6766 2923*) pour son décor fabuleux (simples/doubles à 32/52 $, petit déjeuner compris).

Il existe de grands motels, mais la plupart sont chers. Hors saison, trouver un hébergement pour 45 $ nécessite un peu de chance.

Comment s'y rendre

Eastern Australia (☎ 13 1313) propose des vols quotidiens vers Sydney (186 $) et Impulse (☎ 13 1381) assure la liaison avec Brisbane (254 $). La plupart des bus interurbains se garent au centre d'information ; le trajet jusqu'à Sydney coûte 46 $ et à Armidale 20 $.

ARMIDALE

• code postal 2350 • 22 000 habitants

Principale ville de la région, Armidale est une étape réputée. Son altitude (1 000 m) la rend agréablement fraîche l'été et relativement froide (mais ensoleillée) l'hiver. La ville est célèbre pour ses couleurs automnales, majestueuses fin mars et début avril.

Le centre-ville est attrayant, avec sa rue piétonne, Beardy St, et quelques élégantes bâtisses anciennes. L'importante population estudiantine de l'université de la New England en fait un lieu très actif. A Armidale, l'éducation est un secteur d'activité important. En effet, outre l'université, la ville compte trois internats huppés, en particulier The Armidale School (TAS), dont les imposants bâtiments sont visibles depuis la route qui mène à Grafton et Dorrigo.

Le centre d'information (☎ 6772 4655, 1800 627 736, armvisit@northnet.com.au), au nord de la ville, à l'angle de Marsh St et de Dumaresq St, dans la gare routière, fournit plans et brochures et organise un tour de ville gratuit en trolley tous les jours à 10h.

L'Armidale **Folk Museum**, dans le centre-ville, au carrefour de Faulkner St et de Rusden St, ouvre tous les jours de 13h à 16h (entrée libre). L'excellent **New England Regional Art Museum** (entrée libre) est au sud du centre-ville, dans Kentucky St. Juste à côté, l'**Aboriginal Cultural Centre & Keeping Place** présente des expositions temporaires de grande qualité. Il se visite de 10h à 16h en semaine et de 13h à 16h le weekend (3 $).

Le **Saumarez Homestead**, sur la New England Highway entre Armidale et Uralla, est une belle demeure ancienne où sont conservés les meubles et effets des riches éleveurs qui l'avaient fait construire.

La région d'Armidale est connue pour ses magnifiques gorges et chutes, plus spectaculaires encore après la saison des pluies. Les plus belles sont les **Wollomombi Falls**, 39 km à l'est d'Armidale, près de la route en direction de Grafton et Dorrigo, et les **Dangar's Falls**, 22 km au sud-est de la ville près de la route de Dangarsleigh. Des campings rudimentaires sont à votre disposition près de ces deux chutes.

Circuits organisés

Waterfall Way Tours (☎ 6772 2018), implanté dans les Creekside Cottages, emmène de petits groupes au départ d'Armidale pour des circuits axés sur l'histoire naturelle des parcs nationaux du World Heritage situés entre Armidale et Coffs Harbour. L'organisateur est diplômé de sciences de l'environnement et connaît parfaitement la flore et la faune locales.

Où se loger

Le *Pembroke Caravan Park* (☎ 6772 6470), à environ 2km à l'est de la ville sur Grafton Rd, propose des emplacements à partir de 12 $, des caravanes fixes à 20/25 $ pour une/deux personnes et des bungalows entre 32/37 $ et 42/48 $. Vous pouvez aussi dormir dans un gigantesque dortoir doté de séparations et géré par la YHA pour 15,50 $

la nuit. Si vous êtes en famille, des bungalows avec s.d.b. au tarif des auberges de jeunesse sont disponibles.

Beaucoup plus pratique, le *Wicklow Hotel* (☎ 6772 2421), à l'angle de Marsh St et de Dumaresq St, en face de la gare routière, propose de confortables chambres de style pub à partir de 20/36 $ par personne. Le *Tattersalls Hotel* (☎ 6772 2247), sur la rue piétonne et à l'abri du bruit des voitures, loue des chambres à partir de 25/40 $, un peu plus avec s.d.b.

Il existe plus de 20 motels, mais les seuls avec des doubles à moins de 50 $ sont le *Rose Villa Motel* (☎ 6772 3872) à 43/45 $ et *Hideaway Motor Inn* (☎ 6772 5177) à 42/45 $. Ces deux établissements sont situés sur la New England Highway, dans la partie nord de la ville.

Smith House (☎ 6772 0652) est une ancienne résidence universitaire aujourd'hui ouverte au public pour 25/38 $. La pension complète revient à 12 $ (repas pris en réfectoire).

Les *Creekside Cottages* (☎ 6772 2018, 5 Canambe St), répartis sur 1,5 hectares au bord d'une rivière, fonctionnent en Bed & Breakfast (chambres à 60/80 $, petit déjeuner à 5 $). Les hôtes participent aux circuits organisés par le propriétaire dans les parcs nationaux (voir plus haut *Circuits organisés*) bénéficient de tarifs préférentiels.

Comment s'y rendre

Eastern Australia (☎ 13 1313) et Hazelton (☎ 13 1713) desservent Sydney (190 $), celle-ci proposant parfois des réductions intéressantes (79 $). Impulse assure des vols pour Brisbane (243 $).

Countrylink (☎ 13 2232), McCafferty's et Greyhound Pioneer desservent toutes Armidale. Keans (1800 625 587) assure les liaisons sur Coffs Harbour et Port Macquarie *via* Dorrigo. Tarifs depuis Armidale : 53 $ pour Sydney, 48 $ pour Brisbane, 18 $ pour Tamworth, 16 $ pour Dorrigo, 23$ pour Bellingen, 24$ pour Coffs Harbour et 40$ pour Port Macquarie. Countrylink relie Armidale à Glen Innes moyennant 11 $.

Le trajet en train depuis Sydney coûte 69 $.

Comment circuler

L'University of New England (☎ 6773 2316) loue des bicyclettes pour une demi-journée/journée/semaine pour 9/17/35 $.

Realistic Car Rentals (☎ 6772 3004), à l'angle de Rusden St et de Dangar St, loue des voitures à partir de 45 $ par jour, assurance incluse et avec 100 km gratuits.

La côte sud

Beaucoup moins visitée que celle du nord de Sydney, la côte qui s'étend du sud de la ville jusqu'à la frontière du Victoria recèle de magnifiques paysages, de belles plages, de bons spots de surf et de plongée, de charmants villages de pêcheurs, des vestiges historiques et des forêts impressionnantes. La Princes Highway suit la côte de Sydney à Wollongong jusqu'à la frontière du Victoria. Cet itinéraire pour se rendre à Melbourne est beaucoup plus intéressant que la Hume Highway, quoique plus long. On peut aussi se rendre dans les Snowy Mountains, distantes de 150 km de Sydney, par la côte sud.

La région regorge d'excellentes pensions, hôtels et terrains de camping, et l'on peut y pratiquer des activités aussi variées que la plongée, le deltaplane, le vol en chute libre, la moto, l'équitation, la pêche, la spéléologie ou la randonnée. Vous pourrez aussi survoler les paysages et visiter les îles. Pour plus de détails, adressez-vous aux centres d'information de chaque district.

Comment s'y rendre

La compagnie Hazelton (☎ 13 1713) dessert Merimbula et Moruya depuis Sydney, et la compagnie Kendell (☎ 13 1300, 6922 0100 à Wagga Wagga) assure des vols de Melbourne à Merimbula.

Greyhound Pioneer parcourt la Princes Highway. Les bus en provenance de Sydney atteignent Batemans Bay en 6 heures (38 $), Narooma en 7 heures (47 $), Bega en 8 heures (54 $) et Eden en 9 heures (60 $). Le Sapphire Coast Express (☎ 4473 5517) se rend de Batemans Bay à Melbourne (61/110 $ aller simple/ aller-retour) deux fois par semaine.

Une compagnie basée à Nowra, Pioneer Motor Service (☎ 4423 5233), assure des liaisons routières entre Eden et Sydney (49 $) et Eden et Melbourne (40 $). Pour de courtes distances le long de la côte, elle propose des tarifs beaucoup moins élevés que ceux des grandes compagnies. Countrylink (☎ 13 2242) dessert aussi Bega sur son itinéraire quotidien Eden-Canberra (36$) : Bega-Canberra (29 $) et Bega-Eden (8 $).

La société Murrays (☎ 13 2251) assure des liaisons quotidiennes entre Canberra et Batemans Bay (21,75$) et dessert aussi les localités de la côte en direction de Narooma, au sud (32,95 $ depuis Canberra, 13,90 $ depuis Batemans Bay).

Le train de Sydney va vers le sud jusqu'à Bomaderry (Nowra) : à partir de 12,80 /15,40 $ aller simple/aller-retour.

WOLLONGONG

• code postal 2500   • 185 400 habitants

A seulement 80 km au sud de Sydney, c'est la troisième ville de l'État par sa taille. Cette ville industrielle possède les plus grandes aciéries d'Australie, à Port Kembla. Wollongong présente également de superbes plages pour les amateurs de surf et un magnifique arrière-pays.

Le nom générique d'Illawara s'applique souvent à Wollongong et à ses environs, en référence aux collines situées derrière la ville (Illawara Escarpment) et au lac côtier Illawara au sud.

Orientation et renseignements

La ville s'organise autour de la principale rue commerçante, Crown St, et du quartier piétonnier entre Kembla St et Keira St (cette dernière correspondant à la Princes Highway). La circulation contourne la ville par la Southern Freeway.

Le centre d'information (☎ 4227 5545, 1800 240 737, fax 4226 6629, tourism@ wollongong.nsw.gov.au), à l'angle de Crown St et de Kembla St, ouvre tous les jours. Le bureau de poste principal se trouve dans Crown St. Celui de Wollongong East est implanté à côté du centre d'information.

Le *SpiderWeb Cafe* (☎ *4225 8677, 67 Kembla St*), premier café Internet de la région d'Illawarra, est ouvert du lundi au vendredi de 9h à 17h (fermeture à 12h le samedi). Le *Cyber Electric Cafe* se trouve dans le Mall, au 105 Crown St.

Bushcraft (☎ 4229 6748), sur Stewart St, et Kiama Adventure & Camping (☎ 4233 2999), à Kiama, vendent du matériel de randonnée et de camping. Le second peut aussi vous en louer.

A voir
Le port de Wollongong accueille une flotte de pêche dans sa partie sud, appelée **Belmore Basin**, creusée dans le roc en 1868. On y trouve une coopérative maritime (avec un marché aux poissons, un café, un restaurant) et un phare datant de 1872.

North Beach, au nord du port, a souvent de plus belles vagues que Wollongong City Beach. Dans le port même, des plages sûres accueillent les enfants. D'autres plages jalonnent la côte au nord.

La **City Gallery** (☎ 42287500), à l'angle de Kembla St et de Burelli St, est ouverte de 10h à 17h du mardi au vendredi et de 12h à 16h le week-end. L'**Illawarra Museum** (☎ 4228 0158), 11 Market St, présente notamment une reconstitution de la catastrophe minière qui frappa la ville de Mt Kembla en 1902. Il vous accueille le jeudi de 12h à 15h et le week-end de 13h à 16h (2 $).

Les fans de sports mécaniques ne manqueront pas l'**Illawarra Motoring Museum** (☎ 4228 7048, 634 Northcliffe Drive, Kembla Grange), qui expose des automobiles et des motocyclettes datant de 1906 à 1961 (ouvert les mercredi, dimanche et jours fériés et pendant les vacances scolaires ; entrée 5 $).

Le gigantesque **temple bouddhiste Nan Tien** (☎ 4272 0600), Berkeley Rd, à quelques kilomètres au sud de la ville, est ouvert aux visiteurs. Ses jardins japonais, sa pagode et son musée, lequel possède une étonnante galerie des glaces, méritent un coup d'œil. Son restaurant végétarien est ouvert de 11h30 à 14h (repas à 6 $).

Où se loger
Les hébergements ne manquent pas en ville et alentour ; en revanche, il vous faudra vous éloigner un peu plus si vous souhaitez camper. Quelques campings sont gérés par les autorités locales : le *Corrimal Holiday & Tourist Park* (☎ 4285 5688), à 6 km au nord de la ville ; le *Bulli* (☎ 4285 5677), à 11 km au nord dans Farrell Rd, près de la plage ; et le *Windang* (☎ 4297 3166), à 15 km au sud dans Fern St, proche à la fois de la plage et du lac Illawarra. Tous facturent environ 15 $ l'emplacement de tente et entre 55 et 145 $ la caravane ou le bungalow. Les prix augmentent légèrement pendant les vacances scolaires et à Noël.

La *Keiraleagh House* (☎ 4228 6765, 60 Kembla St), au nord de Market St, est une vaste auberge disposant de simples sans/avec s.d.b. à 20/25 $. Les lits en dortoir des "écuries" coûtent 15 $, mais nous ne vous les recommandons guère.

Au *Cabbage Tree Motel* (☎ 4284 4000, 1 Anama St), derrière le Cabbage Tree Hotel à Fairy Meadow, à 3,5 km au nord du centre-ville, vous débourserez 50 $ en semaine pour une grande chambre équipée de deux lits doubles. Le week-end, le tarif passe à 55 $ pour 2 personnes et 5 $ par occupant supplémentaire. La plupart des bus se dirigeant vers le nord au départ de la gare ferroviaire de Wollongong s'y arrêtent.

Le paisible *Nan Tien Temple Pilgrim Lodge* (☎ 4272 0500, Berkeley Rd, Berkeley) propose aux non-fumeurs un hébergement de qualité pour un prix raisonnable. Comptez 30 $ pour un matelas de style futon japonais en dortoir. Les simples/doubles "classiques" sont à 50/70 $. Le *Novotel Northbeach* (☎ 4226 3555, fax 4229 1705, 2-14 Cliff Rd) est l'unique cinq-étoiles de Wollongong. Situé sur le front de mer, il comprend deux restaurants, un petit casino et plusieurs bars. Les doubles coûtent à partir de 195 $.

Comment s'y rendre
Bus. La gare routière (☎ 4226 1022) se trouve au carrefour de Keira St et de Campbell St. Premier Motor Services (☎ 13 3410) dessert Sydney plusieurs fois par jour (11 $) et une fois par jour Canberra (28 $) *via* Moss Vale et les Southern Highlands, Bega (42 $), Eden (47 $), Brisbane (80 $) et Melbourne (60 $). Greyhound Pioneer

NOUVELLE-GALLES DU SUD

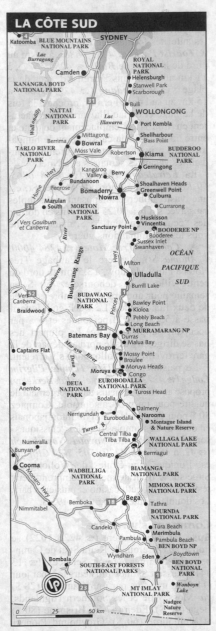

assure un service quotidien vers Sydney (19 $), Melbourne (60 $) et Brisbane (90 $).

Train. Les lignes City Rail (☎ 13 1500) rallient plusieurs fois par jour Sydney en 90 minutes environ (7,20 $ l'aller simple, 8,60 $ l'aller-retour dans la journée en période creuse). De nombreux trains poursuivent leur route vers le sud jusqu'à Kiama, Gerringong et Bomaderry (Nowra).

Du jeudi au samedi, le Cockatoo Run effectue un circuit touristique au départ de Port Kembla (☎ 1800 643 801), en traversant les Southern Highlands jusqu'à Robertson. Cette excursion offre des panoramas magnifiques, notamment lorsque le train gravit l'Illawarra Escarpment (26 $ l'aller-retour).

Comment circuler

Quatre compagnies de bus locales desservent la région : Rutty's (☎ 4271 1322), John J Hill (☎ 4229 4911), Dions (☎ 4228 9855), dont les lignes longent l'université avant de poursuivre jusqu'à Bulli, et Greens (☎ 4267 3884), dont les lignes s'étendent au nord jusqu'à Helensburgh. L'arrêt principal se situe au croisement de Crown St et de Marine Drive, près de la plage. La plupart des plages sont accessibles par le train qui assure des liaisons fréquentes. Une piste cyclable va du centre-ville à Bulli au nord et à Windang au sud. On peut louer des vélos dans le Stuart Park le dimanche et pendant les congés scolaires.

LES ENVIRONS DE WOLLONGONG

Les montagnes, connues sous le nom d'Illawarra Escarpment, se dressent de façon spectaculaire derrière Wollongong. Quelques chemins mènent aux monts Kembla et Keira, à moins de 10 km du centre-ville, mais aucun bus ne va jusque-là. Admirez la vue extraordinaire sur la ville et sur la côte depuis le **Bulli Scenic Lookout** (prononcez boule-aïe), sur les hauteurs en quittant la Princes Highway au nord de Wollongong.

Au sud, les paysages sont tout aussi admirables dès lors que vous pénétrez à l'intérieur des terres, notamment au cours de la traversée du **Macquarie Pass National**

Park vers Moss Vale ou dans la Kangaroo Valley. Ces deux itinéraires permettent d'atteindre les Fitzroy Falls et d'autres attraits du **Morton National Park**.

Au nord de Wollongong se trouvent plusieurs plages dignes d'intérêt. On peut surfer à **Sandon Point**, à **Austinmer**, à **Headlands** (surfeurs expérimentés seulement) et à **Sharkies**. Dans les pubs de Clifton et de Scarborough, l'hébergement et la restauration s'agrémentent d'une vue spectaculaire.

Sur le chemin d'Otford et du Royal National Park, le **Lawrence Hargrave Lookout** à Bald Hill, au-dessus de Stanwell Park, offre une vue superbe du haut des falaises. Ce lieu doit son nom au pionnier de l'aviation, Lawrence Hargrave, qui fit ses premiers essais dans la région au début du XXᵉ siècle. Aujourd'hui, **Stanwell Park** est un endroit fréquenté par les amateurs de **deltaplane**. Sydney Hang Gliding Centre (☎ 4294 4294) propose des cours de pilotage et des vols en tandem (à partir de 145 $). Au sud de Wollongong, le **lac Illawarra** est apprécié pour la pratique des sports nautiques.

DE WOLLONGONG A NOWRA

Au sud du lac Illawarra, **Shellharbour** est une station balnéaire réputée et l'une des plus anciennes villes de la côte. En 1830, c'était un port actif, mais l'arrivée du chemin de fer a amorcé son déclin. D'agréables plages s'étendent au nord de la ville, sur la Windang Peninsula ; pour la plongée, préférez Bass Point, au sud.

Kiama est un joli village de bord de mer célèbre pour son *blowhole*, une cavité d'où l'eau peut jaillir à 60 m de haut. Elle voisine avec un musée du patrimoine, le **Pilot's Cottage Museum**. Il y a aussi de belles plages de surf, ainsi que le fameux rocher de Cathedral Rock, sur Jones Beach. *Blowhole Point Holiday Park* (☎ *4232 2707*), le camping, est formidable lorsque le vent ne souffle pas (emplacements entre 16 et 19 $). Le *Kiama Backpackers Hostel* (☎ *4233 1881*), au 31 Bong Bong St (ce n'est pas une blague !), jouit d'une situation exceptionnelle, à 25 m seulement de la gare et à une minute de la plage. Les lits en dortoir coûtent 15 $, et les doubles débutent à 35 $.

L'enclave subtropicale de la **Minnamurra Rainforest**, qui fait partie du Budderoo National Park, se situe à 15 km à l'ouest de Kiama. Il vous sera demandé un droit d'entrée de 7,50 $/voiture. Kiama Coachlines (☎ 4232 1531) assure la desserte de ce site en semaine (départ le matin et retour l'après-midi ; 8 $ l'aller-retour).

Au sud de Kiama, à 10 km, **Gerringong** recèle de belles plages propices au surf. Le *Holiday Park* (☎ *4234 1340*), à l'extrémité nord de la plage, est géré par la ville et propose des emplacements de camping entre 15 et 22 $. La *Nesta House* (☎*4234 1249*), une auberge sur Fern St, se situe sur la colline à 300 m de Werri Beach (15 $).

SHOALHAVEN

La bande côtière qui s'étire sur 50 km du sud de Gerringong au lac Durras, au nord de Batemans Bay, est une aire de villégiature connue sous le nom de Shoalhaven. Elle inclut les parcs nationaux de Morton et de Budawang. A l'intérieur, sur la Shoalhaven River, les villes jumelles de **Nowra** et de **Bomaderry** sont les principaux lieux d'habitation. La région attire les amateurs de sports nautiques, notamment de rafting. On peut s'informer auprès du Shoalhaven Tourist Centre (☎ 4421 0778, fax 4423 2950, 1800 024 261), sur la Highway, à Bomaderry. Le bureau du NPWS (☎ 4423 2170, fax 4423 3122) est situé 55 Graham St, à Nowra.

Le **Nowra Animal Park** (☎ 4421 3949), sur la rive nord de la Shoalhaven, à 5 km à l'est de Nowra, est un endroit agréable où vous découvrirez des spécimens de la faune indigène. On peut camper dans le bush pour 9 $ (11 $ en haute saison). La *M&M's Guesthouse* (☎ *4422 8006, 1A Scenic Drive*), prisée des motards, est plus proche de la ville, sur la berge où s'élève Nowra. Le lit en dortoir coûte 20 $ et la double 45 $, avec un petit déjeuner léger. A la *White House & Coach House* (☎ *4421 2084, fax 4423 6876*), les lits en chambres de deux ou quatre lits coûtent 20 $, les simples/doubles 45/65 $, petit déjeuner léger compris, et les chambres à trois/quatre lits 80/95 $.

A l'intérieur des terres, au nord de la Kangaroo Valley, le centre d'accueil du

Morton National Park (☎ 4887 7270) se trouve aux Fitzroy Falls. Au sud de Morton, les parcs nationaux (Budawang, Deua, Wadbilliga, et South East Forests) s'étendent jusqu'à la frontière du Victoria et couvrent des zones de montagne très sauvages, idéales pour les randonnées.

Au sud de Nowra, **Booderee** ("baie de l'abondance" en aborigène) autrefois appelée Jervis Bay, est en voie de devenir une banlieue, mais **Huskisson**, l'une des plus anciennes villes de la baie, a conservé son charme. Un fascinant chemin fait de planches parcourt les marécages près du Lady Denman Heritage Complex, vers Nowra.

Le **Booderee National Park** (☎ 14443 0977) englobe la pointe de terre au sud-est de Booderee, dans la baie, propice à la baignade, au surf et à la plongée. Des emplacements de camping (à partir de 13 $) sont aménagés à Green Patch et à Bristol Point. D'autres, plus rudimentaires, vous attendent à l'aire de camping de Caves Beach, où l'on pratique le surf. Pour tous, il faut réserver par l'entremise du centre des visiteurs. L'entrée du parc coûte 5 $ par voiture pour la semaine. Les Jervis Bay Botanic Gardens, dans le parc à côté de Cave Beach, sont ouverts du lundi au vendredi de 8h à 16h, et de 10h à 17h les dimanche et jours fériés.

Le charmant village de **Milton,** à 60 km au sud de Nowra, regorge de demeures historiques. Il organise un festival d'épouvantails le dernier dimanche des vacances de Pâques, dans le cadre du Ulladulla Blessing of the Fleet Festival.

Ulladulla est au cœur d'une région de très beaux lacs, de lagons et de plages et fera le bonheur des amateurs de natation et de surf, notamment à la plage de Mollymook, au nord de la ville. Vous pourrez grimper au sommet de la Pigeon House Mountain (719 m) qui fait partie de l'impressionnant massif Budawang.

Le petit *South Coast Backpackers* (☎ *4454 0500, 63 Princes Highway*) est proche du sommet de la colline au nord du quartier commerçant. Cette petite auberge propre comprend des dortoirs à 5 lits spacieux et toutes les commodités. Un lit en dortoir coûte 16 $, en chambre double 37 $. Les gérants organisent des excursions au Murramarang National Park ou à la Pigeon House (15 $) et au Budderoo National Park (25 $) – ils reviennent vous chercher à la fin de la visite.

D'Ulladulla, les bus de Pioneer Motor Service vous mèneront à Sydney (24 $) ; à Nowra (12 $) ; à Merry Beach (à l'extrême nord du Murramarang National Park, 7,40 $) ; à l'embranchement de North Durras à East Lynne, pour rejoindre Pebbly Beach dans le Murramarang National Park (8 $), à Batemans Bay (9 $) et à Eden (31 $).

Le **Murramarang National Park** (☎ 4478 6023) est un beau parc côtier, à environ 20 km au sud d'Ulladulla, qui s'étend jusqu'à Batemans Bay. Le camping du parc (☎ 4478 6006) est situé au bord de la jolie Pebble Beach (10 $, plus 7,50 $ de droit quotidien d'usage de la voiture). Un kiosque ouvre pendant les vacances scolaires quand les emplacements sont rares. A Pebbly Beach, à environ 10 km de la grand-route et non desservie par les transports publics, vous croiserez des kangourous sauvages et des loriquets qui viendront vous manger dans la main.

Il existe des possibilités d'hébergement dans d'autres endroits du parc, de même qu'à **North Durras**, au bord d'une crique du lac Durras. Au *Durras Lake North Caravan Park* (☎ *4478 6072*), des caravanes fixes sont réservées aux voyageurs à petit budget (10 $ par lit), ainsi que des emplacements de tente à 6 $ par personne.

DE BATEMANS BAY A BEGA
Batemans Bay
• **9 568 habitants**

Le port de pêche de **Batemans Bay** est devenu l'un des plus grands lieux de villégiature de la côte sud. Le centre d'information (☎ 4472 6900, 1800 802 528) se tient en bordure de la Princes Highway près du centre-ville.

En sus de ses nombreux hôtels et motels, la ville comporte maints hébergements pour petits budgets. Le *Batemans Bay Tourist Park and YHA* (☎ *4472 4972*) se dresse sur l'Old Princes Hwy, juste au sud de la ville. Vous pourrez y passer la nuit en dortoir pour 16 $ et en double pour 18 $ par personne. Le sympathique *Beach Road Back-*

packers (☎ _4472 3644, 92 Beach Rd_), en face de la marina, à 10 minutes à pied de la poste, propose des lits en dortoir à 17 $ et des doubles à 35 $.

A environ 60 km de Batemans Bay, sur la route de Canberra, **Braidwood** est très pittoresque avec ses vieux bâtiments et une communauté florissante d'artistes et d'artisans. De là, vous pouvez randonner dans la région sauvage du **Budawang Range**.

Centre de production laitier, **Moruya,** à 25 km au sud de Batemans Bay, développe également l'ostréiculture. Une partie de la côte, au sud de la ville, est bien préservée. L'**Eurobodalla National Park** renferme des plages de part et d'autre du cap de Congo, où est aménagé un camping sommaire (5 $ l'emplacement). Prévoyez vos provisions, y compris de l'eau potable.

Narooma
• **3 389 habitants**

La station balnéaire de **Narooma** a la faveur des amateurs de pêche sportive. Le centre d'information (☎ 4476 2881), installé sur le front de mer, ouvre tous les jours de 9h à 17h. Le bureau du NPWS (☎ 4476 2798) se situe non loin de là, à l'angle de Field St et de Princes Highway.

A quelque 10 km du rivage, **Montague Island** abrite un phare et une réserve naturelle peuplée de phoques et de manchots. Des visites de l'île sont organisées par des gardes du NPWS (60 $, enfants 45 $). Ses eaux claires sont appréciées des plongeurs, en particulier de février à juin. L'accueillant **_Bluewater Lodge - Narooma YHA_** (☎ _4476 4440, fax 4476 3492, 11 Riverside Drive, naryha@sci.net.au_), près de Wagonga Inlet, dispose de lits en dortoir (16 $) et de simples/doubles (25/35 $).

Central Tilba, à 15 km au sud de Narooma, près de la grand'route, est une délicieuse petite ville bâtie au XIXᵉ siècle au moment de la ruée vers l'or. Ce site historique jalousement préservé, qui ne compte plus aujourd'hui que 70 habitants, s'est reconverti dans l'art et l'artisanat. Central Tilba est construite sur le flanc du **Mt Dromedary** (806 m), que l'on peut gravir depuis la ville voisine de **Tilba Tilba** (11 km, envi-

ron 5 heures). Il est possible de participer à une ascension organisée par Mt Dromedary Trail Rides (☎ 4476 3376) ; les excursions de deux/trois heures coûtent 40/60 $. Umbara Cultural Tours (☎ 4473 7232, fax 4473 7169) propose d'excellentes excursions dans les plus grands sites aborigènes, dont le Mt Dromedary, Mumbulla Mountain et **Wallaga Lake** (tarifs : 29 et 45 $).

Au sud du Wallaga Lake et près de la Princes Highway, **Bermagui** (1 196 habitants) est un centre de pêche rendu célèbre il y a cinquante ans par Zane Grey, le romancier-cowboy américain. De là, on visite aisément les parcs nationaux de Wallaga Lake et de Mimosa Rocks, de même que le **Wadbilliga National Park**, plus à l'intérieur des montagnes. Le centre d'information principal (☎/fax 6493 4174) est établi sur Wallaga Lake Rd, tout près du pont.

Le chaleureux **_Blue Pacific_** (☎ _6493 4921, 73 Murrah St_) accueille les voyageurs à petit budget moyennant 18 $ et loue des appartements. Il s'élève en haut d'une colline en retrait de la route qui longe la plage au nord du centre-ville. Un panneau signale la route à suivre au nord du port de pêche. Bega Valley Coaches (☎ 6492 2418) assure un service en semaine de Bermagui à Bega (12,60 $).

La route côtière de Bermagui à Tathra, dont une grande partie n'est pas goudronnée, est plus intéressante que la Highway. Elle longe le **Mimosa Rocks National Park** (☎ 4476 2888). Des campings rudimentaires sont aménagés à Aragunnu Beach, Picnic Point et Middle Beach. Vous pouvez aussi camper (mais sans installation) à Gillards Beach. L'accès au parc est gratuit, mais le camping coûte 5 $. Prévoyez de l'eau.

A l'intérieur des terres, le long de la Princes Highway, **Cobargo** est un point d'accès au Wadbilliga National Park pour les véhicules à deux roues motrices. C'est un désert accidenté, dans un environnement demeuré intact depuis des milliers d'années.

Bega
• **4 190 habitants**

Bega est une ville assez importante, près de l'intersection de la Princes Highway et de la

Snowy Mountains Highway. Le centre d'information (☎ 6492 2045) se tient dans une boutique d'artisanat à Gipps St, près du carrefour de Carp St.

La **Bega YHA Hostel** (☎ *6492 3103*) est un bâtiment moderne en brique sur Kirkland Crescent (près de Kirkland Ave, à environ 1 km à l'ouest du centre-ville). C'est un endroit agréable à 13 $ la nuit en dortoir et 34 $ en chambre double.

Le service Countrylink entre Eden et Canberra passe tous les jours à Bega (☎ 13 2242). Pioneer Motor Service roule au nord jusqu'à Sydney et vers le sud jusqu'à Eden. Les bus Greyhound Pioneer s'arrêtent sur leur parcours entre Sydney et Melbourne de même que Sapphire Coast Express, sur le trajet Batemans Bay-Melbourne.

AU SUD JUSQU'A LA FRONTIÈRE DU VICTORIA

La côte est peu aménagée et recèle de nombreuses plages attrayantes et de magnifiques forêts.

Merimbula
• **code postal 2548**   • **4 383 habitants**
Cette grande station balnéaire possède un impressionnant "lac" (qui est en fait une grande crique) et des plages sur l'océan. En dépit d'aménagements de taille, l'endroit a conservé son charme. A proximité, **Pambula** demeure une ville paisible.

Le centre d'information (☎/fax 6495 1129), sur le front de mer en bas de Market St, ouvre tous les jours de 9h à 17h. A l'extrémité est de la jetée, le petit **Merimbula Aquarium** (☎ 6495 3227), 8 Marine Parade, vous accueille tous les jours de 10h à 17h (8 $).

Proche de la plage de surf, le spacieux **Wandarrah YHA Lodge** (☎ *6495 3503, 8 Marine Parade* ; suivez les panneaux au sud du pont) possède des dortoirs (16 $) et des doubles (19 $ par personne). Il organise des excursions en minibus dans les parcs nationaux et, par temps de pluie, un "circuit surprise". La seule autre auberge de la ville est la **Mirimbula Divers Lodge** (☎ *1800 651 861, fax 6495 3648, 15 Park St, divers-lodge@acr.net.au*), juste derrière Main St. Les prix des lits et des doubles, dans

des appartements indépendants de deux chambres, démarrent à 15 $/personne et varient selon la saison et la demande. L'établissement, accrédité PADI, propose des stages de plongée et des expéditions pour aller admirer les baleines.

Eden
• **code postal 2551**   • **3 106 habitants**
A Eden, la route quitte la côte et se dirige vers le Victoria en traversant de majestueuses forêts. Cet ancien port de baleiniers sur Twofold Bay est moins touristique que les villes situées plus haut sur la côte. L'Eden Tourist Center (☎/fax 6496 1953), Imlay St, est ouvert de 9h à 17h en semaine et en périodes scolaires, et de 9h à 12h le week-end.

Au **Killer Whale Museum** (☎ 6496 2094), vous apprendrez tout sur le pêcheur de baleine qui, en 1891, fut avalé par un cétacé. Quinze heures plus tard, l'homme était expulsé du ventre de l'animal, vivant. Seuls ses cheveux avaient blanchi et tombèrent, rongés par les sucs digestifs de la baleine. Vous y verrez également le squelette d'un orque, Old Tom, chef d'un groupe d'orques qui rabattait les baleines à fanons et les baleines à bosse dans la Twofold Bay, où les baleiniers n'avaient plus qu'à les tuer. Le musée ouvre de 9h15 à 15h45 du lundi au samedi, le dimanche de 11h15 à 15h45 ; horaires élargis pendant les vacances scolaires (4 $).

Les baleines sillonnent toujours la côte d'octobre à novembre. Vous pouvez réserver une **croisière d'observation des baleines** auprès de l'Eden Tourist Centre (45 $, enfant 30 $).

L'**Australasia Hotel** (☎ *6496 1600, 60 Imlay St*) propose des lits pour petits budgets à 15 $, des chambres de style pub à 25 $ par personne et des chambres de style motel à 35 $ par personne.

Ben Boyd National Park
Au nord et au sud d'Eden s'étend le Ben Boyd National Park, un excellent endroit pour la randonnée, le camping, la natation et le surf, en particulier dans le nord, à Long Beach. Edrom Rd est la principale route d'accès.

Les Snowy Mountains

Les Snowy Moutains font partie de la Great Dividing Range, qui forme la frontière entre la Nouvelle-Galles du Sud et le Victoria. Le Mt Kosciuszko (nom d'un héros polonais de la guerre d'Indépendance américaine) constitue, avec ses 2 228 m, le plus haut sommet d'Australie. La majeure partie des *Snowies* situées en Nouvelle-Galles du Sud se trouve dans le Kosciuszko National Park, un endroit attrayant toute l'année : ski l'hiver, randonnées et superbes fleurs sauvages l'été. Les principales stations de sports d'hiver et la région la plus en altitude se trouvent à l'intérieur du parc, à l'ouest de Jindabyne. Thredbo, Perisher/Blue Cow et Smiggin Holes composent les principales stations de sports d'hiver. Charlotte Pass, Guthega et Mt Selwyn, plus au nord, sont de plus petites stations.

En été, il est possible de pratiquer le rafting sur la Murray, si les eaux sont suffisamment hautes. La saison estivale est propice aux balades équestres. Vous trouverez des centres d'équitation près de Cooma, Adaminaby, Jindabyne, Tumut et Tumbarumba.

Comment s'y rendre

Cooma constitue la porte orientale des Snowy Mountains. La route appelée Alpine Way (parfois fermée l'hiver), entre Khancoban, dans l'ouest du parc, et Jindabyne, offre les panoramas les plus spectaculaires. Le stationnement est réglementé dans le parc, notamment pendant la saison du ski : renseignez-vous auprès du NPWS ou des centres d'information de Cooma ou Jindabyne avant d'entrer dans le parc.

Impulse (☎ 13 1381) propose une liaison quotidienne entre Sydney et Cooma (282 $ en classe économique). Il n'existe pas de vol direct en provenance de Melbourne.

Les bus Greyhound Pioneer (☎ 13 2030) desservent Cooma depuis Canberra (25/48 $ aller simple/aller-retour) et Sydney (47/90 $), ainsi que Jindabyne (40/76 $ au départ de Canberra, 60/114 $ de Sydney) ; certains bus se rendent jusqu'aux stations.

Les services sont plus fréquents l'hiver. Plusieurs compagnies de cars proposent des forfaits spéciaux l'hiver depuis Sydney et Canberra.

Countrylink (☎ 13 2242) relie tous les jours Sydney, Canberra et Eden. Pour vous rendre à Melbourne, prenez le bus V-Line's Capital Link (☎ 13 6196) venant de Canberra *via* Cooma jusqu'à Sale, où vous trouverez une correspondance ferroviaire le mardi et le vendredi, ainsi que le dimanche pendant les vacances scolaires (49 $).

COOMA
• code postal 2630   • 9 780 habitants

Cooma a été le centre de construction de l'ensemble hydroélectrique des Snowy Mountains, un projet qui a fait appel à une main-d'œuvre venue du monde entier. Les drapeaux des vingt-huit nations participantes flottent sur l'**Avenue of Flags**, dans le Centennial Park, à côté du Cooma Visitors Centre (☎ 1800 636 525), 119 Sharp St. Le **Snowy Mountains Hydro-electric Scheme Information Centre** (☎ 6453 2004, 1800 623 776, www.snowyhydro.com.au), sur la Monaro Highway, à 2 km au nord de la ville, présente une exposition interactive sophistiquée ainsi que des vidéos relatives à cet impressionnant projet. On visite également les trois centrales SMA, y compris un centre souterrain, ainsi que le barrage de Tumut. Il est ouvert en semaine de 8h à 17h, le week-end de 8h à 13h.

Si vous manquez de temps pour visiter la ville à pied (des plans sont distribués au Visitors Centre), descendez au moins **Lambie St**, bordée de bâtiments historiques, et admirez l'imposante **Cooma Courthouse** de granit, Vale St, à côté du **Cooma Gaol Museum** (☎ 6450 1357). A 500 m à l'ouest s'élève le **Southern Cloud Memorial**, qui intègre une partie de l'épave du *Southern Cloud*. Cet avion s'est écrasé dans les Snowy Mountains en 1931 et n'a été retrouvé qu'en 1958.

La région compte plusieurs centres d'**équitation**. Reynella (☎ 6454 2386), Bolero Rd (bifurcation à 8 km au sud d'Adaminaby) offre essentiellement des stages comprenant de longues randonnées avec hébergement. San Michele (☎ 6454

2229), à Adaminaby, propose quant à lui des promenades de courte durée.

Où se loger

Les prix sont plus bas qu'à Jindabyne ou que dans les stations de ski, mais mieux vaut réserver longtemps à l'avance son séjour hivernal – de préférence dès l'été !

Au *Mountain View Caravan Park* (☎ 645252 4513), situé à 6 km de Cooma vers Jindabyne, les emplacements de tente coûtent 10 $ (14 $ avec l'électricité) et les caravanes fixes de 20 à 35 $.

Le chaleureux *Bunkhouse Motel* (☎ 6452 2983), à l'angle de Commissioner St et de Soho St, propose des lits en dortoir à 15 $ et des simples/doubles à 25/40$. Chaque dortoir dispose d'une cuisine et d'une s.d.b.

Tous les pubs offrent des possibilités d'hébergement. L'*Australian Hotel* (☎ 64 52 1844, 137 Sharp St), dans la rue principale, loue des chambres à 4 lits (superposés) à 20 $/personne et des chambres à 3 lits avec s.d.b. à 65 $. Si vous privilégiez le calme, choisissez le *Royal Hotel* (☎ 6452 2132), à l'angle de Sharp St et de Lambie St, où les simples/doubles avec s.d.b. commune valent 25/35 $.

Dans la petite ville de **Nimmitabel**, à 35 km au sud-est de Cooma, vous trouverez l'adorable pension *Royal Arms* (☎ 6454 6422), qui propose des simples/doubles avec s.d.b. commune à 48/85 $, ou des doubles avec s.d.b. à 120 $.

Comment s'y rendre

Tous les bus s'arrêtent à Snowtop Village, dans Sharp St, à l'est du Visitors Centre, excepté ceux de V-Line (arrêt à proximité du Centennial Park). Snowliner Travel (☎ 6452 1422), dans Sharp St face au Visitors Centre, se charge des réservations de bus. Consultez également le paragraphe *Comment s'y rendre* de la section *Snowy Mountains*.

JINDABYNE

• **code postal 2627**   • **4 300 habitants**

Jindabyne, à 56 km à l'ouest de Cooma et un peu plus en altitude, est une ville moderne sur les rives d'un lac artificiel dans les eaux duquel l'ancien village a été englouti. La baignade et la location de bateaux sont possibles l'été. Géré par le NPWS, l'excellent Snowy Region Visitor Centre (☎ 6450 5600) est installé au centre-ville, dans Kosciuszko Rd, la rue principale, en venant de Cooma. Consultez le panneau d'annonces du centre commercial Nugget's Crossing pour les emplois, l'hébergement bon marché, les offres de partage de voiture et le matériel de ski d'occasion. Paddy Pallin (☎ 6456 2922) et Wilderness Sports (☎ 6456 2966) organisent des circuits et des activités sportives dans les Snowies, notamment du VTT.

Où se loger

L'hiver suscite un afflux de visiteurs. Les prix augmentent, les chambres sont réservées des mois à l'avance, et il se révèle parfois impossible de trouver une chambre pour une nuit. Une majoration s'applique également les vendredi et samedi soir, toute l'année.

Le *Snowline Caravan Park* (☎ 6456 2099, fax 6456 2180), au croisement d'Alpine Way et de Kosciuszko Rd, dispose d'emplacements de camping à partir de 15 $ et de bungalows entre 11 et 20 $/personne. L'établissement propose mille activités d'été et d'hiver, et le personnel peut venir vous chercher gratuitement à l'arrêt de bus. Les bungalows indépendants coûtent de 34 à 150 $ (avec bains de vapeur).

La *Jindy Inn* (☎ 6456 1957, fax 6456 2057, 18 Clyde St) est une pension sympathique avec vue sur le lac. Les simples (s.d.b. et linge inclus) démarrent à 20 $ (magique !) en été et à 25 $ en hiver. L'impeccable *Sonnblick Lodge* (☎ 6456 2472, 49 Gippsland St) pratique également des prix d'été raisonnables : 30/60 $ petit déjeuner compris.

Les établissements de type motel ne manquent pas. Citons la *Banjo Patterson Inn* (☎ 6456 2372, fax 6456 1138, 1 Kosciuszko Rd), à l'extrémité est de la ville, qui offre un bon rapport qualité/prix avec des doubles à partir de 85 $ en été et de 150 $ en haute saison, petit déjeuner compris.

Locations meublées et lodges. De nombreux établissements proposent des logements pendant la saison de ski. Les principaux agents de location sont Jindabyne Real Estate (☎ 6456 2216, 1800 020 657). Le moins cher des appartements, équipé et pour six personnes, coûte environ 400 $ par semaine hors saison et à partir de 600 $ en haute saison hivernale.

KOSCIUSZKO NATIONAL PARK

Ce parc national, le plus vaste de l'État (6 900 km²), comprend des grottes, des lacs, des forêts, des stations de ski et le Mt Kosciuszko. Réputé pour son enneigement, il est apprécié l'été pour les randonnées et sa riche flore alpine. En dehors de la période d'enneigement, on peut aller en voiture jusqu'à moins de 8 km du sommet du Mt Kosciuszko, en remontant la Kosciusko Rd depuis Jindabyne jusqu'à Charlotte Pass. Des sentiers partent de Charlotte Pass, notamment celui des lacs (20 km), qui passe au Blue Lake et aux lacs Albina et Club.

Le Mt Kosciuszko et les principales stations de ski sont situés au centre et au sud du parc. De Jindabyne, Kosciuszko Rd mène au centre pédagogique du NPWS (☎ 6450 5666), à environ 15 km au nord-ouest, à **Sawpit Creek**, puis à Smiggin Holes, Perisher Valley (33 km) et Charlotte Pass. Avant Perisher Valley, une bifurcation conduit à Guthega. L'Alpine Way mène de Jindabyne à Thredbo (à 33 km de Jindabyne) et à Khancoban, dans la partie sud-ouest des montagnes, avec un accès tributaire de l'enneigement.

L'entrée au parc national (comprenant l'accès aux stations de ski) coûte 14 $ par voiture et par jour, d'où l'intérêt de prendre un forfait annuel à 60 $ – reportez-vous à la section consacrée aux *Parcs nationaux*, au début de ce chapitre. Les motos paient 6 $ (forfait annuel 40 $), de même que les passagers des bus (droit généralement inclus dans le prix du billet).

Où se loger

Le camping sauvage est autorisé dans la plus grande partie du parc. La *Kosciuszko Mountain Retreat* (☎ *6456 2224*) se trouve

sur la route qui part du centre des visiteurs de Sawpit Creek. C'est un endroit agréable dans le bush, qui dispose d'emplacements de camping sans/avec électricité à partir de 12,50/18 $ (jusqu'à 19/27 $ en haute saison) et de bungalows entre 53 et 163 $. Les chalets avec s.d.b. démarrent à 83 $; ils peuvent atteindre 260 $ en haute saison (séjour minimal de 2 nuits).

Il existe de nombreuses possibilités de logement dans les stations de ski. Vous trouverez une auberge de jeunesse affiliée YHA à Thredbo – voir *Où se loger* dans la section consacrée à Thredbo.

Comment s'y rendre

Greyhound Pioneer est le principal transporteur dans la région. En hiver, de nombreux bus depuis Sydney et Canberra desservent Cooma et Jindabyne, d'où des navettes mènent aux stations. Le billet coûte 17 $ de Jindabyne à Smiggin Holes (30 minutes), 17$ pour Thredbo (environ 1 heure) et 15 $ pour Perisher (45 minutes). En été, des bus vont à Thredbo (44 $ de Canberra), mais pas quotidiennement.

En hiver, il est généralement possible d'aller en voiture jusqu'à Perisher Valley, mais vous devrez emporter des chaînes – même s'il n'y a pas de neige – afin de pouvoir en équiper vos pneus si nécessaire. Ne négligez pas cette précaution, car vous vous exposeriez, dans le cas contraire, à une amende importante.

La manière la plus simple et la plus sûre d'aller à Perisher et Smiggins en hiver est de prendre le Skitube (☎ 64562010), un chemin de fer qui serpente à travers une série de tunnels jusqu'à Perisher Valley et Blue Cow depuis Bullocks Flat, à la limite des pistes, sur l'Alpine Way. Un billet aller-retour (dans la journée) de Bullocks Flat à Mt Blue Cow ou à Perisher coûte 25 $ (enfant, 14 $), et il existe des forfaits incluant les remontées mécaniques (une journée 75 $, enfant 42 $).

Vous pouvez louer des équipements de ski à Bullocks Flat où vous trouverez des casiers-consigne et un parking de nuit.

Le Skitube assure un service plus réduit en été.

SKI ET STATIONS DE SPORTS D'HIVER

Même si, en Australie, la saison de ski débute officiellement pendant le long week-end de début juin et s'achève début octobre, la plupart du temps, on ne peut être sûr de trouver de la neige qu'en juillet, août et septembre. Toutes les stations sont cependant aujourd'hui équipées de canons à neige qui pallient les insuffisances de la nature.

Quand la neige et le soleil sont au rendez-vous, le ski peut être fantastique. Les pentes douces des Alpes australiennes sont un paradis pour les amateurs de ski de fond, très populaire ici. Le parc national possède quelques-unes des pistes les plus connues, de Kiandra à Kosciuszko et à la Grey Mare Range, de Thredbo ou Charlotte Pass au sommet du Mt Kosciuszko et à la piste de Jagungal. Les vieilles baraques des gardiens de troupeaux restent souvent la seule possibilité d'hébergement pour ceux qui n'ont pas de tente.

Il existe de nombreuses possibilités de courses de ski de fond (style classique ou skating) dans la Perisher Valley. Les mordus feront grimper leur taux d'adrénaline sur les pentes raides de la Main Range, près de Twynam et de Caruthers. En hiver, les alpinistes s'entraînent sur les falaises proches du Blue Lake. Diverses compétitions nationales et internationales et courses sont organisées à Perisher et à Thredbo.

Le surf des neiges est la nouvelle activité à la mode dans le High Country. De ce fait, vous pouvez louer du matériel et prendre des cours partout, et les principales stations ont aménagé des pistes spéciales.

Les stations de ski australiennes n'offrent pas la même vie nocturne frénétique que les stations européennes, mais ceci est compensé par l'existence de bars excellents et les nombreuses fêtes organisées dans les lodges.

Enneigement

Pour plus de renseignements sur l'enneigement et l'état des routes, téléphonez à l'un des centres d'accueil des visiteurs. Des renseignements enregistrés sont diffusés par téléphone (☎ 1900 912 370). Deux stations diffusent un bulletin téléphonique sur l'en-neigement : Thredbo (☎ 1900 934 320) et Perisher Blue (☎ 1900 926 664). Pour les bulletins relatifs au ski de fond, vous pouvez téléphoner au ☎ 1900 926 028. La plupart des stations de radio entre Sydney et Melbourne donnent elles aussi toutes les heures un bulletin d'enneigement.

Hébergement

Le moyen le moins coûteux d'aller aux sports d'hiver consiste à réunir un groupe d'amis et de louer un appartement meublé ou un lodge. Les prix varient énormément, donc renseignez-vous autour de vous. Prévoyez d'emporter autant de provisions que possible, car les prix sont élevés dans les stations. La plupart des agences de voyages peuvent effectuer tout type de réservations dans les stations. Parmi les spécialistes, citons le Snowy Mountains Reservation Centre, alias Ski 'n' Save (☎ 6456 2633, 1800 020 622), Perisher Blue Snow Holidays (☎ 6456 1084, 1300 655 811) et Thredbo Resort Centre (☎ 6459 4294, 1800 020 589, www.thredbo.com.au). Le New South Wales Travel Centre (☎ 13 2077) de Sydney effectue également des réservations.

L'hébergement reste meilleur marché dans des villes comme Jindabyne, et surtout Cooma, qui sont plus éloignées des pistes. Des bus font la navette entre Jindabyne, Cooma et les stations de ski le matin et en fin d'après-midi.

Thredbo

• altitude 1 370 m

Thredbo possède les plus longues pistes de ski (plus de 3 km, avec un dénivelé de 670 m pour la plus importante), et la station est l'une des meilleures d'Australie. Un forfait adulte pour la journée coûte 64 $, un forfait de 5 jours 275 $. Avec en plus des cours pour débutants/skieurs expérimentés, comptez 64/85 $ pour une journée et 250/340 $ pour 5 jours. Les tarifs des cours collectifs démarrent à 35 $. La station comporte une piste pour débutants, la Friday Flat, munie d'un télésiège fonctionnant à vitesse réduite.

En été, Thredbo présente également des attraits, contrairement aux autres stations.

Les neiges du Mt Feathertop dans les Victorian Alps (Victoria)

Kata Tjuta, ou monts Olgas au cœur de l'Uluru-Kata Tjuta National Park (Terrritoire du Nord)

RICHARD I'ANSON

RICHARD I'ANSON

CHRISTOPHER GROENHOUT

L'Opera House et le Sydney Harbour Bridge

SIMON BRACKEN

Prêt à prendre La vague (Manly Beach, Sydney)

GREG ELMS

Une reine du Mardi Gras

C'est un lieu de randonnée très fréquenté, avec de nombreux sentiers offrant de belles perspectives, et réputé pour sa flore sauvage. Le télésiège qui grimpe au sommet du Crackenback fonctionne aussi l'été (18 $ l'aller-retour). Du sommet, une marche de 2 km mène à un point de vue sur le Mt Kosciuszko, et un sentier de 7 km conduit au sommet de la montagne elle-même. Pensez à emporter des vêtements adéquats car le temps peut changer très vite, même en été – il reste parfois de la neige après Noël.

Où se loger. Le *Thredbo YHA Lodge* (☎ *6457 6376*), au personnel très serviable, coûte 16 $ la nuit (19 $ par personne en chambre à deux lits) en dehors de la saison de ski et, en saison, à partir de 38 $ par personne en semaine et de 283 $ pour 7 jours. Normalement, il faut s'inscrire à un tirage au sort avant le mois d'avril pour obtenir des places en hiver ; renseignez-vous toutefois sur d'éventuelles annulations. On trouve plus aisément un lit l'été. Le YHA Travel Centre de Sydney (☎ 9261 1111) est le meilleur endroit pour se renseigner sur le Thredbo Lodge.

Bien que les prix baissent en été, ne vous attendez pas à des affaires mirobolantes. A la *House of Ullr* (☎ *6457 6210*), l'un des endroits les moins chers de Thredbo, il vous faudra tout de même débourser 79 $ pour une double (295 $/personne en hiver pour deux jours, un dîner et deux petits déjeuners inclus).

Près de Bullocks Flat, un joli terrain de camping gratuit (mais rudimentaire), appelé *Thredbo Diggings,* se niche entre Jindabyne et Thredbo, près du Skitube.

Perisher Blue
• altitude 1 680 m
La station de Perisher Blue, qui englobe Perisher Valley, Smiggin Holes, Mt Blue Cow et Guthega, compte 50 remonte-pentes accessibles avec un seul forfait. La station est appréciée pour la grande variété de ses pistes, permettant de pratiquer le ski de fond sur ses quelque 1 250 hectares enneigés, le ski de vallée et le *bowl skiing*. En outre, des pistes réservées au surf sont amé-

nagées. Le soir, vous pouvez également pratiquer le surf sur les pistes de ski alpin. Vous trouverez par ailleurs des cours de snowboard si vous le souhaitez.

Le forfait adulte pour 1 journée/5 jours revient à 64/275 $ (il existe aussi des forfaits de 2 et 3 jours), et le forfait avec cours à 86/350 $ (64/240 $ pour les débutants). Ces combinés forfait-cours permettent de bénéficier de réductions de plus de 50% sur le Skitube. Pour tout renseignement sur la région de Perisher Blue, appelez le ☎ 6456 1084 ou ☎ 1800 066 177, ou connectez-vous sur www.perisherblue.com.au.

Les possibilités d'hébergement ne manquent pas à Perisher Valley et Smiggin Holes (4 000 lits !) mais s'avèrent souvent très onéreuses. Parmi les établissements les moins chers, citons *The Lodge* (☎ *6457 5341, fax 6457 5012*), à Smiggin Holes, qui facture de 155 à 170 $ par personne en demi-pension.

Charlotte Pass
• altitude 1 780 m
Au pied du Mt Kosciuszko, voici la plus haute, la plus ancienne et la plus isolée des stations australiennes. En hiver, il faut emprunter un véhicule à chenilles pour parcourir les huit derniers kilomètres depuis Perisher Valley (23$). Cinq télésièges desservent des pistes, assez courtes mais à l'écart de la foule, et le site est idéal pour les randonnées à ski. Le forfait coûte 62 $, mais il existe un billet Day Tripper à 64 $ comprenant le transfert jusqu'aux pistes, le forfait et un déjeuner au Chalet. On vous prendra devant le bureau d'information de Charlotte Pass Village (☎ 6457 5247), à l'arrivée du Perisher Skitube.

Le *Southern Alps Ski Club* (☎ *6457 5223*) dispose d'hébergements à Charlotte Pass (comme à Perisher et Thredbo). Les chambres sont confortables ; les simples avec s.d.b. débutent à 25 $ en été.

Le vénérable *Kosciusko Chalet* (☎ *6457 5245, fax 6457 5362*) est le lodge le plus somptueux de la station. En hiver, comptez un minimum de 391 $ par personne pour le transport et un séjour de deux nuits avec 3 repas, et de 483 $ pour 3 jours.

Mt Selwyn

• altitude 1 492 m

La station de Mt Selwyn (☎ 6454 9488, 1800 641 064), à mi-chemin entre Tumut et Cooma, est la seule de la partie nord du parc national. Elle possède 12 remonte-pentes particulièrement appréciés des débutants et des familles. Le forfait à la journée coûte 38 $ et les groupés forfait et cours 56/280 $ pour 1/5 jours. Cette station ne fonctionne que durant la journée ; vous trouverez à vous loger à **Cabramurra** (à 10 minutes) ainsi qu'à Adaminaby ou Talbingo (à 40 minutes).

Quelques campings sont établis aux alentours d'Adaminaby. L'*Alpine Tourist Park* (☎ *6454 2438*), à l'angle de la Snowy Mountains Highway et de Letts St, propose des emplacements à 14 $, des caravanes fixes et des bungalows de 32 à 80 $ pour deux personnes. Le ***Snow Goose Hotel/Motel*** (☎ *6454 2202*), dans Baker St, dispose de chambres d'hôtel à 25 $ par personne, petit déjeuner compris, (35 $ en hiver) et de doubles en motel à 45 $ en été (85 $ en hiver).

Les bus d'Adaminaby (☎ 6454 2318) vont de Cooma à Mt Selwyn.

L'ALPINE WAY

De **Khancoban**, sur le versant ouest des montagnes, cette route spectaculaire traverse l'épaisse forêt qui couvre l'extrême sud du Kosciuszko National Park, avant d'atteindre Thredbo et Jindabyne. Ne manquez pas l'**Olsens Lookout**, à 10 km en retrait de l'Alpine Way, sur la route du barrage de Geehi, et le **Scammel's Lookout**, au bord de l'Alpine Way.

Khancoban compte deux auberges de jeunesse. Le ***Khancoban Backpackers & Fisherman's Lodge*** offre un hébergement simple (lits en dortoir à 12 $ simples/ doubles à 17/25 $). Pour chaque personne supplémentaire, comptez 7 $. Munissez-vous d'un sac de couchage et de matériel de cuisine. Renseignez-vous et réservez à la Khancoban Alpine Inn (☎ 6076 9471), toute proche.

La deuxième auberge, le ***Snowgum Lodge*** (☎ *6076 9522*), Mitchell Ave, facture 15 $ par personne en simple/double.

Le Sud-Ouest et le Murray

Ces paysages qui ondulent presque à perte de vue ont quelque chose de fascinant. Cette région à l'histoire passionnante possède certaines des meilleures terres agricoles du pays. Le fleuve Murray marque la frontière entre la Nouvelle-Galles du Sud et le Victoria. La plupart des villes importantes de la région se trouvent dans le Victoria. On appelle souvent une partie de cette contrée la "Riverina" en raison du Murray, de la Murrumbidgee et de leurs affluents.

Comment s'y rendre

Plusieurs compagnies aériennes, parmi lesquelles Hazelton (☎ 13 1713), Ansett et Kendell (☎ 13 1300), desservent la région.

Plusieurs routes la traversent, notamment la principale, la Hume Highway, mais il existe des routes moins fréquentées comme l'Olympic Way, qui passe par Cowra, Wagga Wagga et Albury. Des routes mènent à Adelaide, comme la Sturt Highway *via* Hay et Wentworth. De Brisbane à Melbourne, on emprunte la Newell Highway qui dessert aussi le sud-ouest. Des services de bus régionaux tel Fearnes Coaches (☎ 1800 029 918) vont de Sydney à Wagga et Gundagai (40 $), Yass (35 $), Goulburn (25 $) et Mittagong (20 $). Countrylink (☎ 13 2242) dessert la plupart des autres villes de la région.

LA HUME HIGHWAY

La Hume Highway est la route principale qui relie les deux plus grandes villes d'Australie. C'est l'itinéraire le plus court et le plus rapide, et bien qu'il offre peu d'attraits, plusieurs endroits méritent néanmoins qu'on s'y arrête.

A la sortie de Sydney, vous pourrez rattraper la Princes Highway qui longe la côte et permet de traverser le Royal National Park jusqu'à Wollongong. Après Wollongong, empruntez l'Illawarra Highway à travers le pittoresque col de Macquarie et rejoignez la Hume Highway près de Moss Vale. Plus au sud, vous pourrez quitter de nouveau la Hume Highway pour visiter Canberra et poursuivre jusqu'aux Snowy Mountains sur l'Alpine Way avant de la rejoindre près d'Albury.

La Hume Highway est scindée sur la plupart du trajet entre Sydney et la frontière du Victoria, avec quelques tronçons étroits comportant deux voies et une circulation dense.

Gundagai
• code postal 2722   • 2 060 habitants

A 386 km de Sydney, c'est l'une des petites villes les plus intéressantes le long de la Hume Highway. L'office du tourisme (☎ 6944 1341, fax 6944 1409), Sheridan St, est ouvert de 8h à 17h en semaine ; le weekend, il n'ouvre qu'à 9h et ferme entre 12h et 13h. Le bâtiment abrite la **Rusconi's Marble Masterpiece**, une maquette de cathédrale constituée de 21 000 éléments de marbre (entrée : 1 $ seulement).

Un grand pont en bois, le **Prince Albert Bridge** (fermé à la circulation mais non aux piétons), enjambe la plaine inondable de la Murrumbidgee. Gundagai a subi en 1852 la pire des inondations qu'ait connues l'Australie. Elle a fait officiellement 78 morts, mais en réalité probablement plus d'une centaine. La ruée vers l'or et les gardiens de troupeaux du bush appartiennent également à l'histoire de la ville. C'est ici, dans le **courthouse (tribunal)** de Sheridan St, que le célèbre capitaine Moonlight, chef d'une bande de joyeux hors-la-loi, fut jugé en 1859. La ville abrite aujourd'hui sa tombe.

Le **Gundagai Historical Museum** (☎ 6944 1995), Homer St, est également digne d'intérêt, comme les photographies anciennes de la **Gabriel Gallery** (☎ 6944 1722), Sheridan St.

Où se loger. Le *Gundagai River Caravan Park* (☎ *6944 1702*) est situé sur la rivière, près de l'extrémité sud du Prince Alfred Bridge et du **parcours de golf**. Il loue des emplacements de tente à partir de 10 $ et des caravanes fixes correctes pour 20 $. En ville, au *Gundagai Caravan Village* (☎ *6944 1057, June Rd*), vous débourserez 15 $ pour un emplacement et 29 $ pour une caravane fixe. Vous pourrez vous loger en

simple/double au *Criterion Hotel* (☎ *6944 1048, 172 Sheridan St*) pour 20/38 $, petit déjeuner compris.

ALBURY
• code postal 2640   • 42 500 habitants

Située au bord du Murray, sous le Hume Weir (barrage) et face à Wodonga (Victoria), Albury constitue un bon port d'attache pour découvrir cette région propice à une multitude d'activités : pentes neigeuses et haute montagne de Nouvelle-Galles du Sud et du Victoria, vignobles des environs de Rutherglen (Victoria) et eaux tumultueuses de la haute vallée du Murray. Son cours s'assagit à partir d'Albury. La ville constitue une agréable étape entre Sydney et Melbourne.

KATE NOLAN

Le "Don", sir Donald Bradman

Renseignements

Le grand Gateway Information Centre (☎ 6041 3875, fax 6021 0322), sur la Highway à Wodonga, donne des informations aussi bien sur la NSW que sur le Victoria. Il est ouvert tous les jours de 9h à 17h. L'endroit est infesté de moustiques l'été ; n'oubliez pas votre insecticide et/ou moustiquaire.

A voir et à faire

En été, vous pourrez vous baigner dans le Murray (dans **Noreuil Park**) et, entre septembre et avril (si le niveau de l'eau le permet), entreprendre une croisière sur un vapeur à aubes, le *Cumberoona* (☎ 6021 1113), moyennant un minimum de 8 $.

Ouvert tous les jours de 10h30 à 16h30 (entrée libre), l'**Albury Regional Museum**, Wodonga Place, dans Noreuil Park, présente des expositions sur les migrations, les transports et la culture aborigène (entrée libre). Le parc renferme un arbre qui porte une inscription gravée par l'explorateur William Hovell lors de sa traversée du Murray en compagnie de Hume. Cette traversée se déroula dans le cadre de l'expédition qu'ils effectuèrent en 1824 de Sydney à Port Philip dans le Victoria. Albury Backpackers propose des **promenades en canoë** sur le Murray allant d'une demi-journée à sept jours. La région se prête également bien à l'**équitation**, le long du fleuve.

L'**Ettamogah Wildlife Sanctuary**, une réserve sauvage à 11 km au nord sur la Hume Highway (ouverte tous les jours, entrée 5 $), soigne des animaux dont la plupart ont été recueillis malades ou blessés. Quelques kilomètres plus loin au nord, l'**Ettamogah Pub**, près de la Hume, est une reconstitution du pub d'une célèbre bande dessinée australienne.

L'intéressant **Jindera Museum**, à 16 km au nord-ouest d'Albury, dans la ville de Jindera, peut être visité tous les jours sauf le lundi, de 10 h à 15h (entrée : 5 $). Jindera se trouve dans une région appelée la **Morgan Country** en souvenir du "bush-ranger" Mad Dog Morgan, hors-la-loi entré dans la légende. A **Culcairn**, autre bourgade agréable de la région à l'ouest de Holbrook, se trouve le merveilleux *Culcairn Hotel*

(☎ *6029 8501*) où vous logerez pour 28/38 $.

Où se loger

L'*Albury Central Tourist Park* (☎ *6021 8420*), dans North St à 2 km du centre-ville, dispose d'emplacements de tente à 7 $ par personne, de cottages à 40 $ au minimum et de chambres à partir de 32 $.

Albury Backpackers (☎ *6041 1822*), à l'angle de David St et de Smollett St, dispose de lits en dortoir (14 $) et d'une double (30 $). Le personnel, très accueillant, prend soin de sa clientèle. Il loue des bicyclettes, organise des journées de ski et de merveilleuses excursions en canoë sur le Murray, et peut vous aider à trouver du travail dans une ferme ou sur une exploitation fruiticole. L'*Albury Motor Village* (☎ *6040 2999, 372 Wagga Rd*) abrite une auberge affiliée à la YHA, installée à 4,5 km au nord du centre-ville, (Hume Hwy). Le lit en dortoir revient à 14 $, la double à 36 $.

Vous trouverez aussi à Albury des pubs australiens classiques. Le *Soden's Australia Hotel* (☎ *6021 2400*), à l'angle de Wilson St et de David St, offre des simples/doubles à 22/36 $ et des chambres de motel à 38/45 $. Au *Bradys Railway Hotel* (☎ *6021 4700, 470 Smollet St*), à un pâté de maisons de la gare, vous débourserez 20/34 $ pour une chambre. Le *New Albury Hotel* (☎ *6021 3599, 491 Kiewa St*) abrite un sympathique bar irlandais, *Paddy's*, et un restaurant de qualité. Comptez 38/45 $ pour une chambre avec s.d.b.

Parfait pour un petit séjour, le *Herb & Horse* (☎ *02-6072 9553*) est installé à quelque 6 km au nord de Granya (elle-même à 15 km à l'est de Tallangatta), juste de l'autre côté de la frontière du Victoria. L'accueil, chaleureux, en fait une étape très appréciée. Pour plus de détails, voir *De Wodonga à Corryong* au chapitre *Victoria*.

Comment s'y rendre

Ansett Express et Kendell (☎ 13 1300) et Hazelton (☎ 13 1713) relient Albury à Melbourne (143 $) et Sydney (232 $).

Les bus entre Melbourne et Sydney s'arrêtent tous à la gare ferroviaire et, pour

la plupart, à Viennaworld (station-service/
restauration rapide), sur la Highway, face
au Noreuil Park. Countrylink (☎ 13 2242)
dessert Echuca (32 $), sur le Murray (Vic-
toria). V/Line (☎ 13 6196) se rend à Canberra (46 $) et Mildura (55 $) en longeant la
Murray.

Le train de nuit XPT sur la ligne Sydney-
Melbourne s'arrête à Albury. Si vous voyagez d'une ville à l'autre, il est plus
avantageux de faire étape à Albury avec un
billet pour l'ensemble du trajet plutôt que
d'acheter deux billets séparés. Cela vaut
également pour les billets de bus.

L'Outback

Il n'est pas nécessaire d'aller jusqu'au
centre de l'Australie pour trouver la terre
rouge, les horizons sans fin et les vastes
cieux bleus. L'ouest de la Nouvelle-Galles
du Sud est aride, sauvage et peu peuplé,
mais il recèle cependant une grande partie
des richesses de l'État, en particulier grâce
aux mines de Broken Hill.

Demandez toujours conseil aux habitants
avant de vous aventurer sur les routes
secondaires à l'ouest de la Mitchell Highway. Emportez beaucoup d'eau potable et si
vous tombez en panne, *restez près de votre
véhicule*.

BOURKE

• **code postal 2840**   • **2 800 habitants**
Située à environ 800 km au nord-ouest de
Sydney, Bourke est en bordure de l'Outback – d'ailleurs l'expression "back of
Bourke" (l'arrière-pays de Bourke) est
synonyme d'Outback et de coin perdu. Le
paysage au-delà de Bourke est plat et monotone aussi loin que porte le regard.

Bourke est située sur les rives de la Darling. Autrefois port fluvial important,
Bourke voyait défiler sur la rivière les
vapeurs à aubes. Ainsi, vers 1880, la laine
pouvait arriver à Londres six semaines
après avoir quitté Bourke ! Le palais de justice porte une couronne sur son fronton,
signifiant que sa juridiction s'étendait aux
affaires maritimes.

Mootwingee National Park

Ce parc de la Bynguano Range, à 131 km au
nord de Broken Hill, associe une intense vie
sauvage à des paysages d'une beauté exceptionnelle. Ces attraits valent l'effort du trajet
de presque 2 heures sur une piste en terre
depuis Broken Hill. Vous pouvez également
y accéder depuis White Cliffs, mais n'empruntez aucune de ces deux routes s'il a plu.
L'entrée du parc coûte 5 $ par voiture.

Le site aborigène du parc compte de
nombreuses fresques et gravures rupestres.
Le site principal est sous contrôle de la
communauté aborigène et on ne peut s'y
rendre qu'en visite accompagnée avec un
garde du parc. Le bureau du NPWS de Broken Hill (☎ 08 8088 5933) vous fournira de
plus amples renseignements.

Les promenades dans les collines de grès
mènent à des trous d'eau dans les rochers
où l'on peut généralement se baigner. Des
fresques rupestres sont également visibles
dans certains endroits. Le camping *Homestead Creek* (10 $) dispose d'un point d'eau.
Les emplacements sont attribués selon
l'ordre d'arrivée.

BROKEN HILL

• **☎ 08**   • **code postal 2880**   • **23 900 hab.**
Loin vers l'ouest, Broken Hill est une véritable oasis dans une étendue semi-aride.
C'est une ville minière fascinante, non seulement par la qualité de vie qu'elle offre
dans un environnement sauvage, mais aussi
parce qu'elle fut la propriété d'une seule
compagnie minière qui donna naissance à
un syndicat puissant. Elle est aussi devenue
un grand pôle artistique.

Il ne reste qu'une seule mine en exploitation à Broken Hill. Reportez-vous à
Mines, plus loin dans ce chapitre, pour des
renseignements sur les visites guidées.

Histoire

La Broken Hill Proprietary Company Ltd
(BHP) fut fondée en 1885 après la découverte d'un filon d'argent par Charles Rasp,
un prospecteur solitaire. Les mineurs qui
travaillaient à proximité étaient passés à
côté de la vraie richesse. D'autres concessions virent le jour, mais la BHP fut tou-

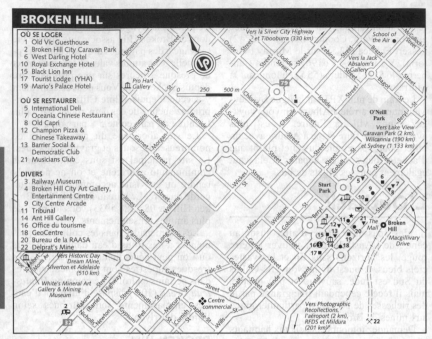

BROKEN HILL

OÙ SE LOGER
1 Old Vic Guesthouse
2 Broken Hill City Caravan Park
6 West Darling Hotel
10 Royal Exchange Hotel
15 Black Lion Inn
17 Tourist Lodge (YHA)
19 Mario's Palace Hotel

OÙ SE RESTAURER
5 International Deli
7 Oceania Chinese Restaurant
8 Old Capri
12 Champion Pizza &
     Chinese Takeaway
13 Barrier Social &
     Democratic Club
21 Musicians Club

DIVERS
3 Railway Museum
4 Broken Hill City Art Gallery,
    Entertainment Centre
9 City Centre Arcade
11 Tribunal
14 Ant Hill Gallery
16 Office du tourisme
18 GeoCentre
20 Bureau de la RAASA
22 Delprat's Mine

jours "la grande mine" dominant la ville. La BHP se diversifia par la suite dans la production d'acier, pour devenir la plus importante compagnie d'Australie.

Les conditions de travail dans la mine étaient terribles. Des centaines de mineurs moururent ; beaucoup d'autres souffraient de saturnisme et de maladies des poumons. C'est ce qui donna naissance à la seconde grande puissance de Broken Hill : les syndicats. Beaucoup de mineurs étaient des immigrants de toute origine, mais tous s'unirent pour améliorer leurs conditions de travail. Pendant ses trente-cinq premières années d'existence, la ville fut un lieu de militantisme syndical comme il en existe peu dans l'histoire du mouvement ouvrier en Australie. Nombreux furent les combats menés, les grèves brisées par les forces de l'ordre. Si les conditions de travail s'améliorèrent peu à peu, les mineurs perdirent beaucoup de batailles.

Le tournant s'amorça avec la grande grève de 1919-1920 qui dura plus de dix-huit mois et aboutit à une grande victoire pour les mineurs. Ils obtinrent la semaine de 35 heures et la fin du forage à sec, responsable de la poussière qui provoquait les maladies. Le concept du "grand syndicat uni", qui avait permis de remporter la bataille, fut entériné en 1923 avec la formation du Barrier Industrial Council.

Aujourd'hui, le plus riche gisement du monde est encore exploité, mais le zinc a pris le pas sur l'argent à "Silver City". Les réserves permettent une exploitation sur environ six ans encore, mais les nouvelles technologies ont fortement réduit le nombre d'emplois dans les mines. Toutefois, cependant que la mine déclinait, l'art a fleuri.

Orientation et renseignements
La ville a été conçue sur un plan en damiers et il est facile de découvrir le centre à pied.

Argent St en est la rue principale. L'office du tourisme, vaste et chaleureux (☎ 8087 6077, fax 8088 5209), situé à l'angle de Blende St et de Bromide St, est ouvert tous les jours. C'est là que s'arrêtent les bus et vous y trouverez une agence de réservation pour les bus locaux et un comptoir de location de voitures. Le bureau du NPWS (☎ 8088 5933) est établi dans Argent St.

La Royal Automobile Association of South Australia (RAASA, ☎ 8088 4999), 261 Argent St, fournit des services aux membres d'autres clubs automobiles. Il délivre également le South Australian Desert Parks Pass, un forfait pour les parcs nationaux du désert (voir la partie consacrée à l'*Outback* dans *Australie-Méridionale*).

Il y a une laverie automatique dans Argent St, à l'est du West Darling Hotel.

Par de nombreux aspects, Broken Hill appartient plus à l'Australie-Méridionale qu'à la Nouvelle Galles du Sud (à 1 170 km de Sydney, elle n'est qu'à 509 km d'Adelaide) et les horloges sont réglées sur l'heure d'Adelaide (heure centrale) plutôt que sur celle de Sydney (heure orientale), soit une demi-heure de moins. D'ailleurs, l'indicatif téléphonique (08) est le même qu'en Australie-Méridionale.

Mines

Une visite souterraine de la **Delprat's Mine** a lieu tous les jours sauf le dimanche. On vous prête des habits de mineur pour descendre à moins 130 m pour un circuit de 2 heures (23 $, 18 $ pour les étudiants, âge minimal des visiteurs : six ans). Remontez Iodide St vers le sud-est, traversez la voie du chemin de fer et suivez les pancartes (5 minutes en voiture).

La **Historic Day Dream Mine**, ouverte en 1881, est à 28 km de Broken Hill, près de Silverton Rd. Une visite d'une heure coûte 11 $, et il faut posséder de bonnes chaussures. Inscrivez-vous auprès de l'office du tourisme.

Au **White's Mineral Art Gallery & Mining Museum**, 1 Allendale St, sont exposés des documents et objets relatifs à la vie de la mine ainsi que des minéraux. Suivez Galena St au nord-ouest pendant presque 2 km. Il est ouvert tous les jours et l'entrée comprend une visite (4 $).

Galeries d'art

La terre rouge et la lumière crue de Broken Hill ont inspiré de nombreux artistes, auxquels la **Broken Hill City Art Gallery**, dans l'Entertainment Centre, à l'angle de Blende St et Chloride St, consacre une salle. La galerie possède également le *Silver Tree*, une sculpture complexe en argent commandée par Charles Rasp.

Il y a pléthore de galeries, parmi lesquelles **Pro Hart Gallery** (☎ 8087 2441), 108 Wyman St, et Jack Absalom's Gallery (☎ 8087 5881), 638 Chapple St. Pro Hart, un ancien mineur, est l'artiste le plus connu de Broken Hill, en même temps qu'une personnalité locale. En dehors de ses œuvres et de sa superbe collection d'art australien, la galerie expose des œuvres mineures de grands artistes (comme Picasso et Dali). L'entrée se monte à 4 $. L'**Ant Hill Gallery** (☎ 80872441), 24 Bromide St, expose des œuvres d'artistes locaux et de célébrités australiennes.

La Royal Flying Doctor Service Base

La base du RFDS (☎ 8080 1777), le célèbre service des "médecins volants", est établie à l'aéroport. La visite (3 $) comprend la projection d'un film et la visite des locaux, des avions et de la salle de radio qui reçoit les appels des plus petites villes ou des stations isolées. Le centre est ouvert de 9h à 17h en semaine, de 10h à 16h le week-end (fermé entre 12h et 13h). On peut s'inscrire pour une visite auprès de l'office du tourisme ou du RFDS.

La School of the Air

Les jours de semaine à 8h30, vous pouvez assister au cours dispensé par la School of the Air (dans Lane St), l'école qui diffuse ses enseignements par radio aux enfants des fermes isolées (5/3 $ pour une heure pour les adultes/enfants). Inscriptions nécessaires auprès de l'office du tourisme.

Autres curiosités

Le **Sulphide St Station Railway & Historical Museum** est aménagé dans l'ancienne gare de la Silverton Tramway Company, dans

Sulphide St. Le tramway était un chemin de fer privé qui reliait Cockburn (Australie-Méridionale) à Broken Hill *via* Silverton jusqu'en 1970. Il est ouvert de 10h à 15h tous les jours (2,50 $).

Le **GeoCentre** présente une histoire interactive de la géologie de Broken Hill. Il se trouve à l'angle de Bromide St et de Crystal St et est ouvert en semaine de 10h à 17h et le week-end de 13 à 17h (3 $). Vous pourrez voir des échantillons de minéraux et des expositions sur l'exploitation des mines et la métallurgie.

L'exposition permanente **Photographic Recollections**, installée dans l'ancienne centrale électrique d'Eyre St, regroupe d'intéressantes photos relatives à l'histoire et à la culture de la région. Elle se visite du lundi au vendredi de 10h à 16h30 et de 13h à 16h le week-end (entrée : 3 $).

Le **Sculpture Symposium** est le fruit d'un projet de 12 sculpteurs originaires de plusieurs pays qui ont sculpté des blocs de grès sur une colline, à 9 km de la ville. Outre l'intérêt des sculptures, la vue sur la plaine est splendide. C'est un lieu idéal pour admirer les célèbres couchers de soleil de Broken Hill. Demandez les clés et les instructions à l'office du tourisme.

Circuits organisés

Une visite guidée de Broken Hill, de 2 heures, part du Visitor Information Centre à 10h les lundi, mercredi, vendredi et samedi. De nombreuses agences organisent des visites de la ville et des sites alentour ; certaines vont jusqu'à White Cliffs, Mootwingee National Park et d'autres sites de l'Outback. L'office du tourisme dispose de renseignements et peut effectuer des réservations.

Plusieurs sociétés organisent de longues excursions en 4x4 dans la région. Les voyageurs recommandent celles proposées dans l'Outback par Goanna Safaris (☎ 8087 6057).

Où se loger

Les lieux d'hébergement ne manquent pas. L'office du tourisme pourra vous en fournir une liste, mais sachez que vous ne trouverez pas grand-chose en deçà de 50 $.

Où se loger – petits budgets

Campings et auberges. Le *Broken Hill City Caravan Park* (☎ 8087 3841), dans Rakow St (la Barrier Highway), à environ 3 km à l'ouest du centre-ville, propose des emplacements (12 $), des caravanes fixes (à partir de 29 $) et des bungalows (à partir de 32 $). Le *Lake View Caravan Park* (☎ 8088 2250, 1 Mann St), 3 km au nord-est, dispose d'emplacements de tente à partir de 10 $, de caravanes fixes pour 26 $ et de bungalows pour 35 et 45 $.

Affilié à la YHA, le *Tourist Lodge* (☎ 8088 2086, 100 Argent St) facture le lit en dortoir 14/16 $ aux membres/non membres, la simple/double 20/32 $ ou 26/28 avec la clim. dans l'auberge. Vous y trouverez une piscine.

Hôtels et pensions. De hauts plafonds, des couloirs immenses et de vastes vérandas caractérisent habituellement les pubs de cette ville au climat chaud. Tous les établissements mentionnés sont climatisés.

La *Black Lion Inn* (☎ 8087 48 01, 34 Bromide St) est un pub convivial où les simples/doubles avec s.d.b. commune vous reviendront à 18/28 $. L'ancien et élégant *Royal Exchange Hotel* (☎ 8087 2308, 320 Argent St) possède des chambres à 24/40 $ ou à 34/50 $ avec s.d.b., frigo et TV. Le prix inclut un petit déjeuner léger.

Plus à l'ouest à l'angle de Sulphide St et d'Argent St, le *Mario's Palace Hotel* (☎ 8088 1699) est un vieux pub (1888) couvert de peintures murales que l'on peut voir dans *Priscilla, folle du désert*. Toutes les chambres sont équipées de réfrigérateur, de TV et du nécessaire pour préparer du thé ou du café. Les simples/doubles coûtent 30/40 $, ou 40/50 $ avec s.d.b.

L'*Old Vic Guesthouse* (☎ 8087 1169, 230 Oxide St) est une pension spacieuse où les chambres reviennent à 30/45 $, petit déjeuner compris.

The Base, sur la Barrier Highway, à 8 km à l'est de la poste, était jusqu'en 1996 la base du Royal Flying Doctor Service (aujourd'hui transférée à l'aéroport). L'établissement propose de vastes chambres à 30/48 $ (10 $ par occupant supplémentaire). Vous pourrez aussi goûter le grand jardin accueillant maints spécimens de la faune locale.

Où se loger – catégorie moyenne

La *Grand Guesthouse* (☎ 8087 5305), à 50 m de la gare, loue des chambres à partir de 45/54 $ (55/64 $ avec s.d.b.), petit déjeuner compris.

La ville compte de magnifiques cottages. Essayez les *Broken Hill Historic Cottages* (☎ 8087 5305, 472 Cummins Lane) et *Spicer's Holiday Cottage* (☎ 8087 8488, 143 Knox St). Entièrement équipés, ils peuvent accueillir six personnes (dans trois chambres) et coûtent 85 $ la nuit.

Où se restaurer

Broken Hill est une ville de clubs. Ceux-ci acceptent les visiteurs et, dans la plupart des cas, il suffit de signer le livre des visiteurs pour être admis. La majorité des clubs servent de copieux repas économiques. Le *Barrier Social & Democratic Club* (le "Demo", 218 Argent St) prépare des repas et des petits déjeuners (à partir de 6h ou 7h le week-end) qui vous nourrissent pour la journée. Le *Musician's Club* (267 Crystal St) est similaire.

Où sortir

Est-ce la ville minière ou la chaleur qui empêche de dormir la nuit ? Broken Hill a une vie nocturne très animée. La plupart des pubs restent ouverts jusqu'à l'aube les jeudi, vendredi et samedi soir.

Pour découvrir le Two-Up, jeu de hasard traditionnel australien (une sorte de pile ou face avec deux pièces), rendez-vous au *Musicians Club*, dans Crystal St, les vendredi et samedi soir et, bien entendu, pour l'Anzac Day. Broken Hill se targue d'avoir conservé l'ambiance du vrai two-up, moins aseptisé que dans les casinos.

Comment s'y rendre et circuler

Avion. Au départ de Broken Hill, l'aller en classe économique coûte 174 $ pour Adelaide sur Kendell (☎ 13 1300), 363 $ pour Sydney avec Hazelton (☎ 13 1713) et 446 $ pour Melbourne (seulement *via* Adelaide,

sur Ansett/Kendell). Il vous sera ajouté une taxe d'aéroport de 9 $.

Bus. Greyhound Pioneer assure un service quotidien pour Adelaide (60 $), Mildura (42 $) et Sydney (96 $). La plupart des bus partent de l'office du tourisme, d'où l'on peut réserver.

Train. Broken Hill se trouvant sur la ligne Sydney-Perth, la ville est desservie par l'*Indian Pacific* et les trains reliant Sydney à Adelaide. Attention : les horaires varient tout au long de l'année. Renseignez-vous auprès de Great Southern Railway (☎ 13 2147). Le trajet en 2e classe jusqu'à Sydney revient à 108 $ (54 $ pour Adelaide). Il existe des réductions pour les étudiants.

Il existe un service plus rapide et un peu moins cher appelé Laser qui dessert Sydney tous les jours, un bus Countrylink qui part de Broken Hill à 4h puis un train en correspondance à Dubbo qui arrive à Sydney à 20h45 (98 $). Le bureau de réservations Countrylink de la gare est ouvert en semaine.

LES ENVIRONS DE BROKEN HILL
Silverton

Cette ancienne ville minière à 25 km au nord-ouest de Broken Hill connut son apogée en 1885, avec une population de 3 000 habitants. On construisit alors des bâtiments publics prévus pour durer des siècles. Mais la mine a fermé en 1889 et la population a déserté la ville pour Broken Hill.

Cette petite ville fantôme a servi de décor à des films, comme *Mad Max II* et *A Town Like Alice*. Certains édifices subsistent, tels la vieille prison (abritant le musée) et le *Silverton Hotel* (☎ 8088 5313). L'hôtel, toujours en activité, présente une exposition de photographies prises sur le tournage des films. Ne quittez pas la ville sans avoir fait le tristement célèbre "Silverton test" (renseignez-vous au bar). Le centre d'information, dans la vieille école, dispose d'un plan.

A Silverton, Bill Canard (☎ 8088 5316) propose un éventail de **promenades à dos de dromadaire**. Vous pouvez opter pour un tour de 15 minutes (5 $), de 1 heure (20 $) ou de 2 heures au coucher du soleil (40/20 $ par adulte/enfant), ou encore pour une randonnée plus longue.

Diverses solutions d'hébergement sont offertes au **Penrose Park** (☎ *8088 5307*), signalé avant d'arriver en ville, sur la route de Broken Hill : emplacements de camping à 3 $ par personne, et petites "baraques" (20/15 $ avec/sans cuisine). Le parc possède des douches payantes. L'eau n'est pas potable (faites-la bouillir ou apportez la votre).

Après Silverton, la route devient presque immédiatement désertique. Le point d'observation des **Mundi Mundi Plains**, à 5 km de la ville, donne une idée de la désolation environnante.

Lacs de Menindee

Ces réservoirs, situés sur la Darling à 112 km de Broken Hill, sont propices aux sports nautiques. **Menindee** est la ville la plus proche. Lors de leur tragique voyage vers le nord en 1860, Burke et Wills logèrent au *Maidens Hotel* construit en 1854. On peut toujours y loger (☎ 8091 4208) pour environ 16$ par personne, petit déjeuner compris.

Tout proche de la ville se trouve le **Kinchega National Park**. Les lacs qu'il abrite sont très appréciés des oiseaux. Le centre d'information se trouve dans l'ancien Kinchega Homestead, à 16 km de l'entrée du parc. Le bâtiment pour la tonte des moutons a été conservé. On peut passer la nuit dans la cabane du tondeur (réservez au bureau du NPWS à Broken Hill) ou camper dans de nombreux endroits en bordure de rivière.

MUNGO NATIONAL PARK

Le lac Mungo est un lac asséché, situé au nord-est de Mildura et au sud de Menindee. On y a découvert les plus anciens vestiges archéologiques d'Australie, des squelettes humains et des objets datant de 45 000 ans. A cette époque, les Aborigènes vivaient sur les rives fertiles des lacs et se nourrissaient des innombrables poissons, oiseaux et autres animaux. 25 000 années plus tard, un changement climatique survint et eut pour conséquence l'assèchement des lacs. Les

Aborigènes durent alors s'adapter à la pénible vie de cette région semi-désertique aux inondations périodiques.

Un arc de cercle de dunes de sable de 25 km a été formé par le vent d'ouest qui souffle en permanence. Le parc comprend, outre le lac asséché, les scintillantes falaises blanches connues sous le nom de **Walls of China** (murailles de Chine). N'oubliez pas qu'il est illégal en Australie de ramasser des pièces archéologiques ou de toucher à des ossements humains.

Mungo est à 110 km de Mildura et à 150 km de Balranald sur les pistes, les deux villes les plus proches pour acheter de l'essence. Mallee Outback Experiences (☎ 03-5021 1621) et Junction Tours (☎ 03-5027 4309), implantés à Mildura, organisent des circuits. Mallee Outdoor Experiences prend 45 $ pour la journée (mercredi et samedi).

Renseignements

Un centre d'accueil se trouve près de l'ancien entrepôt à laine de Mungo. Vous pouvez aussi vous adresser au bureau du NPWS (☎ 03-5023 1278) à Buronga, près de Mildura. Une route traverse le lac asséché et mène aux Walls of China. On peut effectuer un circuit de 60 km dans les dunes, sauf après la pluie.

Où se loger

Les lieux d'hébergement affichent complet pendant les vacances scolaires. Il existe deux campings, le *Main Camp*, à 2 km du centre d'accueil, et le *Belah Camp*, à l'est des dunes (5 $ la nuit). On peut également loger en chambre commune dans les anciens quartiers des tondeurs de moutons pour 15 $ par personne ou avoir une chambre pour 25 $ (15 $ s'il n'y a pas affluence). Réservez auprès du bureau du NPWS de Buronga.

Sur la route de Mildura, à 4 km du centre d'accueil, le *Mungo Lodge* (☎ *03-5029 7297*) propose des simples/doubles/triples à 68/78/88 ou des petits appartements avec chambres séparées à 78/88/98 $. On y trouve aussi un restaurant.

JEUX OLYMPIQUES

MARTIN HARRIS

En septembre 2000, les sportifs de tous les pays convergeront vers Sydney pour participer à la plus grande compétition sportive du monde, les Jeux olympiques. Pendant deux semaines, ils se retrouveront sous les feux de la rampe et s'affronteront pour remporter les premières médailles d'or du nouveau millénaire.

L'ANTIQUITÉ

L'existence des olympiades, qui se tenaient tous les quatre ans à Olympie, en Grèce, est attestée depuis 776 av. J.-C., bien que certains historiens les fassent remonter à une époque plus ancienne, aux alentours de 990 av. J.-C. ; selon d'autres encore, une fête similaire existait déjà au moins quatre siècles auparavant.

Les premiers Jeux ne duraient qu'une journée et ne comportaient qu'une épreuve, la course à pied sur une longueur d'un stade (environ 190 m). Au fil du temps, on porta à cinq jours la durée de la compétition, qui s'ouvrit à quatre épreuves de course dont une en armure, au pugilat, à la course de char et au pentathlon (saut en longueur, disque, javelot, course à pied, lutte). Quelques activités annexes firent également leur apparition, notamment un concours de trompettes.

La participation était réservée aux hommes grecs ayant pleins droits de citoyenneté. Ils portaient des vêtements semblables à des shorts jusqu'en 750 av. J.-C., date à laquelle ils commencèrent à concourir nus. Les femmes et les esclaves se voyaient interdire d'assister aux épreuves sous peine de mort, mais des Jeux féminins créés ultérieurement permirent aux femmes de remporter un titre olympique. Dans la course de char, le propriétaire des chevaux et non le conducteur recevait la couronne de branches tressées d'olivier décernée au vainqueur. C'est ainsi que Belistike de Macédoine gagna la course de char à deux chevaux en 268 av. J.-C.

Outre la couronne d'olivier, les vainqueurs étaient richement récompensés par leur État et faisaient parfois fortune. Le prestige que conférait à la ville du gagnant une victoire à Olympie poussa les cités à recruter des professionnels et à acheter les juges. Les Jeux devinrent une véritable mascarade qui culmina avec la participation de Néron à la course de char en l'an 66 : bien qu'ivre et unique concurrent, il remporta l'épreuve sans même l'avoir finie.

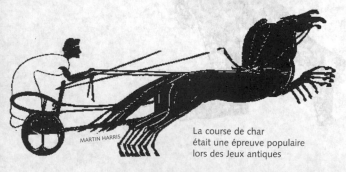

MARTIN HARRIS

La course de char
était une épreuve populaire
lors des Jeux antiques

La gloire et la mort

Dans l'Antiquité, le pankration consistait en mélange brutal de boxe et de lutte dans lequel tous les coups ou presque étaient permis. Arrachion de Phigalia remporta le titre en 564 av. J.-C. après l'"abandon de son adversaire" – alors que lui-même était déjà étendu sans vie dans l'arène. Il reste ainsi le seul mort de l'histoire à avoir accédé au titre de champion olympique.

Le marathon : mythe ou réalité ?

Tout le monde croit connaître l'histoire du marathon – en tout cas telle qu'on la raconte à chaque tenue des Jeux olympiques. En 490 av. J.-C., après avoir écrasé les importantes forces perses lors de la bataille de Marathon, la petite armée des Athéniens envoya le célèbre coureur Pheidippides annoncer la nouvelle à Athènes, à environ 42 km de là, alors qu'il revenait tout juste d'un aller-retour de 480 km à Sparte, où Il avait vainement tenté d'obtenir l'aide de la ville. Il réussit malgré tout à atteindre Athènes, où il délivra son message avant de s'effondrer, mort d'épuisement.

Est-ce vrai ? En partie, mais justement pas la partie la plus célèbre que tout le monde connaît. Pheidippides a bien existé : Hérodote, le premier et le plus fiable des historiens de l'époque, cite son nom dans deux paragraphes (Livre VI, 105-6) écrits quarante ans après, qui indiquent clairement qu'il fit l'aller-retour à Sparte en trois jours environ. Mais il n'est pas fait mention de lui à Marathon.

Pheidippides quitta cependant l'histoire pour entrer dans la légende. Le marathon moderne est supposé couvrir la distance exacte qui sépare Marathon d'Athènes, mais ce furent les historiens grecs et romains qui inventèrent ultérieurement le mythe romantique du marathon.

Pheidippides était un messager professionnel, ce qui n'enlève aucun mérite à sa course jusqu'à Sparte, l'une des grandes performances de l'histoire, surtout quand on sait que la majeure partie du trajet se faisait sur un terrain très accidenté. Quand vous vous mêlerez à la foule venue applaudir les coureurs le long du parcours, ayez donc une pensée pour Pheidippides et la véritable histoire de sa course remarquable.

Greg Alford

En l'an 393, l'empereur chrétien Théodose abolit les Jeux olympiques, et Olympie disparut sous des tremblements de terre, avant d'être exhumée entre 1875 et 1881. Ce furent ces fouilles qui donnèrent au baron Pierre de Coubertin l'idée de faire revivre les Jeux.

L'HISTOIRE OLYMPIQUE MODERNE

L'histoire des Jeux olympiques modernes ne s'est pas déroulée sans heurts. Ils subissent depuis leur création les répercussions des crises politiques internationales – notamment deux guerres mondiales, des boycotts et des attaques terroristes – et l'on a souvent prédit leur disparition. Mais ils ont continué à vivre et, 104 ans après les premiers jeux modernes organisés à Athènes, gagner une médaille d'or reste l'ambition ultime des athlètes du monde entier.

Le baron Pierre de Coubertin est le père des Jeux olympiques modernes. En 1892, s'inspirant des récits épiques de l'Antiquité et des compétitions qui opposaient les écoles publiques britanniques, il proposa de ressusciter les Jeux et invita les nations intéressées à se réunir lors d'un congrès mondial à Paris en 1894. Cette conférence déboucha sur la création du Comité international olympique (CIO), et la décision fut prise en 1896 d'organiser les premières olympiades.

L'intention initiale de Coubertin était de réserver les Jeux aux amateurs (à l'exception des maîtres d'armes professionnels) et aux hommes adultes et de les organiser dans une ville différente tous les quatre ans. Au tournant du XXIe siècle, le seul principe qui a résisté au temps est celui de la rotation des villes d'accueil.

Financés conjointement par le riche architecte grec Georgios Averoff, une loterie et la vente de la première collection de timbres sportifs de l'histoire, les Jeux de 1896 attirèrent de nombreux spectateurs et connurent un véritable succès. Les deux manifestations suivantes, à Paris et St Louis, furent au contraire désastreuses : organisées parallèlement à l'Exposition universelle, les épreuves sportives se déroulèrent respectivement sur une période de cinq mois et quatre mois et demi. En outre, l'organisation était si mauvaise qu'à Paris de nombreux concurrents ignoraient qu'ils participaient aux Jeux, tandis qu'à St Louis une grande partie des épreuves n'étaient ouvertes qu'aux seuls habitants du Missouri.

Mis à rude épreuve, le mouvement olympique fut sauvé d'une mort prématurée par les Jeux "intercalés" tenus à Athènes en 1906 pour célébrer leur dixième anniversaire. Les Jeux de Londres en 1908 provoquèrent des polémiques car les États-Unis, en particulier, accusèrent les juges britanniques de favoriser leurs compatriotes. Cependant, l'excellente organisation des Jeux de Stockholm en 1912 attira des athlètes de cinq continents, et un avenir radieux sembla s'annoncer. La Première Guerre mondiale empêcha la tenue des Jeux de 1916, et le fait que des sportifs se réunirent en 1920 à Anvers dévastée par la guerre constitua une grande victoire pour le CIO.

L'après-guerre vit croître l'intérêt du public, qui s'enflamma pour les premières célébrités du sport olympique, le coureur de fond Paavo Nurmi et le nageur Johnny Weismuller, futur Tarzan à Hollywood dans les années 30 et 40. Les années 20 et 30 virent également l'entrée progressive des femmes, avec

Celui par qui tout a commencé : Pierre de Coubertin

l'ajout des épreuves féminines d'athlétisme et de gymnastique à Amsterdam en 1928. Les derniers Jeux avant la Seconde Guerre mondiale se tinrent à Berlin en 1936 et servirent aux nazis d'opération de propagande, visant à présenter le IIIe Reich sous un jour démocratique et pacifiste. L'espoir nourri par Hitler de voir les Jeux prouver la supériorité des athlètes aryens s'effondra cependant devant les performances

Les cinq grands

Seuls cinq sports sont restés au programme de tous les Jeux depuis 1896 – le cyclisme, l'escrime, la gymnastique, la natation et l'athlétisme. L'aviron aurait fait partie de cette liste si les épreuves n'avaient été annulées lors des Jeux de 1896 pour cause de mauvais temps.

des Noirs américains, notamment l'incroyable Jesse Owens, qui gagna à lui seul quatre médailles d'or en athlétisme.

Dans les années d'après-guerre, les Jeux se transformèrent en un champ de bataille sur lequel les pays capitalistes occidentaux et les nations communistes d'Europe de l'Est s'affrontaient pour "prouver" l'excellence de leur idéologie. La création dans les pays d'Europe de l'Est d'écoles sportives élitistes, véritables usines à athlètes, valurent à ceux-ci d'être accusés de "faux amateurisme" par les Occidentaux, incapables de se mesurer à des pays comme l'URSS et l'Allemagne de l'Est. Les Jeux furent boycottés à plusieurs reprises entre 1954 et la fin de la Guerre froide en réaction à certaines crises politiques : l'invasion par les Soviétiques de la Hongrie (1956), de la Tchécoslovaquie (1968) et de l'Afghanistan (1979), la politique d'apartheid menée par les gouverne-

Nova Peris-Kneebone sera la première porteuse de flamme d'Australie

Le voyage de la flamme olympique

L'idée de la flamme olympique revient aux nazis. C'est en 1936, sur l'initiative de Carl Diem, directeur du comité d'organisation des Jeux olympiques de Berlin, qu'elle fut allumée à Olympie, en Grèce, pour la première fois avant d'atteindre Berlin, portée par 3 075 coureurs qui firent chacun un peu plus d'un kilomètre et demi.

A Sydney 2000, la flamme franchira plus de 27 000 km et sera portée par 10 000 coureurs, ce qui en fera le relais le plus long de l'histoire.

Elle voyagera en outre sur un surf-boat à Bondi Beach, dans le train *Indian Pacific* à travers la Nullarbor Plain, dans un avion du Royal Flying Doctor Service dans l'Outback et à dos de dromadaire sur Cable Beach à Broome. Avant d'atteindre l'Australie, elle arrivera par avion à Guam, où elle entamera un voyage de 20 jours à travers les 12 nations insulaires du Pacifique qui forment l'anneau de l'Océanie sur le drapeau olympique. Elle sillonnera ensuite pendant 100 jours les différents États et territoires d'Australie. La première personne à porter la flamme sera Nova Peris-Kneebone, ancienne médaillée d'or de hockey devenue sprinteuse.

JEUX OLYMPIQUES

L'histoire en bref

Jeux olympiques	Principaux événements	Pays les plus médaillés
1896 – Athènes, Grèce Hommes (H) : env. 200, Femmes (F) : 0	Le paysan grec Spiridon Louis remporte le marathon.	USA (11 or), Grèce (10), Allemagne (7)
1900 – Paris, France H : 1 206, F : 19	L'Australien Frederick Lane gagne la course d'obstacles à la nage consistant à passer par-dessus et par-dessous des bateaux.	France (29), USA (20), GB (17)
1904 – St Louis, USA H : 681, F : 6	Le "gagnant" du marathon, Fred Lotz, un Américain, est disqualifié pour avoir emprunté un moyen de locomotion.	USA (80), Allemagne (5), Cuba (5)
1908 – Londres, GB H : 1 999, F : 36	Premières médailles d'or décernées. Le Britannique Wyndham Halswelle gagne le 400 m grâce à la partialité des juges.	GB (56), USA (23), Suède (7)
1912 – Stockholm, Suède H : 2 490, F : 57	Introduction de la photo finish et du chronomètre électronique. L'Américain Jim Thorpe remporte le pentathlon et le décathlon avant d'être disqualifié pour professionnalisme.	Suède (24), USA (23), GB (10)
1920 – Anvers, Belgique H : 2 591, F : 77	La Française Suzanne Lenglen, championne de Wimbledon, rafle la médaille d'or de tennis.	USA (41), Suède (17), GB (15)
1924 – Paris, France H : 2 956, F : 136	L'athlète finlandais Paavo Nurmi accumule cinq médailles d'or.	USA (45), Finlande (14), France (13)
1928 – Amsterdam, Pays-Bas H : 2 724, F : 290	L'Américain Johnny Weissmuller gagne 5 médailles d'or.	USA (22), Allemagne (10), Finlande (8)
1932 – Los Angeles, USA H : 1 281, F : 127	L'Américain Babe Didrikson gagne deux médailles d'or en athlétisme.	USA (41), Italie (12), France (10)
1936 – Berlin, Allemagne H : 3 738, F : 328	L'Américain Jesse Owens domine les "Jeux aryens" avec quatre médailles d'or en athlétisme.	Allemagne (33), USA (24), Hongrie (10)
1948 – Londres, GB H : 3 714, F : 385	La Hollandaise Fanny Blankers-Koen est quatre fois médaillée d'or en athlétisme.	USA (38), Suède (16), France (10)
1952 – Helsinki, Finlande H : 4 407, F : 518	Le Tchèque Emil Zatopek remporte le 5 000 m, le 10 000 m et le marathon, et sa femme Dana est médaillée d'or au javelot.	USA (40), URSS (22), Hongrie (16)
1956 – Melbourne, Australie H : 2 813, F : 371	L'Australienne Dawn Fraser gagne la première de trois médailles d'or consécutives en nage libre.	URSS (37), USA (32), Australie (13)

ments sud-africains et rhodésiens, et l'intervention britannique lors de la crise de Suez (1956). La pratique du boycott culmina en 1980, quand les États-Unis, le Canada et l'Allemagne refusèrent de participer aux Jeux de Moscou pour protester contre l'invasion de l'Afghanistan par les troupes soviétiques. Quatre ans plus tard, l'URSS et la plupart des pays d'Europe de l'Est faisaient de même aux Jeux de Los Angeles.

L'exploitation politique de l'olympisme tourna à la tragédie en 1972 à Munich avec l'assassinat de 11 athlètes israéliens par des terroristes palestiniens. Si le prestige et la popularité des Jeux continua à croître au cours des années 1960 et 1970, le mérite en revient indubitablement aux athlètes – le record mondial de saut en longueur de Bob Beamon

		L'histoire en bref
Jeux olympiques	Principaux événements	Pays les plus médaillés
1960 – Rome, Italie H : 4 736, F : 610	L'Éthiopien Abebe Bikila gagne le marathon pieds nus.	URSS (42), USA (34), Italie (13)
1964 – Tokyo, Japon H : 4 457, F : 683	Premiers Jeux retransmis dans le monde entier. Les sœurs soviétiques Irina et Tamara Press collectionnent trois médailles d'or à elles deux.	USA (36), URSS (30), Japon (16)
1968 – Mexico, Mexique H : 4 749, F : 781	L'Américain Bob Beamon établit le record du monde de saut en longueur. Les sprinters américains Tommie Smith et John Carlos sont renvoyés chez eux après avoir fait le salut du "black power" sur le podium.	USA (45), URSS (29), Japon (11)
1972 – Munich, RFA H : 6 065, F : 1 058	Le nageur américain Mark Spitz reçoit sept médailles d'or.	URSS (50), USA (33), RDA (20)
1976 – Montréal, Canada H : 4 781, F : 1247	La gymnaste roumaine Nadia Comaneci gagne sept fois avec la note maximale, dix.	URSS (49), RDA (40), USA (34)
1980 – Moscou, URSS H : 4 043, F : 1 124	Les rivaux britanniques Steve Ovett et Seb Coe gagnent chacun une médaille d'or en demi-fond.	URSS (80), RDA (47), Bulgarie (8)
1984 – Los Angeles, USA H : 5 230, F : 1 567	L'Américain Carl Lewis est quatre fois médaillé d'or en athlétisme.	USA (83), Roumanie (20), RFA (17)
1988 – Séoul, Corée du Sud H : 6 279, F : 2 186	L'Est-Allemande Kristin Otto gagne six médailles d'or. L'Américain Ben Johnson est dépouillé de sa médaille d'or au 100 m pour s'être dopé aux anabolisants.	URSS (55), RDA (37), USA (36)
1992 – Barcelone, Espagne H : 6 657, F : 2 707	Première participation de l'Afrique du Sud depuis 1960 et première participation de l'Allemagne réunifiée depuis 1964. La Dream Team américaine domine le basket-ball masculin.	Équipe unifiée* (45), USA (37), Allemagne (33)
1996 – Atlanta, USA H : 6 797, F : 3 513	L'Irlandaise Michelle Smith remporte plus de médailles à elle seule (trois) que n'importe quelle équipe irlandaise de l'histoire des Jeux. L'Américain Michael Johnson gagne le 200 m et le 400 m double.	USA (44), Russie (26), Allemagne (20)

*L'Équipe unifiée rassemblait les athlètes de la Communauté d'États indépendants, l'ex-URSS.

à Mexico, les sept médailles d'or du nageur Mark Spitz à Munich et les scores parfaits de Nadia Comaneci à Montréal effacèrent dans la mémoire du public les boycotts et le terrorisme.

Les Jeux de Los Angeles marquèrent un tournant de l'histoire olympique. Jusque là, cette manifestation était loin de constituer une manne financière, et les pays montraient peu d'empressement à accueillir un événement toujours plus difficile à organiser tant du point de vue de la sécurité que du financement. Ainsi, Montréal remboursait toujours dans les années 1990 les dettes contractées lors des Jeux de 1976.

Mais le marketing, le sponsoring et les revenus tirés des droits de retransmission télévisée firent des Jeux de Los Angeles un véritable suc-

Crise d'identité

Lors des premiers Jeux, les concurrents participaient à titre individuel et pouvaient représenter n'importe quel pays. Stanley Rowley (Australie) remporta ainsi pour l'Australasie une médaille de bronze dans le 60 m, le 100 m et le 200 m avant d'intégrer l'équipe britannique pour le 5 000 m relais, pour lequel il gagna une médaille d'or – bien qu'il n'eût pas achevé la course.

cès commercial. Depuis, les villes se livrent une concurrence féroce pour accueillir cette manifestation désormais considérée comme une immense source de revenus. L'éclatement du bloc de l'Est en 1989-90 mit fin à la pratique du boycott, ce qui permit aux meilleurs athlètes du monde entier de concourir. En outre, la participation fut ouverte aux professionnels dès 1988, faisant du "faux amateurisme" un terme dépassé.

Aujourd'hui, la commercialisation de l'olympisme mine son intégrité et ternit son image auprès du public. Soumis à d'énormes pressions, les athlètes se tournent vers le dopage. Le cas de Ben Johnson, contrôlé positif en 1988, ne représente que la partie émergée de l'iceberg. Selon certains observateurs, notamment Andrew Jennings, auteur de *Main basse sur les J.O.*, des affaires de dopage auraient été étouffées.

L'ouvrage de Jennings met également en lumière une autre "face cachée" des Jeux : la corruption et les pots-de-vin seraient monnaie courante lors des présentations de candidatures par les villes, dont les comités organisateurs couvriraient les responsables du CIO et leur famille de cadeaux pour s'assurer leur vote. En 1998-99, ces allégations ont été confirmées par le CIO, qui a reconnu que certains responsables avaient accepté des dessous-de-table de la part du comité organisateur des Jeux d'hiver prévus à Salt Lake City en 2002. En 1999, John Coates, président du Comité olympique australien, a avoué que les responsables kenyans et ougandais avaient été payés pour voter en faveur de Sydney.

Devant la colère des athlètes, de l'opinion publique et des villes non retenues, le président du CIO, Juan Antonio Samaranch, a ordonné l'ouverture d'une enquête sur le scandale des pots-de-vin. Mais la révélation selon laquelle il avait accepté des cadeaux de la part de Nagano et de Salt Lake City avant que ces villes soient choisies pour les Jeux d'hiver de 1998 et 2002 respectivement laisse ses détracteurs sceptiques quant à sa capacité à éliminer la corruption. Soit dit en passant, en tant que président du CIO, Samaranch ne peut pas voter lors du choix des villes...

A l'heure actuelle, la corruption et le dopage constituent les deux principaux dangers qui menacent l'avenir du plus grand spectacle du monde. Mais n'oublions pas que les Jeux ont survécu pendant 104 ans et ce, grâce aux extraordinaires performances des athlètes. Quoi qu'il arrive à Sydney, ce sont les exploits des Carl Lewis et des Nadia Comaneci de demain qui resteront gravés dans l'esprit du public bien après que les aspects politiques seront tombés dans l'oubli.

PRESSE SPORTS / SPORT • THE LIBRARY •

Carl Lewis remporte l'une de ses quatre médailles d'or dans le 100 m aux Jeux de Los Angeles en 1984

Les femmes et les Jeux

Comme les anciens Grecs avant lui, Coubertin pensait que "le seul rôle des femmes est de couronner le vainqueur". Les premiers Jeux étaient donc réservés aux hommes. Par une ironie de l'histoire, c'est dans la ville natale de Coubertin que les femmes participèrent pour la première fois à des épreuves olympiques bien qu'elles ne fussent autorisées à concourir que dans des sports "appropriés" comme le tennis et le golf. La première championne olympique fut la Britannique Charlotte Cooper dans l'épreuve de tennis simple, puis dans les doubles mixtes.

Après 1900, la participation des femmes augmenta très lentement. Elles accédèrent à la natation (100 m nage libre et relais) et au plongeon en 1912. Ce n'est qu'en 1928 qu'elles purent participer aux épreuves d'athlétisme. Malheureusement, les concurrentes furent si nombreuses à s'effondrer après le 800 m qu'on déclara cette distance dangereuse pour les femmes et qu'elles furent cantonnées aux limites du 200 m jusqu'aux Jeux de 1960. Depuis la fin des années 1970, le CIO fait un effort concerté pour ouvrir davantage aux femmes l'accès à la compétition. A Sydney, elles s'affronteront dans 24 sports, notamment – et pour la première fois – en haltérophilie.

Les Paralympiques

Les Paralympiques ont vu le jour avec la fondation par le gouvernement britannique d'un centre de traitement pour les soldats souffrant de blessure à la colonne vertébrale à l'hôpital de Stoke Mandeville en 1944. Dans le cadre de leur traitement, les patients pratiquaient un certain nombre de sports, et, en 1948, on organisa une compétition opposant plusieurs centres de rééducation. Trois ans plus tard, des concurrents hollandais participèrent à ces jeux, qui donnèrent naissance au mouvement paralympique. Aujourd'hui, les Paralympiques (contraction de "parallèles aux Jeux olympiques") se tiennent aussi tous les quatre ans. Depuis 1976, il existe également des Paralympiques d'hiver.

Handicap, connaît pas

Le concurrent olympique le plus extraordinaire de tous les temps est sans doute le gymnaste américain George Eyser, qui remporta en 1904 trois épreuves de gymnastique malgré sa trentaine bien avancée et sa jambe de bois ! Chose incroyable, il participa également au concours complet d'athlétisme, ancêtre du décathlon.

LES JEUX DE SYDNEY

Les Jeux olympiques de l'an 2000 rassembleront à Sydney, du 15 septembre au 1er octobre, plus de 10 000 concurrents représentant 198 pays.

Sydney 2000 proposera 28 sports, dont sept recouvrent plusieurs disciplines (les sports aquatiques, par exemple, englobent la natation, le plongeon, la natation synchronisée et le water-polo) et, pour la première fois, le triathlon et le taekwondo.

Peu après la fin des Jeux olympiques, Sydney accueillera les handicapés de quelque 198 nations participant aux Paralympiques, du 18 au 29 octobre.

Pour vous tenir au courant, consultez les quotidiens ou le site Web des Jeux (www. Sydney.Olympic.org), ou encore appelez le ☎ 13 63 63.

Lieux

La plupart des épreuves se dérouleront au parc olympique de Sydney, à Hombush Bay, certaines se tiendront dans l'ouest et l'est de la ville et à Darling Harbour.

Le cœur du parc olympique est le Stadium Australia, de 110 000 places qui accueillera la cérémonie d'ouverture et de clôture ainsi que les épreuves d'athlétisme et la finale de football.

Le parc abrite également le Sydney International Aquatic Centre, d'une capacité de 17 500 spectateurs. La gymnastique et la finale de basket-ball auront lieu au Sydney Superdrome, doté de 18 000 places. Dans le parc se trouvent aussi le Baseball Stadium, le Hockey Centre, le Tennis Centre et le Bicentennial Park, qui accueillera le pentathlon moderne.

Les quartiers ouest verront se dérouler les épreuves de water-polo (Ryde Water Polo Pool), d'aviron et de canotage (Regatta Centre de Penrith), de cyclisme (Dunc Gray Velodrome, à Bankstown), ainsi que le concours complet d'équitation sur trois jours (Horsley Park).

Dans les quartiers est, les spectateurs pourront admirer la voile à Rushcutters Bay, le volley-ball de plage à Bondi Beach et le football au Sydney Football Stadium.

La boxe, l'haltérophilie, le judo et l'escrime auront lieu au Sydney Exhibition Centre et au Convention Centre de Darling Harbour. Enfin, les éliminatoires de football seront réparties dans différentes villes du pays : Brisbane (Gabba), Adelaide (Hindmarsh Stadium), Canberra (Bruce Stadium) et Melbourne (MCG).

Billets

Le prix des billets s'échelonne de 105 $ à 1 382 $ pour les cérémonies d'ouverture et de clôture, de 65 $ à 455 $ pour les épreuves d'athlétisme et de 30 $ à 80 $ pour l'aviron. Pour les Australiens, la vente de billets a pris fin en juillet 1999. Néanmoins, il restera sans doute des places jusqu'au début des Jeux, voire pendant, pour les sports les moins courus. Consultez régulièrement le site Web officiel ou appelez le ☎ 13 63 63. Les billets pour les Paralympiques ont été proposés à la vente en octobre 1999.

Les visiteurs peuvent se procurer des places en s'adressant à des agents nommés par le Comité olympique de leur pays. Le site Web www.olympic.org/ioc/e/org/noc_list_e.html recense la liste de tous les comités nationaux. Certains sont indiqués ci-dessous.

Canada
   (☎ 514-861 3371, fax 861 2896)
   Olympic House, av. Pierre Dupuy 2380, Montréal, Québec H3C 3R4
France
   (☎ 01 40 78 28 00, fax 01 40 78 29 51)
   Maison du Sport français, 1 av. Pierre-de-Coubertin, 75640 Paris Cedex 13

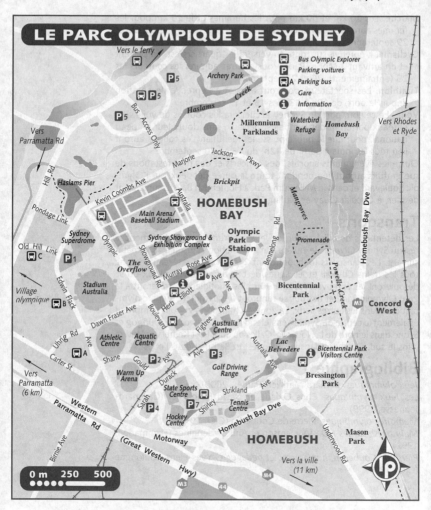

LE PARC OLYMPIQUE DE SYDNEY

Vers le ferry

Bus Olympic Explorer
Parking voitures
A Parking bus
Gare
Information

Archery Park

Haslams Creek

P 5
P 5
P 5

Vers Parramatta Rd

Bus Access Only

Millennium Parklands

Waterbird Refuge

Homebush Bay

Vers Rhodes et Ryde

Haslams Pier

Hill Rd

Kevin Coombs Ave

Marjorie

Jackson Pkwy

Brickpit

HOMEBUSH BAY

Pondage Link

Australia

Main Arena/ Baseball Stadium

Mangroves

Bennelong Rd

Homebush Bay Dve

Sydney Superdrome

Sydney Showground & Exhibition Complex

Olympic Park Station

Promenade

Old Hill Link

C

Olympic

Showground Rd

The Overflow

Murray Rose Ave

P 6

P 6

Elliott

Bicentennial Park

Powells Creek

M3

Concord West

Village olympique

B

Edwin Flack

Stadium Australia

Herb

Boulevard

Figtree

Australia Centre

Dve

Ave

Dawn Fraser Ave

Ulnig Rd Ave

Athletic Centre

Aquatic Centre

Ave

P 3

Australia Ave

Lac Belvedere

Bicentennial Park Visitors Centre

Carter St

Shane

Gould

P 2

Durack

Golf Driving Range

Bressington Park

Vers Parramatta (6 km)

Warm Up Arena

Sarah

State Sports Centre

P 7

Shirley

Strikland

Tennis Centre

Ave

Homebush Bay Dve

Mason Park

Western Parramatta Rd

Hockey Centre

Birnie Ave

Motorway

HOMEBUSH

Underwood Rd

(Great Western Hwy)

Vers la ville (11 km)

M4

0 m   250   500

M3

44

Billets gratuits

Inutile de rouler sur l'or pour assister aux manifestations sportives. Certaines des épreuves organisées à Sydney seront gratuites :

Marathons. Les femmes partiront à 9h le 24 septembre et les hommes à 16h le 1er octobre (cette épreuve sera suivie de la cérémonie de clôture). Le trajet de 42 km débute à North Sydney Oval et traverse le centre pour rejoindre Stadium Australia à Homebush. On attend des milliers de spectateurs le long du parcours.

Marche. Les 20 km et 50 km pour les hommes et le 20 km pour les femmes auront également lieu dans les rues de Sydney, les 22, 28 et 29 septembre.

Cyclisme. L'épreuve sur route traversera les quartiers est, en partant et en arrivant à Moore Park. Vous pourrez admirer les coureurs les 25 (entraînement), 26 et 27 septembre.

Triathlon. Les spectateurs pourront assister à l'épreuve de natation depuis le port, de 10h à 13h les 16 et 17 septembre.

Voile. Le célèbre port de Sydney accueillera les courses de voile. Les bateaux porteront des symboles spéciaux, sans doute leur drapeau national, pour que le public puisse les identifier. Les courses auront lieu tous les jours à partir de 12h, du 16 au 30 septembre.

Outre les événements sportifs, des concerts et des manifestations de rue gratuits auront lieu pendant toute la durée des Jeux, sur l'Olympic Boulevard et dans le Millenium Park à Homebush Bay et, sur le front de mer, à Circular Quay et Darling Harbour.

Transports

Les détenteurs de billets pour les Jeux emprunteront gratuitement le réseau Sydney Olympic le jour de la manifestation et jusqu'à 4h le matin suivant. Les transports fonctionneront 24h sur 24. Ce réseau englobe tous les trains CityRail et les lignes de bus desservant les lieux où se dérouleront les épreuves. Jusqu'à 30 trains quotidiens s'arrêteront à la gare Olympic Park, et des bus se rendront fréquemment au parc olympique et dans les autres lieux. La zone de transports gratuits comprend également le centre de Sydney et s'étend jusqu'à Newcastle, Dungog et Scone dans le nord de la Nouvelle-Galles du Sud, Port Kembla et Nowra dans le sud, Goulburn dans le sud-ouest et Bathurst dans l'ouest.

Bibliographie

Jeux olympiques, Bernard Marillier (Pardès, 2000)

Les Jeux olympiques, Chris Oxlade et David Ballheimer (Gallimard-Jeunesse, 1999)

Mémoires olympiques, Pierre de Coubertin (CIO, 1998)

Main basse sur les J.O., Vyv Simson et Andrew Jennings (Flammarion, 1992)

Pierre de Coubertin, humanisme et pédagogie, Yves-Pierre Boulongne (CIO, 1999)

MARTIN HARRIS

Territoire du Nord (NT)

L'envoûtant Territoire du Nord (Northern Territory ou NT) est le moins peuplé d'Australie : 1% de la population vit sur environ 20% de l'étendue du pays ! Et c'est l'une des régions les plus désolées du continent. Aussi urbaine et côtière que soit l'Australie dans sa réalité humaine, ce n'en est pas moins le Centre, le Red Heart (le Cœur rouge), qui lui a donné son image traditionnelle, celle d'un pays où la nature est intacte et parfois surréaliste.

Le Centre ne se réduit pas à Uluru (Ayers Rock). Vous y verrez aussi des cratères de météorites, des canyons insolites, des vallées perdues où poussent des palmiers, et les festivals animés d'Alice Springs. Où peut-on, ailleurs, assister à une régate dans un lit de rivière asséché ? Le rouge est là que ce soit la terre, les formations rocheuses ou Uluru même.

A l'autre bout du *Track* (Stuart Highway) la route goudronnée de 1 500 km qui relie Alice Springs à la côte nord – se trouve Darwin, sans doute la ville la plus cosmopolite d'Australie.

Une autre vraie surprise du Territoire est l'étonnant contraste entre l'aridité du Centre et l'humidité tropicale du Top End (la pointe nord du Territoire) pendant la saison des pluies. Les plateaux et terres inondables du Kakadu National Park renferment des trésors, relatifs aussi bien à la faune qu'à l'art rupestre aborigène.

Lors du référendum mené en octobre 1998 sur l'opportunité de conférer au Territoire le statut d'État, les "non" l'ont faiblement emporté sur les "oui".

LES ABORIGÈNES
Environ 38 000 des 190 000 habitants du territoire appartiennent au peuple aborigène.

La colonisation blanche du Territoire du Nord fut aussi brutale que dans le reste du pays, et les Aborigènes essayèrent vainement de résister à la confiscation de leurs terres. Au début du siècle, la majorité d'entre eux étaient confinés dans les

A ne pas manquer

A ne pas manquer

Population : 189 990 habitants
Superficie : 1 346 000 km^2
Indicatif téléphonique : 08

- La promenade en bateau dans les marais du Kakadu National Park
- La visite d'Uluru (Ayers Rock) et de Kata Tjuta (monts Olgas) dans Uluru-Kata Tjuta National Park
- La randonnée dans le majestueux Kings Canyon du Watarrka National Park
- La remontée en canoë de la Katherine Gorge, dans le Nitmiluk National Park
- Le circuit culturel aborigène de Manyallaluk, près de Katherine
- La visite des anciennes mines d'or de Tennant Creek
- La marche sur le Larapinta Trail dans les MacDonnell Ranges occidentales, près d'Alice Springs
- L'Old Telegraph Station d'Alice Springs, pour se plonger dans l'histoire

réserves gouvernementales ou les missions chrétiennes. Certains vivaient sur les exploitations de bétail (les *cattle stations*),

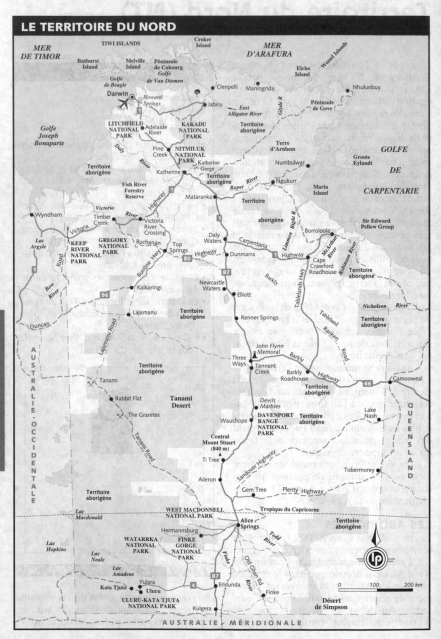

TERRITOIRE DU NORD

où ils étaient employés comme bouviers ou comme domestiques. D'autres vivaient en bordure des agglomérations, trouvant parfois un petit emploi mal rémunéré et sombrant le plus souvent dans l'alcoolisme. Seule une minorité put préserver le mode de vie ancestral.

Au cours des années 60, les Aborigènes du Territoire du Nord commencèrent à faire valoir leurs droits.

En 1963, la tribu Yirrkala de la péninsule de Gove, une partie de la réserve de la Terre d'Arnhem, protesta contre les projets d'exploitation de la bauxite. Les Yirrkala ne purent s'opposer à l'activité minière, mais la manière dont ils présentèrent leur revendication (en montrant des objets rituels et des peintures sur écorce qui attestaient leurs titres de propriété territoriaux) fit date dans l'histoire. En 1966, les membres de la tribu gurindji de la *station* de Wave Hill se mirent en grève et demandèrent que leurs terres ancestrales, incluses dans la station, leur soient restituées. Un accord entre le gouvernement et les propriétaires de l'exploitation permit aux Gurindji de recouvrer 3 238 km^2.

En 1976, l'Aboriginal Land Rights Act, voté à Canberra, permit de restituer aux Aborigènes toutes les terres des réserves et des missions. Par ailleurs, cette loi les autorisa à faire valoir leurs titres de propriété sur toutes les terres avec lesquelles ils avaient des liens sacrés, à l'exception des terres déjà louées, situées dans les villes ou réservées à un usage spécial.

Aujourd'hui, les Aborigènes sont propriétaires de presque 50% du Territoire du Nord. Les minerais sont toujours propriété de l'État fédéral, mais il faut généralement obtenir une permission auprès des propriétaires aborigènes et s'acquitter des droits pour la prospection et l'exploitation des gisements.

Les lois sur les droits territoriaux promulguées dans le Territoire du Nord ont amélioré l'existence de nombreux Aborigènes et encouragé dans les années 70 ce qu'on a appelé l'*Outstation Movement*. Les Aborigènes commencèrent à quitter les réserves et à retourner à leur mode de vie nomade sur leurs propres terres. Paradoxalement, les lois sur l'égalité des salaires des années 60 privèrent de nombreux Aborigènes de leur emploi, les éleveurs préférant, à salaire égal, employer des bouviers blancs.

Bien que le souci de réconciliation se généralise de plus en plus et qu'un nombre croissant d'Aborigènes soient à même de traiter sur un pied d'égalité avec la population blanche, il subsiste encore un fossé profond entre les deux cultures. En dépit des promesses de réconciliation attendues, en 1993, par l'adoption du Native Title Act, l'évolution de la situation, à travers notamment la récente affaire Wik (reportez-vous à la rubrique *Institutions politiques* du chapitre *Présentation de l'Australie*), montre à quel point les choses sont encore loin d'être réglées.

Pour ces raisons, entre autres, il est généralement difficile pour un visiteur de passage d'entrer significativement en contact avec les Aborigènes, et le tourisme sur leurs terres est restreint.

Permis

Il faut un permis pour pénétrer sur les terres aborigènes, et celui-ci n'est généralement accordé que si vous avez des parents ou des amis qui y travaillent, ou si vous participez à une excursion organisée. La balade indépendante est absolument exclue. L'exception à cette règle est le voyage le long des routes principales qui traversent ces terres aborigènes, mais vous ne pouvez vous arrêter que pour acheter de l'essence ou de la nourriture.

Trois conseils territoriaux (*land councils*) délivrent les permis. Le formulaire de demande s'obtient auprès du responsable des permis du conseil adéquat. Pour la région située au sud d'une ligne entre Kununurra (WA) et Mt Isa (QLD), adressez-vous au Central Land Council ; pour la région au nord de cette ligne, au Northern Land Council ; et au Tiwi Land Council pour Bathurst Island et Melville Island.

Il faut compter entre 4 et 6 semaines pour obtenir une réponse, sauf pour Oenpelli, où l'on vous délivre le permis en une demi-heure à Jabiru.

Northern Land Council
   9 Rowling St (PO Box 42921), Casuarina, Darwin, NT 0811 (☎ 8920 5100, fax 8945 2633)
Tiwi Land Council
   Unit 5/3, Bishop St, Stuart Park, NT 0820 (☎ 8981 4898)
Central Land Council
   33 Stuart Highway (PO Box 3321), Alice Springs, NT 0871 (☎ 8951 6211, fax 8953 4345)

Circuits organisés en terre aborigène

Plusieurs agences – certaines appartenant à des Aborigènes – organisent des excursions dans les terres et communautés aborigènes.

La Terre d'Arnhem offre le plus grand nombre de possibilités, grâce à la proximité du Kakadu National Park. Les circuits ne couvrent généralement que la frange ouest de cette région et vous amèneront à Oenpelli et dans autres endroits ordinairement interdits au public. Parmi les différentes agences, citons Umorrduk Safaris et Davidson's Arnhem Land Safaris.

Des circuits sont également organisés aux îles Bathurst et Melville, au Litchfield et à Katherine dans le Top End et dans la région d'Alice Springs et à Uluru, pour le Centre (consultez ces différentes rubriques et *Circuits culturels aborigènes* dans la section *Darwin* de ce chapitre).

CLIMAT

Le *Wet* (la saison humide) et le *Dry* (la saison sèche) sont les termes utilisés pour décrire les saisons du Top End, plutôt que l'été et l'hiver. En gros, le Dry s'étend d'avril à septembre et le Wet d'octobre à mars. Les plus fortes pluies ont lieu en janvier et les mois suivants. Le mois d'avril, avec la diminution des pluies, et les mois d'octobre à décembre, particulièrement humides (période du *build-up*) sont des mois de transition. Le Top End est la région d'Australie qui connaît le plus grand nombre d'orages : Darwin en compte plus de 90 jours entre septembre et mars.

Les variations climatiques sont plus marquées dans le Centre. Les températures peuvent être inférieures à 0°C les nuits d'hiver (de juin à août) et dépasser 40°C les jours d'été (de novembre à janvier). Équipez-vous pour ces deux extrêmes et pour les orages occasionnels en toute saison. Quand il pleut, les pistes se transforment rapidement en bourbiers.

La meilleure période pour visiter le Centre et le Top End est juin/juillet, même si ce dernier possède aussi des atouts durant le Wet – paysages verdoyants, pleine saison de la pêche au barramundi, orages spectaculaires... et absence de touristes.

Le Wet présente néanmoins certains inconvénients. Le mélange de chaleur et d'humidité est intenable pour qui n'y est pas accoutumé, les pistes sont souvent impraticables, la baignade dans l'océan est vivement déconseillée à cause des méduses-boîtes ou "guêpes de mer" (*box jellyfish* ou *stingers*), et certains parcs nationaux et réserves sont fermés en totalité ou en partie.

RENSEIGNEMENTS

Étonnamment, la Northern Territory Tourism Commission (NTTC) n'est pas représentée dans le Territoire ni en Australie, mais il existe des offices du tourisme régionaux à Darwin, à Katherine, à Tennant Creek et à Alice Springs.

Pour vous informer avant le départ, appelez la Northern Territory Tourism Commission (☎ 1800 621 336, www.nttc.com.au).

PARCS NATIONAUX

Le Territoire du Nord possède quelques-uns des plus beaux parcs nationaux d'Australie. Certains sont connus, comme ceux d'Uluru-Kata Tjuta, de Kakadu et de Nitmiluk (Katherine Gorge), mais il en existe bien d'autres, tels Litchfield, West MacDonnell Ranges et Watarrka (Kings Canyon), qui méritent une visite.

Pour tout renseignement sur les parcs d'Uluru-Kata Tjuta et de Kakadu, adressez-vous aux bureaux d'information des parcs (pour d'autres détails, voir plus loin les rubriques *Kakadu National Park* et *Uluru-Kata National Park*).

D'autres parcs ou réserves historiques et naturelles sont gérés par la Parks & Wildlife Commission of the Northern Territory, qui possède des agences à Alice Springs, à Katherine et à Darwin, ainsi que des comp-

Événements culturels et festivals aborigènes

Plusieurs festivals, très intéressants, ont lieu chaque année. Bien qu'ils se tiennent sur des terres dont l'accès est réglementé, les permis sont généralement accordés durant leur déroulement. Sachez que l'alcool est interdit dans de nombreuses communautés.

Barunga Wugularr Sports & Cultural Festival
Pendant les quatre jours fériés du Queen's Birthday en juin, Barunga, à quelque 80 km au sud-est de Katherine, devient le lieu de rassemblement de tous les Aborigènes du Territoire du Nord. Vous pourrez admirer l'art traditionnel et l'artisanat, aussi bien que des danses et des compétitions athlétiques. Il n'y a pas d'hébergement : prévoyez de camper ou venez pour la journée depuis Katherine. Un permis n'est pas nécessaire.

Merrepen Arts Festival
Il a lieu en juin ou en juillet, à Nauiyu Nambiyu, sur les rives de la Daly. Plusieurs tribus des environs, comme les Wadeye, les Nauiyu et les Peppimenarti, exposent leur artisanat. Un permis n'est pas nécessaire.

Yuendumu Festival
Le clan Yuendumu, à 270 km au nord-ouest d'Alice Springs, accueille un rassemblement d'Aborigènes des régions désertiques de l'ouest et du centre pendant un long week-end, début août. C'est un mélange de manifestations sportives et culturelles, traditionnelles et modernes. Prévoir un équipement de camping. Un permis n'est pas nécessaire.

Oepenlli Open Day
Oepenlli (Gunbalanya) est situé dans la Terre d'Arnhem, de l'autre côté de l'East Alligator River, non loin de Jabiru. Le 1er samedi du mois d'août, une journée "portes ouvertes" permet d'acquérir de l'artisanat local et d'assister à des danses et à des joutes sportives.

National Aboriginal Art Award
Chaque année (habituellement en septembre), le Museum & Art Gallery of the Northern Territory de Darwin organise une exposition très prisée d'œuvres concourant pour le prix national d'art aborigène.

---

toirs d'information aux offices du tourisme de Darwin et d'Alice Springs.

La Parks & Wildlife publie des brochures sur les différents parcs, disponibles auprès de ses agences ou dans les parcs mêmes.

ACTIVITÉS SPORTIVES
Randonnées dans le bush
De beaux sentiers de randonnée sillonnent le bush et, bien équipé de chaussures de marche et de pantalons pour affronter les épineux, vous pourrez escalader les pentes proches d'Alice Springs. En été, portez un chapeau et emportez de l'eau avec vous, même pour de courtes excursions. De manière générale, une prudence extrême s'impose sitôt que l'on s'éloigne des sen-tiers battus. Dans le Top End, il est préférable de marcher durant la saison sèche, mais de courtes marches sont également possibles durant le Wet.

Le Larapinta Trail, dans l'ouest des Mac-Donnell Ranges, près d'Alice Springs, est un sentier bien balisé avec des terrains de camping et autres aménagements tout du long. A Watarrka, le Giles Track invite à une superbe randonnée de deux jours, le long de la très spectaculaire George Gill Range.

La plupart des autres parcs du Centre proposent des promenades plus courtes. Les amateurs de randonnée se régaleront, au nord, dans les parcs de Gregory, de Kakadu, de Litchfield et de Nitmiluk. Ce dernier possède notamment de bons sentiers balisés.

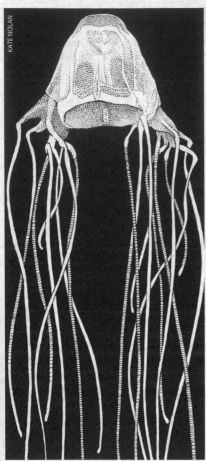

KATE NOLAN

La mortelle méduse-boîte

Tour-opérateur installé à Darwin, Willi's Walkabouts (☎ 8985 2134, walkabout@ais.com.au) propose des randonnées entre 3 jours et 3 semaines dans le Top End, au Kimberley et dans le Centre.

Baignade

Ne vous baignez pas d'octobre à mai inclus, à cause des méduses venimeuses (reportez-vous au rubriques *Santé* et *Désagréments et dangers* du chapitre *Renseignements pratiques*).

Attention aux crocodiles, également. Ne vous baignez pas sans avoir reçu l'assurance de pouvoir le faire sans risque.

COMMENT S'Y RENDRE

L'accès au Territoire du Nord en bus, train, voiture ou avion est abordé en détail dans les rubriques *Alice Springs*, *Darwin* et *Uluru*.

COMMENT CIRCULER
Avion

Ansett (☎ 13 1300) et Qantas (☎ 13 1313) desservent les grandes villes du Territoire. Filiale d'Ansett, Air North (☎ 1800 627 474) relie Darwin, Katherine, Bathurst Island, Jabiru, Oenpelli, Groote Eylandt, la péninsule de Gove, Alice Springs et Tennant Creek (voir la carte des tarifs aériens).

Bus

Les compagnies Greyhound Pioneer et McCafferty's couvrent pratiquement l'ensemble du Territoire du Nord. Consultez les rubriques *Comment s'y rendre* des villes traitées dans ce chapitre.Le bus Blue Banana (☎ 8945 6800, banana@octa4.net.au) représente la solution idéale pour les voyageurs à petit budget désireux de se déplacer dans le Top End au moins entre Darwin, Kakadu, Katherine, Nitmiluk et Litchfield. Il relie régulièrement Darwin à Katherine *via* Kakadu avec retour *via* Litchfield et dessert en chemin divers lieux et sites intéressants (départs de Darwin jeudi, vendredi, dimanche et lundi, et de Katherine samedi, dimanche, mardi et mercredi). Les billets, valables trois mois, permettent d'effectuer autant d'arrêts qu'on le souhaite. Le circuit complet coûte 170 $, mais on peut aussi se contenter d'un billet Darwin-Katherine *via* Kakadu (100 $), Katherine-Darwin *via* Litchfield (90 $), d'un circuit avec départ et retour à Darwin mais sans arrêt à Katherine (140 $) ou d'un parcours Jabiru-Katherine *via* Ubirr, Cooinda et Gunlom (70 $). Ces tarifs ne comprennent pas le droit d'entrée dans le parc national de Kakadu.

Voiture

Soyez extrêmement prudents si vous quittez les sentiers battus et prenez toutes les précautions d'usage.

TERRITOIRE DU NORD

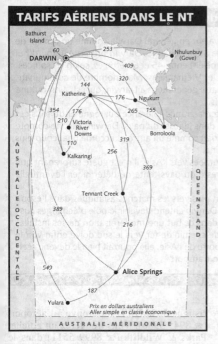

TARIFS AÉRIENS DANS LE NT

Bathurst Island
DARWIN
60
253
Nhulunbuy (Gove)
409
320
144
Katherine
176
Ngukurr
354
265
155
210
Victoria River Downs
Borroloola
110
319
Kalkaringi
256
369
Tennant Creek
389
216
549
Alice Springs
187
Yulara

Prix en dollars australiens
Aller simple en classe économique

AUSTRALIE-MÉRIDIONALE

AUSTRALIE OCCIDENTALE

QUEENSLAND

Darwin et le Top End

DARWIN
• code postal 0800   • 86 600 habitants

La capitale du Nord de l'Australie crée souvent la surprise chez le visiteur. Malgré son aspect moderne, Darwin conserve quelque chose d'une ville-frontière, d'un lieu de passage où l'on est en transit.

Pour les voyageurs, elle constitue presque une étape obligée, offrant une excellente base pour explorer Kakadu et les autres sites naturels du Top End.

Histoire

Darwin ne fut pas d'office désignée comme la capitale de la région. Même après sa fondation, son développement fut lent et difficile. Il faut dire que les premières tentatives de peuplement du Top End ont été surtout motivées par la crainte d'une implantation française ou hollandaise en Australie.

Découvert en 1839 par le capitaine du *Beagle*, qui avait à son bord l'illustre Charles Darwin, le port de Palmerston fut fondé en 1869 et prit rapidement le nom officieux de Port Darwin. Il ne sera officiellement baptisé du nom du naturaliste anglais qu'en 1911.

En 1871, la découverte d'or à Pine Creek, à quelque 200 km au sud, donna un coup de fouet à l'essor de Darwin. Une fois la fièvre de l'or retombée, la ville retourna à son lent développement dû à un climat difficile et imprévisible (corsé par des cyclones occasionnels) et à la pauvreté des voies de communication avec les autres villes australiennes.

Pendant la Seconde Guerre mondiale, Darwin fut une importante base alliée dans le Pacifique pour faire face à l'avancée japonaise. Seul endroit d'Australie à connaître des offensives prolongées, la ville subit 64 attaques nippones au cours desquelles périrent 243 personnes.

Darwin, porte de l'Australie du Nord et centre administratif et minier, a aujourd'hui un rôle important à jouer.

Vous obtiendrez des informations sur l'état des routes auprès de l'Automobile Association of the Northern Territory (AANT) à Alice Springs (☎ 8953 1322) et à Darwin (☎ 8981 3837). Elle vous indiquera les routes qui ne sont praticables qu'en 4x4, que ce soit durant toute l'année ou pendant le Wet.

Même si la circulation est peu dense, prenez garde aux quatre principaux dangers du Territoire du Nord : la vitesse (il n'y a pas de limitation hors des agglomérations), la fatigue, les road trains et les animaux. (Pour plus de détails, reportez-vous à la rubrique *Voiture* du chapitre *Comment circuler*.)

En stop

Le stop fonctionne bien en général, mais une fois hors des villes l'attente peut être longue. Three Ways, au carrefour des routes vers Mt Isa et Alice Springs, est célèbre pour la durée de l'attente. Consultez la rubrique *En stop* au chapitre *Comment circuler*.

TERRITOIRE DU NORD

Darwin : ville-frontière ou porte de l'Asie ?

Il y a 20 ans, les Australiens d'"en-bas" percevaient en général Darwin comme un repaire de "petits blancs" arriérés et racistes, mais la ville a bien changé. Darwin présente aujourd'hui l'aspect d'un formidable creuset culturel où se mêlent entre 45 et 60 ethnies, selon les sources. Certains groupes sont arrivés récemment, tels les Vietnamiens. Mais nombre de communautés d'origine asiatique sont installées depuis quatre générations à Darwin, qui est, ainsi qu'une autre ville d'Australie, dotée d'un maire chinois.

Les visiteurs sont souvent surpris de constater la grande tolérance qui règne entre tous ces groupes ethniques, tandis que le racisme sévit dans le reste du pays. Darwin, elle, ne compte pas de ghettos. Chaque individu est un *Territorian* comme un autre et accorde beaucoup plus d'importance aux actes d'autrui qu'à son origine.

Avec une population et une culture aussi tournées vers l'Asie, il n'est guère surprenant que la ville se sente très asiatique, tandis que le reste du pays tente de déterminer l'éventuelle place de l'Australie au sein de l'Asie.

A l'heure où l'Australie se tourne de plus en plus vers les marchés asiatiques dans l'espoir de développer son commerce et son tourisme, Darwin entend devenir le pôle d'échanges australien de la région. La ville a mis en chantier dans ce but une modernisation de ses installations portuaires, et il semblerait qu'une ligne de chemin de fer vers le sud doive enfin voir le jour. Si, sur le plan culturel, Darwin est déjà la porte de l'Asie, elle pourrait bien le devenir réellement grâce à ces nouvelles infrastructures de transport.

TERRITOIRE DU NORD

Orientation

Le centre de Darwin, à l'extrémité de la péninsule, est assez compact. Stuart Highway fait une grande boucle en arrivant dans la ville et se termine sous le nom de Daly St. Le quartier commerçant, Smith St et son mall (allée piétonne), se situe à 500 m environ de Daly St.

Tout ce dont vous pourrez avoir besoin se trouve à deux ou trois rues du Transit Center ou dans Smith St mall. Les banlieues s'étendent sur 12 ou 15 km vers le nord et l'est. L'aéroport est relativement proche du centre.

Renseignements

Offices du tourisme. Le centre d'information de la Darwin Region Tourism Association (DRTA) (☎ 8981 4300, drtainfo@ozemail.com.au) est situé à l'angle de Knuckey St et Mitchell St. Ouvert du lundi au vendredi de 8h30 à 17h45, de 9h à 14h45 le samedi et de 10h à 14h45 le dimanche, il dispose de nombreuses brochures et peut réserver circuits organisés et logements sur l'ensemble du Territoire. Un comptoir d'information touristique de la DRTA se trouve à l'aéroport (☎ 8945 3386). Vous trouverez un guichet Parks & Wildlife (☎ 8999 5511) dans le DRTA Information Centre, qui vous fournira d'excellents fascicules gratuits. Il délivre également des permis d'accès à Kakadu.

Poste et communications. La poste principale se trouve à l'angle de Cavenagh St et d'Edmunds St. Son service de poste restante est efficace. Le courrier est remis sur présentation d'une pièce d'identité.

Divers lieux du centre-ville proposent un accès Internet pour environ 2/5/8 \$ les 10/30/60 minutes. Citons Student UNI Travel (☎ 8981 3388) en face du Transit Centre, Internet Outpost (☎ 8981 0690), dans la librairie Planet OZ dans le Transit Centre, Gondwana Tours (☎ 8941 7162), toujours dans le Transit Centre, et la NT Library (☎ 8999 7177), dans Parliament House, où vous bénéficierez de 30 minutes gratuites, mais sans connexion e-mail (réservations le jour même – venez de bon matin).

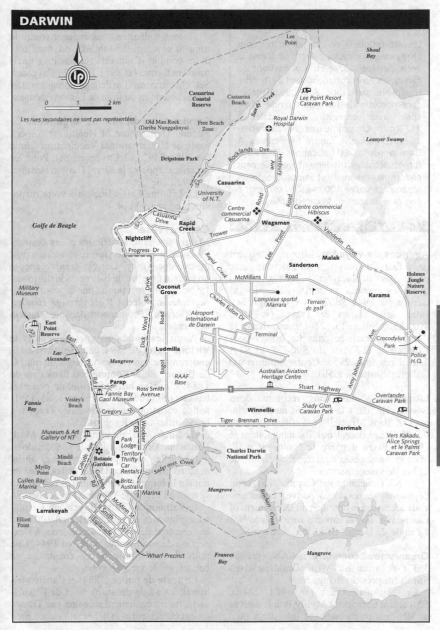

DARWIN

Lee Point

Shoal Bay

Casuarina Coastal Reserve

Casuarina Beach

Sandy Creek

Lee Point Resort Caravan Park

Old Man Rock (Dariba Nunggalinya)

Free Beach Zone

Royal Darwin Hospital

Leanyer Swamp

Rock lands Dve

Henbury Ave

Dripstone Park

Casuarina

University of N.T.

Centre commercial Casuarina

Centre commercial Hibiscus

Lee Point Road

Road

Vanderlin Drive

Golfe de Beagle

Casuarina Drive

Rapid Creek

Nightcliff

Progress Dr

Trower

Rapid Creek

Wagaman

Sanderson

Malak

McMillans   Road

Karama

Holmes Jungle Nature Reserve

Military Museum

Coconut Grove

Complexe sportif Marrara

Terrain de golf

Charles Eaton Dr

East Point Reserve

Dick Ward   Drive

Bagot   Road

Aéroport international de Darwin

Terminal

Crocodylus Park

Police H.Q.

Lac Alexander

East Point Rd

Ludmilla

Mangrove

Australian Aviation Heritage Centre

Stuart Highway

Amy Johnson Ave

Fannie Bay

Parap

Ross Smith Avenue

RAAF Base

Overlander Caravan Park

Vestey's Beach

Fannie Bay Gaol Museum

Gregory St

Winnellie

Shady Glen Caravan Park

Tiger Brennan Drive

Berrimah

Vers Kakadu, Alice Springs et le Palms Caravan Park

Museum & Art Gallery of NT

Woolner   Rd

Park Lodge

Territory Thrifty Car Rentals

Charles Darwin National Park

Mindil Beach

Botanic Gardens

Gilruth Ave

Gardens   Rd

Britz: Australia

Sadgroves   Creek

Mangrove

Reichardt   Creek

Myilly Point

Cullen Bay Marina

Casino

Marina

Larrakeyah

McMinn St

Smith St

Esplanade

Elliott Point

Voir la carte du centre de Darwin

Wharf Precinct

Frances Bay

Mangrove

0   1   2 km

Les rues secondaires ne sont pas représentées

TERRITOIRE DU NORD

Le cyclone Tracy

Les statistiques de ce désastre sont effrayantes. Le cyclone Tracy se forma la veille de Noël 1974, et, aux environs de minuit, les vents commencèrent à atteindre leur pleine puissance. A 3h05 du matin, l'anémomètre de l'aéroport rendit l'âme après avoir enregistré des rafales à 217 km/h. On estime que les vents atteignirent 280 km/h, faisant 66 victimes. A Darwin, sur 11 200 habitations, 50 à 60% furent détruites totalement ou tellement endommagées qu'il fut impossible de les réparer, et seules 400 maisons sortirent à peu près intactes de la catastrophe.

Agences de voyages. Elles ne manquent pas à Darwin, mais ne vous aideront guère pour vos déplacements locaux. Voici quelques agences en centre-ville : Flight Centre (☎ 8941 8002, 24 Cavenagh St), Jalan Jalan Tours & Travel (☎ 1800 802 250, Suite 35, 21 Cavenagh St, à l'étage), spécialisée dans les billets pour l'Indonésie et l'Asie du Sud-Est, et STA Travel (☎ 8941 2955, Centre commercial Galleria, Smith St mall).

Librairies. Nous vous recommandons Bookworld, dans le Smith St mall, et Planet OZ, dans Mitchell St, à côté du Transit Centre. Read Back Book Exchange, dans le Darwin Plaza derrière le Smith St mall, offre un vaste choix de livres d'occasion, de CD et de vidéocassettes.

Le NT General Store, Cavenagh St, vend de bonnes cartes. Vous pouvez également vous adresser à la boutique du Department of Lands, Planning & Environment's Maps NT, à l'angle de Bennet St et de Cavenagh St.

Organismes à connaître. L'AANT (☎ 8981 3837) se situe au MLC Building dans Smith St, près de Briggs St.

Le National Trust (☎ 8981 2848), 52 Temira Crescent à Myilly Point, délivre un dépliant intéressant sur la visite à pied de Darwin (également disponible à l'office du tourisme).

Si vous souhaitez vous engager contre la mine d'uranium de Jabiluka ou dans tout autre combat d'actualité, contactez l'Environment Centre (☎ 8981 1984, 24 Cavenagh St). Un panneau d'affichage donne les dernières nouvelles du front de l'environnement.

Services médicaux et urgences. Le Federal Department of Health est responsable de l'International Vaccination Clinic (☎ 8981 7492, 43 Cavenagh St). Pour les urgences, appelez le Royal Darwin Hospital (☎ 8922 8888).

La Lifeline Crisis line est à votre disposition au ☎ 13 1114.

Centre-ville
Malgré ses débuts difficiles et les destructions de la Seconde Guerre mondiale puis du cyclone Tracy, Darwin compte encore un certain nombre de bâtiments historiques. Le National Trust publie une brochure intéressante, intitulée *A Walk through Historical Darwin* (Promenade dans le Darwin historique).

Parmi les bâtiments anciens, citons le **Victoria Hotel** de 1894, dans Smith St mall, endommagé par Tracy. A l'angle du mall et de Bennett St, la **Commercial Bank** date de 1884. L'**ancien hôtel de ville**, un peu plus bas dans Smith St, fut édifié en 1883. De la solide construction victorienne, Tracy n'a laissé intacts que les murs.

De l'autre côté de la rue, **Brown's Mart**, l'ancienne Bourse minière de 1885, endommagée elle aussi par le cyclone, abrite aujourd'hui une salle de spectacles. Jetez un œil sur le **temple chinois**, neuf et coloré, qui se tient à l'angle de Woods St et Bennett St.

La **cathédrale Christ Church**, sur l'esplanade plus près du port, édifiée en 1902, fut entièrement détruite par le cyclone, à l'exception de son porche, ajouté en 1944. Une nouvelle cathédrale a été construite en conservant le vieux porche.

Le **poste de police** (1884) et l'**ancien tribunal**, à l'angle de Smith St et de l'Esplanade, furent également saccagés par Tracy ; ils ont été restaurés et hébergent maintenant

L'imposante Parliament House du Territoire du Nord (Darwin)

Uluru au lever du soleil (Territoire du Nord)

Les Jim Jim Falls dans le Kakadu National Park

Le Mt Sonder dans la lumière du matin, West MacDonnell Ranges National Park (Territoire du Nord)

Sur la route des West MacDonnell Ranges (Territoire du Nord)

Circuit pédestre dans Darwin

Le climat tropical ne se prête pas aux efforts physiques en milieu de journée. Préférez le matin ou la fin d'après-midi pour effectuer cette promenade.

Le mieux consiste à partir du centre-ville, plus précisément de Smith St mall. En descendant cette rue jusqu'au Victoria Hotel à son extrémité sud, vous visiterez le cœur historique de la ville, qui abrite l'**ancien hôtel de ville**, la bourse aux métaux (**Brown's Mart**) et, au coin de l'Esplanade, les anciens **poste de police** et **tribunal**.

Là, tournez à droite en longeant l'Esplanade et montez jusqu'à **Survivor's Lookout**, qui, du haut de la falaise, offre une vue superbe sur le port. Des panneaux très bien conçus, avec des photographies, retracent les bombardements nippons sur Darwin lors de la Deuxième Guerre mondiale.

Si la chaleur ne vous accable pas trop, descendez l'escalier qui mène à Kitchener Drive, au pied de la falaise, et aux **tunnels de stockage du pétrole de la Seconde Guerre mondiale**.

Une fois redescendu sur l'Esplanade, continuez dans la même direction. Vous apercevrez bientôt la **Government House** sur votre gauche, nichée dans un jardin tropical soigneusement entretenu et, sur votre droite, le **Submarine Cable Monument** ainsi que la **Cour suprême** et le **Parlement**. Profitez-en pour admirer l'impressionnant intérieur de ce dernier, et prenez un verre au café Speaker's Corner, qui surplombe la baie.

L'Esplanade tourne en longeant le Parlement, puis traverse tout le centre-ville, bordée par le verdoyant **Bicentennial Park** à sa gauche, et par des bâtiments historiques à sa droite (Admiralty House et Lyons Cottage). Le parc exhibe lui aussi quelques monuments et offre un point de vue exceptionnel sur la baie au coucher du soleil.

À l'extrême nord du parc, vous pouvez rattraper Smith St par Daly St, ou suivre le chemin qui descend à **Doctor's Gully** – le chemin lui-même ne présente pas grand intérêt, hormis un panneau qui fournit quelques indications historiques agrémentées de photographies, mais il est amusant de le parcourir à l'heure où l'on nourrit les poissons d'Aquascene.

Depuis Doctor's Gully, une passerelle traverse une petite parcelle couverte de végétation et débouche dans Mitchell St, près du Banyan View Lodge. Vous pouvez regagner le centre-ville à pied.

---

des bureaux de l'administration. Plus au sud, le long de l'Esplanade, la **Government House**, édifiée par étapes à partir de 1870, fut appelée *the Residence* jusqu'en 1911 ; elle a souffert des cyclones successifs, mais est à présent entièrement restaurée.

En face, un **monument** marque le point d'où partait le câble sous-marin pour Banyuwangi, dans l'île indonésienne de Java. Ce câble permit les premières communications instantanées entre l'Australie et l'Angleterre.

Dominant les rues de ce quartier, la **Parliament House,** à l'architecture tapageuse, est ouverte depuis 1994 et a coûté 117 millions de dollars. L'intérieur mérite néanmoins une visite, d'autant plus qu'il abrite une excellente bibliothèque, la Northern Territory Library.

Le bâtiment tout proche de la **Supreme Court** ne présente aucun intérêt en lui-même, mais abrite de superbes œuvres d'art aborigène.

Aquascene

A Doctor's Gully, près du carrefour de Daly St et de l'Esplanade, les poissons viennent tous les jours à marée haute chercher leur nourriture. Attirés par le pain sec, des centaines de *milkfish*, mulets, poissons-chats et poissons-chauves-souris se rassemblent, pour la plus grande joie des enfants. Certains sont de bonne taille : le milkfish peut atteindre 1 m et ne fait qu'une bouchée d'une

LE CENTRE DE DARWIN

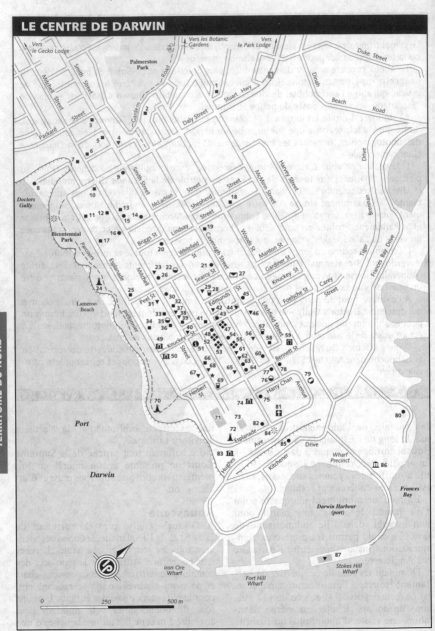

TERRITOIRE DU NORD

LE CENTRE DE DARWIN

OÙ SE LOGER
1 Alatai Holiday Apartments
2 Metro Inn
3 Asti Motel
5 Peninsula Apartment Hotel
6 Elke's Inner City Backpackers
7 Banyan View Lodge
10 Top End Hotel
11 Centra Darwin
12 Globetrotters Lodge
13 Fawlty Towers
17 Carlton Darwin
18 Frogshollow Backpackers
19 Mirrambeena Tourist Resort
25 Novotel Atrium
32 Melaleuca Lodge
33 Darwin City YHA
34 Holiday Inn
36 Chilli's Nomads
39 Value Inn
41 Darwin Central Hotel
58 Don Hotel
66 Rydges Plaza Darwin

OÙ SE RESTAURER
4 Nirvana
23 Sizzler
29 Guiseppe's
31 Shenannigans
37 Rorke's Drift
38 Major's on Mitchell
40 Red Rooster
42 Swiss Cafe & Restaurant
44 Cafe Capri

46 Pancake Palace
56 Sugar Club
61 Hog's Breath Café
62 Rendezvous Cafe
65 Victoria Hotel & Arcade
67 Kitty O'Shea's Irish
      Bar & Cafe
68 Hanuman, Pente
87 The Arcade

DIVERS
8 Aquascene
9 Hertz
14 Rent-A-Rocket
15 Nifty Rent-a-Car
16 Darwin Entertainment Centre
20 AANT
21 International
      Vaccination Clinic
22 McCafferty's
24 Leichhardt Memorial
26 Cinéma
27 Poste centrale, Magic Wok
28 Night-club Time,
      Squires Tavern
30 Marché de nuit
35 Transit Centre
43 Supermarché
45 NT General Store
47 Paspalis Centrepoint,
      Singapore Airlines
48 Indigenous Creations
49 Lyons Cottage
50 Admiralty House

51 Darwin Regional
      Tourism Association
      Information Centre
52 Darwin Plaza
53 Centre commercial Galleria
54 Ansett
55 Anthony Plaza
57 Night-club Rattle'n'Hum
59 Temple chinois
60 Garuda
63 Bookworld
64 Commercial Bank
69 Petty Sessions
70 Anzac Memorial
71 Parliament House
72 Telegraph Cable Monument
73 Supreme Court
74 Old Town Hall
75 Brown's Mart
76 Terminus des bus urbains
77 Qantas
78 Maps NT
79 Consulat d'Indonésie
80 Deckchair Cinema
81 Christ Church Cathedral
82 Ancien commissariat
      de police, tribunal
83 Government House
84 Survivors' Lookout
85 Tunnels de stockage
      de pétrole de la Seconde
      Guerre mondiale
86 Indo-Pacific Marine &
      Australian Pearling Exhibition

tranche de pain. Les heures d'ouverture dépendent des marées (☎ 8981 7837 pour les horaires des marées). Entrée : 4 $, 2,50 $ pour les enfants. Le pain sec est gratuit.

Botanic Gardens

Au nord du centre-ville, les jardins botaniques ont remplacé d'anciens jardins potagers. Sévèrement endommagés par Tracy qui a déraciné les trois quarts des plantes, les jardins ont été entièrement rénovés et, grâce au climat de la région, s'ornent à nouveau d'une remarquable collection de flore tropicale. La promenade autoguidée sur les plantes utilisées par les Aborigènes vaut aussi le détour. Une section est aménagée le long de la côte entre Gilruth Ave et Fannie Bay. Les jardins sont à quelques minutes à bicyclette du centre-ville.

Indo-Pacific Marine & Australian Pearling Exhibition

Cet étonnant aquarium, situé du côté du Wharf Precinct, est une tentative réussie de montrer des coraux vivants dans leur biotope. Chaque bassin possède un écosystème complet, auquel n'est ajouté que le poisson servant de nourriture aux poissons carnivores, comme le poisson-pierre et le poisson-grenouille. On peut parfois y voir des méduses-boîtes, ou des espèces plus attrayantes comme les hippocampes, les poissons-clowns et les poissons-papillons. Le spectacle des coraux vivants est particulièrement captivant. Le bâtiment abrite une exposition retraçant l'histoire de l'industrie perlière dans la région.

L'Indo-Pacific Marine est ouvert tous les jours de 9h à 18h (entrée 10/4 $ par adulte/enfant). Les mercredi, vendredi et dimanche, des visites nocturnes sont organisées à partir de 19h30 (entrée : 45/22,50 \$, buffet de fruits de mer compris ; réservation obligatoire au ☎ 8981 1294). L'exposition perlière ouvre en semaine de 10h à 17h (dernière admission à 16h30), et l'entrée coûte 6/15 \$ par adulte/famille.

Wharf Precinct (Quais)

Les anciennes installations portuaires et les quais ont été transformés en un quartier charmant. A l'extrémité de la jetée, un hangar ("the Arcade") abrite plusieurs restaurants. Non loin se trouvent également les tunnels de stockage de pétrole creusés dans la falaise au cours de la Seconde Guerre mondiale.

Ils sont ouverts tous les jours de 9h à 17h pendant le Dry et de 10h à 14h du mardi au dimanche pendant le Wet (entrée : 4 \$).

Museum & Art Gallery of the Northern Territory

Le musée et la galerie d'art se trouvent dans Conacher St à Fannie Bay, à environ 4 km du centre. L'ensemble est lumineux, bien agencé et présente des expositions dignes d'intérêt. Son point fort est la collection d'art aborigène du Territoire du Nord. Elle comprend notamment un très bel ensemble de sculptures et d'écorces peintes de Bathurst Island, de Melville Island et de la Terre d'Arnhem.

Le musée présente également l'art des pays d'Asie et du Pacifique proches de l'Australie, comme les *ikats* (tissages), les instruments du gamelan indonésiens et un *prahu* (maison flottante) du Sabah (Malaisie). Le musée est ouvert du lundi au vendredi de 9h à 17h, le samedi et le dimanche de 10h à 17h (entrée libre).

Les bus n°4 et 6 stoppent à proximité, ainsi que le Tour Tub (voir plus loin, la rubrique *Comment circuler*).

Fannie Bay Gaol Museum

Ce petit musée de la prison de Fannie Bay est un peu plus excentré, à l'angle d'East Point Rd et de Ross Smith Ave. Ce fut la principale prison de Darwin entre 1883 et 1979. De son passé carcéral subsistent une potence bâtie pour une pendaison en 1952, les anciennes cellules et un quartier de sécurité minimale qui abrita successivement des lépreux, des délinquants mineurs et des réfugiés vietnamiens. Le musée est ouvert en semaine de 9h à 17h et le week-end de 10h à 17h (entrée gratuite). Les bus n°4 et 6 s'arrêtent à deux pas du musée, qui figure aussi sur le circuit du Tour Tub.

East Point Reserve

Rafraîchie par les brises, cette avancée dans la mer au nord de Fannie Bay est un lieu idéal de promenade en fin de journée, quand les wallabies sortent en quête de nourriture et que le soleil se couche sur la baie. East Point est parcourue de sentiers, de pistes équestres, et une route mène au bout de la pointe.

Une série d'emplacements de canons de la Seconde Guerre mondiale et le **Military Museum** occupent le côté nord d'East Point. Le musée militaire est consacré à l'histoire de Darwin durant la Seconde Guerre ; il est ouvert tous les jours de 9h30 à 17h (entrée : 8 \$). Les bus n°4 et 6 vous conduiront à l'angle d'East Point Rd et de Ross Smith Ave ; de là, 3 km vous séparent du bout de la pointe. Vous pouvez aussi emprunter le Tour Tub.

Crocodylus Park

Implanté à Berrimah, le parc à crocodiles ouvre tous les jours de 9h à 17h (entrée : 15 \$). Les reptiles sont nourris à 10h, 12h et 14h.

Activités

Plongée. Darwin Harbour compte d'excellents sites de plongée, notamment dans les épaves de la Seconde Guerre mondiale, où de nombreuses espèces marines ont élu domicile.

Cullen Bay DIVE! (☎ 8981 3049), dans la marina de Cullen Bay, vous emmène explorer les épaves du port toute l'année, au tarif de 54 \$ la plongée, matériel compris (dont une combinaison pour vous protéger des méduses). Le brevet de premier niveau vous reviendra à 374 \$.

Vous pouvez aussi vous adresser à Coral Divers (☎ 8981 2686), en dehors de Darwin, dans Stuart Park.

Escalade. Le Rock Climbing Gym (☎ 8941 0747), sur Doctor's Gully Rd (près d'Aquascene), est ouvert tous les jours (8 $ quel que soit le temps passé) et loue des harnais et des chaussures.

Circuits organisés

Une multitude d'agences organisent toutes sortes de circuits à Darwin même ou dans les environs. Le mieux est de vous adresser au bureau d'information touristique situé dans Mitchell St. Pendant la saison humide, beaucoup d'excursions sont plus rares, voire annulées. Les circuits plus longs ou plus aventureux n'ont lieu que rarement dans l'année. Renseignez-vous à l'avance.

Circuits culturels aborigènes. À Darwin, les possibilités de faire connaissance avec la culture aborigène reviennent assez chères, car elles impliquent de s'éloigner de Darwin et, très souvent, de prendre un avion spécialement affrété. Le circuit White Crane de Northern Gateway (☎ 8941 1394, oztravel@norgate.com.au) dure 4 heures, dont 25 minutes de vol jusqu'au territoire des Kuwuma Djudian. Il fournit l'occasion de goûter le *bush tucker* (388 $, 175 $ de 3 à 12 ans).

Les Ngangikurrunggur du village de Peppimenarti, au sud-ouest de Darwin, accueillent les groupes qui participent à l'excursion de Peppi Tours (☎ 1800 811 633). La journée revient à 314 ou 199 $, selon que vous prenez l'avion ou la route. Tiwi Tours (☎ 8978 3904, tiwitours@octa4.net.au) vous emmène en avion à Bathurst Island pour la journée, chez les Tiwi. Vous visiterez un site funéraire pukumani et un marché. Il vous en coûtera 260 $ (enfants : 205 $)

Visites de la ville. Darwin Day Tours' (☎ 8981 8696, larcdu@ibm.net) propose une visite complète de la ville en 5 heures (39 $, 27 $ pour les enfants). Keetleys Tours (☎ 1800 807 868) organise des excursions similaires pour 35/25 $.

Le Tour Tub (☎ 8981 5233, nt4fish@ octa4.net.au) met à votre disposition un minibus ouvert sur les côtés qui dessert les principaux centres d'intérêt de la ville tout au long du jour (voir plus bas la rubrique *Comment circuler*).

Vous pouvez faire le circuit complet ou descendre et remonter aux divers arrêts (20 $, 12 $ pour les enfants).

Le Darwin Road Runner Shuttle (☎ 8932 5577) propose un service similaire permettant de découvrir en 1 heure 30 les principaux sites et monuments de la ville pour 18 $.

Excursions en mer. Au départ de l'embarcadère de Frances Bay Drive, Darwin Hovercraft Tours (☎ 8941 6855) organise une excursion en hovercraft le long de la côte. Cet agréable parcours de 38 km dure 1 heure 15 et coûte 48 $ (30 $ pour les enfants).

Circuits dans l'arrière-pays. Plusieurs tour-opérateurs organisent des excursions à Adelaide River, où vous verrez des crocodiles sauteurs, à la Crocodile Farm, et au Territory Wildlife Park, sur la route de la péninsule de Cox. Pour Adelaide River essayez aussi Adelaide River Queen Cruises (☎ 8988 8144), qui organise des excursions d'une demi-journée (départ à 7h ; coût 59/ 40 $) avec une croisière de 2 heures sur l'Adelaide et la visite du Fogg Dam.

Darwin Day Tours (☎ 8981 8696, larcdu@ibm.net) propose plusieurs formules. Le Wildlife Spectacular Tour, qui dure une journée, permet de découvrir le Territory Wildlife Park, la Darwin Crocodile Farm et le tout proche Fogg Dam, avec en sus la croisière Jumping Croc, pour 89/59 $ (droits d'entrée compris).

Lost Tours Wandering (☎ 8945 2962) vous entraînera pour une journée dédiée à la nature, dans un circuit englobant Fogg Dam, Adelaide River, Berry Springs et Howard Springs et qui s'achève par le coucher de soleil sur Casuarina Beach (60 $, thé matinal et déjeuner compris).

Manifestations annuelles

En marge de la **Beer Can Regatta**, une série de manifestations sportives et de courses

TERRITOIRE DU NORD

organisée en juillet-août, le **Festival of Darwin**, fin août, manifestation artistique et culturelle de plein air, met en valeur le particularisme ethnique de Darwin, unique ville d'Australie qui abrite simultanément une importante communauté asiatique et une importante communauté aborigène.

Les habitants de Darwin sont aussi férus de courses de chevaux que tous les Australiens. Les moments forts de la saison, sur l'hippodrome de Fannie Bay, sont le jour de la **Saint-Patrick** (17 mars) et le **Darwin Cup Festival** (juillet-août). Le **Royal Darwin Show** a lieu en juillet, et le **Rodeo & Country Music Concert**, en août.

Où se loger – petits budgets

Campings. Les campings sont, pour la plupart, établis loin du centre, et les plus accessibles refusent souvent les tentes.

Le ***Shady Glen Caravan Park*** (☎ *8984 3330*), à 10 km à l'est de la ville, à l'angle de Stuart Highway et de Farrell Crescent, Wimmellie est encombré et vétuste. Il dispose d'une minuscule piscine, d'emplacements pour 16 $ (19 $ avec électricité) et de caravane à 46 $ pour deux.

Le ***Lee Point Resort*** (☎ *8945 0535*) se situe à 15 km au nord de la ville, sur Lee Point Rd. Ce parc spacieux, proche de la plage, dispose d'excellents équipements. Seule l'ombre fait encore défaut. L'eau chaude fournie par l'énergie solaire n'est pas chaude bien longtemps. Les emplacements sans/avec électricité se louent 15/18 $, et les bungalows avec clim., four à micro-ondes et TV (mais sans cuisine ni s.d.b.) 60 $.

L'***Overlander Caravan Park*** (☎ *8984 3025, 1064 McMillans Rd, Berrimah*), à 12 km à l'est de la ville dispose d'emplacements de camping sans/avec électricité à 10/15 $ et de bungalows spartiates (sans ventil. ni clim.) à partir de 86 $/semaine.

Autre possibilité pour qui ne tient pas à loger en ville, le ***Palms Caravan Park*** (☎ *8932 2891*) se situe à Palmerston, à 17 km au sud-est sur la Stuart Highway. Les emplacements sans/avec électricité vous seront facturés 16/18 $, les caravanes 40 $ et les bungalows à partir de 72 $.

Auberges de jeunesse – centre-ville.

Plusieurs auberges bon marché sont regroupées autour de Mitchell St et jouissent de la proximité du Transit Centre. Vous pouvez appeler la plupart d'entre elles gratuitement depuis l'aéroport.

La concurrence étant rude entre les établissements, pour la plupart bien équipés, n'hésitez pas à demander une réduction pour la première nuit (certaines auberges accordent jusqu'à 2 $), pour un séjour d'une semaine (on vous offrira généralement la septième nuit) ou pendant le Wet, lorsque les clients se font rares. Les habituelles réductions YHA/VIP et autres s'appliquent bien entendu aussi.

La plupart des auberges disposent d'une cuisine et d'une piscine, mais la clim. n'est le plus souvent branchée que la nuit. Le petit déjeuner est fréquemment inclus dans le prix.

Le ***Chilli's*** (☎ *1800 351 313, 69A Mitchell St*), membre de la chaîne Nomads, attenant au Transit Centre, est propre et bien tenu et son personnel amical. Dépourvu de piscine, il possède en revanche deux jacuzzis extérieurs, une cuisine aérée et une salle à manger donnant sur Mitchell St, un billard et un salon de TV climatisé. Prévoyez 16 $ pour un lit en dortoir et 44/46 $ pour une double sans/avec s.d.b. (les prix baissent légèrement pendant le Wet).

La ***Darwin City YHA*** (☎ *8981 3995, 69 Mitchell St*), qui jouxte elle aussi le Transit Centre, dispose d'une piscine, d'une salle de jeux, de salons de TV et de placards fermant à clé pour les objets de valeur. Sa réception est ouverte 24h/24. Les dortoirs à 4 lits coûtent 16 $/personne et les doubles sans/avec s.d.b. 38/50 $.

Juste en face, le ***Fawlty Towers*** (☎ *1800 068 886, 88 Mitchell St*) occupe l'une des dernières maisons sur pilotis du centre-ville. Il possède un jardin ombragé et une piscine. Le lit en dortoir de 4 lits est facturé 16 $ et les doubles 40 $.

Le ***Globetrotters Lodge*** (☎ *1800 800 798, 97 Mitchell St*), installé juste en face, jouit lui aussi d'une bonne réputation. Tous les dortoirs sont équipés d'une s.d.b. et d'un réfrigérateur, et on a accès à une piscine, deux cuisines, de fréquents barbecues et un bar fort couru servant des repas bon marché. Comptez 16 $ en dortoir de 4 à 7 lits et 44 $ la double avec TV et s.d.b. Tous ces prix s'entendent petit déjeuner compris. Vous pourrez également louer des bicyclettes.

En face du Transit Centre, le *Melaleuca Lodge* (☎ *1800 623 543, 50 Mitchell St*) tire fierté de ses deux piscines, de sa buanderie et de sa cuisine bien équipées et des crêpes offertes au petit déjeuner. La nuit en dortoir de 4 à 10 lits revient à 15 $, la double avec TV et réfrigérateur à 44 $ et la triple à 50 $.

Le *Frogshollow Backpackers* (☎ *1800 068 686, 27 Lindsay St*), à 10 minutes à pied environ du Transit Centre est assez spacieux avec une petite piscine et un jacuzzi dans le jardin. La nouvelle direction s'emploie activement à redorer le blason de l'établissement. Un lit en dortoir de 4, 8 ou 12 lits, climatisé la nuit, coûte 16 $, et les doubles avec réfrigérateur et ventil./clim. 35/40 $ (44 $ avec clim. et s.d.b.).

Auberges de jeunesse – hors du centre-ville. Voici quelques possibilités d'hébergement à petit budget au nord de Daly St, à l'écart de l'agitation urbaine, mais accessibles à pied depuis le centre-ville.

Au nord de Daly St, l'*Elke's Inner City Backpackers* (☎ *1800 808 365, 112 Mitchell St*) est installé dans deux maisons adjacentes rénovées, avec un vrai jardin, une piscine et un jacuzzi. Comptez 17 $ pour un lit en dortoir à 4 ou 6 lits et 42/45 $ pour une chambre double.

Un peu plus loin en direction de Mindil Beach, le *Gecko Lodge* (☎ *1800 811 250, 146 Mitchell St*) occupe une maison tout en hauteur avec une piscine. Dans cet établissement plus petit, les lits en dortoir coûtent 15 $ et les simples/doubles 35/45 $, avec des crêpes gratuites au petit déjeuner. La réception se trouve au 1er étage, et vous pourrez louer des bicyclettes.

Le grand *YMCA Banyan View Lodge* (☎ *8981 8644, 119 Mitchell St*) est mixte et n'impose aucune heure limite pour rentrer le soir. Les chambres, propres, possèdent ventil. et réfrigérateur. Deux salles communes avec TV, une cuisine et un jacuzzi extérieur

sont ouverts à la clientèle. Prévoyez 15 $ par personne en dortoir à 4 lits équipé d'un réfrigérateur, et 30/40 $ pour une simple/double avec ventil. (32/45 $ avec clim.). Il existe aussi des tarifs à la semaine.

Où se loger – catégorie moyenne

Pensions. Darwin compte de nombreuses petites pensions, agréable alternative aux auberges pour les longs séjours.

Le sympathique *Park Lodge* (☎ *8981 5692, 42 Coronation Drive*), à Stuart Park, tranquille et aéré, est l'un des plus centraux. Il est à quelques minutes du centre-ville en vélo ou en bus. Toutes ses chambres disposent de ventil., clim. et réfrigérateur ; en revanche, les s.d.b., la cuisine, la salle de TV et la buanderie sont communes (doubles à 35/40 $, petit déjeuner compris). Plusieurs bus, notamment les n°5 et 8, circulent dans cette partie de la ville : descendez près de Territory Rent-a-Car.

Hôtels. Le *Value Inn* (☎ *8981 1733, kelly@downuner.net.au, 50 Mitchell St*), en face du Transit Center, est doté d'agréables petites chambres modernes, avec s.d.b., réfrigérateur et TV (67 $ pour trois personnes).

Toujours dans le centre, le *Don Hotel* (☎ *8981 5311, 12 Cavenagh St*), offre des chambres avec clim., TV et ventil. pour 63 $, petit déjeuner léger compris.

Appartements et locations saisonnières. Les prix des appartements varient souvent en fonction de la saison. Vous bénéficierez fréquemment de réductions pour des séjours d'une semaine ou plus (en général, la septième nuit vous est offerte). D'ordinaire, ces établissements possèdent la climatisation et une piscine.

D'excellent rapport qualité/prix et situé à deux pas du centre-ville, le *Peninsular Apartment Hotel* (☎ *1800 808 564, peninsularpts@octa4.net.au, 115 Smith St*), propose des studios meublés avec un lit simple et un double à 80 $ (65 $ pendant le Wet) et des deux-pièces accueillant 4 personnes moyennant 130/95 $.

TERRITOIRE DU NORD

Situés à l'angle de McMinn St et de Finniss St, à la limite nord du centre-ville, les *Alatai Holiday Apartments* (☎ *1800 628 833, alatai@d130.aone.net.au*) sont des logements modernes et bien conçus. Le studio à deux lits se loue 125 $ (94 $ pendant le Wet), le deux-pièces 179/147 $. L'établissement comprend une piscine privée et un restaurant asiatique.

Également dans le centre-ville, le vaste *Mirambeena Tourist Resort* (☎ *1800 891 100, 64 Cavenagh St)* compte 225 chambres à 114/124 $ ainsi que des petites maisons pouvant accueillir jusqu'à 4 personnes louées 199 $. Les locaux sont entourés d'un très agréable jardin tropical avec piscine, jacuzzi et restaurant.

Motels. Les motels de Darwin sont plutôt chers. Proche du centre, l'*Asti Motel* (☎ *1800 063 335, asti@octa4.net.au)*, à l'angle de Smith St et de Packards St, propose des chambres à 90 $ (68 $ durant le Wet) et quelques quadruples à 105 $ (89 $).

Moderne et confortable, le *Metro Inn Darwin* (☎ *1800 891 128, midarwin@ metroinns.com.au, 38 Gardens Rd)*, prolongeant Cavenagh St au-delà de Daly St, dispose de doubles à 115 $ et de studios pour trois personnes avec cuisine à 130 $. Toutes les chambres sont équipées de s.d.b., réfrigérateur et TV. L'établissement comprend une piscine, un tennis et un restaurant.

Où se restaurer

Si, à Darwin, dîner au restaurant ne frise pas l'obsession comme dans certaines autres villes d'Australie, le tourisme en pleine expansion a fait apparaître une foule d'établissements de qualité pratiquant des tarifs raisonnables. Sachez en tirer le meilleur parti, car vous retrouverez rarement un tel choix ailleurs dans le Territoire.

Certains établissements, les pubs en particulier, proposent des réductions aux voyageurs à petit budget, et quelques auberges offrent des coupons-repas.

Hors du centre-ville. Le très animé *Mindil Beach Market* ouvre ses étals d'alimentation le jeudi soir de mai à octobre et, à plus petite échelle, le dimanche soir de juin à septembre. Les gens commencent à arriver vers 17h30, avec tables, chaises, tapis, boissons et enfants, s'installent sous les palmes de cocotier. Vous pourrez choisir entre les cuisines thaï, sri-lankaise, indienne, chinoise, malaise, brésilienne, grecque et portugaise, entre autres spécialités. Un repas revient à 3/6 $. Certains stands vendent des gâteaux, des salades de fruits ou de l'artisanat. Un orchestre de rue ou un théâtre ambulant animent parfois le marché. Mindil Beach se trouve à environ 2 km du centre-ville, près de Gilruth Ave. Les bus n°4 et 6 desservent le marché.

En poursuivant votre promenade le long de Fannie Bay, vous atteindrez le *Cornucopia*, le restaurant-bar du Museum & Art Gallery, qui jouit d'une bonne réputation. Vous pourrez choisir entre la véranda face à la mer et ses ventilateurs et la salle climatisée. L'établissement est ouvert tous les jours de 9h jusque tard dans la nuit.

Où sortir

Darwin est une ville animée qui compte plusieurs discothèques et boîtes de nuit, dont certaines avec orchestre, ainsi que des salles de concert, des théâtres, des cinémas et un casino. Pour savoir ce qui se passe en ville, consultez *Your Weekend,* le supplément de l'édition du vendredi du *NT News,* qui donne la liste des concerts et des autres manifestations.

Bars et concerts. Il suffit de déambuler sur Mitchell St pour trouver des distractions : pourquoi ne pas commencer par là ?

En partant de l'angle de Daly St, vous trouverez d'emblée deux bars côte à côte, qui dépendent du Top End Hotel. Au *Sportsmen's Bar*, l'ambiance est plutôt masculine avec des machines à poker, le TAB (l'équivalent du PMU) et du sport télévisé. Son voisin le *Blah Blah Bar* possède des tables de billard et sert des pizzas et une bonne cuisine simple. Un DJ assure l'animation du mercredi au samedi ; le bar reste ouvert jusqu'à 4h.

Le bar du *Globetrotters Lodge* (97 Mitchell St) séduira les petits budgets par ses happy hours et ses soirées à thème (soirées karaoké, notamment).

Très apprécié aussi, le *Rattle'n'Hum*, sur Cavenagh St, organise des soirées barbecue ou à thème et pratique lui aussi des happy hours. Ces deux établissements dégagent une ambiance chaleureuse et demeurent ouverts tard dans la nuit.

Pour déguster une Guinness, rendez-vous au *Shenannigans* ou au *Kitty O'Shea's*, deux sympathiques pubs irlandais de Mitchell St. Le lundi soir, le Shenannigans propose des concerts de musique acoustique auxquels tout un chacun peut participer.

Le *Rorke's Drift*, lui aussi dans Mitchell St, est décoré de souvenirs de guerre. C'est un agréable pub à l'anglaise doté d'un jardin et très animé le vendredi soir.

Plus loin du centre, sur Smith St de l'autre côté de Daly St, le *Nirvana* sert de bons repas et accueille tous les soirs des concerts de jazz/blues. Attention : l'établissement ne sert de boissons qu'en accompagnement d'un repas ou d'un en-cas (prix raisonnables). L'entrée est gratuite, et le Nirvana ne ferme jamais ses portes avant 2h.

Des groupes se produisent aussi du mercredi au samedi à partir de 21h à l'étage du *Victoria Hotel* (en général simplement appelé "The Vic"), mais il est tout aussi agréable d'y prendre un verre en début de soirée. Pour écouter de la musique, essayez aussi le *Billabong Bar* du Novotel Atrium (le week-end) ou la *Squires Tavern*, dans Edmunds St, qui dispose d'un jardin très apprécié.

Le *Jabiru Bar* du Novotel Atrium organise des courses de crabes tous les vendredi soir. L'ambiance est bon enfant, et des prix sont décernés aux vainqueurs.

Boîtes de nuit et discothèques. A côté de la Squires Tavern dans Edmunds St se trouve le *Time Nightclub*, qui est sans doute la boîte la plus prisée de la ville, et prétend être la seule où l'on danse. Il ouvre ses portes le lundi et du jeudi au samedi de 22h à 4h du matin.

Petty Sessions, à l'angle de Mitchell St et de Bennet St, fait à la fois bar à vins et discothèque. Très apprécié, l'endroit reste

ouvert jusqu'à 2h du matin. Essayez également le *Caesars*, la boîte de nuit du Don Hotel, dans Cavenagh St.

Jazz et musique classique. Le dimanche après-midi, durant le Dry, les pelouse du casino MGM Grand Darwin accueillent *Jazz on the Lawns*. L'entrée est gratuite, et l'on peut se restaurer et se désaltérer en admirant le coucher du soleil.

Le *Darwin Symphony Orchestra (DSO)* donne régulièrement des concerts au Darwin Entertainment Centre et dans d'autres salles. Le programme reprend les morceaux les plus populaires du répertoire. Renseignez-vous auprès du DRTA Information Centre.

Théâtre. Le *Darwin Entertainment Centre*, dans Mitchell St, héberge le Playhouse Theatre et le Studio Theatre, et accueille des manifestations allant de la nuit de la mode aux pièces de théâtre en passant par les opé ras rock, les pantomimes et les concerts. Pour tout renseignement (24h/24) ou réservation, composez le ☎ 8981 1222.

Le *Darwin Theatre Company (☎ 8981 8424)* propose souvent des lectures et d'autres spectacles dans toute la ville.

Le vénérable *Brown's Mart (☎ 8981 5522)*, Harry Chan Ave, produit des spectacles d'art dramatique.

Cinémas. Darwin possède plusieurs salles. La *Darwin Film Society (☎ 8981 2215)* projette régulièrement des films d'art et d'essai à la Museum Theatrette, Conacher St, Bullocky Point. Elle gère aussi l'insolite *Deckchair Cinema (☎ 8981 0700)*, voisin du Stokes Hill Wharf.

Durant la saison sèche, vous pouvez assister, allongé dans un transatlantique, à une projection nocturne en plein air. (On vous fournira une lotion anti-insectes si vous avez oublié la vôtre.) Les journaux et des prospectus distribués en ville annoncent les programmes.

Vous trouverez aussi un *complexe de salles de cinéma* sur Mitchell St, qui diffuse les films récents, ainsi que des *salles* dans le centre commercial de Casuarina et à Palmerston.

Casino. Vous ne pourrez pénétrer au casino *MGM Grand Darwin* de Mindil Beach, près de Gilruth Ave, que si vous portez une "tenue correcte". Cela signifie pas de tongs ! Les hommes en short devront se conformer à l'étrange goût des Australiens pour les chaussettes montantes…

Achats

Le centre de Darwin compte bon nombre de magasins spécialisés dans l'artisanat du Top End – peintures sur écorce de l'ouest de la Terre d'Arnhem, intéressantes sculptures tiwi de Bathurst Island et Melville Island, etc. D'autres vendent aussi des œuvres provenant du Centre du pays.

Ils pratiquent en général des prix très raisonnables et, pour peu que vous en ayez les moyens, vous pourrez acquérir de fort beaux objets. A vous de les dénicher : le choix ne manque pas.

Citons deux établissements installés de longue date sur Knuckey St : Raintree Aboriginal Fine Arts (☎ 8941 9933), au n°20, et Wadeye Arts & Crafts Gallery, au n°31.

Aboriginal Fine Arts, au-dessus de Red Rooster, à l'angle de Mitchell St et de Knuckey St, présente de superbes pièces, tout comme Framed, une galerie d'art située au 55 Stuart Highway, à Stuart Park, près de l'entrée des Botanic Gardens. Toutes deux méritent un coup d'œil, juste pour le plaisir, même si vous n'avez nulle intention d'acheter.

La chaîne Indigenous Creations possède plusieurs succursales dans Darwin, dont une au Transit Centre, qui s'appelle Cultural Images, et deux dans le Smith St mall. Cultural Images propose des cours de didgeridoo entre 25 et 30 $ (le magasin est une source de renseignements).

Ne manquez pas l'Arnhemland Art Gallery (☎ 8981 9622), dans Cavenagh St, qui expose de splendides peintures sur écorce.

Vous trouverez des vêtements balinais et indiens sur le marché de Mindil Beach les jeudi et dimanche soir.

Le marché de nuit de Mitchell St, ouvert tous les soirs de 17h à 23h, vend des T-shirts, des didgeridoos et des sarongs adaptés à toutes les circonstances.

Comment s'y rendre

Avion. L'aéroport de Darwin connaît une augmentation rapide de son trafic, tant sur les lignes intérieures qu'internationales.

Vols internationaux. Les vols à destination de l'Indonésie sur Garuda, la compagnie aérienne indonésienne, sont très prisés.

Garuda Indonesia (☎ 1300 365 331), Ansett (☎ 8982 3666) et Qantas (☎ 8982 3316) assurent la liaison Darwin-Bali ; Royal Brunei Airlines (☎ 8941 0966) relie deux fois par semaine Darwin à Bandar Seri Begawan ; et Malaysia Airlines (☎ 13 26 27) propose deux vols par semaine pour Kuala Lumpur.

Vols intérieurs. Ansett et Qantas assurent des liaisons directes avec Adelaide, Alice Springs, Brisbane, Broome, Kununurra et Sydney, mais les vols sont peu nombreux et les réductions rares car il ne s'agit pas de trajets très fréquentés.

Sur un plan local, Airnorth (☎ 1800 627 474) dessert tous les jours Katherine (144 $), et du lundi au samedi Tennant Creek (319 $) et Alice Springs (389 $). Pour le détail des vols à destination de villes moins importantes du Top End, reportez-vous aux rubriques qui leurs sont consacrées.

Bus. Vous pouvez arriver en bus à Darwin par trois routes : la route d'Australie-Occidentale passe par Broome, Derby, Port Hedland et Kununurra ; la route du Queensland va de Mt Isa à Three Ways et remonte ensuite le Track (route entre Alice Springs et Darwin) ; le Track rejoint Darwin depuis Alice Springs. Greyhound Pioneer offre des services quotidiens sur toutes ces destinations. McCafferty's ne circule pas en Australie-Occidentale. Si vous prenez un service de bus du Queensland, il vous faudra sans doute changer de véhicule à Three Ways ou à Tennant Creek, et à Mt Isa. Tous les bus s'arrêtent à Katherine.

Les prix peuvent varier d'une compagnie à l'autre mais, si l'une d'elles accorde un rabais sur un parcours, l'autre s'aligne généralement. Les temps de parcours sont sensiblement les mêmes. Il faut toutefois faire attention aux trajets qui comprennent de longues attentes aux correspondances, à Tennant Creek ou à Mt Isa par exemple.

A Darwin, les bureaux de Greyhound Pioneer (☎ 13 2030) sont implantés dans le Transit Centre, 69 Mitchell St, non loin du dépôt de McCafferty's (☎ 13 1499), à l'angle de Peel St et de Smith St.

La compagnie de bus bon marché Blue Banana (☎ 8945 6800) relie régulièrement Darwin à Katherine, *via* Kakadu ou Litchfield, ainsi que quelques autres arrêts. Ces bus vous prennent devant votre lieu d'hébergement et accordent des réductions aux titulaires de cartes YHA/VIP. Le trajet Darwin-Katherine *via* Kakadu coûte 100 $, l'aller-retour *via* Kakadu et Litchfield 170 $ et l'aller-retour sans arrêt à Katherine 140 $.

Location de voitures. Darwin a de nombreuses agences de location de voitures, aussi bien nationales qu'internationales.

Avis
  145 Stuart Highway, Stuart Park
  (☎ 1800 672 099)
Britz:Australia
  Stuart Highway, Stuart Park (☎ 8981 2081)
Budget
  69 Mitchell St (☎ 8981 9800)
Delta
  Angle de Cavenagh St et McLachlan St
  (☎ 13 1390)
Hertz
  Angle Smith St et Daly St (☎ 8981 0944)
Nifty Rent-a-Car
  86 Mitchell St (☎ 8981 2999)
Territory Thrifty Rent-a-Car
  64 Stuart Highway, Parap (☎ 8924 0000)

Attention : la plupart des contrats de location n'accordent que 100 km gratuits et vous factureront environ 25 c par kilomètre supplémentaire. Or, la moindre excursion autour de Darwin excède largement 100 km ; faites donc vos calculs.

Certains loueurs étendent cette franchise à 150 km, mais exigent parfois que vous ne vous éloigniez pas de plus de 70 km de la ville. Les prix baissent pour une longue location, tant pour les voitures ordinaires que pour les 4x4.

Nifty Rent-a-Car propose les tarifs les plus bas du marché – à partir de 25 $/jour, tandis que ceux de Delta démarrent à 39 $/jour, mais ces bonnes affaires ne comprennent aucun kilométrage gratuit.

Territory Thrifty Car Rental, de loin le plus important loueur local, offre sans doute le meilleur rapport qualité/prix.

La plupart des agences louent des 4x4, qu'il vaut mieux réserver. Les grosses compagnies proposent des locations avec remise du véhicule dans une autre ville et de meilleures affaires en terme de kilométrage sur des véhicules plus luxueux. Le 4x4 le moins cher, un Suzuki à 4 places, vous coûtera 99 $/jour, plus 28 c/km au-delà de 100 km. Territory peut aussi vous fournir du matériel de camping pour 25 $/véhicule/jour.

Britz:Australia possède un grand choix de camping-cars 4x4 à partir de 130 $/jour environ avec kilométrage illimité. Backpacker Campervans (☎ 1800 670 232) et Australian Camper Rentals (☎ 1800 808 365) louent tous deux des camping-cars bon marché permettant de faire la cuisine à partir de 65 $/jour en kilométrage illimité (à partir de 100 $/jour pour les véhicules 4x4).

La plupart des grandes agences possèdent un bureau dans le centre-ville. Avis, Budget, Hertz et Territory Thrifty ont des guichets à l'aéroport.

Comment circuler
Desserte de l'aéroport. L'aéroport de Darwin n'est qu'à 6 km du centre. Un taxi jusqu'au centre-ville coûte environ 15 $.

Pour 6/10 $ l'aller/l'aller-retour, une navette (☎ 1800 358 945) vous prendra ou vous déposera quasiment n'importe où dans le centre-ville. Pour quitter Darwin, réservez la veille.

Bus. Le service de bus urbains de Darwin fonctionne assez bien. Il part du petit terminal (☎ 8924 7666) de Harry Chan Ave, près de l'angle de Smith St. Les bus entrent en ville par Mitchell St et la quittent par Cavenagh St.

Le prix dépend des zones. Les trajets les plus courts coûtent 1,20 ou 1,60 $ et les plus

longs 2,10 $. Le bus n°4 (en direction de
Fannie Bay, Nightcliff, Rapid Creek et
Casuarina) et le bus n°6 (Fannie Bay, Parap
et le parc Stuart) sont pratiques pour se
rendre à l'Aquascene, aux Botanic Gardens,
à Mindil Beach, au Museum & Art Gallery,
au Fannie Bay Gaol Museum et à East
Point.

Les bus n°5 et 8 remontent Stuart Highway, dépassent l'aéroport pour atteindre
Berrimah, d'où le n°5 continue vers Casuarina au nord, et le n°8 vers Palmerston.

Le Tour Tub (☎ 8981 53233) fait un circuit en ville et s'arrête à tous les sites intéressants. On peut monter ou descendre
n'importe où. Dans le centre-ville, il part de
Knuckey St, au bout du Smith St mall. Le
prix, fixe, est de 20 $. Le Tour Tub circule
toutes les heures entre 9h et 16h. Les arrêts
comprennent l'Aquascene (seulement aux
heures où les poissons sont nourris), l'Indo-
Pacific Marine et le Wharf Precinct, le
casino MGM Grand Darwin, le Museum &
Art Gallery, le Military Museum, Fannie
Bay Gaol, le marché de Parap (seulement le
samedi) et les Botanic Gardens.

Un service similaire est assuré par
Galaxy Tours and Charters pour 18 $/jour et
dessert en plus Crocodylus Park et le centre
commercial de Casuarina.

Le service Darwin City Shuttle (☎ 8985
3666), qui fonctionne 24h/24, vous
conduira n'importe où dans un rayon de
4 km autour du quartier des affaires (central business district ou CBD) pour un tarif
unique de 2 $.

Bicyclette. Darwin est dotée d'un réseau
de pistes cyclables assez étendu. Les promenades jusqu'aux Botanic Gardens, à Fannie Bay, à East Point et même, si vous en
avez le courage, jusqu'à Nightcliff ou
Casuarina sont très agréables.

La plupart des auberges mettent des bicyclettes à la disposition de leurs clients, et ce
gratuitement. Les prix usuellement consta-
tés vont de 3 $ l'heure à 15 $ la journée.

LES ENVIRONS DE DARWIN
Tous les endroits mentionnés ici sont à
quelques heures de route de Darwin.

Howard Springs Nature Park
Ces sources, sans crocodiles, sont à 35 km à
l'est de la ville. Tournez à gauche après Palmerston, à 24 km environ sur la Stuart Highway. L'étang, entouré de forêts, peut être un
peu trop fréquenté, en raison de la proximité
de la ville. Il reste cependant un lieu idéal
d'excursion, avec de nombreux sentiers de
promenade et toutes sortes d'oiseaux.

Où se loger. Le *Howard Springs Caravan Park* (☎ *8983 1169*), dans White-
wood Rd, dispose d'emplacements à 12 $
(17 $ avec électricité).

Arnhem Highway
A 33 km de Darwin, Arnhem Highway part
de Stuart Highway et se dirige vers Kakadu.
Après 10 km, vous arrivez à la petite agglomération de **Humpty Doo**.

A 15 km environ après Humpty Doo, une
route bifurque vers la **Fogg Dam Conservation Reserve**, point d'observation idéal des
oiseaux aquatiques.

En continuant Arnhem Highway sur
8 km, vous arrivez à l'**Adelaide River Crossing**, où vous pouvez embarquer pour une
croisière de 1 heure 30 sur la rivière. Vous
verrez les crocodiles sauter pour attraper
des morceaux de viande au bout d'une
perche. Les excursions coûtent 26 $
(enfants 15 $) et se déroulent à 9h, 11h, 13h
et 15h de mai à août, et à 9h, 11h et 14h30
de septembre à avril. C'est un cirque un peu
touristique, mais amusant néanmoins.

Window on the Wetlands est un édifice
touristique ultramoderne construit sur Beatrice Hill, une petite colline proche d'Arnhem Highway, à quelques kilomètres à l'est
de l'embranchement du Fogg Dam. Il abrite
le centre administratif de ce qui prendra
bientôt le nom de **Mary River National Park**
où se trouvent les marais de la Mary River.
Au centre même, une exposition permet de
découvrir l'écosystème de cette zone, l'histoire des Aborigènes et l'élevage entrepris
par les Européens au fil du temps. Les vues
sur la Mary River sont très belles. Le centre
est ouvert tous les jours de 7h30 à 19h30. Il
organise des séances de dégustation de spécialités du bush deux fois par semaine pen-

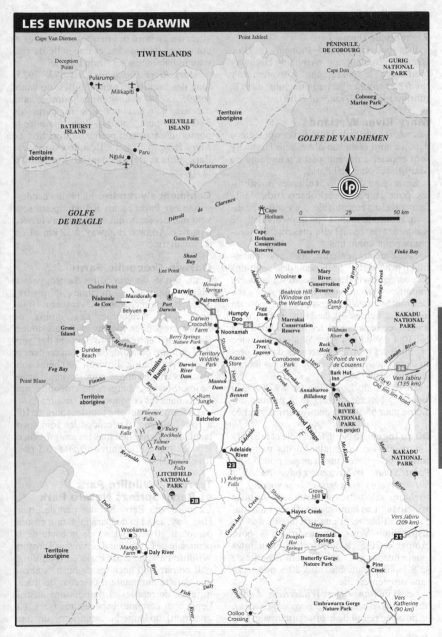

LES ENVIRONS DE DARWIN

Cape Van Diemen

Point Jahleel

PÉNINSULE DE COBOURG

TIWI ISLANDS

GURIG NATIONAL PARK

Deception Point

Pularumpi

Milikapiti

Cape Don

Cobourg Marine Park

Territoire aborigène

MELVILLE ISLAND

GOLFE DE VAN DIEMEN

BATHURST ISLAND

Territoire aborigène

Nguiu Paru

Pickertaramoor

GOLFE DE BEAGLE

Clarence

Détroit de

Cape Hotham

0   25   50 km

Gunn Point

Cape Hotham Conservation Reserve

Shoal Bay

Chambers Bay

Finke Bay

Lee Point

Woolner

Mary River Conservation Reserve

Thmas Creek

Charles Point

Howard Springs

Adelaide River

Beatrice Hill (Window on the Wetland)

Péninsule de Cox

Mandorah

Darwin

Palmerston

Shady Camp

KAKADU NATIONAL PARK

Port Darwin

Belyuen

Humpty Doo

Fogg Dam

Noonamah

Wildman River

Grose Island

Darwin Crocodile Farm

Marrakai Conservation Reserve

Berry Springs Nature Park

Leaning Tree Lagoon

Arnhem

Rock Hole

Fog Bay

Dundee Beach

Territory Wildlife Park

Acacia Store

Corroboree Park

Point de vue de Couzens

Point Blaze

Finniss Range

Darwin River Dam

Manton Dam

Marrakai

Hwy

Bark Hut Inn

Vers Jabiru (135 km)

(4x4) Old Jim Jim Road

Territoire aborigène

Rum Jungle

Lac Bennett

Ringwood Range

Annaburroo Billabong

MARY RIVER NATIONAL PARK (en projet)

Florence Falls

Batchelor

Wangi Falls

Buley Rockhole

Tolmer Falls

Tjaynera Falls

Addelaide

River

Mereetel

McKinlay

KAKADU NATIONAL PARK

LITCHFIELD NATIONAL PARK

Adelaide River

River

Reynolds

Robyn Falls

Grove Hill

Vers Jabiru (209 km)

Stuart

Green Ant Creek

Hayes Creek

Emerald Springs

Wooliamna

Hayes Creek Hwy

Douglas Hot Springs

Pine Creek

Mango Farm

Daly River

Butterfly Gorge Nature Park

Vers Katherine (90 km)

Territoire aborigène

Fish

Daly

River

River

Umbrawarra Gorge Nature Park

Oolloo Crossing

TERRITOIRE DU NORD

dant le Dry. Renseignez-vous auprès de Parks & Wildlife (voir Offices du tourisme à la rubrique *Darwin*).

Des bus Greyhound Pioneer et Blue Banana circulent sur Arnhem Highway (consultez le paragraphe *Comment s'y rendre et circuler* un peu plus loin, dans la rubrique *Kakadu National Park*).

Mary River Wetlands

Les marécages de la Mary River qui s'étendent au nord et au sud d'Arnhem Highway sont appelés à devenir partie intégrante du Mary River National Park.

Cette zone offre d'excellentes possibilités pour la pêche et l'observation de la faune. Relativement isolée, elle attire beaucoup moins de monde que le parc voisin de Kakadu, avec lequel elle présente de nombreux point communs.

Son enceinte renferme quelques concessions privées qui proposent des solutions d'hébergement et des excursions sur la rivière (reportez-vous au paragraphe *Où se loger*). Le Point Stuart Wilderness Lodge propose un tour de 2 heures 30 dans les marais pour 25 $, avec départs tous les jours à 9h30 et à 16h30. Le Wildman River Wilderness Lodge organise des croisières fluviales de 2 heures au départ de North Rockhole tous les jours à 9h30 et à 16h (25 $).

Shady Camp Boat Hire (☎ 8978 8937) loue des bateaux de 3,7 m à piloter soi-même pour 65/95 $ la demi-journée/journée

Où se loger. Le North Rockhole et le Shady Camp disposent d'emplacements rudimentaires. Vous pouvez aussi camper pour 5 $ au *Point Stuart Wilderness Lodge (☎ 8978 8914, nttours@adventuretours.com.au)*, à quelques kilomètres en retrait de la piste principale. Les emplacements sont aménagés dans l'herbe, et une piscine est à votre disposition. Vous débourserez 8 $ pour camper et 20 $ en dortoir. Les bungalows indépendants à 4 lits se louent à partir de 85 $ la simple/double, plus 20 $ par occupant supplémentaire.

Le *Wildman River Wilderness Lodge (☎ 8978 8912, wildman.lodge@octa4.net.au)*, lui aussi en retrait de la piste principale, fac-

ture 76 $ au minimum la double (150 $ en pension complète). Il jouit d'une superbe situation au bord des plaines inondables et comprend une piscine et une salle de restaurant habilitée à servir de l'alcool.

Mary River Houseboats (☎ 8978 8925) loue des esquifs de toutes tailles, du canot (65/95 $ la demi-journée/journée) aux bateaux à 6/8 couchettes (à partir de 380/470 $ pour 2 jours). Pour rejoindre le ponton d'amarrage, prenez la direction de Mary River à 12 km à l'est de Corroboree Park, puis roulez pendant 20 km jusqu'à la rivière.

Comment s'y rendre. La région est desservie par Point Stuart Rd, une piste souvent mal dégrossie qui se dirige vers le nord à partir d'Arnhem Highway, à 22 km à l'est d'Annaburroo.

Darwin Crocodile Farm

Cette ferme de crocodiles se trouve sur Stuart Highway, à quelques kilomètres après l'embranchement d'Arnhem Highway. Elle n'héberge pas moins de 8 000 crocodiles marins et d'eau douce. Beaucoup d'entre eux proviennent des eaux du Territoire du Nord, où ils sont un danger pour la population. Environ 200 bêtes sont abattues chaque année pour la viande et les peaux. Steaks et burgers de crocodile sont servis dans les échoppes de Darwin.

La ferme est ouverte tous les jours de 10h à 16h. Les repas des crocodiles sont spectaculaires. Ils ont lieu tous les jours à 14h, et le week-end à 12h (entrée : 9,50 $, 5 $ pour les enfants).

Territory Wildlife Park et Berry Springs Nature Park

La route pour Berry Springs part de Stuart Highway, à 48 km de Darwin. Il faut ensuite parcourir 10 km le long de la route de la péninsule de Cox avant d'arriver au Territory Wildlife Park, géré par Parks & Wildlife.

Il couvre 400 hectares de bush et abrite une variété étonnante d'oiseaux, de mammifères, de reptiles et de poissons australiens, dont certaines espèces très rares. Un vivarium, un superbe aquarium, un abri

Les crocodiles du Top End

Deux espèces de crocodiles vivent en Australie : le crocodile marin (*C. porosus*) ou *saltie* ("d'eau salée") et le crocodile d'eau douce (*C. johnstoni*) ou *freshie*. Toutes deux sont présentes dans le Territoire du Nord comme dans toute la partie septentrionale du pays. Après avoir été chassés pendant un siècle, les crocodiles sont maintenant protégés dans cette région, le freshie depuis 1964 et le saltie depuis 1971. On estime qu'il en existe aujourd'hui environ 100 000.

KATE NOLAN   **freshy**

Le crocodile d'eau douce, le plus petit, est natif d'Australie et peuple uniquement les cours d'eau et les billabongs, tandis que le crocodile marin se trouve dans ou à proximité de n'importe quelle eau, salée ou douce. Les freshies, qui ont une gueule étroite et dépassent rarement 3 m, n'attaquent pas l'homme s'ils ne sont pas provoqués ; les salties, franchement dangereux, peuvent atteindre sept mètres de long.

Renseignez-vous sur place avant de vous baigner, ou même de faire du canoë dans n'importe quel cours d'eau ou billabong du Top End. Les attaques de salties sont plus fréquentes qu'on ne pourrait le croire. Des mises en garde sont affichées au bord des plans d'eau dangereux. Les crocodiles semblent avoir un faible pour les chiens et, même à distance, sont attirés par leurs aboiements.

Les crocodiles sont devenus l'une des principales attractions touristiques. Le Territoire du Nord cultive particulièrement l'humour crocodilesque, et les boutiques de Darwin vendent quantités de T-shirts "crocodiles", et autres produits dérivés.

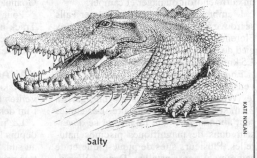

KATE NOLAN

Salty

d'animaux nocturnes, des volières et des sentiers de randonnée agrémentent ce parc ouvert tous les jours de 8h30 à 16h (les grilles ferment à 18h).

Comptez une demi-journée pour tout voir (entrée : 12 $, 6 $ pour les enfants).

Non loin, le **Berry Springs Nature Park** est un site idéal pour une baignade et un pique-nique. Vous y trouverez une cascade d'eau thermale et des bassins alimentés par des sources, entourés de pandanus et d'eucalyptus, ainsi qu'une multitude d'oiseaux (ouvert tous les jours de 8h à 18h30).

Litchfield National Park

Ce parc national, à 140 km au sud de Darwin, couvre 650 km^2 et englobe une grande partie du Tabletop Range, vaste plateau de grès bordé de falaises. Quatre cascades, qui tombent du haut des falaises, et les forêts tropicales humides qui les entourent constituent la principale attraction du parc. Il mérite certainement une visite, mais mieux vaut éviter le week-end. Litchfield est, en effet, une destination prisée des habitants du Territoire du Nord.

Deux voies permettent de l'atteindre en 2 heures à partir de Darwin. L'une, par le nord, est une piste bien entretenue qui part de la route de la péninsule de Cox. L'autre route passe par Batchelor et conduit à l'entrée est du parc. Les deux routes se rejoignent, permettant de faire une boucle à partir de Stuart Highway.

Le typhus rural (ou fièvre fluviale du Japon) est transmis par un petit insecte qui vit dans les herbes hautes. Plusieurs cas, dont un récent cas mortel, ont été associés au Litchfield National Park. Même si le risque de contamination est ténu, veillez à vous couvrir les jambes et les pieds lorsque vous marchez dans ce type de végétation (ce qui concerne peu de visiteurs). Si vous tombez malade après une excursion dans le parc, prévenez votre médecin que vous vous êtes rendu à Litchfield.

Si vous arrivez par Batchelor, 18 km séparent l'entrée du parc de la piste qui mène aux **Florence Falls**, où l'on peut se baigner même à la saison sèche. **Buley Rockhole,** quelques kilomètres plus loin, est un autre endroit où nager et camper.

L'embranchement pour les **Tolmer Falls** se trouve à 18 km après celui conduisant aux Florence Falls. Les chutes sont à 400 m à pied de la route. Un sentier de randonnée de 1,5 km offre un beau panorama de la région.

En suivant la route principale sur 7 km, vous arrivez à l'attraction majeure du parc, les **Wangi Falls** (prononcez wong-gaï), à 2 km sur une route secondaire. Les chutes sont abondantes toute l'année et se déversent dans de magnifiques piscines naturelles. Plusieurs sites de pique-nique et de camping y sont installés. Depuis Wangi, il reste encore 16 km à parcourir pour atteindre le poste des rangers (*rangers station*), proche de l'entrée nord du parc.

Vous pourrez également camper près des charmantes **Tjaynera (Sandy Creek) Falls**, situées dans une vallée de forêt tropicale au sud du parc (accessibles seulement en 4x4). Le parc contient nombre de pistes pour 4x4 et de chemins de randonnée.

Comme dans tout le Top End, le parc est plus facilement accessible et praticable entre mai et octobre.

Croisières. Le kiosque de Wangi est le point de départ de fabuleux circuits dans les marécages. A environ 4 km au nord de l'embranchement de Wangi, on peut embarquer pour une croisière sur la Reynolds ou un survol en hélicoptère du parc. La croisière de 3 heures revient à 20/8 $ par

adulte/enfant, et les tours en hélicoptère à 55/45 $ les 15 minutes.

Des croisières sont aussi organisées sur le McKeddies Billabong, prolongement de la Reynolds, moyennant 20/10 $ (réservations au kiosque de Wangi, ☎ 8978 286).

Circuits organisés. Maints opérateurs proposent des excursions à Litchfield au départ de Darwin. Les circuits d'une journée coûtent en général environ 95 $. Pour ce tarif, on vient d'ordinaire vous chercher à votre hébergement et sont compris : une visite guidée du site, une baignade au moins, un thé matinal, le déjeuner et une croisière sur un billabong. Des lecteurs nous ont recommandé Coo-ee Tours (☎ 8981 6116) et Goanna Eco Tours (☎ 8927 3880).

Pour ceux qui ont de l'énergie à revendre, Track'n Trek Adventures (☎ 1800 355 766) propose des excursions de 2 jours, dont une partie en VTT, pour 169 $.

KAKADU NATIONAL PARK
Le Kakadu National Park est l'une des merveilles naturelles du Territoire du Nord et l'un des fleurons de l'Australie.

Le parc s'étend sur plus de 200 km depuis la côte jusqu'à l'intérieur des terres au sud, et sur 100 km d'est en ouest. L'entrée principale se trouve sur Arnhem Highway, à 153 km de Darwin. Le Kakadu offre des paysages et une faune extrêmement variés et abrite de magnifiques peintures rupestres aborigènes, qui figurent parmi les plus belles du pays. Il est d'ailleurs inscrit au Patrimoine mondial de l'humanité (World Heritage List), tant pour son importance naturelle que pour son importance culturelle – un cumul rare. Mais ce statut survivra-t-il longtemps à l'ouverture (depuis 1999) d'une seconde mine d'uranium dans le parc ?

Géographie et végétation
Sur la carte, une ligne nette sépare le parc du territoire aborigène d'Arnhem, où l'on ne peut se rendre sans permis. L'escarpement de la Terre d'Arnhem (une majestueuse ligne de falaises de grès, hautes de 100 à 200 m, qui forme la démarcation naturelle

du plateau) court sur quelque 500 km dans la partie est et sud-est du Kakadu.

Des ruisseaux traversent le plateau rocheux et forment des cascades qui s'écoulent de l'escarpement pendant la saison des pluies. Les cours d'eau immergent ensuite les vastes plaines inondables du Kakadu, transformant le nord du parc en une immense mer d'eau douce, propice au développement de la vie végétale et animale. D'ouest en est, ces rivières sont la Wildman, la West Alligator, la South Alligator et l'East Alligator.

La différence est telle entre la saison sèche et la saison humide que l'endroit où l'on est à pied sec pendant le Dry sera noyé sous 3 m d'eau quelques mois plus tard. Quand les plaines inondables s'assèchent durant le Dry, de petits cours d'eau s'interrompent par endroits et forment des bras d'eau persistants. Ce sont les *billabongs* (nom aborigène signifiant rivière morte), souvent couverts de nénuphars et refuge des oiseaux aquatiques. La frange côtière est couverte par la mangrove, qui joue un rôle important dans la lutte contre l'érosion, la reproduction des oiseaux et le biotope marin. La partie sud du parc est rocheuse, basse et aride, avec des étendues herbeuses et des bois d'eucalyptus. Des zones de forêt tropicale s'accrochent ici et là dans les ravins, comme dans les autres parties du parc.

Le Kakadu compte plus de 1 000 espèces végétales, dont certaines sont utilisées par les Aborigènes dans l'alimentation, les préparations médicinales, etc.

Climat

La grande dissemblance entre les saisons sèche et humide est lourde de conséquences pour les touristes. Pendant le Wet, les plaines inondables s'étendent, les chutes se gonflent et les routes secondaires deviennent impraticables. Jim Jim Falls, l'un des hauts lieux du Kakadu, n'est plus accessible à cette période.

La saison la plus agréable est la fin du Dry, en juillet et en août, lorsque les animaux se rassemblent en grand nombre autour des points d'eau. C'est aussi la saison qui compte le plus de visiteurs.

Faune

Le Kakadu abrite 25 espèces de grenouilles, 60 de mammifères, 51 de poissons, 120 de reptiles, 280 d'oiseaux (un tiers de tous les oiseaux endémiques d'Australie) et au moins 10 000 sortes d'insectes. Des espèces viennent régulièrement rallonger cette liste, et quelques-unes, très rares, ne vivent que dans le parc.

Les plaines inondables du Kakadu ont également le privilège d'être inscrites sur la liste du Patrimoine mondial de l'Unesco, principalement en raison des populations élevées de plusieurs espèces d'oiseaux aquatiques.

Vous ne verrez qu'une infime partie de ces animaux au cours d'une visite, car beaucoup d'entre eux sont farouches, nocturnes ou peu représentés. Les visites guidées des rangers, surtout pendant le Dry, permettent de voir et d'en savoir plus sur la faune. Les croisières organisées par la South Alligator et le Yellow Water Billabong facilitent l'approche de la vie aquatique.

Mines

En 1953, on découvrit de l'uranium dans la région. Douze petits gisements furent exploités dans le sud du parc au cours des années 60, avant d'être abandonnés à la suite de l'accession, en 1962, de la Woolwonga Aboriginal Reserve au statut de réserve naturelle.

De plus importants gisements devaient être détectés à Ranger, à Nabarlek et à Koongarra, en 1970, et à Jabiluka en 1973. La mine de Nabarlek (Terre d'Arnhem) fut exploitée à la fin des années 70, et la Ranger Uranium Mine commença à produire du minerai en 1981. La plupart des Aborigènes de la région désapprouvaient l'exploitation minière de leurs terres ancestrales, mais le gouvernement sut les convaincre en faisant miroiter les titres de propriété sur le site et d'éventuelles royalties.

Le cas de la mine de Jabiluka suscita maintes protestations, et le site fut le théâtre d'importantes manifestations pendant la saison sèche de 1998. La crise atteignit son paroxysme avec la visite d'une délégation de l'ONU chargée d'évaluer l'impact des

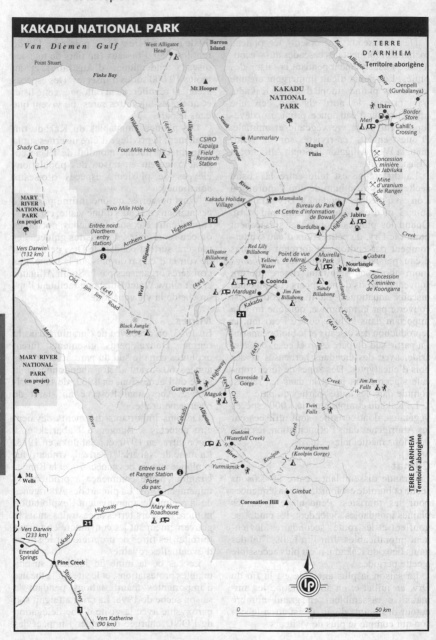

KAKADU NATIONAL PARK

Van Diemen Gulf

Point Stuart

West Alligator Head

Barron Island

TERRE D'ARNHEM
Territoire aborigène

Finke Bay

Mt Hooper

KAKADU NATIONAL PARK

Oenpelli (Gunbalanya)

Ubirr

Border Store

Merl

Cahill's Crossing

Shady Camp

Four Mile Hole

CSIRO Kapalga Field Research Station

Munmarlary

Magela Plain

Concession minière de Jabiluka

Mine d'uranium de Ranger

MARY RIVER NATIONAL PARK (en projet)

Two Mile Hole

Kakadu Holiday Village

Mamukala

Bureau du Park et Centre d'information de Bowali

Jabiru

Vers Darwin (132 km)

Entrée nord (Northern entry station)

Arnhem Highway

36

Burdulba

Creek

Old Jim Jim Road (4x4)

Alligator Billabong

Red Lily Billabong

Yellow Water

Point de vue de Mirrai

Muirella Park

Gubara

Nourlangie Rock

Concession minière de Koongarra

Cooinda

Mardugal

Jim Jim Billabong

Sandy Billabong

Black Jungle Spring

MARY RIVER NATIONAL PARK (en projet)

Barramundie

Kakadu Highway

21

Jim Jim Creek

Gungurul

Maguk

Graveside Gorge

Jim Jim Falls

Twin Falls

Mt Wells

South Alligator River

Koolpin Creek

Gunlom (Waterfall Creek)

Jarrangbarnmi (Koolpin Gorge)

Entrée sud et Ranger Station Porte du parc

Yurmikmik

Gimbat

Coronation Hill

TERRE D'ARNHEM Territoire aborigène

Highway

Mary River Roadhouse

Vers Darwin (233 km)

21

Emerald Springs

Pine Creek

Kakadu Highway

Stuart Hwy

1

Vers Katherine (90 km)

0   25   50 km

TERRITOIRE DU NORD

dégâts occasionnés par l'exploitation du gisement d'uranium sur l'inscription du Kakadu au Patrimoine mondial de l'humanité. La délégation jugea que la mine de Jabiluka risquait de dégrader l'environnement inviolé du parc – décision qui secoua le gouvernement fédéral et fait actuellement l'objet d'un appel.

Art aborigène

Le Kakadu recèle l'un des plus extraordinaires ensembles d'art rupestre, avec 5 000 sites, qui, pour certains, remontent à 20 000 ans et, pour d'autres, à une dizaine d'années seulement. Deux des plus beaux ensembles se trouvent à Ubirr et à Nourlangie.

Les peintures sont classées en trois grandes époques : la période pré-estuarine comprend les œuvres les plus anciennes et s'étend jusqu'à il y a environ 6 000 ans ; la période estuarine s'est achevée il y a quelque 2 000 ans, lors de l'inondation des vallées, après la montée du niveau des eaux due à la fonte des calottes glaciaires ; enfin, la période dite "de l'Eau fraîche" se poursuit de nos jours.

Aux yeux des Aborigènes, les sites rupestres sont une source de connaissance essentielle quant à leurs traditions. La langue aborigène étant uniquement orale, les œuvres abritées dans ces lieux constituent les archives de tout un peuple.

Les peintures les plus récentes – dont certaines n'ont été réalisées que dans les années 80 – relient la communauté aux artistes. En revanche, de nombreux Aborigènes voient dans les œuvres anciennes les créations des esprits et les représentations d'événements qui relient l'individu à la cosmogonie et à l'évolution de la loi aborigène.

Renseignements

L'excellent Bowali Visitor Centre (☎ 8938 1121), sur Kakadu Highway à quelques kilomètres au sud après l'embranchement d'Arnhem Highway, est ouvert tous les jours de 8h à 17h. Vous y trouverez d'intéressants articles à caractère pédagogique, dont certains feront la joie des enfants, une petite salle où l'on peut voir, toutes les heures, un film de 25 minutes consacré au parc, un café, une boutique de souvenirs et un beau centre de documentation qui regroupe un choix d'ouvrages de référence.

Le Warradjan Aboriginal Cultural Centre, aménagé près de Cooinda, permet de découvrir intelligemment la culture des véritables propriétaires du parc. De forme circulaire, le bâtiment évoque les cercles formés par les Aborigènes lorsqu'ils s'assoient pour parler. Il rappelle également la tortue *warradjan* (*Carettochelys insculpta*), de laquelle il tire son nom.

Il existe plusieurs possibilités pour le ravitaillement en essence : au Frontier Kakadu Village, au Border Store, à Jabiru et à Cooinda. Jabiru compte un supermarché, un bureau de poste, une banque Westpac et le bureau du Northern Land Council, qui délivre les permis nécessaires pour effectuer l'excursion (très recommandée) au centre d'art et d'artisanat injalak, à Oenpelli. Celui-ci se situe à une demi-heure de route, sur l'autre rive de l'East Alligator.

Tarifs. Le droit d'entrée s'élève à 15 $ (gratuit pour les enfants de moins de 16 ans) et permet de séjourner dans l'enceinte du parc pendant 14 jours. Il se règle aux portes du parc.

Ubirr

Ce magnifique site d'art rupestre est situé à 39 km au nord d'Arnhem Highway. L'embranchement pour Ubirr est à 100 km de l'entrée du parc, et la route est goudronnée. Toutefois, la traversée de quelques cours d'eau rend cet itinéraire impraticable avec un véhicule classique pendant le Wet, et parfois même en 4x4. Le site est ouvert tous les jours de 8h30 au coucher du soleil, de mai à novembre, et de 14h au coucher du soleil le reste de l'année.

Peu avant Ubirr, vous croiserez le Border Store. A proximité passent quelques **chemins de randonnée** proches de l'East Alligator, la rivière marquant la limite orientale du parc. Une auberge pour voyageurs et un terrain de camping se trouvent dans les environs (voir *Où se loger* pour plus de détails). L'East Alligator River est le théâtre d'excursions encadrées par des guides aborigènes (**Guluyambi River trips**). Les départs ont lieu tous les jours à 9h, 11h, 13h et 15h à l'embarcadère situé en amont. Le circuit d'environ 2 heures coûte 25 $ (11 $ pour les enfants de 4 à 14 ans). Une navette gratuite relie le camping de Merl et le Border Store à l'embarcadère. Pendant le Wet, Guluyambi organise des excursions d'une demi-journée au départ de Jabiru tous les jours à 8h et à 12h. Le tour, qui comprend la traversée en bateau du pittoresque Magela Creek et un transfert en bus jusqu'à Ubirr, constitue l'unique moyen pour les voyageurs de visiter Ubirr à sa plus belle saison. Pour vous informer et réserver, appelez le ☎ 1800 089 113.

Au départ du parking d'Ubirr, un sentier mène au sommet de la formation rocheuse, d'où la vue sur une grande partie de la plaine inondable de l'East Alligator est superbe (aller-retour 1,5 km).

Des peintures rupestres ornent plusieurs rochers tout au long du chemin. La plus fascinante est celle de la galerie principale qui montre une multitude d'animaux exécutés dans le style dit "des rayons X", tels que wallabies, opossums, goannas (sorte de gros lézard), tortues et barramundi, ainsi que quelques *balanda* (hommes blancs) avec les mains sur les hanches.

Jabiru
• **code postal 0886**   • **1 700 habitants**
Ce bourg, fondé à l'origine pour loger les ouvriers de la mine d'uranium Ranger, possède aujourd'hui plusieurs magasins et une piscine municipale. L'aéroport se trouve à 6 km à l'est, ainsi que la mine d'uranium Ranger. Kakadu Parklink (☎ 1800 089 113) organise trois visites quotidiennes de la mine en minibus (15 $).

Nourlangie
La vision de cette avancée mystérieuse de l'escarpement de la Terre d'Arnhem permet de comprendre pourquoi ce site est sacré depuis longtemps pour les Aborigènes. Cette longue masse de grès rouge, striée par endroits de blanc, d'orange et de noir, émerge des forêts clairsemées environnantes pour retomber d'un côté en falaises escarpées, au

Le Serpent Arc-en-Ciel

Bien que différente d'un endroit à l'autre, la légende du Serpent Arc-en-Ciel est commune à toutes les traditions aborigènes du continent. Au Kakadu, cette créature est une femme, Kurangali, qui s'est elle-même représentée sur la paroi rocheuse d'Ubirr. Le chemin qu'elle a parcouru dans son périple reste jalonné de ses créations. Celles-ci relient entre eux Ubirr, Manngarre, l'East Alligator River et différents sites de la Terre d'Arnhem.

Aux yeux des propriétaires ancestraux du parc, Kurangali est l'esprit le plus puissant. La plupart du temps, elle dort dans les billabongs, mais, si on la réveille, elle peut se révéler destructrice et provoquer alors inondations ou tremblements de terre. Selon la version locale, elle irait jusqu'à dévorer des êtres humains.

pied desquelles se trouvent les fresques rupestres les plus connues du Kakadu.

Le nom Nourlangie est dérivé de *nawulandja*, mot aborigène qui désigne une région plus grande que l'avancée rocheuse, que les Aborigènes appellent Burrunggui. Une route goudronnée de 12 km y mène ; elle quitte Kakadu Highway en direction de l'est, à 21 km au sud d'Arnhem Highway. Les cinq derniers kilomètres sont fermés à 17h. Cette partie du parc est suffisamment intéressante pour meubler une journée entière.

Du parking, un chemin en boucle de 2 km environ mène d'abord à **Anbangbang rock shelter**, abri utilisé depuis 20 000 ans comme refuge contre la chaleur et les orages fréquents de la saison humide. Vous pouvez ensuite continuer jusqu'au point de vue sur la ligne d'escarpement de la Terre d'Arnhem et sur le Lightning Dreaming (Rêve Éclair ou Namarrgon Djadjam), résidence de Namarrgon. Un chemin balisé de 12 km dans le bush parcourt l'ensemble de l'avancée. Le Bowali Visitor Centre fournit une brochure sur ce sentier.

Jim Jim Falls et Twin Falls

Ces deux chutes spectaculaires sont situées au bout d'une piste en direction du sud (praticable uniquement en 4x4 et à la saison sèche), entre l'embranchement de Nourlangie et celui de Cooinda. Vous devrez parcourir 60 km (2 heures de route) et un dernier kilomètre à pied pour les Jim Jim Falls, et 70 km pour les Twin Falls (vous traverserez une gorge dans l'eau pour faire les dernières centaines de mètres). Les Jim Jim Falls, hautes de 215 m, sont particulièrement impressionnantes après les pluies, mais peuvent se réduire à un mince filet d'eau pendant le Dry. Les Twin Falls sont toujours abondantes.

La piste qui mène aux chutes reste souvent fermée jusqu'à fin mai, voire juin.

Yellow Water et Cooinda

La route menant au complexe d'hébergement de Cooinda et aux plaines inondables de Yellow Water, avec leur multitude d'oiseaux aquatiques, part de Kakadu Highway, à 47 km de l'embranchement d'Arnhem Highway. Il faut parcourir encore 4,5 km pour atteindre le Warradjan Aboriginal Cultural Centre (voir plus haut *Renseignements*), 1 km supplémentaire jusqu'à l'embranchement vers les marais de Yellow Water, et un dernier kilomètre jusqu'à Cooinda.

Les croisières sur le Yellow Water Billabong ont lieu 6 fois par jour de mai à novembre, durent 2 heures et coûtent 30/17 $ par adulte/enfant. Cette croisière est pour beaucoup l'une des grandes émotions d'une visite au Kakadu. Le petit matin est le moment le plus propice pour observer les oiseaux en pleine activité. Vous avez des chances de voir un ou deux crocodiles, surtout durant la saison sèche. Réservez la veille à Cooinda (☎ 8979 0111), en particulier pour les départs matinaux.

De Cooinda à Pine Creek

De Cooinda, Kakadu Highway descend vers le sud et rejoint Stuart Highway à Pine Creek, après environ 161 km. En chemin, vous croiserez une bonne piste de terre qui, après 37 km, mène aux superbes chutes et à la piscine naturelle de **Gunlom** (**Waterfall**

Creek), où furent filmées certaines scènes de *Crocodile Dundee*.

Randonnées

Le bush du Kakadu offre de bonnes possibilités pour les randonneurs d'un certain niveau. La plupart des visiteurs se contenteront de suivre les sentiers balisés (de 1 à 12 km de long). Les plus sportifs disposent d'un choix infini, notamment dans les zones arides qui couvrent le sud et l'est du parc. Soyez prudent et préparez bien votre randonnée. Signalez votre destination et ne partez pas seul. Une autorisation doit être demandée au Bowali Visitor Centre pour faire du camping sauvage.

Le guide *Kakadu by Foot* présente les sentiers balisés du parc. Publié par le PAN (1,95 $), il est possible de se le procurer au Bowali Visitor Centre.

Circuits en avion

Depuis Jabiru, Kakadu Air (☎ 1800 089 113) vous propose de survoler le Kakadu (60 $ la demi-heure, 100 $ l'heure).

North Australian Helicopters (☎ 8972 1666) organise des survols du parc en hélicoptère à 125 $/personne la demi-heure.

Circuits organisés

Un grand nombre de circuits pour le Kakadu sont organisés depuis Darwin, et quelques-uns partent du parc même. Les circuits de 2 jours incluent en général Jim Jim Falls, Nourlangie et la croisière sur le Yellow Water (220 $). Parmi les agences préférées des voyageurs, citons Gondwana (☎ 1800 242 177) et Wilderness 4WD Adventures (☎ 1800 808 288, wildadv@downunder.net.au), qui vous assureront un séjour mémorable et d'un bon rapport qualité/prix. Billy Can Tours (☎ 1800 813 484, billycan@ozemail.net.au), Hunter Safaris (☎ 1800 670 640, hunter.safaris@octa4.net.au) et Backpacking Australia Tours (☎ 8945 2988) se spécialisent également dans les prestations destinées aux touristes jeunes.

Les circuits plus complets comprennent la plupart des principaux sites.

Certains couvrent à la fois Kakadu et Katherine Gorge. Celui de Blue Banana

TERRITOIRE DU NORD

(☎ 8945 6800) rencontre un vif succès. Il ne comprend que le transport mais pour 150 $, vous pouvez circuler autant que vous le voulez entre Darwin et Katherine pendant trois mois.

Kakadu Gorge & Waterfall Tours (☎ 8979 0111) ainsi que Lord of Kakadu Tours (☎ 8979 2567) proposent des excursions de 10 heures en 4x4 vers les Jim Jim Falls et les Twin Falls à partir de Jabiru ou de Cooinda (120 $, saison sèche).

Willis's Walkabouts (☎ 8985 2134) organise des randonnées dans le bush de 2 jours ou plus avec des guides expérimentés, selon un itinéraire prévu ou celui de votre choix. Plusieurs randonnées ont lieu dans le parc même ; les prix varient, mais il faut compter environ 900 $ pour une excursion de 2 semaines, comprenant les repas du soir et le retour à Darwin.

Terre d'Arnhem. Quelques agences ont mis au point des excursions en Terre d'Arnhem au départ du Kakadu, mais se bornent souvent à franchir l'East Alligator pour se rendre à Oenpelli. Les propriétaires aborigènes de Magela Cultural Heritage Tours (☎ 8979 2422) proposent des excursions d'une journée au départ de Jabiru pour 150/100 $ par adulte/enfant, et Lord of Kakadu Tours (☎ 8979 2567) organise un circuit de 4 heures en avion et en bus revenant à 120 $.

Où se loger et se restaurer

Le prix de l'hébergement au Kakadu varie énormément selon la saison. Les prix de la saison sèche (indiqués ici) peuvent être de 50% supérieurs à ceux de la saison humide.

Campings. Certains campings dépendent des parcs nationaux et d'autres (dotés de l'électricité) de centres de villégiature, tel le *All Seasons Frontier Kakadu Village (☎ 8979 0166)*, à South Alligator (15/25 $ pour deux, sans/avec électricité) ; le *Gagadju Lodge Cooinda (☎ 8979 0145)* demande 9/11 $; et, à Jabiru, le *Frontier Kakadu Lodge (☎ 8979 2422)* affiche 15/20 $ pour des prestations comparables.

A 20 km de l'entrée du parc sur Arnhem Highway, une bifurcation part vers le nord jusqu'aux campings de *Two Mile Hole* (à 8 km) et de *Four Mile Hole* (à 38 km), sur le Wildman, une rivière réputée pour la pêche. Les véhicules classiques ne peuvent emprunter la piste que pendant le Dry et ne dépasseront en aucune saison Two Mile Hole.

Toujours sur Arnhem Highway, à 35 km plus à l'est, une piste en direction du sud, elle aussi réservée aux 4x4, conduit aux campings de Red Lily (à 35 km) et des billabongs de l'Alligator (à 39 km). Elle débouche dans Old Jim Jim Road (à 69 km).

South Alligator River Crossing est un endroit très fréquenté par les amateurs de bateau. Une aire de pique-nique est aménagée. Il se situe à 8 km plus loin sur Arnhem Highway, 3 km après Frontier Kakadu Village.

Les trois principaux terrains dépendant des parcs nationaux sont : *Merl*, proche du Border Store, *Muirella Park*, à 6 km de Kakadu Highway et à quelques kilomètres au sud de l'embranchement pour Nourlangie, et *Mardugal*, quasiment sur Kakadu Highway et à 1,5 km de la route pour Cooinda. Seul Mardugal est ouvert durant le Wet. Ces terrains sont équipés de douches chaudes, de toilettes et d'eau potable ; l'emplacement coûte 5 $ par personne. D'autres sites dépendant des parcs nationaux se trouvent également dans le parc et sont gratuits. Pour camper en dehors des sites prévus, il faut obtenir un permis auprès du Bowali Visitor Centre.

South Alligator. Peu avant la South Alligator, sur Arnhem Highway, le *All Seasons Frontier Kakadu Village (☎ 8979 0166, fvillage@allseasons.com.au)* propose des emplacements de camping dans l'herbe à partir de 15/20 $ sans/avec électricité et des simples et doubles à 176 $ (139 $ pendant le Wet). Il est pourvu d'un restaurant, d'un bar, d'une piscine et d'une petite boutique (ouverte de 7h à 20h).

Jabiru. Le *Gagadju Crocodile Hotel (☎ 1800 808 123)* est célèbre pour son architecture en forme de crocodile, visible du ciel. L'hôtel lui-même n'a rien de bien original, tout en étant confortable. Le prix des chambres débute à 167 $ pour une double.

L'*All Seasons Frontier Kakadu Lodge* (☎ 8979 2422, flodge@allseasons.com.au) offre des chambres à 4 lits à 25 $/personne ou 100 $ la chambre, ainsi que des bungalows indépendants à 179 $ (132 $ pendant le Wet) plus les taxes.

Ubirr. L'*Hostel Kakadu* (☎ 8979 2232), situé derrière le Border Store, est le seul gîte qui dispose d'équipements convenables. Il reste ouvert tant que la route est elle-même ouverte. Il propose des lits en dortoirs (dont un avec clim.) à 15 $. Il comprend une cuisine bien équipée, un salon et une piscine. Le Border Store vend des provisions de bouche et des en-cas, tous les jours jusqu'à 20h pendant le Dry.

Cooinda. C'est l'endroit le plus fréquenté en raison des croisières sur le billabong de Yellow Water, et il affiche parfois complet. Le *Gagadju Lodge Cooinda* (☎ 8979 0145) dispose de logements spacieux pour 132 $, en simple ou double, et de chambres beaucoup plus rudimentaires et économiques, avec clim., qui sont en fait des sortes de cabanes transportables, connues dans le Territoire du Nord sous le nom de *demountables* ou *dongas*. A 25 $ par personne, elles peuvent éventuellement faire l'affaire, bien qu'on y soit plutôt à l'étroit (deux lits par chambre) et que le seul équipement de cuisine consiste en quelques barbecues.

Le bistro pratique des tarifs exorbitants pour des repas au barbecue qui n'ont rien d'extraordinaire (15 $). Si vous voulez être servi et choisir à la carte, rendez-vous au *Mimi Restaurant*, plus cher encore.

Comment s'y rendre et circuler

L'idéal est de disposer d'un 4x4. Arnhem Highway et Kakadu Highway sont entièrement goudronnées, de même que les routes qui relient Kakadu Highway à Nourlangie, au camping de Muirella Park et à Ubirr. Les autres routes sont des pistes souvent fermées pendant le Wet et au début du Dry.

Greyhound Pioneer (☎ 13 2030) propose un bus par jour entre Darwin et Cooinda *via* Jabiru. Il s'arrête aux marécages de Yellow Water pour le bateau de 13h et reste sur

place 1 heure 30 pour vous permettre de participer à l'excursion. Il quitte Darwin à 6h30, Jabiru à 9h55 et arrive à Cooinda à 12h10. En sens inverse, il part à 14h30 de Cooinda pour atteindre Jabiru à 16h20 et Darwin à 19h. Le billet Darwin-Cooinda coûte 65 $ et autorise deux escales.

Blue Banana. Un bus Blue Banana (☎ 8945 6800) dessert Kakadu avec des arrêts à South Alligator, à Jabiru, au Border Store/Ubirr, à Nourlangie Rock, à Cooinda et à Gunlom. Vous pourrez interrompre votre voyage aussi souvent vous le souhaitez.

Le tarif Darwin-Kakadu avec retour *via* Litchfield se monte à 140 $. Comptez 70 $ pour vous rendre de Jabiru à Katherine *via* Ubirr, Cooinda et Gunlom et 100 $ pour rallier Katherine depuis Darwin *via* Kakadu. Ces billets sont valables 3 mois.

De Darwin à Alice Springs

Entre Darwin et Alice Springs, la Stuart Highway s'étend sur près de 1 500 km et, même si elle est parfois un peu monotone, vous verrez quantité de choses *down the Track* (le long de la Piste).

Jusqu'à la Seconde Guerre mondiale, le Track n'était qu'une simple piste qui reliait les deux principales villes du Territoire du Nord, Darwin et *the Alice*. La nécessité de ravitailler rapidement Darwin, soumise aux bombardements des Japonais basés à Timor, entraîna une rapide amélioration de la route. Bien qu'elle soit de nos jours entièrement goudronnée, des inondations de courte durée, mais importantes, peuvent interrompre la circulation pendant plusieurs jours durant le Wet.

Stuart Highway doit son nom à l'explorateur John McDougall Stuart, qui effectua la première traversée du continent du sud au nord.

DE DARWIN A KATHERINE

Certains sites bordant le Track au sud de Darwin (Howard Springs, Darwin Croco-

TERRITOIRE DU NORD

dile Farm et Litchfield National Park) sont décrits plus haut, dans la rubrique *Les environs de Darwin*.

Adelaide River

• code postal 0846   • 280 habitants

Cette petite localité, à ne pas confondre avec Adelaide River Crossing sur Arnhem Highway, se trouve à 111 km au sud de Darwin sur Stuart Highway. Les victimes des bombardements japonais de la Seconde Guerre mondiale reposent dans le cimetière bien entretenu. Toute cette portion de route est bordée de pistes d'aviation datant de cette époque.

Adelaide River compte un pub, le *Shady River View Caravan Park*, qui propose des emplacements de camping pour 12 $, et l'*Adelaide River Inn* avec des simples/ doubles à 55/65 $ *(pour les deux,* ☎ *8976 7047)*.

Pine Creek

• code postal 0847   • 520 habitants

Cette petite ville, à 245 km de Darwin, est née de la ruée vers l'or des années 1870, et certains des vieux bâtiments en bois et tôle ondulée sont toujours debout.

De là, Kakadu Highway part vers le Kakadu National Park au nord-est.

L'ancienne **gare ferroviaire** a été rénovée ; elle abrite un centre d'accueil pour les visiteurs et une exposition sur la voie de chemin de fer ouverte en 1889 entre Pine Creek et Darwin, aujourd'hui désaffectée. Le **Pine Creek Museum** (entrée 2 $), dans Railway Parade, près de la poste, présente des expositions intéressantes sur l'histoire de la région. Il est habituellement ouvert en semaine de 10h à 12h et de 13h à 17h, et le week-end de 10h à 14h.

Le magasin chinois, **Ah Toys General Store**, rappelle l'époque de la ruée vers l'or, lorsque les Chinois étaient bien plus nombreux à Pine Creek que les Européens. Ces dernières années, la prospection aurifère a repris sur des concessions à ciel ouvert aux environs de la ville.

Très intéressant, le **Gun Alley Gold Mining** (fléché) retrace l'histoire de la ruée vers l'or à Pine Creek (5 $).

Où se loger. Pine Creek compte trois caravanings, le plus agréable étant le *Kakadu Gateway Caravan Park (*☎ *8976 1166, Buchanan St)*, situé à quelque 600 m de Main Terrace, qui est bien équipé et possède un service de restauration. Vous débourserez 16/18 $ pour un emplacement sans/avec électricité, avec un abri pour la voiture et s.d.b. Les simples/doubles démarrent à 30/45 $, et vous pourrez aussi louer une "swag room", c'est-à-dire une pièce vide climatisée au sol moquetté où l'on peut abriter un vélo et dérouler son sac de couchage (15/20 $).

Citons aussi le *Pine Creek Hotel (*☎ *8976 1288, Moule St)*, en face de la station-service BP, qui propose des chambres de type motel à 79 $ et des chambres au confort plus rudimentaire à 30 $, et le *Pine Creek Diggers Rest Motel (*☎ *8976 1442, 32 Main Terrace)*, dont les bungalows indépendants pouvant loger 5 personnes sont accessibles à partir de 70 $ taxes comprises.

Edith Falls

A 293 km de Darwin sur le Track, une route bifurquant vers l'est débouche, après 19 km, à ces superbes chutes, à l'extrémité ouest du Nitmiluk (Katherine Gorge) National Park. Le parc est équipé d'un camping avec douches, toilettes et foyers (5 $ par personne). Vous pourrez vous baigner dans un bassin clair, doté d'un plongeoir et entouré de forêts, au pied d'une série de cascades… s'il n'y a pas de *freshies* dans les environs ! Un sentier mène à des rapides et à d'autres bassins en amont des chutes.

KATHERINE

• code postal 0851   • 7 980 habitants

Avec Tennant Creek, Katherine est la seule agglomération d'importance entre Darwin et Alice Springs. C'est une petite ville animée, d'où part la Victoria Highway vers le Kimberley et l'Australie-Occidentale. La population s'est accrue rapidement au cours des dernières années, en grande partie à cause de la nouvelle base aérienne de Tindal, au sud de la ville.

Katherine est depuis longtemps une étape importante, puisque la rivière du même

North Australian Railway

Dans les années 1880, le gouvernement d'Australie Méridionale décida de construire une ligne de chemin de fer entre Darwin (Palmerston) et Pine Creek, dans le but avoué d'améliorer les conditions d'accès aux terrains aurifères de Pine Creek, souvent coupés de Darwin par les inondations pendant le Wet. Mais au-delà de ce souci pratique, les concepteurs du projet nourrissaient un rêve plus grandiose : un train qui traverserait le continent de part en part, d'Adelaide à Darwin.

On fit venir des ouvriers chinois et on bâtit la ligne, progressant vers le sud jusqu'à Larrimah. Elle devait fonctionner jusqu'en 1976, date à laquelle on la ferma, les dégâts occasionnés par le cyclone Tracy ayant laissé le Territoire financièrement exsangue.

L'idée d'une liaison transcontinentale n'est pourtant pas abandonnée, loin s'en faut, et alimente maintes discussions dans le Territoire. Ce vieux rêve est en passe de réaliser depuis qu'un accord signé en février 1999 entre le gouvernement du Territoire du Nord et les propriétaires fonciers aborigènes rend possible l'établissement d'une ligne Darwin-Alice Springs. Les travaux devraient durer quatre ans et leur coût est estimé à 1 milliard de dollars.

nom qui la borde est le premier cours d'eau qui ne soit jamais à sec au nord d'Alice Springs. Cet atout géographique ne constitue pas toujours un avantage car il a valu à Katherine de subir une terrible inondation en janvier 1998 – et ce n'était pas la première – qui a submergé la campagne environnante et laissé sa marque à près de 2 m de hauteur sur les bâtiments de la ville. Toutefois, la principale attraction est la superbe Katherine Gorge, à 30 km au nord-est.

Orientation et renseignements

Stuart Highway, en traversant la ville, forme la rue principale et prend le nom de Katherine Terrace. En venant du nord, on franchit le pont sur la Katherine River juste avant d'arriver dans le centre-ville. Victoria Highway, en direction de l'Australie-Occidentale, commence 300 m plus loin sur la droite. Giles St, la route pour Katherine Gorge, se trouve à 300 m de cet embranchement, sur la gauche.

Le bureau de la Katherine Region Tourist Association (☎ 8972 2650, krta@ nttech.com.au) signale la sortie de la ville. Il ouvre de 8h à 17h du lundi au vendredi, et de 10h à 15h le week-end. La gare routière est de l'autre côté de la rue. Parks & Wildlife (☎ 8973 8770) possède un bureau dans Giles St.

La boutique Mimi Arts & Crafts, dans le centre commercial de Lindsay St, appartient à des Aborigènes, qui vendent des articles originaires d'une vaste région allant des déserts occidentaux à la côte du Golfe à l'est.

La Banyan Art Gallery, installée dans l'arcade qui part de First St, propose un bon choix de peintures sur écorce et d'autres objets artisanaux.

N'hésitez pas non plus à visiter l'atelier Katherine Didjeridoos, au 21 First St, qui vend ses productions. Attendez-vous à débourser entre 100 et 300 $ selon le "didge" (simple ou décoré).

A voir et à faire

La **School of the Air**, dans Giles St, vous montrera comment les enfants des régions isolées de l'Outback suivent les cours par radio. Des visites guidées sont organisées en semaine pendant l'année scolaire.

La **piscine municipale** de Katherine est au bord de la Highway, à 750 m environ au sud de la gare routière. D'agréables **bassins naturels** se situent le long de la rivière, à 3 km environ de la ville sur Victoria Highway.

Le **Katherine Low Level Nature Park** s'étend sur 105 hectares à 5 km de la ville, au bord de Victoria Highway. La Katherine River la traverse sur 4 km et pendant le Dry, le trou d'eau situé près du barrage est très fréquenté. Des crues subites le rendent dangereux durant le Wet. Les rives ombragées sont équipées pour les pique-niques, avec sanitaires et barbecues à gaz.

Springvale Homestead, à 8 km au sud-ouest de la ville (parcourez 3,8 km sur Victoria Highway et tournez à droite), s'enorgueillit d'être la plus ancienne *cattle station* (station d'élevage) de tout le Territoire du Nord. L'ancienne ferme en pierre, distante d'environ 8 km de la ville, est toujours debout au bord de la rivière, mais elle a été gravement endommagée par l'inondation de 1998 et son avenir demeure incertain au moment où s'écrivent ces lignes.

Circuits organisés

Des circuits organisés à partir de Katherine combinent la visite de la ville, de la gorge, des grottes de Cutta Cutta, de Mataranka et du Kakadu. La plupart des lieux d'hébergement effectuent les réservations, et on viendra vous chercher à votre hôtel. Renseignez-vous auprès de l'office du tourisme ou de Travel North à la gare routière.

Les Aborigènes de Manyallaluk proposent d'excellentes excursions (consultez la rubrique *Manyallaluk* plus loin), et Bill Harney's Jankanginya Tours (☎ 8971 0318) organisent des circuits au Lightning Brothers Country (Pays des Frères-Éclair). Vous pourrez y acquérir quelques notions sur l'alimentation, les préparations médicinales, les techniques du bush et écouter des histoires aborigènes qui vous permettront de mieux apprécier l'art rupestre de la région. La nuit se passe dans un campement rudimentaire du bush.

Pour effectuer une croisière sur la Katherine, adressez-vous à Gecko Canoeing (☎ 1800 634 319, gecko@topend.com.au), qui organise des circuits guidés de 3 jours pour 435 $, repas et matériel fournis.

Où se loger

Campings. Vous avez le choix entre plusieurs sites. Proche du Low Level Nature Park, le *Katherine Low Level Caravan Park* (☎ 8972 3962) est un bon endroit proche de la rivière : emplacements de tente à 14 $ pour deux (18 $ avec électricité), bungalow à 65 $. Plus près de la ville, sur Victoria Highway, le *Riverview Caravan Park* (☎ 8972 1011) propose des bungalows assez confortables à 65 $ et des empla-

cements de tente à 14 $ (17 $ avec électricité). Les bassins naturels sont à 5 minutes à pied.

L'*All Seasons Frontier Katherine* (☎ 1800 81 2443, fkath@allseasons.com.au), à 4 km au sud de la ville sur Stuart Highway, offre des emplacements avec électricité et s.d.b. privée à 18 $ et des chambres à 114 $. Il dispose d'une piscine, d'un coin barbecue et d'un restaurant.

Auberges de jeunesse. Le *Kookaburra Lodge Backpackers* (☎ 1800 808 211), à l'angle de Lindsay St et de Third St, est à quelques minutes à pied du Transit Center. C'est un vieux motel avec des appartements de 4 à 8 lits, à 13 $ par personne et des chambres à lits jumeaux pour 40 $. L'endroit peut être assez encombré... mais c'est une adresse sympathique et bien gérée, où vous pourrez également louer bicyclettes et canoës.

À deux pas, au coin de Third St et de Giles St, le *Palm Court Backpackers* (☎ 8972 2722) dispose de chambres climatisées spacieuses et équipées de placards fermant à clé, TV, réfrigérateur et s.d.b. Prévoyez 13/15 $/personne en dortoir à 8/4 lits et 45 $ pour une double. Le personnel se met en quatre pour rendre votre séjour agréable et vous bénéficierez de réductions pour diverses prestations en ville.

Le *Victoria Lodge* (☎ 1800 808 875), 21 Victoria Highway, près de la rue principale, demande 14 $ par personne pour des chambres à 6 lits et 35/40 $ pour les simples/doubles.

Motels. Le *PGA Lodge* (☎ 8971 0266, 50 Giles St), offre le meilleur rapport qualité/prix de la ville avec ses simples/doubles de type motel à 35/45 $ et des simples plus spartiates à 25 $. Cet établissement très apprécié des travailleurs saisonniers est souvent complet.

Le *Beagle Motor Inn* (☎ 8972 3998), à l'angle de Lindsay St et de Fourth St, compte parmi les moins chers, avec des simples/doubles à 40/50 $ avec clim.

Le *Knotts Crossing Resort* (☎ 8972 2511), dans Giles St, propose des bungalows

TERRITOIRE DU NORD

individuels équipés d'un lit double ou de lits jumeaux et d'une s.d.b. pour 65 $, mais aussi des chambres de motel standard à 96 $.

Comment s'y rendre
L'aéroport de Katherine est à 8 km au sud de la ville, à la sortie de Stuart Highway.

En semaine, Airnorth (☎ 1800 627 474) affrète des vols pour Katherine en provenance de Darwin (144 $) et d'Alice Springs (369 $).

Tous les bus entre Darwin et Alice Springs, et entre le Queensland et l'Australie-Occidentale, s'arrêtent à Katherine. Il y a donc 2 ou 3 bus quotidiens depuis/vers l'Australie-Occidentale et, en général, 4 bus quotidiens depuis/vers Darwin, Alice Springs et le Queensland.

A titre indicatif, les prix au départ de Katherine sont les suivants : 39 $ pour Darwin, 133 $ pour Alice Springs, 65 $ pour Tennant Creek et 67 $ pour Kununurra.

Blue Banana (☎ 8945 6800) assure des aller-retours en bus Katherine-Darwin *via* Litchfield National Park et le Kakadu avec de nombreux arrêts en chemin. Le billet Katherine-Darwin *via* Litchfield revient à 90 $ et l'aller-retour à 170 $.

Avis (☎ 8971 0520), Territory Thrifty Car Rental (☎ 8972 3183) et Hertz (☎ 8971 1111) possèdent des agences à Katherine.

NITMILUK (KATHERINE GORGE) NATIONAL PARK
Nitmiluk (Katherine Gorge) est en fait constitué de 13 gorges séparées par des rapides de diverses longueurs. Les parois des gorges ne sont pas très hautes, mais c'est un endroit isolé et très beau. Les gorges s'étendent sur 12 km et ont été creusées par la rivière Katherine, qui prend sa source en Terre d'Arnhem. Elle devient ensuite la rivière Daly pour se jeter dans la mer de Timor, à 80 km au sud-ouest de Darwin. La hauteur de l'eau varie énormément : pendant le Dry, les eaux des gorges sont calmes, mais de novembre à mars, elles forment un torrent tumultueux.

Nager dans les gorges est sûr, sauf pendant la saison des hautes eaux. Les crocodiles d'eau douce ne sont visibles que

pendant les mois les plus frais. La région permet de faire de belles promenades.

Renseignements
Trente kilomètres de route goudronnée séparent Katherine du centre d'accueil, du parking et du départ des croisières, à l'entrée des gorges. L'impressionnant centre d'accueil (☎ 8972 1886) présente des panneaux explicatifs et fournit les renseignements nécessaires à la visite de ce parc national. De nombreux chemins balisés partent du centre d'accueil et traversent la pittoresque région du sud des gorges, rejoignant la rivière en de nombreux endroits. Certains chemins passent à proximité de peintures rupestres aborigènes datant de 7 000 ans. Le centre d'accueil comprend un café et une boutique de souvenirs, ouverts tous les jours de 7h à 19h.

Cinq jours de marche vous conduisent à Edith Falls (76 km). Il faut un permis du centre d'accueil pour les randonnées les plus longues.

Activités sportives
Canoë. On peut louer des canoës à l'embarcadère situé près du parking principal, à environ 500 m du centre d'information. Nitmiluk Tours (☎ 8972 1253), dans le parc, propose des canoës à une ou deux places moyennant 24/37 $ par adulte/enfant la demi-journée et 34/50 $ la journée. Ce prix inclut l'accès à un compartiment étanche pour entreposer vos appareils photo et vos autres affaires, une carte et le prêt de gilets de sauvetage si vous en éprouvez le besoin. C'est un bon moyen de visiter les gorges.

Si vous aimez l'aventure, louez un canoë pour 2 jours, mais réservez à l'avance, car le nombre de personnes autorisées à camper dans les gorges chaque nuit est limité.

Croisières dans les gorges. Elles fonctionnent tous les jours. Le circuit de 2 heures permet la visite de la deuxième gorge et des peintures rupestres (29 $, enfants 12 $), avec départs à 9h, 11h, 13h et 15h. L'excursion de 4 heures explore la troisième gorge (42/19 $), avec départs à 9h, 11h et 13h. Enfin, vous pouvez vous

TERRITOIRE DU NORD

embarquer pour 8 heures d'exploration, dont 4 km de marche, jusqu'à la cinquième gorge, pour 73 $ (départ tous les jours à 9h). Les circuits de 2 et 4 heures fonctionnent toute l'année, mais ceux de 8 heures ne s'effectuent que d'avril à novembre.

Mieux vaut réserver la veille au ☎ 1800 089 103 ou au ☎ 8972 1253.

Où se loger

Le *Gorge Caravan Park* (☎ *8972 1253*), ombragé et verdoyant, dispose de douches, de toilettes, de foyers et d'une boutique (ouverte de 7h à 19h) qui sert aussi des repas simples. Des wallabies et des goannas fréquentent le camp. Le centre d'accueil loue ses emplacements 14 $ (18 $ avec électricité).

Comment s'y rendre

Cinq bus par jour (9/15 $ l'aller/aller-retour) partent de la gare routière de Katherine et font des ramassages le long de la route. Le bus Blue Banana dessert Katherine Gorge et Edith Falls.

CUTTA CUTTA CAVES NATURE PARK

Les visites guidées de ces grottes calcaires, situées à 24 km au sud-est de Katherine sur Stuart Highway, sont organisées six fois par jour en saison sèche (6,50 $). Une espèce de chauve-souris en voie d'extinction vit dans la grotte principale, à 15 m sous terre. Les formations rocheuses à l'extérieur des grottes sont réellement impressionnantes.

MANYALLALUK

Cette ancienne station d'élevage, appelée Eva Valley, s'étendait sur 3 000 km². Elle touche l'extrémité orientale de Nitmiluk National Park et appartient désormais aux Aborigènes Jawoyn du Top End, dont certains organisent des visites très bien pensées.

La visite d'une journée comprend le transport depuis Katherine, le déjeuner, le repas du bush avec du pain cuit sous la cendre. Vous aurez un aperçu des techniques traditionnelles du bush, de la médecine aborigène et apprendrez à utiliser une lance et à jouer du didgeridoo. Le circuit de deux jours réserve des moments à la bai-

gnade et à la visite des sites rupestres. Le prix s'élève à 105 $ (55 $ pour les enfants) pour la formule d'une journée et à 205 $ (100 $) pour deux jours. Pour des renseignements ou une réservation, appelez le ☎ 1800 644 727.

Ces excursions partent normalement de Katherine, mais les visiteurs venus en voiture peuvent choisir de camper à Manyallaluk (10 $ pour deux) et de rejoindre le groupe sur place (65/40 $). Les circuits d'une journée fonctionnent le lundi toute l'année, ainsi que le mercredi et le samedi d'octobre à mars : celles de deux jours le lundi d'avril à octobre seulement.

Il est possible de camper sans participer à cette visite, mais vous ne pourrez pas vous éloigner de l'aire de camping. La communauté aborigène possède un magasin qui vend de l'alimentation de base et de superbes objets d'artisanat à des prix très avantageux. Il n'est pas nécessaire d'avoir un permis pour visiter la communauté. L'alcool y est interdit.

DE KATHERINE VERS L'AUSTRALIE-OCCIDENTALE

513 km sur Victoria Highway séparent Katherine de Kununurra en Australie-Occidentale.

En approchant de la frontière avec cet État, vous apercevrez des baobabs qui poussent dans une grande partie du nord-ouest de l'Australie. Une fois la frontière franchie, retardez votre montre de 1 heure 30. Les fruits et légumes doivent impérativement être remis au poste de quarantaine. Cette règle ne s'applique que dans le sens Territoire du Nord vers l'Australie-Occidentale.

Timber Creek

• code postal 0852   • 560 habitants

D'avril à octobre, des promenades en bateau sont organisées sur la rivière à partir de Timber Creek, plus à l'ouest. On vous montrera des crocodiles, des tortues et des poissons, et l'on vous fera goûter au véritable thé de brousse. On vous expliquera aussi comment faire claquer un fouet. Une promenade de 4 heures le matin coûte 40 $

(25 $ pour les enfants), et on peut réserver auprès de Pike's Booking Centre à Timber Creek (☎ 8975 0850).

Dans Gregory's Tree Historical Reserve, à l'ouest de Timber Creek, un baobab porte une inscription faite par un des premiers explorateurs.

Gregory National Park

Au sud-ouest de Timber Creek, ce parc peu visité couvre 10 500 km^2 et offre de bonnes possibilités de pêche, de camping et de randonnée.

Keep River National Park

Le Keep River National Park longe l'Australie-Occidentale près de Victoria Highway. Il est réputé pour ses formations de granit et offre de très bons chemins de randonnée.

MATARANKA

• code postal 0852   • 630 habitants

Mataranka est située à 103 km au sud-est de Katherine, sur Stuart Highway. Au sud de la petite ville et à 7 km de la Highway, se trouve la **Mataranka Thermal Pool**. Cette piscine thermale aux eaux cristallines, au cœur de la forêt tropicale, est un endroit rêvé pour se détendre après une chaude journée sur la route. Elle risque cependant d'être prise d'assaut, parfois même par des curistes un peu spéciaux s'il on en croit certains de nos lecteurs. Il arrive en effet (d'octobre à février) que les abords de la piscine soient littéralement envahis par d'impressionnantes nuées de chauve-souris.

La piscine, dont l'accès est gratuit, se trouve non loin des hébergements offerts par le Mataranka Homestead Resort, qui consistent en une auberge, un terrain de camping, des chambres de motel et un restaurant. L'ambiance est très décontractée, et vous vous sentez vraiment loin de tout.

A quelques centaines de mètres, coule la **Waterhouse River**. Vous pourrez vous promener le long des berges ou louer un canoë ou un canot pour 5 $ de l'heure.

A côté de la piscine thermale, et beaucoup moins fréquenté par les touristes, l'**Elsey National Park** offre un cadre idéal pour le camping, la pêche et les promenades le long de la Waterhouse.

Où se loger et se restaurer

L'auberge de jeunesse du *Mataranka Homestead Resort (☎ 1800 089 103)*, assez confortable, propose quelques simples/ doubles à 16 $ par personne (14 $ avec une carte de la YHA) et une petite cuisine. Un emplacement de tente revient à 14 $ (18 $ avec électricité), une chambre de motel avec clim. et s.d.b. à partir de 82 $ en simple/double. La boutique vend des produits de base, et un bar propose des snacks et des repas assez chers. On peut aussi utiliser le barbecue du camping.

Dans le village de Mataranka, l'*Old Elsey Roadside Inn (☎ 8975 4512)* offre quelques simples/doubles à 50/60 $.

Le *Territory Manor (☎ 8975 4516)* est plus luxueux avec piscine, restaurant et chambres de motel à 82 $. Vous pouvez y camper pour 18 $ (avec électricité). D'importantes réductions sont consenties pendant le Wet.

Dans l'Elsey National Park, le camping *12-Mile Yards*, très bien aménagé, s'étend sur un terrain herbeux et ombragé (5 $ par adulte).

DE MATARANKA A THREE WAYS

Peu après l'embranchement pour le Mataranka Homestead en allant vers le sud, Roper Highway part vers l'est depuis Stuart Highway. Après 200 km, elle mène à **Roper Bar**, proche de Roper River, sur la rive sud d'Arnhem Land. Une boutique, un camping et quelques chambres agrémentent cet endroit fréquenté principalement par les amateurs de pêche. La route est goudronnée, sauf sur 20 km.

Larrimah

• code postal 0852   • 20 habitants

En continuant vers le sud depuis Mataranka, vous traverserez Larrimah, desservie naguère par la ligne de chemin de fer de Darwin (qui allait jusqu'à Birdum, à 8 km au sud) puis abandonnée après le passage du cyclone Tracy. L'ancienne station télégraphique abrite aujourd'hui un petit **musée** très intéressant, face au pub.

Trois terrains de camping y sont installés. Celui de l'extrémité sud de la ville, le *Green Park Tourist Complex* (☎ 8975 9937), demande 10 $ par emplacement (avec électricité). Un lit en dortoir revient à 15 $, et la location d'une donga pour deux revient à 40 $. Il dispose d'une piscine et de bassins, protégés par des barrières, où nagent quelques crocodiles.

Daly Waters

Plus au sud, Daly Waters fut une étape de ravitaillement importante aux débuts de l'aviation. Au centre de la vie locale, le plus vieux pub du Territoire du Nord, le *Daly Waters Pub* (☎ 8975 9927), est un endroit de caractère qui date de 1893. Il dispose de simples/doubles avec clim. à 28/38 $; les repas sont bons. Le pub offre également un parc à caravanes et des emplacements de camping à 6/10 $ avec l'électricité.

De Daly Waters à Three Ways

A quelques kilomètres à l'ouest de la Highway, après Daly Waters, vous arriverez à l'étonnante ville fantôme de **Newcastle Waters** puis à **Elliott**, centre d'élevage. Le pays devient de plus en plus sec.

Plus au sud, **Renner Springs** marque la ligne de séparation entre le Top End et le Centre, toujours sec.

THREE WAYS

A 537 km au nord d'Alice Springs, 988 km au sud de Darwin et 643 km à l'ouest de Mt Isa, Three Ways est vraiment loin de tout, sauf de Tennant Creek, qui n'est qu'à 26 km. C'est un piège connu pour les auto-stoppeurs !

Mieux vaut éviter la *Threeways Road-house* (☎ 8962 2744) au carrefour, mais, en cas de nécessité, sachez qu'elle loue des simples/doubles avec clim. à 32/50 $ et des emplacements de camping sans/avec électricité à 10/15 $.

TENNANT CREEK
• **code postal 0860**   • **3 862 habitants**

En dehors de Katherine, c'est la seule ville de quelque importance entre Darwin et Alice Springs. Elle se trouve à 26 km de

Three Ways et à 511 km au nord d'Alice Springs. Beaucoup de voyageurs s'arrêtent une nuit, et, si vous restez un peu plus, vous y verrez d'anciennes mines d'or.

La légende raconte que Tennant Creek fut fondée au début des années 30, lorsqu'un camion de bière tomba en panne et que ses conducteurs décidèrent qu'ils feraient mieux de rendre l'endroit confortable pendant qu'ils consommeraient leur cargaison. Plus prosaïque, la réalité nous apprend qu'elle fut édifiée à la suite d'une ruée vers l'or surve-nue à la même époque. L'un des principaux sites d'extraction était **Nobles Nob**, à 16 km à l'est de la ville, sur Peko Rd. Il fut décou-vert par un borgne appelé John Noble, qui établit un étonnant et fructueux partenariat de prospection avec l'aveugle William Wea-ber. Ce fut la plus importante mine d'or à ciel ouvert du pays jusqu'à ce qu'elle cesse d'être exploitée, en 1985.

Renseignements

L'efficace centre d'information (☎ 8962 3388) est installé dans l'ancienne Gold Stamp Battery, sur Peko Rd. Il est ouvert en semaine de 9h à 17h et le samedi (ainsi que le dimanche pendant la saison touristique) de 9h à 12h.

La boutique Anyinginyi Arts, dans Davidson St, est spécialisée dans l'art et l'artisanat aborigènes des Barkly Table-lands. Ne manquez pas non plus la galerie Murranjirra Aboriginal Arts, dans Paterson St, à côté du Transit Centre.

A voir

L'or était extrait du minerai et traité à l'an-cienne **Gold Stamp Battery**, dans Peko Rd. Les machines sont en état de marche, et des visites guidées partent deux fois par jour (à 9h30 et 17h) d'avril à octobre (12 $).

Une visite souterraine a également lieu à 11h (12 $).

A 12 km au nord de la ville, vous remar-querez l'ancienne **telegraph station** à ses murs de pierre et à son toit vert. Sur les 12 relais télégraphiques d'origine, celui-ci est l'un des quatre restants (les autres se trouvent à Barrow Creek, Alice Springs, et Powell Creek). Il a cessé de fonctionner en

1935, lorsqu'un nouveau bureau s'est ouvert en ville. Aujourd'hui propriété de l'État et géré par Parks & Wildlife, il mérite qu'on s'y arrête.

Activités

Si vous rêvez de chercher de l'or, procurez-vous un permis auprès du Department of Mines & Energy (dans la rue principale) et rendez-vous sur le site de Moonlight Rockhole, à environ 60 km à l'ouest de la ville sur la route de Warrego.

Le Juno Horse Centre (☎ 8962 2783) offre aux plus sportifs d'accompagner ses vachers à cheval pour rassembler un troupeau ou simplement de monter à cheval. Une randonnée de 4 heures avec le bétail vous coûtera 55 $, petit déjeuner copieux et thé compris. Les promenades à cheval démarrent à 30 $/cavalier.

Circuits organisés

Kraut Downs Station (☎ 8962 2820) propose des circuits éducatifs d'une demi-journée sur la vie dans le bush avec découverte de l'alimentation et des remèdes traditionnels, initiation à l'usage du fouet, au lancer de boomerang et casse-croûte traditionnel accompagné de damper et arrosé de thé préparé sur un feu de camp (le *billy tea*), le tout pour 25 $.

Norm's Gold & Scenic Tours (☎ 0418 891 711) organise un "Gold Fever Tour" à 25 $ qui permet de jouer les orpailleurs – vous conservez votre éventuel butin – ainsi que des excursions d'un après-midi aux Devil's Marbles (50 $ dîner compris).

Dot Mine, une ancienne mine d'or des années 30, se visite en hiver tous les soirs à 19h (14 $). Pour tout renseignement, appelez le ☎ 8962 2168.

Le Tourist's Rest Tennant Creek Hostel (voir *Où se loger*) propose une formule "Devil's Deals" comprenant une nuitée et une excursion aux Devil's Marbles pour 50 $.

Où se loger

Campings. L'*Outback Caravan Park* (☎ 8962 2459) est à 1 km à l'est de la ville, dans Peko Rd. Il dispose d'une piscine, d'emplacements à 13 $ pour deux (17 $ avec électricité) et de bungalows avec clim. de 40 à 55 $ pour deux. A l'extrémité nord de la ville, le *Tennant Creek Caravan Park* (☎ 8962 2325), Paterson St (Stuart Highway), comporte des emplacements avec électricité à 6 $ par personne, des chambres doubles à lits superposés à 20 $ par personne et des bungalows climatisés à 55 $.

Auberges de jeunesse. Le *Safari Lodge Motel* (☎ 8962 2207), dont le bâtiment principal se dresse dans Davidson St, propose aussi une série de chambres bon marché. Situées de l'autre côté de la route, près du poste de guet d'Anzac Hill, elles sont ventilées, meublées de lits à 12 $, et disposent d'une cuisine commune.

Autre solution pour budgets serrés, l'agréable *Tourist Rest Tenant Creek Hostel* (☎ 8962 2719) occupe l'angle de Leichhardt St et de Windley St. Petit et ombragé, il loue des lits en dortoirs triple avec clim. à 14 $ et des chambres à lits jumeaux/doubles à 30/32 $ (réductions YHA/VIP/Nomads possibles).

Hôtels et motels. Les motels de Tennant Creek sont assez chers. Situé au centre-ville dans Davidson St, le *Safari Lodge Motel* (☎ 8962 2207) compte des simples/doubles à partir de 40 $.

Au *Goldfields Hotel Motel* (☎ 8962 2030), juste à l'angle de la Highway, le prix des simples/doubles varie de 45 à 65 $. Construite à l'extrémité sud de la ville, la *Bluestone Motor Inn* (☎ 8962 2617) est le seul hébergement de sa catégorie à posséder une piscine. Le tarif des logements oscille entre 68 et 87 $.

DE TENNANT CREEK A ALICE SPRINGS

A environ 90 km au sud de Tennant Creek, la **Devil's Marbles Conservation Reserve** abrite un étonnant amoncellement de grands rochers sphériques, les "billes du diable", éparpillées de chaque côté de la route. Selon la mythologie aborigène, ces rochers ont été déposés par le Serpent Arc-en-Ciel. Parks & Wildlife possède un **camping** à cet endroit. Un **pub** (avec des chambres) et un terrain de camping se situent juste au sud des Devil's Marbles, à **Wauchope**.

Vous ne trouverez ensuite que peu d'endroits dignes d'intérêt avant Alice Springs. Près de Barrow Creek, le **Stuart Memorial** fut érigé en hommage à John McDouall Stuart. On aperçoit Central Mt Stuart à l'est de la Highway.

A **Barrow Creek** même subsiste un autre ancien relais du télégraphe. Il fut attaqué par des Aborigènes en 1874, et le chef du poste ainsi que les ouvriers furent tués ; leurs tombes bordent la route. Beaucoup d'Aborigènes moururent lors des inévitables représailles.

Il subsiste quelques centaines de mètres de ligne au nord du relais télégraphique. Le **pub** est un joyau de l'Outback, et les courses de chevaux de Barrow Creek, en août, attirent des spectateurs de toute la région. Le *Barrow Creek Hotel & Caravan Park* (☎ 8956 9753) propose des chambres à lits jumeaux dans des dongas à 25 $, des simples/doubles à 25/35 $ et des emplacements de camping.

La route passe ensuite à **Ti Tree**, où l'on peut parfois admirer, à la *Gallereaterie* (composée d'un café et d'une petite boutique d'art aborigène), des artistes au travail.

Alice Springs

• **code postal 0870**   • **22 520 habitants**

"The Alice", comme disent les Australiens, fut fondée en 1871 pour servir de relais à l'Overland Telegraph Line, qui reliait Adelaide à Darwin, point d'arrivée du câble sous-marin en provenance de Java. La station de télégraphe fut édifiée à proximité d'un trou d'eau permanent dans le lit asséché de la Todd qui doit son nom au superintendant des télégraphes à Adelaide, Charles Todd. Une source toute proche fut baptisée du prénom de son épouse, Alice.

La ville de Stuart fut établie en 1888, à quelques kilomètres au sud de la station télégraphique. Elle devait être le point de départ d'une ligne de chemin de fer, projet qui ne se matérialisa pas immédiatement. La ville se

développa donc lentement et ce n'est qu'en 1933 qu'elle prit le nom d'Alice Springs.

Si aujourd'hui Alice Springs a l'apparence extérieure d'une ville moderne et agréable, elle reste néanmoins une petite bourgade profondément rurale, comme isolée du monde par de vastes étendues, rudes mais ô combien magnifiques. La ville dégage une atmosphère particulière dès lors qu'on saisit combien l'Outback est proche, avec des sites naturels éblouissants, parmi les plus spectaculaires du pays – c'est là son principal attrait touristique.

Orientation

Le centre-ville est une zone compacte qui comprend seulement cinq rues, délimitée d'un côté par la Todd River et de l'autre par Stuart Highway. Anzac Hill marque la limite nord du centre et Stuart Terrace le sud. De nombreux hébergements et pratiquement tous les restaurants sont situés dans ce périmètre.

Renseignements

Office du tourisme. Le bureau de la Central Australian Tourism Industry Association (CATIA, ☎ 8952 5800, visinfo@catia.asn.au) est situé dans le centre-ville, sur Gregory Terrace. Le personnel est serviable et fournit brochures et cartes. Ouvert en semaine de 8h30 à 17h30 et le week-end de 9h à 16h, il procure les autorisations pour emprunter la Mereenie Loop Rd, dans les MacDonnell Ranges occidentales.

Poste et communications. La poste principale est dans Hartley St, et des téléphones publics sont installés à l'extérieur.

Certaines auberges fournissent à leurs hôtes un accès Internet et e-mail. Vous pourrez aussi vous connecter au Melanka's Internet Café (2 $ les 15 minutes ; ouvert de 9h à 21h) et à l'Alice Springs Library (2 $ les 30 minutes).

Communauté homosexuelle. Alice Springs compte une communauté gay et lesbienne bien implantée. Pour tout renseignement sur les activités proposées ou en cas de problème, composez le ☎ 8953 2844.

TERRITOIRE DU NORD

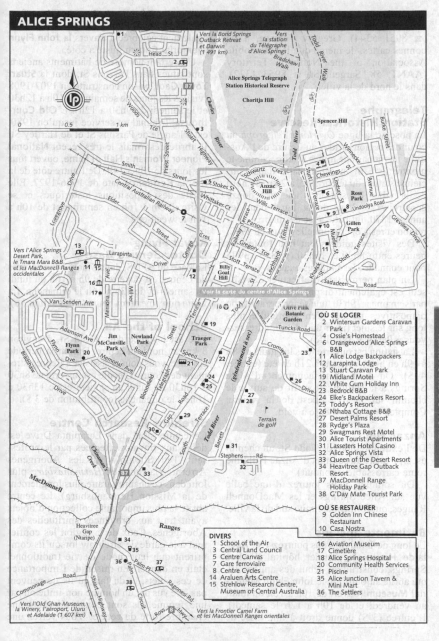

ALICE SPRINGS

Vers la Bond Springs Outback Retreat et Darwin (1 491 km)

Head St

Vers la station du Télégraphe d'Alice Springs

Bradshaw Walk

Alice Springs Telegraph Station Historical Reserve

Choritja Hill

0   0.5   1 km

Burke Street

Spencer Hill

Woods Tce

Charles

River

Stuart Highway

Priest Street

Smith Street

Central Australian Railway

Schwartz Cres

Stokes St

Anzac Hill

Whittaker Ct

Wills Terrace

Parsons St

Chewings St

Lindsay St

Terrace

Ross Park

Undoolya Road

Gillen Park

Mueller St

Stott Terrace

Grevillea Drive

Winnecke Avenue

Elder Street

Cres

George Crescent

Railway Terrace

Gregory Tce

Leichhardt Terrace

Terrace

Stott Terrace

Billy Goat Hill

Kharki Terrace

Sadadeen Road

Vers l'Alice Springs Desert Park, le Tmara Mara B&B et les MacDonnell Ranges occidentales

Larapinta Drive

Memorial Ave

Milner Rd

Van Senden Ave

Adamson Ave

Flynn Dve

Flynn Park

Jim McConville Park

Newland Park

Bradshaw Drive

Memorial Ave

Bloomfield Street

Telegraph Terrace

Gap Road

South Terrace

Traeger Park

Speed St

Barrett Drive

Todd River

Terrace

Olive Pink Botanic Garden

Tuncks Road

Cromwell Drive

Terrain de golf

Stephens Rd

MacDonnell

Chinamans Creek

Ranges

Heavitree Gap (Ntaripe)

Palm Pl

Ragonesi Rd

Ross Hwy

Stuart Highway

Commonage Road

Vers l'Old Ghan Museum, la Winery, l'aéroport, Uluru et Adelaide (1 607 km)

Vers la Frontier Camel Farm et les MacDonnell Ranges orientales

Voir la carte du centre d'Alice Springs

OÙ SE LOGER
2 Wintersun Gardens Caravan Park
4 Ossie's Homestead
6 Orangewood Alice Springs B&B
11 Alice Lodge Backpackers
12 Larapinta Lodge
13 Stuart Caravan Park
19 Midland Motel
22 White Gum Holiday Inn
23 Bedrock B&B
24 Elke's Backpackers Resort
25 Toddy's Resort
26 Nthaba Cottage B&B
27 Desert Palms Resort
28 Rydge's Plaza
29 Swagmans Rest Motel
30 Alice Tourist Apartments
31 Lasseters Hotel Casino
32 Alice Springs Vista
33 Queen of the Desert Resort
34 Heavitree Gap Outback Resort
37 MacDonnell Range Holiday Park
38 G'Day Mate Tourist Park

OÙ SE RESTAURER
9 Golden Inn Chinese Restaurant
10 Casa Nostra

DIVERS
1 School of the Air
3 Central Land Council
5 Centre Canvas
7 Gare ferroviaire
8 Centre Cycles
14 Araluen Arts Centre
15 Strehlow Research Centre, Museum of Central Australia
16 Aviation Museum
17 Cimetière
18 Alice Springs Hospital
20 Community Health Services
21 Piscine
35 Alice Junction Tavern & Mini Mart
36 The Settlers

TERRITOIRE DU NORD

Organismes à connaître. Le Department of Lands, Planning & Environment Office (☎ 8951 5344), Gregory Terrace, a de bonnes cartes, de même que l'Automobile Association of the Northern Territory (AANT, 58, Sargent St, ☎ 8953 1322), dans le nord de la ville.

Telegraphe
Station Historical Reserve

La pose de la ligne *Overland Telegraph* au cœur des régions arides du Centre de l'Australie ne fut pas une mince affaire, comme le montre le petit musée installé dans l'ancienne station du télégraphe, à 2 km au nord de la ville. La station, l'une des douze construites le long de la ligne dans les années 1870, fut bâtie avec des pierres de la région et resta opérationnelle jusqu'en 1932.

Des visites guidées ont lieu toutes les heures entre 8h30 et 16h30 (☎ 8952 3993 pour connaître les horaires exacts).

Un plan permettant d'effectuer la visite seul est également disponible. Trois soirs par semaine à 19h30, une séance gratuite de diapositives permet d'en apprendre plus long sur le sujet (pour tout détail, adressez-vous à Parks & Wildlife).

La station est ouverte tous les jours de 8h à 19h en hiver et jusqu'à 21h en été (entrée, 4 $). On peut aller facilement d'Alice Springs à la station ; il suffit de suivre le chemin sur la rive ouest de la rivière. Comptez une demi-heure à vélo.

Anzac Hill

De l'extrémité nord de Todd St, un chemin escarpé mène au sommet d'Anzac Hill (une route carrossable y conduit).

Du sommet, vous jouirez d'une belle vue sur Alice Springs et les MacDonnell Ranges, qui forment la limite sud de la ville.

Bâtiments anciens

Le long de Todd St, vous pourrez voir **Adelaide House**, le premier hôpital d'Alice Springs, construit au début des années 20, qui abrite aujourd'hui le **John Flynn Memorial Museum** (ouvert de 10h à 16h du lundi au vendredi et de 10h à 12h le samedi). L'entrée (3 $) donne droit à une tasse de

café ou de thé. La mémoire de Flynn, fondateur du Royal Flying Doctor Service, est également célébrée à travers la **John Flynn Memorial Church**, juste à côté.

Un certain nombre de bâtiments anciens sont situés dans Parsons St, dont la **Stuart Town Gaol**, prison construite en 1907-1908 (visites les jours de semaine de 10h à 12h30 et le samedi de 9h30 à 12h). L'**Old Courthouse**, tribunal en service jusqu'en 1980, est à l'angle de Parsons St et de Hartley St. Il abrite désormais le très récent **National Pioneer Women's Hall of Fame**, ouvert tous les jours de 10h à 14h. De l'autre côté de la rue, la **Residency** date de 1926-1927. Elle abrite des expositions historiques et se visite de 9h à 16h en semaine et de 10h à 16h le week-end.

Royal Flying
Doctor Service Base

La base du RFDS, dans Stuart Terrace, près du centre, est ouverte de 9h à 16h du lundi au samedi et de 13h à 16h le dimanche. La visite dure une demi-heure (5 $, enfants 2 $).

School of the Air

Elle est installée dans Head St, à environ 3 km au nord du centre. Durant la période scolaire, vous pouvez assister à l'enregistrement des cours. L'école est ouverte de 8h30 à 16h30 du lundi au samedi et de 13h30 à 16h30 le dimanche (contribution de 3 $).

Strehlow Research Centre

Ce centre situé dans Larapinta Drive est dédié aux travaux effectués par le professeur Ted Strehlow sur les Aborigènes Arrernte (la rubrique *Hermannsburg* plus loin dans ce chapitre traite plus longuement de la Mission Hermannsburg). Le centre abrite la plus importante collection d'objets ayant trait aux croyances spirituelles des Aborigènes. Ceux de la région les confièrent à la garde de Strehlow lorsqu'ils comprirent que leur mode de vie traditionnel était en danger. En raison de l'importance de ces objets, et du fait qu'ils ne peuvent pas être vus par un homme non-initié ou par une femme, ils sont conservés dans une chambre forte du centre. Vous verrez une

Mparntwe

Le peuple aborigène Arrernte, établi dans la région d'Alice Springs, appelle celle-ci Mparntwe. Le cœur de cette zone est le confluent de la Charles (Anthelke Ulpeye) et de la Todd (Lhere Mparntwe), juste au nord d'Anzac Hill.

La ville doit sa topographie aux pérégrinations rampantes des ancêtres créateurs légendaires des Arrernte, les chenilles Yeperenye, Ntyarlke et Utnerrengatye, depuis Emily Gap (Anthwerrke), dans les MacDonnell Ranges, au sud-est de la ville. Alice Springs abrite encore aujourd'hui une importante communauté aborigène très attachée à sa région.

présentation des travaux de Strehlow et une exposition sur les Arrernte. Les ouvrages de Strehlow sur les Arrernte ont encore de nombreux lecteurs aujourd'hui. Le centre est ouvert tous les jours de 10h à 17h (entrée : 4 $).

Museum of Central Australia

Ce musée (☎ 8951 5532) établi dans l'immeuble du Strehlow Research Centre abrite quelques collections fascinantes, notamment d'histoire naturelle, ainsi qu'une intéressante exposition de météorites (dont celles de Henbury). La culture aborigène y est également représentée.

Le musée ouvre du lundi au vendredi de 9h à 17h (entrée : 5 $).

Araluen Arts Centre

Ce centre artistique de Larapinta Drive expose des **peintures d'Albert Namatjira** et présente des expositions temporaires. Les vitraux du foyer sont les œuvres principales de cette petite galerie. Elle est ouverte en semaine de 10h à 17h (entrée : 2 $).

Panorama Guth

Ce panorama circulaire, situé dans le centre-ville, 65 Hartley St, montre tous les endroits dignes d'intérêt de la ville. Les amateurs apprécieront aussi les autres œuvres de l'auteur, Henk Guth, des portraits de femmes aux yeux de biche et aux gros seins, mais la visite se justifie surtout par son imposante collection d'objets artisanaux aborigènes et d'autres souvenirs de la vie en brousse. Le panorama est ouvert du lundi au samedi de 9h à 17h, et le dimanche de 14h à 17h (entrée : 3 $).

Frontier Camel Farm

Après 5 km le long de Palm Circuit se profile la Frontier Camel Farm. Ces "vaisseaux du désert", guidés par leurs propriétaires afghans, furent le principal moyen de transport dans la région avant la construction du chemin de fer.

Un musée procure des informations sur les animaux, et une visite guidée avec promenade à dos de dromadaire a lieu tous les jours à 10h30 (14h d'avril à octobre).

L'**Arid Australian Reptile House** se trouve au même endroit et présente une très belle collection de serpents et de lézards.

La ferme est ouverte tous les jours de 9h à 17h. La promenade à dos de dromadaire coûte 10/5 $ par adulte/enfant. La visite inclut la maison des reptiles.

Alice Springs Desert Park

Situé à quelque 3 km de la ville par la Larapinta Drive, le Desert Park (☎ 8951 8788) occupe une superbe zone préservée au pied des MacDonnell Ranges. Ce parc de 1 300 hectares présente les divers écosystèmes d'Australie centrale et leurs rapports traditionnels avec le peuple aborigène. Outre les sentiers de découverte, des installations pédagogiques assorties de splendides illustrations complètent la visite.

Nous vous recommandons d'inaugurer votre visite avec un film de 20 minutes sur le parc (projeté toutes les heures de 8h à 17h), puis de suivre le circuit piétonnier de 1,6 km de long qui permet de découvrir les principaux sites. Vous admirerez des spécimens rarissimes et en voie de disparition de la flore et de la faune de la région, notamment des bilbies, des mala, des kowari et des chauves-souris carnivores. Des sentiers traversent des **volières** abritant des perroquets du désert tels que la somptueuse per-

LE CENTRE D'ALICE SPRINGS

ruche à calotte bleue. Le parc comporte aussi une merveilleuse **nocturnal house** qui héberge quantité de créatures qu'il ne vous serait pas même donné d'apercevoir autrement. On y observe aussi des lâchers quotidiens d'oiseaux de proie et les rangers donnent des miniconférences devant différents sites tout au long de la journée.

Vous pourrez vous restaurer dans une cafétéria ou au très bon restaurant du parc. Le parc est ouvert tous les jours de 7h30 à 18h (entrée : 12/30 $ par adulte/famille). Prévoyez au moins 3 heures pour une visite satisfaisante.

Le parc n'est pas desservi par les transports publics. Si vous n'êtes pas motorisé, louez une bicyclette – c'est la solution la moins onéreuse – ou adressez-vous à Desert Park Transfers (☎ 8952 4667), qui assure l'aller-retour pour 20 $ (14 $ pour les étudiants et les enfants), droit d'entrée au parc inclus.

Activités sportives
Bicyclette. Le relief quasi inexistant d'Alice Springs se prête bien aux déplacements à bicyclette, et les environs offrent bon nombre de parcours balisés, notamment vers l'Old Telegraph Station le long de la

LE CENTRE D'ALICE SPRINGS

OÙ SE LOGER

4	Desert Rose Inn				

OÙ SE LOGER
4   Desert Rose Inn
10 Todd Tavern, Pub Caf
27 Pioneer Hostel, Pioneer Theatre
57 Alice Springs Resort
62 Melanka's Lodge,
    Rattle'n'Hum, Internet Cafe
64 Stuart Lodge

OÙ SE RESTAURER
1   Hungry Jacks
5   Red Rooster
6   McDonald's
12 Al Fresco's Café
16 Stuart Arms Hotel
20 Hong Kong Chinese
    Restaurant
24 Puccini's Restaurant
26 Red Ochre Grill
29 Scotty's Tavern
36 Pizza Hut
39 Red Dog, La Cafetiere,
    Red Rock Café
40 Swingers
41 Café Mediterranean Bar
    Doppio, Camel's Crossing
    Mexican Restaurant

51 Overlander Steakhouse
54 KFC
56 Bojangles Restaurant,
    Territory Tucker
60 Dingo's
63 Oriental Gourmet

DIVERS
2   Totem Theatre
3   Église catholique
7   Église anglicane
8   Station-service Shell
9   Supermarché Bi-Lo
11 Cinéma
13 Westpac Bank
14 ANZ Bank
15 Alice Plaza
17 Ancien tribunal
18 Commissariat de police
19 Stuart Gaol
21 The Residency
22 Poste centrale
23 Commonwealth Bank
25 Qantas
26 National Bank
30 Adelaide House
31 John Flynn Memorial Church

32 Hartley St School
33 Centre commercial
    Yeperenye
34 Supermarché Coles
35 Greyhound Pioneer
37 Avis
38 Alice Springs Disposals
42 McCafferty's
43 Navette aéroport (bus)
44 Maps NT, Dept of Lands,
    Planning & Environment
45 CATIA
    (Office du tourisme)
46 Minerals House
47 Arunta Gallery
48 K-Mart
49 Pioneer Cemetery
50 Hertz, Tuncks Store
52 Territory Thrifty Car Rental
53 Panorama Guth
55 Aboriginal Art & Culture
    Centre
57 Papunya Tula Artists
57 Bibliothèque, Council Offices
61 Boutique CAAMA
65 Royal Flying Doctor Service
66 Budget Rent a Car

TERRITOIRE DU NORD

Todd. Un agréable sentier à l'écart de la route conduit à Simpsons Gap en serpentant à travers la savane. Veillez à toujours emporter beaucoup d'eau lorsque vous vous déplacez à vélo. Steve's Mountain Bike Tours (☎ 8952 1542) organise des randonnées de courte durée dans les MacDonnell Ranges, près de la ville (de 30 $ pour une balade facile d'une heure à 85 $ les excursions de 4 ou 5 heures réservées aux cyclistes confirmés).

Équitation. Ossie's Outback Horse Treks (☎ 1800 628 211, ossies@topend.com.au) propose des promenades adaptées à tous les niveaux. Vous déboursez 65 $/personne pour une randonnée de 3 heures (le matin, l'après-midi ou au coucher du soleil), en-cas et eau compris, 125 $ pour une journée à cheval avec barbecue à midi et thé préparé sur un feu de camp et 175 $ pour une randonnée nocturne avec campement à la belle étoile.

Promenades à dos de dromadaire. Elles constituent l'une des attractions principales de l'Australie centrale. Vous pouvez choisir une courte promenade à la Frontier Camel Farm (☎ 8953 0444) ou opter pour la Todd River Ramble, promenade d'une heure le long de la rivière (45 $, 25 $ pour les enfants). Pour 200 $, vous pouvez aussi participer à une randonnée d'une journée, avec déjeuner à l'Ooraminna Bush Camp.

Le Camel Outback Safaris (☎ 8956 0925), installé à Stuart Well, à 90 km au sud d'Alice Springs, organise également des randonnées à dos de dromadaire.

Montgolfière. Un tour en ballon d'une demi-heure au lever du soleil vous reviendra à 120 $ (55 $ pour les enfants), petit déjeuner compris.

Une promenade d'une heure coûte environ 175 $ (enfants 80 $).

Parmi les sociétés qui proposent cette prestation, citons Outback Ballooning (☎ 1800 809 790), Ballooning Downunder (☎ 1800 801 601) et Spinifex Ballooning (☎ 1800 677 893).

Circuits organisés

L'office du tourisme vous renseignera sur les circuits possibles à partir d'Alice Springs.

La plupart des circuits suivent le même itinéraire et montrent les mêmes choses ; les différences de prix s'expliquent par le niveau du service offert et le degré de luxe de l'organisation.

Les auberges peuvent effectuer les réservations et vous indiquer les meilleurs prix sur le marché.

Circuits en ville. Avec Alice Wanderer Mini Town Tours (☎ 1800 669 111), vous découvrirez en accéléré les principaux sites de la ville (durée : 3 heures ; 60 $, droits d'entrée compris).

Circuits à la rencontre de la culture aborigène. Rod Steinert Tours (☎ 8558 8377, rstours@cobweb.com.au) organise diverses excursions, dont le "Dreamtime and Bushtucker Tour" (76 $, 38 $ pour les enfants). Cette visite appréciée qui dure 3 heures permet de partir à la rencontre des Aborigènes Warlpiri et de leur vie traditionnelle. La même excursion avec votre propre véhicule vous reviendra à 64 $ (32 $ pour les enfants).

Créé et géré par des Aborigènes, Oak Valley Day Tours (☎ 8956 0959) a conçu des circuits d'une journée à destination d'Ewaninga et de Rainbow Valley, deux sites ayant une grande importance aux yeux des Aborigènes (110 $, 80 $ pour les enfants, déjeuner et collation compris).

MacDonnell Ranges. Les excursions d'une journée de Jim's Bush Tours (☎ 8953 1975) dans l'est et l'ouest du massif présentent un bon rapport qualité/prix. Les itinéraires varient, mais comportent toujours plus de marche que de déplacements motorisés. Comptez 55 $ (49 $ pour les titulaires d'une carte YHA/VIP et les enfants) et pensez à emporter votre pique-nique. Pour un circuit d'une journée en 4x4 à Finke Gorge, adressez-vous à AAT King's (☎ 8952 1700, austour@aatkings.com.au), qui propose un départ tous les jours en hiver. Il vous en coûtera 89 $, déjeuner compris.

Uluru & Kings Canyon. Sahara Outback Tours (☎ 8953 0881, sahara@saharatours.com.au) est très appréciée des voyageurs à petit budget. Elle peut vous conduire notamment à Uluru (Ayers Rock). Pour un circuit de deux jours au Rock et à Kata Tjuta (les Olgas), comptez 240 $. Avec un supplément de 110 $, vous pouvez ajouter une journée au Kings Canyon. Ceux qui disposent du temps nécessaire ne le regrettent pas.

Si votre temps est compté, Day Tours (☎ 8953 4664) vous emmènera à Ayers Rock dans la journée pour 155/120 $, déjeuner et coucher de soleil compris.

Où se loger – petits budgets

Campings. Voici une sélection parmi les nombreux terrains de camping d'Alice Springs :

G'Day Mate Tourist Park (☎ *8952 9589*), Palm Circuit, à 3 km au sud de la ville : emplacements à 14 $ (16 $ avec électricité) et bungalows pour 6 personnes à 44 $ en double.

Heavitree Gap Caravan Park (☎ *1800 896 119*), Palm Circuit. Emplacements à 14 $ (16 $ avec électricité).

Le *MacDonnell Range Holiday Park* (☎ *1800 808 373*) se trouve à Palm Place, à 4 km de la ville. L'emplacement de camping coûte 15/18 $ et les bungalows 50/62 $.

Le *Stuart Caravan Park* (☎*8952 2547*), à 3 km à l'ouest de la ville par Larapinta Drive, loue des emplacements de camping à 14/16 $, des caravanes à six lits à 39 $ (plus 6 $ par adulte supplémentaire) et des bungalows à quatre lits à 50 $.

Au *Wintersun Gardens Caravan Park* (☎ *8952 4080*), à 3,5 km au nord de la ville sur la Stuart Highway, les emplacements de camping reviennent à 14/17 $, les caravanes à six lits à 38 $/2 personnes (plus 7 $ par adulte supplémentaire) et les bungalows à six lits à 42/58 $ pour 2 occupants (plus 7 $ par adulte supplémentaire).

Auberges de jeunesse. Les auberges et les pensions sont nombreuses. Tous les endroits destinés aux voyageurs à petit bud-

TERRITOIRE DU NORD

Les fêtes à Alice Springs

Alice Springs est très animée, surtout pendant les mois touristiques de la saison fraîche, de mai à août.

L'extraordinaire **Camel Cup** est une série de courses de dromadaires qui se tient début juillet.

La **foire agricole d'Alice Springs**, début juillet, offre un grand feu d'artifice.

L'**Alice Springs Rodeo** se déroule en août, et, pendant une semaine, la ville est pleine de *stockmen* aux jambes arquées, avec leurs grands chapeaux, leurs chemises de cowboy, leurs jeans de moleskine et leur bottes R.M. Williams.

Fin septembre a lieu l'événement qui attire le plus les foules : la **régate d'Henley-on-Todd**. Il est difficile d'organiser des courses de bateaux sur la Henley car il n'y a pratiquement jamais d'eau, même en hiver. On y voit pourtant des courses de voiliers de toutes classes. Les bateaux n'ont pas de fond, et ce sont les jambes des membres des équipages qui propulsent les esquifs !

L'**Octoberfest**, début octobre, à la fin des régates, donne lieu à toutes sortes d'activités frivoles et permet de goûter des bières et de la cuisine du monde entier. Elle se tient au Memorial Club, Gap Rd.

Pendant les mois les plus frais, des **courses de chevaux** sont organisées à Alice Springs et dans les *outstations* environnantes, comme Finke, Barrow Creek, Aileron ou Harts Range. Ce sont des événements hauts en couleur et, pour les fermes de l'Outback, c'est le point culminant de l'année.

get disposent des équipements habituels, piscine, navette gratuite, réservations d'excursions, location de vélos, etc.

Dans le centre-ville, au coin de Leichhardt Terrace et de Parsons St, le *Pioneer Hostel* de la YHA (☎ 8952 8855) propose pour 14 $ des lits en dortoir avec clim. à 4 ou 6 lits et pour 18 $ par personne une chambre avec des lits jumeaux (location de literie en sus : 2 $). Elle dispose d'une piscine et de vélos à louer.

Également central et populaire, le *Melanka Lodge* (☎ 1800 815 066, melanka@ozemail.com.au, 94 Todd St). C'est un endroit vaste et bruyant avec un grand choix de chambres climatisées, du dortoir à 8 lits (13 $ par personne) à celui à 4 lits (14 $) ou avec des lits jumeaux (14 $). Il y a aussi des simples/doubles à 30/32 $, ou 71/79 $ avec s.d.b., TV et réfrigérateur. Il loue des bicyclettes, la cafétéria sert des repas bon marché, et le café offre les services d'Internet. Son night-club, le Rattle'n'Hum,

compte parmi les plus appréciés des voyageurs désireux de prendre un verre à Alice.

De l'autre côté de la rivière et proche du centre, l'*Alice Lodge Backpackers (*☎ *1800 351 925, 4 Mueller St)*, est une petite auberge calme et sympathique avec jardin, barbecue, petite cuisine et buanderie. Les lits en dortoir coûtent 13 $, 15/16 $ dans une chambre à 4/2 lits, literie et petit déjeuner compris. Toutes les chambres sont équipées de réfrigérateurs.

Toujours de ce côté de la rivière, *Ossie's Homestead (*☎ *1800 628 211)* est située 18 Warburton St et possède les équipements habituels et une piscine. Petit déjeuner inclus, la nuit en dortoir de 12 lits revient à 12 $, dans une chambre de 4 lits à 14 $ et dans une double à 32 $. Le kangourou apprivoisé fait partie de la maison. Ossie's organise également des promenades à cheval pour un prix variant de 60 à 205 $.

De l'autre côté de la rivière, le *Toddy's Resort (*☎ *1800 806 240, 41 Gap Rd)*, met à la disposition de ses hôtes une cuisine commune, une buanderie, une piscine, un barbecue et une petite boutique. Toddy's offre encore d'autres services : un accès e-mail, un bar et des repas économiques. Il offre le choix de lits en dortoir de 6 pour 10 $, 14 $ avec TV et s.d.b., des doubles à 36 $ ou à 48 $ avec s.d.b. Vous pouvez prendre des repas économiques et louer des vélos.

Juste à côté, l'*Elke's Backpackers Resort* (☎ *1800 633 354*) vient d'ouvrir son auberge dans un ancien immeuble résidentiel qui comprend des appartements indépendants de deux chambres. Il loue des lits à 16 $ (6 à 8 personnes par appartement ; 13 $ pour les détenteurs de carte YHA/VIP) et des doubles à 45 $.

Où se loger – catégorie moyenne

Hôtels. Au bord de la rivière, 1 Todd Mall, le *Todd Tavern* (☎ *8952 1255*) est un pub qui devient bruyant le week-end lorsque des orchestres s'y produisent. Le reste du temps, c'est un lieu de séjour agréable. Il dispose de simples/doubles à 40 $ (certaines avec s.d.b.), petit déjeuner léger inclus.

Le vaste et confortable *Queen of the Desert Resort* (☎ *1800 896 124*) se trouve à l'extrémité sud de Gap Rd, juste avant Heavitree Gap. Les simples/doubles de catégorie supérieure avec s.d.b., réfrigérateur et TV coûtent 90/100 $ et les chambres plus rudimentaires pouvant loger jusqu'à 4 personnes 80 $. L'établissement accueille aussi les voyageurs à petit budget en dortoirs à 6 places (12,80 $/personne ; literie non fournie). Il possède aussi un dortoir à 4 lits (15 $/personne, literie comprise). Vous pourrez profitez de la piscine et du night-club. Mais vous n'aurez pas la possibilité de préparer des repas.

Géré par la YWCA, le *Stuart Lodge* (☎ *1800 249 124*), dans Stuart Terrace, est agréablement situé, propre, bien tenu et peu cher avec des simples/doubles/triples avec s.d.b. commune à 35/45/50 $.

Appartements et locations saisonnières.

Ce type d'hébergement, assez rare, offre généralement une chambre aux possibilités de cuisine assez limitées.

Situés dans Gap Rd, les *Alice Tourist Apartments* (☎ *1800 806 142*) se composent de logements d'une ou deux pièces, entièrement équipés et climatisés, à 72 $ pour 2 personnes, 104 $ pour 4 et 115 $ pour 6. Le deux pièces est une bonne solution pour une famille.

La *White Gum Holiday Inn* (☎ *1800 896 131, 17 Gap Rd*), propose des chambres doubles avec cuisine séparée à 73 $.

Dans Barrett Drive, à côté du Plaza Hotel Alice Springs, le *Desert Palms Resort* (☎ *1800 678 037, despalms@ saharatours.com.au*) dispose de chambres spacieuses dotées d'équipements de cuisine succincts, à 79 $ pour deux. Les jolis jardins sont agrémentés d'une grande piscine.

Agréablement central, le *Larapinta Lodge* (☎ *8952 7255, llodge@ozemail.com.au, 3 Larapinta Drive*), compte des simples/ doubles à 67/77 $. La cuisine et la laverie sont communes. Il est doté d'une piscine.

Motels. Les prix des motels oscillent entre 50 et 100 $ environ pour une double. Pendant les grosses chaleurs estivales, des réductions sont facilement consenties.

Le *Swagman's Rest Motel* (☎ *1800 089 612, 67 Gap Rd*), possède une piscine et des simples/doubles à 63/73 $. Chaque logement est entièrement équipé.

Au *Midland Motel* (☎ *1800 241 588, midland@topend.com.au, 4 Traeger Ave*), les chambres démarrent à 65/75 $. Le restaurant de l'établissement sert de l'alcool.

B&B. "The Alice" compte quelques bed and breakfast. L'agréable *Bedrock B&B* (☎ *8955 5288, 16 Range Crescent*) implanté à l'est de la rivière, non loin du terrain de golf, dispose d'un beau jardin. Les doubles démarrent à 150 $.

Le *Nthaba Cottage B&B* (☎ *8952 9003, nthaba@ozemail.com.au, 83 Cromwell Drive*), lui aussi proche du golf, propose des chambres dans un cottage bien équipé à 130 $ la double.

Près du Desert Park, essayez le *Tmara Mara B&B* (☎ *8952 7475, 1 Griffiths Place*), non loin de Larapinta Drive, qui loue une double moderne à 120 $.

L'*Orangewood Alice Springs B&B* (☎ 8952 4114, orangew@ozemail.com.au, 9 McMinn St), plus proche du centre-ville, sur la rive est de la rivière, dispose de quatre chambres confortables à partir de 140 $ pour deux.

A environ 25 km au nord d'Alice Springs, la **Bond Springs Outback Retreat** (☎ 8952 9888, bondhmst@alice.aust.com) vous hébergera dans un homestead traditionnel et confortable. Prévoyez 250 $ pour une double ou une chambre avec des lits jumeaux et 200 $ pour une suite ou un cottage pouvant accueillir 4 personnes.

Où se loger – catégorie supérieure
Les hôtels plus luxueux se concentrent sur la rive est de la rivière.

Achats
Maintes boutiques du centre commercial de Todd St vendent des souvenirs et des objets d'art ou d'artisanat aborigène – notamment une véritable forêt de didgeridoos. On n'en trouve pas encore dans les supermarchés, mais, si vous manquez vraiment de temps, vous pourrez en acquérir un chez le pharmacien ! Citons toutefois deux excellents magasins d'art aborigène situés dans ce centre commercial : la Gallery Gondwana et l'Original Aboriginal Dreamtime Gallery.

Alice Springs possède aussi de nombreuses galeries d'art et d'artisanat spécialisées dans les créations aborigènes. Deux endroits vous permettront d'acheter directement aux artistes : la boutique des Papunya Tula Artists, dans Todd St juste au sud du centre commercial, et celle des Jukurrpa Artists, au 35 Gap Rd. Toutes deux appartiennent aux centres artistiques qui produisent les œuvres vendues et sont gérées par eux.

La boutique de la Central Australian Aboriginal Media Association (CAAMA), au 101 Todd St, juste après le restaurant Dingo's, est une autre bonne adresse pratiquant des prix raisonnables.

L'Aboriginal Art & Culture Centre (86 Todd St) expose des œuvres d'art et des objets traditionnels (à l'étage) et propose des cours de didgeridoo.

Comment s'y rendre
Avion. Qantas (☎ 13 1313) et Ansett (☎ 13 1300) desservent Alice Springs. Les agences des deux compagnies sont installées face à face dans Todd St, au carrefour de Parsons St.

Comptez 414 $ pour Adelaide, 187 $ pour Uluru, 392 $ pour Darwin, 575 $ pour Melbourne, 555 $ pour Perth et 577 $ pour Sydney. Vous pouvez vous rendre directement à Uluru depuis Adelaide, Sydney, Perth ou Cairns. Si vous souhaitez visiter le Centre et aller à Uluru, il est plus économique de rejoindre Uluru en avion, puis de continuer vers Alice Springs (voir *Comment s'y rendre* dans la section *Uluru-Kata Tjuta National Park* pour plus de détails).

Bus. Greyhound Pioneer (☎ 13 2030), à l'angle de Gregory Terrace et de Railway Terrace, propose des allers-retours quotidiens d'Alice Springs à Yulara (59 $), Darwin (145 $), Adelaide (135 $). Il faut 20 heures pour effectuer le trajet d'Alice Springs à Darwin (1 481 km) ou à Adelaide (1 543 km).

Il existe des correspondances en différents points du Track : Three Ways pour Mt Isa et la côte du Queensland, Katherine pour l'Australie-Occidentale, Erldunda pour Uluru et Port Augusta pour Perth.

McCafferty's (☎ 13 1499), 91 Gregory Terrace, assure également un service quotidien pour Adelaide (135 $), Darwin (145 $) et pour Yulara (55 $).

Train. Alice Springs est desservie par le *Ghan*, qui relie Melbourne à Sydney dans les deux sens une fois par semaine et Melbourne et Adelaide deux fois par semaine. Le billet Melbourne-Alice Springs coûte 270/528/895 $ en place assise de 2e classe/couchette de 2e classe/wagon-lit de 1re classe (repas compris), et un peu moins cher en sens inverse. Depuis Sydney, comptez 360/730/1095 $ et depuis Adelaide 182/374/574 $. Vous pouvez aussi prendre le *Ghan* à Port Augusta, en Australie-Méridionale (tarif Alice Springs-Port Augusta : 146/298/520 $). Des tarifs réduits sont parfois proposés, surtout en basse saison (entre février et juin). Pour toute réservation, composez le ☎ 13 2147.

Le *Ghan* transporte aussi les voitures, ce qui épargne l'interminable trajet depuis la côte sud et permet de disposer d'un véhicule dès l'arrivée (220 $ depuis Adelaide).

Voiture. N'oubliez pas qu'Alice Springs est loin de tout, bien que les routes vers le nord et le sud soient goudronnées. En venant du Queensland, 1 180 km séparent Alice Springs de Mt Isa et 529 km de Three Ways (5 heures), où la route de Mt Isa rejoint celle de Darwin à Alice Springs (Stuart Highway). Le trajet de Darwin à Alice Springs représente 1 476 km (environ 15 heures). D'Alice à Uluru-Kata Tjuta (village de Yulara), il faut compter 4 heures 30 pour faire 443 km.

Location de voitures. Les grandes compagnies possèdent des agences à Alice Springs, et Avis, Budget, Hertz, Britz:Australia et Territory Thrifty ont également des comptoirs à l'aéroport.

Avis, Budget, Hertz et Territory louent des 4x4.

Avis
52 Hartley St (☎ 8953 5533)
Britz:Australia
Angle de Stuart Highway et de Power St (☎ 8952 8814)
Budget
10 Gap Rd (☎ 8952 8899)
Hertz
76 Hartley St (☎ 8952 2644)
Territory Thrifty Rent-a-Car
Angle de Stott Terrace et de Hartley St (☎ 1800 891 125)

Comment circuler

Le réseau des bus publics n'est pas très fourni, mais la ville est peu étendue, et l'on peut la parcourir à pied et atteindre à vélo la plupart des sites intéressants des environs. Pour aller plus loin, il faut suivre une excursion organisée ou louer une voiture.

Desserte de l'aéroport. L'aéroport est à 15 km au sud de la ville ; un taxi demande environ 20 $. Une navette (☎ 8953 0310)

circule à l'arrivée des vols et dessert la gare ferroviaire et les hébergements (9/15 $ pour un aller/aller-retour).

Bus. Les bus partent du centre commercial Yeperenye, dans Hartley St, à intervalles de 1 heure 30 entre 7h45 et 18h en semaine ainsi que le samedi matin. Il existe plusieurs lignes et l'office du tourisme vous fournira leurs horaires. Comptez 2 $ pour un trajet court.

Le bus Alice Wanderer effectue un tour des principales curiosités – Frontier Camel Farm, ancien *Ghan* Museum, Transport Hall of Fame, Royal Flying Doctor Base, Strehlow Centre et Museum of Central Australia, Panorama Guth, Anzac Hill, School of the Air et Old Telegraph Station.

Vous pouvez monter ou descendre du bus où vous le souhaitez. Entre 9h et 16h, il y a un départ toutes les 70 minutes environ. Un billet valable une journée coûte 20 $. Si vous appelez à l'avance (☎ 1800 669 111), le bus passera à votre hôtel avant 9h.

L'Alice Mini Bus (☎ 8955 1222) vous transportera sur de courts trajets entre 8h et 24h (à partir de 6 $ jusqu'à 5 passagers).

Bicyclette. Il y a plusieurs pistes cyclables à Alice Springs, et le vélo est un bon moyen de découvrir la ville et ses proches environs, en particulier en hiver. Le meilleur endroit pour louer un vélo sera votre auberge. Le tarif est en général de 13 $ par jour.

Centre Cycles (☎ 8953 2966), 14 Lindsay Ave, à l'est du centre-ville, loue des VTT à 15 vitesses pour 15 $ la journée, 50 $ la semaine. En hiver, louez votre vélo à l'avance.

MacDonnell Ranges

Au départ d'Alice Springs, de nombreux sites peuvent se visiter dans la journée ou en deux jours. Ils se trouvent en grande partie sur les routes de l'est ou de l'ouest qui longent les MacDonnell Ranges (couramment appelées les MacDonnell, ou encore les Macs), juste au sud d'Alice Springs.

Les paysages des MacDonnell Ranges sont superbes. De nombreuses gorges entaillent des parois rocheuses spectaculaires. Au fond de ces gorges ombragées scintillent des trous d'eau ; les animaux abondent (soyez patient et silencieux), ainsi que les fleurs sauvages au printemps.

Vous pourrez visiter les gorges seul – et bénéficier du sentiment de paix et de vide que procure le Centre de l'Australie – ou en circuit organisé. Les plus proches d'entre elles sont accessibles à bicyclette et même à pied.

MACDONNELL ORIENTALES

Après avoir quitté Alice Springs en direction du sud, un panneau dans Heavytree Gap signale la Ross Highway, qui mène à la partie orientale des MacDonnell.

Cette voie est goudronnée jusqu'à Ross River Homestead (à 83 km d'Alice Springs) et en assez bon état jusqu'à Arltunga (à 100 km d'Alice Springs). De là, elle part vers le nord puis vers l'ouest et rejoint Stuart Highway à 50 km au nord d'Alice Springs. Cette portion de la route est plus difficile, et un 4x4 peut parfois s'avérer utile.

Emily & Jessie Gaps Nature Park

Ces deux défilés tiennent une place importante pour le peuple Arrernte de l'Est, car ils sont associés au chemin du Caterpillar Dreaming (Rêve de la chenille).

Emily Gap, à 16 km de la ville, est le premier défilé dans la chaîne à l'est d'Heavitree Gap. Il est étroit et souvent rempli d'eau. Appelé Anthwerrke par les Arrernte, ce site aborigène figure parmi les plus importants de la région. C'est en effet à cet endroit que les ancêtres chenilles de Mparntwe (Alice Springs) sont apparus. C'est un site sacré, et de belles peintures ornent la paroi est ; il faut souvent nager pour s'en approcher.

Jessie Gap se trouve 8 km plus loin et, comme le précédent, est un endroit apprécié pour les pique-niques et les barbecues.

Corroboree Rock Conservation Reserve

Un peu après Jessie Gap, l'Undoolya Gap est une autre gorge, puis la route continue sur 43 km jusqu'à Corroboree Rock. La chaîne compte de nombreuses formations rocheuses au relief étrange. On dit que les

Aborigènes abritaient des objets sacrés dans Corroboree Rock.

Ce site figure dans la liste des sites sacrés établie par le National Estate.

Trephina Gorge Nature Park

Trephina Gorge est à environ 70 km d'Alice Springs et à quelque 8 km au nord de la route. Une belle promenade consiste à longer le bord de la gorge puis à descendre le chemin à pic dans le lit sablonneux du cours d'eau, avant de rejoindre le point de départ.

Les bons marcheurs peuvent emprunter un chemin plus long (environ 5 heures) qui continue jusqu'à **John Hayes Rockhole**, à quelques kilomètres à l'ouest de Trephina Gorge. Plusieurs trous d'eau abrités dans une gorge profonde conservent l'eau bien après que les plus exposés se sont asséchés.

Un agréable **site de camping** est établi dans la gorge, et un autre plus petit (2 emplacements seulement) se situe à John Hayes Rockhole (1 $ par adulte).

Ross River Homestead

Depuis Trephina Gorge, il faut encore parcourir 13 km pour atteindre le ***Ross River Homestead*** (☎ *8956 9711*), fréquenté principalement, mais non exclusivement, par les groupes accompagnés. C'est un lieu plaisant d'où l'on peut faire des randonnées dans les environs, de petites promenades à dos de dromadaire et de l'équitation. Un appartement pour 2, avec clim., revient à 75 $, un lit en dortoir de 4 à 13 $ et un emplacement de camping à 12 $ pour 2 (16 $ avec électricité). Le restaurant sert de la bonne cuisine, et le bar est très apprécié.

N'Dhala Gorge Nature Park

A environ 10 km au sud du Ross River Homestead, N'Dhala Gorge abrite près de 6 000 gravures rupestres aborigènes, qui ne sont pas toujours faciles à repérer. Des wallabies habitent les rochers. Pour emprunter la piste de sable qui mène à N'Dhala à partir de Ross River, il vous faut un 4x4.

Arltunga Historical Reserve

A l'extrémité est des MacDonnell Ranges, à 110 km au nord-est d'Alice Springs, Arltunga est une ville fantôme de la ruée vers l'or. Du métal jaune y fut découvert en 1887, et un filon mis au jour dix ans plus tard. L'activité minière cessa en 1912, et seuls restent aujourd'hui quelques vieux bâtiments, deux cimetières et les sites miniers désertés. De nombreux panneaux explicatifs sont installés sur le site, et on peut descendre dans quelques puits de mine et en explorer une partie sans risque.

La réserve dispose d'un très bon centre d'accueil qui expose de vieilles photos et des objets anciens. Une visite des mines, guidée par un ranger, débute à 14h30 le dimanche. Pendant les vacances scolaires de juin et de septembre, l'ancienne gold battery installée dans le centre d'accueil est allumée à 11h les mardi, jeudi et dimanche.

La portion de route de 40 km entre Arltunga et l'embranchement avant Ross River Homestead n'est pas goudronnée, mais en bon état (attention toutefois en période de fortes pluies !).

Une piste difficile rejoint Stuart Highway à 50 km au nord d'Alice Springs. Avec quelques détours, le circuit complet d'Alice Springs à Arltunga et retour compte près de 300 km.

Où se loger. Le camping est interdit dans l'enceinte de la réserve, mais l'*Arltunga Hotel & Bush Resort* (☎ 8956 9797) est une bonne étape. Vous pourrez y planter votre tente pour 10 $. Le pittoresque pub sert des repas, des en-cas et de la bière.

MACDONNELL OCCIDENTALES

En vous dirigeant vers l'ouest depuis Alice Springs par la Larapinta Drive, vous trouverez, à 6 km après Standley Chasm, la Namatjira Drive, qui bifurque vers le nord-ouest. Cette route, goudronnée jusqu'à Glen Helen, à 132 km de votre point de départ, se prolonge ensuite jusqu'à Haasts Bluff et Papunya, en territoire aborigène. La Larapinta Drive, elle, s'infléchit en direction du sud-ouest vers Hermannsburg et au-delà.

Vous rencontrerez plusieurs gorges impressionnantes dans cette direction, où vous pourrez faire de belles randonnées. Pour visiter Palm Valley, l'une des principales attractions proches d'Alice Springs, un 4x4 est indispensable (voir *Finke Gorge National Park*).

Les MacDonnell occidentales font partie du West MacDonnell Ranges National Park. Des postes de rangers sont établis à Simpsons Gap et à Ormiston Gorge.

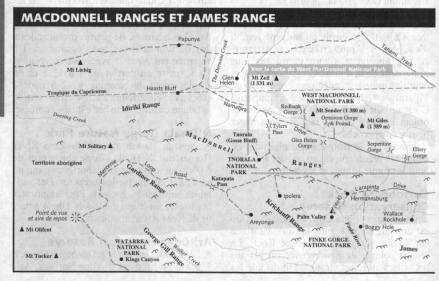

MACDONNELL RANGES ET JAMES RANGE

Randonnées dans le bush

Les MacDonnell Ranges offrent de nombreux itinéraires balisés dans les divers parcs et réserves. Il est vivement recommandé aux personnes envisageant une randonnée nocturne de s'inscrire auprès du Voluntary Walker Registration Scheme (☎ 1300 650 730). On vous demandera un dépôt de garantie de 50 $ (payable par carte de crédit par téléphone ou en liquide au CATIA, à Alice Springs) pour couvrir les frais d'éventuelles recherches. Pour plus de renseignements, adressez-vous à Parks & Wildlife (☎ 8951 8211).

Le Larapinta Trail. Lorsque ce chemin de randonnée sera entièrement aménagé, il offrira un parcours de 220 km jalonné de 13 étapes et comportant plusieurs degrés de difficulté. Tout au long de l'arête de la chaîne, il s'étendra d'Alice Springs Telegraph Station au Mt Razorback, au-delà de Glen Helen Gorge. A l'heure où nous écrivons ces lignes, les sections suivantes sont ouvertes :

Section 1 : d'Alice Springs Telegraph Station à Simpsons Gap (24 km)
Section 2 : de Simpsons Gap à Jay Creek (23 km)
Section 3 : de Jay Creek à Standley Chasm (14 km)
Section 8 : de Serpentine Gorge à Ochre Pits (18 km)
Section 9 : d'Ochre Pits à Ormiston Gorge (27 km)
Section 10 : d'Ormiston Gorge à Glen Helen (12,5 km)
Section 11 : de Glen Helen à Redbank Gorge (29 km)
Section 12 : de Redbank Gorge à Mt Sonder (16 km aller-retour)

A Alice Springs, le bureau de Parks & Wildlife, situé dans l'office du tourisme, propose les cartes détaillées de chaque section (1 $). Pour de plus amples renseignements, n'hésitez pas à les contacter (☎ 8951 8211).

La difficulté consiste à rejoindre le point de départ de ces divers parcours, car il n'existe aucun transport public dans cette région. Jim's Bush Tours (☎ 8953 1975) peut venir vous chercher ou vous déposer (tarif en fonction de la distance). Trek Larapinta (☎ 1800 803 174, charlie@treklarapinta.com.au) assure les transferts et l'approvisionnement dans le cadre d'excursions d'une journée (95 $) ou d'un jour et d'une nuit (160 $) et pour 2 jours/1 nuit (250 $). Cet opérateur propose aussi une randonnée de 3 jours/2 nuits au Mt Sonder (350 $).

TERRITOIRE DU NORD

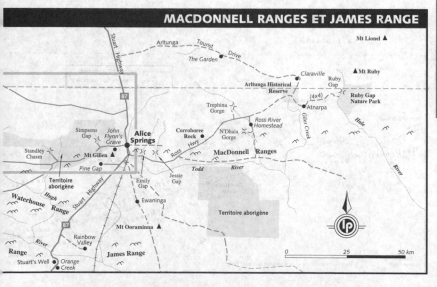

MACDONNELL RANGES ET JAMES RANGE

Simpsons Gap

En quittant Alice Springs par Larapinta Drive en direction de l'ouest, vous parvenez bientôt à l'**Alice Springs Desert Park** et à **la tombe de John Flynn**.

Simpsons Gap est à 22 km de là. Comme les autres gorges, c'est un exemple imposant de la force tranquille de la nature. Des wallabies fréquentent les amas chaotiques de rochers recouvrant les pentes de la vallée.

Standley Chasm

A 51 km d'Alice Springs, c'est sans doute la gorge la plus spectaculaire des environs de la ville. Le défilé est incroyablement étroit, et les parois presque verticales. Le soleil n'illumine le fond de la gorge que 15 minutes par jour, en fin de matinée. Standley Chasm retrouve son calme en début et en fin de journée. Il est situé en territoire aborigène (entrée 4 $).

Namatjira Drive

Peu après Standley Chasm, vous pouvez soit continuer sur Larapinta Drive, soit prendre Namatjira Drive au nord. Une nouvelle série de gorges et de défilés s'offrent au regard, vers l'ouest sur Namatjira Drive.

Ellery Creek Big Hole, à 93 km d'Alice Springs, possède un grand trou d'eau permanent, idéal pour un plongeon, avec un emplacement de camping à proximité. **Serpentine Gorge**, 13 km plus loin, est une gorge étroite avec un agréable trou d'eau à l'entrée.

A **Ochre Pits**, près de la route à 11 km à l'ouest de Serpentine, les Aborigènes venaient jadis chercher des pigments pour leurs peintures. Les ocres proviennent du calcaire coloré par de l'oxyde de fer.

La grande et sauvage **Ormiston Gorge** abrite également un trou d'eau et mène à la vallée enclavée de l'**Ormiston Pound**.

Deux kilomètres plus loin, un embranchement mène à **Glen Helen Gorge**, où la rivière Finke traverse les MacDonnell. Passé Glen Helen, la route gravillonnée conduit à **Redbank Gorge** et son trou d'eau permanent, à 161 km d'Alice Springs. C'est aussi dans cette région que se trouve le **Mt Sonder**.

Où se loger et se restaurer. Les MacDonnell occidentales n'offrent aucune possibilité d'hébergement, hormis quelques campings sommaires à Ellery Creek Big Hole, Ormiston Gorge et Redbank Gorge.

TERRITOIRE DU NORD

WEST MACDONNELL NATIONAL PARK

▲ Mt Zeil (1 531 m)

– – – – Larapinta Trail (ouvert)
· · · · · · Larapinta Trail (en projet)

▲ Mt Razorback
Section 13
Redbank Gorge
Vers Haasts Bluff
Section 12
▲ Mt Sonder (1 380 m)
Namatjira Drive
Davenport River
Section 11
Ormiston Gorge
▲ Mt Giles (1 389 m)
MacDonnell
Ranges
Section 10
Section 9
Tylers Pass
Glen Helen Gorge
Heavitree Range
Chewings
Serpentine Chalet (en ruine)
Serpentine Gorge
MacDonnell
Ochre Pits
Section 8
Section 7
Finke River
Tnorala (Gosse Bluff)
Vers Hermannsburg et Finke Gorge National Park
Ranges
Ellery Creek Big Hole

Les travaux de rénovation du **Glen Helen Homestead** (☎ 8956 7489), à Glen Helen Gorge, devraient être achevés à la parution de ce guide.

Larapinta Drive

En suivant Laparinta Drive au sud de Standley Chasm, vous traverserez d'abord la Hugh River et l'Ellery Creek avant d'atteindre l'embranchement pour **Wallace Rockhole**, à 17 km de la route principale et à 117 km d'Alice Springs. Il s'agit d'une communauté aborigène arrernte (☎ 8956 7993) qui propose des emplacements de tente pour 14 \$, de caravane pour 40 \$, et des bungalows pour 95 \$, ainsi que des visites des sites d'art rupestre (tous les jours sur demande pour 7 \$). L'alcool est formellement interdit.

En revenant sur Larapinta Drive et peu avant Hermannsburg se dresse le **Namatjira Monument**. Albert Namatjira fut, en 1957, le premier Aborigène à recevoir la nationalité australienne. Sa célébrité lui octroyait le droit d'acheter de l'alcool, alors que cela était interdit aux Aborigènes. En 1958, il fut emprisonné six mois pour avoir enfreint la loi en fournissant de l'alcool à des membres de sa famille. Il mourut l'année suivante, à l'âge de 57 ans (reportez-vous au cahier *Art aborigène*).

Hermannsburg

• code postal 0872   • 460 habitants

La communauté aborigène d'Hermannsburg se trouve à 8 km du monument à Namatjira. La **mission de Hermannsburg**, à 125 km d'Alice Springs, fut fondée par des missionnaires luthériens venus d'Allemagne au milieu du XIXe siècle. Beaucoup de bâtiments sont encore intacts et méritent d'être vus.

Bien que la bourgade soit située dans un territoire aborigène, il n'est pas nécessaire d'avoir un permis pour visiter la mission ou le magasin, ni pour la traverser. Le **Kata-Anga Tea Rooms** sert d'excellentes pâtisseries maison. Une petite boutique vend de l'essence (mais n'accepte pas de carte de crédit) et des vivres de base. Le personnel du salon de thé délivre les permis de circuler sur la Mereenie Loop Road.

Finke Gorge National Park

Après Hermannsburg, la piste de 4x4 suit la Finke River en direction du sud jusqu'au Finke Gorge National Park, à 12 km.

TERRITOIRE DU NORDM

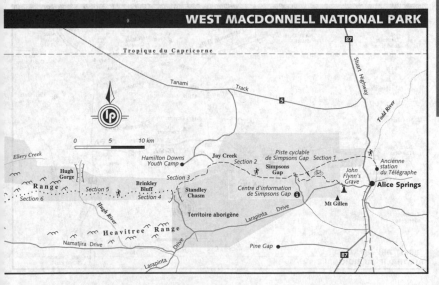

WEST MACDONNELL NATIONAL PARK

Ce parc abrite la **Palm Valley**, où pousse une variété de palmiers que l'on ne trouve que dans cette partie des MacDonnell, le palmier-chou (*Livistona mariae*) d'Australie centrale. Cette étrange oasis tropicale en plein centre aride est une excursion populaire.

La piste qui mène au parc traverse plusieurs fois le lit sablonneux de la Finke. Un 4x4 est indispensable pour s'y rendre en raison de la garde au sol nécessaire pour franchir les rochers qui affleurent sur la piste. Le parc possède un beau *camping* ombragé (12 $) avec douches et toilettes et plusieurs sentiers de randonnées balisés.

Mereenie Loop Road

Depuis Hermannsburg, prenez à l'ouest jusqu'à l'embranchement d'Areyonga (pas de visiteurs), puis suivez la Mereenie Loop Road jusqu'à Kings Canyon. Cette piste en terre est praticable par de robustes véhicules classiques et offre une excellente variante à l'Ernest Giles Road pour aller à Kings Canyon.

Pour emprunter la Mereenie Loop, qui traverse des terres aborigènes, il faut un permis du Central Land Council.

Avec le permis vous sont remises la brochure *Mereenie Tour Pass* (renseignements sur la culture aborigène locale) et une carte. L'office du tourisme d'Alice Springs, la station-service du Kings Canyon Resort et le Kata-Anga Tea Rooms de Hermannsburg délivrent sur-le-champ des autorisations.

Au sud vers Uluru

Sur la route d'Alice Springs à Uluru, certains détours ne manquent pas d'intérêt. L'est de Stuart Highway offre également certains points d'intérêt, mais un 4x4 est indispensable.

RAINBOW VALLEY NATURE PARK

Les sinistres falaises de granit de James Range sont la principale attraction de ce petit parc qui se trouve à 22 km de Stuart Highway, sur une piste non balisée pour 4x4, à 75 km au sud d'Alice Springs. Vous pourrez camper en apportant eau et bois.

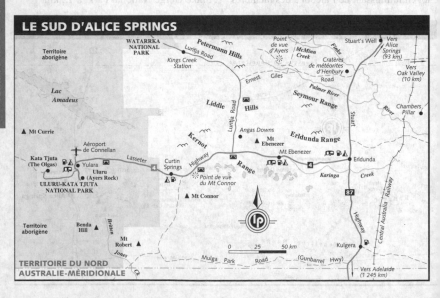

LE SUD D'ALICE SPRINGS

ERNEST GILES ROAD

Cette route part de Stuart Highway à 140 km au sud d'Alice Springs.

C'est le chemin le plus court, mais aussi le plus difficile, pour atteindre Kings Canyon. La route est souvent impraticable après de fortes pluies. Le tronçon entre la Luritja Road et Kings Canyon est goudronné.

Cratères de météorites de Henbury

A l'ouest de Stuart Highway et en suivant Ernest Giles Road sur quelques kilomètres, une piste poussiéreuse et cahoteuse mène à un groupe de 12 cratères insignifiants. Le plus important mesure 180 m de diamètre sur 15 m de profondeur. Du parking part un chemin, jalonné de panneaux explicatifs, qui fait le tour des cratères.

WATARRKA NATIONAL PARK

Après les cratères, la route continue vers l'ouest jusqu'au Watarrka (Kings Canyon) National Park.

Kings Canyon, à 323 km d'Alice Springs, est un défilé spectaculaire avec des attractions naturelles telles que le groupe d'affleurements en coupole et les luxuriants palmiers de l'étroite gorge appelée **Garden of Eden** (le jardin d'Eden). Les vues sont belles, et les chemins assez faciles.

Les parois du canyon s'élèvent à 100 m de haut, et le chemin de crête jusqu'au Garden of Eden offre des points de vue à couper le souffle. Il n'est pas recommandé aux personnes sujettes au vertige. Un poste de rangers (☎ 8956 7488) est installé à 22 km à l'est du canyon.

Le Giles Track longe la crête entre la gorge et Kathleen Springs, à 2,5 km du poste. Comptez 2 jours pour parcourir les 22 km. Vous devez prévenir les rangers.

Circuits organisés
Circuits culturels aborigènes. Lilla (☎ 8956 7909), qui appartient et est géré par des Aborigènes, offre quelques circuits au départ du Kings Canyon Resort, organisés à la demande.

La **King's Canyon Walk** s'effectue à pied sous la conduite d'un guide aborigène et dure 4 heures (départ à 7h ; renseignements à la réception).

Le **Willy-Wagtail Tour** permet de découvrir des peintures rupestres dans des grottes et vous initie aux traditions des Luritja (durée : 2 heures ; départs tous les jours à 9h, 11h et 16h ; 28/20 $ par adulte/enfant).

Des hélicoptères décollent du complexe touristique de Kings Canyon. Le circuit dure 15 minutes. Vous pouvez aussi vous adresser à la Kings Creek Station (voir ci-dessous), qui propose des vols de 35 minutes à 140 $.

Circuits dans le canyon. AAT-King's (☎ 8952 1700) organise tous les jours à 7h une randonnée pédestre guidée au bord du canyon (35/18 $).

Où se loger et se restaurer
L'hébergement le plus proche est le ***Kings Canyon Resort*** (☎ *1800 089 622, salesint@ ayersrock.aust.com*), à 6 km du canyon. Il dispose d'emplacements de camping à 20 $ (25 $ avec électricité), de lits en dortoir à 4 au prix élevé de 35 $ par personne (138 $ en double), et de logements plus luxueux, style motel, à 280 $. Il est équipé d'une piscine, d'un café, d'un restaurant et d'une boutique. Il pourra vous vendre de l'essence (chère).

A l'est du parc et à environ 35 km du canyon, le ***Kings Creek Station Camping Ground*** (☎ *8956 7474*), Ernest Giles Road, est simple, mais très accueillant et planté d'énormes chênes du désert (emplacement à 8 $ par personne, plus 1 $ pour l'électricité). Ouverte toute la semaine, la boutique fournit essence, glace et quelques denrées.

Uluru-Kata Tjuta National Park

ULURU (AYERS ROCK)

C'est un site mondialement connu. Ce monolithe de 3,6 km de long surgit à 348 m au-dessus du plateau de sable plat comme l'horizon qui l'entoure. Cette proéminence ne représente, croit-on, qu'un tiers de la totalité du rocher, le reste se trouvant sous la

Les communautés "sèches"

N'oubliez pas que l'alcool (grog) constitue un problème pour certains Mutitjulu établis près d'Uluru. En effet, cette communauté est dite "sèche" (dry community). A la demande de ses dirigeants, les débits de boissons de Yulara ne vendent pas d'alcool aux Aborigènes. Certains d'entre eux vous approcheront peut-être à Yulara pour vous demander de leur acheter du grog. Leurs chefs vous demandent instamment de ne pas le faire.

surface de la terre. Sa couleur change selon son exposition au soleil, passant par toute une gamme de rouges de plus en plus dégradés avant de virer au gris au crépuscule. Le même phénomène se produit à l'aube, mais les spectateurs sont moins nombreux !

Ce puissant rocher a bien plus à offrir que ses couleurs changeantes. Toute cette région a une profonde signification culturelle pour les Aborigènes Anangu et leur permet de plonger dans leur histoire. Les Anangu la connaissent sous le nom d'Uluru. Ce nom désigne aujourd'hui le rocher et le parc national qui l'entoure.

Le parc national appartient aux Aborigènes, qui le louent au Parks Australia (l'organisme fédéral d'administration du parc). Les Aborigènes et ce dernier administrent conjointement le parc.

Les promenades et activités en tous genres ne manquent pas dans les environs d'Uluru et autour du bourg de Yulara. Cela mérite vraiment d'y passer quelques jours.

Renseignements
Le magnifique Uluru-Kata Tjuta National Park Cultural Centre (☎ 8956 3138) se trouve à 1 km du rocher sur la route de Yulara. Il est ouvert de 7h à 17h30 l'hiver (jusqu'à 18h l'été). Il mérite qu'on lui consacre au moins une heure, et plus si possible, avant d'entamer la visite du parc lui-même.

Ce centre compte deux principales aires d'exposition : l'aire Tjukurpa expose de l'art anangu et tjukurpa, tandis que l'aire

Nintiringkupai s'attache plutôt à l'histoire et à la gestion du parc national. Toutes deux proposent des informations en plusieurs langues.

Il abrite également la boutique Maruku Art & Crafts (ouverte de 8h à 17h30), dont les propriétaires aborigènes ont voulu permettre aux visiteurs d'admirer des artistes à l'œuvre ainsi que des spectacles de danse. Tous les objets en vente proviennent du désert environnant, et la plupart sont munis d'un certificat d'authenticité. C'est l'un des endroits les moins chers du Centre pour acheter des souvenirs (sculptures, etc.), et les artistes vendent directement.

L'Ininti Store, aussi tenu par des Aborigènes, propose des T-shirts et d'autres souvenirs d'étonnamment bon goût, ainsi que des en-cas, des livres et des vidéocassettes (ouvert de 7h à 17h30).

Le Cultural Centre possède une aire de pique-nique équipée de barbecues à gaz gratuits. Son guichet Anangu Tours (☎ 8956 2123) peut réserver pour vous des excursions dans le parc avec un guide aborigène.

Vous trouverez un autre centre d'information efficace à Yulara, ouvert tous les jours de 8h à 21h (voir plus loin *Yulara*).

L'entrée dans le parc, valable 5 jours, coûte 15 $ (gratuite pour les moins de 16 ans). Les permis peuvent être obtenus au centre d'accueil de Yulara ou à la barrière d'entrée, sur la route entre Yulara et Uluru.

Le parc est ouvert tous les jours, une demi-heure avant le lever du soleil jusqu'à une demi-heure après son coucher.

Circuits culturels aborigènes
Anangu Tours (☎ 8956 2123) appartient et est exploité par des Anangu appartenant à la communauté Mutitjulu. Cet opérateur possède un guichet au Cultural Centre situé dans le parc même (voir *Circuits organisés* à la rubrique *Yulara*).

Promenades autour d'Uluru
Plusieurs chemins parcourent Uluru, et des visites guidées sont axées sur la faune, la flore, la géologie et la mythologie de l'endroit. Tous les chemins sont plats et accessibles en fauteuil roulant.

Tour du rocher (10 km). Si vous prenez le temps d'admirer tranquillement les grottes et les peintures rupestres en chemin, vous n'aurez pas trop de 5 heures pour faire le tour du rocher et préférerez certainement effectuer la promenade par vous-même.

Le poste de rangers fournit des brochures détaillées (1 $) sur les promenades de Mala et de Kuniya.

Plusieurs sites aborigènes sacrés sont situés près de la base d'Uluru. Ils sont signalés et entourés de barrières ; y pénétrer constitue une grave infraction, non seulement pour les non-Aborigènes mais aussi pour certains Aborigènes non initiés.

Mala Walk (2 km aller-retour). La promenade de Mala part du même endroit que pour l'ascension du rocher et ne dure pas plus d'1 heure 30, même en prenant son temps.

La *tjukurpa* (loi traditionnelle) des Mala (clan du wallaby-lièvre) a une grande importance pour les Anangu. Vous pouvez faire cette promenade seul ou avec un groupe (départs à 10h depuis le parking de Mala, à 8 h d'octobre à avril).

Mutitjulu Walk (1 km aller-retour). Mutitjulu est un trou d'eau permanent situé au sud d'Uluru. La tjukurpa raconte la dispute entre deux ancêtres serpents, Kuniya et Liru (voir l'encadré *Le Serpent Arc-en-Ciel*). Ce point d'eau est à courte distance du parking du côté sud.

Ascension d'Uluru

Soyez prudent, de nombreuses personnes y ont laissé leur vie en raison d'une crise cardiaque ou d'une chute fatale. Évitez de faire l'ascension en pleine chaleur pendant l'été. Un téléphone d'urgence est situé sur le parking au pied du rocher et un autre au sommet de la chaîne, à mi-trajet.

L'ascension est interdite de 10h à 16h, les jours où la météo annonce une température dépassant 38°C.

Comptez 2 heures aller-retour pour cette ascension d'1,6 km, avec repos au sommet. La première partie de l'ascension est la plus éprouvante, et il y a souvent beaucoup de vent au sommet.

Les monts Olgas sont un groupe de rochers plus petits et arrondis, à 30 km à l'ouest d'Uluru. Bien que moins connus,

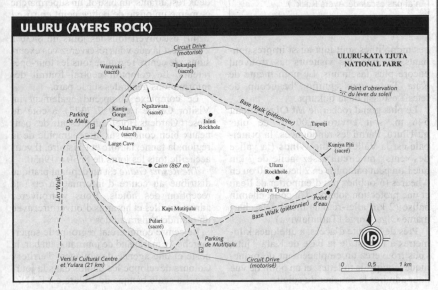

ULURU (AYERS ROCK)

ULURU-KATA TJUTA NATIONAL PARK

Circuit Drive (motorisé)

Warayuki (sacré)

Tjukatjapi (sacré)

Point d'observation du lever du soleil

Base Walk (piétonnier)

Kantju Gorge

Ngaltawata (sacré)

Parking de Mala

Mala Puta (sacré)

Large Cave

Ininti Rockhole

Taputji

Cairn (867 m)

Uluru Rockhole

Kuniya Piti (sacré)

Liru Walk

Kalaya Tjunta

Point d'eau

Kapi Mutitjulu

Base Walk (piétonnier)

Pulari (sacré)

Parking de Mutitjulu

Vers le Cultural Centre et Yulara (21 km)

Circuit Drive (motorisé)

0   0,5   1 km

Gravir ou non Uluru

Pendant des années, on a classé l'ascension d'Uluru parmi les expériences à ne pas manquer pour qui se rendait dans le centre de l'Australie. Pourtant, escalader le rocher va à l'encontre des croyances ancestrales des Aborigènes, et les Anangu préféreraient grandement que vous vous en absteniez. En effet, l'itinéraire emprunté par les visiteurs est étroitement associé à la Mala Tjukurpa (la loi tribale). En outre, les Anangu se sentent responsables de tout individu se trouvant sur le rocher et sont très affligés lorsqu'un de leurs hôtes se blesse ou meurt sur le site.

Sachez aussi qu'ils surnomment les grimpeurs *the Minga Mob* (le troupeau de minga). Dès que l'on sait que minga signifie fourmi, il suffit d'observer le rocher de loin pour saisir la plaisanterie...

Cela dit, bien qu'Uluru attire chaque année un peu plus de visiteurs, le nombre de ceux qui gravissent le rocher va décroissant... à l'inverse des chiffres de vente des T-shirts idéologiquement corrects annonçant : "I Didn't Climb Ayers Rock" ("Je n'ai pas escaladé Ayers Rock").

---

ces monolithes sont tout aussi impressionnants, et bien des visiteurs les trouvent encore plus fascinants. Le nom même de Kata Tjuta, qui signifie "beaucoup de têtes", est issu de la tjukurpa.

Le plus grand rocher, le **Mt Olga**, atteint 546 m, soit environ 200 m de plus qu'Uluru. Parmi les randonnées, la principale est la **Valley of the Winds** (la vallée des vents), un circuit assez facile de 7 km que l'on peut parcourir en 2 heures 30 ou en 4 heures (n'oubliez pas d'emporter de l'eau et une protection solaire). Un court chemin balisé (2 km aller-retour) mène à la charmante Olga Gorge (Tatintjawiya).

Près de la route d'accès, à quelques kilomètres à l'ouest de la base de Kata Tjuta, vous trouverez un emplacement de pique-nique, équipé de toilettes, et un point de vue pour admirer le coucher du soleil.

YULARA
• code postal 0872 • 2 080 habitants

C'est le village du parc national, et il a fait d'une des régions les moins hospitalières du monde un endroit confortable pour les visiteurs. Ce complexe se trouve juste en bordure du parc national, à 20 km d'Uluru et à 53 km de Kata Tjuta. Il est administré par l'Ayers Rock Corporation du gouvernement du Territoire du Nord. C'est un excellent point de base pour explorer les sites de la région. Ouvert en 1984, le village abrite les seules possibilités d'hébergement, de restauration et autres services de la région. L'Ayers Rock Resort, qui fait partie du village, combine futurisme et habitations en terre tout à fait intégrés dans ce paysage de dunes.

Orientation et renseignements

Aucun point du village ne se trouve à plus d'un quart d'heure de marche : centre d'information pour les visiteurs, banque, poste, station-service, marchand de journaux, centre médical du Royal Flying Doctor Service, galerie d'artisanat, emplacements de camping, auberges pour petits budgets, quatre hôtels, des appartements à louer, deux restaurants, un bistrot, un supermarché et même un poste de police peint en rose !

Le Tour & Information Centre (☎ 8956 2240) est ouvert tous les jours de 8h30 à 21h. C'est là que vous réserverez vos excursions : le centre regroupe tous les tour-opérateurs. Le comptoir central fournit des informations générales sur le parc.

Le complexe comprend également un Visitor Centre (☎ 8957 7377), à côté du Desert Gardens Hotel, qui présente des panneaux bien conçus sur la géographie de la région, la faune, la flore et l'histoire. Il vous accueille tous les jours de 8h30 à 19h30.

The Resort Guide est un dépliant pratique distribué au centre d'information et à la réception des hôtels. Vous y trouverez adresses utiles et horaires d'ouverture, avec un plan de Yulara au dos.

Le centre commercial regroupe le supermarché, le marchand de journaux, un bar, la poste et une agence de voyages. Territory Colours développe les photos dans la journée. La seule banque de Yulara est l'ANZ, mais vous pouvez aussi utiliser le système électronique de transfert de fonds (EFT-POS) du pub et de la station service Mobil.

La garderie d'enfants du village accepte les enfants de 3 mois à 8 ans. Elle est ouverte tous les jours de 8h à 17h30 (18,50 $ la demi-journée, 40 $ la journée ; réservation ☎ 8956 2097).

Activités

Dans le centre, un certain nombre d'activités sont organisées par les rangers ou par le centre même.

Tous les soirs, le **Night Sky Show** vous fait découvrir les légendes locales liées à l'astrologie, au moyen de télescopes et de jumelles (par temps nuageux, des diapositives sont projetées). Le voyage dans les étoiles dure 1h30 et débute à 20h30, 21h30 ou 22h15. Réservez impérativement au ☎ 1800 803 174. Le tarif s'élève à 25 $ (cnfants 18 $) et comprend la navette jusqu'à votre lieu d'hébergement.

Dans sa succursale de Yulara, **Frontier Camel Tours** (☎ 8956 2444) possède un petit musée et des promenades à dos de dromadaire. Les excursions les plus populaires sont la "Camel to Sunrise", un circuit de 2 heures avec balade dans les dunes avant le lever du soleil, thé autour d'un feu de camp (le billy tea) et miniconférence sur votre monture (68 $ avec supplément de 9,50 $ pour un panier-petit déjeuner) et son équivalent au coucher du soleil (tarif identique). L'excursion à l'aube peut être combinée avec le tour d'Ayers Rock (100/83 $ par adulte/enfant) et celle du crépuscule avec un barbecue et un Night Sky Show (100/95 $).

Vols aériens.

Bien que le bruit incessant des petits avions et des hélicoptères puisse gêner ceux qui sont à terre, c'est une aventure inoubliable pour ceux qui sont dans les airs. Trois sociétés organisent ces vols et viennent vous chercher sur votre lieu d'hébergement. Rockayer (☎ 8956 2345) demande 69 $ (57 $ pour les enfants de 4 à 14 ans) pour un vol de 30 minutes au-dessus du rocher et de Kata Tjuta. Comptez 190/160 $ pour survoler Lake Amadeus et Kings Canyon (110 minutes).

Ayers Rock Helicopters (☎ 8956 2077) et Professional Helicopter Services (PHS, ☎ 8956 2003) facturent 70 $ le survol d'Uluru (15 minutes) et 150 $ le survol d'Uluru et de Kata Tjuta (30 minutes).

Il n'y a pas de réduction pour les enfants sur les vols en hélicoptère, ce qui rend cette attraction très onéreuse pour les familles.

Circuits organisés

Tous les opérateurs possèdent un guichet au Tour & Information Centre de Yulara (☎ 8956 2240), ouvert de 8h30 à 21h. Si vous n'avez pas eu l'occasion de réserver un circuit depuis Alice Springs (voir plus loin *Au départ d'Alice Springs*), vous devrez vous contenter de ce qui est proposé sur place.

Uluru Experience. Cette agence (☎ 1800 803 174) offre plusieurs prestations. L'Uluru Walk comprend le tour de la base du rocher en 5 heures de marche et le petit déjeuner (69 $, 54 $ pour les enfants).

Le Spirit of Uluru prévoit un trajet de 4 heures (dont une partie en voiture) autour du rocher pour le même prix. Il comprend également le petit déjeuner.

L'Olgas & Dunes Tour propose une randonnée à Olga Gorge et un coucher de soleil sur les Olgas pour 51 $ (41 $).

L'Uluru Experience Pass vous permet de choisir deux de ces formules et comprend le petit déjeuner, pour 107 $ (83 $). Il vous donne également droit à une réduction sur le Night Sky Show.

AAT-King's. Pour vous épargner un itinéraire par trop rigide, AAT-King's (☎ 1800 334 009) propose un choix d'options fonctionnant toutes au jour le jour. Renseignez-vous sur les horaires de départ auprès du centre d'information de Yulara.

Le "Rock Pass", qui comprend une randonnée autour du rocher, un coucher de soleil, une ascension, un lever de soleil, une visite du Cultural Centre et un circuit à Kata Tjuta (Olga Gorge seulement), coûte 154/77 $ par adulte/enfant. Il est valable 3 jours et comprend le droit d'entrée dans le parc national (15 $).

TERRITOIRE DU NORD

Si vous ne souhaitez pas gravir le rocher, optez pour l'Explorer Pass de 24 heures, qui coûte 119/60 $ et donne accès à la Valley of the Winds (dans les Olgas).

Vous pouvez panacher différemment ces activités et n'en choisir qu'une seule : tour du rocher (37/19 $), randonnée au lever du soleil (34/17 $), ascension (34/17 $), coucher de soleil (24/12 $), tour du rocher et coucher de soleil (52/26 $), lever du soleil et ascension (57/29 $), ascension et tour du rocher (62/31 $), lever du soleil et tour du rocher (57/29 $), lever du soleil, ascension et tour du rocher (76/38 $) ou coucher de soleil sur les Olgas et Uluru (54/41 $). Ces prix ne comprennent pas le droit d'entrée dans le parc.

L'Uluru Breakfast Tour constitue une autre solution : après un petit déjeuner au Cultural Centre, on rejoint le circuit culturel aborigène d'Anangu Tours (81/41 $).

Pour admirer les Olgas, essayez le Morning Valley of the Winds Tour (65/33 $) ou la formule cumulant la randonnée à pied Valley of the Winds Walk (3 heures) et un barbecue détendu face aux feux du couchant (96/48 $). Pour un coucher de soleil sur les Olgas et sur Uluru, comptez 64/32 $.

Holiday AKT. Voici une autre compagnie installée à Yulara. Holiday AKT (☎ 8947 3900, akt@world.net) propose un Touring Pass de 2 jours comprenant un circuit d'une demi-journée dans les Olgas, un coucher de soleil sur Uluru, une ascension au lever du soleil et tour du rocher pour 124/100 $.

Anangu Tours. Créée et gérée par des Anangu de la communauté de Mutitjulu, cette agence (☎ 8956 2123, lbanangu@ bigpond.com) dispose d'un bureau au sein du centre culturel du parc. Elle organise aussi des transferts à partir de Yulara. Encadrés par un guide anangu et un interprète, les circuits sont une occasion unique de rencontrer les Aborigènes et de parler avec eux.

L'Aboriginal Uluru Tour fonctionne tous les jours, coûte 78/63 $ et dure environ 4 heures 30. Après avoir contemplé le lever du soleil sur Uluru, vous prendrez un petit

déjeuner au restaurant, puis effectuerez le tour du rocher. Suivront une présentation de la culture et de la loi aborigènes, de la vie dans le bush ainsi qu'une démonstration du maniement des lances.

Le Kuniya Sunset Tour (65/49 $), qui part à 14h30 (15h30 d'octobre à mars), vous fera visiter le Mutitjulu Waterhole et le Cultural Centre avant de vous emmener admirer le soleil couchant. Vous pouvez combiner ces deux tours sur 2 jours grâce à l'Anangu Culture Pass, qui coûte 120/95 $.

Il existe aussi des formules de découverte libre à 39/20 $. Vous pourrez rejoindre un guide aborigène à 8h30 (7h30 l'été) pour la randonnée du matin ou à 15h (16h) pour le Kuniya Sunset Tour.

Il est indispensable de réserver toutes ces excursions.

Au départ d'Alice Springs. Les tarifs des circuits tout compris à destination d'Uluru débutent à 300 $ au minimum (la moyenne se situant autour de 330 $) pour 3 jours, et incluent la visite de Kings Canyon. Ceux de Sahara Tours (☎ 8953 0881, sahara@saharatours.com.au) et de Northern Territory Adventure Tours (☎ 89814255, nttours@adventuretours. com.au) sont parmi les moins chers.

En règle générale, les circuits qui prévoient un hébergement autre qu'un camping sont beaucoup plus chers.

Les forfaits de Greyhound Pioneer et de McCafferty's offrent un bon rapport qualité/prix, car ils donnent droit à l'aller-retour à Yulara et à diverses options à Uluru. Ils ne comprennent en revanche pas l'entrée au parc (voir plus loin *Comment s'y rendre*).

Où se loger

Compte tenu de la popularité de Yulara, il est prudent de réserver, surtout à la période des vacances scolaires.

A l'exception du camping, les hébergements doivent être réservés au Central Reservation Centre de Sydney (☎ 1800 089 622).

Ajoutez la taxe de 5% prélevée sur chaque lit dans le Territoire du Nord.

TERRITOIRE DU NORD

Petits budgets. "Bon marché" est une notion très relative à Yulara, et les campings comme les dortoirs sont les plus chers de tout le Territoire. Le camping lui-même est correct, mais ses équipements sont plutôt fatigués.

L'*Ayers Rock Resort Camp Ground* (☎ 8956 2055) vous facturera 22/26 $ pour 2 sur un emplacement sans/avec électricité.

Si vous ne possédez pas de tente, Elke's Backpackers Resort, à Alice Springs, peut vous en louer (6/9 $/jour pour une tente à 2/3 places), et, si vous ne repassez pas par Alice, le conducteur du bus Greyhound se chargera de la rapporter moyennant 5 $.

Vous pourrez profiter de la piscine et des barbecues gratuits.

Le camping est équipé de téléphones et d'une buanderie. Les voyageurs à mobilité réduite y accèdent sans difficulté.

Dans la catégorie petit budget, citons également l'*Outback Pioneer Hotel & Lodge* (☎ 8956 2170), de l'autre côté des dunes face au centre commercial, qui loue des lits dans des dortoirs non mixtes de 20 lits à 27 $ (21 $ pour les membres de la YHA la 1re nuit, 20 $ la 2e et 18 $ à partir de la 3e). La cuisine commune mériterait d'être modernisée. Les consignes à bagages coûtent 1 $, et la literie est fournie contre un dépôt de garantie de 10 $.

L'établissement possède aussi des chambres à 4 lits dans des bungalows à 30 $/personne (27 $ pour les membres de la YHA et 26/24 $ pour les 2e/3e nuits).

Bungalows. Le *camping* dispose de bungalows pouvant accueillir 6 personnes pour 126 $/nuit, draps et accès à la cuisine compris, mais avec s.d.b. commune. Ils sont réservés longtemps à l'avance durant les frais mois d'été.

A côté, près du centre commercial, le *Spinifex Lodge* (☎ 8956 2131) abrite 68 logements à une chambre pouvant accueillir de 2 à 4 personnes (129 $ pour deux). Ces chambres équipées de réfrigérateur, TV et four à micro-ondes offrent un bon rapport qualité/prix, même si les s.d.b. sont communes. Une buanderie est mise à votre disposition.

Appartements. Le meilleur choix, surtout pour les familles, sont sans doute les *Emu Walk Apartments* (☎ 8956 2100) qui proposent des appartements à une/deux chambres pour 4/8 personnes. Ils comportent un salon avec TV, une cuisine équipée et une buanderie commune. Ils sont très bien situés, juste entre le centre d'information et le centre commercial. Les petits appartements se louent 299 $ et les grands 371 $.

Hôtels. L'établissement le plus cher du complexe Outback Pioneer s'appelle l'*Outback Pioneer Hotel & Lodge* et facture la simple/double avec s.d.b. à 288 $.

A l'autre extrémité de Yulara, le *Desert Gardens Hotel* (☎ 8956 2100) propose 100 chambres avec TV, téléphone, minibar et service d'étage pour 322 $ la simple/double standard et 378 $ avec vue sur Uluru. L'hôtel dispose d'une piscine et d'un restaurant.

Plus luxueux encore, le *Sails in the Desert Hotel* (☎ 8956 2200) offre tous les services que l'on peut attendre d'un cinq étoiles : diffusion de films par circuit vidéo interne, service d'étage 24h/24, Spa, court de tennis et galerie d'art. Les tarifs de haute saison démarrent à 402 $ la double, grimpant à 485 $ avec vue sur Uluru et à 709 $ pour une suite.

Où sortir

Tous les hôtels possèdent au moins un bar. Le *BBQ Bar* de l'Outback Pioneer's n'exige aucun effort vestimentaire particulier. Cet établissement, qui organise des concerts tous les soirs, est un bon endroit pour rencontrer d'autres voyageurs.

Comment s'y rendre

Avion. L'aéroport Connellan est à 5 km de Yulara. Vous pouvez rejoindre Uluru depuis de nombreux endroits, dont Alice Springs. Ansett assure deux vols par jour (45 minutes, 205 $) d'Alice à Ayers Rock.

Les vols directs pour Yulara sont généralement plus économiques. Par exemple, si vous voulez aller d'Adelaide à Uluru, il est plus intéressant de prendre un billet Adelaide-Uluru-Alice Springs plutôt qu'un billet Adelaide-Alice Springs-Uluru. Il est

TERRITOIRE DU NORD

possible d'aller de Yulara à Perth (547 $ l'aller simple), Adelaide (585 $), Cairns (537 $), Sydney (576 $) et Darwin (549 $) avec Qantas ou Ansett.

Bus. McCafferty's dessert Uluru les dimanche, mardi, jeudi et vendredi, avec un changement à Erldunda, à l'embranchement de la Stuart Highway. Le trajet de 441 km prend environ 5 heures 30.

L'aller-simple Alice Springs-Yulara avec McCafferty's coûte 55 $; avec Greyhound Pioneer, vous débourserez 59 $.

Il existe également des liaisons entre Adelaide et Uluru, avec changement à Erldunda. Le voyage Adelaide-Yulara (1 720 km) prend environ 22 heures et coûte 135 $.

Forfaits pour les bus. McCafferty's propose le forfait Rock Pass, valable trois jours, qui comprend les transferts depuis/vers Alice Springs et la participation aux circuits AAT-Kings suivants : tour de la base d'Uluru avec guide, coucher de soleil sur Kata Tjuta, escalade du rocher (déconseillée), lever et coucher de soleil sur Uluru. Ce forfait coûte 148 $ et ne comprend ni l'entrée du parc ni l'hébergement.

Pour en bénéficier, vous devrez obligatoirement passer 2 nuits sur place (à vos frais). Une variante à 219 $ englobe trois des circuits d'AAT-King's, plus la visite de Kings Canyon avant de vous conduire à Alice Springs, sans condition de durée.

Greyhound Pioneer propose des formules similaires. Si vous possédez déjà un forfait Greyhound Pioneer vous permettant de vous rendre à Yulara, vous pourrez effectuer les deux excursions d'une demi-journée sans supplément.

Voiture. Louer une voiture pour effectuer l'aller-retour Alice Springs-Uluru peut se révéler assez onéreux. Faites l'addition : de 70 à 100 $/jour de location avec seulement 100 km gratuits par jour et 25 c/km au-delà.

Certains loueurs proposent des allers simples Yulara-Alice Springs. Chez Hertz, par exemple, il vous en coûtera 195 $ pour 2 jours avec 700 km gratuits et 295 $ pour

3 jours et 1 000 km gratuits. Méfiez-vous toutefois des suppléments tels que l'assurance, mais dès lors que vous êtes quatre, cette solution se révélera plus avantageuse que le bus.

L'agence Territory Thrifty Car Rental d'Alice Springs propose une formule plus réaliste avec 300 km/jour et de toutes petites voitures pour 70 $/jour. En tenant compte du coût de l'assurance et du carburant, prévoyez de dépenser environ 400 $ pour une excursion de 3 jours et de 1 000 km (un minimum).

La route d'Alice à Yulara est goudronnée. Vous trouverez du carburant et de quoi vous restaurer en chemin. Yulara est à 441 km d'Alice, à 241 km à l'ouest d'Erldunda sur Stuart Highway et le voyage dure environ 6 ou 7 heures.

Les grands loueurs, Hertz (☎ 8956 2244), Avis (☎ 8956 2266) et Territory Thrifty Car Rental (☎ 8956 2030) possèdent tous des bureaux à Yulara.

Comment circuler

Bien qu'assez étendu, le village peut se parcourir à pied. Une navette gratuite dessert les lieux d'hébergement. Elle fonctionne quotidiennement, toutes les 15 minutes, de 10h30 à 14h30 et de 18h30 à 12h30 le lendemain.

De petits chemins de randonnée traversent les dunes jusqu'aux points d'observation, d'où l'on découvre le village et ses environs.

La navette gratuite d'AAT-Kings transporte les passagers de tous les vols jusqu'à leur logement.

Depuis/vers le parc national. Plusieurs options s'offrent aux voyageurs désireux de se rendre de Yulara à Uluru ou à Kata Tjuta, dans le parc national. Les billets autorisent un arrêt au Cultural Centre, mais ne comprennent pas l'entrée au parc.

Sunworth (☎ 8956 2152) fait la navette Yulara-Uluru et retour (20 $/personne, 15 $ pour le coucher de soleil, 25 $ pour le lever de soleil). Les allers-retours à Kata Tjuta coûtent 35/40 $ le matin/après-midi.

Queensland

Le Queensland est par excellence l'État des vacances. Que l'on aime les néons clinquants de Surfers Paradise, les immenses plages désertes, les îles et les sites de plongée de la Grande Barrière de Corail, les randonnées dans la forêt tropicale, les campagnes presque désertes de l'intérieur du pays ou les parcs nationaux sauvages et reculés, on est certain d'y trouver son bonheur. Brisbane, la capitale de l'État, est une ville très animée. Au nord, Cairns est un lieu de passage où convergent les voyageurs qui en font leur base pour toutes sortes d'activités et d'excursions. Entre Brisbane et Cairns s'égrène un long chapelet de villes et d'îles où l'on peut s'adonner à toutes les activités nautiques imaginables. L'arrière-pays renferme plusieurs parcs nationaux. La ville la plus éloignée est Birdsville, sur la célèbre piste Birdsville Track, à l'extrémité sud-ouest de l'État.

Au nord de Cairns, la péninsule de Cape York reste un endroit sauvage où l'homme se retrouve face à la nature et à lui-même. Vous aurez un avant-goût de la région à Cooktown, qui fut la première colonie britannique d'Australie et une turbulente cité de la ruée vers l'or. Les verdoyants plateaux de l'arrière-pays de Cairns, l'Atherton Tableland, regorgent de cascades et de sites de toute beauté. Plus à l'intérieur, sur la route principale qui traverse le Queensland en direction du Territoire du Nord, Mt Isa est une ville minière de l'Outback et, au sud-est, Longreach abrite le Stockman Hall of Fame, à la gloire des éleveurs.

Le Queensland fut, à partir de 1824, une colonie pénitentiaire. Puis, comme ailleurs en Australie, les colons libres affluèrent et la région devint, en 1859, une colonie indépendante de la Nouvelle-Galles du Sud. Les premiers colons blancs s'emparèrent d'immenses territoires en dépit d'une résistance aborigène farouche. Pendant la plus grande partie du XIXe siècle, ce qui ressemblait fort à une guérilla se déroula aux frontières de l'avancée coloniale.

A ne pas manquer

Population : 3 460 000 habitants
Superficie : 1 727 000 km^2
Indicatif téléphonique : 07

- Les joies de la plongée dans les eaux incomparables de la Grande Barrière de Corail

- Un périple en 4x4 autour de la magnifique Fraser Island

- Une croisière aux Whitsunday Islands

- La tournée des hauts lieux de la vie nocturne de Cairns, Surfers Paradise et Brisbane

- L'observation des baleines à Hervey Bay, et la recherche de l'ornithorynque à l'état sauvage dans l'Eungella National Park

Traditionnellement, l'agriculture et les mines forment l'ossature de l'économie du Queensland qui recèle une part substantielle des richesses minérales de l'Australie. Progressivement, le tourisme, soutenu par l'apport de capitaux, s'impose comme la première source de revenus de l'État.

LE QUEENSLAND

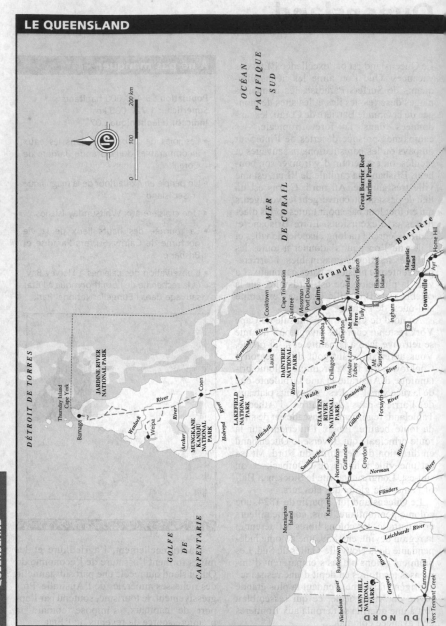

OCÉAN
PACIFIQUE
SUD

MER
DE
CORAIL

Great Barrier Reef
Marine Park

Grande   Barrière

Home Hill

Magnetic
Island

Ayr

Hinchinbrook
Island

Townsville

Ingham

Mission Beach

Innisfail

Tully

Mt Bartle
Frère

Cairns

Port Douglas

Mossman

Atherton

Mareeba

Daintree

Cape Tribulation

Chillagoe

Cooktown

Mt
Surprise

Undara Lava
Tubes

Einasleigh

River

Forsayth

River

DAINTREE
NATIONAL
PARK

Laura

Walsh   River

River

Normanby   River

STAATEN
RIVER
NATIONAL
PARK

Gilbert

Mitchell

LAKEFIELD
NATIONAL
PARK

River

Coen

Croydon

Gulflander

Normanton

Norman

River

Smithburne

Flinders

MUNGKANE
KANJU
NATIONAL
PARK

Archer   River

Holroyd   River

JARDINE
RIVER
NATIONAL
PARK

Wenlock   River

Weipa

River

Leichhardt   River

DÉTROIT DE TORRES

Thursday Island
Cape York

Bamaga

GOLFE
DE
CARPENTARIE

Mornington
Island

Karumba

Burketown

Gregory   River

LAWN HILL
NATIONAL
PARK

Nicholson   River

Camooweal

Vers Tennant Creek

DU NORD

0   100   200 km

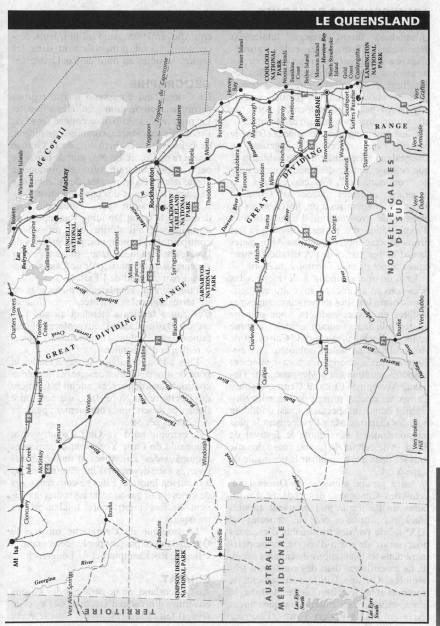

LE QUEENSLAND

ABORIGÈNES ET CANAQUES

A la fin du XIXᵉ siècle, les Aborigènes du Queensland furent presque totalement dépossédés de leurs terres, et les autorités blanches établirent des réserves pour les survivants. Dans certaines d'entre elles, les Aborigènes pouvaient vivre en autarcie. D'autres étaient déchirées par des conflits provoqués par le regroupement forcé de clans d'origine et de culture différentes.

C'est seulement dans les années 80 que le contrôle des réserves aborigènes du Queensland a été confié à leurs habitants et que celles-ci ont été désignées sous le nom de "communautés". Ces concessions à la propriété, appelées "Deeds of Grant in Trust", sont soumises à un droit d'accès en matière de prospection, d'exploration et d'exploitation des mines. On est loin des droits fonciers obtenus par les Aborigènes dans d'autres parties de l'Australie, comme par exemple dans le Territoire du Nord.

Le tourisme a conduit à développer les occasions d'approcher la culture aborigène : outre les sites de peintures rupestres visibles en divers endroits, vous pourrez visiter plusieurs communautés, comme celles de Yarrabah, au sud de Cairns, et de Hopevale, au nord de Cooktown. Des circuits culturels aborigènes sont également proposés, notamment à Mossman. Au Tjapukai Aboriginal Cultural Centre, établi à Cairns, un célèbre groupe de danseurs aborigènes donne un spectacle quasi quotidien pour les touristes. Mais l'événement le plus passionnant est sans doute le festival de danse et de culture de Laura, qui se déroule tous les deux ans en juin sur la péninsule de Cape York.

Autre groupe ethnique du Queensland, celui des Canaques, descendants d'insulaires du Pacifique Sud. Souvent appelés *blackbirds*, ceux-ci ont été déportés au XIXᵉ siècle par des trafiquants d'esclaves pour servir de main-d'œuvre, principalement dans les plantations de canne à sucre, où ils travaillaient dans des conditions très pénibles. On appelait le recrutement, le transport et la "livraison" de ces hommes le *blackbirding*. Les premiers Canaques furent livrés en 1863 à Robert Towns, l'homme dont l'argent faisait vivre Townsville. 600 000 autres suivirent, jusqu'à l'arrêt de ce trafic, en 1905. Aujourd'hui, leurs descendants vivent principalement dans les régions côtières au nord de Rockhampton.

GÉOGRAPHIE

Le Queensland comprend quatre régions distinctes, peu ou prou parallèles à la côte. La première est la bande côtière, base de l'industrie touristique, composée de plages, de baies, d'îles et, bien sûr, de la Grande Barrière de Corail. La plus grande partie de cette région littorale verte et productive abrite des forêts tropicales, des plantations de canne à sucre et des parcs nationaux.

En progressant vers l'intérieur, on découvre la Great Dividing Range, chaîne montagneuse qui s'étire jusqu'au sud du continent. Les montagnes, plus proches de la côte dans le Queensland, sont encore plus spectaculaires au nord, près de Cairns, ainsi qu'à l'extrême sud de l'État.

Puis viennent les plateaux, plates régions de terres agricoles orientées vers l'ouest. Ces zones fertiles s'étendent au sud jusqu'aux Darling Downs, qui renferment certaines des plus importantes zones céréalières d'Australie.

Plus à l'ouest encore, le vaste Outback, zone de longues routes désertes et de petites communautés dispersées, atteint la frontière du Territoire du Nord. La pluie peut faire fleurir ce désert, mais uniquement pendant de courtes périodes.

L'extrême nord, le Gulf Country et la péninsule de Cape York sont d'immenses régions vides sillonnées d'innombrables rivières à sec devenant d'impétueux torrents à la saison humide. Elles se couvrent alors de voies d'eau qui coupent les routes et peuvent parfois interrompre totalement les transports.

Le tropique du Capricorne traverse le Queensland en passant par les deux grandes villes de Rockhampton et de Longreach.

CLIMAT

Au Queensland, on ne parle pas des saisons en termes d'hiver et d'été, mais de *Dry* et de *Wet*. Il fait chaud et humide, c'est le Wet ;

il fait sec et frais, c'est le Dry. De novembre/décembre à avril/mai, ce sont généralement les mois chauds et humides de l'année ; le véritable Wet, qui affecte spécialement les régions côtières du nord, s'étend de janvier à mars. Cairns reçoit environ 1 300 mm de précipitations pendant ces trois mois et les températures quotidiennes dépassent 30°C. C'est également l'époque des cyclones et, dans ce cas, la principale route, la Bruce Highway, peut être bloquée par les inondations.

Au sud, Brisbane et Rockhampton reçoivent environ 450 mm de pluie de janvier à mars, et la température à Brisbane descend rarement en dessous de 20°C. Il ne fait jamais vraiment froid au Queensland, excepté parfois la nuit dans l'intérieur des terres et en altitude, de mai à septembre. Les précipitations sont moins importantes dans l'arrière-pays que sur la côte.

RENSEIGNEMENTS

Le Queensland ne dispose pas de centres d'information touristique d'État. Il existe en revanche des offices du tourisme privés gérés par des hôtels ou des tours-opérateurs auxquels ils servent d'agents.

La Queensland Tourist and Travel Corporation est l'organisme gouvernemental chargé de faire connaître le Queensland en Australie et à l'étranger. Ses services assument principalement la fonction d'agence de promotion et de réservation.

Ils disposent d'un central d'appel téléphonique (☎ 13 1801), mais vous pouvez aussi les contacter par e-mail, qldtravl@ ozemail.com.au. Leurs bureaux sont implantés comme suit :

ACT (Territoire de la Capitale d'Australie)
   (fax 02-6257 4160) 25 Garema Place, Canberra 2601
Australie-Méridionale
   (fax 08-8211 8841) 10 Grenfell St, Adelaide 5000
Australie-Occidentale
   (☎ 08- 9322 1800) Shop 6, 777 Hay St, Perth 6000
Nouvelle-Galles du Sud
   (fax 02-4960 4922) 97 Hunter St, Newcastle 2300
   (fax 02-9246 7046) 327-9 George St, Sydney 2000
   (fax 02-9540 5051) Shop 1110, Westfield Shoppingtown, Miranda, 2228
   (fax 02-9865 8444) Shop 2158, Westfield Shoppingtown, Parramatta 2150
   (fax 02-9411 6079) Shop 2, 376 Victoria Ave, Chatswood 2067
Queensland
   (fax 3221 5320) 243 Edward St, Brisbane 4000
Victoria
   (fax 03 9206 4577) 257 Collins St, Melbourne 3000

Le Royal Automobile Club of Queensland (RACQ) dispose d'une série de très bonnes cartes routières détaillant l'État région par région. Les bureaux du RACQ sont une bonne source de renseignements sur l'état des routes et les conditions climatiques. Ils peuvent aussi effectuer des réservations de logement ou d'excursion. Les cartes Sunmap publiées par le gouvernement de l'État sont également à conseiller.

PARCS NATIONAUX ET FORÊTS DOMANIALES

Il existe quelque 220 parcs nationaux et forêts domaniales au Queensland, certains constitués uniquement d'une colline ou d'un lac, d'autres représentant d'immenses étendues sauvages. De nombreuses îles ou portions de rivage sont incluses dans ces parcs.

A l'intérieur des terres, les trois plus importants sont : Lamington, sur les pentes couvertes de forêt d'un ancien volcan, à la frontière de la Nouvelle-Galles du Sud ; Carnavon, une gorge de 30 km au sud-ouest de Rockhampton, et Eungella, près de Mackay, dont la forêt tropicale humide fourmille d'espèces sauvages. De nombreux parcs possèdent des emplacements de camping avec eau, toilettes et douches. Des campings privés, des motels ou des lodges sont souvent aménagés en lisière. Les parcs les plus importants comportent aussi un réseau étendu de chemins de randonnée.

Vous pouvez obtenir toutes les informations requises auprès des bureaux du Queensland Parks & Wildlife Service (QPWS), division de l'Environmental Protection Agency – EPA, dans les principales villes, et auprès des rangers. Les centres d'information sont les suivants :

Brisbane
(☎ 3227 8186) 160 Ann St
Toowoomba
(☎4639 4599) 158 Hume St
Rockhampton
(☎ 4936 0511) Yeppoon Rd
Townsville
(☎ 4721 2399) Great Barrier Reef Wonderland
Cairns
(☎ 4052 3096) 10 McLeod St

Pour camper dans un parc national, que ce soit sur une aire aménagée ou en plein bush, il faut un permis que l'on obtient en écrivant ou en téléphonant au bureau concerné du QPWS ou de l'EPA, ou encore en s'adressant aux gardes du parc. Le camping dans les parcs nationaux ou les forêts domaniales coûte 3,50 $ par personne et par nuit. Certains terrains affichent complet lors des vacances et il est préférable de réserver par écrit, 6 à 12 semaines avant votre arrivée, auprès des bureaux du QPWS.

La brochure *National Parks in Queensland* (5 $) contient des renseignements utiles sur les parcs et les forêts domaniales, ainsi que sur le camping et les moyens d'accès. Elle est disponible en librairie ou dans les bureaux du QPWS. Pratique également, la brochure *Camping in Queensland* (6 $) fournit la liste des campings et des aménagements dans tous les parcs nationaux et les forêts domaniales de l'État.

ACTIVITÉS SPORTIVES
Randonnée dans le bush
C'est une activité très populaire au Queensland et des clubs de marche ont été créés dans tout l'État. Les parcs nationaux et les forêts domaniales sont les endroits propices pour pratiquer ce sport, d'autant que les chemins de randonnée sont balisés. Il existe également d'excellentes possibilités de randonnée sur plusieurs des plus grandes îles, dont Fraser Island et Hinchinbrook Island. Les parcs nationaux préférés des randonneurs sont ceux de Lamington dans le sud des Border Ranges, de Main Range dans la

Great Dividing Range, de Cooloola (Great Sandy National Park) au nord de la Sunshine Coast, et de Wooroonooran au sud de Cairns où s'élève la plus haute montagne du Queensland, le Mt Bartle Frere (1 657 m).

Des clubs de randonnée sont installés dans tout l'État et plusieurs guides utiles sont disponibles. Celui édité par Lonely Planet, *Bushwalking in Australia,* propose trois randonnées dans le Queensland d'une durée variant de deux à cinq jours.

Sports nautiques
Plongée. Le récif de la Grande Barrière abrite certains des meilleurs sites de plongée du monde. La côte du Queensland est sans doute l'endroit le moins cher pour s'initier à la plongée sous-marine dans des eaux tropicales. Un stage de 5 jours permettant d'obtenir un brevet PADI (OW) coûte de 300 à 550 $; une partie des cours a lieu sur le récif. Chaque ville du littoral compte un ou plusieurs clubs de plongée. Les trois sites les plus connus sont Airlie Beach, Townsville et Cairns.

Si les écoles sont généralement sérieuses, un certain nombre de plongeurs nouvellement certifiés se retrouvent chaque année dans la chambre de décompression de Townsville, victimes du "mal des caissons". Cette maladie potentiellement mortelle est causée par les bulles d'azote qui se forment dans le sang lorsqu'on remonte trop vite à la surface. Remontez lentement et, si vous avez plongé à plus de 9 m de profondeur, arrêtez-vous en route. Avec le traitement, vous avez de bonnes chances de guérir mais votre budget risque de ne pas s'en remettre si vous n'avez pas souscrit une assurance qui couvre de tels accidents.

Les plongeurs confirmés pourront louer un équipement à peu près partout, sur présentation de leur brevet. Certaines plages et de nombreuses îles sont bordées de récifs de corail, propices à la plongée de surface. Pour les excursions à la Grande Barrière de Corail, le matériel est souvent prêté aux participants.

Évitez la période du Wet, de janvier à mars, car les rivières drainant beaucoup de boue dans la mer, la visibilité n'est pas idéale.

Le *Diving & Snorkelling Guide to Australia's Great Barrier Reef*, publié par Lonely Planet (collection Pisces) répertorie tous les sites de plongée sur le récif.

Rafting et canoë. La Tully et la North Johnstone, entre Townsville et Cairns, sont les rivières les plus connues pour la pratique du rafting. Une sortie d'une journée coûte quelque 130 $. De plus longues expéditions sont également envisageables.

Un grand nombre de voies d'eau et de lacs ponctuent la côte du Queensland, et les possibilités de faire du canoë ne manquent pas. Vous pouvez notamment participer à des excursions au départ de Noosa, de Townsville et de Cairns.

Baignade et surf. De nombreuses plages s'étirent au sud de Brisbane sur la Gold Coast, et au nord sur la Sunshine Coast. Au nord de Fraser Island, les plages sont abritées par la Grande Barrière, donc propices à la natation mais pas au surf. Leurs eaux sont d'une transparence extraordinaire.

Autres sports nautiques. Les amateurs de voile auront de multiples occasions de pratiquer leur sport et de louer des bateaux et/ou des planches à voile. Airlie Beach et les Whitsunday Islands sont les sites les plus importants, et on y loue tout type d'embarcation.

La pêche reste sans doute le sport le plus pratiqué au Queensland. Les équipements ou les bateaux se louent sans difficulté.

Dangers. De novembre à avril, il ne faut pas se baigner sur les plages du nord non protégées car les méduses-boîtes ou guêpes de mer (*box jellyfish*) infestent les eaux, et leur morsure peut s'avérer mortelle. En cas de doute, ne vous baignez pas.

Pendant la saison des méduses, vous pourrez généralement vous baigner sans danger à Great Keppel Island, le site le plus au nord. Méfiez-vous également des crocodiles marins d'estuaire. Ils vivent en mer, ou près des ruisseaux et des fleuves, et remontent parfois fort loin à l'intérieur des terres.

COMMENT S'Y RENDRE

Pour tout savoir sur les moyens de gagner le Queensland, reportez-vous à la rubrique *Comment s'y rendre* de la partie consacrée à *Brisbane*.

COMMENT CIRCULER

L'année comprend trois hautes saisons touristiques : mi-décembre à fin janvier, les dix jours avant et après Pâques, et de mi-juin à mi-octobre. La basse saison s'étend de février à mars.

Avion

Ansett Australia (☎ 13 1300) et Qantas Airways (☎ 13 1313) desservent les principales villes du Queensland et les relient aux États du sud et au Territoire du Nord. Une multitude de petites compagnies desservent la côte, la péninsule de Cape York et l'Outback. Pendant la saison humide, ces vols sont souvent les seuls moyens de gagner le golfe de Carpentarie et la péninsule de Cape York. Parmi les petites compagnies, citons Sunstate Airlines (réservations auprès de Qantas) et Flight West Airlines (☎ 13 2392 à l'intérieur du Queensland et ☎ 1800 777 879 depuis les autres États, ou réservations auprès d'Ansett).

Bus

Greyhound Pioneer Australia (☎ 13 2030) et McCafferty's Express Coaches (☎ 13 1499) ont mis en place le réseau le plus complet du Queensland ; leurs bus desservent toutes les grandes destinations. L'itinéraire le plus fréquenté est celui qui relie Brisbane à Cairns par la Bruce Highway, la route du littoral. Greyhound Pioneer et McCafferty's proposent diverses formules, qui couvrent toute ou une partie de la route. Les membres de la Youth Hostel Association (YHA) se voient octroyer une réduction de 15 à 20 $ sur ces formules. Greyhound Pioneer propose le Whitsunday Pass, un forfait valable six mois, entre Brisbane et Airlie Beach (123 $), ainsi que le Sunseeker, valable trois mois, qui vous permet de vous déplacer entre Cairns et Sydney (255 $). Quant au Travel Pass de 30 jours, il est valable entre Brisbane et Cairns (175 $).

QUEENSLAND

McCafferty's vend plusieurs forfaits couvrant le Queensland, tel Follow the Sun, qui, pour 210 $, offre des trajets illimités entre Brisbane et Cairns pendant trois mois. Pour plus d'informations sur les forfaits, consultez le chapitre *Comment circuler*.

Vers l'intérieur des terres, les grands trajets sont ceux de Brisbane à Mt Isa (puis vers le Territoire du Nord), de Townsville à Mt Isa et de Rockhampton à Longreach (McCafferty's uniquement). Les tarifs s'avèrent sensiblement équivalents.

Train

La ligne principale relie Brisbane à Cairns. La voie ferrée parcourt également l'intérieur, de Brisbane à Charleville, de Rockhampton à Longreach et de Townsville au Mt Isa. Parmi les trains locaux, citons le *Gulflander* et le *Savannahlander* (pour de plus amples renseignements, voir la rubrique *Gulf Savannah*, plus bas dans ce chapitre). Entre Brisbane et Rockhampton, le nouveau *Tilt Train* est capable de dépasser les 200 km/h même s'il est limité par l'état actuel des voies à une vitesse maximale de 170 km/h.

N'oublions pas le luxueux *Great South Pacific Express*, version australienne de l'*Orient Express*, qui dessert Cairns, Brisbane et Sydney. Voir à Cairns la rubrique *Comment s'y rendre*, plus loin dans ce chapitre.

Les trains, généralement plus lents que les bus, affichent des prix comparables si vous voyagez en classe économique.

Le Sunshine Railpass donne accès aux trains du Queensland en 1re classe/économique. Il coûte 388/267 $ pour 14 jours, 477/309 $ pour 21 jours et 582/388 $ pour 30 jours. Sur le *Queenslander* entre Cairns et Brisbane, il est perçu un supplément de 233 $ comprenant les repas et une couchette. Les Roadrail Passes permettent de voyager en classe économique pendant un nombre de jours limité sur une période déterminée. Ils reviennent à 269 $ pour 10 jours de voyage sur une période de 60 jours et à 349 $ pour 20 jours de voyage sur une période de 90 jours.

Pour vous informer et réserver, contactez le service des réservations centralisées de

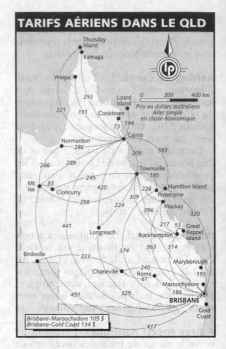

Queensland Rail (☎ 13 2232), tous les jours de 6h à 20h30. Si vous prévoyez de parcourir de longues distances sur les trains du Queensland, réservez le plus longtemps possible à l'avance (six mois environ).

Brisbane

- **code postal 4000**   - **1 600 000 habitants**

Pendant longtemps, Brisbane a été considérée par ses grandes sœurs du sud comme une ville isolée et loin de tout.

Il n'en est plus rien aujourd'hui. Depuis qu'elle a accueilli une série de manifestations internationales de premier ordre dans les années 80, notamment les jeux du Commonwealth en 1982 et l'Expo 88, Brisbane est devenue une cité cosmopolite très animée offrant plusieurs quartiers d'intérêt, de nombreuses terrasses de café, un superbe parc, un calendrier culturel bien rempli et une vie nocturne digne de ce nom – certains locaux la surnomment Bris Vegas.

L'agglomération fut tout d'abord peuplée des forçats les plus récalcitrants que la colonie de Nouvelle-Galles du Sud voulait expédier le plus loin possible. En 1824, une colonie pénitentiaire fut ainsi implantée à Redcliffe, sur Moreton Bay. Cet emplacement fut toutefois rapidement délaissé en raison du manque d'eau potable et de la présence d'Aborigènes hostiles. La colonie fut alors transférée vers le sud, sur le site de l'actuelle Brisbane.

Au fur et à mesure du développement potentiel agricole et minier du Queensland, Brisbane devint une cité importante. Elle est aujourd'hui la troisième ville d'Australie. Bien que proche de la côte, elle est surtout une ville fluviale dotée de ponts imposants sur la Brisbane. Elle jouit d'un excellent climat.

Orientation

Brisbane fut édifiée entre les méandres de la rivière du même nom, à 25 km en amont de son embouchure.

Ses proches faubourgs concentrent la plupart des lieux d'hébergement et de restauration. Au nord se dresse Spring Hill, qui compte de bons hébergements de catégorie moyenne ; à l'ouest s'étend Paddington, un quartier résidentiel qui regroupe des cafés et des restaurants de qualité. Au nord-est, le long d'Ann St, Fortitude Valley est un faubourg assez à la mode, qui abrite un petit Chinatown ainsi que de nombreux cafés, restaurants et night-clubs. Plus loin à l'est, New Farm, le quartier en vogue, compte nombre d'établissements élégants où l'on vient aussi bien pour être vu que pour dîner.

Au sud du Victoria Bridge, South Brisbane abrite le Queensland Cultural Centre et les South Bank Parklands ; plus bas, on parvient à Highgate Hill et au West End branché.

Renseignements

Offices du tourisme. Au niveau 3 du Transit Centre se trouve le Brisbane Visitors Accommodation Service (☎ 3236 2020), organisme privé se chargeant de renseigner les voyageurs et d'effectuer des réservations. Il est ouvert de 7h à 18h en semaine et de 8h à 17h le week-end. Il dispose également d'un comptoir de renseignements au niveau 2.

Le centre d'information du Queen St Mall (☎ 3229 5918), à l'angle de Queen St et d'Albert St, vous accueille du lundi au jeudi de 9h à 17h30, le vendredi de 9h à 20h, le samedi de 9h à 16h et le dimanche de 10h à 16h.

Vous pouvez également vous adresser au guichet d'information (moins efficace) du Tourism Brisbane (☎ 3221 8411) à l'hôtel de ville, sur King George Square, et au Queensland Travel & Tourisme Corporation Centre (☎ 13 1801), à l'angle d'Adelaide St et d'Edward St. Il s'agit plutôt d'un bureau de réservations mais il peut fournir quelques renseignements.

Argent. Vous bénéficierez de bureaux de change à l'aéroport de Brisbane, à votre descente de l'avion.

Thomas Cook dispose de trois agences dans le centre-ville. La principale, située au niveau E du Myer Centre, Elizabeth St, vous accueille de 8h45 à 17h15 en semaine et de 9h30 à 13h le samedi. Les deux autres se trouvent 276 Edward St et au 1er étage du 241 Adelaide St, en face du bureau international de Qantas.

L'agence American Express, 131 Elizabeth St, est ouverte en semaine de 9h à 17h30 et le samedi de 9h à 12h.

Les banques de la plupart des grandes villes proposent également un service de change.

Poste et communications. La poste principale, dans Queen St, est ouverte en semaine de 7h à 19h. Le week-end, de 10h à 16h, adressez-vous au Post Shop, qui fait fonction de bureau de poste, au niveau 2 du Myer Centre, près du Queen St Mall.

La Central City Library, au sous-sol du City Plaza, derrière le City Hall, permet un accès à Internet à 4 \$ l'heure, de 10h à 18h en semaine et de 10h à 15h le week-end. The Hub (☎ 3229 1119), 125 Margaret St, dans le centre-ville, est un café Internet,

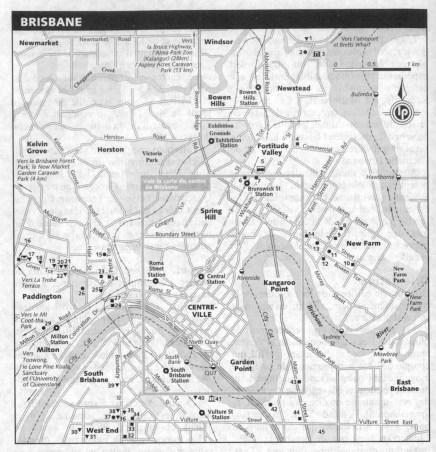

BRISBANE

tout comme le Cafe Scene (☎ 3216 0624), à l'angle de Brunswick St et d'Ann St, dans la "Valley". Vous trouverez également des terminaux Internet dans le Transit Centre ainsi que dans la plupart des auberges de jeunesse.

Librairies. Mary Ryan Bookshop, dans le Queen St Mall, appartient à une petite chaîne familiale (qui possède d'autres magasins à Paddington et à New Farm). C'est la meilleure de la ville et elle dispose d'un agréable café/bar. Angus & Robertson Bookworld disposent de boutiques dans Adelaide St sur Post Office Square et à l'extrémité sud-ouest du Queen St Mall. Le plus grand choix de guides de voyage et de cartes se trouve au World Wide Maps & Guides, 187 George St (à 100 m au sud-est du Queen St Mall).

Services médicaux. Le Travellers Medical & Vaccination Centre (☎ 3221 9066), au 6ᵉ étage du Qantas Building, 247 Adelaide St, effectue toutes les vaccinations et donne des conseils médicaux aux voyageurs. Ouvert 24h/24, le Travellers Medical Service (☎ 3211 3611), au 1ᵉʳ étage, 245 Albert St,

BRISBANE

OÙ SE LOGER		OÙ SE RESTAURER		DIVERS	
4	Centrepoint Backpackers	1	Breakfast Creek Hotel	2	Breakfast Creek Wharf
8	Atoa House Travellers' Hostel	17	Le Scoops	3	Newstead House
9	The Homestead	18	Hot Wok Cafe	5	Piscine de The Valley
10	Allender Apartments	19	Jakarta Indonesian	6	Carazy Car Rentals
12	The Bowen Terrace		Restaurant	7	National Car Rentals
14	Globetrekkers' Hostel	20	Kari Tandoori	11	Village Twin Cinemas
16	Waverley B&B	21	3 F's Noodle Bar	13	New Farm Mountain Bikes
23	Aussie Way Backpackers	22	Paddo Tavern	15	Brisbane Arts Theatre
24	Banana Benders Backpackers	30	Kim Thanh	25	The Brisbane Underground
27	Brisbane City YHA, City	31	Soup Kitchen	26	La Boite Repertory Theatre
	Backpackers Hostel	35	Cafe Babylon	29	Castlemaine Perkins XXXX
28	Yellow Submarine Backpackers	36	Caffe Tempo,		Brewery
32	Somewhere to Stay		Cafe Nouveau	37	Emma's Bookshop
33	Swagman's Rest	38	Qan Heng's	41	Queensland Maritime
34	Brisbane Backpackers Resort	39	Three Monkeys		Museum
43	Kangaroo Motel		Coffee House,	42	Paroi d'escalade The Cliffs
44	Kangaroo Point Holiday		Jazzy Cat Cafe	45	Terrain de cricket
	Apartments	40	Captain Snapper		(The Gabba)

au-dessus du McDonald, propose des vaccinations, des soins médicaux pour les femmes et des trousses de premier secours. La Brisbane Sexual Health Clinic (☎ 3227 8666) est située 484 Adelaide St.

Organismes à connaître. Le club automobile RACQ (☎ 3361 2444) a son bureau dans le bâtiment de la poste principale, 261 Queen St. La municipalité édite une série de brochures sur Brisbane destinées aux handicapés, disponibles au BCC Customer Services Centre du City Plaza, derrière le City Hall – ou appelez la Disability Awareness Line (☎ 1800 177 120).

Centre-ville

L'**hôtel de ville** de Brisbane, à l'angle d'Adelaide St et d'Albert St, s'est vu peu à peu entourer de gratte-ciel, mais sa plate-forme d'observation offre une des plus belles vues sur la ville. Un ascenseur permet d'y accéder du lundi au vendredi de 8h30 à 16h30, le samedi de 10h à 16h30. La mairie abrite également une galerie d'art au rez-de-chaussée, ouvert tous les jours de 10h à 17h (entrée gratuite).

Nombre de **bâtiments historiques** intéressants sont disséminés autour du centre-ville ; la municipalité de Brisbane publie

une série de brochures intitulées *Heritage Trail* indiquant ceux qui offrent le plus d'intérêt. Jetez un coup d'œil à l'ancien **Treasury Building**, près de Victoria Bridge, dans George St, qui abrite à présent le casino de la ville, ouvert 24h/24.

Un peu plus loin, le **Sciencentre**, 110 George St, est un musée des sciences comportant des programmes interactifs. Il est ouvert tous les jours de 10h à 17h (7 \$).

Toujours sur George St, vers le sud-est, se dresse la **Parliament House**, le siège du parlement, construit dans le style Renaissance française en 1868. Cinq visites gratuites sont organisées chaque jour du lundi au vendredi (sauf lorsque le parlement est en session). Au nord-est, la maison du parlement surplombe les **Botanic Gardens**, qui couvrent 18 hectares dans une des boucles du fleuve, au sud du centre-ville. Ouverts 24h/24, ils sont éclairés la nuit. Des visites gratuites partant de la rotonde, au sud de l'entrée d'Albert St, ont lieu tous les jours sauf le lundi, à 11h et à 13h.

Centre culturel du Queensland

L'imposant **Queensland Cultural Centre**, face au Victoria Bridge, renferme la principale galerie d'art de la ville, ainsi qu'un musée et un théâtre.

Le **Queensland Museum** contient diverses collections ayant toutes un rapport plus ou moins direct avec le Queensland – notamment un jardin avec des dinosaures, des expositions sur les baleines, la photographie, l'histoire naturelle, ainsi qu'une importante collection d'art mélanésien. Le musée est ouvert tous les jours de 9h30 à 17h. Entrée libre. La **Queensland Art Gallery** possède une impressionnante collection permanente d'artistes australiens et présente également des expositions temporaires, tous les jours de 10h à 17h (entrée libre). Des visites gratuites sont organisées à 11h et 13h en semaine, ainsi qu'à 11h et 15h le week-end.

Parcs de South Bank
La rive sud de la Brisbane bénéficie d'un merveilleux parc paysager le long du fleuve, agrémenté de pelouses verdoyantes, de cours d'eau et d'une fantastique **piscine** en plein air – conçue comme un lagon, avec une plage de sable blanc en forme de croissant. Vous y découvrirez de nombreux cafés et restaurants, ainsi qu'un théâtre Imax, et un marché s'y déroule le week-end. La rive sud est un lieu de promenade très agréable en été car presque chaque week-end se tient un spectacle, un festival ou une foire de produits alimentaires.

Sur la place centrale du parc se trouve le **South Bank Wildlife Sanctuary**, conservatorium tropical qui abrite des centaines de papillons d'Australie volant en liberté, ainsi qu'une collection d'insectes et d'araignées épinglés dans des vitrines et tout un assortiment de reptiles, de batraciens et d'oiseaux locaux. Le bâtiment est ouvert tous les jours de 9h à 17h (8 $; enfants 4,50 $).

Le centre d'information de South Bank (☎ 3867 2051), situé à côté du conservatorium tropical, ouvre tous les jours de 8h30 à 18h, et plus tard dans la soirée les vendredi et samedi. Vous pouvez également appeler le ☎ 3867 2020, où un message enregistré vous fournira des détails sur le programme des manifestations en cours.

Queensland Maritime Museum
Situé au sud de South Bank, ce musée qui expose de nombreux objets liés à l'histoire maritime, est ouvert tous les jours de 9h30 à 17h (5 $; enfants 2,50 $).

Marchés
Le **Crafts Village** de South Bank est un marché d'artisanat qui se tient le vendredi soir, le samedi et le dimanche jusqu'à 17h. Un marché similaire se déroule le dimanche matin à **Eagle St Pier**. Il est facile de visiter ces deux marchés le même jour en prenant le City Cat. Plus petit, le **Fortitude Valley Market**, qui a lieu le samedi dans le Brunswick St Mall, rassemble des stands d'objets d'artisanat et d'art alternatif. Vous pourrez assister ici à des spectacles de rues ou bien vous prélasser en observant la foule alentour depuis les nombreux cafés.

Mt Coot-tha Park
A 8 km du centre, le Mt Coot-tha offre un magnifique panorama sur Brisbane et la baie, mais aussi sur Moreton Island et Stradbroke Island, ainsi que sur les Glass House Mountains au nord et sur les montagnes de la Gold Coast au sud. Si vous souhaitez profiter plus longuement du paysage, un café et un restaurant agréables vous accueilleront pour déjeuner ou dîner.

Il est possible de faire quelques belles randonnées autour du Mt Coot-tha et de ses contreforts, notamment celle qui mène à JC Slaughter Falls par Simpsons Rd. Quant à l'**Aboriginal Art Trail**, un chemin de randonnée d'1,5 km, il vous fera passer par huit sites où vous découvrirez le travail d'artistes aborigènes de la région.

Les superbes **Mt Coot-tha Botanic Gardens**, au pied de la montagne, s'étendent sur 52 hectares et comprennent plus de 20 000 espèces de plantes, un dôme tropical couvert, une zone aride, des forêts tropicales et un jardin japonais. Ils sont ouverts tous les jours de 8h30 à 17h30. Des visites guidées gratuites ont lieu à 11h et à 13h chaque jour, sauf le dimanche.

Pour vous rendre aux jardins botaniques, prenez le bus Mt Coot-tha n°471 qui part 15 minutes et 45 minutes après chaque heure du coin d'Adelaide et d'Albert St, non loin de King George Square. Il fonctionne tous les jours de 9h15 à 15h15. Pour

Circuit pédestre dans Brisbane

C'est une bonne idée de partir de **City Hall**, l'hôtel de ville au style classique. Vous pouvez y prendre l'ascenseur jusqu'au sommet afin de jouir d'une **vue** splendide – et d'avoir un aperçu général de l'agencement du centre-ville.

En sortant du bâtiment, tournez à droite puis traversez Adelaide St et continuez tout droit dans Albert St jusqu'au **Queen St Mall**. Cette artère, la plus commerçante de la ville, n'a rien de remarquable en soi, mais en prenant vers la droite, vous apercevrez sur votre gauche quelques belles façades – l'ancien Carlton Hotel, l'ancien Telegraph Building et l'ancien York Hotel. Faites demi-tour et descendez le mall jusqu'au **Hoyts Regent Theatre**, qui se trouvera alors sur votre droite, puis traversez le foyer pour aller admirer l'ancien guichet de vente des billets, qui date de l'époque où les cinémas étaient des temples érigés à la gloire du septième art.

Revenez sur vos pas le long du mall jusqu'au croisement avec Albert St, puis descendez la rue en passant devant le kiosque d'information. En baissant les yeux, vous remarquerez les plaques de bronze incrustées dans le trottoir qui jalonnent un **parcours littéraire** le long d'Albert St ; chaque plaque comporte une citation sur Brisbane extraite d'une œuvre des 32 écrivains choisis. Albert St abrite quelques cafés agréables et l'un des meilleurs pubs de la ville, le Gilhooley's.

Après le pub, prenez à gauche dans Charlotte St et continuez jusqu'à Edward St (notez la manière dont sont baptisées les rues : celles orientées est-ouest portent des noms féminins, celles suivant un axe nord-sud, des noms masculins). A 150 m environ se trouve l'entrée des jardins de **St Stephen Cathedral**. L'édifice ne présentant aucun intérêt particulier, contournez-le de manière à rejoindre Elizabeth St là ; en vous retournant, vous pourriez faire une superbe photo des deux flèches gothiques qui se reflètent dans les vitres-miroirs d'un ensemble d'immeubles de bureaux Face à la cathédrale, du côté nord d'Elizabeth St, s'ouvre un passage voûté que vous emprunterez. Il longe le **bureau de poste**, construit dans les années 1870, dont la magnifique façade donne sur Queen St (le marchand de journaux installé dans le passage offre la meilleure sélection de presse étrangère de Brisbane). A côté et à gauche de la poste (lorsqu'on se trouve dans Queen St) se dresse un immeuble très impressionnant, entièrement décoré de gargouilles sculptées. Pendant la Seconde Guerre mondiale, ce bâtiment, connu aujourd'hui sous le nom de **MacArthur Chambers**, a servi de quartier général au commandant en chef de la région sud-ouest du Pacifique, le général MacArthur. Après avoir longé les Chambers et traversé Creek St, vous arriverez au centre du quartier des affaires de Brisbane (Central Business District ou CBD). A l'angle de Wharf St, tourner à droite vous amènerait aux luxueux complexes de restaurants de **Riverside Centre** et d'**Eagle St Pier** (curieusement, la vue de ce dernier est bouchée par un McDonald), mais prenez plutôt à gauche et remontez deux pâtés de maisons jusqu'à Ann St. Là, deux possibilités s'offrent à vous : si vous tournez à gauche, vous passerez devant la **Central Station**, la gare centrale en face de laquelle s'élève le **Shrine of Remembrance** au style grec classique, d'où vous serez à 300 mètres du City Hall. Si vous prenez en revanche à droite, Ann St vous conduira tout droit au cœur de Fortitude Valley, à un peu moins d'un kilomètre de là. Explorer le faubourg de Fortitude Valley s'avère fort intéressant. Juste avant d'y arriver, vous passerez d'abord devant la **St John's Cathedral**, dont la construction, commencée en 1901, n'est toujours pas achevée (ce que proclame fièrement, et assez bizarrement, un panneau à l'entrée) ; vous verrez ensuite l'**Orient Hotel**, un des plus anciens pubs de la ville, encore très apprécié aujourd'hui à l'heure des concerts. Une fois que vous aurez traversé la petite rue et franchi le Story Bridge, vous déboucherez dans le modeste **Chinatown** de la "Valley", à Duncan St mall. A un pâté de maison de l'entrée du quartier chinois gardée par un dragon se trouve le **Brunswick St Mall**, qui comporte plusieurs bons cafés, un bar correct et, tout au fond, **McWhirters Marketplace**, un grand magasin qui vend de tout. Pour revenir en ville, il suffit de monter dans pratiquement n'importe quel bus à l'arrêt d'Ann St, juste avant l'embranchement du Story Bridge.

QUEENSLAND

LE CENTRE DE BRISBANE

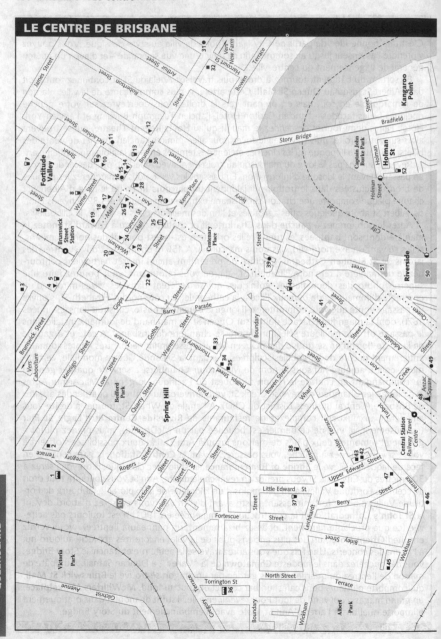

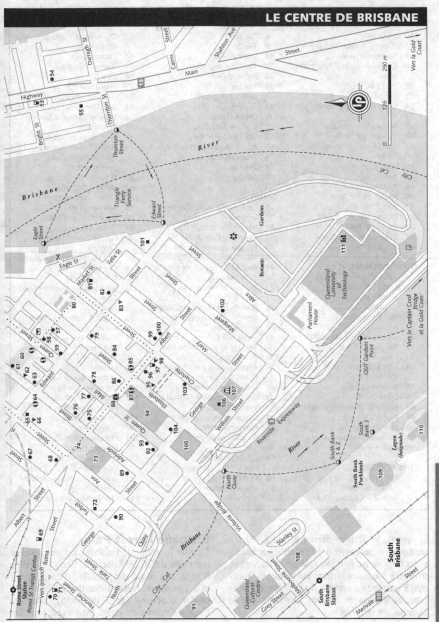

LE CENTRE DE BRISBANE

Vers la Gold Coast

250 m

125

0

River

Brisbane

City Cat

Triangle Ferry Service

Gardens

Botanic

Queensland University of Technology

Parliament House

Vers le Captain Cook Bridge et la Gold Coast

QUT Gardens Point

South Bank 1 & 2

South Bank 3

Lagon (baignade)

South Bank Parklands

Riverside Expressway

River

North Quay

Victoria Bridge

Roma Street Station
Roma St Transit Centre

Vers Ipswich

South Brisbane

South Brisbane Station

Queensland Cultural Centre

LE CENTRE DE BRISBANE

OÙ SE LOGER

2   Gregory Terrace Motor Inn
3   Balmoral House
30 Central Brunswick Apartment Hotel
32 Pete's Palace
33 Thornbury House B&B
34 Dahrl Court Apartments
35 Kookaburra Inn
42 Annie's Shandon Inn
43 Yale Inner-City Inn
44 Dorchester Self-Contained Units
45 Soho Club Motel
47 Astor Motel
54 Il Mondo Hotel
55 Ryan's on the River
65 Palace Backpackers, Downunder Bar & Grill
72 Explorers' Inn
101 Beaufort Heritage Hotel
106 Conrad International

OÙ SE RESTAURER

4   Krishna's Cafe
10 Lucky's Trattoria
12 Tibetan Kitchen
14 California Cafe
15 Nile Cafe
17 Mellino's
21 Garuva Hidden Tranquility Restaurant & Bar
23 Enjoy Inn
24 Aloha Malaysian, Kim Lan Vietnamese
50 Riverside Centre
56 Eagle St Pier
62 Mekong Chinese Restaurant
66 Palace Cafe
83 Hungry Heart Bistro
95 Govinda's Restaurant
98 Pane e Vino

PUBS ET CLUBS

5   The Arena
6   Wickham Hotel
7   Red Room, Buffalo Club

8   The Healer
9   The Zoo
13 Dooley's Hotel
20 The Tube Nightclub
26 Ric's Cafe-Bar
28 The Empire
37 Options Nightclub
38 Sportsman's Hotel
40 Orient Hotel
52 Brisbane Jazz Club
53 Story Bridge Hotel
69 Jazz & Blues Bar, Travelodge
71 Transcontinental
81 The Gig
97 Gilhooley's

DIVERS

1   Centenary Aquatic Centre (piscine)
11 Integra Car Rentals
16 Cybercafé Cafe Scene
18 Épicerie ouverte 24h/24
19 McWhirters Marketplace
22 Boutiques de sport, de plein air et de camping
25 Institute of Modern Art
27 Deck Bar
29 Arrêt de bus du circuit pédestre
31 Laverie automatique de New Farm
36 Spring Hill Baths
39 Brisbane Sexual Health Clinic
41 St John's Cathedral
46 Ancien moulin à vent et observatoire
48 Shrine of Remembrance
49 Qantas, Travellers Medical & Vaccination Centre
51 Customs House Gallery
57 Kiosque à journaux du circuit pédestre
58 RACQ
59 Circuit pédestre MacArthur Chambers
60 Post Office Square
61 Angus & Robertson Bookworld

63 Queensland Travel & Tourism Corporation
64 Thomas Cook
67 Suncorp Theatre
68 QPWS
70 YHA Travel Centre
73 Hôtel de ville (City Hall)
74 King George Square
75 Travellers Medical Service
76 STA Travel
77 Mary Ryan Bookshop
78 Hoyt's Regent Theatre
79 Épicerie Night Owl ouverte 24h/24
80 St Stephen's Cathedral
82 Metro Arts Centre
84 American Bookstore
85 American Express
86 Greater Union Cinema
87 Thomas Cook
88 Queen St Mall Information Centre
89 City Plaza Complex, Central City Library
90 Dendy Cinema
91 State Library, Riverfront Cafe
92 Ansett
93 Angus & Robertson Bookworld
94 Myer Centre, gare routière souterraine
96 Backpackers Travel Centre
99 Skatebiz
100 Brisbane Bicycle Sales & Hire
102 Cybercafé The Hub
103 Archives Fine Books
104 World Wide Maps & Guides
105 Treasury Casino
107 Sciencentre
108 Performing Arts Complex
109 Suncorp Piazza
110 South Bank Visitor Information Centre, Crafts Village, South Bank Wildlife Sanctuary
111 Old Government House

le retour, le dernier départ a lieu à 15h50. Le trajet dure environ 15 minutes et le bus vous dépose au parking. Le point de vue se trouve à 3 km des jardins botaniques – tournez à gauche en sortant du parking et commencez à monter. Sachez toutefois que le chemin est pénible.

Brisbane Forest Park

Le parc forestier de Brisbane est une réserve naturelle de 26 500 hectares dans l'Aguilar Range. Il s'étend sur plus de 50 km au nord et à l'ouest de la banlieue de Brisbane. Le **centre d'accueil** (☎ 3300 4855), situé au Gap, à l'entrée du parc, est ouvert tous les

QUEENSLAND

jours de 9h à 16h30. Les rangers organisent des promenades guidées et des excursions.

Au même endroit, un centre d'études aquatiques, le **Walk-About Creek,** permet d'observer de près poissons, lézards, pythons et tortues, en semaine de 9h à 16h30 (le week-end à partir de 10h). L'entrée coûte 3,50 $.

Pour vous y rendre du centre-ville, il faut prendre les routes de Musgrave, Waterworks et Mt Nebo. Le bus n°385 dessert le Gap, à 700 m du centre d'accueil. Les sentiers de randonnée débutent plus loin et vous aurez besoin d'un moyen de transport pour les rejoindre.

Réserves animalières

L'**Alma Park Zoo** de Kallangur, à 28 km au nord du centre-ville, est un vaste jardin zoologique qui abrite un grand nombre d'espèces australiennes : koalas, kangourous, émeus, dingos et animaux exotiques, tels qu'ours de Malaisie, léopards et singes. Il ouvre tous les jours de 9h à 17h (15 $; enfants : 8 $). Chaque matin, un train (ligne de Caboolture) quitte le centre d'accueil à 9h. Descendez à Dakabin (50 minutes), d'où une navette gratuite dessert le zoo.

A 35 minutes en bus du centre-ville (2,60 $), le **Lone Pine Koala Sanctuary** se visite facilement en une demi-journée. Installée dans un beau parc en bordure de fleuve, cette réserve animalière compte une grande variété d'espèces, dont les vedettes sont naturellement les 130 koalas, que l'on peut prendre dans les bras. Il est en outre possible de pique-niquer dans un champ où s'égayent des kangourous apprivoisés. Lone Pine est ouvert tous les jours de 8h à 17h (12,50 $, ou 9 $ avec une carte VIP ou YHA ; enfants : 6,50 $). Le bus Cityxpress n°581 part 35 minutes après chaque heure du quai Koala, dans la gare routière en sous-sol du Queen St Mall. L'autre solution consiste à prendre le bateau MV *Mirimar* (☎ 3221 0300) qui remonte la Brisbane jusqu'à la réserve. Il part tous les jours à 10h de North Quay, près de Victoria Bridge, au bout du Queen St Mall. Le trajet aller-retour coûte 16/9 $ pour les adultes/enfants (entrée à Lone Pine non comprise).

Activités sportives

A Kangaroo Point, sur la rive sud de la Brisbane, s'élève une paroi rocheuse qu'on appelle The Cliffs. L'endroit est idéal pour l'**escalade**, et éclairé tous les jours jusqu'à minuit ou plus. Plusieurs organismes proposent des initiations à l'escalade et à la descente en rappel. Vous pouvez par exemple contacter Jane Clarkson's Outdoor Adventures (☎ 3870 3223). Des séances de descente en rappel sont proposées aux débutants (de 3 à 4 heures, 45 $ chacun la séance pour deux ou 35 $ chacun pour trois), ainsi que des initiations à l'escalade le mercredi soir (10 $ par personne). Jane Clarkson organise aussi des excursions avec escalade et descente en rappel en dehors de Brisbane.

Skatebiz (☎ 3220 0157), 101 Albert St, loue des **rollers en ligne** à partir de 10 $ les deux heures.

Circuits organisés

Circuits en ville. Les tram-bus de City Sights, ouverts sur les côtés, desservent 18 curiosités majeures de la ville. Ils partent toutes les 40 minutes entre 9h et 12h20, puis entre 13h40 et 16h20 de Post Office Square dans Queen St – vous pouvez monter ou descendre où et quand bon vous semble. Un ticket valable une journée revient à 15 $ pour un adulte et s'achète au City Hall ou au kiosque d'information touristique du Queen St Mall. Autre circuit intéressant : celui de 2 heures que propose City Heights, organisme municipal, qui va jusqu'au point de vue du Mt Coot-tha et aux jardins botaniques. Il part tous les jours à 14h de l'arrêt City Hall de City Sights dans Adelaide St et coûte 7 $.

Visites de brasseries. Des visites guidées de la brasserie Castlemaine-Perkins XXXX (☎ 3361 7597) de Milton Rd sont organisées du lundi au mercredi à 11h, 13h30 et 16h30 (5 $, 1 heure). Il convient de réserver. La brasserie, située à 1,5 km au sud-ouest du Transit Centre, est accessible par un train Ipswich (départ du Transit Centre et de Central Station toutes les 15 minutes ; 1,40 $) – descendre à la gare de Milton Rd, en face de la brasserie.

Brisbane vue du Cat

Le mieux, pour découvrir Brisbane, est sans aucun doute de partir du fleuve, et le meilleur moyen de se déplacer sur celui-ci consiste à prendre un City Cat. Ces grands catamarans bleus qui font office de ferries montent et descendent le fleuve toute la journée, de 6h environ à 23h approximativement. Muni d'un ticket à 3,20 $, vous pourrez parcourir l'ensemble de la ligne (l'aller-retour de Bretts Wharf à l'Université du Queensland prend deux heures), mais si vous descendez en cours de route, vous devrez acheter un nouveau ticket. L'autre solution consiste à prendre une carte économique (voir *Comment circuler*, dans la rubrique *Brisbane*) pour la modique somme de 6 $, ce qui vous permettra de monter ou de descendre n'importe où.

En amont de Riverside. Riverside est l'arrêt du CBD (le quartier des affaires) situé à l'extrémité nord d'Elizabeth St, près du complexe d'Eagle St Pier. Lorsqu'on remonte le fleuve, les falaises de Kangaroo Point s'élèvent au loin sur la gauche. La rive droite, elle, est bordée de mangroves. Au moment où le City Cat passe sous le Captain Cook Bridge, admirez le bâtiment qui se dresse sur la gauche, le Maritime Museum. Descendez à **QUT Gardens Point** si vous voulez visiter la Parliament House et les Botanic Gardens. Le Cat pique ensuite en zigzag sur l'autre rive du fleuve, vers les parcs de **South Bank**, puis le traverse de nouveau vers **North Quay**, qui dessert le Casino et le Queen St Mall.

En amont de North Quay, le Cat effectue son plus long parcours sans interruption : il passe sous trois ponts, puis poursuit sa route en longeant la banlieue d'Auchenflower sur la droite et les rives verdoyantes de South Brisbane sur la gauche. L'édifice en forme de phare que vous verrez à gauche est en fait une tour d'archives de la compagnie de gaz locale. Au quartier de South Brisbane succède celui d'Orleigh Park, l'un des plus huppés de la ville.

Les deux arrêts de **Guyatt Park** et de **West End** desservent des zones résidentielles n'offrant pas d'intérêt particulier. En revanche, l'arrêt suivant, **University of Queensland**, est le terminus en amont du City Cat et justifie pleinement une halte de quelques heures. Ce sympathique campus comprend plusieurs musées intéressants, d'excellents équipements sportifs, une librairie, le Schonell Cinema, ainsi qu'un café agréable et bon marché. Un bureau d'information, au personnel très serviable, occupe un petit bâtiment près de l'entrée principale.

En aval de Riverside. En descendant le fleuve, le City Cat passe aussitôt sous le Story Bridge, construit entre 1934 et 1940, et conçu par quelques-uns des ingénieurs qui ont réalisé le Sydney Harbour Bridge. Le fleuve décrit ensuite des méandres autour de la péninsule de Kangaroo Point, ancien site de construction navale aujourd'hui transformé en une importante zone d'aménagement résidentiel haut de gamme. Sur l'autre rive, à gauche, s'étend le faubourg de New Farm, desservi par l'arrêt de **Sydney St**. Le City Cat traverse ensuite le fleuve jusqu'à **Mowbray Park**, l'arrêt pour East Brisbane, puis repart sur **New Farm Park** – un superbe parc au milieu duquel est installé un café-kiosque très agréable.

Juste après le parc, le Cat longe l'ancienne zone des quais aux immenses entrepôts de brique. Les deux arrêts suivants, **Hawthorne** et **Bulimba**, desservent des quartiers résidentiels. En repartant de Bulimba, vous apercevrez sur l'autre rive un petit promontoire boisé ; nichée entre les arbres, la Newstead House est l'une des plus anciennes résidences de Brisbane, transformée en petit musée. De l'autre côté de Newstead Creek se trouve le Breakfast Creek Hotel, un endroit parfait pour déjeuner. Le terminus du City Cat en aval du fleuve est **Bretts Wharf**. En approchant de l'arrêt et en regardant vers la gauche, vous verrez sur la colline les vérandas peintes en blanc de ce qui est sans doute la plus belle maison typique du Queensland à Brisbane. De Bretts Wharf, la rue branchée et remplie de cafés de Racecourse Rd n'est qu'à quelques minutes à pied, et Breakfast Creek à 1 km dans l'autre sens.

Les arrêts University of Queensland, Guyatt Park, North Quay, South Bank et Hawthorne sont tous accessibles aux handicapés.

La Carlton Brewhouse (VB and Fosters) (☎ 3826 5858) fait également visiter ses locaux, qui se trouvent à 30 minutes au sud du centre-ville. Un bus part du Transit Centre tous les jours à 9h15, 11h15 et 13h15. Les visites ont lieu à 10h, 12h et 14h (10 $ avec un déjeuner et le transfert).

Croisières fluviales. Deux bateaux à aube rénovés, le *Club Crocodile River Queen I* et le *Club Crocodile River Queen II* (☎ 3221 1300) effectuent des promenades sur la Brisbane. Vous avez le choix entre une croisière de 1 heure 30, à 12h45 (30 $, déjeuner-buffet compris), une autre à 15h30 le dimanche (20 $, thé compris) ou encore des dîners-croisières de 2 heures 30, qui partent à 19h30 (18h30 le dimanche) et coûtent 40 $, buffet compris. Le départ se fait d'Eagle St Pier, près du Riverside Centre.

Autres circuits. Rob's Rainforest Tours (☎ 019 496 607), dirigé par un ancien globe-trotter, organise différents circuits d'une journée et accompagne des groupes dans les forêts tropicales de Mt Glorious, de Kondalilla Falls et des Glass House Mountains, ainsi qu'au Lamington National Park. Le prix de 48 $ par personne comprend un petit déjeuner, un déjeuner-barbecue et le transport aller-retour à votre hôtel.

Plusieurs autres organismes proposent des circuits similaires, mais ils pratiquent des tarifs en général nettement plus élevés que ceux de Rob.

Inhabituel, et d'un rapport qualité/prix intéressant, le circuit de trois jours d'Araucaria Ecotours (☎ 5544 1283 ; ecotoura@ eis.net.au) vous conduit dans le Mt Barney National Park. Le départ a lieu de Brisbane tous les mercredi (de la gare ferroviaire de South Brisbane, mais aussi du Transit Centre sur demande). Le circuit comprend des randonnées à travers différents types de forêts, entrecoupées de haltes pour observer la flore et la faune. Il est également possible de se baigner dans une rivière, de faire de la plongée de surface, et parfois même du bateau. Sachez toutefois que l'accent est mis sur la pédagogie – les circuits ont lieu sous la houlette de Ronda Green, une chercheuse qui connaît parfaitement son sujet. Le tarif de 160 $ comprend l'hébergement, mais pas les repas.

Manifestations annuelles

Le principal événement artistique, le Brisbane Festival of Music, se déroule en juillet les années impaires. L'autre manifestation importante, le Royal National Agricultural Show (ou Ekka), se tient au début du mois d'août au parc national des expositions. Par ailleurs, la ville accueille la Queensland Heritage Week en avril, un festival cinématographique international de 10 jours en juillet/août, et le Livid, festival de rock alternatif d'une journée, en octobre.

Où se loger

Ouvert de 7h à 18h en semaine et de 8h à 17h le week-end, le Brisbane Visitors Accommodation Service (☎ 3236 2020), au niveau 3 du Transit Centre, offre un service gratuit de réservations. On vous y fournira des brochures et des informations sur toutes les auberges de jeunesse ainsi que sur les autres possibilités d'hébergement pour petits budgets ; une fois votre choix fait, quelqu'un viendra vous chercher pour vous emmener à votre gîte.

Les auberges de jeunesse de Brisbane sont concentrées dans trois grandes zones : Petrie Terrace et Paddington, immédiatement à l'ouest du centre-ville ; Fortitude Valley et New Farm, au nord-est ; South et East Brisbane ainsi que West End, au sud.

La plupart des motels sont concentrés dans Wickham St et Gregory Terrace, à l'extrémité nord de la ville, et dans Main St (principalement autour de Kangaroo Point), route d'accès à la Gold Coast Highway qui mène vers le sud.

Où se loger – petits budgets

Campings. Le terrain le plus proche du centre-ville, le *Newmarket Gardens Caravan Park* (☎ 3356 1458, 199 Ashgrove Ave), à 4 km au nord, à Ashgrove, est desservi par plusieurs bus, et la gare ferroviaire est à proximité. Les emplacements avec électricité coûtent 17 $ pour deux personnes, les caravanes 29 $ en double et 34 $ en triple.

Des bungalows pouvant loger jusqu'à quatre personnes reviennent à 50 $.

A 13 km au nord de la ville, l'*Aspley Acres Caravan Park* (☎ 3263 2668, 1420 Gympie Rd, Aspley) loue des emplacements à partir de 10 $, des caravanes à partir de 32 $ et des bungalows à 43 $. Au *Dress Circle Village* (☎ 3341 6133, 10 Holmead Rd, Eight Mile Plain), à 14 km au sud de Brisbane, les emplacements débutent à 10 $ et les bungalows à 50 $. A 19 km au sud de la ville, à Roachdale, deux campings jalonnent School Rd : le *Gateway Junction Village* (☎ 3341 6333), avec des emplacements à 22 $ et des chambres simples à 70 $, et le *Sheldon Caravan Park* (☎ 3341 6166), dont les emplacements s'élèvent à 14 $ et les bungalows doubles à 40/50 $ sans/avec les draps.

Auberges de jeunesse – centre-ville.

Le centre-ville ne comporte qu'une seule auberge de jeunesse, le *Palace Backpackers* (☎ 1800 676 340). Extrêmement centrale, à l'angle d'Ann St et d'Edward St, elle n'est qu'à 5 minutes à pied du Transit Centre. L'établissement occupe l'ancien siège de l'Armée du Salut, un bâtiment classé qui a été considérablement modernisé – grande cuisine commune, salons TV, buanderies, service d'information sur les divers circuits, club de recherche d'emploi et solarium sur le toit.

En bas, le Down Under (voir *Où sortir*, plus bas dans cette section) est probablement le bar de la ville le plus prisé des voyageurs à petit budget. Seul inconvénient : la fête a tendance à s'étendre aux couloirs, si bien que les nuits au Palace ne s'avèrent pas toujours paisibles. Les lits coûtent de 15 $ (sept à neuf personnes par chambre) à 18 $ (trois personnes), et les simples/doubles 30/40 $.

Auberges de jeunesse – Spring Hill.

La *Kookaburra Inn* (☎ 3832 1303, 41 Phillips St) est une vieille maison typique du Queensland. Située dans une rue calme et verdoyante, assez proche du centre, elle est particulièrement appréciée par les Japonais et les Européens. Pas de dortoirs ; les simples/doubles reviennent à 30/40 $, mais les tarifs baissent en formule hebdomadaire.

Auberges de jeunesse – Petrie Terrace et Paddington.

Certes, Petrie Terrace n'est pas le quartier le plus agréable de Brisbane, mais il n'est pas loin du Transit Centre, et la Caxton St, toute proche, regorge de cafés, de restaurants et de bars de bonne qualité.

Trois établissements se suivent dans Upper Roma St : le premier est le *City Backpackers' Hostel* (☎ 3211 3221, 380 Upper Roma St), un bâtiment de deux étages sans grand charme mais bien équipé et bénéficiant d'un personnel sympathique. Un lit dans un dortoir de quatre à six personnes coûte 13 $, et les doubles 32 $. Le *Roma St Hostel*, à côté, est à déconseiller.

Un peu plus loin, la *Brisbane City YHA* (☎ 3236 1004, 392 Upper Roma St) offre des équipements corrects et compte un bon café, ainsi qu'un service de réservation de circuits et elle est accessible aux handicapés. Sans la carte d'adhérent YHA, le prix d'un lit en dortoir de quatre à six (pas de dortoirs mixtes) s'élève à 19 $ par personne, ou à 46 $ pour une chambre à deux lits. Les doubles et les triples avec clim. ou les suites se louent un peu plus cher.

Un pâté de maisons plus au sud, le *Yellow Submarine Backpackers* (☎ 3211 3424, 66 Quay St) occupe une maison ancienne – peinte en jaune, naturellement. Cet endroit accueillant et très agréable dispose d'une piscine, de petites terrasses et de barbecues. Ici aussi, on vous aidera à trouver un job. Prévoyez 15 $ la nuit en dortoir de trois à six lits, et 34 $ en chambre à un ou deux lits.

A quelques minutes plus au nord, le *Banana Benders Backpackers* (☎ 3367 1157, 118 Petrie Terrace) arbore une façade peinte en jaune et en bleu vif. Cette confortable petite maison en deux parties dispose d'une belle vue du côté ouest. La plupart des dortoirs comptent quatre lits (16 $) ; les doubles valent 36 $. L'établissement est très apprécié des hôtes de longue durée et les charmants propriétaires, Chris et Ben, peuvent vous aider à trouver du travail en ville ou dans les fermes.

Belle petite maison en bois de deux étages dotée d'un balcon en façade et d'une piscine dans la cour de derrière, l'*Aussie Way Backpackers* (☎ 3369 0711, 34 Cricket St) est un endroit propre, calme et bien équipé. Comptez 15 $ la nuit en dortoir de trois à cinq lits superposés ; trois simples sont louer 24 $, et deux doubles 34 $.

Auberges de jeunesse – Fortitude Valley et New Farm. La *Balmoral House* (☎ 3252 1397, 33 Amelia St) est bien située et bien équipée, avec notamment une buanderie, une grande cuisine et une TV dans chaque chambre. L'établissement s'avère plutôt calme et constitue une excellente solution si vous voulez loger près des cafés et de la vie nocturne sans sacrifier la tranquillité de vos nuits. Un lit en dortoir de trois ou quatre personnes coûte 13 $, une simple/double 30/44 $ avec s.d.b. commune et 40/45 $ avec s.d.b. individuelle.

A 10 minutes à pied de Brunswick St, le *Centrepoint Backpackers* (☎ 1800 685 857) occupe le deuxième étage du Waterloo Hotel, au coin d'Ann St et de Commercial Rd. Très fréquenté par les travailleurs itinérants et les chômeurs, il dispose 24h/24 d'un service d'offres d'emploi, le "Red Hot Chilli Packers" (☎ 0414 744575). Si Peter O'Shea ne peut pas vous trouver du travail, c'est que vous faites la fine bouche.

Toutes les autres auberges sont à New Farm, à 10 minutes de marche de la Valley – elle-même à 15 minutes à pied du centre ; deux bus réguliers passent dans Brunswick St et desservent le centre-ville.

Au *Pete's Palace* (☎ 3254 1984, 515 Brunswick St), un petit établissement qui ressemble à une maison d'étudiants, les dortoirs à quatre lits coûtent 11 $ au minimum par personne, et une double rudimentaire 30 $.

Le *Globetrekkers' Hostel* (☎ 3358 1251, 35 Balfour St), maison en bois rénovée qui date du siècle dernier, est une petite auberge tranquille et très accueillante. Comptez 14 $ pour une nuit en dortoir de cinq lits superposés (un dortoir est réservé aux femmes), 32 $ en chambre avec lits jumeaux ou en double. Les voyageurs en mobile home

peuvent se garer à l'arrière et accéder aux équipements de l'établissement pour la somme de 5 $ par nuit.

Comme le Globetrekkers, la *Bowen Terrace* (☎ 3254 0458, 365 Bowen Terrace), est tenue par une famille. Dans cet établissement propre, calme et très bien entretenu, les simples s'échelonnent à partir de 25 $, et une double spacieuse joliment meublée avec réfrigérateur et TV coûte 35 $.

Au *Homestead* (☎ 3358 3538, 57 Annie St), vaste établissement moderne assez bien équipé et très apprécié des hôtes de longue durée, des vélos sont mis à votre disposition, et on vous emmène aussi gratuitement jusqu'au point de vue du Mt Coot-tha. Un lit en dortoir de six ou huit personnes revient à 14 $, une simple à 30 $, tandis que les doubles valent 45 $ et les chambres avec lits jumeaux 36 $.

Un peu plus bas dans la rue se trouve le très ancien *Atoa House Travellers' Hostel* (☎ 3358 4507, 95 Annie St) qui occupe trois maisons mitoyennes typiques du Queensland. Le prix dépend de la taille des chambres. Un lit en dortoir se paie 11 $, une simple débute à 15 $, une double et une chambre avec lits jumeaux à 20 $ et les appartements tout équipés reviennent à 10 $ par personne. L'auberge possède une grande cour avec une belle pelouse ombragée et, si vous avez votre propre tente, vous pourrez camper ici moyennant 7 $ la nuit. C'est toutefois un peu loin de Brunswick St Mall et de l'arrêt de bus.

Auberges de jeunesse – West End. Au *Brisbane Backpackers Resort* (☎ 3844 9956, 110 Vulture St), grand complexe conçu à l'intention des voyageurs à petit budget, les chambres sont équipées de TV, de réfrigérateur et de s.d.b. Si l'endroit dispose de cinq cuisines, d'une salle de jeux, d'une piscine, d'un bar et d'un café qui sert une nourriture bon marché, il arbore un air sévère et ne dégage aucun charme. Le prix des dortoirs s'élève à 16 $, et il faut compter 45 $ en simple et en double. En face, le *Swagman's Rest* (145 Vulture St), tenu par les mêmes gérants et partageant la même réception, vous accueillera si le Resort affiche complet.

A 100 m au sud en montant depuis Vulture Rd, le *Somewhere to Stay (☎ 1800 812 398, 45 Brighton Rd)* est une maison en bois immense et biscornue, agrémentée d'un beau jardin, d'une petite piscine et d'une agréable terrasse ombragée. L'endroit bénéficie également d'un café bon marché. Les lits en dortoir valent de 12 à 17 $. Les simples coûtent de 20 à 25 $, les chambres avec lits jumeaux et les doubles 30 $ et les logements tout équipés 45 $.

Où se loger – catégorie moyenne
Pensions et B&B. Si vous supportez les poupées et les froufrous, l'*Annie's Shandon Inn (☎ 3831 8684, 405 Upper Edward St, à Spring Hill)* est une pension accueillante qui loue des simples/doubles impeccables à 40/50 $, petit déjeuner inclus. Quatre chambres possèdent leur propre s.d.b. (50/60 $). Toute proche, la *Yale Inner-City Inn (☎ 3832 1663, 413 Upper Edward St)* propose des simples/doubles à 35/45 $, et quelques-unes avec s.d.b. à 55 $. Ces tarifs comprennent un petit déjeuner léger. Les chambres sont petites et les équipements un peu vieillots, mais l'endroit s'avère d'une propreté irréprochable.

Toujours à Spring Hill, le *Thornbury House B&B (☎ 3832 5985, 1 Thornbury St)* est aménagé dans une charmante maison en bois typique du Queensland qui date de 1886. Rénovée avec goût, elle compte quatre excellentes doubles à 90 $ et cinq simples plus petites sous les combles à 55 $. Une suite double revient à 100 $.

A 2 km environ à l'ouest du centre, à Paddington, le *Waverley B&B (☎ 3369 8973, 5 Latrobe Terrace)*, une autre maison typique rénovée, propose un appartement familial à l'étage, ainsi que deux chambres au rez-de-chaussée. L'endroit compte également deux superbes appartements à l'arrière, avec entrée indépendante. Les prix s'élèvent à 60/90 $, ou à 380 $ la semaine pour les appartements équipés.

Appartements. Pas très loin du centre, à Spring Hill, les deux étages des *Dorchester Self-Contained Units (☎ 3831 2967, 484 Upper Edward St)* se composent de logements tout équipés au prix de 60/70/80 $ en simple/double/triple.

Environ 500 m plus loin au nord-est, les *Dahrl Court Apartments (☎ 3832 1311, 45 Phillips St)* nous ont été recommandés par plusieurs lecteurs. Les appartements comprennent une chambre et une cuisine séparée (petit déjeuner léger inclus) coûtent 65/75 $ en simple/double et 100 $ pour quatre personnes. Au sous-sol, un grand appartement tout équipé peut accueillir jusqu'à 12 personnes, moyennant 25 $ par lit.

Dans Brunswick St, à proximité des cafés et de la vie nocturne, le nouveau *Central Brunswick Apartment Hotel (☎ 3852 1411, 455 Brunswick St)* accueille volontiers la clientèle homosexuelle dans des appartements modernes dont le prix débute à 85 $. Le service est de bonne qualité mais les appartements qui donnent sur Brunswick St sont bruyants.

A New Farm, à l'angle de Brunswick St et de Moreton St, les *Allender Apartments (☎ 3358 5832)* sont installés dans un immeuble ancien en brique crème rénové. Les superbes studios offrent un bon rapport qualité/prix à 60 $ en formule standard, ou 90 $ en formule de luxe, dans un bel appartement. Le centre étant trop loin à pied, on ne peut s'y rendre qu'en bus.

Motels. Le *Gregory Terrace Motor Inn (☎ 3832 1769, 397 Gregory Terrace)*, motel quatre-étoiles, surplombe Victoria Park, juste en face du Centenary Aquatic Centre. Les doubles valent 88 $, et les appartements dotés de deux chambres pouvant recevoir jusqu'à huit personnes coûtent 120 $ pour deux, plus 10 $ par occupant supplémentaire.

Plus près du centre, à Wickham Terrace, l'*Astor Motel (☎ 3831 9522)*, près du carrefour d'Upper Edward St, a été récemment rénové. Là, vous débourserez 89/95 $ pour une confortable simple/double. A quelques minutes à pied plus à l'ouest, au *Soho Club Motel (☎ 3831 7722, 333 Wickham Terrace)*, les simples/doubles nettement plus rudimentaires reviennent à 49/58 $.

A Kangaroo Point, le *Kangaroo Motel (☎ 3391 1145, 624 Main St)* abrite des simples/doubles décentes affichées à 50/55 $. Tout près du terrain de cricket Gabba, le *Kangaroo Point Holiday Apartments* (☎ *1800 676 855, 819 Main St*) propose d'agréables appartements d'une chambre à partir de 65 $ la nuit, avec réduction sur les séjours d'une semaine.

Hôtels. Une des meilleures adresses de Brisbane est l'*Explorers' Inn* (☎ *3211 3488, 63 Turbot St*), un hôtel moderne de trois-étoiles installé dans un vieil immeuble, tout près du centre et à quelques minutes à pied du Transit Centre. Quoiqu'un peu exiguës, les chambres, propres et bien équipées, offrent un bon rapport qualité/prix à 69 $ (double ou lits jumeaux).

Au nord de Kangaroo Point, au *Ryan's on the River* (☎ *3391 1011, 269 Main St*), installé à côté du point d'embarquement du City Cat, toutes les chambres donnent sur le fleuve et coûtent en moyenne 99 $.

Il Mondo (☎ *3392 0111, 25 Rotherham St*) occupe un bâtiment post-moderne original, doté d'un très agréable café/restaurant de semi-plein air au rez-de-chaussée. De là, on ne voit pas le fleuve, mais l'arrêt du ferry n'est qu'à quelques minutes de marche. Les simples s'échelonnent de 59 à 75 $, les appartements avec une chambre reviennent à 155 $.

Où se loger – catégorie supérieure

Au coin d'Edward St et de Margaret St, le *Beaufort Heritage Hotel* (☎ *3221 1999*) figure parmi les meilleurs hôtels de la ville. Ses chambres offrent une vue sur le fleuve. Le très chic *Conrad International* (☎ *3306 8888*) se trouve dans les murs du Casino, à l'angle de George St et de Charlotte St. Ces deux établissements proposent des formules promotionnelles qui permettent de bénéficier de réductions de 30 à 40% sur le prix normal des chambres (300 $ environ).

Où se restaurer

Centre-ville. Il existe bien peu de restaurants dans le centre, qui a tendance à se vider après la fermeture des boutiques et des bureaux. Cependant, les cafés ont proliféré au cours de ces dernières années. Les bons restaurants pour petits budgets ne manquent pas, aussi bien dans le centre que dans les faubourgs.

A l'heure du petit déjeuner, la meilleure adresse pour les gros appétits est le *Pane e Vino*, à l'angle d'Albert St et de Charlotte St. Une généreuse assiette de saucisse, bacon et champignons avec deux œufs et des toasts (suffisante pour deux personnes), le tout arrosé de café et de jus d'orange, vous reviendra à 8,50 $. Intéressant également, le *Palace Cafe (Ann St)* sert tout un choix de petits déjeuners (de 4 à 8 $).

Le centre-ville recèle quantité de lieux de restauration dont la clientèle se compose principalement de salariés et de chalands. Le meilleur rapport qualité/prix est probablement offert par les échoppes installées dans les centres commerciaux – essayez l'*Eatery* au sous-sol du Myer Centre, non loin du Queen St Mall. Très apprécié aussi à l'heure de la pause-déjeuner, le *Hungry Heart Bistro (102-104 Edward St)* prépare de copieux plats de pâtes, de riz ou de nouilles à moins de 7 $. Ouvert de 7h à 16h uniquement, les jours de semaine.

Pour faire un repas copieux, le *Mekong Chinese Restaurant (Adelaide St)*, au nord d'Edward St, dresse à midi un buffet à volonté pour 6,90 $. Le *Govinda's Restaurant (99 Elizabeth St)*, géré par la secte Hare Krishna, propose des plats végétariens à 5 $ (à volonté). Il ouvre le midi en semaine et les vendredi et dimanche soir.

Le *Blackjacks Casino Buffet (Treasury Casino, 21 Queen St)* offre un grand choix de plats d'un bon rapport qualité/prix, à 12 $ au déjeuner et 15 $ au dîner. Le *Down Under Bar & Grill* du Palace Backpackers prépare également des déjeuners bon marché et des repas le soir à partir de 18h.

Dans Albert St, le pub irlandais *Gilhooley's* concocte une excellente cuisine traditionnelle – les ragoûts et le pie au bœuf et à la Guinness coûtent quelque 8 $, les plats plus onéreux tournant autour de 16 $.

La plupart des restaurants se concentrent dans les complexes voisins d'*Eagle St Pier* et de *Riverside Centre*, qui abritent plusieurs établissements haut de gamme.

QUEENSLAND

Les plus renommés sont *Il Centro* (☎ 3221 6090), superbe restaurant italien, et le *Pier Nine* (☎ 3229 2194), où les amateurs d'huîtres et de fruits de mer se régaleront.

Petrie Terrace et Paddington. Dans ce secteur, le meilleur endroit pour faire un repas correct à prix raisonnable est probablement le *City YHA hostel cafe* – il n'est pas nécessaire de loger à l'auberge pour s'y restaurer. Sinon, la *Paddo Tavern*, dans Given Terrace, à environ 1 km à l'est de Petrie Terrace, sert des déjeuners à 2,45 $ les jours de semaine. En face, le *3 F's Noodle Bar* ravira les petits budgets avec des plats à moins de 5 $.

Le *Kari Tandoori (235 Given Terrace)* est un charmant restaurant indien qui prépare une succulente cuisine tandoori et permet aux clients de consommer l'alcool qu'ils apportent. Ouvert tous les soirs, il sert des plats principaux à 11 $ environ.

Le *Jakarta Indonesian Restaurant (215 Given Terrace)* affiche des prix raisonnables dans un décor tout en bambou : plats de riz, de nouilles et végétariens de 7 à 12 $, viandes et fruits de mer entre 10 et 13 $. Ouvert à partir de 18h du mardi au dimanche.

Le *Hot Wok Cafe (257 Given Terrace)* est un restaurant chinois supérieur à la moyenne servant des spécialités inventives à des prix qui n'ont rien d'excessif, à pèès de 8 $. A l'arrière, il dispose d'une agréable terrasse ombragée.

Un peu plus loin, le *Scoops (283 Given Terrace)* est une véritable institution où l'on se réunit pour déguster en plein air de savoureuses crêpes et des pancakes. Il est ouvert au petit déjeuner, au déjeuner et au dîner. Une mention spéciale pour le brunch du dimanche, particulièrement alléchant.

Fortitude Valley. "The Valley" est l'un des meilleurs coins à explorer lorsqu'on cherche un restaurant, notamment le vendredi soir et le samedi. Vous trouverez un marché de qualité et un espace de restauration internationale au *McWhirters Marketplace*, au coin de Brunswick St et de Wickham St.

Duncan St, entre Ann St et Wickham St, abrite le Chinatown de Brisbane. Pour les petits budgets, les meilleures adresses sont l'*Aloha Malaysian* et le *Kim Lan Vietnamese*, situés côte à côte dans Duncan St, non loin de Wickham St, et perpétuellement bondés.

En face, l'*Enjoy Inn* est considéré comme le meilleur restaurant cantonais de la ville. Relativement calme et formel en semaine, l'endroit s'anime le week-end. L'addition varie de 8 à 16 $ et le restaurant est ouvert tous les jours de 12h à 15h, puis de 17h à 24h.

Toute une série d'échoppes sont regroupées à l'extrémité est du Brunswick St Mall, la plupart disposant de tables sur le trottoir. Le *Mellino's (330 Brunswick St)*, un café tout simple ouvert 24h/24, pratique les prix les plus raisonnables : pâtes à 8,90 $ et pizza pour deux à moins de 10 $. Le café *California*, au coin de Brunswick St et de McLachlan St, ouvert depuis 1951, a gardé en partie son décor d'origine et sert des petits déjeuners pantagruéliques.

Au *Deck Bar*, au coin de Brunswick St et d'Ann St, on mange au comptoir des déjeuners à 3 $. Les végétariens préféreront le *Krishna's Cafe*, situé à côté de l'Arena dans Brunswick St, où ils dégusteront un déjeuner à 4 $ dans un agréable jardin.

Pour un dîner romantique, une seule adresse : le *Garuva Hidden Tranquility Restaurant & Bar (☎ 3216 0124, 174 Wickham St)*. On vous fera traverser un passage envahi par la végétation tropicale avant de vous installer dans une alcôve fermée par des paravents. Le dîner dure deux heures et tous les plats sont facturés 8,50 $. Vu la popularité de l'endroit, mieux vaut réserver.

Si vous voulez manger de la très bonne cuisine italienne, allez sans hésiter à la *Lucky's Trattoria (683 Ann St)*. Les pâtes s'avèrent vraiment exceptionnelles. L'établissement est très fréquenté le week-end (pas de réservations). Vous pouvez apporter votre boisson. Les plats débutent à 9 $.

Richement décorée, la *Tibetan Kitchen (☎ 3358 5906, 454 Brunswick St)* concocte des spécialités tibétaines, sherpas et népalaises. La plupart des plats principaux coûtent près de 11 \$, et une "assiette sherpa" 14 \$. Ouvert tous les jours de 11h à 14h et de 17h à 21h30.

West End. Là aussi, les cafés et les restaurants de cuisine cosmopolite abondent, et plusieurs affichent une carte à prix modiques.

La *Three Monkeys Coffee House (58 Molligan St)*, à l'ouest du rond-point, est un endroit décontracté au décor pseudo-marocain où l'on déguste un excellent café, des gâteaux et toutes sortes de plats entre 6 et 10 \$. Le café est ouvert tous les jours de 10h30 à 24h. A côté, le *Jazzy Cat Cafe*, agrémenté d'un agréable balcon et d'un jardin, sert pizzas et pâtes pour 11 \$ environ.

Au sud de Boundary St sont rassemblés une petite dizaine de cafés à la mode où l'on peut aussi manger quelques plats. Le *Caffe Tempo (181 Boundary St)* possède une petite terrasse très branchée. Le *Cafe Nouveau (185 Boundary St)* est un endroit attirant de style italien. En face, le *Cafe Babylon (142 Boundary St)* opte pour une atmosphère New Age, avec décor ethnique, soirées astrologie et lecture de tarots. A côté, le *Green Grocer* est un bon magasin de produits diététiques offrant un grand choix de légumes et de fruits biologiques, de jus de fruits, ainsi que de pains complets et sans gluten.

Le *Qan Heng's (151 Boundary St)* sert des repas chinois et vietnamiens de 5,90 à 10 \$, et le déjeuner-buffet revient à 6,50 \$.

Dans Hardgrave Rd, à 400 m à l'ouest de Boundary St, une bonne douzaine de cafés et de restaurants se succèdent d'une cour en plein air. Au n°93, le *Kim Thanh* est un restaurant sino-vietnamien immense et bruyant où l'on peut apporter sa boisson et savourer des plats entre 7 et 9 \$.

Autre bonne adresse, la *Soup Kitchen (166 Hardgrave Rd)*, un établissement italien à la mode agrémenté d'une cour en plein air. Simple café dans la journée, il fait restaurant le soir. Spécialisé dans les soupes (de 6 à 8 \$) et les pâtes (de 9,50 à 13,50 \$), il sert aussi de bons plats du jour (entre 11,50 et 13,50 \$). A l'angle, le *Caravanserai (1 Dornoch Terrace)* est un ancien

mont-de-piété reconverti en un sympathique restaurant turc, au milieu duquel se trouve une cuisine ouverte. Comptez entre 8,50 et 12,50 \$ pour les plats principaux. Spectacle de danse du ventre le samedi soir.

Où sortir

Consacrés aux loisirs, les journaux gratuits *Time Off*, *Rave* et *The Scene* (disponibles dans les magasins de disques et dans certains cafés) délivrent des renseignements très complets sur les groupes, les pubs, les clubs et les théâtres. Pour connaître les programmes de cinéma, consultez le quotidien *Courier Mail*.

Pubs et bars. Il n'existe réellement qu'un seul bar bon marché à Brisbane. Il s'agit du *Down Under*, en haut d'Edward St dans le centre-ville, en sous-sol du Palace Backpackers, et ouvert 7j/7. Danser sur les tables est fortement encouragé, et la fête se poursuit jusqu'aux premières lueurs du jour. Autres possibilités, le *Story Bridge Hotel*, à Kangaroo Point, et le *Transcontinental*, en face du Transit Center de Roma St.

Depuis le début des années 1990, c'est tout particulièrement dans les faubourgs à la mode, tels que Fortitude Valley et West End, que l'on va boire un verre. Cette tendance a entraîné l'apparition de lieux curieux et un peu hybrides comme le *Ric's Cafe-Bar (321 Brunswick St)*, à la décoration chic et rétro, où se joue de la musique alternative chaque soir. L'*Empire*, au coin de Brunswick St et d'Ann St, privilégie aussi la musique *indie* (alternative) : les vendredi et samedi soirs au Wunderbar, au 1er étage, et les mercredi, jeudi et dimanche au Press Club, au sous-sol (entrée libre).

Plus conventionnel, le *Dooley's Hotel*, également à Brunswick St dans "the Valley", est un grand pub irlandais très connu, avec de nombreux billards au bar du premier étage.

Il existe quantité d'autres pubs irlandais, tels le *Kelly's (521 Stanley St)*, à South Brisbane, ou le très célèbre *Gilhooley's* d'Albert St, qui est sans doute le meilleur endroit pour prendre un verre en ville. La plupart des autres pubs ne s'avèrent pas toujours très accueillants et pratiquent une sélection peu aimable à l'entrée.

Concerts. On peut écouter des concerts dans un grand nombre de pubs, de bars et de clubs. Lorsqu'un groupe local se produit, l'entrée coûte 6 $ au bas mot – beaucoup plus s'il s'agit d'un groupe en tournée. Signalons également de très bons concerts de musique alternative, gratuits pour la plupart. Selon le magazine *Time Off*, les meilleures adresses sont le *Zoo (☎ 3854 1381, 711 Ann St)* dans "the Valley" (plus d'un groupe a, semble-t-il, qualifié l'endroit de meilleur petit club d'Australie), l'*Arena (☎ 3252 5690, 210 Brunschwick St)* et la *Red Room (☎ 3252 2565, 14-20 Constance St)* dans le Buffalo Club.

Nightclubs. Brisbane bénéficie d'une vie nocturne très intense, mais il faut savoir où l'on met les pieds. La plupart des clubs classiques sont répartis entre le centre-ville et les banlieues, tandis que les lieux alternatifs se concentrent à Fortitude Valley.

Les clubs du centre-ville attirent une clientèle assez sage et privilégient la soul et la dance music. Citons le *Gig (22 Market St)*, le *City Rowers*, dans Eagle St Pier, et le *Friday's (123 Eagle St)*. Le meilleur dans le genre est probablement le *Brisbane Underground (61 Petrie Terrace)*. Des groupes alternatifs se produisent à l'*Indie Temple*, au Rosies Tavern, dans le centre-ville. Dans "the Valley", le *Tube (210 Wickham St)* donne également des soirées très réussies.

Communauté homosexuelle. Les lieux fréquentés par les homosexuels sont répertoriés dans *BrotherSister*, qui paraît tous les quinze jours. Un des endroits les plus animés en ville, le *Wickham Hotel (308 Wickham St)*, organise des drag shows, des strip-tease, des promotions et des soirées de dance music 7j/7. Le *Sportsman's Hotel (130 Leichhardt St)*, à Spring Hill, s'avère aussi très apprécié pour ses animations du même genre. Très prisé, l'*Options (18 Little Edward St)*, toujours à Spring Hill, propose des spectacles en étage et une discothèque au sous-sol.

Jazz et blues. Aménagé au rez-de-chaussée du Travelodge (à côté du Transit Center), le *Jazz & Blues Bar* se présente comme la plus grande scène jazz et soul de la ville. D'excellents musiciens australiens et internationaux viennent se produire les mardi et samedi. Les puristes préféreront sans doute se rendre les samedi et dimanche soir au *Brisbane Jazz Club (1 Annie St, à Kangaroo Point)*, près du fleuve. Le dimanche après-midi, allez au *Story Bridge Hotel* ou au *Snug Harbour Dockside*, à Kangaroo Point.

Si vous préférez le rythm'n'blues, rendez-vous au *Healer (☎ 3852 2575, 27 Warner St)*, dans "the Valley", installé dans une ancienne église.

Cinéma. Les grandes salles multiplex du centre-ville sont le *Hoyts Regent*, dans le Queen St Mall, le *Hoyts Myer Centre*, au sous-sol du centre commercial Myer, et le *Greater Union* et ses cinq écrans dans Albert St, au sud du mall. Tous présentent les grandes productions internationales, et le billet coûte 12 $ (10 $ avant 17h), ou 7 $ le mardi. Le *Dendy (346 George St)*, dans le centre-ville, le *Classic (963 Stanley St, à East Brisbane)*, et le superbe petit cinéma *Metro (109 Edward St)*, dans le centre également, projettent des films indépendants ou d'art et d'essai. Le *Village Twin (701 Brunswick St, à New Farm)* passe aussi bien des œuvres d'art et d'essai que des films commerciaux. Tarif réduit les mardi, mercredi et jeudi soir.

Théâtre. Vous trouverez toujours un spectacle dans l'une des trois salles du *Performing Arts Complex (☎ 3840 7444)*, au Queensland Cultural Centre de South Brisbane, qu'il s'agisse de concerts, de théâtre, de danse ou de films.

Les autres grandes salles de spectacles sont : le *Suncorp Theatre (☎ 3221 5371, 179 Turbot St)*, où se produisent les compagnies du Queensland Ballet et du Queensland Theatre ; le *Brisbane Arts Theatre (☎ 3369 2344, 210 Petrie Terrace)*, théâtre amateur ; et *La Boite Repertory Theatre (☎ 3369 1622, 57 Hale St)*, près de Petrie Terrace.

Comment s'y rendre

Le moyen le plus simple de réserver une place d'avion sur les lignes intérieures est de s'adresser au Backpackers Travel Centre (☎ 3221 2225), situé 138 Albert St. La gérante, Debbie, et son équipe connaissent les meilleurs tarifs pour aller d'un point à un autre et revenir.

Avion. Qantas (☎ 13 1313 pour les vols intérieurs, ☎ 13 1211 pour les vols internationaux) dispose d'un bureau dans le centre-ville, au 247 Adelaide St. Ansett (☎ 13 1300) possède des locaux à l'angle de Queen St et de George St. Ces deux compagnies assurent de fréquentes liaisons avec les capitales du sud et les grandes villes du Queensland.

Voici quelques exemples de tarifs aller simple au départ de Brisbane : Sydney (317 $), Melbourne (461 $), Adelaide (551 $) et Perth (752 $). A l'intérieur du Queensland : Townsville (396 $), Rockhampton (314 $), Mackay (363 $), Proserpine (374 $), Cairns (441 $) et Mt Isa (451 $, desservi uniquement par Ansett).

La petite compagnie de l'Outback, Flight West (☎ 13 2392), relie Roma (186 $ l'aller simple), Charleville (240 $), Quilpie (298 $), Barcaldine (306 $), Blackall (283 $), Longreach (325 $), Winton (344 $), Windorah (339 $) et Birdsville (417 $).

Bus. Le Transit Centre, situé dans Roma St, à environ 500 m à l'ouest du centre-ville, est le principal terminus et bureau de réservations de tous les bus et trains longue distance. Il compte des magasins, des banques, une poste, une multitude de restaurants et de cafés, un service de renseignements au niveau 2 et de réservations hôtelières au niveau 3. Ce dernier niveau est également équipé de casiers (4 $ par jour) mais aussi d'une consigne où l'on conservera vos affaires plus longtemps.

Les compagnies de bus ont établi leurs comptoirs de réservations au niveau 3. Greyhound Pioneer et McCafferty's font le trajet Sydney-Brisbane le long de la côte par la Pacific Highway (17 heures) ou par l'intérieur sur la New England Highway

(14 heures environ). Le tarif habituel s'élève à quelque 70 $, mais Premier Pioneer Motor Services (☎ 1300 368 100) propose des billets moins chers.

De Brisbane à Melbourne, la route la plus directe est la Newell Highway (24 heures) Greyhound Pioneer et McCafferty's assurent un service quotidien (environ 130 $).

Vers Adelaide, l'itinéraire le plus court (*via* Dubbo) s'effectue en près de 31 heures, (environ 148 $).

Greyhound Pioneer et McCafferty's affrètent cinq bus par jour pour Cairns. Voici le temps de trajet qu'il faut prévoir et le prix du voyage pour les principales villes le long de la côte :

Destination	Durée	Prix
Noosa Heads	3 heures	15 $
Hervey Bay	5 heures	32/38 $
Rockhampton	9 heures	63 $
Mackay	13 heures	94 $
Townsville	19 heures	123 $
Cairns	24 heures	144 $

McCafferty's et Greyhound Pioneer desservent quotidiennement le Territoire du Nord jusqu'à Darwin (46 heures, 374 $) *via* Longreach (17 heures, 83 $) et Mt Isa (24 heures, 112 $).

Train. Les XTP de Countrylink fonctionnent chaque jour entre Brisbane et Sydney. Dans le sens sud/nord, ces trains roulent de nuit et en sens inverse, de jour. Le voyage de 13 heures 30 coûte 98/142 $ en économique/1re classe, et 225 $ en couchette.

Le *Tilt Train* assure un service rapide entre Brisbane et Rockhampton. Le train part de Brisbane à 10h30 du dimanche au vendredi et de Rockhampton à 7h40 du lundi au samedi. En classe économique, comptez 70 $ pour 7 heures de trajet. Le voyage de Brisbane à Maryborough West (d'où vous pourrez atteindre Fraser Island) dure 3 heures 30 et coûte 39 $ en classe économique.

Trois fois par semaine, le *Sunlander* parcourt les 1 681 km qui séparent Brisbane de Cairns *via* Mackay et Townsville (30 heures, 263/177 $ pour une couchette en 1re classe/classe économique et 142 $

pour une place assise). Le *Spirit of the Tropics* relie Brisbane à Townsville deux fois par semaine (245/159/124 $, 24 heures).

Le *Queenslander* assure une liaison hebdomadaire entre Brisbane et Cairns. Les passagers voyagent en 1re classe (couchette et repas compris dans le billet) ou en classe économique (places assises). Au départ de Brisbane, il dessert les gares suivantes : Mackay (350/105 $, 16 heures), Townsville (394/124 $, 21 heures) et Cairns (439/142 $, 30 heures). Moyennant un supplément de 170 $, le train assure le transport de votre voiture entre Brisbane et Cairns.

Le luxueux *Great South Pacific Express* relie Brisbane à Cairns, Cairns à Brisbane, et Brisbane à Sydney deux fois par mois environ. Reportez-vous à la rubrique *Comment s'y rendre* dans la section consacrée à *Cairns* plus loin dans ce chapitre.

Deux fois par semaine, le *Westlander* gagne Charleville *via* Roma. Le trajet dure 16 heures 30 et coûte 178/81 $.

Très apprécié des voyageurs, le *Spirit of the Outback* relie deux fois par semaine Brisbane à Longreach *via* Rockhampton, en 24 heures. Le billet revient à 235/159 $ pour une couchette en 1re classe/classe économique et à 124 $ pour une place assise en classe économique.

Les réservations s'effectuent directement auprès de Queensland Rail (☎ 13 2232) ou de son Railway Travel Centre (RTC ; ☎ 3235 1331), près de Central Station.

Voitures. Si vous êtes en voiture, le stationnement est limité à 2 heures dans le centre-ville et dans les faubourgs proches. Malgré l'absence de panneaux, les contractuels sont sans pitié !

Les principales compagnies de location de voitures disposent d'une agence à Brisbane, mais il existe aussi des sociétés plus petites. Integra Car Rentals (☎ 1800 067 414), 79 McLachlan St, à Fortitude Valley, nous a été recommandé pour son rapport qualité/prix intéressant : vous pouvez laisser votre véhicule dans une autre ville (Cairns, Sydney, Melbourne), et les tarifs des camping-cars semblent raisonnables. Renseignez-vous également auprès de Car-azy

Rentals (☎ 3257 1104), d'Ideal (☎ 3260 2307) et de National (☎ 3854 1499).

Peter O'Shea (☎ 3392 0137) gère une agence de vente et d'achat de voitures.

Comment circuler

Pour obtenir des renseignements sur les bus, les train, les ferries, téléphonez à Trans-Info Service (☎ 13 1230), qui fonctionne tous les jours de 6h à 22h. Il existe un RTC (Railway Travel Centre/bureau d'informations ferroviaires) à Central Station. Pour vous renseigner sur les bus et les ferries, contactez également l'Information Centre de Queen St et l'Information Centre de la gare routière situé sous le Queen St Mall.

Desserte de l'aéroport. L'aéroport de Brisbane s'étend au nord-est de la ville. Le nouveau terminal des vols intérieurs et internationaux est aménagé à peu près 15 km plus loin. Au départ du Transit Centre, les navettes de Coachtrans (☎ 3236 1000) desservent l'aéroport environ toutes les demi-heures, de 5h à 20h30. Le tarif s'élève à 7,50 $. Cette société assure aussi des liaisons directes par Airporter (☎ 5588 8777) entre l'aéroport et la Gold Coast (29 $). Suncoast Pacific (☎ 3236 1901) dessert directement la Sunshine Coast. Un taxi pour le centre-ville coûte près de 20 $.

Bus. De couleur rouge, le bus n°333 de City Circle parcourt un cercle délimité par George St, Adelaide St, Wharf St, Eagle St, Mary St, Albert St et Alice St. En semaine, les départs ont lieu toutes les 5 minutes de 8h à 17h45 (1,40 $).

Outre les bus propres au centre-ville, les bus Cityxpress desservent la banlieue de Brisbane, et les Rockets permettent de se rendre en banlieue aux heures de pointe. Du Transit Centre, il faut marcher vers le centre-ville pour attraper certains bus. La plupart des arrêts ont des couleurs particulières qui aident à se repérer. La gare souterraine du Myer Centre est utilisée principalement par le Cityxpress et les bus à destination du sud de la ville.

Dans le centre-ville, un trajet en bus coûte 1,40 $. Si vous comptez utiliser les transports publics plusieurs fois par jour, mieux vaut acheter une carte Off-Peak Saver à 6 \$, qui permet d'effectuer des déplacements illimités en bus, sur les ferries et les City Cats, en semaine entre 9h et 15h30 et après 19h, ou toute la journée le samedi et le dimanche. Sinon, la carte Day Rover à 8 \$ offre les mêmes avantages, mais sans limitation d'horaire.

Si vous avez l'intention d'effectuer un long déplacement, les cartes South East Explorer varient de 8 \$ pour des trajets illimités dans la ville à 20 \$ pour un forfait 3 zones qui permet de rejoindre Noosa Heads ou la Gold Coast.

La fréquence des bus est de 10 à 20 minutes du lundi au vendredi, jusqu'à 18h, et le samedi matin. Autrement, le service est réduit, et les bus s'arrêtent à 19h le dimanche et à 23h les autres jours.

Train. Le réseau rapide Citytrain compte sept lignes vers Ipswich, Beenleigh et Cleveland au sud, et vers Pinkenba, Shorncliffe, Caboolture et Ferny Grove au nord. Tous ces trains passent à la gare de Roma St, à Central Station et à la gare de Brunswick St. Un trajet dans la zone centrale coûte 1,50 \$.

Bateau. Brisbane dispose d'un service rapide et efficace de ferries qui remontent ou traversent le fleuve : les City Cats. Ces grands catamarans bleus relient l'Université du Queensland, à l'ouest, à Bretts Wharf, à l'est, en s'arrêtant à North Quay (qui dessert le Queen St Mall), South Bank, Riverside (CBD, le quartier des affaires) et New Farm Park. Ils passent toutes les 20 minutes de 6h à 22h30 en semaine, jusqu'à 24h le vendredi et le samedi, et jusqu'à 20h30 le dimanche. L'accès est possible en fauteuil roulant.

En outre, trois ferries traversent le fleuve, les plus utiles reliant Eagle St à Kangaroo Point et Riverside à Kangaroo Point.

Les tarifs s'échelonnent de 1,40 \$ pour une simple traversée à 3,20 \$ pour parcourir l'ensemble de la ligne. Les cartes Off-Peak, Day Rover et SE Explorer sont valables sur les ferries et les City Cats.

Bicyclette. La ville est dotée d'excellentes pistes cyclables, notamment aux abords de la Brisbane. Procurez-vous un exemplaire de la brochure éditée par la municipalité (disponible dans les centres d'information), *Brisbane Bicycle Maps*, qui comporte de bonnes cartes du réseau cyclable.

On peut passer agréablement la journée en suivant la piste (longue de 7 km) qui longe le fleuve, des jardins botaniques à Queensland University.

Brisbane Bicycles Sales & Hire (☎ 3229 2433), 87 Albert St, dans le centre-ville, loue des VTT (9/20 \$ l'heure/la journée).

Les bicyclettes sont autorisées dans les trains municipaux, excepté en semaine aux heures de pointe (de 7h à 9h et de 15h à 18h30). Vous pouvez également les transporter gratuitement à bord des City Cats et des ferries.

Moreton Bay

On avance que la Moreton Bay, à l'embouchure de la Brisbane, dénombrerait quelque 365 îles. Les deux plus fréquentées sont Moreton Island, car les visiteurs vont nourrir les dauphins à Tangalooma, et North Stradbroke, pour ses plages superbes battues par l'océan. Manly, petite bourgade côtière sur le continent, est aussi un bon endroit où passer quelques jours de détente – l'auberge de jeunesse est agréable, et on peut faire du bateau gratuitement le mercredi.

LA CÔTE

Manly est une localité en bordure de mer qui abrite la plus grande marina de l'hémisphère sud après Fremantle. Chaque mercredi, des courses de yacht sont organisées dans la baie et certains capitaines se font un plaisir d'embarquer gracieusement des passagers. Renseignez-vous dans les yacht-clubs sur le front de mer, ou bien au *Nomads Moreton Bay Lodge (☎ 3396 3020, 45 Cambridge Parade)*, au cœur de Manly Village. Dans cette auberge de jeunesse bien équipée, entourée de cafés et de restaurants, avec un pub juste en face, les dortoirs coûtent 14 $ et les doubles à partir de 45 $. L'auberge se charge également d'organiser des sorties en voilier ou des excursions de un à quatre jours à Moreton Island (et même de vous aider à trouver un job dans le coin).

SOUTH ET NORTH STRADBROKE ISLANDS

Jusqu'en 1896, les deux îles Stradbroke ne faisaient qu'une, mais une tempête coupa le banc de sable qui les reliait. Aujourd'hui, South Stradbroke est pratiquement inhabitée, mais elle reste appréciée pour des excursions d'une journée depuis la Gold Coast.

North Stradbroke, la plus grande des deux îles, est peuplée en permanence. Bien que les habitants de Brisbane soient nombreux à y séjourner quelques jours, elle n'en souffre pas trop (se méfier des périodes de surpopulation, à Noël et à Pâques). "Straddie", comme on l'appelle, est une île sablonneuse. Si l'on extrait beaucoup de sable au sud, elle compte néanmoins une belle végétation et des paysages remarquables, surtout dans le nord.

Dunwich, Amity Point et Point Lookout, les trois bourgades, sont toutes situées au nord de l'île et reliées par des routes goudronnées. La majeure partie du sud de l'île est fermée aux visiteurs en raison de la présence de carrières de sable. La seule route traversant cette zone marécageuse est une route minière privée.

A Dunwich, le Stradbroke Island Visitor Centre (☎ 3409 9555), situé près du terminal des ferries, est ouvert de 8h45 à 16h en semaine et jusqu'à 15h le week-end.

Activités sportives

Sports nautiques. Les plus belles plages de Straddie se déroulent vers Point Lookout, qui comporte plusieurs caps et baies, ainsi que d'immenses étendues de sable blanc.

Les déferlantes ne manquent pas, et l'on peut louer des planches de surf ou de boogie en divers endroits. Vous pourrez également pratiquer le sandboard – à savoir surfer sur les dunes – juste derrière Main Beach. C'est très amusant, et les deux heures reviennent

à 25 $; appelez Blair au Straddy Adventures (☎ 3409 8414) pour vous informer et réserver. Straddy Adventures propose également des sorties en kayak de mer et de la plongée de surface (39 $, trois heures) offrant la possibilité de croiser des dauphins, des tortues, des raies manta, voire des baleines à bosse de juin à novembre.

Plongée. Le Scuba Centre (☎ 3409 8715), adjacent à la Stradbroke Island House, organise des sorties en mer pour faire de la plongée moyennant 39 $, tarif comprenant le transport en bateau et tout l'équipement. Le centre donne aussi des cours de plongée avec bouteilles, et propose aux plongeurs confirmés des sorties pour une ou deux personnes à 63/98 $.

Randonnées dans le bush. Une route goudronnée relie Dunwich à **Blue Lake**, puis un chemin de 2,7 km mène ensuite de la route au lac. Vous pouvez vous baigner dans ce lac d'eau douce ou à proximité, dans la **Tortoise Lagoon**, ou bien marcher sur le sentier et observer des serpents, des varans (*goannas*), des wallabies dorés et des oiseaux. Plus facilement accessible, le **Brown Lake**, à 3 km sur la route Blue Lake-Dunwich, permet également la baignade.

Vous pourrez aussi marcher vers le sud depuis Point Lookout sur Main Beach, pour rejoindre Blue Lake, à 2,5 km à l'intérieur (11 km au total). Une autre promenade sur la plage, plus courte, permet d'atteindre le lac Keyhole.

Plusieurs sentiers traversent l'île de Dunwich Island à Point Lookout (20 km). Vous pouvez les emprunter et éviter ainsi la monotonie de la route goudronnée.

Circuits organisés

Stradbroke Island Tours (☎ 3409 8051), situé à Point Lookout, organise des promenades en 4x4 comprenant une sortie de pêche ou une excursion d'une demi-journée (28 $).

Où se loger

Tous les hébergements sont situés à Point Lookout, sur 3 km le long de la côte.

Il existe quelques bons terrains de camping municipaux sur le front de mer, notamment l'*Adder Rock Camping Ground* à Rocky Point Beach et le *Cylinder Beach Caravan & Camping Ground*. Planter sa tente coûte 10 $ (3 $ de plus par personne supplémentaire), plus 4 $ avec l'électricité. Il faut réserver auprès du bureau municipal (☎ 3409 9025). Le *Stradbroke Island Tourist Park (☎ 3409 8127)*, dans East Coast Rd, loue des emplacements de tente de 10 à 15 $, des bungalows pour voyageurs à petit budget à 15 $ le lit (ou 10 $ par personne pour trois), ainsi que des bungalows tout équipés de 48 à 53 $ (ou 60 $ pour quatre personnes).

La *Stradbroke Island Guesthouse (☎ 3409 8888)* est le premier bâtiment sur la gauche lorsqu'on arrive à Point Lookout. Cette imposante pension de 64 lits, bien tenue, bénéficie d'équipements modernes. Un lit en dortoir de quatre personnes revient à 16 $, et les simples/doubles à 38 $. Pour ce prix, vous pourrez utiliser gratuitement un ski-surf et un char à voile. La pension assure le transport depuis Brisbane. La navette part en face du Transit Centre les lundi, mercredi et vendredi à 14h20 et s'arrête dans les auberges de jeunesse ; il faut réserver, et la traversée coûte 8 $.

A côté, la *Straddie Hostel (☎ 3409 8679)* se trouve aussi sur la route principale, à gauche juste après le Stradbroke Hotel (seul pub de l'île). Cette impeccable maison de deux étages sur la plage est très appréciée des surfers et des amoureux de farniente. Quelques aménagements paraissaient nécessaires lors de notre passage, mais la nouvelle direction avait entrepris de la redécorer et de moderniser les équipements. Les grands dortoirs disposent tous d'une cuisine et d'une s.d.b. Les lits coûtent 12 $, les doubles 30 $.

Un peu plus loin à droite sur la route, le *Headland Chalet (☎ 3409 8252)* se compose de 11 bungalows sur une colline qui surplombe Main Beach. L'endroit ne paie pas de mine, mais l'intérieur des bungalows (des doubles ou des twins) est agréable, et la vue superbe. Chacun d'eux possède un réfrigérateur et tout ce qu'il faut pour préparer du thé ou du café. Comptez 20 $ par personne, et 25 $ le week-end. Cet endroit reposant est agrémenté d'une piscine, d'une salle de jeux et de TV, de machines à laver (gratuites) et d'une petite cuisine.

Si vous envisagez un long séjour, louer un appartement ou une maison peut s'avérer une solution intéressante. Plusieurs agences vous en proposeront, notamment l'*Accommodation Centre (☎ 3409 8255)*, derrière le Laughing Buddha Cafe dans le Point Lookout Shopping Village.

Comment s'y rendre

Pour vous rendre à Straddie, vous pouvez attraper un train Citylink de n'importe quelle gare du centre de Brisbane (3,20 $) jusqu'à Cleveland (le trajet dure 1 heure et les départs ont lieu toutes les 30 minutes à partir de 5h du matin). De la gare de Cleveland, une navette gratuite vous emmènera au terminal des ferries ; elle part 15 minutes avant le départ de chaque bateau.

A Cleveland, deux compagnies de bateaux-taxis effectuent une liaison avec Straddie : les Stradbroke Ferries (☎ 3286 2666) vont jusqu'à Dunwich (principale agglomération de l'île) et le *Stradbroke Flyer* (☎ 3286 1964) se met à quai à One Mile Jetty. Ces deux compagnies assurent des départs quotidiens, toutes les heures, entre 5h et 18h tous les jours de la semaine (le dimanche, le premier départ a lieu un peu plus tard), moyennant 6 $ l'aller simple et 10 $ l'aller-retour.

Les Stradbroke Ferries possèdent aussi un ferry qui transporte des véhicules entre Cleveland et Dunwich (environ 12 liaisons par jour). Il faut compter 75 $ l'aller-retour pour un véhicule, plus les passagers.

Les voyageurs descendant à la Stradbroke Island Guesthouse pourront également profiter d'une navette mise à leur disposition.

Comment circuler

North Stradbroke Island Bus Service (☎ 3409 7151) assure dix liaisons quotidiennes en minibus entre les trois bourgades. Entre Dunwich et Point Lookout, prévoyez 4,40 $ (8 $ l'aller-retour). Tous les minibus s'arrêtent au terminal des ferries. Demandez un horaire au chauffeur.

MORETON ISLAND

Sise au nord de Stradbroke, Moreton Island reçoit moins de visiteurs. En dehors de quelques caps rocheux, l'île est couverte de sable, y compris le Mt Tempest, qui constitue, avec ses 280 m, la plus haute dune de sable du monde. Dans ce paysage étrange, des étendues de sable alternent avec des forêts, des lacs, des marais et, sur la côte est, une plage de 30 km qui donne sur l'océan.

Tangalooma, au centre de la côte ouest, est une station balnéaire aménagée sur un ancien site baleinier.

L'attraction principale de Tangalooma est le repas des dauphins sauvages, rituel qui a lieu tous les soirs – environ huit ou neuf dauphins nagent vers la côte et viennent attraper les poissons dans les mains des volontaires. La séance est soigneusement réglementée et accompagnée d'un commentaire. La participation est gratuite, à condition de passer au moins une nuit dans un des hôtels de la station balnéaire ; rien n'empêche cependant les campeurs de venir regarder. Pour plus de détails, appelez le Dolphin Education Centre (☎ 3408 2666) entre 13h et 17h.

Si vous n'êtes pas motorisé, la marche est le seul moyen de vous déplacer sur l'île. Des chemins près de l'hôtel et quelques anciennes pistes abandonnées permettent d'entreprendre de belles promenades.

Circuits organisés

Au départ de Brisbane, Sunrover Expeditions (☎ 3203 4241) organise d'agréables excursions en 4x4 (105 $, déjeuner compris) trois fois par semaine, ainsi que des escapades de trois jours en camping dans le parc national (300 $ tout compris). Parmi ses prestations figurent également des circuits de trois jours en camping (185 $) et un forfait de trois nuits en gîte (205 $), tous les vendredi au départ de Brisbane. Vous pouvez également contacter Dream Island 4x4 Tours (☎ 3824 0786), qui propose des excursions d'une journée à 99 $ et des randonnées de trois jours en camping à 189 $.

Où se loger

Les terrains de campings du QPWS, avec eau, toilettes et douches froides, sont installés à Ben-Ewa et à False Patch Wrecks, entre Cowan Cowan et Tangalooma, et à Eagers Creek et Blue Lagoon, sur la côte est de l'île. Un emplacement coûte 3,50 $ par nuit et par personne. Pour les renseignements et le permis de camping, contactez le QPWS (☎ 3227 8186), 160 Ann St, à Brisbane, ou le garde de False Patch Wrecks (☎ 3408 2710).

Quelques locations meublées sont disponibles à Kooringal, Cowan Cowan et Bulwer. Une chambre à deux lits au **Tangalooma Resort** (☎ *3268 6333*) coûte un minimum de 180 $ la nuit.

Comment s'y rendre

Le *Tangalooma Flyer* (☎ 3268 6333), un catamaran rapide du Tangalooma Resort, part du quai de Holt St, près de Kingsford-Smith Drive, à Pinkenba, tous les jours à 10h (une navette gratuite vous emmènera à 9h15 du Transit Centre de Brisbane au quai d'embarquement). Le prix aller-retour (dans la journée) se monte à 30 $, l'aller à 26 $ et il est nécessaire de réserver.

Le ferry *Moreton Venture* (☎ 3895 1000) transporte également des véhicules et fonctionne six jours par semaine entre Lytton (au sud de l'embouchure de la Brisbane) et Tangalooma ou Reeders Point. La traversée aller-retour d'un 4x4 (avec ses occupants) coûte 125 $ (permis de conduire inclus) ; les passagers non motorisés paient 20 $.

Un autre ferry, le *Combie Trader* (☎ 3203 6399), assure des liaisons quotidiennes entre Scarborough et Bulwer (sauf le mardi). Comptez 135 $ l'aller-retour pour un 4x4 et ses occupants, et 20 $ pour les passagers non motorisés. Ce ferry effectue aussi des excursions d'une journée les lundi, vendredi, samedi et dimanche au tarif de 20 $ l'aller-retour.

La Gold Coast

• 365 000 habitants

La Gold Coast forme un long ruban de 35 km de plages et de stations balnéaires, au nord de la frontière entre la Nouvelle-Galles du Sud et le Queensland. Cette "côte de l'Or", la plus touristique d'Australie, ne cesse de se développer, un essor qui atteint son sommet (dans tous les sens du terme, y compris architectural) à Surfers Paradise.

Déjà lieu de villégiature dans les années 1880, la Gold Coast est devenue l'affaire des promoteurs après la Seconde Guerre mondiale, notamment à Surfers Paradise. Plus de deux millions de visiteurs se rendent chaque année sur ces rivages "dorés".

Les structures d'hébergement vont des hôtels petit budget aux hôtels plus luxueux et les activités ne manquent pas : belles plages pour le surf, bonne cuisine, nombreuses attractions et arrière-pays accueillant.

Orientation

La Gold Coast Highway se sépare de la Pacific Highway au nord de Coolangatta, puis longe la côte avant de la rejoindre dans l'arrière-pays, au nord de Southport.

L'aéroport de la Gold Coast est à Coolangatta. La plupart des bus de la région sillonnent la totalité de la côte.

Renseignements

L'office du tourisme de la Gold Coast (☎ 5538 4419), situé dans le Cavill Ave Mall, à Surfers Paradise, est ouvert de 8h30 à 17h30 du lundi au vendredi, de 9h à 17h le samedi et de 9h à 15h30 le dimanche.

A Coolangatta, le kiosque d'information touristique (☎ 5536 7765) de Beach House Plaza, dans Marine Pde, accueille les visiteurs de 8h à 14h et de 15h à 16h en semaine, et de 8h à 15h le samedi.

Pour obtenir des renseignements sur les parcs nationaux de la région ainsi que sur la faune et la flore, adressez-vous au bureau du QPWS (☎ 5535 3032) près de l'entrée du Burleigh Heads National Park, sur la Gold Coast Highway, ouvert tous les jours de 9h à 16h.

La plupart des auberges de jeunesse (pour petits budgets/backpackers) disposent d'un accès au courrier électronique. L'Email Centre (☎ 5538 7500), 51 Orchid Ave, à Surfers Paradise, demande 2 $ pour

15 minutes de connexion. Ouvert de 10h à 24h, il permet également d'appeler l'étranger à petits prix.

SOUTHPORT ET MAIN BEACH

Protégée de l'océan par le Spit, Southport fut la première ville de la Gold Coast, mais c'est aujourd'hui une agglomération moderne et résidentielle sans grand intérêt. Bien qu'il n'y ait pas grand chose à voir ni à faire, c'est un endroit tranquille et agréable à partir duquel on peut rayonner dans la région.

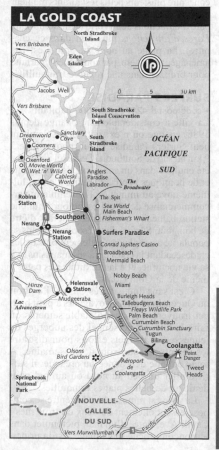

Entre Southport et Surfers s'étendent Main Beach et, plus au nord, le Spit, étroite bande de sable de 3 km qui sépare le Pacifique du Broadwater. Côté Broadwater, le Spit abrite trois complexes alignés sur le front de mer – **Fisherman's Wharf** sert de point de départ à la plupart des croisières de plaisance et possède un pub, un restaurant, une piscine et des boutiques.

Immédiatement au sud, vous découvrirez le **Palazzo Versace**, le premier hôtel australien de Versace, ainsi que le **Marina Mirage**, un complexe de restaurants et de boutiques haut de gamme, tandis que **Mariners' Cove** concentre plusieurs petits restaurants meilleur marché. Plus loin au nord du Spit s'étend le parc d'attractions **Sea World** (voir la rubrique *Parcs d'attractions* plus loin dans ce chapitre). La plage au nord du Spit n'est pas aménagée et s'avère, par conséquent, parfaite pour bronzer dans une relative tranquillité.

SURFERS PARADISE

• code postal 4217   • 16 000 habitants

La ville a considérablement changé depuis 1936, époque où n'existait que le flambant neuf Surfers Paradise Hotel, petit refuge à 9 km au sud de Southport. Cet hôtel a, depuis, été englobé dans un complexe de restaurants et de boutiques baptisé Paradise Centre, lui-même noyé au milieu de l'ensemble hyper-commercialisé de ce qui est aujourd'hui une station balnéaire très animée à défaut d'être de bon goût. Surfers doit désormais moins sa popularité à ses plages (nettement plus belles en descendant la côte) qu'à ses magasins et à sa vie nocturne, et à la proximité des parcs à thème de la Gold Coast.

C'est sans doute, après Cairns, l'endroit du Queensland où les voyageurs à petit budget trouveront le plus d'établissements où faire la fête. Le personnel des auberges de jeunesse fait de réels efforts pour distraire les clients chaque soir de la semaine. À toute époque de l'année ou presque, il suffit d'aller un peu au nord ou au sud pour dénicher de belles plages tranquilles.

La ville est minuscule et le centre se compose essentiellement de deux ou trois rues : Cavill Ave, dotée d'un mall piétonnier dans le tronçon proche de la plage, est la principale artère ; Orchid Ave, à un pâté de maisons de l'Esplanade sur le front de mer, est le domaine des bars et des night-clubs.

LE SUD DE LA GOLD COAST

Au sud de Surfers, à Broadbeach, le **Conrad Jupiters Casino** fut le premier casino légal du Queensland (voir la rubrique *Où sortir,* plus loin dans ce chapitre). Le **Burleigh Heads National Park**, sur la rive nord de l'embouchure du Tallebudgera Creek, abrite des espèces variées, un site d'observation et de pique-nique. Au nord du parc, on découvre l'un des plus célèbres sites de surf d'Australie.

Il existe trois belles réserves animalières dans cette région. Si vous ne devez en visiter qu'une, nous vous conseillons le **Currumbin Sanctuary** (☎ 5598 1645). Ce grand parc aménagé dans le bush abrite des loriquets multicolores et d'autres oiseaux, ainsi que des dendrologues, des koalas, des émeus et d'autres espèces australiennes. La réserve, située à proximité de la Gold Coast Highway, à 500 m au sud de Currumbin Creek, est ouverte tous les jours de 8h à 17h (16 $). Si vous voyagez à bord du bus Surfside, descendez à l'arrêt n°20.

Le **Fleays Wildlife Park** (☎ 5576 2411), à 2 km à l'intérieur des terres le long du Tallebudgera Creek, à West Burleigh, renferme également de nombreuses espèces natives d'Australie (elle hébergerait le premier ornithorynque à être élevé en captivité) et compte 4 km de sentiers qui traversent la forêt tropicale et les palétuviers. Le parc est ouvert tous les jours de 9h à 17h (9,50 $). À 9 km environ à l'intérieur des terres, les **Olson's Bird Gardens** (☎ 5533 0208), autres magnifiques jardins subtropicaux, abritent dans des volières plus d'un millier d'oiseaux exotiques, à découvrir tous les jours de 9h à 17h (7,50 $).

Les "villes jumelles" de **Coolangatta** et de **Tweed Heads** délimitent l'extrémité sud de la Gold Coast. Tweed Heads est en Nouvelle-Galles du Sud mais, en fait, les deux localités n'en font qu'une. La vue est superbe depuis le mémorial du capitaine Cook à **Point Danger**, le promontoire qui marque la frontière entre les deux États.

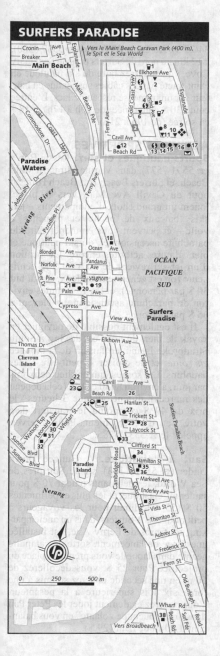

SURFERS PARADISE

Surfers Paradise

OÙ SE LOGER
- 5 Diamonds Resort
- 18 Surf & Sun Backpackers
- 21 Cheers Backpackers
- 25 Nomads Islander Resort
- 28 Trickett Gardens Holiday Apartments
- 30 Backpackers in Paradise
- 31 Sleeping Inn Surfers
- 32 Couple O' Days Accommodation
- 35 Mardi Gras International Backpackers Resort
- 36 Silver Sands Motel
- 37 Admiral Motor Inn
- 38 Surfers Paradise Backpackers Resort

OÙ SE RESTAURER
- 2 Thai Kitchen & Noodles
- 6 Centre Arcade, New Seoul, Malaysian Kitchen, Raku Gaki
- 10 Gold Star
- 11 La Porchetta
- 16 Heathy Squeeze

DIVERS
- 1 Nellie Kelly's
- 3 Bureau de change
- 4 American Express
- 7 Cocktails & Dreams, The Party, Shooters Bar, Email Centre, Bourbon Bar
- 8 Kiosque de réservation Aquabus
- 9 Raptis Plaza
- 12 Ansett
- 13 Bureau de change Thomas Cook
- 14 Office de tourisme de la Gold Coast
- 15 Épicerie ouverte 24h/24
- 17 Surfers Beach Hut Beach Hire
- 19 Saut à l'élastique et "soucoupe volante"
- 20 South Pacific Rentals
- 22 Tiki Village Wharf
- 23 Arrêt de bus pour Southport
- 24 Surfers Paradise Transit Centre
- 26 Paradise Centre
- 27 Épicerie ouverte 24h/24
- 29 Qantas
- 33 Hoyts Cinema Centre
- 34 Half-Price Car Rental

PARCS D'ATTRACTIONS

La Gold Coast compte plusieurs grands parcs d'attractions. Le billet d'entrée, relativement cher, donne généralement accès à tous les spectacles.

Le **Sea World** (☎ 5588 2222), sur le Spit au niveau de Main Beach, est le plus ancien parc à thème de la Gold Coast. On y vient surtout pour les spectacles de dauphins et de lions de mer qui ont lieu deux fois par jour, et pour la distribution de nourriture aux requins. Outre ces animations, il comporte de nombreuses attractions, comme les montagnes russes en tire-bouchon, le monorail, le bateau des pirates, un parc aquatique avec des toboggans et un parcours d'aventure appelé le "Triangle des Bermudes". Sea World est ouvert tous les jours de 9h30 à 17h (adultes/enfants : 44/28 $).

Surnommé "le Hollywood de la Gold Coast", le **Movie World** (☎ 5573 8485) recrée l'atmosphère des studios de la Warner Bros. et se targue d'être la première attraction touristique d'Australie. Des personnages de dessin animé se promènent pour la plus grande joie des enfants, et l'on peut assister à des démonstrations de cascades, visiter des plateaux de cinéma et se lancer dans une Batman Ride ou une Lethal Weapon Ride (vous passez 105 secondes suspendu la tête en bas). Le Movie World est ouvert tous les jours de 9h30 à 17h30 (adultes/enfants : 44/28 $).

Au sud de celui-ci, le **Wet'n'Wild** (☎ 5573 2255) est consacré aux sports nautiques – et c'est sans doute le meilleur du genre dans tout le pays. Vous trouverez là des toboggans géants, une "tornade" (un tube en forme de spirale dans lequel des torrents d'eau s'abattent sur vous), un toboggan de vitesse sur lequel on a enregistré des pointes à 70 km/h et une piscine qui produit des vagues d'1 m de hauteur.

Le samedi soir, de septembre à avril (et tous les soirs en janvier), ont lieu des projections de "Dive-In Movies" – vous pouvez regarder un film en flottant sur une énorme chambre à air dans la piscine à vagues.

Le Wet'n'Wild est ouvert tous les jours de 10h à 16h30 en hiver, jusqu'à 17h en été, et jusqu'à 21h de fin décembre à fin janvier (adultes/enfants : 25/17 $).

Le **Dreamworld** (☎ 5588 1111), un tout petit peu plus au nord, à Coomera, est conçu comme une sorte de Disneyland avec 11 thèmes différents, une réserve animalière et diverses attractions à donner le frisson – dont la "Tour de la terreur" et ses 38 étages, du haut de laquelle vous plongez dans le vide à une vitesse de 160 km/h. Le parc est ouvert tous les jours de 10h à 17h (adultes/enfants : 34/29 $). Au **Cableski World** (☎ 5537 6300), à 12 km au nord de Surfers près de Sanctuary Cove, vous pourrez faire du ski nautique en étant tracté par des câbles suspendus en hauteur sur un immense réseau de lacs. L'entrée coûte 30 $ en journée (de 10h à 17h) et 18 $ en soirée (de 19h à 21h).

ACTIVITÉS SPORTIVES

Sports nautiques et surf. Aussie Bob's (☎ 5591 7577), dans Marina Mirage à Main Beach, et Surfers Beach Hut Beach Hire, au bout du Cavill Ave Mall vers la plage, louent un grand choix d'équipements – jet-skis, bateaux de pêche et planches à voile – et peuvent vous emmener faire du parachute ascensionnel, du ski nautique et bien d'autres activités encore. La location d'un jet-ski revient de 50 à 60 $ la demi-heure (on est généralement deux, ce qui fait 30 $ par personne), et les 15 minutes environ de parachute ascensionnel s'élèvent à 35 $ par personne.

Il est également possible de naviguer en kayak de mer, du nord-est du Spit à South Stradbroke Island, en faisant de la plongée *en route*, et de croiser – peut-être – des dauphins. Les sorties, qui ont lieu deux fois par jour, à environ 8h30 et 14h (cela dépend des marées), durent quelque 3 heures ; le prix de 40 $ comprend le transfert de/à votre lieu d'hébergement. Pour réserver, appelez le ☎ 5531 5785.

Saut à l'élastique. A Bungee Down Under (☎ 5531 1103), sur le Spit près de Sea World, les débutants paient 70 $ pour sauter à l'élastique, et les plus expérimentés 50 $ (55 $ le lundi pour les voyageurs à petit budget). A Surfers, dans un ancien parking tout près de Ferny Ave, est installée une fusée de lancement, sorte de catapulte géante dans laquelle vous prenez la place du projectile. Pour 25 $, vous décollerez de 50 m en une seconde et serez soumis à une force six fois supérieure à la pesanteur. Vous pourrez également jouer les Peter Pan dans une "soucoupe volante" en vous balançant à 20 m de haut (29 $).

Randonnées à cheval. A Numinbah Valley, à 30 km au sud-ouest de Nerang, les Numinbah Valley Adventure Trails (☎ 5533 4137) proposent des randonnées de 3 heures sur de magnifiques sentiers à travers la forêt tropicale et le long des cours d'eau. La balade revient à 45 $ par personne, ou à 50 $ si l'on vient vous chercher depuis la Gold Coast. Il faut réserver.

Le Gum Nuts Horse Riding Resort (☎ 5543 0191), dans Biddaddaba Creek Rd, non loin de Canungra, organise des randonnées d'une demi-journée (35 $, et 40 $ l'après-midi) ou d'une journée entière (65 $, déjeuner inclus). Ces tarifs comprennent le transfert depuis la Gold Coast.

Autres activités. Off Thc Edge (☎ 1800 686 406) a mis au point des descentes de colline en VTT dans les forêts de l'intérieur. Il existe plusieurs itinéraires de niveaux différents. Pour vous éviter le plus pénible, un van vous remonte à chaque fois au sommet dc la colline. Pour les voyageurs à petit budget, le prix est de 30 $, transfert compris. La même société offre également un "triple challenge" : on commence par du VTT, suivi d'un tour en hors-bord, pour se terminer, au choix, par un saut à l'élastique, du jet-ski ou du parachute ascensionnel. Le tout coûte 130 $, avec un repas et une bière.

CIRCUITS ORGANISÉS
Excursions dans l'arrière-pays. Off The Edge (☎ 1800 686 406) organise une agréable excursion (quatre personnes au minimum) d'une journée au Springbrook Plateau, qui comprend un peu de randonnée, des balades derrière des cascades, une baignade et un barbecue arrosé de vin au déjeuner. Le prix de 29 $, transferts inclus, ne grèvera pas trop les petits budgets.

Croisières. Pendant les mois d'été, plusieurs types de croisières sont organisées au départ de Surfers : une promenade de 2 heures dans le port et sur le canal (environ 22 $) et des traversées à destination de South Stradbroke Island (environ 45 $, déjeuner inclus). Les bateaux partent de Marina Mirage ou de Fisherman's Wharf, sur le Spit, ainsi que de Tiki Village Wharf, dans Cavill Ave, à hauteur du fleuve. Les prestataires changeant d'une saison à l'autre, renseignez-vous sur les possibilités auprès de votre hôtel.

L'Aquabus (☎ 5539 0222) s'avère très agréable. Ce véhicule semi-aquatique, qui part cinq fois par jour de Cavill Ave, à Surfers, effectue un circuit de 75 minutes le long de Main Beach et du Spit, puis revient par Broadwater. Le tarif se monte à 24 $ et on peut réserver au kiosque de Cavill Ave.

MANIFESTATIONS ANNUELLES
Le Surfers Paradise International Triathalon a lieu chaque année en avril. Le mois de juin voit se dérouler le Wintersun Festival (pendant 10 jours, à Coolangatta), suivi, en juillet, par le Gold Coast International Marathon. A la mi-octobre, toute la ville s'arrête pour accueillir la compétition automobile IndyCar Race. Un carnaval de quatre jours (Tropicarnival) coïncide avec cet événement. Si vous souhaitez assister à la course, un billet pour la journée vous coûtera entre 25 et 45 $.

OÙ SE LOGER
A l'exception des gîtes destinés aux petits budgets, tous les lieux d'hébergement pratiquent des tarifs saisonniers. Pendant les vacances scolaires, les prix augmentent de 50% et, à l'époque de Noël, ils peuvent doubler.

Si la plupart des personnes à petit budget préfèrent loger le plus près possible du centre de Surfers Paradise, certaines des auberges éloignées assurent un service de navette régulier.

La Gold Coast Highway est bordée de motels dont les enseignes au néon affichent des tarifs attrayants. Par ailleurs, vous trouverez des locations saisonnières d'un excellent rapport qualité/prix, surtout si vous êtes en groupe de trois ou quatre. Dans la plupart de ces appartements, on exige un séjour minimal de deux nuits en temps normal et de sept nuits en haute saison.

Où se loger – petits budgets
Campings. De Main Beach à Coolangatta, la Gold Coast regroupe plusieurs terrains de

camping-caravaning. Gérés par les autorités locales, la majorité de ceux qui se situent en bord de mer sont de bonne qualité. Le *Main Beach Caravan Park (☎ 5581 7722, Main Beach Parade)*, près de l'extrémité sud du Spit, est le plus proche de Surfers ; vous y planterez votre tente moyennant 15 $ au minimum.

Près du fleuve et de la Gold Coast Highway, à Southport, le *Broadwater Tourist Park (☎ 5581 7733)* loue des emplacements à partir de 17 $, ainsi que des villas où dormir pour 85 $ la nuit.

A Burleigh Heads, le *Burleigh Beach Tourist Park (☎ 5581 7755)*, juste après la plage, propose des emplacements affichés à partir de 16,50 $.

Auberges de jeunesse – Southport.

Le *Trekkers (☎ 5591 5616, 22 White St)*, à environ 1 km au nord du Transit Centre, est probablement la meilleure auberge du sud-est du Queensland. Propre, confortable et bien tenue, elle jouit d'une atmosphère chaleureuse. Les dortoirs comptent trois ou quatre lits, et les doubles ont leur propre TV.

La direction propose des sorties dans les night-clubs de Surfers pratiquement chaque soir. Comptez 17 $ pour un lit, ou 40 $ pour une chambre avec lits jumeaux.

Sur Main Beach, dans le complex de Mariners' Cove, le *British Arms Hostel (☎ 1800 680 269)*, qui donne sur le quai, s'avère un peu spartiate. Mais le personnel fait de son mieux pour vous le faire oublier en vous offrant des bières dès votre arrivée et en organisant deux barbecues par semaine ou diverses activités. Pour les non-membres des YHA, les dortoirs reviennent à 17 $, les doubles à 40 $.

Auberges de jeunesse – Surfers Paradise.

Grande auberge assez bien orientée, le *Cheers Backpackers (☎ 1800 636 539, 8 Pine Ave)* dispose de 100 lits, d'une belle piscine, d'un excellent coin bar et d'une grande cour pour faire des barbecues. Les lits en chambres de deux, quatre ou six personnes reviennent à 16 $, les chambres avec lits jumeaux et les doubles à 34 $.

Autre endroit où l'on ne s'ennuie pas, le *Surf and Sun (☎ 5592 2363, 3323, Gold Coast Highway)*. Si l'extérieur paraît plutôt austère, l'intérieur s'avère confortable, et l'établissement n'est pas loin de la plage. Toutes les chambres possèdent la TV. Vous débourserez 17 $ pour une nuit en dortoir de quatre lits ou 20 $ par personne en double.

En matière d'installations, le *Surfers Paradise Backpackers Resort (☎ 1800 282 800, 2835 Gold Coast Highway)* est imbattable : il comporte une piscine de taille correcte, une petite salle de gym et un sauna, un bar, un court de tennis, des machines à laver (gratuites) et un parking en sous-sol. Son seul inconvénient : sa situation assez loin au sud du centre, mais une navette est mise à la disposition des clients. Comptez 17 $ en dortoir et 40 $ pour une double.

Légèrement plus près du centre, le *Mardi Gras International Backpackers Resort (☎ 1800 801 230, 28 Hamilton Ave)* est une auberge moderne et bien équipée, dotée notamment d'un bar et d'un restaurant. Toutes les chambres possèdent une s.d.b., une TV et un balcon. Situé à proximité de la plage et de la vie nocturne, l'endroit bénéficie d'un personnel sympathique. La nuit revient à 16 $ dans un dortoir à trois lits, à 20 $ par personne dans une chambre avec lits jumeaux et à 23 $ dans une double.

L'auberge la plus proche du Transit Centre de Surfers Paradise est le *Nomads Islander Resort (☎ 1800 074 393, 6 Beach Rd)*, établi dans une vieille aile de l'Islander Resort Hotel. Dans le sous-sol, l'ancienne infirmerie abrite aujourd'hui un dortoir de 10 lits, à 16 $ par personne. Comptez 18 $ dans un dortoir de quatre à six lits. Si vous préférez la lumière du jour, les appartements pour deux reviennent à 44 $.

Juste au sud du Transit Centre, dans Whelan St, sont regroupées trois auberges. Le confort rudimentaire du *Backpackers in Paradise (☎ 1800 268 621, 40 Whelan St)* est compensé par la présence de s.d.b. dans toutes les chambres, le prix peu élevé des lits en dortoirs (12 $ la nuit) et l'accueil chaleureux du personnel. Moderne, propre et bien meublée, la *Sleeping Inn Surfers (☎ 5592 4455, 26 Whelan St)* conviendra à ceux qui apprécient l'intimité et le confort. Il vous en coûtera 15 $ en dortoir, 38 $ en double. Les avis étant partagés sur la *Couple O' Days Accommodation* (☎ 5592 4200, 18 Whelan St), nous vous suggérons de visiter la chambre avant de vous engager, d'autant plus que des panneaux "aucun remboursement" sont affichés très visiblement à la réception. Les lits en dortoir coûtent 12 $.

Auberges de jeunesse – Coolangatta.

Le *Sunset Strip Budget Resort* (☎ 5599 5517, 199 Boundary St) propose des simples/doubles/triples de style motel à 30/40/60 $, toutes avec s.d.b. commune. Vous pourrez profiter d'un salon TV, d'une cuisine avec coin salle à manger et d'une grande piscine. Les clients utilisent gratuitement les planches de surf et de boogie de l'établissement.

La *Coolangatta YHA* (☎ 5536 7644, 230 Coolangatta Rd, à Bilinga) est située au nord de l'aéroport et à 3 km du centre. Pour les non-adhérents, les lits en dortoir de six à huit personnes se paient 19 $, et les doubles 36 $. Le bâtiment, assez récent, comporte des aménagements de qualité, dont une piscine, mais l'emplacement n'est pas idéal, sauf si on aime regarder les avions.

Où se loger – catégorie moyenne

Surfers Paradise. Le *Silver Sands Motel* (☎ 5538 6041, 2985 Gold Coast Highway) abrite des chambres joliment rénovées et une petite piscine. Les doubles démarrent à 55 $. Tout près, l'*Admiral Motor Inn* (☎ 5539 8759, 2965 Gold Coast Hyghway) loue des chambres affichées à partir de 60 $.

Les *Trickett Gardens Holiday Apartments* (☎ 5539 0988, 24-30 Trickett St) se composent de beaux appartements avec une ou deux chambres. Les prix varient de 92 à 116 $ pour deux personnes et de 124 à 132 $ pour quatre personnes.

Le *Diamonds Resort* (☎ 5570 1011, 19 Orchid Ave), au cœur de Surfers, dispose de chambres et d'appartements de type motel pour petits budgets (de 75 à 95 $).

Il existe quelques motels bon marché au sud de Surfers le long de la Gold Coast Highway, à Mermaid Beach. Le *Red Emu Motel* (☎ 5575 2748, 2583 Gold Coast Highway) loue des doubles à partir de 45 $; et au *Mermaid Beach Motel* (☎ 5575 1577, 2395 Gold Coast Highway), les logements bien tenus commencent à 40 $.

Sud de la Gold Coast. A Burleigh Heads, les *Hillhaven Holiday Apartments* (☎ 5535 1055, 2 Goodwin Terrace) jouissent d'une situation idéale (juste à côté du parc national) et d'une vue superbe sur la côte. Vieillots mais confortables, les appartements commencent à 130 $ la nuit (pour deux chambres) mais les prix baissent considérablement pour des séjours plus longs (190 $, par exemple, pour deux nuits, et 330 $ pour une semaine si vous restez six semaines).

A Coolangatta, *The Shipwreck Beach Motel* (☎ 5536 3599), à l'angle de Musgrave St et de Winston St, comporte des chambres de style motel affichées de 45 à 80 $ la nuit, ainsi que des appartements d'une chambre tout équipés entre 60 et 120 $, ou de deux chambres à partir de 90 $. Complexe de logements au style plus ancien, sis sur le front de mer, les *On the Beach Holiday Units* (☎ 5536 3624, 118 Marine Parade) s'avère un peu vétuste, mais certains appartements sont extrêmement spacieux, et l'emplacement, face à la plage, est parfait. Les doubles avec vue sur la mer coûtent 60 $, celles sur l'arrière 50 $.

OÙ SE RESTAURER

Surfers Paradise. La présence de nombreux touristes asiatiques a provoqué l'apparition d'une multitude de restaurants japonais, coréens et malais servant une cuisine authentique et bon marché. Les établissements les plus économiques sont regroupés dans l'Arcade Centre, 331 Gold Coast Highway. A l'étage, le *Raku Gaki* propose chaque jour à midi de bons plats du jour à 9 $. Au rez-de-chaussée, la *Malaysian Kitchen* prépare un succulent *laksa* à 7 $ et le restaurant coréen *New Seoul* vous régalera d'une formule déjeuner comprenant un plat principal avec riz et *kimchi* pour 8 $. L'endroit est très fréquenté le soir.

Le Cavill Ave Mall et ses alentours rassemblent un large choix de restaurants. Une bonne adresse pour le petit déjeuner : l'*Healthy Squeeze*, avec ses plats du jour et ses jus de fruits frais. Si vous voulez manger copieusement pour une somme modique, sachez que l'on peut faire un repas chinois pantagruélique au *Gold Star*, à l'est du carrefour d'Orchid Ave, pour 6,90 $ au déjeuner ou au dîner. Raptis Plaza Arcade abrite des petits restaurants peu coûteux, notamment de cuisine thaïe et vietnamienne, mais aussi un spécialiste de viandes rôties et une boulangerie.

A l'extrémité sud d'Orchid Ave, *La Porchetta (3 Orchid Ave)* sert des pâtes, des pizzas et des steaks bon marché dans une ambiance animée. Au coin d'Elkhorn Ave, au *Thai Kitchen & Noodles*, vous dégusterez un bon satay accompagné de nouilles pour 6,50 $.

Sud de la Gold Coast. A Burleigh Heads, le *Pagoda Buffet*, sur la Gold Coast Highway à hauteur du centre-ville, propose des buffets asiatiques à volonté à 6,50 $ le midi et à 8,50 $ le soir.

L'*Earth 'n' Sea*, dans l'Old Burleigh Theatre Arcade, Goodwin Terrace, est réputé pour ses pizzas abondamment garnies (petites pizzas à 11 $).

Au *Montezuma's*, un restaurant mexicain, les plats de résistance varient entre 9 et 14 $. Par ailleurs, quelques agréables cafés avec terrasse sont installés le long de l'arcade.

A Coolangatta, les deux endroits les plus agréables pour se restaurer sont les *Surf Life Saving Clubs*, l'un à Greenmount Beach, l'autre à Rainbow Bay. Tous deux proposent des déjeuners et des dîners à prix très étudiés, et vous pouvez manger sur la terrasse qui surplombe la plage. Pour une succulente pizza turque pliée en deux, essayez le *Cafe Fez Turkish Pizza & Kebab House (122 Griffith St)*. Vous pouvez apporter votre boisson. De l'autre côté de la rue, le *Sushi Train* prépare des en-cas japonais.

OÙ SORTIR
Night-clubs. C'est dans Orchid Ave à Surfers que se concentrent les principaux night-clubs et bars de la Gold Coast. De nombreuses auberges de jeunesse organisent des sorties donnant droit à une entrée gratuite et à des boissons ou des en-cas.

Point de départ de la plupart des soirées, le *Bourbon Bar,* dans un sous-sol assez sombre, est très prisé pour sa bière bon marché, et l'est plus encore le jeudi, nuit du karaoke. Le *Shooters*, bar de style américain avec des tables de billard et des écrans vidéo géants, organise parfois des concerts. Il est particulièrement fréquenté le dimanche, jour où il offre un repas et une partie de billard aux groupes des auberges de jeunesse. Les autres jours, il faut débourser 5 $ pour y entrer. Autres lieux de rendez-vous des voyageurs à petit budget, le *Cocktails and Dreams* et le *Party,* deux night-clubs situés l'un au-dessus de l'autre et reliés par un escalier intérieur. Chaque soir, un thème différent est proposé.

Le *Nellie Kelly's*, Elkhorn Ave, est un vaste bar irlandais qui attire une foule plus âgée et plus paisible.

Cinémas. Parmi les salles de cinéma, citons le *Hoyts (☎ 5570 3355)*, au coin de la Gold Coast Highway et de Clifford St, un complexe multisalle installé dans le centre commercial Pacific Fair, à Broadbeach ; le *Mermaid 5 (☎ 5575 3355, 2514 Gold Coast Highway)*, à Mermaid Beach ; et le *Coolangatta Cinema Centre (☎ 5536 8900)*, au niveau 2 de Showcase, dans le Beach complex de Griffith St.

Casino. Ouvert 24h/24, le *Conrad Jupiters Casino*, tout près de la Gold Coast Highway à Broadbeach, possède plus de 100 tables de jeux (black-jack, roulette, craps), ainsi que des centaines de machines à sous. L'entrée est libre, mais il faut avoir plus de 18 ans. Tenue correcte exigée : chaussettes hautes si vous portez un short, pas de débardeur ni de jean troué.

COMMENT S'Y RENDRE
Avion. Qantas et Ansett assurent des vols directs en provenance des plus grandes villes, dont Sydney (317 $), Melbourne (461 $), Adelaide (485 $) et Perth (752 $).

Bus. La gare de correspondance de Surfers Paradise se trouve à l'angle de Beach Rd et de Cambridge Rd. Elle abrite le guichet de réservation des compagnies de bus, une cafétéria, des consignes à bagages (4 $ par jour) et un guichet In Transit de réservation (☎ 5592 2911) d'auberges pour voyageurs à petit budget.

McCafferty's, Greyhound Pioneer, Kirklands et Coachtrans desservent fréquemment Brisbane (13 ou 14 $), Byron Bay (18 ou 19 $) et Sydney (de 71 à 79 $) ; Greyhound et McCafferty's effectuent également une liaison quotidienne à destination de Noosa (27 ou 28 $), avec changement à Brisbane.

Le trajet jusqu'à Brisbane dure environ 1 heure 30 de Surfers, et un peu plus de 2 heures de Coolangatta.

Train. La Gold Coast est desservie par les gares d'Helensvale, de Nerang et de Robina, d'où partent des correspondances avec les gares Central et Roma St de Brisbane. Aucune n'est particulièrement proche des principaux centres de la Gold Coast, mais les bus Surfside disposent d'un service de navettes entre ces gares et Surfers, ou au-delà, ainsi que vers les parcs d'attractions. L'aller Brisbane-Nerang coûte 7,80 $, et la navette Surfside jusqu'à/de Surfers Paradise 3,50 $.

COMMENT CIRCULER
Desserte de l'aéroport. Les Coachtrans (☎ 5588 8747) accueillent les passagers atterrissant à Coolangatta Airport (Qantas et Ansett) et les transfèrent jusqu'à Coolangatta (7 $ l'aller), Burleigh Heads (8 $), Surfers (9 $) et Main Beach (10 $).

Bus. Surfside Buslines (☎ 5536 7666) assure 24h/24 un service de bus fréquent le long de la Gold Coast entre Southport et Tweed Heads et au-delà. Vous pouvez acheter un billet pour un trajet, ou un forfait pour la journée (Day Rover, 10 $) ou pour la semaine (30 $).

Voitures, motos et vespas. Des dizaines de loueurs de véhicules déposent des brochures dans tous les hôtels, motels et auberges de jeunesse. Parmi les moins chers (environ 25 $ la journée), signalons Red Back Rentals (☎ 5592 1655), dans le Transit Centre de Surfers Paradise, Half-Price Car Rentals (☎ 5570 3560), au coin de Hamilton Ave et de la Gold Coast Highway, et Rent-A-Bomb (☎ 5538 8222), 8 Beach Rd.

South Pacific Rentals (☎ 5592 5878), 102 Ferny Ave, en face du saut à l'élastique, loue des vespas à 40 $ les deux heures ou à 75 $ la journée (24h).

Red Back Rentals propose aussi des vélos (15 $ la journée), de même que Surfers Beach Hut Hire, du côté plage de Cavill Ave Mall, (15 $ la demi-journée ou 20 $ la journée complète). Green Bicycle Rentals (☎ 018 766 880) dispose de bons VTT à 18 $ la journée.

L'ARRIÈRE-PAYS
Les montagnes de la **McPherson Range** s'élèvent à 20 km de Coolangatta et s'étendent sur 60 km le long de la frontière de la Nouvelle-Galles du Sud pour rejoindre la Great Dividing Range. Doté de panoramas magnifiques, ce paradis pour les marcheurs est aisément accessible en voiture et comprend également des routes panoramiques. De nombreux tour-opérateurs de la côte proposent des excursions en montagne. Il y pleut beaucoup entre décembre et mars, et les nuits sont froides en hiver.

Tamborine Mountain
A 45 km à l'ouest de la Gold Coast, ce plateau de 600 m de haut est un contrefort de la McPherson Range. Des zones de la forêt originelle subsistent dans neuf petits parcs nationaux. On y trouve des gorges, des chutes d'eau spectaculaires comme les Witches Falls et les Cedar Creek Falls, ainsi que des chemins de randonnée. En raison de sa proximité avec la côte, cette région connaît toutefois une urbanisation intense.

Les principales routes d'accès partent d'Oxenford, sur la Pacific Highway, ou de la côte *via* Nerang. Renseignez-vous au centre d'information du QPWS de North Tamborine (☎ 5545 1171). Les plus beaux points de vue se situent dans le **Witches Falls National Park**, au sud-ouest de North

QUEENSLAND

Tamborine, et à **Cameron Falls**, au nord-ouest de North Tamborine. Le **Macrozamia Grove National Park**, près de la bourgade de Mt Tamborine, renferme quelques spécimens de très vieux macrozamias.

Springbrook National Park

Ce plateau boisé à 900 m d'altitude est, comme la McPherson Range, un vestige de l'immense volcan dont le centre était l'actuel Mt Warning, en Nouvelle-Galles du Sud. La route goudronnée, qui vient de la Gold Coast *via* Mudgeeraba, offre de superbes points de vue.

Le Springbrook National Park se divise en trois parties : Springbrook, Mt Cougal et Natural Bridge, comprenant des forêts tropicales et des forêts d'eucalyptus ponctuées de gorges, de falaises et de cascades, ainsi qu'un vaste réseau de chemins de randonnée et plusieurs aires de pique-nique.

A l'**aire de pique-nique de Gwongorella**, le long de la route de Springbrook, les Purling Brook Falls, en pleine forêt tropicale, chutent de 109 m de haut. En aval, Waringa Pool constitue une magnifique piscine naturelle en été. Un bon terrain de camping jouxte l'aire de pique-nique et certains de nos lecteurs recommandent le salon de thé pour un thé du Devonshire accompagné de scones.

Dans la partie de **Natural Bridge**, accessible depuis la route Nerang-Murwillumbah, un chemin long de 1 km traverse une arche rocheuse au-dessus d'une grotte creusée par l'eau, dans laquelle évoluent des milliers de vers luisants.

Les bureaux des rangers et les centres d'information de Natural Bridge et de Springbrook sont indiqués dans le dépliant sur les chemins de randonnée du parc national. Vous pourrez obtenir un permis de camping pour Gwongorella auprès du ranger de Springbrook (☎ 5533 5147, entre 15h et 16h en semaine uniquement). La bourgade de Springbrook compte un magasin, une auberge de jeunesse affiliée à la YHA, des boutiques d'artisanat et quelques auberges. Pour en savoir plus sur les circuits proposés au départ de la côte et à destination de Springbrook, reportez-vous au paragraphe *Circuits organisés*, plus haut dans cette section.

Où se loger. L'excellente auberge YHA *Springbrook Mountain Lodge (☎ 5533 5366, 317 Repeater Station Rd)*, d'où l'on vient vous chercher sur la Gold Coast moyennant 10 $ aller-retour par personne (deux personnes au minimum), propose également de vous déposer au parc, où vous pourrez faire de magnifiques balades. Pour les membres, la nuit coûte 19 $ en dortoir et 22 $ dans une chambre avec lits jumeaux ou une double. Les autres débourseront 25 $. Les chalets reviennent à 40 $ par personne en semaine et à 60 $ le week-end.

Lamington National Park

A l'ouest de Springbrook, ce parc de 200 km^2 couvre une autre portion de la McPherson Range et rejoint le Border Ranges National Park en Nouvelle-Galles du Sud. Il comprend la majeure partie du plateau de Lamington, de profondes vallées boisées et des chaînes de 1 100 m d'altitude. Sa végétation subtropicale, ses gorges, ses grottes, ses chutes et ses bassins naturels ainsi qu'une faune variée en font un excellent but de randonnée. Les oiseaux à berceau abondent, et, au crépuscule, on peut apercevoir des pademelons, une sorte de petit wallaby.

Les deux secteurs les plus accessibles et les plus fréquentés du parc, que l'on peut atteindre par des routes goudronnées depuis Canungra, sont **Binna Burra** et **Green Mountains**, reliés par le Border Trail, sentier de grande randonnée de 24 km de long.

Le parc compte 160 km de chemins de randonnée, dont un "sentier des sens" destiné aux aveugles, à Binna Burra, et un parcours aménagé sous la voûte des arbres avec une série de ponts suspendus, à Green Mountains. Les brochures et les cartes des sentiers sont disponibles auprès des bureaux du QPWS à Binna Burra (☎ 5533 3584) et à Green Mountains (☎ 5554 0634), ouverts uniquement du lundi au vendredi de 13h à 15h30.

Où se loger. Le *Binna Burra Camp Ground (☎ 5533 3758)* bénéficie d'une excellente situation et d'installations de qualité. Les emplacements pour tente et caravane coûtent 7 $ par personne, et les tentes fixes reviennent à 36 $ la nuit pour deux. Agréable refuge de montagne, le ***Binna Burra Mountain Lodge*** (☎ 5533 3622) dispose de deux sortes de bungalows rustiques en rondins. Les prix, de 99 à 165 $ par personne et par nuit, comprennent tous les repas, du matériel gratuit pour la marche et l'escalade, et des activités telles que randonnées avec guide, excursions en bus et descente en rappel.

L'***O'Reilly's Guesthouse*** (☎ 5544 0644), à Green Mountains, est un endroit fantastique où séjourner si on en a les moyens. Construite dans les années 30, elle a gardé le charme de cette époque et est nichée au cœur du parc national. Comptez de 75 $ pour un lit dans une chambre confortable au charme désuet (s.d.b. commune) à 120 $ par personne pour une chambre spacieuse avec balcon et s.d.b. Ajoutez 44 $ par personne pour le petit déjeuner et le dîner. Vous trouverez aussi un kiosque d'information, ainsi qu'un terrain de camping du QPWS, à quelque 600 m de là (3,50 $ la nuit par personne).

Il est possible de faire du camping sauvage dans le parc de Lamington, mais le nombre de permis accordés (s'adresser au garde de Green Mountains) reste limité. Vous pouvez obtenir des renseignements auprès des bureaux du QPWS à Burleigh Heads ou à Brisbane.

Comment s'y rendre. Le service de bus de Binna Burra (☎ 5533 3622) circule tous les jours entre Surfers et Binna Burra (1 heure, 16 $ l'aller). Le bus part de Surfers à 8h30 ; le départ de Binna Burra s'effectue à 14h30. Il est nécessaire de réserver.

Les Allstate Scenic Tours (☎ 3285 1777) relient quotidiennement (sauf le samedi) Brisbane à Binna Burra et O'Reilly's (3 heures, 20 $, ou 35 $ l'aller-retour) ; départ à 9h30 et retour à 15h15.

La Mountain Coach Company (☎ 5524 4249) assure un service journalier vers les Green Mountains en suivant la Gold Coast (35 $ aller-retour).

La Sunshine Coast

La portion de littoral comprise entre l'extrémité nord de Bribie Island et Noosa Heads est dénommée Sunshine Coast. Très fréquentée par les vacanciers, elle est renommée pour ses belles plages, ses bonnes déferlantes et pour la pêche. Vous n'y verrez pas les gratte-ciel ou les néons de la Gold Coast, même si l'endroit s'avère relativement commercial et urbanisé.

Noosa Heads, la ville la plus à la mode de la côte, possède un très beau parc national et de superbes plages. Le Cooloola National Park et Rainbow Beach, l'un des points d'accès à Fraser Island, s'étendent au nord de Noosa.

Comment s'y rendre
Bus. Greyhound Pioneer et McCafferty's suivent la Bruce Highway, mais ces deux compagnies n'assurent qu'un seul service par jour de Brisbane à Noosa et à Maroochydore. La Suncoast Pacific (☎ 3236 1901), principal opérateur de la Sunshine Coast, effectue de fréquentes liaisons du Transit Centre et de l'aéroport de Brisbane à Noosa (3 heures, 21 $), *via* Maroochydore (2 heures, 18 $).

De Cooroy et Nambour, sur la Highway, Tewantin Bus Services (☎ 5449 7422) dessert régulièrement Maroochydore *via* Noosa. Tous les jours, les bus de Sunshine Coast Coaches (☎ 5443 4555) gagnent le sud au départ de Maroochydore, ainsi que Landsborough et Nambour par l'intérieur.

Train. Les gares les plus proches de la Sunshine Coast sont celles de Nambour et de Cooroy. Il existe des trains quotidiens depuis Brisbane et le nord.

CABOOLTURE
• code postal 4510   • 26 800 habitants
Cette région, située à 49 km au nord de Brisbane, abritait autrefois une nombreuse population aborigène. De nos jours, elle est devenue un important centre laitier.

À 7 km à l'est (panneau indicateur sur la route de Bribie Island), l'**Abbey Museum** regroupe une belle collection d'objets, d'armes, de poteries et de costumes anciens. Il est ouvert les mardi, jeudi, vendredi et samedi de 10h à 16h (entrée : 5 $).

Le **Caboolture Historical Village**, sur Beerburrum Rd, à 2 km au nord de la ville, compte plus de cinquante vieux bâtiments australiens dans un environnement de bush (ouvert tous les jours de 9h30 à 15h ; entrée : 6 $).

GLASS HOUSE MOUNTAINS

A environ 20 km au nord de Caboolture, les Glass House Mountains (montagnes de verre) sont le premier élément, impressionnant, du paysage que l'on voit de la Sunshine Coast. Cette étrange série de roches volcaniques s'élève brusquement de la plaine à plus de 300 m de hauteur. Ces roches ont été baptisées "glass house" par le capitaine Cook, car il vit briller des reflets sur leurs arêtes polies comme du verre. On dit aussi qu'elles lui rappelaient les fours de verriers de son Yorkshire natal.

Ces monts se prêtent aux circuits panoramiques en voiture, aux randonnées dans le bush et à l'escalade. L'accès principal se fait par Forest Drive, une série de routes goudronnées et de pistes qui s'élèvent depuis Beerburrum jusqu'à la localité de Glass House Mountains.

Chacun des quatre petits parcs nationaux de la chaîne comporte des chemins de randonnée ou d'escalade de difficultés diverses : un chemin facile mène en 2 heures au sommet du Mt Ngungun, tandis qu'il faut 3 heures d'escalade ardue pour atteindre les sommets des monts Beerwah et Tibrogargan. Les alpinistes chevronnés apprécient, quant à eux, le Mt Coonowrin. Contactez les rangers (☎ 5494 3983) de Maleny pour plus de renseignements.

Autre curiosité touristique, l'**Australia Zoo** (☎ 5494 1134), situé sur la Glass House Mountains Tourist Route à Beerwah, où habitent les célèbres chasseurs de crocodiles Steve et Terri Irwin. Ouvert tous les jours de 8h30 à 16h (13 $), le zoo héberge plus de 550 animaux. On peut assister à leur repas, dont un à ne pas manquer : celui des crocodiles !

Le *Mt Tibrogargan Relaxapark* (☎ *5496 0151*), qui s'étend à 1,5 km au nord de Beerburrum, dispose d'une boutique et d'un bureau qui délivre des informations sur les promenades, les chemins de randonnée et l'environnement. L'emplacement d'une tente coûte 11 $ et celui d'une caravane

22 $ au minimum ; un logement tout équipé revient à 35 $ au minimum.

CALOUNDRA

• **code postal 4551**   • **28 500 habitants**

Bien que le nord recèle plus d'attraits, Caloundra, à l'extrémité sud de la Sunshine Coast, compte quelques belles plages et la pêche y est excellente. Station balnéaire appréciée des familles, l'agglomération offre peu de possibilités de logement bon marché.

MAROOCHY

• **40 000 habitants**

Au nord de Caloundra, les trois villes de **Mooloolaba**, **Alexandra Headland** et **Maroochydore** se fondent l'une dans l'autre pour former Maroochy, la conurbation la plus vaste et la plus développée de la Sunshine Coast.

Centre commerçant et touristique, Maroochydore, la ville principale, bénéficie d'une plage sur l'océan et de la proximité de la Maroochy River; qui accueille sur ses petites îles de nombreux pélicans. Non loin, Alexandra Headland possède une plage agréable où pratiquer le surf. Mooloolaba est la plus vivante des trois villes, avec sa longue plage de sable (la plus belle) et son chapelet de boutiques, de restaurants et de boîtes de nuit sur le front de mer. Vous découvrirez également le **Wharf**, un complexe au bord de la Maroochy avec ses boutiques, ses restaurants, une taverne, une marina et l'**Underwater World**. Dans ce grand océanarium équipé d'un tunnel transparent permettant de passer sous l'eau, on peut également assister à des spectacles de phoques (ouvert tous les jours de 9h à 18h ; entrée : 18,90 $).

Renseignements

Le centre d'information de Maroochydore (☎ 5479 1566), près de l'intersection d'Aerodrome Rd (la rue principale qui relie Maroochydore et Mooloolaba) et de Sixth Ave, vous accueille en semaine de 9h à 17h et le week-end de 9h à 16h.

Activités sportives

Comme à Caloundra, ce sont les plages qui constituent l'attraction principale de l'agglomération. Le littoral est jalonné de magasins où l'on peut louer des planches de surf et de boogie. On peut également louer des rollers et des vélos (tous deux pour 15 $ la demi-journée, 20 $ la journée complète) au Maroochy Skate Biz (☎ 5443 6111), sur le front de mer, 160 Alexandra Parade, à Alexandra Headland.

Où se loger

Gérés par la municipalité, les meilleurs terrains de camping-caravaning s'étendent en bord de mer. Parmi eux, citons le *Cotton Tree Caravan Park* (☎ 5443 1253), sur l'Esplanade, et le *Seabreeze Caravan Park* (☎ 5443 1167), derrière le centre d'information. Il faut débourser à partir de 12 $ pour y planter sa tente et de 14 $ pour bénéficier de l'électricité (pas de caravanes fixes).

Marroochydore compte trois auberges de jeunesse – téléphonez de l'arrêt de bus pour que l'on vienne vous chercher. La meilleure est sans doute la *Cotton Tree Beachouse* (☎ 5443 1755, The Esplanade), une ancienne pension en bois, confortable, qui domine le fleuve. Des planches de surf et de boogie sont mises gracieusement à la disposition des clients, et des séances de jet-ski ont lieu gratuitement deux fois par semaine. Les lits en dortoir se louent 14 $, les simples/doubles ou les chambres avec lits jumeaux 30/32 $. Cet agréable établissement est situé à 5 minutes de marche de l'arrêt de bus.

Auberge moderne et fonctionnelle, le *Suncoast Backpackers' Lodge* (☎ 5443 7544, 50 Parker St) demande 14 $ pour un lit en dortoir et 34 $ pour une double (des vélos et des planches de surf ou de boogie sont prêtés gratuitement). Le *Maroochydore YHA Backpackers* (☎ 5443 3151, 24 Schirmann Drive), caché dans une zone résidentielle, à quelques rues de Bradman Ave, comporte des dortoirs de six à huit lits (16 $), ainsi que quelques doubles (36 $). Des planches de surf et de boogie, des canoës et des équipements de pêche sont mis gracieusement à la disposition des clients.

Les dizaines de motels et de logements des environs restent chers pour la plupart. A

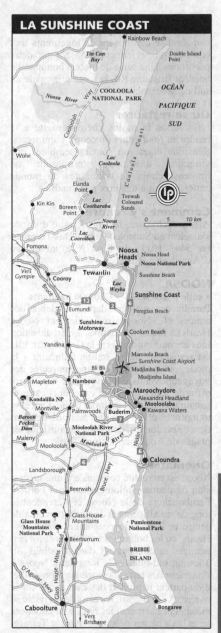

LA SUNSHINE COAST

proximité de la plage, les *Tallows Lodge Holiday Units* (☎ *5443 2981, 10 Memorial Ave)* se composent de logements tout équipés qui reviennent à 55 $ pour deux personnes. Une série de motels bon marché bordent Brisbane Rd, la route principale au sud de Mooloolaba.

Où se restaurer
La solution la moins chère consiste à se rendre au *food court* du centre commercial Sunshine Plaza, où sont rassemblées une vingtaine d'échoppes proposant un immense choix de spécialités du monde entier, le tout à des prix raisonnables.

Comment s'y rendre
A Maroochydore, les bus longue distance s'arrêtent au Suncoast Pacific Bus Terminal (☎ 5443 1011) de First Ave, au niveau d'Aerodrome Rd.

NOOSA
• **code postal 4567**   • **20 000 habitants**
Paradis des surfeurs depuis le début des années 60, Noosa (officiellement Noosa Heads) a réussi à échapper à l'urbanisation tous azimuts qui a affecté la Gold Coast. Elle est restée une petite station balnéaire à la mode tout en étant une étape appréciée des voyageurs venus découvrir la côte. Noosa offre de belles plages, d'excellents cafés et restaurants, un parc national facile d'accès et tout proche et, un peu plus au nord, des sentiers de randonnée, des cascades ainsi que les plages du Cooloola National Park.

Orientation
Noosa est en réalité constituée d'une succession de petites agglomérations qui bordent l'embouchure de la Noosa et s'étendent le long de ses affluents et des lacs. Le véritable centre et le coin le plus animé est Noosa Heads, où les boutiques branchées et les restaurants se concentrent dans Hastings St. A 3 km au sud-ouest – le long de la Noosa à l'intérieur des terres – se trouve Noosaville, d'où partent la plupart des excursions sur la rivière. A cet endroit, les eaux de la rivière se mélangent à la mer et les rives sont jalonnées ici et là de plages de sable. Gympie Terrace,

qui longe la rivière, possède de nombreux cafés et restaurants et s'anime dans la soirée.

A 1 km au sud de Noosa Heads, en haut de la colline, Noosa Junction est un autre centre rempli de boutiques et de restaurants ; de là, une route part vers l'est à Sunshine Beach, le plus calme et le plus résidentiel des quatre centres principaux, où s'étendent aussi les plus belles plages, et les plus belles vagues.

Renseignements
Le centre d'information touristique de Hastings St (☎ 5447 4988) est ouvert tous les jours de 9h à 17h. Il existe en outre plusieurs bureaux de tourisme privés qui peuvent effectuer des réservations d'hôtels et d'excursions.

Activités sportives
A Noosaville, Total Adventures (☎ 5474 0177), dans le Noosa Leisure Centre de Wallace Drive, organise toutes sortes d'excursions : descente en rappel et escalade, VTT ou canoë sur la Noosa, ainsi que du kayak de mer de septembre à juin.

On peut louer des catamarans et des ski-surfs à Noosa Main Beach. La plupart des boutiques de surf louent des planches, comme Ozmosis (☎ 5447 3300), dans Hastings St, qui propose des "mini-malibus" à 30 $ la journée (caution de 200 $). Le long de Gympie Terrace, à Noosaville, vous trouverez de nombreux endroits où louer des dinghies pour la pêche, des pontons de barbecue, des catamarans, des jet-skis, des canoës et des ski-surfs.

Parmi les autres activités possibles, signalons les promenades à cheval de Clip Clop Treks (☎ 5449 1254), les safaris à dos de dromadaire de la Camel Company Australia (☎ 5442 4402), le parapente de Fly High (☎ 5449 9630), ou encore les baptêmes de l'air à bord du biplan Red Baron (☎ 5474 1200) et en montgolfière (☎ 5495 6714).

Circuits organisés
Plusieurs agences organisent des circuits de Noosa à Fraser Island *via* le Cooloola National Park et les Teewah Coloured Sands.

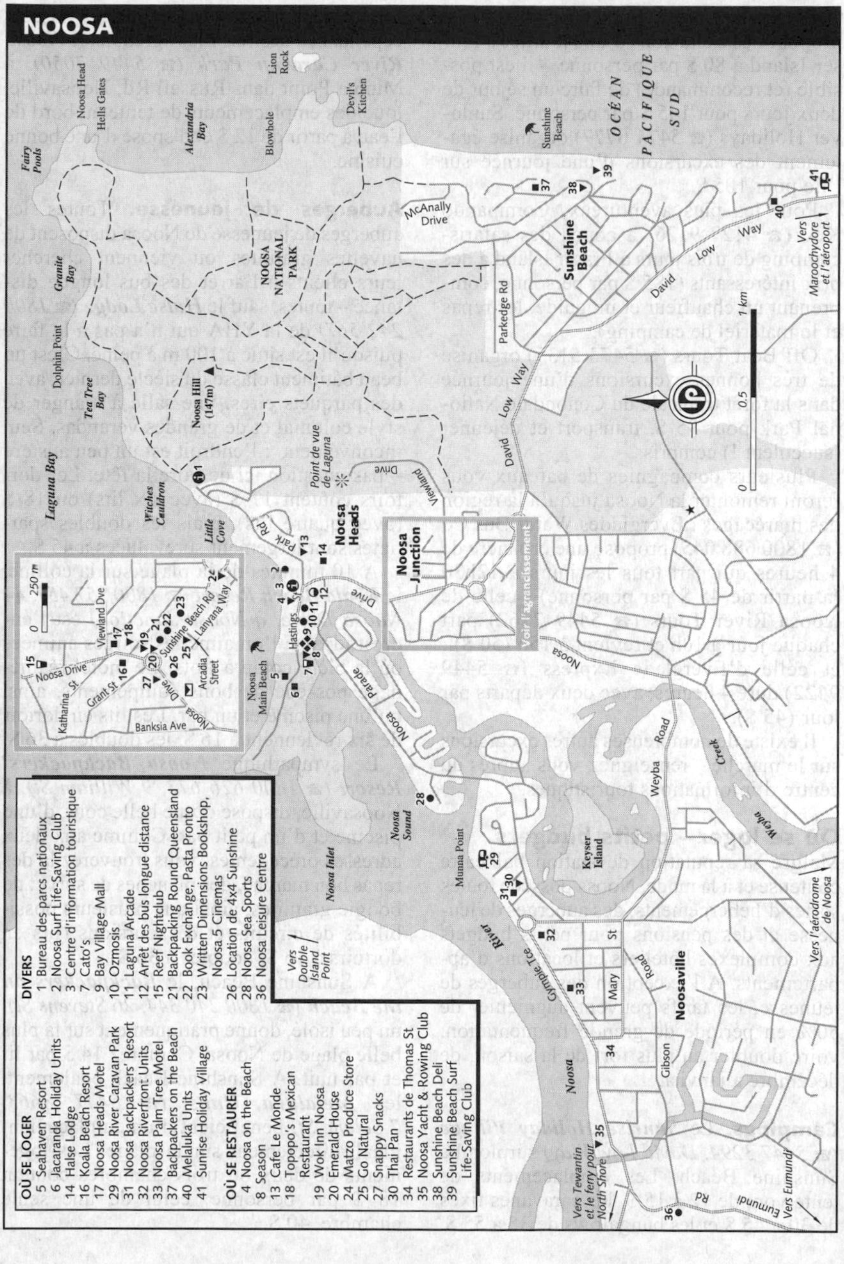

NOOSA
OÙ SE LOGER
5 Seahaven Resort
6 Jacaranda Holiday Units
14 Halse Lodge
16 Koala Beach Resort
17 Noosa Heads Motel
29 Noosa River Caravan Park
31 Noosa Backpackers' Resort
32 Noosa Riverfront Units
33 Noosa Palm Tree Motel
37 Backpackers on the Beach
40 Melaluka Units
41 Sunrise Holiday Village
OÙ SE RESTAURER
4 Noosa on the Beach
8 Season
13 Cafe Le Monde
18 Topopo's Mexican Restaurant
19 Wok Inn Noosa
20 Emerald House
24 Matzo Produce Store
25 Go Natural
27 Snappy Snacks
30 Thai Pan
34 Restaurants de Thomas St
35 Noosa Yacht & Rowing Club
38 Sunshine Beach Deli
39 Sunshine Beach Surf Life-Saving Club
DIVERS
1 Bureau des parcs nationaux
2 Noosa Surf Life-Saving Club
3 Centre d'information touristique
7 Cato's
9 Bay Village Mall
10 Ozmosis
11 Laguna Arcade
12 Arrêt des bus longue distance
15 Reef Nightclub
21 Backpacking Round Queensland
22 Book Exchange, Pasta Pronto
23 Written Dimensions Bookshop, Noosa 5 Cinemas
26 Location de 4x4 Sunshine
28 Noosa Sea Sports
36 Noosa Leisure Centre
OCÉAN PACIFIQUE SUD
Laguna Bay
Noosa Head
Hells Gates
Lion Rock
Fairy Pools
Alexandria Bay
Devil's Kitchen
Blowhole
Granite Bay
Dolphin Point
Tea Tree Bay
Noosa Hill (147m)
NOOSA NATIONAL PARK
Witches Cauldron
Little Cove
Point de vue de Laguna
Noosa Heads
Noosa Junction
Voir l'agrandissement
Sunshine Beach
McAnally Drive
Parkedge Rd
David Low Way
Viewland Drive
Park Rd
Hastings St
Noosa Parade
Noosa Main Beach
Noosa Sound
Noosa Inlet
Munna Point
Keyser Island
Weyba Road
Weyba Creek
Noosaville
Gympie Tce
Mary St
Gibson Road
Noosa River
Eumundi Rd
Vers Double Island Point
Vers Tewantin et le ferry pour North Shore
Vers Eumundi
Vers l'aérodrome de Noosa
Vers Maroochydore et l'aéroport
Noosa Drive
Viewland Dve
Katharina St
Grant St
Sunshine Beach Rd
Lanyana Way
Arcadia Street
Banksia Ave
250 m
0 0,5 1 km

Fraser Explorer Tours (☎ 5449 8647) propose des excursions d'une journée à Fraser Island à 80 $ par personne – il est possible (et recommandé) de faire un séjour de deux jours pour 145 $ par personne. Sunlover Holidays (☎ 5474 0777) organise également des excursions d'une journée sur l'île pour 105 $.

Pour les plus aventureux, Commando Kev (☎ 4127 9126) a conçu des safaris-camping de trois jours à Fraser Island à des prix intéressants (185 $ par personne, comprenant un chauffeur et un guide, les repas et le matériel de camping).

Off Beat Tours (☎ 5473 5135) organise de très bonnes excursions d'une journée dans la forêt tropicale du Conondale National Park pour 95 $, transport et déjeuner (succulent !) compris.

Plusieurs compagnies de bateaux vous feront remonter la Noosa jusqu'à la région des marécages : Everglades Water Bus Co (☎ 1800 688 045) propose une croisière de 4 heures qui part tous les jours à 12h30 (à partir de 45 $ par personne) ; celle de Noosa River Tours (☎ 5449 7362) part chaque jour à 10h et revient à 15h (50 $) ; et celle d'Everglade Express (☎ 5449 9422) dure 4 heures, avec deux départs par jour (45 $).

Il existe de nombreuses autres excursions sur le marché – renseignez-vous auprès du centre d'informations touristiques.

Où se loger – petits budgets

Malgré sa réputation de station balnéaire coûteuse et à la mode, Noosa possède toutes sortes d'hébergements, des auberges de jeunesse et des pensions pour petits budgets aux complexes hôteliers et locations d'appartements. A l'exception des auberges de jeunesse, les tarifs peuvent augmenter de 50% en période de grande fréquentation, voire doubler au plus fort de la saison, de décembre à janvier.

Campings. Le *Sunrise Holiday Village (☎ 5447 3294, David Low Way)* surplombe Sunshine Beach. Les emplacements de tente vont de 12 à 15 $, les caravanes fixes de 30 à 45 $ et les bungalows de 35 à 55 $.

Les équipements et l'entretien laissent cependant à désirer. Plus agréable, le *Noosa River Caravan Park (☎ 5449 7050)*, à Munna Point dans Russell Rd, Noosaville, loue des emplacements de tente au bord de l'eau à partir de 12 $ et dispose d'une bonne cuisine.

Auberges de jeunesse. Toutes les auberges de jeunesse de Noosa disposent de navettes gratuites ou viennent chercher leurs clients à l'arrêt des bus longue distance – toutes, sauf le *Halse Lodge (☎ 1800 242 567)* de la YHA qui n'a pas à le faire puisqu'il est situé à 100 m à peine. C'est un beau bâtiment classé du siècle dernier, avec des parquets cirés, une salle à manger de style colonial et de grandes vérandas. Seul inconvénient : l'endroit est un peu austère – pas question ici de faire la fête. Les dortoirs coûtent 17 $ (avec six lits) ou 18 $ (avec quatre lits), mais les doubles spartiates sont largement surévaluées à 45 $.

A 10 minutes de la plage sur la colline, le *Koala Beach Resort (☎ 1800 357 457, 44 Noosa Drive, à Noosa Junction)* est l'endroit idéal si l'on aime les soirées animées où la bière coule à flots. Ce motel réaménagé possède de bons équipements, ainsi qu'une piscine et un bar. Les lits en dortoir de six reviennent à 16 $, les doubles à 36 $.

Le sympathique *Noosa Backpackers' Resort (☎ 1800 626 673, 9 William St)*, à Noosaville, dispose d'une belle cour, d'une piscine et d'un petit bar. Comme aux deux adresses précédentes, vous trouverez là des repas bon marché, des planches de surf et de boogie gratuites, ainsi que plusieurs possibilités de circuits et d'excursions (lits en dortoirs à 16 $, doubles à 36 $).

A Sunshine Beach, le *Backpackers on the Beach (☎ 1800 240 344, 26 Stevens St)*, un peu isolé, donne pratiquement sur la plus belle plage de Noosa. Comptez 14 $ par lit et par nuit. A Sunshine Beach également, les *Melaluka Units (☎ 5447 3663, 7 Selene St)* bénéficient d'un emplacement idéal, directement sur la plage. Les logements de deux ou trois chambres coûtent 18 $ par personne, celui de une seule chambre, 40 $.

Où se loger – catégorie moyenne

Les meilleurs hébergements – ce sont aussi les plus chers – s'échelonnent le long de la plage aux abords de Hastings St. Un appartement de une chambre sur la plage coûte au minimum 200 $ la nuit.

Le *Seahaven Resort* (☎ *1800 072 013, 13 Hastings St)* loue côté rue des studios à partir de 100 $ la nuit. Son appartement de une chambre côté plage loge quatre personnes pour 200 $.

Les *Jacaranda Holiday Units* (☎ *5447 4011)*, de l'autre côté de Hastings St, proposent des chambres de type motel (jusqu'à trois personnes) affichées à partir de 80 $ la nuit, et les appartements tout équipés, avec une chambre (jusqu'à cinq personnes) reviennent à 120 $.

A Noosa Junction, le *Noosa Heads Motel* (☎ *5449 2873, 2 Viewland Drive)* loue quatre logements confortables tout équipés. Construits dans un jardin ombragé qui comprend une piscine et un espace barbecue, ils accueillent jusqu'à six personnes pour 59 à 120 $ la nuit.

Les gîtes les moins chers se situent notamment sur Gympie Terrace, qui traverse Noosaville de part en part. Les *Noosa Riverfront Units* (☎ *5449 7595, 277 Gympie Terrace)* disposent de logements corrects à petit prix : de 50 $ pour un studio à 79 $ (325 $ la semaine) pour un logement à deux chambres. Le *Noosa Palm Tree Motel* (☎ *5449 7311, 233 Gympie Terrace)* possède huit chambres de type motel et huit appartements tout équipés ; il faut compter entre 55/90 $ et 60/100 $ pour les simples/doubles en basse/haute saison.

Où se restaurer

Hastings St. Dans Hastings St, il est possible de faire un déjeuner bon marché au *food court* de Bay Village où sont regroupés un bar à pâtes et à pizzas, un boulanger, une échoppe chinoise, un comptoir de kebab et un traiteur. Un repas raisonnablement correct revient en moyenne à 5 $.

Dans le complexe Noosa On The Beach, à l'ouest du centre d'information touristique, l'*Appetizer*, une gargote où l'on mange debout, sert des petits déjeuners australiens pour 5 $ ou des hamburgers et des fish and chips autour de 4 $. Dans le même complexe mais sur le front de mer, le *Beach Cafe* est un bon endroit pour prendre un petit déjeuner avec du muesli et des fruits frais (4,80 $) ou des œufs au bacon (5,90 $).

L'une des meilleures adresses dans Hastings St reste le très apprécié *Cafe Le Monde*, à l'est du rond-point. On dîne dans une immense cour couverte, et la carte extrêmement variée tente de satisfaire tous les palais. Nous avons goûté des plats thaïs, italiens et australiens, tous excellents ; les portions sont généreuses et les prix raisonnables – de 12 à 20 $ pour un plat principal.

Sur le front de mer, dans le complexe Noosa On The Beach, le *Bistro C* (☎ *5447 2855)*, assez cossu, offre un menu complet mais l'on peut se contenter de consommer un excellent cocktail.

Tout nouveau et très fréquenté, le *Season* (☎ *5447 3747)* n'utilise que des produits frais de saison pour concocter une cuisine inventive et prépare des délicieux cocktails pour ceux qui veulent seulement prendre un verre.

Noosa Junction. A quelques pas du KFC, l'*Emerald House* sert des plats chinois dont la plupart se situent aux alentours de 7,50 $. En face, au *Snappy Snacks*, les lève-tard peuvent prendre leur petit déjeuner jusqu'à 15h (3 $).

Le *Pasta Pronto* (*2/25 Sunshine Beach Road)*, situé dans une galerie marchande non loin du Book Exchange en allant vers les cinémas, prépare de savoureuses pâtes fraîches. Les plats principaux reviennent à 14 $ et les formules déjeuner à 7,50 $.

Le *Matzo Produce Store* (*4 Sunshine Beach Rd)* est l'endroit idéal pour un sandwich et un café au lait à moins de 10 $. Ajoutons qu'il dispose d'un accès Internet.

Près du rond-point, le *Wok Inn Noosa* est un sympathique bar à nouilles où vous composez vous-même votre plat.

A quelques pas en remontant, le *Topopo's Mexican Restaurant*, une cantine typique, propose des plats autour de 10 $, des combos à environ 20 $, ainsi que des margaritas et de la sangria au verre ou en pichet. Les prix des boissons sont relativement bas de manière à séduire la clientèle du Koala Beach Resort situé de l'autre côté de la rue. Le mercredi, tous les plats coûtent 9,50 $.

Sur Sunshine Rd, *Go Natural* est une boutique de produits naturels où les divers sandwiches et salades peuvent tenir lieu de déjeuner.

Noosaville. Juste à côté du Noosa Backpackers' Resort dans William St, le *Thai Pan*, un délicieux restaurant thaïlandais, pratique des prix très compétitifs. Il affiche le sigle BYO (by yourself) et est ouvert chaque soir.

A Noosaville, la Thomas St est bordée des deux côtés par des restaurants d'une qualité étonnante, parmi lesquels le *Max's Native Sun Cuisine* avec sa cuisine inventive et ses 300 recettes de canard, le *Raymondos Gourmet Pizza*, le restaurant malais *A Taste of Spice* (plats principaux à 10,90 $) et le très fréquenté *Albertos*.

Dans Gympie Terrace, juste avant de traverser la rivière, le *Noosa Yacht & Rowing Club*, un bâtiment de deux étages au bord de l'eau, ouvre tous les jours pour le déjeuner et le dîner, et le dimanche pour le petit déjeuner. La nourriture s'avère copieuse et bon marché, avec des plats qui valent entre 8 et 12 $. Du lundi au vendredi, un déjeuner spécial est affiché à 5 $. L'endroit attire une clientèle plutôt familiale et agée.

Comment s'y rendre et circuler

Des bus longue distance s'arrêtent à la gare routière située près du carrefour de Noosa Drive et de Noosa Parade, juste derrière Hastings St. On peut acheter des billets à l'avance au bureau de réservation installé dans l'agence Avis, en face de l'arrêt de bus.

Sunbus (☎ 13 1230) assure des liaisons quotidiennes le long de la côte entre Noosa et Maroochydore, ainsi qu'un service local entre Noosa Heads, Noosaville, Noosa Junction, etc. Le samedi, cette compagnie effectue aussi un service spécial toutes les 30 minutes jusqu'à Eumundi Market.

Si vous souhaitez remonter le long de la plage de la Cooloola Coast jusqu'à Teewah

Colourd Sands, Double Island Point, Rainbow Beach ou Fraser Island, Sunshine 4WD Rentals (☎ 5447 3702), près de la poste de Noosa Junction, loue des Suzuki Sierra à quatre places à partir de 105 $ par jour et des Nissan Patrol à sept places à partir de 150 $ par jour.

Il existe plusieurs loueurs : Sierra Mountain Bike Hire (☎ 5474 8277), Hastings St, dans le bureau de Budget Rent-a-Car du Bay Village Mall, demande 12 $ la journée, et Koala Bike Hire (☎ 5474 2733) propose des VTT à partir de 15 $ par jour ainsi qu'un service de livraison.

LA COOLOOLA COAST

Entre Noosa et Rainbow Beach, la Cooloola Coast étire ses 50 km de plages de sable entre l'océan et le Great Sandy National Park. Encore vierge de constructions, cette zone accueille parfois un tel nombre de campeurs que l'on se demande si elle le demeurera longtemps.

La Cooloola Way, une route de gravier, relie Tewantin au sud et Rainbow Beach au nord *via* Boreen Point et le parc national. De Tewantin, le Noosa River Ferry fonctionne tous les jours de 6h à 22h (le vendredi et le samedi jusqu'à 24h) ; il vous en coûtera 4 $ par véhicule pour l'aller. De l'autre côté s'étendent le lac Cooroibah et les plages de Laguna Bay. Ceux qui circulent en 4x4 peuvent, à marée basse, longer l'océan jusqu'à Rainbow Beach et Wide Bay ; en chemin, ils passeront à proximité des falaises de sable coloré de Teewah et des vestiges rouillés du *Cherry Venture*, un cargo jaugeant 3 000 tonneaux qui s'est échoué en 1973 après avoir été pris dans un cyclone.

Great Sandy National Park (Cooloola)

Arrosé par la Noosa, le parc national de Great Sandy s'étend au nord de Noosa sur plus de 54 000 hectares. Il se compose d'une grande variété de paysages vierges – longues plages de sable, lagunes bordées de mangroves, forêts, landes et lacs – qui abritent une multitude d'oiseaux et dont certains se couvrent de fleurs sauvages au printemps.

On peut le traverser en voiture, mais le mieux, pour le visiter, consiste à prendre une embarcation. Renseignez-vous à Tewantin et à Noosaville ou auprès des tours-opérateurs qui proposent des promenades en bateau au départ de Noosa (voir la rubrique *Circuits organisés* dans la section *Noosa*, plus haut dans ce chapitre).

A Elanda Point, 5 km au nord de Boreen Point, la rive du lac accueille un camping. De là partent plusieurs chemins de randonnée, dont le Cooloola Wilderness Trail (46 km) et une piste de 7 km qui mène au centre d'accueil du QPWS (☎ 5449 7364), à Kinaba Island.

Où se loger. Le *Gagaju (☎ 5474 3522, 118 Johns Drive, Tewantin)* est un camping atypique à l'ambiance très détendue, situé au bord d'une rivière, au milieu de la forêt qui borde le parc. Tout y a été construit (mobilier et lits superposés inclus) avec du bois de récupération. Vous pourrez naviguer en canoë ou vous balader à VTT gratuitement, ou encore effectuer des promenades dans le bush et, en saison, faire du "cane toad golf" – aussi étrange que cela paraisse, on nous a assuré que c'était totalement écologique. Dormir dans l'unique dortoir commun revient à 11 $ la nuit, et planter sa tente à 7 $. Les douches et les toilettes sont sommaires, et il faut apporter sa nourriture. Le Gagaju propose des navettes gratuites depuis Noosa.

Il existe une dizaine d'autres terrains de camping dans le parc, installés le plus souvent au bord de la rivière. Les principaux sont le *Fig Tree Point*, au nord du lac Cootharaba, et le *Harry's Hut*, 4 km en amont. Le *Freshwater*, le plus grand camping de la côte, se trouve à 6 km au sud de Double Island Point.

La Fraser Coast

La majestueuse Fraser Island constitue le principal attrait de cette partie du littoral. Avec ses 120 km de long, c'est l'île sablonneuse la plus étendue du monde. On y accède surtout par Hervey Bay, qui est devenu un centre touristique animé, mais aussi par Rainbow Beach, une paisible et séduisante station balnéaire située au sud.

La Bruce Highway traverse plusieurs bourgades rurales : Gympie, d'où part la route de Rainbow Beach, et Maryborough, l'embranchement pour Hervey Bay. Plus au nord, Bundaberg, la principale ville de la région, est réputée pour son rhum.

GYMPIE
• **code postal 4570**   • **17 000 habitants**
Gympie, qui doit son existence à la ruée vers l'or de 1867, devint l'un des centres aurifères les plus riches du Queensland. On y a d'ailleurs extrait le métal précieux jusqu'en 1920. Au mois d'octobre, un festival annuel, le Gold Rush Festival, se déroule pendant une semaine. Si vous séjournez à Gympie en août, ne manquez pas le Country Music Muster.

A l'entrée sud de la ville par la Bruce Highway, l'office du tourisme (☎ 5482 5444) ouvre tous les jours de 9h à 16h30. Le même édifice abrite le bureau du QPWS où l'on obtient des autorisations et des renseignements sur Fraser Island et le Cooloola National Park.

Non loin de là, l'intéressant **Gympie & District Historical & Mining Museum** vous accueille tous les jours de 9h à 17h (entrée : 6 $). A quelques kilomètres au nord de la ville, sur Fraser Rd, le **Woodwork Forestry & Timber Museum** ouvre tous les jours de 9h à 16h (entrée 2,50 $).

Gympie compte quelques hôtels et terrains de camping, et se situe sur les principaux itinéraires de bus et de train du nord de Brisbane.

RAINBOW BEACH
• **code postal 4581**   • **1 000 habitants**
Cette bourgade sur la Wide Bay, à 70 km au nord-est de Gympie, est le point d'accès méridional à Fraser Island et une bonne base pour la visite de la partie nord du Great Sandy National Park. Le centre-ville, qui se résume à quelques boutiques, à un bureau de poste et à un terrain de caravaning, se situe au bout de la route de Rainbow Beach, juste au-dessus des falaises. En contrebas s'étendent des kilo-

mètres de belles plages peu fréquentées. A 1 km au sud-est se dresse une dune de 120 m de haut, le **Carlo Sandblow**, avec, en arrière-plan, les falaises de sable multicolore auxquelles le bourg doit son nom.

Organisme privé, installé 8 Rainbow Beach Rd, le centre d'information touristique de Rainbow Beach (☎ 5486 3227) distribue une liste des randonnées à effectuer dans la région. En 4x4, il est possible d'aller jusqu'à Noosa, à 70 km au sud, en suivant la plage la plupart du temps (reportez-vous à la rubrique *La Cooloola Coast*, plus haut dans ce chapitre).

De Rainbow Beach, une route de 13 km remonte le long de la plage en direction du nord jusqu'à Inskip Point, d'où partent les ferries pour Fraser Island (pour connaître les horaires, voir la rubrique *Fraser Island*).

Le centre d'information sur Fraser Island et le Great Sandy National Park – il s'agit en fait d'un bureau du QPWS (☎ 5496 3160) – se trouve sur le côté droit de la route principale lorsqu'on arrive à Rainbow Beach.

C'est également là que sont délivrés les permis de circuler à bord d'un véhicule et de camper. Il est ouvert tous les jours de 7h à 16h.

Circuits organisés

Chaque matin, Rainbow Beach Backpackers organise pour ses hôtes une excursion gratuite au sud de la plage.

Avec Surf & Sand Safaris (☎ 5486 3131), il est possible de faire un circuit de 4 heures en 4x4 au sud de la plage, qui passe par Double Island Point, l'épave du *Cherry Venture* et les Coloured Sands (40 $ par personne).

Sun Safari Tours (☎ 5486 3154) propose des excursions de une journée à Fraser Island (60 $ pour les adultes) et d'une demi-journée au sud de Double Island Point (65 $).

Où se loger

Premier bâtiment à gauche quand on arrive en ville, le *Rainbow Beach Backpackers* (☎ *5486 3288, 66 Rainbow Beach Rd*) demande 10 $ pour un lit en dortoir et 25 $

pour une double, mais les chambres sont peu nombreuses et les équipements médiocres. Planter sa tente revient à 5 $ par personne. Plus confortable, le *Rocks Backpackers Resort* (☎ *1800 646 867*), de style motel, se trouve dans Spectrum St, à proximité des magasins. Doté d'une piscine, de salles de jeu et d'un bar servant des plats bon marché, il loue des lits de 12 à 15 $ dans des dortoirs de huit personnes et des chambres doubles de 35 à 45 $.

Le *Rainbow Beach Holiday Village & Caravan Park* (☎ *5486 3222*), Rainbow Beach Rd, est un bon terrain de camping et de caravaning qui possède une section destinée aux voyageurs à petit budget, avec des tentes à trois places à 10 $ par personne. Les emplacements de tente coûtent à partir de 14 $, ceux avec électricité à partir de 16 $, les caravanes fixes à partir de 27 $ et les bungalows de 50 à 80 $.

Comment s'y rendre

Les bus Polley's Coaches (☎ 5482 9455) assurent une liaison entre Gympie et Rainbow Beach tous les jours de la semaine. Ils partent de Gympie à 6h et à 13h45 et de Rainbow Beach à 7h30 et à 15h45.

On peut aussi se rendre à Rainbow Beach en faisant du stop au bord des plages depuis Noosa. Ce chemin s'emprunte aussi en 4x4.

MARYBOROUGH

• code postal 4650 • 26 000 habitants

Le bois et le sucre sont aujourd'hui les deux principales industries de Maryborough, mais cette ville fut à une époque un centre industriel et un port important sur la Mary, ce qui explique la présence de ses imposants bâtiments victoriens, y compris la **poste** (1869).

Classé par le National Trust, le **Brennan & Geraghty's Store**, 64 Lennox St, se présente comme la curiosité principale de Maryborough. Cet ancien magasin, tenu par la même famille pendant un siècle, est resté tel qu'à ses débuts. Il ouvre tous les jours de 10h à 15h (entrée : 3 $).

Plusieurs motels et terrains de camping sont situés en ville, ainsi que des chambres bon marché dans les vieux pubs.

HERVEY BAY

• **code postal 4655**   • **40 000 habitants**

Cet ancien point de peuplement assoupi connaît depuis une dizaine d'années une extraordinaire croissance. Les principaux centres d'intérêt sont Fraser Island et l'observation des baleines dans la baie.

La ville se compose de cinq petits bourgs qui s'étirent sur 10 km le long de la côte. Pialba est le principal quartier des affaires et des boutiques, mais Scarness et Torquay concentrent les hôtels et les restaurants.

Fraser Island est à 12 km d'Urangan, de l'autre côté du détroit de Great Sandy, avec Big Woody Island et Little Woody Island entre les deux. River Heads, point de départ des principaux ferries pour Fraser Island, est à 15 km au sud d'Urangan – mais le ferry Kingfisher pour passagers non motorisés part du port d'Urangan, tout comme les bateaux pour l'observation des baleines.

Renseignements

A Hervey Bay, les touristes et leurs dollars sont l'objet d'une concurrence féroce. Si vous souhaitez explorer Fraser Island ou observer les baleines, ne vous précipitez pas sur la première offre venue mais prenez le temps de trouver une excursion qui vous convient.

Le long de l'Esplanade sont installés de nombreux centres d'information privés et agences de réservation qui louent des vélos, disposent d'un accès Internet et peuvent vous renseigner en détail sur les excursions proposées. Citons le Hervey Bay Tourist & Visitors Centre (☎ 1800 649 926), 412 Esplanade, et le Fraser Coast Holiday Centre (☎ 1800 627 583), 463 Esplanade.

Si vous arrivez en voiture, arrêtez-vous à la Village Pottery (☎ 4124 4987), 63 Old Maryborough Rd, à Pialba. Les potiers Lyn et Joe Edie gèrent un très bon centre d'information flanqué d'un agréable café.

A voir et à faire

A l'angle de Maryborough Rd et de Fairway Drive, à Pialba, le **Hervey Bay Nature World** présente la faune australienne, des aigles aux koalas, ainsi que des espèces introduites, comme les dromadaires d'Afghanistan et les buffles d'Inde. Il est ouvert tous les jours de 9h à 17h30 (entrée : 10 $).

La **Vic Hislop's Great White Shark Expo**, au coin de Charlton Esplanade et d'Elizabeth St à Urangan, possède une collection consacrée aux requins : photos, articles de journaux, mâchoires, et trois grands requins blancs conservés dans une chambre froide aux parois transparentes. Des documentaires sur les requins sont projetés en continu. Ouvert tous les jours de 8h30 à 18h (de 8 à 10 $).

L'**Urangan Pier**, un peu plus loin sur Charlton Esplanade, mesure 1,4 km de long. Cette immense jetée, autrefois utilisée

Les baleines à bosse de Hervey Bay

Près de 3 000 baleines à bosse fréquentent les eaux de Hervey Bay chaque année, au retour de leur migration annuelle. Épuisées par les 5 000 km parcourus pour rejoindre les eaux chaudes de l'est de l'Australie depuis l'Antarctique, elles arrivent par groupes de deux ou trois (appelés pods), les plus grands rassemblements étant visibles début septembre.

La véritable raison de ce détour par la baie reste un mystère pour les spécialistes, qui supposent que les baleines font une pause pour se remettre de la fatigue de l'accouplement et de la mise bas. De plus, les quelques semaines passées dans ces eaux calmes et chaudes laisseraient le temps aux baleineaux de développer les couches protectrices de blanc qui leur sont indispensables pour survivre dans les eaux glacées de l'Antarctique.

Cette hypothèse semble confirmée par le comportement des cétacés, particulièrement enjoués certains jours. Il n'est pas rare de les voir s'approcher des bateaux et suivre de près les observateurs émus qui les photographient sans relâche.

QUEENSLAND

pour l'expédition du sucre et de l'huile, est à présent un lieu très apprécié des pêcheurs.

A 1 km à l'est de la jetée, à Dayman Point, le **Neptune's Reef World** est un petit aquarium à l'ancienne qui abrite des coraux, des poissons, des phoques, des tortues et un requin. Dans certains bassins, il est possible de toucher des tortues et des raies. Des spectacles avec phoques ont lieu à 10h30, et la distribution de nourriture aux requins à 15h. L'aquarium est ouvert tous les jours à partir de 9h30 (12 $). De Dayman Point même, on jouit d'une vue superbe sur Woody Island et Fraser Island.

Diver's Mecca (☎ 1800 351 626), 403 Esplanade, organise un **cours de plongée** PADI en haute mer qui, pour 149 $ seulement, comprend quatre plongées, dont deux à proximité d'épaves.

Circuits organisés

Les bateaux qui emmènent observer la migration annuelle des baleines à bosse partent d'Hervey Bay tous les jours, si le temps le permet, de la mi-juillet à la fin octobre. On est à peu près sûr de voir des baleines du 1er août au 1er novembre. Le choix du bateau dépend du type d'expérience recherchée. Les plus petits bateaux embarquent de 32 à 50 passagers et sortent en général deux fois par jour pour une durée de 4 heures, une fois tôt le matin et une fois dans l'après-midi. La mer est souvent plus calme en début de journée. Les prix à la demi-journée varient de 50 à 75 $, avec d'importantes réductions pour les enfants. Par expérience, nous vous recommandons le MV *Seaspray* (☎ 1800 066 404), le plus petit et le plus rapide des bateaux spécialisés dans l'observation des baleines.

Les plus gros bateaux embarquent pour toute la journée. Ce qui ne signifie pas forcément que vous passerez plus de temps à regarder les baleines, car certains bateaux mettent 2 ou 3 heures à rejoindre la zone où elles nagent, Platypus Bay. Les équipe-

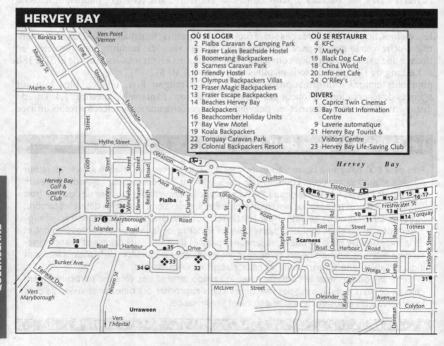

HERVEY BAY

OÙ SE LOGER
2 Pialba Caravan & Camping Park
3 Fraser Lakes Beachside Hostel
6 Boomerang Backpackers
8 Scarness Caravan Park
10 Friendly Hostel
11 Olympus Backpackers Villas
12 Fraser Magic Backpackers
13 Fraser Escape Backpackers
14 Beaches Hervey Bay Backpackers
16 Beachcomber Holiday Units
17 Bay View Motel
19 Koala Backpackers
22 Torquay Caravan Park
29 Colonial Backpackers Resort

OÙ SE RESTAURER
4 KFC
7 Marty's
15 Black Dog Cafe
18 China World
20 Info-net Cafe
24 O'Riley's

DIVERS
1 Caprice Twin Cinemas
5 Bay Tourist Information Centre
9 Laverie automatique
21 Hervey Bay Tourist & Visitors Centre
23 Hervey Bay Life-Saving Club

QUEENSLAND

ments sont cependant meilleurs, et la plupart de ces bateaux proposent un déjeuner. Le MV *Bay Runner* (☎ 4125 3188), qui demande 62 $ pour une excursion de 7 heures, figure parmi les favoris.

Les réservations se font à la réception des hôtels ou dans les centres d'information.

Où se loger – petits budgets

Campings. Une dizaine de terrains de camping-caravaning sont installés à Hervey Bay. Parmi les meilleurs, citons le *Pialba Caravan Park* (☎ 4128 1399), le *Scarness Caravan Park* (☎ 4128 1274) et le *Torquay Caravan Park* (☎ 4125 1578), tous situés sur l'Esplanade et gérés par la municipalité. Ils pratiquent des tarifs identiques – à partir de 12 $ pour un emplacement de tente, ou à partir de 14 $ avec l'électricité. Ces prix augmentent en période de forte fréquentation.

Auberges de jeunesse. Un nombre croissant d'auberges de jeunesse fleurit à Hervey Bay entre Scarness et Urangan. Toutes viennent chercher leurs hôtes aux arrêts de bus, et la plupart organisent des excursions à Fraser Island, ou des sorties en bateau pour aller observer les baleines, ainsi que d'autres activités.

De nombreux lecteurs recommandent le *Fraser Escape Backpackers* (☎ 1800 646 711, 21 Denman Camp Rd) pour son bon rapport qualité/prix et ses excursions pour camper à Fraser Island. Cet endroit sympathique, qui comporte une petite piscine et un café servant des repas bon marché, propose des bicyclettes gratuites. Une couchette dans un dortoir de six personnes aménagé dans une caravane reconvertie coûte 6 $, un bungalow moderne avec cuisine et s.d.b. revient à 10 $ par personne ou à 30 $ en double. Les emplacements de camping se louent 5 $.

Un peu plus haut dans la rue, l'*Olympus Backpacker Villas* (☎ 1800 063 168, 184 Torquay Rd) est une auberge moderne

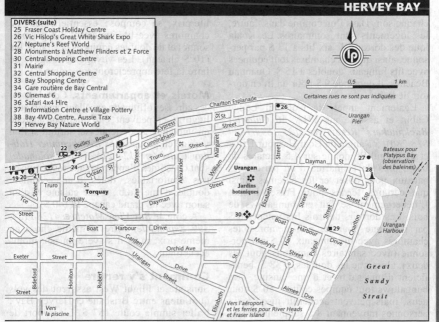

HERVEY BAY

DIVERS (suite)
25 Fraser Coast Holiday Centre
26 Vic Hislop's Great White Shark Expo
27 Neptune's Reef World
28 Monuments à Matthew Flinders et Z Force
30 Central Shopping Centre
31 Mairie
32 Central Shopping Centre
33 Bay Shopping Centre
34 Gare routière de Bay Central
35 Cinemas 6
36 Safari 4x4 Hire
37 Information Centre et Village Pottery
38 Bay 4WD Centre, Aussie Trax
39 Hervey Bay Nature World

Certaines rues ne sont pas indiquées

QUEENSLAND

dotée de huit spacieux appartements en duplex contenant deux s.d.b., un balcon, une cuisine et un salon TV. Comptez 13 $ pour un lit en dortoir, 36 $ pour une chambre avec lits jumeaux ou une double. Les prestations comprennent une piscine, un accès Internet, un billard et un service de location de cassettes vidéo.

Juste à côté, le *Friendly Hostel (☎ 4124 4107, 182 Torquay Rd)*, petite auberge tranquille, se compose de trois logements séparés comportant trois chambres, un salon TV, une cuisine et une s.d.b. L'endroit, confortable et d'une propreté immaculée, porte très bien son nom. Les lits coûtent 12 $ (dortoir de trois lits) ou 14 $ (chambres avec lits jumeaux) par personne.

Les auberges les mieux organisées sont le très agréable *Koala Backpackers (☎ 1800 354 535, 408 Charlton Esplanade)*, en face de la plage, et le nettement moins accueillant *Beaches Hervey Bay Backpackers (☎ 1800 655 501, 195 Torquay Terrace)*. Ces deux établissements disposent d'une piscine et d'un bar et proposent des jeux ou des distractions pratiquement chaque soir. Dans l'un comme dans l'autre, les logements sont sommaires. Le Koala loue des dortoirs de six lits à 13 $ par personne, ainsi que des chambres tout équipées avec lits jumeaux/doubles à 15 $. Quant au Beaches, il demande 9 $ pour un lit en dortoir de huit.

Egalement appelé le Colonial Lodge Cabin et associé au YHA, le *Colonial Backpackers' Resort (☎ 4125 1844/1800 818 280)*, à l'angle de Boat Harbour Drive et de Pulgul St, donne sur 4,5 hectares de bush, près de la marina d'où partent les bateaux pour observer les baleines, ainsi que certains ferries pour Fraser Island. L'hébergement se fait en bungalows de bois. Les dortoirs de trois lits valent 16 $ par personne pour les non-membres, les chambres avec lits jumeaux 19 $ par personne (avec sanitaires communs pour les deux), alors que les doubles, à 38 $, bénéficient d'une s.d.b. et d'une cuisine. Des bungalows tout équipés coûtent 50 $ pour deux, mais peuvent accueillir jusqu'à six personnes moyennant 8 $ supplémentaires

par personne. Les aménagements comprennent un restaurant/bar, deux courts de tennis, un terrain de volley-ball et l'une des rares piscines d'auberge de jeunesse du Queensland digne de ce nom.

Autre adresse à recommander, le *Boomerang Backpackers (☎ 4124 6911, 335 Esplanade)*, qui compte des doubles et des chambres avec lits jumeaux, avec deux chambres par appartement, chacun possédant sa propre cuisine, une s.d.b. et un salon. Une double revient à 28 $, mais vous pouvez louer l'ensemble d'un appartement au prix de 35 $ en double. Le Boomerang propose également une vingtaine de lits en dortoir à 11 $ la nuit.

Parmi les autres possibilités, signalons le *Fraser Magic Backpackers (☎ 1800 063 168, 369 Esplanade)*, qui, bien que relativement récent, est déjà assez délabré et plutôt sinistre (dortoirs à 12 $, doubles à 30 $).

Le *Fraser Lakes Beachside Hostel (☎ 4128 9286, 264 Charles St)* occupe l'ancien hôpital de Hervey Bay, un magnifique bâtiment centenaire dont le sol est en bois ciré. L'hébergement, d'un bon rapport qualité/prix, se compose essentiellement de chambres avec lits jumeaux (8 $ par personne) et de doubles équipées de grands lits (10 $ chacun). Les voyageurs fatigués de faire la fête apprécieront son calme.

Motels et appartements. Certaines de ces adresses offrent un excellent rapport qualité/prix et peuvent être meilleur marché qu'une auberge de jeunesse, surtout si l'on voyage en groupe. Les *Beachcomber Holiday Units (☎ 4124 2152, 384 Esplanade)* sont constitués d'appartements tout équipés, très confortables, dotés d'une chambre double, d'une s.d.b., d'une cuisine et d'un salon avec un grand canapé-lit (40 $).

A côté, le *Bay View Motel (☎ 4128 1134, 399 Esplanade)* offre la même chose au même prix, mais il s'avère un peu moins accueillant.

Comment s'y rendre

Sunstate et Flight West assurent des vols quotidiens entre Brisbane et Hervey Bay ; l'aller simple coûte 157 $. L'aéroport de

Hervey Bay s'étend près de Booral Rd, à Urangan.

Le *Tilt Train* de Queensland Rail et le *Spirit of Capricorn* s'arrêtent tous deux à Maryborough West. Un bus attend les passagers pour les déposer à Hervey Bay. Au départ de Brisbane, l'aller simple coûte 37 $, plus 4,50 $ pour le bus.

Hervey Bay se situe sur le trajet principal des bus. Il faut 4 heures 30 pour s'y rendre de Brisbane (entre 32 $ et 38 $ selon les bus) et près de 5 heures 30 de Rockhampton (55 $). Wide-Bay Transit Coaches (☎ 4121 3719) relie Maryborough West et Hervey Bay, à raison de neuf liaisons quotidiennes en semaine et trois le samedi.

Comment circuler

Se déplacer à Hervey Bay s'avère vraiment problématique. Les distances entre les principaux lieux d'hébergement et la gare routière de Bay Central ou la marina sont impossibles à faire à pied, et il n'existe aucun service de bus adéquat. Maryborough-Hervey Coaches (☎ 4121 3719) assure bien un service local en semaine et le samedi matin, mais l'intervalle entre les bus est de 2 heures ou plus. Les taxis (☎ 13 1008) sont chers et doivent être réservés. Si vous logez dans une auberge de jeunesse, vous dépendrez probablement de la navette gratuite réservée aux hôtes. Il vous reste une solution : louer un vélo. La plupart des auberges en mettent à la disposition de leur clientèle, mais vous pouvez aussi en louer auprès des centres d'information de l'Esplanade, à 10 $ la demi-journée ou 15 $ la journée complète.

4x4. Le Bay 4WD Centre (☎ 1800 687 178), 54 Boat Harbour Drive à Pialba, et le Safari 4x4 Hire (☎ 1800 689 819), 55 Old Maryborough Rd, louent des véhicules fiables, à partir de 90 $ par jour pour une Suzuki Sierra et jusqu'à 130 $ pour un Toyota Landcruiser, tarif habituellement valable pour deux jours au minimum. Safari loue également des kits de camping à partir de 5 $ la journée.

Aussie Trax (☎ 1800 062 275), 56 Boat Harbour Drive à Pialba, loue d'anciennes jeeps de l'armée à partir de 90 $ la journée et des Suzuki Sierra ou des Landrover Defender Wagon à 130 $ la journée.

Une caution de 500 $ est en général demandée – payable par carte de crédit –, et les conducteurs doivent avoir plus de 21 ans. Toutes ces agences de location donnent des cours de conduite de 4x4 aux débutants. Il est également possible de louer un 4x4 à plusieurs endroits sur Fraser Island.

FRASER ISLAND

Cette île gigantesque de 120 km de long sur 15 km de large n'est constituée que de sable, à l'exception de deux ou trois petits rochers. C'est la plus grande île de sable du monde, et elle figure sur la liste du Patrimoine mondial depuis 1993. La moitié nord de l'île, le Great Sandy National Park, est classée zone protégée.

Fraser Island réjouira ceux qui aiment la pêche, la marche, l'exploration en 4x4, de même que tous les amoureux de la nature. Elle comporte plusieurs dunes magnifiques, qui se déplacent selon la direction du vent, et est couverte en grande partie de forêts qui abritent d'innombrables espèces d'arbres et de plantes, dont beaucoup ne poussent que sur l'île.

Fraser Island compte aussi quelque 200 lacs, dont quelques-uns parfaits pour la baignade – ce qui s'avère précieux, car la mer est impraticable en raison de la présence de forts courants sous-marins et de requins. La vie sauvage est d'une richesse étonnante ; on dénombre 40 espèces différentes de mammifères, et plus d'insectes et de reptiles que vous ne tenez sans doute à le savoir.

Il est possible de camper ou de descendre dans divers types d'hébergement. Faiblement peuplée, et bien que fréquentée chaque année par 20 000 véhicules, l'île demeure préservée. Un réseau de pistes sablonneuses la parcourt, et on peut conduire sur de grandes portions de plage – mais en 4x4 uniquement ; il n'existe aucune route goudronnée.

Histoire

L'île tire son nom du capitaine d'un navire qui s'échoua plus au nord en 1836. En descendant vers le sud pour chercher de l'aide, les naufragés rencontrèrent des Aborigènes. Certains moururent pendant les deux mois que dura l'attente des secours, mais d'autres, dont Fraser, survécurent grâce à l'aide des Aborigènes.

Quant aux Aborigènes Butchulla, ils appelaient l'île K'gari (que l'on traduit par "Paradis"), du nom de l'esprit qui aida le dieu Beeral à créer la terre et d'autres mondes. K'gari aimait tant la terre qu'elle demanda à Beeral de la laisser y vivre ; il la changea en une île magnifique, avec des arbres et des animaux pour lui tenir compagnie, et la dota de lacs limpides, comme les yeux à travers lesquels elle pourrait contempler le ciel, son ancien royaume. Les Aborigènes furent transférés dans des missions lorsque les bûcherons s'installèrent sur l'île, dans les années 1860. Ces derniers recherchaient le satinay, un arbre de la forêt tropicale qui ne se trouve pratiquement que sur l'île et résiste très bien aux parasites marins. Ce bois fut notamment utilisé dans la construction du canal de Suez. Ce n'est qu'en 1991 que cette exploitation forestière prit fin.

Au milieu des années 70, l'île fut l'objet d'un âpre combat entre quelques industriels (en l'occurrence une compagnie sablière) et les protecteurs de la nature. Ces derniers eurent gain de cause.

Renseignements

Il existe un centre d'accueil sur la côte est de l'île, à Eurong (☎ 4127 9128), et des postes de rangers à Dundubara et à Waddy Point. Vous pourrez vous y procurer de nombreuses brochures sur les sentiers de randonnée, la flore et la faune.

A Central Station (ancien dépôt forestier), une petite exposition retrace l'histoire de l'exploration de l'île et de son exploitation forestière.

Vous pourrez vous approvisionner dans les boutiques d'Eurong, de Happy Valley et de Cathedral Beach, mais à des prix assez élevés. Ces magasins sont équipés de téléphones publics.

Permis. Il est indispensable de se procurer un permis pour apporter un véhicule sur

l'île et un autre pour camper. L'endroit le plus pratique pour les obtenir se trouve sur le continent. Il s'agit du magasin de River Heads (qui vend également des délicieux pies faits maison), à 500 m du ferry pour Wanggoolba Creek. Le permis pour les véhicules coûte 30 $, ou 40 $ si vous l'achetez sur l'île. Celui pour camper coûte 3,50 $ par personne et par nuit. Si vous logez dans un bungalow ou si vous campez sur un terrain privé, le permis n'est pas nécessaire.

Des permis sont également délivrés par les bureaux de l'EPA de la région (notamment à Rainbow Beach, à Maryborough et à Gympie), ainsi qu'au Hervey Bay City Council (☎ 4125 0222) dans Tavistock St, à Torquay.

A voir et à faire

En partant de Hook Point au sud, on traverse plusieurs cours d'eau avant d'arriver à Dilli Village, ancien centre d'exploitation du sable, et ensuite à Eurong. 4 km après Eurong, un chemin de promenade balisé mène au joli **lac Wabby**. Ce lac, le plus profond de l'île, est bordé sur trois rives par des forêts d'eucalyptus et dominé de l'autre par une dune imposante dont la pente abrupte se termine à pic dans le lac. De la plage, Wabby est à trois quarts d'heure de marche (effort récompensé par un bain dans le lac), mais vous pouvez aussi remonter à 2,6 km au nord de la plage et suivre une piste panoramique qui mène à un point de vue sur le côté intérieur du lac – la vue de cet endroit s'avère vraiment époustouflante.

Les touristes apprécient particulièrement la zone de lacs et de forêt qui s'étend au centre de l'île, près de Central Station. Vous admirerez les lacs McKenzie, Birrabeen et Boomanjin. Le **lac McKenzie** est d'une clarté incroyable d'où son surnom de "lac fenêtre". L'eau remonte en effet directement de la nappe phréatique. Si l'on plonge dans le lac et l'on scrute ses profondeurs à travers un masque, on éprouve subitement une impression saisissante : le fond vous apparaît tout à coup, à 15 m en dessous de vous, avec une netteté incomparable !

Deux pistes balisées partent de Happy Valley. L'une mène au **lac Garawongera**, puis au sud jusqu'à la plage de Poyungan Valley (15 km). L'autre conduit à la forêt tropicale de **Yidney Scrub** et à plusieurs lacs avant de rejoindre l'océan au nord de l'épave du *Maheno* (45 km). Cette piste contourne plusieurs lacs et offre divers points de vue sur les plus hautes dunes de l'île.

Après les petites localités d'Eurong et de Happy Valley, on franchit **Eli Creek**, la plus grande voie d'eau de la côte est. Des pontons en bois bordent les rives sur 400 m vers l'intérieur, et il est très agréable d'entrer dans l'eau à ce niveau pour se laisser flotter doucement jusqu'à la plage. A 65 km de Hook Point gît l'épave du *Maheno*, un ancien paquebot qui s'échoua en 1935.

Non loin, au nord de Happy Valley, vous pénétrerez dans le parc national en dépassant les **Cathedrals**, des dunes de sable colorées sur 25 km. Un poste de garde se tient à Dundubara, et c'est sans doute le meilleur endroit pour camper sur l'île. Vous traverserez ensuite une plage de 20 km avant de parvenir au promontoire rocheux d'**Indian Head**, qui offre le meilleur panorama sur l'île. En grimpant au sommet, vous apercevrez des requins, des raies manta, des dauphins et, si c'est la saison, des baleines au loin.

Au-delà d'Indian Head, vous parviendrez à Middle Rocks et Waddy Point, pour rejoindre **Orchid Beach** où une plage s'étend sur 30 km jusqu'au **Sandy Cape**, à l'extrémité nord. Un phare se dresse à quelques kilomètres à l'ouest.

Circuits organisés

Si la liberté de circuler en 4x4 sur les pistes cahoteuses, en évitant les souches d'arbres, et de foncer sur les plages à marée basse est extrêmement grisante, l'intérêt majeur de Fraser tient à ses caractéristiques géologiques et à la vie végétale qu'elle abrite. Aussi faut-il quelqu'un qui connaisse suffisamment le sujet pour en parler de façon intéressante. Plusieurs prestataires proposent des circuits de un, deux ou trois jours accompagnés par des guides bien informés. (Voir aussi les sections *Noosa* et *Rainbow Beach*, plus haut dans ce chapitre, pour les circuits au départ de ces localités).

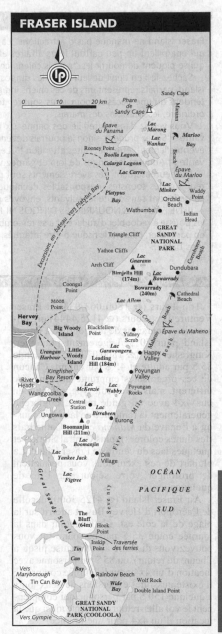

FRASER ISLAND

Restez près de vos enfants

Fraser Island ne manque pas d'attractions. La plus appréciée des dingos sont les campeurs qui éparpillent un peu partout leurs affaires et leurs victuailles, sans parler des inconscients qui se piquent de nourrir les "gentils chiens-chiens".

Sachez-le : en dépit de leur nom, les dingos sont loin d'être bêtes, surtout ceux de Fraser Island, parfaits représentants de ces chiens indigènes d'Australie. Ces animaux astucieux n'attendent qu'une occasion pour vous soutirer toute nourriture susceptible de remplacer leur ordinaire, les wallabies des marais.

Vous verrez dans toute l'île des panneaux portant l'image d'un dingo et la légende suivante : "Soyez prudent, sinon je pourrais devenir menaçant, être considéré comme agressif et, éventuellement, être tué. Faites attention !" Les panneaux portent également la mention suivante : "Admirez les dingos de loin et gardez vos enfants près de vous"

Malheureusement, ces avertissements sont parfois ignorés, et il circule des histoires d'horreur sur des touristes irresponsables déchiquetés par des hordes de dingos. Les meilleurs conseils sont sans doute les suivants, envoyés par un de nos lecteurs :

IL NE FAUT PAS NOURRIR LES DINGOS NI JOUER AVEC EUX. Ce genre de comportement les pousse à redoubler d'audace et à se rassembler en bande pour suivre les gens. Les enfants, en particulier, courent le risque d'être attaqués. L'île est magnifique, mais munissez-vous d'un gros bâton.

Andrew Kane

Top Tours (☎ 1800 063 933) et Fraser Venture Day Tours (☎ 4125 4444) organisent des excursions de une journée à Fraser Island pour 70 $. Légèrement plus cher, Kingfisher Bay (☎ 1800 072 555) demande 85 $ par adulte et 45 $ par enfant. Chacun de ces organismes emprunte un itinéraire différent, mais un circuit type, effectué en bus 4x4 avec un guide ranger, comprend généralement la remontée de la côte est jusqu'à l'épave du *Maheno* et aux Cathedrals (les dunes colorées), plus Central Station et quelques lacs du centre de Fraser Island. La plupart de ces excursions vous permettent de prolonger votre séjour sur l'île de quelques jours.

Air Fraser Island (☎ 4125 3600) décolle de l'aéroport d'Hervey Bay et atterrit sur la plage de la côte est. L'aller-retour dans la journée coûte 35 $ par personne (et vous pouvez vous distraire à votre guise jusqu'à l'heure du retour), ou 85 $ par personne avec location d'un 4x4 pour la journée comprise ; il existe aussi des excursions de deux jours à quelque 150 $ par personne qui comprennent le vol aller-retour, une tente ainsi que la location d'un 4x4 pour une journée.

Top Tours propose une excursion de deux jours à 150 $ avec une nuit d'hébergement à Happy Valley. Fraser Venture Tours offre la même chose avec une nuit à l'Eurong Beach Resort pour 145 $, ainsi qu'une excursion de trois jours à 195 $. Dans les deux cas, l'hébergement se fait en dortoirs de quatre, et il faut apporter son sac de couchage.

Kingfisher Bay organise également une "Cool Dingo Wilderness Adventure" de trois jours. Nous y avons participé et nous vous la recommandons vivement. Elle permet de découvrir les principaux sites de l'île, ainsi que de faire des promenades dans le bush, des baignades et de la plongée. Le forfait de 245 $ comprend également les trois repas quotidiens (le petit déjeuner est sensationnel), l'hébergement en chambres de deux ou quatre personnes et l'accès à tous les équipements du luxueux Kingfisher Bay Resort.

Très appréciées, les excursions en voiture à Fraser Island organisées par les auberges de jeunesse de Hervey Bay coûtent environ 105 $ par personne pour trois jours. Ce prix ne comprend ni la nourriture ni le carburant mais tout le matériel est fourni. Ces excursions sont un moyen abordable et généralement amusant de découvrir l'île, mais vous ferez sans doute partie d'un groupe de huit personnes que vous n'aurez évidemment pas choisies.

Fraser Escape 4x4 Tours (☎ 1800 646 711) offre des excursions où vous conduisez et êtes accompagné d'un guide. A 180 $ tout compris, c'est une bonne affaire quand on sait qu'un circuit sans guide de 105 $ revient en réalité à 160 $ environ une fois ajoutés la nourriture, les permis, l'essence et le matériel de camping.

Sand Island Safaris (☎ 1800 246 911) propose des circuits guidés de trois jours à 215 $ avec hébergement à l'Eurong Beach Resort. Les départs ont lieu de Hervey Bay le mardi et le vendredi.

Où se loger et se restaurer

Emportez tout votre équipement, car il est difficile de s'approvisionner sur l'île. Et gare aux moustiques et aux taons !

Le QPWS et le département des forêts gèrent onze **terrains de camping** sur l'île, certains étant accessibles uniquement par bateau ou à pied. Ceux de Dundubara, Waddy Point et Wathumba au nord, et de Central Station et des lacs Boomanjin et McKenzie au sud, sont équipés de toilettes et de douches. Il est également possible de camper sur certaines portions de plage. Un permis est exigé pour planter sa tente sur ces terrains publics.

Le *Dilli Village Recreation Camp* (☎ *4127 9130)* est situé à 200 m de la côte est et à 24 km de Hook Point. Un bungalow de quatre lits avec douche et cuisine coûte 45 $ la nuit, et il faut compter 10 $ par personne pour un bungalow non équipé. On peut aussi camper pour 3 $ par personne.

Le *Cathedral Beach Resort & Camping Park* (☎ *4127 9177)* se situe à 34 km au nord d'Eurong. Les emplacements coûtent 20 $ la nuit pour deux personnes et les bungalows de quatre personnes 95 $. Les groupes de backpackers n'y sont pas acceptés.

Au sud de la Happy Valley, les sobres *Yidney Rocks Cabins* (☎ *4127 9167)* sont installés au bord de la plage. Anciens mais

confortables, ces bungalows accueillent jusqu'à six (65 $) ou huit personnes (80 $). Récemment rénové, l'*Eurong Beach Resort* (☎ *4127 9122)*, à 35 km au nord de Hook Point, comporte des bungalows pour quatre à 12 $ par lit et des cottages en forme de hutte à 90 $ pour quatre personnes, plus 5 $ par occupant supplémentaire (huit au maximum). Des chambres de type motel et des appartements comprenant deux chambres sont également à louer.

Le restaurant accueille volontiers les visiteurs venus pour la journée et les campeurs. A midi, le buffet à 10 $ offre un bon rapport qualité/prix (enfin, pour Fraser Island !).

La *Fraser Island Retreat* (☎ *4127 9144)*, à Happy Valley, possède d'agréables bungalows en bois tout équipés à 160/175 $ la nuit en doubles/triples ainsi qu'un gîte familial à 195 $.

Luxueux et imposant, le *Kingfisher Bay Resort* (☎ *1800 072 555)*, sur la côte ouest, propose ce qu'on appelle des "Wilderness Cabins", qui comprennent un réfrigérateur, une salle à manger, une s.d.b. et quatre dortoirs de quatre lits, plus une chambre avec lits jumeaux, à partir de 30 $ par personne. L'établissement dispose également de chambres d'hôtel à partir de 225 $ en double, de villas de deux chambres à partir de 750 $ les trois nuits, ou de villas de trois chambres hébergeant jusqu'à six personnes à partir de 960 $ les trois nuits. L'architecture de l'endroit – qui abrite plusieurs restaurants, bars et boutiques – mérite le coup d'œil, même si l'on n'y loge pas. Près de la jetée, le *Sandbar* fait office de bar/brasserie et accueille les excursionnistes.

Comment s'y rendre

Les ferries pour voitures (ou barges) gagnent l'extrémité sud de Fraser Island depuis Inskip Point, au nord de Rainbow Beach, et la côte ouest de l'île depuis River Heads, au sud d'Urangan. Le *Rainbow Venture* (☎ *5486 3227)* effectue tous les jours la traversée (10 minutes) entre Inskip Point et Hook Point, sur l'île, de 7h à 16h30. L'aller-retour pour une voiture et son conducteur revient à 55 $, plus 1 $ par passager, et les billets s'achètent à bord. Les voyageurs non motorisés paient 10 $.

Le *Fraser Venture* (☎ 4125 4444) effectue la traversée (30 minutes) entre River Heads et Wanggoolba Creek, sur la côte ouest de l'île. Il quitte River Heads tous les jours à 9h, 10h15 et 15h30, et repart de l'île à 9h30, 14h30 et 16h. Le samedi, un service supplémentaire part à 7h et revient à 19h30. La barge peut embarquer 27 véhicules, mais il est préférable de réserver. L'aller-retour coûte 60 $ pour le véhicule et son conducteur, plus 3 $ par passager, et 12 $ pour les non-motorisés.

Le Kingfisher Bay Resort (☎ 4125 5155) possède deux bateaux. Celui pour les véhicules relie tous les jours River Heads à Kingfisher Bay en 45 minutes. Les départs ont lieu de Rivers Heads à 7h15, 11h et 14h30, et les retours de l'île à 8h30, 13h30 et 16h. Le billet aller-retour revient à 65 $ pour un véhicule et son conducteur, plus 5 $ par passager.

Le catamaran *Kingfisher 2 Fastcat* emmène des passagers depuis le port de plaisance d'Urangan jusqu'à Kingfisher Bay tous les jours à 8h30, 12h, 16h et 18h pour 30 $ l'aller-retour. Renseignez-vous sur le forfait "Day Away" qui, pour le même prix, comprend le déjeuner.

Un ferry, le *Fraser Dawn,* relie Urangan à Moon Point, mais c'est un endroit peu commode pour débarquer, car situé à une longue distance en voiture, de l'autre côté de l'île.

Comment circuler
Avec un véhicule classique, il est impossible de parcourir plus de 500 m sans être ensablé. Si les petites berlines 4x4 semblent tenir le choc, vous risquez toutefois de rencontrer des problèmes de garde au sol sur certaines pistes de l'intérieur. Un "véritable" 4x4 permet donc une meilleure mobilité.

Certaines auberges de jeunesse assurent aux voyageurs que la seule façon d'aller sur l'île est de s'inscrire à l'une de leurs excursions. C'est faux. Si vous préférez partir de manière indépendante, vous pouvez fort bien constituer votre propre groupe ; les 4x4 et le matériel de camping se louent un peu partout, les permis sont délivrés sur place, et les départs de ferries sont fréquents.

Assurez-vous que l'agence de location de 4x4 à laquelle vous vous adressez est bien membre de la Fraser Coast 4WD Association. Cela vous garantit d'obtenir un véhicule bien entretenu et vous permet de porter plainte en cas de problème.

On peut louer un 4x4 sur le continent (voir plus haut *Hervey Bay*) ou sur l'île (environ 175 $ par jour) auprès de Kingfisher Bay 4WD Hire (☎ 4120 3366), de Happy Valley 4WD Hire (☎ 4127 9260) ou de Shorty's Off Road Rentals (☎ 4127 9122), à Eurong.

Vous devez adopter une conduite prudente sur l'île, non seulement pour votre propre sécurité, mais aussi par respect de l'environnement. Si vous voulez planifier votre parcours, comptez une moyenne de 20 km/h sur les pistes de l'intérieur et de 50 km/h sur la plage de la côte est.

CHILDERS
• code postal 4660   • 1 560 habitants
Cette bourgade située sur la Bruce Highway abrite quelques élégants bâtiments victoriens. De là, vous emprunterez la route pour vous rendre à la belle plage de Woodgate Beach et au Woodgate National Park.

En plein centre-ville, le *Palace Backpackers' Hostel (☎ 4126 2244, 72 Churchill St)*, un ancien pub restauré, accueille surtout des ouvriers agricoles, et les propriétaires vous renseigneront sur les travaux saisonniers. Très bien équipée, l'auberge met à votre disposition une vaste cuisine communautaire, un énorme réfrigérateur, un grand salon TV, des jeux et des douches impeccables. Tous les lits coûtent 14 $ par nuit ou 90 $ par semaine, transport sur le lieu de travail inclus. Certains voyageurs ayant fait état de litiges avec la direction, réclamez un reçu attestant que vous avez payé votre chambre.

BUNDABERG
• code postal 4670   • 44 000 habitants
Bundaberg attire de nombreux voyageurs en quête de travail pendant la récolte (qui va de la cueillette des avocats à celle des courgettes), et les auberges pourront souvent vous aider à dénicher un emploi – mais ren-

seignez-vous au préalable par téléphone afin de connaître les besoins en main-d'œuvre. Cette petite ville plutôt agréable, située à 15 km de la côte, est surtout célèbre pour son rhum ; c'est aussi le point d'accès le plus méridional pour gagner la Grande Barrière de Corail et le point de départ pour les îles Lady Elliot et Lady Musgrave.

Orientation et renseignements

L'office de tourisme de Bundaberg (☎ 1800 060 499), très efficace, se trouve dans Bourbong St, l'artère principale de la ville, à environ 1 km à l'ouest du centre. Il est ouvert tous les jours de 9h à 17h. Le Cosy Corner Internet Cafe, face à la poste dans Barolin St, vous accueille tous les jours et demande 2 \$ pour 15 minutes de connexion.

A voir

La visite de la **Bundaberg Rum Distillery** (☎ 4150 8684), dans Avenue St à East Bundaberg, à 2 km à l'est du centre-ville, constitue l'une des principales attractions. Les visites ont lieu entre 10h et 15h en semaine et entre 10h et 14h le week-end. Elles coûtent 5 \$, une boisson comprise.

Les ravissants **Botanic Gardens** de Bundaberg, à 2 km au nord du centre-ville dans Gin Gin Rd, renferment des roseraies, des sentiers, un musée d'histoire et le **Hinkler House Museum**, consacré à la vie de l'aviateur Bert Hinkler, natif de la ville, qui effectua le premier vol en solo entre l'Angleterre et l'Australie en 1928. L'ancienne maison de Hinkler à Southampton, en Angleterre, a été transportée et reconstruite afin de rassembler une collection de souvenirs et des documents sur ce pionnier de l'aviation. A côté se trouve le **Bundaberg & District Historical Museum**. Les deux musées sont ouverts tous les jours de 10h à 16h et demandent chacun 2,50 \$ de droit d'entrée.

Activités sportives

Salty's (☎ 1800 625 476), 200 Bourbong St, et Bundaberg Aqua Scuba (☎ 4153 5761), dans Targo St, à côté de la gare routière, proposent tous les deux des brevets de plongée PADI. Le prix de 149 \$ comprend quatre plongées au large des côtes. Bargara

Beach Dive (☎ 4159 2663), à Bargara, à 13 km de la ville, propose un cours comprenant quatre plongées pour 225 \$.

Où se loger

Toutes les auberges de jeunesse de Bundaberg peuvent aider les voyageurs à trouver un emploi saisonnier pendant les récoltes. Ces établissements proposent tous une réduction sur les séjours hebdomadaires, mais attendez d'avoir trouvé du travail avant de vous décider – une semaine à Bundaberg peut sembler infiniment longue quand on se tourne les pouces.

Le **Bundaberg Backpackers & Travellers Lodge** (☎ 4152 2080), à l'angle opposé de la gare routière, au coin de Targo St et de Crofton St, est un établissement moderne et propre, à l'atmosphère conviviale. Une nuit en dortoir de quatre lits coûte 18 \$, transport depuis/vers le lieu de travail compris.

La colonie de tortues de Mon Repos

La colonie de tortues la plus facile à observer est établie à Mon Repos Beach, à 15 km au nord-est de Bundaberg. Quatre espèces différentes y ont été identifiées : la tortue dite "loggerhead", la tortue verte, la tortue à dos plat et la tortue olivâtre. La première est prédominante dans la région en période de ponte. La présence de ces reptiles est insolite car d'ordinaire ils préfèrent séjourner dans les îles sablonneuses du large.

La saison de la ponte s'étend de début novembre à fin mars. C'est vers minuit, et à marée haute, que vous aurez le plus de chances de voir les mères à l'œuvre. De mi-janvier à mars, les jeunes émergent du sable et trottinent vers l'océan. L'observation de ces animaux relève du QPWS Information Centre (☎ 4159 2628), ouvert tous les jours en saison de 7h à 18h ; l'entrée coûte 4 \$.

En saison, le QPWS met en place un numéro accessible 24h/24 (☎ 4159 1652) qui délivre des informations enregistrées sur la question.

QUEENSLAND

Autre option intéressante, le *Nomads Bundaberg Workers and Diving Hostel* (☎ *4151 1422, 64 Barolin St)* occupe un vieux bâtiment de style "Queenslander" avec des chambres de motel à l'arrière. Cet endroit accueillant offre gratuitement un petit déjeuner léger et possède une piscine et une TV couleur. La nuit coûte 17 $ en dortoir et 18 $ dans une chambre double ou avec lits jumeaux.

Le *City Centre Backpackers* (☎ *4151 3501, 216 Bourbong St)*, dans l'ancien Grosvenor Hotel, comporte deux parties : des dortoirs de trois à huit lits à l'étage et des logements de type motel à six lits à l'arrière. Une nuit revient à 13 $ en dortoir ou à 15 $ en logement motel. Il existe aussi trois doubles à 32 $. En face, la *Federal Guesthouse* (☎ *4153 3711, 221 Bourbong St)* occupe un grand et vieux bâtiment en bois loué par le pub qui se trouve au rez-de-chaussée. Malgré son charme indéniable, l'endroit s'avère extrêmement sale et mal équipé. Comptez 14 $ dans un dortoir de dix lits ou 15 $ en chambre de quatre lits.

Le *Lyelta Lodge & Motel* (☎ *4151 3344, 8 Maryborough St)* se compose de chambres de type motel à 34 $ et d'une partie pension où les simples/doubles avec s.d.b. commune sont affichées à 25/30 $.

Comment s'y rendre

La desserte aérienne est assurée par Sunstate (vols quotidiens depuis/vers Brisbane, Gladstone, Rockhampton, Mackay et Townsville) et Flight West (liaisons quotidiennes depuis Brisbane et Gladstone). L'aller simple Brisbane-Bundaberg coûte 200 $.

La gare routière principale est le Stewart's Coach Terminal (☎ 4153 2646), 66 Targo St. Les bus au départ de Bundaberg desservent Brisbane (43 $), Hervey Bay (19 $), Rockhampton (42 $) et Gladstone (33 $).

Les trains qui vont de Brisbane à Rockhampton ou Cairns font halte à Bundaberg.

La Capricorn Coast

La partie centrale de la côte du Queensland tire son nom de sa position de part et d'autre du tropique du Capricorne. Rockhampton en est la ville principale. Great Keppel Island attire de nombreux visiteurs. Au large de Gladstone s'étendent les Southern Reef Islands, qui forment l'extrémité méridionale de la Grande Barrière de Corail. Au sud de la ville se situent les municipalités d'Agnes Water et de Town of 1770, où s'étend la plage donnant sur l'océan la plus septentrionale de l'État.

Dans l'arrière-pays, le Capricorn Hinterland abrite une région riche en pierres précieuses ainsi que les magnifiques parcs nationaux de Carnarvon et de Blackdown Tableland.

LES ÎLES DE LA GRANDE BARRIÈRE MÉRIDIONALE

La partie méridionale de la Grande Barrière de Corail, appelée Capricornia, commence à 80 km au nord-est de Bundaberg, près de Lady Elliot Island. Les récifs et les îlots coralliens de cet archipel parsèment l'océan sur environ 140 km, jusqu'à Tryon Island, à l'est de Rockhampton.

Plusieurs îlots coralliens de cette partie du récif raviront les amateurs de plongée et les adeptes du retour à la nature. On y accède depuis Bundaberg, Gladstone ou Rosslyn Bay, près de Rockhampton. Quelques-unes de ces îles constituent d'importants lieux de reproduction des tortues et des oiseaux de mer.

Le camping est autorisé sur les îles-parcs nationaux de Lady Musgrave, Masthead, Tryon et North West, mais les campeurs doivent être totalement autonomes. Leur nombre s'avère par ailleurs limité, aussi faut-il demander un permis environ six mois à l'avance (contre six à douze semaines pour les autres parcs nationaux du Queensland). Contactez le QPWS (☎ 4972 6055) à Gladstone.

Lady Elliot Island

Cette île, située à 80 km de Bundaberg, est un récif coralien de 400 m² à l'extrémité est de la Grande Barrière de Corail.

Très appréciée des plongeurs (de surface ou de profondeur), elle offre l'avantage de posséder de superbes sites à proximité de la plage, ainsi que de nombreuses épaves et des jardins de coraux. Seul hébergement sur l'île, le *Lady Elliot Island Resort (☎ 1800 072 200)* loue des bungalows-tentes sommaires et des bungalows en bois pour deux ou trois à 75 $ par personne, ou à 59 $ par personne pour quatre, et des logements de type motel à 145 $ par personne. En pension complète, ajoutez 49 $ par personne.

Whitaker Air Charters propose des vols aller-retour à 145 $ aux clients de l'établissement. Depuis Bundaberg ou Hervey Bay, le vol aller-retour pour une excursion d'une journée vaut 185 $, déjeuner et matériel de plongée de surface compris.

Lady Musgrave Island

Cet îlot de 15 hectares, à environ 100 km au nord-est de Bundaberg, fait partie de l'archipel de Bunker.

C'est un parc national inhabité. Sa position, à l'extrémité occidentale d'un immense lagon, favorise la plongée de surface ou de profondeur. Un *terrain de camping* est établi dans sa partie ouest. Comme il n'existe aucun aménagement, les campeurs doivent être parfaitement autosuffisants. Le terrain accueille un maximum de 50 personnes. Il faut apporter ses réserves d'eau potable et un réchaud à gaz ou à pétrole.

Le MV *Lady Musgrave* (☎ 1800 072 110) propose des excursions quotidiennes au départ de la marina de Port Bundaberg (excepté les vendredi et dimanche) à 8h30. Le prix de 114 $ comprend les taxes gouvernementales, le déjeuner, l'équipement de plongée de surface et une promenade en bateau à fond transparent. Le trajet dure 2 heures 30, et vous disposez de 4 heures environ sur l'île.

Le MV *Spirit of 1770* (☎ 4974 9077) organise des excursions de une journée depuis Town of 1770 (90 minutes de trajet, 6 heures sur l'île) au prix de 110 $ pour les adultes, déjeuner, matériel de plongée et de pêche inclus. Les départs ont lieu à 8h les mardi, jeudi, samedi et dimanche – et plus fréquemment en période de vacances scolaires. Il offre également de déposer les campeurs (100 $ par personne pour un aller simple, déjeuner compris) et loue du matériel de camping et des dinghies.

Heron Island

Cette île de 1 km de long (17 hectares), située à 72 km à l'est de Gladstone, est en partie un parc national, à l'exception du nord-est, occupé par le *Heron Island Resort* (☎ 4978 1488), qui appartient à la compagnie P&O. Le camping n'est pas autorisé. Ce complexe hôtelier peut accueillir plus de 250 personnes. Les prix s'échelonnent de 165 $ par personne en chambre avec lits superposés à 224 $ par personne en appartement, repas compris, mais il existe des tarifs *stand-by* moins élevés. Le trajet en catamaran rapide, le *Reef Adventurer*, qui part de Gladstone, coûte 150 $ l'aller-retour.

Bien que des récifs entiers de corail aient été dévastés par la vase lors de la construction d'une nouvelle jetée, Heron Island reste une sorte de Mecque des plongeurs. De nombreuses possibilités sont offertes par le complexe hôtelier, qui possède son propre centre de plongée.

Wilson Island

Située au nord de Heron Island, Wilson Island est à la fois un parc national et un lieu d'excursion très prisé des voyageurs qui séjournent à Heron. Dotée de superbes plages, l'île permet en outre de s'adonner à la plongée de surface. Le complexe a élaboré des formules de une journée à 45 $, comprenant un délicieux déjeuner-barbecue. Il n'existe pas de possibilité d'hébergement.

North West Island

Avec ses 90 hectares, North West Island est le plus grand îlot corallien de la Grande Barrière. L'île tout entière est un parc national et un haut lieu de la ponte des tortues vertes (entre novembre et février). On peut y camper, mais il faut être totalement équipé (et muni d'un réchaud à gaz ou à pétrole). Le nombre de campeurs étant limité à 150, réservez auprès des bureaux du Department of Environment (☎ 4972 6055) à Gladstone.

Tryon Island

Située juste au nord de North West Island, cette île abrite un parc national aussi splendide que minuscule (6 ha). Elle accueille aussi un grand nombre d'oiseaux de mer et de tortues vertes. Elle comporte un camping, mais, depuis peu, on interdit aux visiteurs de débarquer afin de favoriser la repousse de la végétation. Renseignez-vous auprès du bureau du Department of Environment à Gladstone (☎ 4972 6055).

AGNES WATER
ET TOWN OF 1770
• code postal 4677 • 2 000 habitants

Ces deux bourgades du littoral comptent parmi les destinations les moins commercialisées de la côte. Agnes Water, bourgade en plein développement, se vante de posséder la plage donnant sur l'océan la plus septentrionale du Queensland, tandis que Town of 1770 est sans doute l'endroit le plus beau et le plus tranquille de toute la côte sud-est du Queensland. Là, vous ne trouverez que quelques boutiques, un seul pub, deux terrains de caravaning, de rares bungalows et quelques B&B. La plupart des visiteurs viennent ici pour pratiquer la pêche, faire du bateau ou découvrir les parcs nationaux tout proches. La vie s'anime cependant à Noël et à Pâques – il est alors indispensable de réserver pour trouver à se loger.

On accède à Agnes Water par Miriam Vale, à partir de la Bruce Highway, ou par Bundaberg, au sud. Toutes les routes sont désormais goudronnées.

Le Discovery Centre (☎ 4974 7002), efficace centre d'information privé installé à Agnes Water, au niveau de la sortie vers Town of 1770, ouvre tous les jours de 8h30 à 17h, voire plus tard en haute saison.

1770 Environmental Tours (☎ 4974 9422), sur la marina dans Captain Cook Drive, organise de plaisantes excursions dans ses LARC (gros véhicules amphibies) : le *Sir Joseph Banks* et le *Dr PC Solander*. Des circuits écologiques de une journée vous emmènent à Round Hill Creek, Bustard Head et Eurimbula National Park. Ils ont lieu le mercredi et le samedi (plus fréquemment en haute saison) et coûtent 80 $.

Où se loger

L'*Agnes Water Caravan Park* (☎ 4974 9193), sur un bras de mer dans Jeffery Court, dispose d'emplacements de tente à partir de 10 $ et de bungalows à partir de 40 $. En bordure de rivière, le *Seventeen Seventy Camping Ground* (☎ 4974 9286) loue des emplacements à 14 $ mais ne dispose pas de caravanes fixes. Le *Captain Cook Holiday Village* (☎ 4974 9219), Captain Cook Drive, est également un excellent terrain de camping et caravaning, merveilleusement situé dans le bush, à 300 m de la plage. La nuit revient à 12 $ si l'on dort dans une tente, à 15 $ dans un lit en dortoir pour petits budgets. Sont également proposés des bungalows en bois tout équipés pouvant accueillir jusqu'à sept personnes.

A 4 km d'Agnes Water vers l'intérieur, le *Hoban's Hideaway* (☎ 4974 9144, 2510 Round Hill Rd) est un B&B sympathique et bien tenu dans une demeure en bois de style colonial. La partie réservée aux clients comprend trois chambres doubles impeccables et tout équipées, un salon et une salle à manger, un patio extérieur, une piscine et un espace barbecue. Comptez 85/95 $ en simple/double, petit déjeuner inclus.

Comment s'y rendre

Barbours Bus & Coach (☎ 4974 9030) effectue la navette entre Agnes Water et Bundaberg les lundi et le jeudi. Les bus partent d'Endeavour Plaza, à Agnes Water, à 7h35 et du bureau de poste de Barolin St, à Bundaberg, à 14h. L'aller simple vaut 15 $, l'aller-retour 20 $.

GLADSTONE
• code postal 4680 • 39 000 habitants

A 20 km de la Bruce Highway, Gladstone, l'un des ports les plus actifs d'Australie, est spécialisé dans l'exportation de produits agricoles, de minéraux et de charbon du centre du Queensland. Mais pour le touriste, la ville présente peu d'intérêt. Les environs de l'estuaire, par ailleurs très beaux, sont gâchés par une succession d'usines qui défigurent le paysage.

La marina de Gladstone est le principal point de départ des bateaux à destination des îles Heron, Mast Head et Wilson, sur la Grande Barrière.

Le centre d'information (☎ 4972 9922), sur le port, ouvre de 8h30 à 17h en semaine et de 9h à 17h le week-end. Le bureau de l'EPA (☎ 4972 6055) fournit des renseignements intéressants sur la région. Situé au niveau 3 de l'immeuble de Centerpoint, 136 Goondoon, il est ouvert en semaine de 8h30 à 17h.

Le **Gladstone Backpackers** (☎ 4972 5744, 12 Rollo St) est une petite auberge extrêmement accueillante, proche de la marina et de la rue principale. Le directeur, Bob, est aussi le chasseur local de serpents du QPWS et garde généralement un ou deux reptiles dans son garage. Les lits en dortoirs de trois ou quatre personnes coûtent 15 $ par nuit, et les doubles 35 $. Les hôtes peuvent utiliser les vélos mis à leur disposition et demander qu'on vienne les chercher à l'arrêt de bus, à la gare routière ou à la marina.

La plupart des bus de la côte s'arrêtent à Gladstone, qui figure aussi sur la ligne de chemin de fer Brisbane-Rockhampton. Sunstate et Flight West assurent quelques vols.

ROCKHAMPTON

• **code postal 4700**   • **57 500 habitants**

Chef-lieu administratif et commercial du centre du Queensland, Rockhampton est située sur le tropique du Capricorne, qui marque le début du nord tropical. Fondée en 1855, cette ville initialement portuaire a connu une brève ruée vers l'or, mais l'élevage y est rapidement devenu l'industrie principale. Rockhampton se considère aujourd'hui comme la "capitale australienne du bœuf".

La cité possède quelques curiosités touristiques, dont une jolie galerie d'art et un centre culturel aborigène, mais elle sert surtout de point de départ pour les visites de Great Keppel Island. Les liaisons se font au départ de Rosslyn Bay, à environ 50 km de là. Au nord, la Berserker Range abrite d'impressionnantes grottes calcaires. Dans la région se trouvent également l'ancienne ville de Mt Morgan (à 38 km au sud-ouest), célèbre pour ses mines d'or, la Koorana Crocodile Farm, située non loin d'Emu Park, et le Myella Farm Stay, qui connaît un grand succès (voir plus loin la rubrique *Les environs de Rockhampton*).

Renseignements

Le Capricorn Information Centre (☎ 4927 2055) se tient sur la Highway, à côté de la borne-repère du tropique du Capricorne, à 3 km au sud du centre-ville. Le Rockhampton Information Centre (☎ 4922 5339), installé dans l'impressionnante Custom House, Quay St, s'avère plus accessible. Il est ouvert en semaine de 8h30 à 16h30 et le week-end de 9h à 16h. Le bureau de l'EPA (☎ 4936 0511) est situé à 7 km au nord du centre, sur la route de Yeppoon.

A voir

De beaux immeubles datant de l'époque de la ruée vers l'or bordent Quay St. La **Rockhampton City Art Gallery** de Victoria Parade ouvre en semaine de 10h à 16h et le dimanche de 14h à 16h (entrée gratuite). Sur la Bruce Highway, à 6 km au nord du centre-ville, le **Dreamtime Cultural Centre** (☎ 4936 1655), un centre d'exposition aborigène, est ouvert tous les jours de 10h à 15h30. Les visites se font à 10h30 et à 14h, et l'entrée coûte 11 $ (enfants 5 $). Les étonnants **Botanic Gardens**, situés à l'extrémité de Spencer St au sud de la ville, furent créés en 1869. Ils abritent une superbe collection de plantes tropicales ainsi qu'un petit zoo assez mal entretenu. Au nord, les **Kershaw Gardens** présentent des spécimens de la flore australienne.

Get-About Tours (☎ 4934 8247) offre des circuits de la ville qui englobent les jardins botaniques et le Dreamtime Centre, ainsi que des excursions dans la Berserker Range, le Mt Morgan et la Koorana Crocodile Farm (à partir de 54 $).

Où se loger

Campings. Le **Municipal Riverside Caravan Park** (☎ 4922 3779), Reaney St, de l'autre côté du pont en venant du centre, dispose d'emplacements à 11,50 $. L'agréable **Southside Holiday Village** (☎ 4927 3013), de l'autre côté de la Bruce Highway en venant du Capricorn Information Centre, dispose d'emplacements à partir de 13 $ et de bungalows à partir de 35 $.

Auberges de jeunesse. La **Rockhampton City YHA** (☎ 4927 5288, 60 Mac

ROCKHAMPTON

OÙ SE LOGER
2　Rockhampton City YHA
5　Municipal Riverside Caravan Park
8　Criterion Hotel
10　Downtown Backpackers
15　Leichhardt Hotel & Palmers Restaurant
21　Porky's Motel

OÙ SE RESTAURER
1　Eagle Boys
7　Jack Sprat's
9　Swagman Café, Natural Living
11　Le Bistro on Quay St
18　Gnomes Vegi-Tarri-Inn
20　Pizza Hut

DIVERS
3　Kershaw Gardens
4　Terminal des bus McCafferty's
6　Pilbeam Theatre
12　Rockhampton Information Centre et Customs House
13　Flamingo Nightclub
14　Gare routière des bus locaux
16　Duthies Travel
17　City Cinema Plaza
19　RACQ
22　Terminal Greyhound Pioneer
23　Gare ferroviaire

Farlane St) se trouve à proximité du terminal des bus McCafferty's.

La compagnie Greyhound vous dépose également non loin.

L'endroit est bien équipé et loue, dans une ambiance amicale, des lits à 16/18 $ dans des dortoirs de six personnes et des chambres avec lits jumeaux à 17/20 $ pour les membres/non-membres. Les clients disposent d'un salon spacieux et d'une cuisine.

L'auberge est située à 20 minutes à pied au nord du centre mais on vient vous chercher gracieusement aux terminus McCaf-

ferty's et Greyhound ainsi qu'aux gares ferroviaires.

C'est l'endroit idéal pour réserver votre hébergement dans l'auberge YHA de Great Keppel Island.

Le ***Downtown Backpackers*** (☎ 4922 1837), au coin d'East St et de Denham St (au-dessus de l'Oxford Hotel), offre un confort rudimentaire compensé par une situation centrale et des tarifs intéressants. Comptez 13,50 $ par personne pour un lit en dortoir ou dans une chambre avec lits jumeaux – renseignez-vous à l'hôtel.

QUEENSLAND

Hôtels et motels. Quay St, près du Fitzroy Bridge, le *Criterion Hotel* (☎ 4922 1225) est l'un des plus beaux bâtiments anciens de la ville. Il loue des chambres avec s.d.b. commune à 21/36 $ en simple/double et des appartements avec clim. dans le style d'origine à 46/50 $.

Parmi les établissements de catégorie supérieure, le *Leichhardt Hotel* (☎ 4927 6733), à l'angle de Denham St et de Bolsover St, loue des chambres modernes et luxueuses à partir de 99 $ la double.

Au *Porky's Motel* (☎ 4927 8100, 141 George St), assez central, on trouve des chambres convenables à 39/44 $, plus 8 $ par adulte supplémentaire. Il existe de nombreux autres motels sur la Bruce Highway en arrivant à Rockhampton par le sud ou par le nord.

Comment s'y rendre

Avion. Qantas/Sunstate et Ansett assurent les liaisons avec les stations du littoral. Flight West relie une fois par jour Brisbane (323 $) et Mackay (224 $). Pour ces mêmes destinations, Sunstate facture 314 $ et 217 $. Pour réserver, contactez Duthies Travel (☎ 4927 6288), au coin de Bolsover St et de Denham St.

Bus. Le terminal des bus McCafferty's (☎ 4927 2844) est situé au nord du pont, près de Queen Elizabeth Drive ; celui des bus Greyhound Pioneer se trouve au relais routier Mobil de George St, presque à l'angle de Fitzroy St, mais ils s'arrêtent aussi près du terminal McCafferty's. Ces deux compagnies affrètent des bus pour Mackay (4 heures, 39 $), Cairns (16 heures, 95 $) et Brisbane (10 heures 30, 63 $). McCafferty's dessert également Emerald (29 $) une fois par jour et Longreach (53 $) trois fois par semaine.

Young's Coaches (☎ 4922 3813) et Rothery's Coaches (☎ 4922 4320) effectuent tous deux une boucle sur la Capricorn Coast vers Yeppoon et Rosslyn Bay, puis par Emu Park et retour (6,30/7 $ l'aller). Les bus Young's desservent également Mt Morgan (6,30 $) tous les jours sauf le dimanche. Les bus partent de la gare routière des bus locaux de la Kern Arcade, Bolsover St, entre Denham St et William St mais font halte à proximité de l'auberge YHA sur demande.

Yeppoon Backpackers gère une navette gratuite entre Rockhampton et Yeppoon (☎ 1800 636 828). Les détenteurs des forfaits Aussie de Greyhound Pioneer peuvent emprunter ce bus.

Train. Le nouveau *Tilt Train* à grande vitesse relie Brisbane à Rockhampton en moins de 7 heures. En classe économique, l'aller simple revient à 67 $. Le *Spirit of Capricorn* assure également une liaison hebdomadaire entre ces deux villes pour le même prix (10 heures).

Le *Sunlander* et le *Queenslander* font halte à Rockhampton sur leur trajet Brisbane-Cairns. L'aller simple en classe économique revient à 67 $ jusqu'à Brisbane et à 108 $ jusqu'à Cairns. Le *Spirit of the Tropics* s'arrête aussi à Rockhampton sur son trajet vers Townsville.

Le lent *Spirit of the Outback* dessert Brisbane, Rockhampton, Emerald et Longreach deux fois par semaine (72 $ en classe économique depuis Rockhampton). Réservez auprès du Queensland Rail Travel Centre à la gare ferroviaire(☎ 4932 0453), située à 1 km au sud-est du centre-ville.

LES ENVIRONS DE ROCKHAMPTON

La Berserker Range, qui commence à 26 km au nord de Rockhampton, se caractérise par ses spectaculaires grottes de pierre à chaux. Situées à 2 km de la municipalité de Caves, les **Olsen's Capricorn Caverns** (☎ 4934 2883) se composent d'une suite de grottes fort impressionnantes. On les visite tous les jours à partir de 8h30 ; six circuits différents sont proposés, dont le "cathedral" (1 heure, 11 $) et le circuit-aventure (15 $). Le site comprend également une piscine, des chemins de randonnée, des aires de barbecue, et l'on peut y camper pour 10 $. Non loin de là, les **Cammoo Caves** sont gérées par une famille qui organise des visites quotidiennes des grottes entre 8h30 et 17h (7 $).

A environ 25 km au sud-ouest de Rock-hampton et à 22 km à l'est de Baralaba, le *Myella Farm Stay (☎ 4998 1290)* est une ferme en activité qui offre aux citadins un séjour en immersion complète – équitation, rassemblement du bétail, réparation des clô-tures, etc. Cette sympathique exploitation familiale est très appréciée des voyageurs. On loge dans un corps de ferme en bois récemment rénové, et les tarifs débutent à 130 $ par personne pour un séjour de deux jours et une nuit, repas et activités compris. Téléphonez pour qu'on vous indique com-ment venir.

Mt Morgan
• code postal 4714   • 2 490 habitants

La mine d'or et de cuivre à ciel ouvert de Mt Morgan, à 38 km au sud-ouest de Rock-hampton sur la Burnett Highway, a été exploitée par intermittence des années 1880 jusqu'en 1981. Mt Morgan est une ville classée comportant quelques édifices super-bement restaurés datant de cette période. L'office du tourisme (☎ 4938 2312) a été aménagé dans l'ancienne gare ferroviaire.

L'intéressant **Mt Morgan Historical Museum**, à l'angle de Morgan St et d'East St, ouvre tous les jours de 10h à 13h (jusqu'à 16h le dimanche) ; le prix d'entrée s'élève à 4 $. Mount Morgan Mine Tours (☎ 4938 1081) propose des circuits quoti-diens à travers la ville ; vous visiterez notamment la mine et une grotte dont la voûte porte des empreintes de dinosaure. Les départs ont lieu tous les jours à 9h30 et à 13h (18,50 $). On peut aussi venir vous chercher depuis Rockhampton.

Au sud de la ville s'étend un beau terrain de caravaning. Par ailleurs, quelques vieux pubs disposent de chambres bon marché. Les *Miners' Rest Motel Units (☎ 4938 2350)*, à 1 km au sud du centre-ville, sur Coronation Drive, louent d'agréables cot-tages à 45 $ la double.

Young's Bus Service (☎ 4922 3813) relie régulièrement Rockhampton à Mt Morgan du lundi au samedi ; l'aller simple coûte 6,30 $. McCafferty's dessert aussi la ville sur son trajet de Rockhampton à Brisbane par l'arrière-pays.

YEPPOON
• code postal 4703   • 17 000 habitants

La paisible station balnéaire de Yeppoon, à 38 km au nord-est de Rockhampton, est la ville principale de la Capricorn Coast. Elle constitue une agréable variante à Rock-hampton si vous souhaitez faire une halte avant de vous rendre à Great Keppel Island. Les bateaux partent de Rosslyn Bay, à 7 km au sud, et quelques belles plages s'étendent au nord de la ville.

Le Capricorn Coast Information Centre (☎ 1800 675 785) est installé au rond-point de Ross Creek, à l'entrée de la ville. Pour célébrer l'Australia Day, Yeppoon organise une régate nudiste très populaire.

Ceux qui circulent en voiture appré-cieront le trajet de Yeppoon à Byfield, une petite bourgade située 40 km plus au nord. La route traverse en effet plusieurs forêts domaniales dotées d'aires de pique-nique et de camping agréables.

Où se loger
Sur la colline à l'arrière de la ville, le *Yeppoon Backpackers (☎ 1800 636 828, 30 Queen St)* est un établissement décon-tracté aménagé dans une ancienne et confortable maison en bois. Il comporte de bons équipements, un grand jardin avec pis-cine et offre une belle vue sur la ville. Les lits en dortoir à quatre coûtent 16 $, les doubles 34 $ (réductions pour les membres VIP/YHA).

Le personnel peut venir vous chercher à Rockhampton et au terminal des ferries de Rosslyn Bay.

De nombreux motels et appartements meublés vous accueilleront également. Les accueillants *Cosmo Holiday Units (☎ 4939 1594, 32 Anzac Parade)*, face à la plage, proposent des logements tout équipés à une ou deux chambres pour 60 $ en double, plus 10 $ par adulte supplémentaire.

DE YEPPOON A EMU PARK
Les 19 km qui séparent Yeppoon d'Emu Park sont jalonnés de plages. A **Cooee Bay**, à quelques kilomètres de Yeppoon, se tient, en août, le World & Australian Cooeeing Contest & Carnival.

Rosslyn Bay Boat Harbour, à quelque 7 km au sud de Yeppoon, est le point de départ des ferries à destination de Great Keppel Island et des autres îles de Keppel Bay. Sur le parking du port, vous aurez droit à une journée de stationnement gratuit. A Kempsea (sur la route principale), il vous en coûtera 5,50 $ par jour (7 $ parking couvert ; 4 $ pour les motos).

Au sud de Rosslyn Bay, trois jolis promontoires permettent de jouir d'un beau panorama : **Double Head**, **Bluff Point** et **Pinnacle Point**. Au-delà de Pinnacle Point, la route traverse **Causeway Lake**, un petit bras de mer où il est possible de louer des canoës et des dériveurs. Plus au sud, vous pouvez également admirer de beaux points de vue à **Emu Park** où se dresse le "Singing Ship" (le bateau chantant), un mémorial fait de tuyaux et de tubes percés dédié au capitaine Cook.

La **Koorana Crocodile Farm**, à 5 km d'Emu Park sur la route de Rockhampton, abrite des centaines de crocodiles (ouvert tous les jours à partir de 11h30, visite guidée à 13h ; entrée : 12/6 $).

La plupart des villes qui jalonnent cette portion de la côte possèdent des aires de camping et de caravaning, mais aussi quantité de motels et d'appartements en location saisonnière.

GREAT KEPPEL ISLAND

Bien qu'elle ne soit pas sur le récif même, Great Keppel rivalise aisément avec les autres îles de la côte. Baptisée *wappaburra* (lieu de repos) par les Aborigènes, l'île couvre 14 km^2 et ne compte pas moins de 18 km de plages de sable fin, ainsi que de beaux récifs de corail frangeants. Entre le farniente sur la plage et les randonnées dans le bush, on peut passer plusieurs jours à l'explorer.

Les tarifs du Great ! Keppel Island Resort dépassent de loin les moyens d'un voyageur peu fortuné mais, contrairement à beaucoup d'îles, Great Keppel offre des possibilités de logement bon marché. C'est aussi l'île du Queensland la plus aisément accessible et pour laquelle la traversée est la moins chère. Si vous venez simplement

pour la journée, le Resort met à votre disposition une piscine, un bar et un restaurant, et vous pourrez louer un équipement pour les différents sports nautiques.

A voir et à faire

Les plages de Great Keppel Island comptent parmi les plus agréables.

La plage principale, **Fisherman's Beach**, possède une large bande de sable blanc encombrée par les véhicules des hôtels venus chercher les touristes à leur descente du ferry. Nous vous conseillons plutôt **Putney Beach**, au nord, ou **Long Beach**, juste au sud de la piste d'atterrissage. L'eau est claire et chaude, et de beaux coraux sont visibles de nombreux points du rivage. Il faut 30 minutes de marche un peu laborieuse pour contourner le promontoire au sud du Resort et parvenir à **Monkey Beach**, propice à la plongée de surface.

Plusieurs sentiers permettent également la randonnée. Le plus long et le plus difficile traverse l'île jusqu'au phare proche de **Bald Rock Point** (5 heures de marche aller et retour). Le tour du **Mt Windham** (1 heure 30) offre plusieurs beaux points de vue sur l'île.

Un **observatoire sous-marin** est installé sur Middle Island, proche de Great Keppel. Une jonque de pêche taïwanaise confisquée a été coulée près de l'observatoire afin de créer un refuge pour les poissons.

Beach Shed (sur Putney Beach) et Keppel Watersports (sur Fisherman's Beach) louent des équipements de sports nautiques, y compris des dériveurs, des catamarans, des bateaux à moteur et du matériel de pêche et de plongée. Ils peuvent également vous emmener faire du parachute ascensionnel ou du ski nautique. Keppel Reef Scuba Adventures (☎ 4939 5022), sur Putney Beach, organise des baptêmes de plongée (80 $) et des sorties pour plongeurs confirmés (100 $, matériel compris). Un stage de plongée de 5 jours coûte 420 $.

Circuits organisés

Keppel Tourist Services (☎ 4933 6744) propose diverses excursions en catamaran. Les croisières pour l'île partent tous les

La Grande Barrière de Corail

La Grande Barrière de Corail mesure 2 000 km de long. Elle commence légèrement au sud du tropique du Capricorne, au large de Bundaberg ou de Gladstone, et se termine dans le détroit de Torres, juste au sud de la Papouasie-Nouvelle-Guinée. Sa taille en fait non seulement le récif le plus étendu du monde, mais aussi la plus grande structure constituée d'organismes vivants. A son extrémité méridionale, le récif est à 300 km du continent, tandis qu'à son extrémité nord, il s'approche de la côte. Il devient alors moins fragmenté et atteint jusqu'à 80 km de large. Le lagon entre le tombant extérieur et le continent est parsemé de petits récifs, d'îles et d'îlots coralliens. Des forages ont permis de constater que le corail peut atteindre plus de 500 m d'épaisseur. La plus grande partie du récif s'est formée voici 2 millions d'années, mais certaines parties, plus anciennes, remontent à 18 millions d'années.

Qu'est-ce que le corail ? Le corail est formé par des colonies de milliers de polypes marins, de la famille des cnidaires. Certains sont des coraux durs car ils sécrètent du calcaire. Lorsque les polypes meurent, leur "squelette dur" demeure et c'est cette matière qui forme peu à peu le récif. De nouveaux polypes poussent sur les squelettes de leurs prédécesseurs et agrandissent ainsi le récif. Les squelettes de corail dur sont blancs et ce sont les polypes vivants qui donnent leurs couleurs aux récifs.

Le corail a besoin d'un certain nombre de conditions pour se développer sainement. La température de l'eau ne doit pas descendre en dessous de 17,5°C, raison pour laquelle la Grande Barrière ne se prolonge pas vers le sud dans les eaux plus fraîches. L'eau doit être claire pour permettre à la lumière solaire de pénétrer – le corail ne se développe pas au-delà de 30 m de profondeur –, et elle doit être salée.

Un des spectacles les plus impressionnants de la Grande Barrière se produit chaque année pendant quelques nuits, après une pleine lune de la fin du printemps ou du début de l'été, à l'époque de la reproduction des coraux. Les petites grappes de sperme et d'œufs sont visibles à l'œil nu – ce spectacle a été comparé à une gigantesque tempête de neige sous-marine.

Types de récifs. Ce que l'on appelle la Grande Barrière est en réalité un ensemble de 2 600 récifs, qui se classent en deux catégories : les récifs frangeants, ou côtiers, et les récifs barrière. Les premiers se rencontrent le long de la côte ou autour des îles. Les récifs barrière sont plus au large : le "véritable" récif de la Grande Barrière, ou récif extérieur, borde le plateau continental australien. Le lagon, qui s'étend entre le récif et la côte, peut atteindre 60 m de profondeur. Se pose la question de la création du récif, le corail ne poussant pas au-dessous de 30 m. Selon certains spécialistes, le récif aurait grandi graduellement au fur et à mesure de l'enfoncement du sol marin. Pour d'autres, le niveau de la mer se serait élevé graduellement, et le corail aurait là encore suivi cette croissance.

Les habitants du récif. Le récif de la Grande Barrière se compose de quelque 400 variétés de coraux. Parmi les autres habitants, on compte environ 1 500 espèces de poissons, 4 000 types de mollusques (bénitiers, escargots de mer, etc.), 350 échinodermes (oursins, étoiles de mer, concombres de mer, etc.) et d'innombrables espèces de crustacés (crabes, crevettes et leurs familles), éponges et vers. Les eaux du récif abritent aussi des dugongs (les vaches marines dont on pense qu'elles sont à l'origine du mythe des sirènes) et servent de lieu de reproduction aux baleines à bosse (ou jubartes) qui migrent chaque hiver depuis l'Antarctique. D'importantes colonies d'oiseaux de mer nichent sur les îles du lagon. Six des sept espèces de tortues marines pondent leurs œufs sur les plages de sable au printemps ou en été.

La Grande Barrière de Corail

L'acanthaster. L'échinoderme *Acanthaster planci* a été sous le feu des projecteurs. Il s'agit d'une étoile de mer que l'on accuse de dévorer de copieux morceaux de la Grande Barrière. On pense que l'acanthaster développe ce goût pour le corail lorsque l'écologie du récif est bouleversée, ce qui est le cas lorsque le nombre de bivalves (huîtres, bénitiers), dont elle se nourrit, diminue. On pense que cette étoile de mer viendrait du Japon, et qu'elle serait arrivée dans le lest de bateaux.

Faune dangereuse. Lorsqu'on parle des animaux dangereux du récif, l'image du requin vient immédiatement à l'esprit. Pourtant les créatures les plus déplaisantes de la Grande Barrière de Corail sont en général beaucoup moins spectaculaires. Tout d'abord, on relève les différentes variétés de poissons-pierre, de poissons-scorpion (les *Pterois*) et de rascasses avec leurs épines extrêmement venimeuses. Les poissons-pierre se cachent dans les fonds sous-marins, où ils se confondent avec les rochers.

Les méduses venimeuses se trouvent près des côtes, à certaines saisons uniquement. La *sea wasp* (guêpe de mer), couramment appelée *box-jellyfish* (méduse-boîte), est extrêmement dangereuse (reportez-vous à l'avertissement de la section *Activités sportives* de ce chapitre). Quant aux requins, aucune rencontre tragique n'a été signalée aux abords des îles du récif.

Comment découvrir le récif. La plongée avec ou sans bouteille est le meilleur moyen de découvrir le récif. On peut aussi l'observer à travers les vitres d'un semi-submersible ou descendre sous la surface de l'océan dans un "observatoire sous-marin". Il est également possible d'admirer un récif de corail vivant et sa faune sans quitter la terre ferme, à l'aquarium de Great Barrier Reef Wonderland à Townsville, ou à Sydney.

Un grand nombre d'organisateurs proposent des excursions de une journée au récif et sur les îles bordées de coraux depuis les villes côtières du Queensland. Le prix dépend du matériel utilisé, de la distance de la côte au récif, du luxe du bateau et des repas, compris ou non. En général, on peut utiliser gratuitement palmes, masque et tuba. Certaines îles, qui comptent également de beaux récifs, sont accessibles à des prix plus abordables et offrent des facilités d'hébergement. La plus grande partie du récif dépend de la Great Barrier Reef Marine Park Authority (GBRMPA), PO Box 1379, Townsville, Queensland 4810 (☎ 4750 0700). Cet organisme a ouvert un bureau au Great Barrier Reef Wonderland de Townsville.

Îles. La côte du Queensland recèle différents types d'îles. Les véritables îles de corail, appelées cays, se trouvent sur le récif extérieur ou entre celui-ci et le continent : Green Island, près de Cairns, les Low Isles, à proximité de Port Douglas, et Heron Island, près de Gladstone. Ces îles coralliennes se forment lorsqu'un récif dépasse le niveau de la mer, y compris à marée haute. Le corail mort se dégrade sous l'action des eaux et se transforme en sable, et, parfois, la végétation prend racine. Les îles coralliennes sont basses, contrairement aux îles qui bordent la côte. On dénombre 300 bancs de corail sur le récif, dont 69 couverts de végétation.

La facilité d'accès est très variable. Pour rejoindre Lady Elliot Island par exemple, le billet d'avion coûte 135 $ aller-retour, alors qu'un ferry et quelques dollars suffisent pour d'autres. Si vous souhaitez rester plus de une journée, les tarifs varient également. L'hébergement se fait souvent dans des centres de villégiature onéreux. Il existe toutefois des exceptions à la règle, et il est possible de camper sur certaines îles. Pour plus d'information, reportez-vous aux sections consacrées à la Capricorn Coast, à la Whitsunday Coast, à la côte nord et à l'Extrême-nord du Queensland, dans ce chapitre.

jours de Rosslyn Bay à 9h15 et de Fisher-man's Beach à 10h et comportent une halte de 3 heures au ponton situé au large de la pointe nord de l'île, avant de rejoindre leur point de départ. Le prix, 70 $ à partir de Rosslyn Bay (65 $ à partir de Great Keppel), comprend une sortie sur un filet tiré par un bateau ("boom netting"), de la plongée de surface, une promenade en bateau à fond transparent et le déjeuner.

Tous les jours à 12h15, une excursion à l'observatoire sous-marin (10 $) part de Fisherman's Beach.

Où se loger – petits budgets

Le **Great Keppel Island Backpackers** (☎ 4939 8655) est une auberge démodée mais accueillante située non loin du terminal des ferries. Un lit dans un dortoir confortable de huit personnes vaut 15 $. Les bungalows à six lits équipés d'une s.d.b. contiennent des doubles à 90 $, plus 10 $ par adulte supplémentaire. L'auberge fournit du matériel de plongée de surface et propose des circuits de 2 heures en kayak de mer pour 20 $.

Très apprécié, le **Great Keppel YHA Hostel** (☎ 4927 5288) loue des tentes fixes équipées de lits et de lampes pouvant accueillir jusqu'à quatre personnes, à 15 $ par personne mais aussi des doubles/lits jumeaux à 34/36 $ pour les membres/non-membres. On peut louer un équipement de plongée et participer à des balades dans le bush ainsi qu'à d'autres activités. Les réservations se font auprès de la Rockhampton Youth Hostel ou du siège de la YHA à Brisbane (☎ 3236 1680). La formule à 79 $ (89 $ pour les non-adhérents) offre un bon rapport qualité/prix : vous passez une nuit à Rocky, deux nuits sur l'île, et les transferts en bus et en bateau sont compris.

Le **Keppel Haven** (☎ 4939 1907) propose divers types d'hébergement bon marché. Les tentes de safari à quatre lits reviennent à 10 et 12 $ par personne, les bungalows à couchettes à 22 $ par personne (jusqu'à quatre personnes), tandis que les bungalows de six lits tout équipés se louent 110 $ en double, plus 30 $ par personne supplémentaire. Les équipements communs comprennent des réfrigérateurs, des barbecues et un matériel de cuisine rudimentaire.

Où se loger – catégorie moyenne

A côté du Keppel Heaven, le **Keppel Kamp Out** (☎ 4939 2131) s'adresse aux 18-35 ans et propose des formules à 60 $ par personne et par jour (54 $ en stand-by, ce qui est généralement possible), incluant l'hébergement en tente double, trois repas et diverses activités telles que sports aquatiques, nuit vidéo, etc. Le **Keppel Lodge** (☎ 4939 4251) comporte quatre belles chambres type motel accueillant jusqu'à cinq personnes au prix de 90 $ en double, plus 30 $ par personne supplémentaire ; la pension dispose d'un grand salon, d'une cuisine et d'un espace-barbecue. Le **Great ! Keppel Island Resort** (☎ 1800 245 658), apprécié des jeunes voyageurs, se targue d'être un "complexe actif". La pension complète donnant accès à toutes les activités commence à 280 $ par personne mais des tarifs en stand-by à 154 $ sont également proposés.

Où se restaurer

Prenez des provisions si vous comptez faire la cuisine. Vous trouverez quelques produits, à des prix relativement élevés, au kiosque du **Keppel Haven**, ou des aliments tels que des soupes aux nouilles au **Great Keppel Island Backpackers**.

Comment s'y rendre

Avion. Whittaker Air assure au moins quatre vols quotidiens entre Rockhampton et Great Keppel Island (53 $ l'aller simple). Réservez au Great ! Keppel Island Resort.

Bateau. Deux compagnies gèrent un service de ferries pour Great Keppel à partir de Rosslyn Bay Harbour. Keppel Tourist Services (☎ 4933 6744) possède trois catamarans qui quittent Rosslyn Bay à 7h30, 9h15, 11h30 et 15h30 et repartent de Great Keppel à 8h15, 14h et 16h30. Une liaison supplémentaire est assurée le vendredi à 18h, avec retour à 18h40. Comptez 27 $ l'aller-retour.

Le *Freedom Flyer* (☎ 4833 6244) part de la Keppel Bay Marina, à Rosslyn Bay, à 9h, 11h et 15h, et de Great Keppel à 10h, 14h et 16h (27 $ l'aller-retour).

L'ARRIÈRE-PAYS DE LA CAPRICORN COAST

La Capricorn Highway bifurque vers l'intérieur des terres à Rockhampton. Elle suit pratiquement le tropique et traverse les hautes terres du Queensland jusqu'à Barcaldine, où elle croise la Landsborough/Mathilda Highway. De là, vous pouvez continuer vers le nord-ouest pour rejoindre la route de Townsville à Mt Isa.

La région fut ouverte par des mineurs qui cherchaient de l'or et du cuivre aux environs d'Emerald, et des saphirs près d'Anakie. Aujourd'hui, le bétail, les céréales et le charbon en constituent les principales ressources. Le Carnarvon National Park, au sud d'Emerald, est l'un des parcs les plus intéressants du Queensland.

Carnarvon National Park

Ce parc national, au centre de la Great Dividing Range, possède de splendides gorges et de nombreuses fresques et gravures rupestres aborigènes. Il se divise en plusieurs secteurs, mais la Carnarvon Gorge constitue le site le plus visité, les autres étant pratiquement inaccessibles.

Ces gorges sont étonnantes car elles forment une oasis entourée de plaines sèches. C'est aussi un site remarquable par la variété des éléments naturels qui s'y juxtaposent : falaises de grès, jardins moussus, bassins profonds, palmiers, fougères rares. Vous pourrez y apercevoir de nombreux animaux. Les œuvres aborigènes sont réparties sur deux sites principaux : **Art Gallery** et **Cathedral Cave**.

De Rolleston à Carnarvon Gorge, la route est goudronnée sur 20 km, puis devient un chemin de terre sur les 75 km suivants. De Roma, en passant par Injune et Wyseby, la route est également bitumée sur 200 km et devient assez difficile sur les 45 derniers kilomètres. Après la pluie, les deux routes sont impraticables.

Un centre d'accueil et un *terrain de camping* sont installés à 3 km à l'intérieur de Carnavon Gorge. Le principal sentier part du centre d'accueil et suit le Carnarvon Creek dans les gorges en passant par le Moss Garden (jardin de mousses à 3,6 km

du camping), Ward's Canyon (4,8 km), Art Gallery (5,6 km) et Cathedral Cave (9,3 km). Prévoyez une demi-journée pour cette visite et munissez-vous de vivres, car il n'y a pas de boutique.

Pour se rendre dans la partie la plus sauvage du parc, qui correspond au Mt Moffatt, deux pistes partent d'Injune. L'une passe par Womblebank Station, l'autre par Westgrove Station. Aucune route ne va directement de la Carnarvon Gorge au Mt Moffatt, ni aux sites isolés de Salvator Rosa et de Ka Ka Mundi. **Kenniff Cave** est un site archéologique important : on pense que des Aborigènes y vivaient voici 20 000 ans.

Où se loger. L'*Oasis Lodge* (☎ 4984 4503), près de l'entrée de la Carnarvon Gorge, propose des "bungalows de safari" à partir de 170 $ la nuit par personne en pension complète, activités incluses (de janvier à mars, le prix passe à 115 $ par personne, sans activités). Vous pourrez vous approvisionner en carburant.

Un permis est indispensable pour planter sa tente sur le *terrain de camping* du parc national, ou dans n'importe quel autre camping ; il convient de réserver (surtout lors des congés scolaires) en appelant les rangers de Carnarvon Gorge (☎ 4984 4505). Les emplacements de tente coûtent 3,50 $ par personne et par nuit. Le bois étant pratiquement inexistant, il est conseillé d'apporter un réchaud à gaz.

Il est aussi possible de camper sur l'*aire de camping de Big Ben*, à 500 m en amont de Cathedral Cave – à 12 km à pied de là.

Dans l'aire du Mt Moffatt, vous pourrez camper dans quatre endroits, mais vous devrez être autosuffisant et équipé d'un 4x4. Les rangers du Mt Moffatt (☎ 4626 3581) vous fourniront plus de détails.

La Whitsunday Coast

Les Whitsunday Islands, très proches de la côte, entre Mackay et Bowen, sont connues pour leurs eaux turquoise, leurs forêts luxuriantes et leurs petites îles reculées. De nombreuses activités peuvent être pratiquées : plongée avec ou sans bouteille, croisières vers les îles, pêche et voile, camping dans le bush sur les îles.

Airlie Beach, où sont implantés plusieurs clubs de plongée et organisateurs de croisières, est le point de départ pour les îles.

MACKAY
• **code postal 4741**   • **74 000 habitants**

Mackay est entourée de champs de canne à sucre, cultivée ici depuis 1865 : la région fournit à elle seule le tiers de la production sucrière d'Australie. Le sucre est chargé à Port Mackay, le plus grand terminal sucrier du monde.

La ville n'offre rien de particulier aux touristes, si ce n'est un vaste centre agréablement ombragé, des cafés et des bars animés et quelques belles plages accessibles par bus. C'est également un point d'accès aux parcs nationaux d'Eungella et de Cape Hillsborough, aux îles de Brampton et Carlisle et à la Grande Barrière de Corail.

Renseignements
Le centre d'information de Mackay (☎ 4952 2677), installé dans une réplique de la vieille sucrerie de Richmond, à 3 km au sud du centre-ville, sur la Bruce Highway, est ouvert de 8h30 à 17h du lundi au vendredi, et de 9h à 16h le samedi et le dimanche.

Le RACQ (☎ 4957 2918) est situé 214 Victoria St, et le bureau de l'EPA (☎ 4951 8788), à l'angle de Wood St et de River St.

Dans Sydney St, le Globe Cafe offre un accès Internet/e-mail (5 $ les 30 minutes).

À voir et à faire
En dépit des ravages provoqués par plusieurs cyclones, Mackay conserve quelques édifices intéressants. À l'office du tourisme, vous pourrez retirer la brochure *A Heritage Walk in Mackay*, qui présente 21 sites historiques. **Queens Park**, vers l'extrémité de Gordon St, abrite des jardins botaniques et une serre d'orchidées. Le **Mt Basset** offre une belle vue sur le port et le **Rotary Lookout**, sur le Mt Oscar.

La plage de la ville, **Town Beach**, s'étend à l'extrémité de Shakespeare St, à 2 km du centre ; l'eau est généralement peu profonde et vaseuse. **Illawong Beach**, 2 ou 3 km plus bas, s'avère un peu plus agréable. Pour se baigner, mieux vaut se rendre à **Harbour Beach**, 6 km au nord. Mais il faut parcourir 16 km en direction du nord pour découvrir les plus belles plages : Blacks Beach, Eimeo et Bucasia.

À la saison de la récolte de la canne à sucre (juillet à décembre), le **Farleigh Sugar Mill** (☎ 4957 4727), Armstrong St, Farleigh, à 12 km au nord-ouest de Mackay sur la Bruce Highway, propose une visite de 2 heures, à 13h les jours de semaine (12 $), sur réservation. Vous pouvez également passer 2 heures à visiter la **Polstone Sugar Farm** (☎ 4959 7298), à 16 km à l'ouest, dans Homebush Road, les lundi, mercredi et vendredi à 13h30 (12 $). Suivez la Peak Downs Highway, qui part de la Bruce Highway près du centre d'information.

L'**Illawong Fauna Sanctuary** (☎ 4959 1777), un merveilleux parc animalier privé à Mirani, dans la Pioneer Valley sur la route d'Eungella, abrite des kangourous, des oiseaux, des crocodiles (que l'on nourrit à 14h15) et des koalas (nourris à 10h30 et 16h30) ; il est ouvert tous les jours, et l'entrée coûte 10 $ (enfants 5 $). Il comporte également un terrain de jeux pour enfants, une piscine et un lieu d'hébergement.

Circuits organisés
Roylen's Cruises (☎ 4955 3066) propose des balades en catamaran de Mackay Harbour à Credlin Reef, sur le récif externe, où la société possède un ponton et un observatoire sous-marin. Les départs ont lieu les dimanche, mercredi et vendredi. Comptez 100 $, déjeuner et promenade en semi-submersible compris. Il est possible de louer le matériel de plongée. Roylen's offre également des croisières de cinq jours dans les îles, notamment Brampton, Hamilton, South Molle et Daydream.

Jungle Johno Tours (☎ 4959 1822) organise des excursions d'une journée dans les parcs nationaux d'Eungella et de Cape Hillsborough pour 55 $. Natural North/Reeforest Tours (☎ 4959 8360) effectue également des circuits de une journée à l'Illawong Fauna Sanctuary (59/39 $), à Eungella et à la Finch Hatton Gorge (65 $).

L'Illawong Fauna Sanctuary propose des excursions aux mines de pierres précieuses de l'Outback, autour de Sapphire, pour 275 $ les trois jours.

Où se loger
Campings. Le moderne *Beach Tourist Park (☎ 4957 4021, 8 Petrie St)*, à Illawong Beach, à environ 4 km du centre-ville, propose des emplacements de tente à 14 $, des "camp-o-tels" (tentes fixes avec lits et éclairage) à 20 $ et des bungalows à 42 $.

Au *Central Tourist Park (☎ 4957 6141, 15 Malcomson St)*, au nord de Mackay, les emplacements de tente commencent à 10 $ et les bungalows à 25 $.

Auberges de jeunesse. Non loin de la gare routière, la *Larrikin Lodge (☎ 4951 3728, 32 Peel St)* est une petite auberge affiliée à la YHA, aménagée dans une spacieuse maison en bois et dotée d'une petite piscine. Bien qu'assez modeste, elle est bien tenue et jouit d'une atmosphère accueillante. Les lits en dortoir reviennent à 15 $ et les doubles à 32 $.

Hôtels et motels. Le *Taylor's Hotel (☎ 4957 2500)*, au coin de Wood St et d'Alfred St, ne possède que des simples à 20 $. Le sympathique *International Lodge (☎ 4951 1022, 40 Macalister St)*, assez central, offre de belles chambres bon marché à partir de 40/48 $ la simple/double.

A quelques pas, le *Coral Sands Motel (☎ 4951 1244, 44 Macalister St)* dispose d'une piscine et d'un restaurant et loue ses chambres 58/66 $ au minimum.

Au *Paradise Lodge Motel (☎ 4951 3644, 19 Peel St)*, près de la gare routière, les appartements coûtent 53/60 $.

De très nombreux motels sont disséminés le long de Nebo Rd (la Bruce Highway), au sud du centre-ville. Le plus proche, le *Cool Palms Motel (☎ 4957 5477, 4 Nebo Rd)*, propose des chambres pour petits budgets à partir de 38/40 $.

Comment s'y rendre
Avion. Les bureaux d'Ansett se trouvent au coin de Victoria St et de Gregory St, et ceux de Qantas, tout proches, sont installés 105 Victoria St. Ces deux compagnies assurent des vols directs depuis/vers Brisbane (363 $ l'aller), Townsville (226 $) et Rockhampton (217 $) ainsi que des correspondances vers d'autres capitales d'État.

Flight West effectue des liaisons depuis/vers Cairns (330 $) et Sunsate depuis/vers Proserpine (91 $). Hamilton Island Aviation (☎ 4946 8249) propose différents vols pour Hamilton Island (95 $ l'aller, 130 $ l'aller-retour dans la journée).

Bus. Les bus Greyhound Pioneer et McCafferty's s'arrêtent à la gare routière de Mackay (☎ 4951 3088) dans Milton St. Parmi les principaux arrêts le long de la côte figurent Cairns (11 heures, 75 $), Townsville (8 heures, 49 $), Airlie Beach (2 heures, 25 $) et Brisbane (15 heures, 94 $).

Train. Le *Sunlander* et le *Queenslander* (qui vont tous les deux de Brisbane à Cairns) s'arrêtent à Mackay. Une couchette depuis/vers Brisbane à bord du *Sunlander* coûte 130/199 $ en économique/1re classe, une place assise depuis/vers Cairns 77 $. Le *Queenslander* ne comporte que des 1re classe à 350 $ depuis/vers Brisbane. La gare ferroviaire se trouve à Paget, à environ 3 km au sud du centre-ville.

Comment circuler
Il faut compter 10 $ en taxi de l'aéroport de Mackay au centre-ville. Avis, Budget et Hertz disposent de comptoirs à l'aéroport.

La desserte de bus locale est assurée par Mackay Transit Coaches (☎ 4957 3330). Une course jusqu'aux plages du nord avec Taxi Transit Service (☎ 4951 4990) revient à 3,45 $ l'aller.

LES ENVIRONS DE MACKAY
Brampton et Carlisle Islands
Ces deux îles montagneuses, qui forment un parc national, font partie du groupe des îles Cumberland, à 32 km au nord-est de Mackay. Leur superficie est de 5 km² environ, et

elles sont reliées par un banc de sable que l'on peut emprunter à marée basse. Le plus haut point de Carlisle Island est le Skiddaw Peak (389 m). Sur Brampton Island, c'est le Brampton Peak (219 m). Ces deux îles sont couvertes de forêts et agrémentées de plages de sable. On peut plonger sur les récifs frangeants qui les entourent.

Le *Brampton Island Resort* (☎ 4951 4499) est un agréable complexe touristique où passer la nuit, moyennant un minimum de 180 $ par personne en chambre avec lits jumeaux. Le prix comprend diverses activités (tennis, golf et sports nautiques) et inclut le petit déjeuner. L'établissement dispose d'un restaurant et d'un café. L'aller-retour en bateau depuis Mackay coûte 60 $; vous pouvez aussi prendre un vol de Transtate Airlines (☎ 13 1528), à 75 $ l'aller simple.

Carlisle Island est inhabitée, mais un *terrain de camping* du QPWS est installé en face du Brampton Island Resort. Pour rejoindre l'île, le plus facile est de prendre le bateau de Brampton Island et de traverser le banc de sable à pied. Vous ne trouverez aucun équipement et devez donc être autosuffisant.

La plupart des autres îles des archipels de Cumberland et de Sir James Smith au nord sont des parcs nationaux. Si vous aimez jouer les Robinson Crusoé et si vous avez les moyens de louer un bateau ou un hydravion, essayez Goldsmith et Scawfell. Contactez le bureau de l'EPA à Mackay (☎ 4951 8788) ou le bureau du QPWS de Seaforth (☎ 4959 0410) pour obtenir des renseignements et des permis de camping.

Newry et Rabbit Islands

Une quarantaine de kilomètres au nord-ouest de Mackay s'étend le Newry Island Group, un archipel d'îles continentales rocheuses et sauvages. Longue de 1 km, Newry Island abrite un *complexe touristique* (☎ 4959 0214) minuscule et très rudimentaire, où les emplacements de tente se louent 5 $, les lits superposés 12 $ et les bungalows 20 $ par personne (dans la limite de 60 $) ; accueillant jusqu'à cinq occupants, ces derniers possèdent une s.d.b. et permettent de cuisiner. Vous disposez d'un

restaurant et d'un bar. Pour 15 $, on peut venir vous chercher et vous reconduire à Victor Creek, 4 km à l'ouest de Seaforth.

Rabbit Island, la plus grande du groupe, mesure 4,5 km² et comporte un *terrain de camping* avec des toilettes et un réservoir d'eau de pluie, parfois vide pendant la saison sèche. Elle est aussi la seule des îles du groupe à posséder une plage de sable. Des tortues de mer viennent pondre de novembre à janvier. Adressez-vous au bureau de l'EPA de Mackay (☎ 4951 8788) ou à celui du QPWS de Seaforth (☎ 4959 0410) pour les renseignements et les permis.

Eungella National Park

Eungella (qui se prononce "young-gulla" et signifie "terre des nuages") couvre à peu près 500 km² de la Clarke Range, dont le point culminant est le Mt Dalrymple (1 280 m). Cette zone a été séparée des autres régions recouvertes par la forêt tropicale, il y a sans doute 30 000 ans. Elle a ainsi conservé au moins six espèces endémiques : un oiseau appelé méliphage ou sucrier, le scinque à flancs orange (lézard), le tulipier de Mackay (grand arbre de la forêt tropicale) et trois espèces de grenouilles dont l'une, la grenouille Eungella, couve ses œufs d'une façon tout à fait surprenante : elle donne naissance à ses têtards en les crachant.

Ce grand parc national est situé à 84 km à l'ouest de Mackay, et vous êtes pratiquement assuré de voir des ornithorynques aux abords du pont et du terrain de camping de Broken River. A l'aube et à la tombée du jour, vous avez toutes vos chances à condition d'être patient, immobile et silencieux.

La route principale de Mackay à Eungella traverse la longue et étroite Pionner Valley. Au niveau de Finch Hatton, un embranchement permet de rejoindre la **Finch Hatton Gorge**. Dans les 12 km précédant la gorge, la circulation devient difficile et l'on doit traverser plusieurs gués. Le site comporte une piscine naturelle, des aires de pique-nique et un chemin de randonnée conduisant aux magnifiques Araluen Falls (1,6 km) et aux Wheel of Fire Falls (2,6 km).

La petite ville montagnarde d'**Eungella**, à 28 km après Finch Hatton, compte une pension et deux ou trois salons de thé. A **Broken River**, à 5 km au sud d'Eungella, vous trouverez le quartier général des rangers, un terrain de camping, une piscine naturelle, un kiosque et une aire de pique-nique. De cette dernière partent plusieurs sentiers de randonnée. Près du pont se dresse une plate-forme permettant d'observer les ornithorynques. La nuit, les rufous bettongs – de petits kangourous – sortent en grand nombre. On voit aussi des opossums à fourrure et des pétauristes. Les gardes organisent parfois des séances d'observation ou des randonnées destinées à découvrir la faune nocturne.

Où se loger. Le *Platypus Bush Camp* (☎ 4958 3204) se situe à quelque 2 km de la Finch Hatton Gorge. Ce terrain tout simple est aménagé dans un paysage de forêts traversé par un petit cours d'eau. On peut planter sa tente (5 $ par personne) ou dormir dans une cabane (45 $, jusqu'à trois personnes). Le site est équipé d'abris communs pour la cuisine, de douches chaudes et de toilettes. Munissez-vous de draps et de provisions. Si vous appelez du village de Finch Hatton, on viendra vous chercher.

Dans la ville d'Eungella, l'*Eungella Chalet* (☎ 4958 4509), pension vieillotte construite dans la montagne, offre une vue imprenable. Plutôt rudimentaire, elle possède cependant une piscine, un bar, un restaurant et une plate-forme de deltaplane.

Les simples/doubles reviennent à 30/45 $, les chambres avec s.d.b. à 65 $ et, à l'arrière du bâtiment, les bungalows en bois de trois lits à 80 $ minimum.

Un bon *terrain de camping* du QPWS (3,50 $ par personne et par nuit)est installé à Fern Flats, non loin de Broken River. Pour réserver (ce qui est fortement conseillé en période de vacances scolaires) et vous procurer une autorisation, contactez le garde (☎ 4958 4552).

Près du pont, la *Broken River Mountain Retreat* (☎ 4958 4528) dispose de cabanes en bois façon motel à compter de 58 $ (68 $ le week-end) et de logements équipés à 4 lits à partir de 78 $ la double, plus 10 $ par adulte supplémentaire (98 $ le week-end).

Comment s'y rendre. Aucun bus ne dessert Eungella, mais Jungle Johno Tours propose des excursions d'une journée au départ de Mackay. Il vous déposera également où vous voudrez camper. Pour plus de détails, voir plus haut le paragraphe *Circuits organisés* de la rubrique *Mackay*.

Cape Hillsborough National Park

Ce petit parc côtier, à 54 km au nord de Mackay, regroupe un promontoire rocheux, le Hillsborough Cape (300 m d'altitude), Andrew Point ainsi que Wedge Island, accessible à pied à marée basse. Le parc comporte des plages et d'excellents petits sentiers de

Un doux succès

La canne à sucre est omniprésente dans la région de Mackay, au nord, au-delà de Cairns, et sur la côte du Queensland. Aujourd'hui, la culture est mécanisée et les visiteurs peuvent assister à la transformation de la canne au moment de la récolte, qui a lieu, en gros, de juillet à octobre. Le plus spectaculaire est le brûlage des champs, la nuit. Des machines coupent la canne, qui est transportée dans les moulins, souvent sur de longs trains circulant sur des voies étroites. La canne est ensuite passée dans une série de broyeurs. Le jus extrait est chauffé et nettoyé de ses impuretés, puis on le soumet à différents procédés d'évaporation pour le transformer en sirop. L'étape suivante réduit ce sirop en mélasse et en sucre non raffiné. Le sucre est enfin chargé dans des conteneurs pour être exporté.

Rien ne se perd dans la production du sucre : les fibres broyées, appelées bagasse, servent de carburant. Les déchets séparés du jus deviennent des engrais, et la mélasse est utilisée pour produire de l'éthanol (ou alcool éthylique) ou pour nourrir le bétail.

randonnée. Falaises, côte rocheuse, dunes, scrub, forêt tropicale, bois… le paysage est extrêmement varié. Kangourous, wallabies, phalangers du sucre et tortues s'y rencontrent fréquemment. Le bureau des gardes – et centre d'information (☎ 4959 0410) – se tient sur la plage. Vous trouverez à proximité une aire de pique-nique et de barbecue.

Où se loger. Au bout de la route du Cape Hillsborough, le *Cape Hillsborough Resort* (☎ *4959 0152*) loue des emplacements de tente à partir de 10 $, des bungalows de quatre lits à partir de 30 $ la double et des chambres de type motel à partir de 54 $. A Smalleys Beach, on trouve un petit *terrain de camping* du QPWS (l'emplacement coûte 3,50 $). Les équipements comprennent des toilettes, l'eau courante et des aires de pique-nique.

AIRLIE BEACH
• **code postal 4802**   • **3 030 habitants**

C'est d'Airlie Beach, petite station animée située à 25 km au nord-ouest de Proserpine par la Bruce Highway, que l'on s'embarque pour les Whitsunday Islands. Cette bourgade a la réputation d'être le lieu de rendez-vous des noctambules, mais elle rassemble également les amateurs de voile et autres touristes attirés essentiellement par les possibilités de navigation au large de la côte. Entièrement tournée vers le tourisme, elle offre un grand choix d'hébergements bon marché ou à des prix raisonnables, de nombreux endroits où se restaurer et une vie nocturne trépidante.

Malgré son nom, la ville est dépourvue de belles plages. Cependant, la plupart des visiteurs viennent pour naviguer autour des Whitsunday Islands ou s'initier à la plongée dans l'une des écoles locales. On remarquera quantité de tour-opérateurs et d'agents de voyages, dont les bateaux gagnent les îles au départ de Shute Harbour, à 8 km à l'est de la ville, ou d'Abel Point Marina, à 1 km à l'ouest. De juillet à septembre, vous pouvez aller observer les baleines.

Renseignements
L'office du tourisme (☎ 4945 3711) est situé à Proserpine, sur la Bruce Highway, près de l'embranchement d'Airlie Beach.

Pratiquement tous les organismes importants d'Airlie Beach se trouvent dans la rue principale, Shute Harbour Rd, dont l'Airlie Beach Tourist Information Centre (☎ 1800 819 366). Vous pouvez vous adresser à plusieurs "centres d'information" privés – de fait, des agences de voyages – dans Shute Harbour Rd. Destination Whitsunday (☎ 1800 644 563), au coin d'Airlie Esplanade et de Shute Harbour Drive, jouit d'une bonne réputation.

La plupart de ces agences disposent d'un accès Internet/e-mail (environ 5 $ les 30 minutes).

Le bureau de l'EPA (☎ 4946 7022) est situé à 3 km d'Airlie Beach en direction de Shute Harbour. Ouvert du lundi au vendredi de 8h à 17h et le week-end à des heures souvent fluctuantes, ce bureau délivre les permis de camping et les réservations pour Conway et pour les parcs nationaux des Whitsunday Islands.

A voir et à faire
Le **Wildlife Park** abrite une importante population d'animaux australiens (oiseaux et reptiles) que l'on peut observer en diverses occasions : par exemple, lorsqu'on nourrit les crocodiles. Ouvert tous les jours de 8h30 à 17h (15 $), le parc s'étend à 8 km à l'ouest de la ville. Un bus gratuit s'y rend au départ d'Airlie Beach. On peut y faire du saut à l'élastique (49 $) ou profiter de la piscine et de ses toboggans (5 $ par jour).

La **Vic Hislop Great White Shark and Whale Expo** (☎ 4946 6928), Waterson Rd, est l'un des deux centres (l'autre se trouve à Hervey Bay) fondés par ce personnage controversé qu'est le chasseur de requins Vic Hislop. L'exposition se résume en fait à une campagne de propagande contre les grands requins blancs, avec force mâchoires, articles de journaux et photos particulièrement horribles. Une chambre froide à paroi frontale transparente contient un requin de 1 818 kg. Le centre est ouvert tous les jours de 9h à 18h (14 $).

Les plages d'Airlie Beach n'ont rien d'exceptionnel. Des stands louent cependant des catamarans, des planches à voile et d'autres équipements de sports nautiques.

QUEENSLAND

Les amateurs de frissons peuvent également essayer le parachutisme en tandem (239 $) et le parapente (40 $), à réserver par l'intermédiaire de votre hôtel ou de l'une des agences de la ville.

Brandy Creek Trail Rides (☎ 4946 6665) propose des promenades à cheval de 3 heures dans la forêt voisine (41 $) et vient vous prendre à votre hôtel. Fawlty's 4WD Tropical Tours (☎ 4946 6733) organise des excursions d'une demi-journée en forêt tropicale (35 $).

Plongée

Quatre clubs, à Airlie Beach et dans les environs, proposent des stages de 4 à 6 jours pour passer un brevet de plongée. Les formules les moins coûteuses (159 $) se déroulent essentiellement en classe ou en piscine. Pour un tarif plus élevé (de 325 à 545 $), les cours sur le continent s'agrémentent de 3 ou 4 journées de plongée sur la Grande Barrière

de Corail. Tous ces clubs offrent également des sorties pour les plongeurs confirmés.

La qualité des cours dépend cependant en grande partie des instructeurs, et le personnel se renouvelle très fréquemment dans ce secteur d'activité. Prenez le temps de vous renseigner auprès de l'office du tourisme et des autres voyageurs. Les principaux clubs d'Airlie Beach sont Reef Dive (☎ 1800 075 120), Kelly Dive (☎ 1800 063 454) et Oceania Dive (☎ 1800 075 035). La Dive Academy (☎ 1800 331 316) se trouve à Abel Point Marina.

Manifestations annuelles

Airlie Beach accueille en septembre la Whitsunday Fun Race (régate de yachts de croisière).

Où se loger – petits bugets

Campings. Trois bons terrains de camping à l'est d'Airlie Beach, sur la route menant

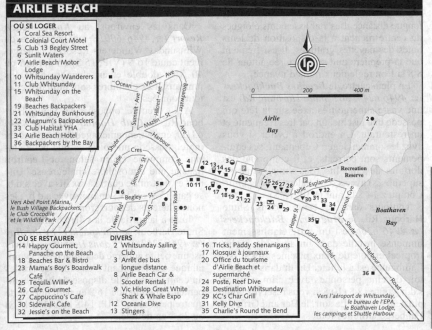

AIRLIE BEACH

OÙ SE LOGER
1 Coral Sea Resort
4 Colonial Court Motel
5 Club 13 Begley Street
6 Sunlit Waters
7 Airlie Beach Motor Lodge
10 Whitsunday Wanderers
11 Club Whitsunday
15 Whitsunday on the Beach
19 Beaches Backpackers
21 Whitsunday Bunkhouse
22 Magnum's Backpackers
33 Club Habitat YHA
34 Airlie Beach Hotel
36 Backpackers by the Bay

OÙ SE RESTAURER
14 Happy Gourmet, Panache on the Beach
18 Beaches Bar & Bistro
23 Mama's Boy's Boardwalk Café
25 Tequila Willie's
26 Cafe Gourmet
27 Cappuccino's Cafe
30 Sidewalk Cafe
32 Jessie's on the Beach

DIVERS
2 Whitsunday Sailing Club
3 Arrêt des bus longue distance
8 Airlie Beach Car & Scooter Rentals
9 Vic Hislop Great White Shark & Whale Expo
12 Oceania Dive
13 Stingers
16 Tricks, Paddy Shenanigans
17 Kiosque à journaux
20 Office du tourisme d'Airlie Beach et supermarché
24 Poste, Reef Dive
28 Destination Whitsunday
29 KC's Char Grill
31 Kelly Dive
35 Charlie's Round the Bend

Airlie Bay

Recreation Reserve

Boathaven Bay

Vers Abel Point Marina, le Bush Village Backpackers, le Club Crocodile et le Wildlife Park

Vers l'aéroport de Whitsunday, le bureau de l'EPA, le Boathaven Lodge, les campings et Shuttle Harbour

QUEENSLAND

à Shute Harbour. Le plus proche, l'*Island Gateway Holiday Resort* (☎ 4946 6228), à 1,5 km à l'est d'Airlie Beach, propose des emplacements pour les tentes (14 $), des caravanes fixes (30 $) et des bungalows (à partir de 42 $). Viennent ensuite le *Shute Harbour Gardens Caravan Park* (☎ 4946 6483), à 2,5 km à l'est, où trouver des emplacements pour les tentes (10 $) et des bungalows à 50 $ la nuit, puis le *Flame Tree Tourist Village* (☎ 1800 069 388), à 6 km à l'est, qui dispose d'emplacements de tente à 14 $, de caravanes fixes à partir de 35 $ et de bungalows à cinq lits à 60 $ au minimum en double, plus 10 $ par personne supplémentaire.

Vous pouvez également camper au *Koala Beach Resort*, une auberge de jeunesse, au tarif de 8/12 $ pour une/deux personnes.

Auberges de jeunesse. Halte privilégiée des backpackers, Airlie Beach offre des auberges pour tous les goûts, que vous souhaitiez faire la fête ou vous détendre avec un bon livre. Les auberges de jeunesse possèdent toutes un comptoir à la gare routière des bus longue distance. Les établissements éloignés du centre mettent à la disposition de leurs hôtes des navettes gratuites. Il est fréquent que la première nuit soit facturée autour de 8 $ si l'on règle deux nuits d'avance.

En plein centre, le *Beaches Backpackers* (☎ 4946 6244, 362 Shute Harbour Rd) est une vaste auberge très axée sur la fête qui possède une piscine, un bar très fréquenté et un restaurant. Un endroit à éviter si vous avez le sommeil léger. Cependant, ses équipements sont corrects, et il comprend des dortoirs de cinq lits (des vrais, sans lits superposés) avec s.d.b., balcon, TV et clim. Comptez 14 $ la nuit (VIP, 13 $).

Toujours dans le centre, dans Shute Harbour Rd, le *Magnum's Backpackers* (☎ 4946 6266) est un autre établissement immense installé dans un agréable jardin tropical et doté de deux piscines. Ici aussi, l'ambiance est à la fête. Un lit dans un dortoir de cinq personnes avec clim., TV et s.d.b. coûte 12 $ (10 $ si vous réservez pour plusieurs nuits). Le soir, le Bar and Grill de l'auberge attire les foules.

Coincée entre le Magnum's et le Beaches, la *Whitsunday Bunkhouse* (☎ 1800 683 566), autre motel reconverti, n'a rien d'extraordinaire, et il lui manque une piscine et des espaces en extérieur. Elle constitue néanmoins une option intéressante, à 10 $ le lit dans un dortoir de huit avec kitchenette, et à 35 $ la double.

Installé sur la colline qui domine le centre-ville, le *Club 13 Begley St* (☎ 4946 7376) bénéficie d'une vue splendide sur la baie. Cet établissement moderne à plusieurs niveaux se compose de cinq appartements de trois chambres avec deux s.d.b. chacun, et il est possible de cuisiner et de laver son linge. Un lit coûte 16 $ (VIP/YHA, 15 $), une double 38 $, petit déjeuner compris. Cette adresse semble faire l'unanimité des voyageurs.

Dans Shute Harbour Rd, le *Club Whitsunday* (☎ 4946 6182), un ancien motel propre et confortable, propose des dortoirs de six lits avec s.d.b. et coin cuisine à 15 $ par personne, et des doubles à 35 $ (petit déjeuner compris). En dépit de sa situation centrale, l'endroit est étonnamment calme, et le personnel sympathique et accueillant.

Dans les environs, au *Koala Beach Resort* (☎ 4946 6001), qui fait partie du Whitsunday Wanderers Resort, l'hébergement coûte 16 $ (VIP, 15 $) en dortoir, ou 40 $ en double et en chambre avec lits jumeaux. Les chambres sont climatisées et tout équipées.

À l'extrémité opposée de Shute Harbour Rd, la *Club Habitat YHA* (☎ 4946 6312), également aménagée dans un ancien motel, possède une piscine, une belle cuisine commune et un salon, et l'endroit dégage une atmosphère chaleureuse. Une nuit en dortoir de quatre à six lits avec s.d.b. se paie 15 $, ou 35 $ en twin avec s.d.b. ; les non-adhérents débourseront 3 $ de plus.

Juste à la sortie de la ville en allant vers Shute Harbour, le *Backpackers by the Bay* (☎ 4946 7267, Lot 5 dans Hermitage Drive) est une petite auberge décontractée et sympathique, généralement plus calme que celles du centre-ville. Elle dispose de bons équipements et demande 16 $ en petit dortoir de quatre personnes (VIP, 14 $ et YHA, 15 $) ou 36 $ en double.

Le *Bush Village Backpackers' Resort* (☎ 4946 6177, 2 St Martin's Lane), à Cannonvale, à 1,5 km à l'ouest d'Airlie Beach, est un petit établissement composé d'un bar, d'une piscine, d'un agréable jardin et de confortables bungalows de quatre lits. Ils possèdent tous un réfrigérateur, une s.d.b., une TV et de quoi cuisiner. Les lits superposés coûtent entre 15 et 20 $, les lits jumeaux/doubles reviennent à 38 $ (45 $ avec air conditionné et TV), petit déjeuner compris.

Où se loger – catégorie moyenne
Hôtels et motels. L'*Airlie Beach Hotel* (☎ 4946 6233), dans Shute Harbour Rd, loue des chambres de type motel banales et sans grand intérêt à partir de 65/80 $ en simple/double.

Parmi les motels, le très central *Colonial Court Motel* (☎ 4946 6180), à l'angle de Shute Harbour Rd et de Broadwater Ave, dispose de doubles à partir de 55 $.

A l'*Airlie Beach Motor Lodge* (☎ 4946 6418), dans Lamond St, les doubles démarrent à 65 $, et les logements tout équipés à 75 $.

Appartements et complexes hôteliers. Dans le centre-ville, le *Whitsunday on the Beach* (☎ 4946 6359, 269 Shute Harbour Rd) abrite de petits studios à quatre lits magnifiquement rénovés, affichés de 75 à 85 $.

Sur la colline, à l'angle de Begley St et d'Airlie Crescent, le *Sunlit Waters* (☎ 4946 6352) possède de petits appartements à 55 $ la double, plus 15 $ par personne supplémentaire. A quelques centaines de mètres à l'est du centre, le *Boathaven Lodge* (☎ 4946 6421, 440 Shute Harbour Rd) comporte des chambres rénovées qui donnent sur Boathaven Bay ; comptez 50 $ en chambre double, plus 10 $ par adulte supplémentaire.

Le *Whitsunday Wanderers* (☎ 4946 6446), dans Shute Harbour Rd, possède quatre piscines, deux Spa, des courts de tennis, des jardins paysagers, un bar et un restaurant. Les logements de style mélanésien oscillent entre 45 et 55 $ par personne selon la saison.

Où se loger – catégorie supérieure
Le *Club Crocodile* (☎ 1800 075 125), à Cannonvale, à 2 km à l'ouest d'Airlie Beach, comporte des logements modernes disposés autour d'une cour centrale, deux piscines, une salle de gym, des courts de tennis et un Spa chauffé. Comptez 145 $ par personne, petit déjeuner "tropical" compris.

Le *Coral Sea Resort* (☎ 1800 075 061, 25 Ocean View Ave) domine l'océan et offre des doubles tout équipées à partir de 140 $ (195 $ avec vue sur la mer).

Où se restaurer
C'est surtout dans Shute Harbour Rd à Airlie Beach ou dans les environs immédiats que vous trouverez de quoi vous restaurer. Un petit supermarché se tient dans la rue principale, près de l'arrêt des bus longue distance. Cannonvale abrite également un grand centre commercial.

Comment s'y rendre
Avion. Les grands aéroports les plus proches sont ceux de Proserpine et de Hamilton Island (Ansett uniquement).

L'aéroport de Whitsunday, un petit terrain qui s'étend à environ 6 km d'Airlie Beach par la route de Shute Harbour, regroupe plusieurs tour-opérateurs. Island Air Taxis (☎ 4946 9933) dessert Hamilton Island (50 $) et Lindeman Island (60 $). Heli Reef (☎ 4946 9102), Coral Air Whitsunday (☎ 4946 9130) et Island Air Taxis organisent des excursions aériennes à destination du récif et des îles.

Bus. La majorité des bus de Greyhound Pioneer et de McCafferty's quittent la Highway pour faire un crochet par Airlie Beach, et s'arrêtent au parking principal, entre les magasins et la plage. Ils circulent depuis/vers toutes les grandes villes du littoral, y compris Brisbane (18 heures, 107 $), Mackay (2 heures, 25 $), Townsville (4 heures 30, 36 $) et Cairns (11 heures, 61 $).

Whitsunday Transit (☎ 1300 655 449) relie Proserpine à Airlie Beach (6,50 $) et à Shute Harbour (8,50 $). Ces bus locaux circulent tous les jours de 6h à 19h. Par ailleurs, la compagnie accueille tous les vols à l'aéroport de Proserpine pour gagner ensuite Airlie Beach (11 $) et Shute Harbour (13 $).

Bateau. Le Whitsunday Sailing Club se situe au bout d'Airlie Esplanade. Des petites annonces placées chez le marchand de journaux d'Airlie Beach et à la marina d'Abel Point proposent des passages ou des places comme membre d'équipage. Renseignez-vous également en ville.

Comment circuler
Avis, Budget et National ont ouvert des bureaux dans Shute Harbour Rd. Airlie Beach Car and Scooter Rentals (☎ 4946 6110), à l'angle de Begley St et de Waterson Rd, loue des scooters et des voitures à partir de 45 $ la journée. On peut réserver des taxis chez Whitsunday Taxis (☎ 13 1008).

WHITSUNDAY ISLANDS
Cet archipel est composé de 74 îles regroupées en quatre groupes : les Molle Islands, les Whitsunday Islands, les Lindeman Islands et les Repulse Islands. Situées de part et d'autre du Whitsunday Passage, elles sont toutes à moins de 50 km de Shute Harbour.

Pour la plupart, il s'agit d'îles continentales ou de sommets de montagnes immergées, mais beaucoup d'entre elles sont entourées de récifs coralliens. La Grande Barrière de Corail se trouve à plus de 60 km du continent. Ces îles, souvent montagneuses et boisées, et les passes qui les séparent sont de toute beauté. Elles valent le détour en bateau, si vous avez le temps.

Certaines ont été aménagées pour les touristes, mais la plupart restent inhabitées et offrent quelques possibilités de véritable camping sauvage sur les plages et d'authentiques randonnées. Les Whitsunday Islands sont, en totalité ou presque, des parcs nationaux. Quatre îles font exception : Dent, Hamilton, Daydream et Hayman, développées pour le tourisme. Les autres principaux centres de villégiature sont aménagés sur les îles South Molle, Lindeman, Long et Hook.

Presque tous les touristes viennent ici en séjour organisé. Les prix pratiqués par les complexes touristiques, hormis celui de Hook

Island, sont trop élevés pour les voyageurs à petit budget. La plupart de ces complexes prévoient néanmoins des tarifs plus abordables en stand-by – renseignez-vous auprès des agences de réservation d'Airlie Beach.

Camping dans les îles
Seule alternative à ces hébergements onéreux, le camping, praticable sur certaines des Whitsunday Islands. Il existe des terrains du QPWS sur les îles de North Molle, South Molle, Long, Planton, Denman, Tancred, Hook (deux sites et un terrain privé), Whitsunday (trois aires de camping), Henning, South Repulse, Lindeman, Shaw (deux sites) et Thomas.

Une condition : être parfaitement équipé. Certains disposent de toilettes, mais la plupart n'ont pas d'eau potable. A certains moments de l'année, les réserves en eau des campings sont épuisées. Il est donc conseillé d'emporter cinq litres d'eau par personne et par jour, et de quoi tenir trois jours, au cas où vous seriez bloqué. Vous devrez vous munir également d'un réchaud à gaz ou à pétrole, car les feux sont interdits.

Le bureau de l'EPA (☎ 4946 7022) à Airlie Beach diffuse une brochure décrivant les différents sites, et vous renseignera sur la réglementation et le matériel indispensable. C'est là que vous demanderez une autorisation de camper et que vous louerez un emplacement (3,50 $ par personne et par nuit).

Comment s'y rendre
Si vous souhaitez vous renseigner sur les transports par bateau vers les îles, contactez les rangers ou l'une des agences de voyages d'Airlie Beach. Sea Treck (☎ 4946 5255) vous déposera sur les îles de Long, North Molle, South Molle, Denman ou Planton pour 35 $ l'aller-retour (deux personnes au minimum). Sinon, pour 50 à 65 $ par personne, plusieurs bateaux effectuant des excursions d'une journée vous débarqueront sur les îles et vous reprendront à une date convenue.

Long Island
Cette île aménagée pour le tourisme est la plus proche de la côte. En grande partie

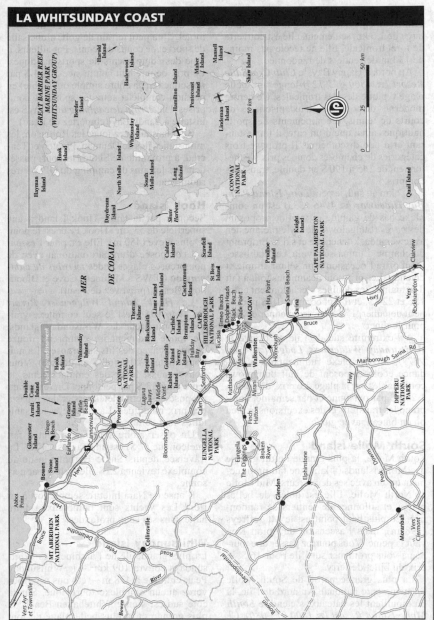

LA WHITSUNDAY COAST

GREAT BARRIER REEF
MARINE PARK
(WHITSUNDAY GROUP)

Harold Island

Haslewood Island

Maher Island

Mansell Island

Shaw Island

Border Island

Hamilton Island

Pentecost Island

Lindeman Island

Whitsunday Island

Hook Island

Hayman Island

North Molle Island

South Molle Island

Long Island

Daydream Island

Shute Harbour

CONWAY NATIONAL PARK

Quail Island

Knight Island

CAPE PALMERSTON NATIONAL PARK

Prudhoe Island

Scawfell Island

Calder Island

St Bess Island

Cockermouth Island

Tinsmith Island

Carlisle Island

Brampton Island

Goldsmith Island

Newry Island

Rabbit Island

Repulse Island

MER DE CORAIL

Thomas Island

Blacksmith Island

Lime Island

CAPE HILLSBOROUGH NATIONAL P-RK

Halliday Bay

Eimeo Beach

Bucasia

Dolphin Heads

Black Beach

Slade Point

MACKAY

Seaforth

Kuttabul

Marian

Walkerston

Mirani

Finch Hatton

Eungella

The Diggings

Broken River

Elphinstone

Glenden

Moranbah

Vers Clermont

Hay Point

Sarina Beach

Sarina

Bruce

Vers Rockhampton

Clairview

Homebush

Marlborough Sarina Rd

Hwy

Peak Downs Hwy

DIPPERU NATIONAL PARK

EUNGELLA NATIONAL PARK

Bloomsbury

Calen

Proserpine

Cannonvale

Laguna Quays

Middle Point

Double Cone Island

Armit Island

Airlie Beach

Grassy Island

Earlando

Dingo Beach

Gloucester Island

Stone Island

Bowen

Abbot Point

MT ABERDEEN NATIONAL PARK

Collinsville

Delamotte

Bruce Hwy

Peter

Bowen River

Development Road

Bowen

Vers Ayr et Townsville

Voir l'agrandissement

Hook Island

Whitsunday Island

CONWAY NATIONAL PARK

0   5   10 km

0   25   50 km

QUEENSLAND

classée parc national, elle possède trois centres de villégiature. Longue de 11 km et large de 1,5 km seulement, elle est couverte de forêt tropicale. Elle ne recèle pas moins de 13 km de sentiers de randonnée.

Au nord, à Happy Bay, le *Club Crocodile Resort (☎ 1800 075 125)* longe une belle plage typique des îles tropicales. Ce centre moderne dispose de deux piscines, de courts de tennis, d'équipements de sports nautiques ainsi que d'un café, d'un restaurant et d'une discothèque. Il propose trois catégories de chambres dont les prix s'échelonnent de 145 à 190 $ en double, transferts compris.

A 2 km au sud, le petit *Long Island Palm Bay Hideaway (☎ 4946 9233)* est un complexe bas de gamme et vieillot proposant des *bures* (bungalows) de style mélanésien avec véranda, kitchenette et s.d.b. Empreint du charme d'un passé révolu, cet établissement offre l'occasion d'un séjour simple et détendu. Les prix sont néanmoins tout à fait d'actualité : les doubles s'échelonnent entre 156 et 224 $, et il faut compter 10 $ pour le petit déjeuner, 17 $ pour le déjeuner et 29 $ pour le dîner.

A l'extrémité sud de l'île se trouve le *Whitsunday Wilderness Lodge (☎ 4946 9777)*, un complexe rudimentaire à tendance écolo disposant de huit bungalows confortables sur la plage. Le prix, d'environ 1 290 $ par personne et par semaine, comprend les transferts et des excursions, à pied ou en bateau, avec guide.

South Molle Island

South Molle, la plus grande île du groupe des Molle Islands (4 km²), ne fait pratiquement qu'un avec ses deux sœurs, Mid Molle et North Molle. Elle est dotée de belles plages et sillonnée de sentiers de randonnée. Le plus haut point est le Mt Jeffreys (198 m), mais l'ascension du Spion Kop vaut la peine. Vous pourrez passer une journée à vous promener sur l'île pour 16 $, le prix du billet de ferry.

La plus grande partie de South Molle forme un parc national. Au nord de l'île, là où mouillent les bateaux, s'étend le *South Molle Island Resort (☎ 1800 075 080)*. Ce complexe compte parmi les plus anciens. Il est doté de chambres simples de style motel, d'un petit terrain de golf, d'une salle de sport et de courts de tennis. Par ailleurs, il loue des équipements de sports nautiques. Le prix de une nuit commence à 114 $ par personne (en chambre simple ou double) en pension complète, activités sportives comprises. Un *terrain de camping* du QPWS est installé à Sandy Bay (emportez de l'eau).

Si vous souhaitez jouer les Robinson, les minuscules îles de Denman, Planton et Tancred, à proximité de Shute Harbour, possèdent des terrains de camping du QPWS très rudimentaires.

Hook Island

Seconde par la taille, Hook Island a une superficie de 53 km². Hook Peak est le point le plus élevé (450 m). Elle est pour l'essentiel composée d'un parc national avec de nombreuses plages et des *terrains de camping* du QPWS à Maureens Cove et Bloodhorn Beach (prévoyez de l'eau).

Le *Hook Island Wilderness Resort (☎ 4946 9380)* est le seul complexe vraiment bon marché des Whitsunday Islands. Ce lodge rudimentaire comprend douze chambres avec des lits superposés. La nuit vous coûtera 20 $ (60 $ en double). Vous pouvez aussi louer des emplacements de tente pour 13 $ par personne. Un restaurant propose des petits déjeuners et des repas à des prix modiques. La cuisine et les sanitaires sont communs.

Un observatoire sous-marin tout à fait quelconque (7 $) est aménagé sur l'île. La traversée depuis Shute Harbour jusqu'au complexe revient à 25 $ aller-retour par personne.

L'anse de Nara Inlet ressemble fort à un fjord. Les yachts sont nombreux à faire halte dans ses eaux profondes.

Whitsunday Island

La plus grande île de l'archipel des Whitsundays couvre 109 km² – le Whitsunday Peak culmine à 438 m –, et vous n'y trouverez aucun complexe touristique. Sur la côte sud-est s'étire Whitehaven Beach, la plus grande et la plus belle plage de tout l'archipel (certains disent de tout le pays), longue de 6 km. La plongée de surface se pratique à l'extrémité sud. De bons *terrains de camping* du QPWS, avec équipements sanitaires, vous accueillent sur la partie ouest de l'île, à Dugong Beach, Sawmill Beach et Joe's Beach.

Daydream Island
La minuscule Daydream Island ne mesure que 1 km de long sur quelques centaines de mètres de large. De toutes les îles aménagées pour le tourisme, celle-ci est la plus proche de Shute Harbour.

À son extrémité nord, le *Daydream Island International Resort (☎ 1800 075 040)* accueille dans ses 300 chambres modernes une clientèle essentiellement familiale. Il vous en coûtera 155 $ au minimum par personne. Ce prix s'entend en pension complète et comprend le transfert à l'hôtel, ainsi que l'accès aux courts de tennis, à la salle de gymnastique, aux piscines, l'utilisation de l'équipement de sports nautiques, etc.

La pointe sud de Daydream est plutôt réservée aux excursionnistes, qui y trouveront une piscine, un bar, un café et du matériel de sports nautiques en location. L'aller-retour au départ de Shute Harbour revient à 24 $.

Hamilton Island
• code postal 4803   • 1 500 habitants
Hamilton Island est la plus développée des îles Whitsundays sur le plan touristique. Elle couvre une superficie d'environ 5 km², et son point le plus haut, Passage Peak, s'élève à 200 m. L'île ressemble davantage à une petite ville qu'à un centre de villégiature. Elle possède sa propre piste d'atterrissage, une marina abritant 200 bateaux et une capacité hôtelière de plus de 2 000 personnes, avec notamment trois hauts immeubles ! Si vous avez de l'argent à dépenser, vous aurez un vaste choix entre des activités relativement coûteuses : promenades en hélicoptère, pêche au gros, parachute ascensionnel, croisières, plongée. Hamilton compte également neuf restaurants, des boutiques, des terrains de squash et une réserve naturelle sur une colline où vivent wombats, crocodiles et koalas. La chambre double la plus abordable revient à 184 $, et une nuit dans une villa privée s'élève à 1 200 $. Comptez 15 $ pour un petit déjeuner, 45 $ pour le déjeuner et le dîner. Pour réserver, téléphonez au ☎ 1800 075 110.

De Shute Harbour (45 $ l'aller-retour), vous pouvez passer la journée à Hamilton et profiter des équipements du centre de villégiature.

L'aéroport est principalement utilisé par les avions ou les hélicoptères affrétés pour la visite des îles. Ansett assure un vol sans escale depuis Brisbane (320 $ l'aller), Cairns (583 $), Melbourne (545 $) et Sydney (455 $). Hamilton Island Aviation relie Hamilton à l'aéroport de Whitsunday, près d'Airlie Beach (50/75 $ l'aller simple/l'aller-retour), et à Mackay (95/130 $).

Hayman Island
Hayman est la plus septentrionale de l'archipel des Whitsundays. Elle mesure 4 km² et s'élève à 250 m au-dessus du niveau de la mer. Elle comprend des collines boisées, des vallées et des plages. Cet endroit chic appartenant désormais à un complexe hôtelier, aucune excursion de une journée n'est prévue. Les îles proches sont Black Island (appelée aussi Bali Hai), et les îles Arkhurst, Langford et Bird.

Devant le *Hayman Island Resort (☎ 1800 075 175)* s'étend un récif large et peu profond qui se découvre à marée basse. Dans cet hôtel cinq-étoiles sur le déclin, les chambres coûtent de 490 à 1 500 $ la nuit (pour une suite), petit déjeuner compris.

Lindeman Island
Cette île, l'une des plus méridionales de l'archipel, couvre une surface de 8 km² dominée par le Mt Oldfield (210 m). Elle est trop éloignée de Shute Harbour pour justifier une excursion de une journée ; cependant, si vous disposez d'un peu de temps, elle abrite une multitude de petites plages et de baies isolées et consiste essentiellement en un parc national traversé par 20 km de sentiers de randonnée. Les îlots qui s'étendent au large sont facilement accessibles.

QUEENSLAND

Vous trouverez un **terrain de camping** du QPWS à Boat Port.

Le **Club Med Resort** (☎ 1800 807 973), au sud de l'île, comporte une piscine, plusieurs restaurants, un bar, un golf, des courts de tennis et propose une multitude d'activités nautiques. Les prix commencent à 199 $ par personne – boissons, activités, distractions et repas inclus – mais un droit d'entrée de 50 $ est perçu en sus. Le transfert avec Whitsunday Allover (☎ 4946 6900) coûte 45 $ aller-retour.

Vous pouvez également vous y rendre en prenant un vol d'Island Air Taxis (50 $ l'aller, 65 $ l'aller-retour) à l'aéroport de Whitsunday sur le continent.

Comment circuler

Avion. Les îles de Hamilton et Lindeman sont les seules à disposer d'un aéroport. Island Air Taxis (☎ 4946 9933) assure des vols pour Hamilton (50 $) et Lindeman (60 $) au départ d'Airlie Beach. Heli Reef (☎ 4946 9102), Coral Air Whitsunday (☎ 4946 9130) et Island Air Taxis proposent des survols du récif.

Bateau. On ne compte plus les prestataires qui desservent les îles. Fantasea Cruises (☎ 4946 5111) et Whitsunday Allover (☎ 1300 366 494) sont les deux plus importants. La majorité de leurs départs ont lieu de Shute Harbour. En fonction de la distance, il convient de prévoir entre 16 et 38 $ pour un aller-retour. Certains billets permettent de visiter plusieurs îles.

Sachez qu'il existe un nombre incalculable de croisières et de promenades en mer à destination des îles et des récifs au départ de Shute Harbour ou de l'Abel Point Marina, près d'Airlie Beach.

Selon le temps et l'argent dont vous disposez, vous choisirez parmi les possibilités suivantes : une excursion d'une journée sur les îles ou les récifs de 50 à 120 $; une croisière de 24 heures à partir de 120 $; une excursion de deux ou trois jours à partir de 250 $; ou une location de yacht sans équipage à partir de 275 $ par jour (pour navigateurs confirmés). Comme les embarcations et les trajets diffèrent, mieux vaut vous renseigner auprès des voyagistes, suivant que vous préférez une paisible sortie en voilier vers les îles désertes, ou un transport en bateau rapide jusqu'aux récifs extérieurs où vous ferez de la plongée. La plupart des excursions comprennent des activités telles que plongée de surface, pêche au filet ou plongée avec bouteilles (supplément). Renseignez-vous sur le nombre de personnes que transporte le bateau.

La plupart des tour-opérateurs se chargent d'acheminer les clients entre leur hôtel d'Airlie Beach et le lieu d'embarquement. Sinon, vous pouvez prendre le bus jusqu'à Shute Harbour ou vous y rendre en voiture et vous garer sur le parking du port, ou encore, à quelques centaines de mètres de là, près de la station-service Shell, sur un parking clos. Les deux parkings reviennent à 9 $ pour 24 heures.

Roylen's Cruises organise des excursions de un week-end de Mackay à Hamilton et aux autres îles (pour en savoir plus, reportez-vous à la rubrique *Mackay*).

BOWEN
• code postal 4805 • 8 990 habitants

Fondée en 1861, Bowen fut le premier peuplement côtier au nord de Rockhampton. Bien que rapidement éclipsée par Mackay au sud et par Townsville au nord, Bowen a survécu. C'est aujourd'hui un centre actif de production de fruits et légumes, qui attire des centaines de travailleurs au moment des récoltes.

Le musée historique de Bowen, 22 Gordon St, présente des expositions narrant l'histoire de la cité (ouvert en semaine et le dimanche matin).

Au 34 Williams St se trouve un office de tourisme (☎ 4786 4494) dont le personnel est efficace.

Où se loger

Bowen compte trois "auberges pour travailleurs" offrant aux voyageurs qui le désirent la possibilité de trouver un travail agricole saisonnier (récolte des tomates principalement). Assez rudimentaires toutes les trois, elles possèdent un service de navette depuis/vers le lieu de travail (gratuit quelquefois, 4 $ pour Barnacles). La demande étant forte et toutes ces auberges pratiquant des prix plus bas en semaine, il est conseillé de téléphoner au préalable pour s'assurer de leurs disponibilités.

Le *Barnacles Backpackers* (☎ 4786 4400, 16 Gordon St) comporte des lits en dortoir (13 $) et des doubles (26 $). Un bistrot ouvre pendant la saison des récoltes pour soulager le restaurant.

Le *Bowen Backpackers* (☎ 4786 3433, 56 Herbert St) se trouve à côté, dans la rue principale : comptez 13 $ la nuit en dortoir de 10 lits.

Troisième option, le *Trinity's Backpackers* (☎ 4786 4199, 93 Horseshoe Bay Rd) est plutôt sordide, mais pratique des prix très intéressants, à 11 $ la nuit dans un dortoir de cinq ou dix personnes.

Comment s'y rendre
Les bus interurbains s'arrêtent devant l'agence de voyages Traveland (☎ 4786 2835), dans William St, près du centre-ville. Des bus desservent Rockhampton (7 heures 30, 70 $), Airlie Beach (1 heure, 19 $) et Townsville (2 heures 30, 27 $). Deux trains, le *Sunlander* et le *Queenslander*, s'arrêtent aussi à Bowen (à Bootooloo Siding, à 3 km au sud du centre). Une couchette en classe économique depuis Brisbane revient à 139 $.

La côte nord

D'AYR A TOWNSVILLE
Ayr (8 700 habitants) se situe dans le delta du Burdekin, l'un des plus grands cours d'eau du Queensland. Le fleuve arrose de riches terres plantées de canne à sucre dont la commercialisation fait d'Ayr le grand centre économique de la contrée. L'Ayr Nature Display, dans Wilmington St, expose différentes espèces de papillons et d'insectes, toutes protégées ; il ouvre tous les jours de 8h à 17h (2,50 $).

Sur la rive sud du Burdekin se dresse la Home Hill où vous visiterez l'étrange **Ashworth's Fantastic Tourist Attraction**. Ce centre regroupe une boutique de poteries,

un magasin de souvenirs ainsi que des collections de fossiles et de pierres, précieuses ou non.

Entre Ayr et Townsville, un embranchement conduit au Cape Ferguson et à l'**Australian Institute of Marine Science**. Cet organisme ouvre ses portes de 9h à 15h en semaine ; de mars à novembre, des visites guidées sont proposées tous les vendredi à 10h.

A 60 km au nord-ouest d'Ayr et à 86 km au sud de Townsville, par la Bruce Highway, un autre embranchement aboutit au **Bowling Green Bay National Park**. Un bon *terrain de camping* (qui fournit du bois pour faire un feu) et un bureau de gardes (☎ 4778 8203) sont aménagés non loin de l'Alligator Creek. Deux longs sentiers de randonnée (de 17 km et de 8 km aller-retour) traversent le parc. On peut se baigner en deux endroits différents. L'Alligator Creek coule entre deux chaînes de montagnes qui s'élèvent depuis les plaines côtières. Le plus haut sommet, le Mt Elliot (1 432 m), protège la zone la plus méridionale de la forêt tropicale humide du Queensland. Aucun transport public ne donne accès au parc, et l'entrée principale est fermée entre 18h30 et 6h30.

TOWNSVILLE
• **code postal 4810**   • **109 900 habitants**
Quatrième ville du Queensland par la taille, Townsville est le port par lequel transitent les productions agricoles et minières de la vaste région intérieure du nord du Queensland. Elle tire son nom de Robert Towns, capitaine de marine et financier basé à Sydney, qui la fonda en 1864. Comme de nombreuses villes du Queensland, elle doit essentiellement son développement à l'exploitation de la main-d'œuvre chinoise et canaque.

Aujourd'hui, Townsville est une cité d'affaires et une importante base militaire. De là part la principale route desservant le Territoire du Nord. C'est également le seul point d'accès à Magnetic Island (à 20 minutes en ferry). Le récif de la Grande Barrière est à 1 heure 15 en catamaran.

Pour les voyageurs, Townsville ne présente pas grand intérêt, si ce n'est le superbe aquarium du Great Barrier Reef Wonder-

La boîte de Pandore

Chargé de capturer les mutins du *Bounty*, le HMS *Pandora* fut victime du naufrage sans doute le plus célèbre d'Australie. Ce navire historique se fracassa sur le récif au large de Cape York en 1791, alors qu'il ramenait 14 mutins en Angleterre pour leur procès.

Le capitaine Edward Edwards ordonna de laisser les prisonniers sur le vaisseau pour qu'ils meurent noyés dans leur minuscule cellule, une cage en bois baptisée "boîte de Pandore". Ils auraient tous péri sans l'héroïsme du second maître William Moulder, qui les libéra avant de quitter le navire en perdition.

Le naufrage coûta la vie à trente et un membres d'équipage et à quatre mutins mais les autorités britanniques ne firent preuve d'aucune clémence envers les survivants. A leur arrivée en Angleterre, les prisonniers passèrent en justice à bord du HMS *Duke* et six d'entre eux furent condamnés à la pendaison.

L'épave du *Pandora* fut découverte en 1977, et les archéologues effectuèrent plus de 1 700 plongées. Les objets remontés sont exposés au Museum of Tropical Queensland, à Townsville.

land et la possibilité d'accès à Magnetic Island.

Le réaménagement effectué ces dernières années dans les vieux quartiers de Flinders St East et de Palmer St, de part et d'autre du Ross Creek, ont donné un réel coup de fouet au centre-ville.

Orientation

Le Ross Creek délimite le centre de Townsville, dominé par les 290 m de Castle Hill (point de vue au sommet). La ville est étendue mais le centre, dense, se parcourt à pied.

Le Transit Centre, où arrivent et d'où partent les bus interurbains, se trouve dans Palmer St, au sud du Ross Creek. Le centre-ville est aménagé au nord de la voie d'eau, de l'autre côté du pont de Dean St. Le Flinders St Mall s'étend sur la gauche, depuis

l'extrémité nord du pont en direction de la gare ferroviaire. A droite du pont, le quartier de Flinders St East recèle la plupart des vieux bâtiments de la ville, les cafés et les restaurants, le Great Barrier Reef Wonderland et le terminal des ferries de Sunferries City (il existe un autre terminal sur Sir Leslie Theiss Drive, sur la digue).

Renseignements

Le principal bureau d'information, Townsville Enterprises (☎ 4778 3555), se trouve sur la Bruce Highway, à 8 km au sud du centre-ville. Il existe également un kiosque de renseignements (☎ 4721 3660), plus pratique, au centre du Flinders St Mall, entre Stokes St et Denham St. Il est ouvert du lundi au samedi de 9h à 17h, et jusqu'à 12h30 le dimanche.

Le RACQ (☎ 13 1111) est situé 635 Sturt St, près du centre-ville. La poste principale occupe l'angle du Flinders St Mall et de Denham St. Le bureau d'information de l'EPA (☎ 4721 2399), au Wonderland, ouvre du lundi au vendredi de 9h à 17h.

Internet Den, dans le mall, propose un accès Internet/e-mail (9 $ l'heure), tout comme la librairie Mary Who (5 $ les 30 minutes), dans Stanley St.

Great Barrier Reef Wonderland

Ce "monde merveilleux" de la Grande Barrière de Corail, à l'extrémité de Flinders St East et près du Ross Creek, constitue la grande attraction de Townsville. Son principal intérêt réside dans l'aquarium de Reef HQ. Il comporte également un cinéma, un musée, des boutiques et le bureau du parc maritime de la Grande Barrière.

Aquarium de Reef HQ. Présentée comme "l'expérience de la vie sur le récif", la principale attraction de cet aquarium récemment rénové est son immense récif de corail vivant qui abrite des centaines de poissons, de requins, de raies et d'autres créatures marines. Une machine à vagues simulant les marées et des courants circulaires permet de recréer les conditions naturelles nécessaires à la conservation de ce monde clos. Des algues marines servent à purifier l'eau. L'aquarium est ouvert tous les jours de 9h à 17h (adulte : 14,80 $, enfant : 6,50 $).

Museum of Tropical Queensland. Ce
musée est en cours d'agrandissement pour recevoir les objets remontés de l'épave du *Pandora* (voir l'encadré *La boîte de Pandore*). Il présentera également des expositions sur l'histoire naturelle du nord du Queensland et la culture aborigène et sera ouvert tous les jours de 9h à 17h (9 $).

Autres musées et galeries
Le **Townsville Museum**, à l'angle de Sturt St et de Stokes St, présente une exposition permanente sur les débuts de la ville et sur les campagnes menées pour l'indépendance du Nord-Queensland. Il est ouvert tous les jours de 10h à 15h (jusqu'à 13h le samedi et le dimanche). Entrée à 2 $.

Au nord du Strand, un fort datant de 1890 abrite le **North Queensland Military Museum** (ouvert les lundi, mercredi et vendredi matin). Le **Maritime Museum**, dans Palmer St, près du Ross Creek, est ouvert en semaine de 10h à 16h et le week-end de 13h à 16h (entrée : 3 $). La **Perc Tucker Gallery**, à l'extrémité du Flinders St Mall, près de Denham St, présente d'intéressantes œuvres d'art régional (ouvert chaque jour ; gratuit).

Parcs, jardins et réserves
Les **Queens Gardens** dans Gregory St, à 1 km du centre-ville, abritent des terrains de sport, des courts de tennis et les premiers jardins botaniques de Townsville, créés en 1878. On y entre par Paxton St. Les nouveaux jardins botaniques d'**Anderson Park** se trouvent à 6 km du centre-ville, dans Gulliver St, à Mundingburra.

Le **Billabong Sanctuary**, à 17 km au sud sur la Bruce Highway, est une réserve abritant une faune locale. Vous assisterez à différents spectacles, dont le repas des crocodiles, et admirerez les koalas et les anguilles géantes, de 8h à 17h (entrée : 18/9 $).

Le **Palmetum** s'étend à 15 km au sud-ouest du centre près d'University Rd. Ce jardin botanique de 25 hectares est consacré aux palmiers d'Australie.

Activités sportives
Plongée. Quatre ou cinq clubs de plongée opèrent à Townsville, dont l'un des meilleurs d'Australie, le Mike Ball Watersports (☎ 4772 3022), 252 Walker St. Les stages débutent une fois par semaine et coûtent 295 $ pour cinq jours avec deux sorties de un jour sur le récif, ou 535 $ pour six jours avec trois jours/trois nuits à bord.

Pro-Dive (☎ 4721 1760) jouit d'une excellente réputation. Ses quartiers sont établis dans le Great Barrier Reef Wonderland. Le stage de 5 jours revient à 480 $, avec deux nuits et trois jours sur le récif. Les auberges de jeunesse vous accorderont une réduction sur l'hébergement si vous réservez un stage par leur intermédiaire.

Les plongeurs expérimentés peuvent explorer l'épave du *Yongala*, un paquebot qui a coulé au large du Cape Bowling Green en 1911, entraînant la mort de 122 passagers. Mike Ball et Pro-Dive organisent des sorties de deux jours avec plongées multiples sur le *Yongala* (à partir de 410 $ environ). Sun City Watersports (☎ 4771 6527), 121 Flinders St East, propose une sortie de une journée sur l'épave à 160 $.

Au Great Barrier Reef Wonderland, Pure Pleasure Cruises (☎ 4721 3555) offre cinq excursions par semaine à Kelso Reef. Le prix de 124 $ (64 $ pour les enfants) comprend le déjeuner et le matériel de plongée de surface. Vous pouvez pratiquer la plongée sous-marine en payant un supplément.

Autres activités. Risky Business (☎ 4725 4571) propose de la descente en rappel et de l'escalade (54 $), ainsi que du "skyseiling" (79 $). Coral Sea Skydivers (☎ 4725 6780) vous donnera l'occasion de sauter d'un avion en parachute pour 217 $ (saut en tandem d'une altitude de 2 430 m) ; les leçons de chute libre coûtent 400 $.

Circuits organisés
Basée dans le Great Barrier Reef Wonderland Centre, Detours (☎ 4721 5877) propose diverses excursions à Townsville et aux environs, notamment une visite des sites marquants de la ville (en semaine, 2 heures, 24 $), des excursions au Billabong

TOWNSVILLE

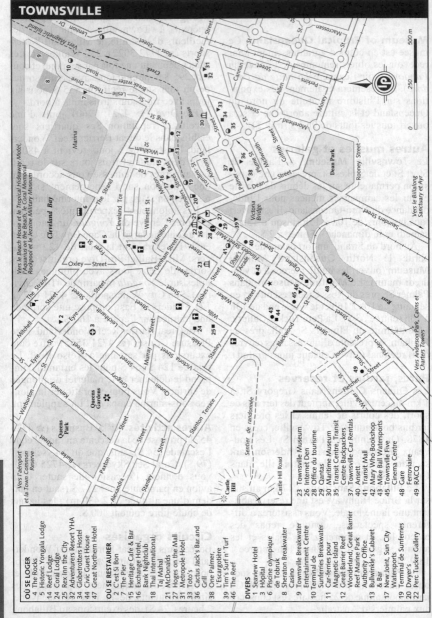

OÙ SE LOGER
2 C'est Si Bon
4 The Rocks
5 Historic Yongala Lodge
14 Reef Lodge
24 Coral Lodge
25 Rex Inn the City
32 Adventurers Resort YHA
34 Globetrotters Hostel
44 Civic Guest House
47 Great Northern Hotel

OÙ SE RESTAURER
7 The Pier
15 Heritage Cafe & Bar
16 Exchange Hotel,
    Bank Nightclub
18 Thai International,
    Taj Mahal
21 McDonalds
27 Hoges on the Mall
31 Metropole Hotel
33 Toto's
36 Cactus Jack's Bar and
    Grill
38 One Palmer,
    L'Escargotière
39 Tim's Surf n' Turf
46 The Reef

DIVERS
1 Seaview Hotel
3 Hôpital
6 Piscine olympique
    de Tobruk
8 Sheraton Breakwater
    Casino
9 Townsville Breakwater
    Entertainment Centre
10 Terminal de
    Sunferries Breakwater
11 Car-ferries pour
    Magnetic Island
12 Great Barrier Reef
    Wonderland, Great Barrier
    Reef Marine Park
    Authority Office
13 Bulwinkle's Cabaret,
    & Bar
17 New Joint, Sun City
    Watersports
19 Terminal de Sunferries
20 Dwyer's
22 Perc Tucker Gallery
23 Townsville Museum
26 Internet Den
28 Office du tourisme
29 Qantas
30 Maritime Museum
35 Transit Centre, Transit
    Centre Backpackers
37 Townsville Car Rentals
40 Ansett
41 Transit Mall
42 Mary Who Bookshop
43 Mike Ball Watersports
45 Townsville Five
    Cinema Centre
48 Gare
    Ferroviaire
49 RACQ

QUEENSLAND

Sanctuary (tous les jours, 3 heures 30, 32 $) ou aux Charter Towers (les lundi et vendredi, 8 heures, 69 $) et des promenades en mer jusqu'à Dunk Island et à Bedarra Island (les mardi, jeudi et samedi, 98 $).

Où se loger – petits budgets

Campings. Deux bons terrains de camping sont aménagés à 3 km seulement de la ville. Le meilleur des deux, le ***Rowes Bay Caravan Park*** (☎ 4771 3576) fait face à la plage, dans Heatley Parade, à Rowes Bay. Il propose des emplacements à 13 $ et des bungalows à partir de 42 $. Le ***Town & Country Caravan Park*** (☎ 4772 1487, 16 Kings Rd) à West End, loue des emplacements de tente à 12 $, des caravanes et des bungalows à partir de 30 $ et de 45 $.

Auberges de jeunesse. A Townsville, on dénombre bien plus de lits que de touristes, et la qualité est souvent inférieure à celle que l'on trouve dans la majorité des autres villes de la côte. Tous les établissement offrent une réduction de 1 $ aux détenteurs d'une carte VIP. Trois auberges au moins sont implantées sur la rive sud du Ross Creek, à proximité du Transit Centre et du quartier chic de Palmer Street. L'énorme ***Adventurers Resort YHA*** (☎ 4721 1522, 79 Palmer St) est un complexe moderne de plus de 300 lits, pourvu d'une piscine. Les équipements sont tout à fait corrects, mais l'endroit est si grand qu'il en devient impersonnel. Une nuit dans un dortoir de quatre lits superposés coûte 14 $. Les simples/doubles reviennent à 24/32 $. Les non-adhérents paient un supplément de 2 $ par personne.

L'immense ***Transit Centre Backpackers*** (☎ 1800 628 836) est établi au premier étage du Transit Centre, au-dessus de la gare routière. Dans cette auberge, propre mais dépourvue de charme, un lit en dortoir coûte 15 $ et une chambre 26/34 $. Sa visite nocturne et gratuite des curiosités de la ville remporte un grand succès.

Entre ces deux établissements, le ***Globe-trotters Hostel*** (☎ 4771 3242, 45 Palmer St) s'avère plus petit mais bien équipé (cuisine, salon, piscine, laverie) et plus agréable. Une nuit dans un dortoir de six lits revient à 15 $, une simple à 28 $ et une chambre à deux lits à 18 $ par personne.

D'autres auberges sont implantées au nord du Ross Creek, dans le centre-ville et aux alentours. La meilleure est sans doute la ***Civic Guest House*** (☎ 4771 5381, 262 Walker St). Cet établissement propre et décontracté propose des lits en dortoirs de trois ou quatre personnes à 15 $, des dortoirs de six lits avec s.d.b. et clim. à 17 $ et de belles simples/doubles à partir de 35/39 $. La navette de l'établissement viendra vous chercher gratuitement, et un barbecue vous sera offert le vendredi soir.

Le ***Reef Lodge*** (☎ 4721 1112, 4 Wickham St) est une petite auberge assez délabrée qui accueille essentiellement une clientèle de longue durée. Elle bénéficie d'une situation pratique, non loin de Flinders St East. Les lits en dortoir commencent à 13 $ et les chambres à 28/32 $.

Hôtels. Le ***Great Northern Hotel*** (☎ 4771 6191, 500 Flinders St), en face de la gare ferroviaire, est un bon vieux pub avec des chambres simples mais propres à 20/30 $, et quelque doubles avec s.d.b. à 35 $; la nourriture servie au pub est tout à fait correcte.

Où se loger – catégorie moyenne

Pensions. Sur la colline surplombant le centre, le ***Coral Lodge*** (☎ 4771 5512, 32 Hale St), pension propre et accueillante, loue des chambres climatisées à partir de 45/50 $ et des logements tout équipés à compter de 60 $, petit déjeuner léger inclus.

Au ***Rocks*** (☎ 4771 5700, 20 Cleveland Terrace), superbe demeure ancienne restaurée qui offre une vue splendide sur la baie, toutes les chambres, décorées de mobilier d'époque, présentent un rapport qualité/prix intéressant, de 78 à 98 $, petit déjeuner compris.

Motels et appartements. Parmi les motels les moins chers, le ***Tropical Hideaway Motel*** (☎ 4771 4355, 74 The Strand) loue des doubles à partir de 55 $; central, le ***Rex Inn the City*** (☎ 4771 6048, 143 Wills St) propose des chambres à partir

QUEENSLAND

de 79 $; et au **Beach House Motel** (☎ *4721 1333, 66 The Strand*), il faut compter 62/68 $.

L'**Historic Yongala Lodge** (☎ *4772 4633, 11 Fryers St*) dispose de chambres modernes tout équipées à partir de 79 $ la double, et de logements meublés à l'ancienne à partir de 89 $, ainsi que d'un bon restaurant grec juste en bas.

La tour de l'**Aquarius on the Beach** (☎ *4772 425, 75 The Strand*) se compose uniquement de suites tout équipées jouissant d'une vue imprenable, qui commencent à 105 $ pour deux personnes.

Où sortir

C'est également dans Flinders St East que se trouvent les hauts lieux de la vie nocturne de Townsville. Le **New Joint**, au n°237, un bar sportif assez sonore, propose des concerts live le week-end. Au n°151, l'Exchange Hotel abrite le **Portraits Wine Bar**, dont la clientèle est plus âgée et plus huppée. Tout proche de lui, le **Bank** est le night-club le plus élégant de la ville. Ouvert tous les soirs jusqu'à une heure avancée, il exige une tenue correcte et demande un droit d'entrée peu élevé. Autre night-club très prisé, le **Bullwinkle's Cabaret & Bar** se situe à l'angle de Flinders St East et de Wickham St.

Comment s'y rendre

Avion. Ansett et Qantas assurent des liaisons quotidiennes entre Townsville et les grands centres urbains du pays dont Cairns (205 $), Brisbane (396 $) et Alice Springs (458 $). Ces deux compagnies ont établi leurs locaux dans le Flinders St Mall.

A l'échelon local, Sunstate/Qantas dessert Mackay (226 $), Proserpine (185 $), Rockhampton (309 $), Gladstone et Bundaberg. Flight West propose des vols à destination de Mt Isa (298 $) – souvent ponctués d'escales –, de Mackay (226 $) et de Rockhampton (309 $).

Bus. Les bus interurbains partent du Transit Centre, dans Palmer St. Greyhound Pioneer et McCafferty's assurent de fréquentes liaisons avec les villes situées sur la Bruce Highway. Au départ de Townsville, ces sociétés desservent Brisbane (environ 20 heures, 123 $), Rockhampton (9 heures, 73 $), Mackay (4 heures 30, 47 $), Airlie Beach (4 heures, 36 $), Mission Beach (3 heures 30, 34 $) et Cairns (6 heures, 36 $). Tous les jours, d'autres bus parcourent aussi l'arrière-pays jusqu'à Mt Isa (12 heures, 84 $) *via* Charters Towers (1 heure 45, 19 $) et gagnent ensuite le Territoire du Nord.

Train. Le *Sunlander* s'arrête à Townsville trois fois par semaine sur son trajet de Brisbane à Cairns. Le trajet de Brisbane à Townsville s'effectue en 24 heures (148 $ en classe économique, 226 $ en couchette 1re classe). Proserpine (36 $ en classe économique) est à 4 heures de Townsville, Rockhampton à 12 heures (77 $ pour une place assise, 107/172 $ pour une couchette en classe économique/1re classe) et Cairns à 7 heures 30 (41 $ ou 29 $ avec un billet stand-by). Le *Queenslander*, plus luxueux et plus rapide, se rend également de Brisbane à Cairns une fois par semaine ; le prix d'un Brisbane-Townsville s'élève à 344 $, couchette et repas compris.

L'*Inlander* dessert Mt Isa deux fois par semaine au départ de Townsville (18 heures, 125 $ en classe économique, 192 $ en wagon-lit de 1re classe) *via* Charters Towers (3 heures, 20 $ la place assise en classe économique).

Voitures. Toutes les grandes compagnies sont représentées à Townsville. Parmi les plus petites, Townsville Car Rentals (☎ 4772 1093), 12 Palmer St, près du Transit Center, est une adresse fiable qui propose des voitures et des scooters à partir de 45/30 $ par jour.

Comment circuler

Desserte de l'aéroport. L'aéroport de Townsville est à 5 km au nord-ouest de la ville, à Garbutt. Un taxi pour le centre-ville coûte 10 $. L'Airport Shuttle (☎ 4775 5544) assure la navette lors des principaux vols. Pour 6/10 $ aller/aller-retour, il prend ou dépose ses passagers n'importe où dans le centre-ville.

Bus. Sunbus couvre la région de Townsville. Les itinéraires et les horaires sont disponibles au Transit Mall, près de l'office du tourisme du Flinders St Mall.

Taxi. Appelez Townsville Taxi (☎ 13 1008).

MAGNETIC ISLAND
• code postal 4819   • 2 500 habitants

Voilà environ un siècle que Magnetic Island accueille des visiteurs du continent. De toutes les îles du Queensland, elle figure parmi les premières destinations touristiques. Très appréciée des vacanciers, elle conserve néanmoins un charme désuet, et vous pourrez sans trop d'efforts dénicher une plage déserte. La moitié de sa superficie fait partie d'un parc national qui s'enrichit de magnifiques chemins de randonnée et d'une nature généreuse. Elle s'étend à 8 km au large de Townsville (15 minutes en ferry), ce qui fait d'elle une destination peu coûteuse et d'accès aisé.

Elle fut baptisée par le capitaine Cook qui, en 1770, alors qu'il croisait dans les parages, remarqua que sa boussole paraissait détraquée. Le navigateur a également donné son nom au mont qui culmine à 494 m. Magnetic est l'une des îles les plus étendues (52 km^2). Néanmoins, comme elle est entourée par le Great Barrier Reef Marine Park, il existe des restrictions en matière de ramassage et de pêche dans certaines zones de l'île.

Son littoral est jalonné de bourgades. Comparée aux autres îles de la région, Magnetic Island est pour ainsi dire une banlieue de Townsville. Du reste, un grand nombre de ses 2 500 habitants viennent travailler sur le continent en ferry.

Renseignements

L'Island Travel Centre (☎ 4778 5155) dispose d'un centre d'information et de réservation. Il se trouve entre l'extrémité de la jetée et le mall de Picnic Bay. Vous pouvez effectuer tous types de réservations (excursions, hébergement et même vols internationaux) et y bénéficier d'un accès e-mail (6 $ les 30 minutes). A Picnic Bay, le bureau de l'EPA (☎ 4778 5378) se situe dans Hurst St.

Picnic Bay

Picnic Bay est le plus grand village et le lieu où accostent les ferries. Des boutiques et des restaurants sont aménagés sur le nouveau mall, le long du front de mer. Vous pourrez louer des vélos, des voitures, des Mini Mokes ou des scooters. Picnic Bay offre des possibilités d'hébergement et la plage, surveillée, est à l'abri des méduses.

Cockle Bay, où gît l'épave du *City of Adelaide*, s'étend à l'ouest de Picnic Bay. Si l'on suit la côte dans l'autre sens, on parvient à **Rocky Bay** et à sa jolie plage. Très fréquenté, le **terrain de golf de Picnic Bay** est ouvert au public.

Nelly Bay

Un peu plus au nord sur le littoral, vous atteindrez Nelly Bay et sa belle plage ombragée. Au large, un récif se découvre à marée basse. L'extrémité nord de la baie est défigurée par le Magnetic Quay Development, inachevé.

Arcadia

Au creux du promontoire, **Geoffrey Bay** est longée par une vaste plage et abrite un récif à son extrémité sud. L'EPA déconseille désormais la promenade sur le récif à marée basse – activité qui, d'ailleurs, n'a jamais particulièrement respecté l'environnement. La bourgade d'Arcadia domine la baie. L'agréable plage d'**Alma Bay Beach** se trouve au-delà du promontoire suivant.

Radical Bay et les Forts

La route quitte ensuite la côte jusqu'à l'embranchement pour Radical Bay, au nord de l'île. Vous pouvez poursuivre vers Horseshoe Bay, ou prendre la piste centrale qui traverse les Forts, un poste militaire datant de la Seconde Guerre mondiale. De là, vous aurez un beau point de vue sur l'île et vous pourrez même apercevoir des koalas. Différents chemins partent de la route vers les anses isolées d'Arthur Bay et de Florence Bay et vers l'ancien phare, entre les deux baies.

De Radical Bay, vous pourrez traverser le promontoire jusqu'à la superbe **Balding Bay** (plage naturiste) et **Horseshoe Bay**.

QUEENSLAND

Horseshoe Bay

Cette baie de la côte nord compte quelques boutiques et des possibilités d'hébergement. Vous pourrez visiter le **Koala Park** et une **plantation de manguiers** (un panneau indique le chemin).

De la plage, vous pouvez vous rendre à pied jusqu'à Maud Bay, à l'ouest, ou vers Radical Bay, à l'est.

Activités sportives

L'EPA a publié une brochure sur les excellents chemins de randonnée de Magnetic Island. Parmi les balades possibles, citons: de Nelly Bay à Horseshoe Bay (6 km, 2 heures) ; de Picnic Bay à West Point (8 km, 2 heures 30) ; de Horseshoe Bay road à Arthur Bay (2 km, 30 minutes) ; de Horseshoe Bay à Florence Bay (2,5 km, 1 heure) ; de Horseshoe Bay aux Forts (2 km, 45 minutes) ; de Horseshoe Bay à Balding Bay (3 km, 45 minutes) ; et de Horseshoe Bay à Radical Bay (3 km, 45 minutes).

Magnetic Island Pleasure Divers (☎ 4778 5788), situé dans l'Arcadia Resort, organise un stage d'initiation à la plongée de cinq jours à 149 $, ou des cours plus complets à 249 $. A Horseshoe Bay, Bluey's Horseshoe Ranch propose des promenades à cheval (18 $ l'heure ou 45 $ la demi-journée).

Sur la plage de Horseshoe Bay, vous pouvez louer divers équipements de sports nautiques ainsi que des canots pneumatiques à l'heure.

Où se loger – petits budgets

Bien que la moitié de l'île soit déclarée parc national, il n'existe pas d'endroit spécifique au camping. Les auberges de jeunesse constituent, par conséquent, le seul mode d'hébergement possible.

Auberges de jeunesse. La concurrence est vive entre les nombreux établissements. Certains envoient même des voitures à l'arrivée des ferries à Picnic Bay. Il existe des

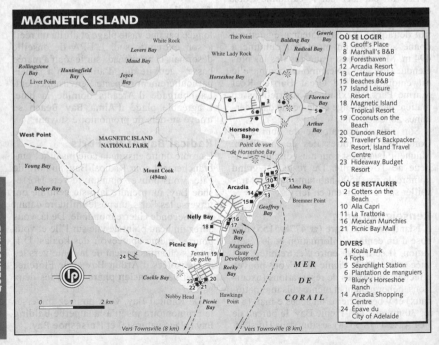

MAGNETIC ISLAND

OÙ SE LOGER
3 Geoff's Place
8 Marshall's B&B
9 Foresthaven
12 Arcadia Resort
13 Centaur House
15 Beaches B&B
17 Island Leisure Resort
18 Magnetic Island Tropical Resort
19 Coconuts on the Beach
20 Dunoon Resort
22 Traveller's Backpacker Resort, Island Travel Centre
23 Hideaway Budget Resort

OÙ SE RESTAURER
2 Cotters on the Beach
10 Alla Capri
11 La Trattoria
16 Mexican Munchies
21 Picnic Bay Mall

DIVERS
1 Koala Park
4 Forts
5 Searchlight Station
6 Plantation de manguiers
7 Bluey's Horseshoe Ranch
14 Arcadia Shopping Centre
24 Épave du City of Adelaide

QUEENSLAND

forfaits logement/transport (reportez-vous à la rubrique *Comment s'y rendre* de cette section).

Picnic Bay. Juste en face de l'embarcadère se tient le vaste *Travellers Backpacker Resort* (☎ *1800 000 290*), ancien hôtel reconverti en auberge de jeunesse. Très fréquenté, l'endroit est bien équipé (clim. et s.d.b. dans tous les dortoirs et les chambres) et possède un night-club et un bar. Un lit dans un dortoir de six personnes se loue 16 $, une simple/double 20 $ par personne.

Non loin de là, le *Hideaway Budget Resort* (☎ *4778 5110, 32 Picnic St*), établissement propre et rénové, possède une petite cuisine, une piscine, une salle de TV et une buanderie. Un lit dans une chambre à deux lits ou en double coûte 16 $ par personne (réduction VIP), air conditionné en sus, moyennant 4 $.

Nelly Bay. L'excellent complexe du *Magnetic Island Tropical Resort* (☎ *4778 5955*), dans Yates St, non loin de la route principale, pratique des tarifs assez bas ; il bénéficie d'une piscine aménagée dans un jardin et d'un restaurant bon marché. On dort dans des bungalows en bois de quatre à six lits, avec s.d.b. attenante, pour 16 $, ou dans des bungalows doubles tout équipés (45 $ au minimum, plus 10 $ par adulte supplémentaire).

A l'extrémité sud de Nelly Bay, le *Coconuts on the Beach* (☎ *1800 065 696*) se vante d'être un endroit où l'on fait la fête. On peut camper ici pour 9 $ par personne (sans aucun coin d'ombre), dormir dans des dortoirs aux allures de tentes (12 $) ou dans des tentes fixes (16 $) un peu plus éloignées de l'animation du bar. Les membres VIP/YHA bénéficient de réductions.

Arcadia. A la *Centaur House* (☎ *4778 5668, 27 Marine Parade*), établissement vieillot et un peu délabré en face de la plage, l'atmosphère est détendue et amicale bien que l'endroit se soit dégradé ces dernières années. Un lit en dortoir vaut de 11 à 15 $ et une double 36 $ (35 $ pour les membres VIP/YHA). A Arcadia également,

le *Foresthaven* (☎ *4778 5153, 11 Cook Rd*) a sans doute connu des jours meilleurs. Cette auberge plutôt spartiate est néanmoins située dans un environnement de bush aussi paisible qu'agréable. Vieillots mais convenables, les logements de deux ou trois lits sont dotés d'une cuisine ; vous paierez 14 $ un lit en dortoir, 34 $ une chambre avec lits jumeaux/double, ou à partir de 25 $ par personne une chambre tout équipée. L'accueil est amical, et les propriétaires parlent français et allemand.

Horseshoe Bay. La *Geoff's Place* (☎ *4778 5577*) est très appréciée des jeunes voyageurs bien que l'entretien et le service laissent quelque peu à désirer ces derniers temps. On peut camper sur un grand terrain pour 8 $ par personne ou partager un bungalow en cèdre (et en forme de "A") de quatre à huit lits pour 16 $ (ceux de huit lits disposent d'une s.d.b.). Il possède une cuisine commune, un bar, et les plats de base coûtent 7 $. Le bus de l'auberge effectue gratuitement l'aller-retour jusqu'à Picnic Bay, le débarcadère des ferries.

Où se loger – catégorie moyenne

Il existe un grand nombre de pubs, de motels et d'appartements, et même deux B&B. Leurs tarifs varient en fonction de la saison. Pendant les vacances scolaires, il est nécessaire de réserver.

A Picnic Bay, le *Dunoon Resort* (☎ *4778 5161*), à l'angle de Granite St et de l'Esplanade, loue des chambres avec kitchenette à partir de 89 $. L'imposant *Island Leisure Resort* (☎ *4778 5511, 4 Kelly St*), à Nelly Bay, dispose d'une piscine, de courts de tennis, d'une salle de gymnastique et de chambres à 94 $ au minimum. A Arcadia, les chambres façon motel de l'*Arcadia Resort* (☎ *4778 5177*) valent de 60 à 70 $. Le *Marshall's B&B* (☎ *4778 5112, 3 Endeavour Rd*), endroit très accueillant, loue des simples/doubles à partir de 38/55 $. Au *Beaches B&B* (☎ *4778 5303, 39 Marine Parade*), un élégant cottage en bois doté d'une piscine et d'une aile réservée aux hôtes, une double revient à 65 $.

Comment s'y rendre

Sunferries (☎ 4771 3855) assure un service passager par ferry entre Townsville et Magnetic Island, avec une dizaine de liaisons quotidiennes entre 6h20 et 19h15. Les bateaux partent du terminal de Sunferries City, dans Flinders St East, et font un arrêt au terminal de la digue, dans Leslie Thiess Drive. Le trajet dure une vingtaine de minutes et coûte 7/13 $ aller simple/aller-retour. Le terminal de la digue est flanqué d'un grand parking.

Vous pouvez également opter pour les formules qui associent le billet aller-retour en ferry et l'hébergement sur place ; pour un séjour d'une nuit, comptez un minimum de 29 $. Renseignez-vous auprès des hôtels.

La Capricorn Barge Company (☎ 4772 5422) dessert Arcadia quatre fois par jour en semaine et trois fois par jour le week-end, au départ de la rive sud du Ross Creek. Le billet pour une voiture et six passagers au maximum coûte 98 $ l'aller-retour, 31 $ pour une moto et 12 $ pour des piétons. Les vélos sont transportés gratuitement sur tous les ferries.

Comment circuler

Bus. Le service des bus de Magnetic Island assure la liaison entre Picnic Bay et Horseshoe Bay onze à vingt fois par jour. Ils sont présents à l'arrivée et au départ de tous les ferries et desservent tous les lieux d'hébergement. Certains bus passent à Radical Bay, d'autres au Koala Park. Il existe des billets simples (de 1,50 à 3,50 $) et des forfaits à la journée (9 $).

Voitures, mokes et mobylettes. Moke Magnetic (☎ 4778 5377), dans une galerie du Picnic Bay Mall, et Holiday Moke Hire (☎ 4778 5703), établi au Jetty Cafe, dans le Picnic Bay Mall, louent des mokes à partir de 35 $ la journée (3 $ de plus pour les moins de 25 ans), plus 30 cents par kilomètre. Le parc des deux sociétés comprend aussi, entre autres, des Suzuki Sierra et des Mazda 121.

Roadrunner Scooter Hire (☎ 4778 5222) a ouvert un bureau près du Picnic Bay Mall : pour une mobylette, comptez 25 $ par jour, 19 $ pour la demi-journée et 30 $ pour 24 heures.

Bicyclettes. Vous pouvez louer des VTT dans plusieurs endroits, notamment sur l'Esplanade de Picnic Bay, à l'auberge Foresthaven d'Arcadia et sur le front de mer, à Horseshoe Bay. Le tarif de location est de 12 $ par jour ou de 8 $ la demi-journée.

L'ARRIÈRE-PAYS DE LA CÔTE NORD

La Flinders Highway s'enfonce vers l'intérieur depuis Townsville et part plein ouest sur 800 km jusqu'à Cloncurry *via* Charters Towers, une ville de gisements aurifères.

Ravenswood

• **code postal 4816**   • **200 habitants**

De Mingela, à 83 km de Townsville, une route goudronnée mène à Ravenswood, à 40 km au sud, une ville fantôme datant de la ruée vers l'or. Bien que de nombreuses constructions aient été détruites, certains **édifices anciens** se dressent encore sur les collines de latérite. Mentionnons notamment la vieille poste, deux vénérables pubs, et les anciens locaux du tribunal, de la police et de la prison qui, depuis leur restauration, abritent un musée historique et un musée de la mine, ouverts de 10h à 15h.

Charters Towers

• **code postal 4820**   • **9 400 habitants**

Cette ville pittoresque, à 130 km de Townsville à l'intérieur des terres, fut fabuleusement riche à l'époque de la ruée vers l'or. Elle a conservé un grand nombre de belles maisons et d'édifices publics anciens. La localité se visite en une journée en venant de Townsville, et on peut voir au passage l'Outback du Queensland.

Le filon d'or fut repéré pour la première fois en 1871 par l'Aborigène Jupiter Mosman, dans le lit d'un cours d'eau au pied de Towers Hill. En quelques années, la région environnante se couvrit d'excavations, et une grande ville vit le jour. A son apogée (vers la fin du XIXᵉ siècle), Charters Towers, forte de 30 000 habitants, possédait près de cent mines et sa propre Bourse. Des chercheurs d'or vinrent chercher fortune dans cette agglomération, alors connue sous le nom de "The World". Mosman St, la rue principale, ne comptait pas moins de 25 pubs.

Malgré son aspect ancien, Charters Towers abrite une communauté rurale très vivante qui tire ses revenus de l'élevage du bétail et de l'exploitation minière. Depuis le milieu des années 80, la prospection de l'or a connu un regain d'intérêt, de nouvelles techniques permettant à des compagnies d'exploiter des filons qui n'étaient pas rentables auparavant. La ville est extrêmement fière de son passé, de ses mines d'or comme de ses monuments classés, et même le siège de la police locale a été restauré dans le style ancien sous la pression des habitants du voisinage.

Renseignements. Le très efficace office du tourisme (☎ 4752 0314), installé dans un immeuble en bois rénové, entre les bâtiments classés du City Hall et du Stock Exchange, vous accueille tous les jours de 9h à 17h. Procurez-vous la brochure gratuite *Guide to Charters Towers* ainsi qu'un exemplaire du plan du circuit historique édité par le National Trust.

Le National Trust of Queensland (☎ 4787 2374) possède un bureau à Stock Exchange Arcade, Mosman St. Dans Gill St, la bibliothèque municipale offre sur réservation un accès Internet à 5 $ (une heure au maximum). Adressez-vous au bibliothécaire.

A voir et à faire. La **Stock Exchange Arcade**, la Bourse, dans Mosman St en remontant la colline depuis Gill St, est un bâtiment pittoresque construit en 1887 et restauré en 1972. A l'extrémité de l'arcade, en face du bureau de National Trust, l'**Assay Room & Mining Museum** est un intéressant musée de la mine (1 $). Plus haut dans Mosman St, l'**ABC Bank Building** (1891), récemment restauré, abrite désormais le World Theatre. Le cinéma se trouve juste à côté, derrière le Lawson's Bar & Restaurant.

Situé 62 Mosman St, le **Zara Clark Museum** possède une magnifique collection d'antiquités, de photos anciennes et d'objets militaires ; il mérite une visite (ouvert tous les jours de 10h à 15h, 3 $).

La maison de Frederick Pfeiffer, dans Paull St, compte parmi les plus belles demeures anciennes. Elle héberge aujourd'hui une chapelle mormone dont vous ne pourrez voir que la façade. Pfeiffer, qui exerçait le métier de mineur, devint le premier millionnaire du Queensland.

Autre belle demeure ancienne, **Ay Ot Lookout** est une maison restaurée qui appartient maintenant à la Leyshon Mining, une des compagnies d'exploitation des mines d'or de la région. Le rez-de-chaussée est ouvert au public.

De 1872 à 1972, le minerai aurifère était traité à 5 km de la ville, à **Venus Battery**. Le bâtiment a été restauré, et le matériel est en état de marche (ouvert tous les jours de 9h à 15h30, visites guidées à 10h et à 14h, entrée : 3 $).

Vous pouvez réserver auprès de l'office du tourisme plusieurs circuits historiques de la ville, notamment des promenades (1 heure, 8 $), des excursions en voiture (1 heure 30, 10 $) et des visites de l'ancien World Theatre (3 $, tous les jours).

Où se loger. Le *Mexican Caravan Park* (☎ *4787 1161, 75 Church St*), au sud de Gill St et assez central, dispose d'emplacements de tente à 9 $ et de bungalows à partir de 28 $, ainsi que d'une piscine et d'une boutique.

Les chambres louées par les pubs représentent le mode d'hébergement le plus économique. La meilleure option est le *Waverley Hotel* (☎ *4787 2591*), au coin de Jane St et de Mosman St. Cet établissement calme offre des simples/doubles propres et attrayantes à 20/30 $.

A quelques kilomètres au sud du centre s'élève le *York St B&B* (☎ *4787 1028, 58 York St*), maison en bois des années 1880 rénovée et dotée d'agréables vérandas aérées et d'une piscine. Les doubles avec clim. reviennent à 65 $, les chambres de mineurs à 24 $ la simple. Le prix comprend le petit déjeuner.

Le *Park Motel* (☎ *4787 1022, 1 Mosman St*) comporte un terrain agréable et un bon restaurant. Les chambres commencent à 58/66 $.

Il est possible de visiter plusieurs fermes d'élevage des environs ou d'y passer la nuit. *Bluff Downs* (☎ *4770 4084*), à 1 heure 30 de voiture, demande 100 $ par personne dans le corps de ferme, repas et activités compris, ou 30 $ en dortoir. Autre possibilité : *Plain Creek* (☎ *4963 5228*), à 180 km de Charters Towers, sur la route d'Emerald.

Comment s'y rendre. Les bus de McCafferty's relient tous les jours Townsville à Charters Towers (1 heure 45, 19 $) et continuent ensuite sur Mt Isa (10 heures, 79 $). Greyhound Pioneer dessert également Townsville (15 $) et Mt Isa (82 $). Pour ces deux compagnies, les bus partent de la station-service Caltex, 105 Gill St. Les billets s'achètent à Traveland (☎ 4787 2622), 13 Gill St.

La gare ferroviaire se trouve dans Enterprise Rd, à 1,5 km à l'est du centre-ville. Deux fois par semaine, l'*Inlander* assure un service de Townsville à Charters Towers (3 heures, 20 $ en économique) et poursuit vers Mt Isa (17 heures, 115/177 $ en couchette économique/1re classe).

DE TOWNSVILLE A MISSION BEACH
Paluma Range National Park
A l'ouest de la Bruce Highway, la partie du parc national située entre Mt Spec et Big Crystal Creek, de part et d'autre de la Paluma Range (qui s'élève à plus de 1 000 m), abrite la poche de forêt tropicale la plus méridionale d'Australie.

Pour s'y rendre, il faut quitter la Bruce Highway à 62 km au nord de Townsville (à 47 km au sud d'Ingham) et prendre une des deux routes d'accès. Celle du sud est une voie étroite et pittoresque qui serpente à la limite sud du parc, traverse **Little Crystal Creek** (qui possède une cascade, et où l'on peut se baigner près du pont de pierre) et **McClelland's Lookout** (d'où partent trois bons sentiers de randonnée) et aboutit au petit village assoupi de **Paluma** (18 km).

La route du nord mène à **Big Crystal Creek** (4 km), qui offre un beau lieu de baignade, une aire de barbecue et un terrain de camping – pour réserver (c'est obligatoire étant

donné qu'il faut prendre sa clé et verser une caution), contactez le bureau de l'EPA d'Ingham (☎ 4776 1700) ou de Townsville (☎ 4721 2399). Les oiseaux à berceau sont relativement communs dans le parc.

Pour rejoindre la partie des **Jourama Falls**, où se dresse la Seaview Range, il faut parcourir 6 km de piste non goudronnée depuis la Bruce Highway, à 91 km au nord de Townsville (à 24 km au sud d'Ingham). Le parc est aménagé autour de Waterview Creek, où découvrir de beaux coins de baignade, plusieurs belvédères, une aire de pique-nique et un camping (réservation obligatoire auprès des rangers de Jourama Falls au ☎ 4777 3112). Des sentiers de randonnée mènent aux chutes (600 m) et à un point de vue sur celles-ci (1,2 km).

Ingham
• code postal 4850   • 5 010 habitants
Grand centre de production sucrière, Ingham bénéficie d'un centre d'information efficace (☎ 4776 5211), situé au coin de Lannercost St et de Townsville Rd. Le bureau de l'EPA (☎ 4776 1700), au bout d'un passage couvert, 11 Lannercost St, donne des renseignements sur Paluma Range, Lumholtz (Wallaman Falls) et sur les îles Hinchinbrook et Orpheus. L'*Hotel Hinchinbrook* (☎ *4776 2227, 83 Lannercost St)* propose des chambres simples, avec lits jumeaux, à 25 $, et sert de bons plats de style bistrot à partir de 6 $.

Les environs d'Ingham
Les environs d'Ingham recèlent plus d'un site intéressant, comme les Wallaman Falls du **Lumholtz National Park**, à 50 km à l'est d'Ingham. Un affluent de la Herbert forme une cascade de 278 m, la plus haute chute d'un seul tenant en Australie. C'est à la saison humide qu'elle est le pus spectaculaire. On peut y accéder en empruntant une piste généralement praticable avec un véhicule classique. Un *camping* du QPWS est installé près d'un lieu de baignade.

Orpheus Island
Par sa superficie, Orpheus est la deuxième île de l'archipel des îles Palm. Cette étroite

bande de granit de 13 km², qui s'étire au large de la côte près d'Ingham, est entourée de récifs coralliens. Son isolement et sa tranquillité sont propices au camping et à la plongée. La plus grande partie d'Orpheus est un parc national couvert d'une forêt peuplée d'oiseaux. Les tortues viennent également pondre sur l'île. Le camping est autorisé à deux endroits (demandez un permis à Townsville ou Ingham), mais vous devez apporter votre eau ainsi qu'un réchaud à gaz ou à pétrole. Une station de recherche sur les bénitiers géants est installée sur l'île, ainsi qu'un petit complexe hôtelier où les chambres reviennent à quelque 400 $ par personne.

Au départ de Dungeness (au nord de Lucinda), des bateaux-charters assurent le transport aller-retour des campeurs moyennant 120 $ par personne environ. Pour de plus amples informations, contactez le Lucinda Reef & Island Charter Service (☎ 4777 8220).

Cardwell
• code postal 4849 • 1 400 habitants
Fondée en 1864, Cardwell est l'une des villes les plus anciennes du Nord-Queensland, et la seule ville vraiment collée le long de la Highway entre Brisbane et Cairns. Elle ne comporte qu'une seule rue.

Renseignements. Près de la jetée principale, 142 Victoria St, le QPWS Centre (☎ 4066 8601) donne des informations et des autorisations à qui veut visiter Hinchinbrook et les autres parcs nationaux de la contrée. Il ouvre en semaine de 8h à 16h30 et le week-end jusqu'à 12h.

Si vous vous dirigez vers le sud depuis Cardwell, sachez que vous risquez de faire l'objet d'un contrôle entre la sortie de la ville et Ingham ; la plupart des fruits et des légumes doivent être remis aux inspecteurs, qui sont en droit de fouiller votre véhicule.

A voir et à faire. Cardwell sert principalement de point de départ aux visites de Hinchinbrook et d'autres îles, mais ses environs comptent de nombreuses curiosités. Le circuit forestier appelé Cardwell

Forest Drive part du centre-ville et permet de parcourir 26 km, agrémentés de beaux panoramas, de sites de baignade et d'aires de pique-nique.

Au nord de Cardwell, la majeure partie de la forêt côtière est protégée et appartient à l'**Edmund Kennedy National Park.** Un sentier de randonnée couvert de planches se trouve à l'extrémité sud du parc. Ne vous baignez pas dans les cours d'eau, où vivent des crocodiles d'estuaire.

Les **Murray Falls** comportent d'agréables bassins naturels entre les rochers, ainsi qu'un sentier de randonnée et une aire de barbecue. Les chutes se situent à 22 km de la Highway, à environ 27 km au nord de Cardwell.

Entre Cardwell et Ingham, la Bruce Highway s'élève rapidement au-dessus de la côte et offre une vue imprenable sur les Everglades, de sinueux cours d'eau bordés de mangroves qui séparent Hinchinbrook du littoral.

Où se loger. Le *Kookaburra Holiday Park* (☎ *4066 8648, 175 Bruce Highway*) qui abrite l'*Hinchinbrook Hostel*, une auberge de jeunesse YHA, se situe à 800 m au nord de la ville. L'auberge comporte des dortoirs à 15 $ par personne et des doubles à 32 $. Les emplacements de tente reviennent à 7,50 $ par personne ; pour les caravanes, les bungalows et les chambres, il faut compter au moins 32 $. L'établissement dispose d'une piscine et de VTT. Il propose également une formule intéressante pour se rendre à Hinchinbrook Island (voir la rubrique *Comment s'y rendre* dans la section *Hinchinbrook Island National Park*, ci-dessous).

Plus au nord, derrière le "gros crabe", le *Cardwell Backpackers' Hostel* (☎ *4066 8014, 178 Bowen St*) comporte des lits en dortoir et quelques doubles et accueille dans son joli bâtiment les saisonniers des vergers. Cardwell compte aussi plusieurs aires de caravaning, un pub, des motels et des locations saisonnières.

Comment s'y rendre. Tous les bus allant de Townsville à Cairns s'arrêtent à Cardwell (20 $ environ depuis ces deux villes).

Cardwell est également située sur la ligne de chemin de fer Brisbane-Cairns.

Hinchinbrook Island National Park

Hinchinbrook est une île ponctuée d'affleurements de granit surgis de la mer. Elle offre une extrême variété de paysages ; à l'intérieur, elle est tapissée d'une luxuriante forêt tropicale, et ses rivages sont bordés d'épaisses mangroves. Au centre se dressent des montagnes dominées par le Mt Bowen (1 142 m). Du côté du large, ce ne sont que longues plages de sable et criques isolées. La totalité de l'île (399 km²) est protégée par le statut de parc national. De nombreux animaux sauvages y vivent, notamment de jolis wallabies et des papillons d'un bleu chatoyant.

Point fort de l'île, le **Thorsborne Trail** (également appelé East Coast Trail), un sentier de 32 km, conduit de Ramsay Bay à Zoe Bay et à sa magnifique cascade, puis à George Point, à l'extrémité sud. Prévoyez de trois à cinq jours pour cette randonnée. Si vous manquez de temps, vous pouvez vous contenter de quelques tronçons. Attention ! Il ne s'agit pas d'une promenade de santé. Vous devrez puiser votre eau dans les ruisseaux que vous croiserez (à purifier chimiquement ou à faire bouillir avant de boire), protéger vos provisions contre les rats marsupiaux (*bush rats*) et vous méfier des crocodiles tapis dans les mangroves, sans oublier de vous munir de répulsif anti-insectes.

Aménagé sur la péninsule nord, à Cape Richards, un onéreux *complexe hôtelier* (☎ *4066 8585*) peut héberger 60 personnes. Comptez à partir de 215 $ par jour et par personne, repas compris.

Sept *campings* du QPWS jalonnent le Thorsborne Trail ; d'autres s'étendent au nord, à Macushla et à Scraggy Point. Faire du feu est interdit, aussi aurez-vous besoin d'un réchaud à gaz ou à pétrole. Toutes les ordures doivent être emportées et jetées sur le continent. Seules 40 personnes sont autorisées à circuler en même temps sur le sentier. Il est donc recommandé de réserver, notamment en période de vacances scolaires. Le Queensland Parks and Wildlife Centre (☎ 4066 8601), à Cardwell, qui délivre les permis pour l'île, met également à votre disposition deux brochures fort intéressantes, *Thornsborne Trail* et *Hinchinbrook to Dunk Island*.

Comment s'y rendre. Hinchinbrook Island Ferries (☎ 1800 682 702), 131 Bruce Highway, à Cardwell, vous dépose à l'extrémité nord du Thorsborne Trail, tous les jours de juin à novembre et trois fois par semaine de décembre à mai. Le départ a lieu à 9h et le retour vers 16h30. Vous débourserez 45/69 $ pour un aller simple/aller-retour. Si vous voulez parcourir la totalité du sentier, Hinchinbrook Wilderness Safaris (☎ 4777 8307) viendra vous chercher en bateau à la pointe sud pour vous ramener à Cardwell, moyennant 50 $.

La YHA Hinchinbrook Hostel, à Cardwell, propose l'**Hinchinbrook Passport**, un forfait intéressant (169 $) qui donne droit à deux nuits à l'auberge, une excursion d'une journée à Hinchinbrook Island, un survol de l'île et une randonnée d'une demi-journée dans la Cardwell State Forest. Composez le ☎ 4066 8648 pour les renseignements et les réservations.

MISSION BEACH
• code postal 4852   • 3 470 habitants

Cette portion de côte, étape très appréciée des backpackers, est en fait composée d'un chapelet de petites localités – Mission Beach, Wongaling Beach, South Mission Beach, Bingil Bay et Garners Beach – qui s'étirent le long d'une bande côtière de 14 km à l'est de Tully.

La région constitue une bonne base pour diverses activités : excursions à Dunk Island et sur le récif, rafting sur la Tully ou marches dans la forêt tropicale.

Mission Beach tire son nom d'une mission aborigène fondée en 1914 et détruite par un cyclone en 1918. Tam O'Shanter Point, derrière South Mission Beach, fut le point de départ de la malheureuse expédition menée en 1848 vers Cape York par Edmund Kennedy. Sur les treize membres de l'expédition, seuls trois survécurent. Un mémorial y a été érigé.

Renseignements

Le centre d'information (☎ 4068 7099), situé sur Porters Promenade à Mission Beach, est ouvert en semaine de 9h à 17h, le week-end de 10h à 14h. A côté, le Wet Tropics Visitor Centre (☎ 4068 7179) vous renseignera sur la sauvegarde des casoars (ouvert tous les jours de 10h à 16h).

En juin, la ville accueille la *Mudfest*, manifestation extrêmement populaire chez les jeunes, qui donne lieu à des concerts de musiciens connus ou non, à des bals et à des expositions d'art et d'artisanat New Age.

Activités sportives

Randonnées dans le bush. La forêt tropicale proche de Mission Beach est peuplée de casoars, mais bon nombre de ces gros oiseaux ont disparu à cause des véhicules, de l'exploitation forestière et des cyclones. En divers endroits, la forêt se déploie jusqu'à la côte. Certaines balades s'avèrent inoubliables, notamment le Licuala Walking Track (2 heures), le Laceys Creek Walk (30 minutes), vers Bicton Hill Lookout (1 heure 30), et l'Edmund Kennedy Walking Track (3 heures). Mission Beach Rainforest Treks (☎ 4068 7137) organise des randonnées en forêt. Celle du matin dure 4 heures (28 $), et celle du soir 2 heures 30 (18 $).

Rafting et canoë. Raging Thunder (☎ 1800 079 092) et R'n'R (☎ 1800 079 039) proposent des sorties de rafting sur la Tully depuis Mission Beach (123 $). Vous pouvez également partir de Cairns, mais en démarrant de Mission Beach vous économiserez plusieurs heures de voyage.

Sunbird Adventures (☎ 4068 8229) propose le matin des excursions en kayak de mer et de la plongée de surface pour 35 $. Coral Sea Kayaking (☎ 4068 9154) offre des promenades de une journée à Dunk Island pour 69 $.

Plongée. Réservée aux plongeurs confirmés, l'exploration de l'épave du *Lady Bowen*, qui a sombré à 33 m de fond en 1894, compte parmi les offres de Quick Cat Dives (☎ 0419 785 809). Comptez 130 $ pour deux plongées, matériel compris. Cette société organise également des sorties sur le récif pour 120 $.

Mission Beach Dive Charters (☎ 4068 7277) vous permet également de visiter l'épave pour 185 $ tout compris. Friendship Cruises (☎ 4068 7262) organise une journée sur le récif, où vous pourrez plonger en apnée et vous promener en bateau à fond transparent (66 $). Les bateaux partent de Clump Point Jetty, immédiatement au nord de Mission Beach.

Autres activités. Avec Jump the Beach (☎ 4068 7655), vous pouvez faire du parachute ascensionnel en tandem, moyennant 199 $. Vous pouvez également louer des équipements de sports nautiques sur la plage de Casteways.

Circuits organisés

Le MV *Lawrence Kavanagh* (☎ 4068 7211) offre des sorties d'une journée à Dunk Island (22 $) ou un circuit combiné Dunk-Bedarra (54 $), avec barbecue. Ce bateau dépose également des passagers sur Dunk Island – le départ a lieu à l'extrémité nord de Mission Beach.

Où se loger

Campings. Un *camping* municipal est implanté sur la plage de Mission Beach (8 $ l'emplacement).

En face, le *Hideaway Holiday Village* (☎ 4068 7104), bien équipé, comporte des emplacements de tente à partir de 16 $ et des bungalows à partir de 49 $.

A South Mission Beach, le *Beachcomber Coconut Village* (☎ 4068 8129) loue des emplacements de tente à partir de 15,50 $ et des bungalows à partir de 43 $ la double.

Auberges de jeunesse. Les trois auberges de jeunesse assurent le transfert gratuit de leurs hôtes aux deux arrêts de bus.

La *Treehouse* (☎ 4068 7137), affiliée à la YHA, se trouve à Bingil Bay, à 6 km au nord de Mission Beach. Très appréciée et très décontractée, cette auberge occupe une imposante maison en bois sur pilotis au milieu de la forêt tropicale. Elle loue des vélos, dispose d'une piscine, d'une véranda aérée, et la vue sur la région jusqu'à la côte s'avère superbe. Comptez 16 $ pour un lit en dortoir de six personnes ou 40 $ en lits jumeaux/double. Vous pouvez aussi planter votre tente sur les pelouses pour 10 $.

Les deux autres auberges se situent à Wongaling Beach, à 5 km au sud de Mission Beach. Sympathique et portée sur la fête, la *Scotty's Mission Beach House* (☎ *4068 8676, 167 Reid Rd*), face à la plage, possède en outre une belle piscine. Elle regroupe des dortoirs à 15 $ par personne (VIP, 14 $), des doubles avec s.d.b. et clim à 35 ou 40 $. Au rez-de-chaussée est installé un grill-bar, où vous pourrez déguster des steaks, la spécialité, mais aussi des fruits de mer, des viandes rôties, des curries et des plats végétariens (de 5 à 20 $).

Moderne et bien équipé, le *Mission Beach Backpackers Lodge* (☎ *4068 8317, 28 Wongaling Beach Rd*) est installé au milieu d'un jardin avec piscine. Des deux bâtiments qui le composent, le premier abrite des dortoirs spacieux à 16 $ le lit (VIP, 15 $) et le second de très belles doubles de 33 à 40 $. Cette auberge décontractée n'est qu'à 5 minutes de la plage.

Motels et appartements. Un chapelet de motels et de complexes d'appartements s'égrène le long du littoral. Sur le front de mer, le *Waters Edge* (☎ *4068 8890, 32 Reid Rd*), à Wongaling Beach, renferme des logements tout équipés assez passables, accueillant jusqu'à huit personnes au prix de 40 $ en double au minimum.

Sur la plage, à quelques kilomètres au nord de Mission Beach, le *Clump Point Eco Village* (☎ *4068 7534*) loue de beaux bungalows en bois d'une capacité de cinq personnes. Comptez 118 $ au minimum la nuit. Les luxuriants jardins confèrent à cet endroit une ambiance tropicale.

Comment s'y rendre et circuler

Les bus McCafferty's s'arrêtent devant le Port O' Call Cafe à Mission Beach, et ceux de Greyhound Pioneer au Mission Beach Resort, à Wongaling Beach. Vous débourserez 12 $ depuis Cairns et 34 $ depuis Townsville.

Coral Coaches relie cinq fois par jour Mission Beach à Cairns (25 $; 10 $ depuis/vers Innisfail). Il est nécessaire de réserver (☎ 4031 3555).

Mission Beach Bus Service assure un service régulier de Bingil Bay à South Mission entre 8h30 et 17h, et un service limité dans la soirée (tarif maximal 4 $, 2 $ en soirée). Des bus desservent également Lacey Creek et Licuala Walks (2,50 $ dans chaque sens).

DUNK ISLAND ET FAMILY ISLANDS

Située à seulement 4,5 km du continent depuis Mission Beach, Dunk Island peut aisément se visiter en une journée. Elle est bordée de splendides plages et sillonnée de chemins dans la forêt tropicale.

Propriété de P&O, le *Dunk Island Resort* (☎ *4068 8199*) est situé à Brammo Bay, dans le nord de l'île. On y dort pour un minimum de 165 $ par personne. Le *camping* du QPWS s'avère tout proche, de même qu'une échoppe de plats à emporter et un loueur de catamarans, de voiliers et d'équipement de plongée de surface. Pour obtenir un permis de camping, adressez-vous au bureau des sports nautiques du complexe (☎ 4068 8199). Dunk est également réputée pour ses oiseaux (on en dénombre près de 150 espèces) et ses papillons. Du Mt Kootaloo (271 m), vous bénéficierez d'une vue magnifique sur l'entrée du canal Hinchinbrook. Treize kilomètres de sentiers de randonnée mènent du camping aux caps et aux plages.

Les Family Islands forment sept petites îles au sud de Dunk. Sur l'une d'elles, Bedarra, le *Bedarra Island Resort* (☎ *4068 8233*) vous accueille, moyennant 1 000 $/ 1 290 $ par personne et par jour tout compris. Cinq autres îles sont des parcs nationaux. Le camping sauvage est autorisé sur les îles Wheeler et Combe (demandez un permis à Cardwell et apportez de l'eau potable).

Comment s'y rendre

Dunk Island Express Water Taxis (☎ 4068 8310) effectue sept traversées entre Wongaling Beach et Dunk (22 $ l'aller-retour).

Vous pouvez aussi effectuer la traversée sur le MV *Lawrence Kavanagh* (voir la rubrique *Circuits organisés* de *Mission Beach*).

Avec Transtate (☎ 13 1528), vous pouvez vous rendre en avion de Cairns à Dunk Island, moyennant 120 $.

DE MISSION BEACH A CAIRNS

A 8 km au nord d'El Arish, vous quitterez la Bruce Highway pour gagner Innisfail par un itinéraire insolite et intéressant. Vous traverserez les villes sucrières de Silkwood et de Mena Creek, à 20 km au sud-ouest d'Innisfail. A **Mena Creek**, le Paronella Park (☎ 4065 3225), un magnifique jardin tropical, abrite les ruines d'un château espagnol édifié dans les années 30. Ouvert tous les jours de 9h à 17h, cet endroit étrange se visite pour 10 $. Juste à côté, un terrain de *camping-caravaning* permet de rester sur place (12 $ pour un emplacement, à partir de 32 $ pour un bungalow).

A **Mourilyan**, à 7 km au sud d'Innisfail, l'Australian Sugar Museum (musée du Sucre) ouvre tous les jours de 9h à 17h. S'y trouve également l'office du tourisme d'Innisfail (☎ 4063 2000). A l'est de la ville, un terminal d'exportation établi sur la côte centralise la production sucrière d'Innisfail, de Tully et de Mourilyan.

Innisfail
• code postal 4860   • 8 990 habitants

Située au confluent de la North Johnstone et de la South Johnstone, cette ville d'apparence stable et prospère compte une importante population italienne dont les ancêtres sont arrivés au début du siècle pour travailler dans les plantations de canne à sucre. Dans les années 30, une mafia locale, nommée Black Hand (Main Noire), avait même fait son apparition.

Parmi les curiosités qu'offre Innisfail, signalons la **Chinese Joss House** dans Owen St, l'**Historical Society Museum**, 11 Edith St, et la **Johnstone River Crocodile Farm**, à 4 km à l'est de la route de Flying Fish Point (10 $).

Outre le *River Drive Van Park* (☎ 4061 2515), sis River Ave, Innisfail compte de nombreux pubs et motels.

Les quatre auberges de jeunesse de la ville accueillent essentiellement la main-d'œuvre employée dans les plantations de bananes. L'*Endeavour* (☎ 4061 6610, 31 Glady St), le *Backpackers Innisfail* (☎ 4061 2284, 73 Rankin St) et l'*Innisfail Budget Backpackers* (☎ 4061 7833, 125 Edith St) louent des lits en dortoir à 13 $ et peuvent vous aider à trouver un emploi dans la cueillette des bananes.

La meilleure adresse, le *Codge Lodge* (☎ 4061 8055, 63 Rankin St), offre une ambiance détendue dans une maison spacieuse et rénovée. L'endroit, amical et bien équipé, dispose d'une TV câblée et d'une piscine, et l'on profite de la vue sur la rivière depuis le balcon qui court à l'arrière du bâtiment. Les lits en dortoir coûtent 17 $, les simples/doubles 20/35 $.

L'extrême Nord du Queensland

Ce que les Australiens appellent le *Far North Queensland* compte parmi les destinations touristiques les plus prisées d'Australie, surtout pendant l'hiver austral.

Cairns, avec son aéroport international, représente le centre névralgique de la région. La plupart des touristes y passent quelques jours avant de poursuivre leur périple vers la ville historique de Cooktown et les superbes forêts tropicales de Daintree et du Cape Tribulation, au nord. Cairns constitue également la porte d'entrée pour l'ouest de l'État, où vous pourrez apprécier la fraîcheur de l'Atherton Tableland, ou encore vous diriger vers l'est en mettant le cap sur les îles et la Grande Barrière de Corail, qui en sont les joyaux.

CAIRNS
• code postal 4870   • 118 800 habitants

La "capitale" du Far North est incontestablement la ville la plus célèbre, touristiquement parlant, de la côte du Queensland. A partir de Cairns, on peut se livrer à une foule d'activités : plongée, rafting, canoë, équitation, saut à l'élastique et parachute ascensionnel. En revanche, avec l'accroissement rapide du tourisme, la cité a perdu de sa nonchalance tropicale.

Fondée en 1876, Cairns devait constituer une véritable tête de pont au milieu des mangroves et devenir le futur port des champs aurifères de Hodgkinson, à 100 km à l'intérieur des terres. Elle eut alors à concurrencer Smithfield, à 15 km au nord, et Port Douglas, créée en 1877 à la suite de la découverte par Christie Palmerston d'une route plus facile pour atteindre les mines d'or. Heureusement pour Cairns, Smithfield fut balayée par l'inondation de 1879 (elle représente aujourd'hui une banlieue de Cairns). La ville devint le point de départ du chemin de fer qui menait à l'Atherton Tableland lors de la "ruée vers l'étain" des années 1880.

C'est à Cairns que s'achèvent la Bruce Highway et la ligne ferroviaire de Brisbane. De mai à octobre, son climat est idéal, alors que la moiteur domine en été.

Orientation

Le centre de Cairns est une zone assez dense dont les grands centres d'intérêt se concentrent entre l'Esplanade, Wharf St, McLeod St et Aplin St. A deux pas de Wharf St (la partie sud de l'Esplanade), le Great Adventures Wharf, la Marlin Jetty et la Pier Marina constituent les principaux points d'embarquement pour les excursions vers le récif. Plus loin vers le sud, vous découvrirez le Trinity Wharf, jalonné de boutiques et de cafés, et qui accueille les paquebots, ainsi que le Transit Centre, qui abrite la gare routière des bus interurbains.

Derrière le front de mer s'étend City Place, une zone piétonnière située au carrefour de Shields St et de Lake St. La gare ferroviaire de la ville est cachée dans le mall central de Cairns, McLeod St.

Cairns est entourée au sud et au nord par des mangroves. A marée basse, la mer découvre un long ruban de vase où nichent des quantités d'oiseaux aquatiques.

Renseignements
Offices du tourisme. L'accueillant Tropical North Queensland Information Centre,

51 the Esplanade, fournit des renseignements de toute confiance. Il est ouvert tous les jours de 8h30 à 17h30.

Vous croiserez des dizaines de "centres d'information" privés – en fait des agences de voyage, qui vous inciteront à choisir tel circuit plutôt que tel autre en fonction de la commission perçue. Par ailleurs, sachez que la plupart des auberges proposent à leurs clients des formules promotionnelles.

Le Community Information Service (☎ 4051 4953), à l'étage dans la Tropical Arcade, près de Shields St, saura vous aiguiller vers les services médicaux par exemple ou un cours de tai-chi.

Poste et communications. La poste principale, à l'angle de Grafton St et de Hartley St, bénéficie d'un service de poste restante. Pour les services courants, allez à la boutique de l'Australia Post d'Orchid Plaza, dans Lake St.

De nombreuses auberges offrent désormais un accès Internet/e-mail. Le cybercafé le plus économique est probablement Global Gossip, 125 Abbott St : les cinq premières minutes sont gratuites, les suivantes sont facturées 15 c. Internet Outpost, dans la galerie marchande Night Markets, à deux pas de l'Esplanade, ouvre à 5h (accès Internet à 3 $ l'heure).

Organismes à connaître. Le bureau du RACQ (☎ 4033 6433), 520 Mulgrave Rd, Earlville, vous fournira des cartes et vous renseignera sur l'état des routes, surtout si vous comptez pousser jusqu'à la péninsule du Cape York ou le golfe de Carpentarie.

Le bureau de l'EPA (☎ 4052 3096), 10 McLeod St, ouvert en semaine de 8h30 à 16h30, délivre les permis de camper, notamment sur Fitzroy Island, et les informations concernant les parcs nationaux.

A voir et à faire
En réalité, ce sont les environs de Cairns qui constituent l'attrait principal de la ville ! Celle-ci compte pourtant quelques curiosités. L'impressionnante **Cairns Regional Gallery** est aménagée dans une construction ancienne, à l'angle d'Abbott St et de

CAIRNS

OÙ SE LOGER
1 Costa Blanca Apartments
2 Floriana Guesthouse
3 JJ's Backpackers
4 Captain Cook Backpackers Hostel
5 Calypso Inn
8 Cairns Backpackers Inn
9 Castaways
10 Pacific Cay Holiday Units
11 Concord Holiday Units
12 Castle Holiday Flats
13 Bel-Air by the Sea
14 Caravella's 149
16 Tracks Hostel
17 Poinsettia Motel
18 Parkview Backpackers
24 YHA on the Esplanade, Chapel Bar
25 Hostel 89
25 Bellview
26 Jimmy's on the Esplanade
28 Royal Harbour Tradewinds
29 Caravella's Backpackers 77
30 Radisson Plaza Hotel

31 International Hostel,
    Rattle 'n' Hum Pub
53 Great Northern Hotel
54 Pacific International Hotel
77 Macleod St YHA Hostel
80 Travellers Oasis
81 Dreamtime Travellers' Rest
82 Ryan's Rest Guesthouse
83 Gone Walkabout Hostel
86 Tropic Days

OÙ SE RESTAURER
6 Cock & Bull Tavern
22 The Meeting Place, Tusa Dive
32 Night Markets, Internet Outpost
35 Old Ambulance Cafe Bistro
58 Silver Dragon Chinese Restaurant
61 Venus Cafe
62 Beethoven Cafe
63 Sawasdee
64 La Fettucine, Gypsy Dee's
66 Red Ochre Grill
67 John & Diana's Breakfast &
    Burger House
70 Tiny's Juice Bar
71 Restaurant Japonais Yama

DIVERS
7 Hôpital
15 Locations de voiture bon marché
19 Theatre
20 Jolly Frog Rentals/Dollar
21 Beach Nightclub
27 Gulf Savannah Tourist
    Organisation
33 Global Gossip
34 Cairns Library
36 Adventure Equipment
37 Cairns Five Cinemas

39 Walker's Bookshop
40 Cairns Dive Centre
41 Air Niugini, Tropical Arcade
42 Johno's Blues Bar
43 Pro-Dive
44 Cairns Regional Gallery
45 Tropical North Queensland
    Information Centre
46 STA Travel
47 Wool Shed
48 Qantas et Sunstate Airlines
49 City Place Amphitheatre,
    Sydney's Place
50 Cairns Museum
51 Lake St Transit Centre
52 Palace Independent Cinema
55 Reef Teach
56 Thomas Cook
57 Orchid Plaza, Australia
    Post Shop, American Express
58 Tropo's Nightclub,
    Central Arcade, Fox & Firkin
59 Underdog
60 Tropical Paradise Travel
    et White Car Coaches
65 Northern Disposals
68 Harris Bros
69 Rusty's Bazaar
72 Reef Casino
73 Bureau de réservations Great Adventures
74 Trinity Wharf, Transit Centre
75 Playpen International Nightclub,
    Millennium Club, Court
    Jester Bar
76 Environmental Protection Agency
78 Gare ferroviaire
79 Cairns Central Mall
84 Down Under Dive
85 Deep Sea Divers Den

Vers le 18-24 James St
les Flecker Botanic
Gardens (700 m) et
l'aéroport (3,5 km)

Vers le City Caravan
Park

Vers le Sunny
Grove

Vers Townsville
et Earlville

Vers l'Up-Top Down
Under

Cairns
Harbour

The Pier
Marketplace

The Pier
Marina

Marlin Jetty

Trinity Inlet

Great
Adventures
Wharf

HWY 1

0   150   300 m

QUEENSLAND

Shield St. Restauré avec intelligence, cet imposant édifice accueille des expositions thématiques, des créations d'artistes du cru et des œuvres prêtées par de grands musées. Il ouvre tous les jours de 10h à 18h ; le droit d'entrée s'élève à 6/3 $ (adultes/étudiants, gratuit le vendredi).

La plupart des bâtiments historiques de Cairns sont étouffés par les aménagements urbains des années 80 et 90. Le plus ancien quartier, celui de **Trinity Wharf**, fait également l'objet d'une réhabilitation. Quelques édifices néo-classiques datant des années 20 subsistent dans Abbott St, et les façades des immeubles du carrefour de Spence St et de Lake St ont été conçues entre 1909 et 1926.

De l'**Esplanade Walking Trail**, vous apercevrez les montagnes couvertes de forêts tropicales de l'autre côté de l'estuaire.

A l'angle de Lake St et de Shields St, la School of Arts (1907) abrite le **Cairns Museum**. Vous y découvrirez d'intéressantes collections axées sur le thème du Far North, notamment de l'artisanat aborigène, une exposition sur la construction de la voie ferrée de Cairns à Kuranda et une autre sur les anciens champs aurifères de la Palmer et de Hodgkinson. Il ouvre tous les jours, sauf le dimanche, de 10h à 15h (3 $).

Le **Rusty's Bazaar** de Sheridan St, entre Spence St et Shields St, accueille un marché haut en couleur dont les dizaines d'étals proposent aussi bien des fruits et des légumes que des objets d'art et d'artisanat ou des vêtements. Il a lieu le vendredi soir, le samedi et le dimanche matin.

L'imposante **Pier Marketplace** concentre des magasins de luxe, des boutiques de souvenirs, un espace de restauration, des restaurants classiques et des cafés. Le week-end, à l'occasion des **Mud Markets**, de nombreux marchands vendent des aliments ainsi que des objets d'art et d'artisanat locaux. L'endroit compte également un vaste aquarium, l'**Undersea World**, qui ouvre tous les jours de 8h à 20h ; l'entrée revient assez cher (10 $), mais des bons de réduction sont disponibles dans la plupart des auberges de jeunesse. Les requins sont nourris quatre fois par jour.

A 3 km au nord-ouest de la ville, à Edge Hill, on peut visiter les **Flecker Botanic Gardens** dans Collins Ave. Une passerelle de bois mène à travers une parcelle de forêt tropicale jusqu'au **Saltwater Creek** et aux deux petits **lacs Centenary**. Collins Ave bifurque à l'ouest de Sheridan St (la Cook Highway), à 3 km du centre de Cairns ; les jardins s'étendent à 300 m de l'embranchement. A proximité se trouve l'entrée du **Whitfield Range Environmental Park**, l'un des derniers vestiges de forêt tropicale des environs de Cairns, dont les chemins de promenade ménagent une superbe vue sur la ville et sur la côte. Vous pouvez vous y rendre en montant à bord des bus Sunbus ou Cairns Explorer.

La célèbre compagnie de danseurs aborigènes du **Tjapukai Aboriginal Cultural Centre** est établie dans un complexe théâtral construit près du terminus du Skyrail, à Smithfield (près de la Captain Cook Highway, à environ 15 km au nord du centre-ville). Ce magnifique ensemble comporte quatre sections : un village culturel, un théâtre d'art et essai, une salle de spectacles audiovisuels et une scène de danse traditionnelle.

Parmi les thèmes proposés, mentionnons un corroboree typique, un concours de lancer de boomerang et de javelot ou une narration des récits du Temps du Rêve. L'établissement ouvre ses portes tous les jours de 9h à 17h, moyennant 24/36 $ (enfants 12/18 $), avec l'aller-retour en bus au départ de Cairns. Réservez deux bonnes heures à cette visite.

Activités sportives

En général, les réservations pour les circuits et les excursions s'effectuent par téléphone, soit directement, soit par l'intermédiaire d'une agence de voyage, ou de votre hôtel, et on vient vous chercher là où vous logez.

Plongée. Cairns est l'un des hauts lieux de la plongée sur la Grande Barrière de Corail, située à une heure au large de la côte, et l'un des meilleurs endroits pour s'initier à ce sport car les écoles disposent d'équipements spécialement construits à cet effet. Ailleurs, vous risquez d'apprendre à plonger dans la piscine d'un hôtel des environs.

Vous trouverez un large éventail de cours, depuis les stages de base de quatre jours (combinant un entraînement en piscine et quelques sorties sur le récif) jusqu'aux stages de cinq ou six jours qui vous permettent de passer plusieurs jours sur un bateau et d'effectuer de multiples plongées sur le récif, dont au moins une de nuit.

Parmi les écoles de bonne réputation à Cairns, citons : Down Under Dive (☎ 1800 079 099), 287 Draper St ; Deep Sea Divers Den (☎ 4031 2223), 319 Draper St ; Cairns Dive Centre (☎ 1800 642 591), 121 Abbott St ; Pro-Dive (☎ 4031 5255), au coin d'Abbott St et de Shield St ; et, enfin, Tusa Dive (☎ 4031 1248), au coin d'Aplin St et d'Esplanade. Les réservations peuvent s'effectuer par l'intermédiaire de votre hôtel et on vient vous chercher.

Comptez environ 250 $ pour un stage de quatre jours avec des sorties de une journée sur le récif, de 350 à 400 $ pour quatre jours avec une nuit à bord et à partir de 450 $ pour un stage de cinq ou six jours. Des réductions sont souvent accordées. On vous demandera également un certificat médical (environ 30 $).

Rafting en eaux vives et canoë. Trois des rivières qui descendent de l'Atherton Tableland offrent de bonnes possibilités de rafting. Les gorges de la Tully, au cœur de la forêt tropicale et à 150 km au sud de Cairns, restent également fort appréciées des amateurs. L'endroit est si fréquenté qu'il peut y avoir 20 bateaux ou plus en même temps sur la rivière. Prenez donc patience pour franchir les rapides. Les sorties de une journée sur la Tully ont lieu toute l'année. Raging Thunder (☎ 1800 079 092), 52 Fearnley St, et R'n'R (☎ 1800 079 039), 48 Abbott St, facturent 133 $, trajet à partir de Cairns compris. Il existe également des excursions moins onéreuses d'une demi-journée sur la Barron (75 $), entre Cairns et Kuranda, de deux jours (390 $), quatre jours (730 $) ou cinq jours (845 $) sur la North Johnstone, qui prend sa source près de Mandala et se jette dans la mer à Innisfail.

Foaming Fury (☎ 4032 1460), 21 Berry St, organise du rafting sur la Russel (118 $), au sud du Wooroonooran National Park, et des sorties de une demi-journée sur la Barron (75 $).

Adventure Company (☎ 4051 4777) met sur pied des excursions en canoë de une journée sur la Musgrave (89 $) et des sorties de trois jours en kayak de mer au large de Mission Beach (498 $).

Autres activités. A Smithfield, à 15 km au nord, vous pourrez sauter à l'élastique avec AJ Hackett (☎ 4057 7188), du haut d'une tour d'acier d'où l'on découvre un panorama extraordinaire (95 $, transport inclus).

Blazing Saddles (☎ 4093 4493) propose des promenades à cheval d'une demi-journée pour quelque 70 $, transfert depuis Cairns inclus. Skydive Cairns (☎ 4035 9667) vous emmène faire du parachute en tandem (228 $) ou, plus tranquille, un vol en montgolfière (30 minutes/1 heure, 115/170 $), transferts et petit déjeuner compris. Vous pouvez aussi contacter Raging Thunder (☎ 1800 079 092), Hot Air (☎ 1800 800 829) ou Champagne Balloon Flights (☎ 1800 677 444).

Northern Air Adventures (☎ 4035 9156) effectue des survols de 30 minutes de Green Island, Arlington et Upton Reefs (50 $), ou de 1 heure jusqu'à Batt Reef (90 $).

Circuits organisés

L'éventail des excursions depuis Cairns est large, certaines étant plus particulièrement destinées aux voyageurs à petit budget. Vous pouvez réserver par l'intermédiaire de votre hôtel ou d'une des nombreuses agences spécialisées de la ville.

Cairns. Les visites de une demi-journée des sites de la ville et les croisières de 2 heures au large d'Admiralty Island (départ de la Marlin Jetty) coûtent 25 $.

Atherton Tableland. On the Wallaby (☎ 4050 0650) organise des visites des chutes et des excursions d'observation de la faune en canoë (55 $). Ses formules de plusieurs jours, avec promenade dans la forêt tropicale, VTT, canoë et hébergement à l'*On the Wallaby Hostel* à Yungaburra, offrent un excellent rapport qualité/prix, à 89/105 $ pour deux/trois jours. Jungle Tours (☎ 1800 817 234) organise aussi des excursions guidées de une journée pour les backpackers (60 $). Les formules d'Uncle Brian's (☎ 4050 0615) ont reçu un bon accueil de nos lecteurs ; un circuit de une journée coûte 60 $.

Reef and Rainforest Connections (☎ 4099 5599) vous fera découvrir la ville minière historique de Chillagoe (115 $ la journée).

Daintree et Cape Tribulation. Cape Tribulation figure parmi les destinations les plus courues pour les circuits de une journée, et des dizaines de tour-opérateurs occupent le marché.

Les excursions de Jungle Tours (☎ 1800 817 234) jusqu'à Cape Tribulation comprennent généralement une croisière sur la Daintree River (88 $, sans le déjeuner). Si vous avez du temps, optez plutôt pour une de leurs formules de deux jours (84 $) ou de trois jours (96 $), dans lesquelles est inclu l'hébergement à Crocodylus Village et/ou à PK's Jungle Village. Dan's Tours (☎ 403 30128) peut vous emmener faire des circuits d'une journée à VTT jusqu'à Cape Tribulation (115 $).

Cooktown. Wild Track Safaris (☎ 4055 2247) a conçu d'excellents circuits en 4x4 de Cairns et Port Douglas à Cooktown *via* le Bloomfield Track, à 199 $. L'aller se fait en 4x4 et le retour en avion. Pour deux jours, comptez 299 $, avec l'hébergement.

La Grande Barrière de Corail et les îles. Il existe des dizaines de possibilités pour passer la journée sur le récif. Mieux vaut se renseigner, avant de s'inscrire, sur le nombre de passagers, les prestations incluses dans le prix, le coût des suppléments (la location d'une combinaison de plongée par exemple), ainsi que les récifs que vous explorerez. En général, plus vous allez loin, meilleure est la plongée.

Le tour-opérateur Great Adventures (☎ 1800 079 080) possède la flotte la plus importante et organise une multitude de promenades dont celle d'une journée à destination de Norman Reef ou de Moore Reef – vous passerez 3 heures sur le récif proprement dit, et le déjeuner, l'équipement de plongée de surface et une balade en bateau semi-submersible à fond transparent sont inclus dans le forfait.

Compass (☎ 1800 815 811) propose des excursions d'une journée à Hastings Reef et à Michaelmas Cay (pour 55 $). Les plongeurs certifiés peuvent effectuer deux plongées moyennant un supplément de 45 $. Parmi les autres tour-opérateurs, citons Noah's Ark Cruises (☎ 4051 0677) et ses excursions de une journée à 49 $, et le *MV Super Cat* (☎ 1800 079 099, 65 $).

Falla (☎ 4031 3488), *Seahorse* (☎ 4041 1919) et *Passions of Paradise* (☎ 4050 0676) organisent chaque jour des excursions en mer à destination d'Upolo Cay, de Green Island et de Paradise Reef pour 60 $ (déjeuner et équipement de plongée compris).

Undara Lava Tubes. En association avec Australian Pacific (☎ 13 1304), Undara Experience (☎ 4097 1411) organise des excursions de deux jours aux Undara Lava Tubes pour 312 $, prix qui comprend l'hébergement, les repas et la visite du site, creusé par des coulées de lave souterraines il y près de 190 000 ans.

Où se loger

Cairns regorge d'hébergements de toutes catégories, des auberges de jeunesse aux hôtels de luxe, en passant par les locations saisonnières. La concurrence est vive, et les prix varient selon les saisons. On peut toutefois obtenir des forfaits à la semaine. Les prix des établissements les plus onéreux indiqués ici ont toutes chances d'augmenter de 30 à 40% en haute saison. L'hébergement en auberge de jeunesse peut coûter 1 ou 2 $ de moins en basse saison. Une carte VIP ou YHA vous garantira une ristourne de quelques dollars dans la plupart des grandes auberges de jeunesse.

Où se loger – petits budgets
Campings. Il existe une douzaine de terrains de camping dans la région, mais aucun

n'est vraiment central. Le plus proche reste le *City Caravan Park* (☎ 4051 1467), à environ 2 km au nord-ouest du croisement de Little St et de James St : emplacements à partir de 14 $, caravanes à partir de 40 $ et bungalows à 45 $ au minimum.

Sur la Bruce Highway, à environ 8 km du centre, le *Cairns Coconut Caravan Village* (☎ 4054 6644) loue des emplacements à 19 $, des bungalows à partir de 45 $ et des chambres à 75 $ au minimum. Ceux qui souhaitent camper sur la plage se rendront au *Yorkeys Knob Beachfront Van Park* (☎ 4055 7201), à près de 20 km au nord, où des emplacements de tente et des caravanes les attendent.

Auberges de jeunesse. Capitale des back-packers, Cairns ne compte pas moins de vingt auberges. Certaines d'entre elles s'apparentent à la catégorie "boîte à sardines" ; d'autres, plus paisibles, sont gérées par leurs propriétaires. La plupart proposent des dortoirs à lits superposés avec ventilateur, s.d.b., cuisine et laverie communes, sans compter un salon, une salle TV et une piscine. Nombreuses sont celles qui disposent aussi de chambres. Dans certains établissements, il convient de faire attention aux vols. Choisissez de préférence une chambre fermée par un verrou, et n'hésitez pas à utiliser le coffre. Par ailleurs, des voyageuses ayant été importunées, la plupart des grands établissements leur réservent désormais des dortoirs séparés.

Les possibilités d'hébergement se concentrent dans deux zones : les alentours de l'Esplanade, où se trouvent le plus grand nombre de gîtes bon marché (la solution idéale pour ceux cherchent l'animation et la foule) et le quartier situé immédiatement au nord du centre.

Esplanade. En partant de l'angle de Shields St et en allant vers l'Esplanade, l'*International Hostel* (☎ 4031 1424, 67 Esplanade), un grand bâtiment ancien à plusieurs niveaux qui compte environ 200 lits, est l'endroit rêvé pour les noctambules en dépit d'une atmosphère impersonnelle et de l'absence de parties communes. Les dortoirs de quatre, six ou huit lits avec

ventilateurs coûtent 16 $, les chambres avec lits jumeaux 25 $, et les doubles avec clim. et TV ou avec s.d.b. s'échelonnent de 30 à 40 $. Les clients ont droit à un repas gratuit au pub Rattle 'n' Hum voisin.

Au n°77, le *Caravella's Backpackers 77* (☎ 4051 2159), autre auberge immense et biscornue, est l'une des plus anciennes de Cairns. Elle dispose d'une grande piscine et de la clim. Le prix des chambres, récemment rénovées, reste raisonnable, à 16 $ la nuit dans un dortoir de quatre personnes ou à 34 $ dans une double spacieuse (45 $ avec s.d.b.) Ces tarifs comprennent le dîner. L'endroit est gardé le soir.

Jimmy's on the Esplanade (☎ 4031 6884), au n°83, est un établissement relativement moderne doté d'une piscine, d'une cuisine et d'un comptoir d'information touristique. Les dortoirs de six personnes disposent de la clim. et de leur propre s.d.b. (16 $ la nuit). Les doubles se louent 40 $, ou 50 $ avec s.d.b.

A côté, l'agréable et paisible *Bellview* (☎ 4031 4377) abrite de confortables dortoirs de quatre lits à 16 $ et des simples/lits jumeaux à partir de 27/36 $; toutes les chambres sont climatisées. Une belle cuisine, une petite piscine et un café sympathique et bon marché constituent les autres atouts de cette auberge, qui dispose également de logements de type motel disponibles à partir de 49 $.

Au n°89, l'*Hostel 89* (☎ 1800 061 712), d'une propreté impeccable, souffre malheureusement d'une ambiance assez terne. L'endroit est sûr, une grille ferme l'entrée donnant sur la rue. Les clients peuvent réserver des excursions et disposer de la piscine. Un lit dans un dortoir de trois ou quatre personnes revient à 18 $, une simple/double à 36/44 $ au minimum (toutes les chambres sont climatisées).

Au n°93, la *YHA on the Esplanade* (☎ 4031 1919) occupe deux bâtiments. Le premier abrite des dortoirs spacieux de cinq lits avec s.d.b. ; le second, des petites chambres avec lits jumeaux et des doubles, dont certaines avec la clim. Vous paierez les lits 16 $ et les doubles 38 $ (supplément de 3 $ pour les non-adhérents).

QUEENSLAND

Trois pâtés de maisons plus loin, le vaste ***Caravella's 149*** *(☎ 4031 5680, 149 Esplanade)* offre des prestations similaires à celle du Caravella's 77. Il possède une piscine et un grand terrain. Comptez 16 $ la nuit dans un dortoir de six lits avec clim., 15 $ dans un dortoir de quatre lits avec ventil., et à partir de 10 $ dans un dortoir plus grand. Les doubles climatisées valent 34 $ et tous ces prix comprennent le repas du soir.

Le ***Bel-Air by the Sea*** *(☎ 4031 4790, 155-157 Esplanade)*, établi dans quatre maisons rénovées dans le style du Queensland, dispose de chambres de diverses catégories, d'une piscine et d'un jacuzzi. Un lit dans un dortoir de quatre à six personnes se loue 14 $ (16 $ avec la clim.), une double ou une chambre avec lits jumeaux 36 $ avec clim. L'hôtel possède également quatre appartements de six lits à 14 $ par personne et un café servant des petits déjeuners bon marché.

En ville. Trois rues derrière l'Esplanade, le ***Parkview Backpackers*** *(☎ 1800 652 215, 174 Grafton St)*, établissement sympathique et décontracté où l'on peut se relaxer au bord de la piscine en écoutant de la musique, est aménagé dans une vieille maison en bois entourée d'un grand jardin tropical. Vous paierez à partir de 14 $ pour un lit en dortoir de quatre à huit personnes et 30 $ en chambre avec lits jumeaux ou en double (un repas gratuit compris).

A l'angle de Grafton St et de Minnie St, le ***Tracks Hostel*** *(☎ 4031 1474)* occupe cinq bâtiments d'aspect légèrement délabré mais de nombreux hôtes apprécient l'atmosphère de cet établissement, qui organise par ailleurs des excursions vers les plages du nord. Vous débourserez 14 $ en dortoir et 30 $ en double, repas du soir compris.

Immense motel reconverti, le ***Captain Cook Backpackers Hostel*** *(☎ 4051 6811 204 Sheridan St)* comporte de nombreux lits, deux piscines, un bar et un restaurant. Une gigantesque statue du capitaine Cook s'élève devant le bâtiment. Malgré l'aspect un peu fatigué des équipements, l'endroit reste apprécié des backpackers. Les lits en dortoir coûtent 15 $, les doubles de 32 à 38 $ et les chambres de style motel avec

coin cuisine 44 $. Le petit déjeuner est compris, et on vous offre le repas du soir si vous prenez un pichet de vin ou de bière.

Simple et sympathique, la ***Calypso Inn*** *(☎ 1800 815 628)*, dans Digger St, derrière la Cock & Bull Tavern, est aménagée dans une maison du Queensland rénovée. Une piscine, un bar et un restaurant se nichent au milieu d'un jardin tropical. Lits en dortoir à 15 $, doubles à 34 $.

Petit immeuble d'appartements transformé en auberge de jeunesse, le ***JJ's Backpackers*** *(☎ 4051 7642, 11 Charles St)* dispose de lits en dortoir à 14 $, de doubles à 32 $ et d'une piscine. La propreté laisse à désirer.

Le petit ***Castaways*** *(☎ 4051 1238, 207 Sheridan St)* occupe un ancien motel. La gentillesse du personnel et la présence d'une petite piscine font oublier l'exiguïté des espaces extérieurs. Vous dormirez en dortoir pour 15 $ ou dans une simple/double pour 27/32 $. Toutes les chambres sont équipées d'un ventilateur et d'un réfrigérateur. Les prix comprennent un dîner gratuit dans l'un des restaurants du centre.

Un peu plus loin, la ***Cairns Backpackers Inn*** *(☎ 1800 681 889, 242 Grafton St)* occupe trois maisons du Queensland et offre de bons équipements, un grand terrain et une agréable piscine. La nuit coûte 15 $ en dortoir de quatre et 34 $ en lits jumeaux/double.

Le ***YHA McLeod St Youth Hostel*** *(☎ 4051 0772, 20-24 McLeod St)* propose des lits en dortoir à 16 $ et des lits jumeaux/doubles à 36/38 $ (supplément de 3 $ pour les non-adhérents). Bien équipée, l'auberge dispose de places de parking.

Calme et spacieux, l'***Up-Top Down Under*** *(☎ 4051 3636, 164-170 Spence St)*, à 1,5 km du centre-ville, possède une grande cuisine bien équipée, deux salons TV (pour fumeurs et pour non-fumeurs) et une piscine. Les lits en dortoir valent 15 $, les simples/doubles 28/32 $, toutes avec s.d.b. commune.

Le ***Sunny Grove*** *(☎ 4051 4513, 42 Grove St)* loue des chambres joliment décorées à la semaine, essentiellement aux travailleurs saisonniers. Les chambres avec lits jumeaux commencent à 70 $ par personne et par semaine.

Pensions. A l'ouest de la gare ferroviaire, des pensions familiales offrent une atmosphère plus calme et plus intime et constituent probablement le type d'hébergement le plus agréable de Cairns. Même si elles s'avèrent éloignées du centre, des navettes gratuites effectuent régulièrement le trajet jusqu'en ville.

Sis dans une rue tranquille, le *Tropic Days* (☎ 4041 1521, 28 Bunting St) s'agrémente d'un jardin tropical impeccablement entretenu. Géré par un jeune couple accueillant, il dispose de bons équipements et d'une superbe piscine. Vous paierez 15 $ pour un lit dans un dortoir de trois ou quatre (pas de lits superposés) et 35 $ pour une confortable double. Les prix comprennent un repas gratuit en ville.

Autre pension tenue par un jeune couple charmant et enthousiaste, le *Dreamtime Travellers' Rest* (☎ 4031 6753, 4 Terminus St) est aménagé dans une maison en bois du Queensland superbement rénovée. L'établissement possède une belle piscine, ainsi que des doubles à partir de 35 $ et des chambres à trois ou quatre lits (des vrais, pas des superposés) à 15 $ par personne.

Dans le même style, en descendant la rue, le *Ryan's Rest* (☎ 4051 4734, 18 Terminus St) est une pension familiale calme et douillette qui comporte des vérandas aérées, de belles doubles à 35 $ à l'étage, des lits jumeaux à 17 $ par personne et une triple à 15 $ par personne.

A un pâté de maisons à l'ouest de la gare, le *Gone Walkabout Hostel* (☎ 4051 6160, 274 Draper St), bien que petit, s'avère très fréquenté, bien tenu, et offre une ambiance sympathique. Installé dans deux maisons anciennes joliment rénovées, pourvu d'une petite piscine et d'un jardin, il abrite des lits en dortoir de quatre (14 $), des simples (20 $), ainsi que des doubles et des chambres avec lits jumeaux (32 $).

Près de la gare ferroviaire, le *Traveller's Oasis* (☎ 4052 1377, 8 Scott St), en fait deux maisons rénovées dans le style du Queensland, offre une atmosphère calme et détendue. Un lit dans un dortoir propre et coloré coûte 15 $, une chambre 20/36 $.

Un édifice art déco abrite la *Floriana Guesthouse* (☎ 4051 7886, 183 The Esplanade)*, qui offre quatre logements aux parquets superbement cirés et tout équipés, avec TV, s.d.b. et kitchenette. D'un excellent rapport qualité/prix, ils coûtent de 55 à 70 $ (jusqu'à quatre personnes). La vieille maison voisine dispose de 24 doubles sans prétention (de 28 à 48 $), certaines avec clim., d'autres avec vue sur la mer (pensez à réserver).

Où se loger – catégorie moyenne
Hôtels et motels. Très central et moderne, le *Great Northern Hotel* (☎ 4051 5151, 69 Abbott St) affiche des prix raisonnables : à partir de 65 $ pour une simple et de 75 $ pour une double/lits jumeaux.

Parmi les quelques motels bon marché du centre-ville, citons le *Poinsettia Motel* (☎ 4051 2144, 169 Lake St), qui propose des chambres décentes à partir de 45/50 $.

Appartements. Louer un appartement à plusieurs peut s'avérer financièrement intéressant, surtout pour un séjour plus long. Ce type de logement dispose presque toujours d'une piscine, d'une cuisine, de la clim. et de machines à laver le linge.

En revenant du bord de l'eau, les *Castle Holiday Flats* (☎ 4031 2229, 209 Lake St), un des endroits les moins chers, possèdent une petite piscine. Les logements pourvus de une/deux chambre se louent à partir de 40/60 $ la nuit.

Situés sur le front de mer, les *Costa Blanca Apartments* (☎ 4051 3114, 241 Esplanade) n'ont rien d'engageant, mais les logements sont propres, assez confortables, et peuvent accueillir jusqu'à quatre personnes. Les prix s'échelonnent de 45 à 85 $ en double, plus 5 $ par occupant supplémentaire. Une buanderie et une immense piscine sont à la disposition des locataires.

Plusieurs motels et appartements se succèdent le long de Sheridan St, parmi lesquels le *Pacific Cay* (☎ 4051 0151), au n°193, avec des logements de une/deux chambres loués à partir de 50 $/80 $, et les *Concord Holiday Units* (☎ 4051 4522), au n°183, dont les logements comportant une chambre valent 77 $ en double, plus 10 $ par personne supplémentaire.

Où se loger – catégorie supérieure

Si vos goûts vous portent plutôt vers les balcons avec vue et le service en chambre, Cairns compte plusieurs hôtels internationaux de luxe, avec tarifs à l'avenant. Le *Radisson Plaza Hotel at the Pier* (☎ *1800 333 333*) occupe probablement le meilleur emplacement de la ville, au sommet du Pier Marketplace, avec vue sur Trinity Inlet. L'endroit dispose de l'habituel éventail de restaurants et de bars. Les tarifs débutent à 195 $ pour une double.

Autre établissement haut de gamme, le *Royal Harbour Tradewinds* (☎ *4080 8888*) domine l'Esplanade entre Shield St et Aplin St. Dans cet élégant bâtiment art déco, toutes les chambres bénéficient d'une vue sur la mer. Les doubles commencent à 160 $, mais, pour une nuit inoubliable, essayez la suite impériale à 500 $.

Chic et moderne, avec vue sur le Reef Casino, le *Pacific International Hotel* (☎ *1800 079 001, 43 Esplanade*) vaut également la visite. Comptez 145 $ au minimum pour une double. Le *18-24 James St* (☎ *4051 4644*) se trouve effectivement 18-24 James St et reçoit exclusivement une clientèle gay et lesbienne. Les chambres de quatre lits coûtent 55 $ par personne et les simples/doubles 95/120 $, petit déjeuner tropical compris.

Où se restaurer

Cairns regorge d'établissements qui satisferont tous les goûts et toutes les bourses.

Restaurants. *La Fettucini (43 Shields St)*, un petit bistrot affichant le sigle BYO, prépare d'excellentes pâtes maison à 12 $ et des plats italiens à quelque 18 $.

Juste à côté, le *Gypsy Dee's* propose, dans un décor sombre et exotique, des plats allant de 12 à 18 $; tous les soirs, le bar accueille des spécialistes de musique acoustique.

A l'angle de Shields St et de Sheridan St, l'élégant *Red Ochre Grill* élabore des mets originaux, inspirés de la cuisine du bush, affichés de 17 à 25 $.

Un restaurant chinois, le *Silver Dragon (102 Lake St)*, a conçu une bonne formule déjeuner-buffet pour 4,90 $.

Petit restaurant thaï accueillant qui affiche la mention BYO, le *Sawasdee (89 Grafton St)* propose des formules déjeuner à partir de 7,50 $ et, le soir, des plats de 12 à 16 $. En face, le *Venus Cafe*, aussi branché qu'exigu, sert une cuisine végétarienne du monde à partir de 7,50 $ et plus.

Les amateurs de gastronomie japonaise ne manqueront pas le *Yama*, à l'angle de Spence St et de Grafton St, où déjeuner et dîner présentent un bon rapport qualité/prix.

On notera deux ou trois bonnes adresses dans la Pier Marketplace. Citons entre autres le *Johnny Rocket's*, qui sert des burgers. Au 1er étage est aménagé le *Donnini's*, un établissement chic qui mitonne l'une des meilleures cuisines italiennes de Cairns : comptez de 9 à 16 $ pour une pizza et de 12 à 16 $ pour un plat de pâtes.

Pubs. La majorité des auberges délivrent des bons qui permettent de bénéficier de repas à petits prix (ou gratuits) dans certains night-clubs, pubs et bars de la ville.

Sur l'Esplanade, près de l'International Hostel, le *Rattle 'n' Hum* est un pub anglo-irlandais où l'on peut savourer quelques plats traditionnels (autour de 10 $) dans une ambiance animée et détendue.

Le *Wool Shed*, dans le mall de Shields St, remporte tous les suffrages, avec des bons repas affichés entre 5 et 10 $. De nombreuses auberges offrent à leurs clients des repas gratuits dans ce pub. Un bus vient prendre les voyageurs affamés à leur hôtel. Autre bar très populaire, l'*Underdog*, au coin de Spence St et de Grafton St, sert des repas et des boissons bon marché.

Excellente taverne de style anglais sise à l'angle de Digger St et de Grove St, la *Cock & Bull Tavern* propose des bières à la pression et des plats aussi délicieux que roboratifs entre 8 et 10 $.

Cafés. Entre Shields St et Aplin St, l'Esplanade comporte un grand nombre de restaurants ouverts à toute heure, où déguster aussi bien de la cuisine italienne et chinoise que des steaks, des hamburgers, des kebabs, des pizzas, des fruits de mer et des glaces. Le moderne *Night Markets*, en plein milieu, est sans grand charme, mais présente l'avantage de regrouper des stands très variés. Le *Meeting Place*, au coin d'Aplin St, s'avère plus agréable. Les stands proposent des spécialités japonaises, thaïes ou chinoises, ou encore australiennes ; les plats coûtent entre 7 et 14 $.

Où sortir

Gratuit et disponible un peu partout, le magazine *Barfly* dresse la liste des concerts, des films, des pubs et des night-clubs.

Pubs et concerts. A l'angle de Lake St et de Shields St, le *City Place Amphitheatre* propose tous les jours des concerts gratuits à l'heure du déjeuner.

Le *Johno's Blues Bar*, à l'étage, à l'angle de Shields St et de l'Esplanade, accueille tous les soirs des groupes de blues, de rock et de rythm'n'blues qui jouent jusqu'à une heure tardive ; le droit d'entrée se monte à quelque 5 $.

Quelques pubs de Cairns présentent régulièrement des concerts, parmi lesquels le *Underdog Hotel*, le *Fox & Firkin*, à l'angle de Spence St et de Lake St, et le *Big Kahuna Bar*, sur la Marketplace, face à la baie.

Au *Gypsy Dee's* de Shields St, on donne tous les soirs des concerts de musique acoustique, de jazz et de blues (voir *Où se restaurer*, plus haut dans cette section).

Situé au premier étage, à côté de l'auberge de jeunesse YHA on the Esplanade, le *Chapel* est un bar discret où des concerts de musique acoustique ont lieu certains soirs.

Night-clubs et bars. Très réputée, la vie nocturne de Cairns va crescendo jusqu'aux premières heures du jour.

L'extraordinairement trépidant *Wool Shed*, où se pressent les noctambules, organise des jeux, des soirées à thèmes et autres attractions délirantes. Mieux vaut arriver de bonne heure dans cet endroit, pratiquement toujours bondé.

Essayez également le *Beach*, au coin d'Abbott St et d'Aplin St, avec son immense écran vidéo, ses soirées "mousse" et ses concours tels que l'élection de Monsieur Backpacker, ainsi que le *Tropo's Nightclub*, à l'angle de Spencer St et de Lake St.

L'ancien entrepôt situé au coin de Lake St et de Hartley St abrite le *Playpen International*, un immense night-club où se produisent parfois des groupes célèbres, le *Millennium Club* et le *Court Jester Bar*, un établissement plutôt chic qui attire une clientèle plus âgée.

Cinémas et théâtre. Le *Cairns Five Cinemas (108 Grafton St)* joue les films du moment. Autre possibilité : le *Central Cinemas* dans le Cairns Central Mall. Près de City Place, le *Palace Independent Cinema* (☎ 4031 3607, 86 Lake St) propose un programme intéressant composé de films étrangers et de films d'auteur. Le *Cairns Civic Theatre* (☎ 4050 1777) accueille la plupart des pièces et des concerts classiques – téléphonez pour être informé des programmes.

Casino. L'imposant *Reef Casino* occupe le pâté de maisons situé entre l'Esplanade, Wharf St, Abbott St et Spence St. L'intérieur manque de caractère, le décor est clinquant et de mauvais goût, bref, le tout est totalement dénué d'ambiance – ce n'est en fait qu'une immense salle bariolée remplie de machines à sous.

Achats

De nombreux artisans sont installés dans la région de Cairns. Leur production, variée, se retrouve sur les différents marchés, notamment aux Mud Markets qui se tiennent le week-end sur la Pier Marketplace, au Rusty's Bazaar (produits alimentaires principalement) et sur les stands (onéreux) situés derrière la partie restauration des Night Markets sur l'Esplanade.

Comment s'y rendre

Avion. Qantas dispose d'un bureau au coin de Shields St et de Lake St. STA Travel (☎ 4031 4199), 9 Shields St, pratique des prix discount.

Ansett et Qantas effectuent des vols quotidiens entre Cairns et toutes les grandes villes australiennes comme Melbourne (677 $ l'aller), Sydney (599 $), Brisbane (441 $), Townsville (205 $), Darwin (470 $), Alice Springs (490 $), Perth (709 $) et Adelaide (661 $).

Il existe également des vols plus courts à l'intérieur du Queensland. Sunstate dessert Lizard Island (194 $) et Thursday Island (321 $), tandis qu'Ansett rallie Weipa (191 $) et Mt Isa (289 $). Flight West assure une liaison pour Cooktown (73 $) et Bamaga (292 $) et traverse le Gulf Savannah. Enfin, Transtate (☎ 13 1528) propose des vols directs pour Dunk Island (120 $), Cooktown (73 $) et Mt Isa (391 $).

L'aéroport de Cairns accueille des vols depuis/vers l'Amérique du Nord, la Papouasie Nouvelle-Guinée et l'Asie. Air Niugini (☎ 4051 4177) est situé 4 Shields St. Le vol pour Port Moresby, quotidien, coûte 402 $ l'aller. Qantas dessert également Port Moresby (les mardi, vendredi et dimanche) et assure un vol direct vers Singapour (tous les jours, à partir de 859 $) et vers Hong Kong (tous les jeudi, à partir de 1 039 $).

Bus. Les compagnies Greyhound Pioneer, McCafferty's et Coral Coaches sont installées au Transit Centre de Trinity Wharf. La plupart des auberges offrent un service de navettes à l'arrivée des bus.

Greyhound Pioneer (☎ 13 2030) et McCafferty's (☎ 13 1499) assurent chacun un service minimal de cinq bus par jour de Brisbane et de Townsville à Cairns. Voici les temps de trajet et les tarifs : Brisbane (27 heures, 144 $), Rockhampton (15 heures, 98 $), Mackay (11 heures, 78 $) et Townsville (6 heures, 38 $). Greyhound offre également des services quotidiens à destination de Cape Tribulation (28 $) *via* Port Douglas (16 $), qui continuent trois fois par semaine jusqu'à Cooktown (78 $).

Coral Coaches (☎ 4031 7577) dessert tous les jours Port Douglas (16 $), Cape Tribulation (28 $) et Cooktown par la route de l'intérieur (47 $) ou par celle de la côte (52 $), ainsi que Karumba (122 $), sur le golfe de Carpentaria *via* les Undara Lava Tubes (42 $). Il assure également un service hebdomadaire vers/au départ de Weipa pour 130 $.

White Car Coaches (☎ 4051 9533) relie Kuranda et l'Atherton Tableland. Les bus partent de Tropical Paradise Travel, 51 Spence St.

Train. Si votre budget vous le permet, vous pouvez rallier Brisbane et Sydney par le *Great South Pacific Express*, un genre d'*Orient Express* dont les compartiments somptueux, le bar et les deux restaurants transforment ce simple voyage en une excursion de luxe. Le trajet Cairns-Brisbane comprend même une sortie sur la Grande Barrière de Corail. Un compartiment à deux lits entre Cairns et Sydney commence à 3 720 $ par personne (2 430 $ pour Brisbane). Pour les dates de départ, appelez Traveltrain Holidays (☎ 1800 627 655).

Trois trains relient Cairns à Brisbane : le *Sunlander* (trois fois par semaine), le *Queenslander* et le *Spirit of the Tropics* (une fois par semaine). Comptez 32 heures pour effectuer les 1 631 km qui séparent les deux villes. Le luxueux *Queenslander* quitte Brisbane le dimanche et Cairns le mardi ; le prix du billet se monte à 389 $, couchette et repas compris (1re classe uniquement). Moyennant 270 $ supplémentaires, vous pourrez faire transporter votre véhicule. Le tarif économique/1re classe du *Sunlander* avec couchette s'élève à 165/253 $. Contactez Queensland Rail pour réserver et vous renseigner (☎ 13 2232).

Voitures et motos. Il peut être utile de louer un véhicule pour explorer les environs de Cairns, que ce soit simplement pour aller sur les plages et jusqu'à Port Douglas et Cape Tribulation, ou pour rallier l'Atherton Tableland. Les grands loueurs possèdent des comptoirs à l'aéroport et des bureaux en ville. Il existe en outre des dizaines de petits agents locaux qui affichent des prix intéressants. En règle générale, les petites voitures reviennent à quelque 45 $ par jour (300 km gratuits).

Sachez que la majorité des agences de Cairns interdisent formellement qu'on conduise leurs voitures sur les routes de

Cooktown, de Chillagoe et de Cape Tribulation. Si vous êtes pris en défaut, votre dépôt de garantie sera retenu et/ou vous serez passible d'une lourde amende. Si vous avez l'intention d'emprunter ces itinéraires, mieux vaut louer un 4x4. Plusieurs agences en proposent par 95 $ par jour environ, avec 300 km gratuits. Contactez notamment Marlin Truck & 4WD Rentals (☎ 4031 3094) et Britz:Australia (☎ 4032 2611). Vous serez obligé de louer pour un nombre minimal de jours.

Bateau. Le catamaran rapide *Quicksilver* (☎ 4099 5500) relie tous les jours Cairns (depuis la Marlin Jetty) à Port Douglas (1 heure 30, 20/30 $ aller simple/aller-retour).

Comment circuler
Desserte de l'aéroport. A environ 3,5 km au nord du centre-ville, une route latérale quitte la Highway pour rejoindre l'aéroport de Cairns (vols intérieurs et internationaux). On gagne le vieil aéroport (vols intérieurs) par une seconde route qui bifurque de la Highway à peu près 1,5 km plus au nord.

La navette d'Australia Coach (☎ 4031 3555) accueille les passagers à leur arrivée et assure des allers-retours réguliers entre l'aéroport et la ville. L'aller simple revient à 4,50 $. En taxi Black & White (☎ 13 1800) une course coûte près de 10 $.

Bus. Sunbus assure le service (assez cher) de bus à Cairns et dans ses environs. Les horaires sont affichés à l'arrêt principal (le Transit Centre de Lake St), à City Place.

Un service est assuré du petit matin jusqu'à tard le soir, à destination notamment de Yorkeys Knob et Holloways Beach (bus n°1C, 1D et 1H), des plages de Trinity et de Clifton (n°1 et 1A) et de Palm Cove (n°1 et 1X). Les vendredi et samedi, les bus (signalés par un N) roulent 24h/24. En direction du sud, le bus n°1 continue jusqu'à Gordonvale.

Le Cairns Explorer (☎ 4033 5244) est un bus climatisé qui effectue un circuit quotidien en ville. Il part du Transit Centre de Lake St toutes les heures de 9h à 16h (du mardi au samedi, d'octobre à avril). Un billet valable une journée coûte 25 $. Il dessert notamment Pier Marketplace, la promenade au-dessus de la mangrove proche de l'aéroport et les jardins botaniques.

Bicyclette. La plupart des auberges de jeunesse et des loueurs de voitures louent des vélos à 10 $ par jour environ.

ÎLES AU LARGE DE CAIRNS
Au large de Cairns, Green Island et Fitzroy Island abritent des complexes appartenant à la compagnie de croisières Great Adventures.

Au sud de Cairns, l'archipel des Frankland Islands est formé de plusieurs îles classées parcs nationaux. Il est possible d'y effectuer une promenade de une journée et d'y camper une nuit, voire davantage.

Green Island
Cet îlot corallien, à 27 km au nord-est de Cairns, mesure 660 m de long et 260 m de large. L'île et ses récifs frangeants forment un parc national bien qu'un complexe touristique, qui a coûté plusieurs millions de dollars, en occupe une bonne partie. Une marche de 10 minutes vers l'extrémité de l'île vous permettra néanmoins d'apprécier la beauté de la plage, la couleur de l'eau et d'y plonger avec délice.

Le complexe comprend une section réservée aux excursionnistes, où bénéficier d'une piscine, d'un bar, de plusieurs lieux de restauration et d'équipement de sports nautiques à louer. Ne manquez pas de visiter Marineland Melanesia (7 $) et ses aquariums où évoluent des poissons, des tortues et des crocodiles. Des objets mélanésiens y sont également exposés.

Le complexe cinq-étoiles ***Green Island Reef Resort*** (☎ *1800 673 366*) accueille 92 personnes susceptibles de débourser un minimum de 400 $ par nuitée.

Comment s'y rendre. Great Adventures (☎ 4051 0455) assure des traversées régulières pour Green Island, en catamaran rapide (40 $ aller-retour). Parmi les autres opérateurs, citons Big Cat (☎ 4051 0444), qui organise une excursion d'une journée pour 42 $ (repas à 8 $).

QUEENSLAND

Fitzroy Island

A 6 km de la côte et à 29 km à l'est de Cairns, Fitzroy est une île avec des plages coralliennes idéales pour la plongée de surface mais ne convenant pas à la baignade ou aux bains de soleil. Les plongeurs trouveront de beaux coraux à 50 m du rivage. L'île dispose de son propre club de plongée.

Le *Fitzroy Island Resort* (☎ 1800 079 080) abrite des chambres à lits superposés façon auberge de jeunesse, avec cuisine et s.d.b. communes, sans compter la possibilité de laver ses affaires, le tout pour 28 $ par personne. Il comporte aussi des "villas" à 240/340 $ en simple/double. Ce prix donne accès à diverses activités et comprend le petit déjeuner et le dîner. L'île dispose également d'un camping du QPWS (permis délivrés par l'EPA à Cairns), où l'emplacement vaut 15 $ pour cinq personnes. Attention ! une seule tente par emplacement. Les campeurs et les excursionnistes peuvent accéder à la plupart des équipements du complexe dont la piscine, le snack-bar, le bar, deux ou trois boutiques et la laverie automatique.

Comment s'y rendre. Great Adventures (☎ 4051 0455) et Sunlover Cruises (☎ 1800 810 512) proposent des traversées aller-retour pour 30 $.

Frankland Islands

Protégées par leur statut de parc national, ces îles sont desservies par les bateaux de Frankland Island Cruise & Dive (☎ 1800 079 039), qui a conçu des excursions de une journée à 125 $, déjeuner et matériel de plongée compris. Si vous êtes séduit à l'idée de camper sur une île tropicale isolée, sachez que cet organisme peut vous y déposer pour 137 $ par personne (un permis est nécessaire).

ATHERTON TABLELAND

A l'intérieur des terres, entre Innisfail et Cairns, le terrain s'élève brusquement pour former l'Atherton Tableland, qui s'étend vers la Great Dividing Range. Ce plateau se dresse à plus de 900 m par endroits, ce qui tempère la chaleur tropicale. Les chutes de

Le perroquet de mer est un poisson que l'on voit communément dans les eaux de la Grande Barrière de Corail

pluie abondantes et la richesse du sol volcanique en font l'un des endroits les plus verdoyants du Queensland. Les deux plus hautes montagnes de l'État culminent au sud du plateau ; il s'agit du Mt Bartle Frere (1 657 m) et du Bellenden Ker (1 591 m).

Les vastes forêts tropicales qui couvraient autrefois la région n'ont pas résisté à la surexploitation du début du siècle et se réduisent désormais à des poches isolées, situées pour la plupart sur les pentes côtières raides. Il reste cependant quelques étendues sauvages impressionnantes où vivent des animaux tels que le Lumholtz, une espèce rare de kangourou arboricole.

Comment s'y rendre et circuler

Outre les attractions majeures que constituent l'ancien train et le Skyrail cableway entre Cairns et Kuranda, des bus assurent les liaisons entre Cairns et les grandes villes. La voiture de location reste cependant le moyen idéal pour parcourir la région.

Kuranda

• code postal 4872 • 670 habitants

Renommée pour ses marchés, cette bourgade de montagne est entourée de somptueux paysages tropicaux. Le charme de Kuranda, malheureusement, n'est pas resté secret, et des hordes de touristes débarquent des trains et des bus les jours de marché.

A voir et à faire. Les marchés de Kuranda ont lieu les mercredi, jeudi, vendredi et dimanche jusqu'à 14h environ.

Dans le quartier du marché, le **Birdworld** (8 $) est aménagé dans un jardin agrémenté d'un lac et de chutes d'eau. Un immense filet tendu sur cet espace empêche plus de trente espèces d'oiseaux de s'échapper. La réserve ouvre tous les jours de 9h à 16h.

A proximité, l'**Australian Butterfly Sanctuary** abrite de magnifiques papillons (ouvert tous les jours de 10h à 15h, entrée : 10 $; visites guidées). Dans Coondoo St, le **Kuranda Wildlife Noctarium** (9 $) est une réserve d'animaux nocturnes de la forêt tropicale, tels que les phalangers, les roussettes frugivores et les échidnés. Il est ouvert tous les jours de 10h à 16h.

Non loin se tient l'Ark, un centre commercial plutôt terne bâti en forme de navire, qui abrite un restaurant, un cybercafé et un stand de tir où vous pourrez vous défouler pour 20 $ (permis non obligatoire).

Kuranda Riverboat & Rainforest Tours (☎ 4093 7476), de l'autre côté de la passerelle, derrière la gare ferroviaire, propose des croisières de 45 minutes sur les cours d'eau ou une balade de une heure dans la forêt tropicale à 12h30 et 13h30 (10 $).

Dans Thongon St, l'**Aviary** (9 $) possède un enclos où des dizaines d'espèces de perroquets et de fringillidés s'ébattent en toute liberté.

Plusieurs sentiers balisés partent du quartier des marchés pour traverser le **Jumrum Creek Environmental Park**, près de Barron Falls Rd, à 700 m de l'extrémité de Thongon St, qui abrite une importante population de roussettes.

Plus bas, Barron Falls Rd se scinde : la voie gauche mène à un point de vue sur les chutes de la Barron, alors que l'autre voie conduit, 1,5 km plus loin, au Wrights Lookout, panorama sur les gorges du Barron National Park et Cairns.

A l'extérieur de la ville, sur la route de Cairns, la **Rainforestation** est un parc naturel où les visiteurs peuvent effectuer des circuits en véhicules amphibies dans la forêt

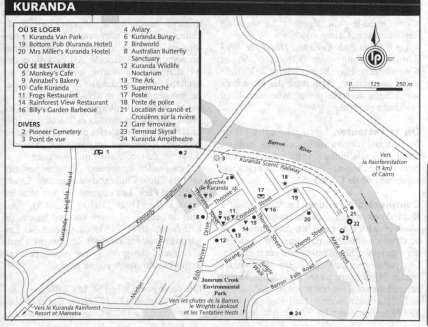

KURANDA

OÙ SE LOGER
1 Kuranda Van Park
19 Bottom Pub (Kuranda Hotel)
20 Mrs Miller's Kuranda Hostel

OÙ SE RESTAURER
5 Monkey's Cafe
9 Annabel's Bakery
10 Cafe Kuranda
11 Frogs Restaurant
14 Rainforest View Restaurant
16 Billy's Garden Barbecue

DIVERS
2 Pioneer Cemetery
3 Point de vue

4 Aviary
6 Kuranda Bungy
7 Birdworld
8 Australian Butterfly Sanctuary
12 Kuranda Wildlife Noctarium
13 The Ark
15 Supermarché
17 Poste
18 Poste de police
21 Location de canoë et Croisières sur la rivière
22 Gare ferroviaire
23 Terminal Skyrail
24 Kuranda Ampitheatre

QUEENSLAND

tropicale, visiter un zoo et admirer une troupe de danseurs aborigènes (29 $).

Où se loger. Le verdoyant ***Kuranda Van Park* (☎ 4093 7316)** est situé à quelques kilomètres du village, sur Kuranda Heights Rd, à côté de la route qui part en face de l'embranchement pour Kuranda sur la Kennedy Highway. Les emplacements reviennent à 13 $ et les caravanes à 45 $.

L'auberge de jeunesse ***Kuranda Backpackers Hostel* (☎ 4093 7355, 6 Arara St)**, appelée aussi Mrs Miller's, se situe non loin de la gare ferroviaire. Immense et biscornue, cette vieille demeure en bois au charme rustique se dresse dans un spacieux jardin qui comporte une petite piscine d'eau de mer. A l'intérieur, l'auberge abrite une pièce couverte de graffitis édifiants. Le lit en dortoir se paie 14 $ et les doubles 32 $ (VIP/YHA, 1 $ de moins).

A 2 km de la ville, les ***Tentative Nests* (☎ 4093 9555, 26 Barron Falls Rd)** offrent une forme d'hébergement original dans des tentes sur plate-forme au milieu de la forêt tropicale. Vous débourserez 60 $ par personne, avec le petit déjeuner. Le transfert depuis ou vers Cairns coûte 5 $.

Le ***Bottom Pub/Kuranda Hotel* (☎ 4093 7206)**, à l'angle de Coondoo St et d'Arara St, ne cherche pas à faire de l'effet ; outre une piscine, il propose des chambres sommaires de style motel avec ventil. au plafond à partir de 39/49 $.

Où se restaurer. Le marché offre jus de fruits frais, fritures thaïes, curries indiens, etc. Faites confiance à votre odorat ! Vous pouvez également faire vos courses au supermarché de Coondoo St.

Comment s'y rendre. Le trajet jusqu'à Kuranda constitue en soi une partie de plaisir. Vous avez le choix entre le train à vapeur, qui traverse de superbes paysages ou le cableway, qui passe au milieu de la forêt tropicale. Essayez de prendre l'un à l'aller et l'autre au retour. Si vous avez un sac à dos, vous devrez cependant vous contenter du train.

Le Kuranda Scenic Railway (☎ 4052 6249) serpente sur les 34 km qui séparent Cairns de Kuranda. Il a fallu cinq ans pour construire cette ligne, inaugurée en 1891, qui franchit 15 tunnels et grimpe de plus de 300 m sur les 21 derniers km. Le train circule tous les jours et coûtent 25/40 $ l'aller/l'aller-retour.

Le Skyrail Rainforest Cableway (☎ 4038 1555) est une sorte de gondole tractée par un câble sur 7,5 km. Il relie Smithfield, une banlieue du nord de Cairns, à Kuranda en effectuant deux arrêts sur le parcours. Il fonctionne tous les jours de 8h à 15h30 (dernier départ de Kuranda à 14h30) et coûte 27/42 $. Il existe plusieurs forfaits excursion combinant ces deux moyens de transport à partir de 66 $.

White Car Coaches propose tous les jours cinq bus (deux le week-end) qui partent de Cairns devant les locaux de Tropical Paradise Travel (☎ 4051 9533), 51 Spence St (7 $ l'aller simple).

Chillagoe
• **code postal 4871**   • **500 habitants**

Blottie au cœur d'une belle région aride à 140 km à l'ouest de Mareeba, l'ancienne ville minière de Chillagoe est assez proche de Cairns pour faire l'aller-retour dans la journée tout en étant assez éloignée pour donner un aperçu de l'Outback. A l'exception des 34 derniers kilomètres, cet itinéraire est asphalté, et le parcours ne devrait pas poser de problème pour un véhicule classique en saison sèche. A Chillagoe, vous visiterez les impressionnantes grottes calcaires, les éperons rocheux, les galeries ornées de peintures rupestres aborigènes, les ruines des fonderies du début du siècle ainsi qu'un musée.

Les gardes emmènent des groupes aux grottes du **Chillagoe-Mungana Caves National Park**. Les départs ont lieu tous les jours à 9h, 11h et 13h30 (5/7,50 $). Pour plus de détails, adressez-vous au bureau de l'EPA (☎ 4094 7163) de Queen St. Les gardes vous indiqueront également l'emplacement de grottes que vous pourrez explorer seul, muni d'une torche.

Où se loger. Queen St, le ***Chillagoe Tourist Park* (☎ 4094 7177)** loue des emplacements de tente (10 $), des caravanes fixes

La Trephina Gorge dans la partie orientale des MacDonnell Ranges (Territoire du Nord)

Nourlangie et l'Anbanbang Billabong, Kakadu National Park (Territoire du Nord)

En équilibre sur les "billes du diable", Devil's Marbles Conservation Reserve (Territoire du Nord)

PAUL SINCLAIR

RICHARD I'ANSON

ROSS BARNETT

ROSS BARNETT

Formations de rochers rouges près de Mt Isa (Queensland)

MICHAEL AW

Paysage marin avec anthias

COLIN BARNES

Lamington National Park (Qld)

MITCH REARDON

Littoral du Queensland

BOB CHARLTON

Lady Elliot Island, à l'extrémité est de la Grande Barrière de Corail, est très apprécié des plongeurs

(40 $) ainsi que des logements tout équipés (50 $). Le vieux **Post Office Hotel** (☎ *4094 7119, 37 Queen St*) abrite des chambres sommaires, affichées à 15 $ par personne, avec air conditionné. Le **Chillagoe Caves Lodge** (☎ *4094 7106, 7 King St*) dispose de simples/doubles pour petits budgets à partir de 25/35 $, de logements de style motel à partir de 42/50 $ et d'un restaurant.

A 1 km au nord de la ville, le **Chillagoe Bush Camp & Ecolodge** (☎ *4094 7155*), un ancien village de mineurs, propose des lits à 20 $, des doubles/triples à partir de 40/45 $. On peut y savourer de la cuisine familiale.

Comment s'y rendre. Les bus de White Car Coaches (☎ 4091 9533) effectuent le parcours Cairns-Chillagoe (37 $) trois fois par semaine, avec changement à Mareeba (16 $). Au départ de Cairns, des excursions de une journée sont organisées pour environ 115 $ par Reef & Rainforest Connections (☎ 4099 5599).

Yungaburra
• code postal 4872   • 985 habitants

Le joli village de Yungaburra s'étend à 13 km à l'est d'Atherton, sur la Gillies Highway. Situé au centre du plateau, il constitue une bonne base pour l'exploration des lacs, des chutes et des parcs nationaux des alentours si l'on dispose d'un véhicule. Il bénéficie en outre de lieux d'hébergement et de restaurants de qualité. Les rues du centre-ville ont été inscrites au patrimoine historique.

A 3 km de la bourgade sur la route de Malanda, les racines aériennes du **Curtain Fig** forment un rideau de 15 m de haut.

Où se loger. L'excellente **On the Wallaby** (☎ *4095 2013, 37 Eacham Rd*) est une petite auberge qui compte un dortoir confortable, des chambres avec lits jumeaux et des doubles à l'étage, ainsi que d'agréables parties communes au rez-de-chaussée. L'établissement propose des activités telles que du VTT et des excursions de nuit en canoë. Vous dormirez pour 16 $ par personne ou camperez dans le jardin pour 9 $. La formule à 89 $ par personne comprend le transport depuis Cairns, l'hébergement et les excursions.

Vieux pub bâti en bois, le **Lake Eacham Hotel** (☎ *4095 3515, 29 Gordonvale Rd*) renferme une éblouissante salle à manger et de confortables chambres affichées à 45/50 $. Au **Kookaburra Lodge** (☎ *4095 3222*), au coin d'Oak St et d'Eacham St, sans conteste le meilleur des motels de la localité, de belles doubles modernes (non-fumeurs uniquement) reviennent à 65 $. Les aménagements comprennent une piscine et une petite salle à manger où déguster des repas composés de trois plats pour près de 20 $.

DE CAIRNS A PORT DOUGLAS
La Bruce Highway s'étend sur 2 000 km de Brisbane à Cairns, où elle prend fin, mais la route côtière est encore goudronnée sur environ 110 km jusqu'à Mossman et Daintree. Cette portion de route, baptisée Captain Cook Highway, passe tout près de la côte et longe de superbes plages.

En sortant de Cairns, 200 m avant d'arriver à l'aéroport, une passerelle de bois surélevée a été aménagée au-dessus de la **mangrove**. Vous y trouverez des panneaux explicatifs placés de proche en proche pour vous permettre de comprendre l'étonnante complexité de cet écosystème de mangrove.

Kamerunga Rd, près de la Captain Cook Highway, au nord de l'embranchement de l'aéroport, mène, à 10 km du centre-ville, à **Freshwater Connection**, un complexe consacré à l'histoire du rail, où l'on peut monter à bord du Kuranda Scenic Railway. Derrière Freshwater Connection, un embranchement vers le sud sur Redlynch Intake Rd mène aux **Crystal Cascades**, un site apprécié pour la beauté de ses chutes et l'agrément de la baignade (à 22 km de Cairns).

En continuant sur la Captain Cook Highway vers le nord, vous parviendrez à un chapelet de plages qui constituent, en fait, la banlieue nord de la ville : Machans, Holloways, Yorkeys Knob, Trinity, Kewarra, Clifton et Palm Cove. **Holloways Beach** possède un agréable camping sur la plage, et **Trinity Beach** est la plus rapidement accessible de Cairns. Le front de mer est bordé de restaurants et de centres de villégiature haut de gamme. Il existe une *aire pour caravanes* sur la route principale qui mène à la ville.

Plus au nord, la petite station touristique de **Palm Cove** regroupe des hôtels originaux ainsi que des boutiques et des restaurants assez chers. L'excellent camping municipal, le *Palm Cove Camping Area*, loue des emplacements de tente à partir de 10 $. Sur la Highway, le parc animalier de Wild World (18 $) présente chaque jour des spectacles auxquels participent certains de ses hôtes : crocodiles, serpents, kangourous apprivoisés et oiseaux australiens.

De l'autre coté du promontoire de Palm Cove et de Double Island, vous découvrirez la superbe **Ellis Beach**, dont l'extrémité sud est officieusement réservée aux naturistes. En sortant de la Highway pour aller vers la plage, l'*Ellis Beach Leisure Park (☎ 4055 3538)* dispose d'un terrain de camping et d'un bar-restaurant où sont organisés des concerts le dimanche après-midi.

A courte distance d'Ellis Beach, la **Hartleys Creek Crocodile Farm** abrite des spécimens de la faune australienne. Les enclos sont un peu sinistres mais les présentations d'animaux et les spectacles en font un des endroits du genre parmi les plus intéressants d'Australie. Si vous assistez au repas de Charlie pendant le "Crocodile Attack Show" (à 15h), vous comprendrez pourquoi il est préférable de ne pas se faire mordre par l'une de ces bestioles. Le parc est ouvert tous les jours (entrée : 14,50 $).

Très retiré, le *Turtle Cove Resort (☎ 4059 1800)*, à 45 km au nord de Cairns, attire une clientèle gay. Les prix commencent à 125 $ pour une double, petit déjeuner compris.

Peu avant Mossman, un embranchement mène à Port Douglas. Avant de parvenir à Daintree, vous pouvez bifurquer vers Cape Tribulation et, de là, rejoindre la ville de Cooktown en 4x4 par la Bloomfield Track, une piste qui ne fait pas l'unanimité puisqu'elle traverse la forêt tropicale protégée de la Wet Tropics World Heritage Area. Une route en partie goudronnée y mène également depuis Cairns par l'intérieur des terres, mais toutes les voies d'accès à Cooktown sont coupées en cas de fortes pluies.

PORT DOUGLAS
• code postal 4871   • 3 640 habitants

Malgré sa réputation de station riche et branchée, envahie par les complexes hôteliers bâtis à coups de milliards et les restaurants chics, Port Douglas compte désormais quelques options bon marché pour les voyageurs désireux de venir se mêler à la jet-set.

Avec ses 12 000 habitants, Port, comme l'appellent les habitants, rivalisa avec Cairns au début du développement de l'extrême-nord du Queensland, mais lorsque celle-ci prit l'avantage, elle devint une petite bourgade assoupie. Elle aurait pu le rester sans l'intervention de l'entrepreneur australien Christopher Skase, qui se lança dans la construction du Sheraton Mirage au milieu des années 1980. En quelques années, le complexe hôtelier modèle créé par Skase était devenu une véritable mine d'or, tandis que son fondateur s'exilait à Majorque en laissant des milliards de dollars de dettes. Depuis quelques années, une série de "problèmes médicaux" fort suspects évitent à Skase d'être extradé en Australie pour y répondre de plusieurs délits.

Aujourd'hui, outre ses complexes luxueux, Port Douglas offre une liaison rapide avec Cairns en catamaran, un terrain de golf, une marina et un centre commercial réservés à une clientèle aisée, ainsi que les habituels tour-opérateurs proposant des activités sur le récif et dans la forêt tropicale. La ville a néanmoins conservé une bonne partie de son charme d'antan, avec ses jolies avenues bordées de palmiers et sa longue plage étonnamment tranquille.

C'est également le point de départ des excursions vers les Low Isles, la Grande Barrière de Corail, Mossman Gorge et Cape Tribulation.

Renseignements

Parmi les organisateurs d'excursions, citons le Port Douglas Tourist Information Centre (☎ 4099 5599), 23 Macrossan St, et Port Douglas Accom-Holiday Rentals (☎ 4099 4488), au coin de Macrossan St et d'Owen St. Derrière le Salsa Bar & Grill, Macrossan St, le Cyberworld offre un accès à Internet pour 6 $ la demi-heure.

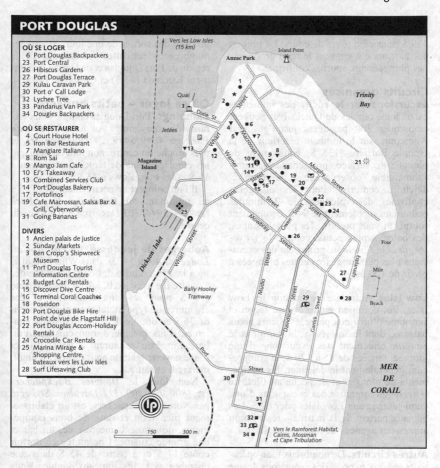

PORT DOUGLAS

OÙ SE LOGER
6 Port Douglas Backpackers
23 Port Central
26 Hibiscus Gardens
27 Port Douglas Terrace
29 Kulau Caravan Park
30 Port o' Call Lodge
32 Lychee Tree
33 Pandanus Van Park
34 Dougies Backpackers

OÙ SE RESTAURER
4 Court House Hotel
5 Iron Bar Restaurant
7 Mangiare Italiano
8 Rom Sai
9 Mango Jam Cafe
10 EJ's Takeaway
13 Combined Services Club
16 Port Douglas Bakery
17 Portofinos
19 Cafe Macrossan, Salsa Bar & Grill, Cyberworld
31 Going Bananas

DIVERS
1 Ancien palais de justice
2 Sunday Markets
3 Ben Cropp's Shipwreck Museum
11 Port Douglas Tourist Information Centre
12 Budget Car Rentals
15 Discover Dive Centre
16 Terminal Coral Coaches
18 Poseidon
20 Port Douglas Bike Hire
21 Point de vue de Flagstaff Hill
22 Port Douglas Accom-Holiday Rentals
24 Crocodile Car Rentals
25 Marina Mirage & Shopping Centre, bateaux vers les Low Isles
28 Surf Lifesaving Club

Vers les Low Isles (15 km)
Island Point
Anzac Park
Trinity Bay
Quai
Dixie St
Jetées
Magazine Island
Dickson Inlet
Bally Hooley Tramway
Street
Macrossan
Wharf
Warner
Murphy Street
Grant Street
Mowbray
Street
Cowen Street
Owen Street
Esplanade
Mudlo Street
Davidson Street
Garrick Street
Port Street
Four Mile Beach
MER DE CORAIL
Vers le Rainforest Habitat, Cairns, Mossman et Cape Tribulation

0   150   300 m

A voir

Sur le quai proche d'Anzac Park, le **Ben Cropp's Shipwreck Museum**, musée des épaves de Ben Cropps, mérite une visite (ouvert tous les jours de 9h à 17h, entrée : 5 $). Le **Rainforest Habitat**, situé à l'embranchement de la Highway et de la route de Port Douglas, constitue une bonne entrée en matière de la forêt tropicale, malgré un tarif un peu onéreux, à 16 $ par personne. Une immense verrière renferme un environnement de forêt tropicale (que l'on parcourt sur des passerelles en bois surélevées)

peuplé d'une trentaine d'espèces d'oiseaux et d'autant de papillons.

Les **Sunday Markets** se tiennent à Anzac Park, à l'extrémité nord de Macrossan St. On y dénombre des dizaines d'étals qui vendent des fruits, des légumes, des vêtements, de l'artisanat, etc.

Plongée

Le Discover Dive Centre (☎ 4099 6333), 15 Grant St, organise un stage de quatre jours à 425 $. Même chose pour Poseidon (☎ 4099 4772), 34 Macrossan St (475 $).

QUEENSLAND

Situé dans le Marina Mirage & Shopping Centre, Quicksilver (☎ 4099 5050) demande 439 $ pour cinq jours de cours. La plupart des bateaux qui gagnent le récif proposent des plongées aux sportifs confirmés.

Circuits organisés

Excursions sur le récif. Les immenses catamarans rapides de Quicksilver peuvent embarquer 300 passagers jusqu'au récif Agincourt, sur le tombant extérieur de la Grande Barrière (135 $, équipement de plongée de surface, promenade en semi-submersible, observatoire sous-marin et déjeuner compris). Pour les plongeurs confirmés, deux plongées de 40 minutes coûtent un supplément de 94 $, équipement fourni. Si vous préférez les petits groupes, des bateaux plus petits, comme le *Wavelength* et le *Poseidon*, proposent des excursions plus personnalisées et des plongées à partir de 100 $.

Low Isles. Autre site d'excursion, les Low Isles, îlot corallien entouré d'un lagon et surmonté d'un vieux phare. Plusieurs petits bateaux, dont le *Sail Away*, le *Willow* et le *Shaolin* effectuent des excursions d'une journée, tarifées de 85 à 120 $, et comprenant généralement le déjeuner, les équipements de plongée et de pêche au filet. Le *Wavelength* organise des excursions d'une demi-journée aux Low Isles pour 62 $. Les bateaux partent de la marina – réservation auprès des agences de Macrossan St.

Autres circuits. De nombreux tour-opérateurs ont mis au point des excursions d'une journée à destination de Cape Tribulation, dont certaines prévoient la visite de la Mossman Gorge, à partir de 90 $ environ. Wild Track Safaris (☎ 4055 2247) organise un circuit de deux jours en 4x4 autour de Cooktown pour 229 $, hébergement compris. Quantité de circuits organisés depuis Cairns s'arrêtent à Port Douglas pour prendre de nouveaux participants. Les réservations se font dans n'importe quelle agence de la ville.

Bike N Hike (☎ 4099 4000), Macrossan St, organise pour 82 $ d'excellentes promenades à vélo dans la Mowbray Valley. Reef & Rainforest Connections (☎ 4099 5599) propose des sorties de une journée vers les nombreuses curiosités touristiques de la région de Port Douglas et de Cairns, notamment Kuranda (52 $) et Chillagoe (115 $).

Où se loger – petits budgets

Campings. Port Douglas compte deux terrains de caravaning. Au *Kulau Caravan Park* (☎ *4099 5449, 24 Davidson St*), le plus proche du centre, non loin de la plage, les emplacements de tente commencent à 15 $ et les bungalows à 43 $.

Il faut compter respectivement 14 et 55 $ au minimum au *Pandanus Van Park* (☎ *4099 5944, 107 Davidson St*), à 1 km du centre.

Auberges de jeunesse. Le *Port o' Call Lodge* (☎ *4099 5422*), dans Wharf St, affilié à la YHA, abrite des dortoirs modernes à quatre lits avec s.d.b. à 18 $ par personne (19 $ pour les non-adhérents) et des chambres de type motel avec clim. à partir de 76 $ en double. L'auberge dispose également d'une piscine, de quoi cuisiner, d'un bar, d'un bon restaurant à petits prix et d'une navette gratuite pour Cairns les lundi, mercredi et samedi.

Non loin, le *Dougies Backpackers* (☎ *1800 996 200, 111 Davidson St*), géré par Nomad Backpackers, est un établissement bien tenu et doté de bons équipements, notamment une piscine, un bar et une grande cuisine. Une nuitée en dortoir coûte 17 $ et à partir de 45 $ dans une chambre avec lits jumeaux/double. Vous pouvez planter votre tente pour 14 $. L'endroit est climatisé et loue des vélos.

Central et bon marché mais dépourvu d'espace en extérieur, le *Port Douglas Backpackers* (☎ *4099 4883, 8 Macrossan St*) facture 15 $ pour un lit en dortoir climatisé et 35 $ pour une double.

Où se loger – catégorie moyenne

L'une des options les plus économiques, le *Port Central* (☎ *4051 6722, 36 Macrossan St*) loue de belles doubles/chambres à deux lits à partir de 59 $.

Le *Port Douglas Terrace (☎ 4099 5397, 17 Esplanade)* propose des appartements tout équipés de une/deux chambres, dont les prix s'échelonnent de 130 à 198 $ (les plus coûteux bénéficient d'une vue sur la mer).

Au *Lychee Tree (☎ 4099 5811, 95 Davidson St)*, de beaux appartements de une/deux chambres pour une à quatre personnes, commencent à 90 $ la double.

Où se loger – catégorie supérieure

Au coin de Mowbray St et d'Owen St, l'*Hibiscus Gardens (☎ 4099 5315)*, établissement moderne décoré dans le style balinais et doté d'une piscine, dispose de studios à partir de 180 $ la double.

Le très haut de gamme *Sheraton Mirage Resort (☎ 1800 818 831, Davidson St)* possède une piscine et ses chambres cinq-étoiles sont facturées à partir de 490 $.

Le *Radisson Reef Resort (☎ 4099 5577, Port Douglas Rd)* loue des chambres à partir de 165 $ la nuit et des villas 205 $.

Où se restaurer

Port Douglas compte de très nombreux cafés et restaurants, dont la plupart jalonnent Macrossan St.

Il n'existe en revanche que peu d'établissements visant la clientèle des voyageurs sans grands moyens.

Comment s'y rendre

Bus. Le terminal des bus Coral Coaches (☎ 4099 5351) est installé Grant St. Coral Coaches parcourt la route du littoral de Cairns à Cooktown *via* Port Douglas, Mossman, Daintree, Cape Tribulation et Bloomfield. Chaque jour, huit bus de cette compagnie circulent entre Cairns et Port Douglas (1 heure 30, 16 $), 13 bus entre Port Douglas et Mossman (30 minutes, 6 $). Deux liaisons sont assurées chaque jour à destination du village de Daintree (1 heure, 14 $) et de Cape Tribulation (2 heures 30, 20 $), et plusieurs bus relient Cooktown *via* la Bloomfield Track (elle longe la côte) les mardi et samedi (environ 6 heures, 45 $), plus le jeudi de juin à octobre. Greyhound Pioneer s'arrête tous les jours à Port Dou-

glas avant de continuer vers Cape Tribulation (20 $).

Coral Coaches vous permet de vous arrêter aussi souvent que vous le voulez le long du trajet.

Bateau. Tous les jours, le catamaran rapide *Quicksilver* (☎ 4099 5500) relie Cairns à la marina de Port Douglas (20/30 $ aller simple/aller-retour).

Comment circuler

Budget (☎ 4099 4690) possède des bureaux au n°7 Warner St. Parmi les loueurs locaux les moins chers, citons Network (☎ 4099 5111), au n°11 Warner St, et Crocodile Car Rental (☎ 4099 5555), spécialisé dans la location de 4x4.

Port Douglas étant peu étendue, le meilleur moyen de se déplacer reste la bicyclette. Le Port O'Call Lodge et le Dougies Backpackers louent des vélos (environ 1 $ l'heure) tandis que Port Douglas Bike Hire (☎ 4099 5799), 40 Macrossan St, propose des VTT à 12 $ la journée. Pour obtenir un taxi, téléphonez au ☎ 4099 5345.

MOSSMAN

• code postal 4873 • 1 920 habitants

Mossman, la ville sucrière la plus au nord, est aussi un centre de culture de fruits tropicaux. Elle offre peu d'intérêt, à part la magnifique **Mossman Gorge**, à 5 km à l'ouest, qui abrite d'agréables bassins naturels, des rapides et un sentier forestier de 3 km. Kuku-Yalanji Dreamtime Tours (☎ 4098 2595) a reçu un prix pour ses circuits aborigènes centrés sur les plantes alimentaires et médicinales traditionnelles poussant dans la gorge (15 $ à partir de Mossman ou 37 $ à partir de Port Douglas, transport compris). Coral Coaches dessert la gorge au départ de Mossman et de Port Douglas.

Où se loger et se restaurer

Le camping sauvage n'est pas autorisé dans la gorge, mais il existe un terrain de camping au bord d'un ruisseau, près de la piscine de Mossman. Dans le centre-ville, le vieux pub *Exchange Hotel (☎ 4098 1410)* loue des simples/doubles propres, à 20/30 $, ainsi que quelques lits en dortoir (10 $).

Le **Demi-View Motel** (☎ *4098 1277, 41 Front St*) propose des chambres à 55/65 $; les **White Cockatoo Cabins** (☎ *4098 2222)*, à 1 km au sud du centre-ville, possèdent de beaux bungalows équipés à partir de 65 $ la double.

Le **Palms Cafe**, en face de l'Exchange Hotel, s'avère tout à fait agréable.

DAINTREE

La Highway se prolonge sur 36 km au-delà de Mossman, jusqu'au village de Daintree, au charme vieillot. A 24 km, un embranchement mène à l'embarcadère du ferry traversant la Daintree. Autrefois, Daintree vivait de la production de bois, notamment le cèdre rouge, qui abondait dans la région. Ce n'est plus aujourd'hui qu'une calme bourgade isolée, qui compte deux ou trois cafés, quelques boutiques et plusieurs B&B de bon niveau et qui constitue le point de départ de croisières sur la majestueuse rivière du même nom.

Circuits organisés

Plusieurs tour-opérateurs proposent des traversées de la Daintree, qui partent de divers endroits, entre l'embarcadère et le village même. Pendant les mois les plus froids (d'avril à septembre), les crocodiles viennent prendre des bains de soleil sur les rives, à marée basse.

La doyenne des agences, Daintree Connection (☎ 1800 658 833), organise des circuits à partir du village (18 $, 1 heure 30) et à partir de l'embarcadère du ferry (15 $, 1 heure), ainsi que des excursions très appréciées jusqu'à l'embouchure de la Daintree avec promenade sur la plage de Cape Kimberley (25 $, 2 heures 30). Daintree Rainforest River Trains (☎ 1800 808 309), basée à côté de l'embarcadère du ferry de Daintree River, propose des promenades (12/20 $, 1 heure/1 heure 30). Le Daintry River & Cruise Centre, sur la route de Mossman à Daintree, 4 km après l'embranchement qui mène à l'embarcadère, met sur pied des croisières un peu moins haut de gamme (12/15 $, 1 heure/1 heure 30).

Quelques agents organisent des circuits personnalisés à l'intention de groupes plus restreints. Établi au Red Mill B&B, dans le village de Daintree, Chris Dahlberg's Specialised River Tours (☎ 4098 6169) forme des groupes de 12 personnes au maximum. Outre ses qualités de guide, le responsable voue une véritable passion aux oiseaux. Il a conçu des promenades de 2 heures (30 $) qui partent à 6h30 en hiver et à 6h en été. Electric Boat Cruises (☎ 1800 686 103) emmène tout au long de la journée des groupes de 12 personnes sur des bateaux électriques silencieux pour des promenades d'1 heure 30 le matin (25 $, petit déjeuner compris) ou de 1 heure (15 $).

Où se loger

Près de l'embarcadère, dans le village, le vieillot **Daintree Riverview Caravan Park** (☎ *4098 6119)* loue des emplacements de tente à 12 $ et des caravanes fixes à 35 $. Si vous êtes motorisé, poussez plutôt jusqu'à Wonga Beach, à environ 15 km de Daintree sur la route de Mossman. Vous y trouverez le **Pinnacle Village Holiday Park** (☎ *4098 7566)*, où planter votre tente pour 14 $ ou dormir dans une caravane à 45 $.

L'excellent **Red Mill House B&B** (☎ *4098 6233, Stewart St)*, dans le centre-ville, propose des chambres confortables, un jardin ravissant et une piscine. Comptez 30/60 $ en simple/double, délicieux petit déjeuner sur le balcon compris. Cet endroit ne convient pas aux jeunes enfants.

Pour les **Kenadon Homestead Cabins** (☎ *4098 6142)*, prévoyez 70 $ pour une double, plus 10 $ par personne supplémentaire (cinq au maximum).

RÉGION DE CAPE TRIBULATION

Après avoir traversé la Daintree, il faut encore parcourir 34 km de route goudronnée dans son ensemble, franchir des collines et des ruisseaux avant de parvenir à Cape Tribulation. La route s'avère assez praticable en voiture ordinaire, excepté en cas de fortes pluies.

Cape Tribulation fut ainsi baptisé par le capitaine Cook lorsque son bateau s'échoua sur l'Endeavour Reef, juste au nord du cap.

CAPE TRIBULATION

OÙ SE LOGER
1 Cape Trib Beach House
5 PK's Jungle Lodge
6 Ferntree Rainforest Resort
8 PK's Jungle Village
11 Coconut Beach Rainforest Resort
12 Noah Beach Camping Area
16 Heritage Lodge
18 Lync-Haven
20 Crocodylus Village
22 Cow Bay Hotel
24 Rainforest Retreat
27 Club Daintree

OÙ SE RESTAURER
4 Boardwalk Takeaway, PK's Jungle Lodge
14 Cafe on Sea Kiosk
23 Latitudes 16.12°

DIVERS
2 Parking de Cape Tribulation
3 Bat House
7 Bureau des rangers
9 Dubuji Rainforest Boardwalk
10 Mason's Store
13 Marrdja Botanical Walk
15 Cooper Creek Wilderness Cruises
17 Wundu Trailrides
19 Piste d'atterrissage de Cow Bay
21 Station-service
    et magasin d'alimentation Matt Lock's
25 Daintree Rainforest Environmental Centre
26 Point de vue d'Alexandra Range

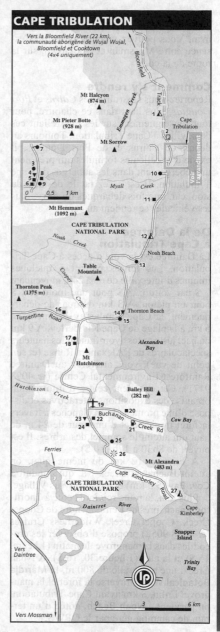

Cook donna libre cours à sa frustration en attribuant aux formations géographiques locales des noms tels que Mt Sorrow (tristesse) ou Weary Bay (fatigue).

Aujourd'hui, les visiteurs sont bien plus sensibles à la beauté de cette côte. Dans les années 1970, Cape Tribulation abritait de nombreux hippies qui fondèrent des communautés autonomes telles que Cedar Bay, à environ 30 km au nord du cap. Aujourd'hui rattrapé par le XXᵉ siècle, Cape Tribulation conserve néanmoins en partie son atmosphère détendue et sa nature sauvage.

De nombreuses compagnies y organisent des excursions, et des bus assurent une liaison régulière avec Cairns et Port Douglas. Les gîtes sont souvent complets pendant les vacances. Contactez-les à l'avance.

QUEENSLAND

En venant du sud, la dernière banque avant Cape Tribulation se trouve à Mossman. Vous pouvez vous procurer de l'essence entre Mossman et Cooktown, sur la route de la côte.

Comment s'y rendre

Reportez-vous aux rubriques *Cairns* et *Port Douglas*, plus haut dans ce chapitre, pour tout renseignement sur les bus reliant ces deux villes à Cape Tribulation. Toujours au départ de Cairns et de Port Douglas, il existe d'excellentes formules qui prévoient un hébergement dans les auberges de Cape Tribulation. Il est assez facile de faire du stop, car, une fois débarqués du ferry, tous les véhicules se rendent au cap.

De la Daintree à Cape Tribulation

La Daintree est la voie d'accès à Cape Tribulation. Les ferries partent à quelques minutes d'intervalle de 6h à 24h, moyennant 7 $ par voiture, 3 $ pour une moto et 1 $ pour un piéton. A 3 km du quai de débarquement, la Cape Kimberley Rd mène en 5 km à la plage de Cape Kimberley. A 9 km du bac, juste après avoir franchi les hauteurs spectaculaires de l'Alexandra Range (et son point de vue), vous arriverez au Daintree Rainforest Environmental Centre (☎ 4098 9171). Cet excellent centre d'information organise des expositions interactives et dispose d'une promenade en planches à travers la forêt tropicale et d'une tour de 24 m de haut qui atteint le sommet des arbres. Il est ouvert de 8h30 à 17h (10 $).

A environ 12 km du même quai, on atteint Buchanan Creek Rd, qui conduit à **Cow Bay** (5,5 km) et à Crocodylus Village.

Plus loin, la route rejoint la côte à **Thornton Beach**, près de l'embouchure de Cooper Creek. Cooper Creek Wilderness Cruises (☎ 4098 9052) propose d'observer les crocodiles dans la mangrove, le matin (1 heure, 15 $) et la nuit (1 heure 30, 16 $). A Noah Creek, une passerelle de 800 m, la **Marrdja Botanical Walk**, traverse la forêt et la mangrove. Enfin, 8 km avant Cape Tribulation, on parvient à **Noah Beach**, dotée d'un terrain de camping géré par le QPWS.

Où se loger et se restaurer. A Cape Kimberley, le camping *Club Daintree* (☎ 4090 7500) donne sur la plage et propose des emplacements à 15 $ pour deux personnes ou des bungalows à quatre lits à partir de 98 $ la nuit.

Sur la route de Cape Trib, près de l'embranchement, le ***Cow Bay Hotel*** (☎ 4098 9011), qui sert aussi des repas, dispose de chambres de type motel à 60 $ la double. De l'autre côté de la route, la ***Rainforest Retreat*** (☎ 4098 9101) comporte des logements de type motel tout équipés à partir de 70 $ et une maison-dortoir de 20 lits superposés à 15 $ par personne, ainsi qu'une piscine et un restaurant. A côté, le ***Latitudes 16.12°*** est un restaurant où l'on déguste aussi bien des hamburgers et des curries que des truites de mer.

Le ***Crocodylus Village*** (☎ 4098 9166), à 2,5 km de la route du cap, sur Buchanan Creek Rd, est une auberge de jeunesse affiliée à la YHA. Ses spacieux bungalows de toile surélevés sont disséminés dans la forêt tropicale. Comme il s'agit probablement du meilleur établissement de Cape Tribulation, il est impératif de réserver. Vous trouverez là une piscine, une petite boutique, un café et un bar. Les dortoirs de 16 à 20 lits coûtent 15 $ (16 $ pour les non-adhérents). Quelques bungalows avec un lit double, six lits superposés et une s.d.b. sont proposés à 55 $ en double, plus 10 $ par personne supplémentaire. Vous pouvez louer des vélos et profiter de la navette gratuite qui emmène les clients à la plage de Cow Bay. L'auberge organise en outre diverses activités, dont des promenades guidées dans la forêt, des promenades à cheval d'une demi-journée (45 $), une sortie en bateau au lever du soleil (40 $, 3 heures) et une excursion de 2 jours en kayak de mer jusqu'à Snapper Island (159 $ tout compris).

A environ 3 km au nord de l'embranchement de Cow Bay, le ***Lync-Haven*** (☎ 4098 9155), propriété de 16 ha en pleine nature dans laquelle sont aménagés des sentiers de randonnée, dispose d'un café-restaurant, d'emplacements de tente à 8,50 $ par personne et d'un bungalow de six couchettes tout équipé à 85 $ en double, plus 10 $ par personne supplémentaire.

QUEENSLAND

Dans Turpentine Rd, qui part vers l'intérieur en longeant la rive gauche de Cooper Creek, près de Thornton Beach, l'*Heritage Lodge* (☎ 4098 9138) est un petit complexe hôtelier assez sophistiqué, qui comprend un élégant restaurant, un magnifique site de baignade et des bungalows assez stylés à partir de 155 $ en double, petit déjeuner compris.

A Thornton Beach, au *Cafe on Sea Kiosk*, petit bar-café décontracté installé sur le front de mer, de bons repas coûtent entre 5 et 12 $. Plus au nord, toujours sur le front de mer, la *Noah Beach Camping Area* compte 16 emplacements ombragés, avec toilettes et eau courante. Les permis s'obtiennent auprès des rangers de Cape Tribulation (☎ 4098 0052).

Cape Tribulation

Les paysages somptueux et les grandes plages qui s'étendent au nord et au sud ont fait la réputation de ce cap couvert de forêts. Entre deux siestes sur la plage, vous pourrez vous promener dans la forêt tropicale, notamment en empruntant la **Dubuji Rainforest Boardwalk**, immédiatement au sud du PK's, ou pratiquer les nombreuses activités que votre hôtel se chargera d'organiser pour vous. Paul Mason's Cape Trib Guided Rainforest Walks (☎ 4098 0070), dans le Mason's Store, propose des promenades de 4 heures dans la journée (23 $), des marches de nuit de 2 heures 30 (25 $) ou des circuits en 4x4.

Autre curiosité touristique de Cape Tribulation, le récif ne se trouve qu'à 45 minutes par vedette rapide. Réservez la veille au soir car les bateaux partent tôt le matin ; on vient vous chercher à votre hôtel. Très populaire, le MV *Jungle Diver* (☎ 4051 5888) offre des sorties amusantes sur le récif à 74 $, déjeuner et plongée de surface compris ; comptez 45 $ pour deux plongées (pensez à réserver). Le catamaran *Rum Runner IX* (☎ 1800 686 444) met le cap sur le récif pour 99 $ (79 $ en stand-by) ; deux plongées coûtent 60 $.

A mi-chemin entre Crocodylus et Cape Tribulation, Wundu Trailrides (☎ 4098 9156) organise des promenades à cheval (45 $, 3 heures).

La **Bat House**, centre de réintégration des chauves-souris frugivores au nord du PK's,

offre la possibilité de voir de près ces créatures impressionnantes, tous les jours de 11h30 à 15h30 (2 $).

Où se loger et se restaurer. Non loin de la magnifique plage de Myall Beach, le *PK's Jungle Village* (☎ 4098 0040) est très bien équipé, avec de confortables bungalows en rondins, une piscine, un bar très animé et un restaurant bon marché. Comptez 18 $ (VIP, 17 $) dans un bungalow de huit lits, 52 $ dans un bungalow en double, ou 8 $ si vous préférez camper. L'ambiance étant ici plutôt à la fête, les amoureux du calme se rendront en face, au *PK's Jungle Lodge* doté de confortables tentes fixes avec ventil., à 57 $ pour une double/lits jumeaux. A côté, le *Boardwalk Takeaway* prépare de bons hamburgers et des en-cas. Le PK's propose des excursions similaires à celles du Crocodylus, et notamment un circuit de dégustation de fruits tropicaux dans les fermes des alentours (8 $)

Immédiatement au sud du PK's, le très chic *Ferntree Rainforest Resort* (☎ 4098 0000) possède des bungalows luxueux, deux piscines, un restaurant et un bar. Les prix commencent à 210 $ pour deux personnes.

A 3 km au nord, la *Cape Trib Beach House* (☎ 4098 0030) est installée dans la forêt près d'une plage isolée. Comptez 8 $ par personne pour un emplacement de tente et 18 $ pour un lit en dortoir. Il existe également des bungalows avec s.d.b.

A 3 km au sud du cap, le *Coconut Beach Rainforest Resort* (☎ 4098 003) loue des logements élégants dotés de tout le confort moderne à partir de 215 $ en double, et des villas à partir de 315 $ la nuit (ou 139 et 199 $ en stand-by).

Le *Daintree Dreaming* (☎ 4098 0008) offre des locations dans quatre maisons privées avec vue sur la jungle ou la mer de Corail. Les tarifs varient de 90 à 200 $ pour une double (réductions sur les séjours de plusieurs jours). Ces propriétés sont entièrement équipées.

DE CAPE TRIBULATION A COOKTOWN

Juste au nord de Cape Tribulation, la spectaculaire Bloomfield Track (piste praticable uniquement en 4x4) s'enfonce dans la forêt pour atteindre la **communauté aborigène de Wujal Wujal**, à 22 km au nord, de l'autre côté du gué de la Bloomfield. Même en 4x4, cette rivière et certaines pistes restent infranchissables en cas de fortes pluies.

Depuis Wujal Wujal, une autre piste, difficile mais praticable avec un véhicule classique par temps sec, remonte à 46 km au nord, jusqu'aux bourgades de **Bloomfield**, **Rossville** et **Helenvale**. Elle rejoint la route principale (en fait une piste) de Cairns à Cooktown, 28 km avant Cooktown.

Où se loger et se restaurer

Le *Bloomfield Beach Camping (☎ 4060 8207)*, à 11 km au nord du Bloomfield River Crossing, propose dans un cadre agréable des emplacements de tente à 8 $ par personne, ainsi qu'un bar et un restaurant, le tout non loin de la plage. Le *Bloomfield Wilderness Lodge (☎ 4035 9166)* se dresse non loin de l'embouchure de la Bloomfield. Réservé aux plus fortunés, il a mis au point des formules complètes pour trois nuits à partir de 723 $ par personne en chambre avec lits jumeaux. Ce prix inclut les transferts en avion, la pension complète et les activités diverses.

Signalé par un panneau, le *Home Rule Rainforest Lodge (☎ 4060 3925)*, à 33 km au nord de la Bloomfield, est une pension toute simple, nichée dans un paysage ravissant et paisible. Elle offre la possibilité de cuisiner et propose des repas à bas prix. Prévoyez 15 $ par personne pour dormir dans des lits superposés ou 6 $ pour planter votre tente. L'établissement organise des promenades à cheval et des marches de 2 heures vers les chutes voisines. Téléphonez de Rossville pour que l'on aille vous chercher.

A 9 km au nord, à Helenvale, au *Lion's Den Hotel (☎ 4060 3911)*, un pub datant de 1875, on vous offrira le couvert pour presque rien et le gîte dans des spartiates simples/doubles pour 18/25 $. Camper près de la rivière revient à 4 $.

COOKTOWN
• Code postal : 4871 •1 410 habitants

Cette petite bourgade peut s'enorgueillir d'avoir été le premier point de peuplement britannique d'Australie. De juin à août 1770, le capitaine Cook y échoua son navire, l'*Endeavour*. Le naturaliste de l'expédition, Joseph Banks, étudia la faune et la flore sur les rives de l'actuelle Endeavour, collecta 186 espèces de plantes et rédigea la première description d'un kangourou faite par un Européen.

Alors que Cook établit des contacts amicaux avec les Aborigènes, les relations se dégradèrent un siècle plus tard, lors de la fondation de Cooktown. L'objectif était d'en faire le port de la ruée vers l'or de la Palmer, à 140 km au sud-ouest. A Battle Camp, à 60 km à l'intérieur des terres, se déroula une importante bataille entre Européens et Aborigènes.

En 1874, bien avant que Cairns ne voie le jour, Cooktown était la deuxième ville du Queensland par sa taille. A son apogée, elle ne comptait pas moins de 94 pubs, presque autant de maisons closes et la population dépassait 30 000 habitants ! La moitié étaient des Chinois dont la présence entraîna de sanglantes émeutes raciales.

A la fin de la ruée vers l'or, les cyclones et la Seconde Guerre mondiale eurent pratiquement raison de la ville. L'ouverture, en 1970, de l'excellent James Cook Historical Museum commença à attirer des visiteurs.

L'atmosphère qui règne à Cooktown et les marques de son fascinant passé justifient le déplacement. Si vous êtes motorisé, vous pourrez découvrir les cascades et les parcs nationaux des environs, ainsi que les galeries d'art rupestre aborigène de Quinkan, près de Laura, et le Lakefield National Park.

Orientation et renseignements

Cooktown est située à l'intérieur d'un cap qui abrite l'embouchure de l'Endeavour. Les trois pubs, la poste, l'ancienne banque ainsi que plusieurs cafés et restaurants bordent Charlotte St, qui part du quai en direction du sud.

Le Cooktown Travel Centre (☎ 1800 001 770), dans le Charlotte Street Centre en face du West Coast Hotel, fournit des renseignements. La Cooktown Library, Helen St, dispose d'un accès Internet/e-mail.

A voir

Plusieurs monuments sont dignes d'intérêt dans Charlotte St. L'un, en face du Sovereign Resort, rappelle l'histoire tragique de Mary Watson (pour plus de détails, reportez-vous à la rubrique *Lizard Island*, plus bas dans ce chapitre). Un peu plus loin vers le quai, vous apercevrez des monuments érigés en mémoire de l'explorateur Edmund Kennedy et du capitaine Cook. Le superbe **James Cook Historical Museum**, situé dans un joli couvent datant de 1880, dans Helen St, près du carrefour de Furneaux St,

présente de magnifiques expositions notamment sur les Aborigènes, les voyages de Cook, la ruée vers l'or et la communauté chinoise (ouvert tous les jours de 9h30 à 16h ; entrée : 5 \$).

Sur Charlotte St, la vitrine du **Jackey Jackey** est décorée d'intéressantes photographies anciennes. Sur l'autre trottoir se dresse la **School of Arts Gallery**. L'ancien **powder magazine** (arsenal), à une courte distance à pied vers la pointe nord de la péninsule, date de 1874. La vue est splendide depuis **Grassy Hill**.

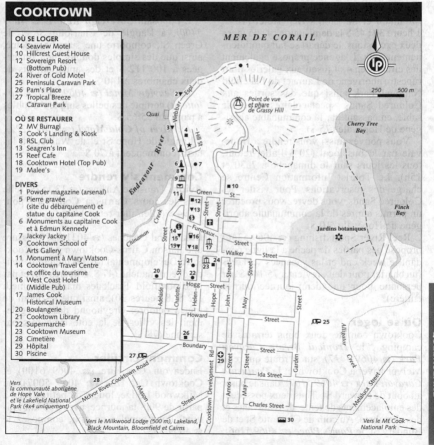

COOKTOWN

OÙ SE LOGER
- 4 Seaview Motel
- 10 Hillcrest Guest House
- 12 Sovereign Resort (Bottom Pub)
- 24 River of Gold Motel
- 25 Peninsula Caravan Park
- 26 Pam's Place
- 27 Tropical Breeze Caravan Park

OÙ SE RESTAURER
- 2 MV Burragi
- 3 Cook's Landing & Kiosk
- 8 RSL Club
- 15 Seagren's Inn
- 15 Reef Cafe
- 18 Cooktown Hotel (Top Pub)
- 19 Malee's

DIVERS
- 1 Powder magazine (arsenal)
- 5 Pierre gravée (site du débarquement) et statue du capitaine Cook
- 6 Monuments au capitaine Cook et à Edmun Kennedy
- 7 Jackey Jackey
- 9 Cooktown School of Arts Gallery
- 11 Monument à Mary Watson
- 14 Cooktown Travel Centre et office du tourisme
- 16 West Coast Hotel (Middle Pub)
- 17 James Cook Historical Museum
- 20 Boulangerie
- 21 Cooktown Library
- 22 Supermarché
- 23 Cooktown Museum
- 28 Cimetière
- 29 Hôpital
- 30 Piscine

MER DE CORAIL

Point de vue et phare de Grassy Hill

Cherry Tree Bay

Finch Bay

Jardins botaniques

0   250   500 m

Quai

Endeavour River

Chinaman Creek

Green St

Furneaux Street

Walker Street

Hogg Street

Howard Street

Boundary Street

Ida Street

Charles Street

Adelaide Street

Charlotte Street

Helen Street

Hope Street

John Street

May Street

Garden Street

Alligator Creek

Melaluca Street

Vers la communauté aborigène de Hope Vale et le Lakefield National Park (4x4 uniquement)

Mcivor River-Cooktown Road

Mason Street

Cooktown Development Rd

Amos Street

Vers le Milkwood Lodge (500 m), Lakeland, Black Mountain, Bloomfield et Cairns

Vers le Mt Cook National Park

Les agréables **Botanic Gardens**, près de Walker St, ont été plantés en 1886. Des sentiers mènent des jardins aux plages des baies de Cherry Tree et de Finch.

Le Mt Cook (431 m), à 1 heure 30 de marche, offre une vue encore plus spectaculaire. Le sentier part du panneau indiquant le Mt Cook National Park, dans Melaleuca St, après la piscine.

Circuits organisés

Cooktown Cruises (☎ 4069 5712) organise chaque jour (départ à 14 heures) des croisières sur l'Endeavour (20 $, 2 heures).

Cooktown Tours (☎ 4069 5125) prévoit des promenades à destination de la Black Mountain et du Lion's Den Hotel (16 $, 1 heure 30 ; 45 $ la demi-journée) ; pour ces deux excursions, le départ se fait quotidiennement à 9h. L'agence propose également des circuits en 4x4 jusqu'aux galeries d'art rupestre aborigène de Laura et du Lakefield National Park ainsi que des sorties aux Coloured Sands, spectaculaires dunes de sable, en passant par la communauté aborigène de Hopevale (75 $).

Vous pouvez aussi vous rendre à Hopevale par le bus local (20 $ l'aller-retour, tous les jours sauf le dimanche à 7h30 et 15h). Le Tourist Information Centre se charge des réservations. Pour visiter les Coloured Sands, vous devrez vous procurer un permis auprès de la communauté aborigène de Hopevale (10 $).

Reel River Sportsfishing (☎ 4069 5346) propose des parties de pêche à la ligne pendant le week-end et les vacances scolaires (un charter pour deux revient à 75/140 $ par personne pour une demi-journée/journée entière).

Où se loger

Cooktown compte deux bons terrains de camping : le *Tropical Breeze Caravan Park* (☎ *4069 5417)*, sur la route qui relie McIvor River à Cooktown, et le *Peninsula Caravan Park* (☎ *4069 5107)*, dans le bush, au bout de Howard St. Tous deux possèdent des emplacements de tente, des caravanes et des chambres. Au coin de Charlotte St et de Bundary St, le *Pam's Place* (☎ *4069 5166)*,

auberge de jeunesse confortable et bien équipée (affiliée à la YHA), dispose d'une piscine, d'une belle cuisine et d'un salon TV. Les lits superposés coûtent 15 $ la nuit, et les doubles/triples 20/18 $ par personne (1 $ de plus pour les non-adhérents).

L'agréable *Milkwood Lodge* (☎ *4069 5007)*, à environ 1 km à l'extérieur de la ville sur la Cooktown Developmental Rd, possède six spacieux bungalows de bois, avec s.d.b. et kitchenette, loués 80 $ la double, petit déjeuner compris.

Vieille pension accueillante, la *Hillcrest Guest House* (☎ *4069 5305, Hope St)* loue des simples/doubles avec s.d.b. commune et petit déjeuner à 30/45 $ au minimum.

L'imposant *Sovereign Resort* (☎ *4069 5400)*, à l'angle de Charlotte St et de Green St, comporte une superbe piscine, ainsi que des simples/doubles bien aménagées à 100/112 $ et des appartements de deux chambres à 140 $.

Le *Seaview Motel* (☎ *4069 5377, Charlotte St)* compte des belles simples/doubles à partir de 55/65 $.

Au *River of Gold Motel* (☎ *4069 5222)*, à l'angle de Hope St et de Walker St, les tarifs commencent à 70 $.

Comment s'y rendre

Avion. Transtate Airlines (☎ 13 1528) relie tous les jours Cairns à Cooktown pour 73/94 $ (aller/aller-retour).

Bus. Coral Coaches (☎ 4031 7577) assure une liaison Cairns-Cooktown par la Cooktown Developmental Rd, les mercredi, vendredi et dimanche (47 $, 6 heures 30) et par la Bloomfield Track les mardi et samedi (52 $, 8 heures 30), ainsi que les jeudi de juin à octobre. Greyhound dessert également les villes de la côte trois fois par semaine (78 $).

Comment circuler

Endeavour Car Hire (☎ 4069 6100) et Cooktown Car Hire (☎ 4069 5007), au Milkwood Lodge, louent de petites Jeep à partir de 90 $ la journée, avec 150 km gratuits. Pour appeler un taxi, composez le ☎ 4069 5387.

LIZARD ISLAND

Lizard, la plus septentrionale des îles dotées d'infrastructures touristiques de la Grande Barrière, est à 100 km de Cooktown. Joseph Banks la dénomma ainsi du fait de la présence de nombreux lézards.

Une tragédie s'y déroula en 1881 lorsque la femme d'un colon, Mary Watson, prit la mer dans un grand chaudron en métal accompagnée de son fils et d'un serviteur chinois pour fuir les Aborigènes qui avaient tué un autre domestique alors que son mari était parti pêcher en mer. Les trois malheureux moururent de soif sur une petite île déserte du nord. Mary laissa derrière elle un journal narrant la tragédie de leurs derniers jours (ce drame est relaté au musée de Cooktown).

Cette île rocailleuse et montagneuse possède de superbes plages. On peut se baigner, visiter les ruines de la maison des Watson, séjourner dans un complexe hôtelier de luxe ou camper. L'île abrite également un centre de recherche. Vous pourrez vous promener, observer les oiseaux et admirer la vue depuis le Cook's Look.

Où se loger

Le petit *terrain de camping* du QPWS, à Watson's Bay, dispose d'un endroit pour faire du feu et de toilettes. Vous trouverez une pompe à eau à 250 m de distance. Les permis de camper doivent être retirés au bureau de l'EPA (☎ 4052 3096) de Cairns, et vous devez vous munir de provisions. Vous aurez également besoin de charbon de bois – faire du feu est interdit, de même que ramasser du bois sur l'île, notamment du bois d'épave ; et les petits avions n'ont pas le droit de transporter de gaz ou de pétrole pour les réchauds.

Au très luxueux *Lizard Island Resort* (☎ 4060 3999), les simples/doubles coûtent à partir de 890/1 080 $ par jour en pension complète, activités comprises. En raison de sa situation à l'écart, ce complexe hôtelier a été pendant longtemps un refuge très prisé des vedettes.

Comment s'y rendre

Sunstate Airlines dessert Lizard Island au départ de Cairns (194 $ l'aller simple), d'où Aussie Airways (☎ 1800 620 022) organise une belle excursion d'une journée (299 $ par personne, déjeuner et équipement de plongée compris). Marineair Seaplanes (☎ 4069 5860) propose des formules comparables au départ de Cooktown (195 $) et dépose sur l'île ceux qui veulent y camper (400 $ jusqu'à quatre personnes).

L'Outback

Lorsque l'on se dirige vers l'ouest en venant de la côte du Queensland, une fois franchies les hauteurs de la Great Dividing Range, le pays devient rapidement plus sec, les villes plus petites et plus éloignées les unes des autres.

La région, peu peuplée, est néanmoins correctement desservie par le réseau routier. La Flinders Highway relie le nord du Queensland au Territoire du Nord, et, malgré l'importance que lui confère l'appellation de Highway 1 d'Australie, elle se résume en de nombreux endroits à une étroite bande de bitume en mauvais état. A l'ouest de Conclurry, elle devient la Barkly Highway. La Capricorn Highway longe le tropique du Capricorne entre Rockhampton et Longreach, tandis que la Landsborough Highway et la Mitchell Highway vont de la frontière de la Nouvelle-Galles du Sud (au sud de Cunnamulla) à Mt Isa.

Dès que l'on quitte ces voies principales, l'état des routes se dégrade rapidement, et les services sont pratiquement inexistants. Il faut donc être totalement indépendant et transporter son carburant, ses pièces détachées et son eau. Si vous êtes bien préparé, vous pouvez emprunter les grandes pistes de l'Outback australien qui relient le Queensland à l'Australie-Méridionale (la Strzelecki Track ou la Birdsville Track par exemple) ou au Territoire du Nord (par la Plenty Highway ou la Sandover Highway).

Comment s'y rendre

Avion. La plupart des villes de l'Outback sont desservies par la compagnie Flight West Airlines. Ansett assure également des vols à destination de Mt Isa depuis Cairns

(289 $) et Brisbane (451 $), tandis qu'Airlines of South Australia (☎ 08 8642 3100) propose un vol le samedi de Port Augusta (Australie-Méridionale) à Birdsville (255 $ l'aller simple), Bedourie et Boulia.

Bus. McCafferty's (☎ 13 1499) effectue trois grandes liaisons dans l'Outback : de Townsville à Mt Isa (avec continuation vers le Territoire du Nord), de Rockhampton à Longreach et de Brisbane à Mt Isa (*via* Longreach). Greyhound Pioneer (☎ 13 2030) relie également Townsville au Territoire du Nord.

Train. Trois trains relient la côte à l'intérieur deux fois par semaine. Le *Spirit of the Outback* fait Brisbane-Longreach (*via* Rockhampton) ; le *Westlander* Brisbane-Charleville, où des bus assurent la correspondance pour Cunnamulla et Quilpie ; l'*Inlander* Townsville-Mt Isa.

MT ISA
• code postal 4825 • 21 750 habitants

La ville minière de Mt Isa, pleine d'intérêts, doit son existence à la présence d'importants gisements de cuivre, d'argent, de plomb et de zinc. Appelée couramment *The Isa*, elle jouit d'une relative prospérité, mais la vie y est assez rude. Le nombre d'emplois a attiré les membres de près de soixante groupes ethniques.

Les premiers dépôts de Mt Isa furent découverts en 1923 par un prospecteur du nom de John Campbell Miles, qui baptisa l'endroit Mt Isa, une déformation de Mt Ida, un gisement aurifère d'Australie-Occidentale. Seule une société pouvait exploiter cet important gisement dont la faible teneur en minerai exigeait de gros investissements. Les Mt Isa Mines furent fondées en 1924, mais il fallut attendre la Seconde Guerre mondiale pour que Mt Isa prenne son essor. La ville, qui figure aujourd'hui parmi les plus grands producteurs d'argent et de plomb du monde, est gérée en quasi-totalité par les Mt Isa Mines.

Orientation et renseignements
La Leichhardt marque la séparation entre le centre, assez dense, et la zone minière, qui s'étend à l'ouest.

Le Riversleigh Fossils Interpretive Centre & Tourist Office (☎ 4749 1555), à Centenary Park dans Marian St, ouvre en semaine de 8h à 16h30 et de 9h à 14h le week-end. Vous trouverez également un bureau et un dépôt Greyhound Pioneer.

La Book Country, dans la galerie marchande située 27 Simpson St, est une excel-

Les pompes à eau – tirée des puits artésiens et qui permet d'abreuver le bétail – ponctuent le paysage de l'Outback

lente librairie. La Mt Isa Newsagency, Miles St, offre un accès Internet/e-mail, moyennant 5 $ les 30 minutes.

La mine
Elle constitue le principal centre d'intérêt de la ville et propose deux types de visites, toutes deux très populaires, à réserver auprès de l'office du tourisme (☎ 4749 1555).

La visite souterraine (4 heures), pour laquelle un casque et un vêtement de mineur sont fournis, vous conduit dans une partie des 4 600 km de galeries. Chaque visite regroupe neuf personnes au maximum (âgées d'au moins 16 ans). Les visites ont lieu du lundi au vendredi à 7h30 et à 11h30 et coûtent 35 $.

La visite de 2 heures en surface (en bus) est organisée par Campbell's Tours and Safaris. Le bus vient vous chercher et vous emmène dans les principaux ateliers et sites miniers. Le prix du billet (15 $) comprend également l'accès au **John Middlin Mining Display & Visitor Centre**. Les excursions sont organisées en semaine à 11h. Le centre d'exposition de la société de Church St appartient également à la compagnie minière de Mt Isa. Il présente des spectacles audiovisuels, des photographies et une "simulated underground experience" (expérience souterraine simulée). Il est ouvert en semaine de 9h à 16h et le week-end de 9h à 14h (horaire réduit en été) ; prévoyez 4 $ pour la visite.

Autres curiosités
Le **Frank Aston Museum** est un complexe en partie souterrain, érigé sur une colline à l'angle de Shackleton St et de Marian St. Vous verrez divers objets ayant trait à la mine, d'anciennes radios des Flying Doctors, des expositions sur la communauté aborigène locale. Il est ouvert tous les jours de 9h à 16h (5 $).

Aménagé dans l'office du tourisme, le **Riversleigh Fossils Interpretive Centre** abrite une importante collection de fossiles couvrant une période de 25 millions d'années qui ont fourni des informations précieuses sur l'évolution de la faune et de la flore australiennes. Les fossiles ont été mis au jour dans une exploitation proche du Lawn Hill National Park, à 250 km au nord-ouest de Mt Isa, et qui figure désormais sur la liste du Patrimoine mondial. Le centre expose des dioramas représentant certaines des créatures découvertes. Il est aussi possible de visiter le laboratoire de traitement des fossiles. Ouvert tous les jours de 8h30 à 16h30 (5 $).

À côté de l'office du tourisme, le **Kalkadoon Tribal Centre & Culture-Keeping Place**, géré par les anciens de la communauté kalkadoon locale, expose une petite collection d'objets aborigènes (1 $).

Une grande **piscine** se trouve dans Isa St, près des courts de tennis. Le **lac Moondarra**, à 16 km au nord de la ville, accueille les amateurs de canotage.

Le plus important rodéo d'Australie a lieu en août à Mt Isa.

Circuits organisés
Vous pouvez réserver plusieurs circuits intéressants par l'intermédiaire de l'office du tourisme (☎ 4749 1555). Campbell's Tours and Safaris (☎ 4743 2006) organise un camping-safari de trois jours au Lawn Hill National Park et aux site fossilifères de Riversleigh (340 $ avec repas et matériel).

Look-About Trips (☎ 4743 9523) offre des excursions d'une journée à Kajabbi et Lake Julius, un tour de la ville de nuit (10 $) et un circuit de la ville d'une demi-journée (15 $). Air Mt Isa (☎ 4743 2844), qui assure le service postal, accepte de transporter des touristes lors de ses deux tournées hebdomadaires (320 $ par personne ; réservation obligatoire). La compagnie propose en outre une excursion d'une journée à Riversleigh pour un minimum de 300 $ par personne.

Où se loger – petits budgets
Campings. Sur la Leichhardt, à environ 2 km au nord du centre, le ***Riverside Tourist Park*** (*☎ 4743 3904, 195 Little West St*) loue des emplacements de tente à 12 $ et des bungalows à partir de 58 $. Le ***Cooper City Caravan Park*** (*☎ 4743 4676, 185 Little West St*) possède des caravanes fixes à 35 $ et des bungalows à partir de 45 $. Vous pouvez planter votre tente pour 12 $. Ces deux campings disposent d'une piscine.

QUEENSLAND

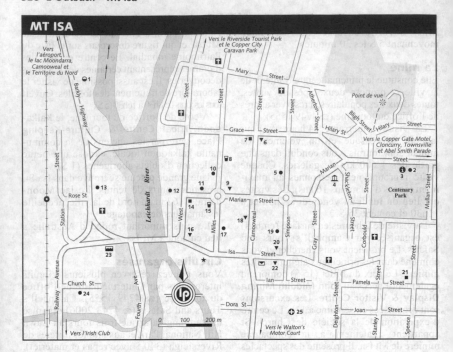

MT ISA

Vers le Riverside Tourist Park
et le Copper City
Caravan Park

Vers
l'aéroport,
le lac Moondarra,
Camooweal et
le Territoire du Nord

Point de vue

Vers le Copper Gate Motel,
Cloncurry, Townsville
et Abel Smith Parade

Centenary
Park

Leichhardt River

Vers l'Irish Club

Vers le Walton's
Motor Court

0   100   200 m

Le ***Moondarra Caravan Park*** (☎ 4743 9780), à 4 km au nord de la ville sur la route de Lake Moondarra, loue des emplacements ombragés en bordure de rivière à 13 $ pour deux personnes.

Le ***Travellers Haven*** (☎ 4743 0313), à 500 m du centre, à l'angle de Spencer St et de Pamela St, est le meilleur hébergement bon marché. Calmes et propres, toutes les chambres sont équipées de la clim. et d'un réfrigérateur ; les lits superposés, installés dans de petits dortoirs commencent à 14 $ (13 $ VIP), les simples/doubles à 26/34 $. Vous pourrez profiter d'une belle piscine et louer des vélos. La navette est gratuite.

Où se loger – catégorie moyenne

Le ***Boyd Hotel*** (☎ 4743 3000), à l'angle de West St et de Marian St, comporte des chambres sommaires avec s.d.b. commune à 35/55 $.

Le ***Walton's Motor Court*** (☎ 4743 2377, 23 Camooweal St), immédiatement au sud du centre, et le ***Copper Gate Motel*** (☎ 4743 3233, 97 Marian St), près de l'entrée est de la ville, facturent 50/60 $ pour une simple/double.

Si vous cherchez un établissement plus haut de gamme, la ***Burke & Wills Motor Inn*** (☎ 4743 8000), à l'angle de Grace St et de Camooweal St, est un imposant bâtiment moderne qui abrite un restaurant et une piscine et où les prix des chambres s'échelonnent entre 92 et 120 $.

Où se restaurer

Les clubs de Mt Isa comptent parmi les meilleurs endroits pour se restaurer. L'*Irish Club*, 2 km au sud du centre-ville, au coin de Buchley Ave et de Nineteenth Ave, offre un excellent rapport qualité/prix avec des déjeuners-buffets à 8 $, des dîners-buffets à 13 $ et des plats de bistrot de 6 à 12 $.

MT ISA

OÙ SE LOGER
7 Burke & Wills Motor Inn
14 Boyd Hotel
21 Travellers Haven

OÙ SE RESTAURER
6 Buffs
9 Flamenco Cafe
16 Eagle Boys
18 Los Toros Mexican Restaurant
20 Red Lantern Chinese Restaurant
22 The Tavern

DIVERS
1 Terminal de Campbell's Coaches
2 Kalkadoon Tribal Centre & Culture-Keeping Place
3 Riversleigh Fossils Interpretive Centre et office du tourisme
4 Frank Aston Museum
5 Book Country
8 Switches Nightclub
10 Mt Isa Newsagency
11 Cinema Mt Isa
12 Civic Centre
13 Royal Flying Doctor Service
15 Mt Isa Hotel
17 Ansett
19 RACQ
23 Piscine
24 John Middlin Mining Display & Visitor Centre
25 Hôpital

A l'angle de Camooweal St et de Grace St, le *Buff*s sert également de bons plats entre 8 et 14 $. Les visiteurs de passage doivent s'inscrire au titre de membres honoraires, et une tenue correcte est exigée.

Comment s'y rendre

Avion. Ansett, 8 Miles St, dessert quotidiennement Brisbane (451 $) et Cairns (289 $). Transtate Airlines (☎ 13 1528) assure une liaison régulière entre Mt Isa et Cairns (391 $, en semaine), avec des escales dans différentes villes du Gulf Savannah, notamment Normanton (266 $) et Karumba (260 $), et propose trois fois par semaine des vols directs depuis/vers Cairns.

Bus. Le terminal de Campbell's Coaches (☎ 4743 3685), 27 Barkly Highway, abrite les bus de McCafferty's, alors que ceux de Greyhound Pioneer s'arrêtent derrière le Riversleigh Fossils Centre & Tourist Office de Marian St. Les deux compagnies assurent des liaisons quotidiennes entre Townsville et Mt Isa (9 heures 30, 84 $), d'où elles poussent ensuite jusqu'à Tennant Creek, en Territoire du Nord (7 heures 30, 75 $). De là, on peut gagner Darwin au nord (176 $ depuis Mt Isa) ou Alice Springs au sud (153 $). Tous les jours, McCafferty's dessert aussi Brisbane (24 heures, 112 $) par l'intérieur, et s'arrête à Winton (52 $) ainsi qu'à Longreach (59 $).

Ruby Charters Coaches (☎ 4743 0576) dessert Normanton (54 $) et Karumba (62 $) une fois par semaine, depuis le Riversleigh Fossils Centre.

Train. Le train climatisé *Inlander* fonctionne deux fois par semaine de Townsville à Mt Isa *via* Charters Towers, Hughenden et Cloncurry. Le voyage dure 18 heures et coûte 192 $ en wagon-lit de 1re classe ou 125 $ en classe économique.

Australie-Méridionale (SA)

L'Australie-Méridionale est le plus sec de tous les États ; même l'Australie-Occidentale ne compte pas une telle superficie de terres semi-désertiques. C'est également le plus urbanisé. Adelaide, la capitale, avait jadis la réputation d'être la capitale du puritanisme (des *wowsers*, les grenouilles de bénitier), et on l'appelle souvent la "ville des églises". Les églises sont toujours là, mais les temps ont bien changé. Aujourd'hui, la ville est plutôt connue pour son caractère culturel, que consacre sa biennale artistique, l'Adelaide Festival of Arts. La fin du puritanisme n'est nulle part plus évidente qu'à la Fête du vin ou Vintage Festival, qui a lieu tous les deux ans dans la Barossa Valley. Pour illustrer encore l'attitude libérale de l'Australie-Méridionale, il suffit de rappeler que c'est le premier État à avoir autorisé officiellement une plage de naturistes (Maslin Beach, près d'Adelaide).

L'Australie-Méridionale est renommée pour ses vignobles et ses *wineries* (domaines viticoles). Au nord d'Adelaide, la Barossa Valley est probablement la région productrice de vin la plus connue d'Australie, mais la belle Clare Valley et les régions de Coonawarra et de McLaren Vale sont également réputées.

Plus au nord, les Flinders Ranges, une chaîne de montagnes escarpées, offrent des paysages somptueux et de superbes possibilités de randonnée, tandis que le vaste Outback compte les terres semi-désertiques les plus inhospitalières mais les plus fascinantes de toute l'Australie. La longue route vers l'Ouest, qui traverse la plaine de Nullarbor, longe les falaises de la Grande Baie australienne d'où l'on peut observer les baleines à Head of Bight. Sans parler du fleuve Murray, de la sauvage côte est, de la fascinante Kangaroo Island et des péninsules d'Eyre, de Yorke et de Fleurieu.

C'est le 28 décembre 1836 que le colonel William Light débarqua dans la baie de Holdfast (aujourd'hui Glenelg). Il proclama la région colonie britannique et choisit un

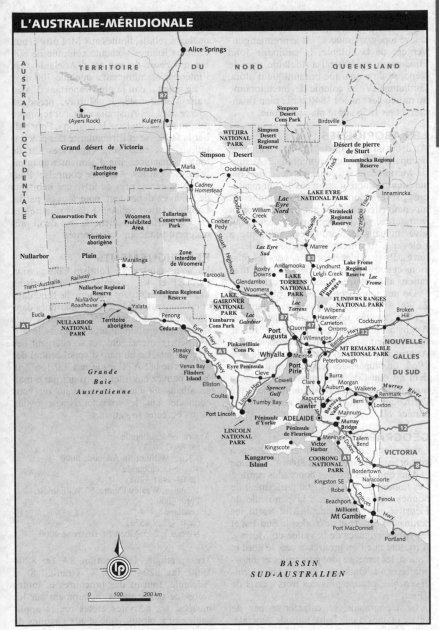

L'AUSTRALIE-MÉRIDIONALE

AUSTRALIE-OCCIDENTALE

TERRITOIRE DU NORD

QUEENSLAND

Alice Springs

Uluru (Ayers Rock)

Kulgera

Grand désert de Victoria

Territoire aborigène

Mintabie

Marla

Oodnadatta

Birdsville

WITJIRA NATIONAL PARK

Simpson Desert

Simpson Desert Regional Reserve

Simpson Desert Cons Park

Désert de pierre de Sturt

Innamincka Regional Reserve

Cadney Homestead

Conservation Park

Woomera Prohibited Area

Tallaringa Conservation Park

Coober Pedy

William Creek

Oodnadatta Track

LAKE EYRE NATIONAL PARK

Lac Eyre Nord

Strzelecki Regional Reserve

Innamincka

Territoire aborigène

Plain

Marralinga

Zone interdite de Woomera

Stuart Highway

Lac Eyre Sud

Marree

Birdsville Track

Strzelecki Track

Nullarbor

Tarcoola

Andamooka

Roxby Downs

Lyndhurst

Leigh Creek

Lake Frome Regional Reserve

Lac Frome

Trans-Australia Railway

Nullarbor Regional Reserve

Yellabinna Regional Reserve

Glendambo

Woomera

LAKE TORRENS NATIONAL PARK

Flinders Ranges

Nullarbor Roadhouse

Yalata

Penong

Yalata

LAKE GAIRDNER NATIONAL PARK

Lac Gairdner

Wilpena

FLINDERS RANGES NATIONAL PARK

Broken Hill

Eucla

NULLARBOR NATIONAL PARK

Territoire aborigène

Ceduna

Yumbarra Cons Park

Hawker

Carrieton

Orroroo

Cockburn

NOUVELLE-

Eyre Hwy

Flinders Hwy

Pinkawillinie Cons Pk

Port Augusta

Quorn

Wilmington

Barrier Hwy

32

Streaky Bay

Eyre Peninsula

Whyalla

Melrose

MT REMARKABLE NATIONAL PARK

GALLES

Grande Baie Australienne

Venus Bay Flinders Island

Cleve

Port Pirie

Peterborough

DU SUD

Elliston

Cowell

Clare

Burra

Morgan

Waikerie

Murray River

Lincoln Hwy

Spencer Gulf

Auburn

Kapunda

Berri

Renmark

Coulta

Tumby Bay

Barossa Valley

Loxton

Port Lincoln

Gawler

Mannum

LINCOLN NATIONAL PARK

Péninsule d'Yorke

ADELAIDE

Murray Bridge

12

Péninsule de Fleurieu

Meningie

Tailem Bend

Dukes Hwy

VICTORIA

Kingscote

Victor Harbor

Kangaroo Island

COORONG NATIONAL PARK

Bordertown

8

Kingston SE

Naracoorte

Robe

Princes Hwy

Penola

Beachport

Millicent

Mt Gambier

Hwy

Port MacDonnell

Portland

BASSIN SUD-AUSTRALIEN

0   100   200 km

site pour la capitale, à 10 km à l'intérieur des terres. Light conçut la cité et en fit le relevé topographique. C'est le premier gouverneur de la colonie, le capitaine John Hindmarsh, qui la baptisa Adelaide, nom de l'épouse du monarque britannique d'alors, Guillaume IV. La colonie devint autonome au milieu des années 1840 sur le plan financier, et en 1856 sur le plan politique.

LES ABORIGÈNES

Au début du XIXe siècle, 12 000 Aborigènes occupaient, selon les estimations, l'Australie-Méridionale. Au cours des décennies qui suivirent, nombre d'entre eux furent massacrés par les colons blancs ou succombèrent aux nouvelles maladies que ceux-ci avaient introduites. A l'exception de ceux qui vivaient dans le Nord-Ouest, impropre à l'élevage, ils furent dépossédés de leurs terres. Ils se déplacèrent alors vers les missions et autres lieux d'accueil où sécurité et rations alimentaires leurs étaient offertes.

De nos jours, cependant, la plupart des 21 000 Aborigènes de l'État vivent dans des centres urbains tels qu'Adelaide et Port Augusta. L'Australie-Méridionale fut le premier État à reconnaître la propriété des Aborigènes sur leurs terres ancestrales, en 1966. La plupart des territoires qui s'étendent à l'ouest de la Stuart Highway et au nord de la ligne de chemin de fer menant à Perth leur furent rétrocédés au début des années 80.

GÉOGRAPHIE

La population d'Australie-Méridionale, peu nombreuse, se concentre à 80% à Adelaide et dans quelques grosses bourgades rurales. Les régions du Sud de l'État renferment de bonnes terres agricoles : la péninsule de Fleurieu, près d'Adelaide, le Mid-North, les péninsules d'Eyre et de Yorke, le Sud-Est et les zones irriguées de la vallée du Murray. A mesure que l'on progresse vers le nord et l'ouest, les terres se font plus arides et inhospitalières. L'Outback, vaste zone semi-désertique, occupe plus des trois quarts de l'État.

La topographie se caractérise par de vastes plaines et une faible altitude générale.

Plus de 80% des terres n'excèdent pas 300 m au-dessus du niveau de la mer. Les quelques reliefs, limités aux Mt Lofty et aux Flinders Ranges – chaîne continue de 800 km qui court du sud-est d'Adelaide vers l'intérieur –, culminent à quelque 700 m.

Le cours d'eau le plus important d'Australie-Méridionale, le Murray, prend sa source dans les Australian Alps et rejoint la mer au niveau du lac Alexandrina. Pour pallier la faiblesse et l'irrégularité des précipitations, ses eaux sont canalisées sur de longues distances afin d'alimenter de nombreuses localités, Adelaide comprise. Pour être plus exact, près de 90% des habitants de l'État en dépendent, pour tout ou partie. La dégradation constante de la qualité des eaux et l'affaiblissement de leur débit préoccupent beaucoup les autorités.

RENSEIGNEMENTS

La South Australian Tourism Commission (SATC) et les organismes de tourisme locaux publient toute une série de brochures et de journaux sur la région, distribués dans les bureaux de la SATC. Ces derniers vous renseignent également sur les circuits, le tarif des hébergements, etc., et se chargent des réservations. Le numéro d'appel central des agences de la SATC est le ☎ 1300 366 770. Vous pouvez aussi les interroger par e-mail au sthaustour@tourism.sa.gov.au ou vous connecter sur le www.tourism.sa.gov.au. Leurs bureaux se situent :

Australie-Méridionale
  (☎ 8303 2033)
  1 King William St, Adelaide 8000
Australie-Occidentale
  (☎ 08-9481 1268)
  1er étage, Wesley Centre, 93 William St, Perth 6000
Queensland
  (☎ 07-3229 8533)
  Niveau 1, 245 Albert St, Brisbane 4000

Très pratique, Information SA (☎ 8204 1900, fax 8204 1909), 77 Grenfell St, à Adelaide, fournit des brochures et toutes sortes de publications, notamment sur les musées, les activités et les règles applicables au cyclotourisme et aux chemins de randonnée. Il ouvre en semaine uniquement, de 9h à 17h.

PARCS NATIONAUX

L'Australie-Méridionale compte plus de 300 réserves naturelles, dont des parcs nationaux, des parcs de loisirs, des réserves de gibier et des réserves régionales, qui couvrent environ 22% de la superficie de l'État et représentent des écosystèmes très variés. Les plus vastes d'entre elles se trouvent dans l'Outback et, même si certaines ne sont que des salines géantes, beaucoup offrent des paysages splendides.

Deux des parcs nationaux les plus connus d'Australie, le Flinders Chase National Park, sur Kangaroo Island, et le Flinders Ranges National Park dans – surprise ! – les Flinders Ranges, sont en Australie-Méridionale.

La gestion quotidienne de ces zones protégées est assurée par la National Parks & Wildlife SA (qui dépend du Department of Environment, Heritage & Aboriginal Affairs). Pour tout renseignement sur les parcs nationaux et les réserves naturelles, contactez l'Environment Shop (☎ 8204 1910, fax 8204 1919), 77 Grenfell St, à Adelaide, ouvert en semaine de 9h à 17h.

Si vous projetez de visiter les parcs d'Australie-Méridionale, procurez-vous un Four Week Holiday Parks Pass (15 $), qui couvre l'entrée et donne le droit de camper dans quelques-uns des parcs les plus appréciés, excepté ceux du désert (qui font l'objet d'un autre forfait). L'Environment Shop pourra vous renseigner sur les diverses formules et sur leurs points de vente – et, le cas échéant, vous vendre un Pass.

ACTIVITÉS SPORTIVES
Randonnées dans le bush

Près d'Adelaide, de nombreuses randonnées sont possibles dans les Mt Lofty Ranges, notamment dans le Belair National Park, dans les parcs naturels de Cleland et de Morialta, ainsi que dans le parc de loisirs de Para Wirra.

Dans les Flinders Ranges, vous pouvez entreprendre de superbes randonnées dans les parcs nationaux du Mt Remarkable et des Flinders Ranges et, plus au nord, dans

celui des Gammon Ranges et l'Arkaroola-Mt Painter Wildlife Sanctuary. Le **Heysen Trail**, une piste de 1 200 km de long, serpente vers le sud depuis Blinman, au centre des Flinders Ranges, jusqu'à Cape Jervis, à l'extrémité sud de la péninsule de Fleurieu.

Plusieurs clubs de randonnée (*bushwalking*) de la région d'Adelaide organisent des week-ends de marche dans les massifs du Mt Lofty et des Flinders, et bon nombre d'agences à Adelaide proposent des excursions guidées. Vous pouvez vous informer auprès des boutiques de matériel de randonnée de Rundle St, telles que Paddy Pallin (☎ 8232 3155) ou le Scout Outdoor Centre (☎ 8223 8224).

Women of the Wilderness (☎ 8227 0155), un club de femmes logeant à la YWCA, 17 Hutt St, dispense des cours et organise pour les femmes des activités telles que des randonnées, du canoë et du surf.

Sports nautiques

Canoë et voile. Le Murray et le Coorong (au sud de Murray Bridge) sont réputés pour le canoë. Les visiteurs de passage peuvent louer l'équipement et se joindre à des groupes pour participer à des expéditions organisées par les associations de canoë. Toute la côte du golfe de St Vincent autour d'Adelaide est propice à la navigation et compte de très nombreux clubs de voile.

Plongée. Les possibilités de plongée ne manquent pas dans les environs d'Adelaide. Près de Glenelg, un récif artificiel a été construit sur une épave de navire, tandis qu'à Port Noarlunga (18 km au sud), vous pouvez plonger depuis le rivage dans la Marine Reserve ou à partir d'un bateau dans l'épave du navire de pêche *HA Lum*.

Malgré les effets du ruissellement des eaux d'orage, les récifs près de Snapper Point et Aldinga (respectivement à 42 et à 43 km au sud) restent praticables. Snapper Point convient parfaitement pour la plongée de surface, mais choisissez plutôt Aldinga Reef pour la plongée de profondeur.

Dans les eaux claires de Second Valley, à 65 km au sud d'Adelaide, vous pourrez accéder à des grottes. A Rapid Bay, 23 km plus loin, plongez de la jetée pour admirer une faune sous-marine abondante. Essayez aussi les jetées autour de la péninsule de Yorke, les récifs près de Port Lincoln, ainsi que les récifs, les épaves et les bassins autour de Kangaroo Island. Tous les magasins de plongée d'Adelaide seront à même de vous indiquer où plonger.

Baignade et surf. D'agréables plages propices à la baignade bordent le littoral de l'Australie-Méridionale. Seacliff, Brighton, Somerton, Glenelg, West Beach, Henley Beach, Grange, West Lakes, Semaphore, Glanville et Largs Bay sont toutes des plages urbaines très fréquentées. Plus au sud, quantité de plages sont recommandées pour le surf, notamment Seaford et Southport. Le naturisme est autorisé à Maslin Beach, à 40 km au sud de la ville.

Vous devrez gagner Pondalowie Bay, sur la péninsule de Yorke, pour trouver les meilleures vagues de l'État. Il existe d'autres endroits convenant à la pratique du surf sur la péninsule d'Eyre entre Port Lincoln et Ceduna. Cactus Beach, près de Penong à l'ouest de Ceduna, est célèbre à travers le monde. Plus près d'Adelaide et de Victor Harbor, sur la péninsule de Fleurieu, Waitpinga Beach, Middleton et Port Elliot offrent souvent de bonnes vagues.

COMMENT S'Y RENDRE

Consultez *Comment s'y rendre* dans *Adelaide* pour avoir des détails sur les moyens d'accès en Australie-Méridionale. Il est interdit de transporter du miel, des plantes, des fruits et des légumes vers l'Australie-Occidentale, au-delà du poste de contrôle de Border Village. Il existe un poste similaire à Ceduna pour les véhicules allant vers l'Est. A la frontière avec le Victoria, des postes sont implantés sur la Mallee Highway à Pinnaroo, et sur la Sturt Highway entre Mildura et Renmark. Un autre poste arrête les véhicules venant de Broken Hill à Oodla-Wirra, sur la Barrier Highway.

COMMENT CIRCULER
Avion

Kendell Airlines (réservations par l'intermédiaire d'Ansett au ☎ 13 1300) est le principal

Le Heysen Trail

Destiné à devenir l'un plus beaux itinéraires de grande randonnée du monde, le Heysen Trail offre un parcours de 1 200 km : ce sentier conduit du Cape Jervis, à l'extrémité de la péninsule de Fleurieu, jusqu'à la Parachilna Gorge, dans le nord des Flinders Ranges. Cet itinéraire permet de traverser les Mt Lofty Ranges, la région viticole de la Barossa Valley, de découvrir Burra – fascinante cité d'exploitation du cuivre, dans la région du Mid-North –, puis s'enfonce dans les Flinders Ranges, escalade le Mt Remarkable et le Mt Brown et s'arrête à Wilpena Pound.

Le chemin doit son nom à Sir Hans Heysen (1877-1968), le plus célèbre peintre de paysages d'Australie-Méridionale, d'origine allemande. Arrivé à Adelaide à l'âge de sept ans, il vendit sa première toile neuf ans plus tard. Il connut la notoriété de son vivant et remporta de prestigieux prix Parmi les sujets de prédilection figurent l'eucalyptus et les paysages du Mt Lofty et des Flinders Ranges.

Le Heysen Trail pose aux randonneurs un remarquable défi, mais on peut aussi se contenter de quelques étapes sur une ou plusieurs journées. Pour réduire les risques d'incendie, il ferme de novembre à avril.

D'excellentes cartes donnant le détail des 15 sections du Heysen Trail sont en vente chez Information SA et à l'Environment Shop, tous deux au 77 Grenfell St, à Adelaide (6,50 $), ainsi que dans les boutiques de matériel de randonnée de Rundle St et les magasins spécialisés dans les cartes.

transporteur aérien de la région. Ses vols au départ d'Adelaide desservent Mt Gambier, Kangaroo Island, Port Lincoln, Ceduna, Coober Pedy et Broken Hill (en Nouvelle-Galles du Sud). Pour les prix, reportez-vous à la carte *Tarifs aériens dans le SA*.

Bus

En dehors des grandes compagnies inter-États, les liaisons locales sont assurées par

Premier Stateliner (☎ 8415 5555) et quelques opérateurs locaux de moindre importance.

Train

L'Australie-Méridionale possède des lignes de banlieue et quelques parcours touristiques, mais aucune liaison ferroviaire intérieure pour passagers. Vous pouvez toutefois circuler dans l'État en empruntant ici et là l'*Indian Pacific* (qui va de Sydney à Perth), le *Ghan* (de Sydney et Melbourne à Alice Springs *via* Adelaide) ou l'*Overland* (Adelaide-Melbourne). Voir *Train* au chapitre *Comment circuler* et, plus bas *Comment circuler*, dans *Adelaide*.

Adelaide

• **Code postal : 5000** • **1 070 000 habitants**
Adelaide est une cité à la fois imposante et gracieuse, si l'on peut dire : les premiers colons utilisaient généralement la pierre dans la construction. Par ailleurs, la ville n'a pas totalement perdu son conservatisme et elle compte toujours de "vieilles fortunes".

Plus policée et plus calme qu'aucune autre capitale d'État australienne, Adelaide bénéficie en outre d'un cadre superbe : le centre-ville est entouré d'espaces verts et la métropole est lovée entre la mer et les hauteurs des Mt Lofty Ranges.

Orientation

Le centre-ville forme un quadrillage de rues très régulier, émaillé de nombreuses places. Le cœur en est Victoria Square et l'artère principale, King William St. La plupart des rues transversales changent de nom de part et d'autre de King William St.

Pittoresque et toujours très animé, Rundle Mall abrite la plupart des grandes boutiques. De l'autre côté de King William St, Rundle Mall prend le nom de Hindley St. On y trouve quantité de snack-bars et de restaurants à des prix raisonnables, ainsi que bon nombre de bars aux néons flamboyants et de clubs de danse. Mais, aujourd'hui, Hindley St semble décidément de plus en plus ennuyeuse et ne vaut pas Rundle St, cœur cosmopolite d'Adelaide et quartier de l'avant-garde artistique.

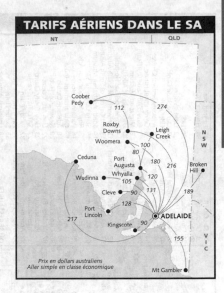

C'est là que vous trouverez ce qui se fait de mieux en matière de dîner en plein air, de vêtements rétro et *grunge*.

La rue parallèle à Hindley St est North Terrace, avec le casino et la gare ferroviaire de banlieue juste à l'ouest de King William St. Elle est bordée de magnifiques bâtiments publics, notamment la galerie d'art, le musée, la bibliothèque et l'université de l'État à l'est.

Plus au nord, on parvient à North Parkland et au Festival Centre ; King William Rd traverse ensuite la Torrens River et entre dans North Adelaide.

Cartes. Vous en trouverez un choix très complet chez Mapland, 300 Richmond Rd, Netley, et, en ville, au Land Information Centre (25 Pirie St) ou à The Map Shop (16A Peel St).

Renseignements

Offices du tourisme. Le SATC Travel centre (☎ 8303 2033, 1300 366 770), 1 King William St, à l'angle de North Terrace, offre un large éventail d'informations touristiques, notamment des brochures sur la

LE CENTRE D'ADELAIDE

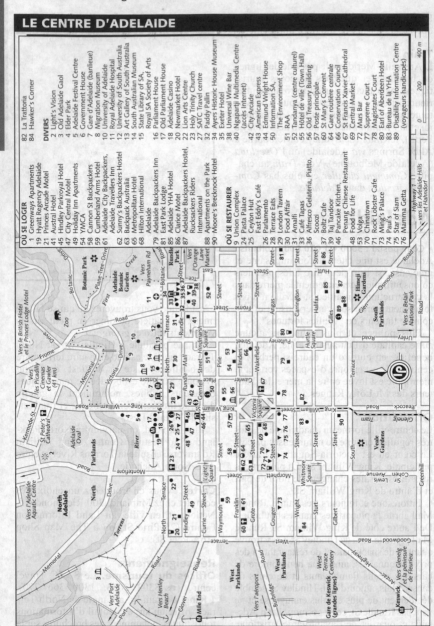

OÙ SE LOGER

1 Greenways Apartments
19 Hyatt Regency Adelaide
21 Princes Arcade Motel
41 Austral Hotel
45 Hindley Parkroyal Hotel
49 City Central Motel
49 Holiday Inn Apartments
54 YMCA
58 Cannon St Backpackers
59 Cumberland Arms Hotel
61 Adelaide City Backpackers,
    Adelaide Travellers Inn
62 Sunny's Backpackers Hostel
63 Backpack Australia
65 Metropolitan Hotel
67 Hilton International
    Adelaide
79 Adelaide Backpackers Inn
81 East Park Lodge
85 Adelaide YHA Hostel
86 Clarice Motel
87 Adelaide Backpackers Hostel,
    Rucksackers Riders
    International
88 Apartments on the Park
90 Moore's Brecknock Hotel

OÙ SE RESTAURER

9 Union Complex
24 Pasta Palace
25 Ceylon Hut
26 Fast Eddy's Café
27 Parlamento
28 Terrace Eats
29 London Tavern
30 Food Affair
31 Amalfi
33 Café Tapas
36 Alfresco Gelateria, Piatto,
    Scoozi
37 Boltz Cafe
39 Taj Tandoor
46 Pancake Kitchen,
    Penang Chinese Restaurant
48 Food for Life
53 Volga
70 Chinatown
71 Rock Lobster Cafe
73 Ming's Palace
74 Paul's
75 Star of Siam
76 Mamma Getta
82 La Trattoria
84 Hawker's Corner

DIVERS

2 Light's Vision
3 Old Adelaide Gaol
4 Elder Park
5 Adelaide Festival Centre
6 Government House
7 Gare d'Adelaide (banlieue)
8 Migration Museum
10 University of Adelaide
11 Royal Adelaide Hospital
12 University of South Australia
13 Art Gallery of South Australia
14 South Australian Museum
15 State Library of SA,
    Royal SA Society of Arts
16 Parliament House
17 Old Parliament House
18 Adelaide Casino
20 Newmarket Hotel
22 Lion Arts Centre
23 Holy Trinity Church
27 SATC Travel centre
32 Paddy Pallin
34 Ayers Historic House Museum
35 Exeter Hotel
38 Universal Wine Bar
40 Ngapartji Multimedia Centre
    (accès Internet)
42 City Arcade
43 American Express
44 Edmund Wright House
50 The Environment Shop
    Information SA,
51 RAA
52 Tandanya (centre culturel)
55 Hôtel de ville (Town Hall)
56 Old Treasury Building
57 Poste principale
60 St Mary's Convent
64 Gare routière centrale
66 Conservation Council
67 St Francis Xavier Cathedral
69 Central Market
72 Mars Bar
77 Supreme Court
78 Magistrates Court
80 Earl of Aberdeen Hotel
83 Bureau de la YHA
89 Disability Information Centre
    (voyageurs handicapés)

région (ouvert de 8h à 17h en semaine et de 9h à 14h les week-ends et les jours fériés).

Adressez-vous également au kiosque d'information situé côté King William St du Rundle Mall.

Argent. Quantité de banques et de distributeurs de billets (ATM) sont installés dans le centre-ville. En dehors des heures d'ouverture des banques, vous pourrez changer des devises auprès d'American Express (13 Grenfell St) et au 5e étage du grand magasin Myer, dans Rundle Mall. Ce dernier bureau, le plus pratique, reste ouvert de 9h à 17h du lundi au samedi (jusqu'à 21h le vendredi) et de 11h à 17h le dimanche.

Poste et communications. La poste principale de King William St, dans le centre-ville, ouvre en semaine de 8h à 18h et le samedi matin. Elle abrite des téléphones publics (à pièces et à carte), un service de télécopie, une poste restante et un guichet philatélique.

Adelaide dispose aussi de quelques cybercafés. Le plus central d'entre eux, le Ngapartji Multimedia Centre (☎ 8232 0839, 211 Rundle St), ouvert tous les jours, possède 20 terminaux et facture 5 $ les 30 minutes de connexion. L'accès à Internet est gratuit à la State Library (voir *Bibliothèque*), comme dans toutes les bibliothèques publiques de l'État (ouvert à tous, mais il faut impérativement réserver).

Internet. Parmi les sites Internet utiles, celui de la SATC (www.tourism.sa.gov.au) est rempli d'informations touristiques (ce qui paraît logique), celui du gouvernement local (www.sa.gov.au), plus complet, et le www.saweb.com.au/saweb/directory/index. html, un moteur de recherche pour les sites d'Australie-Méridionale.

Librairies. Adelaide compte de nombreuses librairies vendant des livres neufs et d'occasion. Imprint Booksellers, 80 Hindley St, propose des ouvrages de littérature de qualité, des biographies, et possède un bon département gay. Mary Martin's Book-

shop, une institution d'Adelaide, 249 Rundle St East, offre un vaste choix d'ouvrages, tandis que Dymock se situe 136 Rundle Mall et Angus & Robertson, juste à côté, n°138. 238 Rundle St, essayez l'excellente Europa Bookshop pour sa sélection de littérature étrangère, de romans, de récits de voyages et de cartes.

La RAA (Royal Automobile Association of South Australia) dispose d'une petite librairie contenant une bonne sélection de titres sur les voyages dans l'État, la randonnée, l'histoire naturelle et sociale, et la culture aborigène.

Le Conservation Council, installé 120 Wakefield St, offre un bon choix de livre sur les questions environnementales.

La Murphy Sisters Bookshop, 240 The Parade, à Norwood, est spécialisée dans les ouvrages féministes et lesbiens et met à votre disposition une intéressante sélection d'ouvrages sur les Aborigènes. Les propriétaires possèdent également une boutique à Semaphore : Sisters by the Sea, Shop 1, 14 Semaphore Rd.

Vous trouverez un bon éventail de livres d'occasion dans les marchés, à Central Market et à Orange Lane Market (voir, plus bas, *Marchés*).

Bibliothèques. Outre la vaste collection de livres et autres documents de la bibliothèque, le complexe de la State Library, North Terrace, présente des expositions intéressantes. Une salle de lecture reçoit la presse du monde entier – expédiée par voie terrestre : ne cherchez pas le journal de la veille (ou même de la semaine précédente), et l'endroit propose un accès Internet gratuit, mais il faut réserver (☎ 8207 7248).

La bibliothèque est ouverte de 9h30 à 20h en semaine (17h le jeudi) et de 12h à 17h le week-end. Elle ferme les jours fériés.

Centre culturel. Si vous vous intéressez aux Aborigènes d'Australie-Méridionale, rendez-vous au centre culturel Tandanya, 253 Grenfell St. Il renferme des galeries, des ateliers d'art et d'artisanat, des salles de spectacles, un café et une excellente boutique. Il vous accueille de 10h à 17h (4 $).

Circuit pédestre à Adelaide

Plusieurs promenades intéressantes couvrent le centre-ville et ses alentours. La boucle présentée ici, de 4 km environ, part du croisement de King William Rd et de North Terrace. Elle vous fera découvrir les monuments, vestiges de la splendeur passée de la ville, les jardins botaniques, ainsi que les agréables parcs qui bordent la River Torrens. Les sites sont pour la plupart décrits en détail dans ce chapitre. Prévoyez une journée entière pour profiter pleinement des possibilités offertes par ce circuit.

North Terrace, l'un des principaux axes d'Adelaide, est un large boulevard jalonné de bâtiments publics parmi les plus beaux d'Australie-Méridionale. Si le plus ancien date des années 1830, la plupart furent édifiés à la grande époque prospère du commerce du cuivre, du blé et de la laine, entre le début des années 1840 et les années 1880.

A l'angle de North Terrace et de King William Rd, hors des grilles de fer forgé de la **Government House** (1838-40), se dresse l'imposante statue du **South African War Memorial**. A l'est, un mur de pierre entoure le terrain de la Government House à votre gauche. La **London Tavern**, sur la droite, offre un cadre agréable pour prendre un verre en fin de parcours.

A quelques pas de là, le **National War Memorial** s'élève à l'angle de Kintore Ave. En face, l'**Institute Building**, l'édifice le plus ancien de North Tce (1836), abrite aujourd'hui de grandes expositions artistiques, ainsi que des souvenirs se rapportant au légendaire joueur de cricket Sir Donald Bradman. Dans Kintore Ave sont implantés la **State Library** et, un peu plus loin, l'excellent **Migration Museum**.

Poursuivez votre route dans North Terrace jusqu'au **South Australian Museum**, consacré à l'histoire naturelle et aux Aborigènes de la région. Vous pouvez vous reposer un instant dans son agréable café. Juste à côté, les somptueuses collections de l'**Art Gallery of South Australia** recèlent de quoi vous retenir deux à trois heures.

En continuant vers l'est, vous passez devant l'imposante façade de l'**University of Adelaide**, fondée en 1874 grâce à des fonds issus de l'exploitation du cuivre – la première université d'Australie à accepter les femmes. Elle jouxte l'**University of South Australia**, de dimensions plus réduites, à l'angle de Frome Rd. Si vous souhaitez écourter le circuit, tournez à gauche dans cette rue ombragée pour rejoindre les **Zoological Gardens**.

Un peu plus loin à gauche sur North Terrace, vous arrivez à l'**Ayers Historic House** (1846), demeure du Premier ministre Sir Henry Ayers, au début de l'époque coloniale. L'élégante bâtisse de basalte bleu abrite aujourd'hui un musée et un restaurant. Sur le même trottoir, le **Botanic Hotel** occupe un splendide bâtiment ancien au coin d'East Terrace.

L'entrée principale du **Botanic Garden** se situe face au Botanic Hotel, dans North Tce. De là part le réseau de chemins qui conduisent aux différentes attractions disséminées dans les 20 ha de jardins, dont une **forêt tropicale humide** et une **antique serre à palmiers** (1877). Le kiosque du parc sert des boissons et des sandwiches.

Traversez les jardins en direction du nord et tournez à gauche dans **Plane Tree Drive**, que vous quitterez à sa bifurcation pour continuer tout droit (en direction de l'ouest) jusqu'à Frome Rd. Là, tournez à droite. L'**entrée du zoo** se trouve face à la Torrens.

A partir de cet endroit, d'agréables chemins serpentent dans les parcs et les jardins qui bordent les deux rives de la rivière jusqu'à **King William Rd**. Tournez à gauche dans cet axe très animé pour revenir à North Terrace, au **Festival Centre**, qui marque la fin du circuit.

Seule en voyage. Le Women's Information Service (☎ 8303 0590), Station Arcade, 136 North Terrace (en face de la gare ferroviaire), fonctionne de 8h45 à 18h en semaine et de 9h à 17h le samedi. On vous y donnera des informations sur tout ce qui intéresse les femmes.

Communauté homosexuelle. Gayline (☎ 1800 182 233, 8362 3223) assure une permanence téléphonique le soir de 19h à 22h et le week-end de 14h à 17h. Le service vous renseigne sur des tas de sujets, notamment les activités sociales et les fournisseurs de services aux homosexuels.

Adelaide Gay Times (☎ 8232 1544) publie le bimensuel *Adelaide gt*, une excellente référence pour les voyageurs homosexuels, ainsi que la *Lesbian & Gay Adelaide Map*, très utile pour connaître les bonnes adresses et les services en ville. On vous indiquera par téléphone le point de diffusion le plus proche.

Voyageurs handicapés. Le Disability Information & Resource Centre (☎ 8223 7522/TTY 8223 7579), 195 Gilles St, vous orientera vers les hébergements et les sites touristiques accessibles, et les agences de voyages spécialisées.

Services médicaux. Le Traveller's Medical & Vaccination Centre (☎ 8212 7522), sis au 29 Gilbert Place, ouvre tous les jours sauf le dimanche à partir de 9h et ferme à 13h les jeudi et samedi, à 17h les mardi et vendredi et à 19h les lundi et mercredi.

En cas d'urgence. Le numéro d'urgence (ambulances, pompiers et police) est le ☎ 000. Crisis Care (☎ 13 1611) écoute les problèmes, prodigue des conseils et peut vous orienter vers les services concernés.

Organismes utiles. La RAA (☎ 8202 4500) occupe un bureau au 44 Hindmarsh Square. Celui de la Youth Hostel Association (YHA) (☎ 8231 5583) est situé 38 Sturt St.

La station de radio locale SA-FM dispose d'un standard téléphonique qui vous tiendra informé des concerts, spectacles, expositions et festivals à venir. Il indique également les *fire ban days* (jours durant lesquels les feux sont strictement interdits), la météo des plages et les conditions de surf. Composez le ☎ 8271 1277 (tous les jours de 9h à 17h).

Musées
D'accès libre, le **South Australian Museum**, situé dans North Terrace, constitue, avec

ses immenses squelettes de baleines en vitrine, un point de repère dans Adelaide. Consacré essentiellement à l'histoire naturelle, il abrite par ailleurs une superbe exposition sur les Ngarrindjeri du bas Murray et de Coorong qui retrace notamment la vie de Ngurunderi (leur esprit ancêtre du Temps du Rêve) et explique la création du Murray. Le musée comprend un agréable café et une boutique de souvenirs. Il ouvre ses portes tous les jours de 10h à 17h (entrée gratuite).

L'excellent **Migration Museum**, 82 Kintore Ave, est dédié aux immigrants venus des quatre coins du monde pour s'établir en Australie-Méridionale. Le musée est ouvert de 10h à 17h en semaine et de 13h à 17h les week-ends et les jours fériés.

Installé sur les terrains d'exposition de Wayville, en retrait de Goodwood Rd, l'**Investigator Science & Technology Centre** présente les sciences de façon divertissante. Généralement ouvert tous les jours de 10h à 17h, il peut cependant fermer lors des changements d'exposition (renseignez-vous au ☎ 8410 1115). Pour vous y rendre, prenez le bus n°212, 214, 216, 296 ou 297 dans King William St.

L'**Old Adelaide Gaol** (ancienne prison, 1841-1988), Gaol Rd, Thebarton, offre également un grand intérêt. Vous verrez différents objets pénitentiaires et la tour où l'on pendait les condamnés. Vous pouvez effectuer une visite individuelle en semaine, de 11h à 16h (5 $). Les visites guidées ont lieu le dimanche et les jours fériés de 11h30 à 15h30 (6 $).

Galerie d'art
Dans North Terrace, à côté du musée, l'**Art Gallery of South Australia** abrite une superbe collection d'art australien – l'une des plus importantes du monde – et étranger (entrée gratuite). Elle est ouverte tous les jours de 10h à 17h. Les visites guidées partent à 11h et 14h en semaine et à 15h le week-end. La galerie comprend une bonne librairie spécialisée dans les arts.

Grand City Buildings
Proche du centre-ville, 288 North Terrace, l'**Ayers Historic House** (1846) était autre-

fois la résidence de Sir Henry Ayers, sept fois Premier ministre d'Australie-Méridionale. Cette élégante demeure de basalte bleu se visite de 10h à 16h du mardi au vendredi, et de 13h à 16h les week-ends et les jours fériés (entrée : 5 $, guides disponibles en réservant au ☎ 8223 1234).

Sise 59 King William St, l'**Edmund Wright House** (1876), la demeure d'Edmund Wright, fut construite à l'origine pour la Bank of South Australia, dans un style Renaissance raffiné avec une décoration complexe. Elle est ouverte tous les jours de 9h à 16h30 (entrée gratuite), mais on ne visite que l'ancien hall de la banque. Elle abrite également le State History Centre, qui permet d'aborder de manière intéressante l'histoire des sociétés dans cet État.

L'imposant **Adelaide Town Hall** (hôtel de ville), édifié entre 1863 et 1866 dans le style Renaissance, donne dans King William St, entre Flinders St et Pirie St. Les visages sculptés de la façade sont ceux de la reine Victoria et du prince Albert. Des visites guidées gratuites ont lieu les mardi, mercredi et jeudi, mais il faut réserver (☎ 8203 7563). La **poste principale**, de l'autre côté de la rue, est presque aussi imposante.

Sur North Terrace, la **Government House**, résidence du gouverneur général de l'État, fut construite entre 1838 et 1840 avec des adjonctions en 1855. Elle n'est ouverte au public que certains jours. Pour les connaître, appelez le ☎ 8203 9800. Sa partie la plus ancienne figure au nombre des bâtiments les plus vénérables d'Adelaide. La **Parliament House**, siège du Parlement, arbore sur sa façade 10 colonnes de marbre de style corinthien. Sa construction entamée en 1883 ne s'acheva qu'en 1939. Elle se visite en dehors des sessions parlementaires, à 10h et à 14h, du lundi au vendredi (☎ 8237 9100).

La **Holy Trinity Church** (1838), également dans North Terrace, fut la première église anglicane de l'État. Les autres églises les plus anciennes sont **St Francis Xavier**, dans Wakefield St (autour de 1856), et **St-Peter's**, dans Pennington Terrace, North Adelaide (construite entre 1869 et 1876).

St Francis Xavier jouxte Victoria Square, où vous pouvez voir nombre d'édifices anciens : la **Magistrate's Court** (construite entre 1847 et 1850), la **Supreme Court** (datant de 1869) et le **Treasury Building**, (bâtiment du Trésor, de 1839), qui abrite un petit musée.

Festival Centre

L'Adelaide Festival Centre, ou palais des festivals d'Adelaide, installé King William St, près de la Torrens, évoque vaguement une version simplifiée de l'opéra de Sydney.

L'un des aspects les plus plaisants de ce complexe culturel est sa situation en bordure de rivière. On peut louer des pédalos à proximité, visiter des expositions ou écouter un concert gratuit (reportez-vous plus loin à la rubrique *Où sortir*).

Jardins botaniques et autres parcs

Le cœur de la ville est entièrement entouré de parcs. La Torrens, bordée d'un parc, sépare Adelaide de North Adelaide.

Ouvrant sur North Terrace, à peu de distance du centre-ville, l'**Adelaide Botanic Garden** est un jardin de 20 ha, ponctué d'agréables lacs artificiels. On peut s'y rendre le matin dès 8h en semaine ou dès 9h le week-end et les jours fériés, jusqu'au coucher du soleil. Une visite guidée gratuite, au départ du kiosque (les mardi, vendredi et dimanche à 10h30), permet d'en faire le tour en 1 heure 30. L'étonnante serre qui recrée l'environnement d'une forêt tropicale humide est ouverte tous les jours de 10h à 16h (entrée : 3 $).

Le **Rymill Park**, situé dans East Parkland, dispose d'un lac sur lequel on peut canoter et d'un parcours de jogging de 600 m. Dans South Parkland, vous découvrirez les **Veale Gardens**, riches en cours d'eau et en parterres de fleurs, ainsi que des jardins japonais, les **Himeji Gardens**.

Zoo d'Adelaide

Dans Frome Rd, le zoo héberge quelque 1 500 mammifères, oiseaux et reptiles exotiques ou natifs d'Australie. Il comporte également un parc animalier pour les enfants, ainsi que, atout majeur, une forêt tropicale d'Asie du Sud-Est.

Le zoo peut se visiter tous les jours, même à Noël, de 9h30 à 17h (10 \$). Le moyen le plus agréable de s'y rendre consiste à emprunter le bateau de croisière *Popeye* (5 \$), qui part quotidiennement (si la météo le permet), toutes les 20 minutes, de l'Elder Park, en face du Festival Centre. Vous pouvez aussi prendre le bus n°272 ou 273 dans Grenfell St (descendez à l'arrêt n°2), ou longer la Torrens à pied depuis Elder Park.

Marchés

A proximité du centre-ville, le Central Market, près de Victoria Square entre Grote St et Gouger St, s'avère idéal pour les voyageurs qui cuisinent. Les producteurs vendent directement leurs produits frais, à un prix moins élevé que dans les magasins. Si le marché se déroule les mardi (de 7h à 17h30), jeudi (de 11h à 17h30), vendredi (de 7h à 21h) et samedi (de 7h à 15h), le meilleur moment pour faire des affaires reste le samedi juste après le déjeuner lorsque les produit des étals sont bradés.

Beaucoup plus petit, l'Orange Lane Market, dans Norwood, est un marché décontracté dont l'originalité vous plaira. On y trouve des tissus indiens, des vêtements d'occasion, des antiquités et même des diseuses de bonne aventure. Il se tient à l'angle d'Edward St et d'Orange Lane, près de Norwood Parade, le week-end et pendant les vacances scolaires, de 10h à 18h.

Chocolaterie Haigh's

On considère d'ordinaire que cette maison confectionne dans son usine du 154 Greenhill Rd, Parkside, juste au sud de la ville, les meilleurs chocolats d'Australie. Son centre d'accueil ouvre en semaine de 8h30 à 17h30 et le samedi de 9h30 à 16h45 et organise des visites gratuites tous les jours à 14h30 sauf le samedi.

Pour vous rendre chez Haigh's, prenez le bus n°190, 191, 191B ou 192 sur King William St et descendez au premier arrêt, dans Unley Rd, juste après Greenhill Rd.

Glenelg

Glenelg compte parmi les lieux de villégiature les plus courus d'Australie-Méridionale et offre par conséquent de nombreuses possibilités d'hébergement, dont deux auberges de jeunesse. Sa plage est la plus fréquentée d'Adelaide.

Un petit centre d'information touristique (☎ 8294 5833 ou 1800 500 054) se trouve derrière l'hôtel de ville, près de la jetée. Dans les mêmes locaux, Beach Hire loue des transats, des parasols, des skis nautiques et des planches de body surf. La boutique ouvre de septembre à avril seulement (horaires variables).

L'**Old Gum Tree**, le vieil eucalyptus, ou gommier, planté sur MacFarlane, marque l'emplacement où fut lue la proclamation de l'Australie-Méridionale en 1836.

Sur la rive sud-ouest de la Patawalonga (ou Sturt), en face de Glenelg Scuba Diving, trône une réplique grandeur nature de l'*HMS Buffalo*, le navire qui transporta les premiers colons libres depuis l'Angleterre jusqu'à Adelaide, en 1836. Construit en Inde en 1813, il s'échoua au large de la Nouvelle-Zélande en 1840. A son bord, vous découvrirez un restaurants de fruits de mer haut de gamme.

Un tramway d'époque circule entre Victoria Square, dans le centre-ville, et Glenelg Beach ; le trajet dure environ 25 minutes (voir plus loin *Comment circuler*).

Circuits organisés

Il existe une grande variété de circuits proposés dans la ville et ses environs. La plupart des auberges de jeunesse possèdent des agences spécialisées dans les forfaits pour backpackers.

Moyennant 23 \$, vous obtiendrez un billet valable pour la journée sur l'Adelaide Explorer (☎ 8364 1933), une réplique exacte des anciens tramways, qui dessert en circuit continu certains lieux touristiques, dont Glenelg. Il faut compter 2 heures 45 pour effectuer la totalité du circuit, mais vous pouvez monter et descendre comme bon vous semble. Les départs ont lieu à 9h, 10h20, 12h15, 13h35 et 15h, du 38 King William St.

Bienfaitrice des déshérités

Mary MacKillop (ou McKillop) naquit en 1842 à Fitzroy, Melbourne, de parents immigrés écossais. Devenue maîtresse d'école à l'âge de 21 ans, elle s'installa trois ans plus tard à Penola, en Australie-Méridionale, pour prendre la direction d'une école catholique reprise par le père jésuite Julian Tenison Woods. A l'époque, la région comptait beaucoup de familles pauvres dont les enfants ne recevaient aucune éducation scolaire. Mary et le père Woods décidèrent que tous les enfants devaient avoir le droit d'aller à l'école, quel que soit le statut social ou financier de leurs parents. Ils créèrent donc en 1866 la première école "gratuite" d'Australie, où ne payaient de frais d'éducation que ceux qui le pouvaient.

Vint ensuit la fondation de l'ordre des Sisters of St Joseph of the Sacred Heart (les sœurs de Saint-Joseph du Sacré-Cœur), le premier ordre féminin australien, qui se donna pour vocation première d'éduquer les déshérités et de prendre soin d'eux.

Mary prononça ses vœux à Adelaide le 25 août 1867. Un an plus tard, en Australie-Méridionale, 30 sœurs dirigeaient huit écoles calquées sur le modèle de celle de Penola, un orphelinat et un foyer pour "filles perdues". L'année suivante, l'ordre ouvrit son premier établissement dans le Queensland. La détermination et le modernisme des deux cofondateurs avaient porté leurs fruits.

Malheureusement, l'intransigeance de Mary la mit rapidement en conflit avec la hiérarchie catholique d'Australie-Méridionale. L'un de ses ennemis les plus irréductibles comptait parmi les conseillers les plus écoutés de l'évêque d'Adelaide. On commença à parler d'incompétence des sœurs, et plusieurs anciens soutiens de Mary lui tournèrent le dos. La situation se dégrada si bien qu'en septembre 1871 Mary fut excommuniée et l'ordre josephite démantelé. Lavée de tout soupçon par une commission d'enquête religieuse, Mary fut réintégrée au sein de l'Église deux ans plus tard par le pape Pie IX, qui donna aussi sa bénédiction aux Josephites.

En 1890, les Josephites tenaient des écoles ou des institutions charitables dans presque toutes les colonies d'Australie et de Nouvelle-Zélande, mais la santé de Mary commençait à se ressentir d'années de dur labeur et de soucis. Elle réchappa de justesse à une violente bronchite en 1891 et ne recouvra jamais sa vigueur d'antan. En 1902, en Nouvelle-Zélande, elle fut frappée d'une attaque qui la laissa très diminuée physiquement, mais elle survécut encore sept ans pour mourir à Sydney en 1909, à l'âge de 67 ans.

A l'époque de sa mort, son ordre avait créé 117 écoles et 11 foyers de charité, pour la plupart en Australie et en Nouvelle-Zélande. Beaucoup de ces établissements fonctionnent encore aujourd'hui, et 1 300 sœurs josephites poursuivent l'œuvre de la fondatrice de leur ordre en dispensant éducation et aide sociale aux êtres dans le besoin.

La cause de béatification de Mary fut introduite dès 1925, mais le Vatican ne l'examina officiellement qu'en 1973 ; le pape Jean-Paul II prononça la béatification de cette femme d'exception en 1993. Cet hommage approprié constitue la première étape sur la voie d'une éventuelle canonisation de mère Mary MacKillop.

Premier **Stateliner** (☎ 8415 5566) propose plusieurs excursions d'une demi-journée en bus tout confort. Pour 25 $, vous découvrirez les principales curiosités de la ville, ainsi que Hahndorf et le Cleland Wildlife Park (tous deux situés dans les Adelaide Hills). Cet opérateur organise également des circuits d'une journée à un prix raisonnable, notamment vers la Barossa Valley et la Murray River.

Busway (☎ 8262 6900) vous entraînera dans le vignoble de Barossa avec la visite de 4/6 domaines viticoles et un déjeuner pour 35/45 $ (tous les jours).

Avec Prime Mini Tours (☎ 8293 4900), vous passerez aussi une journée à Barossa (4 domaines et déjeuner ; 38 $).

Essayez également Groovy Grape (☎ 8395 4422), Ecotrek (☎ 8383 7198) ou Rolling On (☎ 8358 2401) pour un circuit à vélo à Barossa.

Pour 39 $ (sans déjeuner), Bound-Away Tours (☎ 8371 3147) vous fait visiter les Adelaide Hills et la péninsule de Fleurieu, en passant par Hahndorf et le domaine viticole de McLaren Vale. Il organise également une journée sur la Murray, avec croisière de 6 heures en péniche et barbecue au déjeuner (74 $). On nous a aussi recommandé Bee-init Tours (☎ 8332 1401), son circuit *city and hills* de 3 heures (28 $) et son excursion d'une journée à Victor Harbor et à l'estuaire de la Murray River.

Dans les environs. La concurrence est rude en ce qui concerne la visite de Kangaroo Island. Si vous manquez de temps, Kangaroo Island Sealink (☎ 13 1301), la Penneshaw Youth Hostel (☎ 8553 1284) et Kangaroo Island Ferry Connections (☎ 8553 1233) proposent des excursions d'une journée à partir de 150 $ environ.

Pour les voyageurs à petit budget, Daniel's Tours (☎ 1800 454 454 ; un opérateur dont plusieurs lecteurs nous ont dit le plus grand bien), la Penneshaw Youth Hostel et Kangaroo Island Ferry Connections organisent des excursions de deux jours à partir de 200 $. Kangaroo Island Air & Sea Adventures (☎ 8231 1744) offre également plusieurs formules. Tous ces forfaits comprennent le transfert en bus d'Adelaide à Cape Jervis et la traversée en ferry jusqu'à Penneshaw (et retour).

Les Flinders Ranges sont couvertes par plusieurs tour-opérateurs. Wallaby Tracks Adventure Tours (☎ 8648 6655) propose des forfaits de deux/trois jours au départ d'Adelaide avec camping dans le bush, visite des sites aborigènes et randonnée à Wilpena Pound (249/279 $).

Manifestations annuelles

Le Festival des arts d'Adelaide est l'un des événements culturels majeurs d'Australie :

il a lieu les années paires, en février et/ou en mars. Durant 17 jours, il attire une foule affamée de culture, venue se repaître de théâtre, de danse, de musique, de lectures de textes et d'arts visuels, assister à des représentations exclusives de spectacles australiens et étrangers. Le festival propose également quelques créations mondiales. Pour tout renseignement, contactez le Festival Centre (☎ 8216 4444, fax 8216 4455, ausfest@adelaide.on.net). Attention : se loger pendant cette période s'avère difficile, et la ville devient un peu folle.

L'Adelaide Fringe, résolument d'avant-garde, se déroule simultanément. Cette manifestation autrefois relativement mineure, rivalise à présent d'importance avec le Festival des arts. Peut-être même attire-t-elle une foule encore plus considérable que ce dernier : en 1998, 335 compagnies venues de 14 pays ont représenté ou exposé leur travail devant 857 000 personnes. Renseignements au ☎ 8231 7760, fax 8232 5080, buzz@adelaidefringe.com.au.

N'oublions pas le WOMADelaide, un festival de musique et de danses du monde entier, qui embrase le Botanic Park pendant 3 jours et 3 nuits, en février des années impaires. Pour connaître le programme, appelez le ☎ 8271 1488, fax 8271 9905, apadmin@artsprojects.com.au.

Où se loger

Nombre de campings, de motels et d'hôtels augmentent leurs prix entre Noël et fin janvier. Il en va de même lors des autres périodes de vacances scolaires. Les prix mentionnés ici concernent la basse saison, sauf indication contraire.

Où se loger – petits budgets

Campings. Les endroits décrits ci-dessous se trouvent à une dizaine de kilomètres du centre-ville (pour les autres, renseignez-vous auprès de l'office du tourisme). Les prix indiqués le sont pour 2 personnes.

L'*Adelaide Caravan Park (☎ 8363 1566, Bruton St, Hackney)*, à 2 km au nord-est du centre-ville, dispose de caravanes fixes à partir de 38 $, de bungalows à partir de 58 $ et d'emplacements à partir de 20 $.

Le *Windsor Gardens Caravan Park* (☎ *8261 1091, 78 Windsor Grove, Windsor Gardens)*, à 7 km au nord-est, loue des emplacements à 10 $ et des bungalows à 35 $ (50 $ pour 3 ou 4 adultes).

A l'excellent *West Beach Caravan Park* (☎ *8356 7654, Military Rd, West Beach)*, à 2 km au nord de Glenelg, les emplacements de camping démarrent à 14 $, les caravanes à 38 $ et les bungalows à 53 $.

Le *Marineland Holiday Village* (☎ *8353 2655, Military Rd, West Beach)* loue des villas à 2 chambres pour 95 $, des appartements à 2 chambres pour 75 $ et des bungalows à partir de 49 $. On ne peut pas camper.

Auberges de jeunesse. Plusieurs auberges sont établies en ville. La concurrence les incite à multiplier les services gratuits pour attirer la clientèle : excursions, petit déjeuner, tarte aux pommes, café, etc., sont fréquemment offerts.

En ville. La plupart des auberges de jeunesse disposent d'un service de réservation et d'une navette pour l'aéroport et les gares routière et ferroviaire. Plusieurs établissements se situent à une courte distance à pied de la gare routière de Franklin St.

En sortant de la gare routière, tournez à gauche et vous parvenez au *Sunny's Backpackers Hostel* (☎ *1800 225 725, 139 Franklin St)*. Les lits en dortoir débutent à 15 $, et les doubles à un/deux lits coûtent 17 $ par personne. L'établissement, qui bénéficie d'un parking et d'une agence de voyages agréée (ouverte dès 6h), n'encourage pas les fêtes – courez au tout proche Hampshire Hotel si vous vous sentez d'humeur débridée.

Le vaste (150 lits) et quelque peu lugubre *Cannon St Backpackers* (☎ *8410 1218, 1800 069 731, 110 Franklin St)*, situé juste en face de la gare routière, propose des lits superposés à partir de 12 $ et des simples/doubles à 28/34 $. Malgré son manque d'intimité, l'endroit s'avère propre, accueillant et bien équipé, avec parking souterrain, repas bon marché, un bar très fréquenté et une agence de voyages agréée. Louer une bicyclette coûte 12 $ par jour.

Au *Backpack Australia* (☎ *1800 804 133, bpa_adelaide@hotmail.com, 128 Grote St)*, à 50 m à peine du Central Market, les lits en dortoir démarrent à 14 $, et les simples/lits jumeaux ou doubles coûtent 17/15 $ par personne, mais les locaux sont très exigus. Les propriétaires possèdent aussi le tout proche Hampshire Hotel, site de fêtes mémorables. Préférez donc l'auberge à l'hôtel, si vous appréciez le calme.

Le confortable *Cumberland Arms Hotel* (☎ *1800 355 599, 205 Waymouth St)* offre un grand choix d'hébergements, du lit en dortoir à 11 places (12 $) à la double (16 $/personne). L'établissement ne possède pas de cuisine, mais le bar sert des repas bon marché.

Juste au coin de la rue, l'*Adelaide City Backpackers* (☎ *8212 2668, 239 Franklin St)* occupe une charmante maison ancienne de deux étages, avec des dortoirs assez spacieux bien qu'un peu tristes (15 $ le lit). Les chambres débutent à 20 $. Le bar s'avère très agréable mais les fêtes peu appréciées (il y a des pubs dans les environs). Vous pouvez prendre des repas sans trop bourse délier dans un espace aménagé à l'extérieur.

Les autres auberges se regroupent pour la plupart au sud-est du centre-ville. On peut s'y rendre par les bus n°191 et 192, depuis Pulteney St, ou prendre n'importe quel bus allant vers South Terrace (les n°171 et 172 pour Hutt St et les n°201 à 203 pour l'angle de King William St et de South Terrace), ou encore couvrir la distance à pied.

Agréable et bien équipée, l'*Adelaide YHA Hostel* (☎ *8223 6007, adelyha@ chariot.net.au, 290 Gilles St)* facture les lits en dortoir 14 $ et les chambres à lits jumeaux 42 $ pour les membres (linge en sus). Sur le plan des locaux comme sur celui des services, il s'agit d'une des meilleures auberges – sinon *la* meilleure – d'Adelaide. Elle abrite en outre une agence de voyages et possède un petit parking. La réception ferme tous les jours entre 11h30 et 16h.

A quelques pas, l'*Adelaide Backpackers Hostel* (☎ *8223 5680, 1800 677 351, 263 Gilles St)* propose des lits en dortoir à partir de 14 $ et des doubles à 32 $; cer-

Au cœur du Flinders Ranges National Park, le Wilpena Pound (Australie-Méridionale)

Les Remarkable Rocks sur la pittoresque côte de Kangaroo Island (Australie-Méridionale)

Dune rouge du Strzelecki Desert, près de Lake Eyre (Australie-Méridionale)

Près de Cradle Mountain, Tasmanie

Paysage du Nord-Ouest de la Tasmanie

Le Spikey Bridge, près de Swansea en Tasmanie, a été construit par des bagnards en 1843

La Wineglass Bay dans le Freycinet National Park (Tasmanie)

taines chambres bénéficient de la clim., d'autres d'un ventilateur. Vous pourrez louer des bicyclettes (9 $ la demi-journée).

Le tout proche *Rucksackers Riders International* (☎ 8232 0823, 257 Gilles St), très apprécié des voyageurs japonais à moto et des voyageurs à vélo, occupe une charmante villa de basalte bleu du XIXᵉ siècle. Les chambres sont chauffées jour et nuit l'hiver. Comptez au moins 12 $ pour un lit en dortoir et 14 $/personne pour une chambre à lits jumeaux.

Deux rues plus loin en direction du centre-ville, l'*Adelaide Backpackers Inn* (☎ 8223 6635, 1800 247 725, abackinn@ tne.net.au, 112 Carrington St) est installée dans un ancien pub. Ses lits en dortoir démarrent à 15 $. L'annexe établie en face, au n°109, s'avère plus confortable. Vous y trouverez une cuisine fonctionnelle et de petites, mais agréables, simples/doubles/ triples à 25/10/45 $. Cette auberge abrite une agence de voyages. Un petit parking est disponible.

Sa voisine, l'*Adelaide Travellers Inn* (☎ 8232 5330, 1800 633 747, 112 Carrington St), propose des lits en dortoir se à 11 $, des doubles ou lits jumeaux à 15 $/personne, et vous bénéficierez d'une agence de voyages et d'un petit parking.

L'*East Park Lodge* (☎ 8223 1228, 1800 643 606, eastpark@dove.net.au, 341 Angas St) occupe un bâtiment de trois étages construit voici 90 ans par l'Armée du Salut comme foyer d'hébergement pour les jeunes femmes venues de régions rurales. Malgré son agencement, qui tient du labyrinthe, l'établissement possède d'excellents équipements (dont location de voitures, de motos, de VTT, de canoës et de planches à voile et une petite piscine). Il est de surcroît merveilleusement situé, à deux pas des frondaisons des East Parklands. Prévoyez 14 $ pour un lit en dortoir et 25/35 $ pour une chambre.

Plus centrale, la *YMCA* (☎ 8223 1611, adelaidey@ymcasthaust.asn.au, 76 Flinders St) accueille des hôtes des deux sexes. Voilà une autre bonne adresse, où disposer de salles de gymnastique et de squash. Un lit en dortoir coûte 15 $ et une simple/lits jumeaux

25/35 $ (réduction de 10% pour les membres). Réservations possibles 24h/24.

Glenelg. Ce faubourg balnéaire compte quelques auberges, situées à proximité de la plage. L'accueillant *Glenelg Beach Resort* (☎ 8376 0007, 1800 066 422, info@ glenelgbeachresort.com.au, 7 Moseley St), sis juste après l'angle avec la rue du terminus des tramways, loue des lits en dortoir (non superposés) à partir de 13 $ et des chambres avec réfrigérateur à 22/32 $ la simple/double. La cuisine est exiguë, mais l'établissement comprend un café-bar bon marché et très animé (concerts et salle de jeux).

Hôtels. Les établissements suivants proposent un hébergement sommaire de style pub avec sanitaires communs.

Le *Metropolitan Hotel* (☎ 8231 5471, 46 Grote St), qui fait face au Central Market, facture 20 $ par personne.

L'*Austral Hotel* (☎ 8223 4660, 205 Rundle St) propose des chambres à 25/35 $. Il dispose d'un bar branché (en bas), et le quartier regorge de bons restaurants, cafés et bars.

Au *Moore's Brecknock Hotel* (☎ 8231 5467, 410 King William St), la chambre avec petit déjeuner continental coûte 30/50 $. Ce pub irlandais très apprécié accueille des groupes folk le vendredi soir.

Locations et appartements meublés. Les logements de vacances et les appartements avec services, nombreux, se louent pour la plupart à la semaine.

Les *Glenelg Seaway Apartments* (☎ 8295 8503, 18 Durham St), à une minute à pied de l'arrêt de tramway Glenelg, offrent aux backpackers la possibilité de partager des appartements avec cuisine moyennant 30 $ par personne, quelle que soit la saison. Les logements indépendants coûtent 50/60 $ par couple en basse/haute saison – un excellent rapport qualité/prix. Vladimir, le gérant, vous réserve un accueil chaleureux. Un parking est disponible.

Université. A l'Adelaide University, le *St Ann's College* (☎ 8267 1478) se transforme en auberge de jeunesse de la deuxième semaine de décembre à fin janvier. Le lit coûte 16 $ (20 $ avec les draps). Dans les autres résidences universitaires, le tarif, beaucoup plus élevé, comprend généralement les repas.

Où se loger – catégorie moyenne

Hôtels et motels. Le pub-hotel *St Vincent* (☎ 8294 4377, 28 Jetty Rd), proche du terminus des tramways de Glenelg, loue ses simples/lits jumeaux 33/50 $ (45/65 $ avec s.d.b.), petit déjeuner continental compris.

Le *City Central Motel* (☎ 8231 4049, 23 Hindley St) abrite de petites chambres propres et confortables affichées à 52/59 $ la simple/double. On peut vous trouver une place de parking.

Un peu plus excentré, le *Princes Arcade Motel* (☎ 8231 9524, 262-266 Hindley St) loue des chambres sommaires à partir de 45/50 $ et dispose d'un parking.

Au *Clarice Motel* (☎ 8223 3560, 220 Hutt St), les simples/doubles rudimentaires, avec lits jumeaux (s.d.b. commune), reviennent à 28/45 $ et les chambres de type motel à 49/59/69 $, avec petit déjeuner continental.

A North Adelaide, le *Princes Lodge Motel* (☎ 8267 5566, 73 Lefevre Terrace) occupe une spacieuse demeure ancienne, face à un parc. Les agréables simples/doubles débutent à 30/58 $, petit déjeuner continental compris. De là, on peut se rendre en ville à pied et profiter aussi de la proximité des restaurants et cafés d'O'Connell St et de Melbourne St.

Le *Festival Lodge* (☎ 8212 7877, 140 North Terrace), face au casino, loue des chambres à partir de 68/80 $. Il n'existe pas de parking sur place, mais le motel a négocié des tarifs réduits avec un parking à proximité.

Outre tous les motels disséminés dans la ville, Adelaide compte une "allée des motels" le long de Glen Osmond Rd, qui part du centre en direction du sud-est. Certains sont très bruyants en raison de la densité de la circulation. Le *Powell's Court* (☎ 8271 7033, 2 Glen Osmond Rd), à 2 km

du centre, dans Parkside, est cependant une bonne adresse. Il propose des logements d'une chambre à 52/58/68/78 $, et un de 3 chambres pouvant accueillir 9 personnes (120 $ pour 6 et 5 $ par adulte supplémentaire). Tous les appartements comportent une cuisine.

Locations et appartements meublés. A North Adelaide, non loin du centre-ville, les *Greenways Apartments* (☎ 8267 5903, bpsgways@camtech.net.au, 45 King William Rd) abritent des appartements simples mais confortables à 1, 2 ou 3 chambres. Les plus petits se louent 77 $/nuit pour 2 personnes jusqu'à 3 nuits (73 $ à partir de la 4e nuit et 70 $ à partir de la 8e).

Les *Apartments on the Park* (☎ 8223 0500, 1800 882 774, 274 South Terrace, reservations@majesticapartments.com.au), de meilleur standing, se situent non loin des Himeji Gardens, à South Parkland. Prévoyez 99 $ pour un studio et 120 $ pour un appartement à 2 chambres (qu'ils soient occupés par 1 ou par 2 personnes).

Où se restaurer

Avec quelque 700 restaurants proposant des spécialités du monde entier, Adelaide vous invite à une véritable aventure gastronomique. La plupart de ces établissements possèdent une licence.

The Advertiser publie des informations très utiles sur le marché mouvant de la restauration. Vous pouvez vous le procurer à la boutique du journal, 121 King William St, et chez les grands diffuseurs de presse.

Rundle St. Pour une atmosphère décontractée, rendez-vous au grand *Terrace Eats*, au sous-sol du Myer Centre, entre Rundle Mall et North Terrace. Les nombreux restaurants servent de la nourriture mexicaine, asiatique, italienne et anglaise. De là, vous pourrez accéder à la *London Tavern*, au caractère évocateur, à l'extrémité de North Terrace, qui sert des plats dans le style pub.

L'*Amalfi* (☎ 8223 1948, 29 Frome St), près de Rundle St, offre une délicieuse cuisine italienne et un menu hors pair. Souvent complet, il mérite cependant l'attente.

Le *Café Tapas* (☎ 8223 7564, 242 Rundle St) est un bon bar-restaurant espagnol. Imaginez seulement les délices d'un "agneau braisé aux épices marocaines avec couscous aromatisé à l'abricot et aux noix".

Les palais amateurs d'épices se dirigeront vers le *Taj Tandoor* (☎ 8359 2066, 253 Rundle St), l'un des meilleurs restaurants indiens de la ville (à partir de 10 $ le plat).

Plus haut dans la même rue, dans "little Italy", l'*Alfresco Gelateria*, au n°260, vous ravira par ses glaces, ses cappucinos et ses gâteaux. *Scoozi*, au n°272, est un immense café cosmopolite très couru pour ses pizzas cuites au feu de bois. Entre les deux établissements, le *Piatto* sert également pâtes et pizzas. Les terrasses de ces restaurants sont très animées le soir à la belle saison.

Au n°286, le *Boltz Cafe* (☎ 8232 5234) sert en terrasse des spécialités culinaires de l'Australie d'aujourd'hui, d'influence asiatique et méditerranéenne. Le bar à l'étage accueille des comiques le jeudi soir.

Hindley St. Même si le quartier de Hindley St connaît un certain déclin depuis quelques années, il subsiste néanmoins quantité de bons restaurants.

Sur Gilbert Place, dans le renfoncement entre Hindley St et King William St, la *Pancake Kitchen*, ouverte 24h/24, prépare des plats du jour à partir de 8 $. Attenant, le *Penang Chinese Restaurant* pratique des tarifs légèrement inférieurs et vous accueille du lundi au samedi entre 11h et 22h.

L'agréable *Cafe Boulevard* (15 Hindley St) propose des repas chauds à moins de 8 $ et de succulents desserts bon marché.

Le *Ceylon Hut* (27 Bank St), en retrait de Hindley St, mitonne de savoureux curries à partir de 12 $.

Tenu par Abdul et Jamil, le sympathique restaurant libanais *Quiet Waters*, au soussol du n°75, cuisine surtout des plats végétariens. Il vend aussi des plats à emporter et vous pouvez consommer des produits achetés à l'extérieur. Le mercredi soir, l'établissement présente un spectacle de danse orientale.

Le *Fast Eddy's Café*, en face au n°76, reste ouvert 24h/24 et offre un bon choix de repas et d'en-cas. Habilité à vendre de l'alcool, il pourra vous servir une bière avec un hamburger en guise de petit déjeuner, après une nuit de fiesta…

Au premier étage du n°79, la secte Hare Krishna tient un restaurant végétarien, le *Food For Life*, où l'on mange à volonté pour 5 $, dessert compris, du lundi au samedi, pour le déjeuner, de 12h à 15h.

Autre institution locale, le *Pasta Palace*, au n°90, prépare une cuisine italienne – cela va de soi – familiale, pareille à celle de *la mamma*, affirme le chef.

North Terrace. Si votre budget vous le permet, offrez-vous un déjeuner ou un dîner buffet au *Pullman Adelaide Casino Restaurant* (25 à 30 $; fermé lundi et mardi).

Le *Parlamento* (☎ 8223 1948, 140 North Terrace), à l'angle de Bank St, cuisine des pâtes parmi les meilleures de la ville et jouit d'une ambiance fantastique. Les plats débutent à moins de 10 $.

Au n°150, le *Pasta Hound* du Fox & Hound Pub (dans le Stamford Plaza Hotel), très apprécié, pratique des tarifs similaires. Le pub reçoit des groupes de jazz du lundi au jeudi à partir de 19h.

Le *Food Affair*, dans le Gallerie Shopping Centre, qui s'étend de North Terrace jusqu'à Gawler Place et John Martins dans Rundle Mall, abrite de nombreux restaurants étrangers.

Gouger St. Cette rue compte elle aussi un grand nombre de restaurants, dont beaucoup sont de véritables institutions locales.

A l'extrémité ouest du Central Market, *Chinatown* regroupe de nombreux établissements, asiatiques pour la plupart, partageant une salle de repas commune qui connaît une grande affluence.

Très apprécié, le *Mamma Getta Restaurant*, au n°55, est un authentique restaurant italien. La plupart des plats coûtent quelque 8 $. Au n°67, le *Star of Siam* (☎ 8231 3527) sert une délicieuse cuisine thaïe, à partir de 7/10 $ le plat au déjeuner/dîner.

Le *Paul's*, au n°79, propose l'un des meilleurs *fish and chips* de la ville, et le Stanley's (☎ 8410 0909), en face, au n°76,

Merci de ne pas fumer !

En Australie-Méridionale, il est illégal de fumer dans tout lieu public clos où des repas sont servis, ce qui comprend les salles à manger des hôtels.

La cigarette semble en revanche tolérée dans les bars aux heures où ceux-ci ne servent pas de nourriture. Cette loi est strictement appliquée à Adelaide et l'enfreindre expose à une amende importante.

Si vous n'en pouvez plus, une seule solution : allez fumer dehors, quitte à braver le froid ou la pluie. Par beau temps, prenez vos repas en terrasse. Pour en savoir plus – ou pour vous plaindre ou exprimer votre satisfaction – appelez le ☎ 1300 363 703.

a remporté un prix avec ses délicieux plats de poisson. Vous vous régalerez encore plus au *Rock Lobster Cafe* (☎ *8212 5885*), au n°108, et ne regretterez pas d'avoir pour un soir renoncé à tout souci d'économie.

Le restaurant chinois *Ming's Palace* (☎ *8231 9970*), au n°201, est réputé pour son canard laqué à la pékinoise.

Dans les environs. Parmi les autres rues riches en restaurants et en cafés de qualité, citons Hutt St, dans le centre, et Melbourne St et O'Connell St, à North Adelaide.

Très en vogue, l'*Equinox Bistro* se situe dans l'Union Complex de l'université d'Adelaide, au-dessus des Cloisters (cloîtres) près de Victoria Drive. Il ouvre en semaine de 10h à 22h (20h aux congés scolaires) et propose des plats à partir de 5 \$. L'*Union Cafeteria*, au rez-de-chaussée, pratique des prix encore plus bas.

Également recommandé, le *Hawker's Corner*, à l'angle de West Terrace et de Wright St, ouvre tous les jours au déjeuner et au dîner, sauf le lundi. On y déguste de la nourriture chinoise, vietnamienne, thaïe et indienne. L'endroit est très prisé des étudiants étrangers – de fait, une auberge de jeunesse partage les mêmes locaux.

Unique restaurant russe d'Adelaide, le *Volga* (☎ *8232 0441, 116 Flinders St*) est

un sympathique établissement où écouter des violonistes tsiganes les vendredi et samedi soir et goûter du caviar beluga pour ceux qui ont le palais délicat et la bourse pleine. Le prix des repas (sans caviar) s'échelonne de 10 à 21 \$.

Véritable institution d'Adelaide, *La Trattoria* (☎ *8212 3327, 346 King William St*) permet de se régaler de pâtes et de pizzas. Les plats débutent à 10 \$; les formules de déjeuner sont encore moins chères.

Adelaide ne manque pas d'hôtels où vous pourrez prendre un repas au comptoir, particulièrement au déjeuner. Vous trouverez sans peine des plats à quelque 5 \$ en étudiant les menus affichés à l'extérieur.

Où sortir

On peut réserver des places pour les manifestations qui se déroulent au *Festival Centre* et dans d'autres lieux d'Adelaide par l'intermédiaire de Bass : ☎ 13 1246. Il existe de nombreuses agences Bass, dont une dans le centre (ouverte de 9h à 18h du lundi au samedi) et aussi une au 5e étage du grand magasin Myer, sur Rundle Mall – vous trouverez les autres dans les *Whites Pages* de l'annuaire.

Pubs et musique. Vous découvrirez quantité de pubs offrant une animation. La liste est publiée dans *The Guide* de *The Avertiser* du jeudi. Vous pouvez également téléphoner à la station de radio SA-FM (☎ 8272 1990), où un répondeur vous fournira tous les renseignements utiles. Procurez-vous aussi le journal musical gratuit *Rip it Up*. En ce qui concerne le théâtre et les expositions, consultez le mensuel gratuit *Adelaide Review*. Ces publications sont disponibles dans la plupart des boutiques de disques, des hôtels, des cafés et autres lieux de sorties nocturnes.

Un seul pub continue de brasser lui-même sa bière (sous la surveillance d'un brasseur allemand) : le *Port Dock Brewery Hotel* (*10 Todd St*), à Port Adelaide. Il produit quatre bières différentes et une limonade alcoolisée.

A l'*Earl of Aberdeen Hotel*, dans Carrington St au niveau de Hurtle Square, endroit très en vogue au décor rustique et plein de caractère, des groupes de rock jouent généralement les vendredi et samedi soir.

Dans Rundle St, l'*Austral Hotel* et l'*Exeter Hotel*, respectivement aux n°205 et 246, sont animés par des groupes ou des DJ. En journée, les employés du quartier vont y déjeuner (ces deux pubs offrent en effet des menus intéressants), tandis que, le soir, les étudiants se retrouvent en ces agréables lieux, parfaits pour prendre un verre avant d'aller dîner.

Avant le dîner, vous apprécierez également l'*Universal Wine Bar (285 Rundle St)*, qui jouit d'une atmosphère formidable dans un cadre au décor en fer forgé.

Le club le plus fréquenté de la ville est le *Heaven Nightclub*, dans le magnifique bâtiment ancien du Newmarket Hotel, à l'angle de West Terrace et de North Terrace. Animé par des DJ du mercredi au samedi, il ouvre tous les soirs. Le pub abrite également le *Joplins Nightclub*, fréquenté par une clientèle moins jeune et où l'on peut écouter des groupes tous les soirs.

N'oublions pas non plus *The Planet (77 Pirie St)*, qui accueille des DJ du mercredi au samedi.

Les membres de la communauté homosexuelle se retrouvent pour danser au *Mars Bar (120 Gouger St)*, ouvert tous les soirs de 10h jusque tard dans la nuit.

A l'*UniBar (☎ 8303 5856)*, dans l'Union Complex de l'université d'Adelaide, des grands noms du rock se produisent souvent à l'heure du déjeuner, l'après-midi ou le soir, généralement le vendredi. Le bar est également le lieu de prédilection pour les spectacles d'avant-garde.

Le Festival Centre accueille des concerts gratuits le samedi soir en janvier et le dimanche après-midi en février, mars, juin, juillet et août.

Cinémas. Adelaide dispose de plusieurs complexes multisalles. Le *Megaplex Marion*, dans le gigantesque centre commercial Westfield Marion d'Oaklands Park, compte 30 salles. Pour connaître les programmes, consultez les pages spectacle du journal *The Advertiser*.

La principale salle de cinéma d'art et essai, le *Palace East End Cinemas (274 Rundle St)* présente, dans ses quatre salles, des films australiens et étrangers en VO, des classiques aux œuvres d'art et d'essai. Il ouvre tous les jours, avec tarif réduit le lundi (7 $).

Juste à côté, l'*IMAX Cinema* possède l'écran le plus grand de l'État : 350 m². Il projette tous les jours une sélection de films en 2D et 3D.

Casino. Installé dans l'ancienne gare ferroviaire, sur North Terrace, l'*Adelaide Casino* arbore un magnifique hall – certains visiteurs pensent que c'est un des plus beaux lieux. Outre les salles de jeu (avec *two-up game*, genre de pile ou face élaboré), il comporte trois bars, deux restaurants, et ouvre tous les jours de 10h à 4h du matin (6h du vendredi au dimanche et les jours fériés). Une élégance décontractée est requise.

La plupart des pubs de la ville proposent des jackpots.

Achats

Rundle St est l'endroit où chercher vêtements et objets rétros ; pour les vêtements d'occasion, allez plutôt au marché d'Orange Lane (voir, plus haut, *Marchés*).

Tandanya, 253 Grenfell St, propose un choix d'objets d'art et d'artisanat aborigènes.

Un artisanat de qualité est produit et vendu par le Jam Factory Craft & Design Centre, à l'intérieur du Lion Arts Centre, au coin de Morphett St et de North Terrace. Il possède également une boutique 74 Gawler Place, dans le centre-ville.

Comment s'y rendre

Avion. Des vols réguliers relient Adelaide aux capitales australiennes. De nombreux vols reliant Melbourne et Sydney au Territoire du Nord passent par Adelaide, et la ligne de Darwin est souvent très chargée. Le bureau principal de Qantas (☎ 13 1313) se trouve 144 North Terrace et celui d'Ansett (☎ 13 1300), 305 Greenhill Rd, Eastwood.

Pour un aller simple au départ d'Adelaide (tarif standard), comptez 414 $ pour Alice Springs, 391 $ pour Sydney, 392 $ pour

Hobart et 582 $ pour Perth. Pour les autres destinations, reportez-vous au chapitre *Comment circuler*.

Bus. La plupart des bus inter et intra-État partent de la gare routière centrale, 110-111 Franklin St. Les principales compagnies (Greyhound Pioneer, Premier Stateliner et McCafferty's) y ont un bureau. Des consignes à bagages sont disponibles.

Greyhound Pioneer (☎ 13 2030) assure le service entre Adelaide et toutes les grandes villes. Le trajet coûte 45 $ pour Melbourne (11 heures), 96 $ pour Sydney (22 heures), 199 $ pour Perth (34 heures) et 135 $ pour Alice Springs (20 heures). Les backpackers bénéficient d'une réduction de 10%.

McCafferty's (☎ 13 1499) pratique aussi des réductions pour les backpackers. Les tarifs de cette compagnie sont identiques à ceux de Greyhound Pioneer, mais elle ne dessert pas l'Australie-Occidentale.

La V/Line (☎ 8231 7620), propose une liaison quotidienne entre Adelaide (gare routière centrale) et Bendigo, où vous pouvez prendre le train pour Melbourne. Le trajet entre Adelaide et Melbourne revient à 49 $.

Firefly Express (☎ 8231 1488, 1800 631 164), 110 Franklin St, se situe en face de la gare routière centrale. Il dessert Melbourne tous les soirs à 20h30 (45 $) et Sydney (80 $).

Vous trouverez d'autres suggestions d'itinéraires entre Adelaide et les autres États dans le chapitre *Comment circuler*.

Les bureaux de Premier Stateliner (☎ 8415 5555) et des autres opérateurs d'Australie-Méridionale se trouvent dans la gare routière centrale. Premier Stateliner, le plus important opérateur local, dessert notamment Ceduna, Coober Pedy (avec Greyhound Pioneer), Moonta, Mt Gambier, Port Augusta, Port Lincoln, Victor Harbor et Wilpena Pound au départ d'Adelaide. Pour plus de détails sur les liaisons régionales, voir plus loin *Comment circuler*.

Train. Adelaide compte deux gares ferroviaires : une gare de banlieue sur North Terrace et une gare grandes lignes sur Railway Terrace, à Keswick, juste au sud-ouest du centre-ville. Tous les trains desservent

l'Australie-Méridionale dépendent de Great Southern Railway (informations et réservations au ☎ 13 2147).

L'*Overland* relie Adelaide à Melbourne dans les deux sens tous les jours sauf le samedi et le mercredi. Le trajet dure environ 12 heures et coûte entre 64 $ (place assise de 2e classe) et 199 $ (wagon-lit de 1re classe).

Le moyen le plus rapide pour se rendre de Sydney à Adelaide est le Speedlink, qui met à peu près 20 heures. On prend le train XPT de Sydney à Albury, puis un bus V/Line. Ce service fonctionne tous les jours dans les deux sens. Comptez 130/160 $ en 2e/1re classe (les bus ne possèdent pas de 1re classe).

Vous pouvez également emprunter l'*Indian Pacific*, qui roule de Sydney à Perth *via* Adelaide et Broken Hill deux fois par semaine dans chaque sens.

Le billet Sydney-Adelaide (26 heures) revient à 162/334/480 $ en place assise de 2e classe/couchette de 2e classe/wagon-lit de 1re classe. Pour le trajet Adelaide-Perth (36 heures), vous débourserez 262/554/870 $. Le prix des couchettes et des wagons-lits augmente de manière significative en septembre-octobre.

Le *Ghan* vous mènera à Alice Springs deux fois par semaine, en 19 heures, pour 182/374/574 $.

Voitures et de motos. Les *Yellow Pages* recensent plus de 30 sociétés de location à Adelaide, dont les grandes compagnies nationales. Les tarifs les plus avantageux sont proposés par :

Access Rent-a-Car	☎ 1800 812 580
Action Rent-a-Car	☎ 8352 7044
Airport Rent-a-Car	☎ 8443 8855
Delta	☎ 13 1390
Rent-a-Bug	☎ 8234 0911
Smile Rent-a-Car	☎ 8234 0655

Show & Go (☎ 8376 0333), 236 Brighton Rd, à Somerton Park, propose des scooters pour 59 $ la journée (permis voiture exigé) et des motos de 250 cc (69 $) à 1 000 cc (à partir de 89 $; permis moto exigé).

Comment circuler

Desserte de l'aéroport. L'aéroport international d'Adelaide se situe à 7 km à l'ouest du centre-ville. La navette de l'aéroport (☎ 8381 5311) desservant les hôtels en ville et certaines auberges de jeunesse part au moins toutes les demi-heures entre 7h et 21h30 en semaine, et toutes les heures les week-ends et jours fériés (6 $). De Victoria Square à l'aérogare des lignes intérieures, le trajet dure quelque 30 minutes (un peu moins long pour l'aérogare internationale). Si vous prenez un vol sur l'une des petites compagnies régionales d'aviation, fiez-vous au chauffeur, qui vous conduira à l'endroit exact. La navette n'est pas réservée aux clients des hôtels.

La plupart des auberges de jeunesse proposent également des navettes à leur clientèle. La course en taxi entre le centre-ville et l'aéroport revient à quelque 15 $.

Budget, Hertz, Avis et Thrifty disposent de comptoirs de location de voitures à l'aéroport.

Desserte de la gare ferroviaire. Le bus qui relie l'aéroport à la ville s'arrête à la gare interurbaine de Keswick. Comptez 3 $ pour rejoindre le centre-ville.

Transports en commun. Adelaide dispose d'un réseau de transport en commun qui regroupe les bus urbains, les trains de banlieue et le tramway de Glenelg, géré par la TransAdelaide (TA) (☎ 8210 1000). Le bureau d'information de la TA se trouve au coin de King William St et de Currie St.

Les billets achetés à bord des bus coûtent 2,80 $ avant 9h, après 15h et le week-end, et 1,60 $ entre 9h et 15h les jours de semaine. Ils sont valables 2 heures après le début du premier trajet (on peut acheter des billet à bord de certains trains et auprès du personnel dans les gares).

Les voyageurs ont tout intérêt à opter pour un *day-trip ticket*, qui permet un nombre illimité de déplacements sur le réseau pendant une journée (5,40 $). Ces billets peuvent s'acheter à l'avance dans les bus et les tramways, ainsi que dans certaines gares.

Bee Line propose deux services gratuits. Le n°99B va du terminus de tramways de Glenelg à Victoria Square, puis passe par King William St et rejoint la gare ferroviaire. Il quitte la place toutes les 5 à 8 minutes en semaine de 7h47 à 18h, et toutes les 15 minutes le vendredi jusqu'à 21h20, le samedi de 8h37 à 17h37.

Le n°99C part de la gare ferroviaire et parcourt la périphérie du Central Business District (quartier d'affaires), en passant par le Central Market. Les départs ont lieu toutes les 15 minutes en semaine de 7h54 à 18h09 (jusqu'à 9h09 le vendredi) et toutes les 30 minutes le samedi, de 8h39 à 17h09.

Un tramway d'époque (1929) vous emmène sur un trajet unique, entre la plage de Glenelg et Victoria Square, dans le centre.

Bicyclette. Adelaide se prête relativement bien aux déplacements en bicyclette, d'autant que la ville bénéficie de bonnes pistes cyclables et de voies réservées dans de nombreuses rues. Bicycle SA (☎ 8410 1406) fournit des informations utiles.

Linear Park Mountain Bike Hire (☎ 0411 596 065) est implanté dans Elder Park, près de l'embarcadère de Popeye sous le Festival Theatre – non loin du Linear Park Bike & Walking Track, une piste goudronnée de 40 km qui serpente le long de la Torrens, depuis la plage jusqu'au pied des Adelaide Hills.

Les bicyclettes se louent 8 $ l'heure ou 20 $ la journée, casque compris (25% de réduction à partir de 4 personnes).

Flinders Outdoor Leisure (☎ 8359 3344), au 235 Pirie St, et Adelaide Bike Hire (☎ 8293 2313) louent également des bicyclettes. Les seconds livrent et récupèrent gratuitement leurs vélos à domicile dans un rayon de 15 km autour de la poste principale. Certaines auberges de jeunesse louent également des VTT.

Adelaide Hills

A moins d'une demi-heure de voiture d'Adelaide, les Adelaide Hills, dans les Mt

Lofty Ranges, offrent une excursion d'une journée très prisée. Les paysages de ces collines hérissées d'immenses eucalyptus vous séduiront, ainsi que les fabuleuses possibilités de randonnée (plus de 1 000 km de chemins aménagés), leurs parcs boisés et leurs cités historiques, dont Kahndorf et Strathalbyn. La région compte également de bons vignobles.

L'Adelaide Hills Visitor Centre (☎ 8388 1185, 1800 353 323, fax 8388 1319), 41 Main St, à Hahndorf, vous accueille tous les jours de 9h à 17h.

PARCS NATIONAUX ET ROUTES TOURISTIQUES

Pour visiter la région nord d'Adelaide Hills, quittez la ville par North Terrace, Botanic Rd, puis Payneham Rd et continuez par Torrens Gorge Rd.

Cette route touristique traverse Birdwood et se dirige vers le nord en direction de la Barossa Valley. A moins que vous ne préfériez bifurquer vers le sud à Birdwood, passez par Hahndorf et retournez à Adelaide par la South Eastern Freeway.

Autre itinéraire possible : quitter Payneham Rd par McGill Rd et passer par le **Morialta Conservation Park**, près de Rostrevor, agrémenté de sentiers de randonnée, de chutes d'eau et d'une gorge accidentée.

Continuez vers le sud *via* Norton Summit et Summertown jusqu'au **Cleland Wildlife Park**, très apprécié. Il abrite de nombreuses espèces de la faune australienne, et vous pourrez vous faire photographier en compagnie d'un koala (de 14h à 16h ; 8 $). Le parc ouvre ses portes tous les jours de 9h30 à 17h (entrée : 8 $). Pour vous y rendre, prenez le bus n°822 devant le grand magasin Harris Scarfe, Grenfell St, ou inscrivez-vous à l'une des excursions d'une journée proposées par les opérateurs locaux.

Depuis le parc, vous pouvez monter jusqu'au **sommet du Mt Lofty** (727 m), en voiture ou en coupant à pied dans le bush (2 km), et découvrir de magnifiques panoramas sur la ville ainsi qu'un bon restaurant.

De là, continuez jusqu'aux fabuleux **Mt Lofty Botanical Gardens**, 1,5 km plus au

sud, ouverts de 8h30 à 16h en semaine et de 10h à 17h le week-end.

Plus loin au sud, vous arriverez à Crafers, d'où vous pouvez regagner Adelaide par l'autoroute. De Crafers, on peut rejoindre à l'ouest le **Belair National Park** agrémenté de sentiers de randonnée et d'aires de pique-nique. Dans ce parc se dresse l'**Old Government House**, construite en 1859 pour servir de résidence d'été au gouverneur. Elle abrite une exposition sur la vie de la haute bourgeoisie coloniale d'Australie-Méridionale. Le parc est ouvert tous les jours de 8h30 au coucher du soleil (5 $ par voiture). Il est accessible d'Adelaide par le bus n°195 à partir de King William St (descendez à l'arrêt 27) ou par le train à la gare de Belair, en bordure du parc.

Vers le sud-est, le **Warrawong Sanctuary** (☎ 8370 9422), dans Stock Rd, près de Mylor, abrite une riche faune locale, dont certaines espèces rares. Il est impératif de réserver pour les promenades guidées, qui ont lieu à l'aube et au crépuscule (15 $). Vous pouvez également opter pour une formule à 99 $ comprenant l'hébergement sous une tente de luxe, le dîner, le petit déjeuner et une visite guidée. Pour accéder à la réserve au départ d'Adelaide, quittez l'autoroute à Stirling et suivez les panneaux à partir du rond-point.

Où se loger

La YHA dispose d'auberges de jeunesse à "accès restreint" (pour membres seulement) dans les Mt Lofty Ranges, à Para Wirra, Norton Summit, Mt Lofty, Mylor et Kuitpo. Ces auberges se trouvent sur la Heysen Trail (voir, plus haut, *Activités sportives*) et coûtent entre 8 et 12 $. Vous devez réserver et prendre les clés au bureau de la YHA (☎ 8231 5583) à Adelaide.

L'accueillante *Fuzzies Farm (☎ 8390 1111)*, Norton Summit, à 15 km à l'est de la ville, vous fournit une occasion unique de vous initier aux nombreuses activités de la ferme : soin des animaux, culture biologique, gestion des terres, construction de bâtiments et travail du bois.

En contrepartie de votre aide, vous profiterez d'un cadre superbe, d'une bonne

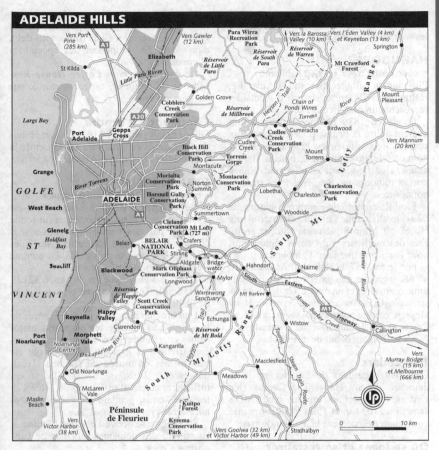

ADELAIDE HILLS

cafétéria et d'agréables bungalows tout équipés, pour 10 $ par jour, y compris le transfert depuis/vers la ville, tous les repas et la lessive. La préférence va aux séjours supérieurs à une semaine. Il existe aussi des forfaits pour les voyageurs à petit budget. Réservez impérativement.

Comment s'y rendre
La région n'est desservie que par deux ou trois bus publics partant de la gare routière centrale d'Adelaide. Reportez-vous aux destinations concernées.

BIRDWOOD
- code postal 5234 • 580 habitants

Le **National Motor Museum**, dans l'historique Birdwood Mill, renferme la plus grande collection de voitures anciennes et de motocyclettes d'Australie. Il est ouvert tous les jours de 9h à 17h (8,50 $). Vous pouvez vous rendre à Birdwood (à 30 km au nord-est d'Adelaide) par la pittoresque **Torrens River Gorge** et Gumeracha. Juste avant Gumeracha, vous longerez le domaine viticole maintes fois primé de **Chain of Ponds Wines**, qui propose des dégustations quotidiennes.

Les bus d'ABM Coachlines (☎ 8347 3336) font le trajet d'Adelaide à Birdwood les jours de semaine pour 7 $.

HAHNDORF
- **code postal 5245 • 1 660 habitants**

Plus ancien village allemand d'Australie, Hahndorf, à 29 km au sud-est d'Adelaide, représente un haut lieu d'excursion.

Fondé en 1839 par des luthériens qui avaient quitté la Prusse pour échapper aux persécutions religieuses, le bourg tient son nom de celui du capitaine du bateau, Hahn ; et *dorf* signifie village en allemand. Hahndorf a toujours un *Burgermeister* (maire) honoraire.

La ville compte de nombreux bâtiments de style allemand. Celui du **German Arms Hotel**, 50 Main St, date de 1862 et abrite l'un des meilleurs pubs de la région, tant pour la cuisine que pour l'ambiance.

Fondé en 1857, la **Hahndorf Academy**, au n° 68, regroupe une galerie d'art, une boutique d'artisanat et un musée. Ce dernier présente plusieurs dessins originaux de Sir Hans Heysen, célèbre pour ses paysages, qui vécut longtemps à Hahndorf (voir l'encadré *Le Heysen Trail*, en début de chapitre).

The Cedars
Des visites guidées de l'atelier et de la demeure de Sir Hans, The Cedars (les Cèdres, 1858), ont lieu tous les jours sauf le samedi à 11h, 13h et 15h (7/4 $ selon que vous visitez également la maison ou pas).

Où se loger et se restaurer
En cas de panique, la sympathique famille McMullen peut accueillir un maximum de 3 voyageurs dans sa maison du 54 English St (☎ 8388 7079). Il vous en coûtera 20 $/personne (15 $ pour la seconde nuit), linge et petit déjeuner compris.

Le *Hahndorf Resort* (☎ 8388 7921) se situe à 1,5 km de la ville dans Main St. Le prix de l'emplacement pour une tente revient à 11 $ au minimum, les bungalows coûtent 46 $ et plus, et les simples/doubles de motel commencent à partir de 79/89 $. Outre cette solution, il existe quelques autres motels assez chers.

Hahndorf compte plusieurs bons restaurants dont certains, tels le *German Arms Hotel* et le *German Cake Shop*, tous deux dans Main St, proposent des spécialités allemandes.

Le *Karl's German Coffee House Restaurant*, 17 Main St, est recommandé par les gens du cru.

Comment s'y rendre
Hills Transit (☎ 8339 1191) dessert Hahndorf plusieurs fois par jour au départ de la gare routière centrale d'Adelaide (4,50 $).

STRATHALBYN
- **code postal 5255 • 2 600 habitants**

Situé sur l'Angas River, à 40 km au sud-est d'Adelaide, ce bourg pittoresque fut fondé en 1839 par des immigrants écossais. Il compte de nombreux bâtiments historiques intéressants, dont certains classés, comme l'*église St Andrew*.

L'office du tourisme (☎ /fax 8536 3212), dans South Terrace, ouvre tous les jours de 9h30 à 16h.

Une brochure sur les visites pédestres de la ville (2 $) recense les bâtiments historiques et les autres sites intéressants. L'ancien tribunal et le poste de police ont été transformés en **musée** du National Trust, qui raconte l'histoire de la ville et ses influences celtes. Il est ouvert de 14h à 17h les week-ends, pendant les vacances scolaires et les jours fériés (2 $).

Strathalbyn se trouve à quelque 12 minutes en voiture des domaines viticoles de **Langhorne Creek**.

Où se loger
Au *camping municipal* (☎ 8536 3681), situé Coronation Rd, dans le parc des expositions, les emplacements de tente gazonnés coûtent 10 $ et les caravanes fixes à partir de 22 $.

Le *Robin Hood Hotel* (☎ 8536 2608, 18 High St) loue 30/45 $ ses simples/doubles sans prétention (petit déjeuner continental compris). Au beaucoup plus confortable *Victoria on the Park Hotel* (☎ 8536 2202, 16 Albyn Terrace)*, vous débourserez 58/65 $ au minimum pour une chambre de type motel.

Comment s'y rendre

Hills Transit (☎ 8339 1191) assure en semaine la liaison entre Adelaide et Strathalbyn (6 $).

De juin à novembre inclus, SteamRanger (☎ 8391 1223) met en service un dimanche sur deux un train touristique entre Mt Barker et Strathalbyn (18 $ l'aller-retour). Il laisse 2 heures 30 pour visiter la ville.

La péninsule de Fleurieu

Au sud d'Adelaide s'étend la péninsule de Fleurieu, qui peut faire l'objet d'une excursion d'une journée.

La côte s'enorgueillit de belles plages, idéales pour la baignade ou le surf. L'arrière-pays comprend des terres agricoles vallonnées, une dizaine de réserves naturelles et les vignobles de McLaren Vale. Plusieurs petites bourgades historiques sont disséminées dans les environs, telles Port Elliott, Goolwa et Willunga.

C'est l'explorateur français Nicolas Baudin (1754-1803) qui a donné à la péninsule le nom du ministre de la Marine de Napoléon, Fleurieu, qui avait financé son expédition scientifique en Australie.

Aux premiers jours de la colonisation, les colons de la péninsule vivaient de la contrebande. Mais, en 1837, le premier port baleinier fut établi dans Encounter Bay, donnant ainsi naissance à la première industrie prospère de la colonie.

PLAGES DU GOLFE ST VINCENT

Une série de belles plages s'étend le long de la côte du golfe St Vincent de **Christies Beach** à **Maslin Beach**.

La route côtière s'arrête au **Cape Jervis**, à l'extrémité de la péninsule, où emprunter un ferry pour traverser le Backstairs Passage jusqu'à Kangaroo Island (à 13 km), avec votre véhicule.

Si vous arrivez en avance, allez vous baigner à la superbe plage qui s'étire au nord de l'embarcadère, à 2 km par la route.

Où se loger

Sur la route principale, à environ 3,5 km avant l'embarcadère du ferry, le sympathique *Old Cape Jervis Station Homestead* (☎ *8598 0233*) propose un choix d'hébergement à partir de 20 $ par personne. Vous dormirez dans les historiques quartiers des tondeurs et pourrez utiliser la cuisine. A la *Cape Jervis Tavern* (☎ *8598 0276*), en ville, les chambres tout équipées coûtent 50/55 $.

Il existe des *terrains de caravaning* à Normanville, à Second Valley et au Wirrina Resort qui comprennent des emplacements pour tente, des caravanes fixes et des bungalows.

Comment s'y rendre

Adelaide Sightseeing (☎ 8231 4144) relie une fois par jour Adelaide à Cape Jervis (14 $). Le billet coûte 12 $ pour Yankalilla. Smart Car (☎ 8554 3788) propose un service de navette informel entre Victor Harbor et Cape Jervis (aller simple à partir de 15 $).

RÉGION VITICOLE DE MCLAREN VALE

Le McLaren Vale & Fleurieu Visitor Centre (☎ 8323 9944, fax 8323 9949 ; information@mclarenvale.aust.com), dans Main Rd à la limite nord de McLaren Vale, ouvre tous les jours de 10h à 17h.

Domaines viticoles (*wineries*)

La péninsule de Fleurieu compte toute une série de domaines viticoles, principalement autour de **McLaren Vale** (2 000 habitants), mais également à Reynella, à Willunga et à Langhorne Creek.

Cette région convient particulièrement bien aux vins rouges, mais la tendance à la consommation de vin blanc, qui s'est développée dans les années 70, a poussé les viticulteurs à se diversifier.

On dénombre à peu près 45 domaines viticoles faisant de la dégustation-vente dans la seule région de McLaren Vale, et une cinquantaine en tout. Le premier domaine de la région fut fondé en 1838 à Reynella. Certains édifices anciens, encore utilisés aujourd'hui, datent du XIXe siècle.

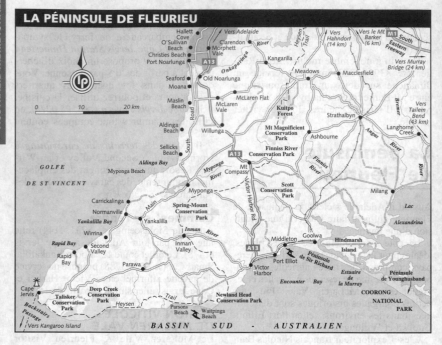

LA PÉNINSULE DE FLEURIEU

La plupart sont ouverts au public tous les jours de 10h à 17h. Le Visitor Centre dispose de documentation sur le sujet, ainsi que d'une carte sur les vignobles.

Chaque année, le **Wine Bushing Festival** de McLaren Vale dure une semaine, fin octobre et/ou début novembre. C'est une période intense pour la dégustation de vins et la visite d'exploitations, couronnée par un grand banquet.

Mentionnons également le **Sea & Vines Festival** en juin et le **Continuous Picnic** en octobre. Pendant ces manifestations, vous pourrez goûter sans danger aux vins de la McLaren Vale grâce à un service de bus gratuit, qui emmène les œnophiles de domaine en domaine.

Une excellente manière de visiter quelques-uns de ces domaines consiste à enfourcher un dromadaire avec la Bush Safari Co (☎ 8543 2280). Plusieurs formules sont proposées (sauf en hiver),

notamment une randonnée d'une journée (85 $). Les moins aventureux s'adresseront à Sea & Vine Tours (☎ 8384 5151), qui fait visiter la région en minibus (45 $ au départ d'Adelaide) ou en voiture de location (75 $) ; ces prix comprennent un déjeuner dans un domaine viticole.

On peut également se déplacer à vélo. Une piste cyclable/sentier piétonnier suit l'ancienne ligne de chemin de fer de McLaren Vale à Willunga, sur 6 km vers le sud. Cyclomobile Bicycle Hire (☎ 8326 3427) loue des VTT 15 $ la demi-journée, vous les apporte n'importe où dans la région de McLaren Vale et vient les récupérer après.

Willunga, au sud de la région viticole de Southern Vales, est une vieille bourgade charmante avec d'intéressantes constructions de l'époque coloniale. Centre national de production des amandes, elle accueille la fête des amandiers en fleur, l'**Almond Blossom Festival**, au mois de juillet.

Où se loger et se restaurer

Dans un cadre campagnard, le sympathique *McLaren Vale Lakeside Caravan Park* (☎ 8323 9255), Field St, loue des emplacements de camping (13 $ et plus), des caravanes fixes (à partir de 32 $) et de bungalows tout équipés (à partir de 48 $).

A Willunga, au sud de McLaren Vale, le *Willunga Hotel* (☎ 8556 2135, High St) dispose de simples/doubles de pub à partir de 20/35 $ et abrite l'un des meilleurs restaurants de la ville.

Dans une riche région d'élevage à mi-chemin entre Willunga et Aldinga Beach, l'*Emu Retreat* (☎ 8556 2467, Hahn Rd) propose des lits en dortoir à 20 $, copieux petit déjeuner compris. Le propriétaire peut organiser diverses activités de plein air, notamment de l'escalade et du surf.

MacLaren Vale et ses environs compte plusieurs bons restaurants, dont certains sur des domaines vinicoles. Le meilleur établissement reste la *Salopian Inn*, établie dans un bâtiment historique à la sortie de la ville, Willunga Rd. Il propose un menu extraordinaire composé de produits locaux frais (plats à partir de 20 $). Réservez impérativement (☎ 8323 8769), car la petite salle attire de nombreux gourmets.

Comment s'y rendre

Premier Stateliner (☎ 8415 5555) affrète jusqu'à 3 bus par jour entre Adelaide et McLaren Vale (5 $) ou Willunga (5,50 $), sur la ligne qui dessert Victor Harbor. En semaine, Transit Regency Coaches (☎ 8381 5311) propose plusieurs départs depuis la gare ferroviaire de Noarlunga Centre, pour rallier McLaren Vale et Willunga.

VICTOR HARBOR

• code postal 5211 • 9 000 habitants

Plus grande ville de la péninsule, à 84 km au sud d'Adelaide, Victor Harbor domine Encounter Bay, où l'Anglais Flinders et le Français Baudin eurent leur rencontre historique en 1802. Sur le promontoire escarpé appelé The Bluff, à l'extrémité sud de la baie, à quelque 4 km au sud de la poste de Victor Harbor, un monument commémore la fameuse "rencontre".

Lors de sa fondation, la cité était un port de chasse à la baleine et au phoque. C'est à Rosetta Bay, au pied du Bluff, que fut établi en 1837 le premier port baleinier, bientôt suivi par un autre sur Granite Island. La chasse à la baleine cessa en 1864, en raison d'une diminution alarmante du nombre de ces cétacés.

Renseignements

L'office du tourisme (☎ 8552 5738, fax 8552 5476), situé juste avant la chaussée (*causeway*) conduisant à Granite Island, ouvre tous les jours de 10h à 16h (de 9h à 17h en été).

A voir et à faire

Parmi les bâtiments historiques, on peut visiter l'**église anglicane St Augustine** (1869), le **bureau du télégraphe** (1869) et la **Fountain Inn** (1838).

L'**Old Custom House & Station Master's Residence** (1866), aujourd'hui devenue un musée géré par le National Trust, fait partie de l'**Encounter Coast Discovery Centre** de Flinders Parade (en face de la Granite Island causeway). Ce centre propose d'intéressantes expositions sur l'histoire locale. Il ouvre tous les jours (4 $) de 10h à 16h30 (horaires plus restreints l'hiver).

Victor Harbor est protégé des mers du sud déchaînées par **Granite Island**, reliée au continent par une chaussée. Vous pouvez vous y rendre en omnibus à impériale tiré par des chevaux de trait de Clydesdale (aller-retour : 4 $). La montée s'avère facile jusqu'au sommet de la colline, où bénéficier d'une vue magnifique sur la baie.

Granite Island abrite des colonies de manchots pygmées. Sur l'île, le **Penguin Interpretive Centre** (☎ 8552 7555) offre d'excellents programmes audiovisuels et organise chaque soir une **promenade guidée** d'une heure : vous observerez les manchots revenir de la pêche (5 $). Le départ se fait du centre, au crépuscule.

Entre juin et octobre, vous aurez peut-être la chance de voir une **baleine australe**. Victor Harbor se trouve en effet sur la route migratoire de ces splendides animaux, que vous pourrez observer depuis de nombreux

AUSTRALIE-MÉRIDIONALE

Les baleines australes

Les *Southern right whales*, ou baleines australes, doivent leur nom aux pêcheurs de baleines qui les considéraient comme les "bonnes" (*right*) baleines à chasser. En effet, leurs fanons de qualité et l'abondance d'huile qu'elles fournissent représentaient une source de richesse considérable.

Jadis très nombreux à hanter les océans, ces cétacés ont terriblement souffert des massacres du siècle dernier. On n'en recensait plus en 1935 qu'une centaine de spécimens (contre 100 000 auparavant). Bien que la baleine australe soit classée parmi les espèces en voie de disparition, sa population semble se reconstituer lentement, et on estime que le nombre d'individus avoisine aujourd'hui les 4 000. De juin à octobre inclus, de nombreuses baleines émigrent vers les eaux plus chaudes de la côte sud pour s'y reproduire. Une centaine de baleineaux voient ainsi le jour chaque année au large de l'Australie-Méridionale ; vous pourrez les admirer depuis des points d'observation à Port Elliot, à Victor Harbor, à Port Lincoln et à Head of Bight.

Le South Right Whale Centre, Railway Terrace, à Victor Harbor, dirige un réseau d'information sur les baleines. Si vous avez aperçu une baleine, signalez-le au ☎ 8552 5644, mais téléphonez au ☎ 1900 931 223 pour connaître les sites fréquentés par les cétacés.

Le centre propose une brochure d'information (4 $) très complète sur l'observation des baleines et sur la manière de ne pas endommager le fragile écosystème du littoral. Vous pouvez écrire au centre à l'adresse suivante : PO Box 950, Victor Harbor, SA 5211 (whale@webmedia.com.au). Son site web est le www.webmadie.com.au/whales/.

Kate Nolan

points, en particulier du Bluff. Munissez-vous de jumelles avec un grossissement de 7 ou plus.

Si vous désirez en apprendre plus sur les baleines, rendez-vous au **South Australian Whale Centre**, à l'extrémité de Railway Terrace, ouvert tous les jours (6 $) de 9h à 17h (souvent plus tard en été). Reportez-vous à l'encadré *Les baleines australes* pour plus de détails.

Où se loger

L'office du tourisme vous renseignera sur les nombreux campings, hôtels, motels et B&B de Victor Harbor et de ses environs.

Sur le front de mer, au *Victor Harbor Beachfront Caravan Park* (☎ 8552 1111, 114 Victoria St), comptez à partir de 12 $ pour un emplacement et de 40/50 $ pour un bungalow rudimentaire/tout équipé.

L'*Anchorage at Victor Harbor* (☎ 8552 5970, victor@anchorage.mtx.net, 21 Flinders Parade) propose des lits superposés en

dortoir à 15 $, ainsi que des chambres confortables dans un bâtiment classé monument historique à partir de 35/50 $ la simple/double.

Le *Grosvenor Junction Hotel* (☎ 8552 1011, 40 Ocean St) offre également un hébergement de qualité avec des lits en dortoir à 20 $ et des chambres de pub à 25/49 $. Plus central, le *City Motel* (☎ 8552 2455, 51 Ocean St) jouxte la poste. Ses chambres démarrent à 55/65 $.

Comment s'y rendre

De juin à septembre inclus, SteamRanger (☎ 8391 11223) met en service un train touristique, un dimanche sur deux, entre Mt Barker (Adelaide Hills) et Victor Harbor *via* Strathalbyn et Goolwa (35 $ aller-retour). Le train reste 3 heures en ville avant de repartir.

Le Cockle Train effectue un trajet dominical sur la superbe Encounter Coast entre Goolwa et Victor Harbor, et plus fréquemment à Pâques et pendant les vacances scolaire. Vous pouvez vous procurer un billet (15 $ l'aller-retour) à la gare ferroviaire de Victor Harbor, de Goolwa et de Port Elliot. La compagnie Premier Stateliner (☎ 8415 5555) assure deux à trois liaisons quotidiennes au départ d'Adelaide pour 12 $.

Lorsque nous sommes passés, une piste cyclable goudronnée de 23 km était en cours d'aménagement sur la côte, entre le Bluff et Murray Mouth.

Comment circuler

Vous pouvez louer des mobylettes auprès de Victor Leisure (☎ 8552 1875) à la station-service Shell, 105 Victoria St, pour 25 $ l'heure. Victor Bike Hire (☎ 8552 4458, 12 Flinders Parade) loue des VTT et des tandems pour 30 $/jour.

Kangaroo Island

Séparée du continent depuis près de 9 500 ans, Kangaroo Island est la troisième île d'Australie par sa superficie (après la Tasmanie et Melville Island au large de Darwin). Sur 150 km de long et 30 km de large, l'île offre un cadre paisible bordé de côtes aux paysages variés, mêlant d'imposantes falaises, des plages propices au surf et à la baignade et de bons coins de pêche. Les plongeurs apprécieront certaines des nombreuses épaves gisant au large.

L'île abrite également une riche faune sauvage.

Kangaroo a connu les rudesses des débuts de la présence européenne : chasseurs de phoques et de baleines, bagnards évadés se comportant souvent de façon brutale. De nombreux noms de cette région sont français, car l'île fut cartographiée par l'explorateur Nicolas Baudin au cours de ses deux voyages, en 1802 et 1803. Elle fut baptisée Kangaroo par Matthew Flinders, en 1802, après que son équipage y eut tué nombre de kangourous pour se nourrir.

L'isolement géographique de Kangaroo Island par rapport au continent a favorisé l'essor de la flore et de la faune endémiques. Elles ont en effet été préservées des animaux d'origine européenne, tels les lapins et les renards, très nuisibles. En fait, certaines espèces d'animaux menacées, comme le koala et l'ornithorynque, ont été introduites sur l'île pour assurer leur survie.

Renseignements

Le Kangaroo Island Gateway Visitor Information Centre (☎ 8553 1185, fax 8553 1255, tourki@ ozemail.com.au, www. tourkangarooilsland.com.au), sur la route de Kingscote, à la sortie de la petite bourgade de Penneshaw, est ouvert de 9h à 17h en semaine et de 10h à 16h les week-ends et jours fériés.

Le bureau principal du NPWS (☎ 8553 2381), 37 Dauncey St, Kingscote, est ouvert de 8h45 à 17h du lundi au vendredi.

L'Island Parks Pass (20 $), en vente sur l'île uniquement, couvre tous les droits d'entrée et de campement sur l'île. Ce forfait permet également d'accéder à des excursions du NPWS (voir *Circuits organisés*). Vous pouvez acheter les permis et les laissez-passer auprès des sept bureaux du NPWS de l'île.

Circuits organisés

Le NPWS organise toutes sortes de visites guidées et de promenades à l'usage des visiteurs dans les réserves et lieux historiques ; celles-ci sont gratuites pour les détenteurs de l'Island Parks Pass. Notez que le Pass ne couvre pas les promenades vers les colonies de manchots de Kingscote et de Penneshaw.

A **Seal Bay**, à 55 km au sud-ouest de Kingscote, on peut suivre une visite toutes les 45 minutes pour observer les colonies de phoques à crinière (tous les jours entre 9h et 16h15, plus tard en été). Le **Kelly Hill Caves Conservation Park**, à 79 km de Kingscote, se visite tous les jours entre 10h et 16h30 (15h30 en hiver).

Les rangers organisent également des visites des phares historiques à **Cape Borda**, à 103 km de Kingscote sur l'extrémité ouest de l'île, et à **Cape Willoughby**, à 28 km au sud-est de Penneshaw sur l'extrémité est de l'île. Reportez-vous aux rubriques *Flinders Chase* et *Penneshaw* pour connaître les horaires.

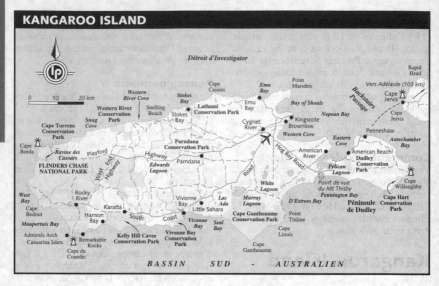

KANGAROO ISLAND

Voyages organisés. Plusieurs tour-opéra-teurs proposent des voyages organisés au départ d'Adelaide (voir *Circuits organisés* à la rubrique *Adelaide*).

Circuits en bus. Des circuits pour les backpackers sont conçus par la Kangaroo Island Sealink, le Penneshaw Youth Hostel, Adelaide Sightseeing (☎ 8231 4144) et Kangaroo Island Ferry Connections. Comptez entre 70 et 85 $ pour une excursion d'une journée à Seal Bay et Flinders Chase, déjeuner compris.

Il existe également des visites personnalisées en 4x4, des programmes de pêche, des croisières en yacht, des randonnées et des visites d'endroits tels que la distillerie d'huile d'eucalyptus et la laiterie ovine.

Plongée. Adventureland Diving, établi dans la Penneshaw Youth Hostel, organise des stages de plongée de 1 à 5 jours (150 à 690 $, hébergement compris), ainsi qu'une initiation pour les débutants, des plongées en haute mer (plongeurs confirmés), de la descente en rappel, du canoë et de l'escalade.

A Western River, Kangaroo Island Diving Safaris (☎ 8559 3225) propose des prestations similaires, mais sans hébergement. Une occasion unique de nager parmi les phoques et d'admirer des *leafy sea dragons* (poissons-feuilles) de 30 cm de long.

Où se loger

L'île offre de nombreuses possibilités d'hébergement – auberges de jeunesse, pensions, campings et de plus en plus de B&B. Renseignez-vous au centre d'information de Penneshaw.

Sachez que le NPWS loue un certain nombre de cottages historiques dans les parcs nationaux, du bungalow rudimentaire (10 $ par personne) au somptueux cottage (à partir de 30 $ par personne) des phares de Cape Willoughby, de Cape Borda et de Cape du Couedic.

Kangaroo Island Ferry Connections (☎ 8553 1233, 1800 018 484), à Penneshaw, propose un vaste éventail de forfaits logement et location de voiture. Le personnel peut vous réserver des habitations avec sanitaires et cuisine sur l'île à partir de 55 $ la chambre double (location de voiture en supplément).

Outre les terrains de camping dans les villes importantes, vous en trouverez de plus petits et de plus sommaires à Emu Bay, Stokes Bay, Vivonne Bay et près de Rocky River.

Comment s'y rendre

Avion. Les compagnies aériennes qui suivent assurent toutes la desserte quotidienne de Kangaroo Island (Kingscote). Tarif aller simple en classe économique :

Emu Air	(☎ 1800 182 353)	80 $
Kendell Airlines	(☎ 13 1300)	90 $

La navette gratuite d'Emu Air conduit les passagers de la compagnie jusqu'à Kingscote.

Ferry. Les ferries de Kangaroo Island Sealink (☎ 13 1301) assurent la liaison toute l'année jusqu'à Penneshaw au départ de Cape Jervis. La traversée dure 45 minutes, et il existe 2 départs quotidiens. L'aller simple coûte 30 $ par passager, 5 $ pour les bicyclettes, 20 $ pour les motos et 65 $ pour les voitures.

Les horaires des bus Sealink reliant la gare routière centrale d'Adelaide à Port Jervis permettent la correspondance avec les ferries (aller simple 14 $; réservation indispensable).

Comment circuler

Desserte de l'aéroport. De l'aéroport de Kangaroo Island, à 14 km du centre-ville, des navettes desservent Kingscote (10 $).

Desserte de l'embarcadère du ferry. La navette Sealink (☎ 13 1301) assure la correspondance avec la plupart des ferries et relie Penneshaw à Kingscote (11 $) et à American River (6,50 $). Il faut réserver.

Voiture et moto. Etroites et rarement goudronnées, les routes de l'intérieur de l'île sont recouvertes de graviers. Elles présentent en outre des virages très brusques et sont souvent traversées par des animaux sauvages. Roulez doucement.

Location de voitures. L'île compte trois agences de location de voitures, toutes à

Kingscote : Budget (☎ 553 3133), Hertz/ Kangaroo Island Rental Cars (☎ 8553 2390, 1800 088 296) et Koala Car Rentals (☎ 8553 2399).

Très peu d'agences d'Adelaide autorisent la traversée de leurs véhicules jusqu'à Kangaroo Island. Trois exceptions confirment la règle : Smile Rent-a-Car (☎ 8234 0655), Thrifty (☎ 8211 8788) et Access Rent-a-Car (☎ 8223 7466).

Location de mobylettes et de motos. A Kingscote, vous pouvez louer un scooter pour 45 $ par jour au Country Cottage Shop (☎ 8553 2148), 6 Centenary Ave. Vous ne pourrez pas rouler sur les routes non goudronnées.

Bicyclettes. Les routes sans revêtement et les longues distances qui séparent les zones d'habitation peuvent rendre le cyclisme pénible. Pour les plus courageux, Bernard O'Connor (☎ 8553 0169) loue des vélos pour 20 $/jour. Il peut aussi organiser des circuits ou vous trouver un guide.

KINGSCOTE
• code postal 5223 • 1 440 habitants

Principale agglomération de l'île, Kingscote fut la première colonie de souche européenne d'Australie-Méridionale. Bien que d'autres Européens aient tenté de s'implanter sur l'île bien des années plus tôt, Kingscote fut établie officiellement en 1836 et faillit être abandonnée quelques années plus tard, lorsque la plupart des colons partirent pour le continent.

L'ANZ et la BankSA bénéficient de succursales en ville. BankSA dispose d'un distributeur automatique de billets, et vous pouvez tirer du liquide dans certains des établissements EFTPOS.

A voir et à faire

Le **bassin** qui s'étend à environ 500 m au sud de la jetée constitue le meilleur endroit en ville où se baigner, mais les habitants préfèrent **Emu Bay**, à 18 km de là.

Sur Centenary Ave, la demeure appelée **Hope Cottage** (1857) abrite aujourd'hui un beau musée (entrée : 2,50 $) présentant des

objets et des souvenirs de l'époque coloniale. Le domaine compte aussi un ancien
phare et une distillerie d'huile d'eucalyptus.
Il ouvre tous les jours de 14h à 16h (3 $).

Chaque soir à 19h30 et à 20h30 (à 20h30
et à 21h30 pendant l'été), des rangers gui-
dent les visiteurs dans une marche à la
découverte des manchots intitulée **Discovering Penguins**. Ils partent du Penguin Bur-
row à l'Ozone Hotel sur l'Esplanade et
demandent 5 $. Prévoyez de bonnes chaus-
sures et abstenez-vous d'utiliser votre flash.

Island Pure, sur Gum Creek Rd, près de
Cygnet River, vend du **lait de brebis** et les
produits et fromages confectionnés avec
celui-ci. La laiterie se visite tous les jours de
13h à 17h. Vous pourrez assister à la traite
des brebis et goûter aux délicieux fromages
et yaourts.

On considère en général que la **distillerie
d'huile d'eucalyptus** d'Emu Ridge, sur Wilsons Rd entre Kingscote et American River,
mérite un détour. C'est la seule entreprise
de ce type encore en activité dans l'État
(visite tous les jours de 9h à 14h).

Où se loger et se restaurer

Au **Kingscote Caravan Park** (☎ 8553 2325,
sur l'Esplanade), non loin du centre-ville,
les emplacements débutent à 12 $, les cara-
vanes fixes à 30 $, les bungalows équipés à
45 $ et les appartements à 55 $ (jusqu'à
4 personnes). Les propriétaires gèrent également le camping d'Emu Bay.

Au **Nepean Bay Tourist Park** (☎ 8553
2394, First St), installé sur le front de mer
à Brownlow, à quelque 3 km à l'ouest de
la ville, comptez un minimum de 11 $ pour
un emplacement, de 28 $ pour une cara-
vane et de 33 $ pour un bungalow.

Le sympathique **Kangaroo Island Central Backpackers Hostel** (☎ 8553 2787,
19 Murray St) dispose de lits en dortoir
(14 $) et de doubles à un/deux lits à 37 $.
Dans ce lieu bien entretenu, la cuisine
s'avère minuscule et les dortoirs bondés.

Pension à l'ancienne surplombant le bassin,
l'**Ellson's Seaview Guesthouse** (☎ 8553 2030,
ellsons@kin.on.net, Chapman Terrace) loue
de somptueuses chambres pour le modeste
tarif de 35/44/51 $ la simple/double/triple.

Elle comprend un bon restaurant et se trouve
en outre à deux pas des cafés et des établissements de vente à emporter du centre-ville.

Au **Queenscliffe Family Hotel** (☎ 8553
2254, 57 Dauncy St) et à l'**Ozone Hotel**
(☎ 8553 2011, Kingscote Terrace), tous
deux dans le centre – le second offrant un
meilleur standing que le premier –, les
simples et doubles démarrent à 80 $. Il
existe également plusieurs motels.

PENNESHAW
• code postal 5222 • 300 habitants

Située sur le Backstairs Passage, face à la
péninsule de Fleurieu, Penneshaw est une
paisible petite station balnéaire agrémentée
d'une plage de sable blanc à **Hog's Bay**.
Elle sert aussi de point d'ancrage aux ferries
arrivant de Cape Jervis.

Il n'y a pas de banque en ville, mais le
bureau de poste est une agence de la Commonwealth Bank. Vous trouverez une agence
ANZ chez Sharpys et une agence de la
BankSA chez Servwell. Tous possèdent des
distributeurs de billets du réseau EFTPOS.

A voir et à faire

Dans la soirée, des rangers emmènent les
visiteurs voir les manchots qui nichent
dans les dunes de sable et les falaises
proches de la ville. Ils y sont généralement
plus nombreux qu'à Kingscote. Les visites
(6 $/adulte, 16 $/famille) partent de "Penguin Rookery", sur le rivage, près du terminal du ferry, à 19h30 et à 20h30 (une heure
plus tard quand il fait encore jour). Equipez-
vous de bonnes chaussures et ne prenez pas
de photo au flash

Le **Penneshaw Maritime & Folk Museum**
(musée maritime et folklorique) mérite une
petite visite ; il est ouvert les lundi, mercredi et samedi de 10h à 12h et de 15h à 17h
(entrée : 2 $).

Penneshaw se trouve sur la péninsule de
Dudley, petite avancée de terre à l'extrémité orientale de l'île. Cette péninsule comprend de nombreux sites intéressants en
dehors de la ville : **Pennington Bay** pour le
surf ; les eaux abritées de la **Chapman** sont
praticables en canoë ; et le **phare de Cape
Willoughby**, le plus ancien de l'État (1852),

organise des visites guidées de 45 minutes, tous les jours entre 10h et 14h (plus tard entre septembre et avril).

Où se loger

Le centre d'accueil des visiteurs accorde des permis de camper dans certains sites du bush : à Chapmans River, à Browns Beach et à American River.

Rudimentaire mais propre, la ***Penneshaw Youth Hostel (☎ 8553 1284, 1800 686 620, adv.host@kin.on.net, North Terrace)*** facture un lit en dortoir 14 $ et une chambre à lits jumeaux 16 $/occupant. L'établissement dispose d'un café, et les propriétaires organisent des excursions en bus, ainsi que des séances et des stages de plongée.

Non loin de l'embarcadère des ferries, la ***Penguin Walk YHA Hostel (☎ 8553 1233, kifc@kin.on.net, Talinga Terrace)*** pratique sensiblement les mêmes tarifs que la Penneshaw pour un hébergement beaucoup plus confortable. Elle comprend des dortoirs plutôt agréables et spacieux (6 lits au maximum), tous dotés d'une s.d.b., et de quoi cuisiner. Les doubles disposent d'une s.d.b. et d'une cuisine communes.

Pour les campeurs, le ***Penneshaw Caravan Park (☎ 8553 1075, Talinga Terrace)*** propose des emplacements ombragés et des caravanes fixes proches de la plage.

FLINDERS CHASE NATIONAL PARK

Couvrant l'extrémité occidentale de l'île, le Flinders Chase National Park est l'un des plus étendus d'Australie-Méridionale. Couvert de superbes forêts d'eucalyptus, il abrite des koalas, des échidnés, des cochons sauvages et des opossums, ainsi que des kangourous et des émeus, si habitués aux humains qu'ils viennent vous harceler effrontément pour de la nourriture – l'aire de pique-nique et de barbecue de Rocky River est entourée de grillages pour protéger les visiteurs de ces quémandeurs !

A l'extrémité nord-ouest de l'île, le phare de **Cape Borda** fut construit en 1858 (visites guidées du lundi au vendredi de 11h à 15h15 ; 14h en hiver et 16h pendant les congés scolaires d'été). Non loin, au

sommet de la falaise, s'étend l'émouvant petit cimetière de **Harvey's Return**.

Au sud de Cape Borda, la ravissante **Ravine des Casoars** abrite l'un des chemins de randonnée les plus agréables de l'île (8 km aller-retour). Elle doit son nom à Baudin, lequel admira ici ces émeus nains qui disparurent peu après l'installation des colons européens.

Au sud-est du parc, le **Cape du Couedic** est sauvage et d'un accès difficile, avec de vertigineuses falaises. Un phare pittoresque construit en 1906 surmonte le promontoire ; un chemin part du parking jusqu'à **Admirals Arch**, une voûte creusée par la mer. Là, on peut souvent voir des phoques à fourrure de Nouvelle-Zélande.

Kirkpatrick Point, à quelques kilomètres à l'est du Cape du Couedic, abrite les **Remarkable Rocks**, un amas de blocs de granit sculptés par l'érosion reposant sur un dôme énorme, haut de 75 m.

Où se loger

A Flinders Chase, si vous avez un permis, vous pouvez camper au poste du parc de Rocky River. Faites attention aux kangourous qui entrent dans les tentes à la recherche de nourriture et peuvent commettre des dégâts importants.

Le ***Western KI Caravan Park (☎ 8559 7201)***, dans South Coast Rd, à quelques minutes en voiture à l'est de Rocky River, s'avère mieux équipé, et vous pourrez y apercevoir des koalas sauvages, qui vivent nombreux dans les environs.

Vous recevrez un accueil chaleureux à la ***Flinders Chase Farm (☎ 8559 7223)***, sur la West Highway, à 10 minutes de route de Rocky River, et vous dormirez dans des dortoirs aux lits superposés, dans un ancien bâtiment de ferme (15 $).

Quelques cottages historiques du parc peuvent être loués. Voyez à la rubrique *Où se loger,* au début de cette partie.

La Barossa Valley

Cette fameuse vallée, située à une cinquantaine de kilomètres au nord-est d'Adelaide, est la plus célèbre région productrice de vin en Australie – elle traite à peu près le quart de la production viticole du pays, soit 500 000 tonnes. La Barossa est une région doucement vallonnée qui s'étend sur 25 km de long et 11 km de large.

Elle a conservé une certaine atmosphère germanique liée aux premiers colons venus s'y réfugier à partir de 1842, après avoir fui les persécutions religieuses en Prusse et en Silésie. Ce n'étaient pas au départ des viti-culteurs. Mais l'un de ceux qui arrivèrent par la suite sut percevoir le potentiel de la vallée, dont le nom rappelle celui de Barrosa en Espagne, proche de la région où l'on pro-duit le xérès. Avant la Première Guerre mondiale, les noms de lieux de la Barossa devaient avoir une consonance plus germa-nique, mais beaucoup de noms allemands ont été anglicisés par patriotisme pendant la guerre. Quand les passions se sont éteintes, certains ont été réadoptés.

Renseignements
Le Barossa Wine & Visitor Centre (☎ 1800 812 662, fax 8563 0616, btwa@ dove.net.au), 66-68 Murray St, à Tanunda, est ouvert de 9h à 17h du lundi au vendredi et de 10h à 16h les week-ends et les jours fériés. Le complexe comprend un centre d'information sur le vin où les visiteurs apprendront tout sur sa fabrication (2 $). Pour plus de détails, consultez le site www.dove.net.au/~bwta/bwta.html.

Domaines viticoles (*wineries*)
La Barossa Valley compte plus de cin-quante *wineries*. Souvent ouverts au public, ils proposent des dégustations de vin gra-tuites. Pour obtenir les adresses précises et les heures d'ouverture, demandez le guide touristique régional.

Vous trouverez ci-dessous plusieurs domaines, réputésou moins réputés :

Bethany Wines, Bethany Rd, à Bethany, est un petit établissement vinicole familial situé dans un cadre superbe. Nous vous recommandons vivement son porto blanc.

Branson Wines, près de Greenock, est l'un des plus jeunes domaines de la vallée et l'un

des plus petits. Ses sémillons et ses rouges corsés jouissent cependant déjà d'une bonne réputation.

Chateau Yaldara, à Lyndoch, fut fondé en 1947 dans les ruines d'un établissement vinicole du XIXe siècle et d'un ancien moulin. Il possède une remarquable collection d'objets anciens. Visites guidées (4 $).

Orlando, à Rowland Flat, entre Lyndoch et Tanunda, remonte à 1847 : c'est l'un des plus anciens établissements de la vallée.

Peter Lehmann Wines, Para Rd, à Tanunda, se situe au bord de la Para. Vous pourrez acheter une bouteille sur place et la déguster en pique-niquant sur les terres du domaine.

Rockford Wines, un autre petit domaine, est célèbre pour ses vins corsés et l'agréable écu-rie de pierre restaurée dans laquelle les visi-teurs goûtent ses crus.

Saltram Wine Estate, près d'Angaston, se niche au cœur de superbes jardins. Ce domaine fut créé en 1859.

Seppelts, à **Seppeltsfield**, date de 1852. Les anciens bâtiments de basalte bleu sont entourés de jardins et de palmiers dattiers et la route menant au domaine longe un mausolée à la grecque. Ce vaste ensemble comporte une aire de pique-nique et des barbecues à gaz. Visite tous les jours (3 $).

Yalumba, à Angaston, fut fondé en 1849. Cet établissement en marbre bleu, surmonté d'une tour et entouré de jardins, est la plus grande *winery* familiale de l'Australie.

Manifestations annuelles
Le Vintage Festival constitue le plus grand événement de la vallée. Cette Fête du vin, qui a lieu toutes les années impaires, dure sept jours et débute le lundi de Pâques. C'est une manifestation très pittoresque avec défilés, fanfares, lutte à la corde entre les domaines viticoles, danses autour d'un mât enrubanné, dîners traditionnels et, bien sûr, d'innombrables dégustations de vin.

L'International Barossa Music Festival mêle rock, jazz et musique classique – et attire de grands artistes – pendant deux semaines, en octobre. En février, le Barossa Under the Stars associe pique-niques nocturnes et divertissements d'excellente qualité.

Citons également au chapitre des fêtes la German Oompah Fest, en janvier, et la Hot-Air Balloon Regatta, en mai.

Comment s'y rendre

Plusieurs itinéraires permettent de gagner la Barossa à partir d'Adelaide : le plus direct *via* Main North Rd, passe par Elizabeth et Gawler. Un itinéraire plus pittoresque consiste à traverser la Torrens Gorge et Williamstown ou à passer par Birdwood. Si l'on vient de l'est et que l'on souhaite visiter les *wineries* avant de rejoindre Adelaide, la plus belle route est celle qui conduit à Angaston *via* Springton et Eden Valley.

En semaine, le Barossa Adelaide Passenger Service (☎ 8564 3022) assure trois aller-retours quotidiens en bus entre Adelaide et la vallée (un peu moins le week-end et les jours fériés). Au départ d'Adelaide, le billet coûte 8 $ pour Lyndoch, 10,50 $ pour Tanunda, 11 $ pour Nuriootpa et 12 $ pour Angaston.

Le train touristique *Bluebird* (☎ 8212 7888) dessert Tanunda au départ de la gare de banlieue d'Adelaide, les mardi, jeudi et dimanche matins à 8h50, avec retour à 15h50 (40/55 $ l'aller simple/aller-retour).

Un certain nombre de tour-opérateurs d'Adelaide proposent des excursions d'une journée dans la vallée (consultez le paragraphe *Circuits organisés* sous *Adelaide*).

Comment circuler

Valley Tours (☎ 8563 3587) organise un circuit d'une journée très instructif dans la vallée de la Barossa. Pour 37 $, vous visiterez plusieurs domaines viticoles et y prendrez votre déjeuner.

Balloon Adventures (☎ 8389 3195) vous emmène faire un tour de 1 heure en montgolfière, au départ de Tanunda (tous les jours si la météo le permet), pour 210 $ avec petit déjeuner au champagne.

Le centre d'information vous indiquera d'autres excursions organisées dans la vallée. Le Zinfandel Tea Rooms, le Tanunda Caravan & Tourist Park à Tanunda, le Bunkhaus Travellers Hostel à Nuriootpa, ainsi que le camping-caravaning à Lyndoch louent des vélos. Entre Nuriootpa et Tanunda, une piste

cyclable passe devant le Bunkhaus Travellers Hostel. La Barossa Valley est un lieu idéal pour le cyclisme, avec des pentes très variées, pour les amateurs ou les grands sportifs.

LYNDOCH
• **code postal 5351** • **960 habitants**

En venant d'Adelaide par Gawler, Lyndoch, situé au pied du superbe Barossa Range, est le premier village dans la vallée. A environ 7 km au sud-ouest du bourg, vous pourrez découvrir au Barossa Reservoir le célèbre **Whispering Wall** ("mur des murmures"), qui possède une acoustique remarquable : d'une extrémité du mur, on peut très distinctement entendre des conversations tenues (à voix normale) à l'autre extrémité, soit 150 m plus loin.

Où se loger et se restaurer

A l'accueillant *Barossa Caravan Park* (☎ 8524 4262), à 2 km du bourg sur la route de Gawler, comptez un minimum de 10 $ pour un emplacement, de 25 $ pour une caravane fixe et de 45 $ pour un bungalow.

Le *Kersbrook Youth Hostel (réservations à la YHA d'Adelaide, ☎ 8231 5583)* est à 20 km au sud de Lyndoch, dans une propriété du National Trust nommée Roachdale. Les lits coûtent 9 $ pour les membres.

Le centre-ville abrite l'une des meilleures boulangeries allemandes de la vallée, le *Lyndoch Bakery & Restaurant*, idéal pour le déjeuner. A proximité, le *Lyndoch Hotel* sert des repas d'un bon rapport qualité/prix.

TANUNDA
• **code postal 5352** • **3 100 habitants**

Au cœur de la vallée, Tanunda reste la plus allemande de toutes les bourgades. Des cottages de la première heure bordent **Goat Square** (dans John St), à l'emplacement de l'ancien *ziegenmarkt*, à la fois lieu de rencontre et place du marché, aménagé en 1842 au cœur de la ville naissante.

Au 47 Murray St, le **Barossa Valley Historical Museum** présente des expositions sur les débuts de la colonisation dans la vallée. Il est ouvert tous les jours de 11h à 17h (le dimanche de 13h à 17h).

Vous pouvez admirer le travail des artisans qui fabriquent des tonneaux et d'autres articles en bois à la **Keg Factory**, St Hallett Rd, tous les jours de 9h à 17h (entrée libre).

A mi-chemin entre Tanunda et Nuriootpa, sur la Barossa Valley Highway, le **Kev Rohrlach Technology & Heritage Centre** (8 $) possède une impressionnante collection de pièces hétéroclites, des fusées aériennes aux moteurs à vapeur. Il vous accueille tous les jours de 11h à 16h (de 10h à 17h le dimanche).

A 3 km de Tanunda sur la route de Gomersal, les **Norm's Coolies**, des chiens de berger dressés, vous font la démonstration de leurs talents à la Breezy Gully Farm les lundi, mercredi et samedi à 14h (6 $).

Tous les bourgs de la vallée possèdent de jolies églises luthériennes, mais Tanunda compte les plus intéressantes. L'**église Tabor** date de 1849 et l'**église St John** (1868) abrite des statues en bois de taille humaine représentant le Christ, Moïse et les apôtres Pierre, Paul et Jean.

En sortant de Tanunda, quittez la grand-route pour emprunter le superbe itinéraire qui mène à Angaston *via* Bethany et **Menglers Hill**. La route traverse de splendides paysages de gommiers ; ne manquez pas la vue depuis Menglers Hill.

Où se loger et se restaurer

Le *Tanunda Caravan & Tourist Park* (☎ 8563 2784, *Barossa Valley Highway*) loue l'emplacement de camping 11 $, la caravane fixe à partir de 27 $ et le bungalow un minimum de 35 $.

Très raisonnable, le *Tanunda Hotel* (☎ 8563 2030, *51 Murray St*) facture 44/50 $ la simple/double (54/60 $ avec s.d.b.). La ville compte aussi deux ou trois motels plus onéreux et quelques B&B.

Les *Zinfandel Tea Rooms*, au 58 Murray St (on peut y prendre le petit déjeuner et le déjeuner) et le *Heidelberg Café*, au n°8 (ouvert à midi et le soir), de style allemand, servent d'excellents plats à prix modérés.

Le *Tanunda Club* (*45 MacDonnell St*) défie toute concurrence avec ses copieux dîners à 6 $. Les petits budgets apprécieront

aussi le *Siegersdorf Wine Co & Restaurant* (*Barossa Valley Highway*), à mi-chemin entre Tanunda et Nuriootpa, qui propose une entrée, un plat et un dessert pour 10 $ à midi et 12 $ le soir – moins cher que dans la plupart des pubs de l'État et bien meilleur.

NURIOOTPA
• code postal 5355 • 3 500 habitants

Située à l'extrémité nord de la vallée, Nuriootpa en est le centre commerçant. Les rives de la Para offrent plusieurs aires de pique-nique agréables ainsi que de belles promenades à proximité du centre-ville.

Où se loger

A l'attrayant *Barossa Valley Tourist Park* (☎ 8562 1404, *Penrice Rd*), en ville, comptez un minimum de 12 $ pour un emplacement et de 30 $ pour un bungalow.

Le sympathique *Bunkhaus Travellers Cottage* (☎ 8562 2260, *Nuraip Rd*), installé dans un vignoble familial à 1 km de Nuriootpa, sur la Barossa Valley Highway en direction de Tanunda, est signalé par un tonneau. Il loue des lits en dortoir à partir de 12 $ et un cottage pour 4 (36 $ le lit double). Son plus accueillant propriétaire, Jan, loue des VTT et vous conseillera un itinéraire pour la journée.

A peu près à mi-chemin entre Nuriootpa et Greenock, la sympathique *Karawatha Guesthouse* (☎ 8562 1746) affiche ses simples/doubles à 45/70 $, petit déjeuner compris. Il s'agit de "chambres d'hôtes" (rares dans la vallée), c'est-à-dire que vous prendrez vos repas avec les propriétaires.

ANGASTON
• code postal 5353 • 2 000 habitants

Ce village situé sur le versant oriental de la vallée tire son nom de George Fife Angas, l'un des pionniers de la région. Le magnifique **Collingrove Homestead**, domaine que bâtit son fils en 1856, appartient au National Trust (ouvert de 13h à 16h30 en semaine et de 11h à 16h30 les jours de fête, 4 $). Consultez le paragraphe *Où se loger*.

La **Bethany Art Gallery**, 12 Washington St, vaut une visite pour son artisanat.

Où se loger

Le ***Barossa Valley Hotel*** (☎ 8564 2014, *41 Murray St*) et l'*Angaston Hotel* (☎ 8564 2428, *59 Murray St*), tous deux centraux, facturent 25 \$/personne pour des chambres de pub classiques, petit déjeuner continental compris.

Si l'on veut s'offrir une folie à Angaston, le ***Collingrove Homestead*** (☎ 8564 2061), site historique classé, à 7 km de la ville sur l'Eden Valley Rd, vous accueillera dans les anciens quartiers des domestiques pour 160 \$ la double, petit déjeuner à l'anglaise inclus.

BETHANY ET SES ENVIRONS

Au sud-est de Tanunda, **Bethany** fut le premier village allemand de la vallée, plusieurs maisons anciennes en témoignent. *The Landhaus* serait le plus petit restaurant avec licence du monde ; il peut accueillir 12 personnes (réservation indispensable au ☎ 8563 2191).

Springton se trouve un peu au sud-est de la Barossa, dans l'Eden Valley. La curiosité locale, le Herbig Tree – un gommier dont le tronc creux abrita une famille de pionniers de 1855 à 1860 – s'élève au bord de la route principale, en direction d'Adelaide.

Le Mid-North

La région qui s'étend entre Adelaide et Port Augusta est connue sous le nom de Mid-North. Réputée pour son blé et sa laine, elle englobe des terres parmi les plus riches de l'État. De bons vins sont produits dans la Clare Valley. Les quelques villes historiques disséminées dans la région, Auburn, Burra, Kapunda et Mintaro, présentent un visage très proche de celui qu'elles avaient il y a un siècle.

AUBURN

• code postal 5451 • 330 habitants
Cette petite commune, à quelque 24 km au sud de Clare, possède quelques bâtiments anciens merveilleusement préservés, notamment sur St Vincent St. Une brochure disponible à la poste et au magasin Pethericks Antiques vous indiquera un circuit pédestre de 3 km qui englobe 24 sites historiques.

L'un des auteurs australiens les plus célèbres, CJ Dennis, a vu le jour à Auburn.

Le ***Rising Sun Hotel*** (☎ 8849 2015, *Main North Rd*) offre de bons repas et des chambres élégantes avec s.d.b. à 40/65 \$ la simple/double. Juste à côté, le ***Tatehams*** (☎ 8849 2030) dispose d'un restaurant de luxe et de superbes chambres de style colonial affichées à 100/140 \$.

CLARE

• code postal 5453 • 2 600 habitants
Cette charmante ville au cœur de la région viticole de la Clare Valley, à 135 km au nord d'Adelaide, a su éviter nombre de pièges touristiques dans lesquels est tombée la Barossa Valley. Fondée en 1842, elle tire son nom de celui du comté de Clare en Irlande.

Le Clare Valley Tourist Information Centre (☎ 8842 2131, fax 8842 1117), hébergé dans la mairie, Main North Rd, vous accueille tous les jours de 9h à 17h (de 10h à 16h les dimanche et jours fériés).

La ville elle-même compte un certain nombre d'édifices intéressants, dont une imposante église catholique. Le commissariat et le tribunal, datant de 1850, abritent aujourd'hui le **National Trust Museum**, ouvert les week-ends et les jours fériés de 10h à 12h et de 14h à 16h (2 \$).

C'est à Sevenhill, à 7 km au sud de Clare, que des prêtres jésuites fondèrent en 1851 le premier domaine viticole de la vallée. Les **Sevenhill Cellars** produisent encore du vin de messe, ainsi qu'un excellent verdelho. Attenante au domaine, la magnifique **église St Aloysius** date de 1875.

La vallée compte de nombreux autres établissements viticoles, notamment la très célèbre Leasingham Winery (1894), au sud de Clare. Les heures d'ouverture varient selon les saisons (consultez le guide régional disponible au centre d'information).

Manifestations annuelles

Le principal événement de la région est le Clare Valley Gourmet Weekend, consacré aux vins, à la cuisine et à la musique. Il est organisé par les domaines viticoles locaux lors du week-end de l'Adelaide Cup, en mai. Ne manquez pas non plus le Clare Valley Spring Garden Festival, qui se tient dans quelques-uns des plus beaux jardins privés de la vallée. Il se déroule l'un des premiers week-ends de novembre. Le Romeria del Rocio Spanish Festival, haut en couleur, dure quatre jours, au mois d'avril.

Où se loger

Agréable et accueillant, le *Clare Caravan Park (☎ 8842 2724, Main North Rd)*, à 4 km au sud de la poste principale de Clare, est le terrain de camping le plus proche de la ville. Il comprend des emplacements à partir de 11 $ (8 $ pour les personnes seules), des caravanes fixes à 30 $ et des bungalows à partir de 40 $.

Dans Main St, le *Taminga Hotel (☎ 8842 2808)* facture 20/32 $ la simple/double sommaire. Le *Clare Hotel (☎ 8842 2816)*, Main North Rd dans le prolongement de Main St, propose des simples de pub à 17 $ et des chambres de motel à 45/50 $.

Dans la même rue, le *Bentley's Hotel/Motel (☎ 8842 2815, 191 Main North Rd)* offre un grand choix d'hébergements allant du lit en dortoir à 10 $ aux simples ou doubles de type motel à 55 $.

A 12 km au nord de Clare, la *Bungaree Station (☎ 8842 2677)* vous héberge dans les bâtiments des tondeurs, moyennant 15 $ le lit. Cette ferme en activité propose à ses hôtes des visites autoguidées avec cassette (8 $ avec le thé).

Une autre ferme accueille des locataires sur la route de Spalding, à 25 km au nord de la ville : la *Geralka Farm (☎ 8845 8081)*. L'emplacement de camping revient à 11 $ au minimum et la caravane fixe à 28 $ et plus.

A Mintaro, bourgade historique à 18 km au sud-est de Clare, le *Martindale Hall (☎ 8843 9088)*, qui occupe une ancienne demeure imposante, facture 65 $ par personne en B&B.

Clare dispose aussi de quelques motels, et les B&B ne manquent pas dans la vallée.

Comment s'y rendre

Le Mid-North Passenger Service (☎ 8826 2346) relie en bus Adelaide à Auburn (13 $) et à Clare (17 $), tous les jours sauf le samedi et le lundi.

Comment circuler

Vous pouvez vous promener à pied ou à bicyclette parmi les domaines viticoles les plus réputés de la vallée en empruntant le **Riesling Trail**, qui serpente entre Auburn et Clare. Clare Valley Cycle Hire (☎ 8842 2782), 32 Victoria Rd, à Clare, loue des bicyclettes à 15/20 $ la demi-journée/journée.

BURRA

• **code postal 5417** • **1200 habitants**

Cette jolie bourgade regorge de sites historiques. Ce fut, de 1847 à 1877, un centre d'exploitation des mines de cuivre. Les différents groupes ethniques britanniques formaient des communautés indépendantes (les Cornouaillais étant les plus nombreux).

Le district Burra Burra tire son nom du nom aborigène du petit cours d'eau.

Renseignements

Le Burra Visitor Centre (☎ 8892 2154, fax 8892 2555, bvc@capri.net.au), sur Market Square, est ouvert tous les jours de 9h à 17h. Il vend une brochure intitulée *Discovering Historic Burra*, qui décrit de nombreux sites du circuit historique de 11 km.

Ce fascicule fait partie du *Burra Passport*, qui donne accès à huit sites du National Trust et aux quatre principaux musées de la ville. Ce forfait coûte 10/18 $ par personne pour les huit sites du National Trust seuls/les sites et les musées.

A voir et à faire

De nombreuses maisons anciennes en pierre, de minuscules cottages cornouaillais et beaucoup de vestiges rappellent le temps des mines. L'office du tourisme peut organiser une visite guidée de la ville (20 $ par personne pour 2 heures) qui comprend huit sites du National Trust.

Les trente-trois cottages de **Paxton Square** furent bâtis pour les mineurs cornouaillais dans les années 1850 ; l'un d'eux, le **Malowen Lowarth**, a été meublé dans le style de l'époque (ouvert le samedi de 13h à 15h, ainsi que les dimanche et jours fériés de 10h30 à 12h30, entrée : 4 $). Les autres servent de lieu d'hébergement (voir *Où se loger et se restaurer*).

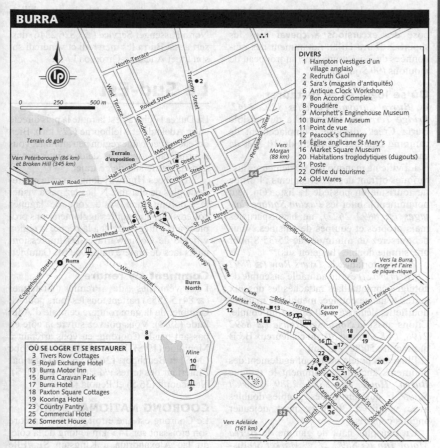

BURRA

0   250   500 m

Terrain de golf

Vers Peterborough (86 km)
et Broken Hill (345 km)

Terrain d'exposition

Vers Morgan (88 km)

North Terrace

West Terrace

Powell Street

Tregony Street

Genders St.

Mevagessey Street

Hall Terrace

Truro Street

Crowan Street

Watt Road

Young Street

Morehead Street

Bests Place (Barrier Hwy)

Ludgvan Street

St Just Street

Pendelwood Street

Smelts Road

Burra

Coppehouse Street

West Street

Burra North

Burra Creek

Market Street

Bridge Terrace

Paxton Square

Paxton Terrace

Oval

Vers la Burra Gorge et l'aire de pique-nique

Mine

Commercial Street

Upper Thames St.

Kangaroo St.

Bridge St.

Chapel St.

Church St.

Stock Street

Vers Adelaide (161 km)

DIVERS
1 Hampton (vestiges d'un village anglais)
2 Redruth Gaol
4 Sara's (magasin d'antiquités)
6 Antique Clock Workshop
7 Bon Accord Complex
8 Poudrière
9 Morphett's Enginehouse Museum
10 Burra Mine Museum
11 Point de vue
12 Peacock's Chimney
14 Église anglicane St Mary's
16 Market Square Museum
20 Habitations troglodytiques (dugouts)
21 Poste
22 Office du tourisme
24 Old Wares

OÙ SE LOGER ET SE RESTAURER
3 Tivers Row Cottages
5 Royal Exchange Hotel
13 Burra Motor Inn
15 Burra Caravan Park
17 Burra Hotel
18 Paxton Square Cottages
19 Kooringa Hotel
23 Country Pantry
25 Commercial Hotel
26 Somerset House

Aux premiers temps de Burra, quelque 1 500 personnes vivaient près du ruisseau dans des **habitations troglodytiques** (*dugouts*) dont deux ont été conservées. Autres bâtiments anciens dignes d'intérêt : le **Redruth Gaol**, dans Tregony St, et plusieurs **Cornish cottages** (cornouaillais) dans Truro St, North Burra.

Le **Burra Mine Museum** occupe l'emplacement d'une ancienne mine ; il est extrêmement bien présenté et abonde en informations. Le Morphett's Enginehouse Museum, qui fait partie du Burra Mine Museum, ouvre tous les jours de 11h à 13h (4 $), mais vous pouvez vous promener dans la mine à tout moment.

Le **Bon Accord Complex** (3 $), près de la vieille gare ferroviaire de North Burra, était une société minière écossaise ; au lieu de découvrir du minerai, ses chercheurs tombèrent sur une source souterraine. Malins, les Écossais vendirent la propriété à la ville, et c'est elle qui alimenta Burra en eau jusqu'en 1966. Le site dispose maintenant d'un centre d'information historique ouvert tous les jours de 12h30 à 14h30 (4 $).

A 3 km de la ville en direction de Morgan, Burra Trail Rides (☎ 8892 2627) propose des **excursions à cheval** dans les superbes Burra Hills, notamment des randonnées de 2 à 3 jours avec un troupeau de moutons (90 $/jour).

Où se loger et se restaurer

Le *Burra Caravan Park (☎ 8892 2442, Bridge Terrace)*, tout proche du paisible Burra Creek, dispose d'emplacement de camping ombragés à partir de 10 $ et de caravanes à 30 $.

La ville ne manque pas de demeures historiques offrant des hébergements : l'office du tourisme en possède la liste. On peut notamment habiter les *Paxton Square Cottages (☎ 8892 2622)*, un brin spartiates mais propres et équipés de cuisines. Vous débourserez un minimum de 25/35 $ pour une simple/double (linge en sus).

Plus confortable, le *Tivers Row (☎ 8892 2461, Truro St)* est un adorable ensemble de cottages cornouaillais rattachés les uns aux autres. Chaque cottage, meublé de manière douillette, démarre à 90 $ pour un couple. Citons aussi la *Somerset House (☎ 8892 2198, 14 Kangaroo St)*, un chaleureux B&B qui facture 50/80 $ la nuit.

Plusieurs hôtels occupent également des bâtiments anciens, notamment le typique *Burra Hotel (☎ 8892 2389, Market Square)*, qui abrite des simples/doubles avec ventil. à 30/50 $, petit déjeuner anglais compris.

Un peu plus haut de gamme, le *Burra Motor Inn (☎ 8892 2777, Market St)* dispose de vastes chambres donnant sur le petit cours d'eau. Les simples/ doubles/triples coûtent 54/64/74 $.

La plupart des hôtels servent de bons plats au comptoir, mais disposent néanmoins de salles de restaurant plus conventionnelles. Par ailleurs, le *Country Pantry*, Commercial St, près de l'office du tourisme, propose de très bons plats à l'heure du déjeuner.

Comment s'y rendre

La ligne de bus Greyhound Pioneer reliant Adelaide à Sydney passe tous les jours par Burra (20 $ depuis Adelaide). Les billets s'achètent à l'office du tourisme. Le Mid-North Passenger Service (☎ 8826 2346) dessert aussi Burra les mercredi et vendredi sur son trajet Adelaide-Orroroo (17 $).

Le Sud-Est

La Dukes Highway est la route la plus directe entre Adelaide et Melbourne (729 km). Bien qu'elle traverse une région peu attirante, vous pourrez faire quelques détours intéressants dans la partie sud de ce trajet.

La Princes Highway longe la côte et présente plus de charme. N'hésitez pas à visiter le Coorong (une vaste zone de lagunes côtières), les tranquilles agglomérations propices à la villégiature et à la pêche, la région viticole de Coonawarra et les impressionnants lacs de cratère autour de Mt Gambier.

Comment s'y rendre

Les véhicules de Premier Stateliner (☎ 8415 5555) partent tous les jours pour Mt Gambier de la gare routière centrale d'Adelaide (39 $). Vous pouvez suivre la côte en passant par le Coorong, en vous arrêtant à Meningie (19 $), Kingston SE (30 $), Robe (34 $) et Beachport (36 $) ; ou voyager par l'intérieur des terres *via* Bordertown (29 $), Naracoorte (36 $) et Penola (37 $).

COORONG NATIONAL PARK

Le Coorong est une étroite lagune qui étire son croissant sur 145 km le long de la côte, du lac Alexandrina à Kingston SE. Elle forme un labyrinthe de marais d'eau salée, séparés de la mer par les immenses dunes de sable de la péninsule de Younghusband. Celles-ci sont accessibles en voiture, et la côte possède plusieurs plages de surf.

Cette région constitue une réserve ornithologique superbe et abrite quantité d'oiseaux aquatiques.

Coorong Nature Tours (☎ 8574 0037) est réputé pour la qualité de ses excursions, axées sur la découverte de la nature. Comptez un minimum de 60 $ la demi-journée et de 110 $ la journée, au départ de Meningie (on peut venir vous chercher à Adelaide).

Où se loger

Le parc comporte quantité de campings dans le bush pour lesquels un permis est nécessaire (5 $ par véhicule et par nuit). Vous l'obtiendrez dans de nombreux points de vente de la région, en particulier auprès des deux relais routiers de Salt Creek et du bureau du NPWS (☎ 8575 1200), dans la Princes Highway à Meningie, qui fournit en outre des informations sur le parc.

Vous pouvez préférer l'un des campings et motels qui jalonnent la Princes Highway entre Meningie et Salt Creek.

ROBE

• code postal 5276 • 750 habitants

Estival petit port de pêche datant de 1845, Robe fut un des premiers endroits dans l'État où s'installèrent les colons.

Ses citoyens firent fortune à la fin des années 1850 avec la ruée vers l'or du Victoria. Le gouvernement de l'État avait institué une taxe de 10 £ par tête sur les chercheurs d'or chinois, et de nombreux Chinois évitèrent de la payer en pénétrant dans le Victoria par Robe ; 10 000 d'entre eux empruntèrent cet itinéraire au cours de la seule année 1857. Les **Chinamen's Wells** (puits des Chinois) de la région évoquent cette époque.

L'office du tourisme (☎ 8768 2465) se trouve dans la bibliothèque publique, à l'angle de Smillie St et de Victoria St. Il ouvre en semaine de 10h à 17h et le samedi de 10h à 12h30.

La ville compte de nombreux édifices anciens en pierre. Celui des **douanes**, dans Royal Circus, aujourd'hui transformé en musée nautique, date de 1863. La petite brochure éditée par l'office du tourisme (1 $) propose une promenade passant par la plupart de ces bâtiments.

Vous pouvez vous baigner en toute sécurité à la plage située à l'autre bout du centre-ville. Les amateurs de surf et de planche à voile apprécieront **Long Beach**, à 2 km de Robe, sur la route de Kingston SE.

Vous découvrirez une excellente **boutique d'art et d'artisanat**, Wilsons of Robe, dans la rue principale.

Où se loger

Robe attire de nombreux vacanciers l'été. Malgré son excellente capacité d'hébergement, il peut être difficile de trouver où se loger au plus fort de la saison.

Où se loger – petits budgets

À 1 km de la ville, sur la route de Kingston SE, le *Lakeside Tourist Park* (☎ 8768 2193, *Main Road*) jouit d'un cadre merveilleux et héberge des canards et des paons. Les emplacements débutent à 13 $, les caravanes fixes à 34 $ et les bungalows à 45 $.

Un peu plus loin, le *Bushland Cabins* (☎ 8768 2386, *Nora Creina Rd*) mérite bien son nom : très paisible, il abrite une riche faune sauvage. Il dispose de quelques lits en dortoir (13 $), d'emplacements dans le bush (10 $) et de bungalows rudimentaires équipés (36 $ pour deux et 6 $ par personne supplémentaire, jusqu'à 6).

Le *Long Beach Caravan Park* (☎ 8768 2237), établi à l'extrême sud de Long Beach, loue des emplacements de camping, des caravanes et des bungalows indépendants.

Où se loger – catégorie moyenne

L'historique *Caledonian Inn* (☎ 8768 2029, *dans Victoria St*) dispose de chambres sommaires pour 30/50 $, petit déjeuner compris, et de cottages de type motel à deux pas de la plage (80/100 $). Son restaurant est l'un des meilleurs de Robe.

Le *Robe Hotel* (☎ 8768 2077, *Mundy Terrace*) surplombe Guichen Bay. Ses chambres démarrent à 35/50 $ (50/70 $ avec s.d.b.). Certaines de celles donnant sur l'avant possèdent un balcon privé avec vue sur la mer.

Robe compte aussi bon nombre de B&B (pour certains établis dans des demeures historiques) et des motels le plus souvent onéreux. Pour plus de détails, adressez-vous à l'office du tourisme.

BEACHPORT

• code postal 5280 • 440 habitants

Si vous appréciez la tranquillité, vous adorerez cette petite bourgade en bord de mer au sud de Robe, sa longue jetée, sa mer bleu turquoise et ses anciens édifices. Pendant la saison (d'octobre à avril), on y pêche le homard, vendu cuit sur la jetée.

L'**Old Wool & Grain Store Museum** (2 \$), installé dans un bâtiment du National Trust, dans la rue principale, expose des vestiges du temps où la ville était un port baleinier. Les pièces sont meublées en style des années 1870. L'**Aboriginal Artefacts Museum**, McCourt St, possède une riche collection (entrée libre). Pour accéder à ces deux musées, demandez les clés au bureau du conseil.

Où se loger et se restaurer

Quelconque, le *Beachport Caravan Park* (☎ *8735 8128, Beach Road*) jouit cependant d'un emplacement idéal près de la plage. Beaucoup plus agréable, le *Southern Ocean Tourist Park* (☎ *8735 8153, Somerville St*) propose des emplacements à 12 \$ et des bungalows à partir de 45 \$.

Sur la plage, non loin de la jetée, le sympathique *Beachport Backpackers* (☎ *8735 8197*) occupe l'ancienne maison du gardien du port (1880). L'auberge dispose d'une cheminée qu'on allume les soirées d'hiver et d'une cuisine spacieuse. Le lit en dortoir coûte 15 \$. Des bicyclettes et des planches de surf sont mises à la disposition des hôtes.

Le *Bompa's* (☎ *8735 8333, Railway Terrace*), près de la jetée, loue de confortables doubles avec s.d.b. commune à partir de 55 \$, petit déjeuner continental compris.

MILLICENT
- **code postal 5280** • **5 120 habitants**

C'est dans cette petite ville, à 50 km au nord-ouest de Mt Gambier, que la route "Alternative 1" passant par Robe et Beachport rejoint la route principale.

Installé au bout de George St, en direction de Mt Gambier, l'office du tourisme (☎/fax 8733 3205) ouvre tous les jours de 9h30 à 16h30. Il abrite une **boutique artisanale** de qualité et un **musée** du National Trust (4 \$), qui présente d'excellentes expositions.

MT GAMBIER
- **code postal 5290** • **22 000 habitants**

Ville la plus importante et carrefour commercial du Sud-Est, Mt Gambier se trouve à 486 km d'Adelaide. Elle tire son nom du volcan sur les pentes duquel elle est construite.

Renseignements

Pour tout savoir sur les manifestions locales, interrogez le Lady Nelson Visitor Information & Discovery Centre (☎ 8724 9750, 1800 087 187, fax 8723 2833, theladynelson@mountgambiertourism.com .au) sur Jubilee Highway East, ouvert tous les jours de 9h à 17h.

Accordez une bonne heure à la visite du Discovery Centre (6 \$), qui présente notamment une réplique du *Lady Nelson*, un brick historique, avec effets sonores et commentaire enregistré. Un montage audiovisuel vous révélera les effets désastreux de la colonisation européenne sur les peuples aborigènes de la région.

A voir et à faire

Mt Gambier renferme trois cratères, dont deux occupés par un lac. Le plus réputé, le superbe **Blue Lake**, voit sa couleur tourner au gris de mars à novembre, puis reprend comme par enchantement sa teinte bleue.

Au plus profond, le Blue Lake atteint 85 m. Une route panoramique de 5 km en fait le tour. Zone de loisirs très fréquentée, la région des lacs comprend une passerelle de bois (au dessus du lac Valley), une réserve naturelle, des aires de pique-nique et des sentiers de randonnée.

En soirée, on illumine les jardins immergés de l'**Umpherston Sinkhole**, et vous pouvez assister au repas des opossums. Tous les jours, des descentes sont organisées jusqu'à la nappe souterraine de l'**Engelbrecht Cave**, une grotte très fréquentée par les plongeurs. Ces deux sites se situent dans le périmètre de la ville.

Où se loger et se restaurer

Mt Gambier compte six campings qui offrent tous des emplacements, des caravanes fixes et des bungalows. Vous obtiendrez plus de détails auprès du Discovery Centre.

The Jail (☎ *8723 0032, 1800 626 844, turnkey@seol.net.au, Langlois Drive*), situé tout près de Margaret St, propose aux backpackers des lits en dortoir à 15 \$ et des chambres à lits jumeaux (les anciennes cellules) à 16 \$/personne. Essayez aussi le *Blue Lake Motel* (☎ *8725 5211, 1 Kennedy Ave*), juste à la sortie de la Highway, et ses petites chambres à lits jumeaux avec cuisine (12 \$/personne).

Le *Mount View Motel* (☎ *8725 8478, 14 Davison St*) facture 33 \$ la simple et 38/40 \$ la double à un/deux lits (3 \$ de plus avec kitchenette). Peu de motels proposent des tarifs aussi intéressants en ville.

Dans le centre-ville, animé, de nombreux hôtels anciens offrent un hébergement et des repas dans un cadre grandiose.

Au *Federal Hotel* (☎ *8723 1099, 76 Commercial St East*) et au *Commercial Hotel* (☎ *8725 3006, 76 Commercial St West*), vous débourserez 17/30 \$ pour une simple/double.

Le second établissement possède aussi des lits en dortoir à 12 \$. Le *South Australia Hotel* (☎ *8725 2404, 78 Commercial St East*) facture ses chambres 20/30 \$.

En dehors des pubs, la *Barn Steakhouse*, à quelque 2 km du centre, dans Nelson Rd, permet de se rassasier à un prix défiant toute concurrence. On y déguste des repas gargantuesques, de même qu'au *Charlies Family Diner*, dans la Western Tavern de Jubilee Highway West, qui propose différents types de cuisine.

Comment s'y rendre

Avion. Kendell Airlines (☎ 13 1300) et O'Connors Air Services (☎ 13 1313) effectuent tous les jours des allers-retours Mt Gambier-Adelaide et Mt Gambier-Melbourne. L'aller simple pour ces deux destinations coûte 155 \$.

Bus. Les bus Premier Stateliner partent tous les jours, sauf le samedi, de la station-service Shell Blue Lake, 100 Commercial Rd West (☎ 8725 5037) pour Adelaide (6 heures ; 39 \$).

V/Line (☎ 1800 817 037) relie quotidiennement Mt Gambier à Melbourne (et inversement) pour 48 \$.

On prend le bus jusqu'à Ballarat, puis le train pour Melbourne.

NARACOORTE

• code postal 5271 • 4 710 habitants

Fondée dans les années 1840, Naracoorte est une des villes les plus anciennes de l'État et une des plus importantes du Sud-Est.

L'office du tourisme (☎ 8762 1518) se trouve dans le **Sheep's Back Museum**, MacDonnell St. Ce musée, installé dans un ancien moulin à farine, présente une exposition intéressante de l'histoire de l'industrie lainière (5 \$, ouvert tous les jours de 10h à 16h).

Le **Naracoorte Museum & Snake Pit**, Jenkins Terrace, présente une collection éclectique intéressante et des serpents venimeux de la région – nourris tous les jours devant le public d'octobre à avril (entrée 8 \$). Ouvert tous les jours de 10h à 17h (le dimanche de 14h à 17h), le musée ferme de mi-juillet à fin août.

Le **Naracoorte Caves Conservation Park** (☎ 8762 2340), ouvert tous les jours de 9h à 17h, se trouve à 12 km au sud-est de Naracoorte près de la route de Penola. Ces grottes sont inscrites au Patrimoine mondial grâce à la présence, dans la **Victoria Fossil Cave**, de fossiles du pléistocène.

Le **Wonambi Fossil Centre** abrite une excellente reconstitution des forêts tropicales qui recouvraient la région voici 200 000 ans, avec des maquettes grandeur nature de certains des animaux dont on a retrouvé le squelette dans les parages. Animées par ordinateur, ces bestioles sont, paraît-il, criantes de vérité.

Vous pourrez visiter quatre grottes dans le parc : celle des fossiles, **Alexandra Cave** (la plus intéressante), **Blanche Cave**, et **Wet Cave**, qui peut se visiter individuellement. Pour les autres, des excursions organisées partent de 9h30 à 15h30.

La **Bat Cave** (grotte de la chauve-souris), d'où elles les chiroptères s'élancent de façon spectaculaire les soirs d'été, n'est pas ouverte au public, mais un système de caméra à infrarouges permet de voir ce qui se passe à l'intérieur.

Un tarif dégressif s'applique à tous ces sites, y compris la Bat Cave et le Wonambi Fossil Centre : une visite coûte 8 \$, deux 14 \$, et ainsi de suite.

Un circuit aventure dans des grottes non aménagées de la région, avec passages d'escalade et reptation assurée (prévoir des chaussures adéquates) débute à 20 $ pour les non-initiés et 30 $ à un niveau plus élevé (un minimum de 3 personnes est requis pour chacun). On peut louer des combinaisons et des genouillères pour 5 $.

Quelque 155 espèces d'oiseaux, dont 79 aquatiques, ont été répertoriées dans la **Bool Lagoon Game Reserve**, à 24 km au sud de Naracoorte. Avec le **Hacks Lagoon Conservation Park**, voisin, cette réserve représente la plus vaste zone humide du Sud-Est. A l'époque où les ibis bâtissent leurs nids (de septembre à janvier), vous assisterez à un spectacle impressionnant depuis les affûts. On nous a vivement recommandé les circuits d'observation des oiseaux concoctés par Bourne's Birds (☎ 8764 7551). Les deux réserves sont ouvertes 24h/24.

Où se loger et se restaurer

Proche du centre-ville, le très agréable *Naracoorte Holiday Park (☎ 8762 2128, 81 Park Terrace)* loue des emplacement de camping à partir de 13 $, des caravanes à 35 $ et des bungalows à partir de 41 $.

Aux *Naracoorte Caves* et au *Bool Lagoon*, vous disposerez d'aires de camping rudimentaires facturés 12 $ par voiture.

Les trois hôtels de Naracoorte servent des repas d'un bon rapport qualité/prix.

COONAWARRA ET PENOLA

Cette toute petite région (25 km²) productrice de vin et renommée pour la qualité de ses rouges se trouve juste au nord de Penola. Plus de 20 domaines viticoles proposent des dégustations-ventes pratiquement tous les jours.

La ville historique de **Penola** (1 200 habitants), qui compte nombre de constructions anciennes intéressantes, a acquis sa célébrité pour avoir été, en 1867, le lieu de fondation des Sisters of St Joseph of the Sacred Heart, l'ordre de Mary MacKillop, qui devrait être la première sainte d'Australie (voir plus haut l'encadré *Bienfaitrice des déshérités*).

L'office du tourisme (☎ 8737 2855, fax 8737 2206), Arthur St, est ouvert de 9h à 17h en semaine et de 12h à 16h les weekends et les jours fériés.

Ne manquez pas le **Woods-MacKillop Interpretative Centre**, dans Petticoat Lane, ouvert tous les jours de 10h à 16h (3 $). Il comprend la **Woods-MacKillop Schoolhouse**, bâtie en 1867, qui abrite des souvenirs de Mary MacKillop et du père Julian Tenison Woods, les cofondateurs (en 1866) de cet établissement, le premier d'Australie à accueillir les enfants issus de milieux défavorisés.

Après avoir visité Petticoat Lane et ses petits **cottages**, une visite à **Yallum Park** vous éclairera sur le train de vie dispendieux des grands éleveurs coloniaux. Ce sompteux manoir à deux étages bâti en 1880 se trouve à quelque 8 km sur la route de Millicent ; il se visite sur rendez-vous (☎ 8737 2435).

Où se loger

Des lits en dortoir à 7 $ (linge en sus) vous attendent au *Whiskas Woolshed (☎ 8737 2428, 0418 854 505)*, à 12 km au sud-ouest de Penola, à côté de la route de Millicent. Si l'établissement ne brille pas par son confort, il abrite une cuisine bien équipée et une buanderie, et toutes les chambres possèdent un radiateur à pétrole. Andy, le sympathique et farfelu propriétaire, mérite à lui seul le détour !

Dans le centre-ville, la *McKay's Trek Inn (☎ 8737 2250, 1800 626 844, trekin@ penola.mtx.net.au, 38 Riddoch St)* propose à 16 $ des lits en dortoir, propres et confortables, avec draps et petit déjeuner continental. Vous serez hébergé une nuit gratuitement si vous battez le record des hôtes sur le parcours d'escalade. Des VTT sont gracieusement mis à la disposition des clients.

Sinon, vous pourrez vous loger dans l'un des quelque 20 cottages historiques rénovés que comporte la région de Penola. Comptez à partir de 70 $ la nuit dans une chambre à 2 lits. Penola compte également deux hôtels et un camping.

Comment s'y rendre

Les bus Premier Stateliner desservent tous les jours, sauf le samedi, Adelaide (37 $) et Mt Gambier (8 $). Ils partent du supermarché de Penola, dans Church St.

Le Murray

Le plus grand fleuve d'Australie prend sa source dans les Snowy Mountains, dans les Australian Alps. Sur la plus grande partie de son cours, il délimite la frontière entre la Nouvelle-Galles du Sud et le Victoria. Il serpente sur 650 km en Australie-Méridionale, tout d'abord vers l'ouest en direction de Morgan, puis vers le sud et le lac Alexandrina.

Le fleuve est utilisé pour approvisionner en eau courante Adelaide et d'autres villes aussi lointaines que Whyalla et Woomera. Entre la frontière avec l'État de Victoria et Blanchetown, l'irrigation a permis de transformer des terres improductives en une région de vignobles et de vergers qui porte le nom de Riverland.

Le Murray a une longue histoire. Avant l'avènement du chemin de fer, il était le Mississippi de l'Australie, avec des bateaux à aubes qui effectuaient la liaison entre l'intérieur et la côte. Plusieurs de ces navires ont été restaurés, vous permettant ainsi de revivre le passé lors de croisières de quelques heures ou de plusieurs jours. L'un d'entre eux, l'énorme PS *Murray River Princess*, descend et remonte majestueusement le fleuve au départ de Mannum, de façon régulière.

Comment s'y rendre

Premier Stateliner (☎ 8415 5555) effectue un service quotidien vers les villes du Riverland au départ d'Adelaide. Le prix du billet pour Berri, Loxton et Renmark est de 28 $.

Greyhound Pioneer et McCafferty's traversent tous les jours le Riverland sur son trajet vers Sydney mais ne s'arrêtent pas avant Renmark. Pour le trajet de Sydney à Renmark, comptez 79 $.

RENMARK

• code postal 5341 • 8 100 habitants

Située au centre du réseau d'irrigation du Riverland, à 254 km d'Adelaide, Renmark fut au point de départ des grands projets d'irrigation qui révolutionnèrent le Riverland, et la première des villes fluviales.

L'office du tourisme (☎/fax 8586 6704) se trouve dans Murray Ave, au bord du fleuve. Ouvert en semaine de 9h à 17h, le samedi de 9h à 16h et le dimanche de 12h à 16h, il abrite un centre d'information dans lequel visiter le bateau à aubes *Industry*, construit en 1911 et restauré depuis (2 $).

Renmark River Cruises (☎ 8595 1862) propose des **croisières** à partir de 16 $ sur le MV *River Rambler*. Le départ s'effectue du quai de la ville tous les jours à 14h. Cet opérateur organise également des sorties en zodiaque, tout comme Bush & Backwaters 4WD Tours (☎ 8586 5344).

Angoves Wines, sur Bookmark Rd, et Renmano Wines, sur Industry Rd, vendent directement leur production et proposent des séances de **dégustation**.

En amont de la ville, l'immense **Chowilla Regional Reserve** (qui fait partie de la Bookmark Biosphere Reserve, plus étendue encore), est le cadre idéal pour pratiquer le canoë, le camping et la randonnée dans le bush. L'accès se trouve le long de la rive au nord de Renmark. Pour plus de détails, adressez-vous au bureau du NPWS (☎ 8595 2111), Vaughan Terrace, à Berri.

Où se loger

Le *Renmark Riverfront Caravan Park* (☎ 8586 6315, Sturt Highway) jouit d'une situation idéale au bord de la rivière, à environ 1 km à l'est de la ville. Les emplacements de camping débutent à 5 $ et les caravanes/bungalows à 27/48 $. Le camping loue des canoës à partir de 7,50 $ l'heure. Un peu plus loin le long de la rivière, près du Paringa Bridge, le *Riverbend Caravan Park* (☎ 8595 5131, Sturt Highway) offre des services similaires.

Le camping dans la *Chowilla Regional Reserve* coûte 5 $ la nuit par véhicule. Demandez une autorisation au bureau du NPWS de Berri.

BERRI

• code postal 5343 • 7 100 habitants

A l'origine simple dépôt de ravitaillement en bois pour les bateaux à aubes, la ville tire son nom du mot aborigène *berri berri*, qui veut dire "grande courbe du fleuve".

L'office du tourisme (☎ 8582 1655, fax 8582 3201) se trouve dans Vaughan

Terrace (ouvert de 9h à 17h en semaine, et à 11h30 le samedi).

En ville, le **point de vue** à l'angle de Vaughan Terrace et de Fielder St permet d'admirer la ville et le fleuve. Sur Riverside Ave se dresse un **monument** dédié à Jimmy James, un pisteur aborigène de renom.

La **Willabalangaloo Reserve**, consacrée à la faune et à la flore, abrite des sentiers de randonnée, un musée et ancien bateau à aubes. Elle est ouverte du jeudi au lundi de 10h à 16h (tous les jours durant les vacances scolaires ; entrée : 4 $).

Le **Berri Estates** à Glossop, à 7 km à l'ouest de Berri, est l'un des domaines viticoles les plus importants d'Australie, sinon de l'hémisphère sud. Les dégustations-ventes ont lieu dans les chais du lundi au samedi de 9h à 17h.

Accessible par la route de Berri ou de Winkie (près de Glossop), le magnifique secteur de Katarapko Creek, dans le **Murray River National Park**, offre également de superbes possibilités pour le camping dans le bush, le canoë et l'observation ornithologique. Pour plus de détails, adressez-vous au bureau du NPWS (☎ 8595 2111), Vaughan Terrace.

Lyons Motors (☎ 8582 1449), Riverview Drive, loue des canoës à 1 ou 2 places à partir de 5 $ l'heure et de 25 $ la journée. La société peut s'occuper du transport.

Où se loger

Au **Berri Riverside Caravan Park** (☎ 8582 3723, Riverview Drive), comptez à partir de 11 $ pour un emplacement, de 31 $ pour une caravane fixe et de 38 $ pour un bungalow. Les doubles/lits jumeaux avec clim. destinées aux backpackers sont facturées 20 $.

Réservé aux étrangers, le **Berri Backpackers** (☎ 8582 3144, Sturt Highway), en direction de Barmera, compte parmi les auberges les mieux aménagées de l'État, avec, notamment, une piscine, un court de tennis, un terrain de volley et un sauna, ainsi que des canoës et des bicyclettes à la disposition de sa clientèle. Le gérant a de bonnes relations et peut vous aider à trouver un travail saisonnier dans les vergers ou les vignobles de la région. Le lit coûte 15 $ la nuit (90 $ la semaine).

Au **Berri Resort Hotel** (☎ 8582 1411, Riverview Drive), les chambres de pub avec s.d.b. démarrent à 48/53 $ la simple/double. Des chambres plus confortables coûtent à partir de 82/88 $.

Le camping dans le bush à **Katarapko Creek** revient à 5 $ la nuit par véhicule. Demandez une autorisation au bureau du NPWS de Berri. Le **Berri Club**, en face du Berri Backpackers, sert des dîners d'un très bon rapport qualité/prix du jeudi au dimanche.

LOXTON
• code postal 5333 • 3 320 habitants

A partir de Berri, le Murray décrit une grande boucle au sud de la Sturt Highway. A la base de cette boucle se trouve Loxton. De là, vous pouvez vous rendre en canoë jusqu'à Katarapko Creek, qui occupe la majeure partie de la boucle du fleuve dans le Murray River National Park (voir *Berri*).

L'office du tourisme (☎ 8584 7919, fax 8584 6225), au rond-point de Bookpurnong Terrace, est ouvert de 9h à 17h en semaine, de 9h30 à 12h30 le samedi, et de 13h à 16h les dimanche et jours fériés.

La plus grande attraction de Loxton, son **village historique**, compte plus de 40 maisons anciennes entièrement meublées. Il se visite tous les jours de 10h à 16h (17h le week-end). Le prix d'entrée s'élève à 5 $.

Le domaine viticole **Australian Vintage**, Bookpurnong Rd, propose des dégustations tous les jours sauf le dimanche, de 10h à 17h.

Riverland Canoeing Adventures (☎ 8584 1494), Alamein Ave, en direction de Renmark, loue des kayaks de 1 personne (15 $ par jour), des doubles kayaks et des canoës (25 $ par jour). On peut aussi louer le moyen de transport, les cartes et l'équipement de camping.

Où se loger et se restaurer

Le **Loxton Riverfront Caravan Park** (☎ 584 7862), à Habels Bend, à 2 km de la ville, loue des emplacements à partir de 11 $, des caravanes fixes à 25 $, des bungalows à partir de 32 $, et des canoës (8/25 $ heure/journée).

Le **Loxton Hotel/Motel** (☎ 8584 7266, East Terrace) offre des simples/doubles de pub à 20/25 \$ et des chambres plus confortables à partir de 41/46 \$. Il abrite un très bon bistro et sert des repas au comptoir.

BARMERA
• code postal 5345 • 4 500 habitants
Sur la rive du lac Bonney, Barmera se situait à une époque sur la voie (*overland stock route*) qu'empruntait le bétail venant de Nouvelle-Galles du Sud. Les ruines de la **Napper's Old Accommodation House**, construite en 1850 à l'embouchure de Chambers Creek, rappellent cette période, de même que l'**Overland Corner Hotel**, sur la route de Morgan, à 19 km au nord-ouest de la ville. Érigé en 1859, il appartient aujourd'hui au National Trust et abrite un petit musée, mais on peut aussi y passer la nuit (voir *Où se loger*). Des sentiers de promenade sillonnent les alentours.

L'office du tourisme (☎ 8588 2289, fax 8588 2777, brmtrvl@www.murray.net.au), en haut de la rue principale à proximité du rond-point, ouvre de 9h à 17h30 en semaine (jusqu'à 12h le samedi).

Le **lac Bonney** est prisé pour ses possibilités de sports nautiques et de natation. Il existe une plage naturiste à **Pelican Point**.

Vous découvrirez qu'une réserve naturelle s'étend à **Moorook**, ainsi que sur l'autre rive du fleuve, en face de **Kingston-on-Murray**, au niveau de l'Overland Corner Historic Hotel. Ces deux réserves sont parcourues par des sentiers de découverte et permettent d'observer à loisir les oiseaux et de faire du canoë. Pour obtenir des permis de camping, adressez-vous au bureau du NPWS à Berri (☎ 8595 2111). Riverland Safaris (☎ 8588 2869) propose divers types de circuits organisés : visites d'exploitations viticoles, expéditions de pêche, notamment au yabby, une sorte d'écrevisse.

Où se loger
Plusieurs terrains de camping sont disséminés dans la région. Le plus proche du centre-ville, le *Lake Bonney Holiday Park* (☎ *8588 2234, Lakeside Drive*), est installé sur les rives du lac. Comptez à partir de 12 \$ l'emplacement, de 25 \$ le bungalow et de 45 \$ le cottage tout équipé.

Le confortable *Barmera Hotel/Motel* (☎ *8588 2111, Barwell Ave*) loue des simples/doubles sans prétention à 20/30 \$ (à partir de 38 \$ avec s.d.b.). A l'*Overland Corner Hotel* (☎ *8588 7021*), établissement historique, les doubles à l'ancienne coûtent 36/50 \$, petit déjeuner compris.

MURRAY BRIDGE
• code postal 5253 • 13 500 habitants
Plus importante ville fluviale d'Australie-Méridionale, à 82 km au sud-est d'Adelaide, Murray Bridge tire son nom du pont de 1 km construit en 1879, le premier sur le Murray. C'est un endroit apprécié pour la pêche, la natation et le ski nautique.

L'office du tourisme (☎ 8532 6660, fax 8532 5288), South Terrace, est ouvert de 8h30 à 16h30 en semaine, de 10h à 15h45 le samedi et de 10h à 14h les dimanche et jours fériés.

A voir et à faire
Le **Dundee's Wildlife Park**, à 4 km de la ville par la route de Wellington, permet d'admirer une foule de splendides perroquets et d'autres oiseaux locaux, ainsi que de jeunes crocodiles installés dans une serre tropicale (ouvert tous les jours de 10h à 17h ; entrée : 7 \$).

Le **Monarto Zoological Park** s'étend sur 1 000 ha à 20 km à l'ouest de la ville. Ses espaces ouverts abritent quantité d'espèces australiennes et importées, notamment des troupeaux de zèbres et de girafes. Il vous accueille tous les jours de 9h à 17h. L'entrée coûte 10 \$ et comprend un circuit en bus dans le parc (départs de 10h30 à 15h30).

Croisières fluviales
Le MV *Barrangul* et le PS *Captain Proud* effectuent tous deux des croisières d'une journée (restaurant à bord) ainsi que des promenades plus courtes. Renseignez-vous auprès de l'office du tourisme.

Le PS *Proud Mary*, qui part de Murray Bridge, propose des croisières de 2 à 5 nuits. Adressez-vous à Proud Australia Holidays (☎ 8231 9472) à Adelaide pour connaître les prix et les horaires.

Où se loger et se restaurer

L'*Avoca Dell Caravan Park* (☎ 8532 2095, *Murray Drive*), sur la rive nord du pont, loue des emplacements à partir de 12 $ et des bungalows à partir de 38 $.

Dans le centre-ville, l'agréable *Balcony Guesthouse* (☎ 8531 1411, *6 Sixth St*) propose aux backpackers des chambres à 18 $/personne (tarif standard : 25 $), petit déjeuner continental compris. Si vous êtes en veine de luxe, les chambres avec lit à baldaquin et s.d.b. coûtent à partir de 55/70 $.

Le *Murray Bridge Community Club*, dans la Sturt Reserve, et le restaurant chinois *Happy Gathering*, tous deux à l'angle de First St et de Seventh St, préparent des repas d'un excellent rapport qualité/prix. Bien que très excentré, l'*Italian Club (Lincoln Rd)* mérite le détour, en particulier le jeudi soir – pâtes à volonté pour 8 $.

Comment s'y rendre

Le trajet en bus pour Adelaide coûte 11 $ avec le Murray Bridge Passenger Service (☎ 8532 6660) : départs tous les jours de l'office du tourisme, où il est possible d'acheter des billets. Si vous partez d'Adelaide, réservez par l'intermédiaire de Premier Stateliner au ☎ 8415 5555.

Un billet pour Mt Gambier coûte 39 $ avec Premier Stateliner et 45 $ en empruntant les bus pour Melbourne de Greyhound Pioneer ou de McCafferty's.

La péninsule d'Eyre

La large péninsule d'Eyre, en forme de triangle, pointe au sud entre le golfe de Spencer et la Grande Baie australienne. Elle est bordée au nord par l'Eyre Highway, qui relie Port Augusta à Ceduna. La route qui longe la côte de la péninsule se divise en deux : la Lincoln Highway va vers le sud-ouest, de Port Augusta à Port Lincoln, et la Flinders Highway remonte en direction du nord-ouest vers Ceduna. La distance entre Port Augusta et Ceduna, par l'Eyre High-

way, est de 468 km, et en faisant le tour par la route de la côte, elle est de 763 km.

Lieu de vacances très prisé en été, la côte bénéficie de belles plages, de baies abritées et de petits ports. Sur la partie ouest, sauvage, s'étalent de superbes plages de surf et un paysage somptueux. Au large, c'est le territoire des baleines australes, des otaries australiennes et des grands requins blancs ; certaines scènes des *Dents de la mer* y ont été tournées.

La péninsule d'Eyre est également une région agricole florissante. Le minerai de fer des gisements des Middleback Ranges est expédié par le port de Whyalla. La péninsule doit son nom à l'explorateur Edward John Eyre qui, en 1841, réussit la première traversée d'Adelaide à Albany.

Comment s'y rendre

Avion. Kendell Airlines (☎ 13 1300) relie tous les jours Adelaide à Port Lincoln (128 $) et à Whyalla (131 $), ainsi qu'à Ceduna (217 $; sauf le samedi).

Airlines of SA (☎ 13 1313) dessert Port Augusta (120 $) en semaine et Port Lincoln (95 $) tous les jours au départ d'Adelaide.

Whyalla Airlines (☎ 1800 088 858) assure des liaisons quotidiennes entre Adelaide et Cleve (90 $), Wudinna (105 $) et Whyalla (95 $).

Bus. Premier Stateliner (☎ 8415 5555) propose un service quotidien entre Adelaide et Port Augusta (29 $), Whyalla (33 $), Port Lincoln (58 $), Ceduna (68 $) et Streaky Bay (61 $).

Train. Reportez-vous à la rubrique suivante, *Port Augusta*.

PORT AUGUSTA
- **code postal 5700** • **14 600 habitants**

Matthew Flinders fut le premier Européen à poser le pied dans la région, mais la ville ne fut fondée qu'en 1854. Aujourd'hui, ce port actif, porte d'entrée de l'Outback de l'Australie-Méridionale, constitue également un carrefour important.

D'ici, des routes partent vers l'ouest australien en traversant la plaine de Nullarbor, et vers le nord jusqu'à Alice Springs, dans le Territoire du Nord. D'autres se dirigent vers le sud jusqu'à Adelaide et vers l'est jusqu'à Broken Hill, en Nouvelle-Galles du Sud. La ligne de chemin de fer entre la côte est et la côte ouest et la voie entre Adelaide et Alice Springs passent par Port Augusta.

Renseignements

Le centre d'information touristique (☎ 8641 0793, 1800 633 060, fax 8642 4288, info@flinders.outback.on.net) est installé dans le Wadlata Outback Centre, 41 Flinders Terrace. Meilleure source de renseignements sur les Flinders Ranges et l'Outback, il diffuse également de la documentation sur la péninsule d'Eyre, de 9h à 17h30 en semaine et de 10h à 16h le weekend. Vous pouvez consulter son site web au : www.flinders.outback.on.net.

Ne manquez sous aucun prétexte le Wadlata Outback Centre (7 $, mêmes horaires d'ouverture), où vous découvrirez des expositions retraçant l'histoire aborigène et européenne des Flinders Ranges et de l'Outback.

A voir et à faire

En semaine, à 10h, vous pouvez visiter la **School of the Air** (école par la radio et par correspondance), 59 Power Crescent (2 $), et le **Royal Flying Doctor Service**, 4 Vincent St, de 10h à 15h (prix d'entrée laissé à votre appréciation).

Autre objet de visite très instructif (en semaine seulement), l'impressionnante centrale électrique qu'est la **Northern Power Station** (☎ 8641 1633), Power Station Rd, présente l'avantage d'être gratuite. Les départs s'effectuent à 11h et à 13h. Vous devez porter des chaussures fermées, un pantalon et un T-shirt à manches longues.

En retrait de la Stuart Highway, l'**Australian Arid Lands Botanic Garden** couvre 250 ha à la lisière nord de la ville. Il comporte plusieurs sentiers pédestres, un agréable centre d'information et une cafétéria.

Parmi les autres curiosités, citons la **Curdnatta Art & Pottery Gallery**, installée dans la première gare ferroviaire de Port Augusta, 101 Commercial Rd près du Wadlata Outback Centre, et le **Homestead**

Park Pioneer Museum (2,50 $), Elsie St. Ouvert tous les jours de 10h à 17h, il comprend un authentique *homestead* en rondins des Flinders Ranges.

Où se loger

Port Augusta offre de nombreuses possibilités d'hébergement sur lesquelles le centre d'information touristique vous renseignera.

Le ***Port Augusta Holiday Park*** *(☎ 8642 2974)*, très pratique au croisement de Stuart Highway et d'Eyre Highway, loue l'emplacement 16 $, la caravane fixe 37 $ et le bungalow à partir de 39 $. Il possède aussi un dortoir de 4 lits (12 $/personne) avec cuisine contiguë.

Même s'il est bien situé, juste à la sortie de la Highway 1, nous ne vous recommandons pas le ***Port Augusta Backpackers*** *(☎ 8641 1063, 17 Trent Rd)* : ses bâtiment et ses équipements sont vétustes, et la sécurité n'y règne guère (lits en dortoir à 15 $).

L'*Hotel Flinders (☎ 8642 2544, 39 Commercial Rd)*, dans le centre-ville, et le ***Pampas Motel*** *(☎ 8642 3795, 76 Stirling Rd)*, à 2 km de là, offrent des prestations bien supérieures. Tous deux louent des lits en dortoir à 15 $, le premier sert des repas bon marché, et le second met une cuisine à la disposition de ses hôtes.

Comment s'y rendre

Avion. Airlines of SA (réservations au ☎ 13 1313) assure en semaine la liaison avec Adelaide (120 $) et Leigh Creek (100 $), ainsi que les mercredi et jeudi avec Woomera (80 $). Il existe des forfaits avec hébergement en chambre à 2 lits à 970 $ au départ d'Adelaide et 740 $ au départ de Port Augusta.

Le samedi (retour le dimanche), vous pouvez emprunter l'avion postal jusqu'à Boulia, en plein Outback du Queensland, en faisant étape à Innamincka et à Birdsville. Renseignez-vous auprès d'Airlines of SA, au ☎ 8642 3100.

Bus. La gare routière des bus Premier Stateliner et Greyhound Pioneer est implantée 23 McKay St, dans le centre-ville.

Premier Stateliner (gare routière, ☎ 8642 5055) dessert Adelaide (29 $), Coober Pedy

(62 $), Wilpena Pound (25 $), Whyalla (12 $), Port Lincoln (41 $), Ceduna (54 $), ainsi que d'autres destinations dans la péninsule d'Eyre.

Greyhound Pioneer offre des lignes pour Perth (199 $), Alice Springs (147 $), Darwin (270 $) et Sydney (123 $). McCafferty's peut vous emmener à Alice Springs, à Darwin et à Sydney et pratique les mêmes tarifs.

Train. Le *Ghan* et l'*Indian Pacific* passent tous deux par Port Augusta. Il faut 32 heures de train pour atteindre Sydney. Le billet de 2e classe standard coûte 196 $, et les tarifs des couchettes s'échelonnent de 397 $ avec un billet vacances à 574 $ en wagon-lit de 1re classe. Pour Perth (33 heures), comptez 233/496/762 $, pour Alice Springs (16 heures), 146/298/520 $. Le billet Adelaide-Port Augusta (4 heures) coûte 34 $.

Pour tout détail relatif aux réservations, voir *Train* au chapitre *Comment circuler*.

CEDUNA
• code postal 5690 • 3 600 habitants
Située juste après la jonction de la Flinders Highway et de l'Eyre Highway, Ceduna marque la frontière entre la péninsule d'Eyre et la longue route nue qui traverse la plaine de Nullarbor en direction de l'Australie-Occidentale. La ville fut fondée en 1896, bien qu'un port de baleiniers existât déjà en 1850 sur St Peter Island, au large du Cape Thevenard tout proche.

L'office du tourisme, installé dans le Traveland Ceduna (☎ 8625 2780, 1800 639 413, fax 8625 3294), au 58 Poynton St (la rue principale), est ouvert entre 9h et 17h en semaine et de 9h à 11h30 le samedi. Après plusieurs jours d'auto-stop infructueux, vous irez sans doute y acheter un billet de bus pour aller plus loin.

L'**Old Schoolhouse Museum** du National Trust, sur Park Terrace, présente des témoignages de l'époque des pionniers et du programme atomique britannique de Maralinga (le plus intéressant). Le musée est ouvert tous les jours sauf le dimanche (3 $). Pour connaître les horaires, adressez-vous à l'office du tourisme.

Vous trouverez de nombreuses plages et anses abritées aux alentours de Ceduna. Le **Laura Bay Conservation Park**, près de la route de Smoky Bay à 20 km au sud-ouest de Ceduna, est un petit parc naturel dont les mangroves et les marécages abritent échassiers et oiseaux marins.

Où se loger
Le meilleur des quatre campings, l'agréable ***Ceduna Foreshore Caravan Park*** (☎ *8625 2290, South Terrace*), installé non loin du centre-ville, propose des emplacements à partir de 13 $ et des bungalows à partir de 35 $ (3 $ par adulte supplémentaire).

Des lecteurs ont apprécié l'accueil réservé par le gérant du ***Greenacres Backpackers*** (☎ *017 165 346, 12 Khulmann St*), à proximité de la gare routière Greyhound Pioneer (le Pine Grove Motel). Le lit en dortoir ou en chambre (deux ou trois avec ventil.) revient à 15 $, dîner substantiel compris.

Au confortable ***Ceduna Community Hotel/Motel*** (☎ *8625 2008, O'Loughlin Terrace*), les chambres de pub reviennent à 25/29 $ (35/37 $ avec s.d.b.) en simple/double. Ne laissez aucun objet de valeur dans votre voiture, la nuit (comme partout ailleurs).

DE CEDUNA A LA FRONTIÈRE DE L'AUSTRALIE-OCCIDENTALE
480 km séparent Ceduna de la frontière de l'Australie-Occidentale, et les seules étapes du trajet équipées pour accueillir des touristes sont Penong (à 73 km de Ceduna), Nundroo (à 151 km), la Yalata Roadhouse (à 202 km), le Nullarbor Hotel/Motel (à 294 km) et le Border Village. Les champs de blé et les prés à moutons bordent la route jusqu'à Nundroo, après quoi vous traverserez une agréable forêt d'eucalyptus. Une cinquantaine de kilomètres après Yalata, les arbres commencent à se faire plus rares, jusqu'à disparaître totalement pour laisser place, 20 km plus loin, au bush. Vous avez pénétré dans le véritable Nullarbor (ce mot dérivé du latin signifie "sans arbre"), dans lequel vous roulerez pendant les 40 prochains kilomètres. La plaine du même nom s'étend au nord de la Highway.

Quittez la Highway à **Penong** (200 habitants), à environ 75 km à l'ouest de Ceduna ; une piste de terre de 20 km vous mènera à Point Sinclair. Vous y trouverez **Cactus Beach**, l'un des paradis du surf, et des plages plus abritées. L'ensemble forme une propriété privée où l'on peut néanmoins camper moyennant 6 $. Prévoyez de l'eau potable. Pour l'embranchement de la ville presque fantôme de **Fowlers Bay**, continuez au-delà de Penong pendant 34 km. Vous trouverez sur place un petit caravaning et de bon coins pour pêcher.

Plus à l'ouest se trouve **Head of Bight**, où les baleines australes s'approchent de la côte au moment de la période de reproduction, entre juin et octobre. Chaque année, on recense de 20 à 30 nouveaux baleineaux. Quantité d'excellents points de vue permettent d'apercevoir les adultes évoluant le long des falaises, mais mieux vaut quand même se munir de jumelles. Cette zone marine fait partie de l'immense Great Australian Bight Marine Park. Head of Bight est en terre aborigène, mais vous pouvez obtenir un permis (7 $) et des informations sur les baleines auprès de la Yalata Roadhouse ou à la hutte du gardien située sur le chemin des points de vue. L'embranchement, avec panneaux indicateurs, se trouve à 78 km à l'ouest de Yalata et à 14 km à l'est du Nullarbor Hotel/Motel.

Vous pourrez aussi visiter la **Murrawijinie Cave**, une vaste grotte située derrière le Nullarbor Hotel/Motel. En progressant vers l'ouest, vous trouverez plusieurs points de vue signalés au sommet des **Bunda Cliffs**, hautes de 80 m.

Prenez garde aux kangourous, aux dromadaires et aux wombats, si vous roulez de nuit dans cette zone.

Où se loger et se restaurer

Vous trouverez des caravanings, des hôtels de type motel, des restaurants et du carburant au *Nundroo Hotel/Motel* (☎ *8625 6120)*, à la *Yalata Roadhouse* (☎ *8625 6807)*, au *Nullarbor Hotel/Motel* (☎ *8625 6271)* et au *Border Village* (☎ *08 9039 3474)*. Comme son nom l'indique, ce dernier est à cheval sur la frontière Australie-Méridionale/Australie-Occidentale.

Le *Penong Hotel* (☎ *8625 1050)*, à Penong, propose des chambres de pub classiques.

Les Flinders Ranges

Les monts Flinders se dressent à l'extrémité septentrionale du golfe St Vincent et s'enfoncent sur 400 km vers le nord dans l'Outback aride. Ce massif offre certains des plus beaux paysages d'Australie. C'est l'endroit idéal pour sillonner le bush et observer la vie sauvage. Au nord de la région des Flinders, les montagnes sont bordées par des dunes de sable et des lacs salés asséchés.

Comme dans d'autres régions sèches de l'Australie, la végétation s'avère curieusement très diversifiée et colorée. Au début du printemps, la campagne est tapissée de fleurs sauvages. En été, les nuits sont fraîches, mais les jours peuvent être très chauds. L'hiver et le début du printemps sont probablement les meilleures saisons pour visiter le massif.

En 1802, lorsque Matthew Flinders débarqua sur la côte près de Port Augusta, il existait de nombreuses tribus aborigènes dans la région. Vous pourrez visiter certains de leurs sites : les peintures rupestres de Yourambulla (près de Hawker) et d'Arkaroo (près de Wilpena), ainsi que les sculptures taillées dans le roc de Sacred Canyon (près de Wilpena) et de Chambers Gorge.

La randonnée dans le bush constitue l'une des attractions majeures de la région, mais ce pays dur et sauvage demande de prendre certaines précautions avant de s'y engager. Wilpena Pound, l'Arkaroola-Mt Painter Wildlife Sanctuary et le Mt Remarkable National Park offrent des possibilités de randonnée superbes, la plupart sur des sentiers balisés. Le Heysen Trail débute dans la Parachilna Gorge près de Blinman et serpente vers le sud à travers le massif.

Renseignements

Le principal office du tourisme est le Wadlata Outback Centre, 41 Flinders Terrace, Port Augusta (voir *Péninsule d'Eyre)*.

AUSTRALIE-MÉRIDIONALE

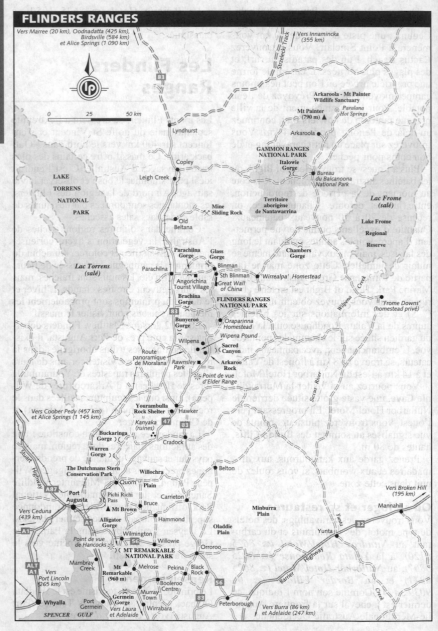

FLINDERS RANGES

Vers Marree (20 km), Oodnadatta (425 km), Birdsville (584 km) et Alice Springs (1 090 km)

Vers Innamincka (355 km)

Strzelecki Track

0   25   50 km

Lyndhurst

Copley

Leigh Creek

LAKE
TORRENS
NATIONAL
PARK

Old Beltana

Lac Torrens (salé)

Mine Sliding Rock

Arkaroola - Mt Painter Wildlife Sanctuary

Mt Painter (790 m) ▲

Paralana Hot Springs

Arkaroola

GAMMON RANGES
NATIONAL PARK

Italowie Gorge

Bureau du Balcanoona National Park

Territoire aborigène de Nantawarrina

Lac Frome (salé)

Lake Frome Regional Reserve

Parachilna Gorge

Glass Gorge

Chambers Gorge

Parachilna

Blinman
Sth Blinman
Great Wall of China

Angorichina Tourist Village

Brachina Gorge

FLINDERS RANGES
NATIONAL PARK

'Wirrealpa' Homestead

Wilpena Creek

'Frome Downs' (homestead privé)

Bunyeroo Gorge

Oraparinna Homestead

Wipena Pound

Wilpena

Sacred Canyon

Arkaroo Rock

Route panoramique de Moralana

Rawnsley Park

Point de vue d'Elder Range

Siccus River

Vers Coober Pedy (457 km) et Alice Springs (1 145 km)

Yourambulla Rock Shelter

Hawker

Kanyaka (ruines)

Cradock

Buckaringa Gorge

Warren Gorge

The Dutchmans Stern Conservation Park

Quorn

Willochra
Plain

Belton

Vers Broken Hill (195 km)

Mannahill

Pichi Richi Pass

Bruce

Carrieton

Port
Augusta

▲ Mt Brown

Hammond

Minburra
Plain

Yunta

Barrier Highway

Vers Ceduna (439 km)

Alligator Gorge

Wilmington

Willowie

Oladdie
Plain

Orroroo

Point de vue de Hancocks

MT REMARKABLE
NATIONAL PARK

Mambray Creek

Mt Remarkable (960 m) ▲

Melrose

Pekina

Black Rock

Vers Port Lincoln (265 km)

Germein Gorge

Booleroo Centre

Murray Town

Whyalla

Port Germein

Wirrabara

Peterborough

Vers Laura et Adelaide

Vers Burra (86 km) et Adelaide (247 km)

SPENCER   **GULF**

Stuart Highway

Le bureau central du NPWS pour la partie nord et la partie centrale des Flinders Ranges est implanté à Hawker (☎ 8648 4244, fax 8648 0092), dans le bâtiment de la poste.

Pour la partie sud du massif (au sud de Quorn), adressez-vous au bureau de Port Augusta (voir plus loin *L'Outback*).

Vous devrez vous procurer une bonne carte de la région, car celle-ci regorge de petites routes au revêtement très inégal. Les connaisseurs ne jurent que par la carte éditée par Westprint, la plus exacte selon eux ; celle de la RAA est bien faite aussi.

Circuits organisés

Bon nombre d'opérateurs, dont Premier Stateliner et Adelaide Sightseeing, proposent de découvrir les Flinders au départ d'Adelaide ; d'autres aussi partent de Port Augusta, de Quorn, de Hawker, de Wilpena Pound et d'Arkaroola.

Parmi les petits voyagistes offrant des formules plus aventureuses en 4x4, citons : Gawler Outback Tours (☎ 8278 4467), à Adelaide, et Intrepid Tours (☎ 8648 6277, intrepid@dove.net.au) et Wallaby Tracks Tours (☎ 8648 6655, 1800 639 933, headbush@dove.net.au), à Quorn. Ces deux derniers organisent des circuits au départ de Quorn et de Port Augusta (comptez quelque 80 $ pour une excursion d'une journée), et Wallaby Tracks depuis Adelaide. Treckabout Australia (☎ 8396 2833), à Adelaide, est un prestataire très haut de gamme.

La plupart des excursions organisées dans les Flinders Ranges se réservent à Adelaide. Ne comptez pas trouver un grand choix sur place.

Où se loger

Les possibilités d'hébergement dans les Flinders Ranges sont multiples, mais il n'existe pas d'hébergement bon marché à Wilpena Pound. Pour y séjourner, il faut posséder son propre matériel de camping ou loger dans un motel, assez cher. Le seul gîte bon marché dans les environs se trouve à Rawnsley Park, à 10 km au sud de Wilpena, juste en dehors de l'enceinte du Pound (voir *Wilpena Pound*).

Comment s'y rendre

Bus. Premier Stateliner (☎ 8415 5555) relie tous les jours Adelaide à Port Augusta (29 $) et assure deux services hebdomadaires pour Wilpena Pound (52 $) *via* Quorn (37 $) et Hawker (48 $).

Voiture. De bonnes routes goudronnées vous mèneront au nord jusqu'à Wilpena Pound. Passé ce point, les routes sont recouvertes de gravier. Correctes quand le temps est sec, elles peuvent être fermées en cas de précipitations abondantes. Renseignez-vous sur leur état dans les bureaux du NPWS. La route de Marree, qui serpente jusqu'à l'extrémité occidentale des Flinders Ranges, est goudronnée jusqu'à Lyndhurst.

La façon la plus intéressante de se rendre à Arkaroola consiste sans doute à gagner Wilpena Pound, puis à continuer jusqu'à South Blinman, et à se diriger ensuite vers l'est jusqu'à Wirrealpa Homestead puis aller vers le nord *via* la Chambers Gorge, avant de rejoindre la route de Frome Downs, au sud de Balcanoona.

Pour tout renseignement sur l'état des routes dans les Flinders Ranges et les régions de l'Outback d'Australie-Méridionale, appelez le ☎ 1300 361 033.

Comment circuler

Si vous disposez d'un véhicule, vous pouvez effectuer une boucle qui vous fera parcourir un tronçon intéressant de la partie centrale du massif. En partant de Port Augusta, empruntez le col de Pichi Richi pour gagner Quorn et Hawker et poursuivez jusqu'à Wilpena Pound. Continuez vers le nord en passant par le Flinders Ranges National Park et, au-delà d'Oraparinna Homestead, obliquez vers l'ouest par la Brachina Gorge jusqu'à la grand-route de Leigh Creek. De ce carrefour, vous pouvez retourner directement à Hawker, ou faire un détour par la Moralana Scenic Route (route touristique). La partie qui traverse la Brachina Gorge comporte un sentier d'initiation à la géologie, ponctué de panneaux explicatifs (prenez la brochure au centre d'information de Wilpena).

En partant de Wilpena Pound, vous pouvez également décrire une boucle à l'intérieur du Flinders Ranges National Park en passant par la Bunyeroo Gorge et rejoindre la route de la Brachina Gorge. De là, vous pouvez soit rentrer directement à Wilpena par l'Oraparinna Homestead, soit vous diriger vers l'ouest jusqu'à la route de Leigh Creek à Hawker, par la Brachina Gorge.

QUORN
• code postal 5433 • 1 000 habitants

La pittoresque "porte des Flinders Ranges" se situe à environ 330 km au nord d'Adelaide et à 50 km au nord-est de Port Augusta. Devenue un nœud ferroviaire important après la construction du Great Northern Railway, en 1878, Quorn conserve une certaine atmosphère de cet âge des pionniers. L'office du tourisme (☎ 8648 6419, fax 86486001, tourism@flindersrangescouncil.sa.gov.au), dans Seventh St à côté des chambres du conseil, est ouvert tous les jours, sauf les jours fériés, de 9h à 17h. A l'heure où nous mettons sous presse, il est prévu de déménager ses locaux dans la gare.

Le chemin de fer a fermé en 1957, mais une partie de la ligne a été réouverte à l'intention des touristes (24 $). Une voiture d'époque, souvent conduite par une locomotive à vapeur, effectue une boucle jusqu'au col de Pichi Richi, qui offre un beau panorama. Le train circule d'avril à octobre inclus, surtout pendant les vacances scolaires et, le reste du temps, un dimanche sur deux et les jours fériés. L'office du tourisme pourra vous communiquer un horaire à jour.

Renseignez-vous à la gare sur les visites du railway workshop (atelier), généralement organisées les jours où des trains circulent (5 $).

Quorn compte d'intéressantes galeries d'art. La Junction Art Gallery occupe une ferme en retrait de la route de Yarah Vale Gorge, à quelque 20 km au nord de la ville. Très accueillante, elle expose des objets d'art et d'artisanat de qualité. Les environs sont sillonnés de sentiers de promenade. Un peu plus loin sur la même route, la Warren Gorge séduira les amateurs d'escalade. D'agréables aires de pique-nique sont aménagées aux alentours.

Sur la route de Port Augusta, le col de Pichi Richi constitue le point de départ de plusieurs belles promenades, le long du Waukerie Creek Trail et du Heysen Trail entre autres. Plus proches de Quorn, à une courte distance à bicyclette, vous attendent également les sentiers de Dutchman's Stern et de Devil's Peak.

Où se loger et se restaurer

Derrière l'ancienne gare ferroviaire, le *Quorn Caravan Park (☎ 8648 6206, Silo Rd)* loue des emplacements à partir de 11 $, des caravanes à 28 $ (sans clim.) et des bungalows avec clim. à 46 $, dans un agréable cadre planté de magnifiques eucalyptus – unique inconvénient, vous serez réveillé par le cri strident des cacatoès.

Installé dans l'ancien hôpital, l'*Andu Lodge (☎ 1800 639 933, headbush@ dove.net.au, 12 First St)* jouit d'une ambiance paisible et d'un grand confort. Très bien équipée, l'auberge abrite de spacieux dortoirs (15 $ le lit) et des simples/lits jumeaux/doubles (28/36/38 $). Mick, son propriétaire, loue des VTT (20 $ la journée) et vous indiquera de bon circuits dans le bush, à parcourir à pied ou à vélo. Il organise également des excursions pour les backpackers. Le transfert depuis/vers Port Augusta coûte 6 $ l'aller.

De loin le meilleur des quatre hôtels de la ville, l'accueillant *Transcontinental Hotel (☎ 8648 6076, 15 Railway Terrace)* dispose de chambres standard (sans clim.) à 29/49 $, petit déjeuner compris.

Les quatre pubs de Quorn servent des repas au comptoir et en salle à partir de 6 $. Le *Quorn Mill Motel*, à l'extrême ouest de Railway Terrace, possède un excellent restaurant, de même que l'ancienne *Willows Brewery*, au col de Pichi Richi.

WILPENA POUND

L'endroit le plus connu du **Flinders Ranges National Park** de 94 500 ha est l'immense bassin naturel connu sous le nom de Wilpena Pound. D'une superficie d'environ 80 km², il est entouré de falaises et accessible seulement par l'étroit passage d'où s'écoule, à sa sortie, le Wilpena Creek. Sur le bord extérieur, le **Wilpena Wall** s'élève en pente abrupte sur 500 m, mais à l'intérieur, le bassin s'incurve en pente douce.

Le parc abrite une riche faune sauvage, en particulier des wallaroos (kangourous des collines), des kangourous roux et gris et d'innombrables espèces d'oiseaux – perruches, galahs, émeus et aigles audacieux à la queue cunéiforme. Vous croiserez peut-être même de superbes wallabies des rochers aux sabots jaunes, en nombre croissant depuis que les effectifs de renards et de lapins sont soumis à contrôle. La **Brachina Gorge** s'avère particulièrement propice pour les observer.

Le **Sacred Canyon**, orné de nombreux pétroglyphes (figures taillées dans le roc), s'étend plus à l'est. Au nord, toujours dans l'enceinte du parc national, vous découvrirez de spectaculaires sites naturels tels que **Bunyeroo Gorge**, Brachina Gorge et **Aroona Valley**. La région comprend plusieurs aires de camping aménagées dans le bush, agréables et accessibles en véhicule classique. Toujours en voiture, vous pourrez emprunter le **Brachina Gorge Geological Trail**, long de 20 km, caractérisé par de remarquables couches de roches sédimentaires apparentes.

L'accès au parc coûte 5 \$ par véhicule, à régler au centre d'information (☎ 8648 0048) du village touristique de Wilpena, près de l'entrée du bassin. Vous pourrez camper sans autorisation. Ce centre est ouvert tous les jours de 8h à 17h.

Randonnées dans le bush

Si vous avez l'intention de marcher plus de 3 heures, inscrivez-vous sur le journal de bord du bureau d'accueil des touristes, sans oublier de venir y consigner votre retour par la suite. Les rangers ne prennent plus l'initiative des recherches de personnes disparues, aussi prenez soin de partir avec quelqu'un connaissant bien les détails de votre randonnée.

Il existe de nombreux sentiers de randonnée clairement balisés dans le parc (les tronçons qui font partie du Heysen Trail sont indiqués par des panneaux rouges), et ils sont répertoriés dans une brochure publiée par le NPWS (1 \$). Des cartes

Légendes des Flinders Ranges

L'"esprit des lieux" qui habite les Flinders Ranges, et dont la présence est presque sensible, a inspiré de très nombreuses légendes aborigènes, dont certaines expliquent la création de ce bassin ainsi que celle des oiseaux et autres animaux qui le peuplent.

Arkaroola tient son nom d'Arkaroo, un serpent géant ancêtre des tribus locales. Tenaillé par une soif terrible, Arkaroo but l'eau du lac Frome jusqu'à l'assécher, puis s'en retourna dans ses montagnes. Le frottement de sa carcasse gonflée d'eau creusa au passage la sinueuse Arkaroola Creek. Il se réfugia ensuite dans une grotte souterraine pour digérer ses libations, mais l'abus d'eau salée lui avait donné mal au ventre. La région doit aux gargouillements de son estomac contrarié les 30 à 40 petites secousses qui la font trembler chaque année.

Une autre légende veut que les parois de Wilpena Pound (Ikarra) soient en fait les corps de deux serpents (Akurra) qui, en se lovant lors d'une cérémonie d'initiation, auraient fait se lever une tornade pendant laquelle ils auraient dévoré la plupart des participants.

Selon une troisième légende, le Pound serait né du brasier allumé par l'autoritaire aigle Wildu, décidé à se venger de ses neveux qui avaient voulu le tuer. Tous les oiseaux auraient été touchés par les flammes et ils auraient perdu leur couleur blanche d'origine pour en sortir calcinés. Les pies et les rhipidures à sourcils blancs auraient conservé un petit peu de blanc, mais les corneilles auraient été entièrement noircies et le sont restées.

topographiques (échelle 1/50 000) sont disponibles au bureau d'accueil des visiteurs (8,50 \$).

Il est vivement conseillé de ne pas marcher seul, d'être convenablement équipé et d'emporter de l'eau potable et une crème solaire.

La plupart des randonnées ont pour point de départ le centre d'accueil des touristes, proche du principal terrain de camping. Les durées d'ascension indiquées correspondent à un rythme de marche facile.

Il faut compter une journée pour l'ascension du **St Marys Peak** et retour. Dans la montée comme dans la descente, il est plus rapide et plus spectaculaire de faire route par l'extérieur de Wilpena Pound. La montée finale vers le col, le **Tanderra Saddle**, est assez raide, et le passage jusqu'au sommet peut poser des problèmes. Mais les points de vue sont parmi les plus beaux d'Australie-Méridionale, avec le scintillement blanc du **lac Torrens** à l'ouest, la longue vallée d'Aroona au nord et, à vos pieds, le bassin.

En descendant du pic vers le col, vous pouvez reprendre le chemin de l'aller, plus direct, ou emprunter le circuit vers Wilpena Pound. Ce même chemin vous mène à **Edeowie Gorge**. Vous pouvez aussi préférer prendre votre temps et faire halte au bush-camping de **Cooinda**, à l'intérieur du Wilpena Pound.

Arkaroo Rock se trouve au pied des Wilpena Ranges (massif de Wilpena), à 10 km au sud de Wilpena, à l'écart de la route qui mène à Hawker. Il faut compter une demi-heure de marche pour atteindre l'abri sous roche décoré de fresques aborigènes. La promenade vaut bien l'effort.

Circuits organisés
Réservez les excursions qui suivent auprès du centre d'information.

Vous pouvez survoler la région au départ de Wilpena pour 50/60/85 $ les 20/30/45 minutes ou vous éloigner un peu plus. Sachez que vous paierez plus cher s'il y a moins de trois passagers.

Les terres de la station d'**Arkaba** s'explorent en 4x4, moyennant 55/75 $ la demi-journée/journée. Vues spectaculaires garanties.

Où se loger et se restaurer
A moins de disposer d'une tente, vous ne trouverez aucun hébergement bon marché à Wilpena. Le terrain de camping du Wilpena Pound Resort loue des emplacements à partir de 11 $, et l'on peut camper dans le bush à l'intérieur du parc national pour 5 $ par voiture et par nuit. Réglez les droits au centre d'information.

Le *Wilpena Pound Resort* (☎ *1800 805 802*) offre tout le confort moderne, notamment une piscine, et des chambres de type motel à partir de 93/98 $ la simple/double, avec toutefois des réductions intéressantes en décembre-janvier.

Vous pouvez vous procurer de l'épicerie et du petit matériel de camping au magasin du centre d'accueil des touristes. Des déjeuners au comptoir sont servis au bar du Resort. Il y a aussi un bon restaurant.

A 20 km environ au sud de Wilpena, proche de la route de Hawker et du bord externe du Pound, le *Rawnsley Park* (☎ *8648 0030*) loue des emplacements à partir de 10 $, des caravanes fixes à 36 $ et des bungalows avec clim. à partir de 44 $. Ce sympathique camping propose également des randonnées dans le bush, des promenades à cheval et des circuits en 4x4.

ARKAROOLA
L'Arkaroola-Mt Painter Wildlife Sanctuary s'étend sur 61 000 ha de paysages rudes et pittoresques au nord des Flinders Ranges. Pour toute information, contactez l'Arkaroola Travel Centre, à Adelaide (☎ 1800 676 042, admin@arkaroola.on.net) ou appelez directement la réserve au ☎ 8648 4848.Le Resort abrite un garage qui vend du carburant et effectue des réparations.

Très recommandé, le **Ridgetop Tour** (60 $) vous fera découvrir des paysages sauvages de montagne en une demi-journée de 4x4 (départ du village). Un autre excellent circuit (20 $) vous permettra de scruter le ciel à travers le très puissant télescope de l'**observatoire astronomique d'Arkaroola**.

D'anciennes pistes vous mèneront à des bassins dans la **Barraranna Gorge** et à **Echo Camp** ainsi qu'aux trous d'eau d'Arkaroola et de **Nooldoonooldoona**. Plus avant, vous découvrirez les **Bolla Bollana Springs** et les ruines d'une fonderie de cuivre. Vous pouvez suivre une visite guidée, les sentiers balisés ou faire une excursion sur les 100 km de sentiers de différents niveaux que compte la réserve. La plupart des sites intéressants sont accessibles en véhicule ordinaire, un peu de marche s'avérant toutefois nécessaire.

Le **Mt Painter** est un endroit superbe : on y passe en empruntant la ligne de crête. Les vues sur la Yadanamutana Gorge sont magnifiques du haut de **Freeling Heights** ou du **point de vue de Siller's**. De ce dernier point de vue, vous pouvez apercevoir les marais salants du lac Frome. Les **Paralana Hot Springs**, sources chaudes, sont le témoignage le plus récent d'une activité de geysers en Australie.

Où se loger et se restaurer

Le Resort offre diverses possibilités d'hébergement. Les emplacements dans le poussiéreux camping et au bord du ruisseau (bien mieux) coûtent 10 $, tout comme les lits dans des huttes sommaires.

Les chambres à deux lits en bungalow sans clim. reviennent à 29 $ et les simples/doubles climatisées en motel coûtent à partir de 49 $. Vous trouverez une petite boutique, vendant des denrées de première nécessité, et un bon restaurant.

L'Outback

La région au nord de la péninsule d'Eyre et des Flinders Ranges occupe cette vaste étendue déserte qui constitue l'extrême nord de l'Australie-Méridionale. Bien que la population y soit disséminée et que ce soit une région souvent difficile à traverser, elle présente un grand intérêt. Toutefois, sans 4x4 ou sans dromadaire, il est impossible de s'éloigner des grands axes. De grandes parties du nord-ouest sont des zones interdites sans permis (qu'il s'agisse de terres aborigènes ou de la Woomera Prohibited Area).

Renseignements

Le principal office du tourisme est le Wadlata Outback Centre, 41 Flinders Terrace, Port Augusta (voir plus haut *Péninsule d'Eyre*).

Les informations concernant les parcs nationaux et leurs modalités d'accès sont fournies par le bureau du NPWS (☎ 8648 5310, 1800 816 078, fax 8648 5301) de Port Augusta, 9 McKay St.

ITINÉRAIRES NORD

La Stuart Highway est goudronnée de Port Augusta à Darwin. Il s'agit d'une route longue et ennuyeuse, ce qui pousse de nombreux conducteurs à foncer, au risque d'entrer en collision avec du bétail, des moutons, des kangourous et des aigles audacieux. Soyez prudent, en particulier la nuit.

Ceux qui veulent gagner le Territoire du Nord par un itinéraire plus aventureux emprunteront l'**Oodnadatta Track**. Cette route souvent déserte, qui part de Port Augusta, traverse les Flinders Ranges jusqu'à Leigh Creek, Lyndhurst, Marree et Oodnadatta, pour rejoindre finalement la Stuart Highway à Marla, à environ 180 km au sud de la frontière du Territoire du Nord. Elle longe l'ancienne voie ferrée du *Old Ghan* sur une grande partie du trajet.

Les deux autres axes intéressants dans l'Outback sont le **Birdsville track** et le **Strzelecki track**. De nos jours, ces routes ont été si bien améliorées qu'il est possible de les emprunter l'hiver avec une voiture ordinaire en bon état, et une garde au sol raisonnable.

Pour en savoir plus sur ces routes, renseignez-vous auprès des associations automobiles d'Australie-Méridionale.

WOOMERA

• **code postal 5720** • **1 000 habitants**
Au cours des années 50 et 60, Woomera servit de base de lancement aux fusées expérimentales britanniques et de base pour des essais de lancement d'un satellite sur orbite dans le cadre d'un projet européen qui échoua. La zone interdite de Woomera, d'où des fusées sont toujours lancées, occupe une vaste étendue de terre au centre de l'État.

L'agglomération de Woomera est maintenant "ville ouverte", mais elle n'est plus que l'ombre d'elle-même. Et, cependant que la recherche spatiale continue, elle joue surtout le rôle de ville de services pour le personnel, essentiellement américain, qui travaille à ce que l'on appelle le Joint Defence Facility, à Nurrungar, un peu plus au sud. Au moment où nous rédigeons ce guide, il est prévu que ce centre ferme ses portes, et l'avenir de Woomera paraît bien incertain.

Un petit **musée historique** (☎ 8673 7042) au cœur du bourg présente des expositions intéressantes sur le passé, le présent et l'avenir de Woomera. A l'extérieur, vous verrez des avions militaires, des fusées et des missiles. Le centre est ouvert tous les jours de 9h à 17h (fermé en été).

Demandez au musée pour des visites guidées sur la zone d'essai.

Où se loger et se restaurer

Le *Woomera Travellers' Village* (☎ *8673 7800*), près de l'entrée de la ville, propose aux backpackers des simples/doubles avec ventil. à 15/20 $ (17/24 $ avec clim.), des emplacements de camping sur l'herbe (5 $/personne), des caravanes (à partir de 25 $ la double), des bungalows (à partir de 45 $) et des chambres de type motel (45 $).

L'*Eldo Hotel* (☎ *8673 7867, Kotara Ave*) loue des chambres avec clim. mais s.d.b. commune à partir de 33 $/personne, ainsi que des chambres plus confortables. On vous servira des repas affichés à partir de 7 $.

Comment s'y rendre

Avion. Airlines of SA (☎ 13 1313) relie Adelaide à Woomera du lundi au jeudi (180 $).

Bus. Woomera est à 7 km de la Stuart Highway (embranchement à la hauteur du village de Pimba) et à 175 km de Port Augusta. Les services de bus longue distance passent tous les jours par Woomera.

COOBER PEDY

• code postal 5723 • 3 000 habitants
Située sur la Stuart Highway, à 535 km au nord de Port Augusta, Coober Pedy est la capitale australienne – sinon mondiale – de l'opale. Cette pierre aux nuances changeantes a attiré des chercheurs du monde entier (une quarantaine de nationalités sont représentées à Coober Pedy).

Le nom de "Coober Pedy" vient d'une expression aborigène qui signifie "le terrier de l'homme blanc", et qui décrit parfaitement l'endroit car une grande partie de la population vit dans des habitations troglodytiques pour se protéger des rigueurs du climat : en été, la température peut monter jusqu'à plus de 50°C, et, en hiver, les nuits sont terriblement froides.

Outre les habitations souterraines, il y a plus de 250 000 puits de mine dans le secteur ! Ouvrez l'œil en marchant.

Coober Pedy s'est établie dans une région fort inhospitalière, et la ville s'en ressent. L'eau coûte cher, car il pleut si rarement que même au cœur de l'hiver, tout semble desséché et poussiéreux. Si la situation s'améliore, l'endroit n'a encore rien d'attrayant. Guère étonnant qu'une bonne partie de *Mad Max III* ait été tournée ici.

Nombres de boutiques vendent des opales, mais l'infrastructure bancaire reste cependant limitée : vous trouverez des distributeurs de billets du réseau EFTPOS, une agence de la Westpac avec distributeur automatique (ATM), et une agence de la Commonwealth Bank au bureau de poste, les deux derniers dans la rue principale (Hutchinson St).

Bourgade accueillante, Coober Pedy a cependant la réputation d'être explosive : depuis 1987, le poste de police a sauté deux fois, le tribunal une fois, le restaurant le plus prospère a été démoli par une explosion, et un équipement minier d'une valeur de plusieurs centaines de milliers de dollars a été détruit de la même manière. Plus récemment, deux voitures de police ont été plastiquées.

Renseignements

L'office du tourisme (☎ 1800 637 076, fax 8672 5699) se trouve dans les bureaux de la municipalité, peu ou prou en face de l'Ampol Roadhouse lorsqu'on entre en ville par Hutchison St en venant de la Stuart Highway. Il ouvre entre 9h et 17h en semaine seulement. L'Underground Books (☎ 8672 5558), dans Post Hill Rd, fournit de très bons renseignements sur la région et sur l'Outback en général.

Habitations troglodytiques

La plupart des habitations souterraines (*dugout homes*) étaient au début de simples mines désaffectées. Mais, de nos jours, elles sont souvent creusées volontairement. Plu-

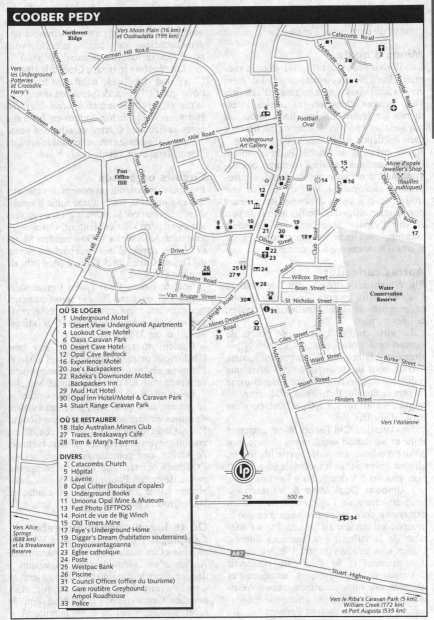

COOBER PEDY

Northwest Ridge

Vers les Underground Potteries et Crocodile Harry's

Vers Moon Plain (16 km) et Oodnadatta (195 km)

German Hill Road

Northwest Ridge Road

Russell Street

Oodnadatta Street

Seventeen Mile Road

Seventeen Mile Road

Post Office Hill

Post Office Hill Road

Alp Street

Flat Hill Road

Cameron Drive

Catacomb Road

McKenzie Close

Hutchison Street

O'Neil Road

Hospital Road

Umoona Road

Football Oval

Underground Art Gallery

Brewster Street

Crowders Gully Road

Club Road

Old Water Tank Road

Mine d'opale Jeweller's Shop (fouilles publiques)

Oliver Street

Paxton Road

Van Brugge Street

Wright Road

Mines Department Road

Italian Road

Willcox Street

Bean Street

St Nicholas Street

Hocking Street

Robins Blvd

Gilles Street

Eyre Street

Ward Street

Burke Street

Water Conservation Reserve

Hutchison Street

Stuart Street

Flinders Street

Vers l'éolienne

Vers Alice Springs (688 km) et la Breakaways Reserve

A87

Stuart Highway

Vers le Riba's Caravan Park (5 km), William Creek (172 km) et Port Augusta (535 km)

0   250   500 m

OÙ SE LOGER

1 Underground Motel
3 Desert View Underground Apartments
4 Lookout Cave Motel
6 Oasis Caravan Park
10 Desert Cave Hotel
12 Opal Cave Bedrock
16 Experience Motel
20 Joe's Backpackers
22 Radeka's Downunder Motel, Backpackers Inn
29 Mud Hut Hotel
30 Opal Inn Hotel/Motel & Caravan Park
34 Stuart Range Caravan Park

OÙ SE RESTAURER

18 Italo Australian Miners Club
27 Traces, Breakaways Café
28 Tom & Mary's Taverna

DIVERS

2 Catacombs Church
5 Hôpital
7 Laverie
8 Opal Cutter (boutique d'opales)
9 Underground Books
11 Umoona Opal Mine & Museum
13 Fast Photo (EFTPOS)
14 Point de vue de Big Winch
15 Old Timers Mine
17 Faye's Underground Home
19 Digger's Dream (habitation souterraine)
21 Doyouwantagoanna
23 Église catholique
24 Poste
25 Westpac Bank
26 Piscine
31 Council Offices (office du tourisme)
32 Gare routière Greyhound, Ampol Roadhouse
33 Police

sieurs d'entre elles peuvent se visiter : il suffit de créer un habitat suffisamment original et de faire payer l'entrée !

Mines d'opale

La ville vit des mines d'opale, dont le premier filon a été découvert par un adolescent en 1915. Si vous aimez ce genre d'activité, vous pouvez chercher des opales vous-même sur le site de **Jeweller's Shop**, au nord-est de la ville. L'acte de rechercher dans les débris porte le nom de *noodling*.

Les environs de Coober Pedy comptent littéralement des centaines de mines en activité, mais il n'existe pas de grandes entreprises d'exploitation. Quand l'un fait une trouvaille, il y a des douzaines de mineurs pour tourner telles des abeilles autour du pot. A voir l'espace libre entre les différents "champs", on peut imaginer combien de mines il reste encore à exploiter !

Autres curiosités

Big Winch, à l'extrémité nord de l'Italian Club Rd, offre un point de vue sur la ville et propose de très nombreuses opales, taillées ou non.

La ville compte quantité de points de vente d'opales plus ou moins réputés. N'hésitez pas à faire jouer la concurrence, mais méfiez-vous de quiconque vous offre une réduction de plus de 30 % (cela signifie que le prix a été gonflé). Vous réaliserez les meilleures affaires à l'**Opal Cutter**, dans Post Office Hill Rd.

La visite de l'**Old Timers Mine**, ancienne mine et habitation souterraine, s'avère tout à fait passionnante. A découvrir librement, elle est ouverte tous les jours de 9h à 17h et cela vaut les 5 \$ demandés à l'entrée.

L'**Umoona Opal Mine & Museum** est situé au centre de l'agglomération ; on en extrayait encore des opales jusqu'à ce que la prospection minière ait été interdite à l'intérieur de la ville, il y a quelques années. Ouvert tous les jours de 8h à 19h, son centre d'information (5 \$) vous fera découvrir des maisons troglodytiques, anciennes et récentes, une mine désaffectée, une exposition sur les Aborigènes et un excellent documentaire sur l'extraction de l'opale.

A 2 ou 3 km au nord-est de la ville, les potiers des **Underground Potteries** (poteries souterraines), qui offrent fréquemment une démonstration de leurs talents, vous accueillent du lundi au samedi de 8h30 à 18h.

3 km plus loin se trouve **Crocodile Harry's** (2 \$), une stupéfiante habitation troglodytique qui fit l'objet de plusieurs documentaires et servit de cadre à *Mad Max III*. Harry, un baron letton émigré en Australie après la Seconde Guerre mondiale, a passé 13 ans à chasser le crocodile dans le nord du Queensland et le Territoire du Nord.

Circuits organisés

Plusieurs opérateurs proposent des circuits qui englobent la visite d'une mine d'opale, d'une habitation souterraine et de divers autres sites en ville et alentour. Celui organisé par le Radeka's Downunder Motel (25 \$) est apprécié des backpackers ; celui du Desert Cave Hotel s'avère plus haut de gamme (36 \$).

Seul le circuit Opal Quest (renseignez-vous à Underground Books) vous fera pénétrer dans une mine en activité et essayer de trouver vous-même des opales. Très intéressant, il coûte 25 \$ pour 2 heures.

Également très instructif, le *star tour* (15 \$) vous emmène scruter le ciel à Moon Plain, un endroit particulièrement propice. Réservez au Radeka's Downunder Motel.

Les lundi et mardi, vous pouvez prendre le camion de la poste, qui parcourt 600 km de routes en terre battue et passe par Coober Pedy, Oodnadatta et William Creek. C'est un bon moyen de sortir des sentiers battus et de visiter des communautés reculées de l'Outback. Le tarif, de 75 \$, ne comprend pas le déjeuner. Pour plus de détails, téléphonez au ☎ 1800 069 911 ou contactez Underground Books.

Où se loger – petits budgets

Campings. Trois campings sont installés en ville et un quatrième dans les environs. Aucun n'est véritablement engageant : dénuée d'herbe et couverte de poussière, la terre s'avère dure comme du roc. Les douches font souvent l'objet d'un supplément (généralement 20 cents la minute).

Opales

L'Australie est le centre mondial d'extraction de l'opale, et la plupart des opales australiennes proviennent d'Australie-Méridionale. Les opales doivent leur dureté à la silice en suspension dans l'eau, et leur irisation est due à la réfraction de la lumière par les molécules de silice.

Les opales de valeur se travaillent de trois façons différentes : les opales pleines peuvent être extraites de leur gangue sous forme de cabochons (pierres arrondies sur le dessus) ; les triplets consistent en une couche d'opale placée entre une couche sous-jacente opaque et une couche supérieure transparente ; et les doublets sont simplement une couche d'opale avec une sous-couche opaque.

La valeur d'une opale dépend en partie de sa couleur et de sa clarté. Plus la pierre est brillante et claire, plus elle est belle. La brillance de la couleur est plus importante que la couleur elle-même. Le type de l'opale est également important pour déterminer la valeur de la pierre : les plus précieuses sont les opales noires et blanches, puis les semi-noires et semi-cristallines et enfin les opales laiteuses. Plus l'échantillon est gros, mieux c'est. Et les défauts visibles (tels que les fissures) affectent également la valeur.

La forme est également importante : une pierre en gros cabochon vaut plus qu'une opale plate. Enfin, à qualité égale à tous points de vue, plus la pierre est grosse, plus elle a de prix. Mais n'espérez pas faire véritablement d'affaire, à moins de vous y connaître parfaitement.

Central, l'**Opal Inn Caravan Park** (☎ 8672 5054, Hutchison St) loue des emplacements de camping à 9 \$. L'**Oasis Caravan Park** (☎ 8672 5169, Seventeen Mile Rd), à courte distance à pied du centre-ville, se targue d'offrir le site le plus ombragé et abrité. L'emplacement revient à 5,50 \$ par personne, les chambres rudimentaires avec lits jumeaux et clim. à 26 \$.

Une piscine découverte est aménagée dans un ancien bassin de stockage.

Le **Stuart Range Caravan Park** (☎ 8672 5179, Hutchison St), le plus vaste des établissements et le mieux équipé, possède une piscine. Ses bungalows ressemblent à des chambres de motel, et il dispose de quelques lits en dortoir (10 \$). Il se situe à environ 1 km de la ville à la sortie de la Highway.

Le plus accueillant, le **Riba's** (☎ 8672 5614), sur la route de William Creek, à 5 km de Coober Pedy, loue des emplacements en surface (4,50 \$/personne) et souterrains (8 \$), et ne facture pas les douches. En soirée, vous pouvez participer à un intéressant circuit de 1 heure dans une mine, pour 10 \$ (nuit de camping en surface comprise).

Auberges de jeunesse. La ville en compte quatre, toutes implantées dans des habitations troglodytes. La **Backpackers' Inn** du Radeka's Downunder Motel (☎ 8672 5223, 1800 633 891, Oliver St), la plus confortable, propose des lits superposés dans des alcôves ouvertes à 14 \$, linge et douches compris. Ceux qui désirent plus d'intimité opteront pour les agréables chambres à lits jumeaux/doubles, récemment rénovées (à partir de 35 \$; s.d.b. commune). L'auberge dispose d'une cuisine bien équipée, d'un bar, d'un restaurant et d'une buanderie. Pour réserver, appelez entre 7h30 et 13h (transfert gratuit depuis l'aéroport ou la gare routière).

Oliver St toujours, une habitation troglodytique, le **Joe's Backpackers** (☎ 8672 5163) dispose de dortoirs en appartements de 2 chambres (accueillant chacun 10 personnes). Le lit revient à 14 \$, draps et douches compris. Il manque une machine à laver, mais un lavomatique n'est qu'à une courte distance à pied, dans Post Office Hill Rd. Vous bénéficiez également de transferts gratuits.

Le très rudimentaire **Opal Cave Bedrock** (☎ 8672 5028, Hutchinson St) comprend 13 alcôves de 4 lits chacune, séparées du large couloir central par des rideaux. Le lit revient à 12 \$, draps et douches compris. Les sanitaires masculins, à l'entrée, sont très éloignés, et l'équipement de la cuisine laisse à désirer.

Dans le centre-ville, l'*Umoona Opal Mine* (☎ 8672 5288, *Hutchison St)* occupe une habitation troglodytique et facture 10 $ le lit en double rudimentaire (plus 5 $ pour les draps), douche comprise. La cuisine se réduit au strict minimum.

Hôtels. L'*Opal Inn Hotel/Motel* (☎ 8672 5054, *Hutchison St)*, dans le centre-ville, loue ses chambres de pub classiques avec clim. 25/35 $ et ses chambres de motel à partir de 40/45/50 $ la simple/double/triple.

Où se loger – catégorie moyenne

Motels et B&B. Nombreux sont les hôtels et les motels, dont certains troglodytiques, mais la plupart affichent des prix très élevés. Nous en avons retenu plusieurs parmi les moins chers.

Le *Radeka's Downunder Motel* (☎ 8672 5223, *Oliver St)* abrite une chambre familiale troglodytique (pour 6) à 90 $ et des chambres de motel d'un excellent rapport qualité/prix, à 50/70/75 $.

L'*Opal Dreaming Underground Cottage*, à 4 km de la ville, à Black Point, offre des vues stupéfiantes sur un horizon vierge de barrières. Vous débourserez 70 $ pour 2. Pour réserver, adressez-vous à l'Underground Art Gallery, dans Hutchison St (☎ 8672 5985).

Ce n'est pas l'établissement le moins cher de Coober Pedy, mais l'*Experience Motel* (☎ 8672 5777, *Crowders Gully Rd)* est probablement le plus accueillant. Ce motel troglodyte loue un dortoir pour six 100 $ et de très agréables simples et doubles à 80 $ (90 $ avec s.d.b.).

Où se loger – catégorie supérieure

Le luxueux *Desert Cave Hotel* (☎ 8672 5688, *reserve@desertcave.com.au, Hutchison St)* dispose de chambres en surface ou souterraines à 148 $ la simple ou double.

Comment circuler

L'Opal Cave (à côté de l'Opal Cave Bedrock) loue des VTT pour 8 $ la journée.

L'agence Thrifty du Desert Cave Hotel (☎ 8672 5688) propose des locations de voitures pour usage local.

Comment s'y rendre

Avion. Kendell Airlines (☎ 13 1300) fait tous les jours la liaison d'Adelaide à Coober Pedy (274 $). Le Desert Cave Hotel s'occupe des réservations et gère la navette de l'aéroport (5 $ l'aller simple).

La plupart des auberges viendront vous chercher si vous les prévenez de votre arrivée.

Bus. 413 km séparent Coober Pedy de Kulgera, au-delà de la frontière du Territoire du Nord. De là, il faut encore parcourir 275 km pour atteindre Alice Springs.

Avec Greyhound Pioneer, le billet pour Coober Pedy revient à 76 $ depuis Adelaide et à 75 $ depuis Alice Springs (arrêt devant l'Ampol Roadhouse, Hutchison St).

McCafferty's, qui vous déposera au Radeka's Downunder Motel, vous demandera 76 $ depuis Adelaide et 69 $ depuis Alice Springs.

LES ENVIRONS DE COOBER PEDY
Breakaways Reserve

La Breakaways Reserve englobe des terres désolées de collines tabulaires et d'escarpements aux vives couleurs, à quelque 35 km au nord de Coober Pedy. Vous reconnaîtrez le **Castle**, une formation rocheuse aux teintes blanche et ocre, rendue célèbre par *Mad Max III* et *Priscilla, folle du désert*. Pour y accéder, procurez-vous une autorisation (2 $ par personne) à l'office du tourisme ou auprès d'Underground Books.

Un itinéraire intéressant décrit une boucle de 70 km (principalement sur des pistes non goudronnées mais néanmoins accessibles aux véhicules classiques) qui part de Coober Pedy, passe par Breakaways puis suit le Dog Fence (une barrière destinée à repousser les dingos vers le nord, loin des troupeaux d'ovins) et la Moon Plain. Underground Books vend une brochure et une carte des pistes (1 $).

Tasmanie

La Tasmanie est le seul État insulaire d'Australie. Cette spécificité a eu une influence considérable sur son histoire, sa culture et sa géographie. Considérée comme site idéal pour les colonies pénitentiaires, elle dut accueillir des bateaux entiers de bagnards récidivistes venus du continent australien. Son isolement a également contribué à la préservation d'un riche patrimoine colonial et de la plupart de ses zones sauvages (à quelques exceptions notoires près).

Le premier Européen à découvrir la Tasmanie fut le célèbre navigateur hollandais Abel Tasman. Il débarqua dans l'île en 1642 et la baptisa Terre de Van Diemen, du nom du gouverneur général de la Compagnie hollandaise des Indes orientales.

Au XVIIIe siècle, de célèbres navigateurs européens, dont les capitaines Tobias Furneaux, James Cook et William Bligh, visitèrent la Tasmanie. Ils furent tous convaincus que l'île faisait partie du continent australien.

Les Européens approchèrent davantage la côte de Tasmanie après l'installation des soldats et des forçats de la Première Flotte à Sydney Cove en 1788. En effet, leurs vaisseaux, qui faisaient voile vers la colonie de Nouvelle-Galles du Sud, venaient de l'ouest et contournaient l'île.

Ce ne fut qu'en 1798 que le lieutenant Matthew Flinders effectua le tour complet de la Terre de Van Diemen pour démontrer son insularité. Il baptisa la portion d'océan séparant le continent de l'île Bass Strait (détroit de Bass), du nom du chirurgien de son navire, George Bass. La découverte du détroit de Bass permit de raccourcir d'une semaine la navigation jusqu'à Sydney.

En 1803, on établit une deuxième colonie à Risdon Cove, sur la Derwent en Tasmanie, avant de la transférer, un an plus tard, à l'endroit qu'occupe actuellement la ville de Hobart. Bien que des bagnards aient été envoyés avec les premiers colons, les établissements pénitentiaires ne furent construits qu'ultérieurement : en 1822 dans

la baie de Macquarie, en 1825 dans Maria Island et en 1830 à Port Arthur. Durant plus de trois décennies, les forçats britanniques considérèrent la Terre de Van Diemen comme la pire des destinations.

LA TASMANIE

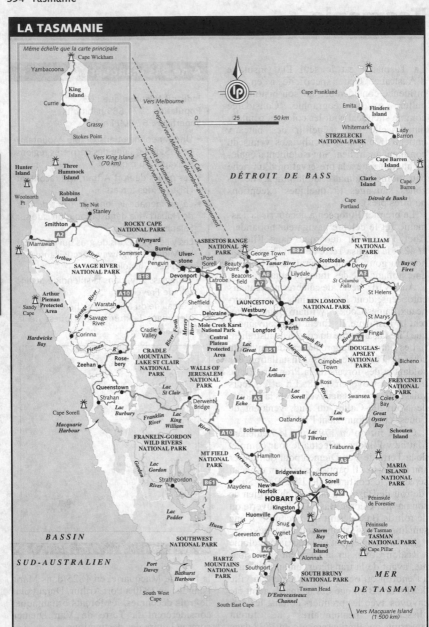

TASMANIE

Même échelle que la carte principale

Cape Wickham

Yambacoona

Currie

King Island

Grassy

Stokes Point

Vers King Island
(70 km)

Vers Melbourne

Depuis/vers Melbourne décembre-avril uniquement

Depuis/vers Melbourne

Spirit of Tasmania

Devil Cat

Vers Melbourne

0   25   50 km

Cape Frankland

Emita   **Flinders Island**

Whitemark   Lady Barron

STRZELECKI NATIONAL PARK

Cape Barren Island

Clarke Island   Cape Barren

DÉTROIT DE BASS

Détroit de Banks

Hunter Island

Woolnorth Pt

Three Hummock Island

Robbins Island

The Nut
Stanley

Smithton

Marrawah

A2

ROCKY CAPE NATIONAL PARK

Wynyard

Somerset   Burnie

Penguin

Ulverstone

SAVAGE RIVER NATIONAL PARK

Arthur   *River*

B18

Devonport

ASBESTOS RANGE NATIONAL PARK

Port Sorell

Beauty Point

George Town   **B82**   Bridport

Tamar River

Scottsdale

MT WILLIAM NATIONAL PARK

Derby

Bay of Fires

Latrobe

Beaconsfield

A7

Lilydale

St Columba Falls

A3

St Helens

Cape Portland

Cape Barren

A10

Waratah

Savage River

Corinna

Arthur Pieman Protected Area

Sandy Cape

Hardwicke Bay

Savage   *River*

Sheffield

Deloraine

Mole Creek Karst National Park

Central Plateau Protected Area

LAUNCESTON
Westbury

Longford   Perth

Evandale

BEN LOMOND NATIONAL PARK

St Marys

Fingal

South Esk

Macquarie   **A4**

DOUGLAS-APSLEY NATIONAL PARK

Bicheno

FREYCINET NATIONAL PARK

Cradle Valley

CRADLE MOUNTAIN-LAKE ST CLAIR NATIONAL PARK

River   *Forth*

Mersey   *River*

WALLS OF JERUSALEM NATIONAL PARK

Lac Great

B51

Lac Arthurs

Campbell Town

Ross

Swansea

Coles Bay

Great Oyster Bay

Pieman

R

Rosebery

Zeehan

Queenstown

Strahan

Lac St Clair

Lac Echo

A5

Lac Sorell

Lac Tooms

Schouten Island

Cape Sorell

Macquarie Harbour

Lac Burbury

Derwent Bridge

Franklin River

Lac King William

River

Oatlands

Lac Tiberias

Triabunna

MARIA ISLAND NATIONAL PARK

FRANKLIN-GORDON WILD RIVERS NATIONAL PARK

Lac Gordon

Strathgordon

Gordon   *River*

B61

MT FIELD NATIONAL PARK

Maydena

Lac Pedder

Bothwell

A10

Hamilton

Derwent

New Norfolk

Bridgewater

Richmond

Sorell

A3

A9

Péninsule de Forestier

Huon   *River*

HOBART
Kingston

Huonville

Snug

Geeveston

Cygnet

Dover

Storm Bay

Port Arthur

Péninsule de Tasman

TASMAN NATIONAL PARK

Cape Pillar

BASSIN

SUD-AUSTRALIEN

Port Davey

Bathurst Harbour

SOUTHWEST NATIONAL PARK

HARTZ MOUNTAINS NATIONAL PARK

Southport

Alonnah

Bruny Island

SOUTH BRUNY NATIONAL PARK

MER DE TASMAN

South West Cape

South East Cape

D'Entrecasteaux Channel

Tasman Head

Vers Macquarie Island
(1 500 km)

La déportation vers l'île fut interdite en 1856. Souhaitant effacer sa triste réputation, elle fut rebaptisée Tasmanie, du nom du premier Européen à y avoir débarqué, et élit un Parlement. Aujourd'hui, des vestiges de l'époque du bagne et des premiers colons la parsèment : les ruines du pénitencier de Port Arthur, les nombreux ponts construits par les bagnards, quantité d'édifices en grès de style anglais classique merveilleusement conservés et plus de vingt villages ou villes historiques classés par le National Trust.

LES ABORIGÈNES

Si les Aborigènes ont partout souffert de la colonisation européenne, en Tasmanie ce fut une tragédie.

Les Aborigènes de Tasmanie vivaient isolés du continent depuis que la montée des eaux, provoquée par la fonte des glaces de la dernière période glaciaire il y a quelque 10 000 ans, avait coupé leur territoire du reste du pays.

Attirés par la fertilité de la Tasmanie, les colons installèrent des fermes entourées de clôtures. Les Aborigènes, privés d'une partie toujours croissante de leurs terrains de chasse traditionnels, se rebellèrent, et, vers 1806, les massacres entre les deux communautés étaient devenus incessants. En 1828, le gouverneur Arthur proclama la loi martiale, ce qui força les tribus aborigènes à quitter les zones colonisées et leurs terres ancestrales (voir l'encadré *La proclamation du gouverneur Arthur*).

Entre 1829 et 1834, les Aborigènes demeurés sur place furent cantonnés dans une réserve sur Flinders Island, pour y être "civilisés" et christianisés. La plupart d'entre eux y moururent de désespoir, mal du pays, malnutrition ou maladies respiratoires : sur les 135 amenés dans l'île, seuls 47 survécurent jusqu'à leur transfert à Oyster Cove, en 1847 ; trente-deux ans plus tard, il n'en restait plus un seul.

Les chasseurs de phoques européens, qui hantaient le détroit de Bass depuis 1798, commettaient à l'occasion des razzias contre les tribus du littoral, mais avaient plutôt la volonté d'instaurer des échanges commerciaux. Les femmes aborigènes constituaient

également une monnaie d'échange, et de nombreux chasseurs s'établirent dans les îles du détroit de Bass pour vivre avec elles et fonder une famille.

En 1847, une nouvelle communauté aborigène, dont le mode de vie s'inspirait à la fois des Européens et des Aborigènes, apparut sur Flinders Islands et d'autres îles de l'archipel des Furneaux, sauvant les Aborigènes de Tasmanie de l'extinction totale. Aujourd'hui, plusieurs milliers de leurs descendants vivent encore en Tasmanie.

GÉOGRAPHIE

La population de ce petit État, à la géographie très contrastée, est essentiellement concentrée sur les littoraux nord et sud-est, où l'arrière-pays vallonné est riche et fertile. La côte est bordée de baies accessibles, de criques et de plages attrayantes.

En hiver, la région des Midlands semble une reconstitution de la verte Angleterre tant aimée des premiers colons. Dans les montagnes du centre, la région des lacs, peu peuplée, est d'une sereine beauté.

A l'opposé, les côtes sud-ouest et ouest demeurent extraordinairement sauvages et presque intactes. Pendant la plus grande partie de l'année, une mer démontée bat le littoral occidental, et les précipitations sont abondantes.

A l'intérieur des terres, les montagnes et les riches forêts, très diversifiées, représentent l'un des derniers grands espaces vierges du monde. La majeure partie de cette région est constituée de parcs nationaux, inscrits sur la liste du Patrimoine mondial de l'Unesco.

RENSEIGNEMENTS
Offices du tourisme

Les Tasmanian Travel & Information Centres (TTIC ; centres d'information et de tourisme de Tasmanie) de Hobart, Launceston, Devonport et Burnie sont des établissements privés. En revanche, les Tasmanian Travel Centres situés sur le continent sont publics :

Territoire de la capitale d'Australie
(☎ 1800 354 564, fax 02-6209 2155)
165 City Walk, Canberra 2601

TASMANIE

La proclamation du gouverneur Arthur

En 1828, devant l'escalade de la violence entre les colons et les Aborigènes qui ensanglanta la Terre de Van Diemen et fut baptisée la Black War (guerre noire), le gouverneur Arthur proclama une loi autorisant les soldats à tirer à vue sur tout Aborigène trouvé dans une zone de colonisation européenne. Peu de temps après, les colons formèrent une chaîne humaine, la Black Line (ligne noire), qui s'avança à travers les régions colonisées, forçant ainsi les Aborigènes à quitter leurs territoires ancestraux.

Cette lithographie, intitulée à tort *La proclamation du gouverneur Davey aux Aborigènes en 1816*, constitue un exemple de la propagande coloniale du XIXe. Il est clair que, si l'histoire n'avait pas été rédigée par les vainqueurs, la Black War aurait été baptisée White War, du nom de ceux qui cherchaient à déposséder les premiers habitants de la Terre de Van Diemen de leurs territoires, tandis que la Black Line serait devenue la White Line.

LITHOGRAPHIE COLORÉE A LA MAIN, COLLECTION REX NAN KIVELL, NATIONAL LIBRARY OF AUSTRALIA

Nouvelle-Galles du Sud
  (☎ 1800 060 448, fax 02-9202 2055)
  149 King St, Sydney 2000
Queensland
  (☎ 1800 672 169, fax 07-3405 4140)
  239 George St, Brisbane 4000
Australie-Méridionale
  (☎ 1800 675 972, fax 08-8400 5588)
  1 King William St, Adelaide 5000
Victoria
  (☎ 1800 632 641, fax 03-9206 7947)
  259 Collins St, Melbourne 3000
Australie-Occidentale et Territoire du Nord
  (☎ 1800 806 846) ou contactez le centre de
  tourisme d'Australie-Méridionale

Tourism Tasmania publie un magazine gratuit, *Tasmanian Travelways*, qui donne des informations précieuses sur les hébergements, les activités touristiques, les transports publics, la location de véhicules.

Les offices de tourisme proposent également les mensuels *This Week in Tasmania* et *Treasure Islander*. Le *Tasmania Visitors Guide*, publié chaque année, est également gratuit, et fort pratique avec sa carte touristique dépliante de la Tasmanie.

La *Touring Map* et la *Visitors Map* sont d'excellentes cartes routières de l'île, tandis que le *Tasmanian Towns Street Atlas* (24,95 $) est probablement la meilleure compilation de plans des villes tasmaniennes. Vous pouvez vous les procurer dans les bureaux du Royal Automobile Club of Tasmania (RACT), les librairies et les offices du tourisme de l'État, ainsi qu'au comptoir Tasmap de Service Tasmania (☎ 6233 3382), 134 Macquarie St, Hobart.

Argent
Les distributeurs automatiques (ATM) restent peu répandus en dehors de Hobart, de Launceston et des grandes villes de la côte nord. Cependant, de nombreux commerces sont affiliés au réseau EFTPOS, ce qui vous permet non seulement de régler vos achats par carte de crédit mais également d'obtenir à cette occasion de petites sommes en espèces.

Poste et télécommunications
Les bureaux de poste sont généralement ouverts du lundi au vendredi de 9h à 17h (un peu plus tard à Hobart et Launceston). De

nombreux magasins de journaux et épiceries font également office de bureaux de poste.

Tous les numéros de téléphone en Tasmanie se composent de huit chiffres et commencent par l'indicatif 03. Cependant, bien qu'il n'y ait qu'un seul indicatif pour tout l'État, les appels hors de la zone locale sont considérés comme des appels STD et facturés à la minute en fonction de la distance.

PARCS NATIONAUX

La Tasmanie est l'État d'Australie qui a classé la plus grande proportion de son territoire en parc national ou en réserve touristique. En 1982, les trois plus grands parcs nationaux de Tasmanie, Cradle Mountain-Lake St Clair, Franklin-Gordon Wild Rivers et South-West, ainsi que la majeure partie de Central Plateau ont été inscrits sur la liste du Patrimoine mondial de l'Unesco en tant que dernières grandes régions sauvages tempérées du globe. Aujourd'hui, environ 20% de la superficie de la Tasmanie est classée et protégée.

L'accès aux parcs nationaux suppose que vous soyez muni d'un laissez-passer, qu'il y ait ou non un guichet à l'entrée du parc. Un certain nombre de forfaits sont en vente à l'entrée des parcs, auprès de nombreux tour-opérateurs et compagnies de bus, de quelques magasins locaux et de Service Tasmania (☎ 6233 3382), 134 Macquarie St, à Hobart. Un laissez-passer de 24 heures, donnant accès à tous les parcs, coûte 9 $ par véhicule (jusqu'à 8 passagers) ou 3 $ par personne. Le plus intéressant est un forfait vacances, valable 2 mois, qui permet d'accéder à tous les parcs (30 $ par voiture ou 12 $ par personne pour les randonneurs, cyclistes et motocyclistes). Il existe également un laissez-passer annuel pour les véhicules s'élevant à 42 $.

Le Parks and Wildlife Service, ou PWS (☎ 6233 6191), GPO Box 44A, Hobart, a mis en place un excellent site Web : www.parks.tas.gov.au.

ACTIVITÉS SPORTIVES

Le magazine *Networking Tasmanian Adventures*, disponible dans les offices de tourisme et les bureaux du RACT, fournit d'excellentes informations sur le tourisme d'aventure. A l'heure où nous rédigions ce guide, un site Web était en cours d'élaboration (www.tasmanianadventures.com.au).

Randonnées dans le bush

Le plus célèbre des sentiers de randonnée qu'offre la Tasmanie est l'Overland Track du Cradle Mountain-Lake St Clair National Park (voir *L'Ouest*, plus loin dans ce chapitre), mais il existe également une multitude de promenades plus courtes, notamment l'Organ Pipes Track et le Zig-Zag Track, sur le Mt Wellington près de Hobart, le Tarn Shelf, dans le Mt Field National Park à l'ouest de Hobart, Hartz Peak, au sud de Hobart, et Wineglass Bay, dans le Freycinet National Park sur la côte est.

N'oubliez pas qu'en toute saison une belle journée peut se dégrader brusquement avec l'arrivée d'un blizzard. Prévoyez un bon équipement, une tente et une boussole. Le PWS (voir plus haut *Parcs nationaux*) publie l'ouvrage *Welcome to the Wilderness – Bushwalking Trip Planner for Tasmania's World Heritage Area*, publié par le Department of Parks, Wildlife & Heritage, qui comporte des rubriques sur la façon de s'organiser pour minimiser les risques et assurer sa survie lors de randonnées dans les régions les plus sauvages de l'île. Cet ouvrage présente également une liste très utile de l'équipement à emporter. Le PWS vous enverra cet opuscule, accompagné d'un *Bushwalking Code* gratuit. Vous pouvez également vous le procurer à Service Tasmania, 134 Macquarie St, à Hobart, ou à n'importe quel poste de rangers dans les parcs nationaux.

Transmap publie une excellente série de cartes disponibles dans les offices du tourisme, à Service Tasmania, au Tasmanian Map Centre (☎ 6231 9043), 96 Elizabeth St, Hobart, dans les magasins de sports de plein air, les boutiques de la Wilderness Society et chez les marchands de journaux.

L'ouvrage *Bushwalking in Australia* de Lonely Planet consacre une grande rubrique aux meilleures randonnées de Tasmanie.

De nombreux magasins vendent du matériel de randonnée, notamment Paddy Pallin à Hobart et Launceston, Mountain Design à Hobart, Allgoods à Launceston et Backpackers' Barn à Devonport. Par ailleurs, plusieurs auberges de jeunesse louent l'équipement nécessaire et/ou organisent des excursions. Goshawk Gear, à Hobart, propose des vêtements et du matériel d'occasion de bonne qualité.

Sports nautiques

Baignade. Les côtes nord et est sont bordées de nombreuses plages de sable blanc abritées, parfaites pour la natation. Sur la côte ouest, la mer est assez agitée et les plages ne sont pas surveillées.

Il existe quelques plages agréables près de Hobart, mais elles ont tendance à être polluées. Mieux vaut se rendre à Kingston, Blackmans Bay ou Seven Mile Beach.

Surf. La Tasmanie possède quantité de plages propices à ce sport. Près de Hobart, Clifton Beach et la plage de surf sur le chemin de South Arm sont des endroits très courus. Les plages méridionales de Bruny Island, en particulier Cloudy Bay, sont également recommandées. Lorsque les conditions sont bonnes, de belles vagues se forment sur la côte est, du nord de Bicheno à St Helens. Néanmoins, l'endroit le plus approprié reste Marrawah sur la côte ouest, que vous ne pourrez rejoindre qu'avec votre propre moyen de transport.

Plongée. La côte est et les abords des îles King et Flinders présentent un intérêt certain pour les plongeurs. On peut louer l'équipement à Hobart, Launceston ou d'autres villes sur les côtes nord et est ; les cours de plongée sont beaucoup moins chers ici que sur le continent. Dive Tasmania offre des excursions en plongée dans tout l'État. Contactez Gary Myors, au ☎ 0417 013 518, ou dive@tasadventures.com.

Voile. Si vous envisagez de rejoindre la Tasmanie à la voile ou de caboter au large de ses côtes, demandez conseil à Paul Kerrison (☎ 6273 4192), président du Cruising Yacht Club of Tasmania. Vaste et profond, le D'Entrecasteaux Channel, qui offre de nombreux points d'ancrage, est un endroit idéal où pratiquer la voile. Vous pouvez également mouiller au Royal Hobart Yacht Club (☎ 6223 4599) moyennant 15 $ la nuit, avec la première nuit gratuite. La Hobart Ports Corporation (☎ 6235 1000) pratique des tarifs à la semaine aux environs de 40 ou 50 $.

Rafting, canoë et kayak. Le rafting, l'aviron et le canoë sont des sports très prisés. Le rafting le plus sportif se pratique sur la Franklin (voir la rubrique *Franklin-Gordon Wild Rivers National Park*), mais la plupart des tour-opérateurs organisent également des expéditions sur le Picton, la haute Huon, la Weld et la Leven. Le kayak de mer est également très populaire sur la côte est (voir les rubriques *Hobart, Kettering* et *Port Arthur*).

Spéléologie

Les grottes de Tasmanie comptent parmi les plus impressionnantes d'Australie. Reportez-vous aux rubriques *Mole Creek* et *Hastings*.

Escalade et descente en rappel

L'escalade demande un temps sec, alors que le climat de la Tasmanie est souvent pluvieux. Néanmoins, l'escalade et la descente en rappel sont des sports très appréciés.

Quelques falaises se prêtent parfaitement à l'escalade, notamment sur la côte est, où le climat est généralement plus propice. Les Organ Pipes du Mt Wellington, au-dessus de Hobart, les Hazards de Coles Bay et les falaises du Mt Killiecrankie, sur Flinders Island, offrent d'excellentes possibilités d'escalade sur terrain solide. De nombreux visiteurs se précipitent dans la péninsule de Tasman après avoir vu des images des magnifiques formations rocheuses de la région. Les falaises sont effectivement spectaculaires mais peuvent s'avérer impossibles à escalader si la houle est trop forte. À Adamsfield, sur la route de Strathgordon, les conglomérats offrent de nombreux pitons, à-pics et parois en surplomb pour les amateurs d'escalade et de varappe.

Les vrais mordus de la grimpe apportent leur équipement sur les énormes falaises de

Frenchmans Cap, à l'ouest de l'État, et se livrent à leur sport favori entre deux averses.

Si vous souhaitez pratiquer l'escalade ou le rappel avec un instructeur expérimenté, contactez Aardvark Adventures Tasmania (☎ 018 127 714), Freycinet Adventures (☎ 6257 0500), la Climbing Company (☎ 6234 3575), installée dans la salle d'escalade intérieure Climbing Edge, ou Summit Sports (☎ 0418 362 210). Si vous êtes en quête d'expériences insolites, Phil, d'Aardvark Adventures, vous fera descendre en rappel les silos de Battery Point ou le gigantesque mur du Gordon Dam, dans le Sud-Ouest de l'État.

HÉBERGEMENT

La plupart des grandes villes possèdent des auberges de jeunesse ou d'autres logements bon marché, et l'île est parsemée de campings, équipés pour la plupart d'emplacements de tente, de caravanes fixes et de bungalows avec s.d.b. La Tasmanie compte également d'innombrables B&B de toutes sortes, depuis les cottages autrefois construits par les bagnards et restaurés jusqu'aux chambres chez l'habitant. Comptez entre 60 et 120 $ la double.

Malgré le large éventail de possibilités, les principaux centres touristiques sont souvent complets en été, et mieux vaut s'y prendre à l'avance pour le mois de janvier. Les chambres chez l'habitant et les motels affichent leurs prix les plus élevés en été, mais n'hésitez pas à marchander le reste de l'année.

COMMENT S'Y RENDRE
Avion

Les compagnies Qantas Airways et Southern Australia Airlines (☎ 13 1313), Ansett Australia (☎ 13 1300), Kendell Airlines (☎ 1800 338 894), Island Airlines (☎ 1800 818 455) et King Island Airlines (☎ 9580 3777) proposent des vols pour la Tasmanie.

Qantas assure les liaisons, directes ou non, vers Hobart et Launceston depuis la capitale de la plupart des États australiens. Quand ce guide paraîtra, Ansett aura interrompu ses vols vers Hobart et Launceston pour les confier à Kendell, son transporteur associé. Les autres compagnies n'opèrent

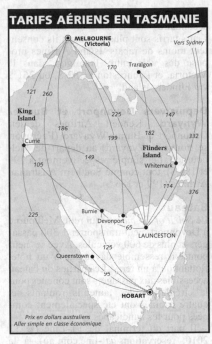

TARIFS AÉRIENS EN TASMANIE

Prix en dollars australiens
Aller simple en classe économique

que depuis quelques aéroports du Victoria. La majorité des vols desservent Hobart, Launceston, Devonport, Burnie/Wynyard, Flinders Island et King Island.

Depuis/vers Hobart. Le tarif aller simple normal en classe économique sur Qantas s'élève à 260 $ au départ de Melbourne mais, en basse saison, l'aller-retour le moins cher tourne autour de 199 $. Depuis Sydney, le prix normal d'un aller simple est de 376 $ (l'aller-retour le moins cher en basse saison est à 293 $) et de 504 $ depuis Brisbane (meilleur prix aller-retour en basse saison : 379 $).

Depuis/vers Launceston. Qantas relie Launceston à Melbourne pour 225 $ l'aller simple (179 $ l'aller-retour le plus économique en basse saison). Depuis Sydney, comptez 332 $ l'aller simple (269 $ l'aller-retour le plus avantageux en basse saison). Les petites compagnies qui partent de Melbourne utilisent généralement les aéroports secondaires (Essendon et Moorabbin). Leurs tarifs sont plus bas, mais ils consentent moins de rabais. Island Airlines propose des vols entre Traralgon, dans le Victoria, et Launceston à 182 $, ou 261 $ *via* Flinders Island.

Depuis/vers Devonport et Burnie/ Wynyard.

Kendell Airlines dessert Devonport et Burnie/Wynyard (l'aéroport se trouve à Wynyard) au départ de Melbourne (aller simple respectivement à 199 et 186 $), tout comme Southern Australian Airlines (199 et 186 $).

Bateau

Le *Spirit of Tasmania*, qui relie Melbourne à Devonport, peut transporter 1 300 passagers et plus de 600 véhicules. Avec ses neuf ponts, il ressemble davantage à un hôtel flottant qu'à un ferry. Les parties du bateau accessibles aux passagers sont conçues pour la circulation des fauteuils roulants, et quatre cabines ont été spécialement équipées pour les handicapés.

Il part du terminal de TT-Line (☎ 13 2010, reservations@tt-line.com.au), à la gare maritime de Melbourne, les lundi (19h30), mercredi et vendredi (18h), et du terminal de l'Esplanade à Devonport, les samedi (16h), mardi et jeudi (18h), pour arriver 13 à 14 heures 30 plus tard. Pendant les vacances de décembre/janvier, le ferry effectue souvent des traversées supplémentaires.

Le tarif varie entre la haute saison (en gros de la fin décembre à la fin janvier, ainsi qu'à Pâques), la saison intermédiaire (de février à avril, sauf Pâques, et en octobre/novembre) et la basse saison (de mai à septembre). TT-Line vous fournira les dates précises. Le prix d'un aller s'échelonne entre 106 $ (136 $ en haute saison) en dortoir de 20 lits, et 232/317 $ en suite. Les étudiants bénéficient d'une réduction sur les cabines uniquement (aucune réduction en dortoir). Tous les tarifs incluent le dîner (buffet) et le petit déjeuner continental. Si vous préférez le restaurant, vous devrez payer votre repas.

Le coût du transport des véhicules accompagnés, actuellement subventionné par le gouvernement fédéral, varie en fonction de leur taille. Pour une taille standard de 5 m au maximum, l'aller simple se montait en 1999 à 30 $ (40 $ en haute saison). Vous paierez 25/30 $ pour une moto et 20/25 $ pour un vélo.

Entre Noël et Pâques, de 2000 à 2002, le *Devil Cat*, un catamaran rapide pouvant transporter 200 véhicules et 550 passagers, assure un service entre George Town, ville située à l'embouchure de la Tamar au milieu de la côte nord, et Melbourne. La traversée dure 6 heures par beau temps. Le catamaran part de la gare maritime de Melbourne les mardi, jeudi et samedi à 8h30 et arrive à George Town à 14h30. En sens inverse, il quitte George Town les mercredi, vendredi et dimanche à 14h et atteint Melbourne à 20h. En haute saison, l'aller-retour se monte à 260 $ pour un adulte et à 80 $ pour un véhicule standard (plus 410 $ par passager adulte). Pour plus de détails, appelez TT-Line (☎ 13 2010).

TT-Line (pour les renseignements sur les excursions, ☎ 1800 811 580, fax 1800 636 110) propose aux étudiants à plein temps et aux adhérents YHA, VIP et Z Card un Backpacker's Value Pack offrant l'aller-retour en dortoir sur le *Spirit of Tasmania*, cinq jours de trajet dans les bus Tasmanian Wilderness Travel (TWT) et une réduction de 20% sur la même période dans les bus Tasmanian Redline Coaches (TRC). Les tarifs varient selon la saison et l'année. En haute saison, prévoyez environ 250 $.

Il existe également un service de ferry peu fréquent entre Bridport en Tasmanie et Port Welshpool dans le Victoria (voir la rubrique ci-dessous *Comment circuler*).

COMMENT CIRCULER

La Tasmanie est très décentralisée et sa population peu importante. Si la plupart des grandes villes et des destinations touristiques sont assez bien desservies, de nombreux voyageurs souhaitant visiter des sites plus éloignés et plus intéressants, trouvant les horaires des avions et des bus peu pratiques, préfèrent louer une voiture.

Avion

Island Airlines (☎ 1800 818 455), Tasair (☎ 1800 062 900) et Par Avion (☎ 1800 646 411) assurent des liaisons à l'intérieur de l'État. Depuis Launceston, les tarifs se situent aux environs de 65 $ pour Burnie/Wynyard, 114 $ pour Flinders Island et 149 $ pour King Island. L'aller simple de Burnie/Wynyard à King Island s'élève à environ 105 $. Au départ de Hobart, Par Avion dessert Melaleuca, dans le Sud-Ouest (95 $ l'aller simple), et Burnie/Wynyard (125 $ l'aller simple).

Bus

La Tasmanie dispose d'un bon réseau de bus à destination des principales localités. Cependant, le service se fait rare le week-end, ce qui peut gêner les voyageurs disposant de peu de temps. Il y a davantage de bus l'été que l'hiver.

Les principales compagnies – TRC (☎ 1300 360 000) et TWT (☎ 1300 300 520) – couvrent à elles deux quasiment l'ensemble du territoire. Elles ont des dépôts dans les grands centres que sont Hobart, Launceston et Devonport, et des agents dans les localités qu'elles desservent. Pour vous donner une idée des prix, un aller simple Hobart-Launceston coûte 19,50 $, Hobart-Queenstown 36,20 $ et Launceston-Bicheno 19 $.

TWT propose le Wilderness Pass, un forfait en stand-by permettant de circuler sur toutes ses lignes pendant 7/10/14/30 jours pour 129/159/169/230 $, à condition de l'utiliser dans les 10/14/20/40 jours. Il permet également d'obtenir une réduction de 20% dans de nombreux bus TRC. Vous pouvez vous le procurer sur le continent auprès des Tasmanian Information Centres, des bureaux YHA et STA Travel, ou encore directement auprès de TWT.

Si vous envisagez d'en acheter un, demandez les horaires ou connectez-vous sur le site Web de TWT (www.tassie.net.au/wildtour). Planifiez soigneusement votre voyage pour vous assurer que vous pourrez parcourir l'itinéraire souhaité avant l'expiration de votre forfait. Les tarifs et les conditions d'utilisation, qui varient fréquemment, ne sont cités ici qu'à titre indicatif.

Voiture et camping-car

S'il est possible d'arriver du continent avec sa voiture, il est souvent plus économique d'en louer sur place, notamment pour un court séjour. De nombreuses agences de location, nationales et locales, sont installées en Tasmanie, et les tarifs sont infiniment moins chers que sur le continent.

Tasmanian Travelways publie la liste de nombreuses sociétés de location. Avant de fixer votre choix, vérifiez s'il existe une limitation kilométrique, ce que couvre exactement l'assurance, et si un supplément s'applique en fonction de la saison (souvent non mentionné). En revanche, il est parfaitement normal pour les petits loueurs de réclamer une caution d'environ 300 $.

Les grandes agences internationales telles qu'Avis, Budget et Hertz pratiquent des tarifs standard à partir de 50 à 60 $ par jour environ, pour la location d'une petite voiture pour plusieurs jours en haute saison. En réservant suffisamment tôt et en choisissant un petit modèle, vous arriverez à négocier une semaine de location (hors période de vacances) pour 45 $ par jour.

Les petites compagnies locales comme Advance (☎ 1800 030 118), Selective (☎ 6234 3311), Rent-a-Bug (☎ 6231 0300) et Jim's (☎ 6236 9779) louent des voitures plus anciennes pour environ 25 ou 30 $ par jour, selon la durée et la saison. Vous pouvez généralement prendre votre véhicule à l'aéroport ou au point d'arrivée des ferries.

Tasmanian Travelways fournit également une liste des agences de location de camping-cars. A Autorent-Hertz (☎ 1800 030 500), ce type de véhicule coûte environ 926 $ la semaine pour cinq personnes en basse saison, 1 674 $ en haute saison. Vous réaliserez des économies en vous adressant aux petites sociétés. Dans ce cas cependant, soyez vigilant quant aux conditions de location et vérifiez soigneusement l'état du véhicule avant de vous engager.

Attention. En conduisant dans l'île, faites attention aux animaux sauvages. Dans la mesure du possible, évitez de prendre le volant la nuit : c'est à ce moment-là que les marsupiaux circulent le plus. Méfiez-vous du "*black ice*", une pellicule de glace invisible sur le bitume, notamment sur l'ubac. Chaque année, un nombre stupéfiant d'étrangers et d'Australiens du continent sont victimes d'accidents par ignorance des conditions de conduite en Tasmanie.

Bicyclette

La superficie de la Tasmanie est idéale pour une découverte à bicyclette, et vous en trouverez à louer sans peine. Pour parcourir Hobart-Launceston par l'une ou l'autre côte, comptez de 10 à 14 jours. Le tour complet de l'île demande de 14 à 28 jours. Si vous envisagez une excursion, essayez le circuit Giro Tasmania, pour lequel vous trouvez tous les détails sur l'excellente page "giro" du site Web de Bicycling Tasmania (www.netspace.net.au/~smithp).

Passer votre bicyclette sur le *Spirit of Tasmania* vous coûtera de 20 à 25 $ par trajet selon la saison.

Les compagnies d'aviation demandent 10 $ pour transporter un vélo de Melbourne à Hobart ou Launceston.

En stop

Voyager en stop en Tasmanie ne pose généralement pas de problèmes, mais couvrez-vous bien en hiver et prévoyez un imperméable. Un grand nombre de routes ne sont pas encore goudronnées, et la circulation peut être très rare. Même si elles mènent à des sites intéressants, ce n'est pas vraiment l'endroit pour pratiquer le stop. Reportez-vous à *Auto-stop*, au chapitre *Comment circuler*.

Hobart

• **code postal 7000** • **128 600 habitants**
Après Sydney, Hobart est la plus ancienne ville d'Australie. A cheval sur l'embouchure de la Derwent et adossée à l'imposant Mt Wellington, Hobart est une agglomération moderne au riche passé. De beaux bâtiments de style anglais classique, un port animé et une atmosphère décontractée en font l'une des villes les plus jolies et les plus agréables d'Australie.

Les premiers habitants de la région étaient des Aborigènes de la tribu semi-nomade Mouheneer. La première colonie de Tasmanie fut fondée en 1803 à Risdon Cove. Un an plus tard, son gouverneur, le lieutenant-colonel David Collins, descendit la Derwent et décida que la crique située à une dizaine de kilomètres en aval, sur la rive opposée, constituait un meilleur emplacement pour la nouvelle colonie. La future capitale de la Tasmanie n'était au départ qu'un village de tentes et de huttes en torchis abritant 262 habitants, dont 178 bagnards.

Hobart Town – ce fut son nom jusqu'en 1881 – devint une ville à part entière en 1842. Sa situation sur l'estuaire de la Derwent, qui en fait l'un des meilleurs ports en eau profonde du monde, joua un rôle essentiel dans son développement. C'est grâce à cette particularité que s'édifièrent de nombreuses fortunes dans le commerce de la baleine, la construction navale et l'exportation de céréales ou de laine de mérinos.

Orientation

En raison de sa taille plutôt modeste et de son urbanisme assez simple, Hobart est une ville où il est facile de se diriger. Les rues du centre-ville, où la circulation est souvent à sens unique, forment un quadrillage autour d'Elizabeth St Mall. L'office de tourisme de Tasmanie, Qantas et la poste centrale sont tous situés dans Elizabeth St. Le principal quartier commerçant s'étend à l'ouest du mall dans Elizabeth St.

Salamanca Place, célèbre pour ses anciens entrepôts de style anglais classique, se trouve en bordure des quais. Juste au sud, Battery Point, l'ancien quartier colonial de Hobart, est plein de charme. En longeant la rivière depuis Battery Point, on arrive à Sandy Bay où se trouvent l'université de Hobart et le Wrest Point Hotel Casino.

En bordure nord du centre-ville, l'espace de loisirs, connu localement sous le nom de Domain (abréviation de *Queen's Domain* ou domaine de la Reine), englobe les Royal Tasmanian Botanical Gardens et la rivière. Le Tasman Bridge est le pont qui franchit la rivière en direction de la banlieue est et de l'aéroport.

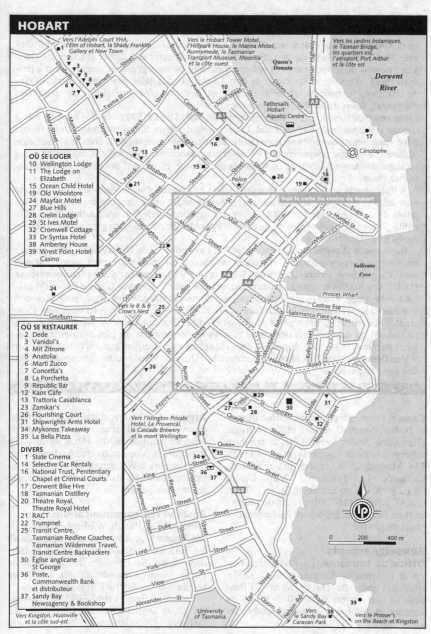

HOBART

Vers l'Adelphi Court YHA, l'Elm of Hobart, la Shady Franklin Gallery et New Town

Vers le Hobart Tower Motel, l'Hillpark House, le Marina Motel, Runnymede, le Tasmanian Transport Museum, Moorilla et la côte ouest

Queen's Domain

Vers les jardins botaniques, le Tasman Bridge, les quartiers est, l'aéroport, Port Arthur et la côte est

Derwent River

Tattersalls Hobart Aquatic Centre

Cénotaphe

Police

Voir la carte du centre de Hobart

Evans St

Hunter St

Franklin Wharf

Sullivans Cove

Princes Wharf

Castray Esp

Salamanca Place

Montpellier Retreat

Kelly Street

Hampden Road

Sandy Bay Road

OÙ SE LOGER
10 Wellington Lodge
11 The Lodge on Elizabeth
15 Ocean Child Hotel
19 Old Woolstore
24 Mayfair Motel
27 Blue Hills
28 Crelin Lodge
29 St Ives Motel
32 Cromwell Cottage
33 Dr Syntax Hotel
38 Amberley House
39 Wrest Point Hotel Casino

Vers le B & B Crow's Nest

OÙ SE RESTAURER
2 Dede
3 Vanidol's
4 Mit Zitrone
5 Anatolia
6 Marti Zucco
7 Concetta's
8 La Porchetta
9 Republic Bar
12 Kaos Cafe
13 Trattoria Casablanca
23 Zanskar's
26 Flourishing Court
31 Shipwrights Arms Hotel
34 Mykonos Takeaway
35 La Bella Pizza

DIVERS
1 State Cinema
14 Selective Car Rentals
16 National Trust, Penitentiary Chapel et Criminal Courts
17 Derwent Bike Hire
18 Tasmanian Distillery
20 Theatre Royal, Theatre Royal Hotel
21 RACT
22 Trumpnet
25 Transit Centre, Tasmanian Redline Coaches, Tasmanian Wilderness Travel, Transit Centre Backpackers
30 Église anglicane St George
36 Poste, Commonwealth Bank et distributeur
37 Sandy Bay Newsagency & Bookshop

Vers l'Islington Private Hotel, Le Provencal, la Cascade Brewery et le mont Wellington

University of Tasmania

Vers Kingston, Huonville et la côte sud-est

Vers le Sandy Bay Caravan Park

Vers le Prosser's on the Beach et Kingston

0   200   400 m

TASMANIE

Circuit pédestre dans Hobart

La promenade part de **Salamanca Place**, le quartier touristique. Autrefois fourmillant d'activités liées à la mer, il est maintenant plus calme et a conservé son cachet et sa beauté grâce à des travaux de restauration. Les entrepôts en grès, de style géorgien, remplacèrent à partir de 1835 les anciennes structures de bois. Le quartier s'appelait alors New Wharf. Au rez-de-chaussée, la majorité abritent aujourd'hui des magasins spécialisés, des boutiques d'artisanat, des restaurants, des cafés et des bars.

Un peu plus au sud, entre deux entrepôts, les **Kelly Steps** (1839) relient le front de mer à la zone résidentielle de **Battery Point**. Les escaliers de pierre furent construits sur un terrain privé appartenant au capitaine James Kelly, personnalité éminente de la colonie naissante de Hobart Town. Vous pouvez monter l'escalier pour déboucher dans Kelly St, bordée de petits cottages des années 1850, ou continuer la promenade en passant devant les silos de Salamanca Place.

A Runnymede St, poursuivez tout droit jusqu'à l'agréable Princes Park ou prenez à droite pour admirer le magnifique hôtel de luxe **Lenna of Hobart**, établi dans une ancienne résidence privée de style néoclassique (1880). Suivez ensuite Runnymede St jusqu'à **Arthur Circus**, une petite place ronde agrémentée d'une pelouse et bordée de curieux cottages de style géorgien, serrés les uns contre les autres.

Runnymede St prend fin dans Hampden Rd, l'axe principal de Battery Point. Vous pouvez vous arrêter chez les antiquaires et dans les restaurants sur votre droite, mais auparavant partez sur la gauche et empruntez l'étroite Secheron Rd. Vous aboutirez devant **Secheron House** (1831), une maison en grès au charme discret bâtie pour le Surveyor General George Frankland. A l'époque, il devait, de son balcon, jouir d'une vue splendide et dégagée sur la rivière.

Revenez dans Hampden Rd pour faire un peu de lèche-vitrines, admirer les boutiques d'antiquités et éventuellement repérer un endroit où dîner. Les amateurs d'architecture ancienne ne sauront où donner de la tête parmi tous les édifices anciens. Le plus beau est certainement **Narryna** (1834), une demeure à deux étages de style géorgien aujourd'hui occupée par le **Van Diemen's Land Folk Museum**. Juste après, Hampden Rd débouche dans Sandy Bay Rd, une rue très animée.

Cartes. Les meilleurs cartes de Hobart sont le *Hobart Street Directory* et les plans du *Tasmanian Towns Street Atlas*, disponibles auprès de Service Tasmania (☎ 6233 3382), 134 Macquarie St, et des marchands de journaux. Le Tasmanian Map Centre (☎ 6231 9043), 96 Elizabeth St, le TTIC et le RACT (☎ 6232 6300), au coin de Murray St et de Patrick St, proposent également des plans de la ville.

Renseignements

Office du tourisme. Le Tasmanian Travel & Information Centre (☎ 6230 8233), situé à l'angle de Davey St et d'Elizabeth St, est ouvert de 8h30 à 17h15 en semaine et de 9h à 16h le week-end et les jours fériés.

Argent. Les banques, dont la plupart disposent de distributeurs, sont ouvertes du lundi au jeudi de 9h30 à 16h et jusqu'à 17h le vendredi. Vous trouverez également des distributeurs à Waterman's Dock, sur Salamanca Place et à Antarctic Adventure, sur Salamanca Square.

Poste et télécommunications. La poste principale, à l'angle d'Elizabeth St et de Macquarie St, est ouverte en semaine de 8h à 17h45. Le bureau de poste de Sandy Bay, dans King St en face du supermarché Purity, vous accueille de 9h à 17h en semaine et de 9h30 à 13h le samedi.

La State Library (☎ 6233 7529), 91 Murray St, le Drifters Internet Cafe dans The Galleria, 33 Salamanca Place, Southern

Circuit pédestre dans Hobart

Tournez à droite et marchez jusqu'à **St David's Park**, à l'origine le cimetière de Hobart Town qui, s'étant considérablement étendu, a fini par devenir gênant et a été transformé en parc en 1926. Le capitaine James Kelly et le lieutenant-gouverneur David Collins y sont enterrés. Les pierres tombales déplacées sont aujourd'hui insérées dans des murs de soutènement au fond du parc, derrière le tribunal.

De l'autre côté de Salamanca Place se dresse la **Parliament House** (1835), conçue au départ pour abriter la douane et transformée en Parlement en 1856. Traversez les jardins bien entretenus de Parliament Square, devant l'édifice, jusqu'au **Waterman's Dock**. De là, vous pouvez gagner **Sullivans Cove**, sur le front de mer.

Juste après le dock sont installés les terminaux des ferries et des bateaux de croisière. La grande jetée, **Elizabeth St Pier**, accueille désormais des restaurants et des hôtels de luxe.

Empruntez la passerelle qui enjambe l'accès à **Constitution Dock**, un endroit particulièrement animé à l'arrivée de la célèbre course de voiliers entre Sydney et Hobart, vers la fin de l'année, et lors de la Royal Hobart Regatta, en février.

Amarrées en bordure nord-est du dock, quelques **péniches** vendent des fish and chips bon marché. Derrière, le **Mures Fish Centre (Upper and Lower Deck)** compte parmi les institutions gastronomiques de la ville. Les bateaux de pêche s'amarrent pour la plupart dans **Victoria Dock** avec, en arrière-plan, les entrepôts (1836) de **Hunter St** (lesquels abritent notamment l'University of Tasmania's Centre for the Arts et la Plimsoll Gallery, ouverte tous les jours de 12h à 17h), qui confèrent à l'ensemble une allure de carte postale. Parmi ces bâtiments figure également l'ancienne fabrique de confitures IXL. L'histoire de cette partie des docks est illustrée par des panneaux sur l'allée piétonnière de Hunter St, le long de Victoria Dock, et à l'extrémité nord-ouest de la rue, à l'angle de Davey St. En surplombant le site, vous apprendrez comment l'ancien quartier chaud de Wapping fut dévasté par un tragique incendie.

Vous pouvez également tester la production de la **Tasmania Distillery**, dans le complexe de Gasworks, à 150 m au nord de Hunter St, le long de Davey St.

Depuis l'angle de Hunter St et de Davey St, en longeant les docks, il est aisé de regagner Salamanca Place, ou Elizabeth St et le Mall.

Internet Services, situé au rez-de-chaussée du Marine Board Building, 1 Franklin Wharf, ainsi que Trumpnet, 117 Harrington St (☎ 1300 361 220) et certains hôtels disposent d'un accès Internet.

Librairies. Si vous êtes à la recherche de bons livres, de guides de voyages et d'ouvrages sur la Tasmanie en général, rendez-vous à Fullers, 140 Collins St, à Hobart Book Shop, 22 Salamanca Square, ou à Sandy Bay Newsagency & Bookshop, 197 Sandy Bay Rd. Le Tasmanian Map Centre, 96 Elizabeth St, se spécialise dans les guides de voyages.

Services médicaux. Le Travellers Medical & Vaccination Centre (☎ 6223 7577, fax 6224 8077) se trouve au 270 Sandy Bay Rd, à Sandy Bay.

En cas d'urgence. Le Royal Hobart Hospital peut être contacté au ☎ 6222 8308 et la police au ☎ 6230 2111. Pour les incendies, les accidents et autres urgences, composez le ☎ 000.

Organismes utiles. En Tasmanie, l'antenne de la YHA (☎ 6234 9617), 28 Criterion St, ouvre du lundi au vendredi, de 9h à 17h.

Le siège de la Wilderness Society (☎ 6234 9366) se trouve 130 Davey St, et sa boutique, dans The Galleria, sur Salamanca Place. La boutique du National Trust est installée dans la même galerie marchande.

LE CENTRE DE HOBART

Salamanca Place

La superbe rangée d'entrepôts en grès de Salamanca Place, en face du port, est un des plus beaux exemples d'architecture coloniale australienne. Ce fut, à l'époque de la chasse à la baleine dans les années 1830, le centre de l'activité commerciale de Hobart Town. Réaménagés avec goût, les bâtiments abritent aujourd'hui des galeries, des restaurants, des boîtes de nuit et toutes sortes de commerces. Tous les samedis matin, un **marché**, très fréquenté, se tient sur Salamanca Place.

Battery Point

Derrière le Princes Wharf se trouve le cœur historique de Hobart, l'ancien quartier du port connu sous le nom de Battery Point. Son nom provient de la batterie de canons installée sur le promontoire près du corps de garde, construit en 1818. A l'époque coloniale, ce quartier était un village maritime extrêmement pittoresque.

Ne manquez sous aucun prétexte **Arthur Circus**, une petite place gazonnée bordée d'étranges cottages, ni l'**église anglicane St George**. La brochure *Battery Point and Sul-*

LE CENTRE DE HOBART

OÙ SE LOGER

3	New Sydney Hotel
5	Brunswick Hotel
6	Alabama Hotel
7	Hotel Grand Chancellor
24	Central City Backpackers
32	Oakford on Elizabeth Pier
35	Country Comfort Hadleys Hotel
42	Customs House Hotel
56	Lenna of Hobart
64	Knowood Holiday Flat
65	Hobart Town Guesthouse
68	Prince of Wales Hotel
70	Barton Cottage
72	Colville Cottage
74	Jarem Waterfront B&B

OÙ SE RESTAURER

1	Golden Bamboo
8	Drunken Admiral
9	Montgomery's Hotel
13	Cumquat
17	Kafe Kara
21	Échoppes flottantes
22	Mures Upper Deck, Mures Lower Deck
26	Tandoor & Curry House
27	Afterword Cafe, Fullers Bookshop
30	T42°
31	A Splash of Paris
33	Rockerfeller's

36	Little Italy
37	Little Bali, Little Salama
41	Areeba! Mexican Restaurant
45	Sisco's on the Pier, Blue Skies
48	Zum Cafe
50	Retro Cafe
51	Syrup, Knopwood's Retreat, Round Midnight
52	Maldini
53	Vietnamese Kitchen
54	Foyer Espresso Bar
55	Mikaku, Panache
59	All Bar One
61	Salamanca Bakehouse
62	Toshi's Kitchen
63	Machine Laundry Cafe
67	Jackman & McRoss Bakery & Cafe
69	Da Angelo Ristorante
71	Mummy's Cafe & Restaurant

DIVERS

2	Tasmanian Map Centre
4	Commonwealth Bank et distributeur
10	Qantas
11	National Bank et distributeur
12	Paddy Pallin, Mountain Design
14	Bureau YHA de Tasmanie

15	State Library, The Allport Library & Museum of Fine Arts
16	Rent-a-Bug
18	ANZ Bank et distributeur
19	Poste principale, bureau de Metro
20	Tasmanian Museum & Art Gallery
23	Maritime Museum
25	Commonwealth Bank et distributeur
28	Bureaux du Hobart City Council
29	Travel & Information Centre
34	Brooke St Bar & Cafe
38	Village Cinema
39	Royal Tennis Court
40	Service Tasmania, Parks & Wildlife Service Information Desk, Tasmap Sales
43	Southern Internet Services
44	Wrest Point Wanderer Ferry
46	Harley Tours of Hobart
47	Irish Murphy's
49	Galleria, Drifters Internet Cafe, National Trust Shop, boutique Wilderness Society
57	Time Warp House
58	Hobart Bookshop
60	Antarctic Adventure
66	Narryna (Van Diemen's Land Folk Museum)
73	Secheron House

TASMANIE

livan's Cove Trail of Discovery est disponible au TTIC.

Au moment où nous rédigions ce guide, on envisageait de réduire la vitesse à 40 km/h dans Battery Point.

Van Diemen's Land Folk Museum

Le tout premier musée des arts et traditions populaires d'Australie est installé à Narryna, dans une jolie maison, 103 Hampden Rd à Battery Point. Cette demeure de 1836, située dans un très beau cadre, abrite une vaste et passionnante collection de vestiges des tout débuts de la colonisation de la Tasmanie.

Le musée est ouvert du mardi au vendredi de 10h30 à 17h et le week-end de 14h à 17h (5 $, 2 $ pour les enfants).

Maritime Museum of Tasmania.

Ce fascinant musée présente une vaste collection de photos, de peintures, de maquettes et de vestiges qui retrace la pittoresque histoire de la marine de Tasmanie, et plus particulièrement celle de Hobart. Au moment de la publication de ce guide, le musée devrait avoir déménagé dans le Carnegie Building, en bas d'Argyle St (près de Constitution Dock). Ouvert tous les jours de 10h à 16h30 (4 $).

Tasmanian Museum & Art Gallery

Situé 5 Argyle St (entrez par Macquarie St), ce musée englobe le plus vieil édifice de Hobart, le Commissariat Store (magasin d'intendance), construit en 1808. Dans la partie musée, vous verrez une exposition sur les Aborigènes de Tasmanie et les vestiges de l'époque coloniale, tandis que la galerie présente une collection d'art colonial tasmanien. Ouvert tous les jours de 10h à 17h (entrée gratuite). Des visites guidées également gratuites ont lieu du mercredi au dimanche à 14h30.

Cascade Brewery

Cette antique brasserie, située dans Cascade Rd près du centre-ville, est toujours en activité et produit l'une des meilleures bières du pays. Tous les jours, deux visites guidées d'une durée de 2 heures sont proposées, à 9h30 et à 13h (7,50 $) ; il est indispensable de réserver (☎ 6224 1144). La brasserie se trouve en bordure sud-ouest du centre-ville ; les bus n°43, 44, 46 et 49, qui partent de Franklin Square, du côté d'Elizabeth St, s'arrêtent juste devant (descendre à l'arrêt 17).

Bâtiments d'intérêt

La richesse du patrimoine architectural de Hobart en fait une ville exceptionnelle pour l'Australie. Parmi les quelque 90 bâtiments anciens classés par le National Trust et dans un remarquable état de conservation, 60 se trouvent dans Macquarie St et Davey St et représentent le summum de l'architecture anglaise classique de Hobart. Un excellent petit guide présentant les anciens et les nouveaux monuments, *An Architectural Guide to the City of Hobart*, est en vente au National Trust (3,20 $).

Non loin du centre-ville, le **St David's Park** renferme des tombes datant des premiers temps de la colonie. Juste en face se dresse la **Parliament House**. Le prestigieux **Theatre Royal**, 29 Campbell St, date de 1837 ; c'est le théâtre le plus ancien d'Australie.

Dans Davey St, vous pourrez découvrir l'un des trois seuls jeux de paume de l'hémisphère sud, le **royal tennis court**, qui est au programme de la visite Footsteps Walking Tour (voir la section *Circuits organisés*, plus bas dans ce chapitre). A l'angle de Brisbane St et de Campbell St se trouvent la **Penitentiary Chapel** (chapelle du pénitencier) et les **Criminal Courts** (Cour pénale). Le National Trust organise des visites quotidiennes entre 10h et 14h (6 $). Des "circuits fantômes" (10 $) sont également organisés – réservation indispensable au ☎ 0417 361 392.

Runnymede, 61 Bay Rd à New Town, est une gracieuse résidence coloniale datant du début des années 1830. Actuellement gérée par le National Trust, elle est ouverte tous les jours de 10h à 16h30 (entrée : 6 $). Pour vous y rendre, prenez les bus n°15 ou 20 à l'arrêt H du Metro City Bus Station, dans Elizabeth St, et descendez à l'arrêt Old New Town.

Autres curiosités

De nombreux musées s'offrent à vous. Premier musée public d'Australie, le **Tasmanian Transport Museum**, à Glenorchy, ouvre le week-end de 13h à 16h30. La **Lady Franklin Gallery**, Lenah Valley Rd, pratique les mêmes horaires. Le musée militaire d'**Anglesea Barracks**, dans Davey St, est ouvert le mardi de 9h à 12h30. Moorilla Estate Vineyard, 655 Main Rd à Berriedale, abrite le **Moorilla Museum of Antiquities**, qui expose un sarcophage datant de 600 av. J.-C. ; ouverture du mercredi au dimanche de 10h à 16h. Ce domaine viticole compte également un restaurant, propose des dégustations d'excellents vins et accueille parfois des concerts en plein air.

Antarctic Adventures, sur Salamanca Square, est un mélange de parc à thème et de musée scientifique ouvert tous les jours de 10h à 17h (16/8 $). Les expositions présentent de nombreuses informations écrites, mais les enfants apprécieront le planétarium et la simulation de ski de descente. Non loin, dans Salamanca Square, la **Time Warp House**, ouverte aux mêmes horaires, se targue d'être le premier centre d'attractions rétro d'Australie (8/4 $).

Juste à côté du Tasman Bridge, les **Royal Tasmanian Botanic Gardens**, petits mais captivants, accueillent gratuitement les visiteurs tous les jours à partir de 8h. Ils contiennent la plus importante collection de conifères adultes de l'hémisphère Sud. Après avoir admiré les plantes qui se trouvent à l'extérieur, vous pouvez explorer leur univers en détail grâce aux expositions interactives du Botanical Discovery Centre (6/3/12 $ l'entrée adulte/enfant/famille).

Bicyclette

Si pédaler le long de la Derwent vous tente, Derwent Bike Hire, dans le cénotaphe des Regatta Grounds, vous louera un vélo pour 7 $ l'heure. Brake Out Cycling Tours (☎ 6239 1080) organise des excursions depuis le sommet du Mt Wellington (35 $).

Kayak

Aardvark Adventures Tasmania (☎ 018 127 714) et Roaring 40°s Ocean Kayaking Company (☎ 1800 653 712) proposent des locations de kayak. En été, une activité populaire consiste à pratiquer le kayak de mer sur la Derwent au coucher du soleil.

Voile

La Derwent et le D'Entrecasteaux Channel sont des endroits idéaux pour la navigation. Si vous êtes un marin confirmé, vous pouvez louer un voilier auprès de Yachting Holidays (☎ 6224 3195, 0417 550 879). Sinon, pourquoi ne pas tenter une croisière ? Le *Prudence* (☎ 6223 4568), un navire en pin de Huon, est généralement ancré à Waterman's Dock.

Circuits organisés

Croisières. Plusieurs compagnies de bateaux de plaisance proposent des promenades dans le port ou alentour au départ de Brooke St Pier et de Franklin Wharf. L'une des plus courues est la Cadbury's Cruise, organisée par la Cruise Company (☎ 6234 9294) ; le bateau part à 10h en semaine pour un aller et retour jusqu'à l'usine Schweppes Cadbury à Claremont avec visite des lieux. La croisière dure 4 heures 30 et coûte 33 $ (16 $ pour les enfants).

Les promenades dans le port durent de 1 à 3 heures. Le MV *Cartela* (☎ 6223 1914), par exemple, offre des croisières avec déjeuner et dîner à 26 $.

Visites guidées. De septembre à mai, une promenade guidée de 2 heures (15 $) part tous les jours du TTIC à 10h. Toujours depuis le TTIC, vous pouvez effectuer une tournée des pubs historiques de Hobart (2 heures, 35 $ avec 4 boissons ou 19 $ avec 1 boisson). Départ à 17h du dimanche au

jeudi. Un circuit (7 $) le long de la Hobart Rivulet, qui se trouve au sud du quartier des affaires, dans le centre, part le jeudi à 16h des locaux du Hobart City Council, à l'angle de Davey St et d'Elizabeth St. Par ailleurs, une promenade dans le quartier de Battery Point (10 $) est organisée sur demande. Téléphonez au ☎ 6224 0996.

Excursions en bus. Tasmanian Tours & Travel/Tigerline (☎ 6231 2200, 1300 653 633) propose des excursions en bus d'une journée ou d'une demi-journée dans Hobart et ses environs. Les visites d'une demi-journée sont généralement consacrées à Richmond (35 $) ou aux sites touristiques de Hobart et au Mt Wellington (25 $). Les circuits d'une journée incluent Port Arthur (45 $), la Huon Valley (69 $) et Bruny Island (95 $). TWT (☎ 1300 300 520) organise des sorties d'une journée dans des endroits tels que le Mt Field National Park (59 $), les vignobles (85 $), la Tamar Valley (85 $) et le Freycinet National Park (59 $) mais également des visites plus longues.

Experience Tasmania (☎ 6234 3336) offre des excursions similaires dans ou au départ de Hobart, ainsi que des visites de nuit de la ville en bus, une sortie sur le Mt Wellington au lever du soleil, un circuit en tramway et une excursion combinée tramway/croisière.

Survols de la ville. Par Avion (☎ 1800 646 411) et Tasair (☎ 1800 062 900) organisent des survols de Hobart depuis l'aéroport de Cambridge, à 15 km de la ville. Par Avion facture 190 $ l'heure (jusqu'à trois personnes). Cette même compagnie propose un tour dans le Sud-Ouest sauvage à 240 $ la journée.

Excursions en moto. Harley Tours of Hobart (☎ 6224 1565) propose des circuits en side-car Harley Davidson.

Manifestations annuelles

Le Hobart Summer Festival, événement majeur de Hobart, se déroule de fin décembre à fin janvier. A l'occasion de l'arrivée de la régate Sydney-Hobart et du Nouvel An, les quais s'enveloppent d'une ambiance de fête durant une dizaine de jours. Les points forts de cette manifestation sont un réveillon, où se côtoient plaisanciers, habitants et touristes, et l'extraordinaire foire Taste of Tasmania, qui offre l'occasion de goûter aux spécialités culinaires et aux vins de l'île.

Début février, la Royal Hobart Regatta est une grande fête de la mer.

Organisé en l'honneur de la tradition de la construction navale, bien vivante en Tasmanie, l'Australian Wooden Boat Festival, qui se tient sur les quais en novembre les années paires, permet d'admirer des navires venus de toute l'Australie.

Hobart possède une culture littéraire florissante, et son Salamanca Readers' and Writers' Festival attire en août des participants de tout le pays.

Le premier Tasmanian Cultural Festival, biennal, est prévu pour 2001.

Où se loger
Le meilleur quartier est Battery Point, où les établissements, qui pratiquent malheureusement des tarifs élevés, affichent souvent complet. Les possibilités d'hébergement dans la banlieue chic de Sandy Bay sont également assez coûteuses. Sandy Bay Rd est une longue rue tortueuse, comme la banlieue elle-même, aussi serez-vous bien inspiré, avant de réserver, de vérifier la distance qui vous séparera de la ville.

De l'autre côté du centre, à l'opposé de la mer mais encore assez proche de la ville, les deux banlieues voisines de North Hobart et New Town abritent de bons B&B et des motels aux tarifs raisonnables d'où vous pourrez accéder à pied à des restaurants et des cafés animés. En bordure du centre s'étendent également West Hobart, qui offre de très belles vues de la ville de nuit, et le petit quartier pittoresque de Glebe, le long de l'espace de loisirs Domain.

Si vous êtes très exigeant sur l'hébergement et souhaitez visiter Hobart en janvier, réservez au moins neuf mois à l'avance.

Où se loger – petits budgets
Campings. A environ 3 km de la ville, le *Sandy Bay Caravan Park* (☎ 6225 1264, *1 Peel St*) demande 12 $ pour un emplacement double avec électricité, 35 $ pour une caravane fixe et 55 $ pour un bungalow. Les bus Metro n°54, 55 ou 56 vous y déposent depuis Franklin Square. A pied, il vous faudra 40 minutes de marche le long de Sandy Bay Rd. D'autres terrains de camping sont situés plus loin de la ville.

Auberges de jeunesse. En plein cœur de la ville, vous serez bien accueilli au *Central City Backpackers* (☎ 6224 2404, *138 Collins St*). Très bien équipé, cet établissement biscornu loue des lits en dortoir à 16 ou 18 $, des doubles à lits jumeaux à 20 $ par personne et des simples/doubles à 32/40 $.

Au dépôt de bus TRC, le *Transit Centre Backpackers* (☎ 6231 2400, *199 Collins St*), ouvert de 9h à 22h, offre des lits à 13 $ et une immense partie commune.

Le *New Sydney Hotel* (☎ 6234 4516, *87 Bathurst St*) facture 14 $ pour un lit, tandis que l'*Ocean Child Hotel* (☎ 6234 6730), au coin d'Argyle St et de Melville St, demande 12 $.

Dans Battery Point, la *Hobart Town Guesthouse* (☎ 6224 8331, *1 Stowell Ave*) propose des lits en dortoir à 14 $ avec petit déjeuner continental. Les simples/doubles rudimentaires avec s.d.b. commune coûtent 25/40 $, petit déjeuner compris.

L'auberge YHA de Hobart, l'*Adelphi Court* (☎ 6228 4829, *17 Stoke St, New Town*), se trouve à 2,5 km de la ville, à une distance raisonnable de l'artère animée de North Hobart, qui rassemble les restaurants et les cafés. Cette excellente auberge dispose de bonnes installations, de lits en dortoir (14 $), de chambres avec lits jumeaux et s.d.b. commune (38 $) et de chambres avec s.d.b. (42/48 $). Prenez le bus Metro n°15 à l'arrêt H d'Elizabeth St et descendez à l'arrêt 8. Tous les bus passant par l'arrêt E d'Elizabeth St vous déposent à l'arrêt 13, non loin de Stoke St. Vous pouvez également prendre le bus TRC depuis l'aéroport.

Hôtels et motels. Dans le centre, le *Brunswick Hotel* (☎ 6234 4981, *67 Liverpool St*) possède des simples/doubles à 30/50 $ avec petit déjeuner continental, tandis que l'*Alabama Hotel* (☎ 6234 3737, 72 Liverpool St) demande 28/44 $.

Hobart regorge de motels, mais les plus économiques sont généralement éloignés. Assez central, le *Marina Motel* (☎ 6228 4748, 153 Risdon Rd, Lutana) loue des chambres à partir de 39/49 $.

Où se loger – catégorie moyenne
Pensions et chambres chez l'habitant. A proximité de l'auberge YHA Adelphi Court, l'*Hillpark House* (☎ 6228 7094, 344 Park St, New Town) propose des simples/doubles à 70/90 $ avec s.d.b. et petit déjeuner à l'anglaise.

Vous trouverez non loin de la ville deux B&B de catégorie moyenne : le *Crows Nest* (☎ 6234 9853, 2 Liverpool Crescent, West Hobart), d'où vous aurez une très belle vue, demande à partir de 55/75 $; le *Wellington Lodge* (☎ 6231 0614, 7 Scott St, Glebe), quant à lui, donne sur la ville et dispose de chambres à 75/95 $.

Hôtels et motels. Si vous désirez loger près des docks, le *Customs House Hotel* (☎ 6234 6645, 1 Murray St) loue des chambres avec vue sur la mer à 50/65 $ la simple/double (70 $ la double avec s.d.b.), petit déjeuner continental compris.

Le *Prince of Wales Hotel* (☎ 6223 6355), Hampden Rd à Battery Point, possède de bonnes chambres avec s.d.b. à 60/70 $ avec petit déjeuner. Malgré un extérieur plus attrayant, le *Shipwrights Arms Hotel* (☎ 6223 5551, 29 Trumpeter St, Battery Point) propose des chambres (40/60 $ avec s.d.b. commune) de qualité inférieure.

Du côté de Sandy Bay qui borde la ville, le *Dr Syntax Hotel* (☎ 6223 6258, 139 Sandy Bay Rd) vous logera dans de vastes chambres avec s.d.b. à 43/59 $ (petit déjeuner en sus). Battery Point compte deux bons motels accessibles à pied depuis la ville et les docks : le *Blue Hills* (☎ 6223 1777, 96A Sandy Bay Rd) et le *St Ives Motel* (☎ 6224 1044, 86 Sandy Bay Rd), où la nuitée coûte environ 90 $ dans une double.

A quelques minutes de marche du centre-ville, le *Mayfair Motel* (☎ 6231 1188, 17 Cavell St, West Hobart) est un agréable motel de banlieue où les simples/doubles débutent à 80/95 $.

Non loin de l'auberge de jeunesse Adelphi Court, le *Hobart Tower Motel* (☎ 6228 0166, 300 Park St, New Town) dispose de chambres au prix attractif (65/69 $) mais envahies par le bruit de l'avenue voisine.

Appartements. Hobart compte un certain nombre de locations meublées avec cuisine équipée. Le *Knopwood Holiday Flat* (☎ 6223 2290, 6 Knopwood St, Battery Point) est un appartement à trois chambres en étage donnant sur Salamanca Place. Vous paierez 70 $ la double et 20 $ par personne supplémentaire. Malgré la vue gâchée par les nouveaux bâtiments élevés ces dernières années, sa situation et son jardin restent des atouts majeurs. Un peu plus loin des docks, le *Crelin Lodge* (☎ 6223 1777, 1 Crelin St, Battery Point) facture 80 $ la double.

Où se loger – catégorie supérieure
Pensions et chambres chez l'habitant. Construit en 1837, le *Barton Cottage* (☎ 6224 1606, 72 Hampden Rd) est un B&B dont les simples/doubles valent 95/110 $. Toujours dans la catégorie B&B, le *Cromwell Cottage* (☎ 6223 6734, 6 Cromwell St) date de la fin des années 1880 et facture 85/110 $, tandis que le *Colville Cottage* (☎ 6223 6968, 32 Mona St), niché dans un ravissant jardin, demande 95/115 $. Le *Jarem Waterfront B&B* (☎ 6223 8216, 8 Clarke Ave) est un établissement moderne où une simple/double avec s.d.b. coûte 95/120 $. Le menu du petit déjeuner change régulièrement.

A North Hobart, le *Lodge on Elizabeth* (☎ 6231 3830, 249 Elizabeth St) est un vieux manoir qui offre des doubles à 115 $. Plus haut dans la rue, l'*Elms of Hobart* (☎ 6231 3277, 452 Elizabeth St), plus luxueux, vous coûtera 112/130 $.

Près du Casino, la majestueuse *Amberley House* (☎ 6225 1005, 391 Sandy Bay Rd) possède des chambres avec s.d.b. à 106/120 $, petit déjeuner non compris.

Hôtels. Le *Country Comfort Hadleys Hotel* (☎ 6223 4355, 34 Murray St) compte parmi les meilleurs hôtels à l'ancienne de Hobart. Prévoyez 105 $ pour une simple ou une double avec s.d.b.

Pour un confort au standard international, essayez l'*Hotel Grand Chancellor* (☎ *6235 4535, 1 Davey St)*, où une double vous reviendra à 220 $ en haute saison. Des réductions sont consenties si vous réservez à l'avance. Le *Wrest Point Hotel Casino* (☎ *6225 0112, 410 Sandy Bay Rd)*, à 3 km du sud du centre, propose des chambres à 100 $ dans le motel et à 218 $ dans la tour.

Le *Lenna of Hobart* (☎ *6232 3900, 20 Runnymede St, Battery Point)*, un manoir imprégné d'histoire jouissant d'un emplacement idéal, loue des doubles à partir de 140 $. Plus intime, mais aussi plus éloigné du centre, l'*Islington Private Hotel* (☎ *6623 3900, 321 Davey St, South Hobart)* dispose de chambres à 75/140 $ avec petit déjeuner.

Appartements. Deux complexes haut de gamme ont ouvert récemment leurs portes : l'*Old Woolstore* (☎ *6235 5355, 1 Macquarie St)*, qui a conservé la façade du bâtiment de Sullivans Cove d'origine, et l'*Oakford on Elizabeth Pier* (☎ *6220 6600)*, situé tout à l'extrémité d'Elizabeth Pier. Tous deux offrent un hébergement moderne et de haute qualité (de 130 à 160 $ la double).

Où se restaurer

La *Tandoor & Curry House* (☎ *6234 6905, 101 Harrington St)* prépare certains des meilleurs currys indiens de la ville.

Elizabeth St, dans North Hobart, est réputée pour ses établissements étrangers d'un bon rapport qualité/prix. Au n°321, le restaurant turc *Anatolia* vous permet d'apporter votre boisson. Plus bas dans la rue, *La Porchetta*, qui appartient à la chaîne de restaurants de Melbourne, sert des pizzas et des pâtes. Toujours côté italien, essayez la *Trattoria Casablanca*, au n°213, ou *Concetta's*, au n°340. *Vanidol's*, au n°353, propose du mardi au dimanche un menu où se côtoient des plats thaïs, indiens et indonésiens ; vous pouvez y apporter votre boisson. Au n°369, un autre restaurant asiatique, *Dede*, concocte de délicieuses boulettes de riz à 5 $ et des plats allant de 10 à 15 $.

Toujours dans Elizabeth St, *Mit Zitrone* (☎ *6234 8113)* est sans doute l'adresse la plus branchée de la ville. Ses entrées et ses gâteaux méritent largement leur réputation (nous vous recommandons vivement les œufs cuits deux fois).

Dans la banlieue, *Le Provencal* (☎ *6224 2526, 417 Macquarie St, South Hobart)* sert une excellente et solide cuisine française provinciale et de nombreux couscous (17 $). Sur l'Elizabeth St Pier, *A Splash of Paris* (☎ *6224 2200)* se distingue par sa bonne cuisine et sa magnifique vue sur la mer, mais peut être bruyant aux heures d'affluence.

Salamanca Place comprend comme il se doit quelques établissements chic. *Maldini* prépare des spécialités italiennes, tandis que *Panache*, café-restaurant autorisé à vendre de l'alcool, possède une terrasse près des parois rocheuses. Pour déguster des plats japonais, essayez le *Mikaku*, au n°85, lui aussi doté d'une licence. Non loin, vous vous attablerez dans une ambiance détendue au *Syrup* (☎ *6224 8249)*, au-dessus de Knopwood's Retreat, au *Blue Skies* (☎ *6224 3747, Murray St Pier)* ou au *Rockerfeller's* (☎ *6234 3490, 11 Morrison St)*.

Derrière le Customs House Hotel, le bar-restaurant *Areeba!* (7 Despard St) propose une cuisine tex-mex originale qui contraste avec celle des établissements mexicains habituels.

Dans Hampden Rd, Battery Point, le très animé *Da Angelo Ristorante* (☎ *6223 7011)* sert des pâtes et des pizzas à 10 $. Arrivez tôt ou réservez, car il affiche souvent complet.

Dans le Mures Fish Centre, sur Victoria Dock, l'*Upper Deck*, avec licence, offre une vue spectaculaire sur le port et d'excellents fruits de mer. Plus loin, sur Murray St Pier, *Sisco's on the Pier* prépare des fruits de mer selon des recettes d'inspiration méditerranéenne moderne. Également sur le front de mer, le *Drunken Admiral (17 Hunter St)* vous accueille tous les soirs dans une ambiance fantastique. Doté d'une licence, il sert d'excellents fruits de mer.

Les délicieux fruits de mer du *Prosser's on the Beach* (☎ *6225 2276, Beach Road, Lower Sandy Bay)*, servis dans un cadre simple et attrayant donnant sur la mer, valent largement le trajet en taxi depuis la ville.

Si vous êtes amateur de cuisine chinoise, essayez le *Flourishing Court* (☎ 6223 2559, 252 Macquarie St), le *Golden Bamboo* (☎ 6234 2282, 116 Elizabeth St) ou l'*Asian Restaurant* (☎ 6225 1718, 410 Sandy Bay Rd), à Wrest Point.

Pubs. Dans la ville, le *Brunswick Hotel* (67 Liverpool St) sert des repas à 4 $. Le *New Sydney* (87 Bathurst St) est réputé pour ses plats copieux et bon marché, tandis qu'au *Montgomery's* (87 Macquarie St), vous pourrez vous sustenter au bar pour 9 ou 10 $ ou prendre un en-cas à 4,50 $. Au *Customs House Hotel* (1 Murray St) les excellents repas servis au bar n'excèdent pas 10 $. L'hôtel comprend également un restaurant renommé avec des menus enfants. A North Hobart, allez au *Republic Bar* (299 Elizabeth St). A Battery Point, le *Prince of Wales* et le *Shipwright's Arms* (29 Trumpeter St) servent une bonne cuisine.

Cafés. Dans le centre-ville se tient le *Kafe Kara* (119 Liverpool St), un café chic et doté d'une licence, ouvert de 8h à 15h en semaine et de 9h à 15h le samedi. Autre très bonne adresse juste au coin, le *Cumquat* (10 Criterion St) ouvre à 9h du lundi au vendredi et ferme après le départ des derniers dîneurs.

Situé dans la Fullers Bookshop, à l'étage, l'*Afterworld Cafe (140 Collins St)*, ouvert de 9h à 17h du lundi au samedi et de 10h à 16h le dimanche, est l'un des rares cafés agréables ouverts dans le centre le dimanche.

Légèrement à l'ouest du centre, le *Zanskar's (93 Barrack St)* est un établissement original, économique et très prisé, où l'on peut se détendre en dégustant un repas végétarien tout en faisant son courrier ou une partie de scrabble. Il accueille les clients tous les jours de 10h à 21h.

T-42° est un café et un bar à vins populaire servant des repas appétissants à des prix raisonnables.

Le *Retro Cafe*, sur Salamanca Place (ouvert tous les jours de 8h à 18h), est sans conteste le grand café de Hobart, avec ses plats copieux, son ambiance animée et sa décoration éclatante. En allant vers la Parliament House, le *Zum Cafe*, tout aussi fréquenté mais relativement calme, propose un menu plus intéressant. Dans l'autre direction (vers les silos), le *Maldini* sert des cafés et des gâteaux délicieux. Un peu plus loin, le Salamanca Arts Centre abrite le *Foyer*, où vous pourrez siroter un espresso. Le Retro, le Zum et le Maldini disposent tous trois d'une terrasse. Non loin, la *Vietnamese Kitchen* prépare une cuisine asiatique bon marché.

Derrière Salamanca Place, accolé à une fontaine sur une agréable petite place ensoleillée où l'on peut s'attabler en plein air, le vaste *All Bar One* est un bar à vins, doté d'un coin café, qui propose d'excellentes pizzas cuites au four. De l'autre côté de la place, la boulangerie *Salamanca Bakehouse* n'offre rien d'extraordinaire mais présente l'avantage d'être ouverte 24h/24. Toujours sur la place, le *Machine Laundry Cafe* vous permet de laver votre linge tout en savourant un brunch.

Si vous ressentez le besoin de faire une halte pendant votre visite de Battery Point, allez au *Jackman & McRoss (57-59 Hampden Rd)*, un café-boulangerie au cadre rustique ouvert de 7h30 à 19h en semaine et de 7h30 à 17h le week-end. Si vous avez une petite faim tard le soir, faites quelques pas jusqu'au *Mummy's Cafe (38 Waterloo Crescent)*, ouvert tous les jours sauf le lundi. Récemment transformé en un café-restaurant moderne et animé, l'établissement n'a plus rien à voir avec le Mummy's d'autrefois.

Non loin de North Hobart, le *Kaos Cafe (273 Elizabeth St)*, ouvert de 12h à 24h en semaine, de 10h à 24h le samedi et de 10h à 22h le dimanche, jouit d'une bonne réputation.

De l'autre côté de la ville, près de la principale bibliothèque du campus de l'University of Tasmania (*via* Churchill Ave), *Lazenby's* (☎ 6226 1858) est un café lumineux (avec licence) qui sert au déjeuner et au dîner des repas chauds bon marché. Les heures d'ouverture varient en fonction des vacances scolaires et des réceptions prévues.

TASMANIE

La **Mount Nelson Signal Station Tea House** occupe une demeure historique au sommet du Mt Wellington et offre une vue imprenable sur Hobart et ses alentours. Vous pourrez y prendre votre déjeuner ou déguster un thé le matin ou l'après-midi.

Fast-foods. Sur Constitution Dock, vous ne pouvez manquer les **échoppes de fruits de mer** flottantes. Non loin, **Mures Lower Deck** vend de bons plats de poisson frit à emporter (le *blue eye* est généralement excellent) et d'autres fruits de mer.

Dans le centre-ville, le **Little Bali** *(84A Harrington St)*, le **Little Salama** (juste à côté) et le **Little Italy** *(152 Collins St)*, qui portent parfaitement leur nom, proposent eux aussi des plats à emporter.

Les amateurs de cuisine japonaise essaieront l'excellente **Toshi's Kitchen**, sur Salamanca Square, où deux sushis leur coûteront 4 $.

Pour une pizza à emporter, allez à **La Bella** *(172 Sandy Bay Rd)*, à Sandy Bay, ou à **Da Angelo Ristorante** *(47 Hampden Rd)*, à Battery Point. Dans Elizabeth St, à North Hobart, **Marti Zucco** et **Concetta's** vendent des pizzas et des pâtes à emporter.

Si vous avez besoin de vous remettre l'estomac d'aplomb à la fermeture des pubs, le **Mykonos** *(165 Sandy Bay Rd, Sandy Bay)* propose notamment des plats de poisson frit jusqu'aux petites heures du matin.

Où sortir

Dans son encart *Pulse* du jeudi, le *Mercury* mentionne la plupart des spectacles de Hobart.

Le **New Sydney Pub** *(87 Bathurst St)* propose pratiquement tous les soirs des concerts de musique d'ambiance. Des groupes se produisent du mercredi au dimanche à l'**Irish Murphy's**, un pub très fréquenté sur Salamanca Place. L'agréable **Brooke St Bar & Cafe** offre une vue sur les docks, tout comme le **Customs House Hotel**.

Round Midnight *(39 Salamanca Place)*, au-dessus du **Knopwood's Retreat**, reste ouvert jusqu'à l'aube du mardi au samedi. Le **Knopwood's Retreat** lui-même attire les foules le vendredi soir.

A l'angle de Sandy Bay Rd et de St George's Terrace, le **Club Surreal**, situé dans le St Ives Hotel, est également très en vogue.

Le **Wrest Point Hotel Casino** abrite une quantité de bars, mais aussi une discothèque.

Le **Republic Bar**, dans le centre commercial d'Elizabeth St, à North Hobart, est un pub qui sert de la bière irlandaise et présente des concerts.

Le **State Cinema** (☎ *6234 6318, 375 Elizabeth St*) programme des films d'art et d'essai et indépendants, tandis que le grand complexe **Village** (☎ *6234 7288, 181 Collins St*) propose des films grand public.

Achats

Les boutiques de souvenirs de Tasmanie regorgent d'objets en pin de Huon, une essence qui se distingue par son grain fin, sa texture huileuse et son odeur caractéristique. Les boutiques d'art et d'artisanat de Salamanca Place abritent des œuvres nées de l'imagination fertile des tourneurs, et d'autres objets en bois sont exposés au marché en plein air du samedi matin.

Comment s'y rendre

Avion. Pour tout ce qui concerne les vols depuis/vers Hobart, reportez-vous à la rubrique *Comment s'y rendre* au début de ce chapitre. Qantas (☎ 13 1313) possède un bureau dans le centre commercial d'Elizabeth St.

Bus. Les principales compagnies de bus opérant à partir de Hobart sont TRC (☎ 1300 360 000) et TWT (☎ 1300 300 520), toutes deux situées dans le Transit Centre, 199 Collins St. Pour plus d'informations sur leurs prestations, consultez la rubrique *Comment circuler* au début de ce chapitre.

Voiture. Il existe de très nombreuses agences de location de voitures à Hobart. Parmi les moins chères figurent Rent-a-Bug (☎ 6231 0300), 105 Murray St, et Selective Cars Rentals (☎ 6234 3311), 132 Argyle St.

En stop. Pour faire du stop en direction du nord, prenez un bus Bridgewater ou Brighton en face de la poste principale, dans Elizabeth St. Pour partir en stop le long de la côte est, empruntez un bus jusqu'à Sorell.

Comment circuler

Desserte de l'aéroport. L'aéroport se trouve dans la périphérie est de Hobart, à 26 km du centre-ville. TRC propose un service de navette centre-ville-aéroport, *via* l'auberge de jeunesse Adelphi Court et certains autres hôtels à la demande (7 $). La course en taxi se monte à environ 23 $.

Bus. Le service de bus locaux est géré par Metro. La principale agence (☎ 13 2201) se trouve 9 Elizabeth St, à l'intérieur de la poste principale. La plupart des bus partent de cet endroit, connu sous le nom de Metro City Bus Station, ou des abords de Franklin Square, tout proche. Si vous avez l'intention de circuler en bus dans Hobart, procurez-vous l'indicateur fort utile de Metro (1 $). Un billet Day Rover (3,10 $) vous permet de circuler toute la journée le week-end, et entre 9h et 16h30 ou après 18h en semaine.

Taxi. Pour vous déplacer en taxi, appelez Taxi Combined Services au ☎ 13 2227, City Cabs au ☎ 13 1008 ou Arrow Taxis au ☎ 13 2211.

Bicyclette. L'auberge de jeunesse Adelphi Court (☎ 6228 4829) loue des vélos à 20 $ la journée, tout comme Brake Out (☎ 6239 1080). Derwent Bike Hire (☎ 0419 008 357) demande pour sa part 100 $ par semaine. Jim's Car Rentals (☎ 6236 9779) propose également des bicyclettes à louer, à 15 $ la journée.

Bateau. Le *Wrest Point Wanderer* (☎ 6223 1914) assure un service de ferry qui part du débarcadère de Brooke Street, tous les jours à 90 minutes d'intervalle entre 10h30 et 15h, et s'arrête aux Botanical Gardens (2,50 $), à Bellerive (5 $), Wrest Point Casino (7,50 $) et Battery Point (9,50 $). Pour 12 $ l'aller-retour, vous pouvez faire autant d'escales que vous le souhaitez. Le même bateau assure le Bellerive Ferry Service, essentiellement utilisé par les habitants de Hobart pour se rendre au travail.

La Southern Shipping Company (☎ 6356 1753) transporte des voitures et des passagers en ferry entre Bridport, dans le nord-est, et Flinders Island. Le service est parfois assuré jusqu'à Port Welshpool, dans le Victoria.

Antarctique. Au moment de la rédaction de ce guide, l'Australian Shipping Company envisageait de proposer trois croisières annuelles en Antarctique au départ de Hobart. Renseignez-vous auprès du TTIC.

Les environs de Hobart

Comment s'y rendre et circuler

Metro (☎ 13 2201) assure un service régulier vers Taroona, Kingston et Blackmans Bay, New Norfolk (4,30 $) et Richmond (6 $). Différentes agences organisent également des excursions à Richmond (voir la rubrique *Comment s'y rendre* de *Richmond*, plus loin dans ce chapitre). TWT (☎ 1300 300 520) dessert quotidiennement le Mt Field National Park depuis Hobart en été (de décembre à mars, 25 $ l'aller simple) et propose également des circuits d'une journée.

TAROONA

A 10 km de Hobart, sur la Channel Highway, s'élève la **Shot Tower** de Taroona, achevée en 1870. Du sommet de cette tour, haute de 48 m, on jouit d'une vue superbe sur l'estuaire de la Derwent. La Shot Tower servait jadis, comme d'autres, à fabriquer des balles de plomb : le plomb en fusion que l'on faisait tomber du sommet formait une sphère parfaite. Surveillez bien vos enfants, car la rambarde de l'escalier est très basse.

La tour, le petit musée, la boutique d'artisanat et le joli site alentour sont ouverts tous les jours de 9h à 17h (4 $, 2 $ pour les enfants). Le salon de thé affiche un thé *convictshire* ("du bagnard"). Pour vous y rendre, empruntez le bus n°60 à Franklin Square, près d'Elizabeth St, et descendez à l'arrêt 45.

De Taroona Beach, vous pouvez rejoindre Kingston Beach à pied par un sentier qui longe la côte sur 4,5 km environ, l'**Alum Cliffs Track** ; par endroits, il passe près des falaises et offre de belles perspectives sur la Derwent.

KINGSTON
• code postal 7050 • 14 000 habitants

Située à 11 km au sud de Hobart, Kingston est le siège de la **Commonwealth Antarctic Division**. Le centre est ouvert en semaine de 9h à 17h et propose une belle exposition (entrée gratuite).

Très fréquentée par les nageurs et les plaisanciers, **Kingston Beach** s'étire sur une longue bande de sable fin en forme d'arc, flanquée à chaque extrémité de jolies falaises boisées. Derrière le club-house, à l'extrémité sud, se trouve le départ d'une courte promenade très agréable jusqu'à une plage bien plus petite et isolée, **Boronia**, où les rochers forment une profonde piscine naturelle. Un peu plus au sud par la route, vous atteindrez **Blackmans Bay**, dont la falaise est creusée d'un évent, et la jolie petite plage de **Tinderbox**, où se pratique la plongée de surface le long d'un sentier sous-marin jalonné de panneaux explicatifs.

Où se loger et se restaurer
Face à Kingston Beach, vous pouvez loger dans des chambres banales de type motel au *Beachside Hotel* (☎ *6229 6185*), au coin de Beach Rd et d'Osborne Esplanade, pour 45/55 $ la simple/double. La *Tranquilla Guesthouse* (☎ *6229 6282, 30 Osborne Esplanade*) propose des chambres à 45/79 $, tandis qu'*On the Beach* (☎ *6229 3096, 38 Osborne Esplanade*) possède un logement tout équipé à 80 $ la double.

Bien que situé dans Beach Rd et non sur le bord de mer, l'*Echo Cafe* est l'endroit idéal pour prendre une boisson ou un repas entre deux baignades ou deux promenades le long de l'esplanade. Non loin, vous pouvez déguster un curry au *Goa Curry* (ouvert du mardi au dimanche de 17h à 21h), où le poulet vert thaï (9 $) est raisonnablement épicé.

NEW NORFOLK
• code postal 7140 • 5 300 habitants
Située dans la campagne verte et vallonnée de la Derwent Valley, New Norfolk est une intéressante petite ville historique. Fondée en 1803, elle devint un important centre de culture du houblon, comme en témoignent encore les anciens séchoirs présents un peu partout. Remarquez aussi les rangées de hauts peupliers plantés pour abriter les récoltes. D'abord nommée Elizabeth Town, la localité fut rebaptisée New Norfolk après l'arrivée, dès 1807, de colons venus de l'île de Norfolk dans l'océan Pacifique.

A voir et à faire
L'*Oast House* (séchoir à houblon), dans Hobart Rd, abrite un des rares musées consacrés à l'histoire de la culture du houblon et de son utilisation, un salon de thé et une galerie d'art. Elle est ouverte du mercredi au dimanche de 9h30 à 18h (3,50 $).

Édifiée en 1823, l'**église anglicane St Matthew** est la seule de cet époque à être encore debout. Quant à la **Bush Inn**, ce serait le plus ancien hôtel d'Australie à avoir toujours bénéficié d'une licence. L'**Old Colony Inn**, 21 Montagu St, est un merveilleux musée exposant du mobilier et d'autres objets coloniaux ; il comporte un salon de thé où vous pouvez vous restaurer légèrement avec de délicieuses préparations maison. Ouverture de 9h à 17h (entrée 1 $, gratuite pour les enfants).

Pour 44 $ (enfants 22 $), vous pouvez participer à une **sortie en jet-boat** de 30 minutes sur les rapides de la Derwent. Réservez au bureau de Devil Jet (☎ *6261 3460*), derrière le Bush Inn.

Les premières truites de rivière et les truites arc-en-ciel de l'hémisphère Sud ont été élevées dans les **Salmon ponds** de Plenty, à 9 km à l'ouest de New Norfolk. Les bassins, le musée et le restaurant, dans Salmon Ponds Rd, sont ouverts tous les jours (5/3 $).

Où se loger
A 1,5 km au nord de l'agglomération, le *New Norfolk Caravan Park* (☎ *6261 1268*), sur l'Esplanade, propose des emplacements de camping à 8 $, des caravanes à 30 $ et des bungalows à 40 $. C'est un bon endroit pour pêcher dans la rivière.

La *Bush Inn* (☎ *6261 2011, 21 Montagu St)* dispose de simples/doubles banales à partir de 28/48 $, petit déjeuner compris.

MT FIELD NATIONAL PARK
Situé à seulement 80 km de Hobart, Mt Field est l'un des plus anciens parcs nationaux d'Australie puisque sa création date de 1916. Ce parc est renommé pour ses magnifiques paysages de montagne, sa lande alpine, sa dense forêt humide, ses lacs, la richesse de sa faune et de sa flore et ses spectaculaires chutes d'eau. C'est l'endroit idéal pour observer la faune nocturne – même sur le terrain de camping, on peut apercevoir plusieurs espèces de mammifères (avec une lampe torche !). Les magnifiques **Russell Falls**, hautes dc 40 m, sont à un quart d'heure de marche (par un chemin accessible aux fauteuils roulants). Des promenades faciles conduisent à Lady Barron, Horseshoe et Marriott Falls, mais il existe d'autres randonnées bien plus longues, l'une des plus belles étant la Tarn Shelf. Lorsque l'enneigement est satisfaisant, on peut faire du ski de fond ou de descente sur le **Mt Mawson**.

Où se loger
Les *Lake Dobson Cabins*, à 15 km à l'intérieur du parc, sont trois bungalows spartiates de six couchettes chacun (20 $ la double) ; réservez au bureau des rangers (☎ 6288 1149). Juste à l'entrée du parc, un terrain de camping en autoréservation offre des emplacements de tente sans/avec électricité à 5/7 $ par personne. Un permis d'entrée dans le parc est demandé.

Le *National Park Youth Hostel (☎ 6288 1369)*, 200 m après la bifurcation vers le parc sur la Lake Dobson Highway, demande 13/16 $ la nuit pour les membres/ non-membres. A proximité, les *Russell Falls Holiday Cottages (☎ 6288 1198)*, sur la même route, possèdent quatre cottages d'une à deux chambres, entièrement équipés, à 50 $ la double.

RICHMOND
• code postal 7025 • 760 habitants
Sise exactement à 24 km de Hobart, la première ville historique de Tasmanie compte plus d'une cinquantaine d'édifices du XIXᵉ siècle. A cheval sur la Coal River, sur l'ancienne route reliant Hobart à Port Arthur, Richmond était une place militaire stratégique et constituait une étape pour les forçats.

A voir et à faire
Le **Richmond Bridge**, édifié par les bagnards en 1823, est le plus ancien pont routier d'Australie.

L'aile nord de **Richmond Gaol**, construite en 1825, cinq ans avant la création du pénitencier de Port Arthur, est le mieux conservé des bagnes d'Australie (ouvert tous les jours de 9h à 17h ; entrée 4/1,50 $).

L'**église St John** (1836), la plus ancienne église catholique d'Australie, l'**église anglicane St Luke** (1834), le **tribunal** (1825), la **Bridge Inn** (1817) et le **Richmond Arms Hotel** (1888) figurent parmi les édifices intéressants de la ville. On peut aussi voir une reproduction en miniature de Hobart Town telle qu'elle était vers 1820 (ouverture tous les jours de 9h à 17h ; 6/3,50 $).

La *Lark Distillery* est une distillerie en activité ouverte tous les jours de 10h à 17h. Elle produit du whisky pur malt et d'autres alcools fabriqués à partir d'ingrédients purement australiens.

Où se loger
Le *Richmond Cabin & Tourist Park* (☎ *6260 2192)*, Middle Tea Tree Rd, propose des emplacements doubles à 12 $, des caravanes à 32 $ et des bungalows à 48 $.

La *Richmond Country Guesthouse (☎ 6260 4238)*, installée dans une jolie propriété campagnarde de Prossers Rd, à 4 km au nord de la ville, reste le plus abordable des B&B (simples/doubles à 45/70 $), et vous vous y sentirez comme chez vous.

Spacieux et agréable, le *Red Brier Cottage (☎ 6260 2349, 15 Bridge Rd)* manque cependant un peu de cachet. La double y coûte 116 $.

La *Prospect House (☎ 6260 2207)* occupe un sompteux manoir géorgien juste à l'extérieur de la ville, sur la route de Hobart. Comptez 122/144 $. Non loin, les *Daisy Bank Cottages (☎ 6260 2390)* disposent de deux très jolis logements dans une ancienne grange en grès, à 110 ou 130 $ la double.

Comment s'y rendre

Si vous disposez d'une voiture, vous pouvez envisager une sortie d'une journée au départ de Hobart. A défaut, Tasmanian Tours & Travel/Tigerline (☎ 6231 2200, 1300 653 633) organise des circuits en bus presque tous les jours. Les bus Metro (☎ 13 2201) desservent régulièrement Richmond en semaine (6 $) et parfois le week-end en été.

La côte sud-est

Au sud de Hobart se trouvent les superbes régions de vergers et de bois de la péninsule de Huon, du D'Entrecasteaux Channel et de Port Esperance, ainsi que la belle Bruny Island et le Hartz Mountains National Park. Autrefois spécialisée dans la culture des pommiers, la région s'est maintenant diversifiée ; elle produit d'autres fruits, du vin, du saumon de l'Atlantique et pourvoit aux besoins d'une industrie touristique en pleine croissance. Grâce à l'abondance de produits frais locaux, certains hôtels proposent une cuisine somptueuse.

Vers la fin février et courant mars, la région embauche des cueilleurs, mais la concurrence est rude.

Circuits organisés

Bottom Bits Bus (☎ 1800 777 103) propose une excursion de trois jours dans toute la région pour 175 $ tout compris. TWT organise un circuit d'une demi-journée dans les Hastings Caves (59 $).

Comment s'y rendre et comment circuler

Bus. La région au sud de Hobart se compose de deux zones distinctes : la péninsule, qui comprend Kettering et Cygnet, et la bande côtière, longée par la Huon Highway entre Huonville et Cockle Creek.

Metro (☎ 13 2201) assure plusieurs liaisons quotidiennes en semaine entre Hobart et Kettering (5,40 $). Du lundi au vendredi,

un bus part de Hobart vers Snug, puis vers Cygnet en passant par l'intérieur des terres.

Au départ de Hobart, TWT (☎ 1300 300 520) dessert Dover (12,50 $) *via* Huonville (6,30 $), Franklin (7,50 $) et Geeveston (9,40 $).

Les mardi, jeudi et samedi de décembre à mars, des bus TWT suivent la Huon Highway depuis Hobart jusqu'à Cockle Creek (45 $) en passant par Huonville, Geeveston et Dover.

Aucun transport public régulier n'assure la liaison entre Geeveston et les Hartz Mountains.

Voiture. L'autoroute entre Hobart et Woodbridge offre de magnifiques panoramas, en particulier lorsque le soleil fait ressortir le contraste entre le vert luxuriant des pâturages et le bleu profond de la mer. Si vous vous rendez ensuite à Cygnet en empruntant la route reliant Woodbridge à Gardners Bay, vous bénéficierez également de vues à couper le souffle des deux côtés de la crête.

Plus loin au sud, certains tronçons de la route qui longe la côte entre Surges Bay et Dover en passant par Police Point ne sont pas bitumés, mais ne vous laissez pas rebuter, car la route est en bon état et la vue spectaculaire. Les 19 km de route entre Lune River et Cockle Creek ont été recouverts de gros gravillons susceptibles d'endommager les vieilles voitures. Vérifiez vos pneus avant de partir et assurez-vous que votre roue de secours est en bon état.

KETTERING
• code postal 7155 • 300 habitants

Le petit port de Kettering, niché dans une baie abritée à 34 km au sud de Hobart, est le terminus du car-ferry reliant Bruny Island. Non loin, un chemin part du petit bourg de **Snug** et mène aux Snug Falls (1 heure aller-retour).

La Roaring 40s Ocean Kayaking Company (☎ 1800 653 712) occupe le même bâtiment que le Visitors Centre, près de l'embarcadère des ferries. Cette société propose différentes sorties en kayak, notamment le soir et le week-end.

L'excellent Bruny D'Entrecasteaux Visitor Centre (☎ 6267 4494) est implanté dans le terminal des ferries pour Bruny Island. Il vend les billets de ferry et fournit des informations à jour sur l'hébergement et les services disponibles dans l'île. Il abrite également un **café**, doté d'une licence et très agréable malgré son aspect un peu terne.

BRUNY ISLAND
• 550 habitants

Bruny Island est en réalité formée de deux îles reliées entre elles par un isthme où nichent des puffins et d'autres oiseaux aquatiques. Merveilleusement tranquille et belle, cette île peu peuplée est réputée pour la richesse de sa faune, notamment des manchots pygmées et de nombreuses espèces de reptiles. La côte, magnifique, est bordée de jolies plages propices au surf ou à la baignade. Les pêcheurs trouveront leur bonheur tant en mer qu'en eau douce. Des chemins de randonnées balisés sillonnent l'extraordinaire **South Bruny National Park**.

L'île, repérée par Abel Tasman en 1642, puis visitée par Furneaux, Cook, Bligh et Cox

LA CÔTE SUD-EST

entre 1770 et 1790, fut baptisée d'après le nom du contre-amiral Antoine de Bruny, chevalier d'Entrecasteaux, qui explora la région en 1792 et en fit le relevé topographique.

Le tourisme joue maintenant un rôle important, mais mesuré, dans l'économie de l'île. Il n'existe pas de grands hôtels, seulement de charmants cottages et des pensions. S'il est possible d'acheter des provisions à Adventure Bay, South Bruny, et dans quelques petites boutiques d'autres localités, mieux vaut prévoir le nécessaire avant d'embarquer sur le ferry. Il est également recommandé de réserver votre hébergement, car les gérants vivent rarement à proximité des cottages qu'ils louent. Le Bruny D'Entrecasteaux Visitors Centre, à Kettering, centralise les réservations. Une voiture ou une moto sont nécessaires pour circuler dans l'île, à moins d'emprunter le bus postal ; il circule tous les jours (voir *Comment s'y rendre et comment circuler*, ci-après).

Le **Bligh Museum of Pacific Exploration**, situé à Adventure Bay, South Bruny, évoque l'histoire de l'île (4/2 $). A South Bruny, le **phare**, qui date de 1836, est le deuxième du pays par l'ancienneté.

Où se loger et se restaurer

Adventure Bay, à l'est de l'île, offre un large éventail d'hébergements possibles. Il existe néanmoins d'autres endroits où loger, dont Alonnah.

L'attrayant *Adventure Bay Holiday Village (☎ 6293 1270)* loue des emplacements à 10 $ (13 $ avec l'électricité), des bungalows rudimentaires à 45 $, des caravanes fixes à 50 $ et des bungalows tout équipés à 90 $ (tous ces prix correspondent à une double). Il prépare également des repas sur demande.

Le parc national abrite des *terrains de camping* gratuits, réservés aux détenteurs d'un billet d'entrée. Mentionnons celui situé à Jetty Beach, près du phare, au sud de l'île dans une ravissante crique bien abritée. Les autres se trouvent près de l'isthme et à Cloudy Bay.

Le *Lumeah Hostel (☎ 6293 1265)*, à Adventure Bay, offre des lits en dortoir à 14 $. Cette auberge propose des activités et

peut organiser votre transfert depuis Hobart ou Kettering.

Les cottages se louent à partir de 70 $ en double. Près d'Adventure Bay, vous trouverez le *Rosebud (☎ 6293 1325)* et le *Mavista (☎ 6293 1347)*.

Pour un séjour hors du commun, essayez *Morella Island Retreats (☎ 6293 1131)*, à l'entrée d'Adventure Bay, qui dispose de deux cottages élégants à 170 et 195 $ la double, petit déjeuner compris.

L'*Hotel Bruny* prépare des repas de style pub ; le *Penguin Tea Room*, à Adventure Bay, sert une cuisine savoureuse.

Comment s'y rendre et comment circuler

Des ferries assurent un service fréquent – pour plus de détails, composez le ☎ 6273 6725. La traversée est gratuite pour les passagers et payante pour les voitures : 18 $ l'aller-retour à l'exception des jours et des week-ends fériés (23 $). Pour une bicyclette, comptez 3 $. Deux bus par jour au moins assurent des correspondances avec le ferry et vous déposent à la gare routière sur demande.

Pour 5 $, vous pouvez emprunter le bus postal du matin qui fait le tour de l'île. Renseignez-vous au Bruny D'Entrecasteaux Visitors Centre.

CYGNET
• **code postal 7112** • **980 habitants**

Son premier nom fut "Port de Cygne Noir". Le contre-amiral Antoine d'Entrecasteaux l'appela ainsi en raison de la présence de nombreux cygnes dans la baie. Connue aujourd'hui sous le nom de Cygnet, cette bourgade est environnée de pommiers et autres arbres fruitiers, et offre d'excellentes possibilités de pêche et de randonnées, ainsi que de belles plages, en particulier au sud, à **Verona Sands**. Le Cygnet Folk Festival se tient en janvier – renseignez-vous au ☎ 6295 0280.

A proximité de Cygnet, vous pourrez visiter le **Talune Wildlife Park & Koala Garden** (7/2,50 $), le **Hartzview Vineyard**, qui propose des dégustations de vin, et l'**atelier de tournage du bois The Deepings**.

Où se loger

Sur la Channel Highway, à environ 5 km au nord du bourg, le *Huon Valley (Balfes Hill) YHA & Backpackers* (☎ 6295 1551) demande 15 $ pour un lit superposé et 18 $ dans l'un des nouveaux dortoirs avec s.d.b. La partie commune, spacieuse, offre un très beau panorama. Le gérant peut vous aider à trouver un emploi dans la cueillette des fruits et organise des excursions à la journée.

La ville compte un *terrain de camping* rudimentaire (7 $ l'emplacement double). A l'extrémité nord de l'artère principale, le *Howard's Cygnet Central Hotel* (☎ 6295 1244) propose des chambres modernes de type motel à 50 $ la double. Si vous participez à la cueillette des fruits, de nombreux hôtels de Cygnet vous loueront des chambres à la semaine pour un prix raisonnable.

La *Cygnet Guest House* (☎ 6295 0080, 89 Mary St) dispose de simples/doubles agréables à 70/79 $, petit déjeuner compris.

Hors de la bourgade, vous pouvez loger à *The Deepings* (☎ 6295 1398, Nichols Rivulet St) ou à l'*Hartzview Vineyard Homestead* (☎ 6295 1623, 70 Dillons Rd, Gardners Bay), un établissement haut de gamme très plaisant.

Où se restaurer

Dans le centre, l'*Old School House Coffee Shop* sert de bons déjeuners légers. *The Red Velvet Lounge*, charmant café situé dans la rue principale, occupe une vieille maison en planches en retrait de la route ; il prépare des plats à base d'aliments complets. A côté se tient l'*Old Bank Teashop*. A l'extrémité nord de la rue principale, le *Howard's Cygnet Central Hotel* est un établissement moderne abritant un bistrot spacieux où vous dégusterez à peu de frais les plats du jour.

GEESTON

• code postal 7116 • 800 habitants

Fondée par la famille Geeves, cette bourgade compte encore des descendants des fondateurs. C'est un centre important pour l'industrie du bois et la porte d'accès au Hartz Mountains National Park.

Le principal attrait de la localité est l'**Esperance Forest & Heritage Centre**, dans la rue principale, où vous pourrez visiter une exposition exhaustive sur les divers aspects de la sylviculture. Il ouvre tous les jours de 9h30 à 17h, ou de 10h à 16h en basse saison (4/2,50 $ pour les enfants). Le South-West Visitor Centre (☎ 6297 1836), au personnel serviable et efficace, est installé au même endroit.

Si vous disposez d'un véhicule, dirigez-vous vers la **Tahune Forest Reserve**, après vous être procuré la carte et la brochure correspondantes au centre des visiteurs. Le parcours est émaillé de superbes points de vue, d'une agréable aire de pique-nique et de plusieurs sentiers de promenade. L'un d'eux sillonne la forêt de pins de Huon, dans la réserve, le long des berges de la Huon. En revenant sur Geeveston, prenez l'Arve Loop Rd (à sens unique) pour aller admirer le Big Tree, un immense *Eucalyptus regnans*.

HARTZ MOUNTAINS NATIONAL PARK

Ce parc national, inscrit sur la liste du Patrimoine mondial, est très fréquenté par les promeneurs du dimanche et les randonneurs d'un jour car il n'est qu'à 84 km de Hobart. Il est renommé pour ses montagnes déchiquetées, ses lacs glaciaires, ses gorges, ses landes alpines et sa dense forêt humide. De brusques variations climatiques pouvant survenir, emportez vêtements chauds et imperméable, même pour une excursion d'une journée. L'entrée du parc est au tarif habituel.

Le **Waratah Lookout**, à 24 km de Geeveston, offre un superbe point de vue sur les pics déchiquetés du Snowy Range et les Devils Backbone (la "Colonne vertébrale du Diable"). Le parc permet de belles promenades, notamment sur les chemins qui mènent au Hartz Peak (3 heures aller-retour) et au lac Osborne (40 minutes aller-retour).

DOVER

• code postal 7117 • 500 habitants

Ce pittoresque port de pêche, situé à 21 km au sud de Geeveston sur la Huon Highway, possède quelques jolies plages et sert de point de départ à d'excellentes randonnées dans le bush. Au siècle dernier, l'exportation des pins de Huon était la grande activité de Dover. C'est de là qu'étaient expédiées jusqu'en Chine, en Inde et en Allemagne les traverses taillées sur place. Si vous avez une voiture et que vous vous dirigiez vers le sud, vous avez tout intérêt à acheter votre carburant et votre ravitaillement à Dover. La South West Passage Cruising Company (☎ 6298 1062) organise des **croisières en voilier**.

Où se loger

Le **Dover Beachside Caravan Park** (☎ 6298 1301), Kent Beach Rd, dispose d'emplacements de tente (10 $), de lits superposés en dortoir (12,50 $), de caravanes fixes (30 $) et de bungalows avec s.d.b. (55 $). Au **Dover Hotel** (☎ 6298 1210), sur la Huon Highway, les simples/doubles reviennent à 40/60 $, petit déjeuner compris, et les chambres de motel sans prétention, dont l'une avec vue sur la mer, à 75 $ la double. Un grand logement baptisé "la façade" coûte 95 $ la double.

Non loin, le **Dover Bayside Lodge** (☎ 6298 1788), face à la mer, offre des chambres chez l'habitant sans prétention, avec s.d.b. (75 $ avec vue sur la mer ou 60 $ sans). L'une des chambres est accessible en fauteuil roulant.

3 Island Holiday Apartments (☎ 6298 1396), Station St, loue des appartements assez bien équipés à 65 $ la double. Bien plus moderne, **Driftwood Cottages** (☎ 6298 1441), situé face à la mer dans Bay View Rd, dispose d'appartements tout confort à 120 $. Toujours dans Bay View Rd, la **Beach House** et la **Cove House**, gérées par le même propriétaire, sont des logements tout équipés (160 $ la double).

Pour une expérience sortant de l'ordinaire, essayez le **Riseley Cottage** (☎ 6298 1630, 170 Narrows Rd, Strathblane), indiqué depuis la route au sud de Dover. Installé dans le bush sur une colline dominant la mer, il possède des simples/doubles d'un excellent rapport qualité/prix à 65/85 $ avec s.d.b. et petit déjeuner à l'anglaise.

Où se restaurer

Le **Dover Hotel** propose des spécialités locales dont la liste est indiquée sur un tableau noir.

The Gingerbread House, située dans le principal tournant en entrant dans la ville, est un agréable café-boulangerie ouvert tous les jours sauf le lundi.

HASTINGS
• code postal 7109 • 300 habitants

Aujourd'hui, la spectaculaire **Hastings Cave & Thermal Pool** (grotte de Hastings et piscine thermale) attire les visiteurs dans cette localité située à 21 km au sud de Dover. Elle dut jadis sa prospérité à l'exploitation du bois et à son embarcadère. La grotte se trouve au milieu de la végétation exubérante de la **Hastings Caves State Reserve**, à 10 km à l'intérieur des terres en quittant Hastings par un chemin bien balisé depuis la Huon Highway. Les excursions quotidiennes dans la grotte coûtent 10/5 $, y compris l'accès à la piscine thermale (tickets disponibles au kiosque). Elles commencent à 11h, 13h, 14h et 15h, avec des horaires supplémentaires entre décembre et avril.

A environ 5 km avant la grotte, une piscine est remplie chaque jour d'eau chaude par une **source thermale** (2,50/1,50 $). Un kiosque et un restaurant sont installés à proximité. Près de la piscine, la promenade sensorielle de 10 minutes, adaptée aux aveugles, mérite que l'on s'y attarde.

L'auberge de jeunesse de Lune River gère Huon Magical Mystery Tour (☎ 6298 3117), qui organise des **visites de grottes** dans la Mystery Creek Cave.

LUNE RIVER

A quelques kilomètres au sud-ouest de Hastings se trouve Lune River, site de l'auberge de jeunesse la plus australe. L'**Ida Bay Railway** quitte Lune River pour effectuer un superbe trajet sur rail de 6 km menant à une charmante plage, Deep Hole Bay. Le train part chaque dimanche à 12h, 14h et 16h (1 heure 30, 12/6 $).

Le trajet en voiture le plus méridional que l'on puisse parcourir en Australie suit la route secondaire, gravillonnée, entre Lune River et **Cockle Creek** jusqu'à la très belle **Recherche Bay**. C'est une région spectaculaire de pics montagneux et de plages sans fin, qui se prête parfaitement au camping et à la randonnée. C'est aussi le début (ou la fin) de la sportive South Coast Track qui, avec la préparation nécessaire et environ une semaine de marche, vous conduit jusqu'à Port Davey dans le Sud-Ouest.

Le *Lune River Youth Hostel* (☎ *6298 3163*) demande 12 $ la nuit. C'est une auberge de jeunesse très agréable et un point de départ formidable pour mille et une activités. Renseignez-vous auprès de la direction sur les possibilités de location de VTT ou de kayaks, de randonnées dans le bush, de pêche ou de spéléologie. N'oubliez pas d'emporter votre ravitaillement car vous ne trouverez sur place que les produits de base. Une navette de l'auberge assure la liaison avec les bus Hobart Coaches à Dover. Il est essentiel de réserver.

La péninsule de Tasman

L'Arthur Highway relie Hobart à Port Arthur, 100 km plus loin, en passant par Sorell et Copping. La péninsule est célèbre pour les ruines du pénitencier de Port Arthur, ses magnifiques falaises de 300 m de haut, ses agréables plages, ses superbes baies et ses époustouflantes randonnées dans le bush.

Le principal centre d'informations de la région est l'Eaglehawk Neck Visitor Information Centre (☎ 6250 3722), dans le restaurant et magasin Officers Mess, 443 Pirates Bay Drive.

Les environs d'Eaglehawk Neck abritent des formations géographiques stupéfiantes telles que le **Tessellated Pavement**, le **Blowhole**, la **Devils Kitchen**, la **Tasmans Arch** et **Waterfall Bay**. Au sud de Port Arthur se trouve la **Remarkable Cave**.

Le **Tasman National Park**, créé en 1999, exige désormais le versement d'un droit d'entrée pour toutes les promenades à l'exception des plus courtes. Les sentiers menant à Waterfall Bluff (1 heure 30 aller-retour), Cape Raoul (1 heure 30 jusqu'au point de vue, 5 heures jusqu'au cap) et Cape Huay (5 heures) comptent parmi les plus spectaculaires. La brochure *Tasman Tracks*,

disponible en librairie et dans les magasins d'équipement de randonnée, donne des indications détaillées.

Vous pourrez également visiter les ruines des **établissements pénitentiaires** à Koonya, Premaydena et Saltwater River, ainsi que celles des **mines de charbon** jadis si redoutées. Le **Tasmanian Devil Park**, à Taranna, est ouvert tous les jours (11/5,50 $). Le **Bush Mill**, sur l'Arthur Highway, expose un train à vapeur et une colonie de pionniers (14/6 $).

Circuits organisés

Le Seaview Lodge (☎/fax 6250 2766) propose tous les soirs des excursions à la lueur des lanternes (20 $) dans les mines de charbon et les cellules souterraines de Saltwater River, incluant l'observation de la faune et des jeux de rôle.

Où se loger

Le plus grand terrain de camping se trouve à *Fortescue Bay* (☎ *6250 2433*), un endroit charmant à 12 km de l'autoroute. Vous trouverez également des emplacements sommaires sur la jolie *Lime Bay*, à Saltwater River, juste après le site historique des mines de charbon. Dans ces deux endroits, la nuit vous sera facturée.

La *Seaview Lodge Host Farm (☎ 6250 2766)*, indiquée à partir de la route principale à Koonya, offre un panorama magnifique. Un lit superposé coûte 15 $, une double 35 $. L'établissement accueille des groupes scolaires en basse saison.

A Tarrana, essayez les *Teraki Cottages (☎ 6250 3436)*, qui proposent des bungalows minuscules mais plaisants à 60 $ la double, ou la demeure historique *Norfolk Bay Convict Station (☎ 6250 3487)*, à 100 $ la double.

Les adresses mentionnées ci-dessous se trouvent toutes dans la pittoresque bourgade d'Eaglehawk Neck. L'*Eaglehawk Neck Backpackers (☎ 6250 3248)* est situé du côté nord de l'isthme, en descendant l'Old Jetty Rd vers l'ouest. Cette auberge, petite et accueillante, demande 12 $ la nuit. Les gérants louent des bicyclettes, moyen de transport idéal pour visiter les coins isolés de la péninsule. Un petit camping est également installé sur les lieux.

Pour la vue, difficile de faire mieux que le *Lufra Holiday Hotel (☎ 6250 3262)*, perché au-dessus du Tessellated Pavement. Vous paierez 80 $ pour une double, avec s.d.b. et petit déjeuner continental.

En continuant sur cette route vers le point de vue, on rencontre l'embranchement vers le *Wunnamurra Waterfront (☎ 6250 3145)* et l'*Osprey Lodge Beachfront B&B (☎ 6250 3629)*, tous deux nichés dans d'agréables jardins privés dominant la baie. Pour une double avec s.d.b. et petit déjeuner, comptez de 80 à 94 $ au Wunnamurra et de 90 à 110 $ à l'Osprey Lodge.

Comment s'y rendre et comment circuler

Depuis Hobart, TWT (☎ 1300 300 520) dessert en semaine les principales villes de la péninsule de Tasman.

Vous pouvez également visiter la région en vous inscrivant à une excursion en bus auprès de Tasmanian Tours & Travel/Tigerline (☎ 6231 2200).

PORT ARTHUR

En 1830, le gouverneur Arthur choisit la péninsule de Tasman pour réunir les prisonniers récidivistes. Il qualifia la péninsule de "pénitencier naturel", car elle n'était reliée au continent que par une étroite bande de terre de moins de 100 m de large, appelée Eaglehawk Neck (le cou de l'aigle-vautour). Afin de dissuader les candidats à l'évasion, une meute de chiens féroces et enchaînés barraient l'isthme, et l'on racontait que les eaux étaient infestées de requins.

De 1830 à 1877, près de 12 500 condamnés purgèrent leur peine à Port Arthur et, pour certains, ce fut un enfer. En fait, ceux qui se conduisaient correctement vivaient dans de meilleures conditions que celles qu'ils auraient eu à supporter en Angleterre ou en Irlande. L'ancienne ville de Port Arthur devint le centre d'un réseau d'établissements pénitentiaires sur la péninsule et bien plus qu'une ville-prison. Elle se dota d'industries florissantes, scieries, chantiers navals, mines de charbon, briqueteries, manufactures de clous et de chaussures.

La première ligne de chemin de fer d'Australie fut la liaison de 7 km entre Norfolk Bay et Long Bay. Les wagonnets étaient poussés par les condamnés. Un système télégraphique de sémaphores permettait une communication instantanée entre Port Arthur, les divers établissements pénitentiaires et Hobart. Les fermes pénitentiaires fournissaient des légumes frais ; une prison de jeunes garçons fut construite à Point Puer afin d'éduquer les jeunes condamnés et l'on érigea une église, un des lieux touristiques les plus connus de Tasmanie.

Port Arthur fut de nouveau le théâtre d'une tragédie en avril 1996, lorsqu'un tireur ouvrit le feu sur les visiteurs et les employés du site, faisant 35 morts et de nombreux blessés. Il fut finalement capturé après qu'il eut incendié une pension.

Le site historique de Port Arthur (ouvert tous les jours de 8h30 au coucher du soleil) est le lieu touristique le plus connu de Tasmanie. Après la fusillade, un nouveau centre d'information et d'interprétation ainsi qu'un café-restaurant y ont été construits. Les bâtiments restaurés se visitent, y compris l'asile d'aliénés (transformé en musée) et la prison modèle (16/8/38 $ pour les adultes/enfants familles). Le billet, valable 48 heures, comprend l'accès au musée, une visite guidée de la colonie et une croisière dans le port autour de l'**Isle of the Dead**.

Circuits organisés
Les visites guidées, incluses dans le droit d'entrée, méritent d'être suivies. Elles partent toutes les heures du centre d'information (☎ 6250 2539) entre 9h30 et 15h30. Une **croisière avec halte sur l'Isle of the Dead** coûte 7 $. On vous propose également un **survol** de la ville.

Des **circuits fantômes** de 90 minutes (☎ 1800 659 101) partant du centre d'information à la tombée de la nuit valent largement les 12 $ demandés.

Pour visiter la côte autour de Port Arthur de façon originale et amusante, inscrivez-vous à une excursion en kayak, de 2 heures ou d'une demi-journée, auprès de Baidarka Experience (☎ 6250 2612).

Où se loger
Au charmant et paisible *Port Arthur Caravan and Cabin Park (☎ 6250 2340)*, à Garden Point, 2 km avant Port Arthur, l'emplacement revient à 12 $, le lit en dortoir à 13 $ et le bungalow à 70 $ en double. La réception encaisse les droits d'entrée au site historique. Du camping, un chemin littoral mène jusqu'à la ville.

La *Port Arthur Youth Hostel (☎ 6250 2311)* jouit d'une excellente situation en bordure du site historique et facture 13 $ la nuit. Pour vous y rendre, tournez à gauche 500 m après l'embranchement pour Port Arthur et tournez à gauche dans la rue connue sous le nom de Safety Cove Rd (ou Remarkable Cave Rd). Vous pouvez acheter votre billet pour le site à l'auberge même.

Si vous ne rechignez pas à vous éloigner de la ville, essayez *Anderton's Accommodation (☎ 6250 2378, 20 Safety Cove Rd)*, à 2,5 km au sud de Port Arthur, fortement recommandé par nos lecteurs (70 $ la

double). Dans Remarkable Cave Rd, mais plus près du site, la *Port Arthur Motor Inn (☎ 6250 2101)* dispose de doubles à 100 $ et les *Port Arthur Villas (☎ 6250 2239)* de logements tout équipés à 95 $ la double.

Où se restaurer
Sur le site historique, le centre d'information abrite un vaste *café-restaurant* auquel vous pouvez accéder sans payer le droit d'entrée ; un *café* se trouve dans le musée. L'*épicerie* propose des plats à emporter, tandis que le *Bush Mill* prépare des en-cas et des repas de type campagnard. Pour un cadre plus formel, essayez la *Port Arthur Motor Inn*, dont le menu comprend souvent des plats du jour. Ouvert tous les jours, *The Fox and Hounds* sert des plats du jour à midi et des plats à la carte le soir.

Les Midlands

Plantée d'arbres et de haies par les premiers colons, cette région rappelle indéniablement l'Angleterre. La richesse de la terre contribua à la colonisation rapide de la Tasmanie, et les relais de poste, les villes de garnison, les villages aux maisons en pierre et les domaines d'élevage se multiplièrent à mesure que les bagnards construisirent la route principale entre Hobart et Launceston. La laine de qualité, les troupeaux de bovins et l'exploitation forestière furent bientôt les activités principales de cette région et le demeurent, avec l'industrie du tourisme.

Le tracé de la Midland Highway (baptisée la Heritage Highway dans de nombreuses publications touristiques) diffère quelque peu de celui de la route originale. De nombreuses localités historiques, aujourd'hui à l'écart de la route, méritent absolument le détour.

Comment s'y rendre et comment circuler
TRC (☎ 1300 360 000) assure plusieurs services de bus le long de la Midland Highway. Vous pouvez vous arrêter dans n'importe laquelle des villes principales, du moment que vous n'empruntez pas un bus

express. Le trajet de Hobart à Launceston coûte 19,50 $. Au départ de Hobart/Launceston, comptez 10,90/14,10 $ pour Oatlands, 14,60/9,80 $ pour Ross et 16,50/8,50 $ pour Campbell Town.

Une route secondaire conduit de Campbell Town à Swansea (67 km), sur la côte est, en passant par la région du **Lac Leake** (32 km), propice à la pêche et aux randonnées. Quelques bus TRC suivent cet itinéraire ; ils peuvent vous déposer à l'embranchement, à 4 km du lac Leake. L'A4 mène de Conara Junction, à 11 km au nord de Campbell Town, à St Marys à l'est. C'est la route que suivent les bus reliant Launceston à Bicheno, et Hobart et Launceston à St Helens.

De décembre à mars, TWT (☎ 1300 300 520) assure une liaison entre le lac St Clair et Launceston *via* Bronte Park, Miena, Great Lake et Deloraine. Réservation impérative ! Pour tout renseignement sur les services de Hobart au lac St Clair et au-delà, reportez-vous à *L'Ouest,* plus bas dans ce chapitre. Un bus Metro (☎ 13 2201) relie à 16h en semaine Hobart à Bothwell (9,20 $).

OATLANDS
• **code postal 7120** • **540 habitants**

Le Central Tasmanian Tourism Centre (☎ 6254 1212), 77 High St, est l'office du tourisme d'Oatlands, qui abrite la plus belle architecture géorgienne d'Australie. Sa rue principale compte à elle seule 87 bâtiments classés dont le plus ancien est la **courthouse** (tribunal) construite par des bagnards en 1829. Le grès utilisé pour ces premiers édifices provient pour l'essentiel des berges du **lac Dulverton**, aujourd'hui réserve naturelle, situé dans les environs de la ville. A l'heure où nous rédigions ce guide, le lac était malheureusement à sec. Quant à **Callington Mill**, dont la restauration constituait l'un des points forts du Bicentenaire de la colonisation de la Tasmanie, il était toujours fermé au public.

Une façon originale de visiter Oatlands consiste à participer aux excursions de Peter Fielding (☎ 6254 1135), sur la piste des fantômes. Elles débutent à 20h (21h l'été) et coûtent 8/4 $.

Où se loger et se restaurer

Les possibilités d'hébergement sont nombreuses, principalement dans des maisons de style colonial, donc plus chères. L'*Oatlands Youth Hostel* (☎ *6254 1320, 9 Wellington St*), à quelque 200 m de la rue principale, demande 12 $ pour la nuit, 13 $ pour les non-membres. Le *Midlands Hotel* (☎ *6254 1103, 91 High St*) propose des simples/doubles à 35/45 $, petit déjeuner continental compris.

ROSS
• **code postal 7209** • **280 habitants**

Cette ancienne ville de garnison à 120 km de Hobart est imprégnée de charme colonial et d'histoire. Elle fut fondée en 1812 afin de protéger les voyageurs qui empruntaient la route nord-sud et constituait un relais de poste important. Le centre des visiteurs est le Tasmanian Wool Centre (☎ 6381 5466).

A voir

Cette localité est célèbre pour son pont exceptionnel construit par des bagnards, le **Ross Bridge**. Daniel Herbert, un forçat tailleur de pierre, obtint une remise de peine pour le travail de sculpture qu'il effectua sur les 184 panneaux qui décorent ses arches.

Au cœur du bourg, un carrefour vous permet de choisir entre quatre directions : *temptation* (la "tentation", représentée par le Man O' Ross Hotel), *salvation* (la "rémission", l'église catholique), *recreation* (les "loisirs", la mairie) et *damnation* (l'ancienne prison).

Les autres **bâtiments classés** regroupent le Scotch Thistle Inn, les old barracks (anciennes casernes), restaurées par le National Trust, la Uniting Church (1885), l'église anglicane St John's (1868) et le bureau de poste (1896).

Le **Tasmanian Wool Centre**, à la fois musée et centre d'artisanat dans Church St, ouvre tous les jours de 9h à 17h30 en haute saison et jusqu'à 16h le reste de l'année. L'entrée coûte 4 $, le **circuit de la ville** 3 $ et le billet combiné 6 $.

Où se loger et se restaurer

Le *Ross Caravan Park* (☎ *6381 5462*) dispose d'emplacements sans/avec électricité à

10/14 $ et de logements avec accès aux installations du camping à 25 $ la double. Le *Man O'Ross Hotel* (☎ *6381 5240*) propose des simples/doubles à 40/60 $ et sert des plats du jour.

La *Ross Bakery Inn* (☎ *6281 5246*) loue des chambres à 55/89 $; le pain du petit déjeuner (inclus) est cuit dans le four à bois centenaire de la boulangerie attenante, la *Ross Village Bakery* (une bonne adresse aussi pour le déjeuner). Si vous désirez loger dans un cottage, appelez les *Colonial Cottages of Ross* (☎ *6381 5354*). Le *Somercotes Historic Estate* (☎ *6381 5231*), au sud de la ville, est une jolie propriété dotée de cottages des années 1820 ; une chambre avec petit déjeuner vous y sera facturée 110/120 $.

CAMPBELL TOWN
• code postal 7210 • 800 habitants

Située à 12 km de Ross, Campbell Town est également une ancienne ville de garnison où sont conservés de nombreux témoignages de l'**architecture coloniale**. Vous pourrez admirer le Red Bridge, construit par les bagnards en 1836, la Grange (1847), l'église anglicane St Luke (1835), la Campbell Town Inn (1840), le bâtiment connu sous le nom de Foxhunters Return (retour des chasseurs de renard – 1829) et l'ancienne école (1878).

LAKE COUNTRY

Sur le plateau central de Tasmanie, la Lake Country, ou région des lacs, est d'une beauté à couper le souffle avec ses montagnes escarpées, ses centaines de lacs glaciaires, ses sources d'une pureté cristalline, ses chutes d'eau et sa vie sauvage d'une grande diversité. Peu peuplée, elle est également connue pour la pêche à la truite. D'ambitieux projets hydroélectriques ont conduit à la construction de barrages sur les rivières, à la création de lacs artificiels, à l'installation de centrales électriques sur et sous terre, et à la mise en place de kilomètres d'énormes pipelines.

BOTHWELL
• code postal 7030 • 360 habitants

Dans la magnifique vallée de la Clyde, Bothwell, petite localité historique et assou-pie, ne compte pas moins de 53 bâtiments classés ou reconnus monuments historiques par le National Trust. Parmi les plus intéressants, on compte le **Slate Cottage,** une maison de 1835 superbement restaurée, un **atelier de bottier**, meublé et équipé comme il l'était dans les années 1890, le **Thorpe Mill**, un moulin à farine des années 1820, la ravissante **église St Luke** (1830) et le **Castle Hotel**, doté d'une licence dès 1821.

Bien que Bothwell soit plus connue pour la pêche à la truite, elle abrite également le plus ancien parcours de golf d'Australie. Toujours en activité, il est ouvert à tout membre d'un club de golf. La ville compte aussi l'**Australasian Golf Museum**, dans le Visitor Information Centre. Celui-ci occupe l'**Old School House** (1887).

La côte est

La superbe côte est de la Tasmanie, avec ses longues plages de sable, ses bons coins de pêche et sa rare tranquillité, est souvent appelée la *sun coast* (côte du soleil) du fait de son climat particulièrement doux.

L'exploration et la colonisation de la région, jugée très propice à l'élevage, eurent lieu peu de temps après la fondation de Hobart en 1803. La pêche au large, surtout à la baleine, s'amplifia tout comme l'exploitation de l'étain et de la forêt. De nombreux condamnés restèrent, après avoir purgé leur peine, pour aider les colons à mettre en place les activités de pêche, d'élevage lainier et bovin et de culture de céréales, toujours prospères aujourd'hui.

Les parcs nationaux de Maria Island et de Freycinet sont les plus beaux sites de la région. Ne manquez pas le superbe paysage des environs de Coles Bay.

Bicheno et Swansea sont des stations balnéaires agréables où prendre quelques jours de repos.

La côte est mal équipée en agences bancaires, qui, dans certaines localités, ne sont ouvertes qu'un ou deux jours par semaine. Vous trouverez des guichets de la Commonwealth Bank dans tous les bureaux de poste. Des établissements sont affiliés au

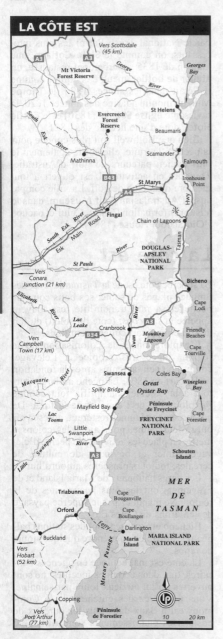

LA CÔTE EST

Vers Scottsdale (45 km)

Mt Victoria Forest Reserve

George River

Georges Bay

Evercreech Forest Reserve

St Helens

Beaumaris

Scamander

Mathinna

Falmouth

St Marys

Ironhouse Point

Fingal

Chain of Lagoons

South Esk River

Main Road

Esk

DOUGLAS-APSLEY NATIONAL PARK

St Pauls

Tasman Hwy

Vers Conara Junction (21 km)

Elizabeth River

Bicheno

Cape Lodi

Lac Leake

Cranbrook

Swan River

Friendly Beaches

Vers Campbell Town (17 km)

Macquarie River

Moulting Lagoon

Cape Tourville

Swansea

Coles Bay

Wineglass Bay

Spiky Bridge

Great Oyster Bay

Péninsule de Freycinet

Mayfield Bay

Cape Forestier

Lac Tooms

Little Swanport

FREYCINET NATIONAL PARK

Swanport River

Schouten Island

MER DE TASMAN

Triabunna

Cape Bouganville

Orford

Cape Boullanger

Buckland

Darlington

Vers Hobart (52 km)

Maria Island

MARIA ISLAND NATIONAL PARK

Mercury Passage

Copping

Péninsule de Forestier

Vers Port Arthur (77 km)

0   10   20 km

TASMANIE

réseau EFTPOS dans les principales villes du littoral, à Coles Bay et à St Marys.

Comment s'y rendre et comment circuler

Bus. TRC (☎ 1300 360 000) et TWT (☎ 1300 300 520) sont les principales compagnies desservant la côte est.

TRC assure au moins une liaison quotidienne en semaine (et le dimanche entre janvier et le dimanche de Pâques) de Hobart à Swansea (26,40 $) et Bicheno (31,50 $), avec retour par la Midland Highway et les routes de l'intérieur. Des services similaires sont proposés depuis/vers Launceston. Vous devrez prendre une correspondance à Campbell Town, où il vous faudra attendre entre quelques minutes et 1 heure 30 selon le bus. TRC relie également, tous les jours sauf le samedi, Hobart/Launceston à St Helens (31,70/19,20 $), le retour s'effectuant *via* St Marys (29,40/15,50 $ l'aller simple).

Depuis Hobart, TWT dessert Swansea (16,50 $) *via* Richmond (4,10 $), Orford (11 $) et Triabunna (11,70 $) en semaine, à l'exception des jours fériés. Une liaison supplémentaire est assurée au départ de Hobart pour toutes ces villes, sauf Richmond, et continue vers Bicheno (20,30 $) et St Helens (29,40 $) les mercredi, vendredi et dimanche toute l'année, ainsi que le lundi du 1er décembre jusqu'à début avril.

TWT relie également Launceston à Bicheno (19 $) *via* Avoca (8,50 $), Fingal (11,50 $) et St Marys (13,70 $) les mercredi, vendredi et dimanche, ainsi que le lundi en été.

Aucune de ces deux compagnies ne dessert la péninsule de Freycinet. Pour vous y rendre, appelez Bicheno Coach Service (☎ 6257 0293), qui assure une liaison entre Bicheno et Coles Bay (voir la rubrique *Coles Bay et Freycinet National Park*, plus loin dans ce chapitre). Les bus de cette société assurent une correspondance avec ceux de TRC à l'embranchement vers Coles Bay, ainsi qu'avec ceux de TWT sur réservation. Sur TRC, le prix d'un billet depuis Hobart jusqu'à l'embranchement vers Coles Bay coûte 30,20 $.

Les services étant limités le week-end, vos déplacements entre certaines localités peuvent prendre plus longtemps que prévu.

Bicyclette. L'un des meilleurs moyens de visiter cette région de la Tasmanie est de longer la côte est en vélo. La circulation est généralement peu dense et les collines peu escarpées, surtout si vous suivez la route côtière entre Chain of Lagoons et Falmouth.

Si vous envisagez d'aller de Swansea à Coles Bay, un service de bac informel (☎ 6257 0239) transporte les cyclistes et les randonneurs depuis Dolphin Sands, de l'autre côté de la Swan, jusqu'à Swanwick, à 6 km au nord de Coles Bay, ce qui vous économise 65 km. Le trajet de Swansea à Dolphin Sands en vélo prend environ 1 heure. Ce bac fonctionne d'octobre à fin avril si le temps le permet ; appelez pour vous renseigner.

ORFORD
• **code postal 7190** • **460 habitants**
Petite station balnéaire sur la Prosser (du nom d'un évadé rattrapé sur ses rives), Orford offre baignade, pêche et superbes promenades. **Spring Beach**, à 4 km au sud de la ville (tournez à droite au lieu de traverser le pont) est l'endroit idéal pour un barbecue.

Où se loger
Vous aurez l'embarras du choix, quoiqu'il n'y ait pas d'auberge de jeunesse. Sur la Tasman Highway, le *Blue Waters Motor Hotel* (☎ 6257 1102) loue des simples/doubles à 35/50 $. L'*Island View Motel* (☎ 6257 1114) facture ses chambres 52/64 $.

Vous pouvez préférer l'*Eastcoaster Resort* (☎ 6257 1172), plus somptueux donc plus cher, dans Louisville Point Rd, à quelques minutes de voiture au nord d'Orford. Il propose des chambres de motel à partir de 80/99 $ et des bungalows d'une à trois chambres (quatre d'entre eux sont équipés d'un jacuzzi) de 100 à 140 $. Le catamaran pour Maria Island part de cet endroit. Les *Spring Beach Holiday Villas* (☎ 6257 1440), à 4 km au sud de la ville dans Rheban Rd, en face de la plage, dis-posent de logements modernes et tout équipés avec vue sur Maria Island pour 100 $.

MARIA ISLAND NATIONAL PARK
Maria Island fut classée réserve naturelle en 1971 et parc national l'année suivante. C'est un endroit privilégié pour les amateurs d'oiseaux, car c'est le seul parc national de Tasmanie où l'on peut observer onze des espèces originaires de l'île. Durant la journée, les kangourous de Forester, les oies de Cape Barren et les émeus ne sont pas rares.

Cette île paisible offre des paysages magnifiques, parmi lesquels des falaises de grès et de craie riches en fossiles, des plages de sable blanc, des forêts et des ravins couverts de fougères. Des brochures, disponibles au poste des rangers, près du débarcadère des ferries, décrivent les promenades Bishop & Clerk Mountain Walk et Fossil Cliffs. La vie sous-marine autour de l'île est aussi riche que sur terre ; si vous possédez votre équipement, la plongée sous-marine sera une expérience inoubliable.

L'histoire de Maria Island est tout aussi intéressante. De 1825 à 1832, **Darlington** fut la deuxième grande colonie pénitentiaire de Tasmanie, la première étant Sarah Island près de Strahan. Les vestiges du village des prisonniers, parmi lesquels le magasin d'intendance (1825) et le moulin (1846), sont remarquablement bien conservés et d'autant plus faciles à visiter que vous logerez sans doute dans un de ces bâtiments.

N'oubliez pas d'emporter votre ravitaillement, car il n'existe pas de magasin sur l'île. Un billet d'entrée pour les parcs nationaux est nécessaire.

Où se loger
Les chambres du pénitencier de Darlington et d'autres bâtiments ont été converties en dortoirs à lits superposés pour les visiteurs. L'hébergement dans ces *Parks, Wildlife & Heritage Penitentiary Units* (☎ 6257 1420) coûte 8 $ la nuit. Il est judicieux de réserver, car les lits sont parfois occupés par des groupes scolaires. A Darlington, un terrain de camping propose des emplacements à 4 $ par adulte.

Comment s'y rendre

L'*Eastcoaster Express* (☎ 6257 1589) est géré par l'Eastcoaster Resort, Louisville Point Rd, à 4 km au nord de la poste d'Orford. Il effectue 3 traversées par jour entre la station balnéaire et Maria Island (4 $ de décembre à avril). Le prix de l'aller-retour s'élève à 17 $ (10 $ pour les enfants) pour une visite d'une journée et à 20/13 $ pour les campeurs. Les bus TWT qui desservent la côte est vous déposeront au Resort sur réservation (voir *Comment s'y rendre et comment circuler*, au début de la section *La côte est*).

SWANSEA

• code postal 7190 • 450 habitants

Située en bordure de la Great Oyster Bay, avec un point de vue superbe sur la péninsule de Freycinet, Swansea est renommée pour le camping, la navigation, la pêche et le surf.

Swansea comme Bicheno ont de nombreux atouts touristiques, mais Swansea, fondée dans les années 1820, semble agréablement paisible, voire rurale, comparée à l'animation de Bicheno.

Swansea conserve quelques bâtiments historiques dont les **council chambers** (salles du conseil municipal), toujours en usage, et la charmante épicerie **Morris' General Store**, construite en brique rouge en 1838. Le community centre, qui date de 1860, abrite un **musée d'histoire locale** et le seul billard géant du pays. Le musée est ouvert du lundi au samedi (4 $).

Les **Swansea Bark Mill & East Coast Museum** (moulin à tan de Swansea et musée de la côte est), 96 Tasman Highway, valent également le coup d'œil. On peut voir la préparation de la pulvérisation de l'écorce des acacias (*black wattle*), un ingrédient de base pour le tannage des cuirs épais. Le musée adjacent, consacré aux débuts de Swansea, présente de superbes photographies anciennes (ouvert tous les jours de 9h à 17h ; entrée 5 $, enfants 2,75 $).

Où se loger

Juste à côté de la plage, le *Swansea Cabin & Tourist Park* (☎ 6257 8177), Shaw St, très bien tenu et bien aménagé, dispose d'emplacements de tente (12 $) et de bungalows (55 à 70 $ en double).

La *Swansea Youth Hostel* (☎ 6257 8367, 5 Franklin St), située dans un endroit charmant près de la mer, demande 13 $ la nuit. La *Swan Inn* (☎ 6257 8899, 1 Franklin St) loue des chambres bon marché juste sur la plage (50 $ la double).

La ville et ses environs comptent quantité de bonnes adresses de catégories moyenne et supérieure, notamment l'accueillante *Oyster Bay Guest House* (☎ 6257 8110), située Franklin St, presque en face de l'auberge de jeunesse. Construite en 1836, elle offre des simples/doubles de style colonial à 55/95 $, petit déjeuner à l'anglaise compris. Elle abrite également le *Shy Albatross Restaurant*, dont le menu comprend des plats italiens et des fruits de mer.

Le *Freycinet Waters Beachside Cottage* (☎ 6257 8080, 16 Franklin St) est un B&B clair et aéré à l'atmosphère marine où vous paierez 65/80 $. Éloigné de la mer et de la rue principale, le *Braeside* (☎ 6257 8110, 21 Julia St) possède des chambres très agréables à 75/95 $ avec petit déjeuner.

COLES BAY ET FREYCINET NATIONAL PARK

Le tout petit village de Coles Bay est dominé par de monumentales excroissances de granit rose de 300 m de haut, les **Hazards**. Coles Bay est la porte d'accès à de nombreuses plages de sable blanc, des criques abritées, des falaises rocheuses et de belles randonnées dans le Freycinet National Park.

Le parc englobe la péninsule de Freycinet – du nom des frères Henri et Louis de Freycinet, collaborateurs de Nicolas Baudin à bord du *Géographe* –, la magnifique Schouten Island et les Friendly Beaches, sur la côte est au nord de Coles Bay. Remarquables sont ses landes côtières, ses orchidées et autres fleurs sauvages, ainsi que sa faune, notamment les cacatoès noirs, les méliphages jaunes (des sucriers du genre *Anthochaera* appelés *wattlebirds* en anglais), les sucriers et les wallabies de Bennetts. A pied, vous pourrez effectuer un circuit de 27 km sur la péninsule ou des randonnées plus courtes, une des plus belles étant sûrement l'aller-retour jusqu'à **Wineglass Bay** (de 2 heures 30 à 3 heures). Quelle que soit la promenade choisie, n'oubliez pas de signer le registre à votre départ (et à votre retour) au guichet d'enregistrement du parking. Un billet d'entrée aux parcs nationaux est nécessaire. Sur la route de Coles Bay, vous apercevrez la **Moulting Lagoon Game Reserve**, lieu de reproduction des cygnes noirs et des canards sauvages.

Freycinet Adventures/Coastal Kayaks (☎ 6257 0500) offre diverses excursions en kayak de mer, de l'escalade et de la descente en rappel, tandis que Freycinet Experience (☎ 6223 7565) organise une promenade de 4 jours le long de la péninsule.

Renseignements
Le bureau de poste-épicerie-centre d'information, ouvert tous les jours, vend des denrées, des produits de première nécessité, du carburant et des journaux, et loue des bateaux. L'Iluka Holiday Centre, sur Muir's Beach, possède un petit supermarché, une échoppe de plats à emporter, un bistrot et une pompe à essence. Au moment de la rédaction de ce guide, on envisageait de construire un bureau d'information et de rénover le camping du parc.

Où se loger et se restaurer
Doté d'équipements sommaires (toilettes rudimentaires et eau froide), le *camping du parc national* (☎ 6257 0107) s'étend le long de Richardsons Beach et loue des emplacements à 10 \$ pour 2 personnes. En haute saison, et particulièrement pendant les vacances scolaires, il est primordial de réserver longtemps à l'avance.

La beauté des sites où se trouvent les **campings** de Wineglass Bay (1 heure à 1 heure 30), Hazards Beach (2 à 3 heures) et Cooks Beach (environ 4 heures 30) ne vous fera pas regretter la longue marche. Il y a peu d'eau potable dans ces campings, aussi n'oubliez pas d'emporter votre provision.

Le *Coles Bay Caravan Park* (☎ 6257 0100) se trouve à 3 km sur la route de Coles Bay, à l'extrémité ouest de Muir's Beach.

Il offre des emplacements à 11 \$ pour deux et des caravanes à 30 \$.

Dans ce même camping, le *Freycinet Backpackers* (☎ 6257 0100) propose des lits en dortoir à 14 \$ par personne. Ouverte toute l'année, l'auberge YHA de Coles Bay, l'*Iluka Backpackers*, est installée dans l'Iluka Holiday Centre (présenté au paragraphe suivant). Le lit en dortoir propre et agréable revient à 13 \$, draps en sus.

L'*Iluka Holiday Centre* (☎ 6257 0115), à Muir's Beach, propose des emplacements (12 \$), des caravanes fixes (35 \$) et des bungalows (50 à 85 \$). Comptez 5 \$ supplémentaires pour les draps. Non loin, l'*Iluka Tavern* sert des plats du jour à midi et le soir et accorde une réduction de 10% aux adhérents YHA.

La *Coles Bay Youth Hostel*, dans le parc national, accueille principalement des groupes. Réservez obligatoirement au bureau YHA de Hobart (☎ 6234 9617). L'Iluka Holiday Centre détient les clés.

Au *Jessie's Cottage* (☎ 6257 0143), sur l'Esplanade à côté du magasin d'alimentation générale, comptez un minimum de 100 \$ en chambre double, 120 \$ pour une suite de deux chambres.

Au cœur du parc et à l'extrémité sud de Richardsons Beach, le *Freycinet Lodge* (☎ 6257 0101) facture de 155 à 200 \$ pour une double, dont certaines accessibles aux handicapés. Il possède un restaurant avec licence et un bistrot meilleur marché, offrant tous deux une vue spectaculaire. Par les belles nuits de clair de lune, 20 minutes de marche le long de la plage vous mèneront à Coles Bay, où vous pourrez dîner au *Madge Malloy's* (☎ 6257 0399, 3 Garnet Ave). En face, le *Seashells Seafood Takeaway* vend notamment du poisson frit et des pâtés aux écrevisses.

Comment s'y rendre
Bus. Bicheno Coach Services effectue une liaison entre Coles Bay et Bicheno et assure une correspondance avec les bus TWT et TRC à l'embranchement vers Coles Bay (voir *Comment s'y rendre et comment circuler,* au début de la section *La côte est*). Entre juin et octobre, il existe au moins trois

services quotidiens en semaine, un ou deux le samedi et un le dimanche ; de novembre à mai, des bus supplémentaires sont prévus, mais ils ne circulent qu'en cas de besoin.

Certains services ne fonctionnent que sur réservation, qu'il est plus prudent d'effectuer la veille. Le trajet coûte 5 $ (6 $ pour le parking d'où partent les chemins de randonnée). Le bus vient vous chercher à votre hôtel sur demande. Depuis Bicheno, les bus partent du Bicheno Take-Away and Caravan Park, dans Burgess St, et, depuis Coles Bay, du supermarché.

Plus de 5 km séparent Coles Bay du point de départ des sentiers de randonnée, sur le parking du parc national. Du lundi au samedi, Bicheno Coach Service organise un service de navettes deux ou trois fois par jour sur demande (réservation conseillée), moyennant 2/3 $ l'aller simple/aller-retour. Vous devrez acquitter le droit d'entrée dans le parc.

BICHENO

• code postal 7215 • 750 habitants
Au début des années 1800, les baleiniers et les chasseurs de phoques abritaient leurs bateaux dans l'étroit port de Bicheno, appelé le Gulch, et bâtirent des postes de guet dans les hauteurs pour surveiller le passage des baleines.

Aujourd'hui, la pêche reste l'une des activités majeures. Si vous vous trouvez en ville aux alentours de midi, lorsque les pêcheurs reviennent au port, vous pourrez acheter des langoustes, des ormeaux, des huîtres ou tout autre produit de la mer frais pêché. Le tourisme représente une activité importante, et un centre d'information très compétent est installé dans la rue principale. Vous pourrez y réserver des circuits (pingouins, bateaux à fond transparent, pêche...) et louer un vélo (15 $ par jour). Dotée de jolies plages, Bicheno est un endroit charmant où passer quelques jours.

A voir et à faire

Une **promenade en bord de mer**, de 3 km, va de Redbill Point jusqu'à l'évent dans la falaise. Il continue ensuite vers le sud, le long de la plage, jusqu'à Courlands Bay.

Pour le point de vue, grimpez jusqu'aux postes de guet de **Whalers Lookout** et de **Freycinet Lookout**.

Au crépuscule, vous aurez peut-être la chance d'apercevoir des manchots à l'extrémité nord de Redbill Beach. Pour découvrir leur mode de vie sans les perturber, participez à l'excursion organisée par le centre d'information.

Dive Centre (☎ 6375 1138), face au Sea Life Centre, organise des cours de plongée, loue et vend du matériel.

Au **Sea Life Centre**, ouvert tous les jours de 9h à 17h, vous verrez évoluer la faune marine de Tasmanie et pourrez visiter un ketch de commerce restauré. Pour les 4,50 $ de droit d'entrée, ce centre est plutôt cher et un peu déprimant. A 7 km au nord de la ville, l'**East Coast Birdlife & Animal Park** (parc animalier et ornithologique de la côte est) s'étend sur 32 ha et ouvre tous les jours de 9h à 17h (7,50 $).

A environ 2 km plus au nord, une bifurcation mène au **Douglas-Apsley National Park**. Créé en 1989, ce parc protège une grande forêt d'eucalyptus "secs", avec de nombreuses gorges et cascades, et d'innombrables oiseaux et autres animaux. Une route conduit à **Aspley Gorge**, au sud du parc, où se trouve un trou d'eau très agréable pour la baignade. Un sentier traverse le parc du nord au sud et peut se parcourir en deux jours.

Où se loger

Le **Bicheno Cabin & Tourist Park** (☎ 6375 1117), Champ St, loue des emplacements (12 $) et des caravanes fixes (à partir de 40 $). Le **Bicheno Take-Away and Caravan Park** (☎ 6375 1280, 4 Champ St) facture 8 $ l'emplacement, 28 $ la caravane fixe et 14 $ le lit en dortoir dans le **Waubs Harbour Backpackers**.

Le **Bicheno Hostel** (☎ 6375 1651, 11 Morrison St) vous loge plus confortablement pour 13 $ par personne. Cette auberge est plus centrale et beaucoup plus récente que le **Bicheno Youth Hostel** (☎ 6375 1293), dont le superbe emplacement, à 3 km au nord de la ville sur la plage qui fait face à Diamond Island, est l'unique agrément. Comptez 11 $ la nuit. Il est conseillé de réserver en été.

Le **Silver Sands Resort** (☎ 6375 1266), idéalement situé à l'extrémité de Burgess St, dispose de chambres bon marché, mais vous devrez les réclamer ; sinon, vous paierez entre 70 et 95 $ pour une double avec vue sur la baie. Cet établissement prépare également des repas bon marché.

A 3 km au sud de la ville, dans une rue de traverse, **Bicheno Hideaway** (☎ 6375 1312) dispose de trois logements isolés et tranquilles (80 $ la double) offrant une vue magnifique sur la mer. Le gérant parle six langues européennes.

En ville, niché dans le bush entre les deux postes de guet, le **Bicheno Holiday Village** (☎ 6375 1171) loue des doubles à 128 $.

La **Bicheno Gaol House** (☎ 6375 1430, Burgess St), qui occupe la bâtisse la plus ancienne de la ville (1845), offre un hébergement de type colonial dans des doubles à 115 $. Le **Maple Cottage** (☎/fax 6375 1172, 160 Tasman Highway) facture 105 $ la double. Ces deux derniers établissements peuvent vous préparer un petit déjeuner à l'anglaise.

Comment s'y rendre
Depuis/vers Hobart et Launceston, les bus TWT partent du Four Square Store, dans Burgess St, et ceux de TRC du supermarché Value Plus de Bicheno, dans Foster St. Depuis/vers Coles Bay, l'arrêt des bus Bicheno Coach Service se trouve devant le Bicheno Take-Away and Caravan Park, Burgess St. Pour plus de détails, consultez *Comment s'y rendre et comment circuler*, dans *La côte est* et *Coles Bay et Freycinet National Park*, plus haut dans ce chapitre.

Launceston

• **code postal 7250** • **67 800 habitants**
Officiellement fondée par le lieutenant-colonel William Paterson en 1805, Launceston est la troisième ville créée en Australie et le centre commerçant du nord de la Tasmanie. L'estuaire de la Tamar fut découvert en 1798 par Bass et Flinders, alors qu'ils ten-

taient de faire le tour de la Terre de Van Diemen pour prouver qu'elle n'était pas reliée au reste de l'Australie.

Launceston était la troisième tentative d'établissement d'une colonie sur la Tamar et fut appelée à l'origine Patersonia en l'honneur de son fondateur. En 1907, elle prit le nom de la ville d'Angleterre dont le gouverneur King était originaire.

Orientation
Le centre-ville s'organise selon un tracé à angles droits autour du Brisbane St mall, entre Charles St et St John St. A deux pâtés de maisons au nord, dans Cameron St, se trouve une autre zone piétonne, le Civic Square. A l'est, Yorktown Square est un quartier charmant et très vivant où des bâtiments restaurés abritent magasins et restaurants.

Renseignements
Le TTIC (Gateway Tasmania, ☎ 6336 3133), à l'intersection de St John St et de Paterson St, est ouvert en semaine de 9h à 17h, le samedi de 9h à 15h ; le dimanche et les jours fériés, il ferme ses portes à 12h.

Le bureau du RACT, à l'angle de George St et de York St, fournit des cartes routières et des informations sur les routes. Les randonneurs et les campeurs peuvent se procurer des cartes à Paddy Pallin, 110 George St, et à Allgoods, à l'angle de York St et de St John St.

Si vous vous intéressez aux problèmes écologiques, rendez-vous à la boutique de la Wilderness Society, 174 Charles Ave. A l'angle de Brisbane St et de Tamar St, le Design Centre of Tasmania expose et vend les œuvres des meilleurs artistes et artisans de Tasmanie. Par ailleurs, un marché artisanal se tient sur Yorktown Square tous les dimanches.

Cataract Gorge
Cataract Gorge est à 10 minutes à pied du centre-ville. Des falaises quasiment verticales enserrent les rives de la South Esk River à sa confluence avec la Tamar. Les alentours des gorges, transformés en réserve naturelle, sont devenus l'un des sites touristiques les plus visités de Launceston. Deux

sentiers de randonnée (le sentier nord est plus facile) mènent, de part et d'autre des gorges, au First Basin, le premier bassin, rempli par les eaux de la South Esk en 30 minutes. Vous trouverez à cet endroit une piscine gratuite, un restaurant proposant des plats à la carte, un café et des paons. Il faut voir les gorges illuminées la nuit.

Un télésiège traverse le bassin jusqu'à la réserve (5 $). Un sentier facile remonte les gorges jusqu'au **Second Basin** puis jusqu'à Duck Reach (45 minutes chaque section).

Penny Royal World
Le centre de loisirs de Penny Royal abrite des moulins à eau et à vent en état de marche datant du XIXe siècle, des poudrières et des modèles réduits de bateaux. Vous pouvez vous promener sur une barge ou dans un tramway urbain restauré, ou faire une croisière de 45 minutes dans les gorges sur le vapeur à aubes *Lady Stelfox*. Dans ce parc, tout ne vaut pas les 19,50 $ d'entrée (9,50 $ pour les enfants). Vous pouvez toutefois ne prendre qu'une seule attraction.

Queen Victoria Museum & Art Gallery
Le Queen Victoria Museum & Art Gallery, construit à la fin du siècle dernier, témoigne de la splendeur de l'époque. Un des fleurons du musée, la superbe pagode chinoise, est une donation des descendants des colons chinois. Le planétarium est aussi très fréquenté. Le complexe est ouvert du lundi au samedi de 10h à 17h et le dimanche de 14h à 17h. La galerie et le musée sont gratuits. L'entrée au planétarium coûte 3 $.

Les anciens entrepôts Johnstone & Wilmot (1842), à l'angle de Cimitiere St et de St John St, abritent aujourd'hui le département "community history du musée" (les archives historiques de la ville), qui fait également office d'état civil. Ouverture de 10h à 16h en semaine.

Lors de la rédaction de ce guide, le dépôt ferroviaire Inveresk, de l'autre côté du Victoria Bridge, était en cours de rénovation pour accueillir la majeure partie de la collection du musée.

National Automobile Museum
Ce musée légèrement excentré, au coin de Cimitiere St et de Willis St, est ouvert tous les jours de 9h à 17h de septembre à mai et de 10h à 16h le reste de l'année. L'entrée coûte 7,50 $ pour un adulte et 4 $ pour un enfant.

Bâtiments d'intérêt
Sur Civic Square se dresse **Macquarie House**, un entrepôt construit en 1830 qui fut transformé successivement en caserne puis en immeuble de bureaux.

L'**Old Umbrella Shop** (ancien magasin de parapluies), 60 George St, fut construit dans les années 1860 et possède toujours une collection de parapluies. Classé monument historique, c'est le dernier représentant authentique des magasins de l'époque. L'intérieur est lambrissé de bois d'acacia. Il vend maintenant des objets produits par le National Trust.

Les jours de semaine, une très intéressante promenade guidée part à 9h45 du Tasmanian Travel & Information Centre et vous fait réellement découvrir en une heure le centre-ville et les anciens quais (10 $).

Sur la Midland Highway, à 6 km au sud de la ville, la **Franklin House** est une des maisons de style georgien les plus belles de Launceston. Construite en 1838, elle a été magnifiquement restaurée et meublée par le National Trust. La maison ouvre tous les jours de 9h à 17h (16h en hiver) ; 6 $.

Parcs et jardins
Launceston est réputé pour ses jardins publics, ses parcs et ses réserves de toute beauté.

Couvrant 13 ha, le **City Park** offre un bel exemple de jardin de style victorien. Il renferme une élégante fontaine, un kiosque à musique, un enclos à singes, un musée de la radio, une serre et une glycine très ancienne (derrière le musée). Entre Charles St et St Johns St, le **Prince's Square** abrite une fontaine de bronze achetée à l'Exposition universelle de Paris de 1855 et, au bas des marches à l'entrée du parc, une curieuse statue de William Russ Pugh, qui fut le premier à utiliser l'éther à des fins médicales dans l'hémisphère Sud.

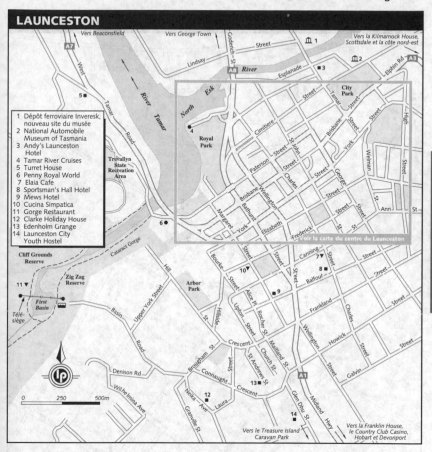

LAUNCESTON

1 Dépôt ferroviaire Inveresk, nouveau site du musée
2 National Automobile Museum of Tasmania
3 Andy's Launceston Hotel
4 Tamar River Cruises
5 Turret House
6 Penny Royal World
7 Elaia Cafe
8 Sportsman's Hall Hotel
9 Mews Hotel
10 Cucina Simpatica
11 Gorge Restaurant
12 Clarke Holiday House
13 Edenholm Grange
14 Launceston City Youth Hostel

Circuits organisés

La Coach Tram Tour Company propose une visite complète de la ville en 3 heures (23 $). Les départs ont lieu du TTIC (☎ 6336 3122). TRC (☎ 6331 3233), George St, offre des excursions d'une journée et d'une demi-journée en ville et dans la Tamar Valley (34 $), sur la côte nord-ouest (38 $), dans le nord-est (42 $) et à Cradle Mountain (45 $). TWT (☎ 6334 4442) organise des visites de la Tamar Valley, de Cradle Mountain et de la péninsule de Freycinet (59 $).

A Home Point, dans le Royal Park, Tamar River Cruises (☎ 6334 9900) vous

embarque pour des croisières de 4 heures (à partir de 48 $, déjeuner compris).

Où se loger – petits budgets

Camping. Le *Treasure Island Caravan Park* (☎ 6344 2600, 94 Glen Dhu St) se trouve à 1 km de la ville, près de la voie express. Il dispose d'emplacements de camping (14 $ pour deux) ainsi que de bungalows standard (54 $) et de luxe (60 $).

Auberges de jeunesse. Près du centre-ville, le sympathique *Launceston City Backpackers* (☎ 6334 2327, 173 George St) est

LE CENTRE DE LAUNCESTON

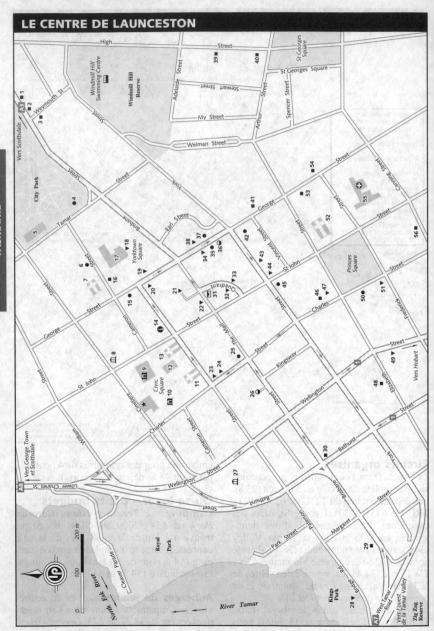

LE CENTRE DE LAUNCESTON

OÙ SE LOGER
- 1 Sandors on the Park
- 2 North Lodge
- 3 Parklane Motel
- 16 Batman Fawkner Inn
- 17 Novotel Launceston
- 29 Rose Lodge
- 30 Irish Murphys
- 39 Windmill Hill Tourist Lodge
- 40 Ashton Gate Guest House
- 41 Fiona's B&B
- 46 Hotel Tasmania
- 48 auberge de jeunesse d'été YHA
- 53 Colonial Motor Inn
- 54 Launceston City Backpackers
- 56 Canning Cottage

OÙ SE RESTAURER
- 18 Tairyo Japanese Restaurant
   & Sushi Bar
- 19 La Cantina
- 20 Shrimps
- 21 Croplines Coffee
- 22 Banjo's
- 23 Arpar's Thai Restaurant
- 24 Star Bar
- 28 Ripples Restaurant
- 32 That Dear Little Coffee Shop
- 33 Pasta Resistance Too
- 34 Konditorei Cafe/Manfred
- 38 Pepperberry Café/Restaurant
- 43 Fu Wah
- 44 The Metz
- 47 Canton
- 49 Calabrisella Pizza
- 51 Fee & Me

DIVERS
- 4 Design Centre of Tasmania
- 5 Albert Hall
- 6 Advance Car Rentals
- 7 Église anglicane Holy Trinity
- 8 Community History Museum
- 9 Hôtel de ville
- 10 Macquarie House
- 11 Église Pilgrim Uniting
- 12 Bibliothèque
- 13 Église St Andrew
- 14 Travel & Information Centre
- 15 Old Umbrella Shop
- 25 Qantas
- 26 Tamar Valley Coaches
- 27 Queen Victoria Museum &
   Art Gallery, Queen Vic Cafe
- 31 Poste et Commonwealth Bank
- 35 Paddy Pallin
- 36 Tasmanian Redline Coaches
- 37 Tasmanian Wilderness Travel
- 42 RACT
- 45 Allgoods
- 50 Wilderness Society Shop
- 52 Église St John
- 55 Hôpital St Vincent

TASMANIE

une maison ancienne superbement rénovée. Ses lits en chambre à 4 lits reviennent à 14 $ par personne.

L'*Andy's Launceston Hotel* (☎ 6331 4513, 1 Tamar St), au-dessus du Mallee Grill, accueille les voyageurs à petit budget pour 14 $ et propose aussi des chambres avec s.d.b. commune à 40 $ la double. Parfois très bruyant, l'*Irish Murphys* (☎ 6331 4440, 211 Brisbane St) facture 14 $ en dortoir.

Le *Launceston City Youth Hostel* (☎ 6344 9779, 36 Thistle St), une auberge indépendante, est implanté à 2 km du centre-ville, dans un bâtiment des années 40 qui abritait autrefois la cantine des employés de la filature de laine de Coats Patons. Elle propose des lits en dortoir et des chambres familiales à 12 $ la nuit par personne. Vous y trouverez des VTT et du matériel de randonnée à louer.

À l'heure actuelle, la YHA gère une *auberge d'été* (☎ 6334 4505, 132 Elizabeth St). Les réservations peuvent s'effectuer au bureau YHA de Hobart.

Hôtels. Pour une ville de sa taille, Launceston possède de nombreux hôtels. L'un des moins chers est le *Sportman's Hall Hotel* (☎ 6331 3968, 252 Charles St), où les simples/doubles sont à 35/50 $, petit déjeuner à l'anglaise compris.

Appartements. Un peu difficile à trouver, à environ 1 km de la ville, la *Clarke Holiday House* (☎ 6334 2237, 19 Neika Ave) présente un bon rapport qualité/prix à 35 $ la double.

Où se loger – catégorie moyenne

B&B. *Fiona's B&B* (☎ 6334 5965, 141 George St) loue des simples/doubles ravissantes à 60/80 $. Le *Rose Lodge* (☎ 6334 0120, 270 Brisbane St) vous réserve un accueil chaleureux et des simples/doubles, petites mais confortables, à 55/68 $, petit déjeuner à l'anglaise compris. Le *Mews Motel* (☎ 6331 2861, 89 Margaret St) ressemble plus à une pension qu'à un motel et affiche des tarifs raisonnables, à 55/68 $.

Le *Windmill Hill Tourist Lodge* (☎ 6331 9337, 22 High St) possède des chambres à 60/70 $ et des appartements équipés à 75 $ en double.

Essayez la coquette *Turret House* (☎ 6334 7033, 41 West Tamar Rd), qui vous demande 70/100 $, petit déjeuner à l'anglaise compris. Sa situation, au nord de Cataract Gorge, est propice à de délicieuses promenades matinales. En haut de la colline, l'*Ashton Gate Guest House* (☎ *6331 6180, 32 High St)* dispose de chambres à 75/95 $ avec petit déjeuner continental.

Dans un tout autre style, vous pouvez louer un cottage colonial de deux chambres tout équipé. Le *Canning Cottage* (☎ *6331 4876, 26-28 Canning St)* se compose de deux maisonnettes très confortables, aux escaliers raides et aux portes étroites. Elles coûtent la raisonnable somme de 85 $ en double, avec de quoi préparer votre petit déjeuner.

Hôtels et motels. L'*Hotel Tasmania* (☎ *6331 7355, 191 Charles St)*, plus connu sous le nom de Saloon, propose des simples/ doubles à 45/58 $, petit déjeuner continental compris.

Bizarrement agencée mais plutôt confortable, la *Batman Fawkner Inn* (☎ *6331 7222, 35 Cameron St)* propose tout une gamme de simples entre 25 et 42 $ (tristes et exiguës pour le premier prix) et des doubles à 65 $.

La plupart des motels sont installés à l'est du centre, dans York St ou Brisbane St, à environ 1 km de la ville. Le *North Lodge* (☎ *6331 9966, 7 Brisbane St)* loue des doubles à 75 $. Son voisin, le *Parklane Motel* (☎ *6331 4233, 9 Brisbane St)*, dispose de doubles à 85 $ et de logements tout équipés à 95 $. *Sandors On The Park* (☎ *6331 2055, 3 Brisbane St)* compte de bonnes chambres à 70/80 $.

Où se loger – catégorie supérieure

Chambres chez l'habitant. L'*Edenholme Grange* (☎ *6334 6666, 14 St Andrews St)* occupe une bâtisse classée par le National Trust, dans une rue de traverse partant de Hillside Crescent avant l'embranchement vers Hill St, la route de First Basin. Vous y paierez 100 $ pour une simple et de 130 à 160 $ pour une double, avec petit déjeuner tasmanien de cinq plats. Ses chambres à thème s'ornent d'une décoration somptueuse qui vous donnera l'impression d'être revenu plusieurs siècles en arrière.

À 1,5 km à l'est de la ville, la *Kilmarnock House* (☎ *6334 1514, 66 Elphin Rd)*

facture 80/100 $ pour des chambres charmantes, petit déjeuner continental compris.

Hôtels. Au *Novotel Launceston* (☎ *6334 3434, 29 Cameron St)*, les chambres débutent à 145 $ la double, petit déjeuner-buffet compris. Si vous avez envie de vous faire choyer, descendez au *Country Club Casino* (☎ *6335 5777)*, à Prospect Vale, à 10 à 15 minutes de voiture de la ville, où les doubles coûtent 245 $.

Où se restaurer

Vous serez récompensé des efforts fournis pour dénicher le *Croplines Coffee*, 1 Brisbane Court : il prépare le meilleur café de la ville. *Banjo's* fait lui-même ses pains, pizzas et pâtisseries et dispose de deux boutiques, l'une sur Yorktown Square, l'autre 98 Brisbane St, toutes deux ouvertes tous les jours de 6h à 18h.

L'adresse au meilleur marché dans le Quadrant est sans conteste *Pasta Resistance Too*, minuscule et perpétuellement bondée, qui sert des plats de 5 à 7 $. Juste en face, *That Dear Little Coffee Shop*, tout aussi petit, est très réputé pour ses gâteaux et ses soupes maison.

Dans le Ritchies Mill Art Centre en face de Penny Royal, le *Ripples Restaurant* se spécialise dans les repas légers.

Légèrement au sud du centre, près du Sportsman's Hall Hotel, *Elaia (238-240 Charles St)* prépare un bon café, des déjeuners et des dîners dans un cadre coloré, ouvert et ensoleillé.

Le *Queen Vic Cafe*, dans le musée, jouit d'un beau point de vue, dispose d'un balcon et concocte une cuisine savoureuse.

La plupart des nombreux hôtels de Launceston proposent de copieux plats du jour à des prix raisonnables. Le *South Charles Cafe* du Sportsman's Hall Hotel sert des repas de bonne qualité à des tarifs abordables. Central et très fréquenté, le *Star Bar (113 Charles St)* offre des pizzas cuites au feu de bois dans un cadre spacieux et attrayant. Dans une veine similaire, *The Metz*, à l'angle de York St et de St John St, est un bar-café-restaurant qui occupe l'ancien St George Hotel et propose une "On

York's Meateaters Platter" associant autruche, caille et wallaby.

Calabrisella Pizza (☎ 6331 1958, *56 Wellington St*) prépare une excellente cuisine italienne à des prix qui n'ont rien d'excessif et affiche souvent complet.

Arpar's Thai Restaurant, à l'angle de Charles St et de Paterson St, vaut largement le détour. Si vous préférez la cuisine chinoise, essayez *Fu Wah* (☎ 6331 6368, *63 York St*) ou, dans un style plus chic, le *Canton* (☎ 6331 9448, *201 Charles St*), qui propose des spécialités authentiques. Pour déguster de délicieux sushis, le *Tairyo* (☎ 6334 2620) vous accueille sur Yorktown Square.

Le *Konditorei Cafe Manfred* (☎ 6334 2490, *106 George St*), connu pour ses délicieux petits pains et pâtisseries allemandes, s'agrémente désormais à l'étage d'un restaurant doté d'une licence où l'on mange des plats méditerranéens et français. En face, le *Pepperberry Cafe/Restaurant* (☎ 6334 4589, *91 George St*) utilise principalement des ingrédients tasmaniens pour préparer ses plats de gibier, tel le wallaby.

De l'autre côté de la ville, juste en dehors du centre, la *Cucina Simpatica* (☎ 6334 3177), à l'angle de Frederick St et de Margaret St, pratique des prix relativement élevés, mais sert une excellente cuisine dans une ambiance gaie et détendue.

La Cantina (☎ 6331 7835, *63 George St*) et *Shrimps* (☎ 6334 0584, *72 George St*), plus chic, nous sont recommandés par nos lecteurs.

L'établissement le mieux situé de Launceston est sans conteste le *Gorge Restaurant*, à Cataract Gorge. *Fee & Me* (☎ 6331 3195, *190 Charles St*) prépare des plats raffinés.

Où sortir
La vie nocturne de Launceston est assez animée. Le journal gratuit *Launceston Week* ou *This Week in Tasmania* vous donneront toutes les informations sur ce qui se passe en ville.

Comment s'y rendre
Avion. Pour tout renseignement sur les vols intérieurs depuis/vers Launceston, reportez-vous à la rubrique *Comment s'y rendre*, en début de chapitre. Qantas est établi à l'angle de Brisbane St et de George St.

Bus. Les principales compagnies de bus desservant Launceston sont TRC (☎ 1300 360 000 ; 6331 3233), 112 George St ; TWT (☎ 1300 300 520 ; 6334 4442), 101 George St ; et Tamar Valley Coaches (☎ 6334 0828), 4 Cuisine Lane.

TRC assure des liaisons avec Deloraine (6,80 $), Devonport (13,70 $), Hobart (19,50 $), Burnie (18,30 $), Wynyard (20,90 $), Stanley (29 $), Smithton (29 $), George Town (7,20 $), St Marys (15,50 $), St Helens (19,20 $), Bicheno (21,60 $) et Swansea (17,30 $). TWT dessert la côte ouest, notamment Cradle Mountain (36,50 $, plus 7 $ pour le lac Dove) et Queenstown (43,10 $) et effectue la navette Launceston-Bicheno pour 19 $.

Location de voitures. De nombreuses agences de location de voitures sont installées à Launceston. Parmi les moins chères figurent Advance Car Rentals, 32 Cameron St (☎ 6391 8000) et l'aéroport. Les prix s'échelonnent de 30 à plus de 100 $ la journée et sont dégressifs pour une location plus longue.

Comment circuler
Desserte de l'aéroport. TRC gère un service de navettes au départ de l'aéroport, en correspondance avec les arrivées. Il emmène les passagers une heure environ avant tous les départs (7 $). En taxi, comptez environ 20 $ jusqu'au centre-ville.

Bus. Le service des bus locaux est géré par Metro et les terminus principaux sont les deux pâtés de maison situés entre Paterson St et York St, dans St John St. Pour 3,10 $, vous pouvez acheter un billet Day Rover, valable toute la journée pendant le week-end et entre 9h et 16h30, et après 18h en semaine. Notez cependant que la plupart des lignes ne fonctionnent pas en soirée et que le service du dimanche est limité.

Bicyclette. Rent-a-Cycle, à la Launceston City Youth Hostel (☎ 6344 9779), dispose d'un grand choix de VTT à 95 $ la semaine.

TASMANIE

La Tamar Valley
et la côte nord

Les plaines du nord se caractérisent par des collines en pente douce et des terres cultivées qui s'étendent de la Tamar Valley au nord de Launceston jusqu'aux Great Western Tiers à l'ouest. Pour découvrir les villes et les beaux paysages de cette région, empruntez les routes secondaires, généralement goudronnées.

La Tamar marque la frontière entre les districts de Tamar est et de Tamar ouest, et relie Launceston à son port maritime, Bell Bay. Le Batman Bridge est le seul pont à franchir le cours inférieur de la rivière. Soumise à la marée sur une longueur de 64 km jusqu'à Launceston, la Tamar serpente à travers de charmants vergers, prés, forêts et vignobles.

La Tamar Valley et la Pipers River, toute proche, font partie des principales régions viticoles de Tasmanie ; leurs vins secs ont acquis une grande notoriété.

L'histoire européenne de la région remonte à 1798, date de la découverte de l'estuaire de la Tamar par Bass et Flinders. Les colons s'installèrent dès 1804, et la vallée se développa lentement, malgré la résistance des Aborigènes. L'estuaire fut d'abord un port d'attache pour les marins et les chasseurs de phoques des îles du détroit de Bass puis, durant les années du bagne, un repaire de forçats en cavale dans le bush.

A la fin des années 1870, la découverte d'or à Cabbage Tree Hill, aujourd'hui Beaconsfield, donna une tournure différente à l'essor de la vallée. Le développement de la région s'intensifia, et Cabbage Tree Hill fut la troisième ville de Tasmanie, jusqu'à la fermeture des mines en 1914.

Comment s'y rendre et circuler

En semaine, Tamar Valley Coaches (☎ 6334 0828) assure au moins un service par jour le long de la West Tamar Highway. Ce bus ne circule pas le week-end. Entre Launceston et Beaconsfield, comptez 5,70 $.

Trois fois par jour en semaine et une fois le dimanche, des bus TRC (☎ 1300 360 000)

suivent la rive est de la Tamar entre Launceston et Dilston, Hillwood et George Town (7,20 $). Ils continuent vers Low Head sur réservation.

En été uniquement, George Town est le point d'embarquement et de débarquement du *Devil Cat*, qui dessert Melbourne (voir *Comment s'y rendre*, au début de ce chapitre). Une correspondance en bus depuis/vers Launceston est assurée à chaque arrivée et chaque départ du catamaran.

TRC relie plusieurs fois par jour Launceston à Devonport (13,70 $), Ulverstone (15,80 $) et Penguin (16,20 $). Certains bus s'arrêtent au terminal des ferries à Devonport. Cette même compagnie dessert en semaine la ligne Launceston-Deloraine (6,80 $).

Des bus quittent également Launceston et Devonport pour le Cradle Mountain-Lake St Clair National Park (voir *L'Ouest*).

DELORAINE
• **code postal 7304** • **2 100 habitants**
Deloraine, la ville la plus importante de l'intérieur de la Tasmanie, est dotée de charmantes aires de pique-nique près de la rivière, d'un paysage superbe au pied des Great Western Tiers, à proximité de Cradle Mountain, et de nombreux aménagements ; c'est une base idéale pour explorer les alentours. Le centre d'information touristique, qui abrite également le **musée folklorique**, se tient près du rond-point, en haut de la rue principale.

Nombre des édifices géorgiens et victoriens de la ville ont été restaurés. Parmi les monuments intéressants, citons l'**église anglicane St Mark** et, à 2 km à l'est de la ville, la galerie **Bowerbank Mill**. La **Tasmanian Craft Fair**, qui a lieu à Deloraine pendant quatre jours fin octobre-début novembre, passe pour la plus importante foire artisanale de toute l'Australie. A cet époque de l'année, les réservations sont indispensables.

Où se loger et se restaurer
L'*Apex Caravan Park* (☎ 6362 2345), West Parade, à 500 m du centre-ville, loue des emplacements de tente à 10 $. L'endroit

est bien situé, mais attention aux risques d'inondation.

Perchée à flanc de colline, le *Highview Lodge Youth Hostel* (☎ *6362 2996, 8 Blake St)* jouit d'une vue magnifique sur les Great Western Tiers (12 \$ le lit). Vous pouvez louer des vélos et des VTT.

La *Bush Inn* (☎ *6362 2365, 7 Bass Highway)* et le *Deloraine Hotel* (☎ *6362 2022, Emu Bay Rd)* offrent un hébergement sommaire en B&B, à 20 et 25 \$ par personne respectivement.

A côté du Deloraine, la sympathique et confortable *Bonneys Inn* (☎ *6362 2974)* offre des chambres de style colonial (avec petit déjeuner) à 60/75 \$ la simple/double.

Pour un hébergement haut de gamme, voyez le *Bowerbank Mill* (☎ *6362 2628, 4455 Meander Valley Highway)*, à 2 km à l'est de la ville ou, moins excentré, dans East Barrack St, le luxueux *Arcoona* (☎ *6362 3443)*.

Dans la rue principale, l'*Emu Bay Brasserie* ouvre tous les jours à partir de 8h. L'ambiance y est détendue et les prix raisonnables. Le *Delicatessen Coffee Shop* est attrayant. A la *Christmas Hills Raspberry Farm*, à 8 km de la ville sur la route de Devonport, les framboises entrent dans la composition de nombreux desserts. En hiver, vous dégusterez une soupe copieuse et un *damper* suivis d'un dessert pour 9,50 \$. Un peu plus loin, *Villarett* (☎ *6368 1214)* propose un salon de thé, une galerie et un hébergement de catégorie moyenne au milieu de jardins replantés.

MOLE CREEK
• code postal 7304 • 250 habitants
Les environs de Mole Creek, située à 25 km à l'ouest de Deloraine, produisent du miel de *leatherwood* (ou *Eucryphia)* et recèlent des grottes karstiques spectaculaires, ainsi que l'un des plus beaux parcs naturels de Tasmanie. Aujourd'hui, une grande partie de la région est protégée dans le cadre du **Mole Creek Karst National Park**.

La **Marakoopa Cave** est une grotte humide à 15 km de Mole Creek. Elle abrite des cours d'eau souterrains et un incroyable rassemblement de lucioles. La **King Solomon Cave** est

une grotte sèche avec d'étonnantes formations de cristaux de calcite qui renvoient la lumière. On y accède facilement par quelques marches. En haute saison, au moins 5 visites sont organisées chaque jour. Le droit d'entrée se monte à 8 \$ (enfants 4 \$) pour une grotte et à 12/6 \$ pour les deux. Les horaires sont affichés sur les routes d'accès ou communiqués par le garde (☎ 6363 5182).

La région abrite également de magnifiques **grottes naturelles**. Wild Cave Tours (☎ 6367 8142) fournit du matériel de spéléologie et des guides pour 65 \$ la demi-journée ou 130 \$ la journée.

L'arbre appelé leatherwood ne pousse que dans la région humide à l'ouest de la Tasmanie. Le miel de ses fleurs est donc une spécialité de cet État. De janvier à avril, au moment de la récolte du miel, vous pouvez visiter la **Stephens Leatherwood Honey Factory** (ouverte en semaine).

A 2 km de Chudleigh, à l'est de Mole Creek, le **Trowunna Wildlife Park** mérite une visite. Il est ouvert tous les jours de 9h à 17h (8,50 \$, 4,50 \$ pour les enfants).

Où se loger
Situé à 2 km à l'ouest de la ville, à la hauteur de la bifurcation vers les grottes et la Cradle Mountain, le *Mole Creek Camping Ground* (☎ *6363 1150)* offre un confort sommaire et des emplacements sans/avec électricité à 8/10 \$ par famille.

Le *Mole Creek Hotel* (☎ *6363 1102)*, dans la rue principale, propose des chambres à 30/55 \$ et des plats du jour. La *Mole Creek Guest House* (☎ *6363 1399)*, également dans la rue principale, propose des doubles avec petit déjeuner à partir de 70 \$. A l'extérieur du village, le *Mole Creek Holiday Village* (☎ *6363 6124, 1876 Mole Creek Rd)* possède pour sa part des bungalows en bois à 68 \$ la double, tandis que le charmant *Blackwood Park* (☎ *6363 1208)*, dans Mersey Hill Rd, vous accueille dans des chambres élégantes et tout équipées à 96 \$ seulement la double.

DEVONPORT
• code postal 7310 • 25 400 habitants
Nichée derrière l'impressionnant Mersey

TASMANIE

Bluff surmonté d'un phare, Devonport est le terminal du *Spirit of Tasmania*, le ferry qui relie le Victoria à la Tasmanie.

Le phare de Bluff fut construit en 1889 pour diriger le trafic maritime croissant de la colonie ; son signal est visible à 27 km en mer. Aujourd'hui, le port est toujours animé, assurant le transit d'une grande partie des exportations des riches terres agricoles de la Tasmanie septentrionale.

Renseignements

Pour tout renseignement sur Devonport et la Tasmanie en général, adressez-vous à la Backpackers' Barn (☎ 6424 3628), 12 Edward St, ouverte tous les jours de 9h à 18h. Vous y trouverez un café, un excellent magasin d'équipement de randonnée, un fax et des douches (peu onéreuses).

Le Devonport Showcase (☎ 6424 8176), 5 Best St, dispose également d'un éventail complet d'informations touristiques et expose des œuvres d'art et d'artisanat local. Ce centre d'information officiel (☎ 6424 4466) ouvre tous les jours de 9h à 17h.

Tiagarra

Le **Tasmanian Aboriginal Culture & Art Centre** est à Mersey Bluff, sur la route du phare. Ce centre, plus couramment dénommé Tiagarra (qui signifie "garder" en aborigène) est destiné à préserver l'art et la culture aborigènes de Tasmanie. Vous y verrez une collection rare de plus de 250 gravures rupestres. Il vous accueille tous les jours de 9h à 17h.

Musées

Le **Tasmanian Maritime & Folk Museum**, près de la plage, expose des maquettes de bateaux anciens et récents. Agrandi il y a peu de temps, il ouvre du mardi au dimanche de 13h à 16h30 (3 $).

Autres curiosités

La **Devonport Gallery**, 45-47 Stewart St, est ouverte du lundi au vendredi de 10h à 17h et le dimanche après-midi (entrée gratuite). Au 77 Middle Rd, à proximité de l'auberge de jeunesse YHA, **Home Hill** est l'ancienne résidence de Joseph Lyons – seul Australien à avoir été à la fois chef de son État et Premier ministre – et Enid Lyons, première femme entrée au Parlement australien. La demeure, administrée par le National Trust, est ouverte au public du mardi au jeudi et durant les week-ends de 14 à 16h (6 $).

Le **Forest Glen Tea Gardens & Bird Sanctuary**, à 9 km de la ville sur la route de Sheffield, est une petite réserve résonnant du chant des oiseaux, où vous pourrez voir des perruches de Latham vertes, espèce en voie de disparition, se nourrir au sommet des arbres.

Circuits organisés

Tarkine Tours (☎ 6423 4690, 0418 143 057) organise des excursions dans des endroits tels que Cradle Mountain (55 $), Pieman River (70 $), Gordon River (85 $), Arthur River (65 $) et Leven Canyon (50 $). Tasman Bush Tours (☎ 6492 1431) propose également des circuits au départ du Tasman House Backpackers.

Où se loger – petits budgets

Non loin de la ville, près de Tiagarra, l'agréable *Mersey Bluff Caravan Park* (☎ 6424 8655) jouit de la proximité de belles plages. Les emplacements avec électricité valent 15 $, les caravanes 40 $ et les bungalows 50 $. L'*Abel Tasman Caravan Park* (☎ 6427 8794, 6 Wright St), à East Davenport, offre des emplacements à 10 $, des caravanes fixes à 35 $ (draps non fournis) et des bungalows à 56 $.

Au-dessus du restaurant Molly Malones, l'*Inner City Backpackers* (☎ 6424 1898) loge les voyageurs à petit budget pour 13 $ par personne.

Le *Tasman House Backpackers* (☎ 6423 2335, 169 Steele St) occupe une ancienne résidence d'infirmières où un lit en dortoir coûte 10 $, une twin 12 $ par personne et une double avec s.d.b. 28 $. L'endroit se trouve à 15 minutes à pied de la ville, mais vous pouvez demander qu'on vienne vous chercher au moment de la réservation.

Affiliée à l'YHA, la *MacWright House* (☎ 6424 5696, 115 Middle Rd), à 400 m de Home Hill et à 40 minutes à pied du centre-ville, demande 10 $ par nuit.

Vous trouverez deux bons hôtels non loin du centre : l'*Alexander Hotel* (☎ *6424 2252, 78 Formby Rd*), qui vous demandera 30/40 $ en simple/double confortable avec petit déjeuner continental, et le *Formby Hotel* (☎ *6424 1601, 82 Formby Rd*), à 35/45 $ avec petit déjeuner à l'anglaise (ajoutez 15/20 $ pour les chambres avec s.d.b.).

L'*Edgewater Hotel & Motor Inn* (☎ *6427 8441, 2 Thomas St, East Devonport*) n'est pas très attrayant vu de l'extérieur, mais il est proche du terminal du ferry (45/50 $).

Où se loger – catégorie moyenne
Le sympathique *River View Lodge* (☎ *6424 7357, 18 Victoria Parade*), sur le front de mer, mérite sa bonne réputation. Il facture 45/55 $ la simple/double avec s.d.b. commune (55/70 $ avec s.d.b. individuelle) et possède une chambre accessible en fauteuil roulant.

Non loin, l'*Elimatta Motor Inn* (☎ *6424 6555, 15 Victoria Parade*) propose des chambres à partir de 55/60 $.

Mac Fie Manor (☎ *6424 1719, 44 Macfie St*), qui occupe une jolie demeure de style Fédération de deux étages, offre un hébergement avec petit déjeuner à 65/85 $. Autre très bonne adresse, l'*Ochill Manor* (☎ *6428 2660*), dans la charmante ville de Forth, à 10 km à l'ouest de Devonport, loue des chambres à 85/120 $, petit déjeuner compris.

Comment s'y rendre
Avion. Pour les vols intérieurs à destination de Devonport, reportez-vous aux rubriques *Comment s'y rendre* et *Comment circuler*, au début de ce chapitre.

Bus. Le terminal des bus TRC (☎ 1300 360 000) est installé 9 Edward St, en face de la Backpackers Barn. Les bus s'arrêtent également au terminal du ferry pour assurer une correspondance. TRC propose au moins trois liaisons quotidiennes de Hobart à Launceston, Devonport et Burnie et retour. En semaine, la plupart des bus continuent leur route vers Smithton ; un seul service est assuré le samedi et aucun le

dimanche. Le billet Launceston-Davenport coûte 13,70 $.

TWT (☎ 1300 300 520) dessert Sheffield, Gowrie Park, Cradle Mountain et la côte ouest, tout comme Maxwells (☎ 6492 1431), qui se rend également sur demande à Cradle Mountain, au lac St Clair, aux Walls of Jerusalem, à Frenchmans Cap et autres lieux de randonnée. Reportez-vous à *L'Ouest*, plus bas dans ce chapitre.

En dehors de la période estivale, ou si les horaires ne vous conviennent pas, vous pouvez affréter un minibus en vous adressant à Maxwells ou à la Backpackers Barn.

Voiture. Les agences de location de voitures bon marché sont légion ; citons notamment Range/Rent-a-Bug (☎ 6427 9034), avec des Coccinelle VW facturées entre 25 et 40 $ la journée. Les grandes sociétés telles que Avis, Thrifty et Budget sont représentées au terminal des ferries.

Bateau. Pour tout renseignement concernant les services du ferry *Spirit of Tasmania* entre Melbourne et Devonport, reportezvous à la rubrique *Comment s'y rendre* au début de ce chapitre. Le terminal de TT Line (☎ 1800 030 344) se situe sur l'Esplanade, à Devonport. Vous ne pouvez pas manquer le ferry, il domine la ville quand il est à quai.

Comment circuler
Une navette de l'aéroport assure l'arrivée de chaque avion. Un bus relie les lieux d'hébergement et le ferry. Les bus locaux, gérés par Mersey Coach, circulent du lundi au vendredi – vous pouvez vous procurer les horaires au Devonport Showcase. Un petit ferry partant juste en face de la poste rejoint la rive est de la rivière à côté du *Spirit of Tasmania*. Il fonctionne sur demande du lundi au samedi (1,50 $ l'aller simple).

ULVERSTONE
• code postal 7315 • 9 800 habitants
Avec son superbe front de mer jalonné d'excellents B&B et restaurants de fruits de mer, Ulverstone, à l'embouchure de la Leven, a tout pour devenir une station balnéaire chic.

Si vous vous rendez en voiture d'Ulverstone à **Penguin**, prenez l'Old Bass Highway : à l'approche de Penguin, les paysages prennent une allure de campagne anglaise avec les cottages entourés de jardins, le chemin de fer à voie étroite et la mer. En continuant vers Gunns Plains, vous atteindrez l'embranchement de la **Pindari Deer Farm** (☎ 6437 6171), parc animalier juché sur une colline offrant une vue imprenable sur le Mt Roland et Table Cape. L'entrée coûte 7,50/5 $ pour un adulte/enfant. Le parc dispose également d'un restaurant et d'un hébergement de catégorie supérieure.

Plus loin au sud, à 41 km d'Ulverstone, les magnifiques gorges de **Leven Canyon** abritent plusieurs sentiers de promenade.

Où se loger

Proche de la ville, l'*Ulverstone Caravan Park* (☎ *6425 2624*), Water St, dispose d'emplacements (12 $ pour deux), de caravanes fixes (35 $), de bungalows avec s.d.b. (45 $, ou 52 $ avec les draps) et d'appartements (57 $, draps fournis).

Le Nord-Ouest

La superbe côte nord-ouest de la Tasmanie est une terre dont l'intérêt réside aussi bien dans ses aspects historiques que dans ses paysages variés. Son histoire remonte à l'époque où, il y a quelque 40 000 ans, les kangourous et les wombats géants occupaient la région.

Les tribus aborigènes vivaient dans des cavernes de la côte, où les gravures rupestres et les traces de campements témoignent de leur présence.

Conscients du potentiel de la région, les colons européens avancèrent toujours plus à l'ouest, construisant des villes sur le littoral et à l'intérieur des terres, le long des nom-

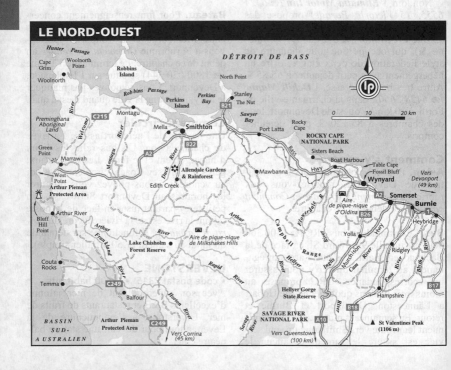

LE NORD-OUEST

breuses rivières. La région devint rapidement une partie vitale de l'économie de la jeune colonie.

Comment s'y rendre et circuler

Avion. L'aéroport de la région, situé à Wynyard, est également connu sous le nom de Burnie. Pour plus de renseignement, voir les rubriques *Comment s'y rendre* et *Comment circuler*, au début de ce chapitre.

Bus. TRC (☎ 1300 360 000) relie plusieurs fois par jour Hobart à Launceston (19,50 $) puis suit la côte nord jusqu'à Devonport (13,70 $) et Burnie (18,30), d'où l'on peut prendre un autre bus TRC du lundi au samedi vers Wynyard (20,90 $), Stanley (29 $) et Smithton (29 $).

Voiture. Murchinson Highway, entre Somerset (près de Burnie) et Queenstown, est la route principale menant de la côte nord à la côte ouest. Une autre route entre Smithton et la côte ouest, baptisée Western Explorer, comprend un tronçon difficile entre Arthur River et Corinna. Bien que praticable sans 4x4 et présentée comme une route touristique, elle est isolée et en grande partie gravillonnée, aussi vaut-il mieux éviter de l'emprunter la nuit ou par mauvais temps. A Corinna, un ferry transporte votre voiture de l'autre côté de la Pieman, d'où vous pouvez rejoindre Zeehan et le reste de la côte ouest.

L'autre grande route de la région est la C132, qui relie la Murchinson Highway (A10) au Cradle Moutain Lodge et permet aux voitures et aux bus de rejoindre Queenstown directement depuis Devonport en évitant la côte nord-ouest.

BURNIE

• code postal 7320 • 21 000 habitants
Bien que Burnie soit installée sur le rivage d'Emu Bay et bordée de terres fertiles, la fumée des usines surprendra le visiteur avant la beauté du paysage. L'un des principaux atouts de Burnie, quatrième ville de Tasmanie, est son port en eaux profondes, qui a fait de l'activité portuaire une industrie majeure de la cité depuis sa fondation.

Le Tasmanian Travel & Information Centre (☎ 6434 6111), dans Little Alexander St, attenant au Pioneer Village Museum, fournit toutes les informations sur le Nord-Ouest de la Tasmanie.

A voir et à faire

Le **Pioneer Village Museum** (musée du village des pionniers), dans Little Alexander St, à côté de Civic Plaza, présente une authentique forge d'époque, une imprimerie et une échoppe de bottier. Il est ouvert de 9h à 17h du lundi au vendredi et de 13h30 à 16h30 le week-end (4,50 $, 1,50 $ pour les enfants).

L'agréable **Burnie Park** regroupe une réserve animalière et le bâtiment le plus ancien de la ville, la **Burnie Inn**.

Tous les jours, la **fromagerie Lactos**, Old Surrey Rd, est ouverte aux visiteurs et propose la dégustation et la vente de ses produits. La **Burnie Regional Art Gallery**, dans Wilmot St, ouvre tous les jours et mérite elle aussi le déplacement.

Nombre de chutes et de beaux panoramas jalonnent la région : le **Roundhill Lookout** et **Fern Glade**, à 3 km du centre-ville, les **Guide Falls**, à Ridgley, 16 km plus loin. Les **Emu Valley Rhododendron Gardens**, à 8 km au sud de Burnie, ouvrent tous les jours de septembre à février (3 $).

Où se loger

Il est peu probable que vous souhaitiez passer la nuit à Burnie.

A Cooee, à 4 km à l'ouest de Burnie sur la Bass Highway, le *Treasure Island Caravan Park* (☎ *6431 1925*) loue des emplacements de camping avec électricité à 14 $ pour deux, des caravanes fixes (30/36 $ en simple/double), des bungalows (45/55 $) et des lits en dortoir (12 $). Il est associé à l'*Ocean View Motel*, qui dispose de chambres bien entretenues à 55/65 $.

L'hôtel le plus abordable, le *Regent* (☎ *6431 1933, 26 North Terrace*) demande 30/40 $ en simple/double. La *Glen Osborne House* (☎ *6431 9866, 9 Aileen Crescent*), à 1 km environ du centre-ville, propose de grandes chambres avec s.d.b. dans une superbe demeure ancienne (80/100 $, petit déjeuner compris).

WYNYARD

• **code postal 7325** • **4 500 habitants**

Abritée par le Table Cape et l'étonnant Fossil Bluff, Wynyard est à la fois située sur la mer et sur les rives de l'Inglis.

Bien que l'agglomération ne présente pas grand intérêt en elle-même, c'est une excellente base pour visiter la région. Un Visitor Information Centre a ouvert non loin des quais, dans Goldie St.

Où se loger et se restaurer

Près de la ville, sur l'Esplanade, le *Wynyard Caravan Park* (☎ *6442 1998*) loue des lits en auberge à 14 $, des emplacements à 10 $, des caravanes à 34 $ pour deux et des bungalows doubles à 54 $.

Le *Wynyard Youth Hostel* (☎ *6442 2013, 36 Dodgin St*), à un pâté de maisons au sud de la rue principale, offre des lits à 13 $. Si vous arrivez en avion, l'auberge se trouve à 5 minutes de marche de l'aéroport.

Au centre-ville, le *Federal Hotel* (☎ *6442 2056, 82 Goldie St*) loue des simples/doubles à 35/55 $, petit déjeuner compris. Le restaurant est ouvert de 7h à 20h tous les jours sauf le dimanche (fermeture à 14h).

Au début de la route pour Table Cape, l'*Alexandria* (☎ *6442 4411*) propose un bon hébergement en B&B pour 65/85 $.

LES ENVIRONS DE WYNYARD

A 3 km de Wynyard se trouve le **Fossil Bluff**, où ont été découverts les plus anciens fossiles de marsupiaux d'Australie. Le grès tendre a conservé des fossiles marins du temps où le niveau du détroit de Bass était beaucoup plus élevé.

Les autres sites touristiques de la région comprennent **Table Cape**, qui offre des points de vue inoubliables dont les plus beaux sont ceux du *Skyescape* (☎ *6442 1876, 282 Tollymore Rd*), établissement moderne stupéfiant où les chambres avec petit déjeuner valent de 130 à 180 $ la double. Sur le cap se trouvent également un phare et une ferme spécialisée dans la culture des tulipes. **Boat Harbour Beach**, à 14 km de Wynyard, est une baie magnifique, avec du sable blanc et une eau bleue

cristalline. Si vous souhaitez y passer la nuit, le *Boat Harbour Beach Backpackers* (☎ *6445 1273*), dans Strawberry Lane, près de la plage, demande 14 $ par personne. Le propriétaire peut venir vous chercher sur la route principale, à la bifurcation pour le port. La petite ville dispose également d'un *terrain de camping*, d'un *motel* et de *cottages*.

Non loin de là, dans le **Rocky Cape National Park**, se trouve Sisters Beach, une étendue de 8 km de sable blanc brillant, parfaite pour la baignade et la pêche. Également dans le parc, les **Birdland Native Gardens** (jardins des oiseaux natifs de Tasmanie) couvrent 10 ha et présentent des informations sur les oiseaux originaires de la région. Vous pourrez voir de nombreuses **chutes**, telles Detention Falls, à 3 km au sud de Myalla, et Dip Falls, près de Mawbanna.

A moins de disposer d'un véhicule, il vous faudra faire du stop pour vous rendre dans la plupart de ces endroits. Redline Coaches peut vous déposer à la bifurcation qui mène à Boat Harbour (3 km) et à Sisters Beach (8 km).

STANLEY

• **code postal 7331** • **600 habitants**

Niché au pied de l'extraordinaire formation de basalte de *Circular Head* (tête ronde), appelée plus couramment *The Nut* (la noix), Stanley est un village historique plein d'attraits qui n'a guère changé depuis ses origines.

En 1826, il devint le quartier général de la compagnie de la Terre de Van Diemen, basée à Londres, à laquelle fut octroyée une concession pour coloniser et cultiver la région de Circular Head et l'extrémité nord-ouest de la Tasmanie.

La région commença réellement à prospérer à partir du moment où elle se mit à exporter de grandes quantités de moutons, de bœufs et de pommes de terre vers les champs aurifères du Victoria. Elle connut un nouvel essor lorsque les colons découvrirent les pâturages derrière les Sisters Hills et les gisements d'étain du Mt Bischoff.

De nos jours, Stanley est un charmant village de pêcheurs avec de nombreuses bâtisses anciennes. Pour tout renseignement, adressez-vous au télésiège de The Nut, où vous pourrez également vous procurer la brochure *Welcome to Stanley*, qui comprend une carte et des descriptions détaillées des bâtiments historiques.

The Nut
Cette impressionnante "noix" de roche volcanique de 152 m de haut et dont l'âge est estimé à 12,5 millions d'années, est visible à plusieurs kilomètres de Stanley. Comptez 20 minutes pour parvenir au sommet ; la montée est assez difficile mais la vue justifie l'effort. Un télésiège fonctionne, quand la météo le permet, entre 9h et 17h30 en haute saison et entre 10h et 16h en basse saison (6/4/15 $ par adulte/enfant/famille). Au sommet, une agréable promenade à pied fait le tour des différents points de vue ; vous pouvez aussi emprunter le Nut Buggy (5 $, gratuit pour les enfants).

Autres curiosités
La compagnie de la Terre de Van Diemen avait pour entrepôt une construction en basalte bleu sur le front de mer, le **Van Diemen's Land Company Store**, édifié en 1844 par John Lee Archer, un architecte colonial. Ce site, rénové, ouvre du mardi au jeudi et en week-end ; le droit d'entrée se monte à 2 $ pour les dépendances et le parc et à 5 $ pour l'ensemble. Le siège de la compagnie se trouvait à **Highfield**, à 2 km au nord de Stanley.

Autre très beau bâtiment en basalte bleu près du quai de Stanley, l'ancien entrepôt à grains (transformé en restaurant) fut construit au milieu du XIXᵉ siècle avec des pierres apportées à Stanley par un navire auquel elles avaient servi de lest.

Le petit musée des traditions populaires, le **Discovery Centre**, Church St, est ouvert presque tous les jours de l'année de 10h à 16h30 (3 $).

Parmi les autres bâtiments historiques, citons encore le **Lyons Cottage**, dans Church St, lieu de naissance de l'ancien Premier ministre Joseph Lyons (ouvert de 10h à 16h, donation souhaitée), et l'**église presbytérienne**, sans doute la première construction préfabriquée d'Australie, achetée en Angleterre et transportée à Stanley en 1885.

Où se loger
La **Stanley Youth Hostel** (☎ *6458 1266, Wharf Rd*) fait partie du **Stanley Caravan Park** et demande 12 $ pour la nuit. Le terrain de camping loue des emplacements avec électricité à 13 $, des caravanes à 30 $ et des bungalows avec s.d.b. (40 à 50 $).

L'Ouest

C'est sur cette côte accidentée que la nature est la plus belle. De rudes montagnes, des plaines herbeuses, d'anciens lits de rivières, des lacs paisibles, des forêts humides extrêmement denses et une côte traîtresse sont les caractéristiques de cette magnifique région, dont une partie a été inscrite sur la liste du Patrimoine mondial de l'Unesco.

Les rivières sauvages, les lacs et les vallées tranquilles du Sud-Ouest de la Tasmanie furent l'enjeu d'une bataille qui fit rage entre écologistes et grandes entreprises. Le projet de barrages sur la Franklin et la Lower Gordon a provoqué la polémique la plus intense et la plus longue en matière d'environnement qu'ait connue l'Australie dans les années 1980. La conséquence en a été le développement de l'écotourisme à Strahan.

Comment s'y rendre et circuler
Au départ de Hobart, TWT (☎ 1300 300 520) assure une liaison quotidienne les mardi, jeudi, vendredi et dimanche vers Bronte Junction (20,60 $), le lac St Clair (28,70 $), Derwent Bridge (24,70 $) et Queenstown (36,20 $). Le retour a lieu le même jour. Les mardi, jeudi et samedi, des bus relient Queenstown à Zeehan (5,60 $), Rosebery (11 $), Tullah (12,40 $), le Cradle Mountain Lodge (17,60 $), Gowrie Park (24,70 $), Sheffield (27,50 $), Devonport (30,10 $) et Launceston (43,10 $) (retour le même jour). Une liaison est assurée de Queenstown à Strahan (5,60 $) les mardi, jeudi, samedi et dimanche, et dans l'autre direction les mardi, jeudi et dimanche.

CORINNA
• code postal 7321

A 28 km au sud-ouest de Savage River, Corinna était autrefois une ville minière prospère grâce à l'extraction de l'or. Aujourd'hui, elle est quasiment devenue une ville-fantôme.

Seuls le paysage et les croisières fluviales de Pieman River Cruises (☎ 6446 1170) attirent des visiteurs. La croisière vous fait traverser une gorge impressionnante et de vastes forêts d'eucalyptus, de fougères et de pins jusqu'aux Pieman Heads, parsemées de rondins massifs. Départ tous les jours à 10h30 et retour à 14h30 (30 $, enfants 15 $).

Les seules possibilités de logement sont les *Pieman Retreat Cabins (☎ 6446 1170)* avec des bungalows pour six personnes, équipés (60 $ en double, plus 10 $ par personne supplémentaire). On peut louer du linge moyennant un supplément.

Le Pieman River Barge est en service tous les jours entre 9 et 17h (10 $).

ROSEBERY
• code postal 7470 • 1 900 habitants

L'or fut découvert à Rosebery à la fin des années 1800, et l'exploitation minière démarra au début de ce siècle avec l'achèvement de la ligne ferroviaire d'Emu Bay entre Burnie et Zeehan. Cependant, lorsque les fonderies de plomb de Zeehan fermèrent en 1913, l'exploitation cessa à Rosebery. L'Electrolytic Zinc Company a racheté et réouvert la mine en 1936 ; elle continue à l'exploiter.

A 8 km au sud de Rosebery, la ville minière abandonnée de Williamsford constitue le point de départ d'une belle promenade jusqu'aux **Montezuma Falls**, de spectaculaires chutes d'eau.

ZEEHAN
• code postal 7469 • 1 100 habitants

En 1882, de riches gisements d'argent et de plomb furent découverts dans la paisible petite ville de Zeehan. Au tournant du siècle, elle était devenue Silver City, un centre minier en pleine croissance avec une population qui culmina à 10 000 habitants.

A son apogée, Zeehan disposait de 26 hôtels, et son théâtre de variétés, le Gaiety Theatre, accueillait 1 000 spectateurs. En 1908, les mines commencèrent à s'épuiser, et Silver City déclina. Avec la réouverture et le développement de la mine d'étain de Renison à Renison Bell, la ville a connu une certaine reprise à la fin des années 60.

A voir

Les **constructions**, vestiges de l'époque minière, comprennent le Grand Hotel, qui englobe le Gaiety Theatre, en cours de rénovation, le bureau de poste, la banque et l'église St Luke.

Pour vous faire une bonne idée du travail dans les mines, visitez le **West Coast Pioneers' Memorial Museum** dans Main St. Le musée abrite aussi une intéressante collection de minéraux et une exposition sur les premières lignes ferroviaires de la côte ouest. Il ouvre tous les jours de 8h30 à 17h (5/3 $).

Le port d'origine de Zeehan, **Trial Harbour**, est un lieu de camping idéal. Si vous circulez entre Zeehan et Strahan, ne manquez pas d'admirer les **Henty Dunes**, vastes dunes de sable blanc.

Où se loger et se restaurer

Le *Treasure Island West Coast Caravan Park* (☎ 6471 6633), dans Hurst St, loue des emplacements (12 $), des caravanes (35 $) et des bungalows (60 $). Le *Heemskirk Motor Hotel* (☎ 6471 6107), Main St, dispose de simples/doubles à 73/79 $ et prépare des repas.

Toujours dans Main St, l'*Hotel Cecil* (☎ 6471 6221) occupe un bâtiment ancien qui comprend des chambres à 40/60 $ et des logements tout équipés pour quatre (80 $ en double). L'établissement sert des plats du jour. Dans le Pioneers' Museum, le *Museum Coffee Lounge* prépare des déjeuners légers.

QUEENSTOWN
• code postal 7467 • 2 500 habitants

Depuis la Lyell Highway, la descente en lacets menant à Queenstown est inoubliable. Avec ses fossés profonds et érodés

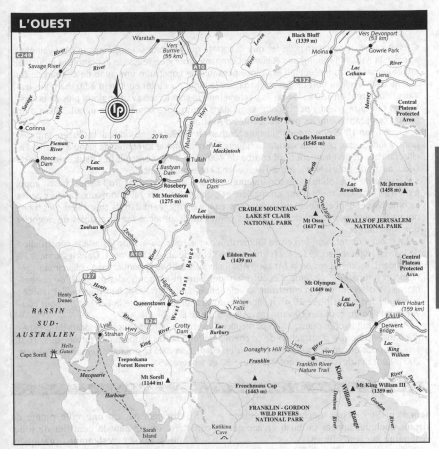

L'OUEST

et ses collines dénudées multicolores dont l'activité a détruit l'environnement, il est évident qu'on arrive dans une ville minière. En 1881, la découverte d'or dans les alluvions de la vallée de la Queen attira les prospecteurs. Deux ans plus tard, l'exploitation minière des gisements du Mt Lyell commençait, et, pendant près de dix ans, les mineurs ont extrait quelques grammes d'or par jour sans se soucier des riches réserves de cuivre de la montagne. En 1891, la Mt Lyell Mining Company entreprit d'exploiter le cuivre, et ce minerai devint bientôt le plus lucratif de la côte ouest.

Au bout de vingt années d'activité minière, les forêts humides des alentours de Queenstown avaient disparu ; 3 millions de tonnes de bois avaient été englouties dans l'alimentation des hauts fourneaux. En 1900, la végétation encore présente mourait en raison de la pollution produite par les fonderies de cuivre. Tous les étés, les incendies du bush faisaient rage, nourris par le terrain imprégné de souffre et les souches d'arbres morts. La repousse de la végétation fut empêchée pour plusieurs années après que les grandes précipitations venant de l'Ouest eurent emporté la couche supérieure du sol. Les fonderies ont

Le chemin de fer Abt

C'est à cause de ce chemin de fer que la société qui exploita si longtemps le Mt Lyell était appelée la Mt Lyell Mining *and* Railway Company. Pour que réussisse le complexe industriel envisagé par ses fondateurs, il était indispensable de construire une ligne de chemin de fer reliant le Mt Lyell au port de Teepookana, sur la King, puis ultérieurement à Strahan. Les travaux débutèrent en 1894 ; lorsqu'ils s'achevèrent, la voie ferrée avait englouti plus de la moitié des capitaux investis par la compagnie dans l'entreprise minière et couvrait 35 km d'un terrain comptant parmi les plus accidentés d'Australie.

Ouverte en 1896 puis étendue jusqu'à Strahan en 1899, la ligne longeait la Queen, grimpait jusqu'à Rinadeena, puis redescendait à travers une magnifique forêt humide jusqu'à la King. Là, elle franchissait un étonnant pont courbe de 400 m de long, construit très haut au-dessus de l'eau, avant de poursuivre jusqu'à Teepookana et Regatta Point.

Le système Abt (du nom de son inventeur), utilisé sur les terrains trop raides, faisait appel à un troisième rail, muni d'une crémaillère et placé entre deux rails normaux, tandis que les locomotives étaient équipées de roues à engrenage s'engageant dans la crémaillère ; les trains pouvaient ainsi monter et descendre des pentes qu'ils auraient été incapables de négocier une fois chargés.

Le chemin de fer, seul lien entre Queenstown et le reste du monde jusqu'à la construction de la Lyell Highway en 1932, fut fermé en 1963 et se délabra rapidement. Dans les années 90 cependant, les membres de la Mt Lyell Abt Railway Society s'appliquèrent à éclaircir la végétation et à réparer le système d'écoulement des eaux et les ponts, dans l'espoir de rassembler assez d'argent pour reconstruire la voie ferrée. En juillet 1998, leur rêve devint réalité : le cabinet fédéral attribua 20,45 millions de dollars sur les fonds de la Fédération pour couvrir la totalité du coût des travaux de restauration de la ligne.

Aujourd'hui la côte ouest, et en particulier Queenstown, met tous ses espoirs de prospérité dans le potentiel d'attraction de ce chemin de fer à la fois historique et pittoresque. Tout sera fait pour que le premier train soit mis en circulation d'ici la première semaine de janvier 2001. Le trajet devrait durer entre 1 heure 30 et 1 heure 45.

fermé en 1969, et une touche de vert émane depuis quelques années du bush vivace qui réapparaît sur les collines.

Aujourd'hui, la ville s'efforce de devenir une destination touristique, et elle a effectivement beaucoup à offrir à tous ceux qui s'intéressent à l'histoire sociale et industrielle. La restauration du chemin de fer Abt, entre Queenstown et Strahan, constitue un grand projet touristique dont on espère qu'il redonnera vie à toute la côte ouest. La gare d'origine, dans Driffield St, abritait jusqu'à récemment le centre d'informations, Lyell Tours (☎ 6471 2388), qui a été transféré de l'autre côté de la rue après un incendie. On envisage de construire sur ce site une nouvelle gare que desservira le chemin de fer restauré.

Si Queenstown est une ville pleine de caractère, on ne peut la qualifier de jolie. Ses hôtels et ses restaurants pratiquent cependant des prix généralement inférieurs à ceux de Strahan, et c'est une bonne base à partir de laquelle explorer la côte ouest si vous disposez d'un budget serré et ne souhaitez pas vous cantonner à Strahan et à la Gordon.

A voir et à faire

Le **Galley Museum** occupe l'ancien Imperial Hotel (1898), premier hôtel en brique de Queenstown. Le musée présente une curieuse collection de photographies anciennes accompagnées de légendes délicieuses rédigées par le photographe, Eric Thomas. Il est ouvert de 10h à 18h en semaine et de 13h à

18h le samedi (3 $), entre octobre et mai. Le reste de l'année, il ouvre de 10h à 16h30 en semaine et de 13h à 16h30 le samedi.

Dans le centre-ville (suivez Bowes St), le **Spion Kop Lookout**, offre de beaux points de vue. Si vous vous demandez pourquoi le terrain de football à votre gauche est brun plutôt que vert, c'est que l'équipe de football de Queenstown est rude : elle joue sur du gravier.

Le **chair lift** (télésiège) grimpe à 369 m et fournit un excellent point de vue sur les collines multicolores (4/2 $).

Lyell Tours (☎ 6471 2388) organise des **visites de la mine**, soit en surface soit souterraines. La Lyell Highway offre un point de vue sur l'impressionnant **Iron Blow**, la mine à ciel ouvert d'origine et aujourd'hui abandonnée.

Où se loger

A environ 500 m du centre-ville, le *Queenstown Cabin & Tourist Park* (☎ 6471 1332, 17 Grafton St) propose un hébergement en dortoir à lits superposés (15 $) et des emplacements de camping (13 $). Infiniment plus joli, le terrain de camping du *lac Burbury* se trouve immédiatement à l'est du Bradshaw Bridge en direction de Hobart.

Le *Mountain View Holiday Lodge* (☎ 6471 1163, 1 Penghana Rd) compte des dortoirs très sommaires à 10 $ le lit et des petites chambres de motel à 55 $ la nuit.

L'*Empire Hotel* (☎ 6471 1699, 2 Orr St) est un vieil hôtel charmant doté de simples/doubles agréables à partir de 20/35 $.

La *Mount Lyell Motor Inn* (☎ 6471 1888, 1 Orr St) offre des chambres de motel banales à partir de 35/45 $, tandis que la *Gold Rush Motor Inn* (☎ 6471 1005) dispose de beaux logements tout équipés à 80 $ la simple ou la double.

La *Penghana Guesthouse* (☎ 6471 2560), ancienne résidence du directeur général de la Mt Lyell Mining Company, domine majestueusement la ville au milieu d'une quantité d'arbres surprenante pour Queenstown. L'hébergement en B&B haut de gamme coûte de 90 à 150 $ en double ou en twin.

Où se restaurer

Dans Orr St, *Axel's* prépare de bons hamburgers et des en-cas légers. Au coin, la station-service BP abrite l'*Asian Eating House*. L'*Empire Hotel* sert des plats du jour dans une charmante salle à manger agrémentée d'une cheminée. Le *Smelters Restaurant* (☎ 6471 1511) de la Silver Hills Motor Inn, Penghana Rd, propose une carte avec des plats tournant autour de 17 $.

STRAHAN
- **code postal 7468** • **800 habitants**

A 37 km de Queenstown dans la baie de Macquarie, Strahan est la seule ville installée sur cette côte ouest accidentée et dangereuse.

La mer traîtresse, l'absence de port naturel et les pluies abondantes empêchèrent la colonisation de la région jusqu'à la découverte de la baie de Macquarie. Cette baie fut repérée par des marins qui s'interrogeaient sur la provenance des pins de Huon, fréquemment échoués sur les plages du sud.

A cette époque, la région était totalement inaccessible par voie de terre et très difficile à atteindre par mer. En 1821, ce sont ces difficultés mêmes qui conduisirent à la création d'une colonie pénitentiaire sur **Sarah Island**, au milieu de la baie. Elle avait pour objet d'isoler les bagnards les plus récalcitrants, tout en utilisant leur force physique pour exploiter les nombreux peuplements de pins de Huon. Les bagnards travaillaient en amont de la rivière 12 heures par jour, souvent entravés par des fers. Ils abattaient les pins et les faisaient flotter jusqu'aux scieries de l'île, où ils servaient alors à la construction de navires et de meubles.

En 1834, après la création du bagne de Port Arthur, Sarah Island fut abandonnée.

En tant que port de Queenstown, Strahan atteignit l'apogée de sa prospérité avec la ruée minière de la côte ouest et l'achèvement de la ligne de chemin de fer de la Mt Lyell Mining Company, à la fin des années 1890.

Les trains à vapeur effectuaient des liaisons régulières entre Strahan et Hobart, et Launceston et Melbourne, avec des cargaisons de cuivre, d'or, d'argent, de plomb, de bois et des passagers. La fermeture de certaines mines et l'ouverture du chemin de fer d'Emu Bay entre Zeehan et Burnie entraîna le déclin du port de Strahan. Attirant des foules de visiteurs venus participer aux croisières sur la Gordon, la ville est la destination touristique la plus populaire de l'État après Port Arthur.

Renseignements

Le centre d'information de Strahan (☎ 6471 7622), sur l'Esplanade, est en lui-même une curiosité touristique avec son architecture novatrice.

Le bureau du Department of Parks, Wildlife & Heritage se trouve dans l'ancien bureau des douanes, à proximité du centre-ville. Cet immeuble abrite également le bureau de poste. Pour les opérations bancaires, vous pouvez vous adresser à la poste, agent de la Commonwealth Bank. Le kiosque à journaux gère les comptes ANZ.

A voir

Derrière le comptoir en pin de Huon de la réception du centre d'information de Strahan, une exposition intitulée **West Coast Reflections** présente l'histoire du Sud-Ouest. Le centre est ouvert tous les jours de 10h à 18h, jusqu'à 20h en été. L'entrée coûte 4,50 $ (gratuite pour les enfants), mais une grande partie de l'exposition est visible de l'extérieur.

Deux imposants bâtiments, l'**Union Steamship Building** (1894) et la **Customs House**, témoignent de la splendeur passée de Strahan. La randonnée vers les **Hogarth Falls** part de Peoples Park, à l'est du centre-ville (1 heure aller-retour).

A 6 km de la ville, la plage d'**Ocean Beach** offre, sur 33 km de long, les plus fabuleux couchers de soleil. En octobre, lorsque les oiseaux reviennent de leur migration d'hiver, la plage abrite des colonies de puffins. A 14 km sur la route de Strahan à Zeehan, certaines des **Henty Dunes**, dunes de sable, mesurent plus de 30 m.

Circuits organisés

Croisières sur la Gordon. Une façon traditionnelle d'apprécier la beauté de la Gordon est de participer à l'une des croisières au départ de Strahan.

Gordon River Cruises (☎ 6471 7187) organise des excursions d'une demi-journée (9h à 14h, 45/25 $ par adulte/enfant), thé du matin compris (de 14h à 19h en janvier). D'octobre à mai, les croisières durent de 9h à 15h30 et coûtent 62/30 $, déjeuner compris.

World Heritage Tours (☎ 6471 7174) demande 44/20 $ pour un circuit de 9h à 15h30, sur un catamaran spécialement équipé. Un déjeuner est possible à bord (8 $).

Toutes les croisières comprennent une visite de Sarah Island, une promenade dans la forêt humide, et vous feront apercevoir les Hells Gates ainsi que l'étroite entrée de la baie de Macquarie.

West Coast Yacht Charters (☎ 6471 7422) propose plusieurs excursions de pêche ainsi que des croisières panoramiques. L'une d'elle dure 2 jours et 2 nuits (320/160 $ par adulte/enfant, tout compris).

Excursions en hydravion. C'est une superbe façon d'admirer la rivière et la région classée Patrimoine mondial. Les avions de Wilderness Air (☎ 6471 7280) partent du quai de Strahan environ toutes les 90 minutes à partir de 9h et survolent la rivière jusqu'aux chutes de Sir John, où ils se posent afin que vous puissiez vous promener dans la forêt humide, avant de revenir *via* Sarah Island et Ocean Beach. Le vol de 80 minutes mérite les 105 $ demandés. L'excursion est très courue, aussi vaut-il mieux réserver.

Promenades en jet-boat. Wild Rivers Jet (☎ 6471 7174), installé dans les bureaux de Wilderness Air sur les quais, organise des promenades en jet-boat de 50 minutes sur la rivière King (39 $, 25 $ pour un enfant). Les bateaux circulent tous les jours de 9h à 17h. Réservez à l'embarcadère de Strahan.

Où se loger

Bien que les capacités d'hébergement soient nombreuses à Strahan, tout est souvent complet en été et fermé en hiver. Il vaut donc mieux réserver à l'avance. En basse saison, vous devriez pouvoir négocier des réductions intéressantes en stand-by en vous y prenant en soirée. Le Strahan Village (☎ 6471 7191, fax 6471 7389) gère la majorité des possibilités d'hébergement en centre-ville, que vous pouvez réserver auprès de son nouveau bureau installé à l'angle de l'Esplanade et d'Elk St. D'autres logements, dont l'auberge de jeunesse, sont gérés par Strahan Central (☎ 6471 7612), à l'angle de l'Esplanade et de Harold St.

Le **Strahan Caravan Park** (*☎ 6471 7239, Innes St*) demande 10 $ pour un double emplacement. Un *terrain de camping* aux installations rudimentaires se trouve à 15 km de là, à Macquarie Heads.

A 13 $ la nuit, le **Strahan Youth Hostel** (*☎ 6471 7255, 6471 7612*), dans Harvey St, est l'hébergement le moins cher de la ville. Il possède également des bungalows à 43 $ pour deux. Le centre-ville est à 10 minutes à pied.

Il est possible de passer la nuit en B&B pour 30 $ par personne sur un voilier amarré sur le quai à condition de libérer la cabine avant 8h, heure du départ des croisières. Réservez par l'intermédiaire de **West Coast Yacht Charters** (*☎ 6471 7422*).

En composant le ☎ 6471 7191, vous pourrez réserver une chambre dans les établissements suivants : le *Hamer's Hotel*, en face du quai, qui propose des simples/ doubles sommaires à 48/65 $, le **Strahan Village**, ensemble de cottages tout équipés construits sur le front de mer dans différents styles coloniaux (de 99 à 155 $ la double) ; et la **Strahan Inn**, motel perché sur la colline derrière le bureau de réservations du Strahan Village (de 85 à 115 $).

Le **Strahan Central** (*☎ 6471 7612*) propose en étage de jolies suites à deux niveaux pour 120 à 130 $ la double. Plus loin dans le port, le *Gordon Gateway Chalet* (*☎ 6471 7165*) possède des logements attrayants et modernes avec vue sur le port, facturés entre 110 et 150 $ la double.

Si vous êtes à la recherche de nouveauté, louez un kayak (renseignez-vous au centre d'information) et remontez la Gordon jusqu'au **Boom Camp**, à Pine Landing. Les sociétés proposant des excursions vous y amèneront, ainsi que votre kayak, moyennant finances. Là, vous pourrez passer

quelques jours à explorer la rivière. Un bungalow abrite sept lits superposés avec matelas et des installations rudimentaires, mais on ne peut pas y faire la cuisine, et il est probable que l'endroit obéisse à la loi du "premier arrivé, premier servi".

FRANKLIN-GORDON WILD RIVERS NATIONAL PARK

Ce parc, inscrit sur la liste du Patrimoine mondial de l'Unesco, englobe les bassins de la Franklin et de l'Olga, une partie de la Gordon et la région de **Frenchmans Cap**, idéale pour les randonnées. Il abrite des plantes uniques au monde et un important site archéologique aborigène à **Kutikina Cave** (la grotte de Kutikina).

La majeure partie du parc est une forêt humide impénétrable. Cependant, la Lyell Highway traverse l'extrémité nord, et il est possible d'effectuer de courtes randonnées depuis la route. La marche jusqu'à la **Donaghys Hill** (40 minutes aller-retour) vous permettra de découvrir les rives de la Franklin et les superbes dômes de quartzite blanc de Frenchmans Cap. Un autre parcours vous conduira aux **Nelson Falls** (20 minutes aller-retour).

Descente de la Franklin en rafting

La Franklin est une rivière très sauvage, et la descendre en rafting peut être périlleux. Que vous partiez seul à l'aventure ou que vous faisiez appel à un tour-opérateur, vous devez contacter le bureau du PWS de Queenstown (☎ 6471 2511) pour obtenir les dernières informations sur les permis et les réglementations. Connectez-vous également sur le site Web du PWS, www.parks. tas.gov.au, pour consulter l'excellente page portant sur la Franklin.

Toutes les expéditions doivent être enregistrées au comptoir situé au carrefour entre la Lyell Highway et Collingwood River, à 49 km à l'ouest de Derwent Bridge. La descente commence à Collingwood River et se termine à Heritage Landing, sur la Franklin. Elle nécessite environ 14 jours. Une version plus courte demande 8 jours. A l'arrivée (la même pour les deux expéditions), vous pouvez rentrer avec un hydravion de Wilderness Air ou prendre un bateau de croisière de Gordon River, à 22 km en aval.

Parmi les compagnies proposant des sorties en rafting tout compris, citons Rafting Tasmania (☎ 6239 1080), Tasmanian Wild River Adventures (☎ 0409 977 506) et Tasmanian Expeditions (☎ 1800 030 230). Un forfait (transport inclus) coûte environ 180 $ pour la journée. Les sorties ont généralement lieu de décembre à mars.

CRADLE MOUNTAIN-LAKE ST CLAIR NATIONAL PARK

La superbe région de Cradle Mountain-Lake St Clair, inscrite sur la liste du Patrimoine mondial de l'Unesco, constitue le parc national le plus célèbre de Tasmanie. Sa superficie totale couvre 1 262 km². Les pics spectaculaires, les gorges profondes, les lacs et les landes sauvages, peuplés d'une faune et d'une flore étonnamment diverses, s'étendent des Great Western Tiers, au nord de la Tasmanie, à Derwent Bridge, sur la Lyell Highway au sud. C'est là que la dernière glaciation a laissé le plus d'empreintes, plus que partout ailleurs en Australie. On y trouve la montagne la plus élevée de Tasmanie, le Mt Ossa (1 617 m), et le lac naturel le plus profond d'Australie, le lac St Clair.

La sauvegarde de cette région sous la forme d'un parc national est due, en grande partie, à l'Autrichien Gustav Weindorfer, qui tomba sous le charme de la région. En 1912, il construisit un chalet en pin King Billy à l'extrémité nord du parc et l'appela *Waldheim*. Il s'y installa définitivement à partir de 1916. Aujourd'hui, des refuges pour randonneurs ont été construits à proximité, et l'endroit porte désormais le nom du chalet.

De très nombreuses marches d'une journée sillonnent les régions de Cradle Valley et de Cynthia Bay (lac St Clair). C'est cependant le spectaculaire parcours de 80 km entre ces deux points qui fait de ce parc le *nec plus ultra* de la randonnée. L'Overland Track est l'un des plus beaux sentiers de grande randonnée d'Australie. En été, on peut y rencontrer une centaine de personnes par jour. Il est praticable dans les deux sens, mais la plupart des visiteurs l'empruntent de la Cradle Valley à Cynthia Bay.

Cradle Valley

A la limite nord du parc, le centre des visiteurs et bureau des rangers (☎ 6492 1133) est ouvert de 8h à 19h en été (jusqu'à 17h le reste de l'année). Les rangers vous renseigneront sur la météo, l'équipement, les moments de plus ou moins grande fréquentation, la sécurité et l'attitude à adopter dans le bush.

Pour les visiteurs en fauteuil roulant ou accompagnés de jeunes enfants en landau, le centre propose un chemin de planches facile mais assez spectaculaire, qui permet de parcourir 500 m en pleine forêt humide.

Seair (☎ 6492 1132) organise un survol du parc et de ses environs au départ du Cradle View Restaurant.

Quelle que soit la période de l'année où vous visiterez la région, préparez-vous à affronter le froid et la pluie dans la Cradle Valley : il pleut environ 7 jours sur 10, le ciel est couvert 8 jours sur 10, le soleil ne brille pendant la journée entière qu'une fois tous les 10 jours, et il neige 54 jours par an !

Lac St Clair

A Cynthia Bay, près des limites sud du parc, vous trouverez également un bureau de rangers qui fournit des informations (☎ 6289 1115). C'est là qu'il faut s'inscrire avant d'entreprendre la randonnée de l'Overland Track dans l'autre sens. Au kiosque (☎ 6289 1137) situé à proximité, vous pouvez réserver une place sur le ferry *Idaclair!* (voir la rubrique *Comment circuler*, plus loin dans ce chapitre), voire le louer tout entier. Des locations de dinghies sont également possibles.

L'Overland Track

La meilleure saison pour emprunter l'Overland Track est sans conteste l'été, quand les plantes sont en fleurs. Pour emprunter ce sentier en hiver, il faut être très expérimenté. Le sentier est bien balisé sur toute sa longueur, et son parcours demande 5 à 6 jours, à une allure tranquille. En chemin, on croise de nombreux sentiers secondaires menant à des montagnes telles que le Mt Ossa ou vers d'autres sites naturels, aussi la durée de votre randonnée n'est-elle limitée que par la quantité de vivres que vous êtes en mesure d'emporter. Des refuges sont à votre disposition le long de la piste, mais ils peuvent être complets en été (n'oubliez pas votre tente). Les feux de camp étant interdits, vous devrez emporter votre camping-gaz.

La partie la plus dangereuse de la randonnée se situe sur le haut plateau exposé entre Waldheim et Pelion Creek, près du Mt Pelion West. Le souffle du vent du Sud-Ouest peut être mordant de froid et, parfois, assez fort pour vous faire tomber.

Si vous allez de Cradle Valley à Cynthia Bay, vous aurez la possibilité, à Narcissus Hut, de demander par radio au bateau *Idaclair !* de venir vous chercher, économisant ainsi 5 heures 30 de marche.

Vous trouverez un itinéraire détaillé dans les ouvrages *Tasmania* et *Bushwalking in Tasmania* publiés par Lonely Planet.

Où se loger et se restaurer

Cradle Valley. L'endroit le moins cher de la région est le *Cosy Cabins Cradle Mountain* (☎ 6492 1395), à 2,5 km du parc national. Il loue des emplacements doubles l'été à 16 $ et des lits superposés en dortoir à 20 $ par personne. Les bungalows avec s.d.b. coûtent 80 $ en double. Comptez 4 $ supplémentaires pour les draps.

A *Waldheim*, à 5 km environ à l'intérieur du parc, huit refuges sommaires sont équipés d'un réchaud à gaz, d'ustensiles de cuisine et d'un chauffage au bois, mais dépourvus de literie. Le tarif minimal est de 55/75 $. Les réservations et l'installation dans les refuges sont gérées par le Cradle Mountain Visitor Centre. Les bungalows (4 couchettes) viennent d'être réaménagés.

Cynthia Bridge, Derwent Bridge et Bronte Park. Que vous veniez de parcourir l'Overland Track ou que vous débarquiez du MV *Idaclair!*, le meilleur conseil que nous puissions vous donner est de monter dans un bus Maxwells ou TWT et de filer au *Derwent Bridge Wilderness Hotel* (☎ 6289 1144), où vous pourrez siroter une bière, déguster un bon steak et raconter votre grande randonnée. L'hébergement n'a rien d'extraordinaire, quoique le bar soit bien plus impressionnant qu'il ne paraît de

l'extérieur. L'hôtel prépare de copieux repas à des prix abordables, et sa cheminée imposante, sa hauteur sous plafond et ses boiseries en font l'endroit idéal pour une halte sur la longue route Queenstown-Hobart, ne serait-ce que pour un café. Un lit en dortoir y coûte 20 $, une chambre d'hôtel entre 75 et 85 $ la double, petit déjeuner continental compris.

Toujours à Derwent Bridge, les *Derwent Bridge Chalets* (☎ 6289 1000) facturent 128 $ la double en été.

A Cynthia Bay, à l'extrémité sud du lac St Clair, le *Lakeside St Clair Wilderness Holidays* (☎ 6289 1137) dispose d'un kiosque, d'emplacements de camping à 5 $ par personne (utilisation de la cuisine en supplément), de lits en dortoir à 20 $ et de bungalows à 165 $ la double. Vous pouvez planter votre tente gratuitement au *Fergy's Paddock*, à 10 minutes de là sur l'Overland Track.

En retrait de la Lyell Highway, à Bronte Park, à 26 km à l'est de Derwent Bridge, le *Bronte Park Highland Village* (☎ 6289 1126) attire les pêcheurs venus tenter leur chance à Bronte Lagoon. Il offre divers types d'hébergement à des prix (très) raisonnables et abrite un chalet qui sert des repas. Pour vous y rendre depuis le lac St Clair, contactez Maxwells (☎ 6492 1431).

Comment s'y rendre

Reportez-vous à la rubrique *Comment s'y rendre et comment circuler* au début de la section *L'Ouest*. En été, TWT (☎ 1300 300 520) propose des liaisons supplémentaires pour Cradle Mountain (lac Dove) et le lac St Clair au départ de Launceston et Hobart.

TWT peut vous déposer à une extrémité de l'Overland Track et venir vous chercher à l'autre moyennant 69 ou 75 $. Le transport des bagages est gratuit, mais, si vous souhaitez qu'on vous les garde, vous paierez 5 $ par bagage.

Maxwells (☎ 6492 1431) relie Devonport à Cradle Mountain (30 $), Launceston à Cradle Mountain (40 $), Devonport et Launceston au lac St Clair (50 $), le lac St Clair à Bronte Park et Frenchmans Cap (10 $) et Cradle Valley au lac St Clair (75 $).

Vous pourrez sans doute trouver un moyen de transport plus pratique ou meilleur marché en vous renseignant auprès du personnel des auberges de jeunesse ou des magasins vendant du matériel de randonnée.

Comment circuler

Les bus TWT vous mènent du Cradle Mountain Lodge au lac Dove pour 7 $. Par ailleurs, Maxwells (☎ 6492 1431) propose un service de navette sur demande (5 $ par personne) et gère un service de taxi informel depuis/vers Cynthia Bay et Derwent Bridge tous les jours sur demande (5 $, deux personnes au minimum). TWT assure également une liaison entre Derwent Bridge et Cynthia Bay (5 $).

Le MV *Idaclair!* dessert Narcissus Hut, à l'extrémité nord du lac St Clair, pour 15 $ l'aller simple et 20 $ l'aller-retour (25 $ si vous faites une halte de 2 heures, 30 $ si vous n'effectuez pas l'aller-retour dans la journée). Les départs ont lieu plusieurs fois par jour. Les prix augmentent lorsque moins de quatre passagers se présentent. Si vous souhaitez emprunter ce moyen de transport après avoir achevé votre randonnée, vous devez *absolument* contacter le kiosque à votre arrivée à Narcissus Hut.

Le Sud-Ouest

SOUTH-WEST NATIONAL PARK

Peu d'endroits au monde sont aussi isolés et préservés que la nature sauvage du Sud-Ouest de la Tasmanie. Ce parc national, le plus étendu de l'État, est un des endroits où subsistent les derniers espaces vierges de forêt tempérée humide dans le monde.

Le Sud-Ouest est l'habitat du pin de Huon, espèce endémique qui peut vivre plus de 3 000 ans, et du swamp gum, le plus grand arbre au monde à avoir un bois dur et à donner des fleurs. Environ 300 espèces de lichens, de mousses et de fougères, dont certaines rares et menacées, revêtent la forêt humide de mille et une nuances de vert, que viennent parsemer de leurs reflets argentés les petits lacs glaciaires blottis dans les montagnes déchiquetées. L'été, les prairies alpines se couvrent de superbes fleurs sauvages et de buissons fleuris. Des rivières dévalent des gorges profondes et plongent du haut des falaises. De plus en plus de voyageurs s'aventurent chaque année dans cette partie de la Tasmanie, à la recherche de la paix, de l'isolement et des défis offerts par une région dont les origines remontent au dernier âge glaciaire.

La randonnée la plus connue du parc est le **South Coast Track** entre Port Davey et Cockle Creek, près de Recherche Bay. Ce sentier de grande randonnée se parcourt en 10 jours environ et ne devrait être abordé que par des marcheurs aguerris, bien préparés pour affronter des conditions météorologiques souvent mauvaises. Des petits avions peuvent déposer les randonneurs dans le Sud-Ouest, et l'on peut accéder en voiture à Cockle Creek.

Dans cette nature sauvage, maintes façons d'aborder l'aventure vous attendent : en avion, à pied, en rafting, en canoë, sans oublier l'escalade et la spéléologie.

Pour tout renseignement, adressez-vous au PWS (☎ 6233 6191). L'entrée du parc est payante même si vous ne faites que traverser le parc en voiture.

Comment s'y rendre

Les bus TWT (☎ 1300 300 520) desservent Scotts Peak et l'arrivée du South Coast Track, à Cockle Creek.

Victoria

En 1803, un groupe de soldats, de bagnards et de colons arriva à Sorrento dans la baie de Port Phillip mais en repartit peu de temps après. L'arrivée à Portland, en 1834, de la famille Henty, venue de la Terre de Van Diemen (la Tasmanie), marqua l'apparition de la première colonie européenne permanente au Victoria. D'autres Tasmaniens entreprenants fondèrent Melbourne l'année suivante.

En 1851, le Victoria obtint sa séparation d'avec la Nouvelle-Galles du Sud (NSW). La même année, la découverte de vastes mines d'or attira dans l'État des immigrants du monde entier.

État le plus petit d'Australie continentale, le Victoria s'étend sur un territoire de 227 420 km², une superficie équivalente à celle de la Grande-Bretagne.

La diversité des paysages dans une région somme toute relativement petite constitue sans doute le principal attrait du Victoria. Le Western District est une immense plaine volcanique. Le bassin du Murray/Darling, formé de mers et de lacs depuis longtemps asséchés, englobe la région de la Wimmera et de la Mallee. L'extrémité de la Great Dividing Range, la gigantesque chaîne côtière australienne, traverse le Victoria d'est en ouest. Le Gippsland, très boisé, est resté relativement intact. Enfin, la région côtière offre des paysages aussi divers que la 90-Mile Beach du Gippsland et les formations rocheuses du Port Campbell National Park.

LES ABORIGÈNES

Jusqu'à 100 000 Aborigènes vivaient dans le Victoria à l'arrivée des Européens ; en 1860, il n'en restait plus que 2 000. Aujourd'hui, on compte 20 000 Koories (Aborigènes du Sud-Est de l'Australie), dont plus de la moitié vivent à Melbourne.

Les peuples du Victoria se répartissaient en 38 groupes tribaux parlant 10 langues, et chaque groupe était divisé en clans et en sous-clans. Chacun des clans possédait une certaine étendue de territoire, et sa culture

A ne pas manquer

Population : 4 600 600 habitants
Superficie : 227 420 km²
indicatif téléphonique : 03

- La superbe Great Ocean Road, d'Anglesea au Port Campbell National Park
- Les activités sportives dans le High Country – ski, randonnée, deltaplane et pêche à la mouche
- Le circuit à bicyclette des chais de la région de Rutherglen
- La visite de Sovereign Hill, reconstitution d'une ville aurifère de 1860, à Ballarat
- S'imprégner de l'histoire du port d'Echuca sur le Murray, témoin de l'époque des bateaux à aubes
- Les randonnées pour découvrir la faune, la flore et les superbes paysages du Grampians National Park
- Melbourne au printemps, pour ses jardins, la Melbourne Cup, l'Aussie Rules Grand Final et son festival international

657

LE VICTORIA

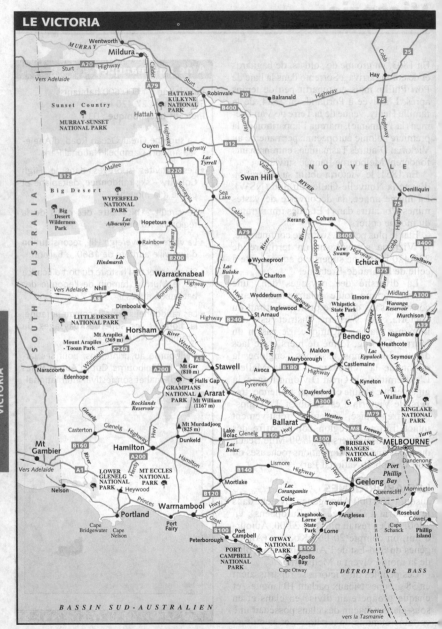

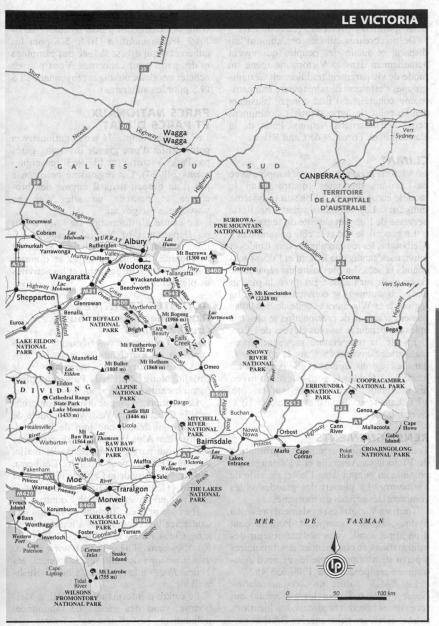

LE VICTORIA

complexe se fondait en grande partie sur les liens spirituels entretenus avec cette terre.

De nombreuses cultures ont aujourd'hui disparu, et aucun des peuples qui vivent actuellement dans le Victoria ne mène un mode de vie purement traditionnel. Certains groupes s'efforcent de faire revivre leur patrimoine culturel, et l'État compte plusieurs centres culturels dignes d'intérêt, notamment ceux du Grampians National Park, de la Barmah State Forest et de Cann River.

CLIMAT
Le Victoria présente un climat tempéré avec des saisons distinctes (quatre selon le modèle européen, six si l'on suit le système indigène). Les habitants tirent une fierté perverse de l'imprévisibilité du temps.

En général, le sud et la côte ressemblent à Melbourne, les régions alpines sont froides et pluvieuses, tandis que le nord et l'ouest sont chauds et secs. La pluviosité est répartie de façon égale sur l'année. En hiver, la plupart des hauts sommets se couvrent de neige. La région de la Wimmera et celle de la Mallee possèdent le taux de précipitation le plus bas et les températures les plus élevées de l'État.

En été, la température moyenne maximale atteint environ 25°C sur la côte, 20°C dans les régions alpines et elle peut monter jusqu'à 35°C dans le nord-ouest. En hiver, les maximales sont de 13°C sur la côte, 17°C dans le nord-ouest et entre 3 et 10°C en montagne.

RENSEIGNEMENTS
Tourism Victoria œuvre pour la promotion du Victoria en Australie et à l'étranger ; il possède un bureau dans l'hôtel de ville de Melbourne. La plupart des grandes villes comptent des offices du tourisme.

Tourism Victoria est également présent à Sydney, au 403 George St. Pour le coût d'un appel local, vous pouvez obtenir des informations et commander des brochures à partir de n'importe quelle région d'Australie en composant le ☎ 1300 655 452.

Le RACV publie un *Accommodation Guide* (12 $, 6 $ pour les adhérents) qui recense les hôtels, les motels, les locations saisonnières, les pensions, les B&B et certaines auberges de jeunesse. Cet organisme édite également un guide intitulé *Tourist Park Accommodation* (10 $, 5 $ pour les adhérents) qui dresse la liste des campings et des parcs pour caravanes. Vous pouvez acheter ces deux ouvrages moyennant 18 $ (9 $ pour les adhérents).

PARCS NATIONAUX ET PARCS D'ÉTAT
Le Victoria compte 74 parcs nationaux et parcs d'État d'une grande diversité, gérés par Parks Victoria (☎ 13 1963, renseignements 24h/24). Cet organisme ne dispose pas d'un bureau mais il envoie des brochures et possède un site Web au www.parks.vic.gov.au.

Le centre d'information (☎ 9637 8080) du Department of Natural Resources & Environment (NRE), 8 Nicholson St, à East Melbourne, fournit des livres et d'autres renseignements sur les parcs et les activités de plein air.

ACTIVITÉS SPORTIVES
Randonnées dans le bush (*bushwalking*)
Le High Country est très fréquenté, notamment par les marcheurs aguerris. Le Wilsons Promontory, les Grampians et le Croajingolong National Park comptent parmi les autres lieux populaires.

Les sentiers de longue distance comprennent le Great South-West Walk, boucle de 250 km qui débute non loin de Portland, l'Australian Alps Walking Track, circuit de 760 km qui part à proximité de Walhalla, dans le Victoria, pour atteindre Canberra, dans le Territoire de la Capitale d'Australie (ACT), et le tronçon du Bicentennial National Trail qui traverse le High Country.

Il existe plus de 30 clubs de randonnée. Contactez la Federation of Victorian Walking Clubs (☎ 9455 1876), 332 Banyule Rd, Viewbank 3084 (site Web www.avoca.vicnet.net.au/~vicwalk) ou consultez les *Yellow Pages* à la rubrique "Clubs – Bushwalking".

Le centre d'information du NRE, à Melbourne, vend des guides de randonnée, notamment *120 Walks in Victoria*, de

Tyrone T Thomas (19,95 $) et *Melbourne's Mountains – Exploring the Great Divide*, de John Siseman (19,95 $). L'ouvrage *Bushwalking in Australia*, de Lonely Planet (24,95 $) décrit en détail certaines randonnées du Victoria.

Bicyclette

Les casques sont obligatoires, de même que les phares à l'avant et à l'arrière la nuit.

Les régions viticoles telles que Rutherglen et les Pyrenees Ranges sont très prisées des cyclotouristes, tandis que le High Country est le paradis des VTT.

Bicycle Victoria (☎ 9328 3000, bicyclevic@bv.com.au), 19 O'Connell St, North Melbourne, est une véritable mine de renseignements ; cette association organise par ailleurs des événements tels que la Great Victorian Bike Ride (en novembre) et l'Easter Bike (en avril). Elle possède un site Web au www.bv.com.au. À la même adresse, les cyclotouristes peuvent assister aux réunions du Melbourne Bicycle Touring Club, le jeudi à 20h. Le site Web du club est le www.vicnet.net.au/~mbtc.

Bicycling Around Victoria, de Ray Peace (19,95 $), constitue un excellent ouvrage de référence.

De nombreux magasins de vélos de Melbourne louent des bicyclettes. Chez le spécialiste des excursions Christie Cycles (☎ 9818 4011), 80 Burwood Rd, Hawthorn, un VTC muni de sacoches coûte 20 $ la journée ou 75 $ la semaine (deux week-ends compris). Les VTT de St Kilda Cycles (☎ 9534 3074), 11 Carlisle St, St Kilda, reviennent à 20 $ la journée, avec sacoches.

Ski

On skie dans le Victoria depuis les années 1860 lorsque des chercheurs d'or norvégiens introduisirent cette pratique à Harrietville. La saison commence officiellement le premier week-end de juin. La neige devient skiable un peu plus tard dans le mois et le reste généralement jusqu'à la fin septembre.

L'Alpine Resorts Commission ou ARC (☎ 9895 6900) gère les grandes stations de ski. Parks Victoria s'occupe de Mt St Gwinear et de Lake Moutain.

Surf

Exposée à la houle du bassin sud-australien, la côte du Victoria abrite d'excellentes plages de surf.

Sur la côte ouest, vous pouvez prendre des leçons chez Go Ride a Wave (☎ 5263 2111), qui organise des cours à Torquay, Anglesea et Lorne, ou chez Westcoast Surf School (☎ 5261 2241) à Torquay. Sur Phillip Island, essayez Island Surf School (☎ 5952 3443).

Des renseignements quotidiens sur les conditions météo sont proposés au ☎ 1900 931 996 ou 1900 983 268 pour la péninsule de Mornington. Les magasins de surf et de sport distribuent un guide fort pratique, *Surfinder Vic* (20 $).

Les régions les plus appréciées sont Phillip Island, la péninsule de Mornington et la côte ouest, toutes trois situées à moins de deux heures de voiture de Melbourne.

Plongée

Le Victoria offre des possibilités de plongée de niveau international. Cependant, il peut faire un peu froid et mieux vaut se munir d'une combinaison humide de 7 mm, voire d'une combinaison étanche.

Vous découvrirez de magnifiques sites à Port Phillip Bay mais aussi dans la péninsule de Bellarine et à Queenscliff. D'autres régions se prêtent fort bien à la pratique de la plongée, notamment Torquay, Anglesea, Lorne, Apollo Bay, Port Campbell et Portland (toutes sur la Great Ocean Rd) ; Flinders, Sorrento et Portsea (dans la péninsule de Mornington) ; ainsi que Kilcunda, Wilsons Promontory et Mallacoota (sur la côte est).

Canoë et kayak

Vous pouvez partir pour deux heures seulement ou pour un long périple. La Glenelg, dans le sud-ouest, est jalonnée de terrains de camping.

Les rivières sont classées suivant leur niveau de difficulté, du niveau 1 pour les rivières tranquilles (comme certains tronçons de la Yarra) au niveau 5 (l'Indi et certaines parties du Murray) pour les longues successions de rapides, à réserver aux personnes très expérimentées.

La pratique du kayak de mer permet d'observer la faune marine tels les lions de mer, les fous de Bassan, les manchots et les dauphins. Pour plus d'informations, contactez le Victorian Board of Canoe Education (☎ 9459 4251), 332 Banyule Rd, Viewbank 3084.

Rafting en eau vive
Les amateurs peuvent pratiquer le rafting, sous la conduite d'un guide, sur plusieurs rivières du High Country. Le meilleur moment se situe durant la fonte des neiges, d'août à décembre approximativement.

Les prix débutent à 130 $ par jour, et les prestations offertes vont de la simple sortie d'une journée à des expéditions de cinq jours. Essayez notamment Peregrine Adventures (☎ 9662 2800) et Snowy River Expeditions (☎ 5155 0220). Paddle Sports (☎ 9478 3310), à Preston, Melbourne, propose également des excursions en rafting avec un guide.

Équitation
Il existe des douzaines de ranch offrant des sorties à cheval d'une heure (en général 20 $ au maximum) à une journée entière (environ 80 $).

Des randonnées (pouvant aller de deux jours à une semaine) sont également proposées moyennant 100 à 130 $ par jour. Citons notamment Bogong Horseback Adventures (☎ 5754 4849) à Mt Beauty, Bright-Freeburgh Trail Rides (☎ 5755 1370) à Bright, Giltrap's Mt Bogong Packhorse Adventures (☎ 02-6072 3535) à Mitta Mitta et Mountain Saddle Safaris (☎ 5165 3365) à Erica. Stoney's Bluff & Beyond Trail Rides (☎ 5775 2212), près de Mansfield, offre une randonnée de trois ou quatre jours dans la montagne (environ 450 $) et un marathon de 18 jours jusqu'à la côte.

Deltaplane et parapente
Vous pouvez contacter Eagle School of Hang Gliding (☎ 5750 1174) près de Bright et Wingsports Hang Gliding & Paragliding (☎ 0419-378 616) à Apollo Bay.

Un stage de deux jours qui vous permet d'effectuer un vol le deuxième jour coûte quelque 310 $. Un stage HGFA (Hang Gliding Federation of Australia) de sept à neuf jours, débouchant sur l'obtention d'une licence, revient à quelque 150 $ par jour. Pour un cours de 20 heures sur un deltaplane à moteur, comptez dans les 120 $ l'heure.

La plupart des écoles offrent également des vols en tandem sur des deltaplanes à moteur (à partir de 70 $ les 15 minutes) ainsi que du deltaplane ou du parapente en tandem (à partir de 100 $ environ).

Escalade
Le Mt Arapiles, dans le Western District, est célèbre pour la diversité de ses ascensions. Non loin de là, le Grampians National Park connaît une popularité croissante. Le Mt Buffalo offre de bonnes possibilités d'escalade sur le granit.

Il existe de nombreux autres sites. Les magasins de plein air et de sports d'aventure qui jalonnent Hardware St, dans le centre-ville de Melbourne, sont de bonnes sources d'informations. Le Victorian Climbing Club se réunit à 20h le dernier jeudi du mois, pratiquement toute l'année, à l'Australian Gemmological Association, 380-82 Spencer St, à Melbourne, et publie *Rockclimbers Handbooks*. Écrivez à The Secretary, GPO Box 1725P, Melbourne 3001.

Plusieurs agences dans les Grampians et à Natimuk (près du Mt Arapiles) proposent des cours et des excursions.

COMMENT CIRCULER
Avion
Kendall Airlines (réservez auprès d'Ansett, ☎ 13 1300) assure des vols quotidiens entre Melbourne et Mildura (183 $), Portland (137 $) et Albury (133 $). Southern Australia Airlines (réservez par l'intermédiaire de Qantas, ☎ 13 1313) relie également Melbourne à Mildura (183 $). Ces deux compagnies offrent des réductions sur tout billet acheté à l'avance, qu'il s'agisse d'un aller simple ou d'un aller-retour.

Plusieurs petits transporteurs desservent d'autres destinations.

Train et bus
Les services de train et de bus à l'intérieur du Victoria sont gérés par V/Line, qui a été

TARIFS AÉRIENS DU VICTORIA

Prix en dollars australiens
Aller simple en classe économique

Nord vers Shepparton (23,30 $) et Cobram
(31,60 $).

Nord vers Albury-Wodonga (38,90 $) puis Syd-
ney. Au départ de Wangaratta (29,30 $), des
bus desservent Beechworth (34,20 $) et Bright
(38,90 $).

Est *via* Moe (15,20 $) et Sale (26,90 $). De Sale,
correspondance en bus pour Bairnsdale
(34,20 $), Lakes Entrance (41,30 $), Orbost
(46,90 $), Cann River (49 $) et Merimbula
(50 $).

Autres services de bus. Les grandes
compagnies de bus, Greyhound Pioneer
(☎ 13 2030) et McCafferty's (☎ 13 1499),
assurent des liaisons de Melbourne à Adelaide (*via* Ballarat et Horsham) et à Sydney
(par la Hume Highway). Greyhound Pioneer
relie également Melbourne à Sydney par la
Princes Highway, le long de la côte. Il est
possible de faire escale moyennant finances.

Pour les réductions et les offres spéciales
sur les services de bus, consultez les panneaux d'affichage des auberges de jeunesse
ou contactez une agence spécialisée pour
les backpackers (vous trouverez quelques
adresses dans *Melbourne*).

Variantes. Si vous allez directement de
Melbourne à Sydney ou Adelaide par l'autoroute, vous raterez des endroits magnifiques.

Wild-Life Tours (☎ 9747 1882) propose
des circuits sur la Great Ocean Rd et dans
les Grampians (entre 49 et 120 $) ainsi
qu'une excursion en aller simple entre Melbourne et Adelaide *via* les Grampians (à
partir de 75 $) ou *via* Great Ocean Rd et les
Grampians (à partir de 119 $). Vous pouvez
faire escale où vous voulez en chemin.

Le tour-opérateur Wayward Bus (☎ 1800
882 823) traverse le sud-est de l'Australie,
essentiellement de Melbourne à Adelaide
et Sydney. Consultez son site Web au
www.waywardbus.com.au. Vous pouvez
soit faire escale en chemin soit rester dans
le même bus (et n'en descendre que pour
admirer les vues ou pratiquer les autres activités). Vous rejoindrez Adelaide par la
Great Ocean Rd en trois jours (170 $), Syd-
ney *via* le High Country et Canberra en cinq
jours (190 $) ou Sydney *via* East Gippsland
en cinq jours (170 $). Il existe également un

louée à bail à la société britannique National
Express. Son nom risque donc de changer.
Comme toujours lors d'une privatisation,
on a assuré au public que le service s'améliorerait.

Les billets se réservent par téléphone
(☎ 13 2223) tous les jours entre 7h et 21h.
A Melbourne, vous pouvez les acheter aux
gares ferroviaires de Spencer St et de Flinders St, ainsi que dans les grandes gares de
banlieue et dans la plupart des agences de
voyages.

Les prix indiqués dans ce chapitre correspondent à un aller simple en classe économique. Des réductions sont accordées sur les
allers-retours, généralement environ 30%.

La plupart des services n'exigent pas de
réservation, sauf les trains nationaux
(l'*Overland*, le *Ghan* ou le XPT) à destination d'une ville du Victoria.

Principaux itinéraires. Depuis Melbourne, les principaux itinéraires de V/Line
sont les suivants :

Sud-ouest vers Geelong (8,60 $), puis à l'intérieur
des terres vers Warrnambool (34,20 $). Un bus
partant quotidiennement de Geelong suit la
Great Ocean Rd en passant par Lorne (21,90 $)
et Apollo Bay (26,90 $) puis continue jusqu'à
Warrnambool le vendredi (et le lundi en été).

Nord-ouest vers Ballarat (13,80 $), Stawell
(31,60 $), Horsham (41,30 $), puis Adelaide en
Australie-Méridionale. Des bus partent de Stawell vers Halls Gap dans les Grampians.

Nord vers Swan Hill (43,40 $) *via* Bendigo
(20,80 $). Des bus relient Bendigo à Echuca
(26,90 $).

itinéraire qui relie Sydney à Adelaide en passant par Mildura. Les prix ne comprennent pas l'hébergement, mais le bus s'arrête pour la nuit à proximité d'une auberge de jeunesse ou d'un gîte bon marché.

CIRCUITS ORGANISÉS

Diverses compagnies proposent des excursions en bus vers des destinations telles que Sovereign Hill, Healesville Sanctuary, la Great Ocean Rd et Phillip Island.

Plusieurs tour-opérateurs s'adressent à une clientèle de backpackers. Les plus connus sont Mac's Backpacker Bus (☎ 5241 3180) et Autopia Tours (☎ 9326 5536).

Vous aurez le choix entre une grande diversité de circuits à thème. Reportez-vous aux différentes rubriques de ce chapitre et consultez les panneaux d'affichage des auberges de jeunesse. Echidna Walkabout (☎ 9646 8249) propose des randonnées d'une journée dans le bush avec découverte de la culture aborigène (95 $ au maximum), ainsi que des sorties dans les Grampians, sur la Great Ocean Rd et à East Gippsland. Nous avons entendu dire beaucoup de bien d'Eco Adventure Tours (☎ 5962 5115). Great Ocean Road Adventure Tours (☎ 5289 6841) offre des circuits à pied ou en canoë ainsi que des excursions le long de la Great Ocean Rd, à partir de 30 $.

Bogong Jack Adventures (☎ 08-8383 7198) organise des randonnées à vélo, à pied et à ski dans le High Country et les régions viticoles.

Melbourne

• **code postal : 3 000** • **3 321 700 habitants**
Deuxième ville du pays, Melbourne compte des bâtiments victoriens, des parcs, des jardins et des boulevards ombragés. Cette cité passionnante et multiculturelle, vouée à l'art, au sport et à la bonne chère ne doit pas sa personnalité à ses caractéristiques géographiques mais aux gens qui y vivent.

En mai 1835, John Batman acheta environ 240 000 ha de terres aux Aborigènes du clan Dutigalla pour le compte de la société tasmanienne Port Phillip Association. Le concept d'achat et de vente étant inconnu des Aborigènes, ceux-ci reçurent en échange des outils, de la farine et des vêtements.

Peu après arriva John Pascoe Fawkner, à qui l'on doit la fondation de la colonie. A sa mort, en 1869, Melbourne était une cité florissante ; contrairement à Batman qui, victime de ses propres excès, décéda peu après avoir fait "affaire" avec les Aborigènes, Fawkner reste connu sous le nom de "Grand Old Man of Victoria".

En 1840, la région comptait plus de 10 000 Européens qui bâtirent, grâce aux revenus tirés des mines d'or, une cité surnommée "Marvellous Melbourne" (Melbourne la Merveilleuse). Cette prospérité dura jusqu'à la grave crise économique de la fin des années 1880. Après une période de déclin, la ville se releva pour devenir le cœur financier et industriel de l'Australie.

Depuis la Seconde Guerre mondiale, Melbourne s'est enrichie de l'apport de cultures et de peuples venus du monde entier.

ORIENTATION

Les faubourgs de Melbourne bordent la Port Phillip Bay. Le centre-ville s'étend sur la rive nord de la Yarra, à environ 5 km de l'océan.

Les méandres de la Yarra divisent la ville en deux, tant du point de vue géographique que socio-économique. Les banlieues nord et ouest sont depuis toujours des quartiers populaires, tandis qu'au sud et à l'est vit une classe sociale plus aisée.

La plupart des centres d'intérêt touristiques se trouvent en proche banlieue ou au-delà des faubourgs (voir plus loin *Les environs de Melbourne*).

Les offices du tourisme distribuent gratuitement des cartes de la ville et de la proche banlieue. Melway, UBD et Gregory's publient des plans des rues de Melbourne, et le *Melbourne City Map* (7,95 $) de Lonely Planet offre une bonne couverture de la ville et de ses environs.

Si vous arrivez de l'aéroport, l'autoroute vous fait passer devant l'impressionnante mais controversée Gateway, dominée par une gigantesque poutre jaune posée de biais et baptisée par les habitants du nom de "cheese-stick" (bâtonnet de fromage).

Le centre-ville

Le centre-ville est limité par la Yarra au sud, les Fitzroy Gardens à l'est, Victoria St au nord et Spencer St à l'ouest. Cependant, l'énorme projet de Docklands repousse bien plus loin la frontière ouest, tandis que Federation Square modifie le tracé de la frontière est et que Southgate a enfin permis à la ville de traverser la rivière.

Le centre est formé d'un damier de 1,61 km de long et de 805 m de large autrefois appelé le Golden Mile. Deux grandes rues, Collins St et Bourke St, le traversent d'est en ouest, perpendiculairement à Swanston St et à Elizabeth St. Au cœur du quartier, entre Swanston St et Elizabeth St, s'étend le Bourke St Mall.

Les bus longue distance et la navette de l'aéroport arrivent soit à la gare routière de Spencer St (bus V/Line, Skybus, Firefly et McCafferty's) soit au Melbourne Transit Centre, Franklin St (Greyhound Pioneer Australia et Skybus).

La majorité des trains de banlieue circulent à partir de la gare de Flinders St, au coin de Swanston St et de Flinders St, où les habitants de Melbourne ont pris l'habitude de se donner rendez-vous "sous les horloges". L'autre grande gare, pour les trains de banlieue et trains nationaux, est celle de Spencer St. Malgré son nom, Melbourne Central n'est qu'une station de métro, qui porte le nom du centre commercial situé en surface.

La ville est entourée de banlieues réhabilitées : East Melbourne, North Melbourne, Carlton, Fitzroy, Collingwood, Richmond, South Yarra et South Melbourne. Sur la baie s'étendent les faubourgs de St Kilda, depuis longtemps le secteur le plus cosmopolite et le plus libéré de Melbourne, et de Williamstown, quartier à l'atmosphère marine situé au sud-ouest de la ville, à l'embouchure de la Yarra.

RENSEIGNEMENTS
Offices du tourisme

Les kiosques d'information de Bourke St Mall et de la gare ferroviaire de Flinders St sont ouverts de 9h à 17h en semaine (jusqu'à 19h le vendredi), de 10h à 16h le samedi et de 11h à 16h le dimanche. Le kiosque du Queen Victoria Market vous accueille de 11h à 17h en semaine et de 10h à 16h le week-end. Vous disposerez également d'un bureau de renseignements au terminal international de l'aéroport de Melbourne.

Tourism Victoria (☎ 13 2842), installé dans l'hôtel de ville, Swanston St, ouvre tous les jours de 9h à 18h (17h le week-end). Le City Experience Centre, également dans l'hôtel de ville, fournit des informations en plusieurs langues sur des terminaux à écran digital.

Information Victoria (☎ 1300 366 356), 356 Collins St, diffuse des brochures sur Melbourne et le Victoria. Le centre d'information du NRE (☎ 9637 8080), 8 Nicholson St, East Melbourne, offre des renseignements sur les parcs et les activités de plein air.

Parmi les agences tournées vers une clientèle de backpackers, citons Backpackers Travel Centre (☎ 9654 8477), Shop 19 Centre Place, 258 Flinders Lane, Backpackers World (☎ 9329 1990), 167 Franklin St, Travellers Contact Point (☎ 9642 2911), 29 Somerset Place (à deux pas de Little Bourke St) et YHA Travel (☎ 6970 7991), 205 King St.

Si vous souhaitez explorer Melbourne en détail, procurez-vous le guide *Melbourne*, publié par Lonely Planet.

Poste

La poste principale, à l'angle de Bourke St et d'Elizabeth St, ouvre de 8h à 18h en semaine et de 10h à 13h le samedi. Le service de poste restante s'avère efficace.

Téléphone

Vous trouverez des cabines téléphoniques dans toute la ville, notamment dans la poste principale et juste derrière, Little Bourke St. Un centre Telstra équipé de téléphones et de distributeurs de cartes pour les appels internationaux, situé 94 Elizabeth St, est ouvert tous les jours de 6h à 24h.

L'indicatif téléphonique de Melbourne, du Victoria (à l'exception de quelques zones frontalières) et de la Tasmanie est le 03. Si vous appelez de l'étranger, ne composez pas le 0.

VICTORIA

LE CENTRE DE MELBOURNE

LE CENTRE DE MELBOURNE

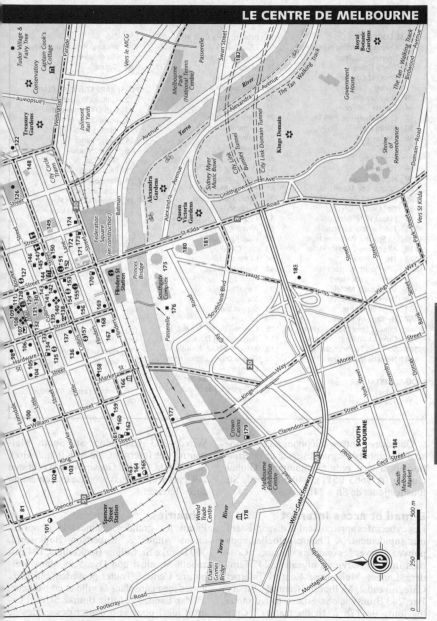

VICTORIA

LE CENTRE DE MELBOURNE

OÙ SE LOGER
1   Chapman Gardens YHA Hostel
3   University College
4   Trinity College
6   Ormond College
7   Queen's College
39   The Nunnery
44   Carlton College
47   Queensbury Hill YHA Hostel
50   Miami Motel
58   Medley Hall
60   Hotel Y
61   Stork Hotel
66   Toad Hall
68   Hotel Bakpak
81   Astoria City Travel Inn
85   Rockman's Regency Hotel
88   City Limits Motel
94   Exford Hotel Backpackers
103   The Friendly Backpacker
109   All Seasons Welcome Hotel
116   All Seasons Crossley Hotel
123   The Windsor
125   City Centre Private Hotel
146   Victoria Vista Hotel
153   City Square Motel
163   Batman's Hill Hotel
164   Hotel Enterprize
167   Heritage Melbourne
168   Flinders Street Station Hostel
174   Duke of Wellington Hotel
176   Sheraton Towers Southgate
184   Nomads Market Inn

OÙ SE RESTAURER
10   Bakers
11   The Vegie Bar
13   Babka Bakery Cafe et
      Charmaine's
15   The Fitz
16   Mario's
17   The Bull Ring
19   Rhumbarella's
22   Carmen Bar
23   Thai Thani
24   Black Cat Cafe
30   Jimmy Watson's
32   Tiamo
34   Shakahari
36   Brunetti's
37   University Cafe
38   Papa Gino's
41   Arcadia, Macedonia
45   Toto's Pizza House
48   Eldorado Hotel
49   Peppermint Lounge Cafe
51   Amiconi
52   Warung Agus
53   Don Camillo
54   La Porchetta
55   Vietnam House
56   Dalat's
91   Yamato
93   Stalactites
95   Supper Inn
96   Lounge
105   Campari Bistro, Schwob's
110   Dahu Peking Duck
113   Mask of China, Bernie's
114   Flower Drum, International
      Lounge
115   Florentino, Nudel Bar
117   Pellegrini's, Paperback, Hill of
      Content

118   Cafe K
124   Waiters' Restaurant, Meyer's
      Place, Spleen
130   Gopals

PUBS, BARS ET NIGHT-CLUBS
2   Redback Brewery Hotel
8   Dan O'Connell Hotel
9   Royal Derby Hotel
12   Punters Club Hotel
14   Evelyn Hotel
18   The Provincial
20   Night Cat
21   Bar Salona
25   Rainbow Hotel
27   Standard Hotel
28   Johnny's Green Room
40   Builders Arms Hotel
57   Dream
71   44
75   Bennett's Lane Jazz Club
78   Hardware
82   Rue Bebelons
99   Club 383
112   Billboard
120   Metro
134   Bass Station
161   Inflation
162   Grainstore Tavern
170   Young & Jackson's Hotel
173   The Forum
179   Automatic, Mercury
      Lounge

DIVERS
5   Percy Grainger Museum
26   Binary Bar

Quelques centres téléphoniques proposent des appels longue distance et internationaux à tarif réduit, notamment Global Gossip (☎ 9663 0511), 440 Elizabeth St, tous les jours de 8h à 24h.

E-mail et accès Internet

Les cybercafés apparaissent et disparaissent très rapidement. A l'heure actuelle, vous pouvez essayer les endroits suivants : Cosmos Internet Services, niveau 1, 247 Flinders Lane ; Melbourne Central Internet Cafe, niveau 2, Melbourne Central ; Binary Bar, 243 Brunswick St, Fitzroy (ouvert tous les jours de 17h à 1h du matin) ; Cafe

Wired, 363 Clarendon St, South Melbourne ; et Internet Cafe St Kilda, 9 Grey St, St Kilda. Global Gossip (voir la rubrique *Téléphone* ci-dessus) propose également un accès Internet.

Librairies

Parmi les grandes chaînes de librairies, citons Angus & Robertson Bookworld, 360 Bourke St, Collins Booksellers, 104 Elizabeth St, ainsi que Dymocks, dans Melbourne Central. Toutes possèdent plusieurs autres magasins dans la ville et en banlieue.

Map Land, 372 Little Bourke St, est l'endroit idéal pour se procurer des guides de

LE CENTRE DE MELBOURNE

29	Lygon Court : Cinema Nova, Comedy Club
31	Readings
33	STA Travel
35	La Mama Theatre
42	Melbourne Museum
43	IMAX Cinema
46	Melbourne Sexual Health Centre
59	Ancienne cathédrale St James
62	Melbourne Transit Centre
63	Qantas
64	Ansett
65	Melbourne City Baths
67	Global Gossip
69	Old Melbourne Gaol
70	Victoria Police Museum
72	NRE Information Centre
73	Eastern Hill Fire Station & Museum
74	Comedy Theatre
76	State Library
77	Melbourne Central et Daimaru
79	John Smith's House
80	Old Royal Mint
83	Technical Book Shop
84	Lumiere Cinema
86	Cathédrale St Patrick
87	Tasma Terrace et National Trust
89	Po Hong Trading Company
90	Museum of Chinese Australian History
92	King of Kings, Sam Bear
97	Information Victoria
98	Map Land
100	Law Courts
101	Gare routière de Spencer St
102	YHA Travel & Membership Office
104	Travellers' Medical & Vaccination Centre
106	McGills, Angus & Robertson Bookworld
107	Poste principale
108	Myer
111	David Jones
119	Princess Theatre
121	State Film Centre
122	Old Treasury Building
126	Kino
127	Bureau de change Thomas Cook
128	Kiosque d'informations
129	Travellers' Aid Society
131	Royal Arcade, Gog & Magog, Novotel on Collins
132	Half-Tix
133	ABC Shop
135	Bank of Australasia
136	Gothic Bank
137	Met Shop
138	Telstra Centre
139	Collins Booksellers
140	Sportsgirl Centre
141	Mary Martin Bookshop, Block Arcade
142	Bureau du RACV
143	Capitol Theatre
144	Hôtel de ville, Tourism Victoria Information Centre
145	Athenaeum Theatre
147	Kay Craddock Antiquarian Bookseller
148	Collins Place
149	Hyatt Hotel
150	Regent Theatre
151	Kiosque d'informations
152	City Square
154	American Express
155	Backpackers Travel Centre, Cosmos Internet Services, Hell's Kitchen
156	Women's Information & Referral Exchange
157	Commonwealth Bank of Australia
158	National Mutual Building
159	Olderfleet Buildings
160	Rialto Towers & Observation Deck, kiosque d'informations
165	Centre de réservations des bus
166	Old Customs House : Immigration Museum et Hellenic Antiquities Museum
169	Coles Express
171	Cathédrale St Paul
172	Russell St Theatre
175	Melbourne Concert Hall
177	Melbourne Aquarium
178	Polly Woodside Maritime Museum
180	Theatres Building, Performing Arts Museum
181	National Gallery of Victoria
182	Sports & Entertainment Centre
183	Malthouse Theatre

VICTORIA

voyages et des cartes. Mc Gills, 187 Elizabeth St (face à la poste principale), vend des journaux provenant de l'étranger et des autres États d'Australie.

La ville compte d'autres librairies excellentes, notamment Hill of Content, 86 Bourke St, Paperback, 60 Bourke St, ABC Shop, dans la Galleria au coin d'Elizabeth St et de Bourke St, ainsi que Mary Martin Bookshop, dans Australia on Collins, 260 Collins St, et dans le complexe de Southgate, de l'autre côté de la rivière. De bonnes librairies sont également installées en proche banlieue.

Hares & Hyenas, une librairie tournée vers une clientèle homosexuelle, dispose de magasins au 135 Commercial Rd à Prahran, et au 100 Smith St à Collingwood.

Services médicaux

Le Traveller's Medical & Vaccination Centre (☎ 9602 5788) se trouve au niveau 2 du 393 Little Bourke St dans le centre-ville. Il ouvre en semaine de 9h à 17h (les lundi, mardi et jeudi jusqu'à 20h30) et le samedi de 9h à 13h (sur rendez-vous uniquement).

Le Melbourne Sexual Health Centre (☎ 9347 0244), 580 Swanston St, à Carlton, offre des services médicaux gratuits, notamment des bilans de santé. Il est préférable de prendre rendez-vous.

Le Victorian AIDS Council & Gay Men's Health Centre (☎ 9865 6700), 6 Claremont St, à South Yarra, fournit des informations et un soutien aux malades du sida et gère un centre de santé.

Les grands hôpitaux publics situés à proximité du centre-ville sont les suivants :

Alfred Hospital
   (☎ 9276 2000) Commercial Rd, Prahran
Royal Children's Hospital
   (☎ 9345 5522) Flemington Rd, Parkville
Royal Melbourne Hospital
   (☎ 9342 7000) Grattan St, Parkville
Royal Women's Hospital
   (☎ 9344 2000) 132 Grattan St, Carlton
St Vincent's Hospital
   (☎ 9288 2211) 41 Victoria Parade, Fitzroy

En cas d'urgence

Composez le ☎ 000 pour appeler la police, les pompiers ou une ambulance. Dans le centre-ville, un poste de police situé 637 Flinders St (près de Spencer St) reste ouvert 24h/24.

La Travellers' Aid Society (☎ 9654 2600), au 2ᵉ étage du 169 Swanston St, offre une assistance aux étrangers en difficulté, des conseils, des douches et des toilettes. Ouvert de 8h à 17h en semaine et de 10h à 16h le samedi.

Vous trouverez ci-dessous les coordonnées d'autres organismes utiles :

Dentiste
   Dental Emergency Service (☎ 9341 0222)
Empoisonnement
   Poisons Information Centre (☎ 13 1126)
Interprétariat
   Translating and Interpreting Service (☎ 13 1450), 24h/24
Panne automobile
   Accident Towing Service (☎ 13 1176)
   RACV Emergency Roadside Service (☎ 13 1111)
Pharmacie
   Leonard Long Pharmacy (☎ 9510 3977), angle de Williams Rd et de High St, à Prahran, ouverte de 8h à 24h
   Tambassis Pharmacy (☎ 9387 8830), coin de Sydney Rd et Brunswick Rd, à Brunswick, ouverte 24h/24

Problèmes personnels
   Crisis Line (☎ 9329 0300), assistance psychologique 24h/24
   Gay & Lesbian Switchboard (☎ 9510 5488), tous les soirs de 18h à 22h (le mercredi de 14h à 22h
   Lifeline Counselling (☎ 13 1114), 24h/24, six langues
   Women's Refuge Referral (☎ 1800 015 188) oriente vers un foyer pour femmes 24h/24
Santé féminine
   Women's Health Information Centre (☎ 9344 2007), 132 Grattan St, Carlton
   Women's Health Information Service (☎ 9662 3755, renseignements au ☎ 9662 3742), niveau 2, 210 Lonsdale St, ouvert en semaine de 9h à 13h

CIRCUITS EN TRAMWAY

Pour le prix d'un ticket de zone 1 (4,40 $), vous pouvez passer la journée à découvrir Melbourne et ses faubourgs en tramway et vous imprégner de l'atmosphère de la ville. Ce ticket vous permet également d'utiliser les trains et les bus.

Empruntez la ligne 8. Elle démarre dans le centre-ville, Swanston St, descend St Kilda Rd, longe le Kings Domain et continue dans Toorak Rd par South Yarra et Toorak. Également intéressante, la ligne 16 rejoint St Kilda par St Kilda Rd.

CENTRE-VILLE
Swanston St

Vilain petit canard du centre-ville, Swanston St doit être réouverte à la circulation automobile en soirée après avoir été pendant plusieurs années une artère piétonnière desservie par le tramway.

Des visites gratuites de l'**hôtel de ville**, au coin de Collins St, sont organisées à 10h30 et 14h30 du mardi au jeudi, sur réservation (☎ 9658 9464). En face se dresse le **Capitol Theatre** bâti en 1927 ; ne manquez pas d'admirer son plafond, un véritable kaléidoscope.

A l'angle de Swanston St et de Victoria St, les **Melbourne City Baths**, datant de 1903, abritent aujourd'hui un centre de sport très fréquenté.

State Library. La construction de la State Library a débuté en 1854 et s'est poursuivie par étapes. La salle de lecture coiffée d'un dôme impressionnant vaut le coup d'œil, mais elle pourrait être fermée pour rénovation au moment de votre visite.

La bibliothèque est ouverte tous les jours de 10h à 18h (21h les lundi et mercredi). Vous pouvez suivre une visite guidée gratuite à 14h en semaine ainsi que le premier et le troisième samedi du mois.

Collins St

L'extrémité nord-est de Collins St, autrefois connue sous le nom d'"extrémité parisienne", a vu disparaître ses plus beaux bâtiments. Deux églises historiques se font face aux coins nord-ouest et nord-est de Russell St et de Collins St : l'**église écossaise** (1873), au n°140, et l'**église St Michael** (1866). Les bibliophiles ne manqueront pas **Kay Craddock's Antiquarian Bookseller**, au n°156. Au n°188, l'**Athenaeum Theatre** remonte à 1886 et abrite au 1er étage une bibliothèque ouverte au public. De l'autre côté de la rue s'élève le magnifique **Regent Theatre**.

Block Arcade, élégant centre commercial du XIXe siècle, s'étend entre Collins St et Elizabeth St. Pour remonter le temps, allez prendre le thé aux **Hopetoun Tearooms**, un établissement au charme suranné.

A l'ouest d'Elizabeth St commence le quartier des finances. Il abrite la **Commonwealth Bank of Australia (CBA)**, 333 Collins St, dont l'intérieur mérite la visite de même que celui de la **Gothic Bank** au n°376, de l'ancienne **National Mutual Life** au n°395 et de l'ancienne **Bank of Australasia** au n°396. Les trois bâtiments **Olderfleet**, au n°471-477, ont conservé leur façade gothique. Au n°495, l'hôtel cinq-étoiles **Le Meridien at Rialto** se dissimule derrière les façades de deux bâtisses de style gothique vénitien.

Rialto Towers Observation Deck. Cette terrasse panoramique (☎ 9629 8222), aménagée au 55e étage du plus haut immeuble de Melbourne, le Rialto Towers, Collins St, offre un spectaculaire point de vue à 360°. Elle ouvre tous les jours de 10h à 22h (jusqu'à 23h le vendredi et le samedi). L'entrée (7 \$) comprend la diffusion d'un petit film sur l'histoire de Melbourne.

Bourke St

Le milieu de Bourke St et ses environs sont le quartier des magasins.

L'extrémité nord du centre commercial est dominée par les grands magasins Myer et David Jones et par la poste principale. Côté sud, **Royal Arcade** abrite **Gog et Magog**, deux géants mythologiques copiés sur ceux du Guildhall de Londres, qui sonnent l'heure depuis 1892. L'extrémité est de Bourke St est jalonnée de cafés et de restaurants excellents, de libraires et de magasins de disques intéressants, de cinémas et de boutiques de mode.

Spring St

A l'extrémité nord-est de Collins St, l'**Old Treasury Building**, bâti en 1858, renfermait dans ses caves voûtées la majeure partie des 200 millions de dollars en or tirés des mines du Victoria. Il abrite aujourd'hui une exposition gratuite sur le passé et l'avenir de Melbourne (ouverte tous les jours).

Entre Bourke St et Little Collins St, le **Windsor Hotel** est un merveilleux vestige du XIXe siècle. En face, les **State Houses of Parliament**, ouvertes en semaine, proposent des visites gratuites lorsque le parlement n'est pas en session. Dans le cas contraire, vous pouvez assister aux débats depuis les galeries réservées au public.

Chinatown

Depuis l'époque de la ruée vers l'or, la communauté chinoise de Melbourne se regroupe dans Little Bourke St. La **Po Hong Trading Company**, à l'angle de Cohen Place, vend un gigantesque assortiment d'objets chinois.

Le **Museum of Chinese Australian History**, 22 Cohen Place, retrace la longue histoire des Chinois d'Australie. L'entrée est gardée par Dai Loong, un dragon qui sort pour faire la fête à l'occasion du Nouvel An chinois. Le musée ouvre tous les jours de 10h à 16h30 (à partir de 12h le samedi) ; l'entrée coûte 5/3 \$ par adulte/enfant. On peut y suivre tous les matins des promenades dans Chinatown de 2 heures (15 \$) ou 3 heures (28 \$, déjeuner compris). Réservez au ☎ 9662 2888.

Circuit pédestre dans Melbourne

Cet itinéraire part de l'angle de Flinders St et de Swanston St, où se situent les trois bâtiments servant de points de repère à Melbourne : **Flinders St Station**, la principale gare de banlieue, et, juste en face, le pub **Young & Jackson's**. Ce pub est célèbre pour le tableau représentant *Chloé* qui orne le bar de l'étage. Le troisième point de repère de ce quartier est la **cathédrale St Paul**, chef-d'œuvre d'architecture néogothique.

Un nouveau repère, **Federation Square**, qui abritera de nombreuses attractions, est en cours de construction.

En remontant Swanston St, vous atteindrez **City Square** (à nouveau en rénovation) dans le pâté de maisons situé entre Flinders Lane et Collins St. De l'autre côté de Collins St se dresse l'**hôtel de ville**. Poursuivez dans Swanston St et tournez à gauche dans le centre commercial de **Bourke St Mall**, qui attire de nombreux clients malgré les tramways de 30 tonnes qui le traversent à tombeau ouvert.

En traversant Little Lonsdale St, vous remarquerez la **State Library** à votre droite puis, dans le pâté de maisons suivant, l'architecture assez insolite de la façade du **Royal Melbourne Institute of Technology**. Prenez alors à droite Franklin St et encore à droite Russell St.

Quand vous aurez dépassé l'**Old Melbourne Gaol**, vous gagnerez Little Bourke St. Tournez à gauche et entrez dans la **Chinatown** de Melbourne. A l'époque de la ruée ver l'or, cette étroite venelle concentrait déjà une importante communauté originaire de l'Empire céleste ; les deux ou trois pâtés de maisons qui la bordent sont aujourd'hui occupés par d'excellents restaurants chinois ainsi que par des magasins et des supermarchés asiatiques où se presse une foule animée.

En haut de Little Bourke St, suivez Spring St, à droite, pour admirer quelques-uns des plus beaux édifices anciens de Melbourne, dont le ravissant **Princess Theatre**, le charmant **Windsor Hotel** et les imposantes **State Houses of Parliament**. Plus bas dans Spring St, vous découvrirez l'**Old Treasury Building**.

Traversez Spring St et empruntez Collins St. Sur votre gauche s'élèvent les tours de Collins Place où est aménagé le cinq-étoiles **Sofitel Hotel**. Allez faire un tour aux toilettes du 35e étage, vous y découvrirez une superbe vue sur la ville. Dirigez-vous ensuite vers **Flinders Lane** (au sud de Collins Place), dont l'**extrémité nord-est**, entre Spring St et Swanston St, était autrefois le lieu de rendez-vous des chiffonniers.

Descendez Flinders Lane jusqu'à Swanston St et tournez à gauche. Après avoir dépassé la gare ferroviaire de Flinders St, vous prendrez, à droite en bas des escaliers, la promenade qui longe le fleuve. Une passerelle vous conduira sur l'autre rive, où se dresse le complexe de **Southgate** avec ses restaurants, bars et cafés. Au sud de Southgate se tient le **quartier des artistes**. De l'autre côté de St Kilda Rd s'étendent les parcs du **Kings Domain**.

Un itinéraire plus court, centré autour des travaux de réaménagement des rives de la Yarra, débute dans le quartier des artistes et suit la rivière jusqu'à Spencer St en passant devant le **casino**. Traversez Spencer St pour jeter un coup d'œil au **Polly Woodside** puis passez de l'autre côté de la rivière et retournez sur vos pas le long de l'eau.

Little Bourke St et les petites rues attenantes sont bordées d'anciens bâtiments et entrepôts.

Queen Victoria Market

Situé à l'intersection de Victoria St et de Peel St, ce marché historique, qui existe depuis plus de cent ans, est l'endroit idéal pour acheter toutes sortes de choses ou flâner tout simplement.

Queen Victoria Market Walking Tours (☎ 9320 5822) propose du mardi au samedi des circuits de 2 heures qui vous permettent de voir toutes sortes d'échoppes, de faire la connaissance de personnages fascinants et de goûter à toute une gamme de produits alimentaires insolites. Le circuit "Foodies Dream" coûte 18 \$, le "Heritage Tour" 12 \$. Réservation nécessaire.

Old Melbourne Gaol

Cette ancienne prison transformée en musée (☎ 9663 7228) est un endroit sombre, humide et inquiétant. Plus de cent personnes y furent pendues, notamment le mythique Ned Kelly. Le musée ouvre tous les jours de 9h30 à 16h30 (8 \$, 5 \$ pour les enfants, 6 \$ pour les étudiants et 23 \$ pour les familles). Des visites sont organisées les mercredi et dimanche à 19h45 (20h45 durant l'heure d'été), pour 17/9 \$ par adulte/enfant. Réservez auprès de Ticketmaster (☎ 13 6100).

Melbourne Museum

Présenté comme "le musée le plus grand et le plus novateur de l'hémisphère Sud", le Melbourne Museum ouvrira fin juillet 2000 dans les Carlton Gardens, à côté de l'Exhibition Building. Il remplacera l'ancien Museum of Victoria de Swanston St et abritera le centre aborigène Bunjilaka, une galerie plantée d'arbres, un cinéma interactif en 3D et de grandes galeries d'exposition. L'entrée coûtera 5/12/30 \$ par adulte/enfant/famille.

Immigration Museum et Hellenic Antiquities Museum

Dans l'ancienne Customs House (1858-70) située Flinders St entre William St et Market St, l'Immigration Museum (☎ 9927 2732) présente l'histoire des immigrants de Melbourne. Au 2e étage, l'Hellenic Antiquities Museum abrite des expositions temporaires venues de Grèce.

Ces musées sont ouverts tous les jours de 10h à 17h (7 \$ l'un et 12 \$ les deux).

Autres bâtiments historiques

La ville compte un si grand nombre de bâtiments historiques que nous ne pouvons les mentionner tous. Parmi les plus remarquables, citons cependant la **John Smith's House** (300 Queen St), simple maison géorgienne datant de 1848, les imposants **Law Courts** (1874-84), dans William St, entre Little Bourke St et Lonsdale St, l'**Old Royal Mint** (1872), à côté des Flagstaff Gardens, et l'**ancienne cathédrale St James** (1842), le bâtiment le plus ancien de Melbourne, au coin de King St et de Batman St.

Les passionnés d'objets de l'époque victorienne découvriront un peu partout dans la ville de beaux urinoirs en fonte, équivalents de nos vespasiennes.

SOUTHBANK

Face au centre-ville, sur l'autre rive de la Yarra, le complexe de **Southgate**, sillonné de sentiers piétonniers au bord de l'eau, renferme sur trois niveaux des restaurants, des cafés et des bars qui offrent une vue sur la ville et la rivière.

Arts Precinct (quartier des artistes)

Ce quartier situé à l'est de Southbank, dans St Kilda Rd, est le cœur artistique de Melbourne.

Semblable à une forteresse, la façade de la **National Gallery of Victoria** s'anime de l'étrange *Angel*, de Deborah Halpern, qui se dresse dans les douves. La galerie est hélas fermée jusqu'en 2002 pour une rénovation en profondeur. Sa collection australienne occupe un nouveau bâtiment sur Federation Square, et une petite partie du reste des œuvres est exposée dans la State Library. Certaines collections ont également été accueillies par des galeries régionales.

Le **Victorian Arts Centre** se compose de deux bâtiments – le Melbourne Concert Hall et le Theatres Building –, tous deux agrémentés d'un intérieur de toute beauté. Le **Melbourne Concert Hall**, l'édifice circulaire le plus proche de la Yarra, accueille les grands artistes et les grandes compagnies ainsi que le Melbourne Symphony Orchestra. La majeure partie du bâtiment se trouve sous terre. Surmonté d'une flèche illuminée la nuit, le **Theatres Building** abrite le State Theatre, la Playhouse et le George Fairfax Studio.

Des visites de ces deux bâtiments ont lieu à 12h et 14h30 en semaine et à 10h30 et 12h le samedi (8 \$). Le dimanche, vous pouvez jeter un coup d'œil aux coulisses à 12h15

(12 $). Pour plus de précautions, appelez le ☎ 9281 8198 pour vous assurer que la visite des coulisses a bien lieu (interdite aux enfants de moins de 12 ans).

Le **Performing Arts Museum** du Theatres Building présente des expositions temporaires sur les arts de la scène dans toute leur diversité. Le musée est ouvert (entrée libre) au même moment que le Theatres Building.

Crown Casino

Cet imposant bâtiment se cache sous l'appellation de "centre de loisirs". Il fut pendant un moment le plus grand casino du monde et reste le plus grand de l'hémisphère Sud. Ouvert 24h/24, il intéressera les amateurs de kitsch.

L'endroit s'avère incroyablement criard, bruyant et vulgaire mais, après tout, il s'agit d'un casino. Outre les salles de jeu, il renferme des bars, des cafés et des restaurants (certains bon marché), un cinéma et le night-club Planet Hollywood.

De l'autre côté de Clarendon St, le **Melbourne Exhibition Centre** à l'architecture novatrice est connu sous le nom de "Jeff's Shed" (hangar de Jeff) car il a été bâti sous les auspices de l'ancien Premier ministre Jeff Kennett et ressemble effectivement à un hangar.

Polly Woodside Maritime Museum

Ce musée (☎ 9699 9760) se trouve au bord de la Yarra, près du Spencer St Bridge. Le *Polly Woodside* est un ancien voilier devenu la pièce maîtresse de ce musée maritime ouvert tous les jours de 10h à 17h (8 $, 4 $ pour les enfants).

AUTRES MUSÉES

Le **Scienceworks Museum**, situé Booker St à Spotswood, sous le West Gate Bridge, est un passionnant musée interactif, ouvert tous les jours de 10h et 16h30 (8/4 $). Il se trouve à 15 minutes à pied de la gare ferroviaire de Spotswood en descendant Hudsons Rd.

Le **Jewish Holocaust Centre** (☎ 9528 1985), 13 Selwyn St, Elsternwick (à proximité de la gare ferroviaire d'Elsternwick) retrace de sombres heures ; les guides sont des survivants de l'Holocauste. Ouvert du lundi au jeudi de 10h à 14h et le dimanche de 11h à 15h (donation à l'entrée).

Toujours en cours de construction au moment de la rédaction de ce guide, le **Melbourne Aquarium** promet d'être un endroit passionnant, avec un immense aquarium s'étendant jusqu'à la Yarra. Il se trouve à l'est de Kings Way, sur la rive nord de la rivière.

PARCS ET JARDINS

Le Victoria s'est attribué le titre d'"État-jardin", et cette appellation est parfaitement adaptée à Melbourne.

Kings Domain

Les jardins botaniques occupent tout un angle de l'immense Kings Domain.

À côté de St Kilda Rd se dresse l'imposant **Shrine of Remembrance**, mémorial de la Première Guerre mondiale. Ne manquez pas de grimper au sommet pour y contempler la ville. Le mémorial est ouvert tous les jours de 10h à 17h.

Près du mémorial, Birdwood Ave, le **Governor La Trobe's Cottage**, premier siège du gouvernement du Victoria, a été expédié depuis la "mère patrie" sous forme préfabriquée en 1840. Il se visite tous les jours sauf le mardi et le jeudi (2 $).

L'imposante **Government House** (1872) est une copie du palais de la reine Victoria édifié sur l'île de Wight, en Angleterre. Des visites guidées sont organisées les lundi, mercredi et samedi (8 $, 4 $ pour les enfants). Réservez au ☎ 9654 4711. Les visites sont suspendues de mi-décembre à fin janvier.

À l'extrémité du parc vers le centre-ville, vous découvrirez le **Sidney Myer Music Bowl**, une scène de spectacle en plein air.

Royal Botanic Gardens

Ne manquez pas la visite de ces jardins botaniques, les plus magnifiques de toute l'Australie et parmi les plus beaux du monde. Des brochures permettent de se repérer sont disponibles à l'entrée. Il existe plusieurs entrées mais le centre d'information se trouve dans le National Herbarium, à l'entrée F, Birdwood Ave. Des visites guidées gratuites en partent presque tous les jours à 10h et 11h. Les jardins restent ouverts du lever au coucher du soleil (entrée libre). En face du mémorial, un café d'observation ouvre tous les jours de 7h à 17h, tandis que le café et le kiosque installés en bordure du lac vous accueillent tous les jours de 9h à 17h (16h30 en hiver).

L'endroit compte une faune et une flore étonnamment riches. Une vaste colonie de chauves-souris frugivores a élu domicile dans les arbres dominant le ravin aux fougères.

Un ancien sentier équestre appelé **Tan** entoure les jardins. Cette piste de 4 km de long est devenue le lieu favori des adeptes du jogging.

Fitzroy Gardens et Treasury Gardens

Les Fitzroy Gardens séparent le centre-ville d'East Melbourne A côté du kiosque, au centre des jardins, se dressent un **village Tudor** miniature et le **Fairy Tree**, sculpté en 1932.

Le **Captain Cook's Cottage**, en réalité l'ancienne demeure que ses parents possédaient dans le Yorkshire, est meublé comme il l'aurait été vers 1750. Une exposition instructrice retrace la vie et l'époque de Cook. Ouvert tous les jours (3/1,50 $).

Non loin de là, le **Conservatory** (1 $) présente des expositions florales.

En vous promenant dans les **Treasury Gardens** en fin d'après-midi, vous rencontrerez sans doute des **opossums**. Si vous ne pouvez vous empêcher de les nourrir (il faut avouer qu'ils sont mignons), cantonnez-vous aux fruits et évitez le pain et les chips, qui peuvent nuire à leur santé.

LE LONG DE LA YARRA

La Yarra est étonnamment plaisante. Malgré son surnom de "rivière qui coule sens dessus dessous", elle n'est pas particulièrement sale mais juste boueuse.

Des croisières partent de Princes Walk (en dessous du Princes Bridge) et de Southgate. Des pistes cyclables (voir *Bicyclette* dans la rubrique *Comment circuler* plus bas dans ce chapitre) longent la rivière depuis la ville. On peut louer des vélos à divers endroits.

Yarra Bend Park

Au nord-est du centre-ville, la Yarra est bordée par le Yarra Bend Park. Pour y parvenir, traversez Collingwood en suivant Johnston St et tournez dans le magnifique Yarra Bd ou bien louez un vélo et empruntez les pistes cyclables qui longent la rivière. Par les transports publics, prenez depuis Collins St le tramway n°42 qui suit Victoria St vers l'est et descendez à l'arrêt n°28, puis remontez à pied Walmer St et traversez la passerelle. Vous pouvez également, à partir de la gare ferroviaire de Flinders St, prendre le bus n°201 ou 203 qui remontent tous deux Studley Park Rd.

Le parc renferme de vastes zones de bush qui font oublier la proximité de la ville.

La **Studley Park Boathouse** (☎ 9853 1972), ouverte tous les jours de 9h30 au coucher du soleil, possède un café et loue des bateaux et des canoës. La passerelle de Kanes conduit sur l'autre rive, d'où l'on atteint en 20 minutes de marche les **Dights Falls**, au confluent de la Yarra et de Merri Creek. Vous pouvez également rejoindre les chutes en suivant la rive sud.

Plus en amont, Fairfield Park abrite le **Fairfield Amphitheatre**, où l'on peut assister à des pièces de théâtre, des films et des concerts en plein air. Le **Fairfield Park Boathouse & Tea Gardens** (☎ 9486 1501), Fairfield Park Drive, à Fairfield, est un hangar à bateaux restauré dans lequel se trouve un restaurant avec jardin. Il est ouvert tous les jours d'octobre à mars et le week-end le reste de l'année.

YARRA PARK

Le Yarra Park est un vaste espace vert qui s'étend au sud-est du centre-ville et renferme le Melbourne Cricket Ground, le Melbourne Park National Tennis Centre, l'Olympic Park et plusieurs autres stades.

Australian Gallery of Sport & Olympic Museum

Situé devant l'entrée réservée aux membres du Melbourne Cricket Ground (MCG), près de l'angle de Jolimont St et de Jolimont Terrace, ce musée consacré aux passions sportives des Australiens ouvre tous les jours de 9h30 à 16h30. Le prix d'entrée (9,50/6 $ ou 25 $ pour les familles) comprend une visite du MCG et du musée, toutes les heures entre 10h et 15h (parfois écourtée les jours de match).

Melbourne Park National Tennis Centre

Une passerelle relie le Melbourne Cricket Ground au Melbourne Park National Tennis Centre, qui accueille en janvier l'Open d'Australie (un des tournois du Grand Chelem) et sert également de salle de concerts. Les terrains de tennis intérieurs et extérieurs sont ouverts au public (voir plus loin la rubrique *Activités sportives*).

CARLTON ET PARKVILLE

Ce vieux quartier cosmopolite associe les nourritures intellectuelles et gastronomiques, le sport et la culture.

Royal Park

Vaste étendue d'espaces verts, le Royal Park contient des stades et des espaces ouverts, des terrains de netball et de hockey, un golf public et le zoo. Dans le coin le plus proche de l'University of Melbourne s'étend un jardin planté de végétaux australiens.

Zoo

Ce zoo, le plus ancien d'Australie (1861) et le troisième plus ancien du monde, mérite largement la visite (prévoyez au moins une demi-journée).

Il ouvre tous les jours de 9h à 17h. L'entrée coûte 14,50/7,20 $ ou 39,30 $ pour les familles. Depuis la ville, prenez le tramway n°55 ou 56, William St, ou un train vers Upfield jusqu'à la gare de Royal Park (attention ! pas de service le dimanche). Un tramway touristique des années 1920 assure le dimanche la navette entre la ville et le zoo. Téléphonez au Met (☎ 13 1638) pour les horaires.

University of Melbourne

Également connue sous le nom de Melbourne University, cette université, fondée en 1853, renferme quelques beaux bâtiments, notamment ceux de l'extrémité nord.

Des groupes se produisent souvent dans North Court (derrière Union House) mais vous pouvez aussi aller écouter un cours magistral, flâner dans la Baillieu Library ou visiter les galeries et les musées gratuits, parmi lesquels le plus intéressant, le **Percy Grainger Museum** (ouvert en semaine), consacré à la vie et à l'époque de cet excentrique compositeur.

Lygon St

Carlton, le quartier italien de Melbourne, s'articule autour de l'élégante Lygon St, qui fut également la première rue bohème de la ville. L'atmosphère d'origine a en partie disparu mais certains lieux subsistent encore. Des restaurants tels que Tiamo, Papa Gino's et Jimmy Watson's ont résisté au changement ; on peut toujours jouer au billard à Johnny's Green Room, et le minuscule théâtre expérimental La Mama, Faraday St, continue à attirer les foules.

En novembre se tient la Lygon St Festa, une grande manifestation de rue qui célèbre la gastronomie.

FITZROY ET COLLINGWOOD

C'est à Fitzroy que les artistes de Melbourne ont élu domicile lorsque Carlton s'est embourgeoisée.

Brunswick St, notamment aux alentours de Johnston St, rassemble les meilleurs restaurants, les boutiques les plus extravagantes et les habitants les plus intéressants de la ville. **Johnston St**, au cœur du quartier habité par la petite communauté hispanophone de Melbourne, accueille en novembre le Hispanic Festival.

La frontière entre Fitzroy et Collingwood est **Smith St**, qui promet de devenir une rue pleine d'intérêt.

Carlton & United Breweries, qui brasse notamment les bières Fosters et Victoria Bitter, présente des panneaux intéressants dans son centre d'accueil de la **Brasserie Carlton**. Située à l'angle de Nelson St et de Thompson St, à Abbotsford, la banlieue à l'est de Collingwood, la brasserie est ouverte du lundi au samedi (5 $ avec dégustation). En semaine, des visites ont lieu à 10h, 11h30 et 14h (7,50 $). Réservez au ☎ 9420 6800.

EAST MELBOURNE

East Melbourne est une petite poche résidentielle où se nichent d'élégantes demeures victoriennes. **Tasma Terrace**, sur Parliament Place, derrière la Parliament House, est une magnifique rangée de maisons mitoyennes. C'est ici que se trouve le **National Trust**, où vous obtiendrez des informations sur les propriétés classées. L'impressionnante **cathédrale St Patrick** s'élève derrière la Parliament House.

De l'autre côté de Gisborne St par rapport à la cathédrale, en diagonale, l'Eastern Hill Fire Station abrite le **Fire Services Museum of Australia** (☎ 9662 2907), ouvert le vendredi de 9h à 15h et le dimanche de 10h à 16h (5/2 $).

RICHMOND

De même que Carlton rappelle l'Italie, Richmond est un quartier vietnamien, bien que de nombreux Grecs d'une vague d'immigration précédente y vivent encore.

Hauts lieux de la mode, **Bridge St** et **Swan St** abritent des boutiques où les couturiers écoulent leur second choix et leurs invendus ainsi que les magasins de jeunes stylistes talentueux. Le grand magasin à l'ancienne **Dimmey's**, 140 Swan St, vend tout un bric-à-brac hétéroclite à bas prix dans une atmosphère insolite.

SOUTH YARRA ET TOORAK

South Yarra et Toorak se trouvent du "bon côté" de la rivière, où habite la haute société de Melbourne. South Yarra est soucieux de son image, animé et élégant ; plus à l'est, Toorak est le quartier le plus huppé de la ville.

A l'extrémité de Toorak Rd qui donne sur Kilda St Rd se dresse la **Hebrew Synagogue** (1930), surmontée d'un dôme en cuivre. Du côté sud de Toorak Rd, entre Punt Rd et St Kilda Rd, s'étend le **Fawkner Park**. **Como House**, 16 Como Ave, l'un des plus beaux manoirs coloniaux d'Australie, se visite tous les jours (9 $).

L'extrémité de Toorak Rd située vers Toorak, entre Wallace Ave et Grange Rd, regroupe des boutiques plus petites et plus chic dans le **Toorak Village**.

La fin de Chapel St à South Yarra, entre Toorak Rd et Commercial Rd, est l'endroit le plus élégant de Melbourne pour acheter des articles de mode. Au n°500, vous verrez un vaste complexe de magasins et de distractions, la **Jam Factory**.

PRAHRAN

Prahran, peuplé de diverses nationalités, s'imprègne de nombreuses influences culturelles.

La partie de **Chapel St** située dans Prahran, de Malvern Rd à Dandenong Rd, est plus diverse que le quartier de South Yarra. Le ravissant Prahran Market se trouve à deux pas de Chapel St dans **Commercial Rd**, le lieu de rendez-vous de la communauté homosexuelle.

Partant de Chapel St à côté de l'hôtel de ville de Prahran, **Greville St** rassemble un mélange insolite de boutiques de vêtements excentriques, de galeries, de librairies, de magasins de bric-à-brac et de quelques bons bars et cafés.

ST KILDA

St Kilda est l'un des quartiers les plus cosmopolites et les plus animés de Melbourne.

Lorsque Melbourne fut fondée, St Kilda était une station balnéaire à la mode qui connut cependant un déclin rapide. Dans les années 1960, le quartier était devenu assez mal famé, et son image décadente de gloire fanée (ainsi que ses loyers peu élevés) attirait les immigrants, les réfugiés, les marginaux et les clochards.

St Kilda a vu son image s'améliorer ces dernières années, mais c'est toujours un endroit où les extrêmes se côtoient – auberges de jeunesse et restaurant chic, voitures de sport et junkies. Il peut être dangereux, surtout pour les femmes, de s'y promener la nuit. Les rues principales, **Fitzroy St** et **Acland St**, abondent en magasins et en restaurants.

Si vous suivez **Carlisle St** au-delà de St Kilda Rd jusqu'à East St Kilda, vous découvrirez quelques excellentes boutiques d'alimentation juives et des traiteurs européens. Le **Jewish Museum of Australia** (☎ 9534 0083), 26 Alma Rd, présente des collections

ST KILDA

OÙ SE LOGER		
2	Robinson's by the Sea	
3	Cabana Court Motel	
4	Victoria House B&B	
6	Charnwood Motor Inn	
7	Crest international Hotel/Motel	
11	St Kilda Coffee Palace	
14	Kookaburra Backpackers	
15	Enfield House	
17	Hotel Tolarno, Bar & Bistro	
21	Warwick Beachside	
32	St Kilda Quest Inn	
34	Olembia Guesthouse	
36	Novotel Bayside Hotel	
38	Carlisle Motor Lodge	
39	Cosmopolitan Motor Inn	
55	Barkly Quest Lodgings	

OÙ SE RESTAURER		
10	The George Hotel, Public Bar & Gallery, Snakepit	
12	Chichio's	
13	Bar Ninety Seven, Chronicles Bookshop	

16	Topolino's	
18	Thai Panic Cafe	
19	Leo's Spaghetti Bar	
20	Cafe Menis, Bortoletto's	
22	Hard Wok Cafe	
23	Café Di Stasio	
25	Chiata Ria-Blues	
26	Street Cafe	
28	Madame Joe Joe	
37	Spuntino, Harley Court, Dog's Bar	
41	Galleon	
42	Vineyard Restaurant	
45	The Stokehouse	
46	Pavilion	
47	Bala's	
48	Chinta Ria-Soul, Cafe Goa	
49	Cafe Manna	
50	Red Rock Noodle Bar	
51	Blue Danube, Scheherezade	
54	Cicciolina	
56	Noodle Box	
57	Orienta on Acland	

58	Big Mouth	
59	Wild Rice, Claypots Seafood Bar	
61	Rasa's Vegie Bar	

DIVERS		
1	Mansion	
5	Corroboree Tree	
8	The Ritz	
9	Les George Cinemas	
24	Prince of Wales Hotel	
27	Rock 'n' Roll 'n' Skate Hire	
29	Royal Melbourne Yacht Squadron	
30	St Kilda Baths	
31	Esplanade Hotel, Espy Kitchen	
33	Theatreworks	
35	Linden Art Centre & Gallery	
40	National Theatre	
43	Luna Park	
44	Palais Theatre	
52	Internet Kennel Cafe	
53	Cosmos Books & Music	
60	Village Belle Hotel	

sur l'histoire et la culture juives ainsi que des expositions régulières (ouvert de 10h à 16h du mardi au jeudi et de 11h à 17h le dimanche, 5/3 $).

Seaside St Kilda
St Kilda Pier et la digue attirent de nombreux promeneurs. On peut louer des vélos à côté du quai en été ou s'embarquer avec **Penguin Waters Cruises** (☎ 0412 187 202) pour observer une colonie de manchots. Les croisières au coucher du soleil, avec barbecue et boissons, coûtent 30 $ au départ de St Kilda Pier et 40 $ au départ de Southbank.

Le visage rieur de **Luna Park**, dans Lower Esplanade, fait partie du paysage de St Kilda depuis 1912. L'aspect suranné de ce parc d'attractions en fait le charme (entrée libre, 3 $ pour chaque attraction). Les heures d'ouverture varient ; appelez les informations enregistrées (☎ 1902 240 112, 30 c la minute).

Construit en 1880, l'**Esplanade Hotel**, Upper Esplanade, est le cœur musical et artistique de St Kilda. Il a accueilli l'actrice Sarah Bernhardt en 1891. De nos jours

l'"Espy" offre des concerts (généralement gratuits), des spectacles comiques, une cuisine excellente et une atmosphère grunge unique en son genre.

SOUTH MELBOURNE
Dotée d'un riche patrimoine architectural, la banlieue de South Melbourne s'articule autour de son artère principale, **Clarendon St**. La **Chinese Joss House** (1856), 76 Raglan St, considérée comme le plus beau temple chinois de l'étranger, est ouverte tous les jours de 9h à 16h sauf le vendredi.

Non loin s'étend le faubourg chic d'**Albert Park** ; c'est sur la route qui entoure Albert Park Lake que se court le **Grand Prix d'Australie de Formule 1**.

CIRCUITS ORGANISÉS
Visites de la ville en bus
Des compagnies telles que AAT Kings (☎ 9663 3377), Australian Pacific (☎ 9663 1611) et Gray Line (☎ 9663 4455) organisent des visites de la ville et des excursions d'une journée vers les sites touristiques.

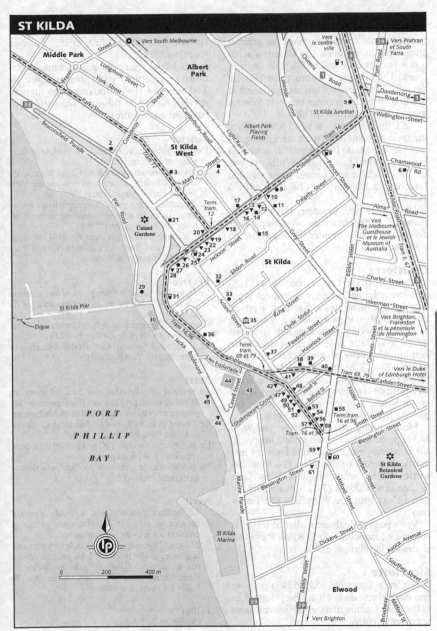

ST KILDA

Vers South Melbourne

Middle Park

Albert Park

Longmore Street

York Street

Fraser Street

Parks Street

Beaconsfield Parade

Cowderoy Street

Canterbury Road

Light Rail 96

Albert Park Playing Fields

St Kilda West

Mary Street

Street

Term. tram. 12

Tram 12

Pier Road

Catani Gardens

St Kilda Pier

Digue

Jacka Boulevard

Lwr Esplanade

The Esplanade

Term. tram. 69 et 79

St Kilda

Fitzroy Street

Dalgety Street

Princes Street

Grey Street

Eildon Road

Jackson Street

Acland Street

King Street

Clyde Street

Fawkner Street

Havelock Street

Barkly Street

Greeves Street

Charles Street

Inkerman Street

Vers le centre-ville

Queens Road

Road

Lakeside Drive

St Kilda Junction

Tram 16

St Kilda Junction

Charnwood Rd

Alma Road

Vers The Melbourne Guesthouse et le Jewish Museum of Australia

Tram 3, 67

Vers Prahran et South Yarra

Punt Road

Dandenong Road

Wellington Street

Vers Brighton, Frankston et la péninsule de Mornington

PORT PHILLIP BAY

Tram 16, 96

Carlisle Street

Tram 69, 79

Vers le Duke of Edinburgh Hotel

Iwell Street

Belford Street

Foster Street

Smith Street

Term. tram. 16 et 96

Blessington Street

Cavell Street

Shakespeare Grove

Marine Parade

Blessington Street

Milford Street

Herbert Street

St Kilda Botanical Gardens

Tram 16 et 96

St Kilda Marina

St Kilda

Elwood

Barkly Street

Dickens Street

Avoca Avenue

Southey Street

Broadway

Mitford St

Vers Brighton

0   200   400 m

VICTORIA

Le City Explorer (☎ 9650 7000) effectue un circuit continu dans la ville et la proche banlieue en s'arrêtant à toutes les grandes attractions touristiques. Les forfaits s'achètent à bord et coûtent 22/35 $ pour un/deux jours. Un kiosque d'information se tient devant l'hôtel de ville, qui est également le premier arrêt. Le premier bus part tous les jours à 10h, le dernier à 16h.

Le City Wanderer (☎ 9563 9788) effectue un circuit similaire mais traverse également le West Gate Bridge pour se rendre au Scienceworks Museum et à Williamstown. Un billet valable une journée revient à 20 $. Le premier bus part de l'hôtel de ville à 10h30.

Les billets pour ces deux bus vous permettent de bénéficier de réductions dans divers sites et de monter ou descendre en cours de route.

Croisières

Melbourne River Cruises (☎ 9614 1215) part toutes les demi-heures de Princes Walk (sur la rive nord de la Yarra, à l'est de Princes Bridge) et de Southgate. Vous pouvez embarquer pour une croisière en amont ou en aval de la rivière (13 $) ou encore combiner les deux pour une excursion de 2 heures 30 (25 $). Southgate River Tours (☎ 9682 5711) offre une sortie d'une heure en amont de la rivière jusqu'à Herring Island sur le bateau à vapeur *Elizabeth Anne*, qui part du Berth 4 (quai 4) à Southgate.

Maribyrnong River Cruises (☎ 9689 6431) propose des croisières de 2 heures 30 sur la Maribyrnong, avec une halte à l'instructif Museum of the West (14 $) et des sorties d'une heure jusqu'au West Gate Bridge et aux docks (7 $). Les départs ont lieu à l'extrémité de Wingfield St à Footscray.

Vous pouvez également aller observer la colonie de manchots du St Kilda Pier (voir ci-dessus la rubrique *St Kilda*).

Bicyclette

City Cycle Tours (☎ 9585 5343) propose une découverte de la ville à bicyclette. Les vélos sont fournis mais vous pouvez aussi apporter le vôtre.

MANIFESTATIONS ANNUELLES

Melbourne accueille des festivals toute l'année. Les offices du tourisme vous en fourniront la liste.

Les billets pour la plupart des manifestations se réservent par l'intermédiaire de Ticketmaster (vous trouverez son numéro de téléphone à la rubrique *Où sortir* plus bas dans ce chapitre).

Janvier

Une fête publique célébrant le *Nouvel An* se tient souvent à Southgate.

L'*Open d'Australie*, qui fait partie des tournois du Grand Chelem, a lieu tous les ans au Melbourne Park Tennis Centre.

Le 26 janvier, l'*Australia Day* donne lieu à toutes sortes de célébrations, notamment un feu d'artifice tiré à Albert Park Lake.

L'éclectique *Montsalvat Jazz Festival* est organisé pendant trois jours dans la colonie d'artistes d'Eltham et ailleurs.

Février

Le *St Kilda Festival* célèbre pendant une semaine les arts, la culture et la gastronomie de la région.

Chinatown s'anime lors de la célébration du *Nouvel An chinois* et de l'*Asian Food Festival*.

Le *Midsumma Festival* réunit au début du mois la communauté homosexuelle.

Mars

Le festival de *Moomba*, qui dure 10 jours au début du mois, est l'une des fêtes familiales les plus courues et les plus animées de Melbourne.

Le *Grand Prix de Formule 1* se tient au circuit d'Albert Park au début du mois.

Le *Melbourne Food and Wine Festival* dure deux semaines à la fin du mois.

Ne pas oublier la *saison de football*, qui débute également en mars !

Avril

Le brillant *International Comedy Festival* envahit la ville, et les comiques locaux y côtoient les artistes internationaux.

L'*Anzac Day*, qui commémore les victimes de la guerre, se fête le 25 avril. La journée débute par un service célébré à l'aube au Shrine of Remembrance, suivi par un défilé dans St Kilda Rd jusqu'à la ville.

Juillet

Ouverture de l'*International Film Festival*.

Septembre

Les *Australian Football League (AFL) Finals* atteignent leur point culminant lors du *Grand Final* qui se joue le dernier samedi du mois (sauf en l'an 2000 – en raison des Jeux olympiques, il se tiendra plus tôt dans le mois).

Le *Royal Melbourne Show* a lieu aux Royal Melbourne Showgrounds, à Flemington.

Octobre

Le *Melbourne International Festival* rassemble le meilleur des arts de la scène, des arts visuels et de la musique et comprend le *Melbourne Writers Festival* et l,e *Melbourne Fringe Arts Festival* – à ne pas manquer, l'incroyable fête de rue dans Brunswick St.

Sur Phillip Island se tient l'*Australian Motorcycle Grand Prix*.

Novembre

La course hippique *Melbourne Cup* a lieu le premier mardi du mois.

A l'occasion de la *Lygon St Festa* italienne, la rue se remplit de stands de nourriture, de musiciens et de danseurs ; parmi les manifestations figure la folle course des garçons de café.

Décembre

Les Royal Botanic Gardens accueillent des pièces de théâtre en plein air le soir, comme *Le Songe d'une nuit d'été* et *Roméo et Juliette*. Depuis 1937, les concerts de Noël *Carols by Candlelight* ont lieu au Myer Music Bowl. Réservation indispensable.

Pour Boxing Day, rendez-vous au Melbourne Cricket Ground avec des dizaines de milliers de personnes pour la première journée du *Test Match* international.

OÙ SE LOGER

Le centre-ville s'avère pratique mais un peu morne la nuit. L'autre solution consiste à loger en proche banlieue.

Si vous envisagez un séjour relativement long, consultez la rubrique *Share accommodation* de *The Age* qui publie, le mercredi et le samedi, les annonces d'appartements à partager.

Vous pouvez aussi regarder les panneaux d'affichage des auberges de jeunesse et d'autres lieux tels que les universités, la librairie Readings à Carlton, Cosmos Books & Music et le restaurant Galleon à St Kilda, le café Black Cat à Fitzroy.

Campings et caravanes

Melbourne compte quelques terrains de camping/caravanes mais aucun n'est proche du centre et la plupart sont situés dans des quartiers sans intérêt. Le ***Hobsons Bay Caravan Park*** *(☎ 9397 2395, 158 Kororoit Creek Rd, Williamstown)* est très éloigné du centre (environ 15 km) mais se trouve dans la plaisante banlieue de Williamstown. Les emplacements coûtent 15 \$ et les bungalows 40/45 \$ en simple/double. Ce camping est à environ 2 km à l'ouest du centre commercial de Williamstown et à 2,5 km du front de mer.

L'endroit le plus proche du centre est le ***Melbourne Holiday Park*** *(☎ 9354 3533, 265 Elizabeth St, Coburg East)*, à 10 km au nord de la ville. Pour deux personnes, prévoyez à partir de 18 \$ sous la tente et de 47 \$ en bungalow.

Auberges de jeunesse

Les adresses suivantes sont celles d'auberges de jeunesse situées dans les quartiers les plus prisés, pratiques pour votre première nuit en ville, après quoi vous pourriez avoir envie d'en trouver une qui correspond davantage à vos goûts – vous n'aurez que l'embarras du choix. Les prix indiqués ne sont cités qu'à titre indicatif. Les auberges YHA conservent les même tarifs tout au long de l'année, mais les autres vous feront payer un peu moins cher en hiver et un peu plus en été. La plupart proposent des tarifs plus avantageux à la semaine.

Centre-ville. Le ***Toad Hall*** *(☎ 9600 9010, 441 Elizabeth St)* est facilement accessible à pied depuis les gares routières. Bien équipé et confortable, avec un parking (5 \$), il dispose de lits en dortoir affichés à partir de 16 \$ et de simples/doubles/triples à quelque 30/48/52 \$.

Chaleureux et bien conçu, l'***Exford Hotel Backpackers*** *(☎ 9663 2697, 199 Russell St)* occupe l'étage d'un pub. Il pratique des prix légèrement inférieurs à ceux du Toad Hall. Ses propriétaires gèrent un autre établissement vaste et bien équipé, le ***Flinders Station Hostel*** *(☎ 9620 5100)*, à l'angle d'Elizabeth St et de Flinders Lane. Nous avons eu de bons échos de l'***Hotel Bakpak***

VICTORIA

(☎ 9329 7525, 167 Franklin St). Au **City Centre Private Hotel** (☎ 9654 5401, 22 Little Collins St), propre, calme, voire un peu guindé, toutes les chambres partagent une s.d.b. Comptez 18 $ en dortoir de trois ou quatre lits, 37 $ en double et 37/50 $ en simple/double avec service.

North Melbourne. Les deux auberges YHA sont installées à North Melbourne, au nord-ouest du centre-ville. En venant de l'aéroport, le Skybus peut vous y déposer.

Véritable joyau de l'YHA, l'immense **Queensberry Hill Hostel** (☎ 9329 8599, 78 Howard St) manque un peu d'atmosphère mais dispose d'excellents équipements. Les lits en dortoir reviennent à 18 $, les chambres à 45/55 $ ou 55/65 $ avec s.d.b. L'auberge comprend également un appartement à 95 $. Les bureaux ouvrent de 7h à 23h mais on peut entrer 24h/24 une fois l'enregistrement effectué. Pour vous y rendre, prenez le tramway n°55 depuis William St et descendez à l'arrêt n°11 (Queensberry St), ou encore n'importe quel tramway remontant Elizabeth St vers le nord (arrêt n°8, Queensberry St). Empruntez Queensburry St vers l'ouest et tournez à droite dans Howard St.

Plus petit et plus vieillot, le **Chapman Gardens YHA Hostel** (☎ 9328 3595, 76 Chapman St) offre davantage d'intimité. Vous paierez 15 $ pour un lit en dortoir, 33 $ pour une simple, 36 $ pour une chambre à lits jumeaux et 44 $ pour une double. Depuis Elizabeth St, dans le centre, prenez les trams n°50 ou 57 le long de Flemington Rd et descendez à l'arrêt n°19 puis suivez Abbotsford St. Chapman St est la première à gauche.

Carlton. La résidence universitaire de **Carlton College** (☎ 1800 066 551, 101 Drummond St, Carlton), installée dans un bel immeuble de trois étages, se transforme en auberge de jeunesse l'été. Elle abrite des lits en dortoir à 15 $ et des chambres à 25/40 $ seulement. L'endroit s'apparente davantage à une auberge de jeunesse que les résidences universitaires mentionnées à la rubrique Universités.

Fitzroy. Bien situé en bordure du centre-ville, face aux Exhibition Gardens, **The Nunnery** (☎ 1800 032 635, 116 Nicholson St) est l'une des meilleures auberges de jeunesse de la ville. Un lit dans un dortoir de 12/3 lits coûte 18/21 $, une simple quelque 40 $ et une chambre à lits jumeaux/double environ 55 $. Depuis le centre-ville, prenez le tramway n°96 qui longe Bourke St vers l'est et descendez à l'arrêt n°13.

Richmond. Le **Richmond Hill Hotel** (☎ 9428 6501, 353 Church St) a élu domicile dans un grand bâtiment victorien doté de vastes espaces communs et de chambres impeccables. Le lit en dortoir vaut quelque 18 $, et la simple/lits jumeaux 40/50 $. La partie B&B abrite de belles simples/doubles à partir de 60/80 $ environ.

South Yarra. Le **Lord's Lodge Backpackers** (☎ 9510 5658, 204 Punt Rd) est implanté sur une grande artère trépidante. Ce vaste établissement biscornu propose, sur deux étages, différents modes d'hébergement à des prix légèrement inférieurs à ceux des auberges du centre.

Windsor. Le nouveau **Chapel St Backpackers** (☎ 9533 6855, 22 Chapel St, Windsor), géré par Nomad, est accessible à pied de South Yarra et de St Kilda. Il possède des lits en dortoir à 18 $, des doubles à 50 $ et une double avec s.d.b. à 60 $. Le prix comprend le petit déjeuner.

St Kilda. Depuis Swanston St, dans le centre-ville, le tramway n°16 descend St Kilda Rd jusqu'à Fitzroy St. Plus rapide, le train n°96 vous emmène de Spencer St et de Bourke St à l'ancienne gare de St Kilda, puis suit Fitzroy St et Acland St.

L'**Enfield House** (☎ 9534 8159, 2 Enfield St) est la plus ancienne auberge de St Kilda et probablement la plus appréciée. Installée dans un immense bâtiment victorien comptant plus de 100 lits, elle parvient néanmoins à conserver une ambiance agréable et propose divers types d'hébergement en dortoirs, simples et chambres à lits jumeaux. Sa navette vient vous chercher aux gares routières et à Station Pier, Port Melbourne, où arrivent les ferries de Tasmanie.

L'excellente *Olembia Guesthouse* (☎ 9537 1412, 96 Barkly St) ressemble plus à un hôtel de charme qu'à une auberge de jeunesse. Les chambres, petites mais propres et confortables, sont dotées d'un lavabo et du chauffage central. Comptez 18 $ le lit en dortoir, 40 $ la simple et 56 $ la double ou la chambre à lits jumeaux. Mieux vaut réserver.

Dans le spacieux *St Kilda Coffee Palace* (☎ 1800 654 098, 24 Grey St), qui dispose d'un café et d'une cuisine moderne, les lits coûtent entre 16 et 18 $ (20 $ dans un dortoir de quatre) et les doubles 50 $. A quelques pas, le *Kookaburra Backpackers* (☎ 9534 5457, 56 Jackson St) diffère des autres établissements de St Kilda par sa petite taille. Vous débourserez 16 $ en dortoir et 45 $ en double.

Middle Park. Bien situé entre Albert Park Lane et la baie, le *Middle Park Hotel* (☎ 9690 1958), dans un petit centre commercial élégant à l'angle de Canterbury Rd et d'Armstrong St, est un pub qui dispose de chambres rénovées à l'étage. Comptez 15 $ en dortoir, 25 $ en simple (35 $ pour les chambres les plus spacieuses) et 50 $ en double, toutes avec s.d.b. commune.

South Melbourne. Juste à côté du South Melbourne Market, accessible à pied depuis Southgate et proche des lignes de tramway et de train, le *Nomad's Market Inn* (☎ 1800 241 445, 115 Cecil St) ne se trouve pas vraiment au centre de l'animation mais est quand même bien situé. Cette plaisante auberge aménagée dans un ancien pub facture entre 15 et 18 $ environ un lit en dortoir et 45 $ une double (petit déjeuner gratuit).

Universités

Dans l'University of Melbourne ou à proximité, les collèges suivants peuvent vous héberger pendant les grandes vacances, de la fin novembre à la mi-février. Certains louent aussi en juillet et pendant la deuxième moitié de septembre. Vous paierez quelque 40 $ pour une simple

en B&B et quelque 10 $ supplémentaires en pension complète.

Les collèges d'Ormond, de Queen et de Trinity occupent d'impressionnantes bâtisses du XIXe siècle. Demandez une chambre dans l'un des bâtiments anciens.

International House (☎ 9347 6655, 241 Royal Parade, Parkville)
Medley Hall (☎ 9663 5847, 48 Drummond St, Carlton)
Ormond College (☎ 9348 1688, College Crescent, dans l'enceinte de l'université)
Queen's College (☎ 9349 0500, College Crescent, dans l'enceinte de l'université)
Ridley College (☎ 9387 7555, 160 The Avenue, Parkville)
Trinity College (☎ 9347 1044, Royal Parade, dans l'enceinte de l'université)
University College (☎ 9347 3533, College Crescent, en face de l'université)
Whitley College (☎ 9347 8388, 271 Royal Parade, Parkville)

Hôtels, pensions, appartements et B&B

Centre-ville. Au coin de Flinders St et de Russell St, le *Duke of Wellington Hotel* (☎ 9650 4984) dispose de chambres confortables avec s.d.b. commune à 50/90 $ la simple/double, petit déjeuner compris. D'un confort rudimentaire, le *Stork Hotel* (☎ 9663 6237), à l'angle d'Elizabeth St et de Therry St, est proche de la gare routière de Franklin St et du Queen Victoria Market et possède une petite cuisine. Comptez à partir de 39/49 $. Toujours à proximité de la gare routière de Franklin St, l'*Hotel Y* (☎ 9329 5188, 489 Elizabeth St), géré par la YWCA, a été récompensé par un prix. Il propose des lits superposés à 25 $ en dortoir de quatre, des simples/doubles/triples à 79/87/99 $ et des chambres luxueuses à partir de 99/11/120 $ et possède de bonnes installations, notamment un café pour petits budgets, un cuisine commune et une laverie.

L'*Hotel Entreprize* (☎ 9629 6991, 44 Spencer St) loue des chambres à partir de 50/60 $ ou de 95/100 $ avec s.d.b. Le *Batman's Hill Hotel* (☎ 9614 6344, 66-70 Spencer St) facture à partir de 140 $ la chambre, et la *Pacific International Terrace Inn* (☎ *9621 3333, 16 Spencer St*) pratique des prix raisonnables, à partir de 109 $. L'*Astoria City Travel Inn* (☎ *9670 6801, 288 Spencer St*) offre des chambres à partir de 84 $.

Le vaste *Victoria Vista Hotel* (☎ *9653 0441, 215 Little Collins St*) se situe un cran au-dessus des hôtels premier prix. Prévoyez 45/60 $ pour une chambre avec s.d.b. commune et à partir de 85/124 $ avec s.d.b. individuelle et TV. Bien que relativement sommaire, le *City Square Motel* (☎ *9654 7011, 67 Swanston St*) est bien situé et facture à partir de 70/90/100 $.

L'*All Seasons Welcome Hotel* (☎ *9639 0555, 265 Little Bourke St*) présente un bon rapport qualité/prix à 95 $ la chambre. L'*All Seasons Crossley Hotel* (☎ *9639 1639, 51 Little Bourke St*), petit quatre-étoiles installé dans Chinatown, loue des chambres à partir de 140 $. Au *City Limits Motel* (☎ *9662 2544, 20-22 Little Bourke St*), les chambres équipées de kitchenette coûtent à partir de 99 $.

Au nord-ouest du centre-ville à West Melbourne, au *Miami Motel* (☎ *9329 8499, 13 Hawke St*), à mi-chemin entre un motel et une auberge de jeunesse, les chambres propres et sans prétention valent 40/60 $ avec s.d.b. commune et 68/84 $ avec s.d.b. privée.

Le centre-ville compte un certain nombre d'hôtels haut de gamme, notamment le *Novotel Melbourne on Collins* (☎ *9650 5800, 270 Collins St*), avec des chambres à 220 $ au minimum, l'*Heritage Hotel Melbourne* (☎ *9670 4101, 328 Flinders St*), qui facture à partir de 200 $ la chambre, le *Rockmans Regency Hotel* (☎ *9662 3900*), au coin d'Exhibition St et de Lonsdale St, où vous paierez à partir de 210 $, *The Windsor* (☎ *9633 6000, 103 Spring St*), avec des chambres à 450 $ au minimum, et le *Sheraton Towers Southgate* (☎ *9696 3100, 1 Southgate Ave*), qui propose des simples/doubles à partir de 405/465 $.

East Melbourne. Le quartier abrite deux motels pratiques mais peu attrayants. Le *George Powlett Lodge* (☎ *9419 9488*), à l'angle de George St et de Powlett St, dispose de chambres vieillottes de style motel dotées d'une kitchenette à partir de 85/90 $. Au *Treasury Motor Lodge* (☎ *9417 5281, 179 Powlett St*), vous paierez à partir de 100/105 $.

La *Georgian Court Guesthouse* (☎ *9419 6353, 21 George St*) offre un hébergement en B&B dans d'élégantes chambres affichées à 59/69 $ (88/99 $ avec s.d.b.), avec petit déjeuner-buffet.

Carlton et Parkville. Face au Melbourne General Cemetery, le *Lygon Quest Lodging* (☎ *9345 3888, 700 Lygon St*) possède des appartements d'une ou deux chambres de 110 à 165 $.

La *Park Avenue Motor Inn* (☎ *9380 9222, 441 Royal Parade*) loue des logements et des appartements à partir de 76/87 $. A un arrêt de tramway au nord, la *Ramada Inn* (☎ *9380 8131, 539 Royal Parade*) facture 84/89 $ au minimum.

South Yarra. Depuis Swanston St dans le centre-ville, prenez le tramway n°8 qui passe par Toorak Rd.

Le *West End Private Hotel* (☎ *9866 5375, 76 Toorak Rd West*), un peu vieillot mais non dépourvu de charme, offre des chambres en B&B à 40/55 $.

Plus à l'est, la vaste *Claremont Accommodation* (☎ *9826 8000, 189 Toorak Rd*) dispose de chambres claires avec s.d.b. communes modernes à partir de 46/58 $.

A l'*Hotel Saville* (☎ *9867 2755, 5 Commercial Rd*), les chambres de style motel coûtent à partir de 84/88 $. Le *St James Motel* (☎ *9866 4455, 35 Darling St*) est un vieux motel qui compte des chambres à 75 $ au minimum. Au coin de Toorak Rd et de Millswyn St, à l'*Albany Motor Inn* (☎ *9866 4485*), en face de Fawkner Park et à proximité des Royal Botanic Gardens, les chambres débutent à 75/80 $.

St Kilda. Face à la plage de St Kilda, le *Warwick Beachside* (☎ *9525 4800, 363 Beaconsfield Parade*) est un vaste complexe abritant des locations saisonnières de style années 50, pas franchement ravissantes mais bien aménagées. Les prix s'échelonnent de 55 à 85 $ pour un studio et de 90 à 110 $ pour un appartement de deux chambres. Des tarifs à la semaine, plus avantageux, sont également proposés.

L'élégant *Hotel Tolarno* (☎ *9537 0200, 42 Fitzroy St*) occupe des appartements rénovés au-dessus du Tolarno Restaurant et facture à partir de 100 $ la double.

St Kilda compte de nombreux motels dont certains sont assez douteux. Parmi les plus respectables, le *Cabana Court Motel* (☎ *9534 0771, 46 Park St*) demande 99 $ pour une double et la *Cosmopolitan Motor Inn* (☎ *9534 0781, 6 Carlisle St*) à partir de 95 $. La *Charnwood Motor Inn* (☎ *9525 4199, 3 Charnwood Rd*), du côté continental de St Kilda Rd, est un bon motel situé dans une rue de banlieue calme, avec des chambres à 55/65 $ seulement.

En face de la plage, le *Robinson's by the Sea* (☎ *9534 2683, 335 Beaconsfield Parade*) occupe une bâtisse victorienne imposante et élégante et propose un hébergement en B&B à partir de 130 $ environ.

OÙ SE RESTAURER
Mebourne est un endroit merveilleux pour qui a de l'appétit. Vous trouverez partout des restaurants, des cafés, des traiteurs, des marchés, des bistrots, des brasseries et des boutiques proposant des plats à emporter. Pour explorer l'univers gastronomique de Melbourne, l'ouvrage *Out to Eat – Melbourne* de Lonely Planet est le meilleur guide pour tous les budgets.

Si vous souhaitez déguster de la cuisine italienne authentique pour une somme modique, cherchez le plus proche établissement de la chaîne *La Porchetta*. Il en existe dans de nombreux quartiers, notamment à North Carlton, South Yarra et Williamstown.

Centre-ville
Chinatown. Le long de Little Bourke St, entre Spring St et Swanston St, Chinatown et ses environs offrent le plus large éventail de choix.

Le *Yamato (28 Corrs Lane)* concocte d'excellents plats japonais bon marché. Le *King of Kings (209 Russell St)* est un res-

taurant chinois très abordable (plats principaux entre 5 et 10 $), ouvert jusqu'à 2h30. Autre possibilité pour les noctambules, la *Supper Inn* est un peu difficile à dénicher, au 15-17 Celestial Ave, mais sa cuisine chinoise délicieuse et relativement bon marché en vaut la peine.

Le *Cafe K* (☎ *9639 0414, 35 Little Bourke St*) est un bistrot où les plats, savoureux, valent de 15 à 20 $ – vous devrez probablement réserver.

A deux pas de Bourke St, le *Flower Drum* (☎ *9662 3655, 17 Market Lane*) est l'un des meilleurs restaurants de Melbourne mais aussi l'un des plus chers (comptez environ 100 $ par personne). Il sert les meilleures spécialités cantonaises de ce côté-ci de Hong Kong. Autre très bonne adresse, également onéreuse, le *Mask of China* (☎ *9662 2116, 117 Little Bourke St*), où déguster une cuisine chiu chow du sud de la Chine. Un cran en dessous, le *Dahu Peking Duck* (☎ *9639 1381, 1er étage, 171 Little Bourke St*) mérite néanmoins le détour.

Bourke St. A deux pas de l'extrémité est de Bourke St, le *Waiters' Restaurant (20 Meyer's Place)*, à l'étage, sert des plats italiens savoureux à petits prix. Dans Bourke St, au n°66, vous découvrirez le *Pellegrini's*, une autre institution de Melbourne. Le café est bon et, si la nourriture n'a rien d'extraordinaire, cet établissement se distingue par son ambiance.

Adresse incontournable depuis un demi-siècle, le *Grossi Florentino* (☎ *9662 1811, 80 Bourke St*) se compose d'un restaurant coûteux à l'étage, du *Florentino Grill*, plus raisonnable, au rez-de-chaussée, et du *Florentino Cellar Bar* au sous-sol, qui propose des pâtes à moins de 10 $ et toutes sortes d'en-cas.

Non loin, au n°76, le *Nudel Bar* connaît un vif succès avec ses spécialités européennes et asiatiques de nouilles, excellentes et d'un prix raisonnable (à partir de 8 $).

Autres quartiers du centre-ville. Dans Collins St, le *Hyatt Food Court* abrite une gamme d'échoppes pratiquant des prix moyens.

Au coin de Lonsdale St et de Russell St, le *Stalactites*, restaurant grec ouvert 24h/24, doit sa réputation à sa décoration plus qu'originale.

Le *Lounge (1er étage, 243 Swanston St)*, un café-club branché, propose des saucisses, des fritures et des salades de 8 à 10 $. Le *Gopal's (☎ 139 Swanston St)*, géré par la secte Hare Krishna, est un café végétarien dont les prix défient toute concurrence.

Outre les magasins de sports de plein air, Hardware St est jalonnée de cafés. Au n°25, le *Campari Bistro* sert des pâtes à 12 $ environ et d'autres plats principaux à moins de 20 $. A proximité, le *Schwob's* est l'endroit idéal pour déguster (ou emporter) un sandwich ou un petit pain.

Les trois principaux grands magasins, Myer, David Jones et Daimaru disposent tous d'un rayon d'alimentation. Le *Daimaru Sushi Bar*, au niveau 1 du Melbourne Central, mérite largement la visite.

Carlton. Depuis le centre-ville, prenez le tramway n°1 ou 21, qui circule le long de Swanston St, ou remontez à pied Russell St.

Lygon St, la *Toto's Pizza House*, au n°101, se targue d'être la première pizzeria d'Australie. Elle sert de l'alcool et de bonnes pizzas bon marché et ne ferme qu'après minuit. Au n°221, le *Papa Gino's* prépare des pâtes et des pizzas sans prétention. A un pâté de maisons au nord, au n°305, le *Tiamo* est implanté de longue date dans Lygon St. Le *Jimmy Watson's*, au n°333, un restaurant-bar à vins idéal pour prendre un verre en discutant, est l'une des institutions de Melbourne. Connu dans toute l'Australie, le prix Jimmy Watson récompense le meilleur vin rouge ; vous pouvez donc vous fier à la qualité des crus proposés.

Installé de longue date, le *Shakahari (☎ 9347 3848, 201 Faraday Street)* offre une cuisine végétarienne inventive.

Fitzroy et Collingwood
Brunswick St et ses environs. Vous n'aurez que l'embarras du choix – promenez-vous dans la rue et examinez les options offertes. Nous en citons quelques-unes ci-dessous.

Le *Black Cat Cafe*, au n°252, faisait dans le rétro avant même que ce terme ne soit inventé. Il propose un bon choix d'en-cas, à moins de 8 $ pour la plupart. Le *Thai Thani*, au n°293, est une bonne adresse pour les amateurs de cuisine thaï. Au coin de Brunswick St et de Johnston St, l'élégant *The Provincial (☎ 9417 2228)* renferme un bar, un excellent bistrot italien et, à côté, un bar servant des hamburgers et des plats asiatiques. La cuisine d'inspiration italienne du *Mario's (303 Brunswick St)* attire une clientèle d'habitués.

A deux pas, dans Johnston St, le *Carmen Bar* est un restaurant espagnol à l'ambiance survoltée qui organise des mercredi au samedi des spectacles de flamenco. Au n°95, l'immense *Bull Ring* abrite un restaurant espagnol, un bar à tapas et un night-club.

Le *Rhumbarella's (342 Brunswick St)*, un café-restaurant de la taille d'une étable, a aménagé une galerie d'art à l'étage. Au n°358, le *Babka Bakery Cafe* prépare des pains et des pâtisseries réputés. Pour des glaces et des gâteaux sensationnels, rendez-vous au *Charmaine's*, au n°370.

Au coin de Rose St, *The Vegie Bar* sert de nombreux plats végétariens à moins de 10 $ et en-cas à quelque 2 $.

Au-delà d'Alexandra Parade, là où Brunswick St rejoint St Georges Rd, se trouvent d'autres établissements dignes d'intérêt. Le *Tin Pot (284 St Georges Rd)* cuisine d'excellents plats à des prix raisonnables. De l'autre côté de la rue, en diagonale, *The Toucan Club* propose des repas bon marché et des spectacles de cabaret le soir.

Gertrude St, entre Smith St et Nicholson St, abrite l'accueillant café *Arcadia*, au n°193 et, non loin, le *Macedonia* où vous dégusterez des spécialités des Balkans à petits prix. A l'angle de Gertrude St et de Gore St, le *Builders Arms Hotel* s'avère parfait pour siroter une bière et se restaurer.

Smith St. Le *Smith St Bar & Bistro (14 Smith St)* est un agréable bar-restaurant. Plus au nord, au n°117, le *Vegetarian Orgasm* est un café végétarien. Au n°123, le *Cafe Birko*, un bar-restaurant au cadre rustique, propose salades, fritures, risottos et pâtes. Le café végétarien **Soul Food Vegetarian Cafe**, au n°275, sert des salades et des plats chauds à moins de 10 $ et comprend une épicerie bio attenante.

Plus près de Johnston St, le **Sindbad's Corner** vend de bons falafel – le propriétaire est originaire d'Alexandrie – à 7 $.

Richmond
Victoria St. Entre Hoddle St et Church St, Victoria St est bordée de supermarchés et d'épiceries asiatiques et de dizaines de restaurants vietnamiens bon marché. Les tramways n°42 et 109 vous y conduiront depuis Collins St.

La nourriture est fraîche et authentique, et vous obtiendrez pour 4 $ un bol de soupe pantagruélique constituant un repas complet à lui seul. Les plats principaux coûtent entre 5 et 9 $ environ.

Ne vous fiez pas au cadre rudimentaire du **Thy Thy 1** (142 Victoria St, à l'étage) : il offre une nourriture exceptionnelle. Cela vaut également la peine d'essayer le **Vao Doi**, au n°120, de même que le **Victoria**, sur l'autre trottoir, au n°311. Le **Tran Tran**, au n°76, est très fréquenté. Au n°66 se tient le **Tho Tho**, un bar-restaurant élégant mais peu coûteux, avec des plats de 7 à 10 $.

Swan St. Dans le pâté de maisons situé à l'est de Church St, Swan St rassemble les restaurants grecs. Depuis le centre, prenez le tramway n°70 dans Batman Ave et descendez au carrefour de Swan St et de Church St.

L'**Elatos Greek Tavern** (☎ 9428 5683, 213 Swan St) est l'une des meilleures adresses, particulièrement réputée pour ses fruits de mer. Les plats principaux tournent autour de 12 $, les fruits de mer autour de 16 $. De l'autre côté de la rue, le **Salona**, également excellent, affiche des prix légèrement inférieurs. Au n°256, le **Kaliva**, malgré son aspect banal, propose du jeudi au dimanche des soirées avec joueurs de bouzouki.

Bridge Rd. Bridge Rd recèle également d'excellents établissements. Depuis Flinders St, montez dans les tramways n°48 ou 75.

Le **Moose's Downtown Bar & Bistro** (14-16 Bridge Rd) sert des spécialités italiennes à des prix raisonnables. Son voisin le **Chilli Padi** (☎ 9428 6432) concocte une très bonne cuisine malaise. Le **Richmond Hill Cafe & Larder** (48 Bridge Rd) propose de nombreux plats à moins de 15 $ dans une ambiance détendue. L'endroit est ouvert du petit déjeuner au dîner, tous les jours sauf le dimanche, où il ferme à 17h.

Les amateurs de viande rouge trouveront leur bonheur au **Vlado's** (☎ 9428 5833), au n°61, qui cuisine les meilleurs steaks de la ville. Le menu fixe à 70 $ en vaut la peine.

Au n°396, **The Curry Club Cafe** prépare des repas indiens peu coûteux mais d'une qualité exceptionnelle.

South Yarra
La plupart des restaurants de South Yarra sont installés dans Toorak Rd et Chapel St. Pour vous y rendre, prenez le tramway n°8 depuis le centre-ville.

La partie de Toorak Rd qui s'étend à l'ouest de Chapel St compte de nombreux établissements, dont certains pratiquent des prix raisonnables. Au n°11, au **France Soir** (☎ 9866 8569), l'une des meilleures brasseries de la ville, les plats s'échelonnent de 18 à 23 $. Le **Tamani Bistro**, au n°156, sert des repas italiens copieux et peu coûteux. Le **Chinois** (☎ 9826 3388), l'un des restaurants les plus réputés de Melbourne, propose une carte où se côtoient l'Orient et l'Occident. Le menu "business lunch" (déjeuner d'affaires) offre un bon rapport qualité/prix, avec deux plats et un verre de vin pour 22,50 $. Au n°210, le **Tanah Ria** sert des plats de nouilles à 8 $ environ mais aussi des currys et des fritures à 12 $ environ. De l'autre côté de Chapel St, au n°278, le **Corridor** vous régale de pâtes et de risottos à partir de 13 $, dans un cadre funky.

Chapel St. Le **Caffe e Cucina** (☎ 9827 4139), au n°581, est l'un des meilleurs cafés-restaurants de la ville. Ses délicieux plats italiens valent entre 14 et 22 $. Plus bas, au n°571, le bar-restaurant **Chapellis** sert une bonne cuisine et reste ouvert 24h/24. Au n°565, le café branché **That**

Little Noodle Place propose des plats de nouilles et de riz à partir de 10 $ environ.

Plus bas, le complexe Jam Factory abrite quelques restaurants

La Lucciola, au n°478, et *La Camera*, au n°446, sont de bons restaurants italiens dont les prix n'ont rien d'excessif. Au n°427 se tient le *Kush*, un café à la mode où les repas légers coûtent quelque 10 $. Sur l'autre trottoir, au n°426, le *Frostbites*, pub reconverti, offre des repas de 7 à 15 $ environ et des cocktails de fruits frais.

Prahran

Commercial Rd marque la frontière entre South Yarra et Prahran. Le *Prahran Market*, parfait pour faire ses courses, abrite le *let's eat*, un impressionnant magasin d'alimentation et de vins. Avant le marché, au n°209, le restaurant thaï *Sweet Basil* (☎ 9827 3390) mitonne des plats de nouilles et des currys à quelque 13 $. En face du marché, au *Blue Elephant (194 Commercial Rd)*, un café à l'ambiance funky, vous dégusterez des repas à 10 $ et des petits déjeuners à 5 $ environ. A côté, au n°196, *The Outlook* (☎ 9521 4227, theoutlook@hotmail.com), non content d'associer café, salon de coiffure et boutique de cadeaux et de cartes de vœux, propose également un accès Internet ! Comptez 7 $ environ pour un repas léger, 7 $ l'heure pour la connexion Internet et à partir de 15 $ pour une coupe de cheveux.

Cette partie de Commercial Rd regroupe la communauté homosexuelle de Melbourne. Au-delà du marché s'échelonnent plusieurs cafés et restaurants, dont le *Cafe 151* au n°151, l'*Alternative* au n°149 et le *Sandgropers* au n°133.

En suivant Chapel St vers le sud, vous arriverez au *Globe Cafe*, au n°218, où prendre le petit déjeuner, le déjeuner et le dîner (plats principaux de 12 à 15 $). Le *Saigon Rose*, au n°206, sert de la cuisine vietnamienne à petits prix. Au n°135, le *Patee Thai*, le meilleur restaurant thaï du quartier, facture ses repas entre 10 et 15 $.

Du côté de Windsor, Chapel St est jalonnée de cafés tels que l'*Orange*, au n°126, pour les petits budgets, et l'*Ibiza*, plus chic, au n°116.

St Kilda

Acland St. A l'extrémité nord-ouest d'Acland St, vous découvrirez plusieurs restaurants et bars, notamment le très branché *Dog's Bar*, au n°54.

Descendez Acland St vers le sud-est et tournez à gauche dans Carlisle St pour atteindre le *Galleon*, au n°9, dernier bastion contre le clinquant du St Kilda d'aujourd'hui. Tout s'avère abordable, des sandwiches toastés en passant par les tourtes au poulet et aux poireaux.

Le *Vineyard Restaurant (71 Acland St)* sert, dans un cadre sans prétention, d'énormes pièces de viande grillée pour 13 à 30 $. Tout près, Shakespeare Grove, le *Bala's* propose des repas bon marché d'inspiration indienne, à déguster sur place ou à emporter.

Acland St, le *Cafe Manna* est un restaurant indien tout simple où les plats principaux tournent autour de 7 $.

De l'autre côté de la rue, le *Chinta Ria-Soul* (☎ 9525 4664, 94 Acland St) associe une délicieuse cuisine malaise à un fond sonore soul et propose des plats de 8 à 15 $. Réservation indispensable. A côté, l'insolite *Cafe Goa* concocte des plats portugais, indiens et végétariens, facturés pour la plupart 9,50 $.

Le tranquille *Blue Danube (107 Acland St)* et le *Scheherazade*, au n°99, servent des spécialités d'Europe centrale, en portions copieuses ; le premier est plus axé sur la gastronomie hongroise, le second sur la cuisine juive. Plus bas, au n°153, l'*Orienta on Acland* propose une cuisine banale mais peu coûteuse, avec des plats d'inspiration asiatique à 5 $ l'assiette.

Le *Big Mouth*, au coin d'Acland St et de Barkly St, se compose d'un café au rez-de-chaussée (plats à moins de 10 $ pour la plupart) et d'un restaurant à l'étage (moins de 20 $).

De l'autre côté de la rue, passé l'angle, le *Wild Rice (211 Barkly St)* est un bon café végétarien et biologique.

A côté, le *Claypots Seafood Bar* propose un petit déjeuner original composé de sardines fraîches, d'œufs et de pommes de terre (6 $). Vous pouvez aussi y prendre le déjeuner et le dîner. A l'angle suivant, le *Rasa's Vegie Bar (5 Blessington St)* sert des burgers au tofu ou aux lentilles à 6,50 \$ et d'autres plats à partir de 8 \$ (fermé le lundi et le mardi).

Fitroy St. A l'extrémité de la plage, le *Madame Joe Joe (☎ 9534 0000)* propose une cuisine de style méditerranéen avec des plats de 18 à 25 \$. Plus loin, au n°23, le *Street Cafe* est un grand café-bar-restaurant qui satisfera tous les goûts.

Le minuscule *Hard Wok Cafe*, au n°49, prépare des fritures, des laksas et des currys (6 à 12 \$). Le *Leo's Spaghetti Bar (55 Fitzroy St)*, avec son café, son bistrot et son restaurant, fait partie des institutions du quartier. Plus loin, au n°73, au minuscule *Thai Panic Cafe*, vous dégusterez une nourriture correcte pour 7 à 9 \$.

Un peu plus haut sur l'autre trottoir, au n°42, le merveilleux *Tolarno Bar & Bistro (☎ 9525 5477)*, décoré de fresques peintes par l'artiste Mirka Mora, se spécialise dans la cuisine méditerranéenne, avec des plats de 12,50 à 20 \$. A côté, un petit bar-restaurant offre des en-cas et des repas dont les prix s'échelonnent de 7 à 18 \$, notamment les meilleurs burgers de Melbourne (9 \$ avec frites).

Du côté animé de la rue, le *Topolino's*, au n°87, convient parfaitement pour une pizza ou un copieux plat de pâtes, surtout à une heure tardive (essayez les spaghetti marinara à 12,50 \$).

A l'angle de Fitzroy St et de Grey St, *The George Melbourne Wine Room* du George Hotel propose une délicieuse cuisine et des vins du Victoria.

Front de mer. *The Stokehouse (☎ 9525 5555, 30 Jacka Bd)* renferme un restaurant assez coûteux à l'étage et un bar-bistrot au rez-de-chaussée, avec des plats savoureux de 8 à 15 \$.

A la merveilleuse *Espy Kitchen* de l'Esplanade Hotel, perpétuellement bondée, vous dégusterez une délicieuse nourriture (plats à partir de 10 \$). Votre repas achevé, vous pourrez jouer au billard et écouter des groupes.

Albert Park

Ce quartier abrite un bon choix de restaurants, essentiellement sur Victoria Ave, mais ne mérite le détour que pour le *Misuzu's (7 Victoria Ave)*. Ce café japonais de style villageois propose une nourriture qui se démarque des plats habituellement servis dans des établissements japonais élégants, à des prix très raisonnables. Ouvert tous les jours, sauf le lundi, au petit déjeuner, au déjeuner et au dîner.

South Melbourne

Le *Limerick Arms Hotel*, au coin de Clarendon St et de Park St, est un pub rénové doté d'un plaisant restaurant dans une cour, où savourer des plats du jour à moins de 10 \$.

En transplantant un pub australien des années 1920 dans la campagne italienne, vous obtiendrez quelque chose comme le *Locanda Veneta (273 Cecil St)*. Les pâtes débutent à quelque 10 \$ et les plats principaux à 15 \$ environ.

A l'angle de Montague St et de Coventry St, l'*O'Connell Centenary Hotel* doit sa réputation à son excellente cuisine et à son menu inventif. Le restaurant pratique des prix élevés mais le bar reste bon marché. Les végétariens trouveront de quoi satisfaire leurs envies.

Williamstown

Le café *Hobson's Choice Foods (213 Nelson Place)* connaît un vif succès grâce à ses savoureux repas. Plus haut, au n°223, le *Kohinoor*, malgré son aspect banal, sert des spécialités indiennes d'un bon rapport qualité/prix, avec des plats de 7 à 12 \$.

Au coin de Syme St, le Customs House Market & Gallery jouxte le *Sam's Boatshed*, un bar-restaurant aménagé dans un vieux bateau à clin.

L'élégant *Sails (☎ 9397 2377, 231 Nelson Place, à l'étage)* propose des fruits de mer de 20 à 25 \$. Au rez-de-chaussée se trouve un café moins onéreux. Le *Strand (☎ 9397 7474)*, à l'angle de The Strand et de Ferguson St, prépare également de bons fruits de mer de 15 à 28 \$ et jouxte un restaurant de fish and chips à emporter.

OÙ SORTIR

La meilleure source d'informations pour savoir ce qui se passe à Melbourne est l'*Entertainment Guide (EG)* publié tous les vendredi par le journal *Age*. *Beat*, *Inpress* et *Storm* sont des magazines gratuits sur la musique et les distractions, disponibles dans les pubs, cafés et lieux de spectacle.

Ticketmaster est la principale agence de réservations. Pour plus de renseignements, composez le ☎ 9645 7970 ou le ☎ 1800 338 998 si vous n'appelez pas de Melbourne. Les réservations par carte de crédit se font au ☎ 13 6122 pour le sport, au ☎ 13 6166 pour le théâtre et les arts et au ☎ 13 6100 pour les autres manifestations. Ces services téléphoniques fonctionnent de 9h à 21h du lundi au samedi et de 9h à 17h le dimanche. Ticketmaster dispose de bureaux dans des endroits tels que les magasins Myer, les grands théâtres et les centres commerciaux.

Le kiosque de Half-Tix (☎ 9650 9420), dans Bourke St Mall, vend des billets à demi-tarif pour le jour même. Renseignez-vous pour savoir où vous serez assis ; ce sont rarement les meilleures places qui se vendent à demi-tarif. Half-Tix est ouvert de 10h à 14h le lundi et le samedi, de 11h à 18h du mardi au jeudi et au 11h à 18h30 le vendredi. Les cartes de crédit ne sont pas acceptées.

Le Gay & Lesbian Switchboard Information Service (☎ 0055 12504) propose des informations enregistrées sur les distractions mais aussi sur les groupes de rencontres et de soutien.

Bars

Si vous recherchez l'animation sans la frime, essayez un pub à l'ancienne – si vous arrivez encore à en trouver un – par exemple le *Standard Hotel (293 Fitzroy St, Fitzroy)*.

Melbourne regorge de bars branchés. Dans le centre, essayez les adresses suivantes : le *Meyer's Place*, sur la minuscule Meyer's Place, à l'extrémité nord-est de Bourke St, le *Lounge (1er étage, 243 Swanston St)*, le *Bernie's (1 Coverlid Place)*, à deux pas de Little Bourke St, près de Russell St, l'*International Lounge (18-*

24 *Market Lane)*, le *Rue Bebelons (267 Little Lonsdale St)* et le *Spleen (41 Bourke St)*. Le *Hell's Kitchen (20 Centre Place)* vaut également la visite.

Le casino, de l'autre côté de la rivière, renferme de nombreux bars dont l'*Automatic* (☎ 9690 8500).

A Fitzroy, la partie de Brunswick St qui s'étend au nord de Johnston St n'est qu'une longue succession de bars funky. A South Yarra, Chapel St, au sud de Toorak Rd, est le lieu de rendez-vous des nantis.

A St Kilda, le *Dog's Bar (54 Acland St)* attire les piliers de comptoir. Le bar situé en devanture du *George Hotel*, au coin de Fitzroy St et de Grey St, est également apprécié des habitants du quartier. Dans le même complexe se trouve l'excellent *Snakepit*. Plus loin dans Fitzroy Rd, le bar principal du *Prince of Wales Hotel* rassemble depuis longtemps les homosexuels, les travestis, les danseuses, les ivrognes et autres personnages typiques de St Kilda. Citons également l'accueillant *Tolarno Bar (42 Fitzroy St)*. Les purs et durs se retrouvent pour prendre un verre au *Village Belle Hotel (202 Barkly St)* ou au *Greyhound (1 Brighton Rd)*.

Pubs et salles de concerts

Les principaux lieux de concerts de Melbourne sont le National Tennis Centre, le Concert Hall du Victorian Arts Centre, le Sports and Entertainment Centre, voire le Melbourne Cricket Ground pour les grands concerts occasionnels.

C'est dans les pubs de Melbourne que les meilleurs groupes du pays ont fait leurs premières armes. AC/DC, INXS, Crowded House et Nick Cave ont tous commencé à tourner dans les pubs de la ville.

Pour savoir qui joue et où, consultez l'*EG*, *Beat*, *Inpress* ou *Storm*. Les pubs demandent en général un supplément de 5 à 10 $ pour les concerts mais certains sont gratuits.

Dans le centre, vous découvrirez le *Lounge (1er étage, 243 Swanston St)*, branché et semi-alternatif. En descendant Flinders St, au coin de Russell St, vous tomberez sur *The Forum*, un merveilleux cinéma transformé en salle de concert.

A Fitzroy, des groupes de jazz, blues, funk, soul et musique cajun se produisent tous les soirs au *Rainbow Hotel*, un pub situé dans une arrière-rue, 27 James St, (entrée gratuite). A l'angle de Brunswick St et de Kerr St, l'*Evelyn Hotel* compte parmi les hauts lieux de Fitzroy. De l'autre côté de la rue, le *Punters Club Hotel (376 Brunswick St)* accueille presque tous les soirs des groupes dans une ambiance grunge (5 $ au maximum). Essayez également le *Royal Derby Hotel*, au coin de Brunswick St et d'Alexandra Ave. Autre bonne adresse : le *Builders Arms Hotel (211 Gertrude St)*.

A Collingwood, *The Club (132 Smith St)* présente des groupes de qualité et reste ouvert jusqu'à l'aube, tandis que le *Prince Patrick Hotel (135 Victoria Parade)* accueille alternativement des musiciens et des comiques. Vous entendrez également de bons musiciens à *The Tote (71 Johnston St)*.

Richmond constitue une sorte d'enclave pour les pubs rock grunge, notamment le célèbre *Corner Hotel (57 Swan St)* et le *Central Club Hotel (239 Swan St)*.

Le *Continental* (☎ 9510 2788), 134 Greville St, à Prahran, vous permettra de voir de près un large éventail d'artistes locaux et internationaux. Vous pouvez opter pour l'une des formules dîner-spectacle (entre 35 et 65 $) ou regarder les attractions debout (de 15 à 30 $).

Non loin, à Windsor, l'*Empire (174 Peel St)*, bien plus vaste, offre un choix similaire et organise des soirées discothèque.

A St Kilda, le célèbre *Esplanade Hotel*, sur l'Esplanade, présente des concerts (souvent gratuits) tous les soirs et le dimanche après-midi. En passant le coin et en remontant Fitzroy St, vous tomberez sur le *Prince of Wales Hotel*, au n°29, baigné d'une ambiance grunge extraordinaire.

Musique folk et acoustique.
L'un des hauts lieux est le *Dan O'Connell Hotel (225 Canning St, Carlton)*. Autre pub irlandais très fréquenté, le *Molly Bloom's Hotel*, au coin de Bay St et de Rouse St, à Port Melbourne, propose tous les soirs de la musique irlandaise. Même quand il ne présente pas de musiciens folk, le *Great Britain Hotel (447 Church St, Richmond)* reste un endroit agréable où prendre un verre.

Jazz et blues.
Caché dans une ruelle perpendiculaire à Lonsdale St (entre Exhibition St et Russell St), le *Bennett's Lane Jazz Club* accueille des orchestres de jazz dans une ambiance sombre et enfumée, tous les soirs, sauf le mardi. Il mérite le déplacement.

Certains soirs, d'excellents musiciens de jazz et de blues se produisent dans des pubs. Consultez la rubrique spécialisée de l'*EG*.

En janvier et en février, le zoo de Melbourne organise des "Zoo Twilights", des concerts de jazz ou de big band en plein air. Pour en savoir plus, appelez ☎ 9285 9333.

Night-clubs
Melbourne offre un vaste (et très évolutif) choix de boîtes de nuit allant du club privé aux immenses discothèques. L'entrée coûte en général entre 5 et 15 $ (gratuite dans certains endroits).

Night-clubs classiques.
Le gigantesque *Metro (20 Bourke St)* accueille parfois des artistes de renommée internationale tels que Grace Jones, Fat Boy Slim ou Ben Harper.

Très animée, King St regroupe une ribambelle d'établissements plus bas de gamme, dont l'*Inflation*, au n°60, et sa voisine, la *Grainstore Tavern*.

Le *Billboard (170 Russell St)*, le *Mercury Lounge*, situé dans le casino, le *Silvers (445 Toorak Rd, Toorak)* et le *Chasers (386 Chapel St, South Yarra)* sont de grandes boîtes classiques, dont l'ambiance musicale varie suivant les soirs.

Night-clubs alternatifs.
La plupart des établissements organisent des soirées spéciales "club". Les noms des lieux et des événements changent aussi souvent que le temps à Melbourne, consultez les journaux spécialisés dans les sorties.

Le *Dream Nightclub (229 Queensberry St, Carlton)* suit différents thèmes : "Revelations", le jeudi à partir de 22h, "Supermarket", le samedi à partir de 22h, et, le dimanche, on y fait la fête toute la journée à partir de 10h dans le cadre des *parties*

La Melbourne Cup

Si vous êtes à Melbourne le premier mardi de novembre, jour férié dans la région, vous pourrez assister à la plus grande course de chevaux d'Australie, la fameuse Melbourne Cup, temps fort du Spring Racing Carnival de la ville. Même si d'autres courses prétendent régulièrement lui ravir son prestige, aucune n'est capable de provoquer un tel enthousiasme.

Dans l'heure qui précède la course, chaque année, tout le pays se laisse contaminer par la fièvre du turf. Parieurs à l'air grave et turfistes à l'élégance recherchée se pressent dans les tribunes et sur les pelouses du magnifique champ de course de Flemington, propriété du Victoria Racing Club. Les joueurs occasionnels, qui ne parient ce jour-là, font leur choix ou forment avec leurs amis un syndicat de la Cup. Partout dans le pays, on suit la course à la télévision ou à la radio et, pendant ces quelque 3 minutes, tout s'arrête.

Cette course de plat de deux miles (3,2 km) attire les chevaux et les propriétaires d'Europe, d'Asie et du Moyen-Orient. Toutefois, ce sont souvent les montures et les entraîneurs de Nouvelle-Zélande qui remportent le trophée convoité.

"2000AD" (An 2000). Parmi les autres endroits où l'on s'amuse bien, citons, en ville, le **Lounge** (1er étage, 243 Swanston St), la **Bass Station** (12 McKillop St), le **44** (44 Lonsdale St) et le **Club 383** (383 Lonsdale St).

A Fitzroy, le très branché **Night Cat** (141 Johnston St) accueille des orchestres de jazz, de soul et autres du jeudi au dimanche. Un peu plus loin dans Johnston St, au n°48, le **Bar Salona**, ouvert tous les soirs, se spécialise dans les ambiances latines.

Clubs homosexuels

La communauté gay de Melbourne n'est pas confinée à une rue, mais disséminée dans les faubourgs, en particulier à Col-lingwood, à Prahran et à St Kilda. L'un des seuls événements homosexuels en centre-ville sont les nuits "Jet Lounge", le vendredi au **Salon Rouge**, au sous-sol du 313 Flinders Lane.

Dans Commercial Rd, à Prahran, artère surnommée le "Gay Metre" ("le kilomètre gay"), vous trouverez un bon choix de cafés et de bars très fréquentés, gérés par des homosexuels, comme l'**Exchange Hotel** (119 Commercial Rd) et **The Market**, au n°143.

Le "Front Bar" du **The Prince of Wales** (29 Fitzroy St, St Kilda) est le plus ancien bar gay de Melbourne. Cet établissement propose aussi le dimanche soir à l'étage les soirées "Sunday Prince" (aussi appelées "Homosexuelle") avec un "Pouffé Lounge" à partir de 20h et "Discothèque" jusqu'à l'aube.

A Collingwood, au nord de la rivière, citons le **The Peel Dance Bar**, à l'angle de Peel St et de Wellington St, un bar où l'on danse jusque tard dans la nuit, le **The Laird** (149 Gipps St), un pub réservé aux hommes doté d'une agréable terrasse, qui attire une clientèle cuir, et le **Star Hotel** (176 Hoddle St). Le **Trade Bar** (9 Peel St), plus petit, accueille des spectacles.

Le **Glasshouse Hotel**, à l'angle de Gipps St et de Rokeby St, accueille les deux sexes et organise des divertissements – allant du bingo aux concerts – tous les soirs sauf le lundi.

Cinéma

Les principaux distributeurs représentés sont Village, Hoyts et Greater Union, et le plus grand complexe de cinémas de la ville jouxte le carrefour de Bourke St et de Russell St. Les billets coûtent quelque 9 $ pendant la journée et jusqu'à 12 $ le soir.

Melbourne compte également de nombreux cinémas indépendants et d'art et d'essai, notamment l'immense **Astor** (☎ 9510 1414) au sublime décor art déco, à l'angle de Chapel St et de Dandenong Rd, à St Kilda (2 films pour 10 $ chaque soir), le **Kino** (☎ 9650 2100, Collins Place, 45 Collins St) et le **Lumiere** (☎ 9639 1055, 108 Lonsdale St), dans le centre-ville, ou encore le

Cinema Nova (☎ 9347 5331, 380 Lygon St), à Carlton, le *Longford* (☎ 9867 2700, 59 Toorak Rd, South Yarra), les *George Cinemas* (☎ 9534 6922, 133 Fitzroy St, St Kilda) ou le *Westgarth Theatre* (☎ 9482 2001, 89 High St, Northcote).

L'*IMAX Theatre* (☎ 9663 5454) se trouve près de l'Exhibition Building, à Carlton (entrée par Rathdowne St).

Enfin, si vous voulez découvrir l'un des derniers *drive-ins* du monde, rendez-vous au *Village Drive-in*, dans Newlands Rd, à Coburg.

Théâtre

Le *Victorian Arts Centre* (☎ 9281 8000, St Kilda Rd) est le principal centre théâtral de la ville.

L'été, renseignez-vous sur les spectacles en plein air montés dans les Royal Botanic Gardens.

ACHATS

Melbourne se targue d'être la capitale australienne du shopping.

Pour vos emplettes tardives, essayez le Coles Express, au 6-22 Elizabeth St, ouvert 24h/24. Les supermarchés Coles et Safeway de banlieue restent également ouverts 24h/24 certains jours de la semaine.

Les principaux grands magasins se trouvent dans le centre-ville : Myer (entrée principale dans le Bourke St Mall), David Jones (qui possède des boutiques des deux côtés du Mall) et Daimaru (dans le gigantesque centre commercial Melbourne Central).

Pour les zones commerçantes les plus intéressantes, il vous faudra en revanche vous éloigner du centre.

Art aborigène

Même si l'Outback est loin de Melbourne, la ville compte plusieurs galeries spécialisées dans l'art aborigène. Citons, dans le centre-ville, l'Aboriginal Gallery of Dreamings (73-77 Bourke St), les Aboriginal Art Galleries of Australia (31 Flinders Lane), Aboriginal Handcrafts (à l'entresol, 130 Little Collins St), l'Alcaston Gallery (2 Collins St) et l'Emerald Hill Gallery (niveau 8, 37 Swanston St).

Vêtements australiens

Sam Bear, au 225 Russell St, institution locale depuis les années 50, s'avère l'endroit idéal pour vous procurer des chapeaux, des vêtements et des chaussures solides. Quelques autres bonnes adresses : RM Williams, dans le centre commercial Melbourne Central, et la Thomas Cook Boot & Clothing Co, 60 Hoddle St, Abbotsford.

Pour le matériel et l'équipement de surf, optez pour la Melbourne Surf Shop, Tivoli Arcade, au 249 Bourke St, ou pour Surf Dive 'N' Ski, au 213 Bourke St et au Melbourne Central.

Vous trouverez des chapeaux Akubra un peu partout, notamment chez City Hatters, à côté de l'entrée principale de la gare de Flinders St, ou chez Melbourne's Top Hatters, boutique 19, 259 Collins St.

Matériel de randonnée

La plupart des magasins vendant ce type de matériel sont répartis autour de l'intersection de Hardware St et de Little Bourke St. Snowgum se trouve à quelques pas de là, au 366 Lonsdale St.

Mode et vêtements

Le Sportsgirl Centre, dans Collins St entre Swanston St et Elizabeth St, et le tout proche complexe Australia on Collins offrent un grand choix de boutiques de mode féminines. Bourke St regroupe aussi une foule de boutiques, tandis que Collins St abrite plutôt les succursales de maison réputées.

Bridge Rd et Swan St, à Richmond, sont le domaine des entrepôts de vêtements, des magasins d'usine et des boutiques de vêtements d'occasion. Pour des pièces plus originales, essayez Brunswick St, à Fitzroy. Les amateurs de "rétro" préféreront Greville St, à Prahran.

Chapel St et Toorak Rd, à South Yarra sont les hauts lieux de la mode. Sur Lygon St, à Carlton, vous trouverez des vêtements haut de gamme, ainsi que de la mode et des chaussures italiennes.

Achats détaxés

Le centre-ville regorge de boutiques duty-free. Rappelez-vous toutefois que les taxes applicables à certains articles ne sont pas très élevées et que vous pouvez sans doute les trouver à meilleur compte ailleurs.

Matériel photo

Les magasins de matériel photo ne manquent pas sur Elizabeth St entre Bourke St et Lonsdale St. Little Bourke St (à l'ouest d'Elizabeth St) vaut également le détour. Certains de ces établissements vendent du matériel d'occasion, généralement garanti.

Pour toute réparation, adressez-vous à la Camera Clinic (☎ 9419 5247), 19 Peel St, Collingwood.

Marchés

Le Queen Victoria Market, à l'angle de Victoria St et d'Elizabeth St, possède plus de 1 000 étals vendant absolument de tout : fruits, légumes, viande, poisson, jeans ou des perruches. Il est ouvert les mardi et jeudi de 6h à 14h, le vendredi de 6h à 18h, le samedi de 6h à 15h et le dimanche de 9h à 16h (pas d'arrivages de produits frais le dimanche). L'été, une partie du marché ouvre également le mercredi jusqu'à 22h30.

Parmi les autres grands marchés de la ville, citons le South Melbourne Market, Cecil St, ouvert les mercredi, vendredi, samedi et dimanche, le Prahran Market, dans Commercial Rd, ouvert les mardi, jeudi, vendredi et samedi, et le Footscray Market, à l'angle de Hopkins St et de Leeds St, ouvert les jeudi, vendredi et samedi.

L'Esplanade Art & Craft Market de St Kilda fonctionne tous les dimanches sur l'Esplanade supérieure. L'un des marchés aux puces les plus appréciés de Melbourne envahit Station St, à Camberwell, le dimanche de l'aube au milieu de l'après-midi.

Musique

Pour vos achats, nous vous recommandons Gaslight, 85 Bourke St (excellent choix de musique alternative, ouvert tard le soir et réputé dans le monde entier pour sa journée annuelle de shopping naturiste), Missing Link, 262 Flinders Lane, ainsi que Au Go Go, 349 Little Bourke St. Discurio, 285 Little Collins St, propose un large éventail de musique classique, de jazz, de blues et de musiques du monde. Greville Records, 152 Greville St, à Prahran, Polyester Records, 387 Brunswick St, à Fitzroy, et Readings, au 366 Lygon St à Carlton et au 153 Toorak Rd à South Yarra, s'avèrent également bien fournis.

JB Hi-Fi, qui vend des cassettes et des CD à prix réduit, possède plusieurs succursales, dont une en ville au 289 Elizabeth St.

COMMENT S'Y RENDRE

L'aéroport de Melbourne dessert aussi bien les lignes internationales que les lignes intérieures. Les trains grandes lignes partent de la gare de Spencer St, et la ville compte deux gares routières, celle de Spencer St (V/Line, McCafferty's et Firefly) et le Melbourne Transit Centre, dans Franklin St (Greyhound Pioneer).

COMMENT CIRCULER
Desserte de l'aéroport

Tullamarine, l'aéroport de Melbourne, s'étend à 22 km au nord-ouest du centre-ville. Un taxi vous demandera quelque 30 $ jusqu'au centre-ville.

Des navettes régulières de Skybus (☎ 9662 9275) circulent à peu près toutes les demi-heures (10 $). Elles partent de Bay 30, dans la gare routière de Spencer St, et du Melbourne Transit Centre, Franklin St. Achetez votre billet au conducteur – il est généralement inutile de réserver une place. Si le bus n'est pas trop plein, vous pourrez prendre votre bicyclette, à condition d'en démonter la roue avant.

L'aéroport n'est pas très bien desservi par les transports publics urbains. Vous devrez prendre le tramway n°59 d'Elizabeth St à Moonee Ponds Junction, puis les bus n°478 ou 479 des Tullamarine Bus Lines (☎ 9338 3817) – plusieurs liaisons quotidiennes avec l'aéroport. Vous pouvez également emprunter le bus n°500 au départ de la gare ferroviaire de Broadmeadows. Ces deux voyages s'effectuent avec un billet Met zones 1 et 2. Si vous attrapez les correspondances, un billet valable 2 heures (3,90 $) vous suffira. Dans le cas contraire, il vous faudra acheter un billet d'une journée, qui ne coûte guère moins cher qu'un billet Skybus.

Transports publics

Le réseau de transports public de Melbourne (bus, trains et tramways) a été privatisé, mais les informations qui suivent s'appliquent encore.

Pour tout renseignement, appelez le Met Information Centre (☎ 13 1638), ouvert tous les jours de 7h à 21h. Le Met Shop, 103 Elizabeth St (ouvert en semaine de 8h30 à 17h et le samedi de 9h à 15h), fournit des informations et vend des souvenirs et des billets. Le personnel des gares pourra aussi vous éclairer.

Les trams, les bus et les trains circulent jusque vers minuit ; après, il faut recourir aux bus de nuit qui relient le City Square, dans Swanston St, à maintes destinations en banlieue (tarif unique : 5 \$).

Billets et zones. Il existe un grand choix de billets et un système de validation automatique honni des usagers. Une fois votre billet acheté, vous devez le composter dans un autre appareil. Si vous ne parvenez pas à maîtriser ce mécanisme, vous risquez une amende de 100 \$ (et les contrôleurs sont nombreux).La zone métropolitaine est divisée en trois zones. La zone 1 recouvre le centre-ville et les faubourgs proches (St Kilda compris). La plupart des voyageurs ne s'aventurent pas au-delà, à moins qu'ils n'aient décidé de sortir carrément de la ville.

Les billets pour la zone 1 coûtent 2,30/4,40/19,10 \$ pour 2 heures/1 journée/1 semaine (il existe aussi des billets valables pour une période plus longue). Ces billets permettent d'effectuer autant de trajets qu'on le souhaite en tramway, bus et train.

Des billets Short Trip (1,50 \$) permettent de parcourir deux sections en bus ou en tramway à l'intérieur de la zone 1 (obligatoirement en un seul trajet). Vous pouvez également acheter une Short Trip 10 Card (12,50 \$), qui permet d'effectuer 10 trajets de ce type.

Achat des billets. Bon nombre de petits magasins comme les kiosques à journaux ou les milk-bars vendent des billets divers, mais pas de billets Short Trip. Les distributeurs installés dans les tramways ne délivrent que des billets Short Trip et des billets valables 2 heures et n'acceptent que les pièces de monnaie. Les distributeurs des gares ferroviaires ne permettent pas non plus d'acquérir un billet Short Trip. En revanche, certains d'entre eux acceptent, outre les pièces de monnaie, les billets et certaines cartes bancaires. Certaines gares disposent de guichets vendant la plupart des billets existants. Les conducteurs de bus vendent des billets Short Trip, ainsi que des billets valables 2 heures ou 1 journée.

Voyageurs handicapés. Les guichets d'information touristique du Bourke St Mall et des Rialto Towers et le bureau d'information du Melbourne City Council (☎ 9658 9763), à l'angle de Swanston Walk et de Little Collins St, distribuent une *Mobility Map* (ce dernier vous l'enverra même sur simple appel téléphonique).

Tramway. Les lignes de tramway desservent le centre-ville et les banlieues proches. La numérotation des arrêts part du centre-ville. Il existe aussi des services "light-rail", c'est-à-dire des tramways rapides empruntant des lignes ferroviaires désaffectées, vers certains faubourgs.

Normalement, la plupart des tramways circulent toutes les 6 à 8 minutes aux heures de pointe et toutes les 12 minutes pendant le reste de la journée, avec une fréquence réduite le week-end et tard le soir.

Soyez extrêmement prudent lorsque vous montez dans un tramway ou en descendez : la loi impose aux voitures de s'arrêter lorsqu'un tram s'arrête pour prendre ou déposer des passagers, mais tous les conducteurs ne respectent pas cette règle.

Pour effectuer un tour gratuit de la ville, grimpez à bord d'un tramway de la ligne City Circle (peints en bordeaux et or), qui empruntent Flinders St, Spring St et Nicholson St jusqu'à Victoria Parade pour revenir par Latrobe St et Spencer St. Ces tramways circulent environ toutes les 10 minutes entre 10h et 18h.

Train. Les trains de banlieue, plus rapides que les tramways et les bus, ne desservent cependant pas bon nombre de faubourgs proches. Leur terminal principal est la gare de Flinders St.

En semaine, la plupart des lignes circulent entre 5h et 24h avec un fréquence de l'ordre d'un train toutes les 3 à 8 minutes aux heures de pointe, d'un toutes les 15 à 20 minutes le reste de la journée et d'un toutes les 40 minutes après 19h. Le samedi, il y a un train toutes les 30 minutes de 5h à 24h et le dimanche un toutes les 40 minutes de 7h à 23h30.

Les transports urbains de Melbourne comprennent une ligne de métro circulaire, très pratique pour traverser la ville rapidement.

Vous pourrez emporter votre vélo gratuitement en train en dehors des heures de pointe et le week-end.

Bus. En général, les bus prennent le relais des lignes ferroviaires, ou desservent des lieux – hôpitaux, universités, centres commerciaux de banlieue et faubourgs lointains – qui ne sont pas reliés au centre par les autres moyens de transport.

Voiture

Voiture et tramways. Prenez garde aux tramways. On ne peut les doubler qu'à gauche, et il faut *toujours* s'arrêter derrière eux lorsqu'ils font une halte pour déposer ou prendre des passagers (sauf lorsqu'il existe un terre-plein central destiné aux passagers).

Melbourne possède une règle de circulation aussi célèbre que déroutante appelée le "*hook turn*" : pour tourner à droite, à de nombreux grands carrefours du centre-ville, vous devez serrer à gauche, attendre que le feu de la rue que vous souhaitez prendre passe au vert, puis achever de tourner. Un pictogramme noir et blanc en forme de crochet suspendu au-dessus du carrefour indique que cette règle s'applique.

Stationnement. Si vous avez la chance de trouver une place de stationnement dans le centre-ville, elle vous coûtera quelque 2 \$/heure. Méfiez-vous des zones de dégagement interdites au stationnement pendant les heures de pointe : vous y garer vous vaudra au mieux une forte amende, au pire de

retrouver votre véhicule à la fourrière. Les quartiers résidentiels centraux réservent souvent certaines zones au stationnement résidentiel ou imposent le paiement d'un droit jusqu'à 24h, au lieu de 17h ou 18h, comme ailleurs. Autant dire que se garer à proximité des hauts lieux de la vie nocturne de Fitzroy ou de St Kilda relève de la gageure – prenez plutôt un tram ou un taxi.

Sachez que les panneaux affichant la mention "2P" indiquent un temps maximal de stationnement de 2 heures, et ainsi de suite.

La ville compte plus de 70 parkings, dont les tarifs tournent autour de 4 à 6 \$/heure et 14 à 25 \$/jour pendant la semaine et un peu moins le week-end. Les prix chutent aussi souvent après 18h.

Location de voitures. Avis (☎ 1800 225 533), Budget (☎ 13 2727), Hertz (☎ 13 3039) et Thrifty (☎ 1300 367 227) possèdent des guichets à l'aéroport, ainsi que plusieurs autres en ville.

Avis loue des véhicules à commandes manuelles pour les voyageurs handicapés et Norden Transport Equipment (☎ 9793 1066) des camionnettes équipées d'un ascenseur.

Vous trouverez une foule d'autres loueurs, notamment locaux, dans les *Yellow Pages* de l'annuaire, qui proposent des modèles plus récents mais ne possèdent pas de réseau à l'échelon national (ni la stabilité financière des grands opérateurs). Essayez Delta (☎ 13 1390) ou National (☎ 13 1045).

D'autres compagnies fournissent des véhicules plus anciens à meilleur compte. Les tarifs et les conditions de location varient énormément selon les opérateurs. Certains n'autorisent notamment pas les déplacements excédent un rayon de 100 km autour de la ville. Adressez-vous à Rent-a-Bomb (☎ 9428 0088), à Richmond, ou à Ugly Duckling (☎ 9525 4010), à St Kilda.

City Link. Lorsque vous lirez ces lignes, un nouveau réseau routier d'envergure appelé City Link devrait être entré en fonction (voir la carte de Melbourne). Il s'agit d'un réseau à péage.

Pour les visiteurs, City Link présente un inconvénient majeur : le péage doit impérativement être réglé par le biais d'un dispositif électronique appelé "e-TAG" implanté dans la voiture – il n'est pas possible de payer en liquide. Il vous faudra donc acheter un macaron quotidien (7,30 $) dans une poste (n'importe où en Australie) ou dans un autre point de vente de Melbourne ou ouvrir un compte City Link afin d'obtenir un e-TAG (50 $ au minimum, non remboursable).

Si vous empruntez le réseau City Link sans e-TAG ni forfait journalier, vous avez jusqu'au lendemain midi pour contacter City Link (☎ 13 2629) et régler la somme de 8,50 $, sinon vous écoperez d'une amende d'environ 100 $.

Taxis

Les principales stations de taxi du centreville se trouvent devant les grands hôtels, devant les gares de Flinders et de Spencer St, à l'angle de William St et de Bourke St, à l'angle d'Elizabeth St et de Bourke St, dans Lonsdale St devant le grand magasin Myer et devant l'agence Ansett de Franklin St. Sachez que trouver un taxi libre le vendredi soir ou le samedi soir se révèle souvent difficile.

Même s'il existe plusieurs compagnies de taxis, tous les véhicules sont peints en jaune. Parmi les compagnies les plus importantes, citons Arrow (☎ 13 2211), Black Cabs (☎ 13 2227), Embassy (☎ 13 1755) et Silver Top (☎ 13 1008). Toutes pratiquent des tarifs identiques.

Melbourne ne manque pas de taxis accessibles aux voyageurs handicapés. Appelez Black Cabs ou Silver Top.

Bicyclette

Melbourne est un paradis pour cyclistes. Des pistes cyclables longent les environs de Port Phillip Bay, de Port Melbourne à Brighton, et suivent ensuite le cours de la Yarra sur 20 km.

Il en existe bien d'autres. *Discovering Melbourne's Bike Paths* (14,95 $) rassemble de très utiles cartes et des descriptions d'itinéraires sur les pistes de la capitale. Le plan des rues, *Melway Greater Melbourne*, s'avère également utile.

Sachez qu'on peut transporter gratuitement sa bicyclette dans les trains de banlieue hors des heures de pointe.

Méfiez-vous des rails des tramways car ils sont très glissants et vos roues risquent aussi de s'y coincer.

Pour louer un vélo, adressez-vous à : St Kilda Cycles (☎ 9534 3074), 11 Carlisle St, à St Kilda, Cycle Science (☎ 9826 8877), 320 Toorak Rd, à South Yarra, City Cycle Tours (☎ 9585 5343), Treasury Gardens ou Fitzroy Cycles (☎ 9639 3511), 224 Swanston St. Comptez quelque 20 $/jour pour la location d'un VTT en bon état, d'un casque et d'un cadenas.

Ferry

Deux compagnies de ferries relient la ville au Gem Pier de Williamstown, avec un départ de Southgate toutes les heures de 10h à 17h (10/18 $ aller simple/aller-retour). Vous pouvez demander que l'on vous dépose à Scienceworks ou au Polly Woodside. Le week-end, un ferry circule entre St Kilda Pier et Williamstown (un départ toutes les heures de 11h30 à 16h30 à partir de St Kilda et de 11h à 16h à partir de Williamstown ; 6/10 $).

Tous les dimanches d'octobre à juin, vous pourrez emprunter le remorqueur à vapeur *Wattle*, qui date de 1933 (☎ 9328 2739), entre Station Pier, à Port Melbourne, et Gem Pier, à Williamstown (départs de Station Pier à 10h30, midi, 13h30 et 15h ; 10 $ l'aller-retour).

Les environs de Melbourne

Quantité de sites intéressants se trouvent à une heure à peine de la ville : à l'est, les Dandenong Ranges, au nord-est, le Kinglake National Park et au nord-ouest, les Macedon Ranges et Hanging Rock.

N'oublions pas la Yarra Valley, réputée pour ses vignobles et pour le Healesville Sanctuary, ni les plages sauvages des péninsules de Mornington et de Bellarine, ni Phillip Island, sa parade de pingouins et ses *surf beaches* (plages donnant sur l'océan).

VICTORIA

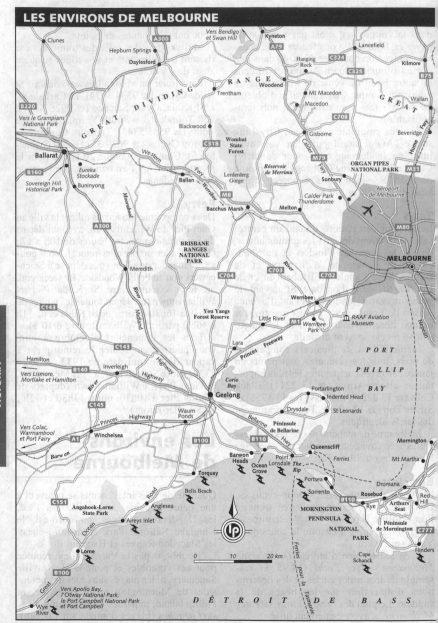

LES ENVIRONS DE MELBOURNE

Clunes

Hepburn Springs
Daylesford · A300

Vers Bendigo et Swan Hill · Kyneton · A79

Lancefield

Hanging Rock · C324

Kilmore

Woodend · C325

B75

Trentham

Mt Macedon

Macedon · C708

Wallan

GREAT DIVIDING RANGE

Vers le Grampians National Park · B220

Ballarat

Eureka Stockade · B160

Sovereign Hill Historical Park

Buninyong

Blackwood

Wombat State Forest · C318

Réservoir de Merrimu

Gisborne

Beveridge

Hume Fwy

GREAT

Western Fwy

Ballan

Lerderderg Gorge

Calder Fwy

Sunbury · M79

ORGAN PIPES NATIONAL PARK

Aéroport de Melbourne

M80

Bacchus Marsh · M8

Melton

Calder Park Thunderdome

MELBOURNE

A300

BRISBANE RANGES NATIONAL PARK

Meredith

Moorabool River · C704

C703

River · C702

C143

Midland Highway

You Yangs Forest Reserve

Werribee

Werribee Park · M1

RAAF Aviation Museum

Hamilton

Vers Lismore, Mortlake et Hamilton · B140

Inverleigh

Little River

Lara

Princes Freeway

PORT PHILLIP BAY

C143

River Highway · C145

Waurn Ponds

Geelong

Corio Bay

Portarlington

Indented Head

Drysdale

St Leonards

Mornington

Vers Colac, Warrnambool et Port Fairy · A1

Princes Highway

Winchelsea

Barwon

Bellarine Hwy

Péninsule de Bellarine

Queenscliff

Ferries

Mt Martha

B100 · B110

Barwon Heads

Point Lonsdale

The Rip

Dromana

Torquay

Ocean Grove

Portsea

Rosebud

Red Hill

Bells Beach

Sorrento

Rye · B110

Arthurs Seat

C151

Angahook-Lorne State Park

Anglesea

MORNINGTON PENINSULA NATIONAL PARK

Péninsule de Mornington · C777

Aireys Inlet

Ocean Road

Lorne

Cape Schanck

Flinders

0   10   20 km

B100

Vers Apollo Bay, l'Otway National Park, le Port Campbell National Park et Port Campbell

Wye River

DÉTROIT DE BASS

Ferries pour la Tasmanie

VICTORIA

DE MELBOURNE A GEELONG

Une heure de route vers le sud-ouest par la Princes Freeway (M1) suffit pour atteindre Geelong. A la sortie de la ville, le West Gate Bridge offre de belles perspectives sur la ville.

Le **RAAF National Aviation Museum**, dans la base de la RAAF de Point Cook, présente une collection de 20 avions, du mardi au vendredi de 10h à 15h et de 10h à 17h le week-end (donation à l'entrée).

L'embranchement de **Werribee Park Mansion** et de son **zoo** est indiqué sur la Freeway à environ 30 minutes de Melbourne. Cette immense demeure de style italien (☎ 9741 2444), entourée de jardins à la française (entrée gratuite), se visite de 10h à 16h45, moyennant 10/5 \$. Le zoo (☎ 9731 9600) qui jouxte le domaine abrite des herbivores africains en liberté. Vous pourrez le parcourir en bus pour 14/7 \$. Les trains du réseau Met desservent la gare de Werribee, et un service de bus peu fiable (et inexistant le dimanche) relie celle-ci au parc, à 5 km de là.

N'hésitez pas ensuite à faire un petit détour par les **You Yangs**, une petite chaîne volcanique toute proche de la Freeway. Sur le plan écologique, le parc s'avère assez abîmé, mais on obtient un splendide panorama du sommet du **Flinders Peak**. Dans le **Brisbane Ranges National Park**, la pittoresque Anakie Gorge mérite une visite et abrite des koalas.

GEELONG
• code postal 3220 • 125 400 habitants

Geelong est une ancienne cité agrémentée de beaux parcs, de bons musées et galeries et d'une vie nocturne animée. Pour la plupart des habitants du Victoria, le mot "Geelong" évoque le football australien, à cause de l'équipe des Cats, et Ford, car la ville compte une importante usine de voitures.

A l'époque de la ruée vers l'or, Geelong a connu un développement rapide, en tant que voie d'accès principale aux champs aurifères. La fièvre de l'or retombée, la ville se reconvertit en port lainier et céréalier pour l'expédition des produits de l'Ouest et du Wimmera.

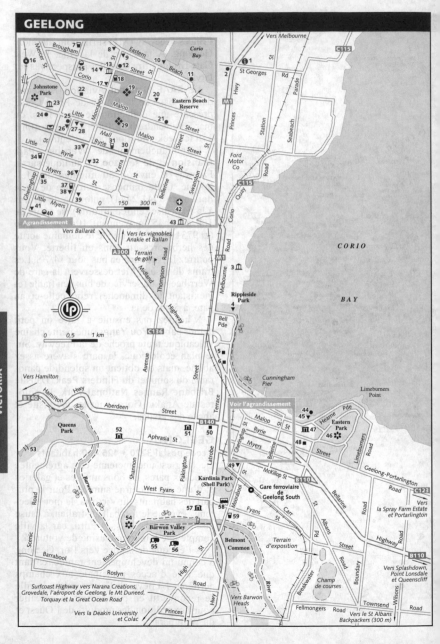

GEELONG

OÙ SE LOGER

5	Hamilton Hume Motor Inn
6	Kangaroo Motel
22	Carlton Central Hotel
30	Jokers on Ryrie
35	All Seasons Ambassador Geelong
48	Pevensey House
50	Lucas Innkeeper's Motor Inn
55	Billabong Caravan Park
56	Southside Caravan Park

OÙ SE RESTAURER

4	Koaki
8	Gilligan's Fish & Chips
9	Sailors Restaurant
10	Fish Pier Restaurant
14	Lamby's Bar & Bistro
17	Pancake Kitchen
20	Scottish Chief's Tavern & Brewery
26	Wholefoods Cafe
27	Bambolco
28	Cats
32	National Hotel

33	Fugisan
36	Spaghetti Deli
38	Hill Grill
39	Joe's Cafe
41	Wintergarden Cafe
45	The Beach House Cafe & Restaurant
49	Tousson

DIVERS

1	Geelong Otway Tourism Centre
2	Norlane Waterworld
3	Geelong Naval & Maritime Museum, Osborne House
7	The Max
11	École de voile
12	Customs House
13	National Wool Museum
15	Bus Port
16	Gare ferroviaire de Geelong
18	Wool Exchange Hotel
19	Centre commercial de Bay City
21	Laverie

23	Mairie, bibliothèque, Geelong Art Gallery
24	Performing Arts Centre
25	Barwon's Bookshop
29	Centre commercial de Market Square
31	Rebar Lounge
34	Night-club Lyric
37	Geelong Hotel
40	Terminal des Gull Airport Services
42	Hôpital
43	Old Geelong Gaol
44	Bassin de baignade d'Eastern Beach
46	Botanic Gardens, Old Customs House, anciens fours à chaux
47	Corio Villa
51	Armytage House
52	The Heights
53	Buckley's Falls
54	Balyang Sanctuary
57	Barwon Grange
58	Centre de natation de Geelong Memorial
59	Barwon Club Hotel

Orientation et renseignements

Geelong occupe la face ouest de Corio Bay, et la ville est traversée par la Barwon.

Si vous arrivez du nord, préférez la route du bord de mer et ses panoramas à la Highway – même si vous ne faites que passer par Geelong. Tournez à gauche dans Bell Parade (environ 2 km après l'usine Ford) et suivez l'Esplanade le long de la côte.

Le Geelong Otway Tourism Centre (☎ 5275 5797 ou 1800 620 888) se situe à l'angle de la Princes Highway et de St Georges Rd, à environ 7 km au nord du centre-ville (à votre gauche si vous venez de Melbourne).

Le National Wool Museum et le centre commercial de Market Square hébergent aussi des offices du tourisme.

A voir et à faire

L'imposant **Geelong National Wool Museum** (☎ 5227 0701), à l'angle de Moorabool St et de Brougham St, occupe un ancien entrepôt à laine en basalte bleu datant de 1872. Il vous accueille tous les jours de 10h à 17h (entrée 7/5,80 $ par adulte/étudiant).

Le **Naval & Maritime Museum** présente une collection très complète d'objets liés à la mer et aux bateaux dans les anciennes écuries d'**Osborne House**, une superbe demeure ancienne de Swinburne St, North Geelong. Il ouvre tous les jours, sauf le mardi et le jeudi, de 10h à 16h (2 $).

La **Geelong Art Gallery**, Little Malop St, expose principalement des œuvres australiennes, dont la plus célèbre est le tableau *A Bush Burial*, de Frederick McCubbin. Elle accueille le public en semaine de 10h à 17h et le week-end de 13h à 17h (entrée : 3 $, gratuite le lundi).

Geelong compte plus de cent bâtiments classés par le National Trust. Parmi ceux qui se visitent, citons le manoir préfabriqué **The Heights** (1855), au 140 Aphrasia St, à Newtown (ouvert du mercredi au dimanche de 13h à 17h ; 5 $), et la néogothique **Barwon Grange** (1856), Fernleigh St, à Newtown (ouvert le mercredi et le week-end de 14h à 17h ; 4 $).

VICTORIA

Eastern Beach est une plage agréable et bien équipée, avec des cabines de bain restaurées. On peut y louer diverses embarcations le week-end et pendant les vacances. Suivez la promenade du bord de mer vers l'est jusqu'à Cunningham Pier, réputé pour ses *bollards*, des bittes d'amarrage peintes.

Pour vous balader ou faire un pique-nique, essayez les **Botanic Gardens**, au centre d'Eastern Park. Admirez au passage l'**Old Customs House** (l'ancien bureau des douanes), un petit cottage que l'on dit être le plus ancien bâtiment de bois du Victoria (1838).

Narana Creations (☎ 5241 5700), une galerie d'artisanat aborigène doublée d'un centre culturel et d'un jardin représentatif de la flore locale, s'étend près de l'aéroport, au 410 Torquay Rd (the Surfcoast Highway (B100), à Grovedale (ouverte le mercredi).

Où se loger

Campings et caravanes. Les terrains les plus proches du centre-ville longent Barrabool Rd, sur la rive sud de la Barwon. Parmi eux, le *Billabong Caravan Park* (☎ 5243 6225) et le *City Southside Caravan Park* (☎ 5243 3788) louent des emplacements entre 12 et 14 $ et des bungalows à 45 $ pour deux.

Le *St Albans Backpackers* (☎ 5248 1229) occupe un ancien lieu d'élevage d'étalons sur Homestead Drive, à Whittington. Dans l'ancienne remise à voitures convertie en auberge, les lits superposés reviennent à 17 $ et les doubles à 34 $. Le personnel viendra vous chercher en ville sur simple appel.

Les *collèges* de Deakin University (☎ 5227 1158), dans les faubourgs de Geelong en direction de Colac, offrent un hébergement bon marché pendant les vacances d'été.

Le *Carlton Central Hotel* (☎ 5229 1954, 21 Malop St), un pub à l'ancienne, pratique des tarifs raisonnables : 30/40/60 $ la simple/double/triple, petit déjeuner continental compris. Au *Jokers on Ryrie* (☎ 5229 1104), à l'angle de Ryrie St et Yarra St, vous débourserez 25/45 $.

Parmi les motels les moins chers de Geelong, citons le *Kangaroo Motel* (☎ 5221 4022, 16 The Esplanade South) avec des chambres affichées à partir de 45/55 $. La *Lucas Innkeepers Motor Inn* (☎ 5221 2177, 9 Aberdeen St) loue des doubles entre 59 et 90 $.

Comment s'y rendre

Les trains et les bus V/Line arrivent à la gare ferroviaire/routière de Geelong, sur Railway Terrace, après l'extrémité ouest de Corio St. Les autres bus grandes lignes utilisent le Trans Otway Terminal, à l'angle de Ryrie St et de Fenwick St.

De nombreux trains relient quotidiennement Melbourne et Geelong (1 heure ; 8,60 $). Warrnambool (24,50 $) est également desservie plusieurs fois par jour. Pour vous rendre à Ballarat, il faut partir de la gare de North Shore, à deux arrêts au nord de Geelong (24,50 $; deux trains par semaine plus un le samedi).

Les bus V/Line empruntent au moins deux fois par jour la Great Ocean Rd jusqu'à Apollo Bay (18 $) *via* Torquay (4,50 $) et Lorne (11,20 $). Le vendredi (et le lundi en été), un bus continue jusqu'à Port Campbell et Warrnambool. Des bus V/Line circulent aussi de Geelong à Ballarat (9,80 $) plusieurs fois par jour, poursuivant jusqu'à Castlemaine et Bendigo.

McHarry's Bus Lines dessert la plupart des localités de la péninsule de Bellarine.

Gull Airport Services (☎ 5222 4966), 45 McKillop St, assure treize liaisons quotidiennes depuis/vers l'aéroport de Melbourne (20 $).

Comment circuler

Le terminus des bus urbains, le Bus Port, se trouve à l'angle de Gheringhap St et de Brougham St. Les conducteurs vendent des billets. Parmi les compagnies de taxis, citons Bay City Cabs (☎ 1800 636 636).

Plusieurs pistes cyclables parcourent Geelong. Pour les emprunter, adressez-vous à De Grandi Cycle & Sport (☎ 5222 2771, 72 Mercer St), qui loue des vélos à partir de 25 $/jour environ.

LA CALDER HIGHWAY

La Calder Highway (dont d'importantes parties sont de l'autoroute, ou *freeway*) s'éloigne de Melbourne par le nord-ouest en direction de Bendigo.

Sunbury a accueilli des festivals de rock de type Woodstock au début des années 70. C'est aussi de cette bourgade que **the Ashes**, le trophée le plus célèbre du cricket anglais et australien, est originaire. Sunbury Rd compte deux domaines viticoles établis depuis les années 1860, **Goona Warra** et **Craiglee**. Tous deux se visitent tous les jours.

Juste au nord de Gisborne, vous pouvez quitter la Calder Highway pour vous diriger, au-delà de la petite ville de Macedon, vers le **Mt Macedon** (1 013 m). Une route gravit cette montagne en longeant de superbes domaines flanqués de jardins magnifiques. Après le sommet, vous pouvez continuer tout droit vers Woodend ou prendre la première route goudronnée sur la droite en direction de Hanging Rock. Le **Camel's Hump**, non loin de là, est très apprécié des amateurs d'escalade.

Hanging Rock, rendu célèbre par le roman de Joan Lindsay, *Pique-nique à Hanging Rock*, qui relate la disparition d'écolières venues visiter le rocher, et par le film qui en fut tiré, est un site sacré pour les Aborigènes Wurrenjerrie, qui servait autrefois de refuge aux *bushrangers*. Ce lieu de pique-nique populaire est sillonné de sentiers de randonnée où l'on aperçoit parfois des koalas. Les **Hanging Rock Picnic Race Meetings**, le premier de l'an et lors de l'Australia Day, attirent des foules considérables.

La Hanging Rock Reserve (☎ 5427 0295) commence à 6 km au nord-est de Woodend. L'entrée coûte 5 $ par voiture. Des trains assurent quotidiennement la liaison Melbourne-Woodend (8,60 $). De là, il faut terminer le trajet en taxi (☎ 5427 2641 ; environ 12 $) ou à bicyclette – le trajet n'est pas très fatigant.

LA YARRA VALLEY ET AU-DELÀ

La superbe vallée de la Yarra, non loin au au nord-est de Melbourne, mérite une visite. Endroit rêvé pour le vélo ou la randonnée, elle compte des douzaines de domaines viticoles, ainsi que le Healesville Wildlife Sanctuary. Le Yarra Valley Visitor Information Centre (☎ 5962 2600), à la sortie de

la Highway, à Healesville, et l'office du tourisme de l'Upper Yarra Valley, sur la Highway, à Warburton, ouvrent tous les jours.

A Toolangi, l'impressionnant **Forest Discovery Centre** (☎ 5962 9314) du NRE présente, tous les jours (2 $), des expositions sur les différents usages de la forêt. Signalons l'existence d'un bureau Parks Victoria/NRE (☎ 5964 7088) à Woori Yallock.

Le Victoria abrite bon nombre de parcs régionaux ou nationaux, pour la plupart équipés de sentiers de randonnée et, pour certains, de terrains de camping. Parmi eux, citons le **Warrandyte State Park**, le **Yarra Ranges National Park** et le **Kinglake National Park**. Les divers offices du tourisme et bureaux des parcs du Victoria vous fourniront tous les renseignements nécessaires. Vous pouvez également vous adresser à la boutique du NRE à Melbourne avant votre départ.

Le **Centenary Trail** suit une ancienne ligne de chemin de fer de Warburton à Lilydale. Il constitue une bonne promenade à vélo de 38 km.

Les routes panoramiques ne manquent pas non plus, notamment dans le triangle Warburton-Healesville-Marysville. L'Acheron Way et la Woods Point Rd, deux bonnes routes empierrées, traversent des paysages superbes. Le **Mt Donna Buang**, à faible distance de Warburton, offre le domaine enneigé (mais non skiable) le plus proche de Melbourne, l'hiver.

Comment s'y rendre

Les trains de banlieue circulent jusqu'à Lilydale. McKenzie's Bus Lines (☎ 5962 5088) dessert quotidiennement Healesville (billet Met zone 3) et Yarra Glen au départ de Lilydale et assure des liaisons directes entre Melbourne (gare routière de Spencer St), Healesville (billet Met zones 1, 2 et 3) et Marysville (11,20 $).

Le Martyrs Bus Service (☎ 5966 2035) relie la gare de Lilydale à Yarra Junction et à Warburton – et accorde des réductions sur présentation de votre billet Met.

Circuits organisés

Yarra Valley Winery Tours (☎ 5962 3870) organise des tours en bus des vignobles autour de Melbourne. Eco Adventure Tours (☎ 5962 5115) fait visiter les principaux sites naturels de la région, notamment grâce à des circuits pédestres nocturnes.

Adventure Canoeing (☎ 9844 3323) et plusieurs autres opérateurs louent des canoës et proposent des expéditions en canoë.

Avec Go Wild Ballooning (☎ 9890 0339) et Balloon Aloft (☎ 1800 028 568), vous survolerez la vallée en ballon, à l'aube.

Healesville Wildlife Sanctuary

Le Healesville Wildlife Sanctuary (☎ 5962 4022, Badger Creek Rd, Healesville) compte parmi les meilleurs choix pour qui souhaite découvrir la faune australienne. La Platypus House (maison des ornithorynques) vous offrira probablement votre unique rencontre avec ces étonnantes créatures, et en tout cas votre seule occasion d'observer leurs activités subaquatiques.

Le personnel propose des spectacles réguliers avec des serpents, mais rien ne vaut l'extraordinaire présentation d'oiseaux de proie, au cours de laquelle des rapaces volent au-dessus de votre tête, qui a lieu à 12h et à 15h (si le temps le permet). Arrivez un peu en avance pour obtenir de bonnes places. L'été, le parc organise des concerts en plein air.

La réserve est ouverte tous les jours de 9h à 17h (entrée : 14/10,50/7 $ par adulte/étudiant/enfant).

Galeena Beek Living Cultural Centre

Au Galeena Beek – qui signifie "purifier la terre" – Centre (☎ 5962 1119, 22 Glen Eadie Ave), près de l'entrée du Healesville Wildlife Sanctuary, vous visiterez une exposition sur l'histoire aborigène et pourrez participer à une courte promenade éducative dans le bush. En général, on peut s'essayer au maniement du boomerang et des lances et, si vous vous trouvez là en même temps qu'un groupe scolaire, vous pourrez peut-être écouter un récit traditionnel ou assister à une démonstration de didgeridoo. Le centre est ouvert en semaine (6,50 $).

Gulf Station

A 2 km au nord de Yarra Glen, Gulf Station fait partie d'un ancien élevage qui remonte aux années 1850. Cette station d'élevage dépend aujourd'hui du National Trust. Elle est ouverte au public du mercredi au dimanche et les jours fériés de 10h à 16h (7/4 $).

Marysville
• code postal 3779 • 625 habitants

Dans les années 20, les habitants de Melbourne venaient traditionnellement passer leur lune de miel dans cette charmante bourgade. Ils continuent à s'y échapper pour profiter de son cadre montagnard, de ses pensions à l'ancienne, de ses cascades et de ses sentiers de randonnée dans le bush.

Ne manquez pas les **Steavenson's Falls**, les plus hautes chutes de l'État, illuminées la nuit. La **Cumberland Scenic Reserve**, riche en sentiers de randonnée et en cascades, se trouve à 16 km à l'est de Marysville. Les moins sportifs pourront emprunter la **Lady Talbot Drive**, un circuit de 48 km qui traverse certains des sites les plus beaux et les plus spectaculaires de la région.

Où se loger. Le *Marysville Caravan Park* (☎ 5963 3443) loue des emplacements à partir de 12 $, des caravanes fixes à partir de 40 $ et des lits en dortoir entre 10 et 14 $ suivant la saison.

Le motel le moins cher de Marysville est le *Crossways Motel (☎ 5963 3290, Woods Point Rd)*, avec des chambres affichées à partir de 50/55 $ la simple/double.

Parmi les pensions, citons l'immense *Marylands Country House (☎ 5963 3204, 22 Falls Rd)*, dont les doubles en B&B démarrent à 190 $, et le *Mountain Lodge (☎ 5963 3270, 32 Kings Rd)*, qui loue des chambres en pension complète à partir de 80 $/personne.

LES DANDENONGS

Par temps clair, on aperçoit les Dandenong Ranges – et leur point culminant, le Mt Dandenong (633 m) – depuis le centre de Melbourne. Ces collines s'élèvent à quelques 35 km à l'est de la ville.

A la fin du XIXe siècle, la plupart des forêts d'origine avaient disparu, remplacées par les essences à feuilles caduques plantées par les colons. Le paysage mêle aujourd'hui ces espèces exotiques aux variétés indigènes qui ont repoussé et surplombent un sous-bois de fougères arborescentes.

Même si leurs étroites routes frisent parfois la congestion le week-end, les Dandenongs conservent tout leur charme en dépit de l'urbanisation croissante de la région.

Le Dandenong Ranges & Knox Visitor Information Centre (☎ 9758 7522) occupe le 1211 Burwood Highway, à Upper Ferntree Gully et le bureau de Parks Victoria (☎ 9758 1342) se situe dans l'aire de pique-nique inférieure (Lower Picnic Ground) d'Upper Ferntree Gully, au départ de la Mt Dandenong Tourist Rd. Les *rangers* vous fourniront des cartes des parcs et des sentiers de randonnée.

Le **Ferntree Gully National Park** permet des promenades pédestres d'environ deux heures. Les hauts frênes de la **Sherbrooke Forest** étaient naguère célèbres pour leurs oiseaux-lyres, mais les chats sauvages en ont dévoré beaucoup. La **Doongalla Forest**, sur le versant ouest du Mt Dandenong, demeure plus calme, car moins aisément accessible que le reste du massif.

Le **William Ricketts Sanctuary** (☎ 13 1963), sur la Mt Dandenong Tourist Rd, présente, au milieu d'un jardin de fougères, les œuvres du sculpteur William Ricketts, fortement imprégnées de culture et philosophie aborigènes car l'artiste vécut de longues années au sein de ce peuple. Il ouvre tous les jours de 10h à 17h (5 $, dernière admission à 16h30). Le site accueille des concerts l'été.

Le parc comporte aussi de superbes jardins, comme les **National Rhododendron Gardens** ou les **Alfred Nicholas Memorial Gardens**, dans Sherbrooke Rd, à Sherbrooke.

Puffing Billy

Le *Puffing Billy* (réservations et informations enregistrées au ☎ 9754 6800, www.pbr.org.au) est un petit train à vapeur qui parcourt les collines et les vallées tapissées de fougères.

En dehors des vacances scolaires, ce train circule quatre fois par jour en semaine au départ de la gare de Belgrave Puffing Billy, proche de la gare ferroviaire de Belgrave. Il dessert une fois par jour Gembrook (25/14/71 $ l'aller-retour par adulte/enfant/famille) et se rend les autres fois à l'Emerald Lakeside Park (18/10/51 $).

Où se loger

Les Dandenongs regorgent de motels, de pensions, de B&B et de cottages et offrent quelques hébergements aux voyageurs à petit budget. L'*Emerald Backpackers* (☎ 5968 4086) au bord de la Lakeside Reserve, à Emerald, est une confortable auberge située dans un cadre agréable. Les propriétaires pourront vous aider à trouver du travail dans une pépinière ou un jardin. Les lits en dortoir coûtent 13 $. Essayez aussi le *Dougie's Place* (☎ 5958 3297, 22 Kings Rd, Emerald), tenu par un voyageur chevronné (à partir de 15 $). A Belgrave, à proximité de la Sherbrooke Forest, le B&B *Jaynes Retreat* (☎ 9752 6181, 27 Terrys Ave) vise une clientèle à petit budget et propose de bons repas (à partir de 6,50 $ le dîner) et des lits à partir de 20 $.

PÉNINSULE DE MORNINGTON

La péninsule de Mornington, langue de terre qui sépare Port Phillip Bay du Western Port, se trouve à un peu plus d'une heure de route du centre-ville. C'est un lieu de villégiature estivale depuis les années 1870.

L'office du tourisme principal de Peninsula Tourism (☎ 5987 3078 ou 1800 804 009), au bord de la Nepean Highway, à Dromana, est ouvert tous les jours de 9h à 17h.

Comment s'y rendre

Train/bus. Les trains de banlieue du réseau Met relient Melbourne à Frankston en 1 heure environ. D'autres trains circulent entre Frankston et le côté Western Port de la péninsule. Les Portsea Passenger Buses (☎ 5986 5666) vous conduiront de Frankston à Portsea par la Nepean Highway (6,90 $).

Ferry. Peninsula Searoad Transport (☎ 5258 3244) transporte véhicules et passagers en ferry de Sorrento à Queenscliff, sur la péninsule de Bellarine. Ce service fonctionne tous les jours et la traversée prend environ 30 minutes : départs de Queenscliff toutes les 2 heures de 7h à 17h (19h en haute saison, c'est-à-dire les vendredi et dimanche de mi-septembre à mi-décembre, puis tous les jours jusqu'au mardi de Pâques) et de Sorrento avec la même fréquence de 8h à 18h (20h en haute saison). Vous débourserez de 32 à 36 $ par voiture plus 3/2 $ par adulte/enfant, 17 $ pour une moto et son pilote et 7 $ si vous circulez à pied. Les billets piétons demeurent valables un an.

De Mornington à Sorrento

Les charmantes banlieues résidentielles de **Mornington** et de **Mt Martha** présentent peu d'intérêt pour le voyageur en dehors de leurs excellentes plages sur la baie. Quittez la Nepean Highway à Mornington pour emprunter la moins rapide mais beaucoup plus belle route du bord de mer, qui rejoint la Highway à **Dromana**. Un peu à l'intérieur des terres, le point de vue d'**Arthurs Seat** est accessible par télésiège le week-end et tous les jours de septembre à avril (7,50/5 $ l'aller-retour).

Sorrento

Station balnéaire à la mode, Sorrento offre de belles constructions du XIXe siècle et de superbes plages. Ne manquez pas de prendre un bateau pour admirer les dauphins de la baie.

Le **Nepean Historical Society Museum**, installé dans l'ancien bâtiment du Mechanic's Institute, Melbourne Rd, est ouvert le dimanche et pendant les vacances scolaires de 13h30 à 16h30 (3 $). Sorrento compte également un petit **Marine Oceanarium**, plutôt humide, ouvert tous les jours.

Où se loger. Le *Bell's Environmental YHA Hostel (☎ 5984 4323, 3 Miranda St, Sorrento)*, fonctionnel et bien équipé, loue des lits à 12 $ aux membres de la YHA (14 $ en haute saison). L'établissement peut vous concocter des randonnées à cheval ou des parties de plongée libre. Pour vous y rendre depuis Melbourne, prenez le train jusqu'à Frankston, puis le bus n°788 à l'arrêt devant la gare et descendez à l'arrêt n°18.

Proche de la plage océanique, l'*Oceanic Motel (☎ 5984 4166, 234 Ocean Beach Rd)* dispose de bungalows dont les prix s'échelonnent de 45/55 $ à 90/100 $ la simple/double.

Portsea

A l'extrémité est de la péninsule, Portsea abrite les résidences secondaires des Melbournais fortunés. Voyez ce petit bungalow bleu sur la plage ? Il s'est vendu en 1999 pour la modique somme de 185 000 $!

Portsea dispose de plages merveilleuses. La plage océanique (*back beach*) est battue par de belles vagues, mais peut se révéler dangereuse. Restez à proximité des sauveteurs et baignez-vous entre les drapeaux. Les plages de la baie (*front beaches*) s'avèrent plus sûres, et, aux heures les plus chaudes, vous pourrez vous réfugier sur la terrasse ombragée du pub qui surplombe la jetée.

Dive Victoria (☎ 5984 3155) propose des stages d'une journée d'initiation à la plongée (à partir de 120 $ pour 2 plongées, matériel compris) et des expéditions de plongée libre (30 $ plus 15 $ pour la location du matériel).

A Portsea, les hébergements restent limités et souvent onéreux. L'établissement au meilleur marché, le *Portsea Hotel (☎ 5984 2213)*, abrite des chambres affichées à partir de 60 $ (s.d.b. commune) et quelques chambres avec s.d.b. à 110 $.

Mornington Peninsula National Park

Le Point Nepean National Park, qui occupe la pointe de la péninsule, a été agrandi (et rebaptisé) de manière à y inclure les plages océaniques jusqu'au Cape Schanck, ainsi qu'une autre grande zone appelée Green Bush.

L'office du tourisme (☎ 5984 4276) se trouve à proximité de l'entrée du parc. L'entrée vous coûtera 8,50/4,50/19 $ par adulte/enfant/famille avec un circuit de 2 à 4 heures en bus, moins cher si vous optez pour la marche à pied. Vous devez réserver si vous choisissez le circuit en bus, et même dans le cas contraire, car il existe des quotas de visiteurs. Le parc offre plusieurs promenades, pour certaines assez longues, qui vous permettront parfois de vous retrouver seul(e) sur les plages sauvages aux flots agités. Résistez à l'envie de vous baigner dans ces eaux dangereuses.

Le quatrième week-end du mois, le parc organise des journées "*bike & hike*" (vélo et randonnée) durant lesquelles les cyclistes et les marcheurs peuvent explorer le parc à leur guise, moyennant un droit d'entrée réduit de 5,50 $.

Les plages océaniques – de Portsea à Flinders

Le long de la côte sud-ouest de la péninsule, qui donne sur le détroit de Bass, s'égrènent les magnifiques plages sauvages de Blairgowrie, de Rye, de St Andrews, de Gunnamatta et de Cape Schanck.

L'été, Gunnamatta et Portsea disposent de clubs de sauveteurs. On ne compte plus les noyades sur cette portion de côte, donc ne vous baignez que dans les zones surveillées.

Vous repérerez le Cape Schanck à la silhouette de la **Cape Schanck Lighthouse Station** (☎ 5988 6154), un phare encore en service qui date de 1859, flanqué d'un kiosque, d'un musée et d'un centre d'information. Le phare se visite tous les jours de 10h à 16h environ (2 $; circuits guidés toutes les 30 minutes l'été et moins souvent le reste de l'année : 6 $).

L'*Ace-Hi Ranch* (☎ *5988 6262*), à Cape Schanck, loue des bungalows indépendants à 50 $ pour deux, plus 15 $ par adulte supplémentaire, et des chevaux. Comptez 15 $ pour une courte balade, 25 $, pour une promenade de 2 heures et 35 $ pour une randonnée de 2 heures 45 dans le bush et sur la plage.

French Island

Au large de la côte du Western Port, French Island, qui abritait autrefois une ferme pénitentiaire, est virtuellement dépourvue d'aménagements touristiques. Deux tiers de l'île forment aujourd'hui un parc national, dont les principaux attraits sont des randonnées à pied ou à bicyclette dans le bush, ses colonies de puffins et ses koalas.

Pour tout renseignement, appelez le ☎ 5980 1241 ou adressez-vous à la *ranger station* proche de l'embarcadère des ferries.

L'*old prison farm (ancienne ferme pénitentiaire ;* ☎ *5678 0155)*, à 2 km de l'arrivée des ferries, dispose de chambres. Le personnel viendra vous chercher à votre descente du ferry moyennant 10 $. Vous débourserez 15/25 $ pour une cellule et 55 $ pour un dortoir familial. Si les barreaux aux fenêtres vous angoissent, essayez la *guesthouse* (65 $/personne). Il est également possible de camper dans le parc national. Vous trouverez des toilettes et de l'eau potable (c'est d'ailleurs l'unique point d'eau du parc) au *Fairhaven camping ground*, sur la côte ouest. Pensez à emmener un réchaud à pétrole, car les feux sont interdits dans le parc, et le Tankerton General Store n'est pas toujours très bien fourni.

PHILLIP ISLAND

Située à l'entrée du Western Port, à 125 km au sud-est de Melbourne par la route, Phillip Island est un lieu de vacances très fréquenté. L'île doit l'essentiel de sa renommée à ses magnifiques plages, allant des déferlantes de sa côte méridionale, célèbres dans le monde entier, aux eaux plus calmes de la baie, au nord. Et n'oublions pas la fameuse parade des pingouins.

Phillip Island servait de réserve de chasse aux Aborigènes jusqu'à ce qu'ils en soient expulsés, au XIXe siècle, par les pêcheurs de phoques.

Orientation et renseignements

L'île, d'une superficie approximative de 100 km^2, est reliée à la terre ferme par le pont de San Remo.

Cowes, la principale agglomération, sur la côte nord, possède des plages abritées.

L'office du tourisme (☎ 5956 7447) se trouve sur la route principale, juste après le pont. Il est ouvert tous les jours de 9h à 17h.

La parade des pingouins (Penguin parade)

Tous les soirs, les pingouins qui nichent sur Summerland Beach sortent de la mer pour se dandiner sur la plage. Ce spectacle attire

VICTORIA

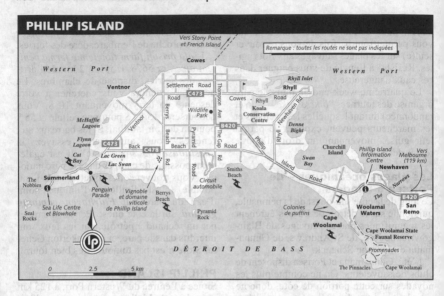

PHILLIP ISLAND

parfois jusqu'à 4 000 spectateurs, surtout le week-end et pendant les vacances. Si donc vous souhaitez y assister (9,50/5 $ ou 24,50 $ par famille), réservez auprès de l'office du tourisme de l'île ou du Phillip Island Nature Park (☎ 5956 8300 pour des informations enregistrées), la réserve de pingouins. Ce parc dispose d'un office du tourisme, qui ouvre tous les jours à 10h.

Seal Rocks et les Nobbies
Au large de Point Grant, à l'extrême sud-ouest de l'île, un amas de rochers appelé les Nobbies émerge des flots. Derrière eux se trouvent les Seal Rocks, qui abritent la plus importante colonie d'otaries à fourrure d'Australie, particulièrement nombreuses d'octobre à décembre.

Le nouveau **Sea Life Centre** (☎ 1300 367 325) présente d'intéressantes expositions, notamment des gros plans vidéo en direct sur les otaries, et, surtout, envisage de construire un tunnel sous-marin jusqu'aux rochers (la réalisation de cet excitant projet prendra toutefois encore un certain temps). Le droit d'entrée, un peu cher, s'élève à 15/7,50 $.

Plages
Les plages océaniques bordent la côte sud de l'île. Woolamai dispose d'un club de sauveteurs – attention : cette plage étant réputée pour ses tourbillons et ses courants dangereux, ne vous baignez qu'entre les drapeaux. Vous trouverez aussi de belles déferlantes sur les plages de Berry's et de Summerland. Les moins bons nageurs préféreront les plages de la baie autour de Cowes ou les plages océaniques plus calmes comme Smith's Beach.

Les magasins de surf qui louent du matériel à bon compte ne manquent pas entre Cat Bay et Woolamai. Island Surfboards (☎ 5952 3443), sur Smith's Beach, donne des cours de surf pour 25 $.

Dive Phillip Island (☎ 5674 2382) loue du matériel de plongée et organise des stages.

Koalas et autres animaux sauvages
Le **Koala Conservation Centre** de Five-ways, sur la Phillip Island Rd, se visite sur des promenades en planches surélevées, de 10h à 18h (5/2 $).

Le **Phillip Island Wildlife Park**, Thompson Ave, à environ 1 km au sud de Cowes, héberge un large éventail d'animaux et ouvre tous les jours (9/4,50 $ et 25 $ pour les familles). Sur la Highway de l'autre côté du pont, à quelque 10 km de San Remo, le **Wildlife Wonderland** abrite aussi des animaux, et même des vers de terre géants du Gippsland (6/11/31 $).

Il existe des colonies de **puffins**, en particulier dans les dunes autour du Cape Woolamai. Ces oiseaux arrivent exactement le même jour chaque année – le 24 septembre – et demeurent sur l'île jusqu'au mois d'avril. Pour être certain d'en voir, assistez à la *penguin parade*, regardez-les se poser au crépuscule au printemps et en été ou visitez la Forest Caves Reserve de Woolamai Beach.

Autres curiosités

L'ancien **circuit automobile** de l'île accueille désormais l'Australian Motorcycle Grand Prix. Son centre d'accueil des visiteurs ouvre tous les jours à partir de 10h.

Phillip Island compte quelques sentiers pédestres et pistes cyclables. Le sentier du **Cape Woolamai** débute sur la plage de surf de Woolamai, près du club de sauveteurs. L'office du tourisme de Cowes et l'Amaroo Park Backpackers pourront vous indiquer d'autres promenades.

L'îlot de **Churchill Island** compte une demeure ancienne et de splendides jardins. Pour atteindre le pont qui le relie à Phillip Island, tournez à environ 1 km après Newhaven. L'îlot se visite tous les jours de 10h à 16h (5 $).

Le **musée** de l'Heritage Centre, sur Thompson Ave, à Cowes, est ouvert le samedi matin et le dimanche après-midi toute l'année, et certains après-midi de semaine pendant les vacances scolaires (1 $).

Circuits organisés, vols et croisières

Island Scenic Tours (☎ 5952 1042) organise presque tous les soirs des excursions pour la parade des pingouins, au départ de Cowes (18 $, entrée comprise). Il propose aussi des circuits panoramiques de 3 heures (18 $). L'Amaroo Park YHA Hostel vous emmène également admirer les pingouins. L'aéroport de Phillip Island (☎ 5956 7316) propose des survols touristiques du Cape Woolamai (15 minutes ; 32 $) ou de tout le Western Port (45 minutes ; 80 $).

Bay Connections Cruises (☎ 5678 5642) organise des croisières, notamment aux Seal Rocks (35 $) et à French Island (40 $; tour de l'île en bus compris), au départ de la jetée de Cowes, ainsi que des croisières vespérales pour admirer les puffins (27 $) au départ de San Remo.

Où se loger

Les chambres libres se font souvent rares à Noël, à Pâques et pendant les vacances scolaires, et les prix grimpent. L'office du tourisme dispose d'un service de réservation.

Les établissements mentionnés ci-dessous se trouvent tous à Cowes.

Campings, caravanes et auberges de jeunesse. Sachez qu'il est formellement interdit de camper dans les lieux publics de l'île ou même d'y dormir dans votre voiture.

La région compte une douzaine de campings, à Cowes pour la moitié d'entre eux. En général, le coût des emplacements varie entre 15 et 27 $ selon la saison, et celui des caravanes fixes et des bungalows tourne entre 35 et 85 $.

L'accueillante *Amaroo Park YHA* (☎ *5952 2548*), à l'angle de Church St et d'Osborne St, proche du centre de Cowes, est une agréable auberge attenante à un camping. Elle vous facturera 14/17 $ (membres/non-membres) pour un lit en dortoir, 17/20 $ par personne en double et 7/10 $ par personne pour un emplacement pour tente. Les conducteurs des bus V/Line acceptent d'ordinaire de vous déposer devant l'auberge. Précisons que celle-ci propose aussi des forfaits "Duck Truck" comportant 3 nuitées, 2 repas, l'entrée à la *penguin parade*, un tour de l'île, le prêt d'un vélo et le transfert depuis/vers Melbourne, le tout pour 75 $.

Le camping loue des emplacements entre 14 et 16 $, des tentes fixes à 16 $ et des caravanes et des bungalows entre 35 et 77 $ pour deux.

VICTORIA

Autres hébergements. L'*Isle of Wight Hotel* (☎ *5952 2301*), sur l'Esplanade, dispose de chambres de motel à partir de 37/47 $ la simple/double (en basse saison).

Sur l'Esplanade aussi, *The Anchor at Cowes* (☎ *5952 1351*) propose des chambres de motel et des suites (62 à 72 $), ainsi que des maisons de ville indépendantes (à partir de 92 $).

Vous trouverez plusieurs autres motels sur Thompson Ave, la rue principale menant à Cowes. Parmi eux, le *Hollydene Motel* (☎ *5952 2311*), au n°114, avec des chambres à partir de 48 $, et le *Banfield's* (☎ *5952 2486*), au n°192, un grand établissement de style familial équipé d'un bistrot, d'un cinéma et d'une piscine (chambres à partir de 68/75 $).

Les *Bayside Holiday Units* (☎ *5952 2058, Beach St*) louent des appartements pouvant loger quatre personnes ou plus, entre 60 et 100 $.

Comment s'y rendre

Le service quotidien de bus V/Line Melbourne-Cowes coûte 13,50 $ et prend 2 heures 15. Voir plus haut *Campings, caravanings et auberges de jeunesse* pour connaître les forfaits "Duck Truck".

Les Inter Island Ferries (☎ 9585 5730) circulent entre Stony Point, sur la péninsule de Mornington, et Phillip Island *via* French Island (8 $) au moins une fois par jour toute l'année. Un train relie Melbourne et Stony Point.

Bay Connections (☎ 5678 642) possède aussi un service de ferry entre Stony Point et Cowes (15 $) *via* French Island, mais il ne fonctionne pas tous les jours et pas du tout l'hiver.

Comment circuler

Il n'existe pas de transports publics sur l'île, mais on peut louer des vélos à Phillip Island Bike Hire (☎ 5952 2381), 11 Findlay St

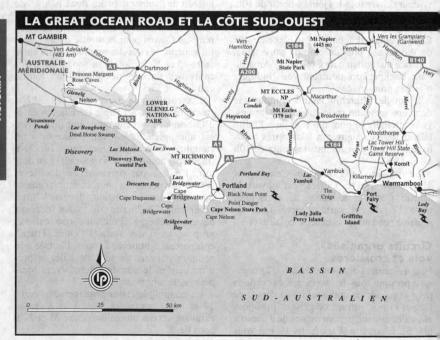

LA GREAT OCEAN ROAD ET LA CÔTE SUD-OUEST

à Cowes, ainsi qu'à l'Amaroo Park Backpackers.

La Great Ocean Road

La Great Ocean Rd (B100) est l'une des routes les plus spectaculaires du monde, surtout entre Anglesea et Apollo Bay. En plus de plages superbes, les magnifiques Otway Ranges, qui s'étendent d'Aireys Inlet jusqu'au Cape Otway, comportent de magnifiques sentiers de randonnée dans le bush. L'un des plus appréciés longe l'ancienne voie de chemin de fer de Beech Forest à Colac. L'essentiel de la partie côtière des Otways fait partie de l'Angahook-Lorne State Park.

Les offices du tourisme de Lorne, d'Apollo Bay, de Warrnambool, de Port Fairy et de Portland sont ouverts tous les jours. Vous trouverez aussi des bureaux moins importants à Torquay et à Port Campbell et pourrez également consulter le www.greatoceanrd.org.au.

Il s'avère souvent difficile de se loger pendant les vacances scolaires d'été et à Pâques, et les prix grimpent. Sauf mention contraire, lorsque deux prix sont donnés dans les paragraphes qui suivent, ils indiquent les variations haute/basse saison.

Circuits organisés

Les gros opérateurs comme V/Line (☎ 13 6196) organisent des circuits en bus le long de la Great Ocean Rd au départ de Melbourne. Des compagnies de moindre taille comme Autopia Tours (☎ 9326 5536) et Let's Go Bush Tours (☎ 9662 3969) proposent des excursions destinées aux *backpackers*.

Une autre bonne solution consiste à emprunter le Wayward Bus (☎ 1800 882

LA GREAT OCEAN ROAD ET LA CÔTE SUD-OUEST

VICTORIA

823), qui suit la côte pendant son trajet de 3 jours de Melbourne à Adelaide.

Great Ocean Road Adventure Tours (☎ 5289 6841) organise des circuits en VTT dans l'Angahook-Lorne State Park et dans les Otway Ranges, à partir de 30 \$, ainsi que des randonnées dans le bush et d'autres formules, dont certaines avec réductions et hébergement pour les *backpackers*.

Comment s'y rendre

Les bus V/Line relient Geelong à Apollo Bay (18 \$) *via* Torquay (4,50 \$) et Lorne (11,20 \$) au moins deux fois par jour. Le vendredi, un véhicule poursuit sa route jusqu'à Port Campbell et Warrnambool.

Les McHarry's Bus Lines (☎ 5223 2111) circulent entre Geelong et Torquay (4,35 \$).

TORQUAY

• code postal 3228 • 6 000 habitants

Station balnéaire florissante, Torquay est aussi la capitale de l'industrie du surf. Vous découvrirez quantité de boutiques de matériel, parmi lesquelles des grands noms tels que Rip Curl ou Quicksilver, au Surfcity Plaza, sur la Surfcoast Highway.

L'office du tourisme (☎ 5261 4219), Surfcity Plaza, est ouvert tous les jours.

A voir et à faire

L'excellent **Surfworld Australia Surfing Museum** (☎ 5261 4606), Surfcity Plaza, constitue un passage obligé pour tout visiteur un tant soit peu amateur de glisse. Il ouvre tous les jours (entrée : 6/4/16 \$ par adulte/enfant/famille).

La paisible **Fisherman's Beach** attire les familles, et la **Back Beach** est surveillée tout l'été. Les surfeurs préféreront la plage de **Jan Juc**, à environ 3 km au sud-ouest de Torquay.

De nombreuses boutiques louent du matériel de surf sur la Highway en face de Surfcity Plaza ; vous pouvez aussi opter pour l'achat de matériel d'occasion dans les magasins de Baines Court. Go Ride a Wave (☎ 5263 2111) et la Westcoast Surf School (☎ 5261 2241) dispensent des **leçons de surf**.

Le **Surf Coast Walk** suit la côte de Jan Juc à Moggs Creek, au sud d'Aireys Inlet (environ 11 heures de marche).

Obliquez à quelques 7 km de Torquay pour atteindre la **Bells Beach Recreation Reserve**, dont les puissantes déferlantes accueillent un championnat du monde de surf, tous les ans à Pâques.

Où se loger

Juste derrière Back Beach, la *Torquay Public Reserve (☎ 5261 2496)* loue des emplacements entre 17 et 27 \$ et des bungalows entre 60 et 87 \$. Le *Zeally Bay Caravan Park (☎ 5261 2400)*, à l'angle de Darian Rd et de l'Esplanade, derrière Fisherman's Beach affiche ses emplacements à partir de 15/17 \$ et ses caravanes fixes et ses bungalows entre 38 et 75 \$.

Prévoyez de débourser 17 \$ (20 \$ en haute saison) pour un lit en dortoir au *Bells Beach Backpackers (☎ 5261 7070, 51-53 Surfcoast Highway)*. Le prix des chambres du *Potter's Inn B&B (☎ 5261 4131, 40 Bristol Rd)* démarre à 60/85 \$.

ANGLESEA

• code postal 3230 • 2 000 habitants

Station balnéaire familiale, Anglesea comporte de belles plages, ainsi que le célèbre **Anglesea Golf Club**, Noble St, où vit une importante population de kangourous qui broutent le terrain, en particulier vers le crépuscule.

L'Anglesea Surf Centre (☎ 5263 1530), à l'angle de la Great Ocean Rd et de McMillan St, loue des planches de surf. A l'**Anglesea Hang Gliding School** (☎ 015 841 107), vous pourrez effectuer des vols en tandem ou des stages pour obtenir votre brevet de deltaplane.

L'**Angahook-Lorne State Park** (22 000 ha) s'étend de Fairhaven à Kennett River. Il comprend des aires de camping rudimentaires, quelques magnifiques sentiers, qui démarrent pour la plupart près de Lorne, et héberge quantité d'animaux sauvages (pour plus de détails contactez le bureau de Parks Victoria de Lorne).

Où se loger

L'*Anglesea Family Caravan Park (☎ 5263 1583, Cameron Rd)* propose des emplacements de 17 à 24 \$ et des bungalows et des cottages à partir de 47 $ (et à partir de 511 $/semaine pendant l'été et à Pâques). Au **Narambi Caravan Park** (☎ 5263 1362, 11 Camp Rd), l'emplacement revient à 15 $ au minimum et les bungalows commencent à 40 $.

A l'impeccable **Anglesea Backpackers** (☎ 5263 2664, 40 Noble St), tenu par un surfeur local, comptez de 15 à 17 $ pour un lit en dortoir et à partir de 20 $/personne pour une double avec s.d.b. L'établissement se trouve Noble St, à quelques pâtés de maisons de l'embranchement avec la route principale, situé au niveau du pont.

Dans la rue principale, le **Debonair Guesthouse & Motel** (☎ 5263 1440, fax 5263 3239), de style années 1920, loue des chambres de pension (certaines avec s.d.b.) entre 75 et 95 $ la double, petit déjeuner compris, et des chambres de motel entre 65 et 75 $. Lors de notre dernier passage, l'établissement devait être rénové, si bien que ces prix risquent de changer.

AIREYS INLET
• code postal 3231 • 760 habitants

Moins commerciale que certaines de ses voisines, la bourgade d'Aireys Inlet offre de belles plages et une ambiance agréable.

Des sentiers de randonnée partent près du **Split Point Lighthouse**, surnommé the White Lady (la Dame blanche).

Blazing Saddles (☎ 5289 7322), à quelque 2 km à l'intérieur des terres, organise des **promenades à cheval** tarifées de 20 $, pour 1 heure 15 de randonnée sur la plage, à 35 $, pour 2 heures 15.

Où se loger
L'**Aireys Inlet Caravan Park** (☎ 5289 6230, 19-25 Great Ocean Rd) facture ses emplacements de 15 à 20 $, ses bungalows de 45 à 65 $ et ses cottages de 80 à 95 $.

A Fairhaven, à 1,5 km en direction de Lorne, le **Surf Coast Backpackers** (☎ 5289 6886 ou 0419 351 149, 5 Cowen Ave) est une excellente auberge, avec des lits superposés à 17 $. La plage de Fairhaven est surveillée l'été.

Aireys Inlet compte aussi plusieurs B&B, parmi lesquels le **Bush to Beach B&B**

(☎ 5289 6538, 43 Anderson St), dont les doubles démarrent à 90 $. Au motel **The Lightkeeper's Inn** (☎ 5289 6666, 64 Great Ocean Rd), prévoyez de débourser de 70 à 100 $ pour une double.

LORNE
• code postal 3232 • 1 100 habitants

Lorne est la station balnéaire la plus célèbre et la plus à la mode sur la Great Ocean Road.

L'office du tourisme (☎ 5289 1152), au 144 Mountjoy Parade, est ouvert tous les jours de 9h à 17h. Le bureau de Parks Victoria (☎ 5289 1732) occupe le 86 Polwarth Rd.

Lorne dispose de quelques superbes plages, et des sauveteurs patrouillent en permanence sur la plage principale.

Si les randonnées dans le bush ne vous tentent pas, faites au moins un tour en voiture dans les collines derrière la ville. Montez jusqu'au point de vue **Teddy Lookout**, aventurez-vous dans les Otways par la route Deans Marsh-Lorne ou suivez l'**Erskine Falls Rd** vers l'intérieur des terres jusqu'aux cascades.

La **Lorne Historical Society**, à l'angle d'Otway St et de la Great Ocean Rd, se visite le week-end de 13h à 16h.

Paddle with the Platypus (☎ 5236 2119) organise des circuits en canoë d'une demi-journée (65 $, transport compris) sur le superbe et mystérieux lac Elizabeth, dans les Otways, où vous aurez de bonnes chances d'apercevoir des ornithorynques, surtout à l'aube. Ces excursions requièrent des groupes de 2 à 6 personnes.

Manifestations annuelles
Le premier de l'an fait l'objet de fêtes assez débridées à Lorne, et un grand concert se déroule généralement aux Erskine Falls. Pendant la première semaine de janvier, plusieurs milliers de nageurs traversent la Loutit Bay jusqu'au Lorne Hotel dans le cadre de la "Pier to Pub Swim".

Où se loger
Lorne offre un très vaste choix d'hébergements. Pour tous ceux que nous ne pouvons mentionner ci-après, adressez-vous à l'office du tourisme ou aux agences tel le Great

VICTORIA

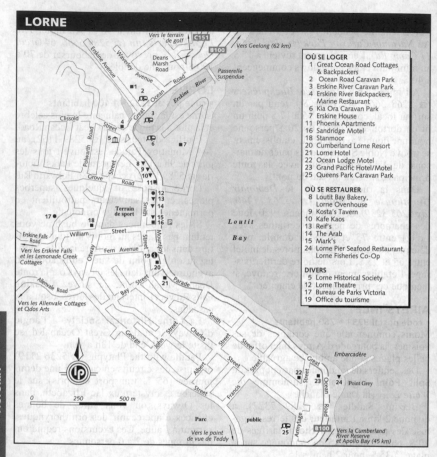

LORNE

Vers le terrain de golf
Vers Geelong (62 km)
Deans Marsh Road
Passerelle suspendue
Erskine Avenue
Waverley Avenue
Ocean Road
Erskine River
Clissold
Great Street
Polwarth Road
Street
Grove Road
Smith Street
17
18
Erskine Falls Road
Vers les Erskine Falls et les Lemonade Creek Cottages
William Street
Otway Street
Fern Avenue
Allenvale Road
Vers les Allenvale Cottages et Qdos Arts
Terrain de sport
Mountjoy
Bay Street
George Street
John Street
Charles Street
Street
Street
Street
Albert Street
Francis Street
Parade
Loutit Bay
Embarcadère
Point Grey
Vers le point de vue de Teddy
Parc public
Vers la Cumberland River Reserve et Apollo Bay (45 km)

0   250   500 m

OÙ SE LOGER
1 Great Ocean Road Cottages & Backpackers
2 Ocean Road Caravan Park
3 Erskine River Caravan Park
4 Erskine River Backpackers, Marine Restaurant
6 Kia Ora Caravan Park
7 Erskine House
11 Phoenix Apartments
16 Sandridge Motel
18 Stanmoor
20 Cumberland Lorne Resort
21 Lorne Hotel
22 Ocean Lodge Motel
23 Grand Pacific Hotel/Motel
25 Queens Park Caravan Park

OÙ SE RESTAURER
8 Loutit Bay Bakery, Lorne Ovenhouse
9 Kosta's Tavern
10 Kafe Kaos
13 Reif's
14 The Arab
15 Mark's
24 Lorne Pier Seafood Restaurant, Lorne Fisheries Co-Op

DIVERS
5 Lorne Historical Society
12 Lorne Theatre
17 Bureau de Parks Victoria
19 Office du tourisme

Ocean Rd Accommodation Centre (☎ 5289 1800), au 136 Mountjoy Parade.

Campings et caravanes. Le Lorne Foreshore Committee (☎ 5289 1382) gère cinq campings de bon niveau. Son bureau principal se trouve à l'*Erskine River Caravan Park*, près de la rivière. Le *Kia Ora Caravan Park* est installé juste à côté, sur la rive sud de la rivière. L'*Ocean Road Park*, le *Queens Park* et le *Top Bank* n'ouvrent qu'en haute saison. Pensez à réserver à l'avance, si vous souhaitez vous rendre à Lorne pour Noël ou pour Pâques. Les prix

varient selon la saison, de 12 à 20 \$ pour les emplacements de camping et de 45 to 60 \$ pour deux en bungalow. Au moment de Noël (du 19 décembre au 23 janvier) et de Pâques, les bungalows ne se louent qu'à la semaine et coûtent entre 500 et 850 \$.

Auberges de jeunesse. Nous vous recommandons vivement l'*Erskine River Backpackers* (☎ 5289 1496, 6 Mountjoy Parade). Les lits en dortoir reviennent à 17 \$ et les doubles à 50 \$.

Au *Great Ocean Road Cottages & Backpackers* (☎ 5289 1070, Erskine Ave), perché au flanc d'une colline broussailleuse, les lits superposés coûtent 16/18 $ (membres YHA/non-membres). Si vous le demandez gentiment au conducteur, les bus V/Line peuvent vous déposer à 200 m de l'entrée.

Pubs, motels et pensions. Les deux pubs de la ville louent des chambres, mais n'ont rien de calme car ils accueillent aussi des groupes musicaux. Le *Lorne Hotel* (☎ 5289 1409), à l'angle de Mountjoy Parade et de Bay St, propose des doubles de type motel entre 80 et 110 $ et des appartements indépendants entre 120 et 160 $. Le standing du *Grand Pacific Hotel/Motel* (☎ 5289 1609, 268 Mountjoy Parade) a baissé, même si des travaux de rénovation sont prévus. Les chambres au décor fatigué du bâtiment principal sont cependant grandes et munies d'un balcon. Les doubles reviennent à 70-110 $, tout comme les chambres de type motel situées à l'arrière.

Parmi la demi-douzaine de motels de la ville, citons encore l'*Ocean Lodge Motel* (☎ 5289 1330, 6 Armytage St), qui facture ses simples/doubles (pour la plupart avec vue) entre 60/70 $ et 95/105 $, et le très central *Sandridge Motel* (☎ 5289 2180, 128 Mountjoy Parade), qui dispose de chambres affichées de 60 à 100 $.

L'*Erskine House* (☎ 5289 1209, fax 5289 1185) occupe une splendide demeure du XIXᵉ siècle entourée de plusieurs hectares de jardins. Les chambres ne présentent aucun caractère exceptionnel, mais la pension est très bien équipée. Compte de 95 à 140 $ pour une double (entre 120 et 165 $ avec s.d.b.), petit déjeuner compris.

Cottages indépendants et locations saisonnières. Les *Allenvale Cottages* (☎ /fax 5289 1450), à 2 km au nord-ouest de Lorne sur Allenvale Rd, représentent à nos yeux le meilleur choix. Le tarif pour deux se situe entre 95 et 125 $, avec des réductions pour les séjours de longue durée.

En ville, le *Great Ocean Road Cottages & Backpackers* (☎ 5289 1070, Erskine Ave) propose des cottages pouvant accueillir jusqu'à 6 occupants, entre 95 et 175 $.

Les élégants *Phoenix Apartments* (☎ 5289 2000, 60 Mountjoy Parade) disposent de studios à 110 $ pour deux en semaine et à 260 $ pour deux nuits le week-end.

APOLLO BAY

• code postal 3233 • 1 000 habitants

Le charmant petit port de pêche d'Apollo Bay fait lui aussi partie des stations balnéaires les plus fréquentées du littoral. Mais l'endroit est beaucoup moins branché que Lorne.

L'office de tourisme (☎ 5237 6529), à votre gauche lorsque vous arrivez de Lorne, ouvre tous les jours de 9h à 17h. L'immeuble abrite également un impressionnant "écocentre".

A voir et à faire

L'**Old Cable Station Museum**, sur la Great Ocean Rd, à 2 km au nord du centre-ville, présente des objets d'artisanat local et un exposition photographique. Il est ouvert le week-end et pendant les vacances scolaires de 14h à 17h (2 $). La ville possède aussi un **musée de coquillages**, au 12 Noel St, ouvert tous les jours.

A 1 km en voiture de la ville le **Marriner's Lookout** marque le début d'un sentier pédestre de 500 m qui conduit au sommet des collines et offre un panorama extraordinaire. Pour pique-niquer agréablement, essayez **Paradise Valley**, à 8 km à l'ouest de la ville par la route Beech Forest-Apollo Bay.

Wild Dog Trails (☎ 5237 6441), établi dans une ferme de Wild Dog Rd (indiquée sur la Great Ocean Rd à 2,5 km au nord-est d'Apollo Bay), organise des **promenades à cheval** sur les plages (25 $/2 heures ou 70 $/jour). Avec 12 Apostles Great Ocean Road Air Tours (☎ 5237 7370), vous pourrez effectuer un **survol** du Port Campbell National Park pour 210 $ (3 places).

Apollo Bay Boat Charters (☎ 5237 6214) propose des **croisières touristiques** de 50 minutes (15 $) et des **parties de pêche** d'une demi-journée (55 $). Apollo Bay attire également les amateurs de **deltaplane**. La Wingsports Flight Academy (☎ 0419-378 616) est basée là.

Où se loger

Parmi les campings, signalons le *Pisces Caravan Resort (☎ 5237 6749)*, sur la Great Ocean Rd, à 1,5 km au nord de la ville, qui loue des emplacements entre 17 et 30 $ pour deux et des bungalows entre 40 et 70 $, et le *Waratah Caravan Park (☎ 5237 6562, Noel St)*, avec des emplacements affichés de 16 à 28 $ et des caravanes fixes/bungalows à partir de 35/48 $.

Auberge la plus proche de l'océan, le *Surfside Backpackers (☎ 5237 7263)*, à l'angle de la Great Ocean Rd et de Gambier St, dispose de lits superposés à 13/16 $ (membres de la YHA/non-membres) et de doubles à 45 $. Plusieurs lecteurs nous ont recommandé le plus vaste *Apollo Bay Backpackers (☎ 0419 340 362, 47 Montrose Ave)*, où les lits coûtent entre 12 et 15 $.

La *Lighthouse Keepers Inn (☎ 5237 6278, 175 Great Ocean Rd)* présente un bon rapport qualité/prix avec ses chambres de motel qui valent entre 70 et 110 $. Bien aussi sur ce plan, le *Great Ocean View Motel (☎ 5237 6527, 1 Great Ocean Rd)* loue des doubles entre 55 et 88 $.

Aux *Bayside Gardens (☎ 5237 6248, 219 Great Ocean Rd)*, les appartements indépendants démarrent à 65 $.

CAPE OTWAY ET OTWAY NATIONAL PARK

Après Apollo Bay, la route s'éloigne pour un temps du littoral pour franchir le Cape Otway. Elle serpente à travers l'Otway National Park et ses forêts humides bien préservées, ses vallons tapissés de fougères et ses bosquets de frênes.

Quelques chemins de terre s'écartent de la grand-route pour rejoindre la mer à travers le parc. Le premier, à environ 6 km au sud-ouest d'Apollo Bay, conduit à l'**aire de pique-nique d'Elliot River** et à **Shelly Beach**. A 17 km d'Apollo Bay, le **Maits Rest Rainforest Boardwalk** permet de déambuler pendant 20 minutes dans un vallon de forêt humide.

Quelque 2 km plus loin, l'Otway Lighthouse Rd vous mènera au Cape Otway, à 12 km de là. Le phare se visite tous les jours (6 $).

Bimbi Park (☎ 5237 9246), indiqué sur l'Otway Lighthouse Rd environ 3 km avant le phare, est un terrain de camping doublé d'un ranch duquel partent également des sentiers de randonnée conduisant à des plages isolées. Les promenades à cheval coûtent 18 $/heure ou 32 $/demi-journée. L'endroit comporte aussi une auberge de jeunesse avec des lits pour *backpackers* installés dans des caravanes fixes (à partir de 12 $) ou sous des tentes (à partir de 10 $). Les emplacements de camping démarrent à 11 $ et les caravanes fixes à 25 $.

Si vous obliquez dans Blanket Bay Rd à partir de l'Otway Lighthouse Rd, vous rejoindrez *Blanket Bay*, ses sentiers pédestres et ses quelques emplacements de camping dans le bush qu'il faut impérativement réserver à l'avance l'été – appelez Parks Victoria à Apollo Bay (☎ 5237 6889).

PORT CAMPBELL NATIONAL PARK

D'impressionnantes falaises calcaires surplombent l'océan et les amas rocheux, les gorges, les arches et les trous de souffleur sont légion dans cette région pittoresque. Les **Gibson Steps** (marches) descendent jusqu'à Gibson Beach. Comme beaucoup de ses consœurs de cette partie du littoral, cette plage s'avère dangereuse. Si vous vous promenez sur le rivage, veillez à ne pas vous laisser surprendre par la marée montante ou par une tempête.

Des **Twelve Apostles** (les Douze Apôtres), formations rocheuses surgies de l'océan et constamment battues par les vagues, seuls sept subsistent aujourd'hui. Port Campbell Boat Charters (☎ 5598 6463), à Port Campbell, organise de croisières autour des Twelve Apostles et dans la Bay of Islands (30 $), ainsi que des expéditions de plongée (35 $ la plongée, 60 $ les deux).

La **Loch Ard Gorge** est liée à une bien triste histoire :

En 1878, le clipper à coque de fer *Loch Ard* fut drossé sur les récifs de Mutton Bird Island, la veille de son arrivée à bon port. Des 55 passagers et membres d'équipage venus d'Angleterre, deux seulement survécurent. Eva Carmichael s'agrippa à un morceau d'épave et fut poussée par le courant vers la gorge, où elle fut sauvée par l'élève-officier Tom Pearce. Eu égard à leur âge – ils avaient tous deux 18 ans – et aux conditions romanesques de leur sauvetage, la presse de l'époque imagina une romance entre les deux jeunes gens, mais Eva regagna rapidement l'Irlande et ne revit jamais Tom.

En continuant à l'ouest du village de Port Campbell, on aperçoit **The Arch** et le **London Bridge**, qui était autrefois une arche rocheuse enjambant la mer. En 1990, il s'est brutalement écroulé, laissant deux touristes ébahis coincés sur un piton rocheux – on dut les récupérer en hélicoptère. Lorsque la lune brille, c'est un bon endroit pour voir des pingouins.

Vous trouverez un Parks Victoria Information Centre (☎ 5598 6382) à Port Campbell.

Où se loger et se restaurer
Port Campbell offre plusieurs possibilités d'hébergement.

Le *Port Campbell Caravan Park* (*☎ 5598 6492, Tregea St)* dispose d'emplacements de camping affichés entre 12 et 15 $ et de bungalows entre 55 et 80 $.

Juste en face, le *Port Campbell YHA Hostel (☎/fax 5598 6305, 18 Tregea St)* loue des lits en dortoir à 13 $ (16 $ pour les non-membres).

En face du pub, le *Port O'Call (☎ 5598 6206)*, exceptionnellement chaleureux pour un motel, présente un bon rapport qualité/prix : de 55 à 70 $ la double.

Le *Port Campbell Hotel (☎ 5598 6320)* mitonne des plats du jour bon marché et le *Cray Pot Bistro*, juste derrière, des plats principaux affichés entre 12 et 15 $. Au *Napiers Restaurant*, dans la Southern Ocean Motor Inn, vous dégusterez des spécialités de fruits de mer locales.

Le Sud-Ouest

A 12 km à l'est de Warrnambool, la Great Ocean Road rejoint la Princes Highway qui continue à l'ouest en direction de l'Australie-Méridionale.

WARRNAMBOOL
• code postal : 3280 • 26 000 habitants
A 264 km de Melbourne, Warrnambool, la principale ville de la côte ouest, bénéficie de plages abritées et d'autres propices au surf. En été, vous y passerez d'agréables moments.

Le May Racing Carnival comprend le Grand Annual Steeplechase, une course de saut infernale de 5,5 km, qui se déroule le premier jeudi de mai. Cette manifestation attire une foule considérable ; si vous souhaitez y assister, réservez votre hébergement à l'avance.

L'office du tourisme (☎ 5564 7837, 600 Raglan Parade) est ouvert tous les jours. Le bureau de Parks Victoria (☎ 5561 9900) se situe au 78 Henna St et celui du RACV (☎ 5562 1555) au 165 Koroit St.

A voir et à faire
La meilleure plage pour nager, abritée, est **Lady Bay**, tandis que **Logans Beach** se prête mieux à la pratique du surf, de même que Levy's Beach et Second Bay.

Le **Flagstaff Hill Maritime Village** (☎ 5564 7841) reproduit un ancien port, et le lac accueille deux navires restaurés. Une petite salle passe en continu de vieux films maritimes et des documentaires. L'ensemble ouvre tous les jours de 9h à 17h (entrée : 9,50/4,50/26 $).

La **Warrnambool Art Gallery**, 165 Timor St, présente une belle collection d'art australien (ouverte l'après-midi ; 3 $).

Le **Mahogany Walking Trail** débute dans la réserve côtière de Thunder Point, à la lisière ouest de la ville, et permet une randonnée de 22 km jusqu'à Port Fairy.

Où se loger
Le *Surfside Holiday Park (☎ 5561 2611)*, dans Pertobe Rd, près de la plage, loue ses emplacements de 15 à 23 $ et ses bungalows entre 45 et 75 $. Aussi dans Pertobe Rd, l'*Ocean Beach Holiday Village (☎ 5561 4222)* dispose d'emplacements de 18 à 23 $ et de bungalows et caravanes fixes tarifés entre 38 et 64 $.

Tout proche de la mer, le chaleureux *Warrnambool Beach Backpackers (☎/fax 5562 4874, 17 Stanley St)* s'avère bien équipé, et

VICTORIA

l'on peut venir vous chercher gratuitement à votre arrivée. Vous débourserez 15 $ pour un lit en dortoir et 35 $ pour une double. En plein centre-ville, la ***Backpackers Barn*** (☎ 5562 2073), à l'angle de Liebig St et de Lava St dans le Victoria Hotel, propose des lits à 14 $ (13 $ pour les membres de la YHA). Le ***Western Hotel Motel*** (☎ 5562 2011, 45 Kepler St) dispose de simples/doubles pour backpackers à 18/30 $.

L'***Hotel Warrnambool*** (☎ 5562 2377), à l'angle de Koroit St et de Kepler St, facture ses agréables chambres de pub (avec s.d.b. commune) 30/60 $, petit déjeuner compris. Dans Pertobe Rd près de Breakwater Rock, au ***Lady Bay Hotel*** (☎ 5562 1544), vous débourserez à partir de 35/45 $ pour des chambres de motel.

Parmi les meilleurs des 23 motels de la ville, citons l'***Olde Maritime Motor Inn*** (☎ 5561 1415), Merri St, non loin du Flagstaff Hill Maritime Village (chambres standard : 75 $).

Comptez 75/85 $ pour une chambre à l'***O'Brien's B&B*** (☎ 5562 6241, 8 Mickle Crescent). Très central, le ***Pertobe B&B*** (☎ 5561 7078, 10 Banyan St) présente un bon rapport qualité/prix avec des chambres à 40/60 $. Il est possible de louer toute la maison moyennant 150 $ (7 lits).

Comment s'y rendre

La gare ferroviaire se trouve sur Merri St, à l'extrémité sud de Fairy St. Warrnambool est reliée tous les jours à Melbourne (environ 3 heures ; 34,20 $).

Les bus V/Line en correspondance continuent vers Port Fairy (4,30 $), Portland (12,20 $) et Mt Gambier (26,90 $). En semaine, des bus desservent aussi Ballarat (18 $) et Hamilton (6,10 $).

Le vendredi, un bus emprunte la Great Ocean Rd jusqu'à Apollo Bay (20,80 $) et Geelong (38,90 $).

PORT FAIRY

• code postal 3284 • 2 600 habitants

Cette petite ville côtière fut créée en 1835 par des pêcheurs de baleines et de phoques. Port Fairy conserve encore aujourd'hui une importante flotte de pêche.

Le **Port Fairy Folk Festival**, l'un des principaux festivals musicaux d'Australie, se tient pendant le long week-end du Labour Day, début mars. Mieux vaut réserver votre hébergement longtemps à l'avance.

L'office du tourisme (☎ 5568 2682), Bank St entre Sackville St et Barclay St, est ouvert tous les jours. Il devrait déménager pour occuper l'ancien bureau des chemins de fer, près de la rivière.

A voir et à faire

L'office du tourisme distribue des brochures du **Shipwreck Walk**, proposant trois courtes promenades, et de l'**History Walk**, un circuit dans la ville.

Le **Port Fairy History Centre**, Gipps St, abrite des souvenirs liés à la pêche, de vieilles photos et des costumes. Il ouvre le mercredi, le week-end et tous les jours pendant les vacances scolaires, de 14h à 17h (3 $/50 c).

Griffiths Island, en fait reliée à la terre par une étroite langue de terre, abrite une colonie de puffins.

Mary S Tours (☎ 5568 1480) et Mulloka Cruises (☎ 5568 1790) organisent des croisières d'une demi-heure (10 $) et des parties de pêche au départ de Fisherman's Wharf.

Où se loger

Port Fairy regorge de B&B, de pensions et de cottages, qu'il est impossible de tous mentionner ici. Renseignez-vous donc auprès de l'office du tourisme.

Campings et caravanes. Le camping le plus proche de la ville, le ***Gardens Caravan Park*** (☎ 9568 1060, 111 Griffiths St), loue des emplacements de camping entre 12 et 15 $ et des bungalows à deux chambres entre 50 et 70 $. Sur la Princes Highway, à 2 km au nord du centre-ville, le ***Learnean Anchorage Caravan Park*** (☎ 5568 1145) dispose d'emplacements entre 17 et 22 $ et de caravanes et de bungalows entre 30 et 72 $.

Auberges de jeunesse et pubs. Le ***Port Fairy YHA Hostel*** (☎ 5568 2468, 8 Cox St), installé dans une demeure ancienne, facture les lits 13 $ (16 $ pour les non-membres).

A l'angle de Bank St et de Sackville St, le *Star of the West Hotel* (☎ 5568 1715) propose des chambres de pub à 20 \$/personne, petit déjeuner compris. Un peu plus loin dans Bank St, comptez 30 \$/personne en B&B (avec s.d.b. commune) au *Royal Oak Hotel* (☎ 5568 1018).

A 17 km au nord-ouest de Port Fairy, dans la petite ville de Yambuk, signalons l'*Eumeralla Backpackers* (☎ 5568 4204), une excellente nouvelle auberge gérée par un groupement d'aborigènes locaux. Les lits superposés coûtent 10 \$. L'établissement loue des canoës 5 \$/jour pour ceux qui souhaitent pagayer sur l'Eumeralla jusqu'au lac Yambuk.

Autres hébergements. La *Seacombe House Motor Inn* (☎ 5568 1082), à l'angle de Cox St et de Sackville St, offre des logements à partir de 95 \$ et des chambres en B&B dans l'auberge datant de 1847 pour 30 \$/personne. Au *Caledonian Hotel* (☎ 5568 1044), à l'angle de Bank St et de James St, les chambres de motel valent entre 60 et 75 \$.

La *Hanley House* (☎ 5568 2709, 14 Sackville St), établissement paisible datant des années 1850, propose des simples/doubles à partir de 65/85 \$. Parmi les bonnes adresses, citons aussi le *Hickory House B&B* (☎ 5568 2530, 4 Princes St), dont les tarifs démarrent à 85/100 \$, et le *Kingsley B&B* (☎ 5568 1269, 71 Cox St) et ses chambres affichées à 55/85 \$.

Le *Hannah's Cottage* (☎ 5568 1583, 177 Griffiths St) est une maison sans chichis dotée de 3 chambres et pouvant accueillir 7 personnes, moyennant de 80 à 100 \$ pour deux, plus 15 \$ par occupant supplémentaire.

Où se restaurer

Idéal pour manger un morceau dans la journée : le *Rebecca's* (☎ 5568 2533, 72 Sackville St).

Le *Lunch* (☎ 5568 2642, 20 Bank St), installé dans l'ancienne mairie, sert une cuisine australienne moderne et un bon choix de plats végétariens. Comptez entre 9 et 18,50 \$ pour un plat principal. On vient se sustenter ici du mercredi au dimanche de

---

Shipwreck Coast, la côte des naufragés

La côte du Victoria entre Cape Otway et Port Fairy était tristement célèbre du temps de la marine à voile. La navigation dans les eaux du détroit de Bass était rendue extrêmement difficile par les nombreux récifs affleurant et le brouillard, dense et fréquent. En moins de 40 ans, plus de 80 navires sombrèrent le long de cette bande de 120 km de long.

Le naufrage le plus célèbre fut sans doute celui du *Loch Ard* (décrit dans la rubrique *Port Campbell National Park*). Tout aussi légendaire est l'histoire du *Falls of Halladale* de Glasgow. En 1908, il partit de New York pour rejoindre Melbourne et s'échoua sur le récif où il resta plusieurs mois. Il n'y eut heureusement pas de victimes. Le *Newfield* en 1892 et *La Bella* en 1905 connurent le même sort.

Toutes ces épaves ont été explorées par des plongeurs, et les objets remontés sont exposés au Flagstaff Hill Maritime Village de Warrnambool.

8h30 à 17h et pour le dîner les vendredi, samedi et dimanche.

Au *Portofino* (☎ 5568 1047, 28 Bank St), vous dégusterez des pâtes, moyennant de 14 à 16 \$, ou d'autres plats facturés quelque 18 \$.

Le bar d'angle du vénérable *Caledonian Hotel* (41 Bank St) – bâti en 1844 – sert des grillades et d'autres mets du même type pour 7 \$ environ. Au restaurant du pub, le prix des plats varie de 12 à 15 \$. Le restaurant de la *Dublin House Inn* (57 Bank St) prépare des produits locaux, ainsi que des poissons et des fruits de mer.

Comment s'y rendre et circuler

Un service de bus quotidien relie Port Fairy à Warrnambool (4,30 \$), en correspondance avec les trains de/pour Melbourne (36,50 \$). D'autres bus desservent tous les jours Portland (8,60 \$) et Mt Gambier (20,80 \$).

Kitehouse (☎ 5568 2782), 27 Cox St, loue des bicyclettes à partir de 20 $/jour.

PORTLAND
• code postal 3305 • 9 500 habitants

Portland est la ville la plus ancienne du Victoria. Les navires baleiniers y faisaient escale bien avant l'implantation des premiers colons, la famille Henty, venue de la Terre de Van Diemen (Tasmanie), en 1834.

Les fonderies Portland Aluminium Smelter produisent quelque chose comme 300 000 tonnes d'aluminium par an.

L'office du tourisme (☎ 5523 2671), situé dans le Maritime Discovery Centre, ouvre tous les jours de 9h à 17h. Le bureau de Parks Victoria (☎ 5523 1180) se trouve au 8-12 Julia St.

A voir et à faire

Le **Maritime Discovery Centre**, Lee Breakwater Rd, abrite des expositions sur l'exploration, sur la pêche baleinière et sur la faune sauvage, ainsi que le Portland Lifeboat, le vaisseau intact le plus ancien d'Australie. Il est ouvert tous les jours (entrée : 7/3 $ et 20 $ pour les familles).

Le **Burswood Homestead**, 15 Cape Nelson Rd, fut bâti pour Edward Henty en 1850. Ses impressionnants jardins se visitent tous les jours (sauf en hiver) moyennant 3 $. Kingsley Homestead (1893), dans Bancroft St, berceau des **Kingsley Wines**, est ouvert l'après-midi. Charles St, l'**History House** (☎ 5522 2266) regorge de souvenirs intéressants (ouvert tous les jours de 10h à 12h et de 13h à 16h ; 1 $).

Mary MacKillop travailla à Portland de 1862 à 1866. On lui attribue deux miracles, qui lui ont valu d'être béatifiée, et le Vatican étudie un troisième cas qui, s'il se confirmait, pourrait conduira à sa canonisation. Une brochure intitulée *Walk in the footsteps of Mary MacKillop* (Marchez sur les traces de Mary MacKillop) est disponible à l'office du tourisme.

Bridgewater Bay (surveillée en été) offre de bons spots de **surf**, de même que Black Nose Point et le tout proche Crumpets aux environs de Point Danger, au sud de Port-

land. Vous trouverez une boutique spécialisée, Portland Surf-In, au 98 Percy St.

Des visites gratuites de la **fonderie d'aluminium** ont lieu les lundi, mercredi et vendredi à 10h et plusieurs fois par jour en période de vacances (durée : 2 heures ; réservation indispensable au ☎ 5523 2671).

Où se loger

Le *Centenary Caravan Park* (☎ 5523 1487, 184 Bentinck St), sur le front de mer, dispose d'emplacements de camping à partir de 13 $, de bungalows à partir de 40 $ et de lits pour backpackers à 17 $ (linge non fourni), qui sont souvent entièrement occupés par les étudiants de passage.

Le *Gordon Hotel* (☎ 5523 1121, 63 Bentinck St) loue des simples/doubles à 20/30 $, petit déjeuner compris. Au *Mac's Hotel Bentinck* (☎ 5523 2188), à l'angle de Gawler St et de Bentinck St, les chambres de motel reviennent à 40/46 $ et les suites commencent à 120 $.

A Cape Bridgewater, à 19 km de Portland, le sympathique *Sea View Lodge B&B* (☎ 5526 7276) propose des doubles entre 75 et 90 $, ainsi que des forfaits B&B pour backpackers à 25 $.

Où se restaurer

Julia's Treat (5 Julia St) – notez le jeu de mots sur l'adresse – ressemble à un traiteur ordinaire, mais la propriétaire, Katrina, le transforme presque tous les soirs en un restaurant amusant et décontracté. Comptez au maximum 10 $ pour un repas (BYO boissons alcoolisées).

Un peu plus haut, le *Canton Palace* propose des buffets chinois bon marché à midi et le soir. Pour vous restaurer à bon compte, rendez-vous au *Phoenix Diner*, Gore Place, où déguster des viandes rôties et d'énormes assiettes de pâtes à 5 $. Le *Port of Call* (85 Bentinck St), sur le front de mer, offre un bon rapport qualité/prix pour le petit déjeuner ou le déjeuner. Le *Sunstream Wholefoods* (49 Julia St) cuisine une nourriture saine.

L'*Edward's Waterfront Cafe-Restaurant* (☎ 5523 1032, 101 Bentinck St), une des meilleures adresses de Portland, vous accueille pour le petit déjeuner, le déjeuner et le dîner. Prévoyez de débourser de 15 à 18 $ pour un plat principal.

Comment s'y rendre

Les bus V/Line assurent une liaison quotidienne entre Portland et Port Fairy (8,60 $), Warrnambool (12,20 $) et Mt Gambier (11,20 $). Ils partent de Henty St, près de l'angle de Percy St.

DE PORTLAND À LA FRONTIÈRE DE L'AUSTRALIE-MÉRIDIONALE

Arrivé à Portland, vous pouvez soit vous diriger vers le nord et Heywood pour rejoindre la Princes Highway, soit, si vous êtes moins pressé, prendre au nord-ouest la route Portland-Nelson, beaucoup plus attrayante. Cet itinéraire comporte des embranchements menant à maintes plages et à quelques grands parcs nationaux, notamment le **Discovery Bay Coastal Park**, le **Mt Richmond National Park** et le **Lower Glenelg National Park**.

Le Great South-West Walk

Ce sentier de randonnée de 250 km de long relie Portland à la frontière de l'Australie-Méridionale. Après avoir longé le littoral jusqu'à Nelson, il s'enfonce à l'intérieur des terres en suivant la Glenelg jusqu'à la frontière, avant de revenir en boucle vers Portland. Il faut au moins 10 jours pour le parcourir dans son ensemble, mais on peut n'en effectuer que certaines étapes (voir la brochure *Short Walks on and around the Great South-West Walk*, disponible au bureau de Parks Victoria de Portland ; 3 $).

Le sentier comporte des emplacements de camping avec des âtres, des toilettes et de l'eau potable. Nous vous recommandons cependant d'emporter un réchaud à pétrole car le petit bois est souvent rare, ainsi que de l'eau.

Pour en savoir plus, reportez-vous au guide Lonely Planet *Bushwalking in Australia* ou adressez-vous à l'office du tourisme de Portland.

Nelson

Le petit village de Nelson, bâti à l'embouchure de la Glenelg, constitue la principale voie d'accès au **Lower Glenelg National Park**, très apprécié des amateurs de canoë. Le bureau de Parks Victoria (☎ 08-8738 4051), qui délivre les permis de camping dans le parc, est ouvert en semaine, sauf le mardi, de 9h à 16h30.

Nelson Boat Hire (☎ 08-8738 4048) et South West Canoe Service (☎ 08-8738 4141) louent des canoës pour quelque 25 $/jour. Ces deux opérateurs vous déposeront (moyennant finances) en amont de la rivière, de manière à vous laisser redescendre jusqu'à Nelson. Les voyageurs moins énergiques pourront se contenter d'une croisière sur la Glenelg.

Le *River-Vu Caravan Park* (☎ 08-8738 4123) loue des emplacements à 15 $ et des bungalows à partir de 38 $ la double.

Au *Nelson Hotel* (☎ 08-8738 4011) une simple/double au confort rudimentaire coûte à partir de 20/30 $, petit déjeuner compris, tandis qu'au *Motel Black Wattle* (☎ 08-8738 4008) les doubles démarrent à 65 $.

Dans Black Swan Rd, sur la rive ouest de la Glenelg, l'accueillant *Anchorage B&B* (☎ 08-8738 4220) vous facturera 35/50 $ la nuit, petit déjeuner compris. Le propriétaire, qui a longtemps tenu un restaurant à Bali, peut préparer des dîners indonésiens.

Princess Margaret Rose Cave

12 km d'une jolie route vous mèneront de Nelson à la Princess Margaret Rose Cave. Des visites guidées d'une demi-heure ont lieu environ toutes les heures de 10h à 16h30 (5,50 $). À l'entrée, une intéressante exposition explique la géologie et l'histoire de cette grotte.

L'endroit dispose d'un camping bien équipé et de bungalows. Pour réserver, appelez le ☎ 08-8738 4171.

La région de la Wimmera

Cette région, où les champs de blé et les terres d'élevage semblent s'étendre à l'infini, occupe l'extrême ouest du Victoria. Au sud se dressent les spectaculaires montagnes du

Grampians National Park. Le Little Desert National Park et le Mt Arapiles State Park, célèbre lieu d'escalade, valent également le détour.

La Western Highway (A8) traverse la Wimmera et absorbe la majeure partie du trafic entre Melbourne et Adelaide. Elle passe par Stawell, point de départ vers les Grampians, et Horsham, la plus grande ville de la région.

Comment s'y rendre

L'*Overland* qui relie quotidiennement Melbourne à Adelaide traverse la Wimmera, s'arrêtant aux gares d'Ararat, de Stawell, de Horsham et de Dimboola. V/Line assure une desserte par train et bus des principales villes de la Wimmera au départ de/vers Melbourne.

Depuis Horsham, des bus partent vers le nord et Mildura, vers l'ouest et Naracoorte et vers le sud et Hamilton.

GRAMPIANS NATIONAL PARK

Parmi les attraits de ce parc, citons sa flore et sa faune incroyablement riches et diverses, ses formations rocheuses, ses exemples d'art rupestre aborigène, ses excellents sentiers de randonnée dans le bush, ses sites d'escalade et maintes autres activités.

Orientation

Les Grampians se dressent à l'ouest d'Ararat et s'étendent sur quelque 90 km de Dunkeld, au sud, jusqu'aux confins de Horsham, au nord.

Halls Gap est l'unique ville des Grampians. Elle compte un supermarché, des restaurants et des cafés, ainsi qu'un vaste choix d'hébergements. Il n'y a pas de banque, mais la station-service Mobil (☎ 5356 4206) dispose d'un distributeur de billets de la Commonwealth Bank et la Halls Gap Newsagency (☎ 5356 4247) d'un distributeur EFTPOS. En outre, une agence de l'ANZ ouvre le lundi de 13h30 à 15h.

Renseignements

L'office du tourisme principal pour la région se situe sur la Western Highway, à Stawell.

L'excellent Grampians National Park Visitor Centre (☎ 5356 4381), à 2,5 km au sud de Halls Gap, est ouvert tous les jours.

Brambuk Living Cultural Centre

Ce centre culturel aborigène (☎ 5356 4452), situé derrière l'office du tourisme, est géré par cinq communautés koori. Vous y découvrirez d'intéressantes expositions, un café servant des plats aborigènes et pourrez assister, en période de vacances, à des démonstrations de musique et de danse koori. Les visites des peintures rupestres partent de là (pour plus de détails, voir plus loin *Circuits organisés*). Le Gariwerd Dreaming Theatre propose des narrations en multimédia de récits traditionnels (4 $).

Art rupestre aborigène

Le parc renferme une foule d'œuvres rupestres, mais toutes ne sont pas connues ou accessibles. Les principaux sites des Grampians du nord, près du Mt Stapylton, sont Gulgurn Manja Shelter et Ngamadjidj Shelter. Ceux de l'ouest, près du camping de Buandik, sont Billimina Shelter et Manja Shelter.

Wonderland Range

La Wonderland Range, proche de Halls Gap, offre des paysages spectaculaires aisément accessibles en voiture ou à pied. Les promenades vont de la balade d'une demi-heure aux Venus Baths à la randonnée de 4 heures jusqu'au Boroka Lookout. Les sentiers pédestres partent de Halls Gap et de l'aire de pique-nique de Wonderland.

Halls Gap Wildlife Park & Zoo

Ce petit parc animalier, sur Pomonal Rd derrière Halls Gap, héberge des animaux locaux et exotiques. Il ouvre du mercredi au lundi de 10h à 17h (7/5 $).

Zumstein

Les kangourous se rassemblent volontiers dans cette réserve de l'ouest des Grampians. Il ne faut en aucun cas les nourrir ou les toucher. Un sentier piéton longe la rivière jusqu'au pied des impressionnantes McKenzie Falls.

Autres activités

Sports d'aventure. Base Camp & Beyond (☎ 5356 4300) organise des stages d'escalade et de descente en rappel d'une durée de 2 à 5 jours, plutôt le week-end et en période de vacances (à partir de 60 $ par jour).

Action Adventures (☎ 5356 4654) vous initiera à la descente en rappel (25 $). Vous pourrez aussi participer à des journées d'escalade et de descente en rappel (65 $) ou à des circuits en canoë ou à bicyclette.

Escalade, descente en rappel, canoë, vélo, randonnées dans le bush ou spéléologie : toutes ces disciplines sont proposées par Grampians Adventure Services (☎ 5356 4556), à l'unité ou en combinaison de 2 ou 3 réparties sur une journée (40 à 60 $).

Randonnées dans le bush. Les Grampians comportent plus de 150 km de sentiers balisés (de la balade facile d'une demi-heure au trekking de 2 jours sur terrain difficile). Les *rangers* de l'office du tourisme vous conseilleront dans votre choix.

Portez des chaussures adaptées, emportez un chapeau et de l'écran solaire l'été et, pour les promenades plus longues, de l'eau. Prévenez toujours quelqu'un (de préférence les *rangers*) de l'itinéraire que vous envisagez d'emprunter.

Location de bicyclettes. Halls Gap Fun Park et Bike Hire (☎ 5356 4348), derrière le centre commercial principal, louent des VTT à partir de 15 $/jour. Ils peuvent aussi vous déposer si vous souhaitez entamer votre promenade ou l'achever dans une zone précise.

Vols touristiques et excursions en ballon. Grampians Balloon Flights (☎ 5358 5222), à Stawell, vous emmènera survoler le massif le matin moyennant 175 $, tandis que Stawell Aviation Services (☎ 5357 3234) propose des survols touristiques à partir de 40 $.

Circuits organisés

Le Grampians Central Booking Office (☎ 5356 4654), installé dans la Halls Gap Newsagency, peut se charger de réserver maintes activités et circuits, parmi lesquels les randonnées de la Grampians Bushwalking Company. La plus courte, la King Koala Hunt (5 $), dure 2 heures et la plus longue, qui permet d'admirer le lever ou le coucher du soleil, 4 heures (48 $, petit déjeuner ou dîner compris).

Le Brambuk Living Cultural Centre (☎ 5356 4452) permet de visiter les sites d'art rupestre (départs presque tous les jours à 9h ; 12 $; réservation indispensable 24 heures à l'avance).

Grampians National Park Tours (☎ 5356 6221) organise des excursions quotidiennes d'une journée en 4x4 dans le parc (75 $). Bicycle Outback (☎ 9484 0284) propose un circuit de 3 jours à vélo à travers le parc pour 235 $. Ce tarif comprend les transferts depuis/vers Melbourne et tous les repas. Il vous faudra en revanche apporter votre propre bicyclette et votre tente, ou en louer à l'opérateur.

Où se loger

En haute saison, Halls Gap se remplit vite. Le Grampians Accommodation Booking Service (☎ 1800 246 880), au Stawell & Grampians Tourist Information Centre, gère les réservations.

Camping dans le parc. Si vous campez dans le parc, respectez les restrictions imposées en matière de feu ; vous risquez une lourde amende, voire une arrestation pour avoir allumé un *quelconque* feu, y compris sur un réchaud, les jours où il est totalement interdit de faire du feu.

Parks Victoria dispose d'environ 10 sites de camping dans le parc, tous équipés de toilettes et d'âtres, et pour la plupart d'une alimentation en eau – parfois en quantité limitée. Un permis à 8,60 $ donne accès à une voiture, pour six passagers au maximum. Vous pouvez vous inscrire vous-même ou régler ce droit au centre d'accueil. Le camping sauvage est autorisé excepté dans la région de la Wonderland Range, autour du lac Wartook et dans certaines parties de la Serra Range et de la Victoria Range.

High Spirit Outdoor Adventures (☎ 019 403 620 ou 0145 116 907) dispose d'un

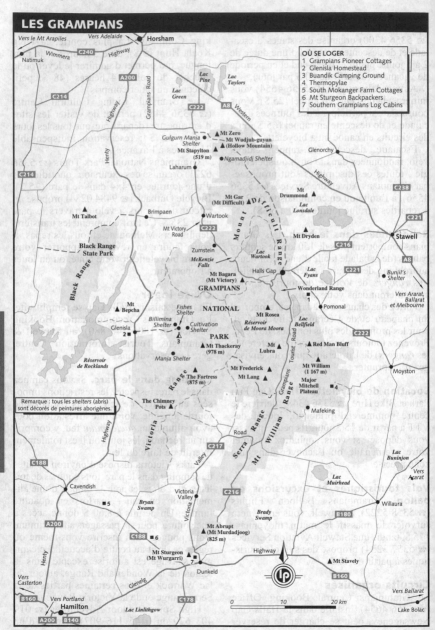

LES GRAMPIANS

Vers le Mt Arapiles
Vers Adelaide
Horsham
Wimmera
Natimuk
Lac Pine
Lac Taylors
Lac Green
Grampians Road
Highway
Highway
Western
Henty
Mt Zero
Mt Wudjub-guyun
(Hollow Mountain)
Gulgurn Manja Shelter
Mt Stapylton (519 m)
Ngamadjidj Shelter
Glenorchy
Laharum
Mt Drummond
Lac Lonsdale
Mt Gar (Mt Difficult)
Mount Difficult Range
Stawell
Mt Talbot
Brimpaen
Wartook
Mt Victory Road
Mt Dryden
Black Range State Park
Zumstein
McKenzie Falls
Lac Wartook
Halls Gap
Lac Fyans
Bunjil's Shelter
Mt Bagara (Mt Victory)
GRAMPIANS
Wonderland Range
Vers Ararat, Ballarat et Melbourne
Black Range
Mt Bepcha
Fishes Shelter
NATIONAL
Mt Rosea
Pomonal
Billimina Shelter
Glenisla
Cultivation Shelter
PARK
Réservoir de Moora Moora
Lac Bellfield
Red Man Bluff
Moyston
Réservoir de Rocklands
Manja Shelter
Mt Thackeray (978 m)
Mt Lubra
Mt William (1 167 m)
Remarque : tous les shelters (abris) sont décorés de peintures aborigènes.
The Fortress (875 m)
Mt Frederick
Mt Lang
Major Mitchell Plateau
Victoria Range
The Chimney Pots
Mafeking
Serra Range
Grampians Tourist Road
Mt William Range
Road
Lac Buninjin
Highway
C217
Lac Muirhead
Vers Ararat
Cavendish
Bryan Swamp
Victoria Valley
Brady Swamp
Willaura
Henty
Mt Abrupt (Mt Murdadjoog) (825 m)
Highway
Glenelg
Vers Casterton
Mt Sturgeon (Mt Wurgarri)
Dunkeld
Mt Stavely
Vers Portland
Hamilton
Lac Linlithgow
Vers Ballarat
Lake Bolac

0   10   20 km

camping situé tout près du réservoir de Moora Moora, dans la Victoria Valley. Pour 25 \$/jour, vous serez hébergé et nourri, on vous transportera vers les sentiers de randonnée de votre choix, vous pourrez utiliser les canoës et le "bush sauna", participer à des discussions sur la culture aborigène et plus encore. Le lieu est apprécié des voyageurs, et on nous a chaudement vanté ses mérites.

Caravanes. Les parcs de caravanes ne manquent pas dans les Grampians et leurs environs. Dans le centre de Halls Gap, le *Halls Gap Caravan Park* (☎ 5356 4251) loue des emplacements de camping à partir de 12 \$, des caravanes fixes à partir de 36 \$ et des bungalows entre 45 et 95 \$. Au *Halls Gap Lakeside Caravan Park* (☎ 5356 4281), à 5 km au sud, au bord du superbe lac Bellfield, les emplacements commencent à 13 \$, et les bungalows et locations saisonnières s'échelonnent entre 38 et 94 \$.

Autres hébergements. Le *Brambuk Backpackers* (☎ 5356 4250), en face de l'office du tourisme, propose des lits en dortoir, moyennant de 15 à 20 \$, suivant la saison, et la *Halls Gap YHA Hostel* (☎ 5356 6221), à 1 km du centre, à l'angle de la Grampians Tourist Rd et de Buckler St, facture les siens 13 \$ (16 \$ pour les non-membres) et les chambres pour familles 16 \$/personne. Au moment où nous mettons sous presse, la construction d'une nouvelle auberge YHA était en projet.

Voir aussi plus haut, sous la rubrique *Camping dans le parc*, High Spirit Outdoor Adventures, une sorte d'auberge sous la tente.

A 5 minutes de Dunkeld par la Cavendish Rd, le *Mt Sturgeon Backpackers* (☎ 5577 2241) dispose de lits à 20 \$ (linge et serviettes non fournis) dans une maison implantée dans un élevage de moutons.

Parmi les motels les moins chers de Halls Gap, citons le *Halls Gap Motel* (☎ 5356 4209), avec des doubles entre 59 et 85 \$, et le *Grand Canyon Motel* (☎ 5356 4280), aux chambres tarifées entre 55 et 93 \$, tous deux situés sur la Grampians Tourist Rd. Plus proche du centre, le *Halls Gap Koo-*

kaburra Lodge (☎ 5356 4395, 14 Heath St) possède de bonnes doubles qui valent entre 70 et 90 \$.

La région compte aussi bon nombre d'appartements et de cottages indépendants. Les *Kingsway Holiday Flats* (☎ 5356 4202, Grampians Tourist Rd), assez bon marché, abritent des appartements loués entre 45 et 55 \$ la double. Aux *Grampians Wonderland Cabins* (☎ 5356 4264, Ellis St), comptez de 85 à 135 \$ la double dans un bungalow à deux chambres.

Pour loger dans une ferme et vous initier à ses activités, choisissez les *Thermopylae* (☎ 5354 6245), près de Moyston, où les hébergements indépendants ou avec repas démarrent à 150 \$/week-end.

Comment s'y rendre

V/Line relie quotidiennement Melbourne à Halls Gap par un service de bus et train. Le voyage prend environ 4 heures (38,90 \$).

Un service de bus fonctionne tous les jours entre Halls Gap et Stawell (7,30 \$).

Vous couvrirez aisément à bicyclette les quelque 25 km de route plate qui séparent Stawell de Halls Gap. Depuis Ararat, la route jusqu'à Halls Gap (par Moyston), bien que plus longue et plus accidentée, ne présente pas trop de difficultés.

MT ARAPILES STATE PARK

A 37 km à l'ouest de Horsham et à 12 km à l'ouest de Natimuk, le Mt Arapiles représente sans doute le meilleur site d'escalade d'Australie, avec plus de 2 000 itinéraires destinés aux débutants comme aux alpinistes chevronnés. Le parc attire aussi les marcheurs. Deux sentiers de randonnée courts mais escarpés conduisent de Centenary Park au sommet du Mt Arapiles – que l'on peut aussi rejoindre en voiture.

Cours d'escalade

Plusieurs opérateurs, dont la Climbing Company (☎ 5387 1329) et les Arapiles Climbing Guides (☎ 5387 1284), proposent des cours d'escalade ou de descente en rappel. Les cours collectifs coûtent quelque 30 \$ la demi-journée. Pour bénéficier de cours privés, il vous faudra débourser environ 180 $/jour en individuel ou 250 $/jour pour un petit groupe.

Où se loger et se restaurer

Au pied de la montagne, le Centenary Park abrite un camping connu sous le nom de "*the Pines*". Un autre terrain vous attend à quelque 4 km au nord de Natimuk : le *Natimuk Lake Caravan Park* (☎ *5387 1462)*, qui loue des emplacements à partir de 8 $ et des caravanes fixes à partir de 30 $.

A Natimuk même, le *National Hotel* (☎ *5387 1300, 65 Main St)* offre de confortables chambres de pub à 17,50 $/personne. Le pub sert des plats du jour, le soir, du mercredi au samedi, pour quelque 10 $. L'établissement dispose également de bungalows équipés d'un lit double et de quatre lits superposés à 50 $ la double, plus 10 $ par occupant adulte supplémentaire. Le chaleureux *Quamby Lodge* (☎ *5387 1569, 71 Main St)* facture 15 $ par personne, petit déjeuner compris. Et même si vous n'y logez pas, vous pourrez y prendre une douche moyennant 3 $ et faire votre lessive pour 3,50 $.

A 7 km à l'est de Natimuk, la très populaire *Tim's Place YHA* (☎ *5384 0236)* facture ses lits en dortoir 15 $ et ses doubles 35 $, petit déjeuner compris. L'établissement organise des cours d'escalade et de descente en rappel et loue des VTT (5 $/jour). Vous pourrez aussi pêcher, taquiner les *yabbies*, monter à cheval, nager dans le barrage ou déguster un steak d'émeu au barbecue. L'auberge propose également des soirées culturelles koori trois fois par semaine (15 $).

Le *Natimuk Gallery and Cafe*, ouvert le week-end de novembre à mai, sert un excellent café et de savoureux gâteaux, ainsi que de délicieux repas végétariens dans les 10 $.

Comment s'y rendre

Les bus qui circulent en semaine entre Horsham et Naracoorte déposent des passagers au Mt Arapiles (4,50 $).

Si vous projetez de loger à la Tim's Place, téléphonez auparavant pour vous enquérir d'éventuels forfaits transport/hébergement.

Le long du Murray

Le Murray, le plus grand cours d'eau d'Australie, prend sa source dans le massif de la Great Dividing Range, au nord-est du Victoria, et se jette à Encounter Bay (baie de la Rencontre) en Australie-Méridionale, à plus de 2 700 km de là. Ceci en fait par la longueur le troisième fleuve navigable dans le monde.

Le Murray marque la frontière entre le Victoria et la Nouvelle-Galles du Sud. La plupart des centres d'intérêt se situent du côté du Victoria bien qu'il existe généralement une ville "jumelle" sur l'autre rive.

Avant que les routes et les chemins de fer ne traversent le pays, le Murray était une sorte de Mississipi des antipodes, sillonné de bateaux à aubes qui apportaient les denrées aux fermes et aux élevages de moutons isolés et en revenaient chargés de laine.

Dans les années 1880, les frères canadiens Chaffey, experts en irrigation, établirent une colonie à Mildura et y installèrent des systèmes d'irrigation qui attirèrent des milliers de nouveaux colons.

Comment s'y rendre

Train. Des trains circulent tous les jours entre Melbourne et Swan Hill. Par ailleurs, un service de train et de bus relie quotidiennement Melbourne à Echuca.

Bus. Greyhound Pioneer et McCafferty's s'arrêtent tous les jours à Mildura sur le trajet Sydney-Adelaide.

Le service Murraylink de V/Line relie cinq fois par semaine les villes situées sur le Murray entre Mildura et Albury. Vous aurez besoin de réserver sur le tronçon Mildura-Kerang. Le service quotidien Speedlink de V/Line, entre Adelaide et Albury, relie Echuca et Albury en suivant un itinéraire assez détourné. Réservation indispensable.

Voiture et moto. La principale route le long du Murray est la Murray Valley Highway, qui part à proximité de Mildura et suit le fleuve jusqu'à Corryong.

Certes, cette route relie les villes, mais elle passe à une certaine distance du fleuve.

Si vous souhaitez explorer des paysages plus sauvages, procurez-vous de bonnes cartes routières et suivez le réseau de routes secondaires sur la rive nord. Cette solution allongera cependant votre temps de voyage.

MILDURA
• code postal 3500 • 24 000 habitants

Après avoir conduit pendant des heures dans une région aride et désolée, vous atteindrez Mildura (littéralement "terre rouge"), centre régional en plein essor et véritable oasis baignée par les eaux du puissant Murray.

Non contente d'être l'une des régions agricoles les plus riches d'Australie, Mildura est également une ville touristique qui s'enorgueillit d'un ciel bleu infini et d'un ensoleillement perpétuel.

Orientation
Après avoir traversé plusieurs kilomètres de faubourgs en cours de transformation, vous arrivez dans le centre-ville, de dimension assez restreinte. La large avenue principale, Deakin Ave, se situe à l'est du Murray. La rue commerçante est Langtree Ave, sa parallèle, un peu plus au nord entre Eleventh St et Seventh St.

La banlieue de Mildura s'étend au sud jusqu'à Red Cliffs, petite bourgade abritant un gigantesque tracteur surnommé Big Lizzie.

Renseignements
L'office du tourisme (☎ 5021 4424 ou 1800 039 043 pour les réservations), au coin de Deakin Ave et de Twelfth St, est ouvert tous les jours de 9h30 à 17h30 (jusqu'à 17h le samedi).

Le supermarché Coles, à l'angle de Lime Ave et d'Eighth St, reste ouvert 24h/24. La poste se trouve à l'intersection d'Eighth St et d'Orange Ave.

Le bureau du NRE (☎ 5022 3000) est situé 253 Eleventh St. Le bureau du RACV (☎ 5021 3272) se trouve au coin de Ninth St et de Lime Ave.

Cueillette des fruits
Contactez l'agence pour l'emploi Madec (☎ 5021 3359), Deakin Ave, juste à l'ouest de Tenth St. Le plus fort de la saison s'étend approximativement de janvier à mars (appelez l'Harvest Office de Madec à partir de novembre au ☎ 5022 1797) mais on peut trouver du travail toute l'année.

Il vous faudra quelques jours pour vous habituer aux dix heures quotidiennes d'un travail éreintant. Le taux horaire officiel se monte à 11,34 \$. Bien que certains exploitants offrent des emplacements de tente, vous devrez en règle générale loger en ville et disposer d'un moyen de transport. Il existe au moins une auberge de jeunesse qui fait la navette jusqu'au lieu de travail.

Mildura Arts Centre & Rio Vista
Ce complexe associe une galerie d'art, un cinéma et un musée historique dans Rio Vista, l'ancienne demeure de WB Chaffey, un superbe domaine magnifiquement conservé. La galerie et le musée sont ouverts de 9h à 17h en semaine et de 13h à 17h le week-end (2,50 \$).

Autres curiosités
L'office du tourisme édite une brochure intitulée *The Chaffey Trail* qui répertorie les sites touristiques, notamment le quai des bateaux à aubes, l'écluse et le barrage de Mildura, l'Old Mildura Homestead, le Mildura Blass Winery et l'Old Psyche Bend Pump Station.

L'**Old Mildura Homestead**, cottage qu'occupait WB Chaffey pendant la construction du Rio Vista, se cache dans un parc protégé, sur les rives du Murray, Pioneer Way. Il est ouvert tous les jours de 9h au coucher du soleil.

Domaines viticoles
Les domaines cités ci-dessous sont ouverts tous les jours et disposent de barbecues.

Le **Lindeman's Karadoc Winery** (☎ 5051 3285), à 20 km au sud de Mildura, est une énorme propriété qui renferme un café ouvert de 12h à 15h. Suivez les panneaux à partir de la Calder Highway, au sud de Red Cliffs. Ouvert tous les jours.

Le **Mildura Blass** produit des vins doux naturels. Ce domaine est situé sur le Murray, à Merbein, à 9 km à l'ouest de Mildura.

En semaine, des visites guidées sont proposées à 11h et 14h30.

En Nouvelle-Galles du Sud, à 12 km de Mildura, le petit **Trentham Estate Winery** possède un restaurant ouvert pour le déjeuner, tous les jours sauf le lundi.

Croisières en bateau à aubes

Le PS *Melbourne* (☎ 5023 2200), dernier vapeur encore en service, vous embarque pour une croisière de 2 heures tous les jours à 10h50 et 13h50 (16 $).

Le PV *Rothbury* (☎ 5023 2200) vous emmène au Golden River Zoo ou au Trentham Estate Winery (35 $, déjeuner compris).

Le *Showboat Avoca* (☎ 5021 1166) propose quotidiennement des sorties de 2 heures (16 $) et des croisières de nuit avec dîner et spectacle les jeudi et samedi.

Le vapeur à aubes *Coonawarra* (☎ 1800 034 424) offre des excursions de 3 et 5 jours à partir de quelque 400 $.

Les croisières, qui partent du Mildura Wharf à l'extrémité de Deakin Ave, ont lieu plus fréquemment en période de vacances scolaires.

Location de bateaux

Buronga Boatman Boat Hire, en face de Mildura Wharf, sur la rive du Murray située en Nouvelle-Galles du Sud, loue des kayaks, des canoës et des bateaux à moteur.

Circuits organisés

Plusieurs tour-opérateurs aborigènes organisent des visites de la région, axées sur la faune, la culture et l'histoire (qui vous fera remonter jusqu'à 45 000 ans en arrière, au lac Mungo, au nord-est de Mildura, en Nouvelle-Galles du Sud). Le plus connu, Harry Nanya (☎ 5027 2076), propose de nombreuses excursions, dont une journée dans le Mungo National Park (43 $). Ponte Tours vous satisfera également (réservez à l'office du tourisme).

Mallee Outback Experience (☎ 5021 1621) offre divers circuits dans Mildura et ses environs pour 2 personnes au minimum. L'excursion d'une journée dans le Mungo National Park ou le Hattah-Kulkyne National Park coûte 45 $.

Les lundi, mercredi et vendredi, Broken Hill Express Coach organise des sorties d'une journée au départ de Mildura pour

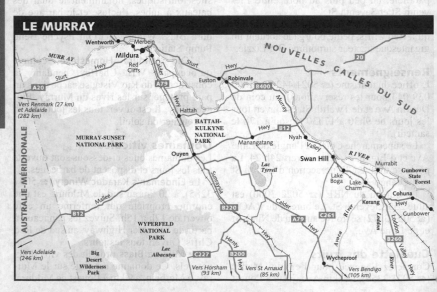

LE MURRAY

Broken Hill en passant par Wentworth (69 $ ou 45 $ l'aller simple). Réservez à l'office du tourisme.

Où se loger

Campings et caravanes. Il existe près de trente campings et terrains de caravanes, qui affichent des tarifs relativement élevés, surtout en période de vacances scolaires.

L'un des mieux situés, mais non des plus élégants, est le ***River Bend Tourist Park*** (☎ 5023 6879), à Apex Park, Cureton Ave, à environ 4 km à l'ouest du centre-ville. Installé sur l'autre rive par rapport à la route, il offre des emplacements à partir de 11 $, des caravanes fixes de 26 à 36 $ et des bungalows de 40 à 65 $ (tous ces prix s'entendent pour 2 personnes). Le ***Buronga Riverside Caravan Park*** (☎ 5023 3040), juste de l'autre côté du fleuve par rapport au centre-ville mais à 1 ou 2 km par la route, loue des emplacements à partir de 11 $ et des caravanes à partir de 35 $ la double.

Pensions et auberges de jeunesse. La sympathique ***Rosemont Guest House*** (☎ 5023 1535, 154 Madden Ave) propose des doubles sans prétention avec s.d.b. à partir de 45 $ et des simples avec s.d.b. commune à 22 $. L'endroit est également une ***auberge YHA*** où les adhérents paient 15 $ la nuitée. Toutes les chambres sont climatisées, vous disposez d'une piscine et le prix comprend le petit déjeuner.

Le ***Mildura International Backpackers*** (☎ 5021 0133, 5 Cedar Ave) abrite de bonnes chambres à 2 lits (non superposés) à 14 $ par personne. L'auberge possède une camionnette, et vous pouvez vous faire déposer à votre travail si vous ne disposez pas d'un véhicule.

Tout récent et situé à proximité de la plupart des services, le ***Riverboat Bungalow*** (☎ 5021 5315, 27 Chaffey Ave) occupe une jolie maison ancienne dotée de bonnes installations. Comptez environ 15 $ pour un lit en dortoir.

Vous trouverez une autre auberge de jeunesse à Red Cliffs, le ***Red Cliffs Backpackers*** (☎ 5024 2905, 63 Indi Ave), situé à plus de 15 km du centre de Mildura mais qui peut s'avérer pratique si vous êtes dans la région pour travailler. Les lits en dortoir coûtent 13 $.

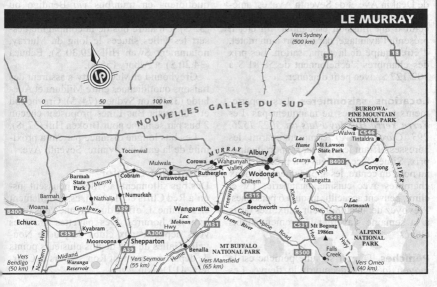

LE MURRAY

Camper sous les arbres

S'il est possible de camper en bordure de rivière dans les forêts d'État, évitez de planter votre tente sous un gommier rouge de rivière : les branches de ces arbres, immenses, sont susceptibles de tomber sans crier gare, qu'il y ait du vent ou pas.

Motels et hôtels. Mildura compte une profusion de motels, mais ils affichent souvent complet et augmentent leurs tarifs à certaines périodes de l'année, surtout pendant les vacances scolaires.

Pour passer une nuit tranquille, optez pour le *Mildura Park Motel (☎ 5023 0479, 250 Eighth St)*, installé dans un quartier résidentiel à environ 1 km à l'ouest de Deakin Ave ; vous paierez entre 45/49 $ et 79/84 $ pour une simple/double.

Face à la gare ferroviaire, le *Riviera Motel (☎ 5023 3696, 157 Seventh St)* est l'une des adresses les moins chères, avec des chambres à partir de 38/42 $.

Le *Grand Hotel (☎ 5023 0511)*, au coin de Deakin Ave et de Seventh Ave, est aménagé dans un bâtiment dont le style rappelle celui d'une mission espagnole. En été, il présente l'avantage, par rapport à un motel, d'être équipé de la climatisation. Les prix des chambres s'échelonnent de 58/81 $ à 102/127 $, avec petit déjeuner.

Locations saisonnières. Les appartements tout équipés ne manquent pas. Les *Yerre Yerre Holiday Flats (☎ 5022 1526, 293 Cureton Ave)* comptent parmi les adresses offrant le meilleur rapport qualité/ prix. Situés face au fleuve, à près de 1 km au nord du centre, les appartements de deux chambres avec cuisine, buanderie, TV et clim., peuvent accueillir jusqu'à 6 personnes. Prévoyez de 46 à 68 $ pour deux. Les tarifs à la semaine s'avèrent légèrement moins élevés.

Péniches. Dormir sur une péniche est le moyen idéal de découvrir le fleuve. Les péniches comptent entre 2 et 12 couchettes et vont des embarcations modestes aux bateaux de luxe. La nuitée est facturée en conséquence.

Il existe plus de vingt agences de location dont la plupart exigent un séjour de 3 nuits au minimum. Les prix débutent à 100 $ la nuit, ou 600 $ la semaine, et augmentent fortement en été et pendant les vacances. Contactez l'office du tourisme ou le bureau du RACV.

Comment s'y rendre

Avion. L'aéroport de Mildura se trouve à environ 10 km à l'ouest du centre-ville, non loin de la Stuart Highway (A20). Kendall Airlines (réservez par l'intermédiaire d'Ansett ☎ 13 1300) propose des vols quotidiens entre Melbourne et Mildura (183 $), de même que Southern Australia Airlines (réservations auprès de Qantas ☎ 13 1313). Des petits transporteurs desservent d'autres destinations, parmi lesquelles Adelaide et Broken Hill.

Bus. V/Line propose un bus de nuit direct entre Melbourne et Mildura, tous les soirs excepté le samedi, et plusieurs services quotidiens en train/bus *via* Bendigo ou Swan Hill. Le trajet dure environ 8 heures (52 $). Un autre bus de la compagnie dessert les villes situées le long du Murray, notamment Swan Hill (29,30 $), Echuca (34,20 $) et Albury (55 $).

Greyhound et McCafferty's assurent des liaisons quotidiennes entre Mildura et Adelaide (35 $) ou Sydney (74 $). Greyhound et Sunraysia Bus Lines proposent chacun 2 bus par semaine pour Broken Hill (37 $).

Les bus longue distance partent à proximité de la gare ferroviaire, Seventh Ave.

Comment circuler

Des bus sillonnent la ville et poussent jusqu'à Red Cliffs et Merbein, essentiellement en semaine. L'office du tourisme vous fournira les horaires. Des navettes gratuites vous déposent aux clubs de jeu de Nouvelle-Galles du Sud depuis plusieurs points de départ, notamment Ron's Tours & Charters, 41 Deakin Ave.

Mildura Taxis (☎ 5023 0033) propose un service 24h/24.

HATTAH-KULKYNE NATIONAL PARK

Le Hattah-Kulkyne est un parc magnifique à la végétation très diverse, depuis le bush sablonneux jusqu'aux régions fertiles qui s'étendent en bordure du Murray.

Les **lacs Hattah** se remplissent lorsque le Murray déborde et abritent de nombreuses espèces d'oiseaux aquatiques.

Le principal point d'accès est la petite ville de **Hattah**, à 70 km au sud de Mildura sur la Calder Highway. Vous trouverez un centre d'information à environ 5 km à l'intérieur du parc. Des sentiers sillonnent le parc mais beaucoup sont impraticables après la pluie. Les anciennes pistes de dromadaires se prêtent parfaitement au cyclotourisme mais vous devrez prévenir les rangers (à Hattah, ☎ 5029 3253) de vos déplacements et emporter de l'eau, une boussole et une carte.

Des terrains de camping vous attendent au lac Hattah et au lac Mournpall, mais l'accès à l'eau est limité. Il est possible de camper n'importe où le long du Murray (8,60 $).

SWAN HILL

• code postal 3585 • 9 400 habitants

Swan Hill, la colline basse sur laquelle se tient la ville, doit son nom aux cygnes qui troublèrent le sommeil du major Mitchell en 1836. Peu après, la région fut colonisée par les éleveurs de moutons. Aujourd'hui, Swan Hill est un grand centre régional entouré de fermes pratiquant la culture des fruits, notamment du raisin.

L'office du tourisme (☎ 5032 3033 ou 1800 625 373), 306 Campbell St, est ouvert tous les jours.

Dans Monash Drive, le **Swan Hill Pioneer Settlement**, reconstitution d'une ville portuaire, mérite une visite. Le PS *Pyap*, un vapeur à aubes, effectue de courts circuits sur le Murray (8,50 $, 4,50 $ pour les enfants). L'endroit est ouvert tous les jours de 8h30 à 17h (13/6,50 $). Vous pouvez admirer tous les soirs au crépuscule un **spectacle son et lumière** de 45 minutes (8,50/4,50 $).

Le MV *Kookaburra* (☎ 5032 0003) organise des **croisières-déjeuner**. Les billets s'achètent à l'office du tourisme.

A 16 km au nord de la ville, le **Tyntynder Homestead** abrite un petit musée des pionniers et des vestiges aborigènes (7,50 $, ouvert tous les jours). Construit en 1886, le **Murray Downs Homestead**, à quelque 2 km à l'est de Swan Hill, en Nouvelle-Galles du Sud, ouvre tous les jours sauf le lundi (7,50 $).

Le **Buller's Caliope Winery**, à 14 km au nord de la ville sur la Murray Valley Highway, accueille les visiteurs pratiquement tous les jours. Le **Best's St Andrews Vineyard** se trouve à 2 km au sud-est de Lake Boga, bourgade située à 17 km au sud de Swan Hill. Ce domaine viticole ouvert tous les jours produit des vins doux naturels et du brandy.

Où se loger

Près du fleuve, Monash Drive, le *Riverside Caravan Park (☎ 5032 1494)* loue des emplacements (à partir de 13 $) ainsi que des caravanes fixes et des bungalows (de 30 à 75 $).

Le *White Swan Hotel (☎ 5032 2761, 182 Campbell St)* facture 25/35 $ la simple/double et 45 $ la double avec s.d.b.

L'un des motels les moins chers, le *Mallee Rest Motel (☎ 5032 4541, 369 Campbell St)*, abrite des doubles de 44 à 54 $.

Les *Kookaburra Houseboats (☎ 5032 0003)*, juste de l'autre côté du pont, en Nouvelle-Galles du Sud, proposent des péniches à partir de 500 $ environ les 2 nuits de week-end entre mai et octobre et de 800 $ la semaine pendant la même période.

Comment s'y rendre

Des trains et des services train/bus assurent des liaisons entre Melbourne et Swan Hill (43,40 $) *via* Bendigo. Quatre bus hebdomadaires desservent également Swan Hill et Mildura (29,30 $), Echuca (18 $) et Albury-Wodonga (39,70 $).

ECHUCA

• code postal 3564 • 10 000 habitants

La bien nommée Echuca (prononcez e-*tchou*-ka), dont le nom signifie "rencontre des eaux", est située au confluent de la Goulburn, de la Campaspe et du Murray.

La ville fut fondée en 1853 par un ancien bagnard, Henry Hopwood, qui mit en place le service de ferries et de bateaux à fond plat qui traversent le Murray et la Campaspe. Il bâtit le Bridge Hotel en 1858 et vit sa cité devenir le port intérieur le plus actif d'Australie. Le quai mesurait autrefois plus de 1 km de long et était bordé de magasins et d'hôtels.

Renseignements

L'office du tourisme (☎ 5480 7555), à deux pas de Heygarth St, ouvert tous les jours de 9h à 17h, s'occupe de vos réservations d'hôtels (☎ 1800 804 446).

Le RACV et le NRMA disposent d'un bureau commun (☎ 5482 1711) 555 High St. Le supermarché Coles, High St, au coin de Darling St, reste ouvert 24h/24. Une laverie automatique est installée dans Darling St, à proximité de l'intersection avec Hare St.

Port historique d'Echuca

Le principal intérêt de l'ancien port est qu'il a conservé tous ses bâtiments d'origine. L'achat d'un "passeport" vous ouvre l'accès aux trois grandes curiosités, le Star Hotel, le quai et le Bridge Hotel.

Le guichet se trouve à l'entrée du **quai** qui se fait *via* l'ancienne gare ferroviaire. De l'autre côté de la rue se dresse le **Star Hotel** (1867), où vous pourrez emprunter le passage souterrain qui permettait aux clients d'échapper aux descentes de police lorsque l'hôtel servait de débit de boissons clandestin. Au **Bridge Hotel**, votre billet vous permet de visiter la galerie historique située à l'étage.

Le port d'Echuca est ouvert tous les jours de 9h à 17h, et le billet coûte 7/5 \$. Pour 16/9 \$, vous pourrez effectuer en plus une croisière sur un vapeur à aubes.

Autres curiosités dans les environs du port

Dans la rue qui borde le quai, les **Red Gum Works** utilisent encore des machines traditionnelles pour travailler le bois d'eucalyptus de rivière (le red gum).

Murray Esplanade, la **Sharp's Magic Movie House & Penny Arcade** présente une collection de machines à sous et projette de vieux films à l'aide de matériel d'époque. On peut s'y rendre tous les jours de 9h à 17h moyennant 10/6 \$ par adulte/enfant (billet valable toute la journée). Le **Murray River Aquarium** abrite des espèces vivant dans les profondeurs du fleuve, notamment un gigantesque cabillaud du Murray (5/2,50 \$).

Le **World in Wax**, 630 High St, recèle une collection de 60 personnages de cire célèbres et effrayants (6/3 \$).

Cobb & Co (achetez les billets au bureau du PS *Canberra*) et Flynn (billets au bureau du PS *Pride of the Murray*) proposent des promenades en carrosse (4/2 \$).

Les **Murray Esplanade Cellars** offrent des dégustations de vin sur le port d'Echuca, dans les anciennes douanes (à l'angle de Leslie St). Vous pouvez aussi essayer le **William Angliss Wine Tasting Centre**, à l'angle de Radcliffe St et de Murray Esplanade.

Autres curiosités

L'**Historical Society Museum**, 1 Dickson St, dans l'ancien poste de police, se visite les lundi, mercredi, samedi et dimanche après-midi (2 \$).

Au 7 Warren St, le **National Holden Museum** abrite plus de 40 Holden restaurées et autres pièces automobiles (5 \$).

Activités sportives

Participer à une **croisière en bateau à aubes** sur le Murray s'avère presque une obligation. Le PS *Emmylou* (☎ 5480 2237), propulsé par un moteur d'origine, offre des sorties de 1 heure (12 \$) et de 1 heure 30 (15 \$). Il propose également des croisières de 2 jours et 2 nuits (à partir de 365 \$, départ le mercredi soir) et des excursions avec une nuit à bord (à partir de 135 \$, départ le samedi en général). Le bateau ne pouvant accueillir que 18 personnes, il ne devrait pas être très difficile de rassembler un groupe pour le louer en totalité et bénéficier ainsi d'une réduction.

Vous pouvez également effectuer une promenade de 1 heure sur le PS *Alexandra*

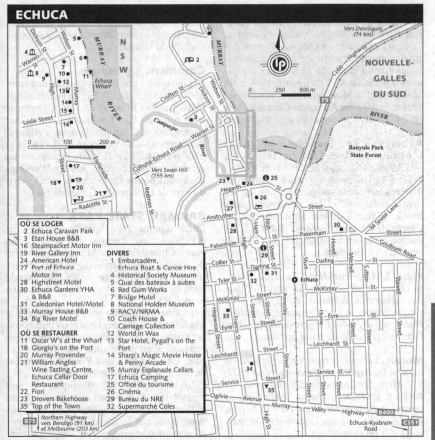

ECHUCA

Vers Deniliquin (74 km)

N
S
W

Echuca Wharf

MURRAY RIVER

Echuca

NOUVELLE-GALLES DU SUD

Banyule Park State Forest

Vers Swan Hill (155 km)

Cohuna-Echuca Road

Northern Highway vers Bendigo (91 km) et Melbourne (203 km)

Echuca-Kyabram Road

OÙ SE LOGER
2 Echuca Caravan Park
3 Etan House B&B
16 Steampacket Motor Inn
19 River Gallery Inn
24 American Hotel
27 Port of Echuca Motor Inn
30 Highstreet Motel
30 Echuca Gardens YHA & B&B
31 Caledonian Hotel/Motel
33 Murray House B&B
34 Big River Motel

OÙ SE RESTAURER
11 Oscar W's at the Wharf
18 Giorgio's on the Port
20 Murray Provender
21 William Angliss Wine Tasting Centre, Echuca Cellar Door Restaurant
22 Fiori
23 Drovers Bakehouse
35 Top of the Town

DIVERS
1 Embarcadère, Echuca Boat & Canoe Hire
4 Historical Society Museum
6 Quai des bateaux à aubes
6 Red Gum Works
7 Bridge Hotel
8 National Holden Museum
9 RACV/NRMA
10 Coach House & Carriage Collection
12 World in Wax
13 Star Hotel, Pygall's on the Port
14 Sharp's Magic Movie House & Penny Arcade
15 Murray Esplanade Cellars
17 Echuca Camping
25 Office du tourisme
26 Cinéma
29 Bureau du NRE
32 Supermarché Coles

VICTORIA

Arbuthnot (12 $), le PS *Canberra* (10 $), le PS *Pevensey* (12 $) et le PS *Pride of the Murray* (9 $).

Le PS *Adelaide*, le plus vieux vapeur à aubes doté d'une coque en bois encore en service dans le monde, organise parfois des excursions. Essayez également le MV *Mary Ann* (☎ 5480 2200), qui n'est pas un vapeur à aubes mais un restaurant flottant.

A l'embarcadère de Victoria Park, à environ 700 m au nord du vieux port, Echuca Boat & Canoe Hire (☎ 5480 6208) loue des **bateaux à moteur**, **des kayaks et des canoës**. Il organise aussi des excursions

en canoë : on vous dépose en amont du fleuve et vous redescendez en pagayant. Prévoyez 50 $ à deux pour 4 heures et 140 $ pour 3 jours. Une descente marathon de 10 jours entre Yarrawonga et Echuca coûte 285 $ pour deux.

Plusieurs agences proposent des sorties et des cours de **ski nautique** – renseignez-vous à l'office du tourisme.

Si vous souhaitez pratiquer l'**équitation**, adressez-vous à Billabong Trail Rides (☎ 5480 1222), Firedust Horse Riding (☎ 5482 5314) ou Tarragon Lodge (☎ 5884 3387).

Où se loger
Camping et caravanes. L'*Echuca Caravan Park* (☎ *5482 2157*), situé au bord de l'eau, à l'extrémité de Dickson St, loue des emplacements à partir de 13 $, des caravanes fixes à partir de 35 $ et des bungalows à partir de 48 $ en double. De l'autre côté du pont, à Moama (NSW), non loin du centre, le *Moama Riverside Caravan Park* (☎ *5482 3241*) pratique des prix similaires.

Auberges de jeunesse et B&B. L'*Echuca Gardens YHA* (☎ *5480 6522, 103 Mitchell St*) possède des lits en dortoir à 16 $ (19 $ pour les non-adhérents) et demande un petit supplément durant les longs week-ends et les principaux jours fériés. L'établissement abrite également l'agréable *Echuca Gardens B&B*, où les doubles avec s.d.b. valent 100 $ (130 $ du vendredi au dimanche).

Pubs. L'*American Hotel* (☎ *5482 5044*), au coin de Hare St et de Heygarth St, loue des chambres à partir de 25/40 $ la simple/double. A l'angle opposé, le *Palace Hotel* (☎ *5482 1461*), légèrement plus chic, facture à partir de 20 $ par personne.

Motels. La ville compte une vingtaine de motels. Le *Big River Motel* (☎ *5482 2522, 371 High St*) comporte des chambres de 40/50 $ à 48/58 $. Un peu plus près du centre, le *Highstreet Motel* (☎ *5482 1013, 439 High St*) loue des logements bon marché à des prix similaires.

Juste à côté de l'ancien port, la *Steampacket Motor Inn* (☎ *5482 3411*) est installée dans un bâtiment classé par le National Trust, au coin de Murray Esplanade et de Leslie St. Comptez à partir de 64/87 $.

Péniches. Louer une péniche constitue un moyen idéal de découvrir le fleuve. Les péniches peuvent loger de 4 à 12 personnes.

Il existe trois types de location : le weekend (3 nuits), le milieu de semaine (4 nuits) et la semaine (7 nuits). Les tarifs dépendent de la saison et de la taille du bateau. A titre d'exemple, un bateau de deux chambres doubles coûte quelque 800 $ par semaine de

mai à fin décembre (sauf en période de vacances scolaires). Pour les renseignements et les réservations, adressez-vous à l'office du tourisme.

Comment s'y rendre
V/Line assure une liaison quotidienne entre Melbourne et Echuca (26,90 $) *via* Bendigo (6,10 $ depuis Echuca), où vous quitterez le train pour un bus. Les bus V/Line relient quatre fois par semaine Echuca à Albury-Wodonga (34,20 $), Swan Hill (18 $) et Mildura (34,20 $). Il existe également un service quotidien pour Albury-Wodonga d'où vous pourrez rejoindre la partie méridionale de la Nouvelle-Galles du Sud.

BARMAH STATE PARK
Cette superbe zone humide, au nord-est d'Echuca, est circonscrite autour des plaines inondables du Murray et couverte de vieux gommiers rouges de rivière immenses. Ils forment la dernière grande forêt de ce genre en Australie (et donc dans le monde).

Le **Dharnya Centre** (☎ 5869 3302) abrite à la fois l'office du tourisme et un intéressant petit musée (2 $) où admirer des expositions consacrées au patrimoine aborigène et au parc. Géré par les Yorta Yorta, le centre est ouvert tous les jours de 10h30 à 16h.

Si les fouilles archéologiques ne font remonter la colonisation aborigène qu'à un millier d'années "seulement", c'est sans doute parce que le fleuve a détruit les signes d'occupation antérieure. Non loin, sur la terre ferme, les données indiquent en effet une occupation continue de plus de 40 000 ans. La demande de reconnaissance de leurs droits sur les terres déposée par les Yorta Yorta a été rejetée par le Tribunal fédéral en 1998.

Le parc commence à 9 km au nord de la petite ville de **Barmah**, située à 36 km au nord-est d'Echuca en passant par Moama.

Gondwana Canoe Hire (☎ 5869 3347), à mi-chemin de Barmah et du Dharnya Centre, loue des canoës à 45 $ la journée (réduction pour les locations plus longues) et peut vous conseiller sur les circuits à suivre. Cette agence vient vous chercher jusqu'à Echuca (moyennant finances).

Le *Kingfisher* (☎ 5869 3399) offre des croisières de 2 heures les lundi, mercredi, jeudi et dimanche (plus souvent en période de vacances), pour 16 $.

Où se loger

Vous pouvez camper gratuitement dans le parc et dans l'aire de camping des lacs Barmah. Le *Dharnya Centre* (☎ 5869 3302) dispose de bons dortoirs (15 $ par personne). Toutefois, il accueille uniquement des groupes (150 $ minimum, ce qui reste correct pour 5 personnes). Vous n'y trouverez ni draps ni provisions.

Vous trouverez également des *campings pour les caravanes* et un *hotel/motel* à Barmah.

Comment s'y rendre

L'entrée du parc se situe à 9 km de la petite ville de Barmah (200 habitants).

RUTHERGLEN

• ☎ 02 • code postal 3685 • 1 900 habitants
Jolie petite ville datant de l'époque de la ruée vers l'or, Rutherglen se trouve au cœur de l'une des principales régions viticoles du Victoria.

Le **Rutherglen Historical Society Museum** occupe une ancienne école dans Murray St, derrière le Victoria Hotel. Il est ouvert de 10h à 13h le dimanche (entrée gratuite).

L'office du tourisme (☎ 6032 9166), aménagé dans l'ancien complexe de Joliment Wines, au coin de Main St et de Drummond St, ouvre tous les jours de 9h à 17h. Bien que située dans le Victoria, la ville possède l'indicatif téléphonique de la Nouvelle-Galles du Sud ; il vous faut donc composer le 02 si vous n'appelez pas de cet État.

Manifestations annuelles

Le **Winery Walkabout Weekend**, organisé en juin le week-end de l'anniversaire de la reine, donne lieu à diverses manifestations ainsi qu'à des dégustations de vins et de spécialités gastronomiques.

Parmi les autres fêtes, citons le Tastes of Rutherglen, qui se déroule en mars le week-end du Labour Day, et le Winemakers' Legends Weekend, à la mi-novembre. Le

---

Domaines viticoles du Victoria

Le Victoria produit certains des meilleurs crus du pays. La viticulture a commencé au moment de la ruée vers l'or, dans les années 1850. Avant le début du XXe siècle, la réputation de ses vins doux naturels n'était plus à faire en Europe. C'est alors que le phylloxera dévasta les vignes. Les goûts du public se portèrent vers d'autres boissons, parachevant ainsi le désastre.

Dans les années 1960, le Victoria commença à reconquérir son ancienne gloire en produisant des vins de table de qualité et des vins doux.

La région viticole la plus ancienne de l'État se situe dans le nord-est, notamment aux environs de Rutherglen, et s'étend jusqu'à Milawa, Glenrowan et au-delà. La viticulture est également développée dans la Yarra Valley et la péninsule de Mornington (près de Melbourne), aux alentours de Geelong, dans le centre du Victoria (près de Bendigo et de Heathcote), dans la Goulburn Valley, la Great Western Range et les Pyrenees (entre Stawell, Ararat et Avoca), la chaîne des Macedon (au nord de Melbourne) et la vallée du Murray.

Tour de Muscat, une course à bicyclette dans les propriétés viticoles, se tient au début du mois de novembre.

Vous aurez du mal à trouver un gîte durant ces manifestations.

Où se loger

Le *Rutherglen Caravan Park* (☎ 6032 8577, 72 Murray St) loue des emplacements à partir de 15 $ et des caravanes fixes à partir de 30 $.

Le *Victoria Hotel* (☎ 6032 8610, 90 Main St) demande quelque 30/40 $ pour une simple/double et 58 $ pour une double avec s.d.b. Les tarifs sont susceptibles de baisser en milieu de semaine.

Non loin, le *Star Hotel* (☎ 6032 9625) loue des chambres rudimentaires à partir de 15 $ par personne et d'autres, de style motel, à 39 $ la double (49 $ le week-end).

Parmi les motels, le *Motel Woongarra* (☎ 6032 9588), au coin de Main St et de Drummond St, offre des doubles de 48 à 62 $, tandis que la *Wine Village Motor Inn* (☎ 6032 9900), en face, facture de 60 à 85 $ la double.

Les environs de Rutherglen bénéficient d'excellentes possibilités de logements, notamment le *Mt Ophir* (☎ 6032 8920), avec des doubles à partir de 130 $, le *Lake Moodemere Homestead* (☎ 6032 8650), où vous débourserez à partir de 110 $ pour une double, et *The House at Mt Prior* (☎ 6026 5256), qui facture 210 $ au minimum la double.

Où se restaurer

Main St est bordée de bons restaurants. Pour un déjeuner léger ou un thé, essayez le *Shanty* et les *Rutherglen Tearooms*. Les deux pubs servent des plats du jour, et le *Victoria* possède un agréable jardin à bière.

Le *Shamrock (152 Main St)* prépare des plats copieux à des prix raisonnables.

Le *Rendezvous Courtyard (68 Main St)*, ouvert tous les jours au dîner, propose une carte d'inspiration méditerranéenne.

Plusieurs caves possèdent des cafés et des restaurants, notamment celles d'*All Saints* (déjeuner et en-cas tous les jours), de *St Leonards* (déjeuner le week-end), de *Cofield* (pique-nique tous les jours sur demande), de *Gehrig's* (déjeuner du jeudi au dimanche), de *Lake Moodemere* (repas barbecue tous les jours sur demande) et de *Pfeiffer* (panier pique-nique tous les jours sur demande).

La *House at Mt Prior* (☎ 6026 5256), dans le domaine viticole du Mt Prior à 14 km au nord-est de Rutherglen, est probablement le meilleur restaurant de la région. Au même endroit, le *Terrace*, moins onéreux, est ouvert pour le déjeuner et le week-end.

Comment s'y rendre

Un bus V/Line dessert Wangaratta (4,30 $) et assure une correspondance avec le train de Melbourne, les mercredi, vendredi et dimanche.

Goldfields (les mines d'or)

Avec ses charmantes petites villes, ses grands centres régionaux et sa jolie campagne, la région des mines d'or, dans le centre du Victoria, est une superbe contrée à explorer. Prenez les routes secondaires et laissez-vous guider par le hasard. Si vous avez envie de jouer les bohémiens, la *Colonial Way* (☎ 5437 3054) loue des caravanes tirées par des chevaux Clydesdale. Elles logent jusqu'à cinq personnes et coûtent entre 620 et 820 $ dollars la semaine.

Les collines renferment toujours de l'or ; vous pourrez acheter ou louer dans de nombreuses villes des détecteurs de métaux et autre matériel de prospection.

Le centre du Victoria est une grande région viticole, notamment dans les Pyrenees, près d'Avoca, et aux environs de Heathcote et de Bendigo.

La Goldfields Tourist Route fait le tour des principaux centres de la ruée vers l'or. La plupart des offices du tourisme situés sur l'itinéraire distribuent des cartes routières.

BALLARAT

• code postal 3353 • 65 000 habitants

La région entourant l'actuelle Ballarat, connue des Kooris sous le nom de "Ballaarat" (lieu de repos), fut colonisée par les éleveurs européens en 1837.

La découverte d'or dans la proche commune de Buninyong, en 1851, attira dans la région des milliers de prospecteurs. Après l'épuisement des gisements d'or alluviaux, on creusa de profondes mines qui permirent de découvrir des veines de quartz aurifères fabuleusement riches, lesquelles furent exploitées jusqu'à la fin de la Première Guerre mondiale.

À l'heure actuelle, Ballarat conserve de nombreux souvenirs de ce passé, dont d'exceptionnels édifices victoriens.

Renseignements

Très accueillant, le Ballarat Tourism Centre (☎ 5332 2694), à l'angle d'Albert St et de

Sturt St, ouvre tous les jours ses portes de 9h à 17h.

Le RACV (☎ 5332 1946), 20 Doverton St North, propose un service de réservations d'hôtels. Parks Victoria (☎ 5333 6782) se trouve au coin de Doveton St et de Mair St.

Si vous voulez prospecter de l'or, adressez-vous au Gold Shop, 8A Lydiard St North, dans l'ancien bâtiment du Mining Exchange. Il délivre les autorisations et loue des détecteurs de métaux.

Sovereign Hill Historical Park

Cette reconstitution d'une cité aurifère des années 1860, l'une des meilleure du genre en Australie, est un véritable musée vivant où des personnages en costume d'époque s'affairent à leur tâche. Vous pourrez pratiquer l'orpaillage et, qui sait, trouver une ou deux paillettes.

Sovereign Hill ouvre tous les jours de 10h à 17h (18,50 $, étudiants 13,50 $, enfants 9 $ et familles 48 $).

Le spectacle son et lumière "Blood on the Southern Cross", qui retrace l'histoire de la barricade d'Eureka, a lieu deux fois par soirée du lundi au samedi – les horaires dépendent de l'heure à laquelle le soleil se couche. L'entrée vaut 22,50 $, ou 41 $ avec le dîner. Réservation indispensable au ☎ 5333 5777.

Gold Museum

Situé en face de Sovereign Hill, ce musée de l'or présente de façon originale les anciennes zones minières de la région. Il est ouvert de 9h30 à 17h20 (5 $, gratuit si vous possédez un billet pour le Sovereign Hill Park).

Ballarat Fine Art Gallery

C'est l'une des meilleures et des plus anciennes galeries de province du pays. Située 40 Lydiard St North, elle vous accueille tous les jours de 10h30 à 17h (4 $).

Eureka Stockade Centre

Erigé sur le site où se déroula la rébellion d'Eureka, Eureka St, le centre d'Eureka abrite des galeries multimédias simulant le déroulement de la révolte des mineurs. L'endroit est ouvert tous les jours de 9h à 17h, sauf le lundi (8/8 $).

Autres curiosités

Lydiard St est l'une des rues d'Australie qui a le mieux conservé son allure victorienne, avec ses nombreux bâtiments anciens, dont Her Majesty's Theatre, la galerie d'art et le Craig's Royal Hotel. Une brochure est disponible à l'office du tourisme.

Le **Ballarat Wildlife Park**, au coin de York St et de Fussel St, à East Ballarat, abrite des animaux et des reptiles endémiques ainsi que quelques espèces exotiques. Des visites guidées ont lieu tous les jours à 11h. Le weekend, vous pouvez observer les koalas à 14h, les wombats à 14h30, et assister au repas des crocodiles à 15h. Le parc est ouvert tous les jours de 9h à 17h30 (10,50/5 $).

Où se loger

Campings et caravanes. Le *Ballarat Goldfields Holiday Park (☎ 5332 7888, 180 Clayton St)* est le camping le plus proche de Sovereign Hill. Il loue des emplacements à partir de 14 $, des caravanes fixes à partir de 37 $ et des bungalows à partir de 45 $. Pratique également, l'*Eureka Stockade Caravan Park (☎ 5331 2281)*, Stawell St South, propose des emplacements à 11 $ et des caravanes à partir de 25 $.

Le *Welcome Stranger Caravan Park (☎ 5332 7722)*, à 3 km à l'est du centreville, au coin de Water St et de Scott Parade, dispose d'excellentes installations. Comptez 14,50 $ pour un emplacement et de 37 à 55 $ pour une caravane ou un bungalow.

Auberges de jeunesse et pubs. Tout à côté de Sovereign Hill, à deux pas de Magpie St, le *Sovereign Hill Lodge YHA (☎ 5333 3409)* offre des lits en dortoir à 16 $ (19 $ pour les non-adhérents) et des simples/doubles à partir de 27/46 $ (86/95 $ avec s.d.b.). Cet excellent établissement affiche souvent complet.

Le *Provincial Hotel (☎ 5332 1845, 121 Lydiard St North)*, face à la gare ferroviaire de Ballarat, compte des chambres à 20/40 $, tandis que le *Criterion Hotel (☎ 5331 1451, 18 Doveton St South)* facture 26/42 $ la nuit.

Certains des pubs de la ville ont été rénovés. Le meilleur est le *Craig's Royal Hotel*

BALLARAT

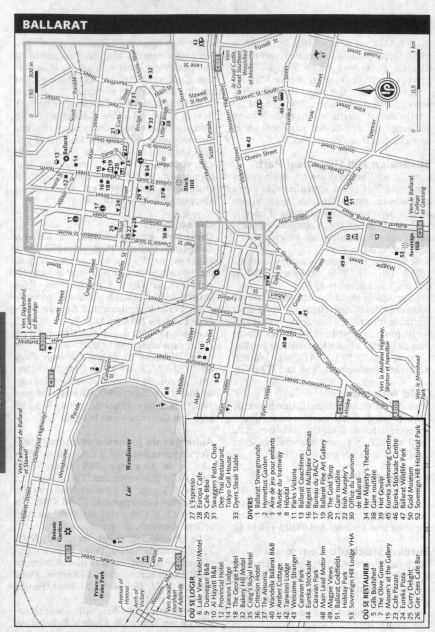

VICTORIA

OÙ SE LOGER
6 Lake View Hotel/Motel
9 Dunvegan B&B
10 Al Hayatt B&B
12 Provincial Hotel
14 Tawana Lodge
18 The George Hotel
32 Bakery Hill Motel
35 Craig's Royal Hotel
36 Criterion Hotel
37 The Ansonia
40 Wandella Ballarat B&B
41 Amber Cottage
42 Tarwinni Lodge
43 Welcome Stranger
    Caravan Park
44 Eureka Stockade
    Caravan Park
48 Main Lead Motor Inn
49 Magpie Views
51 Ballarat Goldfields
    Holiday Park
53 Sovereign Hill Lodge YHA

OÙ SE RESTAURER
5 Gills Boatshed
7 The Olive Grove
15 Mason's at the Gallery
23 Cafe Pazani
24 Eureka Pizza
25 Curry Delight
26 Gee Cees Cafe Bar

27 L'Espresso
28 Europa Cafe
29 Cafe Bibo
31 Swaggers Pasta, Chok
    Dee Thai Restaurant,
    Tokyo Grill House
33 Dyers Steak Stable

DIVERS
1 Ballarat Showgrounds
2 Hymettus Garden
4 Aire de jeu pour enfants
8 Hôpital
13 Parks Victoria
16 Ballarat Coachlines
17 Regent Multiplex Cinemas
19 Bureau du RACV
20 Ballarat Fine Art Gallery
21 The Gold Shop
22 Gare routière
30 Office du tourisme
    de Ballarat
34 Her Majesty's Theatre
38 Gare routière
39 Hot Gossip
45 Eureka Swimming Centre
46 Eureka Stockade Centre
47 Ballarat Wildlife Park
50 Gold Museum
52 Sovereign Hill Historical Park

(☎ *5331 1377, 10 Lydiard St South)*, où les chambres à l'ancienne valent 40 \$, les chambres avec s.d.b. de 70 à 90 \$ et les suites de 120 à 160 \$. Le *George Hotel* (☎ *5333 4866, 27 Lydiard St North)* loue des chambres (avec petit déjeuner) à partir de 35/50 \$, ou de 50/65 \$ avec s.d.b.

Motels. Dans le centre, l'une des options les moins chères est le *Lake View Hotel/Motel (☎ 5331 4592, 22 Wendouree Parade)*, où vous paierez à partir de 50/60 \$. A côté de la gare ferroviaire, le *Tawana Lodge (☎ 5331 3461)*, un vieil hotel/motel délabré, loue des chambres avec s.d.b. commune à partir de 25/40 \$ et d'autres, de style motel, à 49/58 \$.

L'un des motels les meilleurs et les plus centraux, le *Bakery Hill Motel (☎ 5333 1363, 1 Humffray St)*, abrite des chambres affichées à partir de 76/88 \$.

B&B. Comptez 28,50/44,50 \$ au minimum dans le vaste *Wandella Ballarat Bed & Breakfast (☎ 5333 7046, 202 Dawson St South)*. De nombreuses demeures anciennes ont été reconverties en B&B. Voyez notamment le *Dunvegan B&B (☎ 5332 2505, 806 Mair St)*, à partir de 75/100 \$, et l'*Al Hayatt B&B (☎ 5332 1396, 800 Mair St)*, à partir de 70/90 \$.

Comment s'y rendre

La gare de Ballarat se trouve à deux pas de Lydiard St North. De nombreux trains circulent entre Melbourne et Ballarat (1 heure 45, 13,80 \$). Des bus desservent Ararat (11,20 \$) et Stawell (15,20 \$).

Les bus V/Line se rendent tous les jours à Geelong (9,80 \$) et Mildura (46,90 \$) *via* St Arnaud (16,50 \$) et, en semaine, à Warrnambool (18 \$), Hamilton (24,50 \$), Maryborough (7,50 \$) et Bendigo (18 \$) *via* Daylesford (8,60 \$) et Castlemaine (13,80 \$).

Sur le trajet entre Melbourne et Adelaide, les bus McCafferty's et Greyhound s'arrêtent à la gare ferroviaire.

Comment circuler

Ballarat Transit (☎ 5331 7777) possède deux gares routières principales de part et

d'autre de Bridge Mall, l'une Curtis St, l'autre Little Bridge St. Les horaires sont disponibles à l'office du tourisme ou à la gare ferroviaire. Le bus n°2 vous emmène à la gare, le n°15 aux jardins botaniques et au lac Wendouree et les n°9 et 10 à Sovereign Hill.

Si vous avez besoin d'un taxi, appelez Ballarat Taxis (☎ 131 008).

CLUNES

• **code postal 3370** • **850 habitants**

Charmante petite localité située à 32 km au nord de Ballarat, Clunes est l'un des premiers lieux où l'on a trouvé de l'or dans le Victoria, en juin 1851. Un petit musée, le **William Barkell Arts & Historic Centre**, se trouve 36 Fraser St.

Le **Mt Beckworth**, tout proche, est célèbre pour ses orchidées et ses oiseaux. Vous pouvez visiter les anciennes mines d'or de **Jerusalem** et d'**Ullina**.

Le *Clunes Caravan Park (☎ 5345 3278)*, Purcell St, loue des emplacements à partir de 8 \$ ainsi que des caravanes et des bungalows de 30 à 40 \$ la double.

DAYLESFORD ET HEPBURN SPRINGS

• **code postal 3460** • **6 000 habitants**

Les villes jumelles de Daylesford et Hepburn Springs connaissent aujourd'hui un renouveau qui fait d'elles le "centre thermal du Victoria", réputation établie pour la première fois dans les années 1870.

Outre les touristes de Melbourne, ces deux villes attirent les citadins fatigués de la vie urbaine, et leur population se compose d'un mélange d'habitants de longue date et de personnes en quête d'un autre mode de vie. Elles abritent également une communauté homosexuelle très solide.

Daylesford se présente comme la plus grande des deux villes ; juste au nord, Hepburn Springs est une bourgade résidentielle. L'office du tourisme (☎ 5348 1339), ouvert tous les jours de 9h à 17h, jouxte la poste, Vincent St.

A voir et à faire

L'impressionnant centre thermal **Hepburn Spa Resort** (☎ 5348 2034) offre de nom-

VICTORIA

La fièvre de l'or

En mai 1851, E. H. Hargraves découvrit de l'or près de Bathurst, en Nouvelle-Galles du Sud. La richesse présumée du gisement provoqua la ruée de milliers de gens qui avaient tout abandonné pour tenter leur chance.

La nouvelle atteignit Melbourne au moment même où l'on apprenait l'effet produit sur les populations de Nouvelle-Galles du Sud. Sydney s'était littéralement vidée de ses travailleurs, et la même mésaventure menaçait Melbourne. Or, le Victoria voulait alors se constituer en colonie séparée et ne pouvait prendre le risque de perdre sa force de travail.

Les milieux d'affaires de la jeune cité organisèrent donc une réunion publique et offrirent une récompense à tous ceux qui repéreraient des filons à moins de 300 km de Melbourne. En moins d'une semaine, on en détecta dans la Yarra, mais cette découverte fut rapidement éclipsée par une autre, encore plus importante, à Clunes. Les prospecteurs commencèrent alors à affluer vers le centre du Victoria, et, pendant les mois qui suivirent, la ruée s'inversa : au lieu de franchir le Murray pour se rendre en Nouvelle-Galles du Sud, les chercheurs d'or se précipitèrent sur les sites du Victoria, où, presque chaque semaine, se produisaient de nouvelles découvertes.

On trouva de l'or dans les Pyrenees, dans les lits de la Loddon et de l'Avoca, à Warrandyte et à Buninyong. Puis, en septembre 1851, Ballarat révéla ses importants gisements, suivis de ceux non négligeables de Bendigo, Mt Alexander, Beechworth, Walhalla, Omeo et des collines et des cours d'eau du massif de la Great Dividing Range.

Fin 1851, près de 250 000 onces d'or avaient été extraites. Les fermes et les entreprises perdirent leurs ouvriers et, dans de nombreux cas, furent totalement désertées, les employeurs suivant leurs employés. Des mineurs pleins d'espoir arrivèrent d'Angleterre, d'Irlande, d'Europe, de Chine et de Californie, où les mines étaient épuisées. En 1852, quelque 1 800 personnes débarquaient chaque jour à Melbourne.

Le gouvernement institua une licence d'exploitation de 30 shillings par mois pour tous les prospecteurs, qu'ils trouvent de l'or ou non. Celle-ci ouvrait droit à une concession, limitée à 8 pieds carrés. Ainsi, le gouvernement se dota des moyens nécessaires au contrôle des gisements.

L'administration de chaque gisement était dirigée par un commissaire en chef, dont les adjoints, les milices territoriales, étaient autorisés à vérifier la validité des licences, à infliger des amendes si nécessaire et à emprisonner tout mineur qui ne disposait pas de permis. Si ces dispositions entraînèrent plus tard des troubles sérieux sur les terrains de prospection, elles permirent d'éviter, dans la plupart des cas, une anarchie comparable à celle qui avait régné en Californie.

Cette ruée vers l'or n'en eut pas moins les traits caractéristiques de toutes les autres : travail forcené, malnutrition, alcoolisme, campements sommaires. Certains firent fortune, d'autres furent

breuses prestations, notamment des jacuzzis, des piscines avec plongeoir, des caissons sensoriels, des soins de beauté, des massages et des saunas.

L'accès à la piscine intérieure et au jacuzzi coûte 9 $, les bains à bulles aux huiles essentielles 21/30 $ pour une/deux personnes, les massages à partir de 36 $ et les caissons sensoriels 50 $ l'heure. L'établissement ne désemplit pas le week-end, et les tarifs baissent en semaine.

Le centre est ouvert de 10h à 20h en semaine et de 9h à 20h le week-end.

Tout autour sont disséminées des **sources minérales**, dont la plupart ont un goût assez fort.

Il existe quelques agréables **sentiers de randonnée**. L'office du tourisme vous fournira des cartes et des guides.

Dans Daly St, allez jeter un coup d'œil à la **Convent Gallery**, immense couvent du XIXe siècle transformé en galerie d'art et

bredouilles. Pour chaque réussite, des centaines de destinées furent marquées par le désespoir, le malheur et la mort.

Dans son livre *Australia Illustrated*, publié en 1873, Edwin Carton Booth décrit ainsi la vie sur les champs aurifères au début des années 1850 :

> …on peut vraiment se demander s'il exista de par le monde une communauté où régnèrent de plus grandes souffrances, une méchanceté aussi débridée et une cupidité aussi forte que dans le Victoria de [cette] époque… La vue des milliers de personnes qui grouillaient dans ces années-là à Melbourne et dans son abominable faubourg, Canvas Town, induit à penser que l'inadaptation totale et absolue à une vie utile dans les colonies… avait été estimée comme la seule qualification requise pour constituer un prospecteur favorisé.

Si la ruée vers l'or a eu son côté tragique et son lot de truands, parmi lesquels les célèbres *bushrangers* qui attaquaient régulièrement les chargements d'or en route pour Melbourne, elle a également produit ses héros qui luttèrent pour obtenir une transformation des structures politiques de la colonie (voir l'encadré *La rébellion d'Eureka* plus loin).

En fait, le plus important fut que cet épisode déclencha une ère de croissance et de prospérité fantastique pour le Victoria et ouvrit à la colonisation de nombreuses régions, inexplorées par les Blancs jusque-là.

Dans les 12 premières années de la ruée vers l'or, la population de l'Australie augmenta considérablement, passant de 400 000 habitants à bien plus d'un million. Le seul Victoria atteignit le chiffre de 540 000 habitants, contre 77 000 auparavant. Le développement des chemins de fer et des routes s'accéléra pour répondre à la demande de cette population mouvante et à la nécessité d'acheminer des tonnes d'or et de ravitaillement.

Les compagnies minières, qui succédèrent aux mineurs indépendants, investirent beaucoup dans la région pendant les deux décades suivantes. Les immenses bidonvilles de tentes, de huttes d'écorce, de bars mal famés et de camps de police cédèrent la place à des immeubles en bois et en pierre qui constituèrent les fondations de nombreuses villes du Victoria d'aujourd'hui, telles Ballarat, Bendigo, Maldon et Castlemaine.

C'est dans les années 1880 que les *gold towns* (les villes de l'or) parvinrent au faîte de leur splendeur, et, même si par la suite la production d'or déclina progressivement, la population de la région se stabilisa, l'agriculture et d'autres activités ayant supplanté la prospection.

Le métal précieux fit également de Melbourne la plus grande ville et la principale place financière d'Australie, position qu'elle conserva pendant près d'un demi-siècle.

---

d'artisanat. Les ravissants **Wombat Hill Botanic Gardens** s'étendent au sommet de la colline, dans Central Springs Rd. Du haut de la tour, la vue se révèle magnifique.

On peut louer des bateaux et des kayaks au **lac Daylesford**. Plus magnifique encore, le **lac Jubilee** s'étend à environ 3 km au sud-est de la ville.

Le **Historical Society Museum**, 100 Vincent St, se visite les après-midi de week-end et pendant les vacances scolaires (2,50 $).

Le **Central Highlands Tourist Railway** (☎ 5348 3503) propose des promenades dans des trains anciens, le dimanche entre 10h et 14h45 (5 $). Le **Daylesford Sunday Market** se tient le dimanche matin à la gare ferroviaire.

Où se loger

Il existe de nombreux hébergements, coûteux pour la plupart. Il nous est impossible de les citer tous ; renseignez-vous à l'office du

La rébellion d'Eureka

Les conditions de vie dans les mines d'or étaient égales pour tous. Les distinctions sociales n'avaient plus cours : médecins, commerçants, anciens bagnards et ouvriers peinaient de concert dans la boue. Mais, à mesure que les filons se raréfiaient, les prospecteurs prirent conscience de l'existence de certains privilèges et inégalités.

La taille limitée des concessions, les désagréments provoqués par le contrôle des licences (voir l'encadré *La fièvre de l'or*, plus haut dans ce chapitre), qui souvent s'accompagnait de brutalités policières, le fait que même en payant des taxes les chercheurs d'or n'avaient pas droit à une représentation politique et l'impossibilité d'obtenir de bonnes terres de culture déclenchèrent les troubles qui menèrent à la rébellion d'Eureka, à Ballarat.

En septembre 1854, le gouverneur Hotham ordonna que les licences soient contrôlées deux fois par semaine. Un mois plus tard, un mineur fut assassiné près d'un hôtel de Ballarat après une dispute avec le propriétaire de sa concession, James Bentley. Lorsque Bentley fut acquitté par un magistrat qui se trouvait être également son associé en affaires, un groupe de mineurs déclencha une émeute qui culmina avec l'incendie de l'hôtel du meurtrier. Un second jugement condamna Bentley, mais les émeutiers furent également écroués, ce qui ne fit qu'accentuer la méfiance ressentie à l'égard des autorités.

Les mineurs créèrent alors la Ballarat Reform League (Ligue pour les réformes de Ballarat), qui réclamait l'abolition des frais de licence, l'instauration du droit de vote et l'accession facilitée à la propriété terrienne.

Le 29 novembre, une assemblée d'environ 800 mineurs brûla publiquement toutes les licences et érigea une barricade à Eureka. Menés par un Irlandais, Peter Lalor, ils se préparèrent à lutter pour leurs droits.

Le 3 décembre, après des contrôles brutaux, le gouvernement ordonna l'attaque de la barricade de fortune. Il ne restait alors que 150 mineurs, et la bataille ne dura que 20 minutes, faisant 30 victimes parmi les mineurs et 5 parmi les soldats.

Bien que la rébellion ait été de courte durée, les mineurs virent finalement leur action couronnée de succès. Ils avaient gagné la sympathie de la plupart des habitants de l'État et le soutien total de la population des mines d'or. Le gouvernement préféra alors retirer les charges de haute trahison qui pesaient sur les meneurs de la révolte.

Les frais de licence furent abolis et remplacés par le Miner's Right (droit de prospecter), qui coûtait 1 £ par an et permettait, de surcroît, d'ériger des clôtures, de cultiver et de construire une habitation sur un terrain de taille raisonnable et d'élire des représentants à l'Assemblée législative. Le mineur rebelle, Peter Lalor, fut élu député quelques années plus tard.

---

tourisme ou à l'une des agences de la ville. Le week-end et pendant les vacances, de nombreux établissements exigent un séjour minimal de deux nuits.

Daylesford. Le *Jubilee Lake Caravan Park* (☎ *5348 2186*), en bordure du lac Jubilee, à 3 km au sud-est de Daylesford, loue des emplacements à partir de 9 $ et des bungalows de 35 à 70 $. Voyez également le *Victoria Caravan Park* (☎ *5348 3821*), à 1,5 km au sud sur la route de Ballan.

Le *Boomerang Holiday Ranch* (☎ *5348 2525*), à 1 km à l'ouest, dans Tipperary Springs Rd, est un centre d'équitation qui propose un hébergement en lits superposés (draps non fournis) pour 75 $, repas et randonnées à cheval compris.

Le *Pete's Palace* (☎ *5348 6531*) se niche dans le bush à quelque 5 km de la ville sur la route de Ballan. La "cabane" tout équipée n'a rien du Hilton mais elle reste confortable. Elle peut accueillir cinq visiteurs et coûte 13 $ par personne ; vous pouvez également la louer en totalité pour 50 $. Appelez pour qu'on vous explique comment venir ou qu'on vienne vous chercher en ville.

La **Double Nut Guesthouse** (☎ 5348 3981, 5 Howe St) présente un excellent rapport qualité/prix, de 80 à 100 $ la double avec petit déjeuner léger.

Hepburn Springs. La *Continental House* (☎ 5348 2005, 9 Lone Pine Ave) occupe une pension vieillotte baignant dans une ambiance "alternative". Son café végétarien dresse un buffet le samedi soir (10 $). Les lits valent de 12 à 20 $ (draps non fournis).

Le vaste *Springs Hotel* (☎ 5348 2202, 124 Main Rd), bâti dans les années 1930, loue de bonnes simples/doubles à partir de 55/65 $ (s.d.b. commune). A proximité, l'accueillante *Mooltan Guesthouse* (☎ 5348 3555, 139 Main Rd) offre en milieu de semaine un hébergement en B&B à partir de 50/75 $ (s.d.b. commune). Les formules week-end débutent à 170/240 $ avec deux petits déjeuners et un dîner.

Comment s'y rendre
Des bus partent du garage Little's, 45 Vincent St, et se rendent à Woodend (4,30 $), avec correspondance en train pour Melbourne (12,20 $, 2 heures au total). V/Line dessert en semaine Ballarat (8,60 $), Castlemaine (4,30 $) et Bendigo (8,60 $).

Comment circuler
En semaine, un bus effectue la navette entre Daylesford et Hepburn Springs quatre fois par jour. Daylesford Bicycle Hire (☎ 5348 1518) loue des VTT.

CASTLEMAINE
- code postal 3450 • 6 700 habitants
La découverte d'or à Specimen Gully en 1851 et l'arrivée de 30 000 prospecteurs dans les différentes mines regroupées sous le nom de Mt Alexander Diggings transformèrent radicalement le paysage pastoral.

Castlemaine se développa autour du Government Camp et devint bientôt le grand marché des mines d'or du centre du Victoria.

De nos jours, c'est une bourgade à l'ambiance détendue où vivent diverses communautés, installées de longue date ou plus récemment. En avril les années paires, Castlemaine accueille le **State Festival**, l'une des principales manifestations artistiques du Victoria.

L'office du tourisme (☎ 5470 6200), sis dans le Castlemaine Market, Mostyn St, ouvre tous les jours de 9h à 17h.

A voir
Construite en 1861 au coin d'Hunter St et d'Urquhart St, **Buda**, ancienne demeure d'un orfèvre hongrois, resta propriété de ses descendants pendant 120 ans. Des collections d'art et d'artisanat et les effets personnels de la famille sont exposés. La maison se visite tous les jours moyennant un prix d'entrée (plutôt élevé) de 7 $ (enfants 3 $).

Lyttleton St, l'impressionnant **Castlemaine Art Gallery & Historical Museum** présente une collection d'art colonial et contemporain, à découvrir les jours de semaine et les après-midi de week-end (3$).

L'imposant **Old Castlemaine Gaol** offre une très belle vue sur la ville depuis le sommet d'une colline dans Bowden St. Des visites guidées sont organisées le week-end à 11h, 13h et 15h (4 $).

Où se loger
Les hébergements sont trop nombreux pour que nous puissions les citer tous ; renseignez-vous auprès de l'office du tourisme. Vous pouvez effectuer vos réservations au ☎ 5470 5866.

Le **Botanic Gardens Caravan Park** (☎ 5472 1125, Walker St), près des jardins et de la piscine, propose des emplacements à partir de 10 $ et des caravanes fixes à partir de 31 $.

Le *Commercial Hotel* (☎ 5472 1173), au coin de Forest St et de Hargreaves St, loue des chambres au confort sommaire à 30/45 $ la simple/double. Le *Northern Hotel* (☎ 5472 1102, 359 Barker St) facture 20/30 $ la nuit.

Le *Campbell St Motor Lodge* (☎ 5472 3477, 33 Campbell St) occupe un bâtiment datant de 1886. Malgré un intérieur relativement terne, l'établissement reste plaisant, avec des doubles de 65 à 85 \$ et des logements familiaux à 115 \$. Au *Castlemaine Colonial Motel (☎ 5472 4000, 252 Barker St)*, vous débourserez à partir de 66/76 \$.

Le *Midland Private Hotel (☎ 5472 1085, 2-4 Templeton St)* accueille les voyageurs depuis 1879 et offre des chambres d'un bon rapport qualité/prix, à 60/90 \$ avec s.d.b. commune et petit déjeuner. *The Old Castlemaine Gaol (☎ 5470 5311)*, à l'angle de Bowden St et de Charles St, propose un hébergement en B&B dans des cellules reconverties, à 45 \$ par personne ou 65 \$ avec le dîner. Le *Broadoaks (☎ 5470 5827, 31 Gingell St)* fut la dernière demeure de Robert O'Hara Burke (de l'expédition Burke et Wills), qui occupa le poste de commissaire de police à Castlemaine avant de partir pour le périple qui devait lui coûter la vie. Les doubles valent 85 \$, petit déjeuner compris.

Le *Kraus Cottage (☎ 5472 1936, Wills St)* facture 70 \$ la double tout équipée, plus 10 \$ par personne supplémentaire (jusqu'à quatre personnes).

Où sortir

Au *Theatre Royal (☎ 5272 1196, 30-34 Hargreaves St)*, ouvert du mercredi au samedi, les clients peuvent dîner pendant la projection du film et danser après.

Des groupes se produisent au *Criterion Hotel* le week-end.

Comment s'y rendre

Des trains relient quotidiennement Melbourne et Castlemaine (15,20 \$) et continuent vers Bendigo (4,30 \$) et Swan Hill (26,90 \$).

En semaine, des bus desservent Daylesford (4,30 \$), Ballarat (13,80 \$) et Geelong (24,50 \$).

MALDON

• code postal 3463 • 1 250 habitants

La population de Maldon ne représente plus qu'un infime pourcentage des 20 000 personnes qui travaillaient autrefois dans les mines d'or. Vestige bien conservé de l'époque, la ville s'est vu attribuer par le National Trust le titre de "notable town".

L'office du tourisme (☎ 5475 2569), installé dans les bureaux du comté, High St, est ouvert tous les jours de 9h à 17h. Vous pourrez vous y procurer les brochures *Information Guide* et *Historic Town Walk*.

Le **musée historique** aménagé dans les anciennes halles, High St, présente une collection intéressante et se visite l'après-midi. A 2 km au sud de la ville, à deux pas de Parkin's Reef Rd, la **Carmen's Tunnel Goldmine**, creusée dans les années 1880, propose des visites le week-end et pendant les vacances scolaires entre 13h30 et 16h (3,50/1,50 \$).

Un **train à vapeur** circule les dimanche et mercredi (10 \$, 6 \$/enfant, 29 \$/famille). A 2,5 km de la ville, sur la route de Bendigo, le **Porcupine Township**, reconstitution d'une ancienne cité minière, ouvre tous les jours de 10h à 17h (entrée : 7/5 \$, 20 \$ pour les familles).

L'excellent **Maldon Folk Festival** a lieu début novembre.

Où se loger

Hospital St, le *Maldon Caravan Park (☎ 5475 2344)* loue des emplacements de tente à partir de 10 \$ mais aussi des caravane fixes et des bungalows de 29 à 48 \$. Le *Derby Hill Accommodation Centre (☎ 5475 2033)*, Phoenix St, accueille principalement des colonies de vacances mais propose également, le week-end et pendant les vacances, des chambres de style motel affichées à 30 \$ par adulte.

Dans cette ville, même les motels ont du caractère. Le *Maldon's Eaglehawk (☎ 5475 2750, 35 Reff St)* abrite de confortables bungalows sis dans un agréable jardin (doubles à partir de 84 \$).

Les autres hébergements sont essentiellement des B&B chic. Nous citons ci-dessous quelques adresses ; sinon, renseignez-vous à l'office du tourisme. *The Barn & Loft (☎ 5475 2015, 64 Main St)* est une grange de deux étages dotée de deux logements. Les doubles coûtent de 85 à 95 \$, petit déjeuner compris.

Parmi les autres B&B, l'imposante *Calder House (☎ 5475 2912, 44 High St)* facture de 70/95 à 95/120 \$ la simple/double, tandis que le **McArthur's B&B** (☎ 5475 2519, 43 Main St), derrière le restaurant du même nom, dispose de doubles à partir de 75 $.

Vous avez le choix entre de nombreux cottages tout équipés, dont beaucoup sont gérés par les **Heritage Cottages of Maldon** (☎ 5475 1094).

Où se restaurer
Plusieurs cafés et salons de thé jalonnent la grand-rue. Le **Kangaroo Hotel**, High St, abrite un agréable bar et un excellent bistrot servant des plats de 9 à 16 $.

Le **McArthur's** (☎ 5475 2519, 43 Main St) est un restaurant à l'ancienne où vous trouverez de tout, depuis les sandwiches toastés jusqu'aux truites servies entières. Au dîner, les plats principaux valent de 13 à 16 $. Le **Ruby's at Calder House** (☎ 5475 2912, 44 High St) arrive dans le peloton de tête des meilleurs restaurants de l'État. Le végétariens ne sont pas oubliés (plats de 15 à 20 $ environ).

Comment s'y rendre
Castlemaine Bus Lines (☎ 5472 1455) propose en semaine deux bus entre Maldon et Castlemaine (2,80 $), avec une correspondance en train depuis/vers Melbourne. Le trajet dure environ 2 heures au total.

AVOCA ET LES PYRENEES RANGES
La petite ville d'Avoca se trouve au centre d'une région viticole en plein essor. L'office du tourisme (☎ 5465 3767), à côté de la poste, est ouvert presque tous les jours de 10h à 16h. Il distribue la brochure *Pyrenees & Grampians Wine Trail*.

Le **Mt Avoca**, plus haut sommet des Pyrenees Ranges qui s'étendent à proximité, culmine à 760 m. Il est sillonné de sentiers de randonnée, notamment le **Pyrenees Trail**, long de 18 km, qui part de la Waterfall Picnic Area à 7 km à l'ouest d'Avoca.

BENDIGO
• code postal 3550• 60 000 habitants

Lorsqu'on découvrit de l'or à Ravenswood en 1851, des milliers de prospecteurs convergèrent vers les gisements prodigieusement riches de Bendigo. L'arrivée de milliers de mineurs chinois en 1854 imprima une marque durable sur la ville, qui possède encore de nos jours un riche patrimoine chinois.

Durant les années fastes, entre 1860 et 1880, les compagnies minières déversèrent d'immenses richesses sur la ville ; on peut admirer aujourd'hui une multitude de beaux bâtiments victoriens. Dans les années 1860, les gisements de surface commencèrent à s'épuiser et l'exploitation souterraine débuta. Aujourd'hui, Bendigo est une ville de province prospère.

Renseignements
L'office du tourisme (☎ 5444 4445) et centre d'exposition, situé dans l'ancienne poste de Pall Mall, ouvre tous les jours de 9h à 17h. Le bureau du RACV (☎ 5443 9622) se trouve 112 Mitchell St et celui de Parks Victoria (☎ 5444 6620) 57 View St.

Chinese Joss House
Ce temple chinois situé dans Finn St, à North Bendigo, est l'un des rares encore en service dans le Victoria. Il est ouvert tous les jours (3 $) de 10 à 17h (16h en hiver).

Central Deborah Gold Mine
Profonde de 500 m, cette mine ouverte dans les années 1940 était connectée à deux autres puits datant des premiers jours de la ruée vers l'or. Elle produisit près d'une tonne d'or avant de fermer en 1954. Elle est à nouveau exploitée et constitue également une curiosité touristique. Située dans Violet St, elle ouvre tous les jours de 9h à 17h. Vous pouvez vous promener en surface (6 $) ou suivre une visite souterraine de 70 minutes (15,50/8 $). Un billet combiné pour la visite de la mine et un tour sur le Talking Tram coûte 21/11 $.

Talking Tram
Un tramway d'époque part de la Central Deborah Mine, traverse le centre de la ville et arrive au musée du tramway (entrée libre pour les détenteurs d'un billet de tramway) et à la Chinese Joss House. Ce circuit est accompagné d'un commentaire (8/4,50 $).

VICTORIA

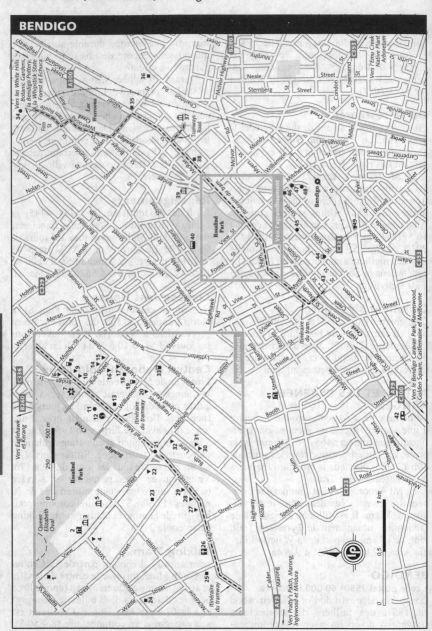

BENDIGO

	OÙ SE LOGER				
1	Bendigo Central Motor Lodge	15	Darby O'Gills	8	Sundance Saloon
13	Shamrock Hotel	16	Cafe La Vache	11	Law Courts
18	Old Crown Hotel	17	The House of Khong	12	Office du tourisme, ancienne poste
23	City Centre Motel	20	Gillies' Pies	19	Eclipse
24	Marlborough House	22	Whirrakee Restaurant & Wine Bar	21	Alexandra Fountain
25	Cathedral Terrace B&B	27	Rasoyee	26	Cathédrale du Sacré-Cœur
35	Julie-Anna Inn Motel	28	Mexican Kitchen	33	Studio 54
36	Fleece Inn Hotel	29	Jo Joe's	34	Chinese Joss House
38	Jubilee Villa	30	Bath Lane Cafe	37	Musée du tramway
42	Central City Caravan Park	31	Green Olive Deli	39	Golden Dragon Museum & Gardens
46	Hopetoun Hotel	32	Cafe au lait	40	Aquatic Centre
		49	Queens Arms Hotel	41	Fortuna Villa
	OÙ SE RESTAURER			43	Central Deborah Gold Mine
4	Rifle Brigade Pub Brewery		DIVERS	44	The Vine
6	Bazzani	2	Dudley House	45	Bendigo Cinemas
9	Clogs	3	Bendigo Regional Arts Centre (Capital Theatre)	47	RACV
10	Cafe Kryptonite	5	Bendigo Art Gallery	48	Discovery Science & Technology Centre
14	The Match Bar & Bakehouse	7	Conservatory Gardens		

Les départs ont lieu en semaine à 9h30, 11h30, 13h30 et 15h de la Central Deborah Mine et cinq minutes plus tard de l'Alexandra Fountain. Le week-end, le tramway part toutes les heures entre 9h30 et 15h30 (sauf à 12h30).

Bendigo Double-Decker Bus Tours (☎ 5441 6969) fait le tour des principaux sites touristiques. Le billet coûte 8/4 $ et vous permet de monter et de descendre où bon vous semble en chemin.

Bendigo Art Gallery

La Bendigo Art Gallery abrite une exceptionnelle collection de peintures australiennes des époques coloniale et contemporaine, ainsi que des œuvres européennes du XIXe siècle. Elle ouvre tous les jours de 10h à 17h (2 $) et des visites guidées ont lieu à 14h.

Shamrock Hotel

Bâti en 1897 au coin de Pall Mall et de Williamson St, ce bâtiment constitue un magnifique exemple de l'architecture de style italien prisée à la fin de l'ère victorienne. La légende raconte que les sols étaient régulièrement lavés afin de collecter la poussière d'or déposée par les semelles des mineurs. Des visites se déroulent le week-end à 14h30 (7,50 $).

Golden Dragon Museum & Gardens

Bridge St, l'excellent Golden Dragon Museum abrite les deux dragons chinois portés en procession chaque année à Pâques lors de l'Easter Fair : Old Loong et Sun Loong (le plus long dragon du monde). Le musée se visite tous les jours de 9h30 à 17h (6/3 $, 18 $/famille). Des jardins chinois s'étendent à proximité (2 $/50 c, gratuits avec un billet d'entrée pour le musée).

Bendigo Pottery

Le plus ancien atelier de potier d'Australie (1857) se trouve sur la Midland Highway, à Epsom, à 6 km au nord de Bendigo. Vous trouverez un café, une galerie de vente et des fours anciens et pourrez observer les potiers au travail. Ouvert tous les jours de 9h à 17h (entrée libre).

Promenades à dos de dromadaire

Sedgwick's Camel Farm (☎ 5439 6367), à quelque 20 km au sud de Bendigo, près de Sedgwick, offre diverses prestations, depuis les promenades de 10 minutes (7 $) jusqu'aux excursions de deux jours dans le bush (145 $). La ferme est ouverte le week-end et pendant les vacances scolaires entre

VICTORIA

septembre et mai (10h à 17h) et en semaine sur rendez-vous. L'entrée coûte 2 $.

Manifestations annuelles

Créée en 1871 afin d'aider les organisations caritatives, l'Easter Fair se tient à Pâques. Elle draine des foules nombreuses qui assistent à la procession des dragons chinois, à la retraite aux flambeaux et à bien d'autres spectacles.

L'événement le plus insolite de Bendigo est le "Swap Meet", qui attire des passionnés de vieilles voitures au mois de novembre. A ce moment là, les hébergements se remplissent.

Où se loger

Campings, caravanes et auberges de jeunesse. La région compte une dizaine de parcs pour caravanes. Le *Central City Caravan Park (☎ 5443 6937, 362 High St, Kangaroo Flat)*, installé à 2 km du centre, comporte une partie auberge de jeunesse avec hébergement en bungalows au confort rudimentaire (12 $ le lit). Il loue également des emplacements de tente à 12 $ ainsi que des caravane fixes et des bungalows de 32 à 55 $. Le bus Kangaroo Flat, en provenance de Hargreaves St, vous y dépose.

Hôtels et motels. L'*Old Crown Hotel (☎ 5441 6888, 238 Hargreaves St)*, très central, représente une bonne solution (chambres de pub avec s.d.b. commune à 30/48 $ la simple/double).

Le *Fleece Inn Hotel (☎ 5443 3086, 139 Charlston Rd)*, en face du marché au bétail, propose des chambres en B&B à 20/40 $.

Vous pouvez préférer le légendaire *Shamrock Hotel (☎ 5443 0333)*, dans Pall Mall, dont les doubles au charme suranné (s.d.b. commune) coûtent 65 $, une chambre de type motel 95 $ et une suite entre 125 et 150 $.

Parmi les motels les moins chers et les plus centraux, signalons le *City Centre Motel (☎ 5443 2077, 26 Forest St)* et le *Bendigo Central Motor Lodge (☎ 5443 9388, 181 View St)*, où les doubles démarrent à 55 $.

Comment s'y rendre

La gare de Bendigo se trouve Railway Place, à côté de Mitchell St. La ville est reliée quotidiennement à Melbourne par au moins quatre trains (environ 2 heures ; 20,80 $), *via*, entre autres, Castlemaine (4,30 $) et Woodend (9,80 $). Après Bendigo, ces trains continuent jusqu'à Swan Hill (23,30 $).

Des bus desservent tous les jours Castlemaine (4 $), ainsi que Mildura (46,90 $) *via* Swan Hill (23,30 $) ; d'autres du lundi au samedi Echuca (6,10 $) et, en semaine, Ballarat (18 $) et Geelong (29,30 $).

Comment circuler

Walkers Buslines (☎ 5443 9333) et Christian's Buslines (☎ 5447 2222) sillonnent la région. L'office du tourisme distribue des horaires. Comptez 1,30 $ pour un billet valable 2 heures.

Pour vous déplacer en taxi, adressez-vous à Bendigo Associated Taxis (☎ 5443 0777).

The High Country

Le High Country n'est pas si élevé que son nom pourrait le laisser supposer, puisque son point culminant, le Mt Bogong, ne dépasse pas 1 986 m. Il comporte en revanche des paysages sauvages et variés.

La région offre un vaste choix d'activités sportives : randonnées dans le bush, canoë, rafting dans les rapides, pêche, escalade, deltaplane, parapente, randonnées à cheval et ski, en hiver.

Montrez-vous prévoyant car, dans cet environnement alpin, les conditions climatiques peuvent changer brutalement, même en plein été. Les randonneurs doivent être autonomes et emporter tente, réchaud à pétrole, sac de couchage, vêtements chauds et de bonnes réserves d'eau. L'été, il arrive que l'on marche une journée entière sous un soleil de plomb sans trouver d'eau, puis qu'il gèle la nuit suivante.

Orientation et renseignements

Les principaux offices du tourisme du High Country se trouvent à Mansfield, à Beechworth, à Mt Beauty et à Bright. Toutes les stations de ski importantes disposent d'un bureau d'information de l'Alpine Resort Commission (ARC), en général ouvert toute l'année. En revanche, aucune de ces stations ne dispose de banque.

Pour obtenir un bulletin d'enneigement, composez le ☎ 1902 240 523 ou connectez-vous sur le site web www.snowreport. vic.gov.au.

Comment s'y rendre

La région est desservie depuis Melbourne par des bus V/Line directs. Des correspondances sont également assurées à partir des gares ferroviaires de Benalla et de Wangaratta. La fréquence de ces services varie selon la saison.

De nombreuses routes pouvant se révéler impraticables l'hiver, renseignez-vous auparavant sur leur état en consultant les informations enregistrées au ☎ 1902 240 523. L'hiver, les routes menant aux stations de ski ne sont accessibles qu'aux véhicules équipés de chaînes.

ALPINE NATIONAL PARK

L'Alpine National Park (646 000 ha) s'étend jusqu'aux confins de la Nouvelle-Galles du Sud et du Territoire de la Capitale d'Australie. Il est divisé en plusieurs zones – Bogong, Wonnangatta-Moroka, Cobberas-Tingaringy et Dartmouth – et desservi par maintes voies d'accès, pour certaines fermées durant la mauvaise saison.

En hiver, le ski est la principale activité pratiquée dans le parc. La plupart des stations se trouvent d'ailleurs soit englobées dans son enceinte, soit à proximité. Le reste de la région demeure très sauvage et se prête, après la fonte des neiges, à mille activités d'extérieur.

Il existe plusieurs aires de camping aménagées, même si le camping sauvage est autorisé presque partout. Parmi les nombreux sentiers de randonnée de ce parc, citons l'Australian Alps Walking Track, long de 655 km, qui relie Walhalla aux faubourgs de Canberra.

Parks Victoria dispose de plusieurs bureaux dans cette région.

Mt Buller
• altitude 1 805 m

Situé à 47 km à l'ouest de Mansfield et à 237 km (moins de 3 heures de route) au nord-est de Melbourne, le village de Mt Buller Alpine (1 600 m) est la plus vaste station de ski du Victoria.

Les 162 ha (dénivelé de 400 m) du domaine skiable raviront les skieurs de tous niveaux : 25% de pistes pour débutants, 45% de pistes de difficulté moyenne et 30% de pistes rouges et noires. Des pistes de randonnée relient également Mt Buller à Mt Stirling.

Quelques rares restaurants, bars et lieux d'hébergement demeurent ouverts en dehors de la saison de ski, et le télésiège de Horsehill fonctionne en janvier et pendant la plupart des week-ends de février et de mars.

Raw NRG Mt Buller (☎ 5777 6887), dans le Village Centre "The Tunnel", loue des VTT à partir de 16 \$/heure et organise hors saison des circuits à bicyclette d'un à quatre jours.

Renseignements. Le Mt Buller Resort Management Board (☎ 5777 6077, mbresort@mansfield.net.au), dans Summit Rd, en face de l'immeuble du Village Centre, est ouvert tous les jours de 8h30 à 17h en hiver.

L'été, le bureau d'information se transporte dans les locaux de la poste, dans Summit Rd et ouvre en semaine de 8h30 à 17h et le week-end de 10h à 16h. Consultez aussi le www.skibuller.com.au, géré par la compagnie de télésièges de Mt Buller.

En saison, le parking coûte 18 \$/voiture/jour et le forfait d'une journée 62 \$ (des forfaits d'une demi-journée sont en vente l'après-midi). La station propose aussi des combinés forfait-cours de ski à 95 \$.

Mt Hotham
• altitude 1 868 m

Mt Hotham, à 373 km de Melbourne, dispose d'un domaine skiable de bonne qualité réparti sur 245 ha (quelque quatre pistes pour débutants, 34 intermédiaires et 37 de haut niveau), avec un dénivelé de 428 m. On peut pratiquer le ski nocturne au Big D et le télésiège du Village Chairlift fonctionne en janvier.

Renseignements. Le Mt Hotham Alpine Resort Management (☎ 5759 3550, www.hotham.net.au), installé dans le centre administratif du village, ouvre tous les jours de 8h à 17h en saison et pendant la semaine uniquement le reste de l'année.

Pendant la saison de ski, il vous faudra régler un droit d'entrée de 17 \$/voiture, et le forfait d'une journée revient à 64/33 \$ par adulte/enfant (87/59 \$ pour un combiné forfait-cours).

Où se loger. Le Mt Hotham Accommodation Service (☎ 1800 032 061, Lawlers Apartments, hotham@netc.net.au) propose des hébergements, en général dans des lodges (comptez un minimum de 45 \$). Vous pouvez aussi vous adresser au Mt Hotham-Falls Creek Reservation Centre (☎ 1800 354 555), dans l'immeuble Hotham Central. Tous deux se chargeront de vos réservations. Skicom (☎ 1800 657 547), établi dans le Last Run Bar, s'occupe principalement d'appartements. La plupart des établissements ferment l'été, mais ces organismes vous aideront à dénicher un toit.

Dinner Plain

L'élégant village de Dinner Plain, situé à 11 km à l'est de la station de ski de Mt Hotham, héberge l'hiver de nombreux skieurs et dispose d'un télésiège.

Une navette relie Dinner Plain à Mt Hotham en bus. Vous pouvez aussi y rendre à ski par les excellents chemins de randonnée tracés entre les deux stations. En été, le village constitue un point de départ idéal pour découvrir le High Country, d'autant qu'il dispose d'hébergements ouverts toute l'année.

Après avoir profité de quelques-unes des plus belles promenades du pays, vous pourrez effectuer des randonnées équestres (de 1 heure à 1 semaine) avec Dinner Plain Trail Rides (☎ 5159 6445).

Pour vous loger, adressez-vous à Dinner Plain Central Reservations (*☎ 5159 6451 ou 1800 670 019, dinnerplain@b150.*

aone.net.au), qui se chargera de vos réservations. Sachez qu'en hiver les prix sont élevés partout. Ainsi, le *Currawong Lodge (☎ 9827 3996)*, dont les tarifs estivaux démarrent à 25 \$/personne, demande en hiver jusqu'à 140 \$.

Falls Creek
* altitude 1 780 m

Située en bordure des Bogong High Plains, Falls Creek est à quelque 4 heures 30 en voiture de Melbourne.

Renseignements. Le Falls Creek Tourist Information Centre (☎ 5758 3490 ou 1800 453 525, www.skifallscreek.com.au), au pied du télésiège d'International Poma, ouvre tous les jours de 9h à 18h en saison, mais ferme à 17h l'été.

Pendant la saison de ski, le droit d'entrée à la station se monte à 17 \$ par voiture, et vous débourserez 64/33 \$ pour un forfait d'une journée ou 87/59 \$ pour un forfait assorti de cours.

Activités estivales. D'excellents sentiers de randonnée partent de Falls Creek, mais vous pouvez également pratiquer un tas d'autres activités, comme monter à cheval avec Daily Trail Rides (☎ 5758 3655) ou faire du VTT (le Viking Lodge en loue).

Où se loger. En hiver, Falls Creek offre très peu de possibilités d'hébergement bon marché. Falls Creek Central Reservation (☎ 1800 033 079) se charge des réservations tout au long de l'année.

MT BEAUTY
* code postal 3699 * 1 650 habitants

Mt Beauty et sa jumelle Tawonga South donnent accès à la station de ski de Falls Creek et aux Bogong High Plains. Ces villages disposent d'un bon choix d'hébergements tout au long de l'année, ainsi que de services hivernaux spécifiques tels les location de skis et les transports vers la montagne.

L'office du tourisme (☎ 5754 4531), situé en bordure de la Kiewa Valley Highway (C531), est ouvert tous les jours de 9h à 17h. Le bureau de Parks Victoria (☎ 5754

4693) se trouve lui aussi sur la Kiewa Valley Highway, à Tawonga South.

Ne manquez pas le petit **Kiewa Valley Heritage Museum**, qui jouxte l'office du tourisme.

Activités sportives

A 4 km des villages jumeaux par Mountain Creek Rd (quittez la Kiewa Valley Highway au niveau du Bogong Hotel, à Tawonga), Bogong Horseback Adventures (☎ 5754 4849) organise des randonnées de 2 jours dans les Bogong High Plains.

Mt Beauty propose encore bien d'autres activités : circuits en VTT (à réserver auprès de Mountain Logistix, au ☎ 5754 1676), deltaplane à moteur avec Powered Hang Gliding (☎ 0417 496 264), pêche avec Angling Expeditions (☎ 5754 1466), randonnée pédestre, canoë ou ski de fond avec Ecotrek et Bogong Jack Adventures (☎ 5727 3382).

Où se loger

L'office du tourisme dispose d'une ligne affectée aux réservations (☎ 1800 808 277).

Le *Tawonga Caravan Park* (☎ *5754 4428)*, sur Mountain Creek Rd (quittez la Kiewa Valley Highway au niveau du Bogong Hotel, à Tawonga) loue des emplacements de camping à partir de 12 \$, des caravanes fixes à partir de 35 \$ et des bungalows à partir de 40 \$.

Au *Baenschs* (☎ *5754 4041, 16 St Bernaud Drive)*, à Tawonga South, comptez un minimum de 30 \$ par personne en chambre double. Les *Carver's Log Cabins* (☎ *5754 4863)*, Buckland St, à Tawonga South, sont des bungalows pouvant accueillir jusqu'à 6 occupants (75 à 110 \$).

Les chambres avec s.d.b. commune du *Bogong Hotel* (☎ *5754 4482)*, sur la Kiewa Valley Highway, à Tawonga, reviennent à 30 \$/personne. Le motel le moins cher de la station, le *Meriki Motel* (☎ *5754 4145)*, dans Tawonga Crescent, à Tawonga South, facture ses chambres entre 55 et 80 \$ la double, petit déjeuner compris.

Comment s'y rendre

En semaine, V/Line dessert Mt Beauty par un service train et bus *via* Wangaratta.

Pyle's Coaches (☎ 5754 4024), à Tawonga South, assure toute l'année une liaison quotidienne avec Albury et avec Falls Creek l'hiver uniquement. Cet opérateur met également sur pied des circuits en 4x4 au Mt Feathertop en dehors de la période d'enneigement pour 65 \$/jour.

MANSFIELD

• code postal 3722 • 2 550 habitants

Cette petite bourgade proche de Mt Buller constitue un port d'attache parfait pour rayonner dans le High Country.

Le **cimetière de Mansfield**, au bout de Highett St, abrite les tombes de trois policiers tués par Ned Kelly en 1878. Un monument à leur mémoire se dresse aussi au centre du rond-point qui marque la jonction de High St et Highett St.

L'office du tourisme (☎ 5775 1464), qui occupe l'ancienne gare ferroviaire, High St, ouvre tous les jours de 9h à 17h et propose un service de réservation (☎ 1800 060 686). Le bureau du NRE (☎ 5733 0120) se trouve au 33 Highett St.

Activités sportives

Plusieurs opérateurs vous emmèneront visiter le High Country à cheval. Parmi eux, Stoney's Bluff and Beyond (☎ 5775 2212), Watson's Mountain Country Rides (☎ 5777 3552) et Merrijig Lodge (☎ 5777 5590).

Mountain Adventure Safaris (☎ 5777 3759, mas@mansfield.net.au) propose un grand choix d'activités, dont du VTT, du rafting dans les rapides, des randonnées à pied et des descentes en rappel.

Avec High Country Camel Treks (☎ 5775 1591), à 7 km sud du village, vous effectuerez des promenades de 1 heure à dos de dromadaire (18 \$) ou des excursions de 1, 2 ou 5 jours.

Où se loger

Le *James Holiday Park Caravan Park* (☎ *5775 2705)*, Ultimo St, dispose d'emplacements à partir de 14 \$ et de caravanes fixes à partir de 35 \$.

Bien conçue, la *Mansfield Backpackers' Inn* (☎ *5775 1800, 112 High St)*, située dans le *Travellers Lodge*, loue des lits en

VICTORIA

double ou en dortoir de 4 ou 6 lits superposés à partir de 15 $ par personne (20 $ en hiver). Les chambres de type motel commencent à 60 $ la double.

Les deux pubs établis sur le rond-point principal, le **Mansfield Hotel** (☎ *5775 2101*) et le **Delatite Hotel** (☎ *5775 2004*), proposent un hébergement en B&B à partir de 20 et 25 $ par personne respectivement. Vous débourserez entre 61 et 73 $ pour une double au **Mansfield Motel** (☎ *5775 2377, 3 Highett St*).

L'**Alzburg Resort** (☎ *5775 2367, 39 Malcolm St*), un grand complexe touristique bâti autour d'un couvent vieux d'un siècle, dispose de chambres pouvant accueillir jusqu'à 6 occupants, pour certaines équipées de kitchenettes, à partir 55/75 $ pour deux en été/hiver.

Au **Highton Manor** (☎ *5775 2700*), une belle demeure ancienne dans Highton Lane, le logement de base revient à 35 $ par personne, mais il existe des chambres plus confortables et plus chères.

A peu près à mi-chemin entre Mansfield et Mt Buller, le petit village de **Merrijig** offre des hébergements moins montagnards. Les hôtes de l'**Arlberg Merrijig Resort** (☎ *5777 5633*) occupent des bungalows ou des chambres de type motel (de 55 à 80 $ la double) et profitent d'un restaurant, d'une piscine et de courts de tennis.

Où se restaurer

Pour un café ou un en-cas sur le pouce, essayez le **Bon Apetit** (*39 High St*). Le **Mansfield Hotel** et le **Delatite Hotel** servent tous deux des plats du jour facturés entre 9 et 16 $.

Le **Come 'n' Get Stuffed**, High St, propose une cuisine inventive au petit déjeuner, à midi et le soir (plats entre 4 et 17 $). A l'élégant **Sirens Restaurant** (☎ *5779 1600, 28 Highett St*), spécialiste des pâtes, des steaks et des produits de la mer, un plat principal coûte entre 13 et 18 $.

Comment s'y rendre

Les bus V/Line relient deux fois par jour (une fois le dimanche) Mansfield à Melbourne pour 26,90 $. En saison de ski, les Mansfield-Mt Buller Bus Lines (☎ 5775 2606) assurent des services quotidiens pour le Mt Buller (19 $).

BRIGHT

• code postal 3741 • 1 900 habitants

Jolie villégiature de l'Ovens Valley, dans les contreforts du High Country, Bright représente tout au long de l'année une bonne base pour visiter la région.

Depuis Brigth, il faut compter 1 heure sur une fort belle route pour atteindre les pentes enneigées du Mt Hotham et de Falls Creek, et 30 minutes pour arriver à Mt Buffalo.

L'office du tourisme (☎ 5755 2275), au 119 Gavan St, est ouvert tous les jours de 9h à 17h. Le bureau de Parks Victoria (☎ 5755 1577) occupe le 46 Bakers Gully Rd.

A voir et à faire

Le **Bright & District Historical Society Museum**, installé dans l'ancienne gare, est ouvert le dimanche de 14h à 16h (et les mardi et jeudi après-midi pendant les vacances scolaires). Le **Centenary Park**, au bord de l'Ovens, offre d'agréables aires de pique-nique et de baignade.

Boynton's of Bright, à environ 8 km au nord-ouest du village, sur la Great Alpine Rd, est un excellent domaine viticole, qui se visite tous les jours.

La région ne manque pas de sentiers de randonnées ni de chemins menant à des points de vue. Pour en savoir plus, demandez à l'office du tourisme la brochure intitulée *Short Walks around Bright*. Le Bright Sports Centre (☎ 5755 1339) loue des VTT, et Getaway Trailbike Tours (☎ 5752 2336) organise des circuits à vélo. Pour monter à cheval, adressez-vous à Freeburgh Horse Trails (☎ 5755 1370), qui propose de courtes balades et des randonnées de plusieurs jours.

Alpine Paragliding (☎ 5755 1753) et l'Eagle School of Hang-Gliding (☎ 5750 1174) proposent des vols d'initiation (parapente et deltaplane), ainsi que des stages permettant d'obtenir un brevet. Ils possèdent aussi des deltaplanes à moteur. Avec Rapid Descents (☎ 02-6076 9111, rafting@ rapiddescents.com.au), vous pratiquerez le

tudley Park Boat House, Melbourne (Victoria)

Le Victorian Arts Centre Spire à Melbourne

Gratte-ciel et bains de mer : la plage de Brighton à Melbourne

Oxer Lookout, Karijini National Park (WA)

Lake Cave, Leeuwin-Naturalist National Park (WA)

Mitchell Falls, Mitchell Plateau (WA)

Rossiter Bay et ses fleurs sauvages (Cape Le Grand)

Thistle Cove à Cape Le Grand (WA)

Mushroom Rock Gorge, Kalbarri National Park (WA)

RICHARD I'ANSON

rafting et avec River Mountain Guides (☎ 1800 818 466) la randonnée, le ski, le canoë et le canyoning (circuits).

Où se loger

L'office du tourisme dispose d'un service de réservation (☎ 1800 500 117).

Campings, caravanes et auberges de jeunesse. Le *Bright Caravan Park (☎ 5755 1141, yhalodge@bright.albury.net.au)*, dans Cherry Lane, comporte une excellente auberge YHA (lits en dortoir à 16 $ et à 19 $ pour les non-membres). Les emplacements de camping dans le parc commencent à 17 $, et les bungalows s'échelonnent de 48 à 82 $.

Très bien équipé, le *Bright Hikers Backpackers' Hostel (☎ 5750 1244, 4 Ireland St, gwhite@netc.net.au)* loue ses lits en dortoir 15 $ et ses chambres à lits jumeaux/doubles 32 $. Les propriétaires peuvent organiser à votre intention maintes activités.

Autres hébergements. L'*Alpine Hotel (☎ 5755 1366)*, Anderson St, possède des simples/doubles à 30/45 $ et des chambres de type motel à 35/50 $.

Bien situé, l'*Elm Lodge Motel (☎ 5755 1144, 2 Wood St)* offre en outre l'un des meilleurs rapports qualité/prix de Bright avec des chambres à partir de 38/47 $ (réductions pour les backpackers).

A la *Bright Alps Guesthouse (☎ 5755 1197, 83-85 Delany Ave)*, une confortable double avec s.d.b. commune vous coûtera 60 $, petit déjeuner compris. La pension dispose aussi d'un appartement indépendant pouvant accueillir 5 personnes (à partir de 80 $ pour deux).

Désuète et décontractée, la *Rosedale Guesthouse (☎ 5755 1059, 117 Gavan St)* loue des chambres allant de la simple à la chambre familiale pour six. Comptez 40/65 $ en B&B et environ 60 $ par personne en demi-pension.

Comment s'y rendre

Le trajet entre Melbourne et Bright revient à 39,80 $ (train jusqu'à Wangaratta, puis bus jusqu'à Bright).

MYRTLEFORD

• code postal 3737 • 2 700 habitants

Myrtleford, qui s'est autoproclamée "porte des Alpes victoriennes", se niche au pied du Mt Buffalo. Le village en lui-même ne présente pas grand intérêt, mais constitue une étape pratique pour qui se rend dans le High Country.

Où se loger

Parmi les meilleures adresses, signalons le *Happy Valley Hotel (☎ 5751 1628)* à Ovens, à 5 km au sud-est de Myrtleford. Ce pub ancien (1870) offre un excellent rapport qualité/prix avec des chambres à 35/55 $, petit déjeuner continental compris.

Proche du centre de Myrtleford, le *Myrtleford Caravan Park (☎ 5752 1598)*, dans Lewis Ave, propose des emplacements à partir de 12 $ et des caravanes fixes à partir de 25 $. Les chambres de pub du *Myrtleford Hotel/Motel (☎ 5752 1078)*, à l'angle de Standish St et de Smith St, démarrent à 20/30 $ (30/45 $ avec s.d.b.). Au *Railway Hotel/Standish Street Motel (☎ 5752 1583, Standish St)*, récemment rénové, les chambres de pub, confortables, commencent à 35 $ et les chambres de motel à 38/58 $.

La *Golden Leaf Motor Inn (☎ 5752 1566)*, sur la Great Alpine Rd, loue des chambres à partir de 62/67 $.

BEECHWORTH

• code postal 3747 • 2 950 habitants

Cette pittoresque bourgade des contreforts nord du High Country est classée par le National Trust comme l'une des deux villes "notables" du Victoria. Elle a dû son essor, à partir de 1852, aux mines d'or de l'Ovens Valley, dont elle est devenue le centre urbain.

L'office du tourisme (☎ 5728 3233, www.beechworth-index.com.au), Ford St, ouvre tous les jours de 9h à 17h. Le matin, en période de vacances scolaires (sauf le dimanche), un historien donne des conférences sur Ned Kelly et ses liens avec Beechworth.

Pour tout renseignement sur les sentiers pédestres des environs, consultez le bureau du NRE (☎ 5728 1501), sur le campus de La Trobe University, sur Albert Rd, qui est ouvert l'été en semaine de 9h à 16h30 et le reste de l'année du mardi au jeudi de 9h à 13h et le vendredi de 9h à 16h30 (fermé le lundi).

A voir et à faire

Le **Burke Museum**, dans Loch St, abrite une collection de souvenirs de la ruée vers l'or et une reconstitution complète de la grand-rue au XIXe siècle, avec 16 vitrines de boutiques. Il ouvre tous les jours pendant les vacances scolaires de 9h à 16h30 et le reste de l'année de 9h à 15h30 (entrée : 5/3 $ et 14 $ pour une famille).

La **Gorge Scenic Drive**, circuit touristique de 5 km dans les environs de Beechworth, longe divers sites historiques tels que le **Powder Magazine**, une poudrière construite en 1859, qui se visite tous les jours de 10h à 12h et de 13h à 16h (uniquement l'après-midi de février à août ; 1,30 $).

Les caves des **MB Historic Cellars**, à l'angle de Last St et de William St, abritent une exposition intéressante consacrée à l'ancienne brasserie (entrée libre). Au 1er étage, une boutique vend les sirops et les cordiaux "maison". C'est dans l'**Historic Courthouse**, l'ancien tribunal, dans Ford St, que Ned Kelly fut traduit en justice pour la première fois pour le meurtre des policiers Scanlon et Lonigan, en août 1880 (ouvert tous les jours de 10h à 16h ; 2 $).

Le **Carriage Museum**, dans Railway Ave, présente une collections de voitures à cheval, tous les jours de 10h à 12h et de 13h à 16h, sauf le week-end et en février, où il n'ouvre que l'après-midi (1,50 $).

Le **Beechworth Stagecoach** propose une promenade en diligence autour de la ville (5 $). Vous pouvez aussi vous inscrire aux "Historic Town Tours" des Beechworth Bus Lines (durée : 2 heures ; 12,50 $; réservations à l'office du tourisme). Pour visiter la région à cheval, adressez-vous à Woorage Trail Rides (☎ 5728 7282).

Où se loger

Proche du lac, le *Lake Sambell Caravan Park (☎ 5728 1421)*, dans McConville Ave, propose des emplacements à partir de 11 $, des caravanes fixes à partir de 28 $ et des bungalows à partir de 40 $.

Le *Tanswell's Commercial Hotel (☎ 5728 1480, 30 Ford St)*, un pub rénové, facture ses agréables chambres avec s.d.b. commune à partir de 25/40 $ (35/55 $ le week-end), petit déjeuner continental compris.

Très central, l'*Armour Motor Inn (☎ 5728 1466, 1 Camp St)* loue ses chambres à partir de 70/75 $; à la confortable *Carriage Motor Inn (☎ 5728 1830, 44 Camp St)*, les prix démarrent à 70/80 $.

Beechworth dispose d'une bonne sélection de B&B. L'un des meilleurs, le *Rose Cottage (☎ 5728 1069, ros-cot@hotkey.net. au, 42 Camp St)*, demande un minimum de 65/90 $ la nuit.

A 5 km au nord de la ville, tout près de l'Old Chiltern Rd, à Woolshed Falls, les bungalows des *Woolshed Cabins (☎ 5728 1035)* peuvent accueillir jusqu'à 5 personnes (à partir de 67 $ pour deux, 8 $ par adulte supplémentaire).

Comment s'y rendre et circuler

V/Line assure tous les jours la liaison Melbourne-Beechworth (34,20 $), en train jusqu'à Wangaratta, puis en bus. Les bus des Wangaratta Coachlines (☎ 5722 1843) desservent Albury-Wodonga, Bright, Rutherglen, etc.

Pour réserver un billet V/Line, Countrylink ou Greyhound, adressez-vous au Beechworth Animal World (☎ 5728 1374), au 36 Camp St, à côté de l'arrêt des bus. L'établissement loue également des VTT.

OMEO HIGHWAY

La seule route d'importance qui traverse le High Country est l'Omeo Highway (C543), qui relie la Murray Valley Highway (A16), au niveau de Tallangatta, à Omeo. Elle comporte plusieurs sections non-goudronnées (entre Anglers Rest et Mitta Mitta) et s'avère souvent bloquée par la neige l'hiver, mais l'emprunter constitue une expérience mémorable.

A environ 70 km au sud de Mitta Mitta, vous pouvez obliquer en direction des Bogong High Plains et de Falls Creek (route fermée en hiver).

A **Anglers Rest**, au bord de la Cobungra, le *Blue Duck Inn Hotel* (☎ 5159 7220) est apprécié des pêcheurs à la ligne et des amateurs de canoë et randonnées dans le bush. Prévoyez de débourser 45 $ pour une double et 65 $ pour un bungalow à 6 lits superposés. Il vous faudra apporter vos draps, mais les oreillers et les *doonas* (duvets) sont fournis.

La Goulburn Valley et la Hume Freeway

La Hume Freeway (M31), l'autoroute la plus fréquentée du Victoria, n'offre guère de panoramas mémorables. Elle passe en revanche près de quelques sites intéressants.

Elle longe notamment la Goulburn Valley (à l'ouest de la Freeway), le verger du Victoria. On y cultive aussi la vigne, et quelques domaines de la vallée méritent une visite, notamment les impressionnants Chateau Tahbilk et domaine Mitchelton, tous deux à proximité de Nagambie.

La Freeway est bordée à l'est par les contreforts du High Country.

SHEPPARTON
• code postal 3632 • 31 900 habitants
Shepparton, capitale de la Goulburn Valley, manque d'attraits touristiques. Si, en revanche, vous cherchez un job de cueilleur de fruits, c'est l'endroit idéal.

L'office du tourisme (☎ 5831 4400 ou 1800 808 839), dans Wyndham St à l'extrémité sud du Victoria Park Lake, ouvre tous les jours de 9h à 17h.

Des visites guidées de la **SPC cannery**, la plus grande conserverie de l'hémisphère sud, ont lieu pendant la saison de mise en conserve des fruits (de janvier à début avril), de 8h30 à 11h et de 12h à 15h30 en semaine (inscriptions à l'office du tourisme).

La région de Shepparton compte plusieurs domaines viticoles, et de nouvelles exploitations voient le jour chaque année. La plus proche de la ville, **Broken River Wines**, à 8 km à l'est, accueille les visiteurs du jeudi au dimanche.

Cueillette des fruits
La récolte des fruits s'étale de janvier à avril. Commencez à vous renseigner en décembre. Le Harvest Office (☎ 1300 720 126, 361 Wyndham St) fait office de bourse du travail. Certaines exploitations proposent des hébergements rudimentaires ou une aire de camping.

Le Kelly Country

Le Kelly Country s'étend au nord-est du Victoria. C'est dans cette région que le plus célèbre hors-la-loi australien, Ned Kelly, vécut quelques-uns de ses plus houleux démêlés avec la justice.

Kelly et son gang de *bushrangers* abattirent trois officiers de police à Stringybark Creek en 1878, dévalisèrent des banques à Euroa et Jerilderie avant d'être arrêtés au cours du siège de Glenrowan.

Kelly et les membres de sa famille furent emprisonnés et jugés à Beechworth, et il fut pendu à l'Old Melbourne Gaol.

VICTORIA

Où se loger
Le plus central de la demi-douzaine de campings que compte la ville est le *Victoria Lake Caravan Park (☎ 5821 5431)*, situé en bordure du lac, tout près de l'office du tourisme de Wyndham St, à environ 1 km au sud du centre-ville. Il propose des emplacements à partir de 9 $, des caravanes fixes et des bungalows entre 30 et 48 $ pour deux.

Le *Backpackers International (☎ 5831 8880, 129 Benalla Rd)* vous aidera à dénicher un job et le moyen de vous y rendre. Le tarif hebdomadaire tourne autour de 105 $, mais téléphonez auparavant pour vérifier les prix en vigueur.

L'*Hotel Australia (☎ 5821 4011)*, à l'angle de Maude St et de Fryers St, loue des chambres de pub à l'ancienne 25/40 $ la simple/double. Au *Victoria Hotel (☎ 5821 9955)*, à l'angle de Wyndham St et de Fryers St, les chambres de pub démarrent à 29/39 $ et celles de type motel coûtent 45/55 $.

Shepparton dispose aussi d'une vingtaine de motels, tous assez onéreux. Comptez un minimum de 50/60 $ pour une chambre à la *Tudor House Motor Inn (☎ 5821 8411, 64 Wyndham St)*, en plein centre-ville.

Où se restaurer
Vous trouverez plusieurs snack-bars dans le Maude St Mall. Dans Maude St, à l'ouest du mall, *La Porchetta* mitonne des plats italiens affichés à des prix raisonnables. Pour un plat du jour, essayez l'*Hotel Australia* ou le *Victoria Hotel*.

L'immense *Shepparton Family Restaurant (Boutique 10, City Walk, 302 Wyndham St)* propose des buffets chinois très bon marché à midi (de 11h30 à 14h30) et le soir (de 17h30 à 21h30).

Au *Bosco's (☎ 5831 5858)*, un élégant café-restaurant italien qui fait l'angle de Wyndham St et de High St, un plat principal revient à quelque 18 $. Une autre bonne adresse italienne : le *Cellar 47 on High (170 High St)*.

Comment s'y rendre
La gare de Shepparton se situe au sud du centre-ville, dans Purcell St. La ville est reliée quotidiennement en train et en bus à Melbourne (23,30 $), avec une correspondance en bus pour Cobram (7,50 $).

Les bus V/Line desservent aussi tous les jours Albury (24,50 $) et Benalla (7,50 $), ainsi que Mildura (39,70 $) et Bendigo (9,80 $) 3 fois par semaine.

TATURA
• code postal 3616 • 2 800 habitants
Pendant la Seconde Guerre mondiale, des camps de prisonniers de guerre et des camps d'internement furent établis entre Tatura, Rushworth et Murchison. Tatura, à 20 km à l'ouest de Shepparton, abrite un petit **musée** consacré à cette période (ouvert l'après-midi le week-end). Il existe aussi un **cimetière militaire allemand** à 2 km à l'ouest de Tatura.

NAGAMBIE
• code postal 3608 • 1 300 habitants
Nagambie est bâtie sur la rive du **lac Nagambie**, créé par la construction du barrage de Goulburn Weir en 1887.

L'office du tourisme (☎ 5794 2647, 145 High St) est ouvert tous les jours de 9h à 17h.

Deux des plus célèbres **domaines viticoles** du Victoria, Chateau Tahbilk et Mitchelton, se trouvent au sud du village. Pour les visiter de manière originale, faites une croisière avec Goulburn River Cruises (☎ 5794 2877 ; le week-end et les mercredi et vendredi d'octobre à fin avril et le dimanche pendant le reste de l'année).

Nagambie dispose d'un camping et de motels.

Le Gippsland

Les paysages du Gippsland, dans l'extrême Sud-Est de l'Australie, comptent parmi les plus beaux et les plus variés du pays. L'ouest de la région, très disparate, se compose de la Latrobe Valley, pays de houillères et de centrales électriques, et du South Gippsland, qui comprend le merveilleux Wilsons Promontory National Park. L'East Gippsland, adossé aux forêts sauvages de la Great Dividing Range, renferme le Lakes District et la Wilderness Coast.

Pour passer des vacances sortant de l'ordinaire, tentez un circuit en roulotte gitane tirée par un cheval dans les Strzelecki Ranges. Deux opérateurs, Promway Horse Drawn Gypsy Wagons (☎ 5184 1258), à Yarram, et Tarwin Valley Horse Drawn Wagons (☎ 5681 2244), près de Foster, proposent des caravanes tout équipées de style gitan, et tirées par des chevaux de race Clydesdale, qui peuvent accueillir 5 ou 6 personnes (quelque 90 à 120 \$/jour).

Ramrod Raft Tours (☎ 5157 5548), implanté à 6 km au nord de Bruthen, organise des excursions en rafting à la portée des moins sportifs dans la Tambo River Gorge (40 \$).

Comment s'y rendre

Train. Des trains relient quotidiennement Melbourne à Sale.

Bus. Tous les jours, les bus V/Line en provenance de Melbourne suivent la South Gippsland Highway jusqu'à Leongatha, Fish Creek, Foster et Yarram.

SOUTH GIPPSLAND
Tarra-Bulga National Park

Les étendues boisées du parc de Tarra-Bulga (1 230 ha), à quelque 30 km au sud de Traralgon, comptent parmi les dernières rescapées des forêts qui recouvraient naguère le sud du Gippsland.

Côté ouest, près de Tarra Valley Rd, l'aire de pique-nique de Tarra Valley invite à la détente. Un sentier pédestre de 2,2 km conduit aux **Cyathea Falls**. Vous trouverez une autre aire de pique-nique, celle de Bulga, dans la partie nord du parc, tout près de Grand Ridge Rd. Elle abrite le centre d'accueil des visiteurs du parc (☎ 5196 6166) et marque le départ de la **Fern Gully Nature Walk** (2 km). Il est interdit de camper dans le parc de Tarra-Bulga.

La *Tarra-Bulga Guest House (☎ 5196 6141)*, sur Grand Ridge Rd près de l'entrée du parc, loue des chambres au charme suranné avec s.d.b. commune à partir de 45/75 \$ la simple/double en B&B. Elle propose également des forfaits en demi-pension à partir de 55 \$/personne.

WILSONS PROMONTORY
NATIONAL PARK

Le "Prom" est l'un des parcs nationaux les plus appréciés d'Australie. Il s'étend sur la péninsule qui forme la pointe la plus méridionale de la partie continentale du pays. Ce parc offre plus de 80 km de sentiers de randonnée et tout un choix de plages, pour le surf ou la baignade. Il abrite une faune abondante.

Le droit d'accès au parc se monte à 8 \$ par voiture et par jour. Si vous logez sur place, son prix est inclus dans celui de votre hébergement.

L'unique route carrossable conduit à Tidal River, sur la côte ouest, siège du bureau du parc. Vous y découvrirez également un centre éducatif, une station-service, un supermarché, un cinéma, des emplacements de camping, des bungalows et des chalets, tous gérés par Parks Victoria.

Renseignements

Le bureau du parc (☎ 1800 350552), à Tidal River, est ouvert tous les jours de 8h à 18h. Il assure les réservations pour les hébergements et délivre des permis de camper hors de Tidal River.

Randonnées dans le bush

Le bureau du parc vous fournira un descriptif des sentiers pédestres, qui vont de promenades de 15 minutes à des excursions de plusieurs jours. .

La partie nord du parc reste moins visitée, sans doute parce que la plupart des randonnées proposées dans cette zone sauvage durent au minimum 2 jours et exigent une bonne expérience du bush. Les feux de bois sont autorisés dans cette zone dans des lieux déterminés, sauf les jours d'interdiction totale. Ils sont en revanche interdits dans la partie sud (sauf dans quelques sites de Tidal River entre mai et octobre).

Circuits organisés

Les propriétaires du Foster Backpackers Hostel (☎ 5682 2614, 17 Pioneer St, Foster)

WILSONS PROMONTORY NATIONAL PARK

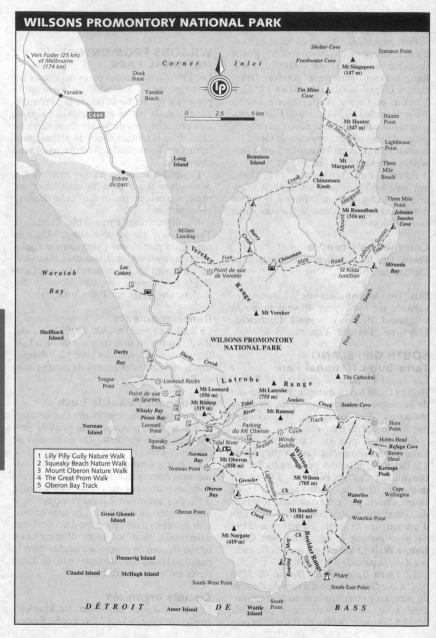

Vers Foster (25 km)
et Melbourne
(174 km)

Corner Inlet

Shelter Cove

Freshwater Cove

Entrance Point

Duck
Point

Yanakie

Yanakie
Beach

Mt Singapore
(147 m)

C444

Tin Mine
Cove

Entrée
du parc

Long Island

Bennison
Island

Mt Hunter
(347 m)

Hunter
Point

Lighthouse
Point

Mt Margaret

Three Mile
Beach

Millers
Landing

Chinamans
Knob

Three Mile
Point

Johnnie
Sussies
Cove

Mt Roundback
(316 m)

Vereker Range

Five

Creek

Barry

Creek

Chinaman

Mile

Road

St Kilda
Junction

Johnny Sussies Track

Mount Margaret Track

Miranda
Bay

Waratah
Bay

Lac
Cotters

Point de vue
de Vereker

Shellback
Island

Mt Vereker

WILSONS PROMONTORY
NATIONAL PARK

Five

Mile

Beach

Darby
Bay

Darby

Creek

Latrobe

Range

The Cathedral

Tongue
Point

Lookout Rocks

Mt Leonard
(556 m)

Mt Latrobe
(755 m)

Sealers

Creek

Sealers Cove

Point de vue
de Sparkes

Mt Bishop
(319 m)

Tidal
River

Mt Ramsay

Sealers
Track

Horn
Point

Whisky Bay
Picnic Bay

Leonard
Point

Parking
du Mt Oberon

Hobbs Head
Refuge Cove
Brown
Head

Norman
Island

Squeaky Beach

Tidal River

Sealers

Cove

Windy
Saddle

Kersops
Peak

Norman
Bay

Mt Oberon
(558 m)

Mt Wilson
(705 m)

Cape
Wellington

Norman Point

Oberon
Bay

Growler

Lighthouse

Wilson Range

Waterloo
Bay

Great Glennie
Island

Oberon Point

Frasers

Creek

Mt Boulder
(501 m)

Waterloo Point

Mt Norgate
(419 m)

Meg
Ck

Ck

Boulder Range Track

Roaring

Dannevig Island

Citadel Island

McHugh Island

Phare

South-West Point

DÉTROIT

Anser Island

DE

Wattle
Island

South
Point

BASS

South-East Point

1 Lilly Pilly Gully Nature Walk
2 Squeaky Beach Nature Walk
3 Mount Oberon Nature Walk
4 The Great Prom Walk
5 Oberon Bay Track

0   2.5   5 km

VICTORIA

organisent un service de bus vers/depuis le Prom, avec départ de Foster à 9h presque tous les jours (10 $/trajet), et louent du matériel de camping.

High Spirit Outdoor Adventures (☎ 0415 116 907 ou 041 22 33 888) propose des randonnées de 3 jours dans le bush à 165 $/personne, avec le transport depuis Melbourne, le matériel de camping, les accès au parc, des planches de surf et tous les repas inclus.

Au départ de Phillip Island, l'Amaroo Park Backpackers (☎ 5952 2548) propose des excursions d'une journée dans le Prom pour 45 $. Vous pourrez passer quelques nuits dans le parc avant de regagner Phillip Island.

Où se loger

Camping. Le camping de Tidal River comporte 500 emplacements, et, en période d'affluence (vacances scolaires, Pâques et longs week-ends), il est indispensable de réserver. Pour Noël, période la plus fréquentée, l'attribution des emplacements se fait en juillet par tirage au sort ; ne comptez pas trouver de place si vous arrivez au dernier moment, même si quelques emplacements sont habituellement réservés aux visiteurs étrangers faisant un court séjour pendant la saison des vacances.

En période d'affluence, les emplacements coûtent 15 $ pour 3 personnes et une voiture, plus 3,20 $ par personne supplémentaire et 4,60 $ par voiture supplémentaire. Ces tarifs baissent légèrement pendant le reste de l'année.

Le parc compte 11 autres aires camping sauvage, toutes munies de toilettes rudimentaires et pour la plupart d'une adduction d'eau. Pour y passer la nuit, vous devrez vous procurer un permis (4,20 $), à réserver à l'avance auprès du bureau du parc.

Huttes et bungalows. Une hutte indépendante pouvant accueillir jusqu'à 6 occupants se loue entre 49 $/nuit la simple/ double en basse saison et 660 $/semaine en période d'affluence.

Le parc comporte aussi des chalets pour les groupes, qui peuvent loger jusqu'à 30 personnes, à partir de 486 $ la nuit.

Les bungalows et les huttes sont en général complets longtemps à l'avance. Sachez aussi que, de septembre à fin avril, le séjour minimal est d'une semaine ; le reste de l'année, vous pourrez les réserver pour un long week-end (3 nuits) ou du lundi au jeudi (4 nuits).

Comment s'y rendre

Aucun moyen de transport public ne relie directement Melbourne au Wilsons Promontory. Les bus V/Line assurent en revanche une liaison quotidienne entre Melbourne et Foster (21,90 $), à environ 60 km au nord de Tidal River.

THE LAKE DISTRICT
Comment s'y rendre

Des trains relient quotidiennement Melbourne à Sale, d'où une correspondance en bus vous conduira à Bairnsdale (coût total du trajet : 33,20 $) ou à Lakes Entrance (40,10 $). Les bus V/Line et Greyhound Pioneer desservent quotidiennement la région et poursuivent leur route par la Princes Highway vers la Nouvelle-Galles du Sud.

Des bus V/Line circulent également tous les jours entre Bairnsdale et Orbost (17,50 $) et Omeo Buslines (☎ 5159 4231) assure en semaine la liaison Bairnsdale-Omeo (23,60 $).

Sale

• code postal 3853 • 13 500 habitants

Située à la jonction de la Princes Highway et de la South Gippsland Highway, Sale fait office de centre résidentiel et de base de ravitaillement pour les champs pétrolifères du détroit de Bass. La ville, reliée par la rivière aux lacs du Gippsland, fut un port animé à l'époque des bateaux à aubes.

Le Sale Information Centre (☎ 5144 1108), en bordure de la Princes Highway, est ouvert tous les jours de 9h à 17h.

Sale occupe le cœur des **Gippsland Wetlands**, un lacis de lacs, de canaux et de *billabongs* qui abrite plus de 130 espèces d'oiseaux aquatiques. Le **Wetlands Centre of Victoria**, York St, près du lac Guthridge, vous renseigne sur l'écosystème local et propose des circuits écologiques de la région.

Ninety Mile Beach

Cette longue et étroite ligne de dunes adossée à des zones marécageuses barrées de lagunes s'étend de Seaspray à Lakes Entrance et fait partie en totalité du Gippsland Lakes Coastal Park. La région étant infestée de kangourous, conduisez très lentement, surtout la nuit.

La plage s'avère idéale pour la pêche et la marche, mais il est déconseillé de s'y baigner, car elle est dangereuse.

On accède principalement à la Ninety Mile Beach depuis Sale par Seaspray ou par Golden Beach. **Seaspray** et **Loch Sport** offrent des boutiques et des possibilités d'hébergement.

Au centre de la Ninety Mile Beach, **The Lakes National Park** couvre 2 400 ha de savane côtière. Pour atteindre ce parc, rendez-vous par la route à Lake Victoria (au départ de Sale, passez par Loch Sport) ou prenez un bateau à Paynesville.

Le bureau de Parks Victoria (☎ 5146 0278), à l'entrée du parc près de Loch Sport, ouvre pendant une heure le matin et une heure l'après-midi. L'unique camping, assez rudimentaire, se trouve à *Emu Bight*. Les emplacements (9,50 $ jusqu'à 6 personnes) se réservent auprès du bureau du parc.

Rotamah Island n'est accessible que par bateau. Le *Rotamah Island Bird Observatory* (☎ 5156 6398) peut vous héberger dans un ancien *homestead*, qui comporte 20 places (65 $/personne en dortoir ou en double, repas et transport depuis la côte compris). L'observatoire dispose d'abris et de sites d'observation des oiseaux, et les sessions sont supervisées par des gardiens.

Bairnsdale

• code postal 3875 • 11 000 habitants
Bairnsdale est la ville la plus importante de ce district.

Le Visitor Information Centre (☎ 5152 3444) occupe le 240 Main St (entre le McDonald's et St Mary's Church). Il ouvre tous les jours de 9h à 17h. La toute proche **St Mary's Catholic Church** est réputée pour ses immenses – mais médiocres – fresques.

Le centre culturel **Krowathunkoolong Keeping Place** (☎ 5152 1891), 37-53 Dalmahoy St, se consacre au patrimoine aborigène local. Il se visite en semaine de 9h à 17h (3.30/2.50 $).

Le **Howitt Park**, tout proche de la Princes Highway, à l'est de la ville, séduit en général les enfants. Il marque aussi le départ de l'**East Gippsland Rail Trail** (30 km), qui s'achève à **Bruthen**.

Le **musée historique** de MacArthur St est ouvert les mercredi, jeudi et dimanche après-midi (3 $). Derrière lui se niche le **MacLeod Morass**, une réserve marécageuse.

Où se loger. A l'est du centre-ville, au bord de la Mitchell, le *Mitchell Gardens Caravan Park* (☎ 5152 4654) propose des emplacements pour tente entre 11 et 14 $ et des caravanes fixes et des bungalows à partir de 35 $.

A quelque 50 m à l'ouest de la gare, le petit *Bairnsdale Backpackers' Hostel* (☎ 5152 5097, 119 McLeod St) loue des simples, des doubles et dortoirs ordinaires à 15 $/personne, petit déjeuner compris.

Le *Commercial Hotel* (☎ 5152 3031), à l'angle de Main St et de Bailey St, dispose de chambres de pub à 35 $ la double. Vous trouverez aussi quantité de motels le long de la Highway.

Où se restaurer. *Oz Mex* (☎ 5152 4549), à l'angle de Main St et de Service St, offre un bon choix de cuisine "mexicanisante" à déguster sur place ou à emporter.

Le *Commercial Hotel* abrite un excellent bistrot avec des plats principaux compris entre 12 et 16 $, et le *Larrikins Cafe Deli* (☎ 5153 1421, 2 Wood St) sert de délicieux en-cas, des salades et des gâteaux.

Le restaurant du *Riversleigh Country Hotel* (☎ 5152 6966, 1 Nicholson St) compte parmi les meilleures tables du Victoria rural (plats principaux autour de 14 à 19 $).

Mitchell River National Park

Ce parc de 12 000 ha, situé à quelque 40 km au nord-ouest de Bairnsdale, possède trois *aires de camping* et nombre de sentiers de randonnée parmi lesquels le Mitchell River Walking Track (2 jours, 18 km). Il abrite aussi le **Den of Nargun**, une petite grotte qui, d'après une légende aborigène, est hantée par une créature mi-homme, mi-statue de pierre appelée le Nargun.

LA WILDERNESS COAST
Cette partie de l'East Gippsland comprend certains des parcs nationaux les plus isolés et les plus fabuleux du Victoria. Si la région a toujours été considérée comme trop éloignée pour qu'on y pratique l'agriculture, elle a payé un lourd tribut à l'industrie du bois jusqu'à la fin du siècle dernier.

Orbost, l'unique bourgade d'importance et la "porte" de la Wilderness Coast, dispose d'un office du tourisme qui englobe un bureau de Parks Victoria et un centre forestier. D'autres bureaux des parcs sont implantés à Cann River et à Mallacoota.

Parks Victoria publie plusieurs cartes et brochures consacrées à la région, notamment *East Gippsland : A Guide for Visitors*. Vous pouvez également consulter *Car Touring & Bushwalking in East Gippsland*, édité par l'Australian Conservation Foundation, quoiqu'il date un peu.

Comment s'y rendre
Des bus quotidiens relient Bairnsdale à la Nouvelle-Galles du Sud *via* la Princes Highway. En venant de Melbourne, prenez le train jusqu'à Sale, puis prenez le bus en correspondance.

La Princes Highway traverse la région, et de bonnes routes goudronnées s'en écartent pour rejoindre Mallacoota, Marlo, Cape Conran et Bemm River. La seule autre route importante est la Monaro Highway (B23), qui file au nord de Cann River vers la Nouvelle-Galles du Sud.

Le reste du réseau est rarement goudronné et pour partie fermé à la circulation pendant la période la plus humide de l'hiver. Renseignez-vous sur l'état des routes auprès des bureaux des parcs. Enfin, ouvrez l'œil et méfiez-vous des camions transportant des troncs d'arbres.

Buchan
Du charmant village de Buchan, blotti sur les contreforts des Snowy Mountains, on connaît surtout les grottes calcaires.

La pittoresque **Caves Reserve** se trouve juste au nord du bourg. Le bureau de Parks Victoria vend des billets d'accès aux grottes (10 $). D'avril à septembre, les visites guidées ont lieu à 11h, 13h et 15h ; le reste de l'année, celles de la **Royal Cave** démarrent à 10h, 13h et 15h30, tandis que celles de la **Fairy Cave** débutent à 11h15 et à 14h15. Les plus aventureux pourront explorer les grottes de Moon Hill – emportez une torche électrique. Les *rangers* organisent également des excursions dans des grottes plus reculées et non aménagées.

Activités sportives. Buchan constitue un bon camp de base pour découvrir le Snowy River National Park. Snowy River Expeditions (☎ 5155 9353), à Karoondah Park, propose diverses activités parmi lesquelles des expéditions de rafting de 1, 2 ou 4 jours sur la Snowy (75/150/380 $), des demi-journées/journées de descente en rappel ou de spéléologie (25/55 $), ainsi que des excursions de 2 jours en 4x4 avec randonnées pédestres et nuits sous la tente (140 $). La plupart de ces circuits requièrent la participation de 6 personnes au minimum.

Detours Eco Adventures (☎ 5155 9464), dans le Nagaul Tipi Village à la sortie de la ville, vous fera connaître le frisson de l'aventure avec, notamment, des demi-journées de spéléologie et de descente en rappel à partir de 45 $. Cet opérateur propose aussi une excursion mystérieuse d'une demi-journée à 25 $.

Où se loger. Un ravissant terrain de camping bien équipé, le *Buchan Caves Caravan Park* (☎ *5155 9264*), est aménagé près des grottes. Ses emplacements démarrent à 10 $, et ses bungalows indépendants coûtent entre 45 et 55 $ pour deux (linge non fourni).

Au *Nagaul Tipi Village* (☎ *5155 9464*), en lisière de Buchan, vous logerez sous un tipi moyennant 20 $/personne. A la sortie de la ville également, sur Saleyard Rd, l'excellent *Buchan Lodge Backpackers* (☎ *5155 9421*) offre un confort rare pour une auberge de jeunesse. Ses propriétaires peuvent organiser à votre intention diverses activités. Comptez 15 $ pour un lit en dortoir et pensez à réserver à l'avance pour les périodes d'affluence.

Le **Buchan Motel** (☎ *5155 9201*), au sommet d'une colline derrière le supermarché, loue des simples/doubles avec une vue magnifique à partir de 45/55 $. Aux **Buchan Valley Log Cabins** (☎ *5155 9494*), à environ 200 m au nord du bourg, vous débourserez un minimum de 60 $ pour deux, plus 15 $ par adulte supplémentaire.

Où se restaurer. Le *Caves Hotel* possède un bistrot qui sert des repas bon marché, et *The Willows*, en face du pub, propose d'excellents plats affichés à 5 et 10 $.

Snowy River National Park

Cet immense parc (95 000 ha), l'un des plus reculés et des plus spectaculaires du Victoria, comporte d'impressionnantes gorges taillées par les eaux tumultueuses de la Snowy.

Les deux principales voies d'accès sont la Gelantipy Rd, au départ de Buchan, et la Bonang Rd, au départ d'Orbost. Toutes deux rejoignent la MacKillop's Rd (aussi appelée Deddick River Rd), qui longe la limite nord du parc de Bonang jusqu'au sud de Wulgulmerang.

En suivant la MacKillop's Rd, vous franchirez le **MacKillop's Bridge**, près duquel se trouve un camping équipé de toilettes et de sites pour feux de camp. Vous pourrez aussi vous prélasser sur les berges sablonneuses de la rivière. Le site offre également quelques courtes promenades, ainsi que le sentier de randonnée de Silver Mine (15 km). Depuis les points de vue indiqués à environ 20 km à l'ouest du MacKillop's Bridge, on obtient un panorama à couper le souffle sur **Little River Falls** et **Little River Gorge**, la gorge la plus profonde du Victoria.

Le parc contient d'autres sites de camping sauvage et des aires de pique-nique. On y vient principalement pour marcher ou pratiquer le canoë, mais soyez toujours bien équipé car les conditions climatiques peuvent évoluer brutalement. La descente en canoë ou en rafting de la Snowy de MacKillop's Bridge aux abords de Buchan prend au minimum 4 jours.

Pour tout renseignement contactez un des bureau du parc à Deddick (☎ 02-6458 0290), à Orbost, à Bairnsdale ou à Buchan.

Où se loger. A 40 km au nord de Buchan, à Gelantipy, le **Karoonda Park** (☎ *5155 0220*) est un ranch flanqué d'une auberge YHA. Les dortoirs, les simples et les doubles reviennent à 14 $/personne, et les forfaits avec repas coûtent entre 24 et 30 $/personne. Les propriétaires pourront vous aider à trouver un job et venir vous chercher à Buchan.

La **Delegate River Tavern** (☎ *02-6458 8009*) sert des repas simples et propose un hébergement au **Tranquil Valley Resort** adjacent. Prévoyez de débourser 4 $ par personne pour un emplacement de camping, 45 $ pour deux pour un bungalow à une chambre avec s.d.b. commune et, pour un bungalow à 2 chambres avec s.d.b. privée, 65 $ pour deux, plus 10 $ par adulte supplémentaire.

Orbost

• code postal 3888 • 2 150 habitants

La petite ville d'Orbost, sur la Snowy, fait office de capitale de la région d'élevage et d'industrie forestière environnante. La Princes Highway passe juste au sud, la Bonang Rd conduit vers le nord et les parcs nationaux de Snowy River et d'Errinundra, et la Marlo Rd suit la Snowy vers le sud jusqu'à Marlo – où le cours d'eau se jette dans l'océan – puis longe la côte jusqu'à Cape Conran.

L'excellent **Rainforest & Information Centre** (☎ 1800 637 060) de Parks Victoria, Lochiel St, est ouvert tous les jours de 9h à 17h (et le week-end en période de vacances scolaires de 10h à 16h).

La spectaculaire **Murrungower Forest Drive** part d'Orbost. Il faut environ 3 heures pour couvrir ses 113 km (si l'on ne fait aucune étape en chemin). Un segment de cette route pouvant être fermé par temps pluvieux, vérifiez son état auprès des autorités du parc. Le **Baldwin Spencer Trail** (262 km) débute également à Orbost. Son trajet en boucle lui fait à la fois longer la côte et s'aventurer en altitude. Vous trouverez des aires de camping au bord du chemin. Attention : de nombreuses parties du parcours ne sont pas goudronnées, et leur étroitesse, leur sinuosité et leur escarpement les rendent souvent impraticables en hiver.

Où se loger. L'*Orbost Camp Park* (☎ 5154 1097), à l'angle de Nicholson St et de Lochiel St, loue des emplacements à partir de 12 $ et des caravanes fixes à partir de 30 $.

Au *Commonwealth Hotel (☎ 5154 1077, 159 Nicholson St)*, les doubles en B&B débutent à 35 $, et l'*Orbost Motel Lodge (☎ 5154 1122)*, sur la Princes Highway, facture ses chambres 40 $.

Errinundra National Park

Le plateau d'Errinundra soutient la plus vaste forêt humide tempérée du Victoria. Le parc national couvre 25 100 ha, mais devrait être beaucoup plus vaste. Malheureusement, le déboisement poursuit son œuvre aux abords du parc.

En venant d'Orbost, la Bonang Rd longe le parc par l'ouest, tandis que l'Errinundra Rd, qui mène à Club Terrace, le traverse par le milieu. Ces deux routes sinueuses, escarpées et non-goudronnées, sont souvent fermée en hiver : renseignez-vous auprès du bureau du parc (☎ 02-6458 1456) de Bendoc, ouvert en semaine de 8h à 16h30, ou de celui de Cann River ou d'Orbost.

L'unique aire de *camping* du parc se situe à Frosty Hollow, dans la partie ouest. Vous découvrirez également quelques sites de pique-nique et de camping rudimentaires en bordure du parc, à Ada River, à The Gap et à Goongerah. Bonang dispose d'une station-service et d'un supermarché, Goongerah d'une cabine téléphonique, Bendoc d'un pub (fermé le dimanche) et Delegate River d'un autre pub et de bungalows.

Gipsy Point

Le minuscule et idyllique village de Gipsy Point occupe la pointe du Mallacoota Inlet.

Le *Gipsy Point Lodge (☎ 1800 063 556)* propose une pension et des cottages pour 3 à 5 personnes à partir de 50 $. Appelez la direction pour vous renseigner sur les forfaits réservés aux ornithologues amateurs et aux naturalistes.

Mallacoota

• code postal 3892 • 980 habitants

Endormie pendant l'essentiel de l'année, Mallacoota, au cœur du Croajingolong National Park, se mue en un lieu de villégiature familial bondé à Noël et à Pâques.

Le centre d'information de Parks Victoria (☎ 5158 0219), en face du quai principal, est ouvert en semaine de 9h30 à 12h et de 13h à 15h30.

Le Mallacoota Information & Booking Service (☎ 5158 0788), au 57 Maurice Ave (dans l'agence immobilière), dispose de quelques brochures et cartes.

Croisières et location de bateaux. Les 300 km de côtes du Mallacoota Inlet sont entourés d'un parc national.

Wallagaraugh River Wilderness Cruises (☎ 5158 0555) propose une croisière de 5 heures qui quitte le quai principal à 10h (40 $, déjeuner compris) et deux croisières, respectivement de 2 heures et de 2 heures 30, à 15 $ et 20 $.

Le MV *Loch Ard* (☎ 5158 0144), un ferry transporteur de bois restauré, effectue des croisières différentes suivant les jours. La croisière de 2 heures au crépuscule coûte 15 $, celle de 5 heures à Gipsy Point 25 $ et celle de 3 heures 30 combinée avec la visite d'une mine d'or 18 $.

Rankin's Cruiser Hire (☎ 5158 0555), près du quai principal, et Buckland's Boat Hire (☎ 5158 0660), à environ 4 km au nord du centre-ville, vers Lakeside Drive, louent des bateaux de pêche. Bucklands loue aussi des canoës.

Où se loger. Les prix varient considérablement en fonction de la saison, et si vous voulez visiter la région à Noël ou à Pâques, pensez à réserver à l'avance. Le *Mallacoota Camping Park (☎ 5158 0300)*, en bord de mer, facture ses emplacements de 11 à 14 $. Le *Beachcomber Caravan Park (☎ 5158 0233, 85 Betka Rd)* propose des caravanes fixes à partir de 25 $ et des bungalows à partir de 35 $ (réductions possibles pour les backpackers).

Le *Mallacoota Lodge YHA (☎ 5158 0455)*, attenant au pub de Maurice Ave, dispose de simples, de doubles et de lits en dortoir à partir de 15 $/personne.

Au **Silver Bream Motel** (☎ *5158 0305, 32 Maurice Ave*), les doubles démarrent à 60 $, les bungalows avec kitchenette du **Brew's Motor Inn** (☎ *5158 0544, 15 Maurice Ave*) à 50 $ et les bungalows du **Mallacoota Hotel/Motel** (☎ *5158 0455*), dans Maurice Ave, à 45 $.

Pour un logement indépendant, les **Adobe Mudbrick Flats** (☎ *5158 0329, 17 Karbeethong Ave*) représentent la meilleure option. Comptez 45 $ pour un appartement pour 4, plus 10 $ par personne supplémentaire. Attention : de décembre à mai et pendant les vacances scolaires, le tarif de base passe à 75 $. Parmi les autres locations, signalons les **Harbour Lights Holiday Flats** (☎ *5158 0246, 88 Betka Rd*) et leurs appartements simples à partir de 34 $.

Le **Karbeethong Lodge** (☎ *5158 0411*), sur la Schnapper Point Drive, est une pension classique. Ses doubles avec s.d.b. commune s'échelonnent de 50 à 70 $ et ses chambres pour familles (jusqu'à 5 occupants) de 75 à 105 $, avec un supplément de 20 $ pour les chambres équipées de s.d.b.

Mallacoota Houseboats (☎ 5158 0775) loue une péniche dotée de 3 lits doubles et d'une couchette simple (tarif hebdomadaire : 1 300 $ de décembre à mars et 900 $ le reste de l'année ; séjour minimal de 3 nuits).

Où se restaurer. Le **Barnacles Seafood Bistro** du Mallacoota Hotel sert des plats principaux entre 10 et 16 $. Le **Watt's Cooking at the Tide** (☎ *5158 0100*), à l'angle de Maurice Ave et d'Allan Drive, spécialisé dans les produits de la mer, ouvre tous les jours le soir, et à midi le week-end. Le **Naomi's Deli** (☎ *5158 0064, 14 Allan Drive*) sert tous les jours des petit déjeuners et des déjeuners.

Comment s'y rendre. Mallacoota se trouve à 23 km de la Princes Highway. Les bus desservent Genoa, et poursuivre sa route en stop se révèle généralement facile. Certains établissements et opérateurs viendront vous chercher à Genoa si vous les prévenez à l'avance.

Croajingolong National Park

Le parc de Croajingolong (87 500 ha) est l'un des plus beaux d'Australie. Il s'étend sur une centaine de kilomètres entre Bemm River et la frontière de la Nouvelle-Galles du Sud et comporte des plages, des anses et des forêts sauvages. Mallacoota Inlet, la zone la plus vaste et la plus accessible, est décrit ci-dessus (voir *Mallacoota*).

Ce parc habite une faune variée, dont, parmi les reptiles, d'énormes *goannas*.

Plusieurs routes conduisent au parc depuis la Princes Highway, mais seule la Mallacoota Rd est goudronnée ; les autres risquent en outre de vous secouer considérablement. Pour plus de renseignements sur l'état des routes, adressez-vous aux bureaux du parc de Cann River (☎ 5158 6351) ou de Mallacoota (☎ 5158 0219).

Les principaux camping sont à Wingan Inlet (le mieux équipé avec des toilettes rudimentaires, des sites pour feux de camp et de l'eau), à Shipwreck Creek, à Thurra River et à Mueller Inlet. On accède à celui de Tamboon Inlet par bateau à partir de Furnell Landing. Vous découvrirez également des aires de camping sauvage (permis obligatoire) le long de la Wilderness Coast Walk, mais il vous faudra apporter de l'eau potable. Pensez à réserver en période de vacances (coût de l'emplacement : de 6,90 à 11,50 $).

Point Hicks fut la première terre australienne aperçue par le capitaine Cook, en 1888. Isolée, mais confortable, l'**Assistant Lightkeepers Residence** (☎ *5158 4268*) peut héberger jusqu'à 8 personnes (à partir de 160 $/nuit). Il s'agit réellement d'une région sauvage.

Coopracambra National Park

Le parc de Coopracambra (35 000 ha), reculé et primitif, offre de spectaculaires paysages tourmentés, creusés de profondes gorges. La seule voie y accédant est un sentier pour 4x4 qui conduit de la Monaro Highway à Genoa.

Le **Coopracambra Cottage** (☎ *5158 8277*), installé dans une ferme à quelque 5 km au sud du parc (et à 16 km au nord-ouest de Genoa), se loue 50 $ jusqu'à 4 personnes et 60 $ pour 5 ou 6 occupants.

Australie-Occidentale (WA)

L'Australie-Occidentale (Western Australia ou WA) est le plus grand État d'Australie. Il est isolé des centres de pouvoir et des habitants de l'Est, et une grande partie de ses vastes ressources naturelles reste encore à découvrir – bien que, ces dernières années, le tourisme soit mis en avant pour attirer les visiteurs vers la beauté et la diversité de l'Ouest, notamment grâce à une campagne de publicité de plusieurs millions de dollars dans laquelle figure Elle MacPherson.

Sa situation, à proximité des routes commerciales de l'océan Indien, favorisa un contact très précoce avec les Européens. Dick Hartog, un navigateur hollandais, fut le premier Européen à en atteindre les côtes en 1616. En 1644, Abel Tasman cartographia des portions du littoral d'Australie-Occidentale.

Le premier relevé topographique complet de la côte est dû à William Dampier, qui visita la région en 1688 à bord du *Cygnet*. A son retour en Angleterre en 1697, il publia *Nouveau Voyage autour du monde*, dont les ventes lui permirent de réunir des fonds pour un autre voyage, en 1699, vers le pays que l'on appelait alors Nouvelle-Hollande. Pendant son voyage à bord du vaisseau HMS *Roebuck*, il effectua le relevé de la côte depuis les Houtman Abrolhos Islands jusqu'à Roebuck Bay, près de Broome.

Les rapports de Dampier, qui décrivaient une terre aride et inhospitalière, découragèrent les tentatives de colonisation. Ce n'est qu'en 1829, trois ans après que la Grande-Bretagne eut formellement revendiqué cette terre, que les premiers colons britanniques arrivèrent dans la Swan Valley et s'établirent sur le site qui allait devenir Perth. Leur installation était destinée à décourager toute tentative de colonisation de la part d'autres nations européennes, en particulier de la France.

En raison de son isolement, la région était considérée comme une prison naturelle, et, en juin 1850, un premier groupe de forçats fut expédié vers la nouvelle colonie.

A ne pas manquer

Population : 1,8 million d'habitants
Superficie : 2 525 500 km^2
Indicatif téléphonique : 08

- La traversée des gorges du Karijini National Park et le panorama offert par l'Oxer Lookout
- La plongée dans les eaux limpides du Ningaloo Reef Marine Park
- La beauté sauvage et rude du Kimberley le long de la Gibb River Rd
- La descente de l'Ord en canoë près de Kununurra
- L'exploration des grandes plages, des villes historiques, des vignobles et des forêts géantes de karris et de tingles du Sud-Ouest
- La vibrante Perth. Sirotez un café à Fremantle, dînez à Northbridge, baignez vous à Cottesloe Beach et flânez dans King's Park
- Le spectacle du tapis de fleurs sauvages du Wildflower Way dans les Midlands
- L'observation des dauphins, des baleines et des tortues sur toute la côte

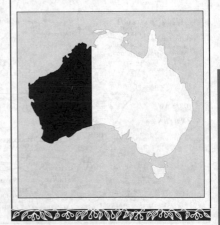

AUSTRALIE-OCCIDENTALE

L'AUSTRALIE-OCCIDENTALE

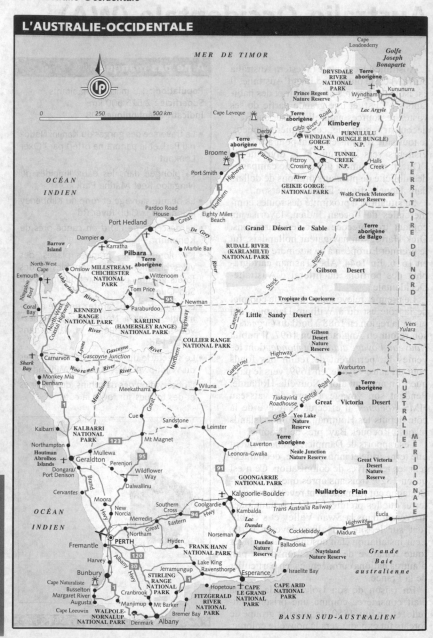

MER DE TIMOR

Cape Londonderry

Golfe Joseph Bonaparte

DRYSDALE RIVER NATIONAL PARK

Terre aborigène

Kununurra

Prince Regent Nature Reserve

Wyndham

Lac Argyle

Cape Leveque

Terre aborigène

Gibb River Road

Kimberley

Derby

WINDJANA GORGE N.P.

PURNULULU (BUNGLE BUNGLE) N.P.

Broome

Terre aborigène

Fitzroy

Fitzroy Crossing

TUNNEL CREEK N.P.

Halls Creek

Port Smith

Northern

Highway

River

GEIKIE GORGE NATIONAL PARK

Wolfe Creek Meteorite Crater Reserve

TERRITOIRE DU NORD

OCÉAN INDIEN

Pardoo Road House

Great

De Grey

Eighty Miles Beach

Grand Désert de Sable

Terre aborigène de Balgo

Port Hedland

Dampier

Karratha

Marble Bar

River

RUDALL RIVER (KARLAMILYI) NATIONAL PARK

Route

Gibson Desert

Barrow Island

Pilbara

Terre aborigène

North-West Cape

Onslow

MILLSTREAM-CHICHESTER NATIONAL PARK

Wittenoom

Stock

Tropique du Capricorne

Exmouth

Ashburton

Tom Price

River

Ningaloo Reef

Paraburdoo

95

Newman

Canning

Little Sandy Desert

Gibson Desert Nature Reserve

Coral Bay

KENNEDY RANGE NATIONAL PARK

River

KARIJINI (HAMERSLEY RANGE) NATIONAL PARK

Northern

Highway

Warburton

Shark Bay

Carnarvon

Lyons

Gascoyne Junction

Gascoyne

River

COLLIER RANGE NATIONAL PARK

Highway

Terre aborigène

AUSTRALIE-MÉRIDIONALE

Monkey Mia

Denham

North-West Coastal Highway

Wooramel

River

Murchison

River

Gurbarrel

Great Victoria Desert

Tjukayirla Roadhouse

Central Road

Vers Yulara

Meekatharra

Great

Yeo Lake Nature Reserve

Wiluna

Cue

Sandstone

Leinster

Terre aborigène

Laverton

Neale Junction Nature Reserve

Great Victoria Desert Nature Reserve

Kalbarri

KALBARRI NATIONAL PARK

123

Mt Magnet

Leonora-Gwalia

Northampton

Houtman Abrolhos Islands

Mullewa

Perenjori

91

GOONGARRIE NATIONAL PARK

Geraldton

Wildflower Way

Dalwallinu

Kalgoorlie-Boulder

Nullarbor Plain

Dongara/Port Denison

Cervantes

Brand

Moora

New Norcia

Southern Cross

Coolgardie

Kambalda

Trans Australia Railway

Eucla

OCÉAN INDIEN

Hwy

Merredin

24

Lac Dundas

Madura

Highway

Dalwallinu

Great

Eastern

Hwy

Norseman

Eyre

Cocklebiddy

Fremantle

PERTH

Northam

Hyden

FRANK HANN NATIONAL PARK

Balladonia

Nuytsland Nature Reserve

Grande Baie australienne

Harvey

Albany Hwy

120

Lake King

Ravensthorpe

Dundas Nature Reserve

Bunbury

Jerramungup

STIRLING RANGE NATIONAL PARK

Esperance

Israelite Bay

CAPE ARID NATIONAL PARK

Cape Naturaliste

Busselton

Cranbrook

Hopetoun

CAPE LE GRAND NATIONAL PARK

Margaret River

Augusta

Manjimup

Mt Barker

FITZGERALD RIVER NATIONAL PARK

Cape Leeuwin

WALPOLE-NORNALUP NATIONAL PARK

Bremer Bay

Denmark

Albany

BASSIN SUD-AUSTRALIEN

0   250   500 km

AUSTRALIE-OCCIDENTALE

Pendant les dix-huit années suivantes, ils furent employés à la construction des bâtiments publics et des routes. Lorsque les colons s'aventurèrent plus loin vers le sud-ouest, ils emmenèrent avec eux de nombreux prisonniers pour leur servir de main-d'œuvre.

Le développement de la colonie britannique d'Australie-Occidentale fut long, et ce n'est que lors de la ruée vers l'or, dans les années 1890, qu'elle commença réellement à prospérer.

Aujourd'hui encore, ce sont les ressources minières faisant appel à des technologies avancées qui assurent la richesse de l'État. C'est la raison pour laquelle l'Australie-Occidentale est très impliquée dans le débat sur les droits de propriété des Aborigènes sur les terres minières et le "Native Title" (reportez-vous au chapitre *Présentation du pays* pour plus de détails sur les droits de propriété ancestrale et le débat sur le Native Title Act).

LES ABORIGÈNES

En Australie-Occidentale, les communautés aborigènes comptent plus de 47 250 représentants – chiffre qui n'a pratiquement pas varié depuis l'arrivée des Européens – et constituent environ 16% de la population totale aborigène du pays. Près d'un quart d'entre eux vivent au nord-ouest de l'État et le long de sa frontière avec le Territoire du Nord.

On a découvert de nombreuses traces de la présence, depuis 40 000 ans, des Aborigènes sur le site actuel de Perth. Parmi les découvertes archéologiques, citons le campement vieux de 39 500 ans, exhumé à Swan Bridge, les outils en pierre découverts au Devil's Lair, près de Cape Leeuwin (30 000 ans), et les carrières d'ocre de Wilga Mia, au bord de la Murchison (30 000 ans également).

Comme ailleurs en Australie, l'arrivée des Européens entraîna des conséquences désastreuses pour les Aborigènes. Chassés de leurs territoires ancestraux, beaucoup de ceux qui avaient échappé aux armes des colons moururent des maladies importées contre lesquelles ils n'étaient pas immunisés. Les Noongar du Sud-Ouest furent particulièrement touchés.

A la fin de la Seconde Guerre mondiale, de nombreux Aborigènes se rassemblèrent pour protester contre les traitements iniques qu'ils subissaient dans les grandes exploitations. Ce mouvement constitua l'une des premières manifestations d'une conscience longtemps étouffée.

En 1992, le jugement Mabo passé par la Cour suprême reconnut aux Aborigènes un droit sur leurs territoires ancestraux. Les autorités d'Australie-Occidentale ne tardèrent pas à prévenir toute restriction légale ultérieure en proclamant leur propre Land Bill en décembre 1993. Elles cherchèrent également – sans succès – à remettre en cause la validité du Commonwealth Native Title Act devant la Cour suprême. Les Aborigènes d'Australie-Occidentale ont entrepris de faire jouer leurs droits sur les terres – essentiellement celles de la Couronne – partout dans l'État. Pourtant la décision Wik prise par la Cour suprême, selon laquelle la location de terre ne remet pas forcément en cause le Native Title Act, reste encore à mettre en application.

Permis

Vous devez être en possession d'un permis pour pénétrer en territoire aborigène ; sa délivrance ne pose problème que dans les régions isolées de l'est de l'État.

Seul l'Aboriginal Affairs Department de Perth (☎ 9235 8000) est habilité à délivrer les permis. L'accès est cependant souvent autorisé de manière informelle.

Culture

La seule grande manifestation culturelle aborigène d'Australie-Occidentale est le Stompem Festival organisé à Broome en octobre. Début juillet, la semaine du National Aboriginal Islander Day Observance Committee (NAIDOC) rassemble de nombreux groupes aborigènes qui proposent des créations artistiques et des spectacles culturels.

Aménagé dans le Social Sciences Building de l'université d'Australie-Occidentale à Crawley, le Berndt Museum of Anthropology présente une des plus belles collections d'art et d'artisanat aborigènes d'hier et d'aujourd'hui. Broome compte

une intéressante maison d'édition, Magabala Books.

Circuits organisés en territoire aborigène

De nombreux circuits comprennent une
approche de la vie et de la culture aborigènes. Ils offrent au voyageur l'occasion
idéale de découvrir intelligemment cette
communauté.

Dans le Kimberley, de nombreuses formules sont proposées, dont la majorité ont
été conçues par les Aborigènes. Parmi eux,
citons Lombadina Tours, Kooljaman Resort
et Bungoolee Tours (reportez-vous à la section *Kimberley* pour de plus amples informations).

La Purnululu Aboriginal Corporation et
le CALM (Department of Conservation and
Land Management) gèrent conjointement le
Purnululu (Bungle Bungle) National Park.
C'est, à l'échelon national, l'une des premières tentatives d'équilibre entre les
besoins des populations locales et les exigences du tourisme. A Turkey Creek, près
de Purnululu, le Daiwul Gidja Cultural
Centre (☎ 9168 7580) offre des circuits
d'une demi-journée ou d'une journée guidés par des Aborigènes.

Dans le Pilbara, les Aborigènes ont travaillé en étroite collaboration avec le CALM
afin d'établir un centre culturel dans le Karijini National Park et un centre d'information
sur la culture des Yinjibarndi dans le Millstream-Chichester National Park.

GÉOGRAPHIE

L'Australie-Occidentale occupe un tiers du
continent australien. Une petite bande fertile longe la côte sud-ouest. Comme dans
l'est du pays, des montagnes se dressent
derrière la côte, mais elles sont beaucoup
moins élevées que celles de la Great Dividing Range. Plus au nord, la terre est sèche
et relativement aride. Bordant le centre de la
côte occidentale, le Grand Désert de Sable,
inhospitalier, s'étend jusqu'à la mer.

Le Kimberley, à l'extrême nord de l'État,
est une région sauvage et accidentée, avec
une côte sinueuse et d'impressionnantes
gorges dans l'arrière-pays.

Au nord-ouest, le Pilbara, région superbe
où les roches anciennes sont entaillées de
profondes gorges, est si riche en minerai qu'il
constitue le coffre-fort de l'État. Cependant,
dès que l'on quitte la côte, la majeure partie
de l'Australie-Occidentale n'est plus qu'une
grande étendue désertique avec la Nullarbor
Plain (plaine de Nullarbor) au sud, le Grand
Désert de Sable au nord, et les déserts de
Gibson et de Great Victoria au centre.

CLIMAT

On dénombre ici plusieurs zones climatiques, dont trois principales : tropicale au
nord, semi-aride au centre et "méditerranéenne" au Sud-Ouest. En règle générale,
plus on s'éloigne du littoral et plus les précipitations se raréfient.

Le Nord se caractérise par l'alternance du
Dry (saison sèche) et du *Wet* (saison
humide). L'arrivée de la mousson s'accompagne d'orages, d'un fort taux d'humidité
(le *build-up*) et, à l'occasion, d'un cyclone
tropical. Bien qu'elle rende quantité de
routes impraticables, la pluie est généralement bienvenue. Port Hedland subit au
moins un cyclone tous les deux ans.
Exmouth a été dévasté par le cyclone Vance
en 1999 (voir l'encadré *Le jour où Vance
débarqua en ville* dans la rubrique *Exmouth*
plus loin dans ce chapitre).

Plus au sud, les précipitations estivales
sont peu nombreuses, voire inexistantes.
Les vents chauds et secs soufflent surtout de
l'est ; cependant, le littoral reçoit dans
l'après-midi des brises marines telles que le
célèbre "Fremantle Doctor".

PARCS NATIONAUX

La visite des parcs nationaux d'Australie-
Occidentale s'impose. Depuis les anciennes
forêts de karris dans le sud jusqu'aux
gorges du Kimberley et du Pilbara, la majorité des curiosités naturelles de l'État se
situent dans des zones protégées.

Les parcs sont gérés pour la plupart par le
CALM, présent dans tout l'État. Son siège
(☎ 9334 0333, 1800 199 287) se trouve
50 Hayman Rd, Como, Perth.

Le camping est autorisé dans certaines
zones réservées, dans certains parcs – comp-

Forfaits pour les parcs nationaux

Sur les 63 parcs nationaux de l'État, 24 exigent un droit d'entrée pour les véhicules, qui sont bien souvent le seul moyen de rejoindre ces parcs : 8 \$ par voiture et par jour (3 \$ pour les motos et les passagers des bus), ce qui finit par revenir assez cher. La solution est d'acheter un forfait CALM qui donne un accès illimité à tous les parcs nationaux d'Australie-Occidentale. Il en existe de plusieurs sortes : le Holiday Pass (20 \$) est particulièrement intéressant car il vous permet d'accéder à tous les parcs pendant 4 semaines. Si vous souhaitez davantage de temps, l'All Parks Annual Pass (45 \$) est valable un an. Autre possibilité, l'Annual Local Park Pass (15 \$) vous permet d'entrer dans un parc (ou un groupe de parcs locaux tels que le Karijini et le Millstream-Chichester) pendant 12 mois. Ces forfaits s'achètent auprès des bureaux de la CALM dans tout l'État.

tez environ 8 \$ la nuit pour deux et 4 \$ par personne supplémentaire. Le CALM publie des brochures sur tous les grands parcs nationaux et les réserves naturelles ainsi qu'une multitude d'autres ouvrages et des cartes. Appelez le ☎ 9334 0333 ou connectez-vous sur www.calm.wa.gov.au.

ACTIVITÉS
Randonnées dans le bush
Plusieurs clubs de randonnée sont installés à Perth. Adressez-vous à la Federation of WA Bushwalking Clubs (☎ 9362 1614 ; www. bushwalking.org.au/wapage.html). Les parcs nationaux de Stirling Range et de Porongurup, tous deux au nord-est d'Albany, sont particulièrement appréciés. Dans le sud et le sud-ouest, de nombreux parcs côtiers tels ceux de Cape Le Grand, Fitzgerald River, Walpole-Nornalup et Cape Arid abritent de plaisants sentiers. Au nord, les parcs nationaux de Kalbarri, de Karijini (Hamersley Range) et de Purnululu se prêtent aux longues randonnées.

Des sentiers de promenade intéressants et fort divers sillonnent les collines des alentours de Perth, et les 964 km du Bibbulmun Track attendent les marcheurs aguerris (voir l'encadré *Le "Bibb" Track* dans cette rubrique). Pour toute information sur les chemins de randonnée, adressez-vous au CALM.

Observation des oiseaux
C'est l'un des plaisirs qu'offrent les randonnées dans le bush. L'Australie-Occidentale est une destination rêvée pour les passionnés d'ornithologie et elle abrite deux observatoires à Eyre et à Broome.

Bicyclette
C'est une activité très répandue en raison des excellents réseaux de pistes cyclables que comptent Rottnest Island, Perth et le Sud-Ouest. Pour tout renseignement, communiquez avec la Cycle Touring Association par l'intermédiaire de Bike West (☎ 9320 9301), 441 Murray St, Perth.

Escalade et spéléologie
Dans le sud, les falaises du littoral de Wilyabrup, de West Cape Howe et du Gap, ainsi que les immenses parois rocheuses des montagnes de Stirling et de Porongurup, attirent les amateurs d'escalade.

Les gorges de la Murchison près de Kalbarri et le Karijini National Park se prêtent à la descente en rappel. Les grottes non aménagées de la région de Margaret River et les "trous" moins connus du Cape Range National Park offrent de nombreuses possibilités aux spéléologues.

Sports aquatiques
Baignade et surf. Les habitants de Perth se vantent de posséder les meilleures plages de surf et de baignade d'Australie. Parmi les sites de surf célèbres, citons Denmark près d'Albany, la côte entre Cape Naturaliste et Margaret River au sud-ouest, ainsi que Geraldton au nord. Les plages de baignade se répartissent sur toute la côte d'Australie-Occidentale.

Plongée. Les meilleurs endroits se situent le long de la côte entre Esperance et Gerald-

Le "Bibb" Track

Classique du genre, le Bibbulmun Track est une grande piste qui court sur 964 km depuis Kalamunda, près de Perth, jusqu'à Walpole, au sud, puis le long de la côte jusqu'à Albany.

La première partie de la piste fut inaugurée et empruntée pour la première fois par des randonneurs en 1979 dans le cadre des célébrations des 150 ans de la colonisation européenne. Achevée en 1998, la piste traverse différents types de forêts en passant non loin de Dwellingup, Balingup, Pemberton, Northcliffe et Denmark. Des terrains de camping (47 au total) sont installés à intervalles réguliers ; la plupart comportent un refuge fermé sur trois côtés pouvant accueillir de huit à douze personnes, un réservoir d'eau et des toilettes à la turque.

On estime à environ 5 000 le nombre de randonneurs qui empruntent le Bibbulmun chaque année, la majorité d'entre eux ne suivant la piste que deux ou trois jours. Pour plus d'information, contactez le CALM au ☎ 9334 0265 ou à bibtrack@ calm.wa.gov.au. Vous pouvez vous procurer d'excellents guides et cartes ainsi que des brochures fort pratiques, divisées en courtes rubriques. Jetez également un coup d'œil au site Web www.bibbulmun-track.org.au. Si vous êtes amateur de randonnée, le Bibb Track est sans doute la meilleure façon d'explorer les forêts d'Australie-Occidentale.

ton et entre Carnarvon et Exmouth en particulier les récifs de Ningaloo.

COMMENT S'Y RENDRE

L'Australie-Occidentale est l'État le plus étendu, le moins peuplé et le plus reculé du pays. Cependant, malgré la longueur des distances, vous pouvez traverser la plaine de Nullarbor depuis les États de l'Est jusqu'à Perth et poursuivre par le Kimberley jusqu'à Darwin sans quitter le bitume.

Parcourir autant de kilomètres n'est pas bon marché. Sydney se trouve à environ 4 400 km de Perth par la route. Un billet d'avion aller-retour à tarif réduit coûte approximativement 600 $, un aller simple en classe économique par le train 424 $, une place en tarif plein sur les lignes de bus Greyhound Pioneer environ 295 $.

Le stop n'est pas recommandé pour traverser la plaine de Nullarbor ; une attente de plusieurs jours n'est pas exceptionnelle. La voiture est sans doute le moyen le plus économique pour rejoindre l'Australie-Occidentale depuis les États de l'Est, à condition de partager les frais à plusieurs. D'une côte à l'autre, vous dépenserez environ 500 $ d'essence.

Train. L'*Indian Pacific* (voir *Train* dans la rubrique *Comment circuler*) assure deux services hebdomadaires entre Sydney et Perth. D'Adelaide à Perth, il faut compter 262 $ pour un siège en classe économique, 554 $ pour une couchette en classe économique et 870 $ pour une couchette en 1re classe, repas compris (tous ces prix correspondent à un aller simple). Depuis Sydney, prévoyez 424/888/1 350 $. Le prix des couchettes augmente fortement en septembre-octobre.

A Adelaide, vous pouvez prendre une correspondance pour Melbourne sur l'*Overlander* et pour Alice Springs sur *The Ghan*. Ce dernier peut aussi se prendre à Port Augusta.

Les réservations sur tous ces itinéraires se font auprès de Great Southern Railways (☎ 13 2147, fax 08-8213 4491, enquiries@gsr.com.au). Voyez également le site Web www.gsr.com.au.

COMMENT CIRCULER
Avion

Ansett Australia (☎ 13 1300) et Skywest (☎ 9334 2288) relient Perth à la plupart des villes régionales. Qantas Airways (☎ 13 1313) dessert Broome, Port Hedland, Kalgoorlie et Darwin. Comme toujours, les vols coûtent moins cher quand on les réserve tôt – Skywest accorde ainsi une réduction sur les billets achetés sept jours ou même deux jours à l'avance.

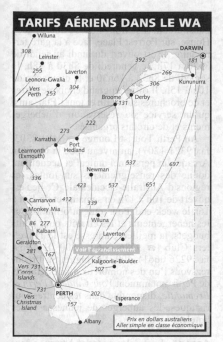

TARIFS AÉRIENS DANS LE WA

Wiluna
308
Leinster
255
Leonora-Gwalia
Laverton
Vers
Perth 253
304

DARWIN
392
181
266
306
Kununurra
273
222
Broome
Derby
131
Karratha
Port
Hedland
Learmonth
(Exmouth)
336
537
697
Newman
423
537
651
Carnarvon 412
Monkey Mia 339
86 277
Kalbarri
Wiluna
Geraldton
281 167
Laverton
Vers 731
Cocos 156
Islands
207
Kalgoorlie-Boulder
Voir l'agrandissement
731
Vers
Christmas 157
Island
Albany
PERTH
202
Esperance

Prix en dollars australiens
Aller simple en classe économique

Bus

Greyhound Pioneer (☎ 13 2030) relie Perth à Darwin par la côte (436 $) et à Adelaide *via* Kalgoorlie (199 $). La plupart des voyageurs achètent un forfait au kilomètre ou l'un des divers forfaits à itinéraire fixe. Si vous optez pour la première solution, sachez cependant que Greyhound déduit le double de kilomètres pour les trajets effectués sur les routes secondaires, par exemple pour aller aux Pinnacles, à Kalbarri et à Monkey Mia.

Perth Goldfields Express (☎ 1800 620 440) relie Perth à Leonora et Laverton *via* Kalgoorlie. Integrity Coach Lines (☎ 9226 1339) est un nouveau service de bus qui se rend de Perth à Carnarvon (90 $) les mardi, jeudi et dimanche et continue vers Exmouth (160 $) les jeudi et dimanche. Les détenteurs d'une carte YHA/VIP bénéficient d'une remise de 10%.

South-West Coachlines (☎ 9324 2333), au City Bus Port de Perth, relie Perth au Sud-Ouest – Bunbury, Busselton, Nannup,

Dunsborough, Augusta, Manjimup, Donny-brook et Collie.

Westrail (☎ 13 1053, www.westrail. wa.gov.au.) va à Hyden, Geraldton, York, Esperance, Augusta, Meekatharra, Pemberton et Albany. Cette compagnie accorde une remise de 50% aux titulaires d'une carte de réduction, notamment YHA/VIP.

Transports économiques. Le service de bus géré par Easyrider Backpackers (☎ 9226 0307, fax 9226 0309, tours@easy-riderbp.com.au), qui vous permet de monter et de descendre où bon vous semble sur le parcours, représente une excellente façon de visiter le Sud-Ouest et la côte en remontant au nord jusqu'à Exmouth. Proposé de septembre à mai, le circuit sud valable 3 mois (149 $) quitte Perth les lundi, mercredi, vendredi et samedi et dessert Rockingham, Mandurah, Bunbury, Busselton, Margaret River, Dunsborough, Augusta, Nannup, Pemberton, Walpole, Denmark, Albany et Mt Barker.

Le circuit nord (299 $), valable six mois, relie Perth à Exmouth (aller simple) avec un départ le jeudi. Si vous souhaitez repartir à Perth, le retour express coûte 99 $ supplémentaires. Le circuit passe par Lancelin, Cervantes, Dongara, Geraldton, Kalbarri, Denham et Monkey Mia, Carnarvon, Coral Bay et Exmouth.

C'est une façon agréable et détendue de voyager, et le bus vous dépose à l'auberge de jeunesse de votre choix. Ces deux circuits peuvent également se faire sous forme d'excursions fixes – voir *Circuits organisés* dans la section *Perth*.

Train

Le réseau ferroviaire intérieur d'Australie-Occidentale, géré par Westrail, se limite aux liaisons Perth-Kalgoorlie (le *Prospector*), les Midlands (*AvonLink*) et Bunbury (l'*Australind*). Consultez la rubrique *Comment s'y rendre* de *Perth*.

Voiture

Pour toute information sur les locations de voiture, reportez-vous à la rubrique *Comment circuler* de *Perth*.

Perth

• **code postal 6000** • **1 097 000 habitants**
Perth est une ville active et moderne, agréablement située sur les rives de la Swan, à une vingtaine de kilomètres en amont du port de Fremantle. On dit que c'est la capitale d'État la plus ensoleillée d'Australie mais la métropole la plus isolée du monde. Perth et ses environs accueillent 80% de la population totale d'Australie-Occidentale.

La ville fut fondée en 1829 et s'appelait alors Swan River Settlement. Cette colonie se développa lentement jusqu'à l'arrivée des bagnards en 1850, amenés là pour pallier le manque de main-d'œuvre. La construction de la plupart des beaux édifices, tels la Government House (palais du gouvernement) et le Perth Town Hall (hôtel de ville), est due aux bagnards. Au regard des villes de l'Est, Perth ne connut qu'une très faible expansion jusqu'à la découverte d'or en 1890. La population quadrupla alors en l'espace de dix ans, déclenchant une véritable fièvre de l'immobilier.

Orientation
Le centre-ville, assez dense, se situe dans une boucle de la Swan, qui le borde au sud et à l'est. Le principal quartier commerçant se trouve dans Hay St Mall et Murray St Mall et sous les arcades qui les relient. St George's Terrace est le centre du quartier d'affaires.

La ligne de chemin de fer sépare le centre-ville du quartier nord. Au nord de cette ligne, Northbridge est un quartier très fréquenté où abondent restaurants, lieux de distraction et hébergements bon marché. L'extrémité nord-ouest de Perth monte jusqu'à l'agréable Kings Park, qui domine la ville et la rivière. Plus à l'ouest, les faubourgs s'étendent jusqu'aux plages de l'océan Indien telles que Scarborough et Cottesloe.

Renseignements
Offices du tourisme. Très efficace, le bureau de la Western Australia Tourist Commission ou WATC (☎ 9483 1111,

1800 812 808, fax 9481 0190, www.westernaustralia.net) se trouve dans Albert Facey House, sur Forrest Place, face à la gare ferroviaire. Il est ouvert du lundi au jeudi de 8h30 à 17h, le vendredi de 8h30 à 18h, le samedi de 8h30 à 16h30 et le dimanche de 10h à 15h. Il offre un grand choix de cartes et de brochures sur Perth et tout l'État, ainsi qu'un service de réservation d'hébergements et de circuits organisés.

Au Perth Tourist Lounge (☎ 9481 8303, fax 9321 1207), au niveau 2 de la Carillon Arcade, un personnel amical et accueillant donne des renseignements sur toutes les régions d'Australie-Occidentale. Ce lieu est ouvert de 10h à 17h en semaine et de 12h à 16h le week-end. Pour toute information sur les hébergements et les circuits pour petits budgets, la meilleure adresse est le Travellers Club (☎ 9226 0660, 1800 016 969, fax 9226 0661), 499 Wellington St. Procurez-vous l'un des nombreux guides gratuits de Perth, notamment *Your Guide to Perth & Fremantle*, disponible dans les centres touristiques, les auberges de jeunesse et les hôtels.

Argent. Toutes les grandes banques sont présentes dans Perth et ses environs. American Express (☎ 9221 0777) possède un bureau de change 645 Hay St, et Thomas Cook (☎ 9321 2896) se trouve 704 Hay St.

Poste et communications. La poste principale (☎ 9326 5211) est située sur Forrest Place, entre Wellington St et Murray St Mall. Elle est ouverte de 8h à 17h30 en semaine, de 9h à 12h30 le samedi et de 12h à 16h le dimanche. Le hall central abrite des cabines pour les appels internationaux.

E-mail et accès Internet. De nombreux endroits permettent de se connecter à Internet et de communiquer par e-mail – la plupart des auberges de jeunesse disposent d'au moins un terminal (généralement à pièces). La meilleure adresse pour surfer sur le Net est le Travellers Club, avec une soixantaine de terminaux. La connexion coûte 4 $ l'heure, et on vous offre gracieusement le café ou le thé.

Circuit pédestre dans Perth

Les citoyens de Perth n'ont pas été très tendres pour le centre-ville, et de charmants édifices anciens ont été rasés et remplacés par des tours géantes en béton et en verre. Mais, en faisant bien attention, vous découvrirez quelques vestiges de l'ancienne cité.

Longez la poste principale et engagez-vous dans une des arcades qui conduisent au Hay St Mall. En tournant à gauche, vous verrez le **London Court** sur votre droite. Entre Hay St et St George's Terrace, cet étroit passage touristique est un régal pour les photographes. Malgré son style néo-Tudor, il ne date que de 1937. A une extrémité, saint Georges et le dragon s'affrontent au-dessus de l'horloge tous les quarts d'heure, tandis qu'à l'autre des chevaliers se livrent à des joutes équestres.

Au bout de London Court, tournez à gauche et suivez St George's Terrace jusqu'à Barrack St. A l'angle de ces deux rues, les **Central Government Buildings**, reconnaissables à leurs briques à motifs, ont été construits entre 1874 et 1902. En remontant Barrack St jusqu'à l'angle de Hay St, vous verrez se dresser le **Perth Town Hall** (1867-1870).

Revenez dans St George's Terrace et tournez à gauche pour passer devant la **cathédrale St George**, bâtie en 1888 à l'aide de pierres locales et de bois de jarrah. Au coin de Pier St, la **Deanery** (résidence du doyen), construite en 1859 et restaurée en 1980 grâce à une souscription publique, est une des rares maisons de style cottage ayant survécu à la période coloniale ; elle n'est pas ouverte au public. De l'autre côté de St George's Terrace s'étendent les Stirling Gardens. C'est là également qu'est située l'ancienne **courthouse** (tribunal), à côté de Supreme Court. Ce bâtiment de style géorgien, un des plus vieux de Perth, a été construit en 1836. Un peu plus loin dans St George's Terrace, la **Government House** est une fantaisie néogothique érigée entre 1859 et 1864. Suivez St George's Terrace jusqu'à Hill St (à partir de Victoria Ave, St George's Terrace devient Adelaide Terrace), puis tournez à gauche et continuez jusqu'à Hay St. A droite, à l'entrée de Hay St, se dresse le Perth Mint (voir le paragraphe *Perth Mint*). Remontez jusqu'à Goderich St et tournez à gauche pour rejoindre Victoria Square, où vous verrez **la cathédrale St Mary** (1863) ainsi qu'un espace de verdure très fréquenté à l'heure de la pause déjeuner.

Suivez Murray St, de l'autre côté de la place, jusqu'à William St. Là, prenez à gauche et poursuivez jusqu'à St George's Terrace. Juste à l'angle s'élève le grandiose et autrefois extravagant **Palace Hotel** (1895), où sont installés des services bancaires. Tournez ensuite à droite dans St George's Terrace et descendez jusqu'à King St – à gauche, au n°139, l'**Old Perth Boy's School** (1854) abrite une boutique du National Trust.

Tournez à droite dans King St et suivez-la jusqu'à Hay St. A l'intersection de ces deux rues se dresse **His Majesty's Theatre** (1904) ; des visites gratuites des foyers du "Maj" sont proposées tous les jours entre 10h et 16h, et des visites des coulisses ont lieu chaque jeudi matin à 10h30 (10 \$). Revenez dans George's Terrace, puis tournez à droite. A quelques minutes à pied, sur la droite, se trouvent les **Cloisters** (1858), dont vous apprécierez le magnifique agencement de briques. Ils abritaient à l'origine une école et font partie maintenant d'un complexe moderne de bureaux.

La singulière **Barracks Archway**, à l'extrémité ouest de St George's Terrace, est tout ce qui reste d'une caserne construite en 1863 pour héberger les retraités de l'armée britannique qui gardaient les bagnards. A l'extrémité de Mitchell Freeway, la **Parliament House** peut se visiter les jours de semaine en s'adressant au Parliamentary Information Officer (☎ 9222 7222) – les visites sont plus complètes lorsque le parlement n'est pas en session. Pour revenir dans le centre-ville, prenez le Red CAT dans Harvest Terrace. Les bons marcheurs pourront se rendre à **Kings Park**.

AUSTRALIE-OCCIDENTALE

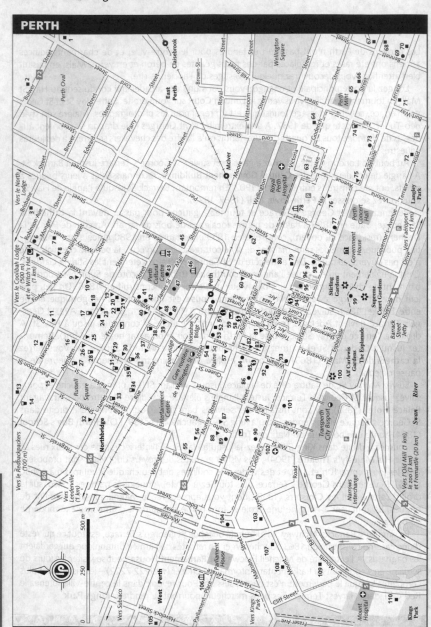

PERTH

OÙ SE LOGER

1 Rainbow Lodge
2 Cheviot Lodge
3 The Shiralee
7 Backpack City & Surf
12 Ozi Inn
13 Spinner's Backpackers
15 Lone Star City Perth Backpackers
16 Backpackers International
18 Field Touring Hostel
20 Britannia YHA
22 Northbridge YHA
24 Aberdeen Lodge
45 Court Hotel
52 Globe Backpackers, Traveller's Club
54 Royal Hotel
64 YMCA Jewell House
66 Hay Street Backpackers
67 Perth City Hotel
68 12.01 Backpackers
70 Exclusive Backpackers
71 Terrace Hotel
72 City Waters Lodge
79 Criterion Hotel
80 Murray Street Hostel
103 Emerald Hotel
105 CWA House
107 Mountway Holiday Units
108 Riverview on Mount Street
109 Adelphi Apartments Motel
110 Sullivan's Hotel

OÙ SE RESTAURER

5 City Fresh Food Co
8 Asian Food Court
9 White Elephant Thai
10 Sri Melaka
11 Planet Cafe
19 Villa Italia
21 Chef Han's Cafe
23 Good, Bad & Ugly
25 The Street Cafe

26 Mamma Maria's
29 Glassby's Trains, Planes & Automobiles, Vinous, Redheads
30 James St Pavilion Food Hall
32 Lotus Vegetarian
37 Old Shanghai Markets
39 Sylvana Pastry
40 Brass Monkey Bar & Brasserie, Universal Bar
48 Tonic Cafe, Hare Krishna Food for Life
55 Fast Eddy's
56 Katong Singapore Restaurant, Taj Tandoor
57 Wentworth Plaza, Bobby Dazzler's, Moon & Sixpence
60 Ann's Malaysian Food
62 Hayashi
75 Cafe Cilento
76 Magic Apple Wholefoods
81 Carillon Food Hall
82 Fast Food Strip
83 Down Under Food Hall
87 Durty Nelly's
88 Phoenician's Restaurantl

PUBS ET DISTRACTIONS

14 The Bog
17 Aberdeen Hotel
27 The Post Office
28 Elephant & Wheelbarrow, The Church
31 Cinema Paradiso
33 Rosie O'Grady's
34 Metropolis City Nightclub
35 Paramount
36 Novak's Inn; O2
38 Connections
61 New Loft Nighclub
74 Grosvenor Hotel

DIVERS

4 Mosquée
6 Apex Car Rentals

41 YHA Travel Centre
42 Arcane Bookshop
43 Alexander Library
44 Western Australian Museum
46 Art Gallery of WA
47 PICA et The Blue Room
49 Net.chat
50 Westrail Booking Office
51 Western Australian Tourist Centre
53 Easyrider Backpackers
58 Commonwealth Bank
59 Poste principale
63 Cathédrale St Mary
65 Cycle Centre
69 Bayswater Car Rental
73 RACWA
77 Ansett Australia
78 WA Fire Brigade Museum
84 All Foreign Languages Bookshop
85 Thomas Cook
86 Boffin's Bookshop
89 Perth Map Centre
90 Cloisters
91 His Majesty's Theatre
92 Qantas Airways
93 Palace Hotel
94 American Express
95 Perth Town Hall
96 Cathédrale St George
97 Playhouse Theatre
98 Deanery
99 Supreme Court
100 Allan Green Plant Conservatory
101 Old Perth Boy's School
102 Traveller's Vaccination & Medical Clinic
104 Barracks Archway It's a Small World Museum

Net.chat, 196A William St, à Northbridge, facture 15 c la minute. L'Alexander Library propose un accès Internet gratuit (sur réservation) mais pas de service e-mail.

Librairie. Parmi les librairies de la ville, signalons Angus & Robertson, 199 Murray St et 625 Hay St ; Dymocks, dans Hay St Mall ; et Boffins Bookshop, 806 Hay St.

Arcane Bookshop, 212 William St, propose un sélection plus intéressante, tandis qu'All Foreign Languages Bookshop, 101 William St, offre un large éventail de guides de voyages et de manuels de langue. Le Perth Map Centre se trouve 884 Hay St.

Divers. Le Royal Automobile Club of Western Australia (RACWA ; ☎ 9421

4444) est installé 228 Adelaide Terrace. L'adhésion donne droit à une réduction sur le prix de l'excellent *WA Touring & Accommodation Guide*.

Les voyageurs handicapés peuvent recourir aux services de l'ACROD (☎ 9221 9055), 189 Royal St, à East Perth.

La YHA (l'association des auberges de jeunesse, ☎ 9227 5122, 1800 811 420) a ses bureaux 236 William St à Northbridge.

Services médicaux. La Traveller's Vaccination & Medical Clinic (☎ 9321 1977, fax 9321 1984 wa@tmvc.com.au) se trouve 5 Mill St, près de St George's Terrace. Le Royal Perth Hospital (☎ 9224 2244), Victoria Square, est proche du centre.

En cas d'urgence. En cas d'urgence, appelez le ☎ 000 ou contactez le poste de police principal au ☎ 9222 1111.

Kings Park

Dans ce vaste parc de 4 km^2, on a une vue superbe sur Perth et la rivière. Il abrite un **jardin botanique** de 17 ha où se trouvent 2 500 espèces de plantes d'Australie-Occidentale et un espace réservé à la végétation du bush. Au printemps, une exposition présente les célèbres fleurs sauvages de l'État.

Des visites guidées gratuites de Kings Park et du Botanic Garden partent tous les jours de l'année devant le mémorial de la guerre à 10h. Le parc est doté de nombreuses pistes cyclables ; vous pouvez louer des vélos (4 $ l'heure) à Koala Bicycle Hire, du côté ouest du parking principal. Un centre d'information (☎ 9480 3659) proche du parking, ouvre tous les jours de 9h30 à 16h.

Pour vous y rendre, prenez le Red Central Area Transit (CAT) jusqu'à l'entrée du parc ou remontez Mount St depuis le centre-ville puis empruntez la passerelle qui enjambe l'autoroute. Le Perth Tram (voir plus bas le paragraphe qui lui est consacré) vous y dépose également.

Perth Cultural Centre

Bordé par Roe St, Francis St, Beaufort St et William St, juste au nord de la gare ferroviaire, le Perth Cultural Centre comprend le musée d'État, une galerie, une bibliothèque et le Perth Institute of Contemporary Arts (PICA).

Le vaste Western Australian Museum (☎ 9427 2700) propose, notamment, une galerie consacrée à la culture aborigène. On verra aussi une vaste collection de météorites, dont la plus grosse pèse 11 tonnes. Un deuxième bâtiment présente des animaux empaillés et abrite le Discovery Centre, où vous pourrez prendre part à des expositions interactives.

Le musée abrite en outre l'ancienne prison, construite en 1856 et utilisée jusqu'en 1888. Dans la cour, vous verrez un *megamouth*, l'une des plus grosses espèces de requins – seulement cinq spécimens de cette créature inoffensive ont été signalés jusqu'à présent. Le musée ouvre du dimanche au vendredi de 10h30 à 17h et le samedi de 13h à 17h (entrée libre).

L'Art Gallery of Western Australia est installée dans un bâtiment moderne auquel on accède depuis la passerelle située directement derrière la gare ferroviaire. Elle présente de belles expositions permanentes d'œuvres venues d'Europe, d'Australie et de la région Asie-Pacifique, notamment une riche collection d'art aborigène, ainsi que des expositions temporaires. Elle accueille le public gratuitement tous les jours de 10h à 17h.

Le Perth Institute of Contemporary Art ou PICA (☎ 9227 9339), 51 James St, promeut la création et la présentation d'œuvres d'art nouvelles et expérimentales. Des événements sont régulièrement organisés dans la Blue Room. L'institut est ouvert du mardi au dimanche de 11h à 20h.

Autres musées

It's a Small World Museum, 12 Parliament Place, possède la plus importante collection de miniatures du pays. Il ouvre de 10h à 17h en semaine et de 14h à 17h le samedi (5/4 $ pour un adulte/enfant).

Perth Mint

Au coin de Hill St et de Hay St, le Perth Mint (☎ 9421 7425), fondé en 1899, traite encore une tonne d'or par jour – d'où la mise en place de normes de sécurité rigoureuses. Des visites instructives coïncidant avec la fonte de l'or ont lieu toutes les heures, entre 10h et 15h en semaine et jusqu'à 12h le week-end. Vous pouvez également frapper vos propres pièces et manipuler un lingot d'or. L'endroit est ouvert de 9h à 16h en semaine et de 9h à 13h le week-end (5/3 $).

Perth Zoo

Situé dans d'agréables jardins de l'autre côté de la rivière, 20 Labouchere Rd à South Perth, ce zoo est très fréquenté. Il comporte une ménagerie d'animaux nocturnes (ouverte tous les jours de 12h à 15h), un parc consacré aux animaux sauvages du pays, une exposition sur le très rare numbat ou myrmécobie à bandes, ainsi qu'un centre destiné à sensibiliser les visiteurs à la protection de la nature.

Le zoo (☎ 9367 7988) est ouvert de 9h à 17h tous les jours (entrée : 10/5/27,50 $, pour les adulte/enfant/famille). Vous pouvez vous y rendre par le bus n°110 (n°108 le week-end), qui part du City Bus Port, ou encore avec le bateau qui traverse la rivière et part de l'embarcadère de Barrack St (2 $ au retour).

Perth Tram

Réplique des premiers tramways de Perth (semblables aux cable cars de San Francisco mais fonctionnant sur roues), le Perth Tram (☎ 9322 2006) permet, pour 12/6 $, de faire un circuit commenté des principales curiosités de la ville entre Burswood Casino et Kings Park. Le tramway part du 565 Hay St au moins six fois par jour mais vous pouvez également le prendre à Kings Park ou au casino.

Autres curiosités dans le centre-ville

Sur l'Esplanade, l'Allan Green Plant Conservatory présente gratuitement des milieux tropicaux et semi-tropicaux. Sur Melville Place, au sud de la rivière, se trouve l'un des hauts lieux de Perth, l'Old Mill (1835), superbement restauré et classé par le National Trust. Cet ancien moulin est ouvert tous les jours de 10h à 16h (2/1 $).

Depuis St George's Terrace, prenez les bus n°108 ou 109.

Le Scitech Discovery Centre sur Railway Parade, à West Perth, présente plus de 160 expériences interactives et expositions à grande échelle. Il ouvre tous les jours de 10h à 17h (11/7 $).

Plages

Vous trouverez des plages tranquilles dans les baies de la Swan à Crawley, Peppermint Grove et Como. Plus belles, de nombreuses plages de surf surveillées bordent l'océan Indien, parmi lesquelles la plage naturiste très prisée de Swanbourne, Cottesloe, très fréquentée par les baigneurs, Port ; City ; Scarborough, immense et dorée – idéale pour les bains de soleil mais réservée aux nageurs expérimentés ; Leighton ; Floreat ; et Trigg Island, dangereuse en cas de grosse mer.

Vous pouvez prendre n'importe quel train en direction de Fremantle et descendre à Cottesloe ou Swanbourne ; il vous faudra cependant marcher quelque temps avant d'atteindre la plage.

Par ailleurs, les bus n°70, 71 et 72 vous déposent à Cottesloe depuis le City Bus Port, tandis que le bus n°36 va à Swanbourne depuis George's Terrace. Pour Scarborough, montez dans le bus n°400 à la gare routière de Wellington St.

Marchés

Perth possède de nombreux marchés animés. Le Subiaco Pavilion, à l'angle de Roberts Rd et de Rokeby Rd, est ouvert du jeudi au dimanche. Le week-end, le Galleria Market se tient dans la rue entre la galerie d'art et le musée et propose un bon choix d'objets artisanaux de style local.

Au nord de Perth, les Wanneroo Markets, 33 Prindiville Drive à Wangara, abritent une grande variété de stands et un vaste food hall ; ils sont ouverts le week-end de 9h à 18h.

Mentionnons encore l'ancien Fremantle Market (voir la rubrique Fremantle), les Stock Rd Markets, à Bibra Lake au sud de Perth, ouverts le week-end, et les Gosnells Railway Markets, ouverts du jeudi au dimanche.

Circuits organisés

Comptez 35 $ environ pour la visite guidée d'une demi-journée de Perth et de Fremantle et 59 $ pour une excursion aux vignobles de la Swan Valley, au Cohunu Wildlife Park ou à l'Underwater World et aux plages du nord.

La visite de la **Swan Brewery** (☎ 9350 0222), 25 Baile Rd, Canning Vale, est désormais payante, et l'endroit est difficile d'accès pour les personnes non motorisées. Il vous en coûtera 7 $ (boisson et en-cas compris). Les visites débutent à 10h et 18h30 le mardi uniquement.

Planet Perth (☎ 9276 5295), petite compagnie recommandée par nos lecteurs pour ses circuits en journée ou en soirée, propose notamment un tour des vignobles les vendredi, avec dégustation de vins dans quatre propriétés viticoles (29 $). Elle organise également des sorties de nuit dans le Caversham Wildlife Park les lundi (29 $) et des randonnées à cheval les mardi et jeudi (65 $). Les adhérents YHA/VIP bénéficient d'une réduction de 5%.

Eco Bush Tours (☎ 9336 3050) offre des excursions d'une journée (120 $) dans les parcs nationaux et les lacs des environs de Perth, ainsi que des circuits de deux jours en forêt et dans la campagne, qui vous mèneront jusqu'à Walpole (325 $, départ le samedi).

De nombreuses agences proposent des sorties d'une journée aux Pinnacles, des excursions de deux jours à Wave Rock et des séjours prolongés d'au moins trois jours dans le sud-ouest. Western Travel Bug (☎ 9561 5236, 1800 627 488) couvre toutes les grandes curiosités touristiques jusqu'à Kalbarri et Esperance et jouit d'une bonne réputation. Un circuit d'une journée dans les Pinnacles coûte 65 $, une excursion de quatre jours dans le Sud-Ouest 325 $. Planet Perth vous emmène à Wave Rock pour 160 $ (deux jours, départ le samedi). Easyriders Backpackers (☎ 9226 0307) propose trois jours dans le Sud-Ouest (159 $) et un voyage de cinq jours jusqu'à Exmouth, au nord (299 $).

Croisières. De nombreuses compagnies organisent des croisières au départ de l'embarcadère de Barrack St, notamment Captain Cook Cruises (☎ 9325 3341), Boat Torque (☎ 9221 5844) et Oceanic Cruises (☎ 9325 1191). Elles proposent des promenades sur la Swan, la visite des domaines viticoles, des excursions à Fremantle et des déjeuners ou des dîners-croisières.

De septembre à mai, le ferry de Transperth part tous les jours à 14h de l'embarcadère de Barrack St pour une croisière sur le cours supérieur de la Swan (10 $).

Boat Torque offre une croisière d'une journée dans les vignobles de la Swan Valley (75 $) ou d'une demi-journée (29 $, déjeuner compris). Captain Cook Cruises vous embarque pour une excursion de 3 heures aux environs de Perth et Fremantle (24/12 $). Oceanic Cruises propose une visite de la ville de 2 heures sur la Swan jusqu'à Tranby House (12/5 $, départ tous les jours à 14h).

Observation des cétacés. Mills Charters (☎ 9246 5334) organise depuis Hillarys Boat Harbour une intéressante excursion de 3 heures en mer qui permet d'observer des baleines. L'espèce recherchée est la baleine à bosse, qui repart vers l'Antarctique après avoir passé l'hiver au large des côtes nord-ouest de l'Australie. Ces excursions ont lieu de septembre à décembre et coûtent 25 $ le week-end et 20 $ en semaine (enfants, 15/10 $). Pour vous rendre au port de Hillarys, prenez le train jusqu'à Warwick, puis le bus n°423.

D'autres tour-opérateurs vous emmènent voir les baleines : Boat Torque (☎ 9246 1039), qui part de Hillarys, ou, au départ de Fremantle, Rottnest Express (☎ 9335 6406) et Oceanic Cruises (☎ 9430 5127).

Rockingham Dolphins (☎ 0418-958678) offre l'occasion rare de nager en compagnie des dauphins depuis un bateau. Les départs ont lieu de Wellington St, à Perth, tous les jours de septembre à mai (130 $).

Jours fériés et manifestations annuelles

Chaque année, vers février, le Festival of Perth présente des œuvres musicales, théâtrales, chorégraphiques et cinématographiques. Le Northbridge Festival, festival alternatif, se déroule en même temps. Le Perth Royal Show se tient en septembre/octobre et l'Artrage Festival en octobre. Début juin, la West Week célèbre la fondation de l'État et donne lieu à des reconstitutions historiques, des expositions d'art et d'artisanat, des concerts et des manifestations sportives. Le dernier week-end d'octobre, Perth accueille la Gay Pride.

Où se loger – petits budgets

Campings. Perth ne possède pas de terrain de camping à proximité du centre. Ils sont en revanche nombreux dans les faubourgs. Les prix suivants s'entendent pour deux personnes.

L'*Armadale Tourist Village* (☎ 9399 6376, *South-West Highway, Armadale*), à 27 km au sud-est de Perth, dispose d'emplacements avec électricité à 14 $ et de bungalows à 40 $. Le *Kenlorn Tourist Park* (☎ 9356 2380, *229 Welshpool Rd, Queens Park*), à 9 km au sud-est, possède des emplacements sans/avec électricité à 12/16 $ et des bungalows à 60 $ (location à la semaine possible). Les caravanes fixes coûtent à partir de 80 $ la semaine.

Au *Perth Central Caravan Park* (☎ 9277 1704, *34 Central Ave, Redcliffe*), à 8 km à l'est, les emplacements sans/avec électricité valent 12/20 $, les bungalows 40 $ et les logements tout équipés 65 $.

Le *Starhaven Caravan Park* (☎ 9341 1770, *18-20 Pearl Parade, Scarborough*), à 14 km au nord-ouest, loue les emplacements sans/avec électricité à 8/16 $, des caravanes fixes à 40 $ et des logements de vacances à 65 $.

Le *Swan Valley Tourist Village* (☎ 9274 2828, *6851 West Swan Rd, Guildford*), à 19 km au nord-ouest, facture 14/15 $ pour un emplacement sans/avec électricité et à partir de 35 $ pour un bungalow.

Auberges de jeunesse. Perth compte probablement plus d'auberges de jeunesse que nécessaire. La concurrence est donc rude, et le choix se fait essentiellement sur la gestion, l'ambiance et la situation. La plupart de ces établissements assurent le transfert depuis/vers les gares routières et

ferroviaires mais le font plus rarement depuis/vers l'aéroport en été, lorsque la saison bat son plein. Une réduction de 1 $ est généralement consentie aux membres VIP/YHA.

Northbridge. Le *Coolibah Lodge* (☎ 9328 9958, rorysbak@ozemail.com.au, *194 Brisbane St*), est installé dans deux maisons coloniales propres et rénovées, avec un agréable jardin et un espace barbecue. L'ambiance est amicale, et l'auberge dispose de plusieurs types d'hébergement confortables. Un lit en dortoir revient à 16 $. Une chambre simple/double/lits jumeaux coûte 25/42/40 $.

Autre bonne adresse, l'*Ozi Inn* (☎ 9328 1222, *282 Newcastle St*) est plus proche de l'animation de Northbridge. Elle occupe une grande maison rénovée, dotée de tous les équipements nécessaires et d'un personnel sympathique. Comptez 15 $ en dortoir et 36 $ dans une double/lits jumeaux avec clim. Au 101-103 Lake St, un second établissement est destiné aux voyageurs prévoyant un plus long séjour. Il pratique des tarifs un peu moins élevés, à 11 $ le lit en dortoir.

Le *Witch's Hat* (☎ 9228 4228, *1800 818 358, 148 Palmerston St*), nouvelle auberge bien tenue et très propre, dispose de tout le confort et, peut-être parce qu'elle est récente, se révèle légèrement plus calme que les autres et dotée d'une certaine classe. Elle tire son nom de la petite tour edwardienne sur le devant, brillamment illuminée la nuit pour vous permettre de retrouver votre chemin depuis le pub. Un lit en dortoir vaut 16 $, une double/lits jumeaux 40 $.

La *Northbridge YHA* (☎ 9328 7794, *42-46 Francis St*) est appréciée des voyageurs pour son ambiance détendue. Cette ancienne pension dispose de tous les équipements. Vous paierez 15 $ en dortoir (18 $ pour les non-adhérents) et 45 $ en double. A l'angle, l'immense *Britannia YHA* (☎ 9328 6121, *253 William St*) possède d'innombrables chambres – l'idéal si vous souhaitez dormir dans une simple ou une double mais pas si vous recherchez avant tout l'ambiance. La gestion est efficace, avec des lits en dortoir à 16 $, des simples à 22 $ et des doubles à 45 $ (19/25/48 $ pour les non-adhérents).

Nous vous recommandons *The Shiralee* (☎ 9227 7448, 107 Brisbane St). Cet établissement est propre et climatisé, dispose d'espaces de détente agréables, et la direction veille à ce que votre séjour soit confortable ; les dortoirs reviennent à 16 $, les doubles ou les chambres à lits jumeaux à 40 $ et les doubles plus élégantes avec s.d.b. à 50 $.

Le *Redbackpackers* (☎ 9227 9969, 496 Newcastle St) est un endroit où l'ambiance est à la fête et le personnel jeune et enthousiaste. Les lits en dortoir se louent 15 $, les doubles/lits jumeaux 36 $. Le petit *Backpack City & Surf* (☎ 9227 1234, 41 Money St), niché dans un coin de verdure, est bien tenu ; dommage cependant que les heures d'ouverture de la réception soient si limitées. Il facture 16 $ pour un lit en dortoir et 38 $ pour une double/lits jumeaux. Une navette assure deux fois par jour un service pour Scarborough Beach, où la direction possède une auberge similaire.

Il existe deux bonnes auberges un peu éloignées de l'animation de Northbridge. Le *Cheviot Lodge* (☎ 9227 6817, 30 Bulwer St) dispose de nombreux équipements, de lits en dortoirs à 11 $ (pour les membres YHA/VIP), de simples séparées par des cloisons à 16 $ et de chambres à lits jumeaux à 32 $. Non loin, le *Rainbow Lodge* (☎ 9227 1818, 133 Summers St) est un petit établissement très prisé des voyageurs japonais ; les dortoirs valent 13 $ (80 $ la semaine), les simples 20 $ et les doubles/lits jumeaux 32 $. Le matin, les toasts accompagnés de thé ou de café sont offerts gracieusement.

Autre bonne solution, le *North Lodge* (☎ 9227 7588, 225 Beaufort St) occupe une grande maison rénovée dotée des installations habituelles et de chambres confortables. Comptez à partir de 13 $ pour un lit en dortoir et 30/34 $ pour une simple/double.

Vous pouvez également essayer : le *Spinner's Backpackers* (☎ 9328 9468, 342 Newcastle St), qui possède un salon confortable et une cuisine bien équipée et jouit

d'une bonne réputation (dortoirs à partir de 14 $, lits jumeaux 36 $) ; le *Lone Star Perth City Backpackers* (☎ 9328 6667, 156-158 Aberdeen St), installé dans deux maisons rénovées (14 $ en dortoir, 40 $ en double) ; le *Field Touring Hostel* (☎ 9328 4692, 74 Aberdeen St), petite et sympathique auberge dotée de lits en dortoir à 11 $ pour les adhérents VIP/YHA, de simples à 18 $ et de doubles/lits jumeaux à 36 $; l'*Aberdeen Lodge* (☎ 9227 6137, 79 Aberdeen St), central mais un peu délabré (dortoirs à 13 $, doubles/lits jumeaux à 32 $) ; et le *Backpackers International* (☎ 9227 9977, 110 Aberdeen St), au confort sommaire, avec des dortoirs à 11 $, des simples à 13 $ et des doubles/lits jumeaux à 28/35 $.

Centre-ville. Le *Hay Street Backpackers* (☎/fax 9221 9880, 266-268 Hay St, East Perth) dispose d'excellents équipements, dont une piscine, mais il est un peu éloigné de l'animation de Northbridge et de Leederville. Les lits en dortoir à 15 $ et les doubles à 36 $ (45 $ avec s.d.b.) présentent un bon rapport qualité/prix.

Le *12.01 East* (☎ 9221 1666, 195 Hay St) propose des lits en grand dortoir à 11 $, en petit dortoir à 14 $ et des lits jumeaux/ doubles à 34/40 $. Les chambres sont climatisées, généralement propres et, pour certaines, équipées d'un réfrigérateur. Tout près, l'*Exclusive Backpackers* (☎ 9221 9991, 156 Adelaide Terrace) est installé dans un bâtiment magnifiquement restauré. Situé un cran au-dessus des autres auberges de jeunesse, l'endroit est relativement calme. Les dortoirs valent 15 $, les simples 30 $ et les doubles 40 $.

Le *Globe Backpackers* (☎ 9321 4080, 497 Wellington St) est un ancien hôtel vaste et animé situé près de la gare ferroviaire. Comptez 14 $ en dortoir, 27 $ en simple et 40 $ en double. Le *Murray Street Hostel* (☎ 9325 7627, 119 Murray St) manque un peu de caractère (dortoirs à 15 $, simples/ doubles à 30/35 $). Nouvellement ouvert dans un vieux bâtiment rénové près de la gare ferroviaire au moment de notre passage, le *Grand Central Backpackers* (☎ 9421 1123, fax 9421 1650, 379 Welling-

ton St) propose des lits en dortoir à 15 $ et des simples/doubles à 30/40 $.

La *YMCA Jewell House* (☎ 9325 8488, *180 Goderich St)* compte 200 chambres propres et confortables ; les simples/doubles sommaires avec s.d.b. commune reviennent à 32/40 $. L'endroit est ouvert 24h/24, et l'on peut se garer à proximité.

Scarborough. Proche des plages de surf, Scarborough offre une bonne variante à Northbridge.

Propre, spacieux et sympathique, le *Western Beach Lodge* (☎ 9245 1624, *6 Westborough St)* facture 14 $ (13 $ pour les adhérents VIP) pour un lit en dortoir et 30 $ pour une double (34 $ avec s.d.b.). L'*Indigo Net Cafe & Lodge* (☎ 9341 6655, *256 West Coast Hwy)* propose diverses chambres confortables dont certaines avec balcon et, comme son nom l'indique, abrite un cybercafé. Les lits en dortoir valent 14 $, les simples 25 $ et les lits jumeaux/doubles 38/40 $.

Le *Sunset Coast Backpackers* (☎ 9245 1161, *119 Scarborough Beach Rd)*, a environ 1 km de la plage, propose un service de navette depuis/vers l'établissement associé à Northbridge. Comptez 15 $ en dortoir et 36 $ en lits jumeaux/doubles.

Avec ses vastes espaces de détente et sa piscine, le *Mandarin Gardens* (☎ 9341 5431, *20-28 Wheatcroft St)*, à 500 m seulement de la mer, s'apparente davantage à un centre de vacances à petit budget qu'à une auberge de jeunesse. Vous paierez 14 $ pour un lit en dortoir, 26 $ pour une simple et 30 $ pour une double/lits jumeaux.

Où se loger – catégorie moyenne
Pensions. A West Perth, la *CWA House* (☎ 9321 6081, *1174 Hay St)* dispose de chambres confortables à des prix raisonnables. Les simples avec s.d.b. communes valent 35 $, les simples/doubles avec s.d.b. 50/61,50 $ (petit déjeuner léger compris). L'entrée se fait par l'arrière du bâtiment.

La *Swanbourne Guesthouse* (☎ 9383 1981, *5 Myera St)*, à Swanbourne, reçoit une clientèle gay et propose de bonnes chambres tout équipées à partir de 55/85 $.

Motels et locations saisonnières. Perth et les faubourgs avoisinants regorgent de motels et de locations saisonnières (procurez-vous le *Western Australia Accommodation & Tours Listing* à l'office du tourisme). La plupart de ces établissements pratiquent des tarifs à la semaine plus avantageux.

Le *City Waters Lodge* (☎ 9325 1566, *118 Terrace Rd)*, commodément situé près de la rivière, présente un bon rapport qualité/prix. On peut cuisiner dans les chambres, qui comportent s.d.b., TV et lave-linge. Comptez 73/78 $ en simple/double.

L'*Adelphi Apartments Motel* (☎ 9322 4666, *130a Mounts Bay Rd)* propose de bons logements tout équipés à partir de 60/70 $ et jusqu'à 80/100 $ pour une chambre avec vue.

Mount St (de l'autre côté de la passerelle) compte deux adresses offrant de belles vues sur la rivière et la ville. Les *Mountway Holiday Units* (☎ 9321 8307, *36 Mount St)* louent des chambres bon marché à 45/53 $. Le *Riverview on Mount Street* (☎ 9321 8963, *42 Mount St)*, plus chic, demande 75 $ pour un studio et 85 $ pour un appartement donnant sur la rivière.

Hôtels. Il existe un certain nombre d'hôtels à l'ancienne autour du centre-ville. Le *Royal Hotel* (☎ 9324 1510, *300 Wellington St)* dispose de simples/doubles confortables à partir de 50/60 $ ou 65/80 $ avec s.d.b. Le *Court Hotel* (☎ 9328 5292, *50 Beaufort St)*, qui accueille une clientèle gay, était sur le point d'être rénové au moment de notre passage. Les chambres valent 30/40 $, une double avec s.d.b. 70 $.

Très apprécié des voyageurs, le *Sullivan's Hotel* (☎ 9321 8022, *166 Mounts Bay Rd)*, à environ 2 km du centre-ville, près de Kings Park, est un établissement familial où les chambres confortables coûtent à partir de 89 $. Il possède une piscine, un restaurant et un parking à proximité.

Dans les hôtels de catégorie moyenne, nous vous recommandons le *Perth City Hotel* (☎ 9220 7000, *200 Hay St)*, doté de doubles/lits jumeaux avec s.d.b. et réfrigérateur à 69 $ et de logements familiaux à 89 $.

Où se loger – catégorie supérieure

Si vous recherchez le luxe, vous ne serez pas déçu par le centre-ville, où les chaînes hôtelières haut de gamme sont bien représentées.

Le *Criterion Hotel* (☎ *9325 5155, 1800 245155, 560 Hay St)* occupe un bâtiment art déco rénové. L'accueil est sympathique et les très belles simples/doubles valent 80/120 $ avec petit déjeuner.

Le *Terrace Hotel* (☎ *9492 7777, 1800 098863, 195 Adelaide Terrace)* a été recommandé par nos lecteurs. Les studios avec kitchenette et s.d.b. coûtent à partir de 148 $ (renseignez-vous sur les possibilités de réduction).

L'*Emerald Hotel* (☎ *9481 0866, 24 Mount St)*, à mi-chemin du centre et de Kings Park, offre une vue magnifique sur la ville et la rivière. Une double standard revient à 103 $ au minimum.

Où se restaurer

Centre-ville. Deux excellents centres d'alimentation très populaires vous permettent de déguster toutes sortes de spécialités internationales à partir de 6 $. Ils sont généralement ouverts jusqu'à 21h environ. Le *Down Under Food Mall*, au sous-sol du Hay St Mall près de l'angle de William St, comporte des échoppes de cuisine chinoise, mexicaine, thaïe, indienne, etc. Légèrement plus chic, le *Carillon Arcade Food Hall*, dans Carillon Arcade, à deux pas du Hay St Mall, abrite également des boutiques de sandwiches et de fruits de mer ainsi que des fast-foods.

Le *Magic Apple Wholefoods (445 Hay St)* prépare de délicieuses pitas, des gâteaux et des jus de fruits mais il est fermé le week-end. Le *Cafe Cilento (254 Adelaide Terrace)* propose des petits déjeuners bon marché et des déjeuners savoureux, que vous dégusterez en terrasse.

L'*Ann's Malaysian Food*, à l'extrémité nord de Barrack St, est parfait pour faire un déjeuner rapide et bon marché, ou pour commander des plats à emporter. Les amateurs de poisson cru se régaleront à l'*Arcade Japanese Sushi Bar*, 117 Murray St,

entre Pier St et Barrack St, agréable et pas trop cher. Le *Hayashi*, 107 Pier St, propose des formules déjeuner très intéressantes, tandis que le *Bobby Dazzler's*, au Wentworth Plaza, affiche une carte australienne et se trouve tout indiqué pour manger un morceau et boire un verre.

Le *Moon & Sixpence (300 Murray St)* est un pub de style anglais très prisé à l'heure du déjeuner par les employés des alentours (et les voyageurs à petit budget) – vous aurez beaucoup de mal à dénicher une table en terrasse par un bel après-midi ensoleillé.

À l'ouest du centre-ville, toutes sortes de restaurants sont regroupés près du carrefour de Murray St et de Mulligan St : le *Fast Eddy's*, ouvert 24h/24, propose des hamburgers réputés ; le *Katong Singapore (446 Murray)*, bon marché et vivement recommandé, sert des *nyonya* délicieux (plats du jour à 10 $ le midi) ; à côté, au n°442, le *Taj Tandoor* est un bon restaurant indien.

Malgré plusieurs transformations, Shafto Lane, entre Murray St et Hay St, reste un endroit assez branché. Le *Durty Nelly's*, un nouveau pub chic de style irlandais, sert des plats à la carte et possède une terrasse.

En face se trouve l'élégant *Phoenician's Restaurant*.

Northbridge. Différentes cuisines du monde entier, pour tous les goûts et tous les budgets, se sont donné rendez-vous dans la zone délimitée par William St, Lake St, Roe St et Newcastle St.

D'un bon rapport qualité/prix, le *James St Pavilion Food Hall*, au coin de Lake St et de James St, vous accueille en terrasse ou dans l'un de ses deux bars du mercredi au dimanche. Les *Old Shanghai Markets* se trouvent dans James St, derrière le petit quartier chinois de Roe St. Bien moins grand, l'*Asian Food Court* est situé à l'angle de William St et de Little Parry St.

William St offre un très large choix de restaurants cosmopolites. Près de l'angle de Roe St, le *Sylvana Pastry* est un café-bar libanais qui offre un étonnant assortiment de délicieuses pâtisseries orientales. Au n°200, le *Hare Krishna Food for Life* est tout particulièrement recommandé aux végétariens pourvus d'un petit budget. Il propose un déjeuner à volonté à 5 $ (du lundi au vendredi) et des plats à emporter à 2 $ (de 17h à 18h).

A l'angle de William St et de James St, le *Tonic Cafe* est parfait pour le petit déjeuner. En remontant William St vers le nord sur les quatre pâtés de maisons suivants, vous trouverez sur votre gauche le *Brass Monkey Bar & Brasserie* (☎ 9227 9596), au n°209, où vous pourrez vous attabler au balcon pour déguster toutes sortes de bières et des plats du jour substantiels ; le restaurant vietnamien *Chef Han's Café* (☎ 9328 8122), au coin de William St et de Francis St, attire les foules avec ses plats principaux à moins de 8 $; la très animée *Villa Italia* (☎ 9227 9030), au n°279, sert de bons cafés et des repas légers, notamment des pâtes savoureuses ; la rue compte également un chapelet de restaurants asiatiques, dont le *Sri Meluka* (spécialités malaises) au n°313 et le *White Elephant Thai* au n°323.

Au-delà de Forbes St, la *City Fresh Fruit Company* est l'endroit où acheter des produits diététiques et des petits pains délicieux. Le *Planet Cafe* (264 Newcastle St) sert des petits déjeuners bon marché corrects dans un cadre rustique et dispose d'un accès Internet. Le *Good, Bad & Ugly* (69 Aberdeen St) est un salon-bar mexicain à l'ambiance survoltée qui propose des repas et des boissons bon marché et des soirées avec animation.

Lake St regroupe également un certain nombre d'établissements, notamment italiens, qui donnent à ce quartier un faux air de "Little Italy". Au n°44, le *Vinous* (☎ 9228 2888) est un restaurant et un bar à vins chic servant une cuisine australienne originale. Au coin de Lake St et d'Aberdeen St, le *Street Cafe* concocte de bons petits déjeuners, à base de pancakes notamment. En face, le *Mamma Maria's* (105 Aberdeen St), à l'ambiance agréable, possède la réputation – méritée – d'être l'un des meilleurs restaurants italiens de Perth. Incontournable, le *Glassby's Trains, Planes & Automobiles* (48 Lake St) propose le mercredi une soirée "backpackers". Le *Lotus Vegetarian* (220 James St) offre un buffet à volonté à moins de 10 $.

Où sortir

Perth possède quantité de pubs, de discothèques et de night-clubs, notamment à Fremantle (reportez-vous à la rubrique *Les environs de Perth*).

L'hebdomadaire gratuit *Xpress* donne la liste des concerts ; il est disponible, entre autres, dans les magasins de disques. Le *West Australian* annonce les programmes de cinéma et de théâtre ainsi que les soirées dans les night-clubs.

Pour sortir le soir, rendez-vous à Northbridge, Leederville, Subiaco et Freo. Ces quartiers débordent de vie le week-end, notamment autour de James St et de Lake St à Northbridge, alors que le centre-ville reste relativement morne.

Pubs et concerts. Parmi les pubs les plus fréquentés de Northbridge (dont la plupart organisent des concerts le week-end) figurent le *Brass Monkey Bar & Brasserie* (209 William St), la *Novak's Inn* (147 James St), l'*Elephant & Wheelbarrow* (53 Lake St), nouveau pub anglais très animé et doté d'un jardin faisant face à la rue, le *Rosie O'Grady's* (205 James St), qui présente des groupes irlandais presque tous les soirs, le *Bog* (361 Newcastle St), le plus célèbre pub irlandais de Perth (ouvert jusqu'à 6h du matin), et l'*Aberdeen Hotel* ou "Deen" (84 Aberdeen St), qui accueille des groupes presque tous les soirs et organise une "soirée backpackers" le lundi. Près du Brass Monkey, dans William St, l'*Universal Bar* est un bar à la mode, ouvert en façade, qui présente régulièrement des concerts de jazz.

A Leederville, Oxford St abrite le *Leederville Hotel*, qui propose une session légendaire le dimanche après-midi. Les mardi et jeudi, les voyageurs à petit budget se retrouvent au *hip-e-club*, derrière Leederville Village, pour profiter de l'entrée libre et d'une boisson gratuite et faire la queue pendant des heures pour une saucisse – le club assure gracieusement le retour en bus dans les auberges de jeunesse locales.

Les dimanches déchaînés du *Cottesloe Beach Hotel* (104 Marine Parade) ont lieu dans son vaste jardin à bière, mais le bar de l'*Ocean Beach Hotel* ou OBH, près de

North Cottesloe Beach, offre une bien meilleure vue sur le soleil couchant.

Comme dans les autres villes, le tarif des pubs (*cover charge*) varie en fonction des groupes invités. Parmi les lieux les plus connus, citons l'*Indi Bar & Bistro (23 Hastings St)* à Scarborough, le *Swanbourne Hotel (141 Claremont Crescent)* à Swanbourne, le *Junction (309 Great Eastern Hwy)* à Midland et le *Grosvenor Hotel (339 Hay St)* à East Perth, avec des concerts du mercredi au dimanche.

Night-clubs. Perth compte de nombreux endroits où l'on peut danser jusqu'à l'aube. Dans le centre-ville, le *New Loft Nightclub (104 Murray St)* passe toutes sortes de musiques, dont des chansons rétros le dimanche soir.

Les lieux de rencontre des noctambules se trouvent pour la plupart à Northbridge. Pour les amateurs de sensations fortes, citons le *Church (69 Lake St)*, le *Redheads (44 Lake St)*, juste en face, et l'*O2* ou Oxygen *(139 James St)*. Le *Post Office*, à l'angle de Parker St et d'Aberdeen St, accueille une clientèle légèrement plus âgée (notamment le jeudi, soirée réservée aux plus de 30 ans). Les meilleurs endroits récents pour danser sont des clubs plus petits et plus intimes. Le *Paramount (163 Lake St)* connaît un succès retentissant – des danseurs perchés sur des podiums indiquent l'entrée. Le *Metropolis City*, le premier grand night-club et salle de concerts de la ville, perd de sa popularité.

Le clinquant *Burswood Casino*, de l'autre côté de la Causeway en venant du centre, ouvert tous les jours toute la journée, reçoit une ribambelle de célébrités locales et internationales.

Communauté homosexuelle. Le *Court Hotel*, au coin de Beaufort St et de James St, propose des concerts, des soirées drag-queen et un hébergement réservé à une clientèle gay. Le *Connections* ou "Connies" *(81 James St)* est réputé pour sa dance music et ses spectacles. L'*O2* propose le jeudi soir une soirée "Échange" tandis que le *Rainbow Connection Cafe (615 Beaufort St,*

Mt Lawley) est un lieu à la mode avec des spectacles drag-queen les vendredi et samedi.

Le *Westside Observer (WSO)*, disponible aux endroits cités ci-dessus, vous indiquera d'autres adresses et activités.

Concerts et récitals. Le *Perth Concert Hall* (☎ 9231 9900, 5 St George's Terrace) et l'*Entertainment Centre* (☎ 9322 4766, 640 Wellington St) accueillent des concerts et des récitals donnés par des interprètes locaux ou internationaux. Pour réserver, appelez BOCS (☎ 1800 193 300) pour le Concert Hall et Red Tickets (☎ 1800 199 991) pour l'Entertainment Centre.

Cinémas et théâtres. Pour voir des films d'art et d'essai, allez au *Cinema Paradiso*, dans la Galleria Complex, 164 James St, ou au *Luna*, dans Oxford St à Leederville, ou encore à l'*Astor*, au coin de Beaufort St et de Walcott St à Mt Lawley. Tous les films grand public passent au Hoyts, au Greater Union, au Village City et dans les salles de banlieue ; tarif réduit le mardi. De février à avril, munissez-vous d'une bouteille de vin et de choses à grignoter et allez au *Sunset Cinema* (☎ 1902 290 087) dans Kings Park pour assister à une séance de cinéma en plein air.

His Majesty's Theatre (☎ 9265 0900, 825 Hay St), le *Playhouse Theatre* (☎ 9325 3344, 3 Pier St) et le *Subiaco Theatre Centre* (☎ 9382 3385, 180 Hamersley Rd) comptent parmi les salles de théâtre les plus connues. Les programmes et les heures des spectacles paraissent chaque jour dans *West Australian*. Les billets pour ces trois salles se réservent par l'intermédiaire de BOCS (☎ 1800 193 300).

Achats

Perth abrite de nombreuses boutiques d'art et d'artisanat aborigènes, dont la Creative Native Gallery, 32 King St ; la Ganada, 71 Barrack St ; et l'Artists in Residence Gallery, au Lookout dans Fraser Ave, près de Kings Park. Les divers marchés de la ville proposent aussi de l'artisanat local (voir plus haut la rubrique *Marchés*).

Cockburn Range dans le sauvage Kimberley (WA)

innacles Desert, Nambung National Park (WA)

Fleurs sauvages du désert, Kalbarri National Park

es étonnantes falaises de Gantheaume Point, à Broome (WA), ont été ouvragées par l'érosion

Geikie Gorge National Park (WA)

Lake Argyle Diamond Mine (WA)

Bungle Bungle (Purnululu) National Park (WA)

Comment s'y rendre

Voie aérienne. Qantas Airways (☎ 13 1313) et Ansett Australia (☎ 13 1300) proposent des vols directs en classe économique (aller simple) depuis/vers Sydney (725 $), Melbourne (651 $), Adelaide (582 $), Darwin (697 $), Yulara pour Uluru (529 $) et Alice Springs (555 $). Dans la majorité des cas, les vols à destination du Queensland (Brisbane et Cairns) comportent une escale à Melbourne ou Sydney, mais il existe des vols plus directs *via* Alice Springs (752 $ pour Brisbane). Le bureau Ansett se trouve 26 St George's Terrace, celui de Qantas 55 William St.

Il est bien entendu possible d'obtenir des réductions importantes sur ces trajets : en réservant 21 jours à l'avance, un aller-retour au départ de Perth coûte 499 $ pour Adelaide, 589 $ pour Melbourne, 599 $ pour Sydney et 739 $ pour Brisbane, voire moins cher si vous démarchez les agences de voyages.

Skywest (☎ 9334 2288, 13 1300), sur la Great Western Hwy, dessert de nombreux centres régionaux d'Australie-Occidentale, notamment Albany, Esperance, Exmouth, Carnarvon et Kalgoorlie.

Bus. Des bus Greyhound Pioneer (☎ 13 2030) partent quotidiennement de la nouvelle gare routière (☎ 9277 9962) située 250 Great Eastern Hwy, à Belmont. Une navette assure la liaison depuis l'aéroport (voir, ci-dessous, la rubrique *Comment circuler*).

La liaison quotidienne assurée entre Perth et Darwin par la route de la côte dure environ 56 heures et coûte 436 $. Deux fois par semaine, Greyhound dessert également Port Hedland par la route plus directe de l'intérieur, *via* Newman. Le trajet dure trois heures de moins et revient au même prix.

Integrity (☎ 9226 1339) opère depuis la gare routière de Wellington St et dessert le nord de l'État jusqu'à Exmouth.

Westrail (☎ 13 1053) rallie de nombreuses destinations, notamment Esperance, Kalgoorlie et Kalbarri, depuis la gare routière d'East Perth. South West Coachlines (☎ 9324 2333) part du City Bus Port pour rejoindre Bunbury, Margaret River et les caps.

Nos lecteurs recommandent Nullarbor Traveller (☎ 1800 816 858), basé à Adelaide, qui propose des circuits en minibus sur la côte entre Adelaide et Perth.

Pour plus de détails, consultez la rubrique *Comment circuler* au début de ce chapitre.

Train. La gare ferroviaire de Perth est le point de départ d'un voyage de 65 heures dans l'*Indian Pacific* jusqu'à Sydney (voir *Comment s'y rendre* plus haut dans ce chapitre).

Perth est relié à Northam *via* Midland et Toodyay par l'*AvonLink* et à Kalgoorlie par le *Prospector*. Ces deux trains partent de la gare d'East Perth, dans West Parade. Le *Prospector* assure au moins une liaison quotidienne dans les deux sens ; le trajet pour Kalgoorlie dure environ 7 heures 30. Depuis Perth, les départs ont lieu aux environs de 8h45 du lundi au samedi (à vérifier) et à 14h50 le dimanche.

En direction de Bunbury (2 heures 15 de voyage), l'*Australind* quitte tous les jours la gare de Perth à 9h30 et 17h45. Pour réserver, appelez le ☎ 13 1053.

En stop. Nous vous *déconseillons* le stop (lire la rubrique *En stop* du chapitre *Comment circuler*). Le cas échéant, vous pouvez toujours consulter les tableaux d'affichage des auberges de jeunesse et les annonces de voyageurs cherchant des compagnons de route. Si vous voulez faire du stop en venant de Perth pour aller en direction du nord ou de l'est, prenez d'abord le train jusqu'à Midland. Si vous souhaitez vous rendre vers le sud, prenez le train jusqu'à Armadale.

Comment circuler

Perth dispose d'un organisme de transports publics regroupant bus, trains et bateaux, le Transperth (☎ 13 6213, www.transperth. wa.gov.au). Vous trouverez des bureaux d'information dans Plaza Arcade (à deux pas du Hay St Mall), à la gare ferroviaire de Perth, au City Bus Port dans Mounts Bay Rd et à la gare routière de Wellington. Les bureaux sont ouverts de 7h30 à 17h30 du lundi au vendredi ; en outre, celui de Plaza

Arcade ouvre de 8h à 17h30 le samedi, et de 12h à 18h le dimanche. Le *See Perth on Transperth* est gratuit et très utile.

Il existe une zone de transport gratuit en ville, valable sur tous les bus et trains Transperth. Vous pouvez voyager gracieusement à l'intérieur de la zone comprise entre Northbridge (Newcastle St) au nord, la rivière au sud, Kings Park à l'ouest et la Causeway à l'est. Pour plus de détails, reportez-vous à la rubrique *Bus* un peu plus loin.

Desserte de l'aéroport. L'aérogare des vols intérieurs se trouve à environ 11 km du centre, celui des vols internationaux à 15 km. Un taxi (Swan Taxi, ☎ 13 1388) vous coûtera 18 et 24 $ respectivement.

Un service privé de navettes (☎ 9479 4131) assure la liaison entre l'aéroport, à l'arrivée des vols intérieurs et internationaux, et le centre-ville, les hôtels et les auberges de jeunesse. Les bus de l'aéroport coûtent 7 $ depuis le terminal intérieur et 9 $ du terminal international ; le trajet entre les deux terminaux vaut 5 $ pour les adultes/ enfants. Les bus rejoignent l'aéroport toutes les deux heures, de 4h45 à 22h30. Téléphonez pour connaître les horaires exacts et pour qu'on vienne vous chercher à votre hôtel. La navette Fremantle Airport Shuttle (☎ 9838 4115) coûte 12/15 $ depuis le terminal des vols intérieurs/internationaux.

Vous pouvez rejoindre le centre-ville (William St) moyennant 2,50 $ en empruntant un bus Transperth (n°200, 201, 202, 208 ou 209) jusqu'à William St. Ils partent du terminal intérieur toutes les heures, de 5h30 à 22h en semaine ; ils sont un peu moins fréquents le week-end. Dans l'autre sens, les bus partent de l'arrêt n°32 dans St George's Terrace.

Bus. Il existe deux excellents services de bus gratuits (Central Area Transit ou CAT) dans le centre-ville. Ces bus sont à la pointe de la technologie : à chaque arrêt, des données transmises par ordinateur (et par système audio) indiquent l'heure de passage du prochain bus. En utilisant ces deux lignes, vous pourrez voir la plupart des sites intéressants de la ville.

Le Red CAT circule sur un axe est-ouest, entre Outram St, à West Perth, et la WACA, à East Perth ; ces bus passent toutes les cinq minutes en semaine, de 7h à 18h. Le Blue CAT circule sur un axe nord-sud, de la rivière à Northbridge, et coupe l'itinéraire du Red CAT pratiquement en son milieu ; ces bus passent toutes les sept minutes et demie en semaine, de 7h à 18h. Une version modifiée du Blue CAT passe toutes les dix minutes le week-end. Procurez-vous un exemplaire du *CAT User Guide* dans les bureaux Transperth.

Sur les bus réguliers, un trajet à l'intérieur d'une zone coûte 1,70 $, de deux zones 2,50 $ et de trois zones 3,30 $. La zone 1 inclut les proches banlieues (notamment Subiaco et Claremont), la zone 2 va jusqu'à Fremantle. Un billet Multirider vous donne droit à 10 trajets pour le prix de 9. Des forfaits à la journée sont également disponibles en semaine après 9h (6,50 $).

Train. Transperth (☎ 13 6213) gère les trains de banlieue Fastrak qui desservent Armadale, Fremantle, Midland et la banlieue nord de Joondalup entre 5h20 et 24h en semaine (service réduit le week-end). Il est permis de voyager gratuitement (zone gratuite de transit) entre les gares de Claisebrook et de City West.

Tous les trains partent de la gare de Wellington St. Les billets de train sont également valables sur les bus et les ferries Transperth à l'intérieur de cette zone.

Voiture et moto. En ville, vous n'aurez aucune difficulté à trouver de l'essence entre 7h et 21h du lundi au samedi, mais il en va tout autrement le dimanche. Vous pouvez vous renseigner sur les stations-service de garde ce jour-là (généralement de 7h à 22h ; pour davantage d'informations : ☎ 11573). Les agences de location Avis (☎ 13 6333), Budget (☎ 13 2727), Hertz (☎ 13 3039) et Thrifty (☎ 13 1286) ont toutes des représentants à Perth, notamment à l'aéroport. Cependant, les petites compagnies offrent des tarifs plus intéressants, surtout Apex (☎ 9227 9091), 400 William St, Northbridge. Citons également Bayswater Car Rental (☎ 9325 1000), 160 Adelaide Terrace.

Bicyclette. Le vélo est une merveilleuse manière de découvrir Perth. De nombreuses pistes cyclables longent la rivière jusqu'à Fremantle, ainsi que la côte de l'océan Indien. The Cycle Centre (☎ 9325 1176), 282 Hay St, loue des vélos à 15 $ la journée ou, si vous comptez séjourner quelque temps dans la ville, vous en garantit le rachat.

Bateau. Les ferries de Transperth assurent tous les jours la traversée de la rivière entre l'embarcadère de Barrack St et celui de Mends St à South Perth. Les départs ont lieu toutes les 30 minutes (plus souvent aux heures d'affluence), de 6h50 à 19h15 environ et ce pour un/deux dollars (aller/aller- retour). Il faut prendre ce bac pour aller au zoo.

Les environs de Perth

FREMANTLE
• **code postal 6160**   • **25 000 habitants**
Fremantle (Freo pour les habitants) dégage une ambiance beaucoup plus détendue que celle de la brillante Perth hérissée de gratte-ciel. C'est un endroit très agréable à vivre, marqué par un riche passé.

Bien que considérée de nos jours comme une banlieue de Perth (de nombreux habitants s'y rendent en train pour y passer l'après-midi ou la soirée), Fremantle possède sa propre personnalité.

Fremantle fut fondée en 1829, sur le lieu où accosta le HMS *Challenger*, commandé par Charles Fremantle. Comme Perth, la colonie stagna jusqu'à ce qu'elle accepte d'accueillir des bagnards. Cette main-d'œuvre bon marché construisit la plupart des premiers édifices de la ville, dont certains comptent parmi les plus anciens et les plus précieux d'Australie-Occidentale. Le port de Fremantle était très mal loti jusqu'à ce que, dans les années 1890, le brillant ingénieur irlandais CY O'Connor procéda à son réaménagement, en faisant dynamiter

le banc de calcaire qui s'opposait au passage vers la Swan.

En 1987, la ville fut le théâtre d'une tentative infructueuse pour conserver le trophée de la Coupe de l'America, l'une des plus célèbres régates de voiliers, remportée par l'Australie quatre ans plus tôt. Pour répondre à l'afflux de touristes, Fremantle subit alors d'importantes transformations qui en firent une cité plus animée mais aussi plus chère.

La ville possède de nombreux bâtiments anciens, d'excellents musées et galeries d'art, des marchés de produits alimentaires et d'artisanat, ainsi qu'un immense éventail de pubs, de cafés et de restaurants. La visite de Freo sera l'un des temps forts de votre voyage en Australie-Occidentale. Prévoyez suffisamment de temps pour explorer la ville, boire un café dans un des bistrots en plein air ou déguster ses calamars frits arrosés d'un filet de citron.

Renseignements
Très fréquenté, l'office du tourisme (☎ 9431 7878, fax 9431 7755) se trouve dans la boutique du Fremantle Town Hall, sur King's Square. Il est ouvert du lundi au samedi de 9h à 17h et le dimanche de 10h30 à 16h30. Tramswest (☎ 9339 8719) gère un bureau de renseignement dans l'Esplanade Reserve, en face de l'Esplanade Hotel. Essayez également le WA Cafe dans Margaret St. Vous pouvez obtenir des informations sur les parcs nationaux à la boutique WA Naturally du CALM (☎ 9430 8600), 47 Henry St.

Toutes les auberges de jeunesse disposent d'un accès Internet. Par ailleurs, Net.chat, dans Wesley Arcade, Market St, facture 15 c la minute (4 $ l'heure de 8h à 11h et de 20h à 23h).

Fremantle History Museum
Le musée historique de Fremantle, 1 Finnerty St, occupe un édifice qui fut un asile d'aliénés construit par les bagnards dans les années 1860.

Il présente de superbes collections, parmi lesquelles des expositions sur l'histoire des débuts de l'histoire aborigène de Fremantle,

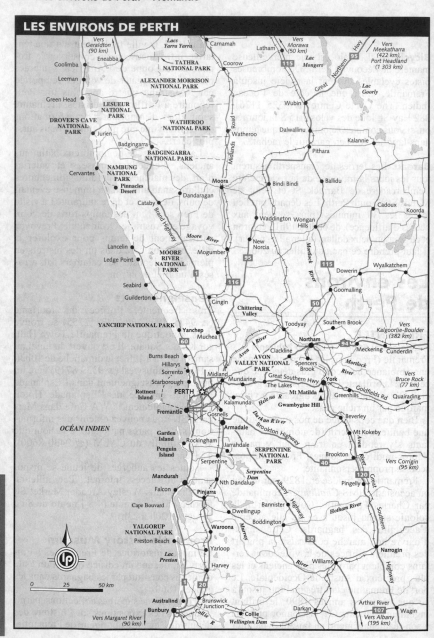

LES ENVIRONS DE PERTH

la colonisation de l'Australie-Occidentale et l'industrie baleinière. Il retrace l'étonnante histoire des vaisseaux de la Compagnie hollandaise des Indes orientales qui découvrirent les premiers la côte occidentale de l'Australie et souvent s'échouèrent sur ce littoral inhospitalier.

Le musée est ouvert tous les jours de 10h30 à 16h (de 13h à 15h le samedi). Donation à l'entrée.

WA Maritime Museum

Dans Cliff St, près du front de mer, le musée maritime (www.wa.gov.au) est installé dans un ancien magasin d'intendance datant de 1852. Consacré à l'histoire maritime de l'État, il évoque tout particulièrement le célèbre naufrage du *Batavia*. Dans l'une des galeries, on peut voir un morceau de sa coque en bois ainsi qu'une immense façade en pierre taillée qui devait orner la porte du château de Batavia (l'actuelle Jakarta, en Indonésie) mais qui servait de lest au *Batavia* lorsque celui-ci fit naufrage. Cet étonnant musée, à ne pas manquer, ouvre tous les jours de 10h30 à 17h (donation à l'entrée, 2 $) et organise des visites guidées gratuites à 11h30 et 14h.

Explorez le Duyfken

La réplique exacte du *Duyfken* (petite colombe), un *jacht* (navire de reconnaissance) hollandais de la flotte des Moluques qui fit son premier voyage connu en Australie en 1606, se balance dans le port en face de l'Esplanade Reserve. Cette maquette grandeur nature a été construite à Fremantle, qui est devenu une sorte de centre de construction de maquettes de bateaux – c'est ici qu'a été bâtie également la réplique de l'*Endeavour* de James Cook.

Le *Duyfken*, qui a atteint la péninsule de Cape York avec une vingtaine d'hommes d'équipage, est très petit pour un voilier, mais il mérite le coup d'œil si vous vous intéressez à l'histoire maritime. Il se visite de 9h30 à 16h30 (adulte/enfant 5/3 $).

Le navire quittera Fremantle en avril 2000 pour un voyage d'au moins six mois qui lui fera suivre son parcours historique le long de la côte nord de l'Australie.

Fremantle Market

Le pittoresque marché couvert de Fremantle sur South Terrace, à l'angle de Henderson St, est une des attractions majeures de la ville. Créé en 1892, il a été rouvert en 1975. Il attire une foule nombreuse, et l'on y trouve de tout, des objets d'artisanat aux légumes en passant par les bijoux et les antiquités. Des musiciens ambulants se produisent souvent dans un bar-taverne qui vaut le coup d'œil. Le marché ouvre de 9h à 21h le vendredi, de 9h à 17h le samedi et de 10h à 17h le dimanche. Le dimanche en fin d'après-midi est le moment idéal pour acheter les fruits et les légumes, vendus à des prix très intéressants juste avant la fermeture.

Round House

Dans Arthur Head, à l'extrémité ouest de High St, la Round House construite en 1831, est le plus ancien édifice public d'Australie-Occidentale. Avant l'arrivée des bagnards, elle servait de prison, et c'est là qu'eut lieu la première pendaison dans la colonie.

Par la suite, le bâtiment hébergea les prisonniers aborigènes avant leur transfert à la prison de Rottnest Island. Pour les Noongar, la Round House est sacrée. Elle est ouverte tous les jours de 9h à 17h, et un canon Jardine tonne tous les jours à 13h (donation à l'entrée, 2 $).

Old Fremantle Prison

Il s'agit de l'une des premières constructions destinées aux forçats, qui est restée une prison de haute sécurité jusqu'en 1991. Elle est ouverte tous les jours de 10h à 18h (10/4 $). Des visites sont organisées toutes les 30 minutes, mais vous pouvez découvrir le bâtiment seul grâce à un combiné audio.

Autres curiosités

Du poste d'observation situé au sommet du **Port Authority Building** (capitainerie du port), à l'extrémité de Cliff St, vous admirerez le panorama sur le port. Participez à la visite guidée qui part du hall principal à 13h30 en semaine. Les **East Shed Markets**, tout près, ouvrent de 10h à 21h le vendredi et de 9h à 17h le week-end.

AUSTRALIE-OCCIDENTALE

FREMANTLE

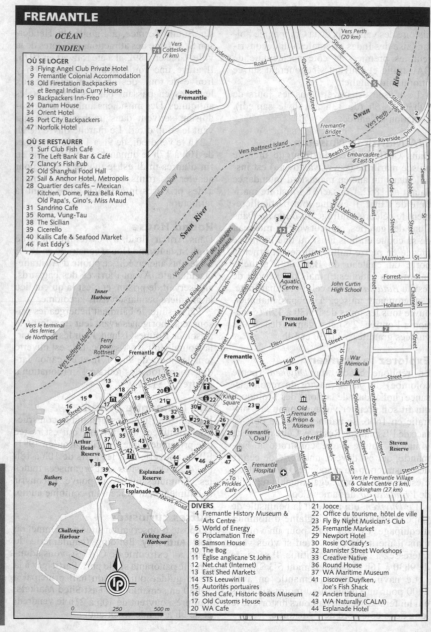

OCÉAN
INDIEN

OÙ SE LOGER
3   Flying Angel Club Private Hotel
9   Fremantle Colonial Accommodation
18 Old Firestation Backpackers
    et Bengal Indian Curry House
19 Backpackers Inn-Freo
24 Danum House
34 Orient Hotel
45 Port City Backpackers
47 Norfolk Hotel

OÙ SE RESTAURER
1   Surf Club Fish Café
2   The Left Bank Bar & Café
7   Clancy's Fish Pub
26 Old Shanghai Food Hall
27 Sail & Anchor Hotel, Metropolis
28 Quartier des cafés – Mexican
    Kitchen, Dome, Pizza Bella Roma,
    Old Papa's, Gino's, Miss Maud
31 Sandrino Cafe
35 Roma, Vung-Tau
38 The Sicilian
39 Cicerello
40 Kailis Cafe & Seafood Market
46 Fast Eddy's

DIVERS
4   Fremantle History Museum &
    Arts Centre
5   World of Energy
6   Proclamation Tree
8   Samson House
10 The Bog
11 Église anglicane St John
12 Net.chat (Internet)
13 East Shed Markets
14 STS Leeuwin II
15 Autorités portuaires
16 Shed Cafe, Historic Boats Museum
17 Old Customs House
20 WA Cafe

21 Jooce
22 Office du tourisme, hôtel de ville
23 Fly By Night Musician's Club
25 Fremantle Market
29 Newport Hotel
30 Rosie O'Grady's
32 Bannister Street Workshops
33 Creative Native
36 Round House
37 WA Maritime Museum
41 Discover Duyfken,
    Joe's Fish Shack
42 Ancien tribunal
43 WA Naturally (CALM)
44 Esplanade Hotel

0   250   500 m

AUSTRALIE-OCCIDENTALE

Les passionnés de bateaux visiteront l'**Historic Boats Museum**, qui regroupe des navires des cent dernières années dans le B-Shed (hangar B) du Victoria Quay. Il ouvre de 10h à 15h en semaine et de 11h à 16h le week-end (donation à l'entrée).

Le **World of Energy**, 12 Parry St, propose des expositions amusantes et instructives à la fois sur le développement du gaz et de l'électricité. Il est ouvert de 9h à 17h en semaine et de 13h à 15h le week-end (2/1 $).

Fremantle regroupe un grand nombre d'artisans. L'un des meilleurs endroits pour voir leur travail sont les ateliers de **Bannister Street**. La galerie **Creative Native**, 65 High St, expose et vend les œuvres d'artistes aborigènes, notamment un large choix de didgcridoos peints à la main (de 150 à 300 $) et toutes sortes d'objets allant du boomerang aux T-shirts peints.

Circuits organisés

Le Fremantle Tram (☎ 9339 8719), très semblable au Perth Tram, propose une visite commentée du Fremantle historique en 45 minutes (8/3 $). Deux excursions sont proposées en alternance – le circuit historique et le tour des quatre ports. Elles partent de l'hôtel de ville toutes les heures entre 10h et 16h. La sortie "Top of the Port" de 1 heure 30 coûte 10/5 $ (départ à 13h15). Le jeudi, un circuit avec dîner de fish and chips, très prisé des touristes, part à 18h (20 $, réservation indispensable).

Vous pouvez combiner l'une de ces visites avec une croisière aller-retour jusqu'à Perth et un tour sur le Perth Tram, pour 35 $.

Manifestations annuelles

La plus grande manifestation annuelle est le Festival of Fremantle, qui se tient pendant 10 jours en novembre et donne lieu à des défilés, des concerts, des expositions et des spectacles gratuits.

Le Sardine Festival, organisé sur l'Esplanade en janvier, célèbre la gastronomie – yabbies, crocodile, fruits de mer et sardines de Freo – mais propose également des manifestations gratuites. Le Busker's Festival a lieu en avril.

Où se loger – petits budgets

A environ 3,5 km du centre-ville, le *Fremantle Village & Chalet Centre* (☎ 9430 4866, Lot 1 Cockburn Rd) loue de bruyants emplacements sans/avec électricité à 15/18 $ avec s.d.b. et des bungalows à 70 $ pour deux.

La *Backpackers Inn Freo* (☎ 9431 7065, fax 9336 7106, 11 Pakenham St), excellente auberge de jeunesse YHA, a été entièrement rénovée et étendue pour englober l'ancien entrepôt voisin. Elle dispose de nombreuses parties communes bien conçues et de tous les équipements habituels, notamment un agréable café. Les lits en dortoir valent 14/16 $ pour les adhérents/non-adhérents, les simples 20/23 $ et les chambres à lits jumeaux ou les doubles 34/39 $.

Autre adresse intéressante, l'*Old Firestation Backpackers* (☎ 9430 5454, 18 Phillimore St) possède de nombreuses installations gratuites. Cette ancienne caserne de pompiers (la nouvelle se trouve à côté) est un peu rudimentaire mais bien gérée et très sûre (caméras de surveillance en particulier). Elle offre un accès Internet gratuit entre 8h et 18h, des lave-linge, également gratuits, des repas bon marché entre 18h et 19h et un espace séparé pour les femmes, comprenant salon, cuisine, chambres et douches. Les gérants vous aideront à trouver du travail et à organiser vos transports. Les lits en dortoir reviennent à 14 $, les simples à 20 $ et les doubles à 36 $. Des tarifs à la semaine, beaucoup plus intéressants, sont également disponibles.

Le *Port City Backpackers* (☎ 9335 6635, 5 Essex St), bien situé entre l'Esplanade et South Terrace, est la plus petite auberge de jeunesse de Freo. Comptez à partir de 12 $ pour un lit en dortoir et 35 $ pour une double/lits jumeaux. Les clients ont la possibilité de travailler au Wyajalla Didjeridus, non loin, pour apprendre à fabriquer et à jouer de ces instruments (et éventuellement en acquérir un).

Où se loger – catégorie moyenne

Le *Norfolk Hotel* (☎ 9335 5405, 47 South Terrace) possède probablement le meilleur jardin à bière de tout Perth et des simples/

doubles petites à 35/60 $ ou 75/85 $ avec s.d.b. L'*Orient Hotel* (☎ *9336 2455, 39 High St*) propose de bonnes chambres avec s.d.b. commune au prix raisonnable de 30/50 $. Le *Flying Angel Club Private Hotel* (☎ *9335 5000, fax 9335 5321, 76 Queen Victoria St*) installé dans l'International Seafarers' Centre offre des chambres en B&B à 50/85 $ avec s.d.b.

Les B&B sont très appréciés des voyageurs, et Fremantle en compte d'excellents – demandez la liste à l'office du tourisme. Le *Fremantle Colonial Accommodation* (☎ *9430 6568, fax 9340 6568, 215 High St*) est un établissement charmant doté de chambres élégantes à partir de 75 $. Les propriétaires louent également les trois anciens cottages de gardien qui jouxtent la prison située sur la colline dominant Fremantle. Un cottage de deux, où tout est prévu pour laver le linge et préparer un copieux petit déjeuner, coûte 130 $ la nuit. La *Danum House* (☎ *9336 3735, 6 Fothergill St*) facture à partir de 80/90 $.

Où se restaurer

Un des attraits de Fremantle consiste à s'installer à une terrasse dans South Terrace pour observer l'animation de la rue en buvant un verre. Parmi les cafés et restaurants de ce quartier, signalons l'*Old Papa's*, au n°17, où l'on déguste un excellent café et des glaces ; le très branché *Gino's*, au n°1 ; le *Dome*, qui dispose d'un centre artistique multiculturel à l'étage ; et le vaste *Miss Maud* et sa terrasse conviviale au n°33.

Le *Sail & Anchor Hotel* (*64 South Terrace*), occupe l'ancien Freemason's Hotel, construit en 1854. Fort bien restauré, il a en grande partie retrouvé sa splendeur passée. Il propose les bières Matilda Bay brassées localement et sert, dans sa brasserie du 1er étage, des en-cas et des repas complets. A côté de l'Old Papa's, la *Mexican Kitchen* offre des plats de 10 à 15 $ (nachos à moitié prix le mardi). Sur l'autre trottoir, la *Pizza Bella Roma* est probablement le restaurant de pizzas et de pâtes le plus fréquenté de la ville.

L'*Old Shanghai Food Hall* (*4 Henderson St*), en face du marché, est un petit centre d'alimentation asiatique où vous pouvez vous procurer de copieuses portions de spécialités thaïes, vietnamiennes, japonaises, chinoises et italiennes délicieuses et bon marché. L'endroit reste ouvert jusqu'à 21h presque tous les soirs. L'animation est à son comble les jours de marché.

Le *Fast Eddy's* (*13 Essex St*), non loin de South Terrace, est un restaurant à l'américaine qui prépare de bons petits déjeuners et sert de l'alcool jour et nuit. Dans un cadre un peu plus chic, le *Sandrino Cafe* (☎ *9335 4487, 93 Market St*) concocte une excellente cuisine italienne et des plats de fruits de mer à des prix raisonnables.

West End et le port. Le *Roma* (☎ *9335 3664, 13 High St*), est une solide institution de Freo qui mitonne des plats italiens maison. Même la bonne société de la ville fait la queue pour y manger. Si vous avez envie de cuisine vietnamienne, essayez le *Vung-Tau* (*19 High St*). Le *Bengal Indian Curry House* propose d'excellentes formules-déjeuners à prix très serrés.

Il est de tradition à Freo, de déguster un plat de fish and chips sur le port de pêche. Le *Cicerello* (☎ *44 Mews Rd*) et le *Kailis's Fish Market Café* (*46 Mews Rd*) servent tous deux des fruits de mer en beignets à 6 $ environ. Le Kailis's abrite également un marché de fruits de mer frais.

Si vous souhaitez dîner dans un cadre élégant, le *Sicilian* (☎ *9430 7024, 47 Mews Rd*), au-dessous du Sails Restaurant, sur le port, est l'endroit idéal pour terminer la soirée. Un excellent petit déjeuner-buffet concourt à la réputation du lieu, qui pratique des prix assez élevés. Le *Joe's Fish Shack* (*42 Mews Rd*), très bien situé sur le front de mer près de la réplique du *Duyfken*, prépare des fruits de mer à des prix qui n'ont rien d'excessif.

Où sortir

Freo ne manque pas de lieux où écouter de la musique et danser.

Les "grands concerts" se déroulent toujours au *Metropolis* (*52 South Terrace*). Cet endroit est également un night-club, mais il ne présente réellement d'intérêt que lorsque des grands groupes s'y produisent. L'*Orient Hotel (39 High St)* et le *Newport Hotel (2 South Terrace)* accueillent le week-end des musiciens qui jouent à plein volume.

Dans Parry St, le *Fly by Night Musician's Club*, installé dans un bâtiment ressemblant un peu à un hangar à avions, présente de talentueux musiciens spécialisés dans la world music et, de temps à autre, de grosses pointures internationales.

Le *Jooce (80 High St)* est le dernier night-club à la mode où l'on danse sur de la musique house et techno. Un salon fumeurs occupe l'étage. Toujours très fréquenté, le *Rosie O'Grady's (William St)* accueille des groupes trois ou quatre soirs par semaine, mais le lieu irlandais à la mode est désormais lc *Bog (189 High St)*, qui rivalise déjà avec son homologue de Perth.

Pour la musique indie, allez au *Mojo's (237 Queen Victoria St)*, à North Fremantle (près de la garc).

Comment s'y rendre et circuler

Le Fremantle Airport Shuttle (☎ 9383 4115) part de Fremantle pour l'aéroport six fois par jour entre 6h30 et 21h30 et vient vous chercher à votre lieu d'hébergement. (12/15 $ pour le terminal des vols intérieurs/internationaux).

Le train qui relie Perth à Fremantle passe toutes les 15 minutes environ pendant la journée (2,50 $). Depuis le City Bus Port, les bus n°106 et 111 suivent St George's Terrace jusqu'à Fremantle *via* la Canning Hwy. Les bus n°102, 103 et 104 partent de St George's Terrace (côté sud) mais rejoignent Fremantle en suivant la rive nord de la rivière.

Oceanic Cruises assure des liaisons quotidiennes en ferry entre l'embarcadère de Barrack St, à Perth, et Freo pour 9/16 $ l'aller simple/aller-retour (départ à 8h45, 10h et 11h45).

Fleet Cycles (☎ 9430 5414), 66 Adelaide St, loue des bicyclettes à 20 $ la journée (fermé le dimanche).

ROTTNEST ISLAND
• code postal 6161   • 400 habitants

Surnommée *Rotto*, cette île sablonneuse est située à environ 19 km au large des côtes de Fremantle. Mesurant 11 km de long sur 4,5 km de large, elle est très appréciée des habitants de Perth et des touristes. L'île fut découverte en 1696 par un explorateur hollandais, Willem de Vlamingh, qui la baptisa *Rats' Nest* (nid de rats), croyant y avoir observé de nombreux grands rats, qui étaient en fait les petits marsupiaux appelés *quokkas*.

Rottnest fut colonisée à partir de 1838 pour servir de prison aux Aborigènes du continent, auxquels les premiers colons eurent beaucoup de mal à imposer leurs notions de propriété privée. La prison fut abandonnée en 1903, et l'île devint un lieu de villégiature pour la bonne société de Perth.

Pendant la Seconde Guerre mondiale, Rottnest Island devint une importante place forte essentiellement destinée à protéger la côte et le port de Fremantle. En 1942, l'île abritait quelque 2 500 soldats. Il reste de cette époque la caserne de Kingstown et l'Oliver Hill Gun Emplacement.

Rottnest Island est devenue au cours des trente dernières années un lieu d'excursion populaire, et la visite est désormais incontournable, grâce aux ferries à grande vitesse qui relient l'île à Perth et Fremantle.

Que faire sur Rotto ? Se promener à bicyclette, lézarder au soleil sur les nombreuses et superbes plages, gravir ses collines douces, pêcher, faire du bateau ou du surf, emprunter une des embarcations à fond transparent (les eaux qui entourent Rotto renferment les formations coralliennes les plus australes du monde), nager dans des eaux cristallines et observer les quokkas.

Renseignements

Le centre d'information (☎ 9372 9752), dans le port de Thomson Bay, principale bourgade de l'île, est ouvert de 8h30 à 17h en semaine, de 9h à 16h le samedi et de 10h à 12h puis de 14h30 à 16h le dimanche. C'est également là que se trouve le service de réservations d'hôtels (☎ 9432 9111).

Au centre, qui abrite aussi un musée, vous pouvez obtenir de nombreuses brochures, entre autres, sur une promenade parmi les bâtiments anciens du village, les chemins du patrimoine (Heritage Trails),

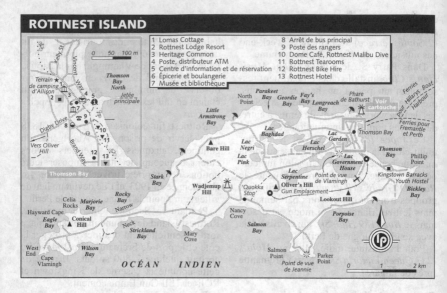

ROTTNEST ISLAND

1	Lomas Cottage	8	Arrêt de bus principal
2	Rottnest Lodge Resort	9	Poste des rangers
3	Heritage Common	10	Dome Café, Rottnest Malibu Dive
4	Poste, distributeur ATM	11	Rottnest Tearooms
5	Centre d'information et de réservation	12	Rottnest Bike Hire
6	Épicerie et boulangerie	13	Rottnest Hotel
7	Musée et bibliothèque		

les différentes épaves qui cernent l'île et les balades à vélo.

Vous trouverez un bureau de poste et un distributeur d'argent à Thomson Bay. La ville est très fréquentée en été ; les logements et les ferries sont souvent pris d'assaut, et il est prudent de réserver.

A voir et à faire

L'excellent petit **musée** présente des expositions sur l'île, son histoire, sa faune, sa flore et ses épaves. Il est ouvert tous les jours en été, de 11h à 16h (entrée 2$/50c). Vous pouvez flâner parmi les édifices construits par les bagnards tels que le "Quad" de forme octogonale, qui date de 1864, et Lomas Cottage. Rottnest Voluntary Guides (☎ 9372 9777) organise gratuitement tous les jours à 11h30 et 14h30 des visites guidées à pied partant du poste des rangers.

Le **Vlamingh Lookout**, point de vue situé sur View Hill à proximité de Thomson Bay, offre un beau panorama sur l'île. Le phare principal, construit en 1895 sur Wadjemup Hill, est visible à 60 km en mer. L'île possède également de nombreuses lagunes salées autour desquelles vous aurez toutes

les chances d'apercevoir des **quokkas**. Les excursions en bus prévoient des arrêts dans des lieux où sont nourris les quokkas, et ces marsupiaux voraces apparaissent comme sur commande.

Restauré, l'**Oliver Hill Gun Emplacement** se trouve à l'ouest de Thomson Bay. Pour y accéder, empruntez la ligne ferroviaire d'Oliver Hill ; les trains quittent Thomson Bay quatre fois par jour (9/6 $, 4,50 $ pour les enfants, y compris l'accès au site et aux tunnels).

Circuits organisés

Une excursion en bus de 2 heures autour de l'île part tous les jours du centre d'information à 11h et 13h30 (12/6 $).

Sur l'*Underwater Explorer*, des hublots situés au-dessous du niveau de l'eau permettent d'observer les épaves de bateaux et la vie sous-marine. Un circuit intéressant de 45 minutes coûte 16/9 $. On vous propose également des sorties pour pratiquer la plongée de surface en été (18/15 $) et une croisière au clair de lune (17/15 $). Rottnest Air Taxi (☎ 1800 500 006) organise des survols de l'île (18 $ pour un vol de 10 minutes).

Où se loger

La plupart des visiteurs ne viennent ici que pour la journée bien qu'il soit intéressant de séjourner dans l'île. Vous pouvez planter votre tente à l'**Allison camping ground** à Thomson Bay pour 5 $ par personne. En haute saison, un bungalow-safari vous sera proposé à partir de 28 $ pour deux. Réservez longtemps à l'avance auprès du centre d'information ou de Rottnest Island Authority (☎ 9432 9111), qui loue également plus de 250 maisons et cottages à Thomson Bay et autour des baies de Geordie, Fays et Longreach. Les bungalows à quatre lits valent 201/234 $ la semaine en hiver/été et les villas sur le front de mer 447/560 $.

La **Kingstown Barracks YHA** (☎ 9372 9780), à 1,3 km au sud-est du terminal des ferries, occupe une ancienne caserne construite en 1936 ; elle offre des lits en dortoir à 16 $ (14 $ pour les membres) et des doubles à 38 $, draps compris. Le **Rottnest Lodge Resort** (☎ 9292 5161, fax 9292 5158), dans l'ancien Quad (prison), est devenu plus attrayant et loue des doubles avec s.d.b. et TV à partir de 130 $.

Où se restaurer

Rottnest compte une **épicerie** bien approvisionnée et une **boulangerie** réputée pour son pain frais et ses **pies**.

Tout nouveau, le **Rottnest Tearooms**, doté d'une licence, possède un agréable balcon dominant la baie et sert divers repas légers, sandwiches et plats à emporter. Non loin de là, le **Dome Cafe** a ouvert une annexe.

Dans le Rottnest Hotel, **Brolley's** prépare des en-cas et des repas, et le **Garden Lake** du Lodge Resort sert de l'alcool.

Comment s'y rendre

Rottnest Air Taxi (☎ 1800 500 006) propose un vol au départ de l'aéroport Jandakot de Perth avec retour dans la même journée (à partir de 50 $). Il vous transporte jusqu'à l'aéroport depuis différents points de la ville, dont Fremantle.

Depuis Rottnest, les ferries rejoignent fréquemment Fremantle (30 minutes) et, plusieurs fois par jour, Perth (1 heure 30).

Un habitant de Rottnest : le Quokka

Boat Torque (☎ 9430 5844) assure un service de ferry toutes les deux heures de 7h30 à 15h30 (jusqu'à 18h30 le vendredi). Les départs ont lieu sur Emma Place, à North Fremantle. Comptez 35/12 $ (adulte/enfant) pour un aller-retour dans la même journée (30 $ avec la carte YHA/VIP) et 5 $ supplémentaires pour un séjour prolongé. Des bateaux partent également de l'embarcadère de Barrack St, à Perth, à 8h45, 9h45, 10h30 et 14h (et 19h15 le vendredi). Le billet coûte 52/15 $ pour un adulte/enfant et 47 $ pour les voyageurs à petit budget.

Le *Sea Flyte* de Boat Torque quitte le port de Hillarys, au nord de Perth, et arrive à Rottnest Island 45 minutes plus tard. Les départs ont lieu tous les jours à 8h30 et 10h30 (et 16h30 en haute saison). Le tarif s'élève à 45/35/13 $ par adulte/voyageur à petit budget/enfant.

Les bateaux d'Oceanic Cruises (☎ 9430 5127) quittent l'embarcadère d'East St à Fremantle à 7h, 8h30, 9h45, 11h45 et 16h. L'aller-retour dans la journée se monte à 32/10 $ par adulte/enfant et à 37/14 $ pour un séjour prolongé. Les détenteurs d'une carte YHA/VIP se voient accorder une réduction de 5 $. Depuis le Pier 2A de l'embarcadère de Jetty St, à Perth, les ferries partent à 8h45 et 10h (45/40/14 $ pour un aller-retour dans la journée).

Rottnest Express (☎ 9335 6406) part tous les jours du C Shed (hangar C) de Victoria Quay, à Fremantle, à 7h30, 9h30, 11h15 et 15h30 (et 18h45 le vendredi). Comptez 34/29/10 $ par adulte/voyageur à petit budget/enfant pour un aller-retour dans la journée et 39/34/14 $ pour un séjour prolongé.

Comment circuler

La bicyclette est le mode de déplacement idéal dans l'île. Le nombre de véhicules à moteur étant strictement limité, rouler à vélo est un véritable plaisir, d'autant que l'île est juste assez grande pour faire d'agréables randonnées d'une journée. Rottnest Bike Hire (☎ 9292 5105) à Thomson Bay, loue des vélos à partir de 13 $ par jour. Une caution de 20 $ est exigée. Vous pourrez également louer des cadenas et des casques, tous deux obligatoires.

Un bus gratuit part régulièrement de la jetée principale de Thomson Bay entre 8h15 et 17h45 et dessert Geordie Bay, Kingstown et l'aéroport.

Le Bayseeker (5/2 $) quitte Thomson Bay toutes les demi-heures de 8h à 17h30 et fait le tour de l'île en s'arrêtant aux baies et aux plages principales.

DARLING RANGE

Les hauteurs environnant Perth s'avèrent idéales pour les pique-niques, les barbecues et les randonnées. La Brookton Highway mène aux chutes et aux jardins en terrasses de l'**Araluen Botanic Garden**, au poste de détection d'incendie du **Mt Dale** et au **Churchman's Brook**. Vous pourrez encore remarquer les virages en épingle à cheveu de l'ancienne voie ferrée **Zig Zag**, à Gooseberry Hill, et arpenter les sentiers de randonnée du **lac Leschenaultia**. Le CALM distribue gracieusement une excellente brochure, *The Hills Forest*.

Mundaring

• code postal 6073   • 1 900 habitants

C'est à Mundaring, à 35 km seulement à l'est de Perth, dans la Darling Range, qu'a été achevé en 1900 le barrage du même nom, Mundaring Weir, pour alimenter en eau les champs aurifères situés à plus de 500 km de là, vers l'est. Le lac de retenue et son joli cadre en font un but d'excursion classique pour les habitants de Perth. Le lieu est sillonné de nombreux sentiers de randonnée. Le **CY O'Connor Museum** présente des maquettes et des expositions sur le système d'irrigation. Ce fut à l'époque l'une des plus audacieuses entreprises du pays. Il est ouvert en semaine de 10h30 à 15h (fermé le mardi) et le dimanche de 12h à 17h.

Le **John Forrest National Park**, proche de Mundaring, abrite des zones protégées de jarrahs et de marris (deux espèces d'eucalyptus), une faune locale, des cascades, une piscine et un ancien tunnel ferroviaire.

Où se loger. Le ***Mundaring Caravan Park*** *(☎ 9295 1125)*, à 2 km à l'ouest de la ville sur la Great Eastern Highway, loue des emplacements avec électricité à 10 $ pour deux.

La ***Djaril Mari YHA*** *(☎ 9295 1809, Mundaring Weir Rd)*, à 8 km au sud de la ville dans un endroit campagnard proche du réservoir, propose des lits en dortoir à 14 $. On peut venir vous chercher à Mundaring et préparer vos repas à la demande.

Le ***Mundaring Weir Hotel*** *(☎ 9295 1106)* est extrêmement fréquenté par les habitants de Perth pendant le week-end. Les logements de qualité, construits en terre battue, coûtent au minimum 70 $ en double (100 $ le week-end).

AVON VALLEY

A quelque 100 km au nord-est de Perth, la verte et luxuriante vallée de l'Avon rappelle la campagne anglaise et se couvre de fleurs sauvages au printemps. Ce fut un lieu béni pour les premiers colons souffrant du mal du pays. La colonisation de la vallée commença dès 1830, un an seulement après la fondation de Perth, ce qui explique la présence de nombreux bâtiments historiques. La pittoresque rivière, l'Avon, fait la joie des amateurs de canoë.

Comment s'y rendre

Les localités de l'Avon Valley sont toutes reliées à Perth par Westrail (☎ 13 1053). Vous pouvez également rejoindre Toodyay et Northam par le train en prenant l'*Avon-Link* ou le *Prospector*. Vous paierez 9,70 $ pour York, 11,40 $ pour Northam par bus/train et 9,70 $ pour Toodyay. Il est toutefois conseillé d'effectuer le trajet avec votre propre voiture.

Toodyay
• code postal 6566 • 670 habitants
Cette charmante petite localité historique a conservé de nombreux bâtiments anciens souvent édifiés par les forçats. L'office du tourisme (☎ 9574 2435) se trouve sur Stirling Terrace, dans le **Connor's Mill**, moulin construit vers 1870 et toujours en activité (ouvert tous les jours de 9h à 17h).

L'**Old Newcastle Gaol Museum** (prison), dans Clinton St, ouvre tous les jours de 11h à 15h (3/2 $). La Moondyne Gallery est consacrée au bushranger Joseph Bolitho Johns, dit Moondyne Joe. Près de la ville, le domaine viticole de **Coorinja** date des années 1870 ; il ouvre tous les jours sauf le dimanche.

Où se loger et se restaurer.
L'*Avon Banks Caravan Park* (☎ 9574 2612, Railway Rd) loue des emplacements sans/avec électricité à 10/14 $, des caravanes fixes à 30 $ et des bungalows tout équipés à 50 $.

Le *Victoria Hotel/Motel* (☎ 9574 2206, Stirling Terrace) offre des simples/doubles avec s.d.b. commune à partir de 20/40 $ et des chambres de motel à 30/55 $. L'établissement sert des repas.

Plusieurs cafés sont regroupés dans Stirling Terrace, notamment le *Stirling House Cafe*, qui dispose d'une agréable terrasse et d'un restaurant avec licence le soir, le *Lavender Cafe* et la *Toodyay Bakery*. Le *Connor's Cottage Restaurant* (☎ 9574 2613, 5 Piesse St) est le meilleur restaurant de la ville.

Avon Valley National Park
Ce parc national, en aval de Toodyay, abrite des affleurements de granit, une faune très diversifiée et des forêts de transition. Il est situé au nord des forêts de jarrahs, et les eucalyptus s'y mêlent aux bois de wandoos. Il existe quelques terrains de camping aux équipements rudimentaires (8 $ pour deux personnes) ; contactez le poste des rangers (☎ 9574 2540). Si vous venez avec votre

véhicule, vous devrez acquitter le droit d'entrée dans le parc. Celui-ci se trouve à 30 km de Toodyay, et l'entrée est située à 5 km de la route principale.

York
• code postal 6302 • 1 900 habitants
Localité la plus ancienne de l'intérieur de l'État, York fut établie dès 1831. Cette ville compte toujours parmi les hauts lieux de l'Avon Valley, bien que les efforts déployés pour conserver et promouvoir son caractère anglais (avec anciennes cabines téléphoniques rouges) soient un peu exagérés. Il suffit de descendre la grand-rue, bordée de nombreux bâtiments anciens restaurés, pour remonter le temps. La ville entière est classée par le National Trust.

L'office du tourisme (☎ 9641 1301) se trouve dans l'une des plus belles bâtisses de la ville, l'ancien **hôtel de ville**, au coin d'Avon Terrace et de Joaquina St. Il est ouvert de 10h à 16h en semaine, de 9h30 à 16h30 le samedi et de 9h à 16h le dimanche.

Dans Brook St, l'excellent **Residency Museum** des années 1850 ouvre du mardi au jeudi de 13h à 15h et jusqu'à 17h le week-end (2/1 $). Situé 97 Avon Terrace, le **Castle Hotel**, qui date de l'époque des diligences et se targue d'être le plus ancien hôtel de l'intérieur de l'État, est très photogénique, de même que le poste de police, la prison, le tribunal et la Settlers House (maison des colons).

L'élégant **Motor Museum**, 116 Avon Terrace, possède la meilleure collection de véhicules anciens, de tourisme ou de course d'Australie, notamment la Saudi Williams pilotée par l'ancien champion du monde Alan Jones. Il se visite tous les jours de 9h30 à 16h (7 $).

Très friande de festivals, York n'accueille pas moins d'une douzaine de grandes manifestations annuelles. Les plus courues sont le Jazz Festival en octobre, la course automobile Flying 50s Vintage & Veteran en août et le Rally Australia en novembre.

Où se loger. Le seul terrain de camping est le *Mt Bakewell Caravan Park* (☎ 9641

AUSTRALIE-OCCIDENTALE

1421, Eighth Rd), qui loue des emplacements sans/avec électricité à 13/15 $ et des caravanes à 34 $ pour deux.

La partie ancienne du *Castle Hotel* (☎ *9641 1007, 97 Avon Terrace)* présente un bon rapport qualité/prix avec des places dans la partie ancienne de l'hotel à 35 $ par personne et des simples/doubles façon motel à 65/90 $.

La *Settlers House* (☎ *9641 1096, 125 Avon Terrace)* propose d'élégantes simples/doubles en B&B pour 69/118 $.

Vous trouverez quantité de bons B&B et de chambres d'hôtes à la ferme dans la région, de 70 à 200 $ pour deux ; renseignez-vous auprès de l'office du tourisme.

AU NORD DE PERTH

La côte au nord de Perth offre un spectacle sublime, mais redevient vite la terre inhospitalière qui découragea les premiers explorateurs. Le **Yanchep National Park**, à 51 km au nord de Perth, abrite la végétation typique du bush, une colonie importée de koalas, quelques jolies grottes (dont les grottes karstiques Crystal et Yondemp), le Loch McNess et un chemin de randonnée, le Yaberoo Budjara Aboriginal Heritage Trail. La ville de Yanchep possède un pub sympathique, tout près du port de pêche de Two Rocks et de son centre commercial.

Le week-end, un bus dessert Yanchep depuis la gare routière de Wellington St à Perth.

A quelque 43 km au nord de Yanchep, **Guilderton** est un lieu de villégiature très fréquenté à l'embouchure de la Moore. Le *Vergulde Draeck* (Dragon doré), un bateau de la Compagnie hollandaise des Indes orientales, s'échoua non loin de là en 1656. Voir l'encadré *Épaves de navires hollandais* plus loin dans ce chapitre.

Lancelin
• code postal 6044   • 600 habitants

A 130 km au nord de Perth, la route côtière bitumée s'arrête à Lancelin, petit port spécialisé dans la pêche des langoustes et station balnéaire pleine de promesses.

Un récif situé au large se prête parfaitement à la pratique du surf et de la planche

à voile, et la ville est adossée à des dunes idéales pour le **surf des sables**. C'est ici qu'est basé le "Bigfoot", qui passe pour le bus à quatre roues motrices le plus grand du monde : un spectacle à ne pas manquer. Il effectue des circuits dans les dunes tous les jours (25/15 $) ; contactez Sandgroper Safaris (☎ 9405 3074).

Lancelin, balayée par les vents, accueille tous les ans l'arrivée de la Ledge Point Windsurfing Race. Les voyageurs désireux de se lancer dans l'apprentissage de la **planche à voile** n'auront que l'embarras du choix – Werner's Hot Spot, généralement installé sur la plage, loue du matériel et propose des leçons pour débutants à 10 $ l'heure.

Où se loger et se restaurer. Le *Lancelin Lodge YHA* (☎ *9655 2020, fax 9655 2021, Hopkins St)* accueille les voyageurs à petits budgets dans un cadre sympathique et bien équipé. Amoureux de la région, les gérants Trish et Trev vous fourniront de nombreuses informations utiles. Un lit en dortoir confortable vaut 15 $ (14 $ pour les adhérents YHA) et une double propre 40 $ (50 $ en haute saison).

Les *Windsurfer Beach Units* (☎/fax *9655 1454, 1 Hopkins St)* bénéficient d'une situation idéale juste à l'entrée de la plage. Un logement tout équipé pouvant accueillir jusqu'à six personnes revient à 75 $ la nuit pour deux.

L'*Endeavour Tavern (Gin Gin St)*, près de la jetée, est un pub classique doté d'un jardin à bière sur la plage, qui prépare d'excellents repas (notamment des plats de langoustes pêchées localement). L'*Offshore Café (Hopkins St)* sert des cafés, des en-cas, des repas légers et de l'alcool.

Comment s'y rendre. Catch-a-bus (☎ 019-378 987) part de Perth les lundi, mercredi et vendredi à 9h30 et assure le retour ces mêmes jours à 13h environ (20 $ l'aller simple). Si vous arrivez du nord par Greyhound, le Lancelin Lodge peut venir vous chercher à Regan's Ford (prévenez le chauffeur que vous voulez descendre là).

Une route pour 4x4 longe la côte jusqu'à Cervantes.

Pinnacles Desert

Le petit port maritime de **Cervantes** (470 habitants), à 257 km au nord de Perth, est le point d'accès au bizarre et fascinant Pinnacles Desert. Près du littoral, dans le **Nambung National Park**, la platitude du désert de sable est ponctuée d'étonnantes formations calcaires hautes de quelques centimètres à parfois près de 5 m. Le parc est le cadre d'une extraordinaire floraison de plantes sauvages d'août à octobre. Le droit d'entrée est de 8 \$ pour une voiture et 3 \$ pour les passagers de bus.

Essayez de visiter le Pinnacles Desert tôt le matin. La lumière est plus belle et propice aux photos. Vous éviterez ainsi la foule qui, en haute saison, nuit à l'atmosphère singulière du lieu. Le coucher du soleil est également le moment idéal pour prendre des photos, lorsque les ombres des piliers de calcaire s'allongent et que le ciel se teinte d'orange et de pourpre.

Le parc se trouve à 13 km de Cervantes sur une route en partie gravillonnée et accidentée. Une voiture classique suffit généralement si vous restez sur les routes du parc – renseignez-vous à Cervantes sur les risques de pluie.

Une piste pour 4x4 suit la côte vers le nord jusqu'à **Jurien**, centre de pêche à la langouste, et vers le sud jusqu'à Lancelin.

Circuits organisés. Cervantes Pinnacles Adventure Tours (☎ 9652 7236) propose toute une gamme d'excursions, notamment un tour en 4x4 dans les dunes. Le circuit standard dans les Pinnacles coûte 20 \$ (25 \$ pour les sorties organisées au lever ou au coucher du soleil ou encore au clair de lune). Une croisière instructive couvrant les différentes facettes de l'industrie locale de la langouste revient à 80 \$.

Happyday Tours (☎ 9652 7244) vous emmène dans les Pinnacles tous les jours à 8h30 au départ de Cervantes, en prenant une correspondance avec un bus Greyhound à l'embranchement vers la Brand Hwy. Ce circuit coûte 12 \$ (plus 3 \$ pour entrer dans le parc) ou peut être compris dans votre forfait Greyhound Pass si vous en possédez un.

Où se loger. Cervantes comporte des gîtes, ce qui n'est pas le cas du parc national. Le *Pinnacles Caravan Park (☎ 9652 7060, 35 Aragon St)*, en bordure de plage, loue des emplacements sans/avec électricité à 11/15 \$ et des caravanes/bungalows à partir de 25/35 \$.

Le *Pinnacles Beach Backpackers (☎ 9652 7377, 91 Seville St)* est un établissement accueillant situé à proximité de la plage et doté d'une cuisine bien équipée, de nombreux coins de détente et de chambres petites mais soignées. Comptez 15 \$ pour un lit en dortoir, 40 \$ pour une double et 50 \$ pour une chambre familiale avec s.d.b. Un accès à Internet est disponible.

Le *Pinnacles Motel (☎ 9652 7145, 227 Aragon St)* propose des doubles à 90 \$.

Le Sud-Ouest

Le Sud-Ouest de l'Australie-Occidentale est célèbre pour son littoral grandiose, ses deux grands caps et ses nombreux parcs nationaux abritant des forêts de "grands arbres". Cette région verdoyante et fertile contraste avec les étendues sèches et arides que l'on rencontre dans la majeure partie de l'État.

Outre l'occasion d'aller observer les baleines, vous trouverez ici de célèbres plages de surf, des exploitations agricoles prospères, des domaines vinicoles le long de la Margaret River et, en saison, de magnifiques fleurs sauvages.

Comment s'y rendre

Les bus Westrail (☎ 13 1053) assurent des liaisons quotidiennes de Perth à Bunbury (16,30 \$), Busselton (21,30 \$), Yallingup (24,50 \$), Margaret River (24,50 \$) et Augusta (29,10 \$).

Sout-West Coachlines (☎ 9324 2333) dessert aussi la région avec des bus quotidiens de Perth à Bunbury (16 \$), Busselton (20 \$), Dunsborough (22 \$), Margaret River (23 \$) et Augusta (28 \$) ; du lundi au vendredi, il relie Collie (20 \$), Donnybrook (20 \$), Balingup (23 \$), Bridgetown (23 \$), Nannup (24 \$) et Manjimup (27 \$).

AUSTRALIE-OCCIDENTALE

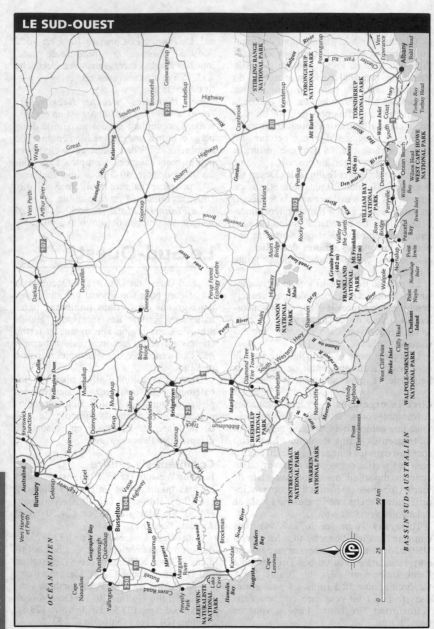

LE SUD-OUEST

L'ARRIÈRE-PAYS

Donnybrook (1 650 habitants), à 37 km au sud de Bunbury, est au cœur d'une région de pommiers qui attire de nombreux voyageurs à petit budget venus occuper un travail saisonnier. L'apparition de vignobles devrait donner naissance à d'autres possibilités d'emploi. La cueillette des pommes a lieu approximativement de novembre à juin. L'office du tourisme de Donnybrook-Balingup (☎ 9731 1720), près de l'ancienne gare, peut vous aider à trouver du travail, de même que le Brook Lodge.

Collie (7 200 habitants), seule ville houillère d'Australie-Occidentale, abrite la nouvelle centrale électrique de l'État, dont la construction a coûté 575 millions de dollars. Elle possède une intéressante réplique d'une mine de charbon et deux musées, un de la mine et l'autre de la locomotive à vapeur. Vous pouvez visiter l'ancienne centrale de Muja et effectuer quelques agréables balades dans les environs, où abondent les fleurs sauvages. L'office du tourisme (☎ 9734 2051), 156 Throssell St, ouvre en semaine de 9h à 17h et de 10h à 16h pendant les week-ends.

BUNBURY

• code postal 6230 • 24 950 habitants

A la fois port, ville industrielle et lieu de villégiature, Bunbury est également célèbre pour ses crabes *blue manna* et ses dauphins (voir l'encadré *Nager parmi les dauphins*). L'office du tourisme (☎ 9721 7922), installé dans l'ancienne gare de 1904, sur Carmody Place, ouvre de 9h à 17h du lundi au samedi et de 9h30 à 16h30 le dimanche.

L'Old Station Coffee Lounge, à côté de l'office du tourisme, abrite un cybercafé (5 $ la demi-heure).

A voir

Parmi les **édifices anciens** de la ville, citons le King Cottage, 77 Forrest Ave, qui abrite un musée, le Rose Hotel et l'église St Mark, construite en 1842. Les Bunbury Regional Art Galleries, très intéressantes, sont aménagées dans un couvent restauré de Wittenoom St.

Le **Big Swamp Wildlife Park** (☎ 9721 8380), dans Prince Philip Drive, ouvre tous les jours de 10h à 17h (3/2 $). Vous pourrez y voir de nombreuses espèces de la faune endémique et observer les oiseaux depuis une promenade en planches située à proximité.

Sur Leschenault Inlet, en face du Dolphin Discovery Centre, une promenade en planches serpente parmi la mangrove.

A Australind, à 7 km au nord de Bunbury, l'église **St Nicholas**, qui mesure 4 m sur 7 m, est apparemment la plus petite d'Australie. Entre Australind et Binningup, une route panoramique longe les rives du **Leschenault Inlet**.

Circuits organisés

Des visites de la ville à pied (☎ 9795 9261) partent de l'office du tourisme les mercredi et samedi à 10h et les vendredi à 13h (6 $). Une croisière dans Koombana Bay avec dégustation de fromages et de vins est une merveilleuse façon de passer l'après-midi – départ sur le MV *Paddlewheeler* (☎ 9721 2933) à 14h le dimanche en été (10/5 $).

Où se loger

Le ***Koombana Bay Holiday Resort*** (☎ 9791 3900, Koombana Drive) est un parc agréable situé à proximité du Dolphin Discovery Centre. Il loue des emplacements sans/avec électricité à 15/18 $ et des bungalows avec s.d.b. à 50 $ pour deux. Le ***Punchbowl Caravan Park*** (☎ 9721 4761, Ocean Drive), sur l'océan Indien, propose des emplacements sans/avec électricité à 10/13 $ et des bungalows à partir de 25 $.

Bien tenu, accueillant et proche du centre, le ***Wander Inn – Bunbury Backpackers*** (☎ 9721 3242, 16 Clifton St) facture 15 $ pour un lit en dortoir et 20/32/36 $ pour une simple/lits jumeaux/double. L'établissement possède un parking à l'arrière et une terrasse. La ***Backpackers Residency YHA*** (☎ 9791 2621, 15 Stirling St) occupe une résidence ancienne joliment restaurée. Cette auberge impeccable propose des lits en dortoir à 14 $ (17 $ pour les non-adhérents), des simples à 18 $ et des lits jumeaux/doubles à 35 $. Ces deux établissements viendront vous chercher à la gare si vous le leur demandez à l'avance.

AUSTRALIE-OCCIDENTALE

BUNBURY

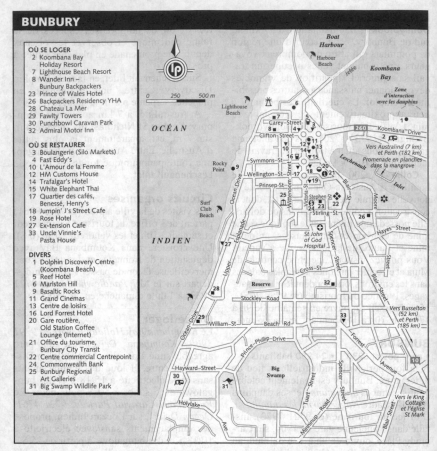

Le *Prince of Wales* (☎ 9721 2016, 41 Stephen St) compte des doubles en B&B à 60 $.

L'*Admiral Motor Inn* (☎ 9721 7322, 56 Spencer St) est centrale et dispose d'une piscine. Comptez 78/95 $ pour une simple/double.

Le *Lighthouse Beach Resort* (☎ 9721 1311, Carey St) offre de belles vues et des chambres confortables à partir de 55/65 $.

Sur le front de mer, les chambres valent environ 50/65 $ au *Chateau La Mer* (☎ 9721 3166, 99 Ocean Drive) et au *Fawlty Towers* (☎ 9721 2427, 205 Ocean Drive).

Comment s'y rendre et circuler

Des bus Westrail (☎ 13 10 53) et Southwest Coachlines (☎ 9791 1955) circulent régulièrement entre Bunbury et Perth et desservent des villes situées au sud et à l'est. Le train *Australind* se rend également à Perth deux fois par jour (sauf le vendredi). Il part de Bunbury à 6h15 et 14h40 (18 $).

Bunburry City Transit (tel. 9791 1950) dessert les environs de la ville jusqu'à Australind au nord et Gelorup au sud.

Le bureau, ouvert tous les jours, se trouve à côté de l'office du tourisme ; il s'occupe de toutes vos réservations.

BUSSELTON

• code postal 6280   • 10 650 habitants

Sur le rivage de la Geographe Bay, Busselton est une autre station balnéaire très fréquentée. La **jetée**, longue de 2 km, fut pendant longtemps la plus longue jetée en bois d'Australie. L'office du tourisme (☎ 9752 1288) se trouve à l'angle de Causeway Rd et de Peel Terrace. Il est ouvert du lundi au vendredi de 9h à 16h et le dimanche de 10h à 15h.

L'ancienne **courthouse** (tribunal) a été restaurée et abrite désormais un imposant centre artistique, ouvert tous les jours de 9h à 17h (entrée libre).

Où se loger

Le plus central des terrains de camping est le *Kookaburra* (☎ *9752 1516, 66 Marine Terrace)*, où les emplacements avec électricité coûtent 15 $, les caravanes 30 $ et les bungalows 35 $ pour deux.

Le *Busselton Backpackers* (☎ *9754 2763, 14 Peel St)*, près de l'office du tourisme, a reconverti une maison particulière dotée d'une cuisine spartiate ; les gérants font de leur mieux pour vous assurer un séjour agréable. Un lit en dortoir vaut 15 $, une simple 20 $ et une double 35 $.

Le *Motel Busselton* (☎ *9752 1908, 90 Bussell Hwy)* affiche souvent complet, ce qui n'a rien d'étonnant quand on sait qu'une double confortable avec petit déjeuner à l'anglaise ne coûte que 35 $.

La région compte quantité de complexes hôteliers ; renseignez-vous à l'office de tourisme.

DUNSBOROUGH

• code postal 6281   • 1 150 habitants

A l'ouest de Busselton, c'est une plaisante petite localité côtière vivant du tourisme des plages et des vignobles. L'office du tourisme (☎ 9755 3299) se trouve dans le centre commercial.

Au nord-ouest de Dunsborough, Cape Naturaliste Rd mène à d'excellentes plages telles que **Meelup**, **Eagle Bay** et **Bunker Bay**, à quelques beaux points de vue sur le littoral et à **Cape Naturaliste**, où vous trouverez un phare et quelques chemins de randonnée (le phare est ouvert tous les jours, sauf le lundi, de 9h30 à 16h30 ; l'entrée coûte 4 $, 2 $ pour les enfants). En saison, vous pourrez voir des baleines depuis les points de vue qui surplombent la Geographe Bay. A **Sugarloaf Rock** niche la plus méridionale des rares colonies de phaétons (*red-tailed tropicbirds*).

Circuits organisés

Bay Dive & Adventures (☎ 9756 8846) et Cape Dive (☎ 9756 8778) organisent des sorties en plongée de surface (22 $) et sous-marine (44 $) sur l'épave de la frégate australienne HMAS *Swan*, coulée dans Geographe Bay en 1997 spécialement pour la plongée.

Pour une tournée des vignobles, prenez un wagon tiré par un Clydesdale, qui part de la Bootleg Brewery à environ 20 km au sud de Dunsborough. Les circuits (au minimum quatre personnes) ont lieu tous les jours à 11h (65 $). Réservez auprès de l'office du tourisme.

Où se loger

Le *Green Acres Beachfront Caravan Park* (☎ *9755 3087, 77 Gifford Rd)* offre des emplacements sans/avec électricité au prix (élevé) de 20/21 $ pour deux personnes en haute saison et des bungalows à partir de 75 $. Les prix baissent de 25% en basse saison.

Le *Three Pines Resort YHA* (☎ *9755 3107, 285 Geographe Bay Rd)*, à Quindalup, à 2 km au sud-est de Dunsborough, est très bien situé sur la plage. La réception n'est ouverte que le matin. Vous débourserez 15 $ pour un lit en dortoir et 18 $ par personne pour une chambre à lits jumeaux. Vous pouvez également louer des vélos et des canoës.

Construite récemment, la *Dunsborough Inn* (☎ *9756 7277, Dunn Bay Rd)*, près du centre commercial, est un établissement pour voyageurs à petit budget, très propre et doté d'une grande cuisine et d'équipements modernes, notamment d'installations pour les handicapés. Cette auberge propose des lits en dortoir à 16 $, des lits jumeaux/doubles à 40 $ et des logements tout équipés pour les groupes ou les familles. Les

Nager parmi les dauphins

Il n'est pas indispensable d'aller à Monkey Mia pour communiquer avec des dauphins – vous pouvez aussi le faire au Dolphin Discovery Centre (☎ 9791 3088), Koombana Beach à Bunbury. Trois groupes de 100 dauphins "bottlenose" (*Tursiops truncatus*), qui trouvent leur nourriture dans l'Inner Harbour, viennent régulièrement tous les jours mais moins souvent en hiver ; le matin est le meilleur moment pour les voir.

Devant le centre, des bouées blanches indiquent une zone d'interaction avec les dauphins, où vous pouvez les approcher et patauger ou nager avec eux. Le centre est animé dans la journée par des volontaires très bien renseignés. Créé en 1989, le centre a organisé les premières rencontres entre les dauphins et le public au début des années 90. Une brochure explique quelques règles élémentaires à respecter lorsqu'on est en compagnie des dauphins ; mais vous pouvez aussi vous adresser à un des volontaires. Le musée et le spectacle audiovisuel du centre valent vraiment le coup (l'entrée coûte 5/2 $ pour les adultes/enfants).

D'excellentes croisières en bateau sur le *Dolphin Dancer* ou le *Naturaliste Lady* (☎ 9755 2276) partent du Dolphin Discovery Centre tous les jours à 11h et 14h si le temps le permet (15/10 $). Vous verrez probablement les dauphins "surfer" devant le bateau.

---

sympathiques propriétaires gèrent un service de navette pour les plages des environs, où vous pourrez pratiquer le surf et la plongée de surface. Récent également, le ***Dunsborough Lodge*** (☎ 9756 8866, *13 Dunn Bay Rd*) associe une section pour voyageurs à petit budget à des logements de style motel assez élégants. Comptez 16 $ pour un lit en dortoir et 49 $ pour une double (69 $ avec s.d.b.). Un café occupe l'entrée.

Les ***Dunsborough Rail Carriages*** (☎ 9755 3865, *Commonage Rd*) se révèlent de charmants logements rénovés et bien équipés où vous paierez 110 $ pour deux (90 $ en hiver).

YALLINGUP
• code postal 6282 • 500 habitants

Mecque des surfers, Yallingup abrite quelques très belles plages le long de sa magnifique côte.

Non loin de là, l'étonnante **Ngilgi Cave**, découverte par hasard en 1899, ouvre tous les jours de 9h30 à 16h30 (dernière entrée à 15h30). Vous pouvez l'explorer seul (départ toutes les demi-heures). L'entrée coûte 10/4 $.

Le ***Yallingup Beach Caravan Park*** (☎ 9755 2164, *Valley Rd*) est bien situé mais exige des prix exorbitants en haute saison. Le ***Caves House Hotel*** (☎ 9755 2131, *Caves Rd*) est un lodge de style suranné avec vue sur l'océan et jardin à l'anglaise. Les doubles débutent à 90 $ (80 $ avec s.d.b. commune).

MARGARET RIVER
• code postal 6285 • 2 850 habitants

Station balnéaire fréquentée, Margaret River est proche des plages de surf (Margaret River Mouth, Gnarabup, Suicides et Redgate) et de baignade (Prevelly et Gracetown). Les paysages environnants sont somptueux, et les vignobles de la région sont parmi les plus connus d'Australie.

L'office du tourisme de Margaret River-Augusta (☎ 9757 2911) se trouve au coin de Bussell Highway et de Tunbridge Rd. Vous y trouverez toutes sortes d'informations sur la contrée, un guide complet des vignobles (5,95 $) et les adresses des nombreuses boutiques d'art et d'artisanat de la ville.

Eagles Heritage, à 5 km au sud de Margaret River dans Boodjidup Rd, est une réserve de rapaces dans un cadre naturel. Elle ouvre tous les jours de 10h à 17h (entrée : 7/3 $ pour les enfants). Des démonstrations de vol ont lieu à 11h et 13h30.

Il semble que tout le monde vienne à Margaret pour faire du surf – si vous voulez apprendre, la Surf Academy (☎ 9757 3850) propose des leçons à 25 $.

Circuits organisés

Les vignobles de Margaret River comptent parmi les centres d'intérêt touristiques de la région. Une bonne façon de les explorer est de s'inscrire à une excursion. Milesaway Tours (☎ 1800 818 102) propose des circuits d'une demi-journée en minibus, très appréciés, qui vous font faire le tour de quatre ou cinq propriétés viticoles (40 $). Les départs ont lieu les lundi, mercredi et vendredi à 12h30. Margaret River Tour Company (☎ 041-9917166) emmène des groupes en 4x4 (40 $) et offre des sorties d'une journée à 65 $ ainsi que des excursions à la carte sur demande.

Un intéressant circuit de 3 heures dans le Prevelly Park, vous fera découvrir tous les secrets de la forêt. Le **Cave Canoe Bushtucker Tours** (☎ 9757 9084), guidé par Helen, associe la marche à pied à la remontée en canoë de la Margaret et permet de s'enfoncer dans des grottes tout en proposant une approche passionnante de la faune, de la flore, de la culture et de l'artisanat aborigènes (30 $, 15 $ pour les enfants).

Leeuwin-Naturaliste Caves

Vous découvrirez de nombreuses grottes calcaires (environ 350) entre Cape Naturaliste et Cape Leeuwin. Celles qui sont ouvertes au public se trouvent pour la plupart le long de Caves Rd, entre Margaret River et Augusta.

La **Mammoth Cave**, à 21 km au sud de Margaret River, abrite un maxillaire fossilisé de *Zygomaturus trilobus*, sorte de créature géante ressemblant à un wombat, et mérite le détour. Des formations de calcaire se reflètent dans les eaux dormantes d'une rivière souterraine à la **Lake Cave**, à 25 km de Margaret River. L'entrée de cette grotte envahie par la végétation est spectaculaire – vous verrez notamment un karri dont le tronc mesure 7 mètres de circonférence. Les restes fossilisés d'un tigre de Tasmanie (thylacine) ont été découverts dans la **Jewel Cave**, 8 km au nord d'Augusta. La **Moondyne Cave**, à 8 km au nord également, n'est pas éclairée, mais il est possible, tous les jours à 14h, de faire une visite de 2 heures avec un guide (25 $).

A la Lake Cave, CaveWorks (☎ 9757 7411) est un centre d'information sur les grottes qui abrite des expositions informatisées dernier cri, un petit théâtre, des spectacles audiovisuels et une promenade en planches. Le seul moyen de découvrir ces grottes est de suivre les visites guidées (12/5 $) organisées tous les jours. Vous avez également la possibilité d'acheter un forfait pour les grottes de Jewell, Lake et Mammoth (30 $).
Jewel et Lake se visitent toutes les demiheure de 9h30 à 16h, Mammoth toutes les heures de 10h à 16h et Moondyne à 14h uniquement (ces horaires pouvant varier, renseignez-vous auprès de CaveWorks).

Où se loger

Le *Margaret River Caravan Park* (☎ 9757 2180, Station Rd) est central et loue des emplacements de tente à 7 $ par personne, plus 2 $ pour l'électricité, ainsi que des caravanes fixes à 33 $ pour deux. Autre possibilité, le *Riverview Caravan Park* (☎ 9757 2270, Willmott Ave) propose des emplacements sans/avec électricité à 15/16 $ pour deux et des bungalows à partir de 55 $ (45 $ en hiver).

Le *Margaret River Lodge* (☎ 9757 2532, 220 Railway Terrace) est une bonne

Où surfer en Australie-Occidentale

Les plages et les récifs qui s'étendent entre Cape Leeuwin et Cape Naturaliste offrent de puissantes déferlantes, convenant à la fois aux droitiers et aux gauchers. Les vagues de Margaret River ont été qualifiées d'"épiques" par le champion des champions Nat Young et comptent "parmi les plus belles du monde" selon le champion du monde Mark Richards.

Parmi les meilleurs spots figurent Rocky Point (gauchers courts), The Farm et Bone Yards (droitiers), Three Bears (pour papa, maman et petit ours, bien sûr !), Yallingup ("Yal's" ; droitiers et gauchers), Injidup Car Park et Injidup Point (tube pour droitiers par forte houle ; gauchers), Guillotine/Gallows (droitiers), South Point (pour tous), Left-Handers (c'est donc bien pour les gauchers) et Margaret River (avec Southside ou "Suicide").

Les offices du tourisme de Dunsborough et de Busselton vous remettront gratuitement le *Down South Surfing Guide*, qui indique la hauteur des vagues, la direction du vent et la force de la houle. Le Margaret River Surf Classic, en mars attire les meilleurs surfeurs mondiaux.

auberge de jeunesse située à environ 1,5 km au sud-ouest du centre-ville. Les bâtiments en pisé sont équipés de tout le confort moderne, et un bus géré par la direction emmène les clients gratuitement jusqu'aux plages de surf. Comptez à partir de 15 $ pour un lit en dortoir, 32 $ pour une simple et 42 $ pour une double, mais les prix varient en fonction du type de chambre.

Le *Margaret River Inne Town Back-packers* (☎ 9757 3698, 93 Bussell Hwy), presque en face de l'office du tourisme, occupe une maison passablement décrépite mais dotée d'un agréable patio. Les personnes qui séjournent dans la ville pour travailler l'apprécient particulièrement. Les lits en dortoir coûtent 15 $, les lits jumeaux/doubles 40 $.

Une des meilleures adresses pour les voyageurs à petit budget est le *Surf Point Lodge* (☎ 9757 1777, Riedle Drive), à Gnarabup Beach. Outre sa situation sur la plage, cet endroit a un petit quelque chose en plus – il dispose d'une grande cuisine entièrement équipée et de nombreux espaces de détente. Un bus fait gratuitement la navette jusqu'à Margaret River. Comptez 20 $ par personne en dortoir, 57 $ en double/lits jumeaux ou 67 $ pour une suite.

De nombreux autres cottages, B&B et logements à la ferme peuvent vous accueillir ; renseignez-vous aux offices du tourisme.

AUGUSTA

• code postal 6290   • 2 000 habitants

Ce lieu de villégiature très prisé se trouve à 5 km au nord de Cape Leeuwin, le point le plus au sud-ouest de l'Australie. Sur la côte déchiquetée se dresse un **phare** bâti en 1895 (ouvert tous les jours de 9h à 16h ; 3,50/1,50 $). Du haut de ses 40 m, la vue s'étend sur l'océan Indien et le bassin Sud-Australien. A proximité se trouve une **roue hydraulique** couverte de sel.

Le Cape Leeuwin doit son nom à un navire hollandais qui croisa au large en 1622. Le **Matthew Flinders Memorial**, dans Leeuwin Rd, commémore le relevé cartographique de la côte australienne effectué par Flinders, qui partit du cap le 6 décembre 1801. Un petit musée historique est situé Blackwood Ave (2/1 $).

L'office du tourisme (☎ 9758 0166), 75 Blackwood Ave, est ouvert tous les jours de 9h à 17h. Le télécentre, 65 Allnutt Terrace, dispose d'un accès e-mail et Internet.

Circuits organisés

De Cape Leeuwin, il est possible d'**observer les mammifères marins** de fin mai à septembre. Naturaliste Charters (☎ 9755 2276) organise des excursions de 3 heures pour aller voir des baleines à bosse et australes, des dauphins "bottlenose" et une colonie de phoques à fourrure de Nouvelle-Zélande sur Flinders Island (de juin à septembre) ; elles coûtent 38/22 $. Le *Leeuwin Lady* (☎ 9758 1770) propose également une sortie de 3 heures pour 35/15 $ ainsi que des parties de pêche et des croisières détendues sur la Blackwood (20/10 $). Le *Miss Flinders* (☎ 9758 1944) remonte la rivière depuis la jetée d'Ellis St. De septembre à juin, le départ a lieu à 14h les mardi, jeudi et samedi, le prix est de 14 $, 7 $ pour les enfants.

Où se loger et se restaurer
Le Leeuwin-Naturaliste National Park possède plusieurs *terrains de camping* sommaires, notamment à Boranup Drive, Alexandra Bridge et Conto's Field, près de la Lake Cave (5 $ par personne).

Le *Doonsbanks Caravan Park (☎ 9758 1517, Blackwood Ave)* est central et loue des emplacements sans/avec électricité à 11/14 $, des caravanes fixes à 25 $ et des bungalows à partir de 35 $ (45 $ avec s.d.b.).

Si le *Baywatch Manor Resort (☎ 9758 1290, fax 97581291, 88 Blackwood Ave)* de style Fédération, a été déclaré pour la deuxième année consécutive meilleure auberge YHA d'Australie, ce n'est pas par hasard ! L'établissement est moderne, bien équipé, bien tenu, avec des chambres confortables, mais ce n'est pas un endroit à conseiller aux joyeux fêtards. Les lits en dortoir valent 15 $ pour les adhérents, les doubles et les chambres à lits jumeaux 40 $ et les doubles avec s.d.b. 55 $.

L'*Augusta Bakery*, à l'extrémité nord de Blackwood Ave, doit sa réputation à ses pizzas, ses petits pains et ses gâteaux faits maison. Un café Dome jouxte la boulangerie. Le *Cosy Corner* sert un petit déjeuner à 7 $ et une savoureuse focaccia. Le *Squirrels* propose de délicieux hamburgers et divers plats diététiques.

LES FORÊTS DU SUD
Une visite des forêts du Sud-Ouest s'impose lorsqu'on se rend en Australie-Occidentale. Ce sont des forêts magnifiques où d'immenses jarrahs, marris et karris protègent le jardin naturel qui s'épanouit au ras du sol. L'abattage des arbres menace malheureusement certaines parties de la forêt. La région des "grands arbres" s'étend entre la Vasse Highway et la South-Western Highway et comprend les villes de Bridgetown, Manjimup, Nannup, Pemberton et Northcliffe, qui vivent de l'exploitation du bois. Votre visite sera plus enrichissante si vous vous procurez la brochure gratuite *Karri Country* du CALM (1 $).

Comment s'y rendre
Les bus Westrail (☎ 13 1053) assurent des liaisons quotidiennes de Perth à Pemberton, certaines passant par Bunbury, Donnybrook et Manjimup (30,60 $), d'autres suivant un itinéraire plus long *via* Margaret River et Augusta (40,30 $). Entre Albany et Pemberton (27 $), le trajet quotidien prend environ 3 heures. South-West Coachlines se rend en semaine jusqu'à Manjimup (27 $) et Bridgetown (23 $).

Nannup
• **code postal 6275**   • **520 habitants**
Située à 50 km à l'ouest de Bridgetown, Nannup est une petite cité historique tranquille et pittoresque au centre de la forêt et des terres agricoles. L'office du tourisme (☎ 9756 1211), installé dans l'ancien commissariat de police de Brockman St, ouvre tous les jours de 9h à 17h. La ville compte quelques beaux bâtiments, plusieurs boutiques d'artisanat, une scierie de jarrahs et un arboretum. La descente de la **rivière Blackwood**, depuis la forêt jusqu'à la mer, est l'une des plus magnifiques expéditions en canoë d'Australie. Blackwood Forest Canoeing (☎ 9756 1252) offre pour 17,50 $ des sorties d'une demi-journée, plus tranquilles.

Axé sur la permaculture, le *Black Cuckatoo (☎ 9756 1035, 27 Grange Rd)* est un excellent établissement pour voyageurs à petit budget. L'atmosphère détendue de l'endroit est due en grande part à l'amabilité de la direction. Outre des chambres rudimentaires à 15 $, un tipi et une caravane sont installés sur le grand terrain derrière. Vous pouvez planter votre tente à moitié prix.

Manjimup
• **code postal 6258**   • **4 500 habitants**
C'est la capitale agricole du Sud-Ouest, réputée (ou vilipendée) pour l'exploitation

Arbres ou bois de construction ?

L'une des questions les plus chaudement débattues en Australie-Occidentale concerne l'exploitation des anciennes forêts du Sud-Ouest de l'État.

Depuis des années, les écologistes s'enchaînent aux bulldozers pour protester contre l'abattage des karris, des marris et des jarrahs par une industrie forestière qui brasse des millions de dollars, emploie quelque 20 000 personnes et représente la principale activité économique de nombreuses villes du Sud-Ouest.

En avril 1999, le gouvernement d'Australie-Occidentale a élaboré le Regional Forest Agreement (RFA), qui définit les zones boisées à conserver à long terme et les concessions à octroyer à l'industrie du bois. Ce document complexe prévoit de protéger 67 % des anciennes forêts (100 % si elles contiennent des essences rares ou en voie d'épuisement), d'augmenter de 12 % la surface des réserves protégées, de restreindre l'abattage annuel des jarrahs et des karris et d'offrir à l'industrie 41,5 millions de dollars pour l'aider à réduire ses dépenses et à acquérir un équipement plus moderne.

Le RFA va également créer 12 parcs nationaux supplémentaires et débloquer 17,5 millions de dollars pour la réalisation de projets liés au tourisme, notamment la construction de nouvelles infrastructures et la définition d'itinéraires touristiques.

du bois. Le **Timber Park Complex**, à l'angle de Rose St et d'Edwards St, abrite différents musées, des bâtiments anciens et l'office du tourisme (☎ 9771 1831). Vous pourrez goûter à l'atmosphère de la ville et de son industrie du bois en suivant l'un des circuits gratuits qui part de l'office du tourisme les lundi, mercredi et vendredi et fait le tour des usines.

A 22 km à l'ouest de la ville par la Graphite Rd, vous verrez le **One Tree Bridge** – ou plutôt ce qu'il en reste après les inondations de 1966 – pont constitué d'un seul

tronc de karri. A 1,5 km du pont, les **Four Aces** (Quatre As), quatre superbes vieux karris, seraient âgés de plus de 300 ans.

A 9 km au sud de la ville, le **Diamond Tree**, un karri de 51 m de haut, se dresse au bord de la South-Western Highway. On peut grimper jusqu'à une plate-forme d'où le regard embrasse un superbe paysage de forêts et de champs.

Perup, à 50 km à l'est de Manjimup, est au cœur d'une forêt qui s'enorgueillit de ses six espèces rares de mammifères : le myrmécobie à bandes (*numbat*), le chat marsupial occidental (*quoll* ou *chuditch* en anglais), le rat-kangourou (*woylie*), le wallaby gris brun (*Macropus eugenii* ou *tammar wallaby*), l'opossum commun à queue en anneaux (*ringtail possum*) et le bandicoot brun du sud (*southern brown bandicoot*). Le *Perup Forest Ecology Centre* vous accueille pour la nuit moyennant 25 $, prix qui comprend les promenades guidées dans le bush à la lueur des projecteurs ; pour réserver, contactez le bureau du CALM à Manjimup (☎ 9771 7988).

Où se loger et se restaurer. Le *Manjimup Caravan Park* (☎ *9771 2093, South-West Hwy*) comporte un logement pour voyageurs à petit budget, doté d'un salon, où la nuitée coûte 12/75 $ la nuit/semaine – on peut y faire la cuisine. Les propriétaires aident les clients à trouver un emploi durant la saison de la cueillette des pommes (de mars à juin). On peut aussi louer un emplacement sans/avec électricité à 12/15 $ et des caravanes fixes à partir de 30 $. Le *Barracks* (☎ *9771 1154, 8 Muir St*) est fréquenté essentiellement par les travailleurs saisonniers. Comptez 17/90 $ la nuit/lo semaine.

Le *Manjimup Hotel* (☎ *9771 1322, Giblett St*), peut se révéler bruyant mais le personnel est sympathique et les simples/doubles, la plupart avec s.d.b., valent bien les 38/50 $ demandés.

Les restaurants de Manjimup n'ont rien de très intéressant, mais vous trouverez quelques établissements dans Giblett St, notamment le *Tuk Tuk Thai* et le *Déjà vu Cafe*, qui fait également office de cybercafé.

Pemberton

• code postal 6260   • 1 000 habitants

Ce délicieux petit bourg est niché au cœur des forêts de karris. Bien organisé, le Karri Visitors Centre (☎ 9776 1133, 1800 671133), dans Brockman St, réunit l'office du tourisme, un musée des pionniers et un centre de découverte de la forêt de karris (2/1 $). Il est ouvert tous les jours de 9h à 17h. Le télécentre voisin propose un accès Internet à 8 $ la demi-heure.

Les forfaits pour les parcs nationaux ou les billets à la journée (8 $ par véhicule) s'achètent au Visitors Centre ou au bureau du CALM, Kennedy St.

Pemberton possède quelques intéressantes **boutiques d'artisanat**, un joli point d'eau entouré de karris, **Pemberton Pool** (idéal quand il fait chaud), et une **écloserie de truites** qui alimente les rivières et les lacs de retenue de l'État.

Si vous vous sentez en forme, grimpez au sommet du **Gloucester Tree**, un arbre de 60 m, un des plus hauts arbres-observatoires du monde, destiné à la surveillance des incendies. La vue justifie l'effort, mais l'ascension est déconseillée aux cœurs fragiles. Seul un visiteur sur quatre a le droit de monter. L'arbre appartient au Gloucester National Park, à 3 km de l'agglomération.

Citons encore les spectaculaires **Cascades** (seulement quand le niveau de l'eau est haut), les arbres centenaires du **Beedelup National Park** ainsi que le **Warren National Park**, où le camping est autorisé dans certaines zones. Le **Dave Evans Bicentennial Tree**, haut de 68 m, est le plus élevé des "arbres d'escalade" de ce parc.

Circuits organisés. Le tramway de Pemberton est l'une des principales attractions de la région. Il part de la gare de Pemberton et va jusqu'à la Warren River tous les jours à 10h45 et 14h (13 $, 6,50 $ pour les enfants) ; il se rend aussi à Northcliffe les mardi, jeudi et samedi à 10h15 (26/13 $). Entre Pâques et novembre, des trains à vapeur se rendent aux voies de garage d'Eastbrook (19,50/9,50 $) et de Lyall (26/13 $) ; départ à 10h30 et 14h15 le samedi et à 10h30 le dimanche.

Pemberton Hiking Company (☎ 9776 1559) organise des promenades d'une demi-journée ou d'une journée (25/50 $) dans de merveilleuses forêts de karris (des circuits de deux jours sont également proposés). Forest Discovery Tours (☎ 9776 1825) offre des excursions gratuites axées sur l'industrie du bois, qui partent du Forest Industries Centre, Brockman St (du lundi au samedi à 10h30). Bwooka Boodja Dreaming Tours propose une troisième perspective avec ses sorties dans la forêt sous la houlette d'un guide aborigène, avec découverte des sites du Temps du Rêve et des plantes alimentaires du bush (90/45 $ la journée/demi-journée) ; réservez auprès de l'office du tourisme.

Où se loger. Il est permis de camper dans trois sites du Warren National Park ; contactez le CALM (☎ 9776 1207) pour plus de détails. Le **Pemberton Caravan Park** (☎ 9776 1300, 1 Pump Hill Rd) loue des emplacements de tente avec électricité à 18 $ et des bungalows à 65 $ pour deux (en haute saison).

Les **Pimelea Chalets YHA** (☎ 9776 1153, Stirling Rd) sont merveilleusement situés dans la forêt à 10 km au nord-ouest de Pemberton. Des lecteurs ont signalé des problèmes de transport pour se rendre à cette auberge, bien que les gérants assurent une navette jusqu'à la ville deux fois par jour – appelez avant votre arrivée à Pemberton pour qu'on vienne vous chercher. Les dortoirs sont aménagés dans diverses maisons rustiques en bois dotées d'une cheminée (14 $ le lit). Les chambres à lits jumeaux se louent 30 $ et les doubles 35 $ (3 $ supplémentaires pour les non-adhérents). Des vélos sont proposés à la location moyennant 10 $ par jour.

Le **Warren Lodge** (☎ 9776 1105, 7 Brockman St) est central mais manque singulièrement de charme. Il attire essentiellement une clientèle de travailleurs saisonniers. Les lits en dortoirs débutent à 14 $ et les doubles à 38 $.

Nous recommandons le **Kookaburra Cottage** (☎ 9776 1246, 2 Kennedy St), un B&B accueillant qui demande 55/65 $ pour une simple/double et 75 $ pour une double avec s.d.b. Le *Gloucester Motel* (☎ *9776 1266, Ellis St*) présente un assez bon rapport qualité/prix, avec des chambres à partir de 45/60 $.

Les charmants *Marima Cottages* (☎/fax *9776 1211, Old Vasse Rd*), dans le Warren National Park, représentent une bonne solution pour les groupes et les familles en été. Les chalets de deux chambres tout équipés avec coin barbecue offrent de beaux points de vue (guettez les kangourous le matin) et coûtent à partir de 100 $.

Shannon National Park

Ce parc de 535 km² situé sur la South-Western Highway, à 50 km au sud de Manjimup, vaut vraiment le détour. La **Great Forest Trees Drive**, longue de 48 km, vous mène à travers la forêt de karris, sur laquelle vous pourrez apprendre une foule de choses en branchant votre radio sur 100 FM dès que vous apercevrez des panneaux (huit en tout). La brochure gratuite *Shannon National Park and the Great Forest Trees Drive* donne de nombreuses informations. Vous pouvez également vous procurer pour 12,95 $ le guide détaillé *The Great Forest Trees Drive*. Ces deux opuscules sont disponibles auprès du CALM.

Un *terrain de camping* très convenable est installé à l'endroit où se trouvait autrefois le village de broyage du bois (il a été fermé en 1968). Vous paierez 8 $ pour deux adultes. Si vous choisissez une hutte, équipée d'un gros poêle, il vous en coûtera 8 $.

Northcliffe

• **code postal 6262**   • **240 habitants**

Northcliffe, à 32 km au sud de Pemberton, possède un **pioneer museum** et un **forest park** tout proche, où l'on peut faire de belles promenades. L'office du tourisme (☎ 9776 7203) est situé Wheatley Coast Rd, près du musée des pionniers.

Windy Harbour, situé sur la côte à 29 km au sud de Northcliffe, possède une plage abritée et des cabanes préfabriquées. Comme son nom l'indique, c'est un endroit balayé par le vent. Le *terrain de camping* (☎ 9776 8398) propose des emplacements

rudimentaires à 6 $ pour deux. De là, vous pourrez accéder aux falaises du magnifique **D'Entrecasteaux National Park**. South West Timber Trekking Co (☎ 9776 7199) propose aux cavaliers expérimentés des randonnées à cheval de 3 ou 4 jours dans le parc (150 $ par jour). Il existe également des promenades plus courtes pour les débutants (25 $).

Le *Pinetree Caravan Park* (☎ *9776 7193, Zamia Rd*) loue des emplacements sans/avec électricité à 8/10 $. Le *Northcliffe Travellers Rest* (☎ *9776 6060, 14 Wheatley Coast Rd*) dispose de simples/doubles bien tenues à 40/79 $ avec s.d.b. et petit déjeuner.

La côte sud

À l'est des caps et des forêts de karris s'étend la vaste région de la côte sud, appelée parfois le Grand Sud. Elle comprend toute la zone côtière qui s'étire de Walpole-Nornalup, à l'ouest, à Cape Arid, à l'est d'Esperance.

Cette immense région abrite quelques-uns de plus beaux parcs nationaux et, dans l'arrière-pays, au nord d'Albany, deux splendides parcs de montagne : les "îlots écologiques" de la Stirling Range, qui s'élèvent à 1 000 m au-dessus des plaines environnantes, et les très anciens affleurements granitiques des Porongurups.

Comment s'y rendre

Skywest (☎ 9334 2288) assure des liaisons quotidiennes entre Perth et Albany (157 $) et entre Perth et Esperance (202 $).

Westrail (☎ 13 1053) relie tous les jours Perth à Albany (*via* Bunbury) en 8 heures environ par l'*Australind* et un bus (44,70 $). Cette ligne dessert aussi Denmark (41,50 $) et Walpole (36,70 $). Un autre service Perth-Albany (35,10 $) passe par l'intérieur des terres *via* Williams et s'arrête à Mt Barker (30,60 $).

Westrail possède de surcroît un service quotidien Perth-Esperance (52,60 $; 10 heures) et effectue quatre rotations par semaine entre Albany et Esperance (45,90 $).

RÉGION DE WALPOLE-NORNALUP

Couvert de denses forêts, le **Walpole-Nornalup National Park** s'étend sur 180 km² autour de Nornalup Inlet et de Walpole ; il comprend des plages, un littoral accidenté, des criques et la célèbre Valley of the Giants (la vallée des Géants).

Le parc est sillonné de routes touristiques, notamment la Knoll Drive, Hilltop Rd, qui conduit à **Giant Tingle Tree**, et la Valley of the Giants Rd.

Pour plus de détails, adressez-vous à l'office du tourisme de Walpole (☎ 9840 1111) ou au CALM (☎ 9840 1027), tous deux situés sur la South Coast Highway à Walpole.

WOW Wilderness Cruises (☎ 9840 1036) propose des sorties de 2 heures 30 à travers les criques et les cours d'eau à 10h (18 \$, 10 \$ pour les enfants).

Valley of the Giants

C'est le seul endroit au monde où vous pourrez découvrir quatre espèces rares d'eucalyptus qui poussent à moins de 4 km les unes des autres : le *red tingle* (*Eucalyptus jacksonii*), le *yellow tingle* (*E. guilfoylei*) et le *Rates tingle* (*E. cornuta*) à l'intérieur des terres, et le *red flowering gum* (*E. ficifolia*) plus près de la côte.

C'est dans la vallée des Géants que vous verrez le mieux ces eucalyptus géants appelés *tingles*. Récemment, une imposante **Tree Top Walk**, une rampe de 600 m de long, a été installée pour permettre aux visiteurs de monter au sommet des arbres gigantesques ; du point le plus haut situé à 40 m au-dessus du sol, la vue est tout simplement époustouflante.

Vous pourrez aussi emprunter au départ du Tingle shelter, à l'entrée de la rampe, l'**Ancient Empire**, une promenade en planches de 600 m de long construite au pied des arbres géants.

Le Tingle shelter (☎ 9840 8263) est ouvert de 9h à 16h45 de mars à novembre et de 8h à 17h15 de décembre à février ; l'entrée à la Tree Top Walk coûte 5/2/12 \$ pour les adultes/ enfants/familles. Le parcours de l'Ancient Empire est gratuit.

Où se loger et se restaurer

Il existe de nombreux endroits où camper dans le Walpole-Nornalup National Park, notamment des ***emplacements pour tentes*** à Crystal Springs et pour ***caravanes*** à Peaceful Bay et à Coalmine Beach. Le CALM possède aussi des ***refuges*** à Fernhook Falls et à Mt Frankland.

Le ***Dingo Flat*** (☎ 9840 8073, Dingo Flat Rd), la seule auberge pour backpackers, se révèle plutôt pratique pour qui dispose de son propre moyen de transport. Cet établissement occupe une ferme tranquille à environ 20 km de Walpole, non loin de la Valley of the Giants Rd. Si vous appelez à l'avance, le personnel pourra peut-être venir vous chercher à Bow Bridge ou à Walpole. Les lits en dortoir, rustiques, reviennent à 12 \$.

Le ***Tingle All Over*** (☎ 9840 1041, Nockolds St), à Walpole, propose des chambres pour les voyageurs à petit budget, mais les propriétaires s'empresseront de vous expliquer que ce n'est pas un backpacker. Comptez 25/34/38 \$ la simple/lits jumeaux/ double. Très bien situé dans le Walpole Inlet, le ***Rest Point Tourist Centre*** (☎ 9840 1032, Rest Point Rd) loue des cottages indépendants autour de 20 \$/personne.

Pour vous restaurer d'un plat du jour, rendez-vous au ***Walpole Motel/Hotel***. Le ***Top Deck Cafe*** (☎ 9840 1344, 25 Nockolds St) sert une nourriture variée allant du hamburger au curry thaï (et de l'alcool).

DENMARK

• **code postal 6333**   • **2000 habitants**

Denmark, ou Koorabup (l'endroit du cygne noir), a conservé de rares témoignages de l'implantation des Aborigènes dans le Wilson Inlet : ce sont des pièges à poissons vieux de trois millénaires. La ville doit son existence à l'exploitation de la forêt pour la construction des sites aurifères. Située à 54 km d'Albany, Denmark se trouve à proximité de belles **plages** (en particulier Ocean Beach, propice au surf), d'importants domaines viticoles et constitue une base idéale pour les excursions dans les forêts de tingles.

L'office du tourisme (☎ 9848 2055), dans Strickland St, délivre des brochures sur les circuits de la région, notamment les sentiers de randonnée : le **Mokare Trail** (le long de la Denmark River sur 3 km) et le **Wilson Inlet Trail** (6 km au départ de l'embouchure de la rivière).

Le **William Bay National Park**, à 15 km à l'ouest de Denmark, offre un superbe paysage côtier jalonné de rochers et de récifs. On peut se baigner sans risque à **Green's Pool** et à **Elephants Rocks**.

Circuits organisés

Le *Sandpiper II* appareille tous les jours d'octobre à mai du quai situé en face du Denmark Hotel pour des croisières de 2 heures 30 sur la Denmark (13/7 $). Denmark Southern Wonders (☎ 9848 1055) propose des formules variées, notamment des excursions d'une journée parmi les tingles (90 $), des promenades en canoë sur la Frankland (90 $). Les domaines viticoles font l'objet de visites d'une demi-journée (45 $).

Où se loger

Les environs de Denmark comptent plusieurs campings, le plus proche de la ville (à 1 km au sud) étant l'idyllique *Rivermouth Caravan Park (☎ 9848 1262, Inlet Drive)*. Il comporte des emplacements pour tentes sans/avec électricité à 11/14 $, des caravanes fixes à 30 $ et des bungalows à 36 $ pour 2 occupants.

Lors de notre passage, le *Denmark Waterfront (☎ 9848 1147, 63 Inlet Drive)* bâtissait une aile backpackers dotée d'une salle commune et d'une cuisine, dont le besoin se faisait cruellement sentir à Denmark. Ce nouvel établissement sera très bien situé au bord de l'eau, et ses propriétaires semblent au fait des souhaits des voyageurs. Ses lits en dortoir se loueront 17 $ (15 $ à partir de la deuxième nuit). Il dispose aussi de chambres de motel à 50/60 $ la simple/double. Prévenez à l'avance, si vous souhaitez que l'on vienne vous chercher en ville.

L'*Edinburgh House (☎ 9848 1477, 1800 671 477, 31 South Coast Highway)*, chaleureux B&B du centre-ville, dispose de simples/doubles propres avec s.d.b. à 45/70 $.

Toutes sortes de séjours à la ferme, B&B, bungalows et cottages sont proposés dans la région ; l'office du tourisme vous en fournira la liste.

PORONGURUP ET STIRLING RANGES

Dans le magnifique **Porongurup National Park** (24 km^2), vous verrez des paysages spectaculaires. Il abrite d'immenses karris typiques de la région, des affleurements granitiques vieux de plus de 1 000 ans et d'excellents chemins de randonnée. Par ordre de difficulté croissante, citons la courte promenade de Tree in the Rock, la marche de Castle Rock (2 heures), celles plus difficiles de Haywards et de Nancy Peaks (4 heures) et les excellentes Devil's Slide et Marmabup Rock (3 heures). Une route touristique de 6 km, qui commence au poste des rangers, longe la bordure nord du parc.

Dans le **Stirling Range National Park** (1 156 km^2), Toolbrunup Peak (pour ses différents points de vue et la belle ascension), Bluff Knoll (à 1 073 m, c'est le point culminant du massif) et Toll Peak (pour les fleurs sauvages) sont des randonnées populaires d'une demi-journée. Le massif, qui s'étire sur 96 km de long, présente de fabuleux changements de couleurs, des bleus aux rouges et aux pourpres. La montagne se dresse au-dessus de la plaine sablonneuse, et la région est connue pour sa faune et sa flore remarquables. Pour de plus amples informations sur les parcs, renseignez-vous aux bureaux du CALM dans Bolganup Rd à Mt Barker, Chester Pass Rd à Stirling Range ou Albany Highway à Albany.

Où se loger et se restaurer

Il n'est pas possible de camper dans le parc de Porongurup, mais vous trouverez un *tourist park (☎ 9853 1057)* dans le village de Porongurup, qui propose des emplacements sans/avec électricité à 14/16 $ et des bungalows pour deux à 40 $.

Le *Porongurup Shop & Tearooms (☎ 9853 1110, Porongurup Rd)* possède une auberge YHA sympathique et bien tenue derrière la boutique. Comptez 13 $ pour un

Le *dryandra* fleurit dans le Sud-Ouest
de l'Australie-Occidentale

KATE NOLAN

lit en dortoir ou en chambre double (14 $
pour les non-membres). Les propriétaires
viendront vous chercher à Albany ou à
Mt Barker si vous réservez à l'avance et
vous renseigneront utilement sur les randonnées et les possibilités de travail dans le
secteur.

La *Karribank Country Retreat* (☎ 9853
1022, Porongurup Rd) propose des doubles
confortables à partir de 70 $.

Vous pourrez en revanche camper dans le
Stirling Range National Park à *Moingrup
Springs* (pour joindre le ranger, composez
le ☎ 9827 9230), juste à côté de Chester
Pass Rd. Les équipements sont rudimentaires, mais un emplacement vous reviendra
à 8 $ pour 2 personnes.

La *Stirling Range Retreat* (☎ 9827 9229,
Chester Pass Rd), un caravaning situé à la
limite nord du parc, en face de Bluff Knoll,
offre des emplacements pour tentes sans/
avec électricité à 12/16 $, des caravanes
fixes à partir de 30 $, des bungalows indé-
pendants au sol de terre battue à 59 $ et des
chalets à 79 $.

ALBANY
• **code postal 6330**   • **20 500 habitants**
Centre commerçant du sud de l'Australie-
Occidentale, Albany est le plus ancien établissement européen de l'État et fut fondé
en 1826, peu avant Perth. La région
était occupée depuis bien longtemps par les
Aborigènes, comme en attestent de nombreux vestiges, autour d'Oyster Harbour en
particulier.

La baie abritée de King George Sound fit
d'Albany, jusqu'à la fin des années 70, un
port baleinier prospère. Lorsque les bateaux
à vapeur commencèrent à naviguer entre le
Royaume-Uni et l'Australie, Albany fut
l'escale de ravitaillement en charbon des
navires en route vers la côte est. Durant la
Première Guerre mondiale, c'est là que se
rassemblèrent les troupes de la 1st Australian Imperial Force (AIF) avant d'embarquer pour l'Égypte.

La côte près d'Albany offre un panorama
parmi les plus spectaculaires du pays. A
3 km à l'est de la ville, la plage de Middleton est parfaite pour nager.

Renseignements
Aménagé dans l'ancienne gare ferroviaire
de Proudlove Parade, le majestueux office
du tourisme (☎ 9841 1088 ou 1800 644
088) ouvre en semaine de 8h30 à 17h30 et
le week-end de 9h à 17h. Les bureaux du
CALM et du RACWA logent dans Albany
Highway.

Le Yak Bar, 28 Stirling Terrace, met à la
disposition de ses clients des accès Internet
à 5 $ la demi-heure et peut vous servir un
curry à déguster pendant que vous surfez.
Les deux auberges de jeunesse de la ville
possèdent aussi un accès Internet. Pour
acheter, vendre ou échanger des livres, rendez-vous au Gemini Book Exchange, dans
York St.

Bâtiments historiques
Albany a conservé quelques beaux témoignages de l'époque coloniale, notamment
dans **Stirling Terrace**, bordée de façades de
boutiques victoriennes. L'**Old Gaol** (1852),
ancienne prison dans Lower Stirling Terrace, abrite aujourd'hui un musée d'art

populaire et ouvre tous les jours de 10h à 16h15. Le droit d'entrée de 3,50 \$ donne accès au **Patrick Taylor Cottage**, dans Duke St ; construite en clayonnage enduit de torchis, cette demeure de 1832 – la plus ancienne de l'État – ouvre également tous les jours.

L'**Albany Residency Museum**, en face de l'Old Gaol, est l'ancienne résidence d'un magistrat, construite dans les années 1850. Le musée, ouvert tous les jours de 10h à 17h, présente des expositions sur les Aborigènes, la marine, la flore et la faune (entrée libre). Le bâtiment Eclipse, situé de l'autre côté du parking abrite une lampe de phare récupérée sur Eclipse Island.

A côté de ce musée se trouve une réplique grandeur nature de l'*Amity*, le brigantin qui transporta les fondateurs d'Albany en 1826 (entrée : 2 \$, 50 c pour les enfants).

Sur Lower Stirling Terrace, la **poste** restaurée (1870) abrite un restaurant chic et l'Inter-Colonial Museum avec sa collection d'anciens instruments de télécommunication. Le musée ouvre tous les jours de 10h à 16h (entrée gratuite).

Citons encore l'église anglicane **St John's**, l'élégante demeure des **Pyrmont**, la **Courthouse** (tribunal) et le **Town Hall** (hôtel de Ville). La brochure de l'office du tourisme (2 \$) comporte un itinéraire pédestre des bâtiments coloniaux d'Albany.

Vues et panoramas

La vue sur la côte et sur l'arrière-pays est superbe depuis les pics jumeaux qui dominent la ville : **Mt Clarence** et **Mt Melville**. Au sommet de Mt Clarence se dresse le Desert Mounted Corps Memorial. Élevé à l'origine à Port Saïd à la mémoire des combattants de Gallipoli, il fut transporté à Albany en 1956.

Autres curiosités

La prise de conscience de la vulnérabilité du port face à une éventuelle attaque navale fut à l'origine de la construction de la **Princess Royal Fortress** en 1893, sur le Mt Adelaide. Le site mérite d'être visité tant pour les bâtiments restaurés et l'emplacement des canons que pour la vue offerte (ouvert tous les jours de 7h30 à 17h30, entrée libre).

Dog Rock, un rocher en forme de tête de chien (un collier peint ajoute une touche réaliste), se situe sur Middleton Rd.

Circuits organisés

De juillet à septembre, des baleines australes évoluent près des baies et des criques de King George Sound. Southern Ocean Charters (☎ 015-423 434) organise des sorties en mer (25/16 \$) ainsi que des expéditions de plongée, de pêche, de photographie sous-marine ou de plongée avec tuba à la demande.

Silver Star Cruises (☎ 9841 3333) propose des croisières de 2 heures 30 sur le King George Sound (départs tous les jours à 9h30 et à 13h ; 25/16 \$). En saison, cet opérateur vous emmènera également admirer les baleines. Southern Ocean Charters et Silver Star Cruises partent tous deux de la jetée d'Albany.

Escape Tours (☎ 9844 1945) offre de nombreuses excursions d'une demi-journée/journée dans la région d'Albany pour 33/65 \$. Avec Do-a-Tour (☎ 9844 3509), vous découvrirez en 4x4 le West Cape Howe National Park et le Fitzgerald River National Park. Coastal Safaris propose des formules intéressantes autour de 35/70 \$ la demi-journée/journée avec des réductions pour les backpackers. Enfin, Design a Tour organise des excursions d'une journée dans les environs (85 \$), ainsi qu'un circuit de 5 jours entre Perth et Albany (540 \$). Pour l'itinéraire détaillé, adressez-vous à l'office du tourisme.

Albany Wine Tours vous fera visiter les domaines viticoles de Denmark et de Mt Barker (40 \$) ou tout le vignoble (1 journée ; 75 \$).

Où se loger – petits budgets

Albany regorge de terrains de camping. Essayez le *Mt Melville Caravan Park* (☎ *9841 4616, 22 Wellington St*), à 1 km au nord de la ville, à la sortie de l'Albany Highway. L'emplacement sans/avec électricité est facturé 12,50/16,50 \$ et un bungalow pour deux 50 \$. Le *Middleton Beach*

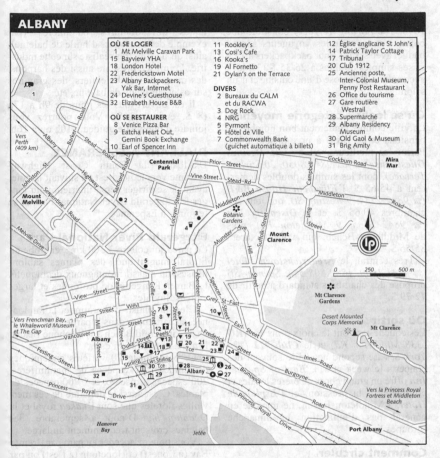

ALBANY

OÙ SE LOGER
1 Mt Melville Caravan Park
15 Bayview YHA
18 London Hotel
22 Frederickstown Motel
23 Albany Backpackers,
   Yak Bar, Internet
24 Devine's Guesthouse
32 Elizabeth House B&B

OÙ SE RESTAURER
8 Venice Pizza Bar
9 Eatcha Heart Out,
   Gemini Book Exchange
10 Earl of Spencer Inn

11 Rookley's
13 Cosi's Cafe
16 Kooka's
19 Al Fornetto
21 Dylan's on the Terrace

DIVERS
2 Bureaux du CALM
   et du RACWA
3 Dog Rock
4 NRG
5 Pyrmont
6 Hôtel de Ville
7 Commonwealth Bank
   (guichet automatique à billets)

12 Église anglicane St John's
14 Patrick Taylor Cottage
17 Tribunal
20 Club 1912
25 Ancienne poste,
   Inter-Colonial Museum,
   Penny Post Restaurant
26 Office du tourisme
27 Gare routière
   Westrail
28 Supermarché
29 Albany Residency
   Museum
30 Old Gaol & Museum
31 Brig Amity

Holiday Park (☎ 9841 3593, 1800 644 674, *Middleton Rd*), à 3 km à l'est, dispose d'emplacements sans/avec électricité à 15/17 $ et de bungalows très propres dans le parc à 45 $.

L'*Albany Backpackers* (☎ 9841 8848, *Spencer St*) remporte sans doute la palme de l'auberge la plus sympathique de l'État. Les propriétaires dorlotent leurs hôtes et les invitent tous les soirs à partager un moment autour d'un café accompagné de gâteaux. Avec la réduction YHA/VIP, le lit en dortoir revient à 14 $, la simple à 27 $ et la double/lits jumeaux à 36 $. Vous pourrez louer des VTT (12 $/jour) et des planches de surf (15 $).

Située à 400 m du centre-ville, la *Bayview YHA* (☎ 9842 3388, 49 Duke St) jouit elle aussi d'une ambiance chaleureuse et d'une gestion efficace. Ne voulant pas être en reste, ses gérants offrent des crêpes gratuites au petit déjeuner – à vous de choisi ! Prévoyez 14 $ pour un lit en dortoir (15 $ pour les non-membres) et 20/34 $ pour une simple/double ou lits jumeaux. L'établissement loue des vélos, des planches de surf et même des voitures (35 $/jour pour ces dernières).

Le vénérable *London Hotel* (☎ *9841 1048, 106 Stirling Terrace)* constitue une bonne option pour les voyageurs à petit budget avec ses lits pour backpackers à 15 $ et ses simples/doubles à 25/35 $ (35/45 $ avec s.d.b.). Il dispose d'une cuisine et d'un salon.

Où se loger – catégorie moyenne
La ville compte également bon nombre de pensions et de B&B à prix raisonnables. Parmi les meilleurs, citons : la *Devines Guesthouse (☎/fax 9841 8050, 20 Stirling Terrace)*, dont les simples/doubles démarrent à 45/65 $, l'*Elizabeth House B&B* (☎ *9842 2734, 9 Festing St)*, qui loue ses chambres 40/65 $, et la *Discovery Inn* (☎ *9842 5535, 9 Middleton Rd)*, près de Middleton Beach, qui vous facturera 35/55 $.

Très central, le *Frederickstown Motel* (☎ *9841 1600, 1800 808 544, Spencer St)* propose des chambres standard à partir de 72/79 $.

Où sortir
Les couche-tard ont le choix entre le *NRG* (*338 Middleton Rd)* et le *Club 912 (120 York St)*. Le second accueille une série de concerts le week-end. L'*Earl of Spencer Inn* offre un grand choix de bières locales et étrangères à la pression, et l'*Esplanade Hotel*, à Middleton Beach, ne manque en général pas d'animation le dimanche (groupes live).

Comment circuler
Les bus Love desservent la ville et ses environs toute la journée du lundi au vendredi et le samedi matin. L'un longe Albany Highway de Peel Place au rond-point principal ; d'autres rejoignent Spencer Park, Middleton Beach, Emu Point et Bayonet Head (une fois par semaine). Un trajet court revient à 80 c.

Whaleworld Museum
Le Whaleworld Museum de Frenchman Bay, à 21 km d'Albany, se trouve dans l'ancien port baleinier de Cheynes Beach (il n'a cessé ses activités qu'en 1978). Vous y verrez le *Cheynes IV*, un baleinier rouillé, certaines infrastructures baleinières (par exemple des réservoirs d'huile de baleine), ainsi qu'un film très réaliste sur cette industrie. Le musée présente aussi des harpons, des maquettes de baleiniers, des gravures sur os et sur dents de baleine, etc.

Il est ouvert tous les jours de 9h à 17h (8 $, enfants 3 $). Vous pourrez vous joindre à une visite guidée à 10h ou à 16h.

D'ALBANY A ESPERANCE
D'Albany, la South Coast Highway remonte vers le nord-est en suivant la côte, avant de se diriger vers l'intérieur pour longer le Fitzgerald River National Park et se terminer à Esperance.

Fitzgerald River National Park
Ce parc, qui couvre 3 300 km^2, englobe un littoral magnifique, des plaines sablonneuses, un massif montagneux déchiqueté, la Barren Range, et de profondes et larges vallées fluviales.

C'est un plaisir d'y pratiquer la randonnée, en particulier dans la partie sauvage qui va de Fitzgerald Beach à Whalebone Beach. Il n'y a ni chemin ni eau.

Le parc abrite 70 variétés endémiques d'orchidées, 22 espèces de mammifères, 200 espèces d'oiseaux et 1 700 espèces de plantes. C'est aussi le domaine de ces merveilles florales que sont l'*hakea* royal et la *Quaalup bell*. D'août à septembre, des baleines croisent fréquemment au large.

Vous pouvez accéder au parc par Bremer Bay (à l'ouest) et Hopetoun (à l'est) ou par la South Coast Highway en suivant Devils Creek Rd, Quiss Rd et Hamersley Rd. Vous trouverez de nombreux sites où le camping est autorisé.

ESPERANCE
• **code postal 6450**   • **8 650 habitants**
A 721 km au sud-est de Perth et à 200 km au sud de Norseman, la station balnéaire d'Esperance, ou Bay of Isles, doit sa popularité à la douceur de son climat, à ses paysages côtiers grandioses, à ses eaux bleues, à ses éblouissantes plages de sable blanc et à ses zones de pêche poissonneuses.

Bien que les premiers colons soient venus dans la région en 1863, il fallut attendre la grande ruée vers l'or des années 1890 pour qu'Esperance devienne véritablement un port. Quand la fièvre de l'or s'estompa, la ville sombra dans l'apathie jusqu'après la Seconde Guerre mondiale. Le développement d'Esperance reprit dans les années 50 grâce à la fertilisation des terres ; c'est depuis un centre agricole.

Renseignements

L'office du tourisme (☎ 9071 2330), dans Dempster St, ouvre tous les jours de 9h à 17h. Efficace, il effectue les réservations pour les excursions dans les îles et les parcs nationaux de la région.

Vous pourrez vous connecter à Internet dans les auberges de jeunesse, au Village Cafe (près de l'office du tourisme) ou chez Top End Takeaways, dans Dempster St.

A voir et à faire

Le **Museum Village** abrite l'office du tourisme et plusieurs bâtiments anciens, dont une galerie, une forge, un café et une boutique d'artisanat. Situé entre l'Esplanade et Dempster St, il ouvre tous les jours de 13h30 à 16h30 (3/1 $). Il présente *Skylab*, la station spatiale lancée par les États-Unis en mai 1973 et qui s'est écrasé près d'Esperance à son retour sur terre, six ans plus tard.

La **Great Ocean Drive**, circuit touristique de 36 km, vous conduira du sud de l'agglomération jusqu'à l'**Observatory Point** et au Rotary Lookout sur Wireless Hill, à Twilight Bay et Picnic Cove où l'on peut se baigner, et au **Pink Lake**, coloré par une algue tolérant le sel et appelée *Dunalella salina*.

Le **Recherche Archipelago** compte une centaine de petites îles où nichent des colonies d'otaries, de manchots et toutes sortes d'oiseaux aquatiques. Des excursions régulières permettent de découvrir Woody Island, une réserve naturelle où l'on peut passer la nuit (voir plus loin *Circuits organisés* et *Où se loger*).

Esperance est l'endroit idéal pour vous initier à la pêche : maints voyageurs pêchent sans problème leur dîner à la ligne sur la jetée de la ville. Les sites de plongée ne manquent pas non plus autour des îles, et les plongeurs plus expérimentés pourront explorer les épaves du *Sanko Harvest* et du *Lapwing*. Esperance Diving and Fishing (☎ 9071 5111, 72 the Esplanade) organise des expéditions et loue du matériel de plongée et de pêche.

Circuits organisés

Vacation Country Tours (☎ 9071 2227) propose des excursions dans les environs d'Esperance, dont une visite de la ville et de la côte (28 $) et un circuit à Cape Le Grand (45 $). Plus aventureux, Aussie Bight Expeditions (☎ 9071 7778) organise des safaris en 4x4 sur les plages et des baies isolées, ainsi que dans les parcs nationaux. Comptez environ 48 $ pour une demi-journée

Ne manquez pas de faire un tour sur la Bay of Isles. MacKenzie's Island Cruises (☎ 9071 5757) en propose régulièrement (42/16 $) avec une escale à Woody Island. Vous pourrez admirer des phoques de Nouvelle-Zélande, des otaries d'Australie, des pygargues, des oies céréopses, des dauphins et quantité d'autres espèces sauvages. Les excursions d'une journée coûtent 65/25 $, déjeuner compris. Les réservations s'effectuent normalement dans le bureau de l'opérateur sur l'Esplanade, mais si vous logez dans une auberge de la ville, vous bénéficierez en général de tarifs plus avantageux si vous réservez par l'entremise de celle-ci.

Esperance 4WD & Dive Tours (☎ 9071 3357)emmène de petits groupes plonger avec tuba ou avec bouteilles plus loin de la ville, jusqu'à Cape Arid à l'est et jusqu'au Stokes National Park à l'ouest.

Où se loger – petits budgets

Campings. Une demi-douzaine de terrains offrent des emplacements de camping, des caravanes fixes et des bungalows. Prévoyez 14/16 $ pour un emplacement sans/avec électricité et environ 40 $ pour un bungalow pour deux.

L'*Esperance Bay Caravan Park* (☎ /fax 9071 2237, 162 Dempster St) se trouve près du quai, au sud de la ville, et l'*Esperance Seafront Caravan Park* (☎ 9071 1251, fax 9071 7003, Goldfields Rd) à l'autre bout de la ville.

On peut aussi camper sur la paisible *Woody Island* (☎ 9071 5757) moyennant 7 $/nuit si vous possédez votre propre tente ou 25 à 48 $/personne sous une tente de safari. MacKenzie's Island Cruises dessert l'île tous les jours, et il existe une ligne de ferry supplémentaire pendant le mois de janvier.

Auberges de jeunesse. Esperance compte trois bonnes auberges, toutes équipées d'accès Internet, d'une buanderie et d'une cuisine. Le personnel vient accueillir ses hôtes de passage à la descente du bus.

Le *Shoestring Stays* (☎ 9071 3396, 040 892 9461, 23 Daphne St*), nouvelle auberge du groupe Nomads, spacieuse et bien équipée (casiers à bagages fermant à clé dans toutes les chambres), possède un grand jardin et même un jacuzzi. Elle prête des bicyclettes à ses clients et organise des circuits en 4x4. Le lit en dortoir coûte 15 $ (14 $ pour les titulaires d'une carte YHA/VIP) et les doubles 40 $ (38 $). L'établissement dispose aussi d'un appartement indépendant pour les familles au prix très avantageux de 60 $.

L'adresse la plus centrale, l'*Esperance Backpackers* (☎ 9071 4724, 018 93 4541, 14 Emily St*), impeccable et accueillante, facture ses lits en dortoir 14 $ et ses doubles/lits jumeaux 35 $ (avec la réduction YHA/VIP). Le personnel organise des excursions dans les parcs nationaux (40 $) et des parties de pêche (30 $; adressez-vous à Jurg).

La vaste et très appréciée *Blue Waters Lodge YHA* (☎ /fax 9071 1040, 299 Goldfields Rd*) loue des lits en dortoir à 14 $ (17 $ pour les non-membres), des simples à 20 $ (25 $) et des doubles à 35 $ (41 $). On prend son petit déjeuner dans une agréable pièce avec vue sur la mer.

Où se loger – catégorie moyenne

L'office du tourisme édite une liste des nombreux motels et B&B d'Esperance.

Bien tenu, l'*Esperance Travellers' Inn Hotel* (☎ 9071 1677, fax 9071 1190, Goldfields Rd*) offre des chambres de motel simples/doubles à 45/55 $, des appartements pour familles à 70 $ et des chambres pour backpackers avec s.d.b. commune à seulement 15 $.

A l'*Esperance Motor Hotel* (☎ 9071 1555, fax 9071 1495, 14 Andrew St*), situé en plein centre-ville, vous bénéficierez d'un bon rapport qualité/prix : comptez 20/35 $ pour une chambre avec s.d.b. commune et 50/60 $ pour une chambre de motel standard.

LES ENVIRONS D'ESPERANCE

Quatre parcs nationaux se trouvent aux alentours d'Esperance. Le plus proche et le plus visité, **Cape Le Grand**, s'étend sur 40 km à 20 km à l'est d'Esperance. Il abrite une côte spectaculaire, quelques bonnes plages et d'excellents chemins de randonnée. Le **Frenchman's Peak**, à l'extrémité est du parc, offre une vue magnifique. Les plages de Lucky Bay et de Le Grand sont parfaites pour la pêche, le camping et la natation.

L'Outback du Sud

L'Outback du Sud est une vaste région qui s'étend autour de la ville de Kalgoorlie-Boulder et des mines aurifères (et des villes qui exploitent le nickel au nord et au sud) entre l'Australie-Méridionale et le Territoire du Nord.

Cinquante ans après sa fondation en 1829, la colonie d'Australie-Occidentale végétait, aussi le gouvernement de Perth se réjouit-il de la découverte d'or à Southern Cross en 1887. Ce premier gisement s'épuisa rapidement, mais de nombreux autres furent mis au jour, et la région connut une ruée vers l'or qui dura jusqu'à la fin du siècle. C'est à ce métal précieux que l'État doit l'importance de sa population, qui lui permit de ne pas rester un lointain surgeon des colonies de la côte Est.

Les découvertes les plus considérables eurent lieu en 1892 à Coolgardie et un an plus tard à Kalgoorlie. Sur l'ensemble des champs aurifères, Kalgoorlie est la seule ville importante à l'heure actuelle.

La période de prospérité de Coolgardie dura jusqu'en 1905. Plusieurs autres villes minières passèrent de zéro à 10 000 habitants pour retrouver, une dizaine d'années plus tard, un niveau démographique presque nul. Cependant, toutes profitèrent de cette prospérité passagère, comme en attestent les nombreux et superbes bâtiments publics.

La vie des prospecteurs était très dure. Cette région d'Australie-Occidentale, extrêmement sèche, connaît des précipitations intermittentes et peu abondantes, et les rares pluies sont rapidement absorbées par le sol poreux.

De nombreux chercheurs d'or, guidés davantage par l'enthousiasme que par le bon sens, moururent de soif à la recherche de l'insaisissable métal. D'autres succombèrent aux maladies dans des baraquements à l'hygiène inexistante. L'année 1903 marqua un tournant avec l'arrivée d'un approvisionnement régulier en eau par pipeline, ce qui permit la poursuite de l'exploitation minière.

De nos jours, Kalgoorlie est le principal centre d'exploitation aurifère. Ailleurs, la succession de villes fantômes et de mines de nickel modernes est une fascinante vision pour le voyageur.

COOLGARDIE
• code postal 6429   • 1 260 habitants

Étape bienvenue au cours du long voyage à travers Nullarbor et carrefour de la route de Kalgoorlie, Coolgardie n'est plus que l'ombre d'elle-même. Un simple regard sur les imposants bâtiments de l'hôtel de ville et de la poste le long de Bayley St, suffit pour apprécier l'importance passée de la cité.

L'or fut découvert en 1892 et, au début de ce siècle, Coolgardie dénombra jusqu'à 15 000 habitants. Puis l'or s'épuisa, et la ville déclina aussi vite qu'elle avait crû.

L'office du tourisme (☎ 9026 6090), sur Warden's Court, dans Bayley St, est ouvert tous les jours de 9h à 17h.

A voir et à faire
Les nombreux panneaux d'information affichés dans Coolgardie et ses environs décrivent l'histoire des édifices et des sites. La **Goldfields Exhibition**, dans le bâtiment de l'office du tourisme, présente de passionnants souvenirs de la fièvre de l'or. Vous découvrirez un aspect inconnu de la vie de Herbert Hoover, qui dirigea une mine d'or dans la région bien avant de devenir président des États-Unis (ouvert tous les jours de 9h à 17h, entrée : 3 \$, 1 \$ pour les enfants, avec la projection d'un film à l'office du tourisme).

Le **Railway Station Museum** occupe l'ancienne gare de Woodward St, désaffectée depuis 1971. Vous y apprendrez l'incroyable histoire d'un mineur emprisonné à 300 m de profondeur par des innondations en 1907 et sauvé par des plongeurs 10 jours plus tard.

La **Warden Finnerty's Residence**, restaurée par le National Trust, est ouverte tous les jours de 9h à 16h (entrée : 2 \$). A 4 km à l'ouest de la ville, vous trouverez la **Coolgardie Camel Farm** (☎ 9026 6159), qui propose des promenades à dos de dromadaire, ainsi que la visite de son musée. Attention : elle n'ouvre en général que pendant les vacances scolaires ou sur rendez-vous.

A 1 km à l'ouest de Coolgardie, le **town cemetery** (cimetière de la ville) abrite de nombreuses tombes anciennes, dont celle de l'explorateur Ernest Giles (1835-1897). En raison de l'insalubrité et de la violence qui régnait dans cette région, on dit couramment que "la moitié de la population enterra l'autre".

Où se loger et se restaurer
Le *Coolgardie Caravan Park* (☎ 9026 6238, 99 Bayley St) loue d'excellents emplacements de tente sans/avec électricité à 10/14 \$ et des caravanes à 30 \$. Le *Railway Lodge* (☎ 9026 6446, 75 Bayley St) offre des simples/doubles bon marché à 25/35 \$, petit déjeuner continental compris. Dans l'établissement le plus confortable de la ville, le *Coolgardie Motel* (☎ 9026 6080, fax 9026 6300, Bayley St), une chambre avec s.d.b. revient à 50/60 \$. Cet hôtel possède un restaurant avec licence de débit de boissons.

Le *Denver City Hotel* (*Bayley St*) sert des plats du jour. Il jouxte le *Coolgardie Pizza Bar*.

Comment s'y rendre

Greyhound Pioneer (☎ 13 2030) s'arrête à Coolgardie sur le trajet Perth-Adelaide ; l'aller simple depuis Perth coûte 91 $, et 199 $ jusqu'à Adelaide. Goldfields Express (☎ 1800 620 440) assure aussi la liaison avec Perth pour 65 $ seulement. Golden Lines relie Kalgoorlie à Coolgardie en semaine (4,60 $).

Sur son trajet Perth-Kalgoorlie, le *Prospector* dessert tous les jours (uniquement en direction de l'ouest le samedi) la gare de Bonnie Vale, à 14 km de Coolgardie (aller simple depuis Perth : 47 $). Pour toute réservation, appelez l'office du tourisme ou Westrail (☎ 13 1053). Attention : il n'existe pas de transports publics entre cette gare et Coolgardie.

KALGOORLIE-BOULDER

• code postal 6430   • 30 500 habitants

Kalgoorlie, "Kal" pour ses habitants, surprend ses visiteurs, qui ne s'attendent guère à trouver une métropole prospère et dynamique si loin de tout. Encore fruste et exsudant l'atmosphère caractéristique des villes minières isolées, elle acquiert cependant peu à peu un vernis de modernité, voire des allures citadines. Les tatouages, les *skimpies* (hôtesses de bars dévêtues), les tripots, les maisons de tolérance et la consommation d'alcool à grande échelle font partie de la vie courante.

Alors qu'elle a connu un essor plus tardif que Coolgardie, c'est de toutes les villes minières d'Australie-Occidentale celle dont la réussite fut la plus durable et la plus considérable. En 1893, Paddy Hannan, un prospecteur venu de fort loin, tenta sa chance à Kal et découvrit suffisamment d'or pour déclencher une nouvelle ruée.

Si l'or de surface s'épuisa vite, plus les mineurs creusaient profondément, plus ils trouvaient de minerai. Ce n'étaient pas les pépites en or massif des contes de fées – l'or de Kalgoorlie devait être extrait de la roche par des opérations coûteuses et complexes (concassage, fusion et traitement chimique) – mais les gisements étaient abondants. Kalgoorlie atteignit rapidement des sommets légendaires de prospérité. Les immenses et majestueux bâtiments publics construits à la fin du XIXe siècle témoignent de cette fabuleuse richesse. Toutefois, après la Première Guerre mondiale, l'augmentation des coûts de production et la stagnation des cours de l'or entraînèrent le déclin de la ville, lent mais continu.

Kalgoorlie demeure cependant au premier rang des villes productrices d'or d'Australie, même si les faiblesses du cours du métal jaune ont provoqué la fermeture de plusieurs mines et mis les employés au chômage. Il n'est certes plus aussi facile qu'autrefois de dénicher un "petit job" de mineur. Les grands groupes miniers ont constitué le fer de lance des nouvelles exploitations à ciel ouvert dans ce qu'on appelle le Golden Mile. Les activités minières, l'élevage et le tourisme ont permis à Kalgoorlie de conserver son importance comme centre de l'Outback.

En général, l'hiver est frais et constitue la meilleure période pour visiter Kal. De fin août à fin septembre, la ville connaît un afflux de visiteurs attirés par les circuits-découverte des fleurs sauvages et les courses hippiques, si bien qu'il se révèle difficile de trouver un hébergement.

Orientation

Kalgoorlie fut érigé à proximité du lieu de la première découverte de Paddy Hannan. L'exploitation minière se déplaça rapidement de quelques kilomètres jusqu'au Golden Mile, probablement l'endroit du monde le plus riche en minerai, eu égard à sa taille. La ville satellite de Boulder, à 5 km au sud de Kal, se développa pour desservir cet endroit. Les deux villes ont été réunies en 1989 pour devenir la commune de Kalgoorlie-Boulder.

Kalgoorlie même forme un quadrillage de larges rues bordées d'arbres. Hannan St, la rue principale flanquée d'imposants bâtiments, est assez large pour permettre à une caravane de dromadaires de faire demi-tour, ce qui était une nécessité dans les cités aurifères du début du siècle. Vous trouverez la plupart des hôtels, pubs, restaurants et bureaux dans Hannan St ou dans ses environs immédiats.

Renseignements

L'office du tourisme (☎ 9021 1966, 250 Hannan St) est ouvert en semaine de 8h30 à 17h et le week-end de 9h à 17h. Très coopératif, il distribue des plans gratuits de Kalgoorlie et vous fournira mille informations sur la région.

La Goldfields Net Zone, au 109 Maritana St, propose des accès Internet à 10 $/heure.

Vous trouverez le bureau du RACWA (☎ 9021 1511) à l'angle de Porter St et de Hannan St et le CALM (☎ 9021 2677) dans l'immeuble de la poste, dans Hannan St. Si vous êtes à court de lectures, rendez-vous au Goldfields Book Exchange, dans Hannan St.

Hannans North Tourist Mine

Cette mine désaffectée (☎ 9091 4074) située à quelque 5 km au nord de la ville, sur Broad Arrow Rd, compte parmi les attractions majeures de Kalgoorlie. Vous pourrez descendre par l'ascenseur du puits de mine jusqu'aux entrailles de la terre et visiter les galeries et les tranchées, sous la conduite d'un ancien mineur.

Le droit d'entrée (15 $, 7,50 $ pour les enfants, 38 $ en famille) comprend une présentation audiovisuelle, la visite souterraine, celle des installations de surface et le spectacle de la coulée de l'or. Vous pourrez aussi vous essayer à l'orpaillage. Le site est ouvert tous les jours de 9h à 17h, et les visites des puits souterrains commencent en général à 12h30. Il est recommandé de porter des chaussures fermées pour descendre dans la mine.

Golden Mile Loopline Railway

Le *Rattler*, un train touristique délabré effectue un parcours commenté de 1 heure depuis la gare de Boulder (☎ 9021 7077). Il y a un départ tous les jours à 10h, plus un départ à 11h45 le dimanche (9 $, 5 $ pour les enfants).

Museum of the Goldfields

L'impressionnante tête d'Ivanhoé située à l'extrémité nord-est de Hannan St marque l'entrée de cet excellent musée des champs aurifères, ouvert tous les jours de 10h à 16h (donation à l'entrée). Vous y découvrirez entre autres une chambre forte souterraine pleine de pépites d'or, la reconstitution d'un cottage de mineur et des photographies historiques. Le minuscule British Arms Hotel (l'hôtel le plus étroit d'Australie) fait partie de ce musée, même si sa décoration ne reproduit pas celle d'un établissement de l'époque de la ruée vers l'or. Un ascenseur vous conduira au sommet, à 31 m du sol, d'où l'on jouit d'un beau panorama sur la ville.

Autres curiosités

Kalgoorlie possède une **école de Bush Two-Up** dont les activités sont parfaitement légales. Elle est aménagée dans un amphithéâtre de tôle ondulée, à 6 km de la sortie de la ville par la route de Menzies ; suivez les panneaux depuis Hannan St. De grosses sommes passent d'une main à l'autre au cours de ce jeu frénétique de pile ou face. Vous êtes seulement conviés à regarder. L'action démarre à 16h30.

A quelques rues au nord-ouest de Hannan St, **Hay St** compte parmi les "attractions" les plus célèbres de Kal, même si les brochures touristiques ne la mentionnent pas. Sur la longueur d'un pâté de maisons sont installées des maisons de tolérance aux portes de fer galvanisé bleues ou roses, devant lesquelles ces dames attendent le client. Cette activité est tolérée depuis si longtemps qu'elle est devenue partie intégrante du patrimoine de la ville.

Le **Mt Charlotte Lookout**, distant de 200 m seulement de l'extrémité nord-est de Hannan St, offre un bon panorama sur la ville. Le **Super Pit Lookout**, juste à côté de l'Eastern Bypass Rd, près de Boulder, donne un aperçu représentatif des techniques minières modernes et du gigantisme du site. Il ouvre tous les jours de 7h à 18h, mais si vous le pouvez, venez à l'heure des tirs de dynamite, vers 16h45 (le point de vue est cependant fermé si les dynamitages ont lieu à moins de 400 m).

Le Royal Flying Doctor Service (☎ 9093 1500) possède une base à l'aéroport de Kalgoorlie-Boulder. Le centre d'accueil des visiteurs est ouvert de 11h à 15h.

KALGOORLIE - BOULDER

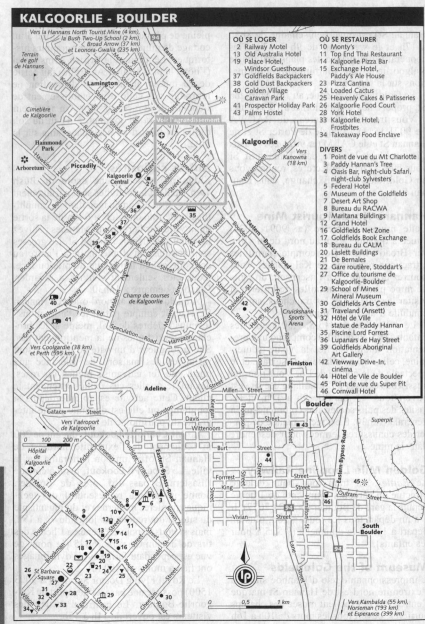

OÙ SE LOGER
2 Railway Motel
13 Old Australia Hotel
19 Palace Hotel,
   Windsor Guesthouse
37 Goldfields Backpackers
38 Gold Dust Backpackers
40 Golden Village
   Caravan Park
41 Prospector Holiday Park
43 Palms Hostel

OÙ SE RESTAURER
10 Monty's
11 Top End Thai Restaurant
14 Kalgoorlie Pizza Bar
15 Exchange Hotel,
   Paddy's Ale House
23 Pizza Cantina
24 Loaded Cactus
25 Heavenly Cakes & Patisseries
26 Kalgoorlie Food Court
28 York Hotel
33 Kalgoorlie Hotel,
   Frostbites
34 Takeaway Food Enclave

DIVERS
1 Point de vue du Mt Charlotte
3 Paddy Hannan's Tree
4 Oasis Bar, night-club Safari,
   night-club Sylvesters
5 Federal Hotel
6 Museum of the Goldfields
7 Desert Art Shop
8 Bureau du RACWA
9 Maritana Buildings
12 Grand Hotel
16 Goldfields Net Zone
17 Goldfields Book Exchange
18 Bureau du CALM
20 Laslett Buildings
21 De Bernales
22 Gare routière, Stoddart's
27 Office du tourisme de
   Kalgoorlie-Boulder
29 School of Mines
   Mineral Museum
30 Goldfields Arts Centre
31 Traveland (Ansett)
32 Hôtel de Ville
   statue de Paddy Hannan
35 Piscine Lord Forrest
36 Lupanars de Hay Street
39 Goldfields Aboriginal
   Art Gallery
42 Viewway Drive-In,
   cinéma
44 Hôtel de Vile de Boulder
45 Point de vue du Super Pit
46 Cornwall Hotel

Vers la Hannans North Tourist Mine (4 km),
la Bush Two-Up School (2 km),
Broad Arrow (37 km)
et Leonora-Gwalia (235 km)

Terrain de golf de Hannans

Lamington

Cimetière de Kalgoorlie

Hammond Park

Arboretum

Piccadilly

Kalgoorlie Central

Voir l'agrandissement

Kalgoorlie

Vers Kanowna (18 km)

Champ de courses de Kalgoorlie

Cruickshank Sports Arena

Vers Coolgardie (38 km) et Perth (595 km)

Adeline

Fimiston

Boulder

Superpit

Hôpital de Kalgoorlie

0   100   200 m

St Barbara Square

Vers l'aéroport de Kalgoorlie

South Boulder

0   0,5   1 km

Vers Kambalda (55 km),
Norseman (193 km)
et Esperance (399 km)

Le long de Hannan St, vous verrez le majestueux **hôtel de ville**, qui abrite une galerie d'art. Devant l'Hôtel de Ville, la statue de Paddy Hannan tenant une outre d'eau n'est qu'une copie ; l'original se trouve à l'intérieur, à l'abri des graffitis.

Circuits organisés

Goldrush Tours (☎ 1800 620 440) est le principal tour-opérateur de Kalgoorlie. Il propose des visites de Kal pour 40 $, de Coolgardie et des proches villes fantômes. Réservez auprès de l'office du tourisme

On nous a recommandé les Aboriginal Bush Tours (☎ 9093 3745) de Geoff Stokes, des circuits éducatifs qui initient à la nourriture aborigène, au pistage et aux légendes du Temps du Rêve. Les excursions d'une journée coûtent 70 $, les balades au crépuscule 30 $, et cet opérateur peut organiser à votre intention des tours de plusieurs jours avec camping dans le bush. Il existe aussi des visites en 4x4 (☎ 0419-915 670) des villes fantômes et des sorties dans l'Outback destinées aux apprentis chercheurs d'or. Pour découvrir la ville de manière différente, adressez-vous à Red Desert Trike Tours (☎ 0408-955 300), qui vous promènera en tricycle à moteur pour 30 $.

Goldfields Air Services (☎ 9093 2116) et AAA Charters (☎ 9021 6980) vous feront survoler les mines du Golden Mile (à partir de 25 $ par personne, deux au minimum).

Manifestations annuelles

La Kalgoorlie-Boulder Race Around se déroule la première semaine de septembre. Cette manifestation hippique, la plus importante d'Australie-Occidentale, qui culmine avec la Kalgoorlie Cup (une course sur 2 300 m), attire des milliers de parieurs. Comme elle coïncide avec l'éclosion des fleurs sauvages, elle aussi très appréciée, beaucoup d'établissements affichent complet pendant cette période.

Où se loger – petits budgets

Campings. Kal possède plusieurs terrains de camping. Le *Golden Village Caravan Park* (☎ 9021 4162, 406 Hay St), à 2 km au sud-ouest de la gare ferroviaire, propose des emplacements sans/avec électricité à 13/16,50 $ et des bungalows à 50 $ (70 $ en haute saison). Au *Prospector Holiday Park* (☎ 9021 2524, Great Eastern Hwy) les emplacements sans/avec électricité reviennent à 17/18 $ et les bungalows sans/avec s.d.b. à 56/66 $. Ce camping dispose d'une piscine, d'une étendue herbeuse pour les tentes et d'une cuisine.

Auberges de jeunesse. Vous trouverez deux bonnes auberges dans Hay St, toutes deux dotées d'une piscine. Leur personnel peut venir vous chercher à l'arrivée de votre bus ou de votre train. Bien gérée, le *Goldfields Backpackers* (☎ 9091 1482, 0412-110 001, 166 Hay St) représente sans conteste la meilleure option. Il facture ses lits en dortoir 14 $ (16 $ pour les non-membres) et ses doubles/lits jumeaux varient de 34 à 36 $ (tarif YHA). Si vous effectuez un séjour de longue durée, vous logerez dans le bâtiment voisin, au n°164, un ancien lupanar.

Le *Gold Dust Backpackers* (☎ 9091 3737, 192 Hay St), qui dispose d'équipements similaires, dont une grande cuisine, loue ses lits en dortoir 14 $ et ses chambres à lits jumeaux/doubles 30/35 $, réduction YHA comprise. Le personnel peut vous aider à trouver un travail.

Nouvelle venue, la *Windsor Guesthouse* (☎ 9021 5483, 147 Hannan St) offre aux backpackers de confortables chambres à lits jumeaux pour 15 $/personne. Elle jouxte le Palace Hotel, qui en assure la direction. Même si l'aménagement de cette pension n'est pas achevé au moment où nous mettons sous presse, elle nous semble mériter d'être signalée.

Le *Palms* (☎/fax 9093 1620, 35 Wittenoom St), lui aussi flambant neuf, est un peu à l'écart, à Boulder, mais pallie ce défaut par un confort nettement supérieur à celui des autres établissements de sa catégorie. Installé dans un vieil hôtel rénové, il facture le lit en dortoir 14 $ et la simple/double avec ameublement de caractère 20/36 $. Certaines chambres possèdent un balcon, et la direction met gratuitement à votre disposition des vélos, une buanderie et un

AUSTRALIE-OCCIDENTALE

jacuzzi ! Téléphonez au préalable si vous souhaitez que l'on vienne vous chercher à l'arrêt du bus ou à la gare.

Où loger – catégorie moyenne

Plusieurs hôtels anciens et agréables sont situés dans le centre-ville, dont le *Palace Hotel (☎ 9021 2788)*, à l'angle de Maritana St et de Hannan St, avec des simples/ doubles avec s.d.b. et clim. à 50/70 $.

Comptez 55/75 $ (85 $ pour une double avec s.d.b.) pour une chambre à l'*Old Australia Hotel (☎ 9021 1320, Maritana St)*, situé à la diagonale du Palace. Il s'agit d'un hôtel privé – et non d'un pub.

La ville compte aussi beaucoup de bons motels, dont le *Railway Motel (☎ 9088 0000, 51 Forrest St)*, en face de la gare. La double standard coûte 115/95 $ en semaine/ le week-end.

Où se restaurer

Kalgoorlie ne manque pas de pubs servant des plats du jour généreux. La ville abrite en outre un nombre croissant de cafés branchés et de restaurants.

Au *Kalgoorlie Food Court (90 Brookman St)*, vous choisirez entre environ six types de cuisine (plats à partir de 6 $). Le *Heavenly Cakes & Patisseries*, à l'angle de Boulder Rd et d'Egan St, fait honneur à son enseigne avec un grand choix de succulents gâteaux, viennoiseries et autres douceurs. Les amateurs de pizza apprécieront la *Pizza Cantina (211 Hannan St)* ou le *Kalgoorlie Pizza Bar*, au n°123.

Pour ceux que la perspective de se faire servir leur petit déjeuner par des barmaids légèrement vêtues ne rebute pas, le "big breakfast" à 5 $ servi dans le "Wild West Saloon" de l'*Exchange Hotel* défie toute concurrence.

Achats

La Goldfields Aboriginal Art Gallery, dans Dugan St, et la Desert Art Shop, à côté du Museum of the Goldfields, vendent des objets d'artisanat. Kal est un bon endroit pour acheter de véritables pépites d'or montées en bijou pour un prix raisonnable ; promenez-vous dans Hannan St.

Comment s'y rendre

Voie aérienne. L'aéroport de Kalgoorlie est étonnamment bien desservi. Ansett (☎ 13 1300) et Qantas Airlink (tel 13 1313) effectuent au moins deux rotations par jour avec Perth (217 $). Skywest (☎ 13 1300) assure aussi un vol direct quotidien à un tarif légèrement plus bas.

Traveland (314 Hannan St) représente Ansett à Kalgoorlie. Pour Qantas, adressez-vous à Stoddart's (☎ 9021 2796, 248 Hannan St).

Bus. La ligne Greyhound Pioneer (☎ 13 2030) Perth-Adelaide s'arrête tous les jours à Kalgoorlie. Perth Goldfields Express (☎ 1800 620 440) relie Perth à Kalgoorlie les dimanche, mercredi, jeudi et vendredi (65 $) et continue ensuite, sauf le jeudi, vers le nord jusqu'à Leonora (35 $ depuis Kalgoorlie) et Laverton (50 $).

Westrail (☎ 13 1053) circule trois fois par semaine entre Kalgoorlie et Esperance, une fois *via* Coolgardie et deux fois *via* Kambalda (5 heures 30 ; 18 $ pour Norseman, 33,50 $ pour Esperance. Westrail assure aussi la liaison Perth-Kalgoorlie les lundi, mercredi et vendredi. Les bus s'arrêtent devant l'office du tourisme, dans Hannan St.

Train. Le *Prospector* part chaque jour de Perth en direction de Kalgoorlie (environ 7 heures 30, 49,30 $). L'*Indian Pacific* passe également par Kalgoorlie deux fois par semaine, le mercredi et le samedi.

Comment circuler

Il existe un service de bus régulier entre Kal et Boulder. Goldenlines (☎ 9021 2655) rallie Boulder de 8h à 18h. Des bus desservent également tous les jours Kambalda et Coolgardie (en période scolaire uniquement).

Kalgoorlie Adventure Bus (☎ 9091 1958) est un nouveau service pour backpackers qui dessert deux fois par jour la Hannan's North Tourist Mine et le Super Pit, à Boulder (3/5 $ l'aller simple/aller-retour pour chacun de ces sites et 9 $ le circuit avec arrêt aux deux). Les bus partent de la Goldfields Backpackers, mais peuvent passer vous chercher. Ce service est appelé à se développer s'il rencontre le succès escompté et peut organiser des excursions vers d'autres sites.

Norseman
• code postal 6443 • 1 500 habitants

Norseman est un carrefour routier important d'où part l'Eyre Highway, qui traverse la plaine de Nullarbor. Vous pouvez aussi obliquer vers le sud, et Esperance, ou vers le nord, en direction de Kalgoorlie.

L'office du tourisme (☎ 9039 0171, 68 Robert St) est ouvert tous les jours de 9h à 17h et l'aire de repos équipée de douches et de barbecues située derrière, de 7h à 18h. Tout près, dans Robert St, un télécentre permet d'accéder à Internet et de communiquer par e-mail.

L'**Historical & Geological Collection** installée dans l'ancienne École des mines présente les souvenirs de l'époque de la ruée vers l'or (ouverte tous les jours, sauf le jeudi et le dimanche, de 10h à 13h ; entrée : 2/1 \$). Les amateurs de pierres semi-précieuses pourront chercher des agates sur un site de fouilles ouvert au public à environ 12 km au nord de la ville. Il vous faudra auparavant acheter un permis (5 \$) auprès de l'office du tourisme.

Derrière les terrils escarpés, dont l'un contient plus de 4,2 millions de tonnes de rochers, représentant 40 ans de travail dans les mines, le **Beacon Hill Mararoa Lookout** offre une excellente vue de la ville et des lacs salés environnants.

Le lever et le coucher de soleil sur la vaste étendue sèche du **Lac Cowan**, au nord de Norseman, méritent vraiment le coup d'œil. Au sud de la ville, à mi-chemin environ d'Esperance, le petit village de **Salmon Gums** porte le nom des eucalyptus typiques de la région (*Eucalyptus salmonophloia*), dont l'écorce arbore une teinte rose intense à la fin de l'été et en automne.

Où se loger et se restaurer
Le *Gateway Caravan Park* (☎ 9039 1500, dans Prinsep St), est bien tenu et offre des emplacements de tente sans/avec électricité à 14/16 \$ ou des caravanes/bungalows à

35/45 \$ pour deux. Il possède en outre quelques chambres pour backpackers à 15/20 \$ la simple/double.

Les confortables lits en dortoir à 15 \$ du *Lodge 101* (☎ 9039 1541, 101 Prinsep St) et son accueil chaleureux – il est tenu par un couple adorable – séduiront les cyclistes fourbus arrivant de la plaine de Nullarbor. L'établissement dispose également de simples/doubles à 25/40 \$ et d'un agréable "salon" extérieur.

Le *Norseman Hotel* (☎ 9039 1023, 90 Roberts St) loue des chambres à 30/45 \$ petit déjeuner continental compris, et le *Norseman Eyre Motel* (☎ 9039 1130, Roberts St) demande 62/69 \$. Ce motel possède un bar et un restaurant.

EYRE HIGHWAY
Un peu plus de 2 700 km séparent Perth d'Adelaide. L'Eyre Highway, longue et parfois désolée, traverse l'extrémité sud de l'immense **Nullarbor Plain**. Nullarbor signifie "sans arbre" en mauvais latin, et c'est effectivement le cas sur une petite étendue.

Cette route reçut le nom de l'explorateur John Eyre, qui, en 1841, fut le premier Européen à effectuer la traversée d'est en ouest.

Il faut compter 725 km de Norseman, où débute l'Eyre Highway, jusqu'à la frontière de l'Australie-Occidentale et de l'Australie-Méridionale, à proximité d'Eucla. Il reste alors 480 km jusqu'à Ceduna (l'endroit "où s'asseoir et se reposer", en langue aborigène), en Australie-Méridionale. De là, Adelaide est à 793 km *via* Port-Augusta. Un bon bout de chemin !

La traversée de Nullarbor
Même si la route qui traverse la plaine de Nullarbor n'a plus la mauvaise réputation de jadis, il est toujours sage de bien se préparer pour parer aux difficultés éventuelles.

Certaines pompes à essence sont distantes de 200 km et, si vous êtes assez imprévoyant pour tomber en panne de carburant entre deux stations, vous risquez fort d'avoir à parcourir un long trajet pour vous approvisionner. Obtenir de l'aide d'un mécanicien en cas de panne peut être fort

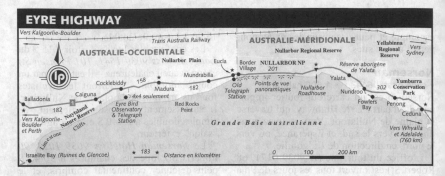

EYRE HIGHWAY

Vers Kalgoorlie-Boulder

Trans Australia Railway

AUSTRALIE-MÉRIDIONALE
Nullarbor Regional Reserve

Yellabinna
Regional
Reserve
Vers
Sydney

AUSTRALIE-OCCIDENTALE
Nullarbor Plain

Eucla
Border
Village
NULLARBOR NP
201
Réserve aborigène
de Yalata
Yumburra
Conservation
Park

Mundrabilla

Old
Telegraph
Station
Points de vue
panoramiques
Nullarbor
Roadhouse
Yalata

158
Cocklebiddy
Madura
182
302
Nundroo
Penong
Ceduna

Caiguna
4x4 seulement
Eyre Bird
Observatory
& Telegraph
Station
Red Rocks
Point
Fowlers
Bay

Balladonia
182
Naretha
Nature Reserve
Grande Baie australienne
Vers Whyalla
et Adelaide
(760 km)

Vers Kalgoorlie-
Boulder
et Perth
Lime stone
Cliffs

Israelite Bay (Ruines de Glencoe)
183
Distance en kilomètres
0   100   200 km

---

cher en temps et en argent. Assurez-vous que votre véhicule est en bon état, que vous disposez de suffisamment de carburant, de bons pneus, de pièces détachées de base, et n'oubliez pas l'eau potable (au moins 4 litres par personne).

De Norseman à Eucla

En partant de Norseman, le premier village rencontré s'appelle **Balladonia**, à 193 km à l'est. Après Balladonia, près de l'ancienne station d'élevage, vous remarquerez les ruines des clôtures en pierre qui servaient à garder le bétail. Le *Balladonia Hotel/Motel* (☎ 9039 3453) dispose de simples/doubles à 58/68 $ et des emplacements de camping sans/avec électricité (8/12 $)

Entre Balladonia et Caiguna s'étend l'un des plus longs tronçons de route droite au monde : 145 km. A **Caiguna**, le *John Eyre Motel* (☎ 9039 3459) propose des simples/doubles à 50/65 $ et un terrain de camping avec des emplacements sans/avec électricité à 8/15 $ pour deux.

A **Cocklebiddy** se trouvent les ruines d'une ancienne mission aborigène. La Cocklebiddy Cave est la plus grande grotte de la région. En 1983, une équipe de spéléologues français a établi ici le record mondial de la plus profonde descente en gouffre. Avec un 4x4, vous pouvez aller au sud de Cocklebiddy jusqu'à Twilight Cove où des falaises calcaires atteignent 75 m de hauteur. Le *Wedgetail Inn Motel Hotel* (☎ 9039 3462) vend de l'essence à prix élevé et loue des emplacements pour tente

sans/avec électricité à 9/15 $, des simples/doubles ordinaires à 40/48 $ et chambres de motel à 60/70 $.

L'*Eyre Bird Observatory* (☎ 9039 3450) de Birds Australia, établi dans l'ancienne **Eyre Telegraph Station**, à 50 km au sud de Cocklebiddy sur la Grande Baie, est un paradis pour les ornithologues. Comptez 70 $ par personne et par jour en pension complète (tarif dégressif à partir de la deuxième nuit). Les transferts depuis/vers Cocklebiddy peuvent être assurés pour les hôtes passant la nuit sur place. Si vous vous y rendez par vos propres moyens, empruntez impérativement un 4x4 assez haut sur roues.

Madura, à 90 km à l'est de Cocklebiddy, est proche des Hampton Tablelands. Autrefois, on y élevait des chevaux destinés à l'armée des Indes. La *Madura Pass Oasis Inn* (☎ 9039 3464) propose des emplacements pour tentes sans/avec électricité à 12/15 $, des chambres rudimentaires à 52 $ et des chambres de motel à 69/86 $ la simple/double.

Mundrabilla, à 116 km plus à l'est, possède un terrain de camping et un hôtel, le *Mundrabilla Motel Hotel* (☎ 9039 3465), dont les chambres démarrent à 55 $.

Juste avant la frontière avec l'Australie-Méridionale se trouve **Eucla**. Au sud de la ville, dans la Grande Baie australienne, vous verrez les ruines pittoresques d'une ancienne **telegraph repeater/weather station** inaugurée en 1877. La ligne télégraphique passe maintenant le long de la ligne de chemin de fer, beaucoup plus loin au nord. La station-météo, à 5 km du relais routier, est peu à peu ensevelie par les dunes de sable (seules les cheminées dépassent).

La région d'Eucla comporte de nombreuses grottes, telle que la célèbre **Koonalda Cave** et sa salle de 45 m de haut. Comme la plupart des grottes de Nullarbor, elle ne peut être visitée que par des spéléologues expérimentés. L'*Eucla Motor Hotel* (☎ 9039 3468) dispose de doubles à partir de 65/75 $, de simples/doubles plus spartiates à 20/35 $ et d'emplacements de camping sans/avec électricité à 4/10 $. Au *Border Village* (☎ 9039 3474) l'emplacement pour tente sans/avec électricité vous reviendra à 12/15 $ et un bungalow pour backpackers à 20/35 $ la simple/double. Les chambres de motel indépendantes commencent à 55/65 $.

Rappelons qu'il existe une quarantaine entre États, notamment pour les fruits et légumes. Les postes d'inspection se trouvent à Eucla et à Ceduna.

D'Eucla à Ceduna
Reportez-vous au chapitre *Australie-Méridionale* pour le morceau de la Highway situé entre la frontière d'État et Ceduna.

La côte du Centre-Ouest

Après s'être éloignée du littoral au nord de Perth, la North-West Coastal Highway (Highway 1) traverse trois contrées intéressantes : la Batavia Coast – hantée par le souvenir de nombreux naufrages –, la région de Shark Bay, inscrite au Patrimoine mondial, et la Gascoyne, qui abrite Carnarvon et Mt Augustus.

DONGARA-DENISON
• code postal 6525   • 1 900 habitants
La Brand Highway rejoint le littoral à Dongara. Agrémenté de belles plages, ce charmant petit port procure des langoustes en abondance. L'office du tourisme (☎ 9927 1404) est installé dans un poste de police désaffecté, 5 Waldeck St. Dans l'ancienne

prison adjacente, on peut voir une petite mise en scène historique. Le **Russ Cottage**, bâti en 1870, est ouvert le dimanche de 10h à 12h (2 $).

Port Denison se situe sur l'Irwin River. L'embouchure de l'Irwin est un merveilleux endroit pour observer les oiseaux tels que les pélicans et les cormorans.

Où se loger et se restaurer
Parmi les terrains de camping, citons le *Dongara Denison Tourist Park* (☎ 9927 1210, 8 George St), qui loue des emplacements avec électricité à partir de 14 $ et des caravanes fixes à partir de 25 $, et le sympathique *Seaspray* (☎ 9927 1165, 81 Church St), qui dispose d'emplacements avec électricité/bungalows à 15/60 $.

Nos lecteurs ont apprécié l'ambiance décontractée du *Dongara Backpackers YHA* (☎ 9927 1581, 32 Waldeck St), qui propose des chambres aménagées dans une vieille maison ou dans un wagon de train tout proche. Comptez 14 $ en dortoir, 20 $ en simple et 28/32 $ en lits jumeaux/double (les titulaires de la carte YHA bénéficient d'une réduction de 1 $).

La *Priory Lodge Historic Inn* (☎/fax 9927 1090, 6 St Dominics Rd) ravira les amateurs de belles maisons. Le prieuré lui-même date de 1881, et sa partie hébergement (bâtie en 1920) abritait à l'origine un collège de jeunes filles. Entièrement rénové, l'établissement possède des s.d.b. modernes, une cuisine, un salon douillet et une piscine. Les simples/doubles coûtent 35/50 $.

GREENOUGH
• code postal 6530   • 100 habitants
Située plus au nord, à 20 km seulement au sud de Geraldton, Greenough fut autrefois une ville minière active. Aujourd'hui, c'est un paisible centre agricole. Ses environs comptent bon nombre de sites intéressants : renseignez-vous au Midwest Centre (☎ 9926 1660), au bord de la Highway.

Le **Greenough Historical Hamlet** se compose de 11 bâtiments du XIXe siècle restaurés par le National Trust. Ouvert tous les jours de 9h à 16h (entrée : 4,50/2,50 $ par adulte/enfant), il mérite un détour. Des visites guidées ont lieu le week-end. Le **Pioneer Museum** (ouvert tous les jours de 10h à 16h ; entrée : 2 \$/50 c) présente d'intéressants objets historiques. Ne manquez pas, dans les enclos alentour, les étranges "arbres penchés" (*leaning trees*), des gommiers rouges de rivière (*Eucalyptus camaldulensis*) inclinés par les vents marins.

GERALDTON
• **code postal 6530** • **25 250 habitants**

Ville principale du Mid-West, Geraldton se situe sur une côte désolée, à 421 km au nord de Perth. Au large se trouvent les fabuleuses Houtman Abrolhos Islands. La région jouit d'un climat agréable, notamment en hiver. Les inconditionnels de homard frais et les passionnés de surf y seront également comblés. Prenez garde aux vents violents.

Renseignements

L'office du tourisme (☎ 9921 3999), dans le complexe Bill Sewell de Chapman Rd, ouvre en semaine de 8h30 à 17h, le samedi de 9h à 16h30 et le dimanche de 9h30 à 16h30. La poste principale est dans Durlacher St, et la plupart des banques sont regroupées dans le Mall, sur Marine Terrace. Chez Phoenix, à l'angle d'Augustus St et de Gregory St, vous pourrez utiliser l'e-mail et Internet pour 5 \$/heure.

Geraldton Museum

La ville est dotée d'un musée passionnant qui occupe deux bâtiments adjacents dans Marine Terrace. Le Maritime Museum évoque l'histoire des premiers naufrages et expose des vestiges de navires hollandais, dont le *Batavia* et le *Zeewijk* (lire l'encadré *Les épaves de navires hollandais*). Une des plus belles pièces est la poupe du *Zuytdorp*, trouvée en 1927 au sommet des falaises qui dominent l'endroit où le vaisseau sombra. Un sous-marin jaune expérimental, construit sur place en 1969, trône devant l'entrée.

Le musée ouvre tous les jours de 10h à 16h (donation à l'entrée).

La cathédrale St Francis Xavier

C'est l'un des nombreux édifices de Geraldton et du Mid-West conçus par Monsignor John Hawes, un curieux homme d'église-architecte qui quitta l'Australie-Occidentale en 1939 pour passer le reste de sa vie en ermite dans les Caraïbes. La construction de cette cathédrale de style byzantin commença en 1916, un an après l'arrivée de John Hawes à Geraldton, mais ses plans étaient si grandioses qu'elle ne s'achèva qu'en 1938.

L'architecture est composite. Parmi les éléments externes, vous remarquerez sur la façade ouest des tours jumelles dotées d'ouvertures en forme d'arche, une immense coupole centrale qui ressemble au dôme de Florence et une tour à toit conique qui ne dépareerait pas un château de la Loire. L'intérieur s'avère tout aussi étonnant : des colonnes romanes et des arches monumentales soutiennent le dôme octogonal, et les murs sont ornés de zébrures. Une fois son œuvre achevée, Hawes déclara avoir "emprisonné le rythme d'un poème dans la pierre".

Autres curiosités

La **Geraldton Art Gallery**, dans Chapman Rd, est ouverte tous les jours (entrée libre). Ne manquez pas non plus la **pêcherie industrielle de langoustes** de la Geraldton Fisherman's Co-op, qui vous fera découvrir une industrie qui génère des millions de dollars – et le parcours suivi par un crustacé entre son océan natal et une assiette dans un restaurant de Hong Kong (visites guidées gratuites du lundi au vendredi à 9h30 et à 14h de novembre à juin).

Circuits organisés

Au cours des excursions proposées par Touch the Wild Safaris (☎ 9921 8435) dans l'arrière-pays autour de Geraldton, vous aurez l'occasion de voir de nombreuses espèces et variétés de faune et de flore locales. Comptez 65 \$ la demi-journée ou 80 \$ la journée complète. Shine Aviation (☎ 9923 3600) et Geraldton Air Charters (☎ 9923 3434) proposent des survols en avion du Mid-West et des Houtman Abrolhos Islands.

Où se loger – petits budgets
Campings et auberges de jeunesse. Le camping le plus proche du centre-ville est le *Separation Point (☎ 9921 2763, Will-*

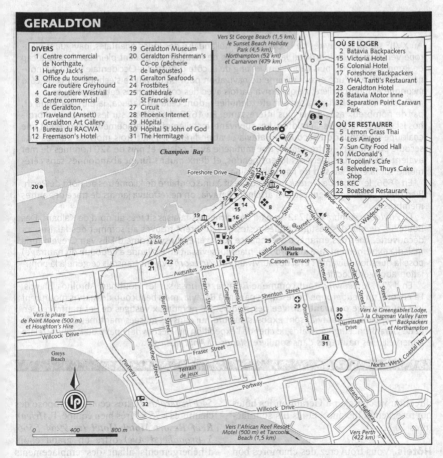

GERALDTON

DIVERS
1 Centre commercial de Northgate, Hungry Jack's
3 Office du tourisme, Gare routière Greyhound
4 Gare routière Westrail
8 Centre commercial de Geraldton, Traveland (Ansett)
9 Geraldton Art Gallery
11 Bureau du RACWA
12 Freemason's Hotel
19 Geraldton Museum
20 Geraldton Fisherman's Co-op (pêcherie de langoustes)
21 Geralton Seafoods
24 Frostbites
25 Cathédrale St Francis Xavier
27 Circuit
28 Phoenix Internet
29 Hôpital
30 Hôpital St John of God
31 The Hermitage

OÙ SE LOGER
2 Batavia Backpackers
15 Victoria Hotel
16 Colonial Hotel
17 Foreshore Backpackers YHA, Tanti's Restaurant
23 Geraldton Hotel
26 Batavia Motor Inne
32 Separation Point Caravan Park

OÙ SE RESTAURER
5 Lemon Grass Thai
6 Los Amigos
7 Sun City Food Hall
10 McDonald's
13 Topolini's Cafe
14 Belvedere, Thuys Cake Shop
18 KFC
22 Boatshed Restaurant

Vers St George Beach (1,5 km), le Sunset Beach Holiday Park (4,5 km), Northampton (52 km) et Carnarvon (479 km)

Champion Bay

Foreshore Drive

Silos à blé

Vers le phare de Point Moore (500 m) et Houghton's Hire

Greys Beach

Vers le Greengables Lodge, la Chapman Valley Farm Backpackers et Northampton

Vers l'African Reef Resort Motel (500 m) et Tarcoola Beach (1,5 km)

Vers Perth (422 km)

0   400   800 m

cock Drive). Il propose des emplacements sans/avec électricité à 12/14 $ et des bungalows à 36 $ pour deux.

Le *Sunset Beach Holiday Park* (☎ 9938 1655, Bosley St, Sunset Beach), un peu plus éloigné vers le nord, pallie largement ce défaut par sa situation sur la plage. Prévoyez 13/16 $ pour un emplacement sans/avec électricité et 30 $ pour une caravane fixe. Les bungalows, très bien tenus, démarrent à 30/40 $ pour deux.

Le chaleureux *Foreshore Backpackers YHA* (☎ 9921 3275, 172 Marine Terrace), installé dans l'ancienne Grantown Gues-

thouse, dispose de nombreuses chambres privées au charme suranné. Les lits en dortoir coûtent 14 $ (13 $ pour les membres), les simples 20 $ (18 $) et les doubles 36 $ (33 $).

Le *Batavia Backpackers* (☎ 9964 3001, Chapman Rd) fait partie du complexe Bill Sewell, situé juste derrière l'office du tourisme. Vaste et bien équipé (il accueille aussi les groupes), il loue ses lits en dortoirs avec séparations 14 $ (tarif VIP : 13 $), ses simples 18 $ (17 $) et ses doubles 40 $ (38 $).

A 25 km de la ville, le *Chapman Valley Farm Backpackers* (☎ 9920 5160, Murphy Norris Rd) occupe un homestead ancien. La

Les épaves de navires hollandais

Au XVIIe siècle, les navires de la Compagnie hollandaise des Indes orientales, naviguant d'Europe vers Batavia (aujourd'hui Jakarta, sur l'île de Java), se dirigeaient plein est depuis le cap de Bonne-Espérance, puis cabotaient le long de la côte d'Australie-Occidentale jusqu'à l'Indonésie. Il suffisait d'une erreur minime de navigation pour qu'un navire s'échoue sur cette côte inconnue et inhospitalière, ce qui arriva parfois avec des conséquences catastrophiques.

Quatre épaves hollandaises ont été identifiées, dont celle du *Batavia*, la plus ancienne et, par de nombreux aspects, la plus intéressante. En 1629, il s'échoua sur les Houtman Abrolhos Islands, au large de Geraldton. Les survivants installèrent un campement, envoyèrent une chaloupe demander du secours à Batavia et attendirent. Il fallut trois mois au vaisseau de secours pour arriver. Entre-temps, une mutinerie avait éclaté, et plus de 120 hommes de mer avaient été tués. Les meneurs furent pendus, et deux mutins furent abandonnés sans cérémonie sur la côte, au sud de l'actuelle Kalbarri.

En 1656, le *Vergulde Draeck* heurta un récif à une centaine de kilomètres au nord de Perth. Bien que 7 survivants aient réussi à atteindre Batavia, on ne retrouva jamais de trace des autres membres.

Le *Zuytdorp* sombra en 1712 au pied des immenses falaises situées au nord de Kalbarri. Des bouteilles de vin, des vestiges et des restes de feu furent trouvés au sommet des falaises. La découverte, chez des enfants d'ascendance aborigène, du syndrome d'Ellis van Creveld (une maladie extrêmement rare aujourd'hui, mais qui sévissait en Hollande à l'époque du naufrage) pose la question suivante : et si des survivants du *Zuytdorp* avaient transmis ce gène à la population aborigène locale ?

En 1727, le *Zeewijk*, tout comme le *Batavia*, se brisa sur les Houtman Abrolhos Islands. Là encore, un petit groupe de rescapés parvint à Batavia, mais beaucoup de marins moururent lors du naufrage ou avant l'arrivée des secours. De nombreux vestiges de ces naufrages, en particulier ceux du *Batavia*, sont exposés aujourd'hui dans les musées maritimes de Fremantle et de Geraldton. Hugh Edwards, le chef de l'expédition qui découvrit l'épave du *Batavia*, relate à merveille les naufrages dans son livre *Islands of Angry Ghosts*.

---

direction va chercher à Geraldton les hôtes qui réservent à l'avance, et les lits sont facturés 10 $.

Hôtels. Vous trouverez des chambres bon marché dans quelques hôtels vieillots comme le *Colonial*, dans Fitzgerald St, le *Victoria*, dans Marine Terrace, ou le *Geraldton* (dit "le Gero"), dans Gregory St (aux alentours de 20 $ par personne).

Où se loger – catégorie moyenne
On nous a chaleureusement recommandé le *Greengables Lodge* (☎ 9938 2332, 7 Hackett Rd), élégant B&B situé à environ 5 km de la ville, près de Chapman Valley Rd. Les simples/doubles classiques reviennent à 65/75 $, et l'on peut vous servir un dîner. La *Batavia Motor Inne* (☎ 1800 014 628,

54 Fitzgerald St), très centrale, propose des chambres à 75 $. Très bien équipé, l'*African Reef Resort Motel Hotel* (☎ 9964 5566, 5 Broadhead Ave) offre un grand choix d'hébergement allant des emplacements pour caravane aux chambres de motel avec vue sur l'océan à 80/95 $. Les appartements indépendants commencent à 70 $.

Comment s'y rendre et circuler
Skywest (☎ 13 1300) dessert tous les jours Geraldton depuis Perth. Cette compagnie assure aussi deux fois par semaine des vols Geraldton-Carnarvon et Geraldton-Exmouth.

Westrail (☎ 13 1053) et Greyhound Pioneer (☎ 13 2030) possèdent des lignes de bus régulières entre Perth et Geraldton (environ 40 $ l'aller simple). Integrity (☎ 9226 1339) relie Perth à Geraldton trois fois par semaine (35 $). Westrail poursuit sa route vers le nord-est jusqu'à Meekatharra (2 fois/semaine) ou vers le nord jusqu'à Kalbarri (3 fois/semaine). Les bus Westrail s'arrêtent devant l'ancienne gare ferroviaire et ceux de Greyhound Pioneer et d'Integrity devant le complexe Bill Sewell.

Un service de bus urbain (☎ 9923 1100) dessert tous les faubourgs proches. Si vous préférez louer une voiture, Houghtons Hire (☎ 9964 1722) pratique les tarifs les plus compétitifs de la ville.

On peut également louer des bicyclettes à l'office du tourisme de Geraldton (10 $/jour).

KALBARRI

• code postal 6536 • 1 800 habitants

Très fréquentée, à juste titre, par les backpackers, Kalbarri est située sur le littoral, à l'embouchure de la Murchison River et à 66 km à l'ouest de la route nationale. La région possède une côte superbe, de belles gorges et encore et toujours des histoires d'épaves de navires hollandais. Le *Zuytdorp* sombra en 1712 à 65 km au nord-ouest de la ville. Déjà en 1629, deux mutins du *Batavia* avaient été abandonnés à Wittecarra Gully, un bras de mer au sud du bourg.

L'office du tourisme (☎ 9937 1104, 1800 63 9568), Grey St, ouvre tous les jours de 9h à 17h. Pour accéder à Internet, adressez-vous juste à côté à la bibliothèque ou à la boutique d'accessoires de plongée Kalbarri Explorer, sous l'arcade (5 $/demi-heure).

A voir et à faire

A 4 km au sud de la ville, sur Red Bluff Rd, la **Rainbow Jungle** comporte un intéressant parc ornithologique et un centre d'élevage de perroquets (7/2 $). Kalbarri Boat Hire (☎ 9937 1245) loue des canoës, des barques, des canots à moteur et des planches de surf et organise des croisières sur la rivière à bord du *Kalbarri River Queen* (20/15 $; réservations à l'office du tourisme).

Le **Riverside Recollections**, dans Grey St, est un musée surprenant, qui regroupe pêle-mêle des souvenirs de l'histoire locale, une vaste collection de poupées du monde entier et la réplique d'une mine souterraine (entrée :

4 $). Juste en face, des **pélicans** viennent se faire nourrir tous les matins vers 8h45.

Au sud de Kalbarri se succèdent des **falaises** aux contours abrupts, dont Red Bluff, Rainbow Valley, Pot Alley, Eagle Gorge et Natural Bridge. Un sentier piétonnier/cyclable conduit presque jusqu'à Red Bluff.

La côte offre d'excellentes possibilités pour le surf. A 3,5 km au sud du bourg, **Jakes Corner** est l'un des meilleurs endroits.

Kalbarri National Park

Sur plus de 1 000 km^2 de bush, ce parc recèle quelques superbes gorges le long de la **Murchison River**. De Kalbarri, il faut parcourir près de 40 km pour atteindre les gorges impressionnantes du **Loop** et de **Z-Bend**. Depuis la route, de courts chemins mènent au fond des gorges. Il existe de plus longues randonnées, dont celle de 2 jours entre Z-Bend et le Loop.

Plus à l'est, la route d'Ajana à Kalbarri s'agrémente de deux beaux points de vue : **Hawk's Head** (à ne pas manquer) et **Ross Graham**. Le parc est magnifique au printemps lors de l'éclosion des fleurs sauvages : immortelles, banksias, grevilleas, anygosenthes, etc.

Circuits organisés

Kalbarri offre un vaste choix de circuits axés sur l'aventure ou consacrés à la faune. Pour admirer les gorges de la Murchison d'en haut, adressez-vous à Kalbarri Air Charter (☎ 9937 1130). Un vol de 20 minutes le long de la côte vous coûtera 29 $ et le "grand tour" 125 $.

Kalbarri Safari Tours (☎ 9937 1011), dirigé par Frank Seidler, un dynamique enfant du pays, est l'opérateur local le plus apprécié. Parmi les circuits proposés, citons une expédition de *sandboarding* (surf sur le sable) sur le "Superbowl", d'après Frank la plus haute dune aux arêtes abruptes d'Australie (nous le croyons sur parole), et une fascinante excursion à la Z-Bend, dans le Kalbarri National Park (toutes deux à 50 $). Il organise aussi des randonnées de deux jours à Shark Bay avec camping dans le bush.

Kalbarri Coach Tours (☎ 9937 1161) vous emmènera visiter les gorges de la

Murchison ainsi que des gorges marines (38 $). Les plus téméraires pourront descendre en rappel dans la Z-Bend (50 $; réservations à l'office du tourisme ou à la Kalbarri Backpackers). Et si cela ne vous suffit pas, il existe encore des parties de plongée ou de pêche, des safaris à dos de dromadaire, des randonnées à cheval et des circuits pour admirer les étoiles.

Où se loger

De tous les campings de la ville, le *Murchison Park (☎ 9937 1005)*, à l'angle de Woods St et de Grey St est le plus central. Il vous facturera 14/15 $ pour un emplacement sans/avec électricité et 35 $ pour une caravane fixe.

Le *Kalbarri Backpackers (☎ 9937 1430, 52 Mortimer St)* est une YHA moderne et animée équipée d'une piscine et d'une aire de barbecue couverte. Elle accueille l'arrivée de la navette Greyhound avec une efficacité quasi militaire. Les lits en dortoir reviennent à 15 $ au minimum (14 $ avec la réduction YHA), les simples/doubles à 25/38 $ (22/34 $). L'auberge dispose aussi de logements réservés aux familles et aux handicapés à partir de 45 $. On s'y détend merveilleusement, et la direction assure les réservations pour les circuits et autres activités.

Plus calme, l'*Av-Er-Rest (☎ 9937 1101, Mortimer St)* comporte des dortoirs indépendants avec des lits à 13 $ et des bungalows de six lits à 45 $ pour 2 personnes et 6 $ par occupant supplémentaire. Bien situés, les *Riverfront Budget Units (☎ 9937 1144, Grey St)* proposent des bungalows ordinaires, mais bon marché : 45 $ pour deux et 5 $ par occupant supplémentaire (6 places).

Kalbarri regorge aussi de locations saisonnières et de complexes hôteliers. Prévoyez un minimum de 65 $ pour un confortable appartement de 2 chambres au *Kalbarri Beach Resort (☎ 1800 096002, Clotworthy St)*. Le *Kalbarri Palm Resort (☎ 9937 2333, 8 Porter St)* propose des appartements avec kitchenette à partir de 55 $ (75 $ pendant les vacances scolaires). Pour louer une villa, contactez Kalbarri Accomodation Service (☎ 9937 1072).

Comment s'y rendre et circuler

Western Airlines (☎ 1800 998 097) effectue des rotations Perth-Denham *via* Kalbarri les lundi, mercredi et vendredi. L'aller simple/aller-retour depuis Perth coûte 167/334 $ et le vol Kalbarri-Denham 86 $.

Les bus Westrail (☎ 13 1053) circulent entre Perth et Kalbarri les lundi, mercredi et vendredi (59,40 $) et dans l'autre sens les mardi, jeudi et samedi à 6h. La navette quotidienne du Kalbarri Backpackers assure la correspondance avec les lignes Greyhound Pioneer (☎ 13 2030) à Ajana, sur la North-West Coastal Highway.

Le Kalbarri Entertainment Centre, dans Porter St, loue des vélos (10 $/jour).

LA RÉGION DE SHARK BAY

Le **Shark Bay World Heritage & Marine Park** possède des plages extraordinaires. Il est célèbre notamment pour les stromatolithes de Hamelin Pool et les fameux dauphins de Monkey Mia.

Dirk Hartog, le premier Européen a avoir débarqué sur le sol australien, accosta à Shark Bay (la baie des requins) en 1616. A hauteur du 26e parallèle, une île porte le nom de cet explorateur hollandais. Pour marquer son passage, il cloua une inscription commémorative sur un poteau, à proximité de la plage. Elle fut enlevée ensuite par un autre "visiteur", mais on peut en voir une reproduction au musée de Geraldton.

Denham, la localité la plus peuplée de Shark Bay, se situe à 132 km de la North-West Coastal Highway sur la route secondaire qui part de l'Overlander Roadhouse.

Comment s'y rendre et circuler

Western Airlines (☎ 1800 998 097) assure des vols entre Perth et Denham les lundi, mercredi et vendredi ; l'aller/aller-retour vaut 249/498 $.

L'embranchement de Shark Bay se situe au niveau de l'Overlander Roadhouse, à 290 km au nord of Geraldton. Ce relais sert aussi de correspondance entre les bus Greyhound Pioneer (☎ 13 2030) se dirigeant vers le nord et le sud et les navettes quotidiennes de/vers Denham et Monkey Mia. Le trajet de Perth à Denham ou à Monkey

Mia revient à 127 $. Majestic Tours (☎ 9948 1640) assure aussi une navette en bus entre Denham et Monkey Mia (départ devant l'office du tourisme à 8h ; 8 $).

De l'Overlander Roadhouse à Denham

Le premier embranchement (à 27 km de la route) aboutit après 5 km à **Hamelin Pool**, une réserve marine qui abrite la plus vaste colonie connue au monde de **stromatolithes** (voir l'encadré). Une promenade en planches permet de les admirer. Essayez de venir à marée basse, quand ils ne sont pas complètement submergés. Pour obtenir des informations sur ces formations rocheuses vivantes, adressez-vous à la **Telegraph Station** (☎ 9942 5905). La station, qui date de 1884, a servi pour les communications téléphoniques jusqu'en 1977. Vous y trouverez des emplacements de camping, de caravanes et de quoi vous nourrir.

Longue de 110 km, la fabuleuse Shell Beach est constituée de coquillages entassés sur près de 10 m d'épaisseur. En certains points de Shark Bay, les coquilles (principalement des coques du type *Fragum erugatum*) sont tellement agglomérées qu'on peut les découper en blocs et s'en servir pour la construction, comme on l'a fait à Hamelin Pool. Cette plage se révèle aussi idéale pour nager : à 100 m du rivage, l'eau transparente atteint à peine le niveau des genoux.

Nanga Station possède un musée des pionniers et une licence de débit de boissons – cas unique en Australie pour une *station*. A **Eagle Bluff**, à mi-chemin entre Nanga et Denham, la vue depuis le sommet des falaises est superbe. Le *Nanga Bay Holiday Resort* (☎ 9948 3992), dans la station, loue des emplacements de camping avec ou sans électricité, des lits en dortoir à 12 $ et des bungalows à 45 $/nuit.

Denham

• code postal 64537 • 1 140 habitants

Le port de Denham, la ville la plus occidentale d'Australie, fut longtemps voué à l'industrie perlière. Aujourd'hui, l'économie locale repose plutôt sur la pêche à la crevette et sur le tourisme. Denham elle-même ne présente pas grand intérêt, mais elle constitue une bonne base pour visiter Monkey Mia, à 26 km.

L'office du tourisme de Shark Bay (☎ 9948 1253, 71 Knight Terrace) ouvre tous les jours de 7h30 à 18h30. Le bureau du CALM (☎ v 9948 1208), également sur Knight Terrace, dispose de nombreuses informations sur cette région, inscrite au Patrimoine mondial. En ville, vous verrez quelques édifices construits en blocs de coquillages, notamment l'Old Pearler Restaurant, sur Knight Terrace.

Circuits organisés. Si vous désirez découvrir Shark Bay depuis le ciel, Kalbarri Air Charter (☎ 9948 1445) propose un survol des Zuytdorp Cliffs à partir de 65 $/personne et un tour complet de la baie à 85 $.

Majestic Tours (☎ 9948 1640) organise des excursions d'une journée en 4x4 au François Péron National Park (79 $), ainsi que des visites de Hamelin Pool et de Shell Beach (69 $), ou de Shell Beach seule (33 $). Design-A-Tour (☎ 9948 1880) offre des formules similaires au départ de Denham et de Monkey Mia (80 $).

L'écocroisière d'une journée concoctée par Shark Bay Under Sail (☎ 9948 1616) présente un bon rapport qualité/prix (60 $, déjeuner compris ; départ de la jetée de Denham à 8h30 ; réservations à l'office du tourisme).

Où se loger et se restaurer. Le *Seaside Caravan Park* (*☎ 9948 1242, Knight Terrace*) est un camping sympathique et propre en bord de mer, doté d'emplacements sans/avec électricité à 11/15 $ et de bungalows à 50 $.

Le *Bay Lodge* (*☎ 9948 1278, 1800 812780, 95 Knight Terrace*), affilié à la YHA, offre le meilleur rapport qualité-prix de la ville et assure en outre le transfert gracieux de ses hôtes (par bus Majestic Tours) à Monkey Mia et retour tous les jours. Les lits en dortoir coûtent 16 $ (14 $ avec la réduction YHA/VIP). Ils sont situés dans des logements modernes et indépendants, qui comportent une cuisine, un salon et une s.d.b. pour six personnes. Les simples/doubles se louent 34/38 $ et les appartements pour familles 85 $ (65 $ en basse saison).

Les **Shark Bay Holiday Cottages** (☎ 9948 1206, *Knight Terrace*) proposent des studios à partir de 40 $ et des cottages à une chambre à 55 $. Shark Bay Accommodation Services (☎ 9948 1323) pourra vous aider à dénicher une villa ou un logement indépendant à partir de 50 $/nuit.

Au fort typique **Old Pearler Restaurant** (☎ 9948 1373, *Knight Terrace*), un dîner vous reviendra à 18 à 28 $, une copieuse formule déjeuner comprenant une entrée, un plat et un dessert à 12 $. Vous pourrez aussi y goûter les fruits de mer locaux. Deux *pubs* de Knight Terrace servent des plats du jour et vous trouverez aussi quelques *cafés* classiques.

François Péron National Park

A 4 km de Denham, sur la Monkey Mia Rd, se trouve l'embranchement pour le fascinant **François Péron National Park**. Ce parc est réputé pour ses paysages arides, son caractère sauvage et ses lacs salés sans accès à la mer. Comme dans tous les parcs nationaux, l'entrée est payante (8 $/véhicule/jour). Le Péron Homestead, à 6 km de la route principale, abrite un centre accueil des visiteurs, ainsi que deux **bassins alimentés par des puits artésiens**, l'un avec de l'eau à 35°C et l'autre, plus chaud, à 43°C – vous pourrez vous prélasser dans le premier (au coucher du soleil : c'est le moment idéal). Des *aires de camping* aux installations rudimentaires sont installées à Big Lagoon, à Gregories, à Bottle Bay, à South Gregories et à Herald Bight (8 $/nuit pour deux).

La route menant au homestead convient habituellement aux véhicules normaux (renseignez-vous toutefois auprès du CALM, car elle devient très sablonneuse), mais un 4x4 est indispensable pour s'aventurer plus loin dans le parc. Ne quittez pas les routes et n'essayez pas de traverser un *birrida* (une saline) : vous vous enliseriez. Majestic Tours et Design-A-Tour organisent tous deux des circuits en 4x4 dans le parc (voir *Circuits organisés* sous *Denham*).

Stromatolithes

Les dauphins de Monkey Mia ne sont pas seuls à avoir contribué à l'inscription de Shark Bay sur la liste du Patrimoine mondial. Les stromatolithes de Hamelin Pool en furent sans doute la principale raison. Ces masses rocheuses, constituées de couches de concrétions calcaires formées par la croissance prolifique de microbes, datent de plusieurs millénaires. Le plus étonnant est que l'histoire de leur évolution recouvre 3,5 milliards d'années, ce qui correspond à l'apparition de la vie sur la Terre.

Les eaux de Hamelin Pool conviennent à la croissance des stromatolithes du fait de leur extrême transparence et de leur salinité. Chaque stromatolithe est couvert d'un microbe cyanobactérien en forme d'algue, qui ondule autour de lui pendant la photosynthèse diurne. La nuit, le microbe se rétracte, entraînant avec lui des ions de calcium et de carbone dissous dans l'eau. Les substances chimiques collantes qu'il rejette contribuent à l'apparition de nouvelles couches sur la surface du stromatolithe.

Ces stromatolithes, superbement installés au milieu des eaux turquoise de Hamelin Pool, sont les plus accessibles au monde. Le site est bordé d'une promenade en planches. Suivez les indications et soyez respectueux de l'environnement.

RICHARD I'ANSON

Ne manquez pas, juste avant l'embranchement de la route du parc, le peu profond mais ravissant **Little Lagoon**.

Monkey Mia

Ce site agréable est situé à 26 km au nord-est de Denham, de l'autre côté de la péninsule de Péron. Le Dolphin Information Centre (☎ 9948 1366) jouxte le poste d'observation de la plage. Il fournit des informations sur les dauphins et projette un film de 45 minutes sur Shark Bay. Un nouveau centre d'accueil des visiteurs ultramoderne et luxueux avec des expositions éducatives devrait être ouvert au moment où vous lirez ces lignes.

On pense que les dauphins souffleurs affectionnent Monkey Mia depuis le début des années 60, même si la notoriété de ces visites date seulement des 15 dernières années. Les dauphins de Monkey Mia nagent plusieurs fois par jour jusqu'à la "dolphin interaction zone" (zone de rencontre avec les dauphins), où l'eau ne dépasse pas le niveau de vos genoux, s'approchant jusqu'à frôler le public fasciné. Puis ils suivent le ranger le long de la plage jusqu'à ce qu'il leur fasse distribuer des poissons par quelques touristes choisis au hasard. Les dauphins peuvent arriver seuls ou par groupes de cinq ou plus et viennent en général tous les jours, moins souvent au début de l'été et plus fréquemment tôt le matin. Venez de préférence à Monkey Mia en milieu de matinée : il y aura moins de spectateurs.

Respectez les règles de comportement indiquées dans la brochure distribuée à l'entrée et suivez les instructions du ranger lorsque vous vous trouvez près des dauphins.

L'accès à la réserve coûte 5/2/10 $ par adulte/enfant/famille. Vous pouvez aussi acquérir un permis (*term pass*) valable pour toute la durée de votre séjour (8 $). Pour l'instant, les permis d'entrée dans les parcs nationaux du CALM suffisent pour un véhicule et ses passagers, mais, Monkey Mia étant une réserve privée et non un parc national, cela risque de changer.

Croisières. L'activité la plus prisée à Monkey Mia, l'observation des dauphins exceptée, consiste à admirer d'un bateau d'autres espèces animales marines, notamment des tortues de mer et de mystérieux dugongs. L'*Aristocat II*, luxueux catamaran équipé de ponts d'observation et accessible aux handicapés, appareille matin et après-midi de la jetée (35 $), ainsi que pour une croisière au coucher du soleil (25 $). Il peut aussi assurer à la demande des excursions d'une journée au Cape Péron. Le *Shotover*, un ancien catamaran de course, permet une vue panoramique et d'agréables bains de soleil. La croisière du matin coûte 34 $, celle de l'après-midi 39 $ et la suprêmement apaisante sortie au crépuscule 29 $. La croisière du soir est gratuite sur les deux bateaux pour les visiteurs de l'après-midi.

Où se loger et se restaurer. L'agglomération de Monkey Mia se résume au front de mer et à la station balnéaire. Le *Monkey Mia Dolphin Resort* (☎ 9948 1320, 1800 653611, sales@monkeymia.com.au), l'établissement le plus important de l'endroit, dispose d'un large éventail d'hébergements : emplacements sans/avec électricité à partir de 14/18 $ pour deux (sur le front de mer, le prix grimpe à 22 $), lits dans un charmant dortoir composé de deux tentes (avec cuisine et s.d.b.) à 14 $, caravanes fixes à partir de 35 $, bungalows à 80 $ et des chambres de motel regroupées en villas, à partir de 140 $ (réductions possibles en basse saison).

Au *Bough Shed*, mêlez-vous au gratin pour regarder les dauphins se nourrir pendant que vous en faites autant. L'établissement dispose aussi d'un bar. Tout à côté, vous trouverez un *café* qui vend des mets à emporter et une petite *épicerie*, mais si vous souhaitez faire des économies, mieux vaut vous fournir à Denham avant de partir. Sachez à ce propos qu'il est impossible de faire provision d'alcool à Monkey Mia.

CARNARVON
• code postal 6701 • 6 900 habitants

Situé à l'embouchure de la Gascoyne River, Carnarvon est un lieu indéfinissable, réputé pour ses fruits tropicaux (en particulier les bananes) et son climat agréable, bien qu'il puisse y faire très chaud et que la région soit périodiquement sujette aux inondations et aux cyclones. Bon nombre de voyageurs font étape à Carnarvon pour y chercher un travail de cueilleur de fruits.

Avec ses 40 m de large, Robinson St, la grand-rue de Carnarvon, rappelle l'époque des caravanes de dromadaires. Bordée de palmiers, Fascine esplanade est un agréable lieu de promenade.

L'office du tourisme de Carnarvon (☎ 9941 1146) partage l'immeuble du conseil municipal, à l'angle de Robinson St et de Stuart St. Il ouvre du lundi au vendredi de 8h30 à 17h et le samedi de 9h à 14h. Après y avoir glané toutes les informations nécessaires au bon déroulement de votre séjour, vous pourrez admirer une console récupérée lors de la démolition du centre de contrôle spatial installé par la NASA à Carnarvon, en 1964.

Pour vous connecter sur Internet, rendez-vous chez Gascoyne Photographics, dans Robinson St.

A voir

L'**Historic Precinct** (le vieux quartier) de Babbage Island comprend le Lighthouse Keeper's Cottage Museum (3 $) et la One Mile Jetty, une longue jetée très appréciée des pêcheurs. Vous devrez vous acquitter d'un droit de 2 $ pour l'arpenter à pied ou de 4 $ si vous empruntez l'*Ocean Tram*. La ligne ferroviaire reliant le vieux quartier à la ville a été remise en état et accueille de nouveau le train à vapeur *Kimberley*.

Si vous vous intéressez aux méthodes employées pour assurer l'éducation scolaire des enfants de l'Outback, la **Carnarvon School of the Air** (☎ 9941 1015), dans Carnarvon Rd, ouvre ses portes au public les lundi et jeudi matins (2 $) ; vous assisterez même à un cours.

Vous pourrez également découvrir des **bananeraies**, dont la visite s'achève avec la dégustation quasi obligatoire d'une banane glacée enrobée de chocolat. Munro's, sur South River Rd, à quelque 12 km de Carnarvon, organise des visites guidées tous les jours, sauf le samedi, à 11h (3 $), et Westoby, à 5 km de la ville sur Robinson St, propose des circuits quotidiens (sauf le mardi) très informels à 11h et à 14h (4 $).

Circuits organisés

Tropical Tripper Tours (☎ 9941 1146) propose des excursions d'une demi-journée autour de la ville (15 $) et une d'une journée entière (40 $) qui passe par le lacMacleod, Cape Cuvier, l'épave du *Korean Star* et les puits artésiens. West Coast Safaris (☎ 1800 621625) organise des circuits en 4x4 dans le Mt Augustus (Burringurrah) National Park et dans les Kennedy Ranges.

Où se loger

Vous n'aurez que l'embarras du choix parmi les sept terrains de camping de la ville. Le plus proche du centre-ville, le *Carnarvon Tourist Centre Caravan Park* (☎ *9941 1438, 90 Robinson St*), loue des emplacements avec électricité à 13,50 $ et des caravanes à 29 $ pour deux.

Le *Wintersun Caravan Park* (☎ /fax *9941 8150, Robinson St*) est très bien tenu et équipé d'une piscine et d'un minigolf. Les emplacements sans/avec électricité coûtent 13,50/15 $, les caravanes fixes 40 $ et les bungalows indépendants 60 $.

Établissement plutôt sympathique, le *Carnarvon Backpackers* (☎ *9941 1095, 46 Olivia Terrace*) vient en aide aux voyageurs souhaitant trouver un emploi dans la région – dommage qu'il n'y ait presque jamais personne à la réception ! Comptez au minimum 14 $ pour un lit en dortoir, et 36 $ pour une chambre à lits jumeaux (réduction YHA/VIP de 1 $/personne).

Au *Gascoyne Hotel* (☎ *9941 1412, 88 Olivia Terrace*), la chambre de motel vous reviendra à 45/55 $ la simple/double et les chambres dans l'hôtel à 35/45 $.

Comment s'y rendre et circuler

Skywest (☎ 13 1300) assure des vols quotidiens depuis Perth (277 $). La ligne de bus Greyhound Pioneer (☎ 13 2030) s'arrête à Carnarvon tard dans la nuit sur ses trajets vers le nord et vers le sud (aller simple depuis Perth : 120 $). Integrity (☎ 9226 1339) relie Perth à Carnarvon en bus les mardi, jeudi et dimanche, avec retour les lundi, mercredi et vendredi (90 $).

Un service de bus local assure la desserte des sites touristiques, notamment la One

Mile Jetty, l'OTC Dish et la plantation de Westoby. Les billets coûtent 1 $, et les bus partent de l'office du tourisme. Vous pourrez également louer des bicyclettes auprès du Carnarvon Backpackers moyennant 5 $/jour.

La Côte de Corail et le Pilbara

La Coral Coast (Côte de Corail), qui s'étend de Coral Bay à Onslow, est sans aucun doute l'une des régions d'écotourisme les plus riches de la planète, des flots scintillants du Ningaloo Reef au relief accidenté du Cape Range National Park, tous deux sur le North-West Cape. Muni d'un masque et d'un tuba, vous pourrez nager au-dessus du récif occidental le plus grand du monde au milieu des célèbres et inoffensifs requins-baleines, des dugongs, des raies manta, et d'une foule de poissons tropicaux.

NINGALOO MARINE PARK
L'étonnant Ningaloo (qui signifie "pointe de terre") s'étend le long de la côte du North-West Cape, sur 260 km, du Bundegi Reef au nord-est à Amherst Point au sud-ouest. Cette version miniature de la Grande Barrière de Corail est en fait plus accessible, car elle se trouve, par endroit, à moins de 100 m de la côte. Les lagons présents dans le récif mesurent de 200 m à 6 km de large.

Au sein du parc maritime, on dénombre huit zones classées où la pêche est interdite. Plus de 220 espèces de coraux ont été répertoriées dans les eaux du parc. En mars, huit à neuf nuits après la pleine lune, se produit une prolifération massive de corail au cours de laquelle les œufs et le sperme sont relâchés simultanément dans l'eau. Pour de plus amples informations, consultez la brochure *Coral Reefs of WA* du CALM.

En juin et en juillet, les baleines jubartes passent près de la côte lors de leur périple vers le nord où elles vont mettre bas, probablement à proximité des Montebello Islands, pour repasser en octobre et novembre, lorsqu'elles reprennent le chemin de l'Antarc-

tique. D'énormes requins-baleines s'agglutinent eux aussi chaque année près du récif pour s'y nourrir. (Lire l'encadré *Approche de la faune marine*.)

De novembre à janvier, les tortues viennent pondre leurs œufs la nuit, lorsque la marée s'y prête, sur les plages de l'extrémité du cap. Pour obtenir des renseignements plus détaillés, adressez-vous au bureau du CALM à Exmouth, où vous pourrez vous procurer l'excellente brochure *Parks of the Coral Coast* (elle contient une bonne carte du cap).

Coral Bay
• **950 habitants**
Situé à 150 km au sud d'Exmouth, ce village à la pointe sud du Ningaloo Marine Park est un lieu idéal pour la plongée libre, la baignade et le bronzage. Cette minuscule station balnéaire établie au bord d'une baie pittoresque est entourée au nord et au sud de plages magnifiques. Le supermarché (☎ 9942 5988) de la Coral Bay Arcade vous fournira renseignements et brochures d'information. Pour vous connecter à Internet, adressez-vous au magasin Ningaloo Reef Dive, dans la galerie commerciale.

Ningaloo Reef Dive (☎ 9942 5824) et Coral Dive (☎ 9942 5830) organisent des expéditions de plongée et des stages homologués PADI. Ces établissements assurent aussi le remplissage des bouteilles et louent du matériel. La meilleure période pour plonger est pendant la reproduction des coraux, qui a lieu en mars et avril.

Vous pouvez louer du matériel de plongée de surface pour 12 $ par jour (7,50 $ la demi-journée) sur la plage ou faire du "snuba" (à l'aide d'un tuyau d'air) pour 40 $ par personne.

Les croisières organisées par Glass Bottom Boats (☎ 9942 5885) et Sub-Sea Explorer (☎ 9942 5955) permettent de voir ce qui se passe sous l'eau sans se mouiller. Il vous en coûtera 20 $ pour une promenade de 1 heure (guichets de vente de billets près de la plage). Les guichets pourront également vous renseigner sur les possibilités de survol de Coral Bay et Ningaloo Reef (à partir de 50 $ la demi-heure).

LA CÔTE DE CORAIL ET LE PILBARA

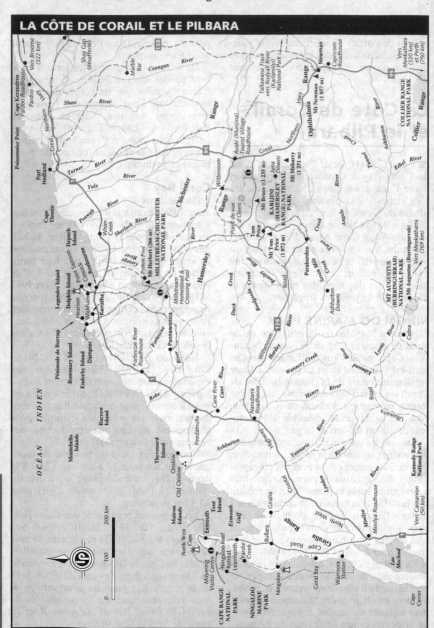

La dernière attraction en vogue à Coral Bay consiste à sillonner les dunes sur des quads. Adressez-vous à Quad-Treks (réservations gérées par Ningaloo Experience ☎ 9942 5877) ou à ATV Eco Tours (☎ 9942 5873), qui proposent des prestations similaires, notamment une balade au crépuscule (40 $) et une excursion avec plongée libre (55 $).

Pour toute information sur les moyens de transport pour Coral Bay, reportez-vous, un peu plus loin, à rubrique consacrée à *Exmouth*.

Où se loger et se restaurer. Le *Bayview Holiday Village* (☎ *9942 5932)* propose divers types d'hébergement : emplacements sans/avec électricité à partir de 14/16 $, bungalows avec s.d.b. commune à partir de 40 $ et chalets à partir de 70 $.

Le *Coral Bay Backpackers* (☎ *9945 5934)* se trouve derrière le Ningaloo Reef Resort ; vous dormirez dans un lit rudimentaire (15 $), mais vous aurez accès à la piscine et au bar du Resort.

Le *Bayview Backpackers* (☎ *9942 5932)*, derrière le Bayview Holiday Village offre des prestations similaires. Le lit dans une petite chambre indépendante à 2 lits revient à 18 $. Espérons que le projet de construction d'une véritable auberge pour backpackers à Coral Bay verra rapidement le jour...

On fait vite le tour des restaurants de Coral Bay. Le *Fin's Cafe*, situé juste après le Bayview Holiday Village, ouvre tôt et possède une agréable terrasse. Le *Reef Cafe*, à côté du Bayview Holiday Village, sert des pizzas et quelques plats plus onéreux.

EXMOUTH
• code postal 6707   • 3 050 habitants

La ville a été créée en 1967 pour servir l'immense base navale américaine chargée des communications qui était alors implantée à cet endroit. Le tourisme étant devenue l'activité principale de la ville, Exmouth représente désormais un bon point de départ vers les multiples activités à caractère écologique qu'offrent les environs. Reste à espérer qu'elle ne devienne pas un centre adminis-

tratif et de ravitaillement pour les multinationales qui procèdent à des forages dans le Ningaloo Marine Park et aux alentours.

Le très efficace office du tourisme (☎ 9949 1176), installé dans un bâtiment neuf de Murat Rd, est ouvert tous les jours de 8h30 à 17h. Le CALM (☎ 9949 1676) possède un bureau dans Maidstone Crescent. Le télécentre de Learmonth St (ouvert tous les jours sauf le dimanche) propose des accès e-mail et Internet.

Pebbly Beach, une plage sans danger tapissée de galets multicolores, se trouve à environ 13 km au sud de la ville. Près de la pointe du cap, l'épave du *SS Mildura*, échoué en 1907, émerge des flots. Du haut de **Vlaming Head Lighthouse**, le phare situé un peu plus loin au sommet d'une colline, on jouit d'une vue exceptionnelle.

Une partie du North-West Cape est dominée par les des treize émetteurs à basse fréquence de la Harold Holt Communications Station. Douze d'entre eux sont plus hauts que la tour Eiffel et servent à soutenir le treizième qui s'élève à 396 m.

Circuits organisés
Au cours des multiples excursions possibles dans la région, vous pourrez notamment faire des safaris dans les golfes et les gorges, explorer le récif ou pêcher. De nombreux lecteurs nous ont recommandé l'excursion d'une journée (10 heures ; 110 $) organisée par Neil McLeod's Ningaloo Safari Tours (☎ 9949 1550), qui englobe Cape Range, Ningaloo Reef, Yardie Creek et le Vlaming Head Lighthouse, un peu de plongée sans bouteille à Turquoise Bay… et permet de goûter au légendaire cake aux fruits de la mère de Neil !

Des itinéraires similaires sont proposés par West Coast Safaris (☎ 1800 621 625 ; 90 et 75 $ pour les backpackers) et Exmouth Eco Tours (☎ 9949 2809 ; 100 $).

Les croisières en bateau à fond de verre de Ningaloo Ecology Cruises (☎ 9949 2255) partent de Tantabiddi et durent 2 heures, durant lesquelles vous pourrez normalement admirer des requins, des tortues et des raies mantas (30/25/10 $ par adulte/backpacker/enfant).

Approche de la faune marine

Les touristes qui séjournent en Australie éprouvent souvent une fascination morbide envers les requins, notamment les redoutables grands blancs dont le bassin Sud-Australien constitue l'habitat. Le requin-baleine (*Rhiniodon typus*) est l'espèce la plus grande, mais aussi la plus inoffensive. Le Ningaloo Reef, près d'Exmouth, est l'un des rares endroits au monde où l'on peut se trouver face à face avec un de ces Léviathans et approcher ainsi une des merveilles de la nature.

Le requin-baleine peut peser jusqu'à 40 tonnes et mesurer 18 m de long. Il se laisse lentement porter par les courants océaniques et filtre l'eau à travers quelque 300 rangées de dents minuscules, pour en retenir le plancton et les petits poissons dont il s'alimente. Ces animaux avalent également toutes sortes de déchets. Dans l'estomac de l'un d'eux, on a retrouvé un portefeuille, une chaussure, un seau et un morceau de rame !

Le requin-baleine est visible de la fin mars à la mi-juin. C'est dans la région de Tantabiddi et de Mangrove Bay que l'on en voit le plus grand nombre. La saison commence au moment de la reproduction du corail, quand il se produit aussi une prolifération de plancton. La meilleure façon de les observer est d'embarquer sur un bateau conçu à cet effet (après que les animaux ont été repéré par avion). Environ 8 bateaux organisent des excursions au départ d'Exmouth et deux autres au départ de Coral Bay. Prévoyez de débourser environ 220 $ pour une journée complète avec plongée libre (199 $ si vous apportez votre propre matériel) et 240 $ si vous plongez avec des bouteilles. Les opérateurs d'Exmouth dont la liste suit s'imposent une obligation de résultat, si bien que vous pourrez repartir gratuitement par le prochain bateau disposant de places si vous n'avez pas pu voir de requins-baleines. Leurs concurrents de Coral Bay n'appliquent pas cette règle, mais affichent en général des taux de rencontre avec les animaux plus élevés.

Parmi les opérateurs d'Exmouth, citons :
　　Blue Horizon (☎ 9949 1620), 199 $
　　Diving Ventures (☎ 9949 2635), 220 $
　　Exmouth Dive Centre (☎ 1800 655 156, whaleshark@exmouthdiving.com.au), 220 $
　　King Dive (☎ 9949 1094), 220 $
　　Ningaloo Blue (☎ 9949 1119), 220 $
Parmi ceux de Coral Bay, citons :
　　Coral Bay Adventures (☎ 9942 5955), 250 $
　　Ningaloo Reef Dive (☎ 9942 5824), 250 $

Les prix indiqués comprennent une plongée libre avec équipement fourni.

Où se loger

En dépit des dégâts occasionnels par le cyclone, l'*Exmouth Cape Tourist Village* (☎ *9949 1101, 1800 621 101, Murat Rd*) nous a paru en bon état, lors de notre visite, et toujours aussi bien tenu. Les emplacements sans/avec électricité coûtent 16/19 $ et les bungalows avec kitchenette 60 $. L'établissement englobe le *Pete's Backpackers* et ses bungalows convertis en dortoirs de 4 lits (avec cuisine) loués 15 $/ personne (14 $ avec la réduction YHA/ VIP). Un nouveau bâtiment spécialement conçu à l'intention des backpackers est en projet.

L'aspect austère du *Base Lodge (☎ 9949 1474, 1800 241 474)*, une auberge assez récente qui occupe l'un des quartiers d'habitation de la base navale située à 6 km au nord de la ville, fait partie de son charme. Les chambres immaculées, équipées de lits jumeaux) offrent un bon rapport qualité-prix à 15 $ par personne (14 $ avec la réduction YHA/VIP). Chacun des deux étages dispose d'une cuisine et d'une salle commune, et les hôtes peuvent profiter des équi-

Approche de la faune marine

Les raies manta, sont visibles de juillet à novembre, et avoir la chance d'"évoluer" parmi elles est une expérience extraordinaire. Rien ne garantit toutefois qu'elles soient tous les jours au rendez-vous ! Ningaloo Expérience (☎ 9942 5877) à Coral Bay s'est fait une spécialité de leur approche (80 $).

Un stage de 5 jours homologué PADI de plongée en pleine mer à Exmouth ou à Coral Bay coûte environ 260 $. Nous vous recommandons, à Exmouth, l'Exmouth Dive Centre (☎ 1800 655 156), le Village Dive (☎ 9949 1101) et le WAGS (☎ 9949 2661), un petit opérateur indépendant très apprécié.

L'Exmouth Diving Centre organise, à la demande, une excursion aux Muiron Islands, à 10 km au nord-est du cap. Ces îles abritent trois espèces de tortues : la tortue verte, la *loggerhead* et la *hawksbill*. Lors d'une plongée, vous pourrez nourrir une loche (*Epinephalus tukula*), longue de 1,50 m dans la *cod-house* (maison des morues). Vous aurez en outre l'occasion de voir des baleines à bosse, des dugongs et quelques espèces de tortues, ainsi que toutes sortes de poissons. Si vous désirez identifier les poissons, pensez à vous procurer *The Marine Fishes of North-West Australia*, de G. Allen et R. Swainston.

Une des multiples merveilles du monde marin : le dugong

pements de la base. Un service de navette est assuré deux fois par jour.

Le plus chic *Potshot Hotel Resort* (☎ *9949 1200, Murat Rd*) dispose de divers types d'hébergement allant de la simple/double avec s.d.b. dans un "homestead" à 70/85 $ aux appartements à trois chambres à 165 $. L'*Excape Backpackers* (☎ *1800 655 156*), quoique situé à l'intérieur du complexe, est géré par l'Exmouth Dive Centre (il se trouve derrière le magasin d'articles de plongée). Le lit en dortoir revient à 15 $ (tarif YHA/VIP : 14 $) et à 18 $ (17 $) en chambre

à 2 lits, et vous pourrez profiter d'une cuisine neuve, d'une salle commune et de barbecues gratuits. En outre, l'auberge se trouve à portée tentatrice du principal pub de la ville.

Le *Ningaloo Caravan Park & Holiday Resort* (☎ *9949 2377, Murat Rd*) était déjà en pleine rénovation avant le passage du cyclone. Une fois les travaux achevés, ce complexe comportera des emplacements pour tentes et pour caravanes, une auberge de 64 lits dotée d'une cuisine, des bungalows haut de gamme, un restaurant et une piscine avec aquarium incorporé.

Le jour où Vance débarqua en ville

Le nord-ouest de l'Australie-Occidentale essuie régulièrement des cyclones tropicaux, mais ils provoquent habituellement peu de dégâts dans cette région peu peuplée.

Pourtant, le 22 mars 1999, le cyclone Vance fondit sur le North West Cape et en quelques heures sema la désolation dans la petite ville d'Exmouth.

Avant d'avoir atteint la terre ferme, Vance avait été classé comme cyclone de catégorie 5, soit la catégorie la plus élevée, avec des rafales à plus de 280 km/h. C'était la première fois qu'une tempête d'une telle violence touchait une région habitée d'Australie (le cyclone Tracey, qui dévasta Darwin en 1974, était seulement de catégorie 4).

Les quelque 120 backpackers qui se trouvaient à Exmouth furent pour la plupart hébergés dans la mairie – une mesure judicieuse car les campings furent presque entièrement détruits. Plus de 100 maisons s'effondrèrent comme des châteaux de cartes, la ville se trouva privée d'eau et d'électricité, et l'on dut évacuer l'essentiel de la population à peine le calme revenu – par miracle, nul ne fut blessé.

Les courageux habitants d'Exmouth reprirent rapidement leurs esprits et s'attelèrent à la reconstruction de leur ville avec une telle énergie que les activités d'écotourisme marin auxquelles Exmouth doit sa célébrité redémarrèrent cinq semaines seulement après le passage du cyclone. Au moment où vous lirez ces lignes, les seuls véritables vestiges du désastre seront les bâtiments neufs... et les nombreux récits de la visite inopinée de Vance à Exmouth.

Comment s'y rendre

Skywest (☎ 13 1300) assure des liaisons entre Learmonth (à 37 km d'Exmouth) et Geraldton en semaine (271 $) et des vols quotidiens pour Perth (336 $).

Greyhound Pioneer (☎ 13 2030) dessert Exmouth depuis Perth (*via* Coral Bay) les mercredi, vendredi et dimanche et effectue le trajet en sens inverse les lundi, jeudi et samedi. L'aller simple Perth-Exmouth coûte 176 $ et Perth-Coral Bay 159 $. Integrity (☎ 9226 1339) propose un service similaire le dimanche et le jeudi, avec retour le lundi et le vendredi (160 $ pour Exmouth et 140 $ pour Coral Bay).

Vous pouvez aussi gagner Exmouth en descendant du bus Greyhound quotidien Perth-Darwin à l'embranchement de Giralia et en prenant la navette qui dessert cet arrêt.

Comment circuler

Le Ningaloo Reef Bus effectue un circuit d'Exmouth au Reef Retreat, dans le Cape Range National Park, tous les jours de juin à décembre (et quatre jours par semaine le reste de l'année). Le billet aller-retour pour Turquoise Bay ou Reef Retreat revient à 20 $.

Si vous ne disposez pas de votre propre moyen de locomotion, louer une voiture représente la meilleure solution pour visiter le Cape Range National Park. L'Exmouth Cape Tourist Village (☎ 9949 1101) loue des jeeps Suzuki pour 66 $/jour. Pour 90 $, vous disposerez d'une voiture pour deux jours et d'un équipement de camping complet.

CAPE RANGE NATIONAL PARK

Ce parc de 510 km² s'étend sur la côte ouest du cap. Il abrite une faune et une flore très variées, de belles plages pour la baignade et la plongée libre, des paysages tourmentés, des gorges (Shothole, Charles Knife et Yardie Creek) et l'Owl's Roost Cave. On peut y camper en maints endroits.

Moderne et instructif, le centre d'accueil des visiteurs de Milyering (☎ 9949 2808) présente de manière complète l'histoire naturelle et culturelle de la région. Il ouvre habituellement tous les jours de 10h à 16h en saison. Une caféteria est installée juste à côté.

Un droit d'entrée de 8 $ par véhicule est demandé. Vous pouvez déposer votre obole dans un tronc situé près de l'entrée du parc ou régler au centre d'accueil des visiteurs. Les véhicules 4x4 peuvent poursuivre vers le sud jusqu'à Coral Bay en longeant la côte (vérifiez tout de même auprès du centre que Yardie Creek est bien franchissable).

Des croisières de 1 heure (☎ 9949 2659) remontent la splendide **Yardie Gorge** les lundi, mercredi et samedi (20/10 $ par adulte/enfant). Ces croisières deviennent quotidiennes pendant les vacances scolaires.

Le parc compte plusieurs *terrains de camping* répartis le long de la côte, en général rudimentaires (plusieurs d'entre eux possèdent cependant des toilettes) et peu ombragés. Parmi les plus vastes, citons Ned's Camp et Mesa. Lakeside et Osprey Bay représentent de bons choix. Prévoyez de débourser 8 $/nuit pour deux personnes. Attention : le parc n'accepte pas les chiens et les feux de camp sont strictement interdits dans son enceinte.

La *Ningaloo Reef Retreat* (☎ 9949 1776), dans les dunes près de l'entrée de Mandu Mandu Gorge Rd, vous dormirez à la belle étoile (d'avril à novembre). Le campement possède une cuisine – vous préparerez vous-même vos repas, mais la nourriture est fournie – et des toilettes. On vous proposera des randonnées guidées dans la nature et de la plongée libre. L'hébergement à la Ningaloo Reef Retreat n'est pas bon marché : 95/155/195 $ pour 1/2/3 nuits, mais ce tarif comprend toute la nourriture, le transfert depuis/vers Exmouth et les activités sportives.

KARRATHA

• code postal 6714   • 10 050 habitants

Karratha ("bon pays", en langue aborigène) est le centre commerçant du Pilbara. La ville doit son essor rapide aux exploitations de Hamersley Iron et de Woodside LNG. Karratha constitue un bon point de départ pour visiter les parcs nationaux de Karijini et de Millstream-Chichester et une bonne étape sur le long trajet côtier entre Carnarvon et Port Hedland.

Les environs de Karratha ont conservé de nombreux témoignages de la présence aborigène : sculptures, meules à aiguiser, gravures et vestiges de campements, que vous fera découvrir le **Jaburara Heritage Trail**, un circuit de 3,5 km qui part du centre d'information. Achetez la brochure qui décrit ce chemin (1,50 $) et empruntez-le de préférence le matin ou en début de soirée.

Le Karratha Tourist Bureau (☎ 9144 4600), dans Karratha Rd, dispose d'une foule d'informations sur les sites à voir et les activités à pratiquer dans le Pilbara. Il se chargera aussi de vos réservations si vous souhaitez participer à un tour des principales usines. Le bureau du CALM (☎ 9143 1488) se trouve dans Anderson Rd, dans la zone industrielle située à 4 km au sud de la ville.

Où se loger et se restaurer

Le *Fleetwood's Rosemary Rd Caravan Park* (☎ 9185 1855, fax 9144 1243, Rosemary Rd) loue des emplacements sans/avec électricité à 14/18 $, des caravanes fixes à 45 $ et des chalets avec s.d.b. à 75 $.

Grâce à un changement de direction, le *Karratha Backpackers (☎ 9144 4904, 110 Wellard Way)* est redevenue beaucoup plus accueillante. Elle héberge un mélange de voyageurs et d'hôtes semi-permanents, il y règne une bonne ambiance, et l'établissement dispose de tous les équipements nécessaires (y compris un accès e-mail et une cuisine spacieuse) ainsi que d'un jardin agréable. Comptez 15 $ pour un lit en dortoir et 30/40 $ pour une simple/double.

Très central, le *Banksia House B&B (☎ 9144 4143, 1 Gregory Way)* facture 55 $ pour une chambre double.

Le *Pearlers Rest (☎ 9144 1741)*, derrière le magasin Video Ezy, dans Balmoral Rd, est un bon restaurant avec licence de débit de boisson et une charmante terrasse. Il sert un menu avec viande rôtie le dimanche. Pour prendre un en-cas, vous trouverez des *cafés* et des *traiteurs* dans le centre commercial de Karratha. *Al's Burgers*, dans Balmoral Rd, sert un bon choix de plats rapides.

Comment s'y rendre et circuler

L'avion est de loin la solution la plus simple. Qantas/Airlink (☎ 13 1313) et Ansett (☎ 13 1300) assurent des vols quotidiens de Perth à Karratha.

Les bus Greyhound Pioneer (☎ 13 2030) effectuent des liaisons quotidiennes depuis Perth (environ 139 $) et Darwin ; le relais routier de Shell dans Searipple Rd leur sert de dépôt. Le bus continue jusqu'à Dampier puis repasse par Karratha pour prendre les voyageurs en partance pour le nord et pour le sud.

Free Car Hire (☎ 9185 1003) loue des voitures d'occasion (en état correct) pour 30 $/jour avec kilométrage illimité – en revanche, vous devrez demeurer dans un rayon de 50 km autour de Karratha, ce qui suffit amplement pour visiter la région de Dampier ou de Roebourne. Karratha Cycle Hire (☎ 9144 2984) propose des bicyclettes à 12 $/jour.

DAMPIER

• code postal 6713   • 1 400 habitants

Dampier est situé sur King Bay, face aux 41 îles du Dampier Archipelago (du nom de William Dampier, qui explora la région en 1699). Dampier est la ville de Hamersley Iron. De son port est expédié le minerai de fer provenant des gisements de Tom Price et de Paraburdoo. Le gaz naturel des gisements de North-West Shelf est acheminé par pipeline au large, près de la péninsule de Burrup, puis toujours par pipeline jusqu'à Perth et dans d'autres régions du Pilbara, ou bien il est liquéfié et exporté au Japon et en Corée du Sud.

Les visites des installations portuaires partent du centre d'entraînement de Hamersley à 9h en semaine d'avril à novembre (le lundi et le jeudi seulement le reste de l'année ; 5/3 $). Dampier Salt propose aussi des circuits d'une demi-journée au tarif surévalué de 16/8 $. Le centre d'accueil des visiteurs de Northwest Gas Shelf (☎ 9183 8100), qui surplombe l'usine, est ouvert en semaine de 10h à 16h pendant la saison touristique (entrée libre).

La **péninsule de Burrup** recèle quelque 10 000 gravures rupestres aborigènes représentant des poissons, des tortues, des kangourous et un tigre de Tasmanie.

Le **Dampier Archipelago** a la réputation d'être le *nec plus ultra* en matière de concours de pêche au gros.

Où se loger et se restaurer

Au *Transit Caravan Park* (☎ *9183 1109*), sur l'Esplanade, les emplacements de tente pour deux sans/avec électricité se louent 7/14 $. Le ***Peninsula Palms Resort*** (☎ *9183 1888, the Esplanade*) propose des "singles men's quarters" – de petites simples propres avec s.d.b. commune réservées à la clientèle masculine – à 35 $. Les chambres de motel standard coûtent 95 $ la nuit.

Toujours sur l'Esplanade, et surplombant Hampton Harbour, le ***Barnacle Bob's***, restaurant de fruit de mer, sert de bons fish and chips (8,50 $).

LA RÉGION DE ROEBOURNE

C'est une petite enclave très active comprenant à la fois des villes historiques et des installations portuaires modernes. L'office du tourisme (☎ 9182 1060) occupe l'Old Gaol de Queen St, à Roebourne.

Roebourne

• code postal 6718   • 950 habitants

Roebourne est la plus ancienne localité du Pilbara. Jadis capitale du Nord-Ouest, son histoire a été marquée par l'élevage, l'or et le cuivre. Elle a conservé quelques beaux bâtiments, dont l'**Old Gaol**, transformé en musée, une église de 1894, ainsi que le Victoria Hotel, seul rescapé des cinq pubs d'origine. La petite ville était autrefois reliée à Cossack, à 13 km de là, par un tramway tiré par des chevaux.

De mai à octobre, Robe River Iron organise des circuits gratuits de 3 heures partant de l'office du tourisme de Roebourne, qui englobent Cossack, Wickham et les installations portuaires de Cape Lambert.

Au ***Harding River Caravan Park*** (☎ *9182 1063*), vous trouverez des emplacements sans/avec électricité à 8/15 $ et des caravanes fixes à partir de 34 $ pour deux.

Cossack

Connue à l'origine sous le nom de Tien Tsin Harbour et située à l'embouchure de la Harding River, Cossack était une ville extrêmement animée et le principal port de la région pendant la deuxième partie du XIXe siècle. Son essor fut bref, et Point Samson lui ravit bientôt le titre de port principal de la région. Les fascinants bâtiments de cette ville fantôme, bâtis entre 1870 et 1898, abritent aujourd'hui une **galerie d'art**, un **musée** et une auberge de jeunesse. Un peu en dehors de la ville, le **cimetière des pionniers** comprend une petite enclave japonaise qui remonte à l'époque des pêcheurs de perles. En effet, c'est à Cossack que l'industrie perlière d'Australie-Occidentale démarra, dans les années 1870, avant de se déplacer vers Broome lorsqu'on découvrit des bancs d'huîtres dans Roebuck Bay, une vingtaine d'années plus tard. La région recèle de beaux points de vue et d'excellentes plages. Pour en savoir plus, procurez-vous le descriptif de la Cossack Historic Walk à l'office de tourisme de Roebourne ou à Cossack.

Le *Cossack Backpackers* (☎ 9182 1190), installé dans l'ancienne caserne de la police, bâtie en 1897, ravira tous ceux qui rêvaient de se trouver transportés un siècle en arrière. Il offre des lits en dortoir à 15 $ et des chambres pour les familles à 35 $, ainsi qu'une cuisine. Le petit café est ouvert pendant la journée, mais, l'endroit étant dépourvu de magasins, pensez à emmener votre propre nourriture. Si vous téléphonez à l'avance, les propriétaires viendront vous chercher à Roebourne (arrêt de bus Greyhound).

Wickham et Point Samson

Wickham (1 650 habitants) est la ville de la compagnie Robe River Iron. Les installations portuaires destinées à exporter le minerai sont à 10 km de là, à Cape Lambert, qui possède un quai d'embarquement de 3 km de long. Le minerai est acheminé par train depuis les zones d'extraction de Pannawonica, dans l'intérieur du pays. L'entrée du Robe River Visitor Centre (ouvert de mai à octobre) est signalée par une énorme pelleteuse jaune.

Point Samson (250 habitants), au-delà de Wickham, remplaça Cossack lorsque l'ancien port s'envasa. Il fut à son tour supplanté par les infrastructures modernes de Dampier et de Cape Lambert. Vous trouverez de bonnes **plages** à Point Samson et, à proximité, à Honeymoon Cove.

Le *Solveig Caravan Park* (☎ 9187 1414), dans Samson Rd, à côté de la taverne de Point Samson, propose des emplacements de tente/avec électricité à 15/20 $. Le

Delilah's B&B (☎ 9187 1471), à Point Samson, demande 85 $ pour la seule double confortable.

Les restaurants de Point Samson méritent un petit détour. La *Moby's Kitchen* sert d'excellents fish and chips accompagnés de salade (8 $), et la *Trawler's Tavern*, établie au-dessus, possède un agréable balcon où il fait bon se détendre devant une bière.

Whim Creek

C'est à Whim Creek, à 80 km à l'est de Roebourne, que fut découvert le premier gisement minier important du Pilbara. De l'époque de l'exploitation de la mine de cuivre ne subsiste que le *Whim Creek Hotel* (☎ 9176 4914). Doté d'un restaurant, il loue des emplacements de tente à 8 $ pour deux, des lits en dortoir à 15 $ et des simples/doubles à partir de 50/70 $.

MILLSTREAM-CHICHESTER NATIONAL PARK

Ce gigantesque parc, qui couvre 2 000 km^2 dans un environnement semi-aride, est ponctué de bassins naturels d'eau douce, telle la **Python Pool**. Ce site servait jadis d'étape aux chameliers afghans, et il est toujours aussi agréable d'y faire une pause baignade.

Le **Millstream Homestead** se dresse à 150 km au sud de Roebourne et à 21 km de l'embranchement de la route de Wittenoom. Il a été transformé en centre d'information consacré aux écosystèmes du Millstream et au mode de vie des Yinjibarndi.

La **Chinderwarriner Pool**, près du centre d'information, est une autre oasis agréable avec des plans d'eau, des palmiers (dont le rare palmier de Millstream) et des nénuphars.

Vous trouverez dans le parc de nombreux chemins de randonnée et routes touristiques, dont le Murlunmunyjurna Trail, long de 6,8 km, le Chichester Range Camel Track (8 km) et la Cliff Lookout Drive.

Les modestes mais agréables *campings* (☎ 9184 5144) de Snake Creek, Crossing Pool et de Deep Reach Pool (où vous pouvez nager) disposent de barbecues à gaz, de plaques chauffantes et de toilettes à la turque ; il vous en coûtera 8 $ pour deux.

PORT HEDLAND

• code postal 6721   • 12 850 habitants

Ce port assure le transit de gigantesques tonnages de minerai de fer expédiés du Pilbara à l'autre bout du monde. La principale route menant à Port Hedland suit une digue longue de 3 km. Le centre résidentiel moderne, South Hedland est à 15 km au sud du port.

Port Hedland était une localité importante, même avant la ruée vers l'or de Marble Bar dans les années 1880. Centre d'élevage depuis 1864, la ville devint, durant les années 1870, le port d'attache d'une flotte de 150 lougres dédiés à la pêche des perles. Néanmoins, vers 1946, Port Hedland ne comptait déjà plus que 150 habitants.

Renseignements

L'efficace office du tourisme (☎ 9173 1711), au 13 Wedge St – qui est, dit-on, la rue principale la plus courte d'Australie – possède des douches (2 $) et un accès Internet. Il vous fournira également mille informations, une carte très bien faite et un guide de la région. Il ouvre en semaine de 8h30 à 17h et le week-end de 8h30 à 16h (fermé le dimanche de novembre à mai).

A voir et à faire

Vous pouvez explorer les quais ou les voir du haut de la **tour d'observation** de 26 m qui se dresse derrière l'office du tourisme (il faut signer une décharge avant de monter et porter des chaussures fermées ; 2 $, enfants 1 $). Du sommet, vous apercevrez d'énormes minéraliers, des stocks de minerai et la ville recouverte de la poussière rouge du Pilbara (même les pigeons sont rouges). Les trains qui transportent le minerai de fer atteignent jusqu'à 2,6 km de long. Du lundi au vendredi, une visite guidée du port de 1 heure 30, intitulée BHP Iron Ore & Port Tour, part de l'office du tourisme à 9h30 (10 $, enfants 2 $). Vous pourrez aussi suivre un tour de la ville les lundi, mercredi et vendredi à 13h30 (10/2 $). La toute nouvelle usine Hot Briquetted Iron (HBI), appartenant à BHP, sur Finucane Island, s'illumine la nuit tel un château enchanté –

pour profiter au mieux de ce spectacle, postez-vous au crépuscule au bout de Richardson St.

A 7 km à l'est du centre-ville, en bord de mer, **Pretty Pool** est une piscine naturelle d'eau de mer où les collectionneurs de coquillages s'en donneront à cœur joie. C'est sur les étendues plates recouvertes à marée haute qui la bordent vers le nord que l'on observera le mieux le phénomène du "Stairway to the Moon" ("l'escalier de la lune"), les nuits de pleine lune.

Two Mile Ridge, près de la porte du BHP, abrite des **gravures rupestres** aborigènes, représentant notamment des tortues et une baleine ; pour obtenir la clef qui vous permettra d'entrer, adressez-vous au bureau du Department of Aboriginal Affairs dans le centre commercial de Boulevard dans Wilson St.

Entre octobre et mars, des **tortues** viennent pondre sur les plages des environs, notamment celles de Munda, Cooke Point, Cemetery et Pretty Pool. L'office du tourisme vous renseignera sur les lieux où l'on peut les voir pendant la saison de la ponte.

Des excursions pour aller observer les baleines sont organisées par Big Blue Dive (☎ 9173 3202) en saison (70 $) ; les départs dépendent des heures des marées et du nombre de participants. Les majestueuses baleines à bosse s'observent fréquemment groupées par cinq ou six.

Où se loger

Le *Cooke Point Caravan Park* (☎ 9173 1271), dans Athol St, près de Pretty Pool, propose des emplacements avec électricité à 14/19 $ pour deux. Il comprend une auberge de jeunesse très bien tenue avec des simples/doubles à 25/45 $ et des bungalows indépendants à 75 $.

Les chambres du douillet *Harbour Lodge* (☎ 9173 2996, 11 Edgar St) sont réparties autour d'un salon central. Il dispose en outre d'un agréable patio et d'un jacuzzi à 10 places. Vous débourserez 15 $ pour un lit en dortoir, et 30/40 $ pour une chambre.

Le tout proche *Port Hedland Backpackers* (☎ 9173 3282, 20 Richardson St), qui offre une vue imprenable sur l'usine HBI, ne brille pas par son confort. Vous y trouverez en revanche une ambiance chaleureuse et une terrasse où profiter des nuits d'été. Les lits en dortoir/chambre à 2 lits coûtent 15/34 \$. L'établissement organise des excursions de 3 jours sous la tente à Karijini pour un tarif très compétitif (départ le lundi ; 220 \$; au minimum 6 personnes).

Le *Natalie's Waterside Lodge (☎ 9173 2635, 7 Richardson St)* représente un bon choix pour qui souhaite un peu plus de confort. Comptez 60 \$ pour une double (réductions pour les séjours à la semaine).

Comment s'y rendre
Qantas (☎ 13 1313) et Ansett (☎ 13 1300) assurent des vols quotidiens pour Perth et desservent également Broome, Derby et Kununurra. Merpati (☎ 9172 2700) relie directement Port Hedland à Bali tous les vendredi (740 \$ l'aller-retour).

Les bus Greyhound Pioneer (☎ 13 2030) longent la côte de Perth à Port Hedland (163 \$), avant de continuer vers Broome et Darwin. Il existe également une ligne passant par l'intérieur des terres *via* Newman, qui circule les vendredi et dimanche. Pour réserver une place, adressez-vous à l'office du tourisme de South Hedland (☎ 9140 1919), dans Throssell St. Les bus s'arrêtent devant l'Ampol Roadhouse, à South Hedland, et devant l'office du tourisme de Port Hedland.

Comment circuler
L'aéroport se trouve à 13 km de la ville et n'est desservi que par des taxis (20 \$). Un bus de Hedland Bus Lines (☎ 9172 1394) relie Port Hedland à South Hedland et fonctionne du lundi au vendredi (2,80 \$).

DE PORT HEDLAND A BROOME
Cette route longue de 604 km est le trajet le plus ennuyeux du continent.

A environ 84 km de Port Hedland, vous traverserez la De Grey River, qui abrite de nombreuses espèces d'oiseaux. La *Pardoo Station (☎ 9176 4930)*, à 133 km, comporte des emplacements de tente/avec électricité à 12/14 \$ pour deux et des simples/doubles à

25/40 \$. A 154 km, près de la Pardoo Roadhouse, se trouve l'embranchement vers **Cape Keraudren**, un merveilleux coin pour la pêche, où l'on *campe* pour 5 \$.

Eighty Mile Beach, à 245 km de Port Hedland, dispose d'un *terrain de camping* avec des emplacements pour tente à 12/16 \$ avec électricité et des bungalows à (55 \$ pour deux). Vous devrez presque obligatoirement vous arrêter à la Sandfire Roadhouse, à 295 km, pour faire le plein de carburant. **Port Smith**, à 477 km de Port Hedland et à 23 km de l'embranchement de l'autoroute, est une étape tout à fait recommandée. Vous trouverez des *emplacements de tente* à 6 \$ par personne.

Eco Beach Wilderness Retreat
L'Eco Beach Yardoogarra (☎ 9192 4844, fax 9192 4845, ecobeach@tpgi.com.au) n'est qu'à 27 km de Broome par la mer et à 130 km par la route. Sur une plage de sable blanc de 15 km, des cabanes en bois sur pilotis offrent une vue superbe sur l'océan Indien, près duquel la vie marine et les oiseaux abondent. Outre la détente, les promenades en pleine nature, les randonnées à cheval, la pêche, la baignade et la plongée libre font partie des activités proposées. Vous ne trouverez là ni TV, ni téléphone, ni service de chambre, mais le système de tarifs à la carte le compense largement.

Une formule avec une excursion de deux jours à Eco Beach revient à 250 \$ par personne, repas et transports compris. Le prix des chambres simples/lits jumeaux démarre à 155 \$. Les transferts en 4x4 (aller-retour) reviennent à 50 \$. Téléphonez à Eco Beach pour connaître l'itinéraire à suivre.

Le Kimberley

Le sauvage Kimberley, à l'extrémité nord de l'Australie-Occidentale, est l'un des derniers espaces vierges du pays. Malgré d'énormes efforts de mise en valeur ces dernières années, cette région reste toujours peu fréquentée et très difficile d'accès. Elle est pourtant dotée de magnifiques rivières et de paysages grandioses. Le Kimberley subit

LE KIMBERLEY

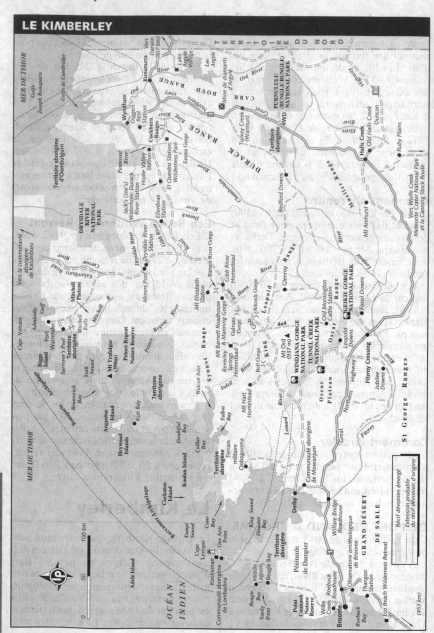

AUSTRALIE-OCCIDENTALE

Observation des oiseaux à Roebuck Bay

La Roebuck Bay est le site le plus important d'Australie en matière d'observation d'échassiers migrateurs ; près de 800 000 oiseaux y séjournent dans l'année. La grande diversité de l'habitat attire de très nombreuses espèces. On en a dénombré plus de 300, soit plus que le tiers de celles que compte le pays. Les 49 espèces d'échassiers qui y vivent représentent près du quart de celles qu'on trouve dans le monde. Sur les 24 rapaces du continent, 22 se rencontrent à Roebuck Bay.

L'Observatoire ornithologique de Broome (☎ 9193 5600) administré par Birds Australia est situé sur Crab Creek Rd, non loin de la Roebuck Bay, à environ 25 km de Broome. Vous pouvez y loger et organiser des promenades d'observation pour petits budgets avec l'aide du personnel de l'observatoire. Les circuits nommés Shorebird, Crab Creek Bird Walk et Bushbird coûtent 25 $ au départ de l'observatoire et 45 $ au départ de Broome. Consultez les horaires et l'amplitude des marées avant de vous inscrire, afin de déterminer le moment le plus favorable pour observer les oiseaux. Les emplacements pour tente sans/avec électricité reviennent à 12/16 $ pour deux, les chambres simples/à 2 lits superposés à 25/32 $ et les chalets indépendants de 6 lits à 80 $ pour deux et à 10 $ par occupant supplémentaire.

Au Kimberley Birdwatching, George Swann (☎ 9192 1246) propose un grand choix d'excellents circuits consacrés à ce thème. Avis aux amateurs !

Un balbuzard pêcheur

ANN JEFREE

un climat extrême, de fortes pluies pendant le Wet et une chaleur étouffante durant le Dry. Les plans d'irrigation du nord-est ont toutefois entraîné des bouleversements dans la région.

Les rivières et ruisseaux peuvent grossir très rapidement après de fortes pluies et devenir, en l'espace d'un quart d'heure, des torrents infranchissables. Sauf en cas d'orage très bref, ils peuvent le rester pendant plusieurs jours. Les crues de la Fitzroy River sont parfois telles que, après deux ou trois jours de pluie, la largeur de la rivière peut passer de 100 m, sa taille normale, à plus de 10 km.

La meilleure période pour visiter le Kimberley se situe entre avril et septembre. Dès octobre, il commence à faire très chaud (jusqu'à 35°C), et, plus tard dans l'année, les températures diurnes dépassent facile-ment 40°C, jusqu'au début des pluies. Le Wet est toutefois particulièrement spectaculaire avec ses terribles orages, les chutes d'eau jaillissant aux portes des villages et le magique tapis émeraude du paysage qui reverdit.

Demandez un exemplaire du *Kimberley Holiday Planner* (publication annuelle gratuite) à l'office du tourisme de Broome ou à celui de Kununurra.

BROOME • code postal 6725 • 11 350 habitants

Pour de nombreux voyageurs, Broome est la véritable porte de l'Australie, avec ses plages bordées de palmiers et son ambiance cosmopolite. Petit et poussiéreux, ce vieux port reste célèbre pour son Chinatown et l'influence japonaise des anciens pêcheurs de perles. Bien qu'encore isolé, Broome

BROOME

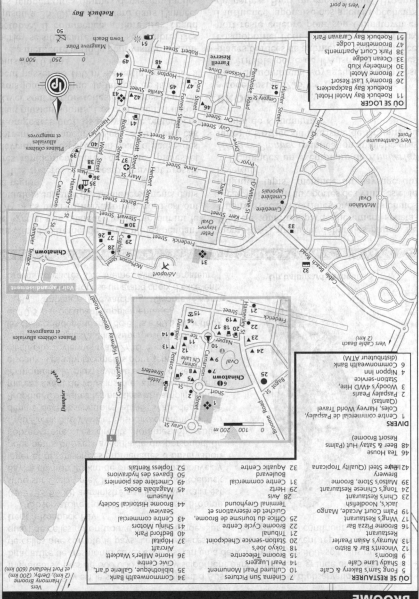

OÙ SE RESTAURER
5 Fong Sam's Bakery & Cafe
8 Shady Lane Cafe
9 Bloom's
12 Vincent's Bar & Bistro
13 Murray's Asian Pearler
16 Broome Pizza Bar
17 Wing's Restaurant
19 Palm Court Arcade, Mango
   Jack's, Noodlefish
23 Chin's Restaurant
24 Tong's Chinese Restaurant
39 Matso's Store, Broome
   Brewery
42 Mike Steel (Quality Tropicana)
48 Beer & Satay Hut (Palms
   Resort Broome)
49 Tea House

DIVERS
1 Centre commercial de Paspaley,
   Coles, Harvey World Travel
2 Paspaley Pearls
   (Qantas)
3 Woody's 4WD Hire,
   Station-service
4 Nippon Inn
6 Commonwealth Bank
   (distributeur ATM)
7 Cinéma Sun Pictures
10 Cultured Pearl Monument
14 Pearl Luggers
15 Broome Télécentre
18 Tokyo Joe's
20 Station-service Checkpoint
21 Tribunal
22 Broome Cycle Centre
25 Office du tourisme de Broome,
   Guichet de réservations et
   Terminal Greyhound
28 Avis
29 Hertz
31 Centre commercial
   Boulevard
32 Aquatic Centre
34 Commonwealth Bank
35 bibliothèque, Galerie d'art,
   Civic Centre
36 Horrie Miller's Wackett
   Aircraft
37 Hôpital
40 Bedford Park
41 Shinju Motors
43 Centre commercial
   Seaview
44 Broome Historical Society
   Museum
45 Magabala Books
49 Cimetière des pionniers
50 Épaves des hydravions
52 Topless Rentals

OÙ SE LOGER
11 Roebuck Bay Motel Hotel,
   Roebuck Bay Backpackers
26 Broome's Last Resort
27 Broome Motel
30 Kimberley Klub
33 Ocean Lodge
38 Park Court Apartments
47 Broometime Lodge
51 Roebuck Bay Caravan Park

Vers le port

Vers Cantheaume
Point

McMahon
Oval

Cable Beach Road

Vers Cable Beach
(2 km)

Roebuck Bay

Mangrove Point

Town Beach

Peter Haynes
Oval

Cimetière
chinois

Cimetière
japonais

Plaines côtières
alluviales
et mangroves

Plaines côtières
alluviales
et mangroves

Dampier Creek

Great Northern Highway

Vers
Harmony Broome
(2 km), Derby (200 km)
et Port Hedland (600 km)

Voir l'agrandissement

Chinatown

Aéroport

Broome Road

Gray St

Jetée
Streeters

Short
Street

Chinatown

Oval

0   100   200 m

0   250   500 m

devient de plus en plus touristique avec les avantages et les inconvénients que cela implique.

La saison touristique de Broome dure de mai à septembre (avec un pic d'affluence en juillet-août). Si vous vous y rendez pendant le Wet, vous risquez de trouver beaucoup de magasins fermés et de circuits annulés. En revanche, l'hébergement sera moins cher.

La pêche aux perles au large de Broome date du début des années 1880. Elle a atteint son apogée au début du siècle, lorsque 400 luggers perliers dotés d'une main-d'œuvre de 3 000 hommes fournissaient 80% de la nacre mondiale (utilisée en grande partie pour fabriquer des boutons). L'apparition des boutons de plastique, au début des années 50, sonna le glas de la florissante industrie perlière. Aujourd'hui, il ne reste plus qu'une poignée de pêcheurs. L'essor des perles de culture, à la fin des années 50, apporta une bouffée d'air frais à ce secteur d'activité, mais les élevages d'huîtres ont presque entièrement remplacé la pêche en mer.

Les plongeurs venaient à l'époque de divers pays d'Asie, et la rivalité entre les différentes nationalités fut toujours intense et parfois violente. L'opuscule Broome Heritage Trail retrace le passé de la ville. En 1942, le port de Broome fut la cible d'un bombardement japonais, qui tua une centaine de personnes, en majorité des réfugiés néerlandais, et endommagea 16 hydravions australiens.

Renseignements

Le très efficace office du tourisme (☎ 9192 2222) se trouve au coin de Broome Rd et de Bagot St. Il ouvre tous les jours de 8h à 17h d'avril à novembre et de 9h à 17h en semaine et de 9h à 13h le week-end pendant le reste de l'année.

La poste est située dans la centre commercial de Paspaley, dans Chinatown, et vous trouverez le très animé Broome Telecentre à l'extrémité sud de Dampier Terrace (accès Internet : 10 $/heure ; ouvert du lundi au vendredi de 9h à 17h et le samedi de 9h à 13h). Bien qu'il compte de nombreux terminaux, attendez-vous à faire la queue.

Chinatown

Le nom de Chinatown est utilisé pour désigner la vieille ville dans son ensemble, mais on ne retrouve une atmosphère véritablement multiculturelle et historique que dans un seul quartier. Si certains des simples bâtiments en bois qui bordent Carnarvon St abritent toujours des marchands chinois, la plupart sont devenus des restaurants ou des boutiques pour touristes. Les barreaux aux fenêtres ne sont pas là pour décourager les voleurs, mais pour minimiser les dégâts des cyclones.

Pour en apprendre plus sur Chinatown et sur l'histoire locale, suivez le guide aborigène Stephen "Baamba" Albert (une promenade le matin ou une autre l'après-midi ; 25/30 $; réservations au ☎ 0417 988 328).

La pêche aux perles

Pearl Luggers (☎ 9192 2059), sur Dampier Terrace, présente de manière passionnante le passé perlier de Broome, avec deux anciens bateaux restaurés, une exposition du matériel utilisé et des photos. Des visites guidées commentées par d'anciens pêcheurs de perles ont lieu à 9h30, à 11h, à 13h30 et à 15h (15/8 $). Pearl Luggers propose aussi un tour vespéral plus complet, qui comprend une dégustation de chair d'huître perlière (Pinctada maxima). Le tarif demandé, 60 $, vous paraîtra sans doute moins exorbitant quand vous saurez que la chair d'huître atteint parfois 100 $ le kilo !

Le Broome Historical Society Museum, Saville St dans l'ancien bureau des douanes en face du centre commercial Seaview, ouvre tous les jours de 10h à 13h (3 $/50 c). La ville est spécialisée depuis longtemps dans la nacre et plus récemment dans les perles de culture ; des magasins de perles bordent Dampier Terrace, Short St et Carnarvon St dans Chinatown.

Le cimetière, près de Cable Beach Rd, témoigne des dangers liés à la pêche aux perles à l'époque où le matériel de plongée était sommaire et les techniques limitées. Durant la seule année 1914, 33 plongeurs connurent une fin tragique sur les bancs de perles, et, en 1908, un cyclone tua 150 hommes en mer. La partie japonaise du

AUSTRALIE-OCCIDENTALE

Les festivités de Broome

Les habitants de Broome n'aiment rien tant que faire la fête, ce qui explique peut-être qu'ils organisent autant de festivals, principalement entre mai et novembre. Les dates exactes de ces festivals variant d'année en année, renseignez-vous auprès de l'office du tourisme de Broome.

Début juin, le **Broome Fringe Arts Festival** est le jour de gloire de la culture et des artistes alternatifs. Il associe des marchés, des expositions d'art aborigène et des concerts improvisés. Le **Broome Race Round**, qui se déroule en juin/juillet, regroupe quelques-unes des plus importantes courses hippiques de l'Outback et représente l'un des événements mondains majeurs de Broome.

La plus grande manifestation de l'année est le **Shinju Matsuri** (festival de la Perle), qui commémore les premiers temps de la pêche perlière et célèbre le patrimoine multiculturel de la ville. Si vous le pouvez, visitez Broome pendant cette période (d'ordinaire vers la mi-août ou début septembre), mais sachez que, comme les curieux affluent, les hébergements se font rares : pensez à réserver longtemps à l'avance. Ce festival, qui dure une semaine, comporte des défilés, le Shinju Ball, des régates de bateaux décorés de dragons, ainsi que des cérémonies japonaises traditionnelles telles que l'O **Bon Festival** (fête des Morts). Il s'achève par un concert sur la plage et un gigantesque feu d'artifice

Début octobre, le **Stompem Festival** rend hommage aux arts aborigènes du Kimberley. Comme son nom l'indique, le **Mango Festival**, fin novembre, fête la récolte des mangues par trois jours de réjouissances comprenant une Mango Cocktail Party, le Great Chefs of Broome Mango Cook-off (les plus grands chefs de Broome font déguster leur recettes à la mangue) et des concerts en plein air.

Citons aussi la **Chinatown Street Party**, au mois de mars, la **Dragon Boat Classic**, début avril, et le **Broome Sailfish Tournament** (après avoir été mesurées, les prises sont relâchées), en juillet. Enfin, des marchés nocturnes marquent les nombreuses nuits où le "Stairway to the Moon" apparaît.

---

cimetière, constitue l'une des plus importantes et des plus intéressantes.

Autres curiosités

La **courthouse** (tribunal) date de 1888 (entrée dans Hamersley St) et fut utilisée pour entreposer les équipements de transmission pour le câble transocéanique, qui allait jusqu'au port de Banyuwangi, à Java. Dans un curieux bâtiment sur Weld St, à côté de la bibliothèque et du centre municipal, se trouve un **avion Wackett** qui appartenait à Horrie Miller, fondateur des MacRobertson Miller Airlines (maintenant partie intégrante d'Ansett). Un **cimetière de pionniers** se trouve près de Town Beach, tout au bout de Robinson St.

Si vous avez la chance de résider à Broome pendant une nuit claire, vous pourrez voir le **Stairway to the Moon** (l'escalier de la lune). La lune qui s'élève dessine sur les ridules des bas-fonds vaseux un magnifique escalier doré (c'est de Town Beach qu'on le voit le mieux). L'effet est impressionnant deux jours après la pleine lune, quand le ciel s'assombrit. Un marché nocturne anime a lieu durant cette soirée, et la ville prend un air de carnaval. Adressez-vous à l'office du tourisme pour connaître les dates et les heures exactes.

Cable Beach

À 4 km de la ville, la plage la plus fréquentée de Broome, Cable Beach, est un véritable paradis avec son sable blanc et ses eaux turquoise qui s'étendent à perte de vue. Il est presque obligatoire d'y assister au coucher du soleil. Vous pourrez louer des planches de surf et d'autres équipements. Le parachute ascensionnel (50 $)

AUSTRALIE-OCCIDENTALE

sera servi. Windrider Safaris (☎ 015-010 772) est un nouvel opérateur qui s'adresse en priorité aux jeunes voyageurs épris d'aventure. Son circuit d'une journée vous permettra de barrer vous-même un trimaran de Cable Beach à Willie Creek et retour (115 $). Il existe aussi une randonnée avec tente de deux jours (195 $). Pour obtenir de plus amples informations ou réserver, adressez-vous à l'office du tourisme.

Enfin, plusieurs opérateurs proposent de rallier Darwin depuis Broome en 4x4 (prévoyez au minimum 110 $/jour).

Où se loger – petits budgets

En haute saison, il se révèle parfois difficile de se loger à Broome, même sous la tente. Essayez de réserver à l'avance.

Campings. Le *Roebuck Bay Caravan Park* (☎ 9192 1366, *Walcott St*), très bien situé au bord de la plage de la ville, est aussi le plus proche du centre-ville. Il loue ses emplacements sans/avec électricité 14/19 $ pour deux et ses caravanes fixes à partir de 45 $. Vous trouverez une cuisine bien équipée dans la partie du camping appelée Mango Camping Ground. Le *Broome Vacation Village* (☎ 9192 1057, *Port Drive*) se trouve à mi-chemin entre la ville et la jetée. Ses emplacements avec électricité/s.d.b. coûtent 20/25 $ et ses bungalows 90 $. Au *Cable Beach Caravan Park* (☎ 9192 2066, *Millington Rd*), un emplacement sans/avec électricité vous reviendra à 15/18 $ et un cottage à 600 $/semaine.

Auberges de jeunesse. Depuis quelques années, Broome multiplie les hébergements pour backpackers, ce qui suscite une certaine compétition. Le clinquant *Kimberley Klub* (☎ 9192 3233, *fax 9192 3530, Frederick St*) place la barre très haut, car il ressemble plus à un club de vacances qu'à une auberge. Ce qu'il y perd en personnalité est largement compensé par les équipements mis à la disposition des hôtes : bar, aire de barbecue surplombant la piscine, terrain de volley-ball sur le sable, grande salle de TV/jeux, réservation d'excursions et grandes chambres un brin bruyantes. Pré-

rencontre un franc succès. La partie nord, au-delà des rochers, est fréquentée par les naturistes. Les véhicules (sauf les motos) peuvent circuler sur cette portion de la plage, bien que l'accès soit difficile à marée haute à cause des rochers.

Deux compagnies, Red Sun et Ships of the Desert, organisent des promenades à dos de dromadaire sur la plage ; le meilleur moment est le coucher du soleil (25 $ l'heure ; réservations auprès de l'office du tourisme).

Broome Camel Safaris propose des randonnées matinales d'une demi-heure pour 15 $. Réservez votre monture auprès de l'office du tourisme. Aux Cable Stables (☎ 0417 979 957), la promenade à cheval de 2 heures coûte 40 $.

Le *Broome Crocodile Park* (☎ 9192 1489), sur Cable Beach Rd, ouvre d'avril à octobre de 10h à 17h en semaine et le week-end de 14h à 17h (12/5 $; visites guidées à 15h).

La longue plage de Cable Beach aboutit à **Gantheaume Point**, à 7 km au sud de Broome, où les falaises sculptées par l'érosion offrent des formes surprenantes. A marée basse, on distingue des **empreintes fossilisées de dinosaures** vieilles de 120 millions d'années. Elles ne sont pas aisées à trouver. Des moulages de ces empreintes sont visibles en haut de la falaise. Du côté nord de la pointe, **Anastasia's Pool** est un bassin artificiel creusé dans le rocher, construit par le gardien du phare pour sa femme handicapée.

Circuits organisés

Broome et ses alentours offrent maintes possibilités d'excursions. Broome Day Tours (☎ 1800 801068) vous emmènera pour un tour d'une demi-journée de la péninsule de Broome (39 $). Vous pourrez également faire une croisière au crépuscule sur une réplique de lougre perlier, le *Willie* (60 $). Citons aussi les balades en vedette rapide (☎ 9193 6415) sur Dampier Creek (le week-end seulement ; 30/20 $) ou les séances de découverte des étoiles d'Astro Tours (☎ 9193 5362). Pour 45 $, on viendra vous chercher à domicile et un dîner vous

voyez de débourser 15/17 $ pour un lit en dortoir de 10/4 lits et 55 $ pour une chambre double ou à lits jumeaux.

Proche de l'office du tourisme et de l'aéroport, le *Broome's Last Resort* (☎ 9193 5000, 1800 801 918, 2 Bagot St) ravira les fêtards. Plus petit mais impersonnel que le Kimberley Klub, il possède néanmoins un petit bar convivial et une agréable piscine. Les lits en dortoir de 8/6/4 lits coûtent 14/15/16 $ et les doubles (pour certaines climatisées) 45 $ (réduction de 1 $ pour les membres de la YHA).

L'auberge la plus centrale et la moins chère de Broome est le *Roebuck Bay Backpackers* (☎ 9192 1183, Dampier Terrace), qui fait partie du Roebuck Bay Motel Hotel, mais c'est aussi la moins bien tenue. Comptez 13 $ (11 $ avec la réduction YHA/VIP) pour un lit dortoir et 43 $ (39 $) pour une double avec clim., s.d.b. et parfum de renfermé.

Préférez-lui le *Cable Beach Backpackers* (☎ 9193 5511, 1800 655 011, 33-37 Lullfitz Drive), à la fois bien situé – au bord de la plage –, calme et agréable avec son architecture aérée, sa cuisine bien équipée, sa piscine et son terrain de volley-ball. Elle facture le lit en dortoir 16 $ (15 $ avec la réduction YHA/VIP) et la double 42 $. Un service de navette gratuite relie l'auberge à la ville cinq fois par jour. Vous pourrez aussi louer des vélos (10 $/jour) et des cyclomoteurs (25 $).

Où se loger – catégorie moyenne

L'*Ocean Lodge* (☎ 9193 7700, fax 9193 7496, Cable Beach Rd), près du carrefour de Port Drive, propose des appartements indépendants entre 75 et 95 $ en haute saison. Il dispose d'une piscine et d'un jardin ombragé.

Propre et confortable, mais assez mal situé, le *Broometime Lodge* (☎ 9193 5067, 1800 804 322, 59 Forrest St) compense ce défaut par son atmosphère chaleureuse. Vous pourrez profiter d'une piscine, d'une aire de barbecue, d'un salon et d'une cuisine. Vous débourserez 50 $ pour une simple avec clim. et 70 $ pour une double/lits jumeaux avec s.d.b.

Le tout nouveau *Broome Motel* (☎ 9192 7775, 1800 683 867, 51-57 Frederick St) jouit quant à lui d'une situation idéale. Ses chambres très propres possèdent une s.d.b., une kitchenette et une petite véranda. Le tarif haute saison pour une double se monte à 85 $ (avec une petite réduction pour les séjours de plus d'une nuit).

Les bruyantes chambres de motel du *Roebuck Bay Hotel Motel* (☎ 9192 1221, 1800 098 824, Carnarvon St) sont facturées 80 $. Comptez 90/100 $ pour une simple/double plus confortable.

Les *Park Court Apartments* (☎ 9193 5887, 1800 801 225, Haas St) disposent d'appartements tout équipés entre 80 et 160 $ (les tarifs à la semaine sont plus avantageux). En formule B&B, signalons le douillet *Harmony Broome* (☎ 9193 7439, Broome Highway), à 5 km au nord de la ville, qui demande 50/80 $.

Où se loger – catégorie supérieure

Merveilleusement conçu, le *Cable Beach Inter-Continental Resort* (☎ 9192 0400, 1800 095 508, Cable Beach Rd) est un établissement haut de gamme qui s'étend sur un vaste terrain. Les prix des studios démarrent à 300 $ (haute saison).

Où sortir

Le *Sun Pictures* (Carnarvon St) est un cinéma en plein air qui date de 1916. Il projette des productions récentes (10 $). Le *Roey* tient toujours la route avec ses "soirées spéciales" destinées à attirer les parieurs à grand renfort de boissons à prix réduits, de compétitions, etc. Le Sports Bar retransmet les événements sportifs internationaux sur grand écran.

Les night-clubs de Broome sont la *Nippon Inn* (Dampier Terrace) et le *Tokyo Joe's* (Napier Terrace). L'entrée revient habituellement à 5 $.

Comment s'y rendre

Ansett (☎ 13 1300) et Qantas (☎ 13 1313) relient quotidiennement Broome à Perth, Darwin et plusieurs autres métropoles régionales. Ansett dessert aussi tous les

À peu près à mi-chemin sur la route du phare (à 120 km), la **Beagle Bay Aboriginal community** (☎ 9192 4913) possède une belle église au milieu de la verdure, dotée d'un étonnant autel décoré de nacre. Il faut payer un droit d'entrée de 5 $ pour accéder à cette communauté ; il n'y a pas de camping. Vous y trouverez de l'essence en semaine uniquement, entre de 8h et 15h.

Environ 20 km avant Cape Levuque, la **Lombadina Aboriginal community** (☎ 9192 4936) abrite une église en bois de paletuvier. Vous pouvez y passer une journée et une nuit pour pêcher le crabe de vase et vous initier aux formes de pêche traditionnelles des Bardi ; l'office du tourisme de Broome, qui vous renseignera sur les possibilités d'excursions et d'hébergement, délivre les permis nécessaires aux voitures (5 $). Le ravitaillement en essence et en gazole est assuré tous les jours de la semaine.

À **Cape Levuque** même vous attendent un phare et de merveilleuses plages au pied d'étonnantes falaises rouges. Les soleils couchants y sont réellement inoubliables et font le régal des photographes. Il est possible de séjourner au **Kooljaman** (☎ 9192 4970). En haute saison, les emplacements pour tente-avec électricité reviennent à 10/15 $, les abris de plage à 30 $ en double, et les chambres familiales à 50 $; tous ces prix, sauf ceux en camping, diminuent hors saison. L'établissement vend des produits du bush, ainsi que du carburant pour tous les types de véhicules, et organise des sorties de pêche au crabe de vase.

Sachez que les communautés aborigènes ne souhaitent pas que des visiteurs séjournent sur leur territoire. Néanmoins, elles vous autorisent à visiter leurs églises ou acheter quelque chose dans leurs boutiques. Demandez à l'avance l'autorisation de visiter d'autres endroits, et renseignez-vous auprès de l'office du tourisme de Broome sur l'état des routes et les permis.

mercredi Denpasar, à Bali. Le représentant de Qantas à Broome est Harvey World Travel (☎ 9193 5599), situé dans le centre commercial de Paspaley.

La ligne Perth-Darwin Greyhound Pioneer fait escale à Broome tous les jours. Le terminal et le guichet de réservation (☎ 9192 1561) se trouvent à l'office du tourisme.

Comment circuler

Le Town Bus (☎ 9193 6585) circule toutes les heures entre la ville et Cable Beach, continuant une fois par jour jusqu'à Gantheaume Point. Le tarif minimal est de 2,50/1 $, et un billet valable un jour coûte 8/4 $. Les auberges de jeunesse vendent des billets à prix réduit. Ce bus s'arrête à proximité de la plupart des lieux d'hébergement. Le Broome Cycle Centre, à l'angle de Hamersley St et de Frederick St, loue des bicyclettes pour environ 12 $/jour.

Il existe plusieurs loueurs de voitures locaux. Parmi les plus compétitifs, citons Topless Rentals (☎ 9193 5017), dans Hunter St, avec des berlines à partir de 30 $ et des 4x4 à partir de 50 $.

DAMPIER PENINSULA

À 38 km au nord de Broome, près de Cape Levuque Rd, la **Willie Creek Pearl Farm** (☎ 9193 6000) permet de découvrir une ferme perlière en activité et d'en apprendre un peu plus sur la "culture" des perles. Attention : la ferme n'ouvre ses portes au public que pour les visites guidées, qui ont lieu tous les jours à 9h et à 14h30 (17,50/9 $; réservez à l'avance). Pendant le Wet, la route n'est praticable qu'en 4x4. Broome Coachlines (☎ 1800 801 068) organise des excursions à Willie Creek (45 $, entrée comprise).

Près de 200 km séparent l'embranchement situé à 9 km de Broome du phare de Cape Levuque, à l'extrémité de la péninsule de Dampier. Paradis de la faune et de la flore, c'est un endroit extraordinaire pour observer les baleines à bosse. À l'ouest de la presqu'île, accessible par Manari Rd, qui longe la côte, la **Coulomb Point Nature Reserve** abrite une végétation unique de *pindan* et le rare *bilby*, espèces protégées.

Circuits organisés

Over the Top Adventure Tours (☎ 9192 3977, overtop@broome.wt.com.au) et Flak Track (☎ 9192 1487), à Broome, proposent

des circuits d'une journée en 4x4 autour de la péninsule moyennant 175 $ pour le premier et 170 $ pour le second. Over the Top organise aussi des excursions de deux jours sous la tente à 275 $.

DERBY

• code postal 6728 • 3 200 habitants

A seulement 220 km de Broome, Derby est un centre administratif important de l'ouest du Kimberley. C'est aussi une bonne base pour explorer les gorges spectaculaires de la région. Après Derby, la Great Northern Highway continue à l'intérieur du pays vers Fitzroy Crossing (à 256 km) et Halls Creek (288 km plus loin). La Gibb River Rd, beaucoup plus sauvage, est une autre possibilité. Derby occupe une langue de terre qui s'enfonce dans le King Sound, au nord de l'estuaire de l'impressionnante Fitzroy. La ville tout entière est entourée de vastes plaines côtières boueuses desséchées pendant le Dry et parfois inondées lors des grandes marées.

L'office du tourisme (☎ 9191 1426, 1800 621 426), au 1 Clarendon St, est ouvert de 8h30 à 16h en semaine et le week-end de 9h à 13h (de 9h à 12h de novembre à avril). Son personnel est dynamique et efficace.

Le Derby Telecentre d'Ashley St, qui dispose d'accès Internet et e-mail, ouvre tous les jours de 9h à 17h (5 $/demi-heure).

A voir

Le **Prison Tree**, à 7 km au sud de la ville, est probablement l'attraction la plus célèbre de Derby. On le dit vieux de plus de mille ans, cet énorme *boab* (arbre de la famille des baobabs) de 14 m de circonférence et au tronc creux. On raconte aussi qu'on y enfermait jadis les prisonniers avant de les transférer dans les geôles de Derby. A proximité, **Myall's Bore** mérite une visite pour son abreuvoir de 120 m de long.

Un petit jardin botanique ombragé se cache juste derrière la bibliothèque, près de Clarendon St. **Wharfinger's House**, au bout de Loch St, renferme des documents relatifs à l'histoire locale. Vous pouvez en demander la clé à l'office du tourisme. Le **wharf** (quai surélevé) de Derby a été remis en ser-

vice début 1997 par Western Metals. Le zinc et le plomb des mines de Cadjeput, à l'est de Fitzroy Crossing, transitent désormais par le port de Derby avant de voguer vers l'Asie.

Circuits organisés

Le Kimberley Entrance Caravan Park (voir *Où se loger*) organise des tours de la ville de 1 heure 30, quai et *prison tree* inclus (6 $).

Au départ de Derby, des avions survolent le King Sound jusqu'à Cockatoo Island, qui appartient pour partie à BHP et est depuis peu ouverte au public. *Cockatoo Island Resort* (☎ *9191 7477*) offre un forfait d'un excellent rapport qualité/prix comprenant 3 nuits d'hébergement et le transfert aérien depuis Derby pour 195 $. Vous pourrez aussi admirer d'en haut le Buccaneer Archipelago et la côte ouest du Kimberley grâce à Aerial Enterprises (☎ 1800 066 132) et à Derby Air Services (☎ 1800 180 075). Les prix démarrent à 160 $ (deux personnes au minimum).

Hot Land Safaris (☎ 9193 1312) vous emmènera camper pendant 2 à 14 jours au fin fond du Kimberley pour 165 $/jour, repas, attirail de pêche et matériel de camping inclus. Bush Track Safaris (☎ 9191 1547) fait découvrir les lointains Walcott Inlet et Mitchell Plateau moyennant environ 195 $/jour.

West Kimberley Tours (☎ 9193 1442) organise des excursions aux gorges du Devonian Reef les mardi, jeudi et samedi (80 $) et à celles du Gibb River Rd (300 $/2jours). Plus original, One Tide Charters (☎ 9191 1426) propose des expéditions de pêche aux crabes de vase dans le King Sound (75 $).

Manifestations annuelles

Le Boab Festival, qui se déroule pendant les deux premières semaines de juillet, est la plus importante manifestation de Derby. Il comporte des concerts, des événements sportifs (dont d'inénarrables matchs de *mud footy* – football australien dans la boue) et des défilés. Si vous trouvez à Derby à Noël, ne manquez pas le Boxing Day Sports

– qui comprend le célèbre concours de crachat de graines de pastèque.

Où se loger

Le chaleureux *Kimberley Entrance Caravan Park* (☎ 9193 1055, *Rowan St*) propose des emplacements à 7 $/personne (supplément de 3 $ pour l'électricité) et des caravanes fixes pouvant accueillir 4 occupants à 40 $. Vous pourrez profiter de la grande aire de barbecue située devant.

Proche de l'office du tourisme et de l'arrêt des bus Greyhound, le *Spinifex Hotel* (☎ 9191 1233, *Clarendon St*), que tout le monde appelle le "Spinny", dispose de rudimentaires chambres à 2 lits pour backpackers à 15 $/personne, de simples/doubles ordinaires à 40/50 $ et de chambres "de luxe" (avec s.d.b.) à 50/65 $.

Les bungalows indépendants de la *Goldsworthy Connection* (☎ 9193 1246, *Lot 4 Guildford St*), disséminés en pleine nature, au calme, et non loin de la route principale conduisant en ville, offrent un bon rapport qualité/prix. Vous débourserez 50 $ pour une chambre à lits jumeaux dans un bungalow comprenant trois chambres avec clim. low ou 150 $ pour louer le bungalow entier. Le confortable cottage destiné aux backpackers facture le lit 20 $ (avec une réduction à partir de la deuxième nuit).

Même si le *Derby Hostel* (☎ 9191 1867, *233-235 Villiers St*), géré par Aboriginal Hostels Ltd, affiche souvent complet entre ses hôtes semi-permanents et les voyageurs aborigènes de passage, elle accueille volontiers des backpackers. Le lit en chambre à deux lits plutôt propre coûte 16 $/personne petit déjeuner continental compris. L'établissement sert des dîners (8 $) et met une cuisine à la disposition de ses hôtes.

Le *West Kimberley Lodge* (☎ 9191 1031, *Sutherland St*), à la limite est de la ville, loue des chambres petites mais propres à 45/50 $ et des bungalows avec s.d.b. et TV à 65 $. Il possède une cuisine, un agréable jardin tropical et une piscine.

Comment s'y rendre

Ansett (☎ 13 1300) relie tous les jours (sauf le dimanche) Derby à Perth *via* Broome.

Le service quotidien Perth-Darwin de Greyhound Pioneer dessert Derby (arrêt devant l'office du tourisme) à 22h dans le sens sud-nord et à 4h35 dans le sens nord-sud.

L'agent local de la compagnie est Traveland (☎ 9193 1488, Shop 6, Clarendon Arcade, Clarendon St).

DEVONIAN REEF NATIONAL PARKS

L'ouest du Kimberley s'enorgueillit de trois parcs nationaux, aménagés autour de gorges qui faisaient partie, à l'ère dévonienne (il y a 350 millions d'années), d'une "grande barrière de corail" occidentale. La magnifique Geikie Gorge est à 18 km au nord-est de Fitzroy Crossing. Une partie de la gorge, sur le cours de la Fitzroy, se trouve dans un petit parc national. Si pendant le Wet la rivière monte de près de 17 m, elle s'arrête de couler pendant le Dry, ne laissant derrière elle que quelques trous d'eau.

La végétation alentour est dense, et la faune abonde en crocodiles d'eau douce et en *wallaroos* (kangourous géants), avec quelques wallabies à pattes noires. Les visiteurs peuvent parcourir le sentier de randonnée de 1,5 km sur la rive ouest, en priorité à toute autre partie du parc.

Pendant le Dry, d'avril à novembre, CALM propose une excursion en bateau de 16 km sur la rivière, tous les jours à 8h, 11h et 15h (17,50 $, 2,5 $ pour les enfants).

Vous pouvez visiter les impressionnantes formations rocheuses de la Windjana Gorge et de Tunnel Creek depuis la Gibb River Rd ou faire un détour par Leopold Station Rd.

Les parois de **Windjana Gorge** s'élèvent à 90 m au-dessus de la Lennard River, qui présente un débit torrentiel pendant le Wet et se réduit à quelques trous d'eau pendant le Dry. Vous apercevrez presque certainement des crocodiles d'eau douce se chauffant au soleil sur les rives sablonneuses ou nageant dans les bassins. Pensez à emporter beaucoup d'eau, surtout si vous envisagez de couvrir à pied les 7 km aller-retour séparant le camping du fond de la gorge, car il fait très chaud dans celle-ci l'après-midi. *Camper* vous reviendra à 8 $ pour deux.

À 3 km de la rivière se trouvent les ruines de Lillimooloora, ancien homestead transformé en poste de police en 1893.

Tunnel Creek est un tunnel de 750 m de long que le cours d'eau a creusé à travers un éperon rocheux de la Napier Range. Il mesure de 3 à 15 m de large, et on peut le traverser à pied sur toute sa longueur. Il faut une bonne lampe, des chaussures de rechange (des sandales de préférence) et accepter de s'immerger dans l'eau très froide jusqu'aux genoux par endroits. Évitez la saison des pluies, quand le cours d'eau peut être sujet à de violentes crues. À l'une des extrémités du tunnel, vous verrez plusieurs peintures aborigènes. À mi-chemin, un affaissement a créé un puits naturel qui s'ouvre jusqu'en haut du massif.

Over the Top Adventure Tours (☎ 9193 7700) organise depuis Broome des excursions de 2 jours qui permettent de voir les trois sites à la fois – Windjana, Tunnel Creek et Geikie Gorge – pour 275 $.

FITZROY CROSSING
• code postal 6765 • 1 150 habitants

Situé sur la Great Northern Highway, là où elle enjambe la Fitzroy, ce minuscule village constitue un intéressant camp de base pour s'aventurer dans les gorges de Geikie et de Windjana. Le village occupait à l'origine l'emplacement actuel de Russ St, au nord-est du bourg moderne. La Crossing Inn, près de Brooking Creek, est le pub le plus ancien du Kimberley.

Le luxueux office du tourisme de Fitzroy Crossing (☎ 9191 5355), sur la Highway, juste à côté de la station-service, abrite une galerie d'art aborigène. Il sert également de dépôt pour le Greyhound Perth-Darwin (qui, malheureusement, passe à 1h30 quel que soit le sens). Il ouvre tous les jours de 9h à 18h d'avril à octobre (et selon un horaire réduit pendant le Wet).

Pour tout renseignement sur la toute proche Geikie Gorge, voir plus haut *Devonian Reef National Parks*.

Circuits organisés
Bungoolee Tours et Fitzroy Crossing Tours unissent leurs efforts pour concocter d'excellents circuits d'une journée en 4x4 à Windjana Gorge et à Tunnel Creek (les mardi, jeudi, vendredi et dimanche de mai à septembre ; 85 $; réservations à l'office du tourisme). Le directeur de Bungoolee Tours, Dylan, un guide issu de l'ethnie bunuba, envisage aussi d'organiser des excursions culturelles avec tente en territoire aborigène traditionnel – une fois encore, renseignez-vous auprès de l'office du tourisme.

Il vous emmènera aussi vous promener pendant 1 heure 30 le long de la Fitzroy, tout en vous initiant aux mystères de la nourriture aborigène et en vous expliquant la signification de la région pour les populations aborigènes locales (15 $).

Où se loger et se restaurer
Le *Fitzroy River Lodge Motel Hotel & Caravan Park* (☎ 9191 5141, 1800 355 266, Great Northern Hwy), à 2 km à l'est de la ville au bord de la Fitzroy, pratique des tarifs excessifs mais possède une excellente aire de camping dotée d'emplacements sans/avec électricité à 16/18 $ pour 2. Les tentes de safari indépendantes et climatisées coûtent 90/110 $ la simple/double et les chambres de motel 115/140 $.

Installé au calme dans le vieux village – elle occupe l'ancienne poste –, sur la route de Geikie Gorge, le *Darlngunaya Backpackers* (☎ 9191 5140, Russ Rd) ne manque pas de potentiel, mais aurait grand besoin d'un bon nettoyage de printemps. Le lit en dortoir est facturé 15 $ et le camping sur la pelouse 7 $. La direction vient chercher les backpackers qui réservent à l'avance à l'arrêt du bus et les y raccompagnent.

HALLS CREEK
• code postal 6770 • 1 260 habitants

Halls Creek, au centre du Kimberley, en bordure du Grand Désert de Sable (Great Sandy Desert), était la terre traditionnelle des Jaru et des Kija. Des éleveurs s'approprièrent ce territoire en 1870 et réduisirent les Aborigènes en esclavage, les forçant à travailler dans les fermes. Après la vente de ces élevages, environ un siècle plus tard, les Aborigènes émigrèrent dans les localités voisines et sombrèrent dans l'ennui et l'al-

cool. La région fut le théâtre de la ruée vers l'or de 1885, la première en Australie-Occidentale. Le métal précieux s'épuisa vite, et, de nos jours, la petite ville est devenue un centre d'élevage, situé à 14 km du site d'origine, dont les ruines subsistent encore.

L'office du tourisme de Halls Creek (☎ 9168 6262), sur la Great Northern Highway, est ouvert tous les jours de 8h à 16h d'avril à novembre. Il vous fournira mille renseignements et peut se charger de réserver pour vous des excursions.

A 5 km à l'est de Halls Creek, puis à environ 1,5 km de la route, se dresse le China Wall, appelé ainsi du fait de sa ressemblance avec la Grande Muraille de Chine. Cette veine de quartz quasi verticale est courte, mais joliment située.

L'Old Town de Halls Creek est idéale pour les apprentis chercheurs d'or. De cette ancienne ville minière animée ne restent que les murs du bureau de poste, mangés par les fourmilières et le spinifex, le cimetière et un énorme tas de bouteilles marquant l'emplacement du pub. Vous pourrez nager à Caroline Pool, Sawpit Gorge et Palm Springs.

Où se loger et se restaurer

Le *Halls Creek Caravan Park* (☎ *9168 6169, 1800 355 228*), dans Roberta Ave, propose des emplacements de tente/avec électricité à 12/14 $ et des caravanes à 38 $ pour deux.

En face, le *Kimberley Hotel* (☎ *9168 6101, Roberta Ave*) comporte diverses simples/doubles (sur l'avant), "pour petits budgets" surévaluées à 60/80 $, ainsi que de beaucoup plus attrayantes chambres à 115/140 $. L'hôtel dispose d'un bar agréable qui sert des plats du jour classiques et d'un restaurant plus chic avec un buffet. Le *Halls Creek Motel* (☎ *9168 6001, 194 Great Northern Hwy*) propose des bungalows avec clim. à 63/78 $.

Comment s'y rendre

En direction du nord, les bus Greyhound Pioneer passent par Halls Creek tôt le matin, et tard le soir pour le sud. L'arrêt s'effectue Poinciana Roadhouse.

BUNGLE BUNGLE (PURNULULU) NATIONAL PARK

Les 3 000 km² de Bungle Bungle offrent un spectacle incroyable à ne pas manquer : d'impressionnantes tours de rochers cylindriques, striées de bandes orange (silice) et noir (lichen). Toutefois, le massif est difficile d'accès, et il est interdit d'escalader les formations rocheuses du fait de leur fragilité. En kija, le dialecte local, *purnululu* signifie "grès". On pense que "bungle bungle" pourrait être une déformation de "bundle bundle", une herbe commune du Kimberley.

Echidna Chasm, au nord, ou la Cathedral Gorge, au sud, ne sont qu'à une heure de marche du parking des voitures au bout de la route. Le trajet de 18 km aller-retour jusqu'à la Piccaninny Gorge doit se faire à pied et dure de 8 à 10 heures. L'accès au parc coûte 8 $ par véhicule (les forfaits CALM sont valables) ; ajoutez 7 $/nuit/2 personnes si vous souhaitez camper. Vous pourrez survoler les gorges interdites d'accès de la partie nord du parc, un spectacle très impressionnant.

La route principale est à 55 km du carrefour de Three Ways. De là, la Kurrajong Camping Area est à 20 minutes au nord et la Bellburn Camping Area à 45 minutes au sud. Kurrajong dispose de toilettes, d'eau potable et de foyers avec du bois. Bellburn accueille principalement des groupes et possède des équipements similaires.

Vols touristiques et circuits

Pour découvrir ce massif immense, rien ne vaut un survol en avion ou en hélicoptère. Sachez toutefois que si vous décollez de Kununurra, vous passerez peu de temps au-dessus des Bungles eux-mêmes. Les sorties en hélicoptère organisées par Heliwork WA (filiale de Slingair, ☎ 9168 7337) sont les plus impressionnantes car l'appareil frôle les profondeurs et étroites gorges, allant parfois jusqu'à descendre entre leurs parois, tandis que les avions doivent demeurer à 700 m au minimum au-dessus. Comptez 160 $ pour un vol en hélicoptère de 45 minutes au départ de Purnululu et 170 $ avec un appareil plus rapide au départ de

Turkey Creek, sur la Highway. Cette seconde solution est particulièrement intéressante pour les voyageurs dépourvus de 4x4.

Les vols depuis Kununurra coûtent 160 $ (voir plus loin les paragraphes consacrés à Kununurra). A Halls Creek, adressez-vous à Oasis Air (☎ 9168 6462), qui organise des vols à 120 $.

Si vous ne disposez pas d'un 4x4, mieux vaut partir de Kununurra ou de Turkey Creek. Desert Inn 4WD Adventures (☎ 1800 805 010) propose des circuits de deux/trois jours à partir de 260/390 $. Avec East Kimberley Tours (☎ 9168 2213), un circuit d'un jour/plus une nuit sur place combinant avion et 4x4 revient à 318/528 $.

Vous pouvez aussi louer un 4x4 à la Poinciana Roadhouse (☎ 9168 6164), à Halls Creek, pour 100 $/jour.

WYNDHAM
• code postal 6740   • 850 habitants

Un peu éclipsé par Kununurra et desservi par sa situation à l'écart de la grand route Perth-Darwin, Wyndham couvre une étendue assez vaste car le village englobe son centre actuel et son ancienne zone portuaire, à 5 km de là. Ne manquez surtout pas le **Five Rivers Lookout**, au sommet du Mt Bastion. Vous verrez tout à la fois les rivières King, Pentecost, Durack, Forrest et Ord se jeter dans le Cambridge Gulf. La vue est particulièrement superbe au lever et au coucher du soleil.

Près de Wyndham, la Parry Lagoons Reserve abrite le **Marlgu Billabong**, un marécage où vivent de nombreuses espèces d'oiseaux.

Kimberley Pursuits (☎ 9161 1029), à Digger's Rest Station, à 35 km de Wyndham, propose des **randonnées à cheval** de 2 à 7 jours (250 $ à 890 $ tout compris).

Où se loger et se restaurer
Le *Three Mile Caravan Park* (☎ *9161 1064, Baker St)* met à disposition des emplacements pour tentes sans/avec électricité à 7/10 $ par personne et l'ombre d'un énorme boab. La *Gulf Breeze Guest House* (☎*/fax 9161 1401, 6 O'Donnell St)*, à Wyndham Port, est un petit établissement

tranquille doté d'une cuisine, d'un jardin et d'une piscine. Les simples se louent 30 $, les chambres à lits jumeaux 50 $. Une grande chambre destinée aux familles peut également héberger un groupe (50 $).

Au tout proche *Wyndham Town Hotel* (☎ *9161 1202, O'Donnell St)*, vous débourserez 50/80 $ pour une simple/double de motel. L'établissement sert des plats du jour corrects et le petit déjeuner à partir de 7h30.

KUNUNURRA
• code postal 6743   • 4 900 habitants

Dans la langue des Miriwoong, cette région est connue sous le nom de "gananoorrang". Kununurra est la version européenne de ce mot. Fondée en 1960, Kununurra est au centre du projet d'irrigation de l'Ord River. Autrefois étape sans intérêt sur la route principale, Kununurra est devenue une petite ville assez moderne et active. L'activité touristique de la ville s'est développée à toute allure, et elle offre aujourd'hui assez d'activités récréatives et de sports d'aventure, principalement aquatiques, pour vous occuper une semaine.

Les travailleurs saisonniers affluent de mai à septembre pour la cueillette des fruits et des légumes. Pour trouver un emploi, adressez-vous au Kununurra Backpackers, au Desert Inn ou à l'office du tourisme.

Renseignements
L'office du tourisme (☎ 9168 1177), dans Coolibah Drive, regorge d'informations sur la ville et sur le Kimberley. Vous trouverez notamment des publications illustrées sur la région de Gibb River Rd et d'Ord River. Il ouvre tous les jours de 8h à 17h30.

Le télécentre de Banksia St (à côté de Slingair) dispose d'accès Internet à 10 $/ heure (sans minimum). Pour toute information sur les parcs nationaux ou forfait d'accès, rendez-vous au bureau du CALM (☎ 9168 0200), dans Konkerberry Drive.

Comptez un décalage horaire de 1 heure 30 entre Kununurra et Katherine, dans le Territoire du Nord. Une quarantaine très stricte s'applique aux voyageurs qui pénètrent en Australie-Occidentale (n'apportez pas de fruits, etc.).

AUSTRALIE-OCCIDENTALE

Lac Kununurra (Diversion Dam)

Le Lily Creek Lagoon, un petit marécage qui abrite de nombreux oiseaux, s'étend à proximité de la ville. Également appelé Diversion Dam, le lac Kununurra constitue un endroit très prisé des pique-niqueurs. Ses eaux accueillent un grand nombre d'amateurs de ski nautique et de canotage. En aval du Lower Dam, sur l'Ord et à l'Ivanhoe Crossing (sur l'ancienne route de Wyndham), vous trouverez de belles zones de pêche – la population locale aime venir y taquiner le barramundi. Si vous tenez à vous baigner par-là, méfiez-vous des crocodiles !

Autres curiosités

Rendez-vous à **Kelly's Knob** pour le coucher du soleil et le panorama sur la campagne environnante. Pendant le Wet, les orages, au loin, sont impressionnants. Attention ! la foudre frappe fréquemment le Knob lui-même.

Hidden Valley, à 2 km seulement du centre-ville dans le **Mirima National Park**, est un merveilleux petit parc avec des gorges escarpées, de belles vues et quelques courts sentiers de promenade. Très semblables à celles de Bungle Bungle, les formations rocheuses ont une grande importance spirituelle pour les Mirwoong.

Dans les **Packsaddle Plains**, à 6 km au sud-est de la ville, est aménagée la très touristique Zebra Rock Gallery. Plus loin, le long de cette route, des bananeraies et des vergers de mangues sont ouverts au public. Les milk-shakes – 34 succulents parfums – de la **Kimberley Dairy**, une laiterie en activité proche d'Ivanhoe Rd, méritent un détour !

Circuits organisés et survols

Les excursions sans guide en canoë sur l'Ord, entre le lac Argyle et le Diversion Dam, sont amusantes et très appréciées des voyageurs. Demandez, de préférence à une auberge de jeunesse, d'en organiser une pour vous. On nous a aussi recommandé les expéditions de trois jours de Big Waters Kimberley Canoe Safaris (☎ 1800 641 998), qui reviennent à 120 $. Kimberley Canoeing Experience (☎ 1800 805 010) propose des formules similaires au même tarif englobant les sites les plus célèbres de la rivière, ainsi que des circuits d'un/deux jours (105/160 $) pour les moins aventureux.

Bien que l'on prenne aussi d'autres poissons, c'est le barramundi qui attire principalement les amateurs de pêche. Parmi les divers opérateurs qui proposent des parties de pêche, citons Mack's Barra Camp (☎ 9169 1759) : une journée en bateau pour 190 $. Triple J Tours (☎ 9168 2682) organise des croisières rapides parcourant l'Ord sur 55 km entre le lac Argyle et Kununurra. Une croisière le matin en haute saison coûte 60/30 $ par adulte/enfant.

Duncan's Ord River Tours (☎ 9168 1823) organise des croisières sur le lac Kununurra, comprenant la visite des bananeraies de Packsaddle Plains et des régions où nichent de nombreux oiseaux. L'excursion dure 4 heures et coûte 50/30 $ par adulte/enfant. Kununurra Cruises (☎ 9168 1718) propose une sortie "coucher de soleil" économique (27/15 $).

Kimberley Ecotours (☎ 9168 2116) a conçu deux promenades aussi intéressantes qu'instructives sur la nature, que nous vous recommandons vivement. Celle du matin (de 6h à 8h) est consacrée aux espèces d'oiseaux du Wetland (30/20 $), et celle du soir (de 17h à 19h) à l'étude du crocodile et de la faune nocturne (35/25 $).

Très appréciés, les survols de Purnululu coûtent environ 160 $ par personne. D'une durée de 2 heures, ils passent également au-dessus du lac Argyle, des mines de diamants d'Argyle et de Bow River et des zones irriguées au nord de la ville. Communiquez avec Alligator Airways (☎ 1800 632 533) ou Slingair (☎ 1800 095 500). On peut aussi réserver la plupart de ces excursions par l'intermédiaire de l'office du tourisme.

Où se loger

Le Town Caravan Park (☎ 9168 1763, Bloodwood Drive) jouit d'une situation centrale. Il loue des emplacements sans/avec électricité à partir de 16/18 $, des caravanes fixes à 60 $ (50 $ en basse saison) et des bungalows à 90 $. Il dispose d'une cuisine équipée d'un réfrigérateur. Le Kimberley-

land Caravan Park (☎ 9168 1280, Victoria Hwy) facture 14/16 $ l'emplacement sans/avec électricité.

A 1 km de la ville, le Kona Lakeside Tourist Park (☎ 9168 1031, Lakeview Drive), le meilleur camping, se trouve aussi près du lac. Les emplacements de tente/avec électricité se paient 14/16 $, les cara-vanes 50 $ et les bungalows 65 $.

L'accueillant et bien tenu Kununurra Backpackers (☎ 9169 1998, 1800 641 998, 112 Nutwood Crescent) se trouve à environ 5 minutes à pied du centre-ville. Une partie de l'auberge est réservée aux voyageurs tra-vaillant dans la région : autant dire que ceux qui prolongent leur séjour sont choyés. Le lit en dortoir/triple revient à 16/17 $ et les doubles/lits jumeaux à 40 $ (réduction de 1 $ pour les membre de la YHA/VIP).

L'établissement possède un grand jardin et une piscine ombragée et ses propriétaires organisent des circuits-aventure.

En face de la Gulliver's Tavern dans le centre-ville, le Desert Inn Backpackers (☎ 9168 2702, 257 Konkerberry Drive), parfaitement sûr, dispose comme l'établissement précédent, d'une piscine et de nombreux espaces communs. Il organise des excur-sions. Comptez 16 $ pour un lit en dortoir et 42 $ pour une chambre à lits jumeaux (15/40 $ avec la réduction YHA/VIP).

Les hôtels de Kununurra sont chers, avec des écarts de tarif importants entre la haute et la basse saison. Le Country Club Private Hotel (☎ 9168 1024, 76 Coolibah Drive) dispose de petites chambres à lits jumeaux avec s.d.b. commune dans la partie la plus ancienne du complexe – très surestimées à 50/60 $ pour un/deux occupants. Les chambres de motel démarrent à 140 $ en haute saison.

La Duncan House (☎ 9168 2436, 167 Coolibah Drive), un élégant B&B, loue des simples/doubles à 85/95 $.

Comment s'y rendre

Ansett (☎ 13 1300) assure des vols quoti-diens pour Darwin et pour Perth (via Broome, dans ce dernier cas).

Les bus Greyhound Pioneer (☎ 13 2030) desservent Kununurra sur leur ligne Dar-win-Perth à 9h45 dans le sens nord-sud et à 17h dans le sens sud-nord. Le terminal des bus se trouve dans le parking des bureaux du comté, à côté de l'office du tourisme.

LAC ARGYLE

Créé par le barrage sur l'Ord, le lac Argyle est la deuxième retenue d'eau d'Australie en volume : sa contenance représente entre 9 et 18 fois celle de Sydney Harbour – suivant votre interlocuteur. En assurant une alimen-tation en eau régulière, le barrage a permis de développer l'agriculture à grande échelle.

Les hautes falaises rouges plongeant à pic dans les eaux bleues du lac offrent aussi l'un des paysages les plus spectaculaires d'Australie-Occidentale.

Vous pourrez visiter un musée des pion-niers, installé dans l'ancien Argyle Homes-tead après que son site original eut été submergé.

Le Lake Argyle Tourist Village (☎ 9168 7360, Parker Rd) dispose d'emplacements pour tentes sans/avec électricité à 6/9,50 $ par personne et de chambres de motel à 65/75 $ la simple/double.

Lake Argyle Cruises (☎ 9168 7361, argyle@hoobit.com.au) propose deux croi-sières : le Bowerbird accomplit un circuit de 2 heures (29/14,50 $ par adulte/enfant ; départ à 10h), et le Silver Cobbler appareille à 12h pour un périple de 6 heures (95/60 $). Cet opérateur organise aussi des croisières au crépuscule (35/17,50 $; départ à 15h). Nous ne saurions trop recommander les croisières sur cette véritable mer intérieure, dont vous apprécierez toute l'immensité une fois que vous retrouverez au beau milieu de ses eaux.

Glossaire

L'anglais australien

Tout visiteur qui croit que l'australien (ou *strine* pour les Australiens) n'est qu'une variante curieuse de l'anglais ou de l'américain s'expose à quelques surprises. Pour commencer, beaucoup d'Aussies ne parlent pas l'australien, mais l'italien, le libanais, le vietnamien, le turc ou le grec. Ceux qui le parlent vous étonneront probablement avec un étrange répertoire de mots. Certains ont été raccourcis au point d'être méconnaissables ; d'autres viennent des langues aborigènes ou encore de l'argot parlé par les premiers colons. L'accent varie légèrement d'une région à l'autre, et la différence entre le parlé urbain et celui du bush tient surtout à la vitesse d'élocution. Si vous voulez vous faire passer pour un Australien, il vous faudra nasiller, écourter les mots de plus de deux syllabes, ajouter une voyelle à la fin et ponctuer votre discours d'autant de jurons que possible.

L'*Australian phrasebook* publié par Lonely Planet en anglais vous permettra d'aborder cet anglo-australien, ainsi que les langues aborigènes.

La liste ci-dessous recense quelques expressions typiquement australiennes :

arvo – après-midi

back o'Bourke – loin dans l'intérieur, au milieu de nulle part

backpacker – tout voyageur individuel

banana bender – habitant du Queensland

banquet – menu fixe servi pour un nombre minimal de convives

barrack – être le supporter de, comme dans *who do you barrack for ?* ("qui soutenez-vous ?")

bathers – maillot de bain (Victoria)

beaut, beauty, bewdie – génial, excellent

bevan – *bogan* (Qld)

big mobs – grande quantité de

bikies – motards

billabong – trou d'eau dans une rivière partiellement asséchée, ou cours d'eau persistant à la saison sèche

billy – sorte de pot en étain servant à faire bouillir le thé dans le bush

black stump – là où commence le *back o'Bourke* ou l'Outback

bloke – homme, type, mec

blokey – présentant des caractéristiques considérées comme typiquement masculines

blowies – mouches à viande

bogan – personne jeune et naturelle

bonzer – génial, épatant

boomerang – instrument de chasse aborigène en bois plat et recourbé

boomer – grand kangourou mâle

booner – *bogan* (ACT)

booze bus – fourgon policier utilisé pour les contrôles d'alcoolémie

bottle shop – magasin de spiritueux et d'alcools

brumbies – chevaux sauvages

Bullamakanka – lieu mythique, plus loin que le *back o'Bourke*, bien plus loin que le *black stump*

bull dust – poussière fine sur les routes de l'Outback ; bouse de vache

bunkhouse – bâtiment sommaire doté de lits superposés

bunyip – esprit mythique du bush

burl – essayer, tenter le coup (comme dans *give it a burl*)

bush – tout ce qui n'est pas la ville

bushwalking – randonnée dans le bush

bushranger – hors-la-loi, équivalent des hors-la-loi du Far West américain (avec des *goodies* et des *baddies*, des bons et des méchants)

bush tucker – nourriture aborigène, en général dans l'Outback

BYO (bring your own) – apporter sa boisson au restaurant, sa viande à un barbecue

camp oven – pot en fonte avec un couvercle, utilisé pour cuisiner sur un feu de camp

caravan park – terrain de camping proposant des caravanes fixes ou des bungalows à louer

cask – berlingot de vin (une géniale invention australienne)

CDEP – Community Development Employment Program (programme d'emplois pour les chômeurs)

chiga – bogan (Tasmanie)

chiko roll – infecte nourriture rapide

chook – poulet

cocky – petit paysan, fermier

coolamon – plateau en bois aborigène

cool drink – boisson non alcoolisée (WA)

convicts – bagnards anglais qui furent les premiers colons d'Australie

corroboree – cérémonie aborigène

counter meal, countery – repas au pub

cow cocky – petit éleveur

cozzie – maillot de bain (NSW)

crook – malade, mal fichu, mal construit

crow eater – habitant d'Australie-Méridionale

cut lunch – sandwiches

dag, daggy – épaisseur de laine sale sur la croupe d'un mouton, mais aussi terme affectueux ou légèrement injurieux pour une personne inadaptée socialement ; apparence négligée

damper – miche de pain non levé, faite de farine et d'eau

dead horse – sauce tomate en argot

deli – delicatessen, traiteur (vente à emporter) ; *milk bar* en Australie-Méridionale et en Australie-Occidentale

Devonshire tea – collation du soir, goûter (thé, scones et confitures)

didgeridoo – instrument à vent aborigène fait d'un tube en bois évidé par les termites

Digger – copain (terme archaïque employé par les soldats australiens et néo-zélandais pendant la Première Guerre mondiale)

dill – idiot

dilly bag – sac utilisé par les Aborigènes pour transporter des objets

dingo – chien sauvage d'Australie

dinkum, fair dinkum – vrai, authentique

dinky-di – le vrai "truc", la vérité

donga – petit bâtiment transportable très utilisé dans l'Outback

don't come the raw prawn – n'essaie pas de me tromper, de me faire prendre des vessies pour des lanternes

down south – le reste de l'Australie pour tout habitant au nord de Brisbane

drongo – un nul, un idiot

Dry (the) – la saison sèche dans le Nord (d'avril à octobre)

dugout – habitation semi-enterrée ou troglodytique

dunnies – toilettes extérieures

dunny budgies – mouches

Eastern states – le reste de l'Australie pour un habitant de l'Australie-Occidentale

en-suite room – chambre avec salle de bains attenante, un confort relativement récent en Australie

esky – grande glacière

fair crack of the whip! – lâche-moi les baskets !

fair go! – fiche-moi la paix, un peu d'air !

FJ – modèle de voiture Holden le plus apprécié

flake – chair de requin utilisée pour les *fish & chips*

floater – tourte à la viande dans une soupe aux pois – délicieux !

food hall (food emporium, food center, food court) – galerie de restauration offrant le choix entre différentes cuisines internationales

footy ou **footie** – Australian Rules Football

fossick – recherche de pierres précieuses ou semi-précieuses

galah – un bavard, un "perroquet", un idiot

g'day – bonjour (très courant)

georgian – style géorgien caractéristique du XVIIIe siècle anglais, de 1714 à 1830 (règnes des rois George Ier à IV)

gibber – un désert de pierre en aborigène

give it away – renoncer

gnamma – point d'eau aborigène

good on ya – bien vu, réussi

grazier – gros éleveur (de moutons ou bétail)

grog – terme général pour l'alcool

home unit (ou unit) – appartement privé dans un immeuble résidentiel

homestead – ferme et communs sur un domaine agricole ; plus particulièrement, la maison de maître où l'on peut loger

hoon – imbécile ; de manière générale, toute personne au comportement stupide et bruyant

hotel – hôtel classique ou pub comportant quelques chambres à l'étage

HQ – deuxième modèle le plus apprécié de Holden

icy-pole – esquimau glacé

indie – groupes musicaux indépendants

inlet – petit bras de mer, crique ou anse

interpretive center – centre d'information sur un site ou une ville

interpretive trail – sentier de promenade commenté (sorte de sentier-nature)

jackaroo – jeune stagiaire masculin dans une station (exploitation agricole)

jillaroo – jeune stagiaire féminine dans une station

kangaroo bar (ou roo bar) – pare-chocs (de camion) spécialement étudié pour les collisions avec les animaux

Kiwi – Néo-Zélandais

knock – esprit critique, moqueur

Koori – un Aborigène (au sud du Murray)

lay-by – laisser un acompte pour réserver un achat dans un magasin

lodge – hébergement en bungalows indépendants ou bien dans de grands bâtiments de type pension de famille

mall – grande rue commerçante, voie de promenade ou centre commercial couvert

mallee – sorte d'eucalyptus poussant sur les sols arides ; par extension, buisson d'eucalyptus

mate – pote, copain (terme familier utilisé que l'on connaisse la personne ou non)

midden site (ou midden) – vestiges d'un site de campement ancien aborigène

middy – verre de bière de 285 ml (NSW)

milk bar – petit magasin vendant du lait et d'autres aliments de base

milko – laitier

Mod Oz – adaptation inventive de spécialités internationales

mozzies – moustiques

nature strip – terrain séparant deux chaussées où poussent des arbres et des arbustes

never-never – arrière-pays reculé de l'Outback

no-hoper – cas désespéré

no worries – pas de problèmes

North Island – le continent australien pour les habitants de la Tasmanie

northern summer – l'été dans l'hémisphère Nord

ocker – Australien inculte ou rustre, plouc

off-peak ticket – billet à tarif réduit utilisable sur les transports en commun aux heures creuses

off-sider – assistant ou partenaire

OS (over seas) – à l'étranger (comme dans *he's gone OS*)

Oz – l'Australie

Outback – coin reculé du *bush*, arrière-pays

outstation – campement aborigène installé sur un site tribal

oval – terrain de cricket pouvant accueillir des matches d'autres sports d'équipe

OYO (own your own) – être propriétaire (de son appartement)

pastoralist – *grazier* au domaine immense

pavlova – meringue à la crème typiquement australienne

piss – bière

piss turn – fête bien arrosée

plonk – mauvais vin, piquette

pokies – machines à poker

Pom – un Anglais (initiales anglaises de *Prisoner Of his Majesty*)

possie – position avantageuse

pot – verre de bière de 285 ml (Vic et Qld)

private hotel – hôtel ne possédant pas de licence de débit de boissons, à la différence des *licensed hotels*

pub – établissement où l'on peut boire et quelquefois dormir (signalé souvent par l'enseigne "Hotel")

push – groupe ou bande de personnes, comme les tondeurs de moutons

Queenslander – haute maison en planches caractérisée par une vaste véranda et des treillis parfois très travaillés

ranger – garde-forestier, mais aussi tout employé des services des parcs et réserves
reckon – tu parles ! absolument !
rego – immatriculation
resort – complexe hôtelier
ridgy-didge – original, authentique
ripper – bien
roadhouse – relais routier ouvert à tous
road train – camion attelé, plusieurs semi-remorques
roo – kangourou
root – avoir des relations sexuelles
ropable – très mal luné ou en colère
RSL – Returned Servicemen's League (association des anciens combattants)
rubbish (to) – se moquer de, taquiner

Salvo – membre de l'Armée du Salut
sandgropper – habitant de l'Australie-Occidentale
scallops – tarte de pommes de terre sautées (Qld, NSW), fruits de mer (partout ailleurs)
schooner – grand verre de bière (NSW, SA)
scrub – végétation de broussailles
sea wasp – voir *stinger*
see you in the soup – à tout à l'heure
self-contained unit – logement tout équipé (cuisine, toilettes et salle de bains)
serviced rooms – chambres d'hôtel où sont fournis draps et serviettes et où l'on peut se faire du thé ou du café
sheila – une femme, une nana
shonky – pas fiable, incertain, douteux
shout – offrir une tournée (comme dans *it's my shout*)
skimpy – barmaid court vêtue
slab – pack de 24 bières
sleeper – couchette en compartiment de deux à trois personnes ou en wagon-lit, avec douche et toilettes
smoko – pause-thé
snag – saucisse
spag bol – spaghettis bolognaise
spunky – joli(e), attirant(e)
squatter – fermier pionnier qui a occupé les terres louées par le gouvernement

squattocracy – les Australiens aisés de la campagne, qui ont fait fortune en occupant les terres
station – grande exploitation, proche du ranch américain.
STD – Subscriber Trunk Dialing : appel téléphonique en automatique
stickybeak – curieux, fouineur
stinger – méduse mortelle appelée guêpe de mer (*box-jelly fish* en anglais)
stubby – bouteille de bière (375 ml)
style Federation – type d'architecture caractéristique du tout début du XXᵉ siècle, à l'époque de la fédération des différents États d'Australie (brique rouge et toit en tuiles de terre cuite)
sunbake – bain de soleil
surf beach – plage donnant sur l'océan (*surf*), non protégée par le récif et souvent propice au surf
surfies – fanatiques de surf
surf-lifesaving club – association de sauveteurs maîtres nageurs
swag – matelas de toile à rouler, que l'on utilise pour dormir dans l'Outback ; également une grande quantité de…

tall poppies – ceux qui réussissent
thingo – chose (et aussi : *whatchamacallit, hooza meebob, doovelacki, thingamajig*)
tinny – canette de bière (375 ml) ; petit canot de pêche en aluminium (NT)
togs – maillot de bain (Qld, Vic)
too right ! – absolument !
Top End – partie la plus septentrionale du Territoire du Nord
trucky – conducteur de camion
tucker – nourriture

uni – université
unit – voir *home unit* et *self-contained unit*
up north – la Nouvelle-Galles du Sud, le Territoire du Nord ou le Queensland, du point de vue du Victoria
ute – véhicule utilitaire, camionnette

wag (to) – manquer l'école ou le travail, sécher
wagon – camping-car

walkabout – voyage rituel de l'Aborigène qui marche dans les pas de son ancêtre, longue marche dans le désert loin de tout

weatherboard – revêtement en bois sur les maisons

Wet (the) – la saison humide dans le nord (de novembre à mai)

winery – domaine vinicole

wobbly – comportement imprévisible, incertain (comme dans *throw a wobbly*)

wowser – personne trop sérieuse, qui ne boit jamais d'alcool, rabat-joie

yabbie – petite écrevisse

yahoo – voyou

yakka – travail (mot d'origine aborigène)

yobbo – personne grossière et agressive

yonks – (il y a) des siècles, une éternité

youse – *you* au pluriel, c'est-à-dire le "vous" français (2ᵉ personne du pluriel)

Remerciements

Merci à tous les voyageurs qui ont pris le temps et la peine de nous écrire leurs expériences en Australie.

A E Vletter, A J Saddler, A Keller, A. Balande, Abby Harwood, Adam Stott, Adlofo Ponte, Aidan Kenny, Alain Le Gall, Alain Werner, Alan & Baryl Camp, Alan Blackshaw, Alan Boyle, Alan Hakim, Alan Kendall, Albert Baques, Alec Bamber, Alex Gardner, Alexandra Saidy, Alexandre Choueiri, Alicia McCoy, Alicia Reid, Alison & Simon Porges, Alison Cameron, Alison Moore, Alisson Ogle, Allison Horsfell, Amanda Beaman, Amaya Crosnier Legros, Amir Alon, Amy Reiter, Ana Audissa et Hospital Maïté, Ana Lamo, Andor Savelkouls, Andre Neumann, Andrea Intelligenza, Andreas Huber, Andrew Forbes, Andrew Geer, Andrew Holden, Andy Penney, Angela Caviglia, Angela Cole, Anice Paterson, Anja-Katharina Munster, Ann Sy, Anna Dowding, Anna Hargreaves, Anne Miek Eisenberger, Anne Miller, Anne Phillips, Anne Scott, Annegret Habel, Annemarie Schuitemaker, Anouk Rengelink, Antti Saarela, Anu Moulee, April Bryant, Arnold Bartels, Aroha Russell, Aron Wahl, Arthur Schultz, Astrid van Leeuwen, Avishai Weissberg, Aylish Frauklin, B J Haynes, Barbara Jehle Ulmer, Barnie Jones, Barry & Victoria Price, Barry Carter, Barry Kowal, Barry O'Callaghan, Becca & Lara, Becki Wood, Belinda Park, Ben Robinson, Benjamin Pecoud, Benjamin Pippenger, Benjamin R Day, Bernard Koch, Bertrand Sarret, Beth Russell, Bill Mitchell, Bill Spivey, Birgit & Jorn Lein-Mathisen, Birte Helmer, Bob Tanner, Brendan Finn, Brent Boyer, Brian Lea, Bridgid Seymour-East, Bruce Paterson, Bruce Webster, Bryn Taylor, Byron Gardiner, C P Hollis, Cameron Hallmark, Cara Walsh, Carl Schedlich, Carol Conway, Carol Lewis, Caroline Bilney, Caroline Cross, Caroline East, Caroline Hulsman, Caroline Kennedy, Caroline Liardet, Carolyn Evens, Carrie Marsh, Carrie Wood, Carsten Poulsen, Catherine McConachie, Catherine Pembrey, Cathy O'Callaghan, Cédric Beaufre, Celia Moslener, Céline Belmer, Cello Rueegg, Ceredwyn Bensley, Charles Massey, Charlotte Moss, Charlotte Williams, Cheryl & John Bredin, Cheryl Haisch, Cheryle Edwards, Chiara Fantoni, Chris Dunning, Chris Friesen, Chris King, Chris Lawler, Chris Peake, Christina Bamberg, Christine Van den Winckel, Christopher Wilkins, Claire Allen, Claire Gripton, Claire Harness, Claire Kidson, Claire King, Claire Laidlaw, Clare Goodman, Clare Huish, Clare Marston, Claudia Cleff, Claudia Paolicelli, Colin Cowell, Colin Kirley, Colleen Boyle, Connie Norheim, Corinne Toune, Cornelia Nauck, Craig Walsh, Cris Best, D E M Blackie, D Holloway, D W E Fuller, Dan Oleskevich, Dani Powell, Danny Byrne, Danny Saddler, Danny Southern, Darina Eades, Darren Flemming, Daryl & Kim Hughes, Dave & Barbara Lowe, Dave Bacon, David Brown, David Cole, David Coster, David Dawson, David Farkas, David Hugh Smith, David Mandel, David McClelland, David V Oheimb, Debbie Dear, Debbie Gibson, Deborah Berthold, Deborah O'Byrne, Deirdre & Patrick Ruttledge, Deirdre Keating, Denise & Dave Murray, Denise Bouvier, Dennis Fleurant, Dennis Fuller, Dennis Paradine, Desiree Cauchie, Dianne & Paul Morrison, Dianne MsGrath, Dimitri Zaphiris, Dimitrios Dimiropoulos, Dl & DC Baker, Dominik Giel, Doris Eickmeyer, Doris et Simon-Pierre Klein, Doris et Simon-Pierre Klein, Dorothea Heimeier, Dorothy M Collins, Doug Durst, Dr John Thorne, Dr Mark Tronson, Dr Michael Alpers, Dr Rosana Pellizzari, Dudley McFadden, Duncan Millar, Duncan Priestley, Dunja & Heinrich Wiechers, E A Harris, E M Linnan, Edi Weinberger, Eileen Roberts, Elain Genser, Elaine Gavin, Elaine K Harding, Eleanor Swain, Ellen Visscher, Elsa Haugen, Emma Scragg, Emmanuel Rondel, Emmie Thomas, Eric Clam, Eric Clark, Eric K Federing, Erika Petersons, Erin & Steve Freeman, Erin Marshall, Erwin Kanters, Esmee Verouden, Esther & Roland Birchmeier, Esther Lehmann, Eva George, Eyal Levin, Fabien Bergeron, Fernando & Annalisa, Fiona Hearn, Fiona Malcolmson, Francesco Peracchini, Françoise Van Langhermeersch, Frank Barbaro, Frank Barbaro, Frank Verlegh, Franz Schmausser, Fred Burke, Frida Caroline Bjerkman, Gaëlle Chanson, Gaetano & Cristina Pizzitola, Gareth Farbon, Gary Baptiste, Gary Cowper, Gary McDonnell, Gary Spinks, Gary Stephens, Gavin Reynolds, Geertje Korf, Gemma Hearn, Gemma Smith, Geneviève Carayon, Geoffrey Dyer, Gilles Gut, Gilles Vessayre, Gillian Ling, Giselle Sweet-Escott, Godfrey Guinan, Graham Eason, Graihagh Farrell, Greg & Kelli Carson, Greg James, Guido Kats, Guy & Janet Pinneo, Gwynn Jones, Hagay Shemesh, Hayden & Helen Robinson, Hayley

Amanda, Heike Hora Adema, Helen Banks, Helen Cohen, Helen Leudar, Helen Vines, Helen Woodward, Helen Wraithmell, Hélène Fabre, Helle Hansen, Henrietta Somers, Heule Harry, Hilde Kamminga, Iain A Chalmers, Iain Mackay, Ian Carson, Ian Duckworth, Ian Garman, Ian Loftus, Ian Newton, Ian Smart, Ilja Rijnen, Illan Peri, Ingrid & Wolfgang, Ingrid Rotter, Irene Esquivel, Iris Meban, Isabell Blomer, Itai Guberman, Ivan & Barbara Stander, Ivan Stander, Ivo Nijhuis, Izzy Perko, J A Coombs, J E Lilley, James Beringer-Pooley, James Downey, James S Grant, Jamie Hook, Jamila Longueville, Jan Schut, Jane & Chris Meaden, Jane Curne, Jane Dunn, Jane Hamilton, Jane Matthews, Jane Oldfield, Janet Jones, Janet Richards, Janine Pittaway, Jarlath Dunford, Jaron & Mary Beth Goldberg, Javier Estebaranz, Jean-Jacques Dupont, Jeff Major, Jen Campbell, Jennie Foster, Jenny Hein, Jenny Hill, Jenny Lock, Jens Hultman, Jenuna Prittie, Jeraen Beuckels, Jerry Fries, Jesper Poulsen, Jesse Holliday, Jessica Krakow, Jessica Oman, Jill Anderson, Jill Litwin, Jim Aylett, Jim Hill, Jim Houser, Jo Chick, Jo Hartley, Jo Perriss, Jo Pope, Jo Train, Jo Wise, Joanna Gidney, Joanna Higgs, Joanne Cochrane, Joanne Owen, Joanne Rich, Joanne Schaefer, Job Heimorikx, Jody McLean, Joel & Maria Teresa Prades, Joel Siegfried, John & Wenche Cumming, John Arwe, John Atwood, John Bielinski, John Gourley, John Heetan, John Lam-Po-Tang, John Medley, John Parkinson, John Petherick, John Taylor, John Van Schagen, Jolene Pestel, Jon Willis, Jorg Scheede, Jose Caballera, Josie Simmonds, Josien Dikkers, Joyanne Manning, Joyce Lomax, Julia Holten, Julia Holzemer, Julie Costello, Julie Firmstone, Julie Kenyon-Muir, June Martin, Jurgen Veys, Justin Perkins, K J Storer, Karen & Bryan Geon, Karen Kissinger, Karen Sthamer, Karen Widdowson, Karin Bauer, Karin Oberlin, Karinda Agnew, Karsten Mikkelsen, Karsten Moos, Kate Paxton, Kate Storer, Kate Stubbs, Kate Witners, Kathryn Saunders, Katie Graves, Keith Hughes, Keith Moir, Kelly Wasyluk, Kerrie Williams, Kevin Ruben, Kim Stadtler, Kirsty Matthewson, Kitty Gushee, Klaus & Ute Martini, Knut Magne Arneson, Konrad Fink, Kor Hoon Tan, Kris Mowren, Krista Dalby, Kristi & Jeff Layton, L Hertog, L Smith, Lætitia et Élodie Commaille, Larissa Wilson, Laura Preston, Laura Teunissen, Laura Totti, Laura Zentveld, Laurent Cavillon, Laurie Hood, LB Lister, Leanne Tanner, Lee Snowden, Leesa Yeo, Lenora Ahlan, Leonado Pagliarin, Leonie Debnam, Leonie Lene, Lesley Bonney, Lianne de Zeeuw, Liesbeth Barnhoorn, Lina Morgera, Linda Bissinger, Linda Knight, Linda Meagher, Lindsay Edkins, Lindsey Martin, Lionel Gilot, Lisa Appleyard, Lisa Prior, Liz Allen, Liz Reilly, Lloyd Griscom, Lori H Johnson, Lori Lockinger, Lorraine Farrell, Louise Harvey, Louise Pocock, Lucy Carter, Ludovic Smets, Luiz Alencar, Lynn & Al Reece, Lynn Tai, M & E Taylor, M Wheeler, M. et Mme Christian Barthod, M. et Mme Michel Billaud, M. et Mme Pastore, Maarten Brouwer, Maarten Vankan, Madeleine Pitt, Mads eg Sorensen, Maeve Conroy, Magaret & Hugh Kennon, Maire O'Connor, Mairead Loftus, Malcolm & Pat Grainper, Malcolm Allan, Malcolm Walshe, Malinda Quartel, Manita Visser, Manon de Vries, Marc Beelen, Marc Wise, Marcelino & Charlotte Arconada, Marco Riolfo, Maresli Saiko, Margaret & Hans de Roo, Margaret Johnston, Margaret Scott, Margaret Sherley, Margrit Altstadt, Mari Fagin, Maria Mitelman, Maria Walsh, Marie-Ève Denis, Marie-Laurence et Christophe Canivet, Marie-Neige Pinton, Marin Smith, Marina Zwittlinger, Mark Capellaro, Mark de Vries, Mark Foley, Mark Harford, Mark Hoskin, Mark Meares, Mark Parkes, Mark Richardson, Mark Surridge, Mark Taylor, Markus Vogel, Martoin Beversluis, Martijn Nielen, Martin & Marie Lycett, Martin Borowski, Martin Emslie, Martin Haddrell, Martina Weigelt, Mary Carroll, Mary Steen, Mary Steer, Maryangel, Maryline et David Soret, Mat Carlsberg, Matt Murray, Matt Whiteway, Maureen Cutfield, Max & Joyce Taylor, Meg Ruffel, Megan Berkle, Meghan Pepper, Melanie Martin, Melchior Bussink, Melissa Quigley, Michael & Rosette Malone, Michael Caourville, Michael Cave, Michael Chambers, Michael Coggins, Michael Paterson, Michael S Anacker, Michel Goossens, Michele Bennett, Michelle vld Veen, Mike Krosin, Mike Landau, Mike McNamee, Mike Nixon, Mike Talbot, Mike Tate, Mirja Leinonen, Moira McBride, Monica Campion, Monique Ingwes, Moya Anchisi, Ms Wheeldon, Murray Sugden, Nadia Dimassi, Nancy Booth, Nancy Mazuryk, Nancy van Rooij-de Goede, Natasha Montgomery, Natasha Quadt, Nathan A Schwartz, Neil & Jean Webster, Nelly Ballistreri, Nelson Wirtz, Nick Coles, Nick Iles, Nicola Copland, Nicola Isendahl, Nicolas Burton, Nicolas Moroz, Nicole Fraser, Nicole Mirane, Nicole Partington, Nigel Brown, Nigel Leach, Nova Flitter, Orla Baxter, Par Lindstrom, Patric Endenberg, Patrice Oudot et Sylvie Laffont, Patricia Navarro, Patricia Parker, Patrick Dodd,

Patrick Doucet, Paul Brookes, Paul Greenaway, Paul Hudson, Paul Logan, Paul Vinton, Penny van Leeuwen, Per Anderson, Per Hilmskou Hansen, Pete Smith, Peter & Mandy, Peter Bayliss, Peter Bleekrode, Peter Camps, Peter Dixon, Peter Driscoll, Peter Gillen, Peter Hiscock, Peter Mako, Peter Schmitz-Gortz, Petra Vondrasek, Phil Nepszy, Phil Scott, Philip Britton, Philip McKernan, Philip Row, Philip Teasdale, Pichaya Saisaengchan, Pierre Beque, Pierre-Antoine Landel et Barbara Dzialoszynski-Landel, Pieter Mostert, PJ Ellis, Quinten Foppe, Quirine Krull, R J Hateley, R Shoesmith, Rachael Large, Rachel Sant, Rafael Ford, Ralf Wahner, Ralph Schwer, Ray Mosher, Rebecca Flood, Regula Krattiger, Ren Berkerley, Renate Vink, Renee Clark, Richard A Smith, Richard Barton, Richard Bean, Richard Humble, Richard Koiak, Richard Mastenbroek, Richard Nutter, Richard Patterson, Richard Tomlinson, Rick Briggs, Rikke Gregers, Rita & Erik Ronning, Rita-Claire Edmonds, Rixta de Bode, Rob Dudley, Robert Hia, Robert Morgan, Robert Passey, Robert van Beemen, Robin Hounslow, Robina von Kolczynski, Rocco Chin, Rocio Da Riva, Rod Daldrey, Rod Myers, Rodney Croome, Rodney Wilkinson, Roel Mulder, Roga Bishta, Roisin Ryan, Roland Nebel, Roland Soper, Roland Stayt, Ron Eisele, Ronan O'Reilly, Rosa Heuvelmans, Ross Willaims, Russel Griffin, Russell Chan, Russell Hall, Rutger Bezema, Ruth Boreham, Ruth Kennard, Ryan Wainwright, Ryon Rosvold, S A A Boyen, S Hampton, S Steiner, S Vishalakshi, Sa'sdiah Johari, Sadi Batool, Sally Tong, Sam Bush, Samantha Newstead, Sandra de Souza, Sandra Shaw, Sandra Wild, Sandrine Presles, Sara Eeman, Saragh Kenny, Sarah Churchward, Sarah Coleman, Sarah Deakin, Sarah Hill, Sarah Schnapp, Saskia van Stockum, Scott Hackett, Sean Coxy, Shabnam Hussain, Shane O'Rourke, Shannon Boyer, Shannon Haintz, Sharon England, Sharyn Roberts, Sherry Vaughn, Shirley Hardy-Rix, Sian Mackenzie, Sian Williamson, Sibylla C Cressy, Sigrid van der Geest, Silvia Mertens, Simon Bowker, Simon Hagger, Simon Lesser, Simon Martin, Simon Walker, Simone de Wet, Sinead Fahy, Siobhan Robinson, Siok Han Tjoa, Sonja Haas, Stef de Bock, Stefan Mueller-Morungen, Steffen Pauls, Stephane Cosandey, Stephen Walsh, Stewart Atkinson, Stuart Anderson, Stuart Bowes, Sue Masters, Sue Straughair, Susan B Boyd, Susan Bucciero, Susan Gutierrez, Susanne & Manner, Susanne Heckeroth, Susanne Vogt, Susie Quinn, Susie Stephens, Suzanne Brown, Sven Bestmann, T Cobb, Tang Huihong, Tania, Tania Buffin, Teo de Mas, Terry George, Teveli Gabor, Thomas J LeCompte, Tim & Rachel Broome, Tim Brown, Tim Quantrill, Timothy Easterday, Tina Johnson, Tine Skov Olsen, Tom Edmonds, Tom Sperlinger, Ton de Gouw, Ton Theelen, Tony Bradshaw, Tony Hansen, Tony Woodham, Torsten Poitzsch, Tove Hagman, Tracey Boyd, Tracy Platana, Tricia Bauman, Trish Ryding, Ulf Schlierenhlaemper, Ulrich Fischer, Valda Laidlaw, Vanessa Smith-Holburn, Véronique Boudes, Verstrepen Goort, Vicky Calderwood, Vicky Page, Vicky Rodger, Victoria Graham, Vru Eigenheer, Wayng Spalding, Wendy A Macklin, Wendy Hughes, Wendy James, Wieke Myjer, Will Anderson, Will Carless, Will Gardner, William Carless, William K Howle, William Wentworth, Winnie Sorensen, Winston Jackson, Yaron Kaspi, Yeal Lahat, Yolanda Cruz, Yukiko Nishimura, Yuko Iloka, Yvonne Pickering, Zahid Ali

Guides Lonely Planet en anglais

Les guides de voyage Lonely Planet en anglais couvrent le monde entier. Six collections sont disponibles.

Vous pouvez les commander dans toute librairie en france comme à l'étranger. Contactez le bureaux Lonely Planet le plus proche.

travel guide :	couverture complète d'un ou de plusieurs pays, avec des informations culturelles et pratiques
shoestring :	pour tous ceux qui ont plus de temps que d'argent
walking guides :	un descriptif complet des plus belles randonnées d'une région ou d'un pays
guides pisces :	un descriptif complet des plus belles plongées d'une région
phrasebooks :	guides de conversation, des langues les plus usuelles aux moins connues, avec un lexique bilingue
travel atlas :	des cartes routières présentées dans un format pratique
travel literature :	l'âme d'un pays restituée par la plume d'un écrivain

---

EUROPE Amsterdam • Andalucia • Austria • Baltic States phrasebook • Berlin • Britain • Central Europe on a shoestring • Central Europe phrasebook • Corsica • Crete • Croatia • Czech & Slovak Republics • Denmark • Dublin • Eastern Europe on a shoestring • Eastern Europe phrasebook • Estonia, Latvia & Lithuania • Europe • Finland • France • French phrasebook • Germany • German phrasebook • Greece • Greek phrasebook • Hungary • Iceland, Greenland & the Faroe Islands • Ireland • Italy • Italian phrasebook • Lisbon • London • Madagascar & Comoros • Maldives • Mauritius, Réunion & Seychelles • Mediterranean Europe on a shoestring • Mediterranean Europe phrasebook • Paris • Poland • Portugal • Portugal travel atlas • Prague • Romania & Moldova • Russia, Ukraine & Belarus • Russian phrasebook • Scandinavian & Baltic Europe • Scandinavian Europe phrasebook • Slovenia • Spain • Spanish phrasebook • St Petersburg • Switzerland • Trekking in Spain • Ukranian phrasebook • Vienna • Walking in Britain • Walking in Italy • Walking in Ireland • Walking in Switzerland • Western Europe • Western Europe phrasebook

travel literature : The Olive Grove : Travels in Greece

Out to eat : London • Paris

AMÉRIQUE DU NORD Alaska • Backpacking in Alaska • Baja California • California & Nevada • Canada • Deep South • Florida • Hawaii • Los Angeles • Miami • New England • New England USA • New Orléans • New York City • New York, New Jersey & Pennsylvania • Oahu • Pacific Northwest USA • Rocky Mountains States • San Francisco • Seattle • Southwest USA • USA • USA phrasebook • Vancouver • Washington, DC & The Capital Region

travel literature : Drive thru America

Out to eat : San Francisco

AMÉRIQUE CENTRALE ET CARAÏBES Bahamas and Turks & Caicos • Bermuda • Central America on a shoestring • Costa Rica • Cuba • Eastern Caribbean • Guatemala, Belize & Yucatan : La Ruta Maya • Jamaica • Mexico • Mexico City • Panama

travel literature : Green Dreams : Travels in Central America

AMÉRIQUE DU SUD Argentina, Uruguay & Paraguay • Bolivia • Brazil • Brazilian phrasebook • Buenos Aires • Chile & Easter Island • Chile & Easter Island travel atlas • Colombia • Ecuador & the Galapagos Islands • Latin American (Spanish) phrasebook • Peru • Quechua phrasebook • Rio de Janeiro • South America on a shoestring • Trekking in the Patagonian Andes • Venezuela

travel literature : Full Circle : a South American Journey

AFRIQUE Africa – the South • Africa on a shoestring • Arabic (Egyptian) phrasebook • Arabic (Moroccan) phrasebook • Cairo • Cape Town • East Africa • Egypt • Egypt travel atlas • Ethiopian (Amharic) phrasebook • The Gambia & Senegal • Kenya • Kenya travel atlas • Malawi, Mozambique & Zambia • Morocco • South Africa, Lesotho & Swaziland • South Africa travel atlas • Swahili phrasebook • Tanzania, Zanzibar & Pemba • Trekking in East Africa • Tunisia • West Africa • Zimbabwe, Botswana & Namibia •
travel literature : The Rainbird : A Central African Journey • Songs to an african Sunset : A Zimbabwean Story • Mali Blues : Travelling to an African Beat

ASIE DU NORD-EST Beijing • Bhutan • Cantonese phrasebook • China • Hong Kong, Macau & Gangzhou • Hong Kong • Japan • Japanese phrasebook • Japanese audio pack • Korea • Korean phrasebook • Kyoto • Mandarin phrasebook • Mongolia • Mongolian phrasebook • Seoul • South West China • Taiwan • Tibet • Tibetan phrasebook • Tokyo

ASIE CENTRALE ET MOYEN-ORIENT Bahrain, Kuwait & Qatar • Central Asia • Central Asia pharasebook • Dubai • Georgia, Armenia & Azerbaijan • Hebrew Phrasebook • Iran • Israel & Palestinian Territories • Israel & Palestinian Territories travel atlas • Istanbul • Istanbul to Cairo on a shoestring • Jerusalem • Jordan • Jordan, Syria & Lebanon travel atlas • Lebanon • Middle East on a shoestring • Oman & the United Arab Emirates • Syria • Turkey • Turkish phrasebook • Turkey travel atlas • Yemen
travel literature : The Gates of Damascus • Kingdom of the Film Stars : Journey into Jordan

SOUS-CONTINENT INDIEN Bangladesh • Bengali phrasebook • Delhi • Goa • Hindi/Urdu phrasebook • India • India & Bangladesh travel atlas • Indian Himalaya • Karakoram Highway • Kerala • Mumbai (Bombay) • Nepal • Nepali phrasebook • Pakistan • Rajastan • South India • Sri Lanka • Sri Lanka phrasebook • Trekking in the Indian Himalaya • Trekking in the Karakoram & Hindukush • Trekking in the Nepal Himalaya
travel literature : In Rajasthan • Shopping for Buddhas

ASIE DU SUD-EST Bali & Lombok • Bangkok • Burmese phrasebook • Cambodia • Hanoi • Hill Tribes phrasebook • Ho Chi Minh City (Saigon) • Indonesia • Indonesian phrasebook • Jakarta • Java • Lao phrasebook • Laos • Laos travel atlas • Malay phrasebook • Malaysia, Singapore & Brunei • Myanmar (Burma) • Philippines • Pilipino phrasebook • Singapore • South-East Asia on a shoestring • South-East Asia phrasebook • Thai phrasebook • Thailand • Thailand's Islands & Beaches • Thailand travel atlas • Vietnam • Vietnamese phrasebook • Vietnam travel atlas

AUSTRALIE ET PACIFIQUE Aucland • Australia • Australian phrasebook • Bushwalking in Australia • Bushwalking in Papua New Guinea • Fiji • Fijian phrasebook • Islands of Australia's Great Barrier Reef • Melbourne • Micronesia • New Caledonia • New South Wales & the ACT • New Zealand • Northern Territory • Outback Australia • Papua New Guinea • Pidgin phrasebook • Queensland • Rarotonga & the Cook Islands • Samoa: American & Western • Solomon Islands • South Australia • South Pacific • Sydney • Tahiti & French Polynesia • Tasmania • Tonga • Tramping in New Zealand • Vanuatu • Victoria • Western Australia
Out to eat : Sydney • Melbourne

ÉGALEMENT DISPONIBLE Antartica • Brief Encounter : Stories of love, Sex & Travel • Chasing Rickshaws • Not the Only Planet : Travel Stories from Science Fiction • The Artic • Sacred India • Travel with Children • Traveller's Tales

LONELY PLANET

Le journal de Lonely Planet

Parce que vous nous envoyez quotidiennement des centaines de lettres pour nous faire part de vos impressions, nous publions chaque trimestre le Journal de Lonely Planet afin de vous les faire partager. Un journal parsemé de conseils en tout genre avec un concentré d'informations de dernière minutes (passage de frontière, visas, santé, sécurité...), des sujets d'actualité et des discussions sur tous les problèmes politiques ou écologiques sur lesquels il faut s'informer avant de partir. Le Journal de Lonely Planet est gratuit. Pour vous abonner, écrivez-nous :
Lonely Planet France – 1, rue du Dahomey – 75011 Paris – France

Lonely planet en ligne

www.lonelyplanet.com et maintenant www.lonelyplanet.fr

Avec près de 2 millions de visiteurs mensuels, le site de Lonely Planet est l'un des sites de voyage les plus populaires au monde.

La recette de son succès est simple : une équipe de 15 personnes travaille à plein temps à l'enrichir quotidiennement. Près de 200 destinations sont passées au crible (avec carte intéractive et galerie photos) afin de vous permettre de mieux préparer votre voyage. Vous trouverez également des fiches de mises à jour écrites par nos auteurs afin de compléter les informations publiées dans nos guides. Le site de Lonely Planet vous offre l'accès à un des plus grands forums, réunissant des centaines de milliers de voyageurs : idéal pour partager vos expériences, chercher des renseignements spécifiques ou rencontrer des compagnons de voyage. Les liens que nous suggérons vous permettent de découvrir le meilleur du net.

Pour faciliter la tâche de nos lecteurs francophones, nous venons d'ouvrir un site en français : www.lonelyplanet.fr. Venez le découvrir et contribuer à sa qualité en participant notamment à son forum.

Élu meilleur site voyage par l'Express Magazine en décembre 98 (@@@@@).

"Sans doute le plus simple pour préparer un voyage, trouver des idées, s'alanguir sur des destinations de rêve." Libération

Index

Texte

Les références des cartes sont
en **gras**

Les références des cartes sont
en **gras**

U

V

W

Z